O DIREITO DO TRABALHO NO SUPREMO TRIBUNAL FEDERAL

FELIPE BERNARDES

O DIREITO DO TRABALHO NO SUPREMO TRIBUNAL FEDERAL

2021

EDITORA *Jus*PODIVM

www.editorajuspodivm.com.br

EDITORA
*Jus*PODIVM
www.editorajuspodivm.com.br

Rua Território Rio Branco, 87 – Pituba – CEP: 41830-530 – Salvador – Bahia
Tel: (71) 3045.9051
• Contato: https://www.editorajuspodivm.com.br/sac

Diagramação: Ana Paula Lopes Corrêa *(aninha_lopescorrea@hotmail.com)*

Capa: Maitê Coelho *(maitescoelho@yahoo.com.br)*
Imagem de Capa: Rawpixell.com

B522g Bernardes, Felipe.
O Direito do Trabalho no Supremo Tribunal Federal / Felipe Bernardes – Salvador: Editora Juspodivm, 2021.
896 p.

Inclui bibliografia
ISBN 978-65-5680-416-3.

1. Direito do Trabalho. I. Bernardes, Felipe. II. Título.

CDD 342.6

“Whatever you do, just check – is it all about you, or is it for the wellbeing of All. This settles any confusion about good and bad karma” (Sadhguru).

O que quer que você faça, apenas cheque:
é tudo para você, ou é para o bem-estar de todos?
Isso resolve qualquer confusão sobre bom e mau karma.

PREFÁCIO

Diante de tantas transformações no Brasil e no mundo, interpretar o Direito do Trabalho nos tempos atuais exige redobrado fôlego. A evolução tecnológica e as modificações sociais e de mercado que elas têm provocado, suprimindo empregos, acentuando a desigualdade social, provocando migrações e concorrência com nacionais num mercado que já conta com poucas oportunidades, são um desafio.

Não é por outra razão que se torna tão difícil combater o trabalho infantil, o trabalho análogo ao de escravo e os acidentes do trabalho nos países pobres e emergentes.

A desigualdade, a fome, o despreparo educacional, a busca insana pela competitividade de mercado, o modelo de carga tributária para manutenção de privilégios e a insensibilidade social, política e econômica num mundo em crise com a democracia, o capitalismo e a escassez de oferta estimulam a falta de investimento desses países no próprio povo.

Os países desenvolvidos, que dominam as tecnologias e investiram no potencial dos seus respectivos povos, evidentemente se sobressaem. Garantem ocupações aos seus trabalhadores qualificados dentro e fora dos seus territórios, mas também convivem na base desqualificada ou pouco qualificada com os problemas decorrentes das imigrações de busca de oportunidades, que terminam concorrendo com os nacionais e gerando conflitos. Essa foi, aliás, uma das razões do Reino Unido se desvencilhar pelo Brexit das partilhas na comunidade europeia.

Enfim, regular e interpretar relações de trabalho num mercado globalizado e competitivo com tanta desigualdade entre os povos são, para países emergentes como o Brasil, um desafio. Reformas se sucederão com impressionante rapidez, porque encontrar um modelo estável num quadro de transformações constantes de mercado é tarefa impossível.

As últimas décadas marcaram a afirmação e conquista de efetividade de uma Constituição democrática, com texto analítico (que inclui múltiplas disposições em matéria trabalhista e processual), pelo que temos vivenciado uma verdadeira redefinição do papel dos Tribunais em nosso sistema jurídico, com aumento significativo do valor atribuído às construções jurisprudenciais, em especial aquelas emanadas de nossa Corte Constitucional.

A inclusão do rol básico de direitos dos trabalhadores na CF, ao mesmo tempo que procurou dar-lhes estabilidade legislativa, também propiciou a sua interpretação diuturna pelo STF.

Daí resultou que ao mesmo tempo em que a jurisprudência da Justiça do Trabalho resulta, ao longo do tempo, da interpretação de teses baseadas numa legislação infraconstitucional protecionista dos direitos dos trabalhadores, a jurisprudência do STF, derivada de magistrados de origens jurisdicionais diversas e com visões múltiplas de mundo, é mais instantânea e desvinculada dos precedentes trabalhistas, o que pode provocar – e tem provocado em algumas situações – dissonância entre as decisões trabalhistas e as do STF sobre determinados temas.

Do ônus da prova de fiscalização de contratos de terceirização celebrados por entes públicos, aos critérios de juros e correção monetária dos débitos trabalhistas, passando pelo prazo de prescrição para reclamar quanto aos depósitos de FGTS e pela invalidade de dispositivo legal com autorização para trabalho insalubre de gestantes e lactantes, entre muitos outros temas, o direito material e processual do trabalho passam a ser gradativamente fruto de construção colaborativa jurisprudencial entre o TST e o STF.

No entanto, nossa Corte Suprema não constitui um tribunal especializado no trato de conflitos entre capital e trabalho, podendo suas decisões tanto influir positivamente, como negativamente no mercado, a exemplo do não rompimento do contrato de trabalho pela aposentadoria. O diálogo é, portanto, o caminho a ser percorrido entre as Cortes trabalhista e constitucional. E é neste sentido que a presente obra adquire especial relevância, pois procura conferir sistematização e cientificidade ao estudo dos principais julgados proferidos pelo STF nessa seara, desde o ano 2000, além de examinar analiticamente suas linhas argumentativas prevalecentes, trazendo o debate para o campo da respeitosa crítica acadêmica e doutrinária.

O livro "O Direito do Trabalho no Supremo Tribunal Federal" é resultado de pesquisa jurisprudencial e bibliográfica sem precedentes no meio jurídico brasileiro. Já nasce, dessa forma, como referência para quem pretende analisar esse direito jurisprudencial, cuja abrangência tem se destacado cada vez mais como uma fonte jurídico-trabalhista, inexistindo obra tão abrangente e atualizada sobre o tema.

Com conteúdo inovador e muito bem escrito, o estudo constitui também mais uma excepcional contribuição de um autor verdadeiramente vocacionado ao Direito e à pesquisa acadêmica, além de um juiz (aprovado em 1º lugar no concurso de magistratura) com amplo domínio e experiência especializada na prática juslaboral brasileira.

A linguagem clara, sucinta e objetiva adotada também já é marca característica do autor. Destaca-se, ainda, a excelente didática utilizada ao longo de toda a obra.

O Capítulo I expõe didaticamente a teoria dos precedentes, demonstrando em quais situações devem ser considerados vinculantes. Explora questões atinentes à elucidação da *ratio decidendi*, à sistemática da repercussão geral e à eficácia temporal das decisões da Suprema Corte, entre muitas outras.

No Capítulo II, dedicado ao Direito material do Trabalho, inicia-se a exposição dos julgados do Supremo Tribunal Federal em matéria trabalhista, isso após o delineamento de uma visão geral sobre os precedentes, em que o autor faz um resgate histórico acerca da importância do Direito do Trabalho e da Justiça do Trabalho e oferece um panorama geral sobre a análise que fará no decorrer da obra.

O Capítulo III é dedicado ao exame dos precedentes atinentes ao Direito Processual do Trabalho. Temas como competência material da Justiça do Trabalho, atuação da Fazenda Pública em juízo, coisa julgada inconstitucional, entre tantos outros, são abordados de tal maneira que o leitor terá acesso direto e preciso aos posicionamentos da Suprema Corte, além da visão crítica e direcionada a oportunidades de melhoria, quando pertinente.

Outro ponto de destaque consiste no fato de o autor haver examinado, em diferentes temas, o conteúdo de múltiplos votos, incluindo os não prevalecentes no âmbito do STF, com estudo pormenorizado também de sua argumentação jurídica, o que viabiliza a análise do perfil ideológico e da tendência interpretativa adotada por cada um dos Ministros da Corte em determinadas matérias.

Todos esses fatores fazem com que a presente obra se revista de utilidade não apenas acadêmica, mas também prática e profissional, constituindo acessível e didático instrumento de consulta aos operadores do Direito do Trabalho.

Cumprimento, dessa forma, a Editora JusPodivm e o autor Felipe Bernardes pela qualidade da obra que apresentam à comunidade jurídica, com sugestão de leitura a advogados, juízes, procuradores, membros do Ministério Público, estudantes de Direito e profissionais do universo trabalhista.

Brasília, 15 de fevereiro de 2021.

Alexandre Agra Belmonte
Ministro do TST e Presidente da Academia
Brasileira de Direito do Trabalho

APRESENTAÇÃO

Prezada leitora, prezado leitor,

É fato notório que o Supremo Tribunal Federal tem sido constantemente chamado a decidir sobre questões estruturais do Direito do Trabalho e do Processo do Trabalho, tais como a terceirização, a tensão entre negociado e legislado, os critérios de juros de mora e de correção monetária de débitos trabalhistas, entre tantos outros.

Muitas vezes, as decisões vão de encontro à jurisprudência consolidada no âmbito do Tribunal Superior do Trabalho e da Justiça do Trabalho como um todo. Noções consolidadas na doutrina trabalhista há décadas, por vezes, parecem ser superadas de forma abrupta por um simples julgado da Suprema Corte.

Como muitas dessas decisões constituem precedentes de observância obrigatória por todos os juízes e tribunais do Brasil, além de orientar o trabalho da advocacia trabalhista, dos membros do Ministério Público do Trabalho e dos servidores da Justiça do Trabalho, é indispensável, para o bom exercício profissional, que se saiba:

- (i) quais julgados são vinculantes e quais não o são;
- (ii) o que foi efetivamente decidido pelo Supremo Tribunal Federal em cada caso. Diz-se isso porque, muitas vezes, percebe-se que a ementa do julgado não reflete exatamente o que foi decidido pela maioria dos ministros, o que gera incompreensões e má-aplicações de índole variada.

A partir daí, será possível verificar as possibilidades de distinção (*distinguishing*) e de superação (*overruling*) dos precedentes.

Além disso, a análise e comparação dos diversos julgados permite perceber se a Suprema Corte tem seguido uma linha argumentativa coerente em matéria trabalhista, bem como quais as características e princípios que a orientam.

Ademais, o evidente fato de que os precedentes vinculantes do STF devem ser observados não torna tais decisões imunes à crítica doutrinária. Nesse sentido, busquei fazer não uma compilação de julgados, mas sobretudo apontar eventuais inconsistências argumentativas e possibilidades de aperfeiçoamento.

Nessa missão, dei preferência às decisões proferidas pela Suprema Corte a partir do ano 2000. O horizonte temporal parece adequado por permitir avaliar os eventuais impactos de mudanças de composição da Corte ao longo de duas décadas. Retrotrair a períodos anteriores, embora interessante do ponto de vista histórico, inviabilizaria a pesquisa empreendida e teria pouco interesse prático, fugindo ao escopo da obra. Não obstante, julgados anteriores a esse marco temporal serão analisados quando disserem respeito a temas estruturais do Direito do Trabalho ou quando necessários para propiciar adequada compreensão de decisões posteriores.

O livro está dividido em três partes:

- (i) no primeiro capítulo, tem-se a parte teórica sobre os precedentes do Supremo Tribunal Federal. Aqui, o leitor encontrará informações sobre temas como a diferenciação entre precedentes obrigatórios e persuasivos, a eficácia temporal dos precedentes, as noções de *ratio decidendi* e de distinção, entre outras;
- (ii) no segundo capítulo, são analisados os precedentes do STF sobre Direito do Trabalho;
- (iii) no terceiro capítulo, os julgados atinentes ao Direito Processual do Trabalho.

O critério utilizado para sistematização de cada capítulo foi a divisão por temas (aos quais correspondem as diversas seções de cada capítulo) e subtemas (tópicos em cada seção). Assim, por exemplo, no capítulo sobre Processo do Trabalho, há a seção relativa à competência jurisdicional e o tópico atinente à complementação de aposentadoria.

No início de cada seção, há um quadro esquemático com a transcrição dos dispositivos legais e constitucionais pertinentes, a referência aos julgados paradigmáticos sobre o tema e, quando houver, normas internacionais, teses de repercussão geral e súmulas sobre o assunto a ser abordado.

Ademais, no final do livro há um índice remissivo, que permite pesquisas mais diretas por meio de palavras-chave.

Fico inteiramente à disposição para o envio de sugestões, através do meu e-mail pessoal: felipebernardes123@icloud.com.

Boa leitura!

Felipe Bernardes

Rio de Janeiro, 15 de abril de 2021.

SUMÁRIO

Capítulo III

SIGLAS E ABREVIATURAS

1ª T – Primeira Turma
2ª T – Segunda Turma
2º Julg – Segundo Julgamento
AC – Ação Cautelar
ac. – Acórdão
ACi – Apelação Cível
ACO – Ação Cível Originária
ADC – Ação Declaratória de Constitucionalidade
ADCT – Ato das Disposições Constitucionais Transitórias
ADI – Ação Direta de Inconstitucionalidade
ADPF – Arguição de Descumprimento de Preceito Fundamental
AgR – Agravo Regimental
AGU – Advocacia-Geral da União
AI – Agravo de Instrumento
AImp – Arguição de Impedimento
AO – Ação Originária
AOE – Ação Originária Especial
AOR – Ação Ordinária Regressiva
AP – Ação Penal
AR – Ação Rescisória
ARE – Recurso Extraordinário com Agravo
CA – Conflito de Atribuições
CC – Código Civil/Conflito de Competência
CF – Constituição Federal
CJ – Conflito de Jurisdição
CJF – Conselho da Justiça Federal
CLT – Consolidação das Leis do Trabalho
CNJ – Conselho Nacional de Justiça
CP – Código Penal

CPC – Código de Processo Civil
CPF – Cadastro de Pessoas Físicas
CPI – Comissão Parlamentar de Inquérito
CPM – Código Penal Militar
CPMI – Comissão Parlamentar Mista de Inquérito
CPP – Código de Processo Penal
CPPM – Código de Processo Penal Militar
CR – Carta Rogatória
CRFB – Constituição da República Federativa do Brasil
CSJT – Conselho Superior da Justiça do Trabalho
CTN – Código Tributário Nacional
dec. – Decisão
DJ – Diário da Justiça
DJE – Diário da Justiça Eletrônico
DL – Decreto-Lei
DOU – Diário Oficial da União
EC – Emenda Constitucional
ECA – Estatuto da Criança e do Adolescente
ECR – Emenda Constitucional de Revisão
ED – Embargos de Declaração
EDv – Embargos de Divergência
EI – Embargos Infringentes
EP – Execução Penal
EREsp – embargos de divergência em recurso especial
Ext – Extradição
Extn – Extensão
FGTS – Fundo de Garantia do Tempo de Serviço
HC – Habeas Corpus
HD – Habeas Data
IBGE – Instituto Brasileiro de Geografia e Estatística
IF – Intervenção Federal
Incra – Instituto Nacional de Colonização e Reforma Agrária
INPC – Índice Nacional de Preços ao Consumidor
Inq – Inquérito

INSS – Instituto Nacional do Seguro Social
IPI – Imposto sobre Produtos Industrializados
IPTU – Imposto Predial e Territorial Urbano
IPVA – Imposto sobre Propriedade de Veículos Automotores
ISS – Imposto sobre Serviços
ITR – Imposto Territorial Rural
j. – Julgamento em
LC – Lei Complementar
LCP – Lei de Contravenções Penais
LDO – Lei de Diretrizes Orçamentárias
LEP – Lei de Execuções Penais
LICC – Lei de Introdução ao Código Civil
Loman – Lei Orgânica da Magistratura Nacional
LRF – Lei de Responsabilidade Fiscal
MC – Medida Cautelar
MI – Mandado de Injunção
min. – Ministro
MP – Medida Provisória
MPDFT – Ministério Público do Distrito Federal e Territórios
MPF – Ministério Público Federal
MPM – Ministério Público Militar
MPT – Ministério Público do Trabalho
MPU – Ministério Público da União
MS – Mandado de Segurança
OAB – Ordem dos Advogados do Brasil
ONU – Organização das Nações Unidas
P – Plenário
p/ – para
PDV – Programa de Demissão Voluntária
PEC – Proposta de Emenda à Constituição
Pet – Petição
PGR – Procurador-Geral da República/ Procuradoria-Geral da República
QO – Questão de Ordem

RC – Recurso Criminal
Rcl – Reclamação
RE – Recurso Extraordinário
REF – Referendo
Refis – Programa de Recuperação Fiscal
rel. – Relator
REsp – Recurso Especial
RHC – Recurso em Habeas Corpus
RHD – Recurso em Habeas Data
RI – Regimento Interno
RISTF – Regimento Interno do Supremo Tribunal Federal
RISTJ – Regimento Interno do Superior Tribunal de Justiça
RITST – Regimento Interno do Tribunal Superior do Trabalho
RMS – Recurso em Mandado de Segurança
Rp – Representação
RR – Recurso de Revista
SE – Sentença Estrangeira
SEC – Sentença Estrangeira Contestada
SL – Suspensão de Liminar
SS – Suspensão de Segurança
STA – Suspensão de Tutela Antecipada
STF – Supremo Tribunal Federal
STJ – Superior Tribunal de Justiça
STM – Superior Tribunal Militar
SUS – Sistema Único de Saúde
TA – Tutela Antecipada
TCDF – Tribunal de Contas do Distrito Federal
TCU – Tribunal de Contas da União
TJDFT – Tribunal de Justiça do Distrito Federal e Territórios
TRE – Tribunal Regional Eleitoral
TRF – Tribunal Regional Federal
TRT – Tribunal Regional do Trabalho
TSE – Tribunal Superior Eleitoral
TST – Tribunal Superior do Trabalho

Capítulo I

A TEORIA DOS PRECEDENTES DO SUPREMO TRIBUNAL FEDERAL

1. PANORAMA HISTÓRICO DOS PRECEDENTES DO STF: DO IMPÉRIO AOS DIAS ATUAIS

A Constituição Imperial do Brasil, de 1824, não previa a possibilidade de controle de constitucionalidade das leis e atos normativos pelo Poder Judiciário. Já a primeira Constituição Republicana, de 1891, embora permitisse o controle difuso de constitucionalidade, não contava com mecanismo que viabilizasse a eficácia *erga omnes* de decisões do Supremo Tribunal Federal que declarassem a inconstitucionalidade de diploma normativo.

Apenas na Constituição de 1934 é que começou a ser estabelecido o embrião legislativo para que decisões judiciais pudessem gerar efeitos vinculantes extraprocessuais. Os arts. 91, IV, e 96, da referida Carta, permitiam que o Senado Federal suspendesse a "execução, no todo ou em parte, de qualquer lei ou ato, deliberação ou regulamento, quando hajam sido declarados inconstitucionais pelo Poder Judiciário", cabendo ao Procurador-Geral da República a iniciativa de comunicar a decisão judicial ao órgão legislativo. Perceba-se que, em tal sistema, o precedente do STF, em si, não tinha eficácia vinculante geral, que ocorreria apenas com a conjugação de vontades dos outros dois órgãos, em verdadeiro ato complexo.

A Carta de 1937, ao estabelecer típico modelo ditatorial, trouxe estagnação e retrocesso ao sistema de controle de constitucionalidade[1], ao permitir que o Presidente da República submetesse novamente, ao Parlamento, lei cuja constitucionalidade tivesse sido decretada judicialmente: se o Legislativo a confirmasse por dois terços de votos em cada uma das Câmaras, ficaria sem efeito a decisão do tribunal. A Constituição do Estado Novo, ademais, não previu a possibilidade de comunicação de decisão judicial ao Senado, para fins de suspensão geral de eficácia de lei declarada inconstitucional.

1. Cf. BULOS, Uadi Lammêgo. *Curso de Direito Constitucional.* 5ª ed. São Paulo: Saraiva, 2010, p. 197.

A Constituição de 1946 voltou a prever a atribuição do Senado Federal para suspender a execução de lei declarada inconstitucional pelo Supremo Tribunal Federal, restabelecendo atribuição que se mantém até os dias atuais. Além disso, a Emenda Constitucional nº 16/1965 introduziu o controle abstrato de constitucionalidade, mediante ação direta de inconstitucionalidade (chamada, à época, de "representação de inconstitucionalidade", para a qual o único legitimado ativo era o Procurador-Geral da República), mas a decisão do STF, ainda em tais casos, não tinha eficácia *erga omnes*[2]. O panorama foi mantido durante o período de vigência da Constituição de 1967, com a Emenda Constitucional nº 1/1969.

Com a Constituição da República Federativa do Brasil, de 1988, o sistema de controle concentrado de constitucionalidade no STF foi bastante ampliado no país: a ampliação do rol de legitimados democratiza e potencializa o debate dos mais diversos temas, independentemente do arbítrio de uma autoridade específica (o Procurador-Geral da República); e, no mínimo desde a entrada em vigor da Emenda Constitucional nº 3/1993, fica implícito que as decisões em ações de controle concentrado de constitucionalidade têm eficácia contra todos e efeito vinculante[3]. O último aspecto foi explicitado pela EC nº 45/2004, a qual instituiu, ainda, a figura da Súmula Vinculante.

Além disso, no ano de 2006, a Lei nº 11.418 introduziu ao Código de Processo Civil então vigente os arts. 543-A e 543-B, os quais instituíram o requisito da repercussão geral no recurso extraordinário, bem como a possibilidade de julgamento, pelo STF, de recursos representativos da controvérsia. Tal regulamentação passou a prever o caráter vinculante, com eficácia geral, de decisões proferidas em recurso extraordinário, já que a decisão pelo STF geraria (i) a inadmissão dos recursos extraordinários sobrestados na origem – caso negada a existência de repercussão geral do tema –, ou (ii) a possibilidade de exercício de juízo de retratação pelo tribunal de origem, conforme deflui do art. 543-B, §§2º e 3º, do CPC/1973[4].

---

2. MENDES, Gilmar Ferreira; COELHO, Inocêncio Mártires; BRANCO, Paulo Gustavo Gonet. *Curso de Direito Constitucional*. 3ª ed. rev.e atual. São Paulo: Saraiva, 2008, p. 1.046.

3. A respeito, comentando o fato de que o constituinte derivado, na EC 3/1993, teria se "esquecido" de mencionar o efeito vinculante das ações diretas de inconstitucionalidade, André Ramos Tavares sustenta: "não haveria substrato lógico para sustentar uma contrariedade expressa à extensão do efeito vinculante à decisão proferida em ação direta de inconstitucionalidade. Isso porque a decisão negativa em ação declaratória produz os mesmo efeitos da ação direta, ou seja, declara inconstitucional o ato normativo". TAVARES, André Ramos. *Curso de Direito Constitucional.* 5ª edição. Saraiva, 2007, p. 294.

4. Art. 543-B, § 2º Negada a existência de repercussão geral, os recursos sobrestados considerar-se-ão automaticamente não admitidos. § 3º Julgado o mérito do recurso extraordinário, os recursos sobrestados serão apreciados pelos Tribunais, Turmas de Uniformização ou Turmas Recursais, que poderão declará-los prejudicados ou retratar-se.

Essa legislação consagra a tendência legislativa de objetivação do recurso extraordinário, que já vinha se delineando no STF, no mínimo, desde o ano de 2003, por ocasião do julgamento do AI 375.011, em que a Corte dispensou o requisito do prequestionamento[5]. Em seu voto, a Min. Ellen Gracie ressaltou que o STF já vinha "dando mostras de que o papel do recurso extraordinário" estava em processo de "redefinição, de modo a conferir maior efetividade às decisões".

A objetivação significa, em essência, que a decisão do recurso extraordinário deveria ser tida como precedente vinculante, ou seja, apesar de se tratar de decisão proferida em processo subjetivo – cujos efeitos, em princípio, seriam restritos às partes –, sua eficácia deveria ser extraprocessual e aplicável em quaisquer processos em que discutida a mesma questão constitucional.

A tese da objetivação veio a ser seguramente acolhida pelo CPC/2015, já que as decisões proferidas de acordo com a sistemática de repercussão geral passam a ser vinculantes.

O mesmo Código, no art. 927, *caput*[6], ademais, prevê que decisões do STF em controle de constitucionalidade, em recursos extraordinários repetitivos, bem como a orientação de seu Plenário e suas Súmulas em matéria constitucional, devem ser observadas pelos juízes e tribunais, conforme se estudará a seguir.

Esse breve relato histórico permite visualizar uma tendência crescente de valorização dos precedentes do STF: da impossibilidade de realizar controle de constitucionalidade (quando a Suprema Corte era denominada "Supremo Tribunal de Justiça do Império"), chega-se ao momento atual, em que diversas espécies de decisões da Corte, em processos objetivos e subjetivos, passam a ter eficácia *erga omnes* e efeitos vinculantes, devendo ainda ser seguidas obrigatoriamente por todos os juízes e tribunais.

Compreende-se, assim, que o Supremo Tribunal Federal, hoje mais do que nunca, se transforma em protagonista da interpretação do Direito no Brasil. De fato, o grau de detalhamento da CF/88, que regulamenta vários aspectos de quase todos os ramos do Direito, faz com que o STF possa definir os rumos da legislação nacional em matéria trabalhista, processual, civil, criminal etc. Muito

---

5. Sobre o tema, mais amplamente, v. DIDIER JR., Fredie; CUNHA, Leonardo Carneiro da. *Curso de Direito Processual Civil*, v.3. 13ª ed. Salvador: Juspodivm, 2016, p. 376 e seguintes.

6. Art. 927. Os juízes e os tribunais observarão:

I - as decisões do Supremo Tribunal Federal em controle concentrado de constitucionalidade;

II - os enunciados de súmula vinculante;

III - os acórdãos em incidente de assunção de competência ou de resolução de demandas repetitivas e em julgamento de recursos extraordinário e especial repetitivos;

IV - os enunciados das súmulas do Supremo Tribunal Federal em matéria constitucional e do Superior Tribunal de Justiça em matéria infraconstitucional;

V - a orientação do plenário ou do órgão especial aos quais estiverem vinculados.

embora aprecie, também, temas não relacionados diretamente à Constituição[7], a Corte tem utilizado o controle de constitucionalidade como o principal instrumento na tarefa de uniformizar a interpretação jurídica em geral, com o uso de técnicas como a interpretação conforme a Constituição, as sentenças aditivas, a declaração de nulidade parcial sem redução de texto, entre outras.

Em suma, pode-se concluir que o cidadão brasileiro não está mais vinculado apenas às leis e aos demais atos normativos, mas também aos precedentes obrigatórios, sobretudo os do Supremo Tribunal Federal. É imperativo, portanto, definir com precisão quando um precedente será tido como vinculante.

2. PRECEDENTES OBRIGATÓRIOS DO STF: *RATIO DECIDENDI*

2.1. Visão geral: precedentes obrigatórios e persuasivos

Precedente é qualquer decisão judicial que possa ser usada como base na fundamentação de outra. Quando se fala em precedente, refere-se a uma única decisão judicial. Havendo reiteração de decisões no mesmo sentido (= reiteração de precedentes), diz-se que foi firmada jurisprudência sobre o tema. Jurisprudência, portanto, é o conjunto de decisões que refletem o posicionamento de determinado órgão jurisdicional[8].

Toda decisão judicial contém duas normas jurídicas: uma individual, contida no dispositivo e que se destina a solucionar o caso concreto; e outra geral, extraída da fundamentação (*ratio decidendi* ou razão de decidir), e que pode ser aplicada para qualquer outro caso análogo. O precedente é justamente essa norma jurídica geral, que pode (e em alguns casos deve) ser aplicada a todas as causas posteriores que contenham a mesma questão de direito[9].

De fato, a partir da Constituição (ou do ordenamento jurídico, em perspectiva mais ampla), o STF – como qualquer juiz – formula a norma jurídica individual que regerá o caso concreto (julgamento de processo subjetivo, como recurso extraordinário) ou que declarará, em abstrato, a constitucionalidade ou inconstitucionalidade de determinada lei ou ato normativo (julgamento de processo objetivo, como nas ações de controle concentrado de constitucionalidade). Porém, ainda que implicitamente, a Corte, no itinerário entre os dois momentos (ou seja, na fundamentação da sentença), passa necessariamente pela formulação de uma norma jurídica geral apta a reger situações idênticas ou semelhantes que tenham ocorrido ou possam vir a acontecer.

---

7. Como, por exemplo, o julgamento de crimes cometidos por autoridades com prerrogativa de foro, litígios entre Estados estrangeiros e a União, extradição, entre outros.
8. Cf. BERNARDES, Felipe. *Manual de Processo do Trabalho.* 2ª ed. Salvador: Juspodivm, 2019, p. 739.
9. *Idem, ibidem.*

Para exemplificar, imagine-se, por hipótese, que, em ação direta de inconstitucionalidade, o STF declare a inconstitucionalidade da lei X do Estado do Rio de Janeiro que discipline o meio ambiente de trabalho, por violação à competência legislativa privativa da União para legislar sobre Direito do Trabalho (CF, art. 22, I). Nesse caso, eficácia da coisa julgada abrange apenas a lei X; mas a decisão do STF será usada como precedente em futuros processos, envolvendo outras leis de teor idêntico ou semelhante, oriundas de outros estados da federação. A *ratio decidendi,* em tal exemplo hipotético, poderia ser assim enunciada: é inconstitucional lei estadual que estabeleça regras sobre meio ambiente de trabalho. Trata-se da eficácia transcendente dos motivos determinantes, sobre o que se discorrerá adiante[10].

O precedente é justamente a *ratio decidendi*, vale dizer, a norma geral extraída da fundamentação do julgado e que constitui seu fundamento determinante. Fundamentos que não sejam determinantes para a conclusão adotada configuram *obiter dicta*, sendo lançados na decisão apenas de passagem. Sua exclusão não resultaria em nenhum prejuízo, nem em modificação da conclusão do julgamento[11].

O precedente diz-se persuasivo quando o órgão julgador não for obrigado a seguir o entendimento nele fixado. Desse modo, o juiz pode mencionar, na fundamentação da sentença, determinado precedente persuasivo a respeito do mesmo tema, seja com o objetivo de fundamentar sua conclusão no mesmo sentido, seja para demonstrar de que modo a conclusão do precedente é inadequada.

Com essa conotação, o STF – por se tratar do órgão de cúpula do Judiciário nacional – sempre editou precedentes com grande eficácia persuasiva. Para ilustrar, veja-se a decisão do Supremo no AI 12175, julgado em abril de 1945[12], em que fixada a tese de que, quando do acidente de trabalho resulta morte é da data desta, e não daquele, se diferentes, que se conta o prazo de prescrição. Desde a sua prolação até os dias atuais é possível utilizar tal julgado como base da fundamentação de decisão judicial, cabendo ao julgador demonstrar por que a tese se afigura, ou não, adequada à luz do ordenamento jurídico atualmente vigente.

A partir da consolidação de precedentes em determinado sentido, os tribunais podem editar súmulas, que consistem em máxima extraída da respectiva jurisprudência. A súmula, em si, não é um precedente, mas consubstancia manifestação abstrata e em termos genéricos das conclusões contidas nos diversos precedentes. Assim é que o STF, em 1963, aprovou a súmula 327, a qual previa

---

10. V. item 3, *infra*.
11. Cf. BERNARDES, Felipe, *op.cit.*, p. 744.
12. AI 12175. AGRAVO DE INSTRUMENTO. 2ª Turma. Relator: Min. OROZIMBO NONATO. Julgamento: 24/04/1945. Coletânea de Acórdãos nº 605, página 84.

que se aplicava a prescrição intercorrente no Direito do Trabalho. Contudo, assim como ocorria com os precedentes, as súmulas do Supremo Tribunal Federal tinham – até a entrada em vigor do CPC/2015 – caráter meramente persuasivo. Daí se compreende a legitimidade da Súmula 114 do TST, que, editada em 1980, estatuía ser inaplicável na Justiça do Trabalho a prescrição intercorrente.

Salta aos olhos o caráter disfuncional desse sistema, em que o cidadão não tinha como saber qual a interpretação seria dada pelos tribunais ao direito positivo. Sem dúvida, isso trazia (e continua trazendo, como se verá adiante) aumento desnecessário de litigiosidade, violação de isonomia (pelo tratamento diferente de casos iguais) e insegurança jurídica.

Paulatinamente, o poder constituinte derivado e o legislador ordinário passaram a prever hipóteses em que os precedentes e súmulas do STF seriam de observância obrigatória por todos os juízes e tribunais brasileiros. De acordo com o ordenamento jurídico atualmente vigente, considerando apenas as decisões proferidas pelo Supremo Tribunal Federal, são vinculantes:

- (i) decisões proferidas em ações de controle concentrado de constitucionalidade (CPC, art. 927, I): ação direta de inconstitucionalidade, ação direta de inconstitucionalidade por omissão, arguição de descumprimento de preceito fundamental, mandado de injunção[13] e representação interventiva;
- (ii) os enunciados de súmula vinculante (CPC, art. 927, II);
- (iii) julgamento de incidente de assunção de competência, bem como de recurso extraordinário repetitivo (CPC, art. 927, III). Quanto ao IRDR e IAC, ver item 2.5, *infra*[14];
- (iv) súmulas do STF em matéria constitucional (CPC, art. 927, IV);
- (v) orientação do Plenário do Supremo Tribunal Federal (CPC, art. 927, V), a qual só vincula a própria Corte, com a ressalva da recondução do julgado a outra hipótese de formação de precedente obrigatório[15];

---

13. A inclusão do mandado de injunção como espécie de controle concentrado de constitucionalidade pode causar estranheza, mas, em nossa visão, diante da eficácia ampla que tem sido dada ao instituto, pelo STF, em alguns casos, é possível incluí-lo nessa categoria.
14. É questionável a possibilidade de instauração de IRDR em tribunais superiores. Na visão do autor, o direito positivo vigente não contempla essa possibilidade, conforme explicitado alhures: "apesar de não haver vedação expressa à aplicabilidade do IRDR em Tribunais Superiores, o sistema do Código foi claramente idealizado para a utilização do incidente apenas em Tribunais de segundo grau: é o que se infere dos arts. 982, § 3º, e 987, *caput*, os quais pressupõem o cabimento de recursos excepcionais contra a decisão do IRDR, bem como a possibilidade de suspensão dos processos, excepcionalmente, pelos Tribunais Superiores" (BERNARDES, Felipe, *op.cit.*, p. 750). O tema será melhor desenvolvido no item 2.5, abaixo.
15. A respeito, ver item 2.5, *infra*.

- (vi) decisões com tese fixada de acordo com a sistemática de repercussão geral (CPC, art. 1.030, I, *a*, e II, c/c art. 1.035, §5º, c/c art. 988, §5º, II).

Não há unanimidade doutrinária na formulação desse rol. Em doutrina, é possível vislumbrar as seguintes linhas divergentes:

- (i) os precedentes do art. 927, III, seriam *fortes*, pois podem dar ensejo a reclamação. Já aqueles previstos nos incisos IV e V do mesmo dispositivo seriam de obrigatoriedade *média*, sendo "natural e desejável" que sejam respeitados e, se houver "afastamento deles, a decisão pode ser corrigida (ou não) pela via recursal". Por fim, haveria outras situações em que "o legislador quis, pura e simplesmente, mostrar que a decisão de um tribunal superior deve ser vista com atenção e de preferência respeitada", como no caso das decisões exaradas em repercussão geral, por não haver previsão expressa nesse sentido[16];
- (ii) a eficácia vinculante não resultaria do art. 927 do CPC, o qual estipularia aos juízes apenas o dever de "levar em consideração" os pronunciamentos judiciais ali elencados. O caráter obrigatório somente existiria quando houvesse norma específica o prevendo: é o que ocorre com os padrões decisórios dos incisos I a III do art. 927. Com relação a decisões em controle concentrado de constitucionalidade, a vinculatividade está prevista no art. 102, §2º, da CF; quanto à súmula vinculante, no art. 103-A da CF; no que tange ao IAC, IRDR e recursos repetitivos, nos arts. 947, §3º, 985 e 1.039, respectivamente[17]. Quanto aos incisos IV e V do art. 927 (súmulas comuns e orientação do Plenário ou Órgão Especial) não seriam vinculantes, mas meramente persuasivos. Além disso, argumenta-se pela existência de procedimentos específicos para a formação de precedentes obrigatórios.

Razões de ordem sistemática, entretanto, impõem a conclusão de que todos os precedentes e padrões decisórios estabelecidos no art. 927 do CPC são vinculantes[18]. Ora, se o IRDR é julgado, em geral, por órgão que reúne uma quan-

16. Cf. WAMBIER, Teresa Arruda Alvim. *Precedentes*. In *Temas Essenciais do Novo CPC: análise das principais alterações do sistema processual civil brasileiro*. Luiz Rodrigues Wambier e Teresa Arruda Alvim Wambier (coords.). São Paulo: RT, 2016, p. 488.
17. Argumentos que se leem em: CÂMARA, Alexandre. *O novo processo civil brasileiro*. 6ª ed. São Paulo: Atlas, 2020, p. 440. O autor não esclarece expressamente se decisões do STF na sistemática de repercussão geral seriam, ou não, vinculantes.
18. Sustentam que todos tipos de decisão elencados no art. 927 do CPC são vinculantes, entre outros autores: DIDIER JR., Fredie; BRAGA, Paula Sarno; OLIVEIRA, Rafael Alexandria de. *Curso de Direito Processual Civil*, v.2. 11ª ed. Salvador: Juspodivm, 2016, p. 474 e ss. DONIZETTI, Elpídio. Novo Código de Processo Civil Comentado. 3ª ed, rev., atual. e ampl. São Paulo: Atlas, 2018, p. 807.

tidade menor de membros do tribunal[19] – e a decisão do IRDR é inegavelmente vinculante, mesmo para as correntes de pensamento acima mencionadas –, não faria sentido que decisões oriundas do Plenário, órgão que congrega todos os membros da Corte, também não fossem precedentes obrigatórios. Contudo, a obrigatoriedade, aqui, abrange apenas os magistrados diretamente vinculados ao tribunal que exarou o precedente, conforme se desenvolverá adiante[20].

Além disso, o procedimento para edição de súmulas – regido pelos regimentos internos de cada tribunal, na esfera cível, e regulamentados pelo art. 702 da CLT[21], no Processo do Trabalho – também pressupõe votação por colegiado amplo no âmbito do tribunal: geralmente[22], trata-se de competência do Plenário ou do Órgão Especial[23]. Ainda quanto às súmulas, o art. 926, §2º, estabelece que os tribunais, ao editá-las, devem ater-se às circunstâncias fáticas dos precedentes que motivaram a sua criação; e o art. 927, §§2º e 4º[24], reforça a necessidade de amplo contraditório na alteração das súmulas – inclusive com a possibilidade de realização de audiências públicas. É evidente que, embora não explicitado, os mesmos paradigmas se aplicam às hipóteses de criação ou cancelamento de súmula.

Em suma, todos os precedentes do STF que se enquadrem na moldura do art. 927 do CPC são vinculantes, bem como os julgados com tese fixada em repercussão geral.

Resta investigar, entretanto, os seguintes pontos:

- (i) qual o fundamento para o caráter vinculativo dos julgados proferidos na sistemática de repercussão geral;
- (ii) se é possível, nas ações de controle concentrado de constitucionalidade, bem como nos recursos extraordinários, aplicar-se a teoria da

---

19. No Tribunal de Justiça do Estado do Rio de Janeiro, por exemplo, o IRDR em matéria cível é julgado pela Seção Cível, formada por 28 Desembargadores, ao passo que o Plenário conta com 180 desembargadores.
20. Item 2.5, *infra*.
21. Art. 702 - Ao Tribunal Pleno compete: (...) estabelecer ou alterar súmulas e outros enunciados de jurisprudência uniforme, pelo voto de pelo menos dois terços de seus membros, caso a mesma matéria já tenha sido decidida de forma idêntica por unanimidade em, no mínimo, dois terços das turmas em pelo menos dez sessões diferentes em cada uma delas, podendo, ainda, por maioria de dois terços de seus membros, restringir os efeitos daquela declaração ou decidir que ela só tenha eficácia a partir de sua publicação no Diário Oficial.
22. No âmbito dos tribunais trabalhistas, após a entrada em vigor da Lei nº 13.467/2017, a competência para criação, cancelamento ou modificação de súmulas é exclusiva de Plenário de TRT ou do TST.
23. No TJ-RJ, a competência para criação, modificação e cancelamento de súmulas é do Órgão Especial.
24. CPC, art. 927, 2º - A alteração de tese jurídica adotada em enunciado de súmula ou em julgamento de casos repetitivos poderá ser precedida de audiências públicas e da participação de pessoas, órgãos ou entidades que possam contribuir para a rediscussão da tese. (...) §4º - A modificação de enunciado de súmula, de jurisprudência pacificada ou de tese adotada em julgamento de casos repetitivos observará a necessidade de fundamentação adequada e específica, considerando os princípios da segurança jurídica, da proteção da confiança e da isonomia.

transcendência dos motivos determinantes, de modo que, reconhecida a inconstitucionalidade de ato normativo de determinado Estado ou Município, automaticamente também deva ser reconhecida a inconstitucionalidade de normas jurídicas idênticas oriundas de outros estados ou municípios;

- (iii) se as súmulas editadas antes do advento do CPC/2015 têm eficácia vinculante;
- (iv) se os julgados do Plenário do STF (CPC, art. 927;
- (v) são vinculantes para todos os tribunais e juízes do Brasil, em relação a qualquer tema, ou, ao revés, se deve ser reconhecida alguma restrição.

É o que será respondido nos itens seguintes, separada e detalhadamente.

2.2. Repercussão geral no recurso extraordinário. Recursos extraordinários repetitivos

2.2.1. Equivalência entre repercussão geral e recursos extraordinários repetitivos

Na prática, o STF tem feito a fusão das técnicas da repercussão geral e do julgamento de recursos extraordinários repetitivos[25], de modo que a Corte não tem deflagrado esta última sistemática. A opção é coerente, se se considera que a primeira é mais abrangente que a segunda: os REs repetitivos, para serem admitidos, também precisam apresentar repercussão geral; mas o inverso não é verdadeiro, de modo que é possível haver RE que apresente repercussão geral, mas não seja repetitivo (quando se tratar de tema relevante sem repetição em múltiplos processos).

Como o CPC/2015 igualou os efeitos das duas técnicas – notadamente no que tange à suspensão de processos em todo o território nacional, e à vinculatividade da decisão para todos o juízes e tribunais do país –, é compreensível que a praxe do Supremo tenha abandonado a figura dos recursos extraordinários repetitivos, tratando-os apenas sob o prisma da repercussão geral.

O interesse do instituto dos recursos extraordinários repetitivos existe tão somente do ponto de vista dos tribunais *a quo* (tribunais de justiça, tribunais regionais federais e, no âmbito trabalhista, o Tribunal Superior do Trabalho). De fato, tais tribunais, ao exercerem o juízo inicial de admissibilidade, percebendo a multiplicidade de recursos extraordinários interpostos sobre determinado tema, podem deflagrar a sistemática de julgamento por amostragem dos

25. Cf. DIDIER, *op.cit.*, p. 371.

recursos repetitivos, conforme se extrai do art. 1036, §§1º e 5º, do CPC[26 e 27]. Se, após receber os recursos selecionados pelo presidente ou pelo vice-presidente de tribunal de justiça ou de tribunal regional federal, não se proceder à afetação, o relator, no tribunal superior, comunicará o fato ao presidente ou ao vice-presidente que os houver enviado, para que seja revogada a decisão de suspensão (CPC, art. 1037, §1º).

Sucede que, recebido no STF, o recurso extraordinário será submetido à sistemática da repercussão geral, pois esta é requisito de admissibilidade daquele. Assim, exclusivamente sob a ótica da Suprema Corte, há equivalência entre a sistemática da repercussão geral e a do julgamento de recursos extraordinários repetitivos.

Passa-se a analisar aspectos atinentes à repercussão geral, os quais se aplicam igualmente caso o STF deflagre a sistemática de julgamento de recursos extraordinários repetitivos.

2.2.2. *Significado, competência e procedimento da repercussão geral*

A repercussão geral da questão constitucional pode ser considerada ou como requisito de admissibilidade específico, ou como aspecto inerente ao cabimento; de todo modo, trata-se de exigência exclusiva do recurso extraordinário para o STF. Ausente a repercussão geral, o recurso extraordinário não será conhecido ou admitido[28].

O instituto foi criado pela EC 45/2004 com o objetivo de limitar o acesso ao STF, fazendo com que ele assuma, cada vez mais, o perfil de Corte Constitucional. Assim, apenas quando o recurso apresentar questões relevantes do ponto de vista econômico, político, social ou jurídico que ultrapassem os interesses subjetivos do processo, ou for importante para a uniformização da jurisprudência nacional, é que se justifica a atuação da Suprema Corte[29].

Consoante art. 1035, §2º, do CPC, repercussão geral deve ser demonstrada pelo recorrente, para apreciação exclusiva pelo STF. No entanto, quando o

---

26. Art. 1036, § 1º O presidente ou o vice-presidente de tribunal de justiça ou de tribunal regional federal selecionará 2 (dois) ou mais recursos representativos da controvérsia, que serão encaminhados ao Supremo Tribunal Federal ou ao Superior Tribunal de Justiça para fins de afetação, determinando a suspensão do trâmite de todos os processos pendentes, individuais ou coletivos, que tramitem no Estado ou na região, conforme o caso.

    § 5º O relator em tribunal superior também poderá selecionar 2 (dois) ou mais recursos representativos da controvérsia para julgamento da questão de direito independentemente da iniciativa do presidente ou do vice-presidente do tribunal de origem.

27. DIDIER, *op. cit*, p. 647, também explicita a possibilidade de iniciativa do presidente ou vice-presidente do tribunal *a quo* para deflagrar a sistemática dos REs repetitivos, e destaca que a regra também se aplica no âmbito do STJ, embora mais raramente.
28. BERNARDES, Felipe, *op.cit.*, p. 680.
29. *Idem, ibidem.*

Plenário do STF definir que determinada matéria não apresenta repercussão geral, os tribunais *a quo* devem negar seguimento aos recursos extraordinários que discutam o mesmo tema. O ponto merece detalhamento.

Didaticamente, pode-se dizer que a repercussão geral é apreciada, no STF, em duas etapas principais:

- (i) primeiro, o Plenário Virtual define se a matéria objeto do RE apresenta repercussão geral. O ministro relator submete seu voto eletronicamente ao colegiado, e os demais integrantes da Corte têm o prazo comum de 20 dias para proferir seu voto, também eletronicamente. Decorrido o prazo sem manifestações suficientes para recusa do recurso, reputar-se-á existente a repercussão geral (RISTF, art. 324);
- (ii) se o Plenário Virtual definir que há repercussão geral, o RE é encaminhado ao Plenário "físico" para definição de tese acerca do tema.

Fixado que não há repercussão geral, o entendimento deve ser aplicado por todos os juízes e tribunais do Brasil. Assim, os tribunais *a quo*, perante os quais interpostos os REs, devem negar-lhes seguimento, nos termos do art. 1035, § 8º, do CPC[30], o que desmente a afirmativa simplista de que somente o STF apreciaria a existência de repercussão geral. A competência exclusiva do STF, portanto, diz respeito apenas à apreciação inédita sobre se determinado tema tem repercussão geral.

Além disso, os tribunais de origem (TST, STJ, TJs, TRFs), têm competência para negar seguimento a recursos extraordinários que não contenham preliminar destacada e fundamentada de repercussão geral. O Supremo tem sido bastante rigoroso nessa avaliação, negando a possibilidade de a argumentação sobre repercussão geral se reconheça como feita implicitamente[31]; há mesmo necessidade de tópico destacado na peça recursal, o que concerne à conformação da regularidade formal do recurso extraordinário.

Destaque-se, ainda, que, de acordo com o art. 9º, III, do RISTF, a competência para julgamento de recurso extraordinário é de uma das turmas do Supremo. Nada impediria, portanto, que a turma julgasse recurso extraordinário, caso reconhecesse a existência de repercussão geral (pois, para rejeitá-la, há necessidade de oito votos, por força do art. 102, §3º, da CF).

Contudo, o RE julgado pela turma não pode ser considerado precedente obrigatório, já que, evidentemente, uma turma da Corte não pode proferir de-

---

30. § 8º Negada a repercussão geral, o presidente ou o vice-presidente do tribunal de origem negará seguimento aos recursos extraordinários sobrestados na origem que versem sobre matéria idêntica.

31. Cf. MENDES, Gilmar Ferreira; STRECK, Lênio Luiz. Comentários ao art. 102, §3º. In *Comentários à Constituição do Brasil*. J.J.Gomes Canotilho et.al. (coords.). 2ª ed. São Paulo: Saraiva Educação, 2018, p. 1513.

cisões que vinculem a outra. É natural, portanto, que, após o reconhecimento de repercussão geral de determinada matéria pelo Plenário Virtual, o tema siga para o Plenário físico para definição de tese de mérito a respeito, a qual será vinculante não apenas para o próprio STF, mas para todos os demais juízes e tribunais do país.

A suspensão dos processos que versem sobre a mesma matéria, bem como os efeitos do julgamento proferido na sistemática de repercussão geral, serão analisados destacadamente na sequência.

2.2.3. *Suspensão dos processos*

Como visto no tópico anterior, embora não haja, em tese, identidade absoluta, na prática do STF têm sido equiparados os mecanismos da repercussão geral e dos recursos extraordinários repetitivos. O CPC/2015 referendou tal prática ao estipular, no art. 1035, §5º, que "reconhecida a repercussão geral, o relator no Supremo Tribunal Federal determinará a suspensão do processamento de todos os processos pendentes, individuais ou coletivos, que versem sobre a questão e tramitem no território nacional".

Assim, diferentemente do que ocorre no incidente de assunção de competência, o mero fato de o STF ter reconhecido a repercussão geral de determinado tema acarreta a suspensão de todos os processos, em todo o território nacional, que versem sobre a mesma matéria. Cabe perquirir se, do ponto de vista da Suprema Corte, a determinação de sobrestamento é obrigatória ou meramente facultativa; e se os juízes e tribunais vinculados podem determinar a prática de determinados atos ou mesmo o prosseguimento do processo em algum caso.

Para tanto, deve-se esclarecer que a tônica da suspensão de processos é estabelecer racionalidade na gestão de processos repetitivos, possibilitando soluções menos dispendiosas, cuja busca também se faz em diversos outros países[32]. Os fundamentos da suspensão geral de processos são:

- (i) evitar que inúmeros juízes e tribunais se debrucem simultaneamente sobre o mesmo tema de direito, o que implica dispêndio inútil de recursos públicos que poderiam ser melhor empregados. Se a decisão do tribunal superior será obrigatória de qualquer maneira, faz sentido, em princípio, que os juízes a aguardem, para evitar posterior retrabalho em grau recursal;
- (ii) promover isonomia entre os jurisdicionados, de modo que situações idênticas não sejam julgadas diferentemente pelo Judiciário;

32. MENDES, Aluisio Gonçalves Castro. *Incidente de Resolução de Demandas Repetitivas: sistematização, análise e interpretação do novo instituto processual.* Rio de Janeiro: Forense, 2017, p. 20.

- (iii) a decisão paradigma resultará de contraditório mais substancial, em virtude da possibilidade de realização de audiências públicas, *amici curiae*, fundamentação exaustiva, entre outros aspectos.

Tais observações permitem compreender por que parcela doutrina sustenta que a suspensão dos processos é obrigatória, modo que não haveria espaço para que o relator, no STF, deixasse de determiná-la[33]. No entanto, a Suprema Corte, acertadamente, decidiu que a suspensão de processamento prevista no art. 1035, § 5º, do CPC, não é consequência automática e necessária do reconhecimento da repercussão geral, sendo da "discricionariedade" do relator do recurso extraordinário paradigma determiná-la ou modulá-la[34].

De fato, a suspensão de processos é técnica de gestão de processos repetitivos. Embora se trate de instrumental concebido pelo Legislativo, não faria sentido subtrair ao Judiciário a possibilidade de definir que, em determinadas situações, a suspensão dos processos não seja medida racional de gestão. Pode ser, por exemplo, que o STF conclua não haver risco significativo de violação à isonomia, em função de o tema já estar praticamente pacificado na jurisprudência dos tribunais; ou que o pequeno quantitativo de processos que versem sobre o mesmo tema não justifique um comando geral de suspensão.

Portanto, sempre que a suspensão indiscriminada gerar mais prejuízos do que a continuidade dos processos, do ponto de vista da economia processual, da isonomia e da duração razoável do processo, o STF deve deixar de determinar, ou deve modular, a suspensão dos processos em todo o território nacional[35].

Seria muito interessante, por exemplo, que o STF, ressalvasse expressamente, quando da determinação de sobrestamento de processos, o término da fase instrutória[36]. Se o objetivo do instituto é promover economia processual e duração razoável dos processos, não faria sentido mesmo suspender o processo antes do encerramento da instrução; do contrário, após a fixação da tese vinculante pelo Supremo, a instrução deveria ser retomada, causando injustificável atraso na marcha processual.

---

33. Por exemplo, DONIZETTI, *op.cit.*, p. 951. Aparentemente, também, no mesmo sentido, DIDIER, *op.cit.*, v.3, p. 600. Sustentando claramente a obrigatoriedade da suspensão de processos no IRDR, com argumentação extensível ao microssistema de casos repetitivos em geral: NEVES, Daniel Amorim Assunção. *Manual de Direito Processual Civil - volume único.* 12ª ed. Salvador: Juspodivm, p. 1506; MENDES, Aluisio Gonçalves Castro, *op.cit.*, p. 185.

34. RE 966.177 RG/RS, rel. Min. Luiz Fux, julgamento em 7.6.2017.

35. Com opinião semelhante, Leonardo Greco aduz: "a suspensão poderá abranger apenas os recursos extraordinários ou também os processos pendentes, e, quanto a estes, poderá ser modulada em função do estágio de desenvolvimento do processo para não retardar demasiadamente o seu desfecho" (GRECO, op.cit., v.3, p. 289).

36. Como foi feito, por exemplo, pelo saudoso Min. Teori Zavascki em decisão anterior ao CPC/2015: ARE 791932/DF, decisão de 22/09/2014.

Assim, mesmo que o STF não o ressalve expressamente, os juízes e tribunais devem, no mínimo, encerrar a fase instrutória antes de suspender os processos que versem sobre o mesmo tema. A única exceção seria a hipótese em que o tema da repercussão geral, em debate no STF, dissesse respeito à própria fase de instrução (exemplo: discussão constitucional sobre a admissibilidade de determinado meio de prova, supostamente ilícito. Mesmo aqui só deveriam ser suspensos os processos em que se discutisse a admissibilidade do mesmo meio de prova).

Mas, em alguns casos, pode ser necessário ir além.

É sabido que a sistemática recursal trabalhista prevê a irrecorribilidade imediata das decisões interlocutórias, o que torna incompatível com o Processo do Trabalho o art. 356 do CPC, no que admite o julgamento antecipado parcial do mérito. Como não cabe agravo de instrumento contra a decisão parcial, a consequência é que ela não se sujeita à execução definitiva, nem à provisória, tornando-se exequível apenas quando cabível recurso contra a sentença final, que julgar os demais pedidos. Sem dúvida, o tema está a merecer atualização legislativa[37].

Em busca de maior efetividade do Direito Processual do Trabalho, tem-se buscado implementar a criativa solução de permitir o julgamento antecipado parcial de mérito, com o cabimento de recurso ordinário imediato (o qual seria uma espécie de "recurso ordinário por instrumento"), o qual faria as vezes do agravo de instrumento.

O art. 356 do CPC tem o mérito de minimizar o impacto da suspensão do processo, ao permitir seu prosseguimento quanto aos temas e pedidos não abrangidos pela decisão de sobrestamento.

Além disso, muito embora o §10 do art. 1035 do CPC[38] haja sido revogado, o entendimento nele consignado deve continuar sendo aplicado. Não se pode conceber que o §9º do mesmo dispositivo preveja mero prazo impróprio[39]; alguma eficácia jurídica há de ter a regra. Assim, deve aplicar analogicamente o regime da suspensão do IRDR, conforme art. 980, parágrafo único, do

---

37. Sobre o tema, mais amplamente, BERNARDES, Felipe, *op.cit.*, p. 561. O TST, na Instrução Normativa nº 41/2016, preconiza que seria possível a prolação de decisões parciais de mérito sujeitas a recursos ordinários sucessivos e independentes, mas não aponta solução para a necessidade de remessa dos autos ao TRT para julgamento do RO, ao mesmo tempo em que o processo deveria seguir na Vara do Trabalho para julgamento dos demais pedidos.

38. § 10. Não ocorrendo o julgamento no prazo de 1 (um) ano a contar do reconhecimento da repercussão geral, cessa, em todo o território nacional, a suspensão dos processos, que retomarão seu curso normal.

39. § 9º O recurso que tiver a repercussão geral reconhecida deverá ser julgado no prazo de 1 (um) ano e terá preferência sobre os demais feitos, ressalvados os que envolvam réu preso e os pedidos de habeas corpus.

Código[40]: decorrido o prazo de um ano após o reconhecimento de repercussão geral, sem que o STF fixe tese de mérito, os processos suspensos devem prosseguir, a menos que haja decisão fundamentada do relator em sentido contrário.

Por fim, cabe registrar que a suspensão de processos em primeiro grau causa, não raramente, angústia ao juiz, que também é gestor de sua unidade e eventualmente se vê impossibilitado de dar prosseguimento a uma quantidade significativa de processos. O tema está a merecer maior reflexão e pesquisa, inclusive com auxílio de ferramentas estatísticas, a fim de traçar critérios para que se defina a possibilidade de prosseguimento dos processos em determinadas unidades judiciárias, quando isso se revelar como método mais racional e eficiente de gestão processual.

2.2.4. Efeitos do julgamento

As decisões proferidas pelo STF de acordo com a sistemática de repercussão geral constituem precedentes vinculantes, ou seja, a tese fixada é de observância obrigatória por todos os juízes e tribunais do Brasil. O recurso extraordinário paradigma é, portanto, dotado de eficácia extraprocessual, já que o acórdão julgará não apenas o caso concreto, mas gerará efeitos para todos os processos atuais e futuros sobre o mesmo tema, salvo se houver revisão da tese.

Partindo dessa premissa, podem-se separar os efeitos do julgamento em repercussão geral em dois grandes grupos: (i) quando o STF não reconhece repercussão geral do tema; (ii) quando a Suprema Corte reconhece a repercussão geral e fixa tese de mérito sobre o tema.

No primeiro caso, a eficácia extraprocessual da decisão fica restrita aos recursos extraordinários sobre a mesma matéria – tanto aqueles interpostos antes da decisão do Supremo, quanto os interpostos posteriormente. Define-se, assim, que a matéria é infraconstitucional, não sujeita a recurso extraordinário. De fato, negada a repercussão geral pelo STF, o presidente ou o vice-presidente do tribunal de origem (no âmbito trabalhista, o TST) negará seguimento aos recursos extraordinários sobrestados na origem que versem sobre matéria idêntica (art. 1035, §8º). Dessa decisão cabe apenas agravo interno no âmbito do próprio tribunal de origem (art. 1030, I, *a*, c/c §2º)[41], ou seja, não

40. Art. 980. O incidente será julgado no prazo de 1 (um) ano e terá preferência sobre os demais feitos, ressalvados os que envolvam réu preso e os pedidos de *habeas corpus*.

Parágrafo único. Superado o prazo previsto no *caput*, cessa a suspensão dos processos prevista no art. 982 , salvo decisão fundamentada do relator em sentido contrário.

41. Art. 1.030. Recebida a petição do recurso pela secretaria do tribunal, o recorrido será intimado para apresentar contrarrazões no prazo de 15 (quinze) dias, findo o qual os autos serão conclusos ao presidente ou ao vice-presidente do tribunal recorrido, que deverá:

I – negar seguimento

cabe agravo para o STF (art. 1042, *caput*)[42]. Tais dispositivos legais permitem concluir que, da mesma forma, não serão admitidos na origem recursos extraordinários que venham a ser interpostos posteriormente à decisão do STF que reconheça a inexistência da repercussão geral.

Já na situação (ii), quando a Suprema Corte reconhece a repercussão geral e fixa tese de mérito sobre o tema, a eficácia extraprocessual da decisão é mais ampla, gerando-se os seguintes efeitos:

- (a) os recursos sobrestados na origem terão seguimento negado pelo presidente ou vice-presidente do tribunal, caso a decisão recorrida coincida com a tese fixada pelo STF. Nesse caso, o único recurso cabível é o agravo interno no próprio tribunal *a quo* (art. 1030, I, *b*, c/c §2º). O mesmo raciocínio se aplica para os recursos extraordinários interpostos posteriormente à fixação da tese pelo Supremo;
- (b) os recursos extraordinários sobrestados na origem, que impugnem acórdãos contrários à tese fixada pelo STF, darão ensejo à possibilidade de retratação pelos órgãos prolatores. O presidente ou vice-presidente do tribunal *a quo* deve, em tais hipóteses, deve encaminhar o processo – que estava suspenso – ao órgão prolator, para que realize o juízo de retratação (art. 1030, II)[43];

Caso haja a retratação – o que é natural e esperado, por se tratar de precedente vinculante –, recai-se na situação (a), de modo que será negado seguimento ao recurso extraordinário anteriormente interposto, em decisão contra a qual o único recurso cabível é o agravo interno no âmbito do próprio tribunal. Ao revés, negado o juízo de retratação pelo órgão que havia proferido o acórdão

---

a) a recurso extraordinário que discuta questão constitucional à qual o Supremo Tribunal Federal não tenha reconhecido a existência de repercussão geral ou a recurso extraordinário interposto contra acórdão que esteja em conformidade com entendimento do Supremo Tribunal Federal exarado no regime de repercussão geral; (...)

§ 2º Da decisão proferida com fundamento nos incisos I e III caberá agravo interno, nos termos do art. 1.021.

42. Art. 1.042. Cabe agravo contra decisão do presidente ou do vice-presidente do tribunal recorrido que inadmitir recurso extraordinário ou recurso especial, salvo quando fundada na aplicação de entendimento firmado em regime de repercussão geral ou em julgamento de recursos repetitivos.

43. Art. 1.030. Recebida a petição do recurso pela secretaria do tribunal, o recorrido será intimado para apresentar contrarrazões no prazo de 15 (quinze) dias, findo o qual os autos serão conclusos ao presidente ou ao vice-presidente do tribunal recorrido, que deverá: (...) II – encaminhar o processo ao órgão julgador para realização do juízo de retratação, se o acórdão recorrido divergir do entendimento do Supremo Tribunal Federal ou do Superior Tribunal de Justiça exarado, conforme o caso, nos regimes de repercussão geral ou de recursos repetitivos.

recorrido, o presidente ou vice-presidente do tribunal *a quo* fará o juízo de admissibilidade do recurso extraordinário (art. 1030, V, *c*)[44];

- (c) conforme art. 1040, §§1º, 2º e 3º, a parte poderá desistir da ação em curso no primeiro grau de jurisdição, antes de proferida a sentença, independentemente de consentimento do réu, se a questão nela discutida for idêntica à resolvida pelo recurso paradigma com tese fixada pelo STF. Se a desistência ocorrer antes de oferecida contestação, a parte ficará isenta do pagamento de custas e de honorários de sucumbência;
- (d) abre-se a possibilidade do uso de técnicas de aceleração do procedimento, como o julgamento liminar de improcedência (a partir da interpretação extensiva do art. 332, II, do CPC)[45] e decisões monocráticas nos tribunais (interpretação extensiva do art. 932, IV, *b*, e V, *b*) , todas para aplicar a tese fixada pelo STF em repercussão geral[46];
- (e) passa a caber reclamação perante o STF, para assegurar o cumprimento do precedente, mas apenas após esgotadas as instâncias ordinárias (CPC, art. 988, §5º, II).

Em suma, todos os juízes e tribunais do país devem seguir as teses fixadas pelo Supremo de acordo com a sistemática da repercussão geral.

2.3. Ações de controle concentrado de constitucionalidade: abrangência

Conforme visto, são de observância obrigatória as decisões do Supremo Tribunal Federal em controle concentrado de constitucionalidade (CPC, art. 927, I).

A doutrina ensina que o controle de constitucionalidade concentrado é aquele "exercido por um único órgão ou por um número limitado de órgãos criados especificamente para esse fim ou tendo nessa atividade sua função principal"[47]. Tal noção não se confunde com a de controle por via principal ou ação direta, o qual se realiza "fora de um caso concreto", em ação de caráter objetivo que discute a validade da lei em si. Ademais, embora não seja verdade

---

44. V – realizar o juízo de admissibilidade e, se positivo, remeter o feito ao Supremo Tribunal Federal ou ao Superior Tribunal de Justiça, desde que: (...) c) o tribunal recorrido tenha refutado o juízo de retratação.

45. Art. 332. Nas causas que dispensem a fase instrutória, o juiz, independentemente da citação do réu, julgará liminarmente improcedente o pedido que contrariar: (...) II - acórdão proferido pelo Supremo Tribunal Federal ou pelo Superior Tribunal de Justiça em julgamento de recursos repetitivos.

46. A mesma conclusão se encontra em CÂMARA, Alexandre, *op.cit.*, p. 457. Embora o autor não mencione expressamente a repercussão geral, aduz que o relator tem competência para dar ou negar provimento a recurso sempre que houver "precedente vinculante" sobre o tema objeto do recurso. Em outra passagem (p. 440), o autor trata os julgados em repercussão geral como precedentes vinculantes.

47. BARROSO, Luís Roberto. *O controle de constitucionalidade no direito brasileiro.* 4ª ed. rev. e atual. São Paulo: Saraiva, 2009, p. 47.

universalizável, no Brasil o controle por via de ação direta tem caráter abstrato, "consistindo num pronunciamento em tese"[48].

Nesse contexto, seguramente se inserem no art. 927, I, do CPC, as decisões do STF proferidas em ação direta de inconstitucionalidade (ADI), ação declaratória de constitucionalidade (ADC), ação direta de inconstitucionalidade por omissão (ADO) e arguição de descumprimento de preceito fundamental (ADPF). Merecem menção separada o mandado de injunção (MI) e a representação interventiva, que também podem formar precedentes obrigatórios nos moldes em que se passa a expor.

2.3.1. Mandado de injunção

O delineamento do mandado de injunção pelo STF já passou por diversas fases, especialmente no que tange às suas potencialidades e efeitos. Inicialmente, a Corte era refratária a conceder qualquer providência que pudesse atender, na prática, os direitos não fruídos por ausência de norma regulamentadora; o mandado de injunção se equiparava, assim, à ação direta por omissão, limitando-se a servir de instrumento para declarar a mora legislativa e para dar ciência ao órgão competente a fim de que a suprisse[49].

Numa segunda etapa, notável a partir de 1994, o Supremo reconheceu a possibilidade de exercício do direito à indenização titularizada por cidadãos que foram impedidos de exercer, na vida civil, atividade profissional específica, nos moldes do art. 8º, §3º, do ADCT[50]. Na ausência de norma regulamentadora específica, a indenização poderia ser buscada com base no direito comum[51].

---

48. BARROSO, op.cit., p. 48-49.

49. MANDADO DE INJUNÇÃO. NATUREZA. O MANDADO DE INJUNÇÃO NEM AUTORIZA O JUDICIARIO A SUPRIR A OMISSAO LEGISLATIVA OU REGULAMENTAR, EDITANDO O ATO NORMATIVO OMITIDO, NEM, MENOS AINDA, LHE PERMITE ORDENAR, DE IMEDIATO, ATO CONCRETO DE SATISFAÇÃO DO DIREITO RECLAMADO: MAS, NO PEDIDO, POSTO QUE DE ATENDIMENTO IMPOSSIVEL, PARA QUE O TRIBUNAL O FAÇA, SE CONTEM O PEDIDO DE ATENDIMENTO POSSIVEL PARA A DECLARAÇÃO DE INCONSTITUCIONALIDADE DA OMISSAO NORMATIVA, COM CIENCIA AO ÓRGÃO COMPETENTE PARA QUE A SUPRA. CRÉDITOS JUDICIAIS CONTRA A FAZENDA PÚBLICA: PAGAMENTO PARCELADO (ADCT, ART. 33): FACULDADE DO PODER EXECUTIVO. O ART. 33 DO ADCT DE 1988 NÃO OUTORGOU DIREITO AO CREDOR DA FAZENDA PÚBLICA AO PAGAMENTO PARCELADO NELE PREVISTO, AO CONTRARIO, COMO FACULDADE DO PODER EXECUTIVO COMPETENTE, EXTINTA COM O TRANSCURSO DO PRAZO DECADENCIAL DE 180 DIAS SEM DECISÃO A RESPEITO; A OMISSAO DELA, POR CONSEGUINTE, NÃO DA MARGEM A MANDADO DE INJUNÇÃO. (MI 168, Relator(a): Min. SEPÚLVEDA PERTENCE, Tribunal Pleno, julgado em 21/03/1990, DJ 20-04-1990 PP-03047 EMENT VOL-01577-01 PP-00027).

50. § 3º Aos cidadãos que foram impedidos de exercer, na vida civil, atividade profissional específica, em decorrência das Portarias Reservadas do Ministério da Aeronáutica n.º S-50-GM5, de 19 de junho de 1964, e n.º S-285-GM5, será concedida reparação de natureza econômica, na forma que dispuser lei de iniciativa do Congresso Nacional e a entrar em vigor no prazo de doze meses a contar da promulgação da Constituição.

51. "Mandado de injunção. Omissão do Congresso Nacional no tocante a regulamentação do paragrafo 3. do artigo 8. do ADCT. - Alcance do mandado de injunção segundo o julgamento do Mandado de

O grande avanço veio com os mandados de injunção relativos à greve no serviço público[52], julgados em 2007. A Suprema Corte determinou a aplicação por analogia da Lei nº 7.783/89, que rege a greve na iniciativa privada, com adaptações pontuais (como as relativas à competência jurisdicional e à definição de serviços essenciais), enquanto não sobrevier norma regulamentadora específica, tal como previsto no art. 37, VII, da CF. Destaque-se que se tratava de mandados de injunção coletivos, e a corrente majoritária definiu que a decisão geraria efeitos não apenas para as categorias substituídas pela entidade sindical que impetrou o *writ*, mas para todos os servidores públicos.

Não obstante, o STF apresenta diversos precedentes, oriundos das Turmas[53], em que foram julgados mandados de injunção individuais, para determinar que a autoridade administrativa competente apreciasse, em casos concretos, requerimento de aposentadoria especial formulado por servidor público – em decorrência da omissão de norma regulamentadora mencionada na antiga redação do art. 40, §4º, da CF. Ressalve-se que tais julgados se referiam a situações em que a autoridade administrativa se recusava a apreciar o requerimento de aposentadoria especial por ausência de norma regulamenta-

Injunção n. 107 com possibilidade de aplicação de providencias adicionais nele genericamente admitidas, e concretizadas no julgamento do Mandado de Injunção n. 283. - O prazo fixado, no julgamento do Mandado de Injunção n. 283, para o cumprimento do dever constitucional de editar essa regulamentação de há muito se escoou sem que a omissão tenha sido suprida. Não há, pois, razão para se conceder novo prazo ao Congresso Nacional para o adimplemento desse seu dever constitucional, impondo-se, desde logo, que se assegure aos impetrantes a possibilidade de ajuizarem, com base no direito comum, ação de perdas e danos para se ressarcirem do prejuízo que tenha sofrido. Mandado de injunção conhecido em parte, e nela deferido" (MI 447, Relator(a): Min. MOREIRA ALVES, Tribunal Pleno, julgado em 05/05/1994, DJ 01-07-1994 PP-17495 EMENT VOL-01751-01 PP-00038).

52. "Em observância aos ditames da segurança jurídica e à evolução jurisprudencial na interpretação da omissão legislativa sobre o direito de greve dos servidores públicos civis, fixação do prazo de sessenta dias para que o Congresso Nacional legisle sobre a matéria. Mandado de injunção deferido para determinar a aplicação das Leis 7.701/1988 e 7.783/1989. Sinais de evolução da garantia fundamental do mandado de injunção na jurisprudência do STF. (...) A partir de uma série de precedentes, o Tribunal passou a admitir soluções "normativas" para a decisão judicial como alternativa legítima de tornar a proteção judicial efetiva (CF, art. 5º, XXXV). Precedentes: MI 283, rel. min. Sepúlveda Pertence, DJ de 14-11-1991; MI 232/RJ, rel. min. Moreira Alves, DJ de 27-3-1992; MI 284, rel. min. Marco Aurélio, rel. p/ o ac. min. Celso de Mello, DJ de 26-6-1992; MI 543/DF, rel. min. Octavio Gallotti, DJ de 24-5-2002; MI 679/DF, rel. min. Celso de Mello, DJ de 17-12-2002; e MI 562/DF, rel. min. Ellen Gracie, DJ de 20-6-2003. (...) Em razão da evolução jurisprudencial sobre o tema da interpretação da omissão legislativa do direito de greve dos servidores públicos civis e em respeito aos ditames de segurança jurídica, fixa-se o prazo de sessenta dias para que o Congresso Nacional legisle sobre a matéria. Mandado de injunção conhecido e, no mérito, deferido para, nos termos acima especificados, determinar a aplicação das Leis 7.701/1988 e 7.783/1989 aos conflitos e às ações judiciais que envolvam a interpretação do direito de greve dos servidores públicos civis" (MI 708, Rel. Min. Gilmar Mendes, julgado em 25-10-2007).

53. Exemplo: APOSENTADORIA ESPECIAL – DEFICIÊNCIA – LEI COMPLEMENTAR Nº 142/2013. Configurada a mora legislativa, surge imperiosa a observância, por analogia, da Lei Complementar nº 142/2013, bem como do Decreto regulamentador, como critério no exame dos pedidos de aposentadoria especial ou abono de permanência formulados por servidor público portador de deficiência (MI 6988, Relator(a): Min. MARCO AURÉLIO, Primeira Turma, julgado em 13/08/2019, PROCESSO ELETRÔNICO DJe-212 DIVULG 27-09-2019 PUBLIC 30-09-2019).

dora. Contudo, para o STF, haveria necessidade de concessão de mandado de injunção individual ou coletivo para fosse possível o deferimento (não a mera apreciação do requerimento!) da aposentadoria especial[54]. Contudo, tal jurisprudência foi construída ainda sob a vigência do CPC/1973.

Após a promulgação da Emenda Constitucional nº 103/2019, a Corte readequou a sua jurisprudência à nova realidade normativa, assentando a inviabilidade de mandado de injunção fora das hipóteses taxativamente previstas pelo poder constituinte derivado, no que tange à aposentadoria especial[55].

Outra decisão paradigmática foi a que reconheceu a criminalização da homofobia, determinando em caráter geral a aplicação por analogia da Lei nº 7.716/89, atinente ao crime de racismo[56].

---

54. Essa conclusão se extrai, por exemplo, do inteiro teor do seguinte acórdão: "Autoridade administrativa não necessita de decisão em mandado de injunção em favor de servidor público para simples verificação se ele preenche, ou não, os requisitos necessários para a aposentadoria especial (art. 57 da Lei 8.213/1991)" (MI 5.071 AgR, rel. min. Cármen Lúcia, j. 8-5-2013, P, DJE de 28-5-2013).

55. Cf. Ementa: AGRAVO REGIMENTAL NO MANDADO DE INJUNÇÃO. APOSENTADORIA ESPECIAL DE SERVIDOR PÚBLICO. ATIVIDADE DE RISCO. REVOGAÇÃO DO ARTIGO 40, § 4º, II, DA CONSTITUIÇÃO DA REPÚBLICA PELA EMENDA CONSTITUCIONAL 103/2019. INCLUSÃO DO ARTIGO 40, § 4º-B NA CONSTITUIÇÃO FEDERAL. PREVISÃO TAXATIVA DOS CARGOS QUE PODEM ENSEJAR A CONCESSÃO DE APOSENTADORIA ESPECIAL POR EXPOSIÇÃO À ATIVIDADE DE RISCO. SERVIÇO PRESTADO AO EXÉRCITO BRASILEIRO. HIPÓTESE NÃO PREVISTA NO ROL TAXATIVO DO ARTIGO 40, § 4º-B DA CONSTITUIÇÃO FEDERAL. AGRAVO REGIMENTAL A QUE SE NEGA PROVIMENTO. 1. A aposentadoria especial de servidor público por exposição à atividade de risco está consagrada no artigo 40, § 4º-B, da Constituição Federal, incluído pela Emenda Constitucional 103/2019. 2. O artigo 40, § 4º-B, da Carta da República, alterou a regência normativa pretérita e estabelece, taxativamente, os cargos que ensejam a concessão de aposentadoria especial em razão do risco inerente às atividades exercidas. 3. O constituinte derivado limitou as hipóteses de concessão de aposentadoria especial em razão do exercício de atividade de risco, assentando que cada ente federativo poderá prever idade e tempo de contribuição diferenciados para aposentadoria de ocupantes do cargo de (i) agente penitenciário; (ii) agente socioeducativo ou (iii) policial dos órgãos de que tratam o inciso IV do *caput* do artigo 51, o inciso XIII do *caput* do artigo 52 e os incisos I a IV do *caput* do artigo 144. 4. In casu, a impetração pretende o reconhecimento da aposentadoria especial àqueles que prestaram serviço ao Exército do Brasil, hipótese incompatível com os cargos taxativamente previstos no artigo 40, § 4º-B, da Carta da República. 5. A alteração da sistemática constitucional da aposentadoria especial de servidor público que exerce atividade de risco e a revogação do artigo 40, § 4º, inciso II, da Constituição Federal, dispositivo que o presente mandamus originariamente buscou regulamentar, implicam a perda superveniente do objeto da impetração. 6. Ex positis, NEGO PROVIMENTO ao agravo regimental.

    (MI 6654 AgR, Relator(a): Min. LUIZ FUX, Tribunal Pleno, julgado em 27/04/2020, PROCESSO ELETRÔNICO DJe-119 DIVULG 13-05-2020 PUBLIC 14-05-2020)

56. Em conclusão de julgamento, o Plenário, por maioria, julgou procedentes os pedidos formulados em ação direta de inconstitucionalidade por omissão (ADO) e em mandado de injunção (MI) para reconhecer a mora do Congresso Nacional em editar lei que criminalize os atos de homofobia e transfobia. (...) Até que sobrevenha lei emanada do Congresso Nacional destinada a implementar os mandados de criminalização definidos nos incisos XLI e XLII do art. 5º da Constituição da República, as condutas homofóbicas e transfóbicas, reais ou supostas, que envolvem aversão odiosa à orientação sexual ou à identidade de gênero de alguém, por traduzirem expressões de racismo, compreendido este em sua dimensão social, ajustam-se, por identidade de razão e mediante adequação típica, aos preceitos primários de incriminação definidos na Lei 7.716, de 08-1-1989, constituindo, também, na hipótese de homicídio doloso, circunstância que o qualifica, por configurar motivo torpe (Código Penal, art. 121,

Perceba-se, ainda, que a Lei nº 13.300/2016 (art. 9º, §1º) admite que o STF atribua eficácia *erga omnes* ou *ultra partes* à decisão, quando isso for inerente ou indispensável ao exercício do direito, da liberdade ou da prerrogativa objeto da impetração, o que pode ser feito tanto em mandado de injunção individual quanto em coletivo.

A evolução jurisprudencial e legislativa do tema permite concluir, portanto, que o mandado de injunção (individual ou coletivo) constitui instrumento de controle concentrado de inconstitucionalidade por omissão, de modo que, quando for julgado pelo Plenário do STF, a decisão deve ser tida como precedente obrigatório, por força do art. 927, I, do CPC.

Ainda que se considere que o mandado de injunção somente poderia gerar efeitos para o caso concreto especificamente julgado pela Corte – o que não foi observado nos precedentes atinentes à greve do servidor público e criminalização da homofobia, *v.g.* –, o fato é que a conjugação dos incisos I e V do art. 927 do CPC engendram necessariamente a conclusão de que, julgado o mandado de injunção pelo Pleno do STF (inciso V), estará sendo exercido controle concentrado de inconstitucionalidade de omissão (inciso I), de modo que a *ratio decidendi* passa a vincular não apenas o próprio Supremo, mas também todos os demais juízes e tribunais do Brasil. Dessa forma, seria possível que os titulares de direitos vinculados à norma regulamentadora ainda não editada pudessem exercer seus direitos por meio de ações ordinárias, sendo desnecessária a impetração de novo mandado de injunção, no STF, pelo interessado.

Tal interpretação, se bem que ainda não explicitada claramente pelo STF em sua jurisprudência, revela-se consentânea com a sistemática de preceden-

---

§ 2º, I, in fine); A repressão penal à prática da homotransfobia não alcança nem restringe ou limita o exercício da liberdade religiosa, qualquer que seja a denominação confessional professada, a cujos fiéis e ministros (sacerdotes, pastores, rabinos, mulás ou clérigos muçulmanos e líderes ou celebrantes das religiões afro-brasileiras, entre outros) é assegurado o direito de pregar e de divulgar, livremente, pela palavra, pela imagem ou por qualquer outro meio, o seu pensamento e de externar suas convicções de acordo com o que se contiver em seus livros e códigos sagrados, bem assim o de ensinar segundo sua orientação doutrinária e/ou teológica, podendo buscar e conquistar prosélitos e praticar os atos de culto e respectiva liturgia, independentemente do espaço, público ou privado, de sua atuação individual ou coletiva, desde que tais manifestações não configurem discurso de ódio, assim entendidas aquelas exteriorizações que incitem a discriminação, a hostilidade ou a violência contra pessoas em razão de sua orientação sexual ou de sua identidade de gênero; O conceito de racismo, compreendido em sua dimensão social, projeta-se para além de aspectos estritamente biológicos ou fenotípicos, pois resulta, enquanto manifestação de poder, de uma construção de índole histórico-cultural motivada pelo objetivo de justificar a desigualdade e destinada ao controle ideológico, à dominação política, à subjugação social e à negação da alteridade, da dignidade e da humanidade daqueles que, por integrarem grupo vulnerável (LGBTI+) e por não pertencerem ao estamento que detém posição de hegemonia em uma dada estrutura social, são considerados estranhos e diferentes, degradados à condição de marginais do ordenamento jurídico, expostos, em consequência de odiosa inferiorização e de perversa estigmatização, a uma injusta e lesiva situação de exclusão do sistema geral de proteção do direito.

(ADO 26, rel. min. Celso de Mello e MI 4.733, rel min. Edson Fachin, j. 13-6-2019, Plenário, Informativo 944)

tes obrigatórios do CPC, bem como com o objetivo de transformar o Supremo em Corte Constitucional cuja missão é definir teses, e não julgar milhares ou milhões de casos concretos idênticos.

2.3.2. *Representação interventiva*

A representação interventiva constitui instrumento de controle concentrado de constitucionalidade de pouca relevância no cenário brasileiro[57], pois seu objetivo é a decretação de intervenção federal em Estado-membro por violação dos chamados *princípios constitucionais sensíveis* (CF, art. 34). Sucede que tal violação, no mais das vezes, consiste na edição de lei ou ato normativo estadual contrário à Constituição – que pode, portanto, ser objeto de ADI ou ADO, aptas a solucionarem a controvérsia sem a necessidade de recurso à medida extrema da intervenção.

Ainda que se trate de representação interventiva não relacionada diretamente com lei ou ato normativo inconstitucional, editada(o) por Estado, dificilmente se poderia considerar que seria formado precedente obrigatório, pois o objeto da ação consiste em julgar litígio constitucional específico entre determinado Estado e a União. Presumidamente, cada situação desse jaez terá peculiaridades que a distinguirão de outros casos já julgados, ainda que possa haver certa similaridade.

Contudo, não se pode descartar completamente a formação de precedente vinculante em representação interventiva. Se o julgamento resultar em declaração de inconstitucionalidade (ou de constitucionalidade) de lei ou ato normativo estadual, estar-se-á diante de precedente obrigatório para todos os juízes e tribunais do país, por força do art. 927, I, do CPC.

2.4. Súmulas do STF em matéria constitucional

As súmulas *comuns*, por assim dizer[58], no caso do STF, podiam abranger qualquer tema julgado pelo Tribunal; para serem aprovadas, modificadas ou canceladas, havia necessidade de votação de maioria absoluta no Plenário (RISTF, art. 102, §1º). A última súmula comum editada pelo STF é a de nº 736, aprovada na sessão plenária de 26/11/2003.

A partir da EC 45/2004, que introduziu o art. 103-A ao texto da Constituição Federal, a Corte passou a contar com a possibilidade de aprovação de súmulas vinculantes versando sobre a validade, a interpretação e a eficácia de normas

57. Com a mesma impressão, BARROSO, op.cit., p. 319.

58. Interessante notar que, nas origens, a Súmula consistia na compilação de todos os verbetes e enunciados elaborados pelo STF, conforme se depreende do art. 102, *caput*, do RISTF, o qual prevê ainda hoje: "Art. 102.A jurisprudência assentada pelo Tribunal será compendiada na Súmula do Supremo Tribunal Federal". Com o passar do tempo, passou-se a adotar metonímia, chamando-se cada enunciado, individualmente considerado, como súmula. Tal maneira de expressão, consagrada pelo uso, será utilizada amplamente ao longo de nossa exposição.

determinadas, acerca das quais haja controvérsia atual entre órgãos judiciários ou entre esses e a administração pública que acarrete grave insegurança jurídica e relevante multiplicação de processos sobre questão idêntica.

O quórum para aprovação das súmulas vinculante é superior ao exigido para as súmulas comuns: dois terços dos membros do STF, ou seja, oito Ministros. A CF prevê, ainda, que a súmula vinculante terá efeito vinculante em relação aos demais órgãos do Poder Judiciário e à administração pública direta e indireta, nas esferas federal, estadual e municipal.

No interregno entre a entrada em vigor da EC 45/2004 e o CPC/2015, é compreensível a opção da Corte por deixar de editar súmulas comuns: não faria sentido fazê-lo, pois os enunciados não seriam de observância obrigatória, e havia outro instrumento muito mais efetivo – a súmula vinculante –, que vinculava não só o Poder Judiciário, mas também a Administração Pública.

Mesmo após a entrada em vigor do CPC/2015, o STF não vem editando súmulas comuns, limitando-se a criar súmulas vinculantes. Isso se explica por três motivos: (i) a súmula vinculante abrange também a Administração Pública, o que não é uma realidade para as súmulas comuns; (ii) a súmula vinculante, ao contrário da comum, em caso de inobservância admite o manejo de reclamação perante o STF (CPC, art. 988, III); (iii) na prática da Corte, o julgamento proferido na sistemática de repercussão geral resulta na fixação de uma *tese*, que nada mais é do que um enunciado abstrato e geral construído a partir do julgamento do caso concreto – fazendo as vezes das antigas súmulas comuns.

Sem embargo, não há dúvidas de que o Supremo conserva a faculdade de editar súmulas comuns, as quais, após o CPC/2015, serão de observância obrigatória para todos os juízes e tribunais, caso tratem de matéria constitucional (CPC, art. 927, IV). Resta definir se as súmulas comuns aprovadas pela Corte até 26/11/2003 estão abrangidas pela vinculatividade.

Em primeiro lugar, veja-se que o art. 927, IV, restringe a obrigatoriedade às súmulas do STF em matéria constitucional[59], sendo certo que há diversos enunciados que versam, inequivocamente, sobre matéria infraconstitucional[60].

Segundo, há dúvida fundada sobre o caráter constitucional ou infraconstitucional de determinados verbetes. Por exemplo, considerando que a prescrição trabalhista é regulada no art. 7º, XXIX, da CF, a súmula 327, ao estatuir que a prescrição intercorrente se aplica no direito trabalhista, teria natureza constitucional? E a súmula 230, que prevê que "a prescrição da ação de acidente do

59. Art. 927. Os juízes e os tribunais observarão: (...) IV - os enunciados das súmulas do Supremo Tribunal Federal em matéria constitucional e do Superior Tribunal de Justiça em matéria infraconstitucional.

60. Vejam-se, por exemplo as súmulas 713, que prevê que "O efeito devolutivo da apelação contra decisões do Júri é adstrito aos fundamentos da sua interposição"; ou a súmula 122, que estatui que "O enfiteuta pode purgar a mora enquanto não decretado o comisso por sentença".

trabalho conta-se do exame pericial que comprovar a enfermidade ou verificar a natureza da incapacidade"? A Constituição estabelece o prazo prescricional, mas não entra em minúcias quanto ao termo inicial para contagem e quanto à possibilidade de fluência no curso de processo judicial, o que gera dúvida legítima sobre o caráter constitucional ou infraconstitucional dos temas versados em tais verbetes.

Terceiro, quando editadas, as súmulas comuns foram concebidas e aprovadas como método de trabalho no STF, com o objetivo de sistematizar e facilitar o acesso a precedentes, em época na qual não havia as facilidades tecnológicas que foram se desenvolvendo posteriormente[61]. Não havia – e nem podia haver – pretensão de que os verbetes fossem de observância obrigatória pelos juízes e tribunais; tampouco a preocupação que o CPC (art. 926, §1º; art. 927, §§2º e 4º)[62] impõe no que tange à fundamentação adequada e contraditório potencializado no que tange às súmulas. Não parece adequado, portanto, conferir-lhes eficácia vinculativa *a posteriori.*

Tais observações permitem concluir que as súmulas comuns do STF editadas antes do Código de 2015 não se inserem no âmbito normativo do art. 927, IV, do CPC, razão por que não são de observância obrigatória pelos juízes e tribunais.

2.5. Decisões do Plenário do STF

Como visto[63], é controvertida a interpretação do art. 927, V, do CPC, havendo entendimentos de que os precedentes do Plenário de qualquer tribunal não poderiam ser considerados vinculantes, mas meramente persuasivos. De

61. As súmulas foram desenvolvidas a partir de ideias do Ministro Victor Nunes Leal, em cujas palavras: "Muito nos detivemos na Súmula como método de trabalho, mas não se pode subestimar sua função de repertório oficial da jurisprudência predominante da Alta Corte. É quase certo, aliás, que foi esta a primeira motivação da experiência da Súmula. (...) Por falta de técnicas mais sofisticadas, a Súmula nasceu - e colateralmente adquiriu efeitos de natureza processual - da dificuldade, para os ministros, de identificar as matérias que já não convinha discutir de novo, salvo se sobreviesse algum motivo relevante. O hábito, então, era reportar-se cada qual à sua memória, testemunhando, para os colegas mais modernos, que era tal ou qual a jurisprudência assente da Corte. Juiz calouro, com a agravante da falta de memória, tive que tomar, nos primeiros anos, numerosas notas, e bem assim sistematizá-las, para pronta consulta durante as sessões de julgamento". LEAL, Victor Nunes. Passado e futuro da súmula do STF. *Revista de Direito Administrativo*, v. 145, p. 1-20 (jan/1981). Rio de Janeiro: FGV, 1981, p. 14.

62. Art. 926. § 2º Ao editar enunciados de súmula, os tribunais devem ater-se às circunstâncias fáticas dos precedentes que motivaram sua criação.

    Art. 927. § 2º A alteração de tese jurídica adotada em enunciado de súmula ou em julgamento de casos repetitivos poderá ser precedida de audiências públicas e da participação de pessoas, órgãos ou entidades que possam contribuir para a rediscussão da tese.

    § 4º A modificação de enunciado de súmula, de jurisprudência pacificada ou de tese adotada em julgamento de casos repetitivos observará a necessidade de fundamentação adequada e específica, considerando os princípios da segurança jurídica, da proteção da confiança e da isonomia.

63. Item 2, *supra*.

outro lado, e especificamente no que tange ao STF, há opiniões no sentido de que precedentes da Corte, sobre matéria constitucional, vinculariam todos os tribunais e juízes brasileiros[64].

É necessário fazer interpretação lógico-sistemática do referido dispositivo legal. Veja-se que é tratada como obrigatória, aos juízes e tribunais, a orientação do plenário ou do órgão especial *aos quais estiverem vinculados*, e não a orientação do plenário de outros tribunais, isto é, a vinculatividade é apenas interna, e não externa.

Isso porque o inciso V do art. 927 do CPC é o único em que o legislador ressalvou expressamente o âmbito da vinculatividade. Veja-se:

- (a) as decisões em controle concentrado de constitucionalidade, assim como as súmulas vinculantes (incisos I e II), detêm eficácia *erga omnes* por força da Constituição, razão pela qual não se faz qualquer ressalva quanto à vinculatividade;
- (b) decisões de recursos repetitivos também têm eficácia *erga omnes*, como se infere dos art. 1040, *caput*, do CPC[65], vinculando os tribunais inferiores. Aqui, o art. 927, III, também não faz ressalvas;
- (c) a decisão do IRDR e do IAC também tem eficácia *erga omnes*, abrangendo o próprio tribunal que prolatou a decisão e os juízes a ele vinculados, conforme art. 985, *caput*[66], e art. 947, §3º, do CPC[67]. Por

---

64. Nesse sentido, DIDIER, op. cit., v. 2, p. 480. O autor dá como fundamento a objetivação do recurso extraordinário.

65. Art. 1.040. Publicado o acórdão paradigma:

 I - o presidente ou o vice-presidente do tribunal de origem negará seguimento aos recursos especiais ou extraordinários sobrestados na origem, se o acórdão recorrido coincidir com a orientação do tribunal superior;

 II - o órgão que proferiu o acórdão recorrido, na origem, reexaminará o processo de competência originária, a remessa necessária ou o recurso anteriormente julgado, se o acórdão recorrido contrariar a orientação do tribunal superior;

 III - os processos suspensos em primeiro e segundo graus de jurisdição retomarão o curso para julgamento e aplicação da tese firmada pelo tribunal superior;

 IV - se os recursos versarem sobre questão relativa a prestação de serviço público objeto de concessão, permissão ou autorização, o resultado do julgamento será comunicado ao órgão, ao ente ou à agência reguladora competente para fiscalização da efetiva aplicação, por parte dos entes sujeitos a regulação, da tese adotada.

66. Art. 985. Julgado o incidente, a tese jurídica será aplicada:

 I - a todos os processos individuais ou coletivos que versem sobre idêntica questão de direito e que tramitem na área de jurisdição do respectivo tribunal, inclusive àqueles que tramitem nos juizados especiais do respectivo Estado ou região;

 II - aos casos futuros que versem idêntica questão de direito e que venham a tramitar no território de competência do tribunal, salvo revisão na forma do art. 986.

67. Art. 947, § 3º O acórdão proferido em assunção de competência vinculará todos os juízes e órgãos fracionários, exceto se houver revisão de tese.

óbvio, tal eficácia *erga omnes* se restringe aos juízes e desembargadores que integram o tribunal que julgou o incidente. Mais uma vez, o art. 927, III, não ressalvou o âmbito de vinculatividade;

- (d) quanto às súmulas do STF em matéria constitucional, a lógica também impõe que sejam observados por todos os tribunais, não havendo razão para deixar de aplicá-las em determinados tribunais. A eficácia também é geral e o art. 927, IV, igualmente não contém ressalvas quanto à extensão da vinculatividade.

Evidencia-se que a única explicação lógica para a ressalva contida no art. 927, V, está em que a vinculatividade, nas hipóteses ali previstas – decisão do pleno ou órgão especial – é apenas interna, para o próprio tribunal prolator, não alcançando outros juízes e tribunais.

Isso significa, por exemplo, que decisão de plenário de TRT vincula apenas os desembargadores e juízes do trabalho da respectiva região; do mesmo modo, decisão do pleno do TST ou do STF vincula somente os ministros e turmas do próprio tribunal, e não juízes e desembargadores de outros tribunais (regionais ou locais), com a ressalva da situação em que a decisão do tribunal superior se reconduza a outro inciso do art. 927 do CPC, que permita vinculatividade mais ampla.

Assim, se o Pleno do STF julgar ação direta de inconstitucionalidade, a decisão será precedente vinculante não por força do art. 927, V (decisão do plenário), mas em função do inciso I do mesmo dispositivo (decisões em controle concentrado de constitucionalidade).

Ao revés, caso se trate de decisão do Pleno do STF que não se enquadre simultaneamente nos incisos I a IV do art. 927 do CPC, o precedente assim formado será de observância pelos ministros e turmas do próprio Supremo, mas não será vinculante para os demais juízes e tribunais do Brasil. É o que acontece, por exemplo, com o julgado da AR 2697 AgR[68], em que o Pleno do STF decidiu ser inadequada a ação rescisória para desconstituir acordo homologado judicialmente: por força do art. 966, §4º, do CPC, o instrumento processual cabível é a ação anulatória. Tal decisão é de observância pelos mi-

68. Embora a ementa, a seguir transcrita, não deixe o ponto tão claro, o inteiro teor do acórdão demonstra que os ministros assentaram, de forma unânime, a premissa de inadequação da ação rescisória. "AGRAVO REGIMENTAL EM AÇÃO RESCISÓRIA. DIREITO TRIBUTÁRIO. SUBSTITUIÇÃO TRIBUTÁRIA PROGRESSIVA. IMPOSTO SOBRE CIRCULAÇÃO DE MERCADORIA E SERVIÇOS - ICMS. ACORDO ADMINISTRATIVO FUNDADO EM LEI ESTADUAL. INCONSTITUCIONALIDADE. LAPSO TEMPORAL. CABIMENTO. 1. Não é cabível ação rescisória na hipótese de propositura da demanda após amplo lapso temporal, a contar de decisão rescindenda homologatória de autocomposição. 2. Agravo regimental a que se nega provimento."

(AR 2697 AgR, Relator(a): Min. EDSON FACHIN, Tribunal Pleno, julgado em 21/03/2019, PROCESSO ELETRÔNICO DJe-101 DIVULG 14-05-2019 PUBLIC 15-05-2019)

nistros e turmas do Supremo, mas não necessariamente a *ratio decidendi* deve ser seguida por outros tribunais.

É evidente, entretanto, que qualquer decisão do Pleno do STF, ainda quando não seja de observância obrigatória para os demais juízes e tribunais, constitui precedente persuasivo de grande relevância no cenário nacional. Por se tratar do órgão de cúpula do Judiciário nacional, deve-se prestigiar a *ratio decidendi* de seus julgados, a menos que haja motivos relevantes para que se decida em contrário. Quanto ao julgado mencionado no parágrafo anterior, por exemplo, não há razão para que os tribunais trabalhistas continuem aplicando a Súmula 259 do TST[69], já que a regulamentação da ação rescisória, no Processo do Trabalho, segue a regência do CPC, com a ressalva do depósito prévio diferenciado[70].

2.6. IRDR e IAC

O sistema do IRDR foi claramente concebido pelo Código de Processo Civil para ser utilizado apenas em tribunais regionais e locais – no caso trabalhista, nos TRTs. Isso se extrai da combinação dos seguintes dispositivos do CPC/2015: 976, §4º; 982, I; 982, §3º; 985, I; e 987, *caput*, entre outros[71]. A Exposição de Motivos do CPC/2015 deixa clara que essa era, efetivamente, a intenção do legislador[72]. Dessa forma, *de lege lata*, deve-se concluir pela impossibilidade de instauração de IRDR perante os tribunais superiores[73].

---

69. SÚMULA Nº 259 - TERMO DE CONCILIAÇÃO. AÇÃO RESCISÓRIA Só por ação rescisória é impugnável o termo de conciliação previsto no parágrafo único do art. 831 da CLT.

70. Sobre o tema, mais amplamente, BERNARDES, op. cit., p. 852-3.

71. Art. 976, § 4º É incabível o incidente de resolução de demandas repetitivas quando um dos tribunais superiores, no âmbito de sua respectiva competência, já tiver afetado recurso para definição de tese sobre questão de direito material ou processual repetitiva.

    Art. 982. Admitido o incidente, o relator:

    I - suspenderá os processos pendentes, individuais ou coletivos, que tramitam no Estado ou na região, conforme o caso (...).

    Art. 982, § 3º Visando à garantia da segurança jurídica, qualquer legitimado mencionado no art. 977, incisos II e III , poderá requerer, ao tribunal competente para conhecer do recurso extraordinário ou especial, a suspensão de todos os processos individuais ou coletivos em curso no território nacional que versem sobre a questão objeto do incidente já instaurado.

    Art. 985. Julgado o incidente, a tese jurídica será aplicada:

    I - a todos os processos individuais ou coletivos que versem sobre idêntica questão de direito e que tramitem na área de jurisdição do respectivo tribunal, inclusive àqueles que tramitem nos juizados especiais do respectivo Estado ou região (...).

    Art. 987. Do julgamento do mérito do incidente caberá recurso extraordinário ou especial, conforme o caso.

72. A Exposição de Motivos do CPC/2015 diz expressamente que o IRDR é "admissível quando identificada, em primeiro grau, controvérsia com potencial de gerar multiplicação expressiva de demandas e o correlato risco da coexistência de decisões conflitantes. É instaurado perante o tribunal local (...)". BRASIL. Congresso Nacional. Senado Federal. Comissão de Juristas, *Código de Processo Civil: anteprojeto*. Brasília: Senado Federal, 2010.

73. Nesse sentido, por exemplo: GRECO, *op.cit.*, v.3. p. 409; NEVES, Daniel Amorim Assumpção. *Novo Código de Processo Civil – Leis 13.105/2015 e 13.256/2016*. 3ª ed.rev., atual. e ampl. – Rio de Janeiro:

Afigura-se correta, portanto, a decisão do STF na Pet 8245, na qual o Presidente da Corte rejeitou a possibilidade de instauração de IRDR perante a Corte[74].

No entanto, outros autores asseveram que o IRDR poderia ser usado em processo de competência originária de tribunais superiores, tais como ações rescisórias e conflitos de competência, ou até mesmo em recursos ordinários[75]. O STJ acolheu tal interpretação e passou a admitir a instauração de IRDR perante a Corte[76], bem como o TST, em cujo regimento interno (art. 305) se admite a instauração de IRDR com relação às causas de sua competência originária e recursal ordinária.

Caso se reconheça a possibilidade de instauração de IRDR no Supremo Tribunal Federal – o que parece inadequado, à luz dos argumentos mencionados anteriormente –, o precedente nele formado seria vinculante para todos os juízes e tribunais do Brasil. Isso geraria uma vinculatividade externa indesejada pelo sistema, pois mesmo decisões do STF sobre matéria infraconstitucional seriam obrigatórias, o que escapa à competência da Corte. Para ilustrar o ponto, basta lembrar-se do acórdão (citado no tópico anterior) a respeito do cabimento de ação rescisória ou ação anulatória contra decisão homologatória de acordo. Caso o Supremo pudesse instaurar IRDR a respeito, a decisão vincularia todos os tribunais do país a respeito de tema nitidamente infraconstitucional (= interpretação do art. 966, §4º, do CPC), o que violaria nitidamente o art. 102 da CF, o qual estabelece o rol de competências da Suprema Corte.

Forense, São Paulo, 2016, p. 558.

74. Pet 8245/Amazonas. Rel. Min. Dias Toffoli (decisão monocrática). Julgamento em 10/10/2019.

75. Assim: CÂMARA, *op. cit.*, p. 484; DIDIER, *op.cit.*, v.3, p. 630.

76. AGRAVO INTERNO EM PETIÇÃO. RECLAMAÇÃO. INCIDENTE DE RESOLUÇÃO DE DEMANDAS REPETITIVAS (IRDR). INSTITUTO AFETO À COMPETÊNCIA JURISDICIONAL DE TRIBUNAIS DE SEGUNDA INSTÂNCIA (ESTADUAIS OU REGIONAIS FEDERAIS). INSTAURAÇÃO DIRETA NO SUPERIOR TRIBUNAL DE JUSTIÇA. POSSIBILIDADE RESTRITA. NECESSIDADE DE OBSERVÂNCIA DOS REQUISITOS (ART. 976 DO CPC). JUÍZO DE ADMISSIBILIDADE NÃO ULTRAPASSADO. NÃO CABIMENTO DA INSTAURAÇÃO DO INSTITUTO.

1. O novo Código de Processo Civil instituiu microssistema para o julgamento de demandas repetitivas - nele incluído o IRDR, instituto, em regra, afeto à competência dos tribunais estaduais ou regionais federal -, a fim de assegurar o tratamento isonômico das questões comuns e, assim, conferir maior estabilidade à jurisprudência e efetividade e celeridade à prestação jurisdicional.

2. A instauração de incidente de resolução de demandas repetitivas diretamente no Superior Tribunal de Justiça é cabível apenas nos casos de competência recursal ordinária e de competência originária e desde que preenchidos os requisitos do art. 976 do CPC.

3. Quando a reclamação não ultrapassa o juízo de admissibilidade, não cabe a instauração do incidente de demandas repetitivas no Superior Tribunal de Justiça.

4. Agravo interno desprovido.

(AgInt na Pet 11.838/MS, Rel. Ministra LAURITA VAZ, Rel. p/ Acórdão Ministro JOÃO OTÁVIO DE NORONHA, CORTE ESPECIAL, julgado em 07/08/2019, DJe 10/09/2019)

Assim, se o STF vier a modificar seu entendimento no futuro, será importante delimitar o tipo de matéria que poderá ser objeto de IRDR na Corte: apenas matéria constitucional. No caso do TST, não há esse problema de limitação de competência, pois o tribunal julga temas constitucionais e infraconstitucionais afetos à matéria trabalhista.

O incidente de assunção de competência também é envolto em polêmicas quanto aos tribunais em que pode ser instaurado. Há relevante doutrina a sustentar que o IAC , assim como o IRDR, somente é cabível em tribunais locais[77]. Outros autores, entretanto, reputam ser possível sua instauração em todos os tribunais do país, havendo opiniões no sentido de que o precedente formado em IAC seria meramente persuasivo[78]; vinculante em caráter geral[79]; ou vinculativo apenas no âmbito do tribunal que julgou o incidente[80].

Nada há, no texto do CPC, que impeça a instauração de IAC em tribunais superiores. Desde que não haja repetição em múltiplos processos - o que faz com que seja pertinente o IRDR ou o incidente de recursos repetitivos -, e que se trate de relevante questão de direito, com grande repercussão social, será cabível a instauração de IAC, inclusive em tribunais superiores.

Contudo, o IAC foi concebido como instrumento de uniformização interna da jurisprudência dos tribunais, o que se explica pelos seguintes motivos:

- (i) o risco de usurpação de competências dos tribunais inferiores pelos tribunais superiores. Por exemplo, se o STF instaurasse IAC em matéria infraconstitucional, o STJ estaria vinculado. Daí resultaria uma concentração de poderes nas mãos da Suprema Corte, muito além dos limites constitucionais;
- (ii) a literalidade do art. 947, §§3º e 4º, do CPC[81], que não preveem a vinculatividade externa do IAC.

Desse modo, é possível a instauração de IAC no Supremo Tribunal Federal, mas o precedente formado será vinculante apenas no âmbito da própria Corte.

Na prática do STF, entretanto, dificilmente haverá necessidade de instauração de incidente de assunção de competência, considerando que a maioria

77. CÂMARA, *op.cit.*, p. 458-9.

78. GRECO, *op.cit.*, p. 370.

79. DIDIER, *op.cit.*, v. 3, p. 656

80. SPADONI, Joaquim Felipe. Incidente de assunção de competência. *Temas essenciais do Novo CPC*. Luiz Rodrigues Wambier e Teresa Arruda Alvim Wambier (coords.). São Paulo: RT, 2016, p. 491-495. No mesmo sentido, aparentemente, DONIZETTI, *op.cit.*, p. 833.

81. § 3º O acórdão proferido em assunção de competência vinculará todos os juízes e órgãos fracionários, exceto se houver revisão de tese.

§ 4º Aplica-se o disposto neste artigo quando ocorrer relevante questão de direito a respeito da qual seja conveniente a prevenção ou a composição de divergência entre câmaras ou turmas do tribunal.

das questões chegam à Corte por meio de ações de controle concentrado de constitucionalidade ou de recursos extraordinários, os quais, quando fixada tese em repercussão geral, constituirão precedentes obrigatórios. Em tese, seria possível instaurar IAC, por exemplo, em ação de competência originária do STF – tal como ação rescisória ou conflito de competência –, quando envolvida relevante questão de direito, com grande repercussão social, sem repetição em múltiplos processos.

Caso se instaure IAC em tribunal superior, descabe cogitar de suspensão de processos em todo o território nacional, que versem sobre a mesma matéria. A uma, porque não há previsão legal nesse sentido. A duas, porque a racionalidade da suspensão de processos é pautada no objetivo de evitar a dispersão de energias e de recursos no Judiciário, o que acontece apenas quando uma quantidade significativa de juízes está se debruçando sobre o mesmo tema[82-83].

Até o presente momento, não há notícia de instauração de IRDR em tribunais superiores; no STF, também não houve, ainda, ao contrário do que já ocorreu no TST, instauração de IAC[84].

3. EFICÁCIA TRANSCENDENTE DOS MOTIVOS DETERMINANTES

A teoria da eficácia transcendente foi concebida pelo STF com o objetivo de assegurar, à decisão proferida pela Corte em controle difuso de constitucionalidade, eficácia vinculante para os demais tribunais brasileiros[85]. Julgado paradigmático que representa essa tendência foi o HC 82959[86], em que, a partir

---

82. Com a mesma opinião, ressaltando que as normas relativas à gestão e julgamento de casos repetitivos (como a paralisação de processos à espera da decisão paradigma) não se aplicam ao IAC, DIDIER, *op.cit.*, v.3, p. 659.

83. À luz do exposto, conclui-se serem inadequados os §§1º e 3º do art. 298 do TST, os quais preveem, respectivamente, a aplicação do regramento dos recursos repetitivos ao IAC, no que couber; e a vinculatividade externa da decisão do IAC, abrangendo todos os juízes e tribunais trabalhistas.

84. O TST registra a instauração de dois IACs: processo 5639-31.2013.5.12.0051 (quanto à garantia de emprego no trabalho temporário de gestante, com tese de mérito fixada); e processo E-ED-ARR - 423-11.2010.5.09.0041 (férias proporcionais no caso de dispensa por justa causa, não admitido pela SDI-1).

85. Cf BULOS, Uadi Lammêgo, *op.cit.*, p. 339.

86. PENA - REGIME DE CUMPRIMENTO - PROGRESSÃO - RAZÃO DE SER. A progressão no regime de cumprimento da pena, nas espécies fechado, semi-aberto e aberto, tem como razão maior a ressocialização do preso que, mais dia ou menos dia, voltará ao convívio social. PENA - CRIMES HEDIONDOS - REGIME DE CUMPRIMENTO - PROGRESSÃO - ÓBICE - ARTIGO 2º, § 1º, DA LEI Nº 8.072/90 - INCONSTITUCIONALIDADE - EVOLUÇÃO JURISPRUDENCIAL. Conflita com a garantia da individualização da pena - artigo 5º, inciso XLVI, da Constituição Federal - a imposição, mediante norma, do cumprimento da pena em regime integralmente fechado. Nova inteligência do princípio da individualização da pena, em evolução jurisprudencial, assentada a inconstitucionalidade do artigo 2º, § 1º, da Lei nº 8.072/90.

(HC 82959, Relator(a): Min. MARCO AURÉLIO, Tribunal Pleno, julgado em 23/02/2006, DJ 01-09-2006 PP-00018 EMENT VOL-02245-03 PP-00510 RTJ VOL-00200-02 PP-00795)

de processo individual, a Corte estabeleceu critérios que seriam aplicáveis em caráter geral no que tange à progressão de regime prisional, decorrente de crime hediondo. Na Rcl 4335, o Tribunal admitiu o manejo de reclamação contra a decisão proferida no referido *habeas corpus*.

A teoria da eficácia transcendente se aproxima, mas não se confunde com a da objetivação do controle difuso[87]. A primeira é mais ampla, pois significa que a *ratio decidendi* de qualquer julgado do STF em matéria constitucional é de observância obrigatória por todos os juízes e tribunais. Abrange, portanto, julgados em matéria de controle concentrado e difuso de constitucionalidade. Por exemplo, o precedente formado em ADI ou mesmo em RE, que haja declarado determinada lei estadual inconstitucional, permitiria concluir, por si só, que qualquer outra lei semelhante de outro Estado também seria inválida. Já a objetivação diz respeito ao mesmo fenômeno de vinculação à *ratio decidendi*, mas apenas de julgados oriundos de recursos extraordinários, que originalmente seriam destinados a solucionarem casos concretos específicos.

Assim estabelecidos os conceitos, e considerando as premissas já fixadas nos tópicos anteriores, pode-se concluir que o CPC/2015 positivou, de certa forma, a teoria da eficácia transcendente das decisões do STF em matéria constitucional. Isso porque decisões da Corte em controle concentrado de constitucionalidade já eram vinculantes por força do art. 102, §2º, da CF; portanto, a única maneira de justificar a existência do art. 927, I, do CPC, é considerando ter sido positivada a teoria da eficácia transcendente.

De fato, partindo da noção hermenêutica de que a lei não contém palavras nem disposições inúteis[88], é preciso reconhecer que o art. 927, I, do CPC, estabelece que juízes e tribunais devem observar os fundamentos determinantes (= *ratio decidendi*) das decisões do STF em controle concentrado de constitucionalidade, pois a conclusão do julgamento (declaração de constitucionalidade ou de inconstitucionalidade de determinada lei) já era de observância obrigatória por força do mencionado dispositivo constitucional e para isso seria desnecessário o CPC.

Essa conclusão se harmoniza com a prática da Corte relativa à repercussão geral, em que são fixadas teses em caráter geral. Por exemplo, no RE 591033, o Supremo definiu, a partir de recurso extraordinário interposto pelo Município de Votorantim (SP), que lei estadual autorizadora da não inscrição em dívida ativa e do não ajuizamento de débitos de pequeno va-

---

87. Sobre a objetivação, ver item 1, *supra*.

88. No clássico Carlos Maximiliano, em obra cuja primeira edição remonta ao ano de 1924, lê-se: "[o texto] deve ser entendido de modo que tenham efeito todas as suas provisões, nenhuma parte resulte inoperativa ou supérflua, nula ou sem significação alguma". MAXIMILIANO, Carlos. *Hermenêutica e aplicação do direito*. 20ª ed. Rio de Janeiro: Forense, 2011, p. 204.

lor é insuscetível de aplicação a Município. A tese fixada vale para todos os municípios brasileiros. Aqui se nota a objetivação do recurso extraordinário, que decorre justamente da eficácia transcendente dos motivos determinantes.

Destaque-se, entretanto, que, embora tenha havido certa oscilação, as duas turmas do Supremo atualmente não admitem a eficácia transcendente para fins de cabimento de reclamação[89-90]. Tal entendimento, reforçado pela previsão contida no art. 988, §5º, II, do CPC[91], nitidamente tem o objetivo de evitar a proliferação de reclamações, o que poderia inviabilizar o funcionamento da Corte.

4. CONSTITUCIONALIDADE E CRÍTICA DO REGIME DE PRECEDENTES OBRIGATÓRIOS

Importantes vozes na doutrina defendem a inconstitucionalidade[92] e tecem outras críticas[93] ao sistema de precedentes obrigatórios estabelecido pelo

---

89. EMENTA AGRAVO INTERNO NA RECLAMAÇÃO CONSTITUCIONAL. ADI 2.908. PARÂMETRO AFASTADO. RE 643.247-RG (TEMA 016). AUSÊNCIA DE ESGOTAMENTO DAS INSTÂNCIAS ORDINÁRIAS. ALEGAÇÃO DE AFRONTA À ADI 1.942. TRANSCENDÊNCIA DOS MOTIVOS DETERMINANTES. IMPOSSIBILIDADE DE UTILIZAR RECLAMAÇÃO COMO SUCEDÂNEO RECURSAL. AGRAVO INTERNO A QUE SE NEGA PROVIMENTO. (...) 2. Não esgotadas as instâncias ordinárias, incabível a invocação de recurso extraordinário com repercussão geral reconhecida, consoante o art. 988, § 5º, II, do CPC. 3. A teoria da transcendência dos motivos determinantes é inaplicável como suporte para o manejo da reclamação constitucional. Precedentes. (...)

    (Rcl 37871 AgR, Relator(a): Min. ROSA WEBER, Primeira Turma, julgado em 15/04/2020, PROCESSO ELETRÔNICO DJe-118 DIVULG 12-05-2020 PUBLIC 13-05-2020)

90. Agravo regimental em reclamação. 2. Direito Processual Civil. 3. Reclamação com base em descumprimento de orientação firmada em processo subjetivo do qual a parte reclamante figurou no polo. Não ocorrência. 4. Suposta afronta à decisão proferida na ADI 1.194. Inexistência. Impossibilidade de utilização da reclamação fundada na teoria da transcendência dos motivos determinantes. 5. Inadmissível a utilização da reclamação como sucedâneo recursal. 6. Ausência de argumentos ou provas que possam influenciar a convicção do julgador. 7. Agravo regimental não provido.

    (Rcl 28745 AgR, Relator(a): Min. GILMAR MENDES, Segunda Turma, julgado em 18/10/2019, PROCESSO ELETRÔNICO DJe-262 DIVULG 29-11-2019 PUBLIC 02-12-2019)

91. § 5º É inadmissível a reclamação: (...)

    II – proposta para garantir a observância de acórdão de recurso extraordinário com repercussão geral reconhecida ou de acórdão proferido em julgamento de recursos extraordinário ou especial repetitivos, quando não esgotadas as instâncias ordinárias.

92. Por exemplo, GRECO, Leonardo, *op.cit.*, v.3. p. 413; NERY JUNIOR; Nelson; NERY, Rosa Maria de Andrade. *Comentários ao Código de Processo Civil.* [livro eletrônico] 1ª ed. São Paulo: Revista dos Tribunais, 2015, p. 1912 e seguintes.

93. Por exemplo, o professor Jorge Luiz Souto Maior, em magnífica obra sobre a História do Direito do Trabalho no Brasil, critica agudamente o sistema do CPC/2015, argumentando, entre outras coisas, que: o legislador tenta impedir o juiz de se "apresentar, socialmente, como um construtor do direito" (p. 509); se tenta "centralizar o poder sem se querer assumir o caráter autoritário da medida" (p. 509); há um "incentivo para que o juiz não se proponha a interagir com a realidade social buscando corrigi-la e sim que elimine o processo, visto na lógica do conflito individual, dentro da maior previsibilidade possível", transformando o juiz em gestor e reprodutor da lógica empresarial econômica" (p. 511). SOUTO MAIOR,

CPC/2015, com argumentos que se aplicam parcialmente aos precedentes vinculantes do STF. De acordo com essa visão, a inconstitucionalidade decorreria dos princípios: (i) da separação dos Poderes (CF, art. 2º); e (ii) da independência funcional dos juízes (LOMAN, art. 41 , e CF , art. 127, § 1º, c/c 129, § 4º, por simetria entre magistratura e Ministério Público).

No caso específico do STF, não haveria espaço para discutir a constitucionalidade da previsão legal acerca da vinculatividade de decisões em controle concentrado de constitucionalidade, bem como os precedentes cuja *ratio decidendi* seja enunciada em súmula vinculante, pois o caráter vinculante e *erga omnes* está previsto, para tais hipóteses, em normas constitucionais. É verdade, entretanto, que a discussão se revela pertinente se se percebe que: (a) a vinculatividade não foi prevista no texto originário da Constituição (tendo sido inserida, respectivamente, pelas ECs 3/1993, e 45/2004), o que permite questionar se as Emendas Constitucionais não seriam inconstitucionais por violar o núcleo essencial da separação de Poderes; (b) a eficácia transcendente dos motivos determinantes, bem como a vinculatividade decorrente de julgamento de recurso extraordinário repetitivo ou com repercussão geral reconhecida, também não estão previstos na Constituição.

A doutrina majoritária tem acertadamente reconhecido a constitucionalidade da sistemática de precedentes obrigatórios[94], mas é importante levar em consideração os aportes críticos, para que se aperfeiçoe o sistema.

Quando a Suprema Corte (ou qualquer outro tribunal) firma precedente obrigatório, não se está criando norma jurídica que vincule diretamente os cidadãos, como é típico da função legislativa: o precedente é de observância obrigatória apenas no âmbito do Poder Judiciário. Contudo, é inegável a existência de vinculação indireta dos cidadãos, pois se a questão for judicializada, espera-se que o precedente seja seguido.

Outra diferença, mais significativa, entre o precedente obrigatório e a lei está em que o primeiro resulta do julgamento de um caso concreto submetido ao Poder Judiciário, o qual não estará, portanto, inovando na ordem jurídica, como faz o legislador. Sucede que a decisão judicial depende, naturalmente, de interpretação do ordenamento jurídico para resolver o caso concreto. O que se

---

Jorge Luiz. *História do Direito do Trabalho no Brasil: curso de direito do trabalho, volume I, parte II*. São Paulo: LTR, 2017.

94. Nesse sentido, MENDES, Aluisio Gonçalves Castro, *op.cit.*, p. 237. Embora não abordem detidamente a constitucionalidade do sistema de precedente obrigatórios, tal conclusão fica implícita em: DIDIER, Fredie, *op.cit.*, v. 2, p. 469; CÂMARA, Alexandre Freitas, *op.cit.*, p. 342-449; DONIZETTI, Elpídio, *op.cit.*, p. 807. Daniel Neves aborda a problemática da inconstitucionalidade expressamente, mas não se posiciona, dizendo ser "difícil imaginar o Supremo Tribunal Federal declarando tais normas inconstitucionais"; na sequência, contudo, desenvolve, sem ressalvas, o tema da eficácia vinculante dos precedentes do art. 927 do CPC, com menção a numerosa doutrina no sentido de que o dispositivo consagra a aplicação obrigatória dos precedentes (NEVES, Daniel Assumpção Amorim, *Manual*, *op.cit.*, p. 1392-3).

faz, então, é transformar tal interpretação em paradigma a ser observado em futuros julgamentos.

Tais observações permitem concluir que não há, na sistemática de precedentes obrigatórios, violação ao núcleo essencial[95] do princípio da separação de Poderes, o qual, como todos os princípios constitucionais, não é absoluto e pode ser ponderado com outros. No tema de precedentes, a ponderação deve ser feita com os princípios da isonomia, da segurança jurídica, da duração razoável do processo e do acesso à justiça.

De fato, nada justifica que dois cidadãos, que apresentem ao Poder Judiciário idêntico pedido, tenham tratamento diferente, apenas porque os juízes que julgaram os respectivos processos tinham entendimentos divergentes sobre a mesma matéria. Repugnaria ao senso mais elementar de justiça, por exemplo, que uma trabalhadora obtivesse o reconhecimento de licença adotante no mesmo prazo da licença gestante, ao passo em que uma sua colega de trabalho (da mesma empresa e setor, por hipótese), tivesse reconhecido um prazo inferior[96]. Além de nítida violação à isonomia, esse tipo de situação compromete a credibilidade do Poder Judiciário.

O mesmo exemplo serve para demonstrar como o sistema de precedentes pode contribuir com a segurança jurídica: a trabalhadora adotante poderia programar seu comportamento e fazer a adoção com mais tranquilidade e destemor, sabendo que teria um período inicial assegurado para se adaptar à nova realidade familiar. Sem embargo, a segurança jurídica trazida pelos precedentes acaba sendo mais importante, na realidade trabalhista, para o empregador, o qual passa a conseguir prever de forma mais precisa os custos e riscos da atividade econômica que desempenha.

Por fim, o sistema de precedentes obrigatórios tende a reduzir a litigiosidade, já que, havendo sólida jurisprudência sobre determinado tema, é natural que, de um lado, os cidadãos sigam espontaneamente o padrão de conduta estabelecido;

---

95. A teoria do núcleo essencial é prevista expressamente por algumas Constituições, como a Lei Fundamental de Bonn (1949) e a Constituição Portuguesa de 1976. No caso brasileiro, vem sendo considerada limitação constitucional imanente associada às cláusulas pétreas. Como assevera Gilmar Mendes, "enquanto princípio consagrado na Constituição ou enquanto postulado constitucional imanente, o princípio da proteção do núcleo essencial destina-se a evitar o esvaziamento do conteúdo do direito fundamental decorrente de restrições descabidas, desmesuradas ou desproporcionais" (MENDES, Gilmar *et alii.*, *op.cit.*, p. 316). Apesar de a teoria referir-se ao núcleo essencial no tema de direitos fundamentais, a jurisprudência do STF tem feito alusão ao instituto no que tange ao princípio da separação de Poderes. Como exemplo, veja-se: ADI 3343, Relator(a): Min. AYRES BRITTO, Relator(a) p/ Acórdão: Min. LUIZ FUX, Tribunal Pleno, julgado em 01/09/2011, DJe-221 DIVULG 21-11-2011 PUBLIC 22-11-2011 EMENT VOL-02630-01 PP-00001.

96. O tema foi decidido em repercussão geral pelo STF, no RE 778889, em que se fixou a seguinte tese: "Os prazos da licença adotante não podem ser inferiores aos prazos da licença gestante, o mesmo valendo para as respectivas prorrogações. Em relação à licença adotante, não é possível fixar prazos diversos em função da idade da criança adotada".

e, de outro, que deixem de ajuizar ações postulando direitos em contrariedade a precedentes vinculantes. A redução da litigiosidade contribui com o acesso à justiça, em perspectiva macroscópica, já que, menor a quantidade de processos, os juízes e tribunais poderão empregar mais eficientemente seu tempo e recursos.

Quanto à suposta violação da independência funcional dos juízes, não é o que ocorre, pois os precedentes, embora dotados de generalidade, nada mais são do que especificação de previsões ainda mais genéricas contidas na lei. Há *degraus* de abstração: a partir de princípios constitucionais bastante abstratos, editam-se leis de conteúdo ainda genérico; as leis dão origem a precedentes, que as especificam; por sua vez, os precedentes geram decisões judiciais que os concretizam solucionado casos análogos ou idênticos. Perceba-se que a atuação dos juízes sempre foi limitada pela Constituição e pelas leis; os precedentes apenas estabelecem outra limitação, mais específica e justificável à luz dos princípios da isonomia, segurança jurídica e acesso à justiça[97].

Contudo, não se pode pretender que o juiz seja uma *boca da jurisprudência*[98], assim como não se espera que seja *boca da lei*. Os precedentes precisam ser interpretados e aplicados sempre à luz do caso concreto submetido à apreciação do órgão jurisdicional. Há diversas situações em que será legítimo o afastamento de precedente vinculante, o que remete ao tema da superação e distinção de precedentes, que se passa a apreciar.

5. APLICAÇÃO, DISTINÇÃO E SUPERAÇÃO DE PRECEDENTES

Os precedentes do Supremo Tribunal Federal – como os de qualquer tribunal – não podem ser considerados, em princípio, normas jurídicas, do ponto de vista da sociedade como um todo. Isso porque a observância dos precedentes, conforme resulta do art. 927 do CPC, é devida por juízes e tribunais. Excepcionam-se as ações de controle concentrado de constitucionalidade, pois nestas o STF profere decisão que, por força do art. 102, §2º, da CF[99], apresenta eficácia *erga omnes,* ou seja, contra todos.

Até mesmo por força do princípio da separação de Poderes, conforme desenvolvido no tópico anterior, não se pode conceber que os juízes editem normas de caráter geral. A técnica dos precedentes, assim, deve ser reconhecida como verdadeiro mecanismo de gestão interna do Poder Judiciário. Na prática, naturalmente essa técnica tende a gerar efeitos para os cidadãos em

---

97. BERNARDES, Felipe, *op.cit.*, p. 742.

98. A expressão se encontra em NERY JUNIOR; Nelson; NERY, Rosa Maria de Andrade, *op. cit*, *loc.cit.*

99. 2º As decisões definitivas de mérito, proferidas pelo Supremo Tribunal Federal, nas ações diretas de inconstitucionalidade e nas ações declaratórias de constitucionalidade produzirão eficácia contra todos e efeito vinculante, relativamente aos demais órgãos do Poder Judiciário e à administração pública direta e indireta, nas esferas federal, estadual e municipal.

geral, os quais potencialmente vão pautar seu comportamento à luz da jurisprudência consolidada.

No entanto, e desde que se parta da premissa da vinculatividade, é inegável que, do ponto de vista dos juízes e tribunais vinculados, o precedente se apresenta como espécie de fonte formal do direito, verdadeira norma jurídica que deve ser aplicada para solucionar os casos concretos. Nesse contexto, seriam fontes formais atípicas, *sui generis*, que não se enquadram na tradicional pirâmide *kelseneana*, pois não é dado, em princípio, a um juiz hierarquicamente inferior ao tribunal que editou o precedente, exercer controle de legalidade, de convencionalidade ou de constitucionalidade da *ratio decidendi*. Pensar contrariamente comprometeria a lógica do sistema de precedentes obrigatórios[100].

A aplicação do precedente se assemelha, portanto, à aplicação de norma jurídica e, mais especificamente, de norma-regra[101]. Não faria sentido que os tribunais editassem precedentes consistentes em declarações de princípios: espera-se deles maior grau de concretude. Descabe cogitar, portanto, de ponderação de precedentes, tal como se faz com a ponderação de princípios.

Depreende-se que o método de aplicação do precedente será o subsuntivo ou analógico[102]. Caso o juiz verifique existir precedente obrigatório sobre o tema sob sua apreciação, deverá, em princípio, fazer seus fundamentos determinantes incidirem no caso concreto. Contudo, a aplicação do precedente – assim como a da lei – não é tarefa mecânica: daí se reconhecer a possibilidade de sua distinção e superação.

Contudo, a teoria geral do direito diferencia claramente, nos dias atuais, *norma* e *enunciado normativo*. Enunciado normativo é o "texto ainda por interpretar", o discurso prescritivo contido em um dispositivo legal; já a norma é "produto da incidência do enunciado normativo sobre os fatos da causa, fruto da interação entre texto e realidade"[103].

Nesse contexto, perceba-se que o precedente se forma em determinado contexto fático e jurídico. Sucede que, assim como todo ser humano é único,

100. BERNARDES, Felipe, *op.cit.*, p. 741.

101. A distinção entre princípios e regras é bastante conhecida e difundida na literatura jurídica brasileira, sobretudo a partir dos escritos de Robert Alexy e Ronald Dworkin. A respeito, v. BARROSO, Luís Roberto. *Curso de Direito Constitucional Contemporâneo*. 1ª ed. 3ª tiragem. São Paulo: Saraiva, 2009, p. 316 e seguintes.

102. Marinoni, Arenhart e Mitidiero sustentam que o método seria analógico: "Se a questão que deve ser resolvida já conta com um precedente – se é a mesma questão ou se é semelhante, o precedente aplica-se ao caso. O raciocínio é eminentemente analógico. Todavia, se a questão não for idêntica ou não for semelhante, isto é, se existirem particularidades fático-jurídicas não presentes – e por isso não consideradas – no precedente, então é caso de distinguir o caso (*sic*) do precedente, recusando-lhe aplicação". MARINONI, Luiz Guilherme; ARENHART, Sérgio Cruz; MITIDIERO, Daniel. Novo Curso de Processo Civil, v.2. São Paulo: Editora Revista dos Tribunais, 2015, p .615.

103. BARROSO, Luís Roberto. *Curso, op.cit*, p. 194-5.

cada uma e todas as situações por ele vividas são também únicas[104]. Se o caso concreto não tiver aderência fática com o precedente, ou seja, se o contexto factual for substancialmente diverso, a norma extraída deste não poderá ser aplicada naquele.

Essa é a primeira possibilidade de distinção: o precedente não será aplicado quando o concreto apresentar singularidades fáticas que não hajam sido consideradas no julgado paradigma.

Para ilustrar o ponto, tome-se o julgamento paradigmático proferido pelo STF no RE 590415, em que a Corte, na sistemática de repercussão geral, definiu que plano de demissão voluntária, ao qual o trabalhador adere, concede quitação total dos direitos decorrentes do contrato de trabalho, desde que isso seja previsto na norma coletiva correspondente[105]. Imagine-se que, em determinado processo judicial, haja alegação e prova de que o empregado foi fisicamente coagido a assinar o documento de adesão ao PDV, sob pena de ser alvejado por arma de fogo que lhe foi apontada na ocasião. Tal singularidade fática evidentemente faria com que o precedente não fosse aplicável, porque não houve revogação dos arts. 151 a 155 do Código Civil, que regulamentam o instituto da coação e seriam aplicáveis no caso, tornando sem efeito o ato individual de adesão ao PDV.

Mas há outra possibilidade de distinção: o precedente não será de observância obrigatória quando for suscitado, no caso concreto, argumento ou fundamento não apreciado no julgado paradigmático[106]. É da racionalidade do sistema de precedentes evitar que os mesmos argumentos hajam de ser

---

104. Essa preocupação garantista (sobretudo no que tange ao contraditório) e humanista faz com que haja respeitabilíssima doutrina a sustentar que os precedentes, em qualquer caso – notadamente no caso da repercussão geral e recursos repetitivos –, não gerariam "insuperável vinculação", mas eficácia meramente persuasiva. Assim: GRECO, Leonardo. Desafios à coisa julgada no novo Código de Processo Civil. In: *Estudos de Direito Processual em homenagem a Paulo Cezar Pinheiro Carneiro*. Luiz Fux et. alii (coords.) 1ª ed. Rio de Janeiro: LMJ Mundo Jurídico, 2019, p. 691-2.

105. A tese fixada em repercussão geral foi: "A transação extrajudicial que importa rescisão do contrato de trabalho, em razão de adesão voluntária do empregado a plano de dispensa incentivada, enseja quitação ampla e irrestrita de todas as parcelas objeto do contrato de emprego, caso essa condição tenha constado expressamente do acordo coletivo que aprovou o plano, bem como dos demais instrumentos celebrados com o empregado" (RE 590415, Relator(a): Min. ROBERTO BARROSO, Tribunal Pleno, julgado em 30/04/2015, ACÓRDÃO ELETRÔNICO REPERCUSSÃO GERAL - MÉRITO DJe-101 DIVULG 28-05-2015 PUBLIC 29-05-2015).

106. No mesmo sentido, referindo-se ao IRDR, mas com argumentação extensível aos recursos repetitivos e à repercussão geral: MENDES, Aluisio Gonçalves Castro, op.cit., p. 244-5: "o efeito vinculativo estabelecido encontra-se limitado, naturalmente, às questões e fundamentos que tenham sido suscitados e analisados (...). Não haverá enquadramento e, portanto, efeito vinculativo, o se o tribunal (...) não houver enfrentado e se pronunciado sobre fundamento existente no caso concreto. Neste caso, o magistrado poderá se afastar da tese fixada se adotar fundamento não analisado no incidente. Na hipótese, o efeito será meramente persuasivo". Idêntico raciocínio é feito por Daniel Neves, ao aduzir que o precedente pode deixar de ser aplicado quando se discutir "matéria jurídica inédita, não tratada anteriormente na formação do precedente" (NEVES, Daniel, Manual de Direito Processual Civil, op.cit., p. 1406).

apreciados repetidamente pelos juízes e tribunais, inúmeras vezes. Contudo, o princípio constitucional do contraditório impõe que argumentos não decididos escapem à eficácia vinculante do precedente: o cidadão tem o direito de ver apreciado um argumento que pode mudar a conclusão do raciocínio e não haja sido apreciado no precedente vinculante. Um exemplo demonstrará o ponto.

É sabido que o STF fixou tese, em repercussão geral, no sentido da constitucionalidade do art. 71, §1º, da Lei nº 8666/93, de modo que "o inadimplemento dos encargos trabalhistas dos empregados do contratado não transfere automaticamente ao Poder Público contratante a responsabilidade pelo seu pagamento", nas hipóteses de terceirização feitas por entes públicos[107]. Posteriormente, em embargos de declaração, a Corte deixou claro que o entendimento não impedia a responsabilização do ente público caso comprovada sua culpa na fiscalização dos contratos administrativos[108], entendimento que veio a ser reafirmado no art. 121, §2º, da Lei 14.133/2021[109]. Lendo-se atentamente o inteiro teor do longo acórdão que fixou a tese, percebe-se que, no final dos debates, os ministros começaram a discutir sobre os mecanismos probatórios à disposição do Estado, e até mesmo sobre a inversão do ônus da prova, mas não houve qualquer decisão a respeito. Dessa forma, a eficácia do precedente não abrange tal questão, sendo certo que o juiz pode, legitimamente, inverter o ônus da prova da fiscalização do contrato, à luz da teoria da aptidão para a prova. Não comprovando que fiscalizou adequadamente o cumprimento do contrato administrativo (o que abrange as obrigações trabalhistas e previdenciárias da contratada), o ente público incide em culpa *in vigilando*, razão pela qual deve ser responsabilizado subsidiariamente pelos encargos trabalhistas inadimplidos pela empresa prestadora de serviços.

Além da distinção, a aplicação dos precedentes não será devida quando estiverem superados. A superação pode ocorrer quando se alterar, por exemplo, a conjuntura econômica, social ou jurídica. Até mesmo a mudança de interpretação (mutação constitucional ou legal) pode ensejar superação de precedentes. Contudo, como a jurisprudência deve ser estável, íntegra e coerente (CPC, art.

---

107. RE 760931, Relator(a): Min. ROSA WEBER, Relator(a) p/ Acórdão: Min. LUIZ FUX, Tribunal Pleno, julgado em 26/04/2017, PROCESSO ELETRÔNICO REPERCUSSÃO GERAL - MÉRITO DJe-206 DIVULG 11-09-2017 PUBLIC 12-09-2017.

108. RE 760931 ED, Relator(a): Min. LUIZ FUX, Relator(a) p/ Acórdão: Min. EDSON FACHIN, Tribunal Pleno, julgado em 01/08/2019, PROCESSO ELETRÔNICO DJe-194 DIVULG 05-09-2019 PUBLIC 06-09-2019.

109. § 2º Exclusivamente nas contratações de serviços contínuos com regime de dedicação exclusiva de mão de obra, a Administração responderá solidariamente pelos encargos previdenciários e subsidiariamente pelos encargos trabalhistas se comprovada falha na fiscalização do cumprimento das obrigações do contratado.

926), espera-se que os tribunais exerçam a prerrogativa de modificar precedentes de forma comedida e responsável.

Em princípio, a competência para modificar o precedente é do próprio tribunal que o editou. Há regra explícita nesse sentido quanto ao IRDR (CPC, art. 986)[110].Tal dispositivo pode ser aplicado analogicamente aos recursos extraordinários repetitivos e àqueles julgados conforme sistemática da repercussão geral. No controle concentrado de constitucionalidade, decisão que reconheça a constitucionalidade de determinado ato normativo não impede que, posteriormente, o STF mude de posicionamento e o declare inconstitucional[111]; já se a lei for declarada inconstitucional, será excluída do ordenamento jurídico e não pode ser "ressuscitada", mas nada impede que, apreciando outra lei de teor idêntico, a Suprema Corte altere sua jurisprudência e reconheça a constitucionalidade.

Igualmente, um precedente obrigatório de tribunal superior pode resultar na superação de outro de tribunal inferior.

Contudo, não se pode descartar absolutamente a possibilidade de que juízes e tribunais inferiores considerem superado o precedente[112]. Tal posição, embora pareça ainda não prevalecer em doutrina[113], tem o mérito de democratizar a atividade jurisdicional, evitando o *engessamento* praticamente definitivo dos entendimentos manifestados de forma centralizada pelos órgãos de cúpula. Deve-se ter em conta que os juízes de primeiro grau estão muito mais próximos dos fatos, o que os capacita a apreenderem e compreenderem as alterações conjunturais que possam justificar a alteração do precedente.

Além disso, tal entendimento se pauta no art. 489, §1º, VI, do CPC[114], o qual, embora de forma tímida, dá a entender que o juiz pode deixar de seguir

---

110. Art. 986. A revisão da tese jurídica firmada no incidente far-se-á pelo mesmo tribunal, de ofício ou mediante requerimento dos legitimados mencionados no art. 977, inciso III.

111. Cf. BARROSO, Luís Roberto, *Controle*, *op.cit*, p. 199 e seguintes.

112. Com a mesma opinião, Aluisio Mendes sustenta que "a distinção e a superação são técnicas que podem ser utilizadas pelos órgãos julgadores vinculados ao tribunal, diante do caso concreto, a revisão formal da tese somente pode ser realizada pelo tribunal que tenha formulado a tese. Pareceria democrático e saudável esta possibilidade de oxigenação advinda de tribunais que tenham firmado na origem a tese a ser revista" (p.244-5). Em outra passagem, o autor afirma: "sempre foi polêmica a possibilidade de superação do precedente por órgão vinculado". No entanto, "no CPC/2015, a previsão contida no inciso VI, do §1º, do art. 489, parece autorizar a prática", diante da ausência de qualquer "restrição ou limitação neste e em qualquer outro dispositivo do novo estatuto. Esta possibilidade de superação precisa ser aplicada comedidamente. Se realizada em demasia pelo juiz de primeiro grau ou pelos tribunais superiores, o sistema de precedentes vinculativos estará correndo sérios riscos" (MENDES, Aluisio Gonçalves Castro, *op.cit.*, p. 248-9).

113. Sustentando que juiz inferior só pode superar o precedente na hipótese de lei superveniente em sentido contrário, ou de sinalização pelo tribunal superior, NEVES, Daniel, *Manual*, *op.cit.*, p. 1408; e DIDIER, Fredie, *op.cit.*, v.3, p. 512.

114. Art. 489, § 1º – Não se considera fundamentada qualquer decisão judicial, seja ela interlocutória, sentença ou acórdão, que: (...)

precedente se demonstrar a superação do entendimento. De fato, esse dispositivo não faria sentido caso estivesse se referir à superação pelo próprio tribunal superior, pois nesta hipótese se trataria de aplicação pura e simples do precedente mais recente.

É certo, entretanto, que a superação do precedente pelos juízes vinculados deve ser feita com extrema parcimônia, sob pena de se desestruturar o sistema concebido pela legislação processual. Haverá, assim, um ônus argumentativo reforçado, não sendo suficiente a mera discordância do juiz quanto ao teor do precedente obrigatório.

Sem embargo, há pelo menos duas possibilidades em que parece pacífico que os juízes e tribunais vinculados possam considerar superado o precedente obrigatório: (i) edição superveniente de lei contrária ao precedente[115]; (ii) utilização da técnica da sinalização (*signaling*) pelo Tribunal.

De fato, quando o Tribunal edita precedente, o faz tendo em vista o cenário jurídico vigente quando da prolação da decisão paradigma. Se, posteriormente, sobrevém lei em sentido contrário, os juízes devem deixar de aplicar o precedente, sem que se cogite de indisciplina judiciária ou usurpação da competência do Tribunal para o *overruling*. Do contrário, o precedente judicial teria mais valor do que a própria lei, o que não pode ser admitido no sistema constitucional de separação e harmonia dos Poderes[116].

No caso específico do STF, que firma precedentes obrigatórios em matéria constitucional, poder-se-ia discutir se apenas emendas constitucionais seriam aptas a superar o entendimento da Corte, ou se, ao revés, leis ordinárias também poderiam fazê-lo. A doutrina especializada admite a mutação constitucional por atuação do legislador, nas hipóteses em que a lei ordinária procurar "modificar a interpretação que tenha sido dada a alguma norma constitucional"[117]. A jurisprudência do STF, entretanto, é firme no sentido de que o legislador ordinário não pode pretender impor determinada interpretação da Constituição, razão pela qual a última palavra sobre a constitucionalidade sempre será da Corte[118]. O mesmo raciocínio é válido para emendas constitucionais.

VI – deixar de seguir enunciado de súmula, jurisprudência ou precedente invocado pela parte, sem demonstrar a existência de distinção no caso em julgamento ou a superação do entendimento.

115. Cf. DIDIER, *op.cit.*, v.2, p. 512. No mesmo sentido, Fórum Permanente de Processualistas Civis, enunciado 324.

116. Cf. BERNARDES, Felipe, *op.cit*, p. 745-6.

117. BARROSO, Luís Roberto, *Curso*, *op.cit.*, p. 132.

118. ADI 2797, Relator(a): Min. SEPÚLVEDA PERTENCE, Tribunal Pleno, julgado em 15/09/2005, DJ 19-12-2006 PP-00037 EMENT VOL-02261-02 PP-00250.

Desse modo, a edição de lei – ou até mesmo emenda constitucional, mas neste caso a deferência ao legislador deve ser mais intensa – contrária ao precedente pode ser um elemento para considerar o precedente obrigatório em matéria constitucional superado, mas tal superação não é automática e deve ser devidamente fundamentada pelo julgador. Exemplifica-se com o índice de correção monetária aplicável aos débitos trabalhistas: a Lei nº 13.467/2017 estabeleceu que o índice seria a TR (índice utilizado na caderneta de poupança), mas o STF, em reiterados julgados[119], tem declarado a inconstitucionalidade de tal índice para corrigir os débitos da Fazenda Pública, já que, por não acompanhar a variação inflacionária, viola o direito de propriedade do credor. Nesse caso, a *ratio decidendi* é obrigatória e se aplica inclusive para créditos trabalhistas, pois não há razão lógico-jurídica que autorize a distinção. Assim, a Lei nº 13.467/2017 não superou o entendimento constitucional do STF a respeito, razão pela qual o juiz deve reconhecer sua inconstitucionalidade, nesse aspecto específico.

Em outras situações, o tribunal pode realizar uma espécie de transição entre o entendimento manifestado no precedente, e a nova interpretação que é apenas sinalizada (*signaling*). Em outras palavras: a Corte sinaliza uma futura mudança de entendimento. Nessas hipóteses, é possível a *superação antecipada* pelos órgãos inferiores. Não se trata de discordância do juiz com o mérito do precedente, mas de juízo de probabilidade no sentido de que haverá modificação do precedente, conforme tendência anunciada pelo Tribunal Superior[120].

6. EFICÁCIA TEMPORAL DOS PRECEDENTES

O Supremo Tribunal Federal tem entendido que o acórdão paradigma, proferido de acordo com a sistemática de repercussão geral, gera efeitos processuais (notadamente a possibilidade de julgamento monocrático de outras causas

---

119. Tal entendimento já havia sido exarado anteriormente em sede de repercussão geral, e foi reiterado em controle concentrado de constitucionalidade, conforme seguinte ementa: "EMENTA: AÇÃO DIRETA DE INCONSTITUCIONALIDADE. ART. 1º-F DA LEI N. 9.494/1997, ALTERADO PELA LEI N. 11.960/2009. ÍNDICE DE REMUNERAÇÃO DA CADERNETA DE POUPANÇA COMO CRITÉRIO DE CORREÇÃO MONETÁRIA EM CONDENAÇÕES DA FAZENDA PÚBLICA. INCONSTITUCIONALIDADE. 1. Este Supremo Tribunal declarou inconstitucional o índice de remuneração da caderneta de poupança como critério de correção monetária em condenações judiciais da Fazenda Pública ao decidir o Recurso Extraordinário n. 870.947, com repercussão geral (Tema 810). 2. Assentou-se que a norma do art. 1º-F da Lei n. 9.494/1997, pela qual se estabelece a aplicação dos índices oficiais de remuneração da caderneta de poupança para atualização monetária nas condenações da Fazenda Pública, configura restrição desproporcional ao direito fundamental de propriedade. 3. Ação direta de inconstitucionalidade julgada procedente."

(ADI 5348, Relator(a): Min. CÁRMEN LÚCIA, Tribunal Pleno, julgado em 11/11/2019, PROCESSO ELETRÔNICO DJe-260 DIVULG 27-11-2019 PUBLIC 28-11-2019).

120. Cf. DIDIER, *op.cit.*, v.2, p. 520.

e recursos na própria Corte) assim que concluído e proclamado o julgamento, antes mesmo da publicação e do trânsito em julgado[121-122].

Ademais, a Corte Especial do Superior Tribunal de Justiça e o próprio Supremo Tribunal Federal vêm entendendo que não há necessidade de publicação ou de trânsito em julgado de acórdão para que se dê a imediata aplicação, pelos demais órgãos do Poder Judiciário, da tese firmada sob a sistemática de repercussão geral[123]. No mesmo sentido é a jurisprudência do TST[124].

Resta definir se, uma vez firmado o precedente, o entendimento deve aplicar-se somente para fatos futuros, ou se pode também abranger fatos passados e situações consolidadas. A solução tradicional para a questão, não apenas no Brasil, sempre foi no sentido de que a jurisprudência poderia ser aplicada retroativamente, sem que disso pudesse resultar violação da garantia constitucional que protege o ato jurídico perfeito, o direito adquirido e a coisa julgada[125]. O fundamento do raciocínio estaria em que a jurisprudência não criaria direito novo, senão que apenas declararia direito já existente no ordenamento jurídico.

---

121. "DIREITO ADMINISTRATIVO. AGRAVO REGIMENTAL EM RECURSO EXTRAORDINÁRIO COM AGRAVO. LEGITIMIDADE. POLO PASSIVO. ASSISTÊNCIA À SAÚDE. REPERCUSSÃO GERAL. INSURGÊNCIA VEICULADA CONTRA A APLICAÇÃO DA SISTEMÁTICA DA REPERCUSSÃO GERAL. POSSIBILIDADE DE APLICAÇÃO IMEDIATA DOS ENTENDIMENTOS FIRMADOS PELO PLENÁRIO DO SUPREMO TRIBUNAL FEDERAL EM REPERCUSSÃO GERAL. 1. A existência de precedente firmado pelo Plenário desta Corte autoriza o julgamento imediato de causas que versem sobre o mesmo tema, independente da publicação ou do trânsito em julgado do paradigma. Precedentes. 2. Agravo regimental a que se nega provimento" (ARE 930647 AgR, Relator(a): Min. ROBERTO BARROSO, Primeira Turma, julgado em 15/03/2016).

122. "Agravo regimental no recurso extraordinário. Precedente do Plenário. Possibilidade de julgamento imediato de outras causas. Precedentes. 1. A Corte possui o entendimento de que a existência de precedente firmado pelo Plenário autoriza o julgamento imediato de causas que versem sobre o mesmo tema, independentemente da publicação ou do trânsito em julgado do leading case. 2. Agravo regimental não provido, com imposição de multa de 2% (art. 1.021, § 4º, do CPC). 3. Majoração da verba honorária em valor equivalente a 10% (dez por cento) daquela a ser fixada na fase de liquidação (art. 85, §§ 2º, 3º e 11, do CPC), observada a eventual concessão do benefício de gratuidade da justiça" (RE 612375 AgR, Relator(a): Min. DIAS TOFFOLI, Segunda Turma, julgado em 21/08/2017).

123. Precedente do STJ: AgInt no RE nos EDcl no AgRg no AgRg no REsp 1280891/RJ, Rel. Ministro HUMBERTO MARTINS, CORTE ESPECIAL, julgado em 20/11/2017, DJe 28/11/2017. Precedentes do STF: RE 982.322 AgR- ED - ED , Relator (a): Min. CÁRMEN LÚCIA (Presidente), Tribunal Pleno, julgado em 24/11/2017, PROCESSO ELETRÔNICO DJe-280 DIVULG 05-12-2017 PUBLIC 06-12-2017; RE 1.065.205 AgR, Relator (a): Min. RICARDO LEWANDOWSKI, Segunda Turma, julgado em 22/09/2017, PROCESSO ELETRÔNICO DJe-227 DIVULG 03-10-2017 PUBLIC 04-10-2017; Rcl 18.412 AgR, Relator (a): Min. ROBERTO BARROSO, Primeira Turma, julgado em 02/02/2016, PROCESSO ELETRÔNICO DJe-033 DIVULG 22-02-2016 PUBLIC 23-02-2016.

124. Por exemplo: TST - ED-RR: 2481320175130024, Relator: Dora Maria da Costa, Data de Julgamento: 18/02/2020, 8ª Turma, Data de Publicação: DEJT 21/02/2020; TST - Ag-ED-ARR: 855320115050028, 5ª Turma. Rel. João Pedro Silvestrin. Data de Julgamento: 30/04/2020. Data de Publicação: DEJT 08/05/2020.

125. Cf. MALLET, Estêvão. A jurisprudência sempre deve ser aplicada retroativamente? *Revista do Tribunal Superior do Trabalho*, Brasília, vol. 71, nº 3, set/dez 2005, p. 134. No primoroso texto, o autor menciona doutrina francesa, brasileira, inglesa e diversos julgados oriundos de Cortes norte-americanas no mesmo sentido.

Contudo, é inegável que a jurisprudência apresenta, muitas vezes, caráter criativo[126]. A posição manifestada pelos tribunais gera expectativas legítimas nos cidadãos, o que se associa aos princípios constitucionais da solidariedade (CF, art. 1º, III – do qual se extrai o princípio da boa-fé objetiva) e da segurança jurídica (CF, art. 5º, *caput*). Além disso, seria ilógico entender-se que a lei (ato normativo primário e fruto de órgãos democraticamente eleitos) não poderia violar o direito adquirido, o ato jurídico perfeito e a coisa julgada, mas que a jurisprudência (formado por juízes que sequer tem o voto popular) pudesse fazê-lo[127].

Ainda que a jurisprudência firmada se repute equivocada, não se justifica, no mais das vezes, que a alteração se dê de forma retroativa. Como a *virada jurisprudencial* retroativa gera instabilidade e insegurança, não reconhecer a possibilidade de modulação de efeitos da alteração jurisprudencial acaba gerando tendência de perpetuar o entendimento equivocado, em decorrência dos "inevitáveis inconvenientes práticos da alteração. O mesmo não ocorre, porém, quando se aceita a possibilidade de aplicação das novas diretrizes tão somente de forma prospectiva"[128].

É por tais motivos que a jurisprudência do STF, antes mesmo de haver autorização legislativa, já vinha reconhecendo a possibilidade de modulação temporal dos efeitos de declaração de inconstitucionalidade[129], superando o dogma da nulidade da lei inconstitucional[130].

Atualmente, a legislação processual autoriza que, em todo e qualquer caso (não apenas em matéria constitucional), os tribunais modulem os efeitos temporais da modificação jurisprudencial, havendo nítida preocupação com a

126. Paulo Nader, por exemplo, aduz: "na prática, reconhecemos que, a cada momento, os julgadores, à guisa de interpretar, introduzem novos preceitos no mundo jurídico dissimuladamente" (NADER, Paulo. Introdução ao Estudo do Direito. 23ª ed. São Paulo: Forense, 2003, p. 171). Luís Roberto Barroso assevera que "em variadas situações, o intérprete torna-se co-participante do processo de criação do Direito, completando o trabalho do constituinte ou do legislador (...). Quando duas normas de igual hierarquia colidem em abstrato, é intuitivo que não possam fornecer, pelo seu relato, a solução do problema. Nesses casos, a atuação do intérprete criará o Direito aplicável ao caso concreto, a partir das balizas normativas contidas nos elementos normativos em jogo"(BARROSO, Luís Roberto, *Curso*, *op.cit.*, p. 308-310).

127. Cf. MALLET, Estêvão, *A jurisprudência*, *op.cit.*, p. 143.

128. *Idem, ibidem*, p. 145.

129. Por exemplo no, RE 122202, Relator(a): Min. FRANCISCO REZEK, Segunda Turma, julgado em 10/08/1993, DJ 08-04-1994 PP-07243 EMENT VOL-01739-05 PP-00945.

130. O direito constitucional brasileiro consagrou a ideia de que lei inconstitucional é inválida e, por isso, não pode gerar efeitos. Daí a declaração de inconstitucionalidade, em princípio, gerar eficácia retroativa (*ex tunc*), consagrando a ideia de supremacia da Constituição. No entanto, a Constituição também alberga valores como a segurança jurídica, a boa-fé (solidariedade) e a moralidade, entre outros. Disso resulta a possibilidade de ponderar a norma constitucional violada e "as normas constitucionais que protegem os efeitos produzidos pela lei inconstitucional. Como por exemplo: boa-fé, moralidade, coisa julgada, irredutibilidade dos vencimentos, razoabilidade" (BARROSO, Luís Roberto, O *Controle*, *op.cit.*, p. 211).

ampliação do contraditório e com a preservação da isonomia, segurança jurídica e proteção da confiança (CPC, art. 927, §§2º a 4º)[131].

Na modulação temporal, os tribunais podem fixar qualquer marco temporal que se revele adequado para a tutela de tais valores: a modificação da jurisprudência pode gerar efeitos *ex nunc*, de forma imediata ao julgamento, ou em outro marco temporal futuro estabelecido; ou mesmo alguma data passada que seja satisfatória para os propósitos da modulação.

7. IMPORTÂNCIA DOS PRECEDENTES DO STF EM MATÉRIA TRABALHISTA

Como se sabe, muitas das normas fundamentais que regem o Direito do Trabalho (Individual e Coletivo) e o Processo do Trabalho se encontram positivas na Constituição. No Direito material, sobressaem os arts. 7º a 11, mas há inúmeros outros dispositivos constitucionais aplicáveis no âmbito trabalhista: art. 1º, IV (valores sociais do trabalho e da livre iniciativa); art. 5º (direitos fundamentais aplicáveis nas relações de trabalho, e também nas relações processuais, como intimidade, contraditório etc.); art. 37 (relações de trabalho na Administração Pública); art. 62 (cabimento de medidas provisórias); arts. 92 a 100 (organização do Poder Judiciário); art. 111 a 115 (organização e competência da Justiça do Trabalho); art. 225 (meio ambiente de trabalho), entre muitos outros.

Desde a entrada em vigor da Constituição Federal, sempre houve espaço, portanto, para atuação do Supremo Tribunal Federal em matéria trabalhista, o que era feito inicialmente em ações de controle concentrado de constitucionalidade[132], cujas decisões eram, à época, as únicas capazes de gerar efeitos *erga omnes* e vinculantes. As decisões em recursos extraordinários tinham, nas duas primeiras décadas de vigência da CF/88, eficácia apenas para as partes do processo, embora pudessem exercer papel persuasivo no convencimento de juízes e tribunais do trabalho.

---

131. § 2º A alteração de tese jurídica adotada em enunciado de súmula ou em julgamento de casos repetitivos poderá ser precedida de audiências públicas e da participação de pessoas, órgãos ou entidades que possam contribuir para a rediscussão da tese.

§ 3º Na hipótese de alteração de jurisprudência dominante do Supremo Tribunal Federal e dos tribunais superiores ou daquela oriunda de julgamento de casos repetitivos, pode haver modulação dos efeitos da alteração no interesse social e no da segurança jurídica.

§ 4º A modificação de enunciado de súmula, de jurisprudência pacificada ou de tese adotada em julgamento de casos repetitivos observará a necessidade de fundamentação adequada e específica, considerando os princípios da segurança jurídica, da proteção da confiança e da isonomia.

132. Importante exemplo de decisão proferida nos anos iniciais de vigência da Constituição de 1988 foi a alusiva à estabilidade provisória do empregado acidentado, conforme ementa a seguir: "Ação direta de inconstitucionalidade. Artigo 118, "*caput*" , da Lei nº. 8.213/91. Inexistência, no caso, do "periculum in mora" ou da conveniência da suspensão da norma impugnada. Pedido de liminar indeferido" (ADI 639 MC, Relator(a): Min. MOREIRA ALVES, Tribunal Pleno, julgado em 13/04/1992, DJ 22-05-1992 PP-07213 EMENT VOL-01662-01 PP-00147 RTJ VOL-00141-02 PP-00409).

Contudo, é inegável que, a partir da EC 45/2004, que instituiu a súmula vinculante, e sobretudo da Lei nº 11.418/2006 (que instituiu a repercussão geral no STF[133]), o Supremo passou a assumir o papel de protagonista na definição de rumos do Direito do Trabalho.

Especialmente a partir do ano de 2009, com intensificação em 2016, o STF tem dado especial atenção às questões trabalhistas, com clara tendência de redução de direitos e esvaziamento de competências da Justiça do Trabalho, e interferindo de forma estrutural nos posicionamentos do TST[134]. Pode-se dizer que a Suprema Corte já vinha empreendendo uma verdadeira "reforma trabalhista" pela via jurisprudencial, antes mesmo das alterações feitas pelas Leis nº 13.467/2017 (chamada de "Reforma Trabalhista") e 13.874/2019 (chamada de "Lei da Liberdade Econômica").

Exemplificam essa tendência os seguintes julgados, entre vários outros: ADI 3934 (sucessão trabalhista no caso de alienação em sede de recuperação judicial); ADC 16 (ausência de responsabilidade subsidiária da Administração Pública); ARE 709212 (redução do prazo prescricional do FGTS); ADPF-MC 323 (inexistência de ultratividade de normas coletivas de trabalho); RE 590415 e 895759 (prevalência do negociado sobre o legislado para redução de direitos); ADI 6363 (possibilidade de acordo individual que resulte em redução de salário, por força de medida provisória editada no contexto de combate à situação pandêmica); RE 607447 (inexigibilidade de depósito recursal para recurso extraordinário em matéria trabalhista).

É imprescindível – ao estudioso e ao profissional do Direito do Trabalho – conhecer sistematicamente a jurisprudência do Supremo Tribunal Federal em matéria trabalhista, não apenas do ponto de vista das conclusões enunciadas nos julgados, mas também tendo em vista a fundamentação determinante dos precedentes. Isso permitirá: (i) estabelecer de forma precisa a extensão da eficácia vinculante dos julgados, bem como hipóteses em que será possível a distinção do caso concreto ou a superação do precedente; (ii) perceber os contornos que o Direito e o Processo do Trabalho vêm assumindo, e se há coerência na evolução jurisprudencial do STF; (iii) compreender de que forma o sistema pode ser aperfeiçoado.

Nos próximos capítulos, serão estudados os precedentes obrigatórios do STF, sobretudo os editados a partir do ano 2000. Eventualmente, será feita menção a julgados mais antigos, quer pela sua relevância, quer para fins de exposição sistemática da matéria enfocada.

---

133. A repercussão geral passou a ser aplicada pela Corte a partir de 3 de maio de 2007, data de entrada em vigor da Emenda Regimental nº 21, que modificou o Regimento Interno do Supremo Tribunal Federal.
134. Cf. SOUTO MAIOR, Jorge Luiz, *História*, *op.cit.*, p. 518.

Capítulo II
DIREITO DO TRABALHO

1. VISÃO GERAL

1.1. Introdução

Não é simples a tarefa de expor uma visão geral acerca da jurisprudência do Supremo Tribunal Federal em matéria trabalhista.

A grande quantidade e pulverização de decisões espaçadas no tempo, sobre temas que aparentemente não guardam relação entre si; o fato de que, muitas vezes, a ementa dos julgados não corresponde exatamente ao entendimento adotado pela maioria dos ministros; a consequente necessidade de estudo do inteiro teor os acórdãos, os quais muitas vezes contêm votos extremamente longos; a dificuldade de distinguir, em algumas situações, o que seja fundamento determinante da decisão (*ratio decidendi*) do que seja mera consideração lateral (*obiter dictum*); tudo isso dificulta sobremaneira a compreensão global e unitária dos caminhos que a Suprema Corte têm seguido a respeito da interpretação do Direito do Trabalho.

A missão, embora árdua, nunca foi tão necessária.

O STF, especialmente a partir do ano de 2010, tem sido chamado a decidir questões estruturais do Direito do Trabalho, tais como a terceirização e a prevalência do negociado sobre o legislado. Algumas vezes, temas que eram reputados infraconstitucionais – e que, por tal razão, não eram decididos pela Corte – passam a ser considerados constitucionais, como no caso da discussão sobre a ultratividade das normas coletivas.

O futuro próximo tende a trazer ainda mais decisões cruciais para esse *caldeirão* jurisprudencial, sobretudo em função da prodigalidade normativa em matéria trabalhista vivenciada ultimamente no Brasil, de que são exemplos as Leis 13.429 e 13.467/2017, e as Medidas Provisórias 905/2019, 927 e 936/2020. A legislação, ao tratar de temas polêmicos e de duvidosa constitucionalidade, fatalmente acaba sendo objeto de questionamento na Suprema Corte, que, como se sabe, dá a última palavra sobre a conformidade da normatividade infraconstitucional com a Constituição.

Nesse contexto, é imprescindível investigar se os precedentes do Supremo Tribunal Federal em matéria trabalhista têm seguido a diretriz do art. 926 do Código de Processo Civil, segundo o qual os tribunais devem manter uniformizar sua jurisprudência e mantê-la estável, íntegra e coerente. Enquanto a estabilidade diz respeito à manutenção dos entendimentos já consolidados ao longo do tempo, a diferenciação dos conceitos de integridade e de coerência gera entendimentos díspares na doutrina[1]. Partindo da lição hermenêutica segundo a qual a lei não contém disposições inúteis, é forçoso discernir as duas noções.

A ideia de integridade parece inspirada na concepção de Dworkin, segundo a qual o Direito, metaforicamente, seria como um *romance em cadeia* escrito por vários autores: a trama deve ser única, porque não se busca um livro de contos, mas uma história encadeada[2]. Aquele que escreve os capítulos posteriores não pode criar uma nova estória, mas desenvolver aquela já criada anteriormente. Sob outro enfoque, o vocábulo *integridade* remete à noção de unidade, inteireza.

A jurisprudência, dessa forma, deve ser construída sem desprezar o que já foi decidido anteriormente sobre a mesma matéria[3]. Além disso, as decisões devem observar a totalidade do ordenamento jurídico, visto como um sistema, e não como mero *amontado* de normas sobrepostas[4]. Da integridade decorre, ainda, que a jurisprudência deve ser modificada quando surgir algum elemento – tal como a edição de novas leis ou a mudança da compreensão jurídica sobre determinado assunto – que autorize sua superação.

A coerência pode ser interpretada como apresentando duas dimensões: externa e interna[5]. O aspecto interno diz respeito aos fundamentos adotados nos precedentes, os quais devem ser aptos e adequados para gerar as conclusões a que chega o tribunal. Já a coerência externa concerne à necessidade de que a linha interpretativa seguida em relação a determinado tema seja harmônica com a adotada em outros temas correlatos. Aqui, há nítida aproximação com a ideia de integridade.

Fincadas tais premissas, cabe investigar os seguintes pontos: (i) se a jurisprudência do STF tem seguido uma linha argumentativa coerente no que tange ao Direito ao Trabalho (dever de coerência); (ii) em caso positivo, quais são as características e os princípios que têm pautado o raciocínio da Suprema

1. Para uma visão ampla a respeito do tema, v. DIDIER JR., Fredie; CUNHA, Leonardo José Carneiro da; BRAGA, Paula Sarno; OLIVEIRA, Rafael Alexandria de. *Curso de Direito Processual Civil*, v.2. 11ª ed. Salvador: Juspodivm, 2016, p. 489 e seguintes.
2. DWORKIN, Ronald. *O Império do Direito*. Jeferson Luiz Camargo (trad.). São Paulo: Martins Fontes, 2003.
3. De forma semelhante, CÂMARA, Alexandre, *O Novo...*, *op.cit.*, p. 438.
4. Cf. DIDIER JR., Fredie; CUNHA, Leonardo José Carneiro da; BRAGA, Paula Sarno; OLIVEIRA, Rafael Alexandria de. *Curso...*, v.2, *op.cit.*, p. 498.
5. Idem, p. 493.

Corte em matéria trabalhista?; (iii) a jurisprudência trabalhista do STF se harmoniza com a tendência jurisprudencial que a Corte adota em outros ramos do Direito, o qual deve ser visto como um sistema integrado de normas (dever de integridade)?

Após tal análise, será possível apontar eventuais inconsistências e possibilidades de aprimoramento, bem como refletir sobre os rumos do Direito do Trabalho e da Justiça do Trabalho no Brasil.

Antes, porém, faz-se necessário rememorar, sumariamente, as principais decisões do Supremo Tribunal Federal atinentes ao Direito do Trabalho.

1.2. Breve enumeração dos principais julgados em matéria trabalhista

O objetivo deste tópico não é o de exaurir o elenco de julgados da Suprema Corte em matéria trabalhista, e muito menos o de analisá-los de forma pormenorizada. Busca-se apenas alcançar visão panorâmica sobre o assunto, a fim de responder às indagações anteriormente propostas. Comentários detalhados sobre os diversos temas e julgados podem ser encontrados adiante, em tópicos próprios, nos quais o leitor também encontrará repertório mais amplo de decisões.

O universo temporal das decisões analisadas abrange os julgados finalizados a partir do ano 2000[6]. Não obstante, julgados anteriores a esse marco temporal serão analisados quando digam respeito a temas estruturais do Direito do Trabalho ou quando necessários para propiciar adequada compreensão de decisões posteriores.

Sob esse prisma, podem ser mencionadas, de forma meramente exemplificativa, as seguintes decisões:

- (i) o adicional de insalubridade não pode ter como base de cálculo o salário mínimo, mas o Judiciário não pode substituir o índice inconstitucionalmente estabelecido pelo legislador (Rcl 6266);
- (ii) a aposentadoria espontânea não extingue o contrato de trabalho (ADI 1721 e 1770);
- (iii) é constitucional a legislação sobre os contratos provisórios de trabalho (Lei 9.601/98), a qual admite a celebração de contratos por prazo determinado para quaisquer atividades empresariais como regra geral, desde que haja acréscimo no número de empregados e previsão em norma coletiva (ADI 1764);

6. Considerando a data de publicação da 1ª edição desta obra (ano de 2021), o horizonte temporal parece adequado por permitir avaliar os eventuais impactos de mudanças de composição da Corte ao longo de duas décadas. Retrotrair a períodos anteriores, embora interessante do ponto de vista histórico, inviabilizaria a pesquisa empreendida e teria pouco interesse prático, fugindo ao escopo da obra.

- (iv) por ocasião da pandemia da covid-19, é legítima a previsão legislativa que autoriza a redução salarial diretamente por *acordo* individual entre trabalhador e empregador, sem necessidade de interveniência de entidade sindical (ADI 6363 MC), bem como o regramento que dispensa a realização de exames ocupacionais por conta da calamidade pública;
- (v) o prazo prescricional do FGTS é de 5 anos, sendo inconstitucional previsão legislativa que amplie esse prazo (ARE 709212);
- (vi) são constitucionais as previsões legislativas que impedem o deferimento de tutela de urgência para saque de FGTS (ADI 2382);
- (vii) a análise do alcance da Lei nº 7.783/89, notadamente no que tange à declaração de abusividade da greve, é tema de índole infraconstitucional, insuscetível de apreciação pela Corte em recurso extraordinário (AI 282682);
- (viii) deve ser feito desconto dos dias não trabalhados no caso de greve no serviço público;
- (ix) as convenções e acordos coletivos prevalecem sobre a lei, mesmo antes da entrada em vigor da Lei 13.467/2017, com determinadas ressalvas (RE 590415);
- (x) é possível fixar responsabilidade civil objetiva para o empregador no caso de atividades de risco, com base no art. 927, parágrafo único, do Código Civil (RE 828040);
- (xi) a notória insuficiência do salário mínimo não autoriza a intervenção judicial para majorá-lo (ADI 1442);
- (xii) é inconstitucional fixar piso salarial em múltiplos de salários mínimos, devendo ser *congelado* o piso salarial vigente no momento da decisão do STF, sendo certo que o valor acaba sendo *absorvido* pela inflação dos anos seguintes, razão pela qual tende a se igualar ao salário mínimo (ADPF 151);
- (xiii) é constitucional a previsão legal de facultatividade da contribuição sindical que antes era compulsória, ainda que mantido o sistema sindical pautado na sindicalização por categoria e unicidade sindical (ADI 5794);
- (xiv) é inconstitucional a previsão legislativa que autoriza o trabalho insalubre de gestantes e lactantes (ADI 5938);
- (xv) a gestante tem direito de prorrogação da licença-maternidade nas hipóteses em que haja necessidade de internação do recém-nascido ou da mãe;
- (xvi) é constitucional a terceirização de qualquer atividade empresarial, mesmo que se trate de atividade-fim (ADPF 324). Os terceirizados não têm direito à isonomia salarial com os empregados contratados diretamente pela tomadora, ainda que exerçam exatamente as mesmas funções (RE 635546).

No campo do Direito Processual do Trabalho, merecem destaque:

- (i) a tendência de redução da competência material da Justiça do Trabalho, como ocorreu quanto aos temas do representante comercial autônomo (RE 606003), da complementação de aposentadoria (RE 1265549), das discussões pré-contratuais atinentes a empregados públicos (RE 960429), dos dissídios de greves de empregados públicos da administração direta, autárquica ou fundacional (RE 846854), da contratação temporária (Rcl 4872), da execução no caso de falência ou recuperação judicial (RE 583955), do trabalho artístico infanto-juvenil (ADI 5326), entre outros;
- (ii) a decisão sobre critérios de juros de mora e correção monetária de débitos trabalhistas, que, proferida no apagar das luzes do pandêmico ano de 2020, determinou a utilização da taxa SELIC, em substituição aos critérios legais dos juros de 1% ao mês e correção pela TR (ADC 58, ADC 59, ADI 5867 e ADI 6021).

1.3. A tentativa de remodelação do Direito do Trabalho pelo Supremo Tribunal Federal

A partir das decisões listadas no tópico anterior – escolhidas entre as mais relevantes proferidas nos últimos 20 anos, em matéria trabalhista, pelo STF –, nota-se clara tendência de validar a chamada *flexibilização* da legislação trabalhista, expressão que constitui eufemismo para o real significado de supressão ou diminuição de direitos dos trabalhadores. Em alguns casos, como na terceirização de atividade-fim[7] e na afirmação da prevalência do negociado sobre o legislado[8], o STF antecipou-se à modificação legislativa empreendida pela Lei 13.467/2017, não sendo despropositada a afirmação de que a *reforma trabalhista* se iniciou na Suprema Corte[9].

Excepcionam essa tendência as seguintes decisões: (i) aposentadoria espontânea não extingue, por si só, o vínculo empregatício – jurisprudência firmada nos anos de 2005 e 2006[10]; (ii) o reconhecimento de aplicabilidade da responsabilidade civil objetiva do empregador[11]; (iii) as decisões relativas à proteção ao trabalho da gestante e da lactante.

---

7. ADPF 324, Relator(a): ROBERTO BARROSO, Tribunal Pleno, julgado em 30/08/2018.
8. RE 590415, Relator(a): ROBERTO BARROSO, Tribunal Pleno, julgado em 30/04/2015.
9. Embora a decisão da ADPF 324 tenha sido proferida após a entrada em vigor da Lei 13.467/2017, o STF julgou o caso à luz do cenário normativo existente quando da propositura da ação.
10. ADI 1721, Relator(a): Min. CARLOS BRITTO, Tribunal Pleno, julgado em 11/10/2006.
11. RE 828040, Relator(a): ALEXANDRE DE MORAES, Tribunal Pleno, julgado em 12/03/2020.

Essa primeira constatação permite concluir que, em sua atual composição, o Supremo Tribunal Federal tem adotado a premissa de que o Direito do Trabalho constitui empecilho ao desenvolvimento econômico. Adere-se, de forma mais ou menos explícita, à ideia de que seria "melhor ter empregos do que direitos", como se fossem elementos excludentes. Veja-se, nesse sentido, a seguinte passagem de voto do Min. Barroso:

> Min. Roberto Barroso (ADPF 324): este não é um debate entre progressistas e reacionários, este é um debate e esta é uma discussão sobre qual é a forma mais progressista de se assegurarem emprego, direitos dos empregados e desenvolvimento econômico. Porque, se não houver desenvolvimento econômico e nem sucesso empresarial das empresas, não haverá emprego, renda ou qualquer outro direito para os trabalhadores. Em um momento em que há 13 milhões de desempregados e 37 milhões de trabalhadores na informalidade, é preciso considerar as opções disponíveis, sem preconceitos ideológicos e sem apegos a dogmas antigos. Assim é como me parece. Subjacente a essa discussão está uma dualidade que já esteve presente nos debates anteriores sobre questões trabalhistas, que contrapõe, a meu ver, uma visão protecionista/paternalista, de um lado, e uma visão emancipatória e libertadora, do outro lado, que procura fortalecer a negociação e a liberdade de contratar. (...) É inevitável que, nesta realidade que eu acabo de descrever, o Direito do Trabalho passe em todos os países de economia aberta por transformações extensa e muito profundas. Não se trata propriamente - e eu queria deixar claro - de escolhas ideológicas ou de preferências filosóficas. Trata-se, na verdade, do curso da história.

O trecho acima demonstra também uma visão segundo a qual a legislação trabalhista e a própria Justiça do Trabalho seriam *paternalistas* ou *protecionistas*, e que seria preferível *emancipar* e *libertar* o trabalhador, para que pudesse negociar e cuidar de forma autônoma dos próprios interesses. Nota-se, ainda, que a necessidade de *flexibilizar* (= enfraquecer) o Direito do Trabalho seria algo inexorável, contra a qual não se poderia lutar.

Sobre a preocupação ideológica, que supostamente influenciaria a atuação da Justiça do Trabalho, é bastante ilustrativo trecho de debate travado no RE 828040:

> Min. Rosa Weber (RE 828040) - Ministro Luís Roberto, e o art. 189, atividades insalubres? O art. 192 é só adicional de periculosidade.
>
> Min. Roberto Barroso - A insalubridade é diferente de atividade de risco.
>
> A SENHORA MINISTRA ROSA WEBER - Perdoe-me, mas exposição ao amianto, Vossa Excelência entende que não cria uma situação de risco? Atividades que envolvam exposição ao amianto?
>
> O SENHOR MINISTRO ALEXANDRE DE MORAES (RELATOR) - O 193 define as atividades perigosas, mas o risco também é insalubre.
>
> O SENHOR MINISTRO LUÍS ROBERTO BARROSO - O amianto, de uma maneira geral, está proibido. Qualquer atividade relacionada ao amianto, salvo o específico amianto crisotila, em que há uma discussão - penso que ainda inconclusa aqui - sobre...
>
> A SENHORA MINISTRA ROSA WEBER - Nós declaramos inconstitucional, já está concluída.

> O SENHOR MINISTRO LUÍS ROBERTO BARROSO - É, mas há leis estaduais, há lei federal... Esta é uma questão em aberto, na qual eu inclusive estou impedido e não atuo e, a meu ver, é uma questão técnica.
>
> Se o amianto crisotila não puder ser manipulado com segurança para o trabalhador e causar danos a terceiros, acho que ele simplesmente deve ser banido. E se for demonstrado que ele pode ser manipulado sem risco para o trabalhador e sem causar danos a terceiros, acho que não deve ser banido. Essa é uma questão técnica e não uma opção ideológica. Então, eu deixaria a questão do amianto de fora.
>
> A SENHORA MINISTRA ROSA WEBER - A minha opção não é ideológica.
>
> O SENHOR MINISTRO LUÍS ROBERTO BARROSO - É que risco...
>
> A SENHORA MINISTRA ROSA WEBER - Veja bem! É que o conceito de acidente do trabalho, no Brasil – não é opção ideológica minha, é o que diz a lei –, abrange também as moléstias profissionais, e inúmeras moléstias profissionais são causadas por exposição a agentes insalubres. (sem grifos no original)

Qualificar a posição contrária como *ideológica*, mesmo quando se trata de pura e simples aplicação do texto legal, gera inevitavelmente o questionamento reverso: a tomada de posição pela *flexibilização* praticamente irrestrita não seria uma espécie de ideologia?

Nota-se, ainda, em manifestações de alguns ministros, uma preocupação voltada à redução dos custos e ônus que recaem sobre o empregador, além da preocupação com o que se considera como *excessos* praticados pelo Judiciário Trabalhista:

> Min. Luiz Fux (RE 828040) - Mas, no momento em que a gente visa a reduzir os ônus que recaem sobre o empregador, para efeito de aumentar o nível de emprego, nós estamos criando agora mais um ônus pesadíssimo, que é o ônus da responsabilidade objetiva de um empregador que não é Poder Público. É essa a minha preocupação.
>
> O SENHOR MINISTRO ALEXANDRE DE MORAES (RELATOR) - Não me parece que aqui seja um ônus criado por nós, a previsão é do Código Civil, e não me parece que seja um ônus excessivo ao empregador. Parece-me que seria um ônus excessivo ao empregado, ao trabalhador, não ter nenhuma proteção. O capitalismo - eu falo com absoluta tranquilidade, quem me conhece sabe os meus posicionamentos - consegue conviver muito bem com o respeito aos direitos sociais. A Inglaterra assim o convive, a França assim o convive. Os Estados Unidos, que não têm um direito social na Constituição, convivem também desde o Estado do bem-estar social.
>
> (...)
>
> Min. Roberto Barroso (RE 828040): Só que não queremos dar um cheque em branco para uma interpretação pela Justiça do Trabalho, que, muitas vezes, é exacerbada.

A decisão do RE 828040 é importante, ainda, por permitir a visualização da incoerência da jurisprudência do STF. O raciocínio ao qual aderiu a maioria dos ministros, e que consta inclusive da ementa, consiste no fato de que "o legislador constituinte estabeleceu um mínimo protetivo ao trabalhador no art. 7º, XXVIII, do texto constitucional, que não impede sua ampliação razoável por meio de legislação ordinária".

A conclusão é corretíssima, mas contrasta, por exemplo, com a adotada poucos anos antes no ARE 709212[12], em que se declarou a inconstitucionalidade de dispositivo legal que previa o prazo de 30 anos para a prescrição dos depósitos de FGTS. Nesse julgado, a maioria dos ministros aderiram ao entendimento de que o legislador infraconstitucional não poderia ampliar o prazo prescricional previsto no art. 7º, XXIX, da CF.

Ora, se o *caput* do art. 7º da Constituição estabelece direitos mínimos aos trabalhadores – como corretamente afirmado no RE 828040 –, por que o prazo de prescrição não poderia ser ampliado por força de lei? A Constituição, ao prever o prazo prescricional quinquenal, o faz como garantia e direito dos trabalhadores, sendo certo que, se a prescrição extingue a pretensão e impede a exigibilidade de direitos, ela mesma (prescrição) não é um direito do trabalhador. Na verdade, o direito do trabalhador é ao prazo mínimo prescricional de 5 anos, o qual pode validamente ser ampliado pelo legislador infraconstitucional, contrariamente ao que decidido pelo STF quanto ao FGTS.

É possível apontar, ainda, violação ao dever de integridade, sob o prisma da necessidade de observar a unidade, inteireza e sistematicidade do ordenamento jurídico. De fato, a adoção, em âmbito trabalhista, de critérios liberais, que preconizam a mínima intervenção estatal e a *emancipação* do trabalhador, gera grave incongruência interpretativa, pois o Direito Civil atualmente é pautado por uma ótica menos individualista, sendo certo que a *socialidade* é um dos pilares do Código Civil de 2002. O ponto foi bem apreendido na seguinte passagem:

> Min. Rosa Weber (RE 828040): E o Direito do Trabalho – não é demais lembrar, Senhor Presidente – nasceu e desvinculou-se do Direito Civil justamente atendendo aos princípios informadores próprios do Direito do Trabalho. E, hoje, o Direito do Trabalho estaria a conferir uma interpretação restritiva, menor do que aquela que o Código Civil confere? É difícil! Eu quase chego a desejar que a relação de trabalho seja regida pelo Código Civil, porque, hoje, da forma como se está encaminhando, pelo menos numa corrente, nós teríamos os trabalhadores recebendo menor proteção do que aqueles que não estão vinculados a uma relação de emprego.

Um exemplo serve para demonstrar como a ótica individualista vem sendo introduzida na legislação trabalhista com uma intensidade incompatível com o atual estágio do Direito Privado. A Súmula 372 do TST[13], ao prever que o pagamento de gratificação de função por mais de 10 anos faz com que o empregador fique obrigado a manter a rubrica, caso o empregado seja rever-

---

12. ARE 709212, Relator(a): GILMAR MENDES, Tribunal Pleno, julgado em 13/11/2014.
13. Súmula nº 372 do TST. GRATIFICAÇÃO DE FUNÇÃO. SUPRESSÃO OU REDUÇÃO. LIMITES. I - Percebida a gratificação de função por dez ou mais anos pelo empregado, se o empregador, sem justo motivo, revertê-lo a seu cargo efetivo, não poderá retirar-lhe a gratificação tendo em vista o princípio da estabilidade financeira. II - Mantido o empregado no exercício da função comissionada, não pode o empregador reduzir o valor da gratificação.

tido, injustificadamente, ao cargo efetivo, configura exemplo de aplicação dos institutos da *supressio* e da *surrectio*[14], típicos do Direito Civil na atualidade. A partir do princípio constitucional da solidariedade (CF, art. 3º, I), do qual decorrem os princípios da boa-fé objetiva, da função social do contrato e da confiança, a Corte Superior Trabalhista construiu o entendimento de que, decorrido o prazo de 10 anos, o trabalhador passa a deter legítima expectativa na manutenção do pagamento da gratificação de função. Desse modo, a supressão da parcela somente poderia ser feita se houvesse justo motivo para tanto.

Sucede que a Lei 13.467/2017, ao modificar o §2º do art. 468 da CLT[15], trouxe regramento que prevê que a gratificação de incorporação jamais se incorpora à remuneração do empregado, podendo ser suprimida a qualquer tempo, independentemente de existir, ou não, justo motivo. É como se os princípios constitucionais aplicáveis ao Direito Privado em geral, e os institutos que deles decorrem, não pudessem se aplicar ao Direito do Trabalho em particular.

O tratamento preconceituoso e contrário à isonomia se percebe, também no plano legislativo, com o estabelecimento de restrições à criação, revogação e modificação de súmulas pelos tribunais trabalhistas (CLT, art. 702, I, *f*, e §§3º e 4º). Na prática, tais atividades ficaram inviabilizadas, sendo certo que não há qualquer regulamentação semelhante na esfera dos tribunais integrantes da justiça comum. Tal visão distorcida reverbera na Suprema Corte:

> Min. Alexandre de Moraes (RE 828040) - No exemplo do elevador que Ministra Rosa deu, o juiz cível poderia entender livremente que, naquela construção, há um risco especial e potencialidade lesiva. O juiz trabalhista, não. Seria substituído por uma portaria do ministério, que hoje nem é mais Ministério do Trabalho. (...) a Justiça do Trabalho vem aplicando isso. Ministro Ricardo, o Código Civil é de 2002. Nunca se discutiu limitar o juiz estadual ou o juiz federal. Nunca se discutiu evitar que ele possa analisar o que é risco especial com potencialidade lesiva à pessoa que não é trabalhadora. Nunca se discutiu isso.
>
> O SENHOR MINISTRO RICARDO LEWANDOWSKI - Até porque a realidade é dinâmica.
>
> O SENHOR MINISTRO ALEXANDRE DE MORAES (RELATOR) - Agora, quando é a Justiça do Trabalho, tem que ser substituída por portaria do Ministério? É um absurdo. É um desrespeito à Justiça do Trabalho.

---

14. Segundo Flávio Tartuce, *supressio* "significa a supressão, por renúncia tácita, de um direito ou de uma posição jurídica, pelo seu não exercício com o passar dos tempos. (...) Ao mesmo tempo em que o credor perde um direito por essa supressão, surge um direito a favor do devedor, por meio da *surrectio* (...). Em outras palavras: enquanto a *supressio* constitui a perda de um direito ou de uma posição jurídica pelo seu não exercício no tempo; a *surrectio* é o surgimento de um direito diante de práticas, usos e costumes" (TARTUCE, Flávio. *Direito Civil: Teoria Geral dos Contratos e Contratos em Espécie*. v. 3. 5ª ed. São Paulo: Método, 2010, p. 126).

15. § 2º A alteração de que trata o § 1º deste artigo, com ou sem justo motivo, não assegura ao empregado o direito à manutenção do pagamento da gratificação correspondente, que não será incorporada, independentemente do tempo de exercício da respectiva função.

O SENHOR MINISTRO LUÍS ROBERTO BARROSO - Não é absurdo; é exatamente isso. É porque, em outras matérias, nós enfrentamos os critérios largos da interpretação da Justiça do Trabalho e queremos ter limites.

No âmbito do Superior Tribunal de Justiça, por exemplo, encontram-se súmulas que poderiam ser questionadas do ponto de vista de sua legalidade, por não apresentarem base legal expressa[16]; além disso, há entendimentos bastante protetivos aos credores cíveis, de forma muito mais intensa do que se verifica na Justiça do Trabalho quanto aos créditos trabalhistas[17]. Nem por isso se pode dizer que o "tribunal da cidadania" estaria extrapolando seu papel institucional; ao contrário, a tarefa de interpretar regras e princípios, concretizando-os em decisões mais específicas, constitui a missão precípua do Poder Judiciário e deve ser exercida por todos os juízes e tribunais.

A violação dos deveres de integridade e de coerência do Supremo Tribunal Federal, no que tange à sua jurisprudência em matéria de Direito do Trabalho, constitui elemento que agrava e perpetua o estado de coisas inconstitucional em matéria trabalhista[18].

O conjunto de decisões do Supremo Tribunal Federal deixa entrever uma espécie de desconstrução das bases dogmáticas do Direito do Trabalho. O teor de muitas das decisões e as manifestações de alguns ministros parecem fazer crer que o Direito do Trabalho deveria existir para proteger as empresas, e não os trabalhadores. Trata-se, por vezes, a Justiça do Trabalho como *inimiga* da nação, por supostamente obstruir a liberdade e o crescimento econômico; e o trabalhador e seu advogado como sujeitos irresponsáveis, verdadeiros vilões que querem se locupletar às custas do empregador mediante ações judiciais temerárias.

---

16. A Súmula 620 do STJ, por exemplo, tem a seguinte redação: "A embriaguez do segurado não exime a seguradora do pagamento da indenização prevista em contrato de seguro de vida". Inexiste qualquer dispositivo legal que reja expressamente a matéria. Trata-se de interpretação feita pela Corte sobretudo a partir da ideia de boa-fé contratual objetiva. Raciocínio semelhante se aplica à Súmula 465, que estatui: "Ressalvada a hipótese de efetivo agravamento do risco, a seguradora não se exime do dever de indenizar em razão da transferência do veículo sem a sua prévia comunicação".

17. Vejam-se, por exemplo, a Súmula 388 do STJ, que estatui: "A simples devolução indevida de cheque caracteriza dano moral". Se o cheque devolvido fosse relativo a verbas rescisórias devidas a empregado, provavelmente a Justiça do Trabalho julgaria improcedente o pedido de indenização por danos morais, porque a jurisprudência trabalhista majoritária considera que o mero inadimplemento de verbas contratuais e/ou rescisórias não gera violação a direitos da personalidade do trabalhador. Nesse sentido, o seguinte julgado do Tribunal Superior do Trabalho: "AGRAVO DE INSTRUMENTO. RECURSO DE REVISTA. LEI N.º 13.015/2014. INDENIZAÇÃO POR DANO MORAL. INADIMPLEMENTO DE VERBAS RESCISÓRIAS . De acordo com a jurisprudência do TST, é incabível a condenação ao pagamento de danos morais pelo mero atraso ou inadimplemento de verbas rescisórias, sendo necessária a efetiva comprovação do prejuízo daí decorrente, o que não ficou delimitado no v. acórdão regional. Precedentes" (TST - AIRR: 13718520145020435, Relator: Maria Helena Mallmann, Data de Julgamento: 26/11/2019, 2ª Turma, Data de Publicação: DEJT 29/11/2019).

18. Sobre o estado de coisas inconstitucional em matéria trabalhista, ver seção específica deste capítulo.

Pode-se afirmar, metaforicamente, que o Supremo Tribunal Federal tem praticado uma espécie de *ativismo judicial às avessas*, pois tem atuado contra o direito positivo, com nítido viés ideológico ultraliberal, suprimindo direitos estabelecidos em lei, em clara sobreposição antidemocrática ao Poder Legislativo.

Além da decisão atinente à prescrição do FGTS, exemplifica essa tendência, com clareza solar, o julgamento em que a Suprema Corte *revogou*, por assim dizer, o dispositivo legal vigente há décadas e que previa os juros moratórios de 1% ao mês para os créditos trabalhistas, além da correção monetária pela TR (ADC 58). De forma absolutamente incoerente com o que decidido na ADI 4357, a Suprema Corte chegou ao ponto extremo e paradoxal, para dizer o mínimo, de que os precatórios trabalhistas (alimentares, portanto, e preferenciais, de acordo com o texto da Constituição), serão corrigidos e terão juros unicamente equivalentes à taxa SELIC, ao passo que precatórios não alimentares serão corrigidos pelo IPCA-E e sofrerão a incidência de juros iguais aos da caderneta de poupança.

Não por coincidência, a SELIC, quando do julgamento, estava em sua mínima histórica (2% ao ano), patamar que não alcança sequer a inflação. Dito de forma direta, portanto, tem-se que o STF chancelou, pela via interpretativa, a expropriação do patrimônio do credor trabalhista que exige seu crédito judicialmente[19].

A prevalecer essa orientação, em breve se chegará ao ponto em que não fará sentido a existência de um Direito do Trabalho e, em consequência, de instituições destinadas a efetivá-lo, tal como a Justiça do Trabalho. Se o patamar geral de direitos é superior ao padrão específico aplicável em âmbito trabalhista, qual o sentido de manter uma legislação específica e uma Justiça Especializada? A menos que se pretenda tratar o trabalhador como um *subcidadão* e a Justiça do Trabalho com uma *subjustiça*...

Nesse contexto, é imperioso resgatar a compreensão sobre o papel do Direito do Trabalho e da Justiça do Trabalho, bem como lançar luzes sobre determinados argumentos falseados por vezes presentes em processos de tomada de decisão. É o que se fará no próximo tópico.

1.4. Resgate histórico da importância do Direito do Trabalho[20]

O Direito do Trabalho, como conjunto ordenado de normas reguladoras do trabalho humano, bem como o discurso doutrinário que se formou a par-

---

19. Maiores comentários sobre o ponto podem ser encontrados no capítulo III (Direito Processual do Trabalho), na seção atinente aos juros de mora e correção monetária.

20. Para uma visão profunda e detalhada sobre a História do Direito do Trabalho, ver a obra que serviu de inspiração ao presente tópico e cuja leitura se recomenda, pela riqueza da investigação e a menção de

tir de tais normas, é produto típico do século XX, especialmente a partir das duas Guerras Mundiais. É importante, desde logo, destacar que o Direito do Trabalho não se confunde com a legislação trabalhista, embora se trate noções correlatas e interdependentes.

De fato, historicamente, nota-se que a legislação trabalhista começa a surgir e a se desenvolver a partir da implantação do regime capitalista de produção. Embora sempre tenha havido, numa acepção mais ampla, trabalho humano, é apenas a partir do fenômeno da Revolução Industrial, no final do século XVIII, que desponta a chamada *questão social*, que acaba por culminar, após longo processo histórico, na formação do Direito do Trabalho e na consolidação do capitalismo.

Cabe, ainda, salientar que a evolução histórica do Direito do Trabalho no Brasil seguiu percurso histórico nitidamente diferente do vivenciado em países centrais do capitalismo, tais como os europeus e os Estados Unidos da América.

Na Europa, no período da Antiguidade Clássica, predominava a escravidão, havendo a tendência de se considerar o trabalho como uma atividade indigna, de modo que aos homens livres cabia a filosofia e a política. Na Idade Média, o regime de produção se baseava na servidão pessoal em que o grau de liberdade do trabalhador era diminuto, aproximando-se bastante da própria escravidão. Na Alta Idade Média começam a surgir as corporações de ofício, como agrupamento de profissionais sujeitos ao domínio de um mestre e que detinham o monopólio do exercício de determinada profissão. O fim da Idade Média não resulta imediatamente na formação do capitalismo; ao contrário, o longo percurso histórico, incluindo a formação do Estado moderno, vai formando, pouco a pouco, as bases para a consolidação do novo modelo de produção[21].

No século XVIII, na Europa (iniciando-se na Inglaterra, que, por isso, teve o pioneirismo no fenômeno da industrialização), começa a acontecer o chamado *cercamento dos campos*, que consistiu na expulsão dos camponeses que ocupavam determinadas terras e delas extraíam sua subsistência. Esse fenômeno propiciou o deslocamento dos trabalhadores e da classe desprovida de recursos financeiros para as cidades, as quais começavam a se formar.

Associa-se a esse fato o desenvolvimento tecnológico decorrente da Revolução Industrial, com a invenção da máquina a vapor. Detalhe importante é que a chamada *vadiagem* passou a ser criminalizada, ou seja, as pessoas que foram expulsas dos campos eram obrigadas a trabalhar mesmo contra a sua

---

fontes históricas: SOUTO MAIOR, Jorge Luiz. *História do Direito do Trabalho no Brasil: curso de direito do trabalho,* volume I, parte II. São Paulo: LTR, 2017.

21. Cf. SOUTO MAIOR, Jorge Luiz. *Curso de direito do trabalho. Volume I, parte I.* São Paulo: LTR, 2011, *passim.*

vontade. O regime capitalista foi implantado à força, sob essa ótica. Tais elementos provocaram a concentração de massas de trabalhadores nas grandes cidades, formando o *exército de reserva* de mão de obra necessário à implantação do modelo capitalista de produção.

Esse grande contingente de pessoas passou a ser empregado na nascente indústria e, como não tinham outra alternativa que lhes garantisse a subsistência, passaram a sujeitar-se a condições de trabalho extremamente degradantes, com jornadas de trabalho excessivas, ambientes de trabalho insalubres, acidentes de trabalho, trabalho de menores de idade e condições gravosas à saúde de trabalhadoras mulheres, entre outras.

A acumulação de capital, que já tinha se iniciado com o cercamento dos campos, intensifica-se mediante a superexploração do trabalho. O trabalhador despossuído (imensa maioria da população) passa a "negociar", como mercadoria, seu único bem, que consiste justamente na força de trabalho. Essa forma jurídica "negocial", de troca do trabalho por um salário, é típica do regime capitalista de produção[22].

Inicialmente, o trabalho desses operários e operárias era tido como uma relação típica de direito civil, sujeita, portanto, aos princípios liberais do *pacta sunt servanda* (os contratos devem ser cumpridos) e à autonomia da vontade humana, a qual poderia gerar livremente as normas jurídicas que regeriam as relações jurídicas dos sujeitos intervenientes (aliás, as categorias de relação jurídica e de sujeito de direito também são típicas do modelo capitalista e têm inspiração liberal). Sucede que as condições degradantes de vida dessa massa trabalhadora, que residia nos subúrbios e tinha contato diário nas fábricas, começa a gerar uma consciência coletiva de classe. A partir daí, notam-se movimentos de trabalhadores de contestação ao sistema - inicialmente desorganizados, como o *ludismo* e o *cartismo* e, depois, organizados, dando origem às coalizões de trabalhadores que fizeram surgir o sindicalismo, as greves e o *tradeunionismo*.

A coalizão de trabalhadores, que foi inicialmente proibida pelo Estado Liberal (exemplo: Lei *Le Chapelier* de 1791, editada no auge da Revolução burguesa na França, que proscreveu a existência de corpos intermediários entre sociedade e Estado), passa a impor-se, paulatinamente, como um fato social apto a transformar as estruturas do sistema capitalista. A negociação coletiva e as greves começam a gerar efeitos, de modo que certas concessões passam a ser feitas pela classe dominante industrial, tais como redução da jornada de trabalho e o aumento da idade mínima para admissão no emprego.

---

22. BATISTA, Flávio Roberto. *Crítica da tecnologia dos direitos sociais*. São Paulo: Outras Expressões; Dobra Editorial, 2013, p. 122 e seguintes.

Pode-se dizer, portanto, que o movimento coletivo de trabalhadores deu início à elaboração das primeiras leis trabalhistas.

Ao longo do século XIX e início do século XX, na Europa, nota-se um crescente volume de leis que passaram a regular o trabalho subordinado. Contudo, como já dito, apesar de existirem leis trabalhistas, não se pode dizer que já havia um Direito do Trabalho em tal época, porque não havia ainda uma sistematização ampla e coerente, com bases universalizantes, sobre as mesmas leis. Não havia sido rompido, ainda, o paradigma liberal que imperava no Direito.

A Constituição da Organização Internacional do Trabalho, de 1919, é importante marco na formação do Direito do Trabalho, pois estabelece o princípio (posteriormente reafirmado na Declaração de Filadélfia, de 1944) de que o trabalho humano não pode ser tratado como mercadoria e ressalta a necessidade de existência de justiça social e de regulamentação trabalhista como fator crucial para a manutenção da paz mundial. Os horrores da Primeira Guerra Mundial levaram a humanidade a esse sopro de racionalidade, o qual, entretanto, não durou muito.

A falta de efetividade dos direitos sociais pode ser tida como um dos fatores que desencadearam a Segunda Guerra Mundial. Isso foi reconhecido pela Declaração de Filadéflia, de 1944, e pela Declaração Universal dos Direitos Humanos, de 1948.

A humanidade percebeu, após as duas conflagrações mundiais, que os preceitos liberais de liberdade contratual não tinham aptidão para assegurar justiça social e para manter a paz. Era necessária a superação, portanto, do Direito Liberal, e a implantação de uma ótica de Direito Social, como elemento imprescindível para a manutenção do próprio regime capitalista.

Sem a efetividade do Direito Social, o que se notou foi a superexploração do homem pelo homem, gerando as atrocidades que culminaram nas duas grandes guerras mundiais.

É seguro afirmar-se, assim, que a evolução de consciência da humanidade gerou a superação do Direito Liberal pelo Direito Social. Este, desenvolvido no Brasil, por exemplo, nas obras de Cesarino Júnior[23] e José Catharino[24], tem por objetivo central a tutela do hipossuficiente, da pessoa despossuída, que precisa do trabalho para sobreviver.

Antes de melhor explicitar a relação do Direito do Trabalho com o capitalismo, o que permitirá compreender criticamente o contexto atual, passa-se a fazer um brevíssimo relato da experiência histórica brasileira.

---

23. CESARINO JR , Antônio. Direito Social Brasileiro. São Paulo: LTr, 1970.
24. CATHARINO, José Martins. Tratado jurídico do salário. Rio de Janeiro/São Paulo: Freitas Bastos, 1951.

No Brasil, como se sabe, o regime de produção era essencialmente escravista até o ano de 1888 (fomos o último país das Américas a abolir a escravidão). Vale notar que, ainda no século XIX, já havia no Brasil o trabalho de homens livres e pobres, sobretudo de imigrantes que eram trazidos pelas elites dominantes para solucionar o "problema" da falta de mão de obra qualificada e também numa tentativa de "embraquecimento" da população, como demonstram os relatos históricos, o que comprova o racismo estrutural que está na base da formação da sociedade brasileira.

Não obstante, era relativamente desimportante o trabalho livre no Brasil, em termos de expressividade numérica, até o final do século XIX. Dessa forma, sequer se pode cogitar da existência de um Direito do Trabalho nessa época.

A legislação trabalhista começa a ser editada na Primeira República, com a edição de diversos decretos que regulamentavam aspectos do trabalho na indústria e, posteriormente, em outros ramos de atividade, com tendência de intensificação a partir de 1918.

É muito importante destacar que a legislação trabalhista no Brasil não foi uma concessão ou dádiva do Estado. Deve-se combater o chamado "mito da outorga", como se os direitos trabalhistas tivessem sido um "presente" de Getúlio Vargas à classe trabalhadora. Na verdade, desde 1870 surgiram alguns movimentos de trabalhadores, como as Ligas Operárias, e houve paulatinamente a intensificação de coalizões, com a realização de greves e protestos durante toda a Primeira República.

Além disso, note-se que o movimento sindical na Primeira República tinha forte conotação política. A influência dos imigrantes trazia as ideias anarquistas e revolucionárias, o que passou a preocupar a elite política e econômica. Isso explica por que a legislação brasileira estabeleceu, a partir do período varguista, a chamada *regra dos dois terços*, limitando a quantidade de estrangeiros que poderiam ser admitidos como empregados nas empresas brasileiras. Curiosamente, a restrição à imigração e ao emprego de estrangeiros não se estendia para os detentores do capital.

Outra falsa ideia, reproduzida muitas vezes com oportunismo, é a de que a Consolidação das Leis do Trabalho teria sido uma cópia da *Carta del Lavoro*, associando-a ao regime fascista de Mussolini. Nada mais falso. A CLT é uma reunião (ou consolidação, como o próprio nome já indica) de várias leis trabalhistas que já haviam sido editadas nas décadas anteriores. Nada há de "fascista" numa legislação que prevê direitos básicos, como limitação de jornada, intervalos, medidas de segurança do trabalho etc.

A *Carta del Lavoro* sequer era uma lei, mas uma mera declaração de princípios do Estado fascista. Os únicos pontos em que a CLT se aproximou desse sistema diz respeito ao modelo sindical pautado na sindicalização por categoria e na unicidade sindical, as quais, entretanto, não eram exclusividade do fascismo, pois também existiam na França liberal. Curiosamente, a Lei 13.467/2017, que teria o objetivo, segundo seus defensores, de "modernizar" as relações de trabalho, deixou intocados esses aspectos.

É certo, ainda, que, de acordo com o pensamento majoritário, haveria necessidade de emenda constitucional para abolir a sindicalização por categoria e a unicidade sindical, de modo que o Brasil pudesse ratificar a Convenção 87 da OIT e adotar a plena liberdade sindical. O mais importante é perceber que a legislação trabalhista, no Brasil, foi fruto de conquistas e de árduas lutas da classe trabalhadora.

Ainda quanto ao relato histórico brasileiro, é interessante notar que a classe dominante, sobretudo os industriais, tinham postura contraditória quanto à legislação trabalhista: ao mesmo tempo em que a criticavam e a relegavam à falta de efetividade (já que não existia adequada fiscalização do trabalho), exigiam a intervenção estatal no movimento sindical. Exemplo dessa tendência é o Decreto 19.770/1931, que instituiu a unicidade sindical e vedou a divulgação de quaisquer propagandas políticas ou "sectárias" no âmbito do sindicato. Aqui se percebe algo muito semelhante ao relato de Bernard Edelman quanto à experiência francesa[25]. Segundo este autor, a política tinha que "ficar na porta da fábrica", ou seja, havia grande controle e repressão quanto a atividades que eram acusadas de "subversivas". Não se permitia que o agrupamento de trabalhadores questionasse a viabilidade do próprio sistema capitalista, sendo que a repressão era feita inclusive pelos tribunais. A greve passa a ser tratada como "direito", mas, quando isso ocorre, ela se torna um movimento burguês, que só pode se desenvolver nos limites autorizados pelo capital.

Outro aspecto crucial é perceber o papel histórico da negociação coletiva. Embora esta não fosse praticada em larga escala no Brasil da primeira metade do século XX, os movimentos coletivos - e as conquistas dos trabalhadores deles decorrentes - serviram de fundamento para diversos decretos editados no período. O papel da negociação coletiva era o de expandir os direitos dos trabalhadores, numa ideia de progressividade que foi depois expressa no Pacto Internacional de Direitos Econômicos, Sociais e Culturais, de 1966. O negociado coletivamente acabava se expandindo em leis de caráter geral.

Em suma, o que se teve no Brasil foi a edição de leis trabalhistas como resposta estatal a movimentos sociais de trabalhadores, os quais traziam o "perigo comunista" ou o risco de uma reestruturação mais ampla da tessitura social.

Feito esse brevíssimo relato histórico, passa-se a raciocinar especificamente sobre a relação entre Direito do Trabalho e capitalismo, o que permite compreender o momento atual.

---

25. EDELMAN, Bernard. *A legalização da classe operária*. Tradução de Marcus Orione, Flávio Roberto Batista, Jorge Luiz Souto Maior, Pablo Biondi. São Paulo: Boitempo, 2016.

O Direito Social resulta de uma superação da ideologia liberal que imperou no mundo ocidental até o começo do século XX. A Previdência e a Assistência Social também entram nesse contexto, mas é no Direito do Trabalho que a lógica social se mostra com mais força e com caráter expansivo, uma vez que a relação de trabalho é central no modelo capitalista.

A humanidade percebeu que o modelo liberal não permitia a sustentação do capitalismo. O Direito Social como um todo, e o Direito do Trabalho especificamente, surge, então, como elemento componente da estrutura do sistema. O capitalismo, sem a existência do Direito Social, é autofágico, pois a tendência é a crescente superexploração do trabalho, o individualismo e a concentração de riquezas. Sucede que, sem uma distribuição mínima de renda, o modelo capitalista não consegue se manter, porque é de sua essência que haja um mercado consumidor das riquezas produzidas pelo capital.

No caso brasileiro, por exemplo, a legislação trabalhista também se insere nesse projeto de industrialização do país. É necessário que a classe trabalhadora tenha condições de consumir, senão o capital não consegue se reproduzir.

Não faz sentido, portanto, que se faça a ponderação de direitos tipicamente liberais, como a autonomia privada e o direito de propriedade, com direitos sociais. Fazer prevalecer os primeiros em detrimento dos últimos é desconsiderar o longo processo histórico de evolução de consciência da humanidade. É por isso que o chamado "neoliberalismo" (que ganha força no mundo na década de 1980 e, no Brasil, na década de 1990) é uma forte involução do ponto de vista histórico, porque pretende reimplantar ideias já superadas e que se demonstraram equivocadas historicamente.

A ótica neoliberal (que alguns consideram ter evoluído, nos dias atuais, para uma espécie de "ultraliberalismo"[26]) simplesmente desconsidera que a não intervenção do Estado nas relações de trabalho resultou em graves crises que culminaram nas duas Guerras Mundiais. O problema é que a concepção neoliberal vem se espraiando no mundo ocidental (inclusive no Brasil), algumas vezes de forma explícita, outras de forma velada, mas sempre captando a subjetividade da classe trabalhadora e até mesmo de operadores e operadoras do Direito do Trabalho, como advogadas e juízas, advogados e juízes.

Essa captação da subjetividade, mencionada por Dejours[27], pode ser exemplificada com a difusão de alguns eufemismos que tentam mascarar e legitimar

26. CARELLI, Rodrigo de Lacerda. Primeiras linhas de um Direito Ecológico do Trabalho: lições da pandemia. Jota, São Paulo, 07 maio 2020. Disponível em: https://www.jota.info/opiniao-e-analise/artigos/linhas-de-um-direito-ecologico-do-trabalho-ecologia-social-e-licoes-da-pandemia-07052020 . Acesso em 06 out. 2020.

27. DEJOURS, Christophe. Subjetividade, trabalho e ação. **Prod.**, São Paulo , v. 14, n. 3, p. 27-34, Dez. 2004. Disponível em <http://www.scielo.br/scielo.php?script=sci_arttext&pid=S0103-65132004000300004&lng=en&nrm=iso>. Acesso em 06 Out. 2020.

a superexploração do trabalho: o empregado vira "colaborador"; a retração e supressão de direitos se transforma em "flexibilização" e assim segue. Ilustra, ainda, a captação da subjetividade o fato de que alguns trabalhadores, como os que exercem trabalhos por meio de aplicativos, veem-se como "empreendedores", o que reflete o discurso neoliberal de "sucesso" e a necessidade de pertencimento. Muitos não percebem que, na verdade, são "nanoempreendedores de si mesmos", na expressão de Ludmila Abílio[28], e que sua saúde tende a se deteriorar rapidamente em função das péssimas condições de trabalho experimentadas.

Nesse contexto, um discurso que infelizmente tem se tornado comum é o de que os direitos trabalhistas seriam os responsáveis pelo fantasma do desemprego. Chega-se a dizer que seria melhor "ter emprego sem direitos", do que "ter direitos sem emprego". Esse raciocínio deturpado ressoa até mesmo no âmbito do Supremo Tribunal Federal, como se pôde ver por ocasião do julgamento da medida cautelar na ADI 6363, em que se discutiu a constitucionalidade das medidas provisórias 927 e 936/2020 (medidas trabalhistas por ocasião da pandemia da covid-19).

Ora, é fato que nossa Constituição não assegura o direito a qualquer trabalho, mas ao trabalho decente, tal como preconizado pela OIT. Pensar diferentemente autorizaria concluir que poderíamos retornar à escravidão para combater o desemprego, o que demonstra o absurdo da argumentação.

Como exemplos de introdução do pensamento neoliberal no Direito do Trabalho, com a defesa da "flexibilização" da legislação trabalhista (rectius: supressão de direitos) são: o banco de horas; a terceirização, admitida pelo STF inclusive em atividade-fim; as cooperativas fraudulentas; os contratos provisórios, temporários e intermitentes de trabalho; a extinção da estabilidade no emprego; a prevalência do negociado coletivamente sobre o legislado, com o intuito de reduzir direitos; as restrições inconstitucionais ao acesso à justiça, como a cobrança de despesas processuais ao beneficiário da justiça gratuita, entre muitos outros.

Outro ponto crucial é a liberdade sindical. A intervenção estatal no direito de greve tem sido intensa, seja por meio da lei, seja por meio da jurisprudência, que tem, na prática, aniquilado o direito insculpido no art. 9º da Constituição, por meio da vedação à greve política e de solidariedade; estabelecimento de requisitos impossíveis de serem cumpridos na prática; multas elevadas aos sindicatos; estipulação de percentuais elevados de trabalhadores que devem continuar em atividade; proibição de piquetes pacíficos.

Percebe-se que os estudiosos e os operadores do Direito do Trabalho terão um desafio árduo pela frente. A introdução da ótica neoliberal na legislação, na

---

28. ABILIO, Ludmila Costhek. *Uberização: Novos meios de informalização do trabalho*. In: FELICIANO, G.; MISKULIN, A.. (Org.). Infoproletários e a uberização do trabalho. 01ed.Sao Paulo: LTr, 2019, v. 01, p. 30-45.

doutrina e na jurisprudência representa, como demonstrado, grave retrocesso que desconsidera toda a evolução histórica da humanidade nos últimos séculos. A racionalidade humana e a consciência adquirida após as duas Guerras Mundiais impõem a adoção da lógica do Direito Social, como único elemento apto a viabilizar a sustentação do regime capitalista.

1.5. Uma defesa do Direito do Trabalho e da Justiça do Trabalho

No debate público tem-se notado há bastante tempo – com uma tendência de intensificação a partir dos anos 1990 – o recurso a argumentos frágeis e ideologicamente enviesados com o objetivo de propor o enfraquecimento do Direito do Trabalho e da Justiça do Trabalho.

É interessante observar que, historicamente, já se disse, no Brasil, que a abolição da escravatura representaria uma ruína da propriedade e geraria a falência da economia nacional[29]. Ademais, pode-se afirmar que a libertação do escravo não se deu para atender a uma perspectiva humanista, mas sim como tentativa de implantar uma nova lógica para a acumulação de capital[30].

A História mais recente do país demonstra que a retração de direitos trabalhistas têm sido uma tendência nas últimas décadas, sempre sob o argumento de haver necessidade de "redução do custo" em função de uma "crise econômica" que parece eterna. Exemplificam essa tendência: o fim da estabilidade no emprego (Lei 5.107/1966); introdução da noção de ato inseguro da vítima nos acidentes do trabalho (Decreto-Lei n. 229/67); o trabalho temporário (Lei 6.019/74); restrições ao direito de greve (Lei 7.783/89); as fraudes por meio de cooperativas de trabalho (Lei 8.949/1994); a terceirização (Súmula 331); contrato provisório de trabalho com redução de direitos (Lei 9.601/1998); Comissões de Conciliação Prévia (Lei 9.957/2000); trabalho a tempo parcial e banco de horas (MP 2164-1/2001); óbices ao recebimento de créditos nos casos de recuperação judicial e falência (Lei 11.101/2005); intensificação das exigências para concessão dos benefícios da pensão por morte e segu-

29. "Houve mesmo quem dissesse, à época da Lei do Ventre Livre, que a extinção da escravatura além de ser um roubo, um esbulho de 'inspiração comunista' (Almeida Pereira), significando a ruína da propriedade, ainda não considerava a realidade extremamente favorável em que viviam os escravos. (...) Tentou-se, por fim, formar o convencimento de que a abolição representaria a falência da economia nacional e percebendo que o argumento não era sustentável, tendo à vista a grande inserção do trabalho do imigrante nas lavouras, passou-se a defender a necessidade do recebimento de uma indenização pela perda da 'propriedade', qual seja, os escravos" (SOUTO MAIOR, Jorge Luiz. *História do Direito do Trabalho no Brasil: curso de direito do trabalho, volume I, parte II*. São Paulo: LTR, 2017, p. 124).

30. "Lembre-se de que o apelo à liberdade, como forma retórica de alimentar a abolição, não se dera, igualmente, na perspectiva do escravo e sim do capital. Como explica José de Souza Martins, as dificuldades impostas aos fazendeiros da cultura do café, sobretudo pelo fato de ser naturalmente itinerante, aliada à grande quantidade de capital que era imobilizado na aquisição de escravos, fez com que muitos fazendeiros compreendessem que a liberação dos escravos poderia representar uma nova racionalidade sobre a utilização do capital acumulado, caracterizado pela compra da força de trabalho" (SOUTO MAIOR, Jorge Luiz. *História...*, *op.cit.*, p. 95).

ro-desemprego (Leis 13.134/15 e 13.135/15); redução intensa do nível de direitos e dificultação do acesso à justiça (Lei 13.467/2017); legislação especial por ocasião da pandemia da covid-19, que autorizou o acordo individual para supressão e redução de direitos (MP 927 e 936/2020 – a primeira tendo perdido vigência em função do decurso do prazo, e a segunda, convertida na Lei 14.020/2020).

É fácil perceber que a estratégia de retirada de direitos não se mostrou efetiva para fins de combater o desemprego, melhorar o nível de vida do trabalhador e reduzir a miséria e a concentração de renda. No entanto, o ideário neoliberal segue preconizando a intensificação da supressão de direitos trabalhistas como panaceia, o que inevitavelmente gera os seguintes questionamentos: o objetivo final dessa linha ideológica seria a pura e simples extinção do Direito do Trabalho e da Justiça do Trabalho? A retirada de direitos básicos como férias, repouso semanal remunerado, limitação da jornada de trabalho, intervalos para repouso durante a jornada, salário mínimo, indenizações no caso de acidente de trabalho, seria o elemento que ainda falta para combater a tal crise econômica?

Pior ainda é ver a defesa de tal posicionamento baseada em argumentos falseados, muitas vezes mencionados por importantes autoridades públicas, por exemplo no sentido de que a Justiça do Trabalho seria instituição peculiar ao Brasil[31], ou de que o país concentraria 98% das reclamações trabalhistas do mundo[32-33-34].

---

31. Rodrigo Carelli menciona a existência de jurisdição trabalhista especializada nas seguintes localidades: Inglaterra, Nova Zelândia, Hong Kong, França, Bélgica, Israel, Suécia, Noruega, Finlândia, Alemanha, América Latina (inclusive Chile). In: *O mito da Jabuticaba e a Justiça do Trabalho*. Disponível em: https://rodrigocarelli.org/2018/01/11/o-mito-da-jabuticaba-e-a-justica-do-trabalho/. Publicado em 11.01.2018. Acesso em 14.09.2020.

32. A afirmação foi feita pelo Ministro Luís Roberto Barroso em palestra proferida ano de 2017, sem que se tenha mencionado a fonte da informação. Conforme: https://noticias.uol.com.br/confere/ultimas-noticias/2017/06/27/brasil-e-campeao-de-acoes-trabalhistas-no-mundo-dados-sao-inconclusivos.htm. Publicado em 27/06/2017. Acesso em 14.09.2020. Segundo João Renda Leal Fernandes, tal "afirmação desprovida de maior respaldo empírico-científico (originária de entrevista concedida por um empresário), no sentido que o Brasil seria o país recordista de ações trabalhistas no mundo transformou-se – através de um verdadeiro *telefone sem fio* – em um mito de que o sistema brasileiro seria sozinho responsável por produzir 98% das ações trabalhistas do planeta, informações estas divulgadas e reproduzidas em palestra de Ministro do STF em país estrangeiro e no principal parecer que o PL da Reforma Trabalhista recebeu no Senado" (FERNANDES, João Renda Leal, *O mito EUA*: um país sem direitos trabalhistas? Salvador: Juspodivm, 2020, p. 251 e seguintes).

33. A assertiva evidentemente não corresponde à realidade. Veja-se que há grande dificuldade de obtenção de informações a respeito da litigiosidade em muitos países, além de diferenças estruturais do sistema de resolução de conflitos trabalhistas. Nos Estados Unidos da América, por exemplo, há notória predominância de ações coletivas (*class actions*), além de um sistema administrativo de resolução de controvérsias trabalhistas com intensa atuação; ademais, causas trabalhistas tramitam em tribunais estaduais e federais norte-americanos, o que praticamente inviabiliza a obtenção de dados seguros sobre a litigiosidade trabalhista naquele país. Sobre a questão, amplamente, ver FERNANDES, João Renda Leal, *O mito EUA...*, *cit*, p. 261 e seguintes.

34. Segundo Rodrigo Carelli, "Em 2015, o Brasil teve 2.619.867 casos novos na Justiça do Trabalho. No mesmo ano, a França teve 184.196 novos casos trabalhistas, a Alemanha teve 361.816 ações e, somente a Espanha, 1.669.083 casos" (In: *Barroso, negros de primeira linha e a reforma trabalhista*. Publicado em 21.06.2017.Disponível em: https://www.jota.info/opiniao-e-analise/artigos/barroso-negros-de-primeira-linha-e-a-reforma-trabalhista-21062017. Acesso em 14 set. 2020).

Num país de desigualdade extrema como o Brasil, a existência de uma legislação trabalhista e de órgãos voltados à sua implementação constitui elemento essencial para a concretização do projeto constitucional de construir uma sociedade livre, justa e solidária (CF, art. 3º, I), em que os valores sociais da livre iniciativa e do trabalho se harmonizem a fim de promover justiça social e assegurar a todos existência digna (CF, art. 170, *caput*).

Considerada a grande massa trabalhadora brasileira, premida pelo risco constante do desemprego – que é estrutural na realidade do país –, pelos baixos salários, pela necessidade de conservar o emprego para assegurar subsistência, pode-se dizer seguramente que não há espaço para discutir *emancipação* ou *liberdade* do trabalhador. A suposta *libertação*, na verdade, resultaria na imposição da vontade do mais forte sobre o mais fraco[35], o que deve ser equilibrado por legislação estatal cogente, cujo cumprimento e efetividade seja assegurado por instituições públicas independentes e fortalecidas.

A ideia de *libertar* o trabalhador, propagada pela ideologia neoliberal, pode ser comparada com a abolição da escravatura, após a qual o escravo foi entregue à própria sorte. Os efeitos sociais da escravidão se sentem até hoje, por isso que necessária a existência de políticas de ações afirmativas com o objetivo de corrigir a injustiça histórica[36].

A litigiosidade é intensa não por má-fé de trabalhadores e de seus advogados, mas por haver verdadeira cultura de descumprimento da legislação trabalhista pelos empregadores, com destaque para os grandes conglomerados empresariais e para o Poder Público[37]. Sendo certo que nem todos que têm direitos violados procuram o Poder Judiciário – seja por não desejar o envolvimento em disputa judicial, seja por desconhecimento de direitos –, é fácil concluir que o problema do Direito do Trabalho no Brasil é realmente o da efetividade.

---

35. De acordo com a célebre frase de Lacordaire, segundo a qual "entre o forte e o fraco, entre o rico e o pobre, entre o senhor e o servo é a liberdade que oprime e a lei que liberta".

36. "O pensamento (...) construído pela autoridade que se entende por legítima – a elite brasileira -, que durante séculos, guia os (des)caminhos tupiniquins desde que esta terra foi tomada dos seus nativos. Hoje essa elite é representada pela figura quase divina do 'Mercado'. A emancipação que sugere para as pessoas trabalhadoras, por meio do fim da proteção trabalhista e o afastamento da Justiça do Trabalho, foi 'concedida' aos negros brasileiros pela lei áurea, no fim do Século 19. (...) Não é de se espantar a situação do negro na sociedade brasileira atual – seja no trabalho, nas cadeias e nas relações sociais -, resultado da 'emancipação' que recebeu de presente há 130 anos atrás" (CARELLI, Rodrigo. *Barroso, negros de primeira linha e a reforma trabalhista..., op.cit.*).

37. Segundo o relatório geral da Justiça do Trabalho de 2019, Os assuntos mais recorrentes na Justiça do Trabalho foram: aviso-prévio, multa de 40% do FGTS, multa prevista no artigo 477 da CLT, e multa prevista no artigo 467 da CLT. De acordo com o mesmo documento, o ranking dos 20 maiores litigantes no TST conta com 10 pessoas jurídicas que integram a Administração Pública Direta ou Indireta, sendo que os 5 maiores litigantes são entes estatais. Além disso, do total de reclamações trabalhistas ajuizadas, apenas 9,8% foram julgadas totalmente improcedentes, o que demonstra o descumprimento generalizado da legislação trabalhista no país. Disponível em: http://www.tst.jus.br/documents/18640430/26518944/RGJT+2019.pdf/f8c0ae2d-8247-b4d8-3479-2bbd1d821e4c?t=1593177429682. Acesso em: 14 set. 2020.

É evidente que eventuais abusos processuais de trabalhadores e de empregadores devem ser coibidos e, para essa finalidade, existem os institutos da punição à litigância de má-fé e do ato atentatório à dignidade da justiça. Contudo, não se pode, a partir de situações excepcionais, fazer afirmações generalizantes, preconceituosas e que só atendam aos interesses do grande capital, ainda que sob a retórica de que "o excesso de proteção" desprotegeria.

Veja-se que a Constituição brasileira, ao assegurar o direito ao trabalho (CF, art. 6º, *caput*), não se contenta com *qualquer* trabalho, mas apenas com o trabalho decente, que assegure o mínimo de dignidade ao indivíduo que trabalha, pautado em direitos básicos como limitação de jornada, férias remuneradas, intervalos para repouso e descanso, proteção contra acidentes de trabalho, entre outros.

Não faz sentido, nesse contexto, a afirmação de que seria melhor "ter empregos do que ter direitos". Na verdade, até mesmo sob o prisma estritamente econômico, a assertiva é equivocada, pois a redistribuição de renda é elemento crucial para que a massa trabalhadora possa constituir um mercado consumidor, sem o que não se tem a sustentabilidade do sistema capitalista.

O Direito do Trabalho consiste em elemento decisivo, dessa forma, não apenas em virtude de humanizar e concretizar a dignidade na esfera das relações de trabalho, mas também e sobretudo para viabilizar o crescimento econômico sustentável. A falácia de que a redução ou supressão de direitos seria apta a gerar empregos vem sendo reproduzida há décadas sem qualquer embasamento teórico e prático.

Veja-se, ainda, que o descumprimento da legislação trabalhista e a não observância de patamares mínimos de proteção ao trabalho gera forte desequilíbrio concorrencial, pois as empresas que cometem infrações têm seu custo reduzido, o que, por sua vez, estimula os empregadores inicialmente cumpridores da lei a passarem a descumpri-la para poder alcançar o mesmo nível de preços dos concorrentes. Entra-se, assim, em círculo vicioso predatório não só dos trabalhadores, mas do próprio sistema.

O caminho a ser adotado por todos os intérpretes do Direito do Trabalho – inclusive o Supremo Tribunal Federal – deve ser, portanto, o da busca de sua efetividade e expansão, com o fortalecimento de instituições administrativas e judiciárias que tenham esse propósito.

2. ACIDENTES DE TRABALHO E DOENÇAS OCUPACIONAIS

Referências normativas e jurisprudenciais	
Constituição	Art. 5º, XIII - é livre o exercício de qualquer trabalho, ofício ou profissão, atendidas as qualificações profissionais que a lei estabelecer; Art. 7º São direitos dos trabalhadores urbanos e rurais, além de outros que visem à melhoria de sua condição social: (...) XXII - redução dos riscos inerentes ao trabalho, por meio de normas de saúde, higiene e segurança; (...) XXVIII - seguro contra acidentes de trabalho, a cargo do empregador, sem excluir a indenização a que este está obrigado, quando incorrer em dolo ou culpa;
Legislação infra-constitucional	Lei 8.213/91, Art. 20. Consideram-se acidente do trabalho, nos termos do artigo anterior, as seguintes entidades mórbidas: I - doença profissional, assim entendida a produzida ou desencadeada pelo exercício do trabalho peculiar a determinada atividade e constante da respectiva relação elaborada pelo Ministério do Trabalho e da Previdência Social; II - doença do trabalho, assim entendida a adquirida ou desencadeada em função de condições especiais em que o trabalho é realizado e com ele se relacione diretamente, constante da relação mencionada no inciso I. § 1º Não são consideradas como doença do trabalho: a) a doença degenerativa; b) a inerente a grupo etário; c) a que não produza incapacidade laborativa; d) a doença endêmica adquirida por segurado habitante de região em que ela se desenvolva, salvo comprovação de que é resultante de exposição ou contato direto determinado pela natureza do trabalho. Art. 21-A. A perícia médica do Instituto Nacional do Seguro Social (INSS) considerará caracterizada a natureza acidentária da incapacidade quando constatar ocorrência de nexo técnico epidemiológico entre o trabalho e o agravo, decorrente da relação entre a atividade da empresa ou do empregado doméstico e a entidade mórbida motivadora da incapacidade elencada na Classificação Internacional de Doenças (CID), em conformidade com o que dispuser o regulamento. § 1º A perícia médica do INSS deixará de aplicar o disposto neste artigo quando demonstrada a inexistência do nexo de que trata o *caput* deste artigo. § 2º A empresa ou o empregador doméstico poderão requerer a não aplicação do nexo técnico epidemiológico, de cuja decisão caberá recurso, com efeito suspensivo, da empresa, do empregador doméstico ou do segurado ao Conselho de Recursos da Previdência Social.
Normas internacionais	OIT: C. 148, 155 e 162
Súmulas e teses de repercussão geral	STF, Súmula 230 - A prescrição da ação de acidente do trabalho conta-se do exame pericial que comprovar a enfermidade ou verificar a natureza da incapacidade. STF, Súmula 491 - É indenizável o acidente que cause a morte de filho menor, ainda que não exerça trabalho remunerado.
Julgados paradigmáticos	ADI 3931, 3356, 3357, 3470, 3937 MC e 3937 ADPF 109

2.1. Nexo técnico epidemiológico previdenciário (NTEP)

A Suprema Corte, na ADI 3931[38], reconheceu a constitucionalidade do art. 21-A da Lei 8.213/91 e do respectivo regulamento, que instituem o *nexo técnico epidemiológico previdenciário* (NTEP).

Pode-se conceituar o NTEP como uma metodologia estabelecida em lei destinada a predefinir, a partir de estatísticas oficiais, a presunção relativa (*juris tantum*) de nexo de causalidade entre determinadas atividades profissionais e certos agravos à saúde dos trabalhadores.

Trata-se de preceito legal que determina a aplicabilidade das máximas de experiência[39] pelo INSS, para fins de concessão de benefícios previdenciários acidentários. Partindo de dados estatísticos oficiais que consolidam a relação entre determinadas doenças ou agravos à saúde – a partir da respectiva CID – com o exercício profissional em certas atividades econômicas, o que se faz à luz da CNAE (classificação nacional de atividades econômicas), estabelece-se uma relação de provável causalidade entre a doença e o trabalho.

A presunção assim criada admite prova em sentido contrário. Se dispuser de elementos que infirmem o nexo técnico epidemiológico previdenciário, o médico perito do INSS não reconhecerá o nexo de causalidade entre doença e trabalho e não concederá, consequentemente, benefício previdenciário acidentário.

Além de a perícia do INSS poder deixar de aplicar o NTEP *ex officio*, é possível que o empregador requeira a não aplicação, demonstrando a inexis-

---

38. "AÇÃO DIRETA DE INCONSTITUCIONALIDADE. ART. 21-A DA LEI N. 8.213/1991 E §§ 3º E 5º A 13 DO ART. 337 DO REGULAMENTO DA PREVIDÊNCIA SOCIAL. ACIDENTE DE TRABALHO. ESTABELECIMENTO DE NEXO ENTRE O TRABALHO E O AGRAVO PELA CONSTATAÇÃO DE RELEVÂNCIA ESTATÍSTICA ENTRE A ATIVIDADE DA EMPRESA E A DOENÇA. PRESUNÇÃO DA NATUREZA ACIDENTÁRIA DA INCAPACIDADE. AUSÊNCIA DE OFENSA AO INC. XIII DO ART. 5º, AO INC. XXVIII DO ART. 7º, AO INC. I E AO § 1º DO ART. 201 DA CONSTITUIÇÃO DA REPÚBLICA. AÇÃO DIRETA DE INCONSTITUCIONALIDADE JULGADA IMPROCEDENTE. 1. É constitucional a previsão legal de presunção de vínculo entre a incapacidade do segurado e suas atividades profissionais quando constatada pela Previdência Social a presença do nexo técnico epidemiológico entre o trabalho e o agravo, podendo ser elidida pela perícia médica do Instituto Nacional do Seguro Social se demonstrada a inexistência. 2. Ação direta de inconstitucionalidade julgada improcedente" (ADI 3931, Tribunal Pleno, Rel. Min. Carmen Lúcia, julgado em 20.04.2020).

39. "as máximas da experiência não são meio de prova, mas podem gerar presunções acerca de determinados fatos. As regras de experiência comum subministradas pela observação do que ordinariamente acontece devem ser observadas pelo juiz (CPC, art. 375), e permitem a realização de raciocínio indutivo pelo homem médio: a partir de situações particulares conhecidas e reiteradas em determinado meio social, conclui-se que há uma regra geral que se aplicará quando se configurarem hipóteses futuras idênticas. Exemplo: a experiência comum demonstra que quem ingerir diariamente, durante longo período, alimentos processados em *fast food* apresentará aumento dos índices de colesterol e sobrepeso. Evidentemente, tal presunção pode não se confirmar em determinado caso concreto. Além disso, as máximas da experiência são observadas pelo legislador quando estabelece presunções legais relativas ou absolutas" (BERNARDES, Felipe, *op.cit.*, p. 513).

tência de nexo causal entre o trabalho e o agravo à saúde, conforme resulta do art. 337, §§6º e 7º do Decreto 3.048/1999[40].

Em termos concretos, o NTEP constitui sistema mais protetivo ao trabalhador, por gerar uma espécie de inversão do ônus da prova quanto ao nexo de causalidade. Muito embora direcionado essencialmente aos critérios e procedimentos administrativos adotados pelo INSS para a concessão de benefício previdenciário acidentário, é inegável que a metodologia gera reflexos previdenciários, trabalhistas e tributários. Dessa forma, a ideia de progressividade dos direitos sociais, constante do art. 7º, *caput*, da Constituição, legitima a previsão legislativa do NTEP, conforme exposto pelo Min. Fachin:

> Min. Edson Fachin (ADI 3931): O princípio da máxima efetividade e da não-taxatividade dos direitos fundamentais sociais tem como principal consequência o reconhecimento de outros direitos decorrentes do próprio regime da Constituição em busca de eficaz proteção da dignidade e saúde do trabalhador, o que, certamente, conduz ao reconhecimento da constitucionalidade da previsão do art. 21-A, da Lei n. 8.213/1991, transferindo ao empregador o ônus da prova acerca da ausência de nexo entre a o agravo sofrido pelo trabalhador e a atividade laboral exercida.

De fato, o reconhecimento do caráter acidentário de determinado agravo à saúde, decorrente de acidente de trabalho típico ou de doença ocupacional, acarreta os seguintes efeitos jurídicos:

- (i) previdenciários: concessão de auxílio por incapacidade temporária acidentário (antigo auxílio-doença acidentário) ou auxílio por incapacidade permanente acidentário (antiga aposentadoria por invalidez acidentária);
- (ii) trabalhistas: (a) direito do empregado à garantia provisória de emprego de 12 meses após a alta médica, conforme art. 118 da Lei 8.213/91; (b) obrigatoriedade de realização de depósitos de FGTS pelo empregador (apenas no caso de auxílio por incapacidade temporária, não se aplicando na aposentadoria por invalidez, conforme jurisprudência do TST[41]; (c) possibilidade de responsabilização civil do empregador em caso de dolo ou culpa, ou de responsabilidade objetiva se for o caso;

40. § 6º A Perícia Médica Federal deixará de aplicar o disposto no § 3º quando demonstrada a inexistência de nexo causal entre o trabalho e o agravo, sem prejuízo do disposto nos § 7º e § 12.

§ 7º A empresa poderá requerer ao INSS a não aplicação do nexo técnico epidemiológico ao caso concreto mediante a demonstração de inexistência de correspondente nexo entre o trabalho e o agravo.

41. "AGRAVO EM EMBARGOS REGIDOS PELA LEI Nº 13.015/2014, PELO CPC/2015 E PELA INSTRUÇÃO NORMATIVA Nº 39/2016 DO TRIBUNAL SUPERIOR DO TRABALHO. FGTS. DEPÓSITOS. SUSPENSÃO DO CONTRATO DE TRABALHO. RECEBIMENTO DE APOSENTADORIA POR INVALIDEZ DECORRENTE DE ACIDENTE DE TRABALHO. ARTIGOS 475 DA CLT E 15, § 5º, DA LEI Nº 8.036/90. PAGAMENTO INDEVIDO. Discute-se, in casu , se os depósitos de FGTS são devidos

- (iii) tributários: possibilidade de aumento ou de diminuição da alíquota da contribuição para o SAT (seguro de acidente de trabalho), em função do desempenho da empresa em relação à respectiva atividade econômica, apurado em conformidade com os resultados obtidos a partir dos índices de frequência, gravidade e custo (Lei 10.666/03, art. 10).

Depreende-se que a ocorrência de acidente de trabalho repercute negativamente na esfera patrimonial do empregador, por ampliar seus encargos trabalhistas e tributários. Intuitivo, portanto, que o empregador não tem estímulos, à luz do direito positivo, para expedir espontaneamente a comunicação de acidente de trabalho (CAT)[42] e, por tal razão, acaba havendo uma subnotificação dos acidentes de trabalho e das doenças ocupacionais[43].

Conforme consta do voto da Min. Carmen Lúcia:

> Min. Carmen Lúcia (ADI 3931): Como afirmado, antes da vigência da Lei n. 11.430/2006, na ausência da expedição da Comunicação de Acidente de Trabalho - CAT pelo empregador, era comum atribuir-se ao segurado, a parte hipossuficiente da relação trabalhista, a responsabilidade

---

na hipótese em que há concessão de aposentadoria por invalidez decorrente de acidente de trabalho. Esta Subseção, em sua composição completa, no julgamento do E-ED-RR - 133900-84.2009.5.03.0057, Relator Ministro Horácio Raymundo de Senna Pires, julgado em 24/5/2012, publicado no DEJT em 5/10/2012, com ressalva de entendimento pessoal deste Relator, pacificou o entendimento de que, não obstante o artigo 475 da CLT disponha acerca da suspensão do contrato de trabalho do empregado aposentado por invalidez, é inaplicável, nesse caso, o disposto no artigo 15, § 5º, da Lei nº 8.036/90 quanto à continuidade de pagamento dos depósitos do FGTS, o qual tem a seguinte redação: 'O depósito de que trata o *caput* deste artigo é obrigatório nos casos de afastamento para prestação do serviço militar obrigatório e licença por acidente do trabalho' (destacou-se). Com efeito, a parte final do citado dispositivo deve ser interpretada restritivamente no que concerne à licença por acidente de trabalho. Ou seja, o afastamento do trabalho citado nesse dispositivo corresponde apenas àquele decorrente do gozo do benefício de auxílio-doença acidentário, não abarcando o período em que o trabalhador se encontra aposentado por invalidez. Vale salientar, por oportuno, que o artigo 20, inciso III, da Lei nº 8.036/90 permite, expressamente, que a conta vinculada do empregado no FGTS seja movimentada quando esse tiver sua aposentadoria concedida pela Previdência Social, incluída, nessa hipótese, a aposentadoria por invalidez decorrente de acidente de trabalho. Agravo desprovido " (Ag-E-Ag-RR-120400-85.2009.5.03.0077, Subseção I Especializada em Dissídios Individuais, Relator Ministro Jose Roberto Freire Pimenta, DEJT 17/05/2019).

42. Este é um aspecto da legislação que poderia ser aprimorado por meio das técnicas da análise econômica do direito.

43. A esse respeito, Fábio Zambitte leciona: ""(...) há uma natural resistência dos empregadores em emitir a comunicação de acidente do trabalho - CAT em matéria de doenças ocupacionais, reconhecendo a natureza acidentária de determinada incapacidade. Tal fato deve-se não somente à eventual elisão das obrigações legais neste caso (depósitos do FGTS, estabilidade de 12 meses e eventual responsabilidade civil), mas também à notória complexidade da matéria, pois nem sempre se poderá afirmar, com certeza, que determinada doença do trabalho ou profissional tem o liame direto com o trabalho. Nestas situações, a CAT acaba por não ser emitida e, muito embora a lei preveja que outros possam preenchê-la (art. 22, Lei nº 8.213/1991), não haveria parâmetro para outrem elaborá-la estabelecendo um liame da doença com o ambiente de trabalho, especialmente sem os laudos e vistoria no local de trabalho. Como a perícia do INSS, na prática, frequentemente condiciona a concessão de benefício acidentário à CAT (sem previsão legal), acaba o segurado por receber um benefício comum, quando deveria ter sido amparado pela prestação acidentária" (IBRAHIM, Fábio Zambitte. *Curso de direito previdenciário*. 17. ed. Rio de Janeiro: Impetus, 2012. p. 648).

por demonstrar que a doença que o acometia tinha nexo causal com a atividade desempenhada. Com o advento da nova legislação, esse nexo passou a ser presumido quando constatada relevância estatística no confronto entre a doença e a atividade econômica da empresa. Após a instituição do Nexo Técnico Epidemiológico Previdenciário – NTEP, verificou-se o aumento médio de 225% no total de benefícios previdenciários acidentários, como observa Airton Kwitko, a partir de dados de 2006 a 2008 (KWITKO, Airton. "FAP e NTEP: atualizando." In *Revista de previdência* social, v. 32, n. 336, p. 854-862, nov. 2008. p. 856).

Percebe-se que a implantação do NTEP aumentou consideravelmente o quantitativo de benefícios previdenciários acidentários concedidos pelo INSS. Anteriormente, se o trabalhador pretendesse discutir a natureza acidentária do benefício, deveria mover ação judicial em face do INSS na Justiça Comum Estadual. Com o NTEP, o *ônus da impugnação* da natureza jurídica do benefício passa a ser do empregador, que pode defender a natureza não acidentária do benefício tanto na esfera administrativa quanto na judicial.

Além disso, o NTEP – apesar de direcionado, pela lei, à perícia médica do INSS – pode ser usado como critério em processos judiciais trabalhistas em que se discuta a responsabilidade civil do empregador por doença ocupacional ou por acidente de trabalho típico, para fins de inversão do ônus da prova. Isso pode acontecer na hipótese em que o trabalhador não tinha vínculo empregatício formalizado e, por isso, não era contribuinte da Previdência Social. Em consequência, não terá, em princípio, a possibilidade de recebimento de benefício previdenciário, mas o NTEP pode ser utilizado pela Justiça do Trabalho.

Já nas hipóteses em que o trabalhador é submetido à perícia médica oficial, deve-se considerar que o resultado desta prevalece em relação ao NTEP. Vale dizer: se a atividade profissional está vinculada ao gravame à saúde na tabela do NTEP, mas o perito do INSS, ao avaliar o trabalhador individualmente, conclui pela inexistência do nexo de causalidade, a avaliação do perito é que deve ser levada em conta pelo Juiz do Trabalho – por se referir ao caso concreto específico –, em vez da previsão abstrata do NTEP.

A Suprema Corte rejeitou expressamente, na ADI 3931, o argumento de que o NTEP violaria a liberdade profissional dos médicos peritos (CF, art. 5º, XIII), já que se trata apenas de vinculá-los a determinados critérios que sequer são absolutos, pois o médico pode concluir pela inexistência do nexo de causalidade ainda que o NTEP estabeleça a presunção relativa em sentido contrário.

Por fim, vale observar que o nexo técnico epidemiológico previdenciário tende a estimular os empregadores a diminuírem os riscos à saúde dos trabalhadores envolvidos em sua atividade econômica[44], sob dupla perspectiva: (i)

44. No mesmo sentido: "(...) um outro aspecto positivo do nexo técnico epidemiológico encontra-se em fomentar e propiciar que as empresas tenham cada vez mais interesse em cuidar de seu meio ambiente de trabalho e das condições de labor, sendo cada vez mais diligentes no que se refere ao rigoroso

a empresa buscará desempenho superior à média dos outros empreendedores na mesma atividade econômica, para se beneficiar da redução da alíquotas de contribuição para o SAT; (ii) a categoria econômica, pelas mesmas razões, tende a envidar esforços a fim de se enquadrar como atividade de risco leve ou médio, para os fins do art. 22, II, da Lei 8.212/91[45].

2.2. Amianto

Na ADI 3937 MC[46], o Supremo Tribunal Federal foi instado a se pronunciar sobre a constitucionalidade de leis estaduais que vedavam o uso do amianto em seus respectivos territórios, em contraste com a Lei federal 9.055/95, que autoriza o uso do amianto crisotila no Brasil.

O voto do Min. Joaquim Barbosa, que conduziu o raciocínio da Corte, após expor o atual estado da arte das ciências médicas – as quais constataram a inexistência de níveis seguros à saúde humana e ao meio ambiente, no que tange ao uso de qualquer espécie de amianto –, concluiu pela constitucionalidade das leis estaduais proibitivas, com base em dois fundamentos principais.

Primeiro, em função dos termos da Convenção 162 da OIT, ratificada pelo Brasil, e que representa um compromisso de desenvolver e implementar medidas para proteger o trabalhador exposto ao amianto. Joaquim Barbosa asseverou que a Convenção possuía, no mínimo, o status de norma supralegal, por envolver a proteção à saúde e ao meio ambiente ecologicamente equilibrado. Além disso, a norma internacional previu que, verificada a viabilidade de utilização de produtos alternativos ao amianto, os Estados-partes deveriam preferi-los.

No raciocínio do Ministro, portanto, se o Brasil, no plano internacional, "assumiu o compromisso de substituir progressivamente a utilização do amianto crisotila, esse compromisso deve ser executado também no plano interno, por todos e cada um dos membros da federação". A atuação da União no plano in-

---

cumprimento das normas de segurança e medicina do trabalho. Isso aliás, resulta na maior eficácia da determinação constitucional de 'redução dos riscos inerentes ao trabalho por meio de normas de saúde, higiene e segurança (art. 7º, XXII, da CF/1988)'" (GARCIA, Gustavo Filipe Barbosa. *Acidentes do Trabalho: doenças ocupacionais e nexo técnico epidemiológico.* 6ª ed. Salvador, Juspodivm, 2017, p. 121).

45. Art. 22. A contribuição a cargo da empresa, destinada à Seguridade Social, além do disposto no art. 23, é de: (...) II - para o financiamento do benefício previsto nos arts. 57 e 58 da Lei nº 8.213, de 24 de julho de 1991, e daqueles concedidos em razão do grau de incidência de incapacidade laborativa decorrente dos riscos ambientais do trabalho, sobre o total das remunerações pagas ou creditadas, no decorrer do mês, aos segurados empregados e trabalhadores avulsos:

a) 1% (um por cento) para as empresas em cuja atividade preponderante o risco de acidentes do trabalho seja considerado leve;

b) 2% (dois por cento) para as empresas em cuja atividade preponderante esse risco seja considerado médio;

c) 3% (três por cento) para as empresas em cuja atividade preponderante esse risco seja considerado grave.

46. ADI 3937 MC, Relator(a): MARCO AURÉLIO, Tribunal Pleno, julgado em 04/06/2008.

ternacional se daria como "República Federativa do Brasil", não permite concluir que os demais entes federativos (estados e municípios) estivessem desobrigados dos compromissos internacionalmente assumidos pelo país.

O segundo fundamento utilizado pelo Min. Joaquim Barbosa foi bem sintetizado na seguinte passagem de seu voto:

> Min. Joaquim Barbosa (ADI 3937 MC): penso que é inadequado concluir que a lei federal exclui a aplicação de qualquer outra norma ao caso. (...) A distinção entre lei geral e lei específica é inaplicável ao caso das leis sobre amianto. E isto por uma razão simples: em matéria de defesa da saúde, matéria em que os estados têm competência, não é razoável que a União exerça uma opção permissiva no lugar do estado, retirando-lhe a liberdade de atender, dentro de limites razoáveis, os interesses da comunidade. O exercício desta opção esvaziaria o compromisso assumido pelo Brasil na Convenção.

A corrente majoritária não referendou a concessão da cautelar na ação direta de inconstitucionalidade, de modo que se reconheceu, no juízo de delibação, a validade da lei estadual de São Paulo que proibia em seu território a comercialização e produção de qualquer tipo de amianto.

A decisão final da ADI 3937[47] – seguida pelo julgamento das ADIs 3357[48], 3356[49] e 3470[50], e com a ADPF 109[51] –foi pautada, em síntese, pelos seguintes fundamentos:

- (i) a Lei federal 9.055/95, na parte em que permitia o uso do amianto crisotila, passou por processo de inconstitucionalização, caracterizando-se sua inconstitucionalidade superveniente. Isso porque o avanço científico permitiu concluir que, contrariamente ao que se pensava anteriormente, qualquer espécie de amianto é danosa à saúde e ao meio ambiente, sendo certo que atualmente há materiais aptos a substituir tal substância;
- (ii) em princípio, em tema de competência legislativa concorrente (como acontece no que concerne à proteção à saúde e ao meio ambiente – CF,

47. ADI 3937, Relator(a): MARCO AURÉLIO, Relator(a) p/ Acórdão: DIAS TOFFOLI, Tribunal Pleno, julgado em 24/08/2017.
48. Processo referente à Lei nº 11.643/2001 do Estado do Rio Grande do Sul, que versa sobre a proibição da fabricação, do comércio e do uso de materiais, elementos construtivos e equipamentos constituídos por amianto ou asbesto (ADI 3357, Relator(a): AYRES BRITTO, Relator(a) p/ Acórdão: DIAS TOFFOLI, Tribunal Pleno, julgado em 30/11/2017).
49. Processo referente à Lei nº 12.589/2004 do Estado de Pernambuco, que versa sobre a proibição da fabricação, do comércio e do uso de materiais, elementos construtivos e equipamentos constituídos por amianto ou asbesto (ADI 3356, Relator(a): EROS GRAU, Relator(a) p/ Acórdão: DIAS TOFFOLI, Tribunal Pleno, julgado em 30/11/2017).
50. Processo referente à Lei nº 3.579/2001 do Estado do Rio de Janeiro, que versa sobre a substituição progressiva da produção e da comercialização de produtos contendo asbesto/amianto (ADI 3470, Relator(a): ROSA WEBER, Tribunal Pleno, julgado em 29/11/2017).
51. Processo referente à legislação do município de São Paulo que veda o uso do amianto crisotila (ADPF 109, Relator(a): EDSON FACHIN, Tribunal Pleno, julgado em 30/11/2017).

art. 24, VIII e XII), os estados podem apenas suplementar, e jamais contrariar a legislação federal que veicule normas gerais. Contudo, conforme Convenção 162 da OIT, o Brasil assumiu o compromisso de revisar sua legislação sobre o amianto sempre que o desenvolvimento técnico e o progresso no conhecimento científico o requeiram. Assim, a Lei federal deveria ter sido revista para banir progressivamente a utilização do asbesto na variedade crisotila, de modo a se adequar ao consenso em torno dos riscos envolvidos na utilização desse mineral. A Lei 9.055/95, portanto, tornou-se inconstitucional por ofensa ao direito à saúde (CF, arts. 6º e 196), ao dever estatal de redução dos riscos inerentes ao trabalho por meio de normas de saúde, higiene e segurança (CF, art. 7º, XXII), e à proteção do meio ambiente ecologicamente equilibrado (CF, art. 225);

- (iii) a inconstitucionalidade da lei federal faz com que haja *vazio legislativo* no âmbito das normas gerais da União, de modo que os estados passam a dispor de competência legislativa plena (CF, art. 24, §3º)[52]. Perceba-se que não há usurpação da competência legislativa da União pelos estados ou municípios, justamente porque a lei federal, em função de sua inconstitucionalidade, não gera quaisquer efeitos.

Os julgados refletem, ainda, interessante questão processual, pois o objeto das ações de controle concentrado de constitucionalidade eram as leis estaduais e municipais que vedavam o amianto. Contudo, a Corte reconheceu incidentalmente a inconstitucionalidade da lei federal que versava sobre o mesmo tema e não era objeto do pedido, atribuindo eficácia *erga omnes* e efeito vinculante para tal declaração incidental de inconstitucionalidade.

Os votos vencidos nas já citadas ADIs se pautavam essencialmente na inconstitucionalidade formal de leis estaduais e locais que versavam sobre tema disciplinado de forma diversa por lei federal. Já na ADI 4066[53], em que apreciada em caráter principal a constitucionalidade da Lei federal 9.055/95, os votos vencidos destacavam inexistir consenso científico a respeito dos malefícios do amianto crisotila e que, por tal motivo, o Judiciário deveria ser deferente às opções exercidas pelo Parlamento, formado por agentes investidos de mandato popular e que teria maior capacidade institucional para lidar com temas envoltos em complexidades técnicas.

---

52. § 3º Inexistindo lei federal sobre normas gerais, os Estados exercerão a competência legislativa plena, para atender a suas peculiaridades.

53. ADI 4066, Relator(a): ROSA WEBER, Tribunal Pleno, julgado em 24/08/2017. Neste julgado, em função do quórum reduzido de participação (apenas 9 ministros votaram, em decorrência de impedimentos de dois integrantes da Corte), não se atingiu o número mínimo de votos para a declaração de constitucionalidade ou de inconstitucionalidade da lei federal. Contudo, conforme dito anteriormente, nas ADIs 3356, 3357, 3470 e 3937 a Corte atribuiu eficácia *erga omnes* e vinculante à declaração incidental de inconstitucionalidade da Lei 9.055/95.

2.3. Súmulas sobre acidente de trabalho

O Supremo Tribunal Federal editou, há várias décadas, súmulas *comuns* (= não vinculantes) sobre acidente de trabalho, sendo certo que algumas (como as súmulas 35[54], 198[55], 232[56], 234[57], 235[58], 236[59], 238[60], 314[61], 434[62], entre outras) se encontram superadas pela legislação superveniente ou apresentam diminuto interesse prático, razão pela qual fogem ao escopo da presente obra. Contudo, há dois verbetes que merecem maior atenção, em virtude de sua atualidade e recorrência nos processos trabalhistas.

A Súmula 230 estatui que a prescrição da ação de acidente do trabalho conta-se do exame pericial que comprovar a enfermidade ou verificar a natureza da incapacidade. O fundamento é a noção de *actio nata*, de modo que o prazo prescricional somente pode começar a fluir quando se configurar a violação a direito e a pretensão correspondente seja exercitável.

Sucede que, em tema de saúde, é comum que um acidente de trabalho típico gere situação que se altera ao longo do tempo, seja agravando a o estado de saúde do trabalhador, seja melhorando-o. Situação semelhante ocorre com doenças ocupacionais, em relação às quais diagnósticos médicos sucessivos demonstram modificação, para melhor ou para pior, da condição clínica do trabalhador.

Os acórdãos do STF que deram origem à Súmula 230[63] eram baseados na legislação infraconstitucional pertinente (Decreto 7.046/1941, art. 66). A partir da Constituição de 1988, não se encontram mais decisões colegiadas da Suprema Corte versando sobre o termo inicial do prazo prescricional para a ação acidentária, sendo certo que atualmente o tema vem sendo decidido em última instância pelo

54. Súmula 35: Em caso de acidente do trabalho ou de transporte, a concubina tem direito de ser indenizada pela morte do amásio, se entre êles não havia impedimento para o matrimônio.
55. Súmula 198: As ausências motivadas por acidente do trabalho não são descontáveis do período aquisitivo das férias.
56. Súmula 232: Em caso de acidente do trabalho, são devidas diárias até doze meses, as quais não se confundem com a indenização acidentária nem com o auxílio-enfermidade.
57. Súmula 234: São devidos honorários de advogado em ação de acidente do trabalho julgada procedente.
58. Súmula: É competente para a ação de acidente do trabalho a Justiça cível comum, inclusive em segunda instância, ainda que seja parte autarquia seguradora
59. Súmula 236: Em ação de acidente do trabalho, a autarquia seguradora não tem isenção de custas.
60. Súmula 238: Em caso de acidente do trabalho, a multa pelo retardamento da liquidação é exigível do segurador sub-rogado, ainda que autarquia.
61. Súmula 314: Na composição do dano por acidente do trabalho, ou de transporte, não é contrário à lei tomar para base da indenização o salário do tempo da perícia ou da sentença.
62. Súmula 434: A controvérsia entre seguradores indicados pelo empregador na ação de acidente do trabalho não suspende o pagamento devido ao acidentado.
63. RE 49849 EDv, Relator(a): VICTOR NUNES, Publicação: DJ de 14/06/1963; RE 13355, Relator(a): VICTOR NUNES, Publicação: DJ de 23/11/1961; RE 42311 EI, Rel. VILAS BOAS, Publicação: DJ de 07/08/1961; RE 42781 EI, Rel. VILAS BOAS, Publicação: DJ de 27/07/1961; RE 37527 EI, Rel. LAFAYETTE DE ANDRADA, Publicação: DJ de 13/04/1961.

Tribunal Superior do Trabalho, quanto aos aspectos trabalhistas, e pelo Superior Tribunal de Justiça, no que toca aos efeitos previdenciários e civis pertinentes.

No STJ, a Súmula 278 estabelece que "O termo inicial do prazo prescricional, na ação de indenização, é a data em que o segurado teve ciência inequívoca da incapacidade laboral". O critério é correto, pois é a partir da ciência inequívoca da lesão que o prejudicado pode dimensionar o dano sofrido e, consequentemente, buscar a indenização cabível.

A jurisprudência do TST também se pacificou no mesmo sentido[64], e especificou que, para as pretensões de indenização por danos materiais e mo-

---

64. "EMBARGOS REGIDOS PELA LEI Nº 13.015/2014. PRESCRIÇÃO. INDENIZAÇÃO POR DANOS MORAIS E MATERIAIS DECORRENTES DE DOENÇA OCUPACIONAL (LER/DORT). CONCESSÃO DE AUXÍLIO-DOENÇA. MARCO INICIAL. CIÊNCIA INEQUÍVOCA DA LESÃO. CESSAÇÃO DO BENEFÍCIO PREVIDENCIÁRIO. ACTIO NATA. CIÊNCIA INEQUÍVOCA DA LESÃO NA VIGÊNCIA DO NOVO CÓDIGO CIVIL E APÓS A PROMULGAÇÃO DA EMENDA CONSTITUCIONAL Nº 45/2004. PRESCRIÇÃOTRABALHISTA. ARTIGO 7º, INCISO XXIX, DA CONSTITUIÇÃO FEDERAL. A jurisprudência trabalhista, no caso da pretensão de indenização por danos morais e materiais decorrentes de acidente/doença de trabalho, tem adotado como parâmetro para fixação do marco inicial da prescrição o critério consagrado pela Súmula nº 278 do Superior Tribunal de Justiça, a qual dispõe que o direito a pleitear essa indenização, em todos os seus contornos, somente surge para o segurado na data em que ele tiver ciência inequívoca da sua incapacidade laboral, em toda sua extensão. No entanto, a aplicação desse verbete às pretensões de natureza trabalhista deve ser feita com parcimônia, pois os seus precedentes tratam de hipóteses em que se postulou o pagamento de indenização a ser adimplida por seguradoras, ou seja, são referentes a pretensões de caráter eminentemente civil. Não houve, nesse ponto, o enfrentamento da questão em face de pretensões que envolvam direitos fundamentais, como o direito fundamental à saúde e à integridade física do trabalhador, discutidos nas ações em que o empregado busca o ressarcimento por danos morais e materiais decorrentes de lesões ligadas à sua atividade laboral. Diante disso, a interpretação a ser dada à expressão 'ciência inequívoca da incapacidade laboral', registrada na Súmula nº 278 do STJ, deve ser ampla, com vistas a observar o princípio protetivo, basilar do direito do trabalho. A deflagração do prazo prescricional da pretensão de indenização por danos morais e materiais decorrentes de doença ocupacional deverá, em regra, coincidir com a data em que o empregado tenha tido ciência inequívoca dos efeitos danosos da lesão sofrida, pois é nesse momento que o direito à reparação civil se torna exigível. Efetivamente, quando se está diante de lesões decorrentes de doença ocupacional, como a LER/DORT, a fixação desse marco prescricional torna-se mais difícil, uma vez que seus sintomas não se revelam de imediato, como no caso de um acidente com morte do trabalhador, uma vez que a doença ocupacional, ao revés, atinge a saúde do trabalhador de forma gradual e progressiva. Ademais, por se estar diante de situação provisória e gradativa, a real extensão da doença ocupacional, por constituir lesão que se protrai no tempo, somente será conhecida quando se estiver diante de dois resultados possíveis e excludentes: 1) se a lesão que atingiu o empregado for totalmente incapacitante para qualquer trabalho, ele será aposentado por invalidez; e 2) por outro lado, se a lesão não for incapacitante e o empregado estiver apto para executar as mesmas atividades ou puder ser readaptado, o auxílio-doença ou auxílio-doença acidentário cessará e ele retornará ao trabalho. Não é possível, então, admitir que a ciência inequívoca coincida com a expedição da CAT, o diagnóstico ou o início da concessão do auxílio-doença, porquanto, no curso do afastamento para tratamento, o empregado poderá se deparar com o abrandamento da doença ou com seu agravamento, culminando com o retorno ao trabalho ou com a aposentadoria por invalidez, respectivamente. Assim, não é razoável exigir do trabalhador que ele proponha a ação em que pretenda o pagamento de indenização por danos morais e materiais decorrentes de doença ocupacional antes que ele tenha a exata noção da gravidade da moléstia que o acometeu e da extensão dos efeitos danosos da lesão, uma vez que, apenas com a aposentadoria por invalidez ou com a cessação do auxílio-doença ou auxílio-doença acidentária e o consequente retorno do empregado ao trabalho, quando todos os efeitos do fato danoso já estiverem

rais decorrentes de acidente de trabalho ou de doença ocupacional, o prazo prescricional começará a fluir da data: (i) em que concedida aposentadoria por invalidez; ou (ii) em que se der a cessação do auxílio-doença ou auxílio-doença acidentário e o consequente retorno do empregado ao trabalho.

Correto o raciocínio da Corte Superior Trabalhista, pois o benefício previdenciário por incapacidade temporária (auxílio-doença) é, por natureza, provisório, e sempre resultará na concessão de aposentadoria por invalidez, caso não haja perspectiva de recuperação da saúde; ou no retorno do trabalhador à sua atividade profissional, conforme o caso. É apenas neste momento que se consolida a lesão e que se pode, portanto, falar em sua ciência inequívoca pelo trabalhador.

Outra súmula a que vale se referir é a de número 491, segundo a qual é indenizável o acidente que cause a morte de filho menor, ainda que não exerça trabalho remunerado. De fato, a perda de filho menor de idade, para além do inegável abalo moral que representa, também gera prejuízo de ordem patrimonial, a autorizar o deferimento de pensão mensal aos seus dependentes econômicos, inclusive seus genitores.

Nesse sentido se orienta a jurisprudência do TST[65], que tem referendado, nessas hipóteses, o abatimento de percentual da renda correspondente aos va-

---

definitivamente configurados, é que nasce, para o empregado, o direito de pretender a reparação civil respectiva. Destaque-se que a SBDI-1 deste Tribunal, por ocasião do julgamento dos Embargos nº E-RR- 92300- 39.2007.5.20.0006, ocorrido na sessão do dia 12/9/2013, por meio de acórdão lavrado pelo Ministro João Oreste Dalazen, decidiu, por maioria, que o marco inicial da prescrição da pretensão de indenização por danos morais e materiais decorrentes de doença profissional - LER/DORT -, em que o empregado tiver recebido benefício previdenciário e, posteriormente, houver sido considerado apto para o trabalho, será a data de retorno ao trabalho (E-RR - 92300-39.2007.5.20.0006, Redator Ministro: João Oreste Dalazen, data de julgamento: 12/9/2013, Subseção I Especializada em Dissídios Individuais, data de publicação: 25/10/2013). Portanto, o termo a quo da contagem do prazo prescricional se inicia pela cessação do benefício previdenciário. A extensão do dano, pois, somente poderá ser medida após o término do auxílio-doença. Na hipótese dos autos, a ciência inequívoca da lesão ocorreu em 19/5/2008, após a entrada em vigor do novo Código Civil (11/1/2003) e após o deslocamento da competência para a Justiça do Trabalho apreciar e julgar as questões de natureza indenizatória promovido pela Emenda Constitucional nº 45 (31/12/2004). Incide, pois, a prescrição trabalhista prevista no artigo 7º, inciso XXIX, da Constituição da República. Diante de todo o exposto, considerando o marco inicial da prescrição a data da cessação do benefício previdenciário e a suspensão do contrato de trabalho - o que atrai a prescrição quinquenal-, não se constata a prescrição da pretensão do autor, uma vez que a demanda foi proposta em 4/11/2011. Embargos não conhecidos. (...)." (E-ARR - 1632-31.2011.5.04.0231, Data de Julgamento: 17/12/2015, Relator Ministro: José Roberto Freire Pimenta, Subseção I Especializada em Dissídios Individuais, Data de Publicação: DEJT 29/1/2016.)

65. "(...) DANOS MATERIAIS. LIMITAÇÃO DA PENSÃO MENSAL. DEPENDÊNCIA ECONÔMICA DOS PENSIONADOS COMPROVADA NOS AUTOS. O direito ao pensionamento mensal quando configurada a responsabilidade pela perda ou redução da capacidade produtiva da vítima encontra previsão no art. 950 do Código Civil, que não prevê limitação de faixa etária. Contudo, em caso de óbito, deve ser aplicado o disposto no artigo 948, II, do Código Civil, o qual não só determina a observância da duração provável da vida da vítima para a apuração do tempo de condenação ao pagamento de pensão, como também a condição de dependência dos destinatários do pensionato. Devem ser observados na condenação ao pagamento de pensão mensal por morte, não só a estimativa da duração da vida da vítima como também o tempo provável da condição de dependência dos beneficiários do direito. No caso, restou

lores que presumidamente reverteriam para o próprio falecido, e não para sua família[66]. Para tal finalidade, um critério interessante, já utilizado pelo STJ[67] é o de fixar a pensão em dois terços (2/3) do salário do falecido, reduzida a 1/3 (um terço) a partir da data em que a vítima atingiria 25 anos, quando, por presunção, constituiria nova família, até a data de expectativa de vida dos genitores beneficiário da pensão.

3. ADICIONAIS DE INSALUBRIDADE, PERICULOSIDADE E PENOSIDADE

Referências normativas e jurisprudenciais	
Constituição	Art. 7º São direitos dos trabalhadores urbanos e rurais, além de outros que visem à melhoria de sua condição social: (...) IV - salário mínimo, fixado em lei, nacionalmente unificado, capaz de atender a suas necessidades vitais básicas e às de sua família com moradia, alimentação, educação, saúde, lazer, vestuário, higiene, transporte e previdência social, com reajustes periódicos que lhe preservem o poder aquisitivo, sendo vedada sua vinculação para qualquer fim; (...) XXII - redução dos riscos inerentes ao trabalho, por meio de normas de saúde, higiene e segurança; XXIII - adicional de remuneração para as atividades penosas, insalubres ou perigosas, na forma da lei.
Legislação infraconstitucional	CLT, Art. 192 - O exercício de trabalho em condições insalubres, acima dos limites de tolerância estabelecidos pelo Ministério do Trabalho, assegura a percepção de adicional respectivamente de 40% (quarenta por cento), 20% (vinte por cento) e 10% (dez por cento) do salário-mínimo da região, segundo se classifiquem nos graus máximo, médio e mínimo.
Normas internacionais	Convenções da OIT: 148 e 155

incontroverso nos autos que os genitores da trabalhadora eram seus dependentes econômicos, tendo a Corte Regional fixado o pensionamento até os 65 anos da trabalhadora ou o óbito dos beneficiários, o que acontecer primeiro. Assim, diante da necessidade de integral reparação do dano e da constatação de dependência econômica dos familiares, não há que se modificar a decisão recorrida. Precedentes. Incidência da Súmula 333/TST. Recurso de revista não conhecido." (RR-10183-94.2010.5.04.0211, 3ª Turma, Rel. Min. Alexandre de Souza Agra Belmonte, DEJT de 15/4/2016)

66. (...) ACIDENTE DE TRABALHO - MORTE - IDENIZAÇÃO POR DANOS MATERIAIS - GENITORA A indenização por danos materiais foi calculada de forma adequada, levando em conta os fatos de que (i) o empregado falecido não deixou filhos; (ii) não foi demonstrada a dependência econômica exclusiva de seus rendimentos; (iii) a contribuição financeira do empregado não abarcaria a integralidade de seus rendimentos, devendo ser excluídas suas prováveis despesas pessoais; (iv) foi determinado o pagamento em parcela única, o que enseja a aplicação de redutor para adequação do somatório global, a fim de evitar enriquecimento sem causa, em razão das vantagens decorrentes da antecipação temporal da parcela que seria dividida em dezenas ou centenas de meses, e será paga em montante único imediato." (ARR-80220-33.2014.5.22.0106, 8ª Turma, Rel. Min. Maria Cristina Irigoyen Peduzzi, DEJT de 12/5/2017).

67. REsp 740.059/RJ, Rel. Ministro ALDIR PASSARINHO JUNIOR, QUARTA TURMA, julgado em 12/06/2007.

Referências normativas e jurisprudenciais	
Súmulas e teses de repercussão geral	SV 4: Salvo nos casos previstos na Constituição, o salário mínimo não pode ser usado como indexador de base de cálculo de vantagem de servidor público ou de empregado, nem ser substituído por decisão judicial. Tema 25 (RE 565714): Salvo nos casos previstos na Constituição, o salário mínimo não pode ser usado como indexador de base de cálculo de vantagem de servidor público ou de empregado, nem ser substituído por decisão judicial. TST, Súmula 228 (eficácia suspensa): ADICIONAL DE INSALUBRIDADE. BASE DE CÁLCULO. A partir de 9 de maio de 2008, data da publicação da Súmula Vinculante nº 4 do Supremo Tribunal Federal, o adicional de insalubridade será calculado sobre o salário básico, salvo critério mais vantajoso fixado em instrumento coletivo.
Julgados paradigmáticos	RE 236396, 565714 Rcl 6266 e 6275 MI 5062

O art. 7º, XXII, da CF, estabelece o princípio do risco mínimo regressivo, segundo o qual as normas de saúde, higiene e segurança do trabalho têm o objetivo primário de reduzir ou eliminar os riscos de acidentes de trabalho e de desencadeamento de doenças profissionais. Seria mesmo inconcebível que o trabalhador pudesse "vender" sua saúde em troca do pagamento de um adicional remuneratório[68].

Daí decorre que todos os esforços do empregador devem voltar-se à eliminação ou à redução da insalubridade e da periculosidade. Pode-se falar, então, que o meio ambiente do trabalho é regido, entre outros, pelo princípio da melhoria contínua[69].

Há, portanto, verdadeira obrigação, que pode ser exigida inclusive judicialmente do empregador – por meio de ações individuais ou coletivas –, no sentido de promover as melhorias possíveis e pertinentes em cada caso. Isso porque o art. 7º, XXII, da CF – como todo e qualquer direito fundamental – tem eficácia não apenas vertical (contra o Estado), mas também horizontal (na relação com os particulares, ou seja, do trabalhador em face do empregador).

---

68. Cf. SÜSSEKIND, Arnaldo. *Direito Constitucional do Trabalho*. Rio de Janeiro: Renovar, 1999, p. 237.
69. Segundo Guilherme Guimarães Feliciano e Olívia de Quintana Figueiredo Pasqualeto, "o princípio da melhoria contínua indica que a melhoria do meio ambiente, inclusive do meio ambiente do trabalho, deve ser buscada frequentemente, procurando sempre estar no mesmo compasso do mais avançado estado da técnica. Assim, não basta fornecer equipamentos de proteção aos trabalhadores; mais do que isso, é necessário atentar-se constantemente a novas tecnologias que eliminam o risco do meio labor-ambiental ou, se isso ainda não for possível, fornecer equipamentos de proteção mais protetivos; trocá-los quando do lançamento de outros mais modernos e seguros". FELICIANO, Guilherme Guimarães; PASQUALETO, Olívia de Quintana Figueiredo. Amianto, meio ambiente do trabalho e responsabilidade civil do empregador. *Revista da Faculdade de Direito da Universidade de São Paulo*, v. 112, p. 163-186, jan./dez 2017.

Sucede que nem sempre será possível a eliminação do agente insalubre ou perigoso. Em tais hipóteses, o trabalhador fará jus a receber um adicional de remuneração, na forma da lei. Os adicionais de insalubridade e de periculosidade se caracterizam como típicos salário-condição, não sendo mais devidos quando a situação nociva ou perigosa for eliminada do ambiente de trabalho. Há, então, estímulo para que o empregador busque métodos de trabalho mais salutares. Do ponto de vista meramente econômico-financeiro (desconsiderando os importantes aspectos humanos envolvidos), não seria racional que o empregador tentasse fazê-lo, caso houvesse incorporação definitiva dos adicionais ao salário[70].

À luz dessas premissas, certamente seria inconstitucional lei que pura e simplesmente revogasse as previsões legislativas quanto aos adicionais de insalubridade e de periculosidade. O art. 7º, XXIII, da CF, cria verdadeiro comando ao legislador ordinário, o qual tem o dever de estabelecer os referidos adicionais. Ademais, à luz do princípio da vedação ao retrocesso, seria de duvidosa constitucionalidade lei que reduzisse a base de cálculo ou os percentuais dos adicionais, já que se estaria estimulando, por via indireta, a monetização dos riscos à saúde.

Pelas mesmas razões, pode-se dizer que há omissão inconstitucional do legislador, no que ainda não regulamentou o adicional de penosidade para os trabalhadores da iniciativa privada. O entendimento majoritário é no sentido de que o art. 7º, XXIII, é norma constitucional de eficácia limitada (não autoaplicável)[71] e, por tal razão, não poderia gerar efeitos enquanto não sobreviesse regulamentação legal. Contudo, é sustentável que, diante da omissão do Poder Legislativo, seria possível aplicar analogicamente o art. 71 da Lei nº 8.112/90[72], o qual criou o adicional de penosidade para os servidores públicos estatutários federais[73]. Registre-se, entretanto, que o STF – ao argumento de que o art. 39, §3º, da CF, não lhes estende tal direito – tem rejeitado mandados de injunção impetrados por servidores públicos que pedem o deferimento do adicional de penosidade[74].

A base de cálculo do adicional de periculosidade, por força do art. 193, 1º, da CLT, é o salário básico do empregado, e o dispositivo jamais foi

---

70. Com a mesma opinião, CARVALHO, Augusto César Leite de. *Direito do Trabalho: curso e discurso*. 3ª ed. São Paulo: LTR, 2019, p. 257.

71. Cf. CASSAR, Vólia Bomfim. *Direito do Trabalho*. 16ª ed. rev. e atual. São Paulo: Método, 2018, p. 835.

72. Art. 71. O adicional de atividade penosa será devido aos servidores em exercício em zonas de fronteira ou em localidades cujas condições de vida o justifiquem, nos termos, condições e limites fixados em regulamento.

73. Em sentido contrário à aplicação analógica, CASSAR, Vólia Bomfim, *op.cit.*, *loc.cit.*

74. Agravo regimental no mandado de injunção. 2. Ausência de direito subjetivo constitucional de servidor público a adicional de penosidade para exercício de atividade em área de fronteira. 3. Agravo regimental a que se nega provimento. (MI 5062 AgR, Relator(a): Min. GILMAR MENDES, Tribunal Pleno, julgado em 01/08/2014, PROCESSO ELETRÔNICO DJe-195 DIVULG 06-10-2014 PUBLIC 07-10-2014).

objeto de declaração de inconstitucionalidade pelo STF. Quanto ao adicional de insalubridade, a Corte, no mínimo desde o RE 236396[75], vinha declarando a inconstitucionalidade do art. 192 da CLT, na parte em que estipula o salário mínimo como base para incidência do percentual de 10%, de 20% ou de 40% (para a insalubridade em grau mínimo, médio e máximo, respectivamente). Nesse acórdão, foi definida a impossibilidade de cálculo do adicional de insalubridade tendo como base o salário mínimo, mas não se fixou qualquer outro parâmetro; os autos foram remetidos às instâncias ordinárias para que definissem "qual critério legal substitutivo do adotado" seria aplicável.

A inconstitucionalidade (ou melhor, a não recepção do dispositivo legal pela Lei Maior) do art. 192 da CLT decorre, na visão do STF, da vedação contida no art. 7º, IV, *in fine*, da CF, o qual veda a vinculação do salário mínimo para qualquer fim. De acordo com decisão adotada pela Corte em sede de repercussão geral, "o aproveitamento do salário mínimo para formação da base de cálculo de qualquer parcela remuneratória ou com qualquer outro objetivo pecuniário (indenizações, pensões, etc.) esbarra na vinculação vedada pela Constituição do Brasil"[76].

No entanto, o objetivo do constituinte foi evitar a indexação da economia ao salário mínimo, o que comprometeria as políticas públicas destinadas ao aumento de seu valor real. Por isso, é questionável a conclusão da Suprema Corte de que salários profissionais ou adicionais (como o de insalubridade) não possam ser vinculados ao salário mínimo, pois neste caso não há risco de ocorrer a chamada *espiral inflacionária*, ou seja, aumento dos preços na economia em geral, como consequência automática da elevação do salário mínimo[77].

Partindo das premissas (i) da inconstitucionalidade da vinculação ao salário mínimo, fixada pelo STF, e (ii) da impossibilidade de simplesmente eliminar a previsão legal do adicional de insalubridade (conforme acima exposto), o TST passou a decidir que a base de cálculo do adicional de insalubridade deveria ser o salário base; e alterou a Súmula 228, a fim de que contivesse tal previsão.

---

75. EMENTA: Adicional de insalubridade: vinculação ao salário mínimo, estabelecida pelas instâncias ordinárias, que contraria o disposto no art. 7º, IV, da Constituição.
    (RE 236396, Relator(a): Min. SEPÚLVEDA PERTENCE, Primeira Turma, julgado em 02/10/1998, DJ 20-11-1998 PP-00024 EMENT VOL-01932-10 PP-02140)
76. RE 565714, Relator(a): Min. CÁRMEN LÚCIA, Tribunal Pleno, julgado em 30/04/2008.
77. Arnaldo Süssekind (*op.cit*, p. 147) dizia: "essa disposição [artº 7º, IV] deve ser interpretada tendo em vista os fins sociais a que dirige (...). Ora, o que ela visou foi evitar que os alugueres e, de um modo geral, as prestações de médio ou longo prazo, fossem indexados ao salário mínimo, a fim de que o aumento dos valores deste não gerassem inflação de custos. (...) Nada impede, portanto, que o salário profissional ou o salário base da categoria correspondam a alguns salários mínimos".

Contudo, logo na sequência, o STF, nas Reclamações 6266 e 6275[78], deferiu medida liminar para suspender a aplicação da Súmula nº 228/TST, na parte em que permite a utilização do salário básico para calcular o adicional de insalubridade, por violação à SV 4. De acordo com a Corte, o adicional de insalubridade deve continuar sendo calculado com base no salário mínimo, "enquanto não superada a inconstitucionalidade por meio de lei ou convenção coletiva". O fundamento para tal conclusão está em que o Poder Judiciário não poderia agir como "legislador positivo", criando critérios que não foram estipulados pelo legislador.

Tal postura pode ser criticada por revelar: (i) incoerência com outras decisões da Corte; e (ii) timidez no trato da matéria da proteção aos direitos trabalhistas.

De fato, o STF, à época, já vinha proferindo sentenças aditivas[79], que são aquelas que, ao declararem a inconstitucionalidade parcial de determinada lei ou ato omissivo do Poder Público, suprem a lacuna legislativa e estabelecem regulamentação a ser aplicada. Por exemplo, no ano de 2007, a Corte já havia proferido sentença com perfil aditivo quanto ao tema do direito de greve dos servidores públicos civis[80-81].

Ora, se (i) o salário mínimo não pode ser base de cálculo do adicional de insalubridade; (ii) o legislador não pode deixar de prever a existência do referido adicional; (iii) não é possível fixar que os percentuais devam incidir sobre o piso salarial, já que nem todas as categorias profissionais o têm; então, a única

78. Rcl 6266 MC / DF - DISTRITO FEDERAL. MEDIDA CAUTELAR NA RECLAMAÇÃO. Julgamento: 5/07/2008. Min. Gilmar Mendes (decisão monocrática). Publicação: DJe-144 DIVULG 04/08/2008 PUBLIC 05/08/2008.

79. De acordo com Carlos Blanco de Morais, "[Sentenças aditivas] consistem nas decisões de acolhimento que não só julgam a inconstitucionalidade parcial de uma disposição normativa, mas que também reparam imediatamente o silêncio gerador desse quadro de invalidade ou a lacuna criada pela própria componente ablativa da sentença, através da identificação de uma norma aplicável." MORAIS, Carlos Blanco de. As sentenças com efeitos aditivos. In: Morais, Carlos Blanco de (Coord.). *As sentenças intermédias da justiça constitucional.* Lisboa : AAFDL, 2009. p. 45.

80. A respeito, veja-se trecho do informativo 485 do STF: "No MI 670/ES e no MI 708/DF prevaleceu o voto do Min. Gilmar Mendes. (...) a Corte, afastando-se da orientação inicialmente perfilhada no sentido de estar limitada à declaração da existência da mora legislativa para a edição de norma regulamentadora específica, passou, sem assumir compromisso com o exercício de uma típica função legislativa, a aceitar a possibilidade de uma regulação provisória pelo próprio Judiciário. (...) Entendeu-se que, diante disso, talvez se devesse refletir sobre a adoção, como alternativa provisória, para esse impasse, de uma moderada sentença de perfil aditivo. Aduziu-se, no ponto, no que concerne à aceitação das sentenças aditivas ou modificativas, que elas são em geral aceitas quando integram ou completam um regime previamente adotado pelo legislador ou, ainda, quando a solução adotada pelo Tribunal incorpora 'solução constitucionalmente obrigatória'. (...) Assim, tendo em conta que ao legislador não seria dado escolher se concede ou não o direito de greve, podendo tão-somente dispor sobre a adequada configuração da sua disciplina, reconheceu-se a necessidade de uma solução obrigatória da perspectiva constitucional". MI 670/ES, rel. orig. Min. Maurício Corrêa, rel. p/ o acórdão Min. Gilmar Mendes, 25.10.2007. MI 708/DF, rel. Min. Gilmar Mendes, 25.10.2007. MI 712/PA, rel. Min. Eros Grau, 25.10.2007.

81. Na ADPF 54, por exemplo, também houve nítida sentença de efeitos aditivos, quando a Corte considerou legítimo o aborto de fetos anencéfalos, criando excludente de ilicitude não prevista no Código Penal.

solução constitucionalmente legítima seria estabelecer que a base de cálculo deveria ser o salário base, tal como havia sido feito pelo TST.

Assim, percebe-se que o Supremo optou por perpetuar situação de inconstitucionalidade, em descompasso com sua própria jurisprudência[82] e com seu papel de guardião da Constituição.

No entanto, enquanto não modificada a legislação, a SV 4, ou a interpretação a ela dada pelo STF, os juízes e tribunais do trabalho ficam impossibilitados de aplicar outra base de cálculo ao adicional de insalubridade que não seja o salário mínimo.

Por fim, vale referir que o STF tem decidido que o tema da cumulação dos adicionais de insalubridade e de periculosidade é matéria infraconstitucional, insuscetível de apreciação em recurso extraordinário[83]. Tal posicionamento está a merecer reparos, pois o art. 7º, XXII, da CF, como visto, estabelece verdadeiro dever ao legislador no sentido de instituir medidas que reduzam a exposição do trabalhador a agentes insalubres e perigosos. É evidente que a interpretação que vem sendo dada pelo TST[84], no sentido da impossibilidade de cumulação dos adicionais, com base no art. 193, §2º, da CLT[85], viola tal dispositivo constitucional, já que desestimula que o empregador busque métodos alternativos de trabalho que não submetam o trabalhador às situações de insalubridade e de periculosidade. Tal conclusão se reforça com a Convenção 155 da OIT[86], a qual, por versar sobre direitos humanos, tem status supralegal,

82. É verdade que se encontram decisões da Corte que aplicam as categorias da "lei ainda constitucional" e da "inconstitucionalidade progressiva". Isso foi feito, por exemplo, nos temas do prazo em dobro da Defensoria Pública (HC 70514, julgamento em 23/03/1994), ao menos até que sua organização alcançasse nível equivalente ao do Ministério Público; e também na possibilidade de ajuizamento de ação civil "ex delicto" pelo Ministério Público (RE 147776), também pela falta de estrutura da Defensoria Pública. Percebe-se, então, que tais categorias perpetuam a inconstitucionalidade não por uma postura de autocontenção da Corte, mas porque esta percebeu que agir diferentemente agravaria ainda mais o estado de inconstitucionalidade, em decorrência de circunstâncias fáticas. O cenário, portanto, é completamente diferente do que se vê no tema da base de cálculo do adicional de insalubridade.

83. Nesse sentido: ARE 1180846 AgR, Relator(a): DIAS TOFFOLI (Presidente), Tribunal Pleno, julgado em 05/04/2019; RE 1164033 AgR, Relator(a): ROBERTO BARROSO, Primeira Turma, julgado em 30/11/2018.

84. TST-IRR-239-55.2011.5.02.0319, SBDI-I, rel. Min. Luiz Philippe Vieira de Mello Filho, red. p/ acórdão Min. Alberto Luiz Bresciani de Fontan Pereira, 26.9.2019.

85. Art. 193. São consideradas atividades ou operações perigosas, na forma da regulamentação aprovada pelo Ministério do Trabalho e Emprego, aquelas que, por sua natureza ou métodos de trabalho, impliquem risco acentuado em virtude de exposição permanente do trabalhador a: (...) § 2º - O empregado poderá optar pelo adicional de insalubridade que porventura lhe seja devido.

86. OIT, Convenção 155, Art. 11 — Com a finalidade de tornar efetiva a política referida no artigo 4 da presente Convenção, a autoridade ou as autoridades competentes deverá garantir a realização progressiva das seguintes tarefas: (...) b) a determinação das operações e processos que serão proibidos, limitados ou sujeitos à autorização ou ao controle da autoridade ou autoridades competentes, assim como a determinação das substâncias e agentes aos quais estará proibida a exposição no trabalho, ou bem limitada ou sujeita à autorização ou ao controle da autoridade ou autoridades competentes; deverão ser levados em consideração os riscos para a saúde decorrentes da exposição simultânea a diversas substâncias ou agentes.

de acordo a jurisprudência formada pelo STF a partir do Pacto de São José da Costa Rica.

Sobre o trabalho da gestante em condições de insalubridade e de periculosidade, ver seção deste capítulo relativa à proteção ao trabalho da mulher e à maternidade.

4. APOSENTADORIA

	Referências normativas e jurisprudenciais
Constituição	Art. 7º - São direitos dos trabalhadores urbanos e rurais, além de outros que visem à melhoria de sua condição social: I - relação de emprego protegida contra despedida arbitrária ou sem justa causa, nos termos de lei complementar, que preverá indenização compensatória, dentre outros direitos. Art. 37, XVI - é vedada a acumulação remunerada de cargos públicos, exceto, quando houver compatibilidade de horários, observado em qualquer caso o disposto no inciso XI: a) a de dois cargos de professor; b) a de um cargo de professor com outro técnico ou científico; c) a de dois cargos ou empregos privativos de profissionais de saúde, com profissões regulamentadas; XVII - a proibição de acumular estende-se a empregos e funções e abrange autarquias, fundações, empresas públicas, sociedades de economia mista, suas subsidiárias, e sociedades controladas, direta ou indiretamente, pelo poder público; (...) § 10. É vedada a percepção simultânea de proventos de aposentadoria decorrentes do art. 40 ou dos arts. 42 e 142 com a remuneração de cargo, emprego ou função pública, ressalvados os cargos acumuláveis na forma desta Constituição, os cargos eletivos e os cargos em comissão declarados em lei de livre nomeação e exoneração. ADCT, Art. 10. Até que seja promulgada a lei complementar a que se refere o art. 7º, I, da Constituição: I - fica limitada a proteção nele referida ao aumento, para quatro vezes, da porcentagem prevista no art. 6º, "*caput*" e § 1º, da Lei nº 5.107, de 13 de setembro de 1966 (...).
Legislação infraconstitucional	CLT, Art. 453 - No tempo de serviço do empregado, quando readmitido, serão computados os períodos, ainda que não contínuos, em que tiver trabalhado anteriormente na empresa, salvo se houver sido despedido por falta grave, recebido indenização legal ou se aposentado espontaneamente. § 1º Na aposentadoria espontânea de empregados das empresas públicas e sociedades de economia mista é permitida sua readmissão desde que atendidos aos requisitos constantes do art. 37, inciso XVI, da Constituição, e condicionada à prestação de concurso público. § 2º O ato de concessão de benefício de aposentadoria a empregado que não tiver completado 35 (trinta e cinco) anos de serviço, se homem, ou trinta, se mulher, importa em extinção do vínculo empregatício.

Referências normativas e jurisprudenciais	
Súmulas e teses de repercussão geral	RE 655283 (tema 606, pendente de apreciação) STF, Súmula 217: O direito de retornar ao emprego, ou ser indenizado em caso de recusa do empregador, o aposentado que recupera a capacidade de trabalho dentro de cinco anos, a contar da aposentadoria, que se torna definitiva após esse prazo. TST, Súmula 160: Cancelada a aposentadoria por invalidez, mesmo após cinco anos, o trabalhador terá direito de retornar ao emprego, facultado, porém, ao empregador, indenizá-lo na forma da lei.
Julgados paradigmáticos	ADI 1721 e 1770 RE 449420 Rcl 8168

4.1. Aposentadoria espontânea e extinção do contrato de trabalho

Do ponto de vista do trabalhador, a aposentadoria pode ser: (i) espontânea, quando requerida pelo próprio; (ii) compulsória, requerida pelo empregador; (iii) por invalidez, em decorrência de incapacidade laborativa.

A aposentadoria compulsória é assim chamada por não depender de ato de vontade do trabalhador. No entanto, para consumar-se, depende de iniciativa do empregador e, por isso, não se pode confundi-la com a aposentadoria compulsória no serviço público, pois esta independe de qualquer ato de vontade e decorre automaticamente da lei.

Na iniciativa privada (e também para empregados públicos regidos pela CLT), a aposentadoria compulsória é disciplinada pelo art. 51 da Lei nº 8.213/91[87], segundo o qual, independentemente da respectiva anuência, a empresa pode requerer ao órgão previdenciário a aposentadoria do trabalhador homem com mais de 70 anos, ou mulher com mais de 65. Concedido o benefício previdenciário, estará extinto o contrato de trabalho e o empregado fará jus a todos os direitos decorrentes de dispensa imotivada (indenização de 40% de FGTS, férias proporcionais com 1/3, 13º salário proporcional, havendo controvérsia apenas quanto ao aviso prévio[88]). Trata-se, como se percebe, de uma dispensa sem justa causa por iniciativa do empregador.

Noutro giro, o entendimento majoritário da doutrina trabalhista, que refletia na jurisprudência do TST (Súmula 295 e OJ 177 da SDI-1), era no senti-

87. Art. 51. A aposentadoria por idade pode ser requerida pela empresa, desde que o segurado empregado tenha cumprido o período de carência e completado 70 (setenta) anos de idade, se do sexo masculino, ou 65 (sessenta e cinco) anos, se do sexo feminino, sendo compulsória, caso em que será garantida ao empregado a indenização prevista na legislação trabalhista, considerada como data da rescisão do contrato de trabalho a imediatamente anterior à do início da aposentadoria.

88. Cf. CASSAR, Vólia Bomfim, *op.cit.*, p. 1013.

do de que a aposentadoria espontânea extinguia o contrato de trabalho[89]. Esse entendimento se pautava, fundamentalmente, no art. 453 (*caput* e parágrafos) da CLT, o qual, desde a entrada em vigor da Lei nº 6.204/75, deixava implícito tal raciocínio. A Lei nº 6.950/81, ao disciplinar temas atinentes ao Direito Previdenciário, reforçava tal ponto de vista.

Sucede que o STF, inicialmente em recursos extraordinários[90], e depois nas ADIs 1721 e 1770, fixou entendimento de que a aposentadoria espontânea, por si só, não extingue o contrato de trabalho[91]. O inteiro teor dos acórdãos demonstra que a maioria Corte acolheu os seguintes argumentos:

---

89. Nesse sentido, exemplificativamente, MARTINS, Sérgio Pinto. *Direito do Trabalho.* 22ª ed. São Paulo: Atlas, 2006, p. 372; BARROS, Alice Monteiro de. *Curso de Direito do Trabalho.* 6ª ed. São Paulo: LTR, 2010, p. 954. Vólia Bomfim Cassar (*op.cit.*, p. 1014), apesar de defender entendimento contrário, também registra que o posicionamento majoritário era no sentido da extinção do vínculo empregatício, citando como exemplos Arnando Süssekind, Valentin Carrion e Otávio Bueno Magano.

90. Por exemplo, RE 449420, Relator(a): Min. SEPÚLVEDA PERTENCE, Primeira Turma, julgado em 16/08/2005.

91. "EMENTA: AÇÃO DIRETA DE INCONSTITUCIONALIDADE. ARTIGO 3º DA MEDIDA PROVISÓRIA Nº 1.596-14/97, CONVERTIDA NA LEI Nº 9.528/97, QUE ADICIONOU AO ARTIGO 453 DA CONSOLIDAÇÃO DAS LEIS DO TRABALHO UM SEGUNDO PARÁGRAFO PARA EXTINGUIR O VÍNCULO EMPREGATÍCIO QUANDO DA CONCESSÃO DA APOSENTADORIA ESPONTÂNEA. (...) Os valores sociais do trabalho constituem: a) fundamento da República Federativa do Brasil (inciso IV do artigo 1º da CF); b) alicerce da Ordem Econômica, que tem por finalidade assegurar a todos existência digna, conforme os ditames da justiça social, e, por um dos seus princípios, a busca do pleno emprego (artigo 170, *caput* e inciso VIII); c) base de toda a Ordem Social (artigo 193). Esse arcabouço principiológico, densificado em regras como a do inciso I do artigo 7º da Magna Carta e as do artigo 10 do ADCT/88, desvela um mandamento constitucional que perpassa toda relação de emprego, no sentido de sua desejada continuidade. 3. A Constituição Federal versa a aposentadoria como um benefício que se dá mediante o exercício regular de um direito. E o certo é que o regular exercício de um direito não é de colocar o seu titular numa situação jurídico-passiva de efeitos ainda mais drásticos do que aqueles que resultariam do cometimento de uma falta grave (sabido que, nesse caso, a ruptura do vínculo empregatício não opera automaticamente). 4. O direito à aposentadoria previdenciária, uma vez objetivamente constituído, se dá no âmago de uma relação jurídica entre o segurado do Sistema Geral de Previdência e o Instituto Nacional de Seguro Social. Às expensas, portanto, de um sistema atuarial-financeiro que é gerido por esse Instituto mesmo, e não às custas desse ou daquele empregador. 5. O Ordenamento Constitucional não autoriza o legislador ordinário a criar modalidade de rompimento automático do vínculo de emprego, em desfavor do trabalhador, na situação em que este apenas exercita o seu direito de aposentadoria espontânea, sem cometer deslize algum. 6. A mera concessão da aposentadoria voluntária ao trabalhador não tem por efeito extinguir, instantânea e automaticamente, o seu vínculo de emprego. 7. Inconstitucionalidade do § 2º do artigo 453 da Consolidação das Leis do Trabalho, introduzido pela Lei nº 9.528/97" (ADI 1721, Relator(a): Min. CARLOS BRITTO, Tribunal Pleno, julgado em 11/10/2006).

EMENTA: AÇÃO DIRETA DE INCONSTITUCIONALIDADE. READMISSÃO DE EMPREGADOS DE EMPRESAS PÚBLICAS E SOCIEDADES DE ECONOMIA MISTA. ACUMULAÇÃO DE PROVENTOS E VENCIMENTOS. EXTINÇÃO DO VÍNCULO EMPREGATÍCIO POR APOSENTADORIA ESPONTÂNEA. NÃO-CONHECIMENTO. INCONSTITUCIONALIDADE. Lei 9.528/1997, que dá nova redação ao § 1º do art. 453 da Consolidação das Leis do Trabalho - CLT -, prevendo a possibilidade de readmissão de empregado de empresa pública e sociedade de economia mista aposentado espontaneamente. (...) É inconstitucional o § 1º do art. 453 da CLT, com a redação dada pela Lei 9.528/1997, quer porque permite, como regra, a acumulação de proventos e vencimentos - vedada pela jurisprudência do Supremo Tribunal Federal -, quer porque se funda na idéia de que a aposentadoria espontânea rompe o vínculo empregatício (...). (ADI 1770, Relator(a): Min. JOAQUIM BARBOSA, Tribunal Pleno, julgado em 11/10/2006).

- (a) o art. 7º, I, da CF, concede especial proteção à continuidade das relações de emprego;
- (b) o art. 453, §2º, da CLT, criou nova forma de extinção do vínculo de emprego, em que o exercício regular do direito à aposentadoria faria com que a situação do trabalhador ficasse pior do que se cometesse justa causa, já que nesta a ruptura não se dá automaticamente;
- (c) a aposentadoria decorre de relação autônoma do segurado com a Previdência Social, não onerando o empregador;
- (d) na aposentadoria compulsória, o empregador é obrigado a pagar as indenizações ao trabalhador;
- (e) o valor social do trabalho (art. 1º, IV), o primado da justiça social e a busca do pleno emprego (art. 170, VIII) não autorizariam conclusão contrária.

Nos votos da corrente majoritária, apontou-se, ainda, violação à isonomia, por implicar tratamento desigual para os aposentados (Min. Ricardo Lewandowski); o fato de a norma se divorciar do espírito protetivo que a Constituição quis conferir ao trabalhador (Min. Joaquim Barbosa); iniquidade e violação da proporcionalidade (Min. Gilmar Mendes)

O único voto vencido, proferido pelo Min. Marco Aurélio, lançou os seguintes argumentos: o *caput* do art. 453 CLT, não impugnado nas ADIs, também previa a extinção do contrato de trabalho pela aposentadoria; situação concreta de desemprego e déficit da Previdência Social; regulamentação da Lei nº 8.112/90, cujo art. 33 prevê a vacância de cargo público federal com a aposentadoria do servidor; objetivo de inibir aposentadorias precoces; inexistência de preceito constitucional que conflitasse com o art. 453, §2º, da CLT.

De fato, os argumentos que prevaleceram não são sólidos:

- (a) na visão do próprio STF, o art. 7º, I, da CF, não é autoaplicável, dependendo de lei complementar. Ademais, ainda que se argumentasse (o que não foi feito pelos votos vencedores) que o art. 10, I, do ADCT, estabelece uma proteção mínima, o fato é que tal dispositivo não impede que a lei ordinária exclua a incidência da indenização de 40% do FGTS caso não haja dispensa arbitrária ou sem justa causa. Na hipótese de aposentadoria espontânea, por iniciativa do trabalhador, não se dá, em verdade, "dispensa", mas cessação do vínculo por ato do próprio empregado;
- (b) a comparação da aposentadoria espontânea com a dispensa por justa causa é imprópria, porque na primeira o trabalhador recebe férias proporcionais com 1/3, 13º salário proporcional e pode sacar os depósitos existentes em sua conta vinculada de FGTS, o que não acontece quando dispensado por justa causa. Tal observação, aliada ao fato de que o aposentado recebe

benefício previdenciário, permite concluir que sua situação é bem melhor do que a do trabalhador dispensado por justa causa. Além disso, a aposentaria espontânea decorre de ato do próprio trabalhador, que pode ponderar o custo-benefício de se aposentar ou continuar trabalhando;

- (c) o fato de a relação previdenciária ser distinta da trabalhista não impede que o legislador estabeleça que determinados acontecimentos de uma repercutirão na outra. Isso acontece em diversas situações, como na suspensão do contrato de trabalho em virtude de concessão de auxílio-doença ou aposentadoria por invalidez, a estabilidade decorrente de acidente de trabalho, entre outras;
- (d) a aposentadoria compulsória não pode ser comparada com a espontânea, pois a primeira decorre de iniciativa do empregador, o qual, por essa razão, deve mesmo ser obrigado a pagar a indenização decorrente de dispensa imotivada;
- (e) argumentos tão vagos como a proporcionalidade, o valor social do trabalho, a busca do pleno emprego, a justiça social e o fato de a lei ser injusta não podem servir, por si sós, para que se declare a inconstitucionalidade de lei.

Em verdade, não existe nenhum dispositivo constitucional que expressamente legitime a conclusão do STF. Ao contrário, o entendimento tradicional da jurisprudência e doutrina trabalhistas era mais adequado, por permitir que o aposentado fruísse do direito ao não trabalho[92], bem como por fomentar o ingresso de outras pessoas no mercado de trabalho, contribuindo para a redução do desemprego. Daí ser totalmente possível argumentar que os princípios do valor social do trabalho, a busca do pleno emprego e a justiça social (no sentido de justiça distributiva) são mais intensamente realizados se se conclui que a aposentadoria espontânea rompe o vínculo de emprego, o que demonstra a fragilidade dos argumentos da Suprema Corte.

Depreende-se que não se trata de tema constitucional, cabendo ao Judiciário ser deferente com opções legítimas feitas pelos órgãos democraticamente eleitos.

---

92. Sobre o direito ao não trabalho, Jorge Luiz Souto Maior afirma: "o direito ao não trabalho aparece como uma feição relevante do Direito do Trabalho (...) Um direito cujo titular não é só quem trabalha, mas, igualmente, a própria sociedade ou um indivíduo que não consegue trabalho porque o outro trabalha excessivamente, além daqueles que dependem da presença humana dos que lhes abandonam na fuga ao trabalho". Adiante o autor esclarece: "o não trabalho aqui referido não é visto no sentido de não trabalhar completamente e sim no sentido de trabalhar menos, até o nível necessário à preservação da vida privada e da saúde, considerando essencial esta preocupação (de se desligar, concretamente, do trabalho) exatamente por conta das características deste mundo do trabalho (...)". Embora neste trecho o autor não se refira especificamente à situação do aposentado, os argumentos parecem a ela aplicáveis. SOUTO MAIOR, Jorge Luiz. *Curso de Direito do Trabalho*. v. 1, parte 1. São Paulo: LTR, 2011, p. 40-41.

Cabe ressaltar, ainda, que nada impede que o aposentado continue a trabalhar após a jubilação. Se essa for a vontade comum das partes, trabalhador e empregador podem firmar novo contrato de trabalho.

Há, ainda, outro aspecto digno de nota: o *caput* do art. 453 da CLT também indica indiretamente que a aposentadoria espontânea extingue o contrato de trabalho, ao prever que o trabalhador não poderá contar o tempo de serviço anterior na empresa[93]. Tal dispositivo restou intocado com as decisões do STF, as quais declararam a inconstitucionalidade apenas dos respectivos parágrafos.

É certo, porém, que no plano infraconstitucional, o art. 49, I, *b*, da Lei nº 8.213/91 continua sinalizando a possibilidade contrária, qual seja, a de que, na aposentadoria por idade, o trabalhador não se desligue do emprego[94], sendo certo que tal dispositivo é posterior à redação do *caput* do art. 453 da CLT. Declarados inconstitucionais os parágrafos deste dispositivo (os quais foram inseridos por lei de 1995), é de se concluir que a legislação atualmente vigente não mais prevê a extinção do contrato de trabalho em decorrência de aposentadoria espontânea, já que a lei posterior revogou tacitamente a anterior que lhe era contrária.

Reforça a tese da possibilidade de extinção do contrato de trabalho pela aposentadoria voluntária a nova redação do art. 37, §14, da Constituição, na redação dada pela EC 103/2019[95]. O dispositivo estatui que a aposentadoria de servidor público estatutário ou de empregado público celetista acarretará o rompimento do vínculo que gerou o respectivo tempo de contribuição. Ora, se assim o é no que tange a servidores e empregados públicos, também há de sê-lo quanto a empregados da iniciativa privada, até mesmo porque o art. 173, §1º, II, da Lei Maior, impõe a igualdade de regime jurídico entre empresas estatais e empresas privadas.

4.2. Servidores e empregados públicos

O Supremo Tribunal Federal já teve oportunidade de apreciar reclamações[96] em que se discutia a situação de empregados públicos que se aposen-

93. Cf. MARTINS, Sérgio Pinto, *op.cit.*, 22ª ed., p. 372.

94. Art. 49. A aposentadoria por idade será devida:

I - ao segurado empregado, inclusive o doméstico, a partir:

a) da data do desligamento do emprego, quando requerida até essa data ou até 90 (noventa) dias depois dela; ou

b) da data do requerimento, quando não houver desligamento do emprego ou quando for requerida após o prazo previsto na alínea "a".

95. Art. 37, § 14. A aposentadoria concedida com a utilização de tempo de contribuição decorrente de cargo, emprego ou função pública, inclusive do Regime Geral de Previdência Social, acarretará o rompimento do vínculo que gerou o referido tempo de contribuição.

96. Como exemplo paradigmático: RECLAMAÇÃO. APOSENTADORIA ESPONTÂNEA. ACUMULAÇÃO DE PROVENTOS DE APOSENTADORIA COM VENCIMENTOS. ADI 1.770. AUSÊNCIA DE PERTINÊNCIA TEMÁTICA ESTRITA. TRANSCENDÊNCIA DOS MOTIVOS DETERMINANTES. I - É improcedente a reclamação que trate de situação que não guarda relação de estrita pertinência com

taram espontaneamente, mas foram desligados pelos entes públicos, os quais argumentaram ser inviável constitucionalmente a cumulação de proventos de aposentadoria com a remuneração pelo exercício da função pública (CF, art. 37, XVI, e §10).

A Corte tem julgado improcedentes tais reclamações, por questões processuais[97], já que nas ADIs 1721 e 1770 não se decidiu expressamente sobre a questão da cumulação de proventos com remuneração, nem sobre a possibilidade de dispensa ou de reintegração do empregado público. O tema está pendente de apreciação por meio da sistemática de repercussão geral[98].

Apesar de não ter havido julgamento da questão de fundo nas reclamações, os ministros Luiz Fux e Edson Fachin, em *obiter dictum*, ressaltaram que a Constituição não proíbe a percepção cumulativa de remuneração por emprego público com aposentadoria pelo regime geral da previdência social. De fato, a vedação constitucional abrange apenas o recebimento de proventos de aposentadoria pelo regime próprio (não pelo geral) de previdência com a remuneração pelo exercício cargo, emprego ou função pública.

Outra importante preocupação foi manifestada pela Min. Ellen Gracie em seu voto vencido na Rcl 8168: a necessidade de renovação dos quadros das empresas estatais, até para que seja possível "a transmissão de informações por parte dos mais experientes àqueles que ingressam na empresa". Segundo a ministra, apesar de a aposentadoria espontânea não romper automaticamente o contrato de contrato, as estatais, caso desejassem, deveriam ter assegurada a possibilidade de dispensar os empregados, inclusive os aposentados. Contudo, sendo notória a maior dificuldade de efetivação de dispensas imotivadas por entidades estatais, é de se presumir que a permanência indefinida de empregados aposentados em seus quadros possa engendrar as dificuldades apreendidas pela ministra.

---

o parâmetro de controle. II - A jurisprudência do Supremo Tribunal Federal se consolidou no sentido de ser incabível reclamação fundada na teoria da transcendência dos motivos determinantes de acórdão com efeito vinculante. III - O acórdão prolatado na ADI 1.770 não decidiu sobre a possibilidade de empresa pública despedir, ou não, empregado público após sua aposentadoria, nem, caso despedisse, se a consequência seria reintegrar o empregado, ou garantir-lhe as verbas rescisórias. IV - Reclamação julgada improcedente. (Rcl 8168, Relator(a): ELLEN GRACIE, Relator(a) p/ Acórdão: EDSON FACHIN, Tribunal Pleno, julgado em 19/11/2015, ACÓRDÃO ELETRÔNICO DJe-037 DIVULG 26-02-2016 PUBLIC 29-02-2016). Outro exemplo: Rcl 7.121 AgR, Rel. Min. Roberto Barroso, Primeira Turma, DJe 11.12.2014.

97. Exatamente por se tratar de questões processuais, a solução mais adequada seria a extinção da reclamação sem resolução de mérito, com fundamento no art. 485, IV, do CPC: ausência de pressuposto processual objetivo para o desenvolvimento regular do processo.

98. RE 655283. Tema 606 - a) reintegração de empregados públicos dispensados em face da concessão de aposentadoria espontânea e consequente possibilidade de acumulação de proventos com vencimentos; b) competência para processar e julgar a ação em que se discute a reintegração de empregados públicos dispensados em face da concessão de aposentadoria espontânea e consequente possibilidade de acumulação de proventos com vencimentos.

Sucede que, declarada a inconstitucionalidade dos §§1º e 2º do art. 453 da CLT, e estando em plena vigência o art. 41, I, *b*, da Lei nº 8.213.91, não se vislumbra fundamento legal ou constitucional para conclusão diversa. Assim, à luz do cenário normativo atual, a solução mais acertada, pertinente ao tema 606 da repercussão geral, é reconhecer a possibilidade de reintegração de empregados públicos aposentados dispensados, e a consequente cumulação de proventos de aposentadoria com remuneração decorrente do exercício do emprego público. Não há violação à regra do concurso público, pois o contrato de trabalho não se extingue com a aposentadoria. Ademais, tratando-se de empregados públicos regidos pela CLT, a competência jurisdicional deve ser fixada na Justiça do Trabalho.

4.3. Aposentadoria por invalidez

Há conflito entre as Súmula 217 do STF e 160 do TST – nenhuma delas de observância obrigatória –, no que tange à extinção do contrato de trabalho em função da aposentadoria por invalidez.

A discrepância ocorre porque a Súmula 217 do STF (datada de 1963) baseia-se no art. 4º, §3º, da Lei nº 3.322/57, o qual estabelecia que a aposentadoria por invalidez se tornava definitiva após o decurso de cinco anos. Sucede que a Lei nº 8.213/91, em seu art. 47, estatui que tal benefício previdenciário pode ser cessado a qualquer tempo, ou seja, mesmo após decorridos cinco anos de sua concessão. Houve, portanto, revogação tácita da disciplina legal anteriormente vigente.

Por tal motivo, o TST passou a interpretar que a aposentadoria por invalidez suspende o contrato de trabalho indefinidamente, de modo que, se e quando o trabalhador recuperar sua capacidade laborativa, tem direito de retornar ao emprego, caso queira.

Por mais que se repute que o ideal, *de lege ferenda*, seria retornar-se ao sistema anterior, em que a aposentadoria por invalidez se tornava definitiva após o decurso de cinco anos após sua concessão – já que isso traria maior segurança jurídica às partes da relação de trabalho –, fato é que se trata de legítima conformação do tema pelo legislador infraconstitucional.

Registre-se, ainda, que, em decisões monocráticas, o STF tem negado seguimento a recursos extraordinários que versem sobre o recebimento de benefícios pelo trabalhador aposentado por invalidez[99].

Em sentido contrário, seria possível argumentar que, ao estipular a obrigatoriedade de manutenção do plano de saúde durante a aposentadoria por

99. ARE 1014638. Relator(a): Min. GILMAR MENDES. Julgamento: 15/02/2017; ARE 736386. Relator(a): Min. CÁRMEN LÚCIA. Julgamento: 01/04/2013.

invalidez (mesmo quando se trate de benefício não acidentário, ou seja, não relacionado a doença ocupacional ou a acidente de trabalho), o TST estaria criando obrigação ao empregador sem previsão legal, o que violaria o princípio da legalidade[100-101]. De outro lado, excluir os aposentados por invalidez da fruição do plano de saúde parece violar a isonomia, considerados os demais empregados. Dessa forma, como o tema tem estatura constitucional, é de se imaginar que o STF venha a apreciá-lo num futuro próximo.

4.4. Aposentadoria especial e extinção do contrato de trabalho

Situação peculiar diz respeito à aposentadoria especial, devida ao segurado que tiver trabalhado sujeito a condições especiais que prejudiquem a saúde ou a integridade física, durante 15 (quinze), 20 (vinte) ou 25 (vinte e cinco) anos.

---

100. O TST vem entendendo que a maioria das obrigações acessórias do empregador, tais como pagamento de auxílio-alimentação e cesta básica, cessam durante a aposentadoria por invalidez, como demonstra a seguinte ementa: CESTA BÁSICA. SUSPENSÃO DO CONTRATO DE TRABALHO. SUSTAÇÃO DAS OBRIGAÇÕES CONTRATUAIS. Conforme consignado no acórdão recorrido, "durante a aposentadoria por invalidez, mostram-se indevidas as obrigações incompatíveis com a ausência de prestação de serviços pelo empregado". A jurisprudência desta Corte consolidou o entendimento de que a suspensão do contrato de trabalho implica a sustação das obrigações contratuais, quais sejam, salários e grande parte das obrigações acessórias, tais como, o auxílio-alimentação e a cesta básica. Por estar a decisão do Regional em consonância com a jurisprudência pacificada do Tribunal Superior do Trabalho, esgotada se encontra a função uniformizadora desta Corte, o que afasta a possibilidade de eventual configuração de conflito pretoriano, na forma em que estabelecem a Súmula nº 333 deste Tribunal e o § 7º do artigo 896 da CLT. Precedentes. Recurso de revista não conhecido." (TST-RR-1327-82.2010.5.02.0087, Relator Ministro: José Roberto Freire Pimenta, 2ª Turma, DEJT 28/10/2016).

101. Quanto ao plano de saúde, o TST tem entendido ser devida sua manutenção ainda que a aposentadoria por invalidez não decorra de acidente de trabalho ou de doença ocupacional: "RECURSO ORDINÁRIO. MANDADO DE SEGURANÇA. ATO COATOR QUE DEFERIU PEDIDO DO RECLAMANTE DE ANTECIPAÇÃO DE TUTELA. MANUTENÇÃO DO PLANO DE SAÚDE APÓS A APOSENTADORIA POR INVALIDEZ. SUSPENSÃO DO CONTRATO DE TRABALHO. INCIDÊNCIA DA SÚMULA 440 DO TST. NORMA COLETIVA COM PRAZO PARA CUSTEIO. INVALIDADE. AFRONTA AO PRINCÍPIO DA IGUALDADE. PREVISÃO DE COPARTICIPAÇÃO. APLICAÇÃO. (...) 2 - Nos termos da Súmula 440 do TST, durante a fruição de aposentadoria por invalidez, não podem ser cancelados os benefícios de assistência à saúde do trabalhador, uma vez que independem da prestação de serviços e decorrem da manutenção do vínculo empregatício, que não é extinto com a suspensão do contrato de trabalho. 3 - Embora na convenção coletiva carreada aos autos esteja previsto que o benefício do plano de saúde será assegurado ao trabalhador, no caso de aposentadoria por invalidez, pelo período de até 5 (cinco) anos, tem-se que, além da legislação previdenciária não fixar prazo para a fruição do benefício da aposentadoria por invalidez, que será pago enquanto o segurado permanecer nesta condição (art. 42, parte final, da Lei 8.213/91), e a Súmula 160 do TST repetir a compreensão de que, nesse caso, o contrato de trabalho fica suspenso por prazo indeterminado, a diferenciação contida na referida cláusula entre os ativos e aqueles que tem o seu contrato de trabalho suspenso, como na espécie de aposentadoria por invalidez, evidencia violação ao princípio da igualdade, o que torna inválida a norma, no particular. 4 - Porém, como o que é garantido é a manutenção do plano de saúde de empregado aposentado por invalidez, nas mesmas condições usufruídas pelos demais empregados, não há obrigatoriedade de que a empresa assuma o custeio integral do tratamento médico, quando o plano de saúde fornecido é em coparticipação. Recurso ordinário conhecido e parcialmente provido" (RO-132-21.2016.5.20.0000, Subseção II Especializada em Dissídios Individuais, Relatora Ministra Delaíde Miranda Arantes, DEJT 29/06/2018).

De acordo com a legislação, o beneficiário de aposentadoria especial não pode continuar no exercício de atividade nociva à saúde ou à integridade física, sendo certo que a relação dos agentes nocivos químicos, físicos e biológicos ou associação de agentes prejudiciais considerados para fins de concessão da aposentadoria especial é definida pelo Poder Executivo (art. 46 c/c art. 57, §8º, da Lei 8.213/91[102]).

A constitucionalidade do art. 57, §8º, da Lei 8.213/91, foi objeto de decisão pelo Supremo Tribunal Federal, sob a sistemática da repercussão geral[103]. A maioria Corte concluiu pela higidez constitucional do dispositivo, reconhecendo a impossibilidade de que o beneficiário de aposentadoria especial continue exercendo atividades nocivas à saúde, mesmo que seja atividade nociva diferente daquela que gerou o direito ao próprio benefício da aposentadoria especial.

Na ótica do STF, o objetivo da lei, ao instituir tal vedação, é o de inibir a amplificação dos riscos à saúde do trabalhador. O legislador previdenciário criou um desestímulo à continuidade do trabalho em condições nocivas à saúde e integridade física, vedando que o beneficiário de aposentadoria especial continue se sujeitando a riscos físicos, químicos e biológicos. Na dicção do Supremo, trata-se de concretizar os princípios da dignidade da pessoa humana,

102. Art. 46. O aposentado por invalidez que retornar voluntariamente à atividade terá sua aposentadoria automaticamente cancelada, a partir da data do retorno.

Art. 57, §8 - Aplica-se o disposto no art. 46 ao segurado aposentado nos termos deste artigo que continuar no exercício de atividade ou operação que o sujeite aos agentes nocivos constantes da relação referida no art. 58 desta Lei.

103. "Direito Previdenciário e Constitucional. Constitucionalidade do art. 57, § 8º, da Lei nº 8.213/91. Percepção do benefício de aposentadoria especial independentemente do afastamento do beneficiário das atividades laborais nocivas a sua saúde. Impossibilidade. Recurso extraordinário parcialmente provido. 1. O art. 57,§ 8º, da Lei nº 8.213/91 é constitucional, inexistindo qualquer tipo de conflito entre ele e os arts. 5º, inciso XIII; 7º, inciso XXXIII; e 201,§ 1º, da Lei Fundamental. A norma se presta, de forma razoável e proporcional, para homenagear o princípio da dignidade da pessoa humana, bem como os direitos à saúde, à vida, ao ambiente de trabalho equilibrado e à redução dos riscos inerentes ao trabalho. 2. É vedada a simultaneidade entre a percepção da aposentadoria especial e o exercício de atividade especial, seja essa última aquela que deu causa à aposentação precoce ou não. A concomitância entre a aposentadoria e o labor especial acarreta a suspensão do pagamento do benefício previdenciário. 3. O tema da data de início da aposentadoria especial é regulado pelo art. 57, § 2º, da Lei nº 8.213/91, que, por sua vez, remete ao art. 49 do mesmo diploma normativo. O art. 57,§ 8º, da Lei de Planos e Benefícios da Previdência Social cuida de assunto distinto e, inexistindo incompatibilidade absoluta entre esse dispositivo e aqueles anteriormente citados, os quais também não são inconstitucionais, não há que se falar em fixação da DIB na data de afastamento da atividade, sob pena de violência à vontade e à prerrogativa do legislador, bem como de afronta à separação de Poderes. 4. Foi fixada a seguinte tese de repercussão geral: "(i) [é] constitucional a vedação de continuidade da percepção de aposentadoria especial se o beneficiário permanece laborando em atividade especial ou a ela retorna, seja essa atividade especial aquela que ensejou a aposentação precoce ou não; (ii) nas hipóteses em que o segurado solicitar a aposentadoria e continuar a exercer o labor especial, a data de início do benefício será a data de entrada do requerimento, remontando a esse marco, inclusive, os efeitos financeiros; efetivada, contudo, seja na via administrativa, seja na judicial, a implantação do benefício, uma vez verificada a continuidade ou o retorno ao labor nocivo, cessará o benefício previdenciário em questão. 5. Recurso extraordinário a que se dá parcial provimento" (RE 791961, Relator(a): DIAS TOFFOLI, Tribunal Pleno, julgado em 08/06/2020).

bem como os direitos à saúde, à vida, ao ambiente de trabalho equilibrado e à redução dos riscos inerentes ao trabalho.

A decisão da Suprema Corte não define de forma expressa os efeitos da concessão da aposentadoria especial no contrato de trabalho. Contudo, partindo da constatação de que a aposentadoria especial é requerida pelo próprio segurado, a concessão de tal benefício previdenciário implica a extinção do contrato de trabalho por iniciativa do trabalhador, equiparando-se a um pedido de demissão. Nesse sentido é a jurisprudência consolidada do Tribunal Superior do Trabalho[104].

Dessa forma, o empregador, ciente da concessão do benefício pela autarquia previdenciária, deve formalizar a extinção do contrato de trabalho, com a devida anotação na CTPS da data de saída, a qual deve corresponder àquela em que efetivada a implantação do benefício, seja pela via judicial, seja pela via administrativa.

Explica-se.

A tese fixada pelo STF em repercussão geral assevera expressamente: "nas hipóteses em que o segurado solicitar a aposentadoria e continuar a exercer o labor especial, a data de início do benefício será a data de entrada do requerimento, remontando a esse marco, inclusive, os efeitos financeiros; efetivada, contudo, seja na via administrativa, seja na judicial, a implantação do benefício, uma vez verificada a continuidade ou o retorno ao labor nocivo, cessará o benefício previdenciário em questão".

A redação da tese pode ser *traduzida* da seguinte forma: quando o segurado solicita ao INSS a aposentadoria especial, evidentemente existirá um

---

104. "EMBARGOS. EXTINÇÃO DO CONTRATO DE TRABALHO. APOSENTADORIA ESPECIAL. ARTIGO 57 DA LEI Nº 8.213/1991. MAQUINISTA. CONTATO COM RUÍDO. EFEITOS. MULTA DE 40% DO FGTS. ORIENTAÇÃO JURISPRUDENCIAL Nº 361 DA SBDI-1 DO TST. 1. Consolidou-se o entendimento, no âmbito do TST, de que o empregado que se aposenta voluntariamente e continua prestando serviços ao empregador, em caso de ulterior dispensa imotivada faz jus ao pagamento da multa de 40% sobre todos os depósitos do FGTS, inclusive em relação ao período posterior à concessão Da aposentadoria (Orientação Jurisprudencial nº 361 da SbDI-1). 2. A aposentadoria especial prevista nas normas dos artigos 201, § 1º, da Constituição Federal e 57 e seguintes da Lei nº 8.213/1991 constitui benefício sui generis, que o distingue dos demais benefícios previdenciários. 3. A Lei Previdenciária, por razões óbvias relacionadas à preservação da integridade do empregado, categoricamente veda a permanência no emprego após a concessão da aposentadoria especial, ao menos na função que ensejou a condição de risco à saúde, sob pena de automático cancelamento do benefício (arts. 46 e 57, § 8º, da Lei nº 8.213/91). 4. Contraria a Orientação Jurisprudencial nº 361 da SbDI-1 do TST, por má aplicação, acórdão turmário que acolhe pedido de pagamento da multa de 40% sobre os depósitos do FGTS, relativamente a contrato de trabalho cuja resilição deu-se por iniciativa do empregado, por força da concessão de aposentadoria especial, reconhecida mediante decisão emanada da Justiça Federal, com efeitos retroativos, em face do contato, por longos anos, com agente nocivo - ruído intenso. 5. Embargos de que se conhece, por contrariedade à Orientação Jurisprudencial nº 361 da SbDI-1 do TST, em face de má aplicação, e a que se dá provimento" (Processo: E-ED-RR - 87-86.2011.5.12.0041 Data de Julgamento: 28/05/2015, Relator Ministro: João Oreste Dalazen, Subseção I Especializada em Dissídios Individuais, Data de Publicação: DEJT 05/06/2015).

processo administrativo destinado a apurar se o benefício deve, ou não, ser concedido; essa análise, eventualmente, também pode ser feita em processo judicial. De todo modo, transcorrerá determinado fluxo de tempo entre as datas de requerimento e de concessão do benefício e, nesse interregno, o trabalhador provavelmente continuará prestando serviços.

Deferida a aposentadoria especial, o segurado pode fazer jus a receber o benefício retroativamente, vale dizer, desde a data em que deu entrada no requerimento. Esse direito não é afetado pelo fato de ter continuado trabalhando em condições nocivas à saúde.

Contudo, uma vez implementado o benefício (na via judicial ou administrativo), o aposentado deve deixar de exercer serviço em condições nocivas. Caso não o faça, ou caso retorne posteriormente a exercê-lo, cessa o benefício previdenciário.

Do ponto de vista do empregador, o procedimento ideal, à luz do princípio da boa-fé objetiva, é o de, uma vez cientificado da implementação da aposentadoria especial, comunicar ao empregado acerca da impossibilidade de continuar exercendo o trabalho na empresa (caso não haja possibilidade ou interesse na modificação da função desempenhada pelo trabalhador) concomitantemente ao recebimento do benefício previdenciário, dando-lhe a opção por um ou por outro. Isso pode ser feito por meio de documento a ser assinado pelo trabalhador.

Mesmo que tal procedimento não seja adotado, entretanto, deve-se concluir que o recebimento da aposentadoria especial representa manifestação tácita de vontade do trabalhador no sentido de se demitir do emprego que o sujeite a condições nocivas à saúde.

5. AVISO PRÉVIO PROPORCIONAL

Referências normativas e jurisprudenciais	
Constituição	Art. 7º São direitos dos trabalhadores urbanos e rurais, além de outros que visem à melhoria de sua condição social: (...) XXI - aviso prévio proporcional ao tempo de serviço, sendo no mínimo de trinta dias, nos termos da lei.
Legislação infra-constitucional	Lei nº 12.506/2011, Art. 1º O aviso prévio, de que trata o Capítulo VI do Título IV da Consolidação das Leis do Trabalho - CLT, aprovada pelo Decreto-Lei nº 5.452, de 1º de maio de 1943, será concedido na proporção de 30 (trinta) dias aos empregados que contem até 1 (um) ano de serviço na mesma empresa. Parágrafo único. Ao aviso prévio previsto neste artigo serão acrescidos 3 (três) dias por ano de serviço prestado na mesma empresa, até o máximo de 60 (sessenta) dias, perfazendo um total de até 90 (noventa) dias.
Julgados paradigmáticos	MI 695, 943, 1011 e 1090

O art. 7º, XXI, da CF, estatui ser direito dos trabalhadores o aviso prévio proporcional, nos termos da lei, sendo no mínimo de 30 dias. No mesmo dispositivo, tem-se norma constitucional de eficácia plena (no que estabelece o mínimo de 30 dias), e de eficácia limitada (quanto à proporcionalidade, que depende de lei regulamentadora).

Face à inércia do legislador ordinário, o STF foi instado a se manifestar sobre o tema em sucessivos mandados de injunção, até que houvesse a regulamentação legal.

No MI 695[105], a Corte reconheceu a mora legislativa e determinou a comunicação da decisão ao Congresso Nacional para que a suprisse.

Diante da persistência da omissão, no MI 943 (julgados em conjunto com os MIs 1011, 1074 e 1090)[106], a Corte, por unanimidade, definiu que caberia ao STF proferir sentença aditiva com a finalidade de permitir a fruição do direito obstado pela inércia do legislador ordinário. Contudo, o julgamento foi suspenso antes do estabelecimento do critério a ser adotado para o cálculo da proporcionalidade. Antes que fosse finalizado, houve a edição da Lei nº 12.506/2011, que regulamentou o direito ao aviso prévio proporcional, dando concretude ao comando constitucional.

A partir de então, o Supremo passou a decidir que os critérios estabelecidos pela nova lei deveriam ser aplicados aos mandados de injunção impetrados antes da respectiva entrada em vigor[107]. Encontram-se, ainda, precedentes esclarecendo a impossibilidade de aplicação retroativa da Lei nº 12.506/2011, ou seja, para dispensas realizadas antes do início de sua vigência[108]. O direito

105. EMENTA: Mandado de injunção: ausência de regulamentação do direito ao aviso prévio proporcional previsto no art. 7º, XXI, da Constituição da República. Mora legislativa: critério objetivo de sua verificação: procedência, para declarar a mora e comunicar a decisão ao Congresso Nacional para que a supra" (MI 695, Relator(a): SEPÚLVEDA PERTENCE, Tribunal Pleno, julgado em 01/03/2007).

106. Ementa: Mandado de injunção. 2. Aviso prévio proporcional ao tempo de serviço. Art. 7º, XXI, da Constituição Federal. 3. Ausência de regulamentação. 4. Ação julgada procedente. 5. Indicação de adiamento com vistas a consolidar proposta conciliatória de concretização do direito ao aviso prévio proporcional. 6. Retomado o julgamento. 7. Advento da Lei 12.506/2011, que regulamentou o direito ao aviso prévio proporcional. 8. Aplicação judicial de parâmetros idênticos aos da referida legislação. 9. Autorização para que os ministros apliquem monocraticamente esse entendimento aos mandados de injunção pendentes de julgamento, desde que impetrados antes do advento da lei regulamentadora . 10. Mandado de injunção julgado procedente" (MI 943, Relator(a): GILMAR MENDES, Tribunal Pleno, julgado em 06/02/2013).

107. Nesse sentido: "MANDADO DE INJUNÇÃO – AVISO PRÉVIO PROPORCIONAL – PERDA DE OBJETO – SUPERVENIÊNCIA DA LEGISLAÇÃO REGULAMENTADORA. É cabível a aplicação da regra atinente ao aviso prévio versada na Lei nº 12.506/2011 aos mandados de injunção impetrados antes da edição do referido diploma legal e ainda em curso neste Tribunal. Precedente: mandado de injunção nº 943/DF, Rel. Min. Gilmar Mendes" (MI 1005 AgR-segundo, Relator(a): Min. MARCO AURÉLIO, Tribunal Pleno, julgado em 18/12/2019). Embora a ementa faça menção a "perda de objeto", na realidade não foi isso o que aconteceu, pois a Corte assegurou o direito ao aviso prévio proporcional para o impetrante.

108. "Agravo regimental em recurso extraordinário com agravo. 2. Aviso prévio proporcional. Período anterior à Lei 12.506/2011. Irretroatividade da lei. 3. Ausência de argumentos capazes de infirmar a decisão

ao aviso prévio proporcional, nestes casos, somente existirá para aqueles que hajam impetrado precedentemente mandado de injunção.

Dois aspectos merecem realce:

- (i) a mudança de postura do STF no que tange ao mandado de injunção. Inicialmente, a Corte seguia a linha que se chama, em doutrina, de teoria não concretista, de modo a apenas reconhecer a mora legislativa, em deferência ao princípio da separação de Poderes. No tema do aviso prévio proporcional, passou-se a adotar a teoria concretista individual, segundo a qual o Judiciário deve suprir a omissão com efeitos apenas no caso concreto
- (ii) embora correta a conclusão de que a nova lei não se poderia aplicar retroativamente, note-se que há certa incoerência em tratar diferentemente os trabalhadores que impetraram e os que não o fizeram antes da Lei nº 12.506/2011, de modo que apenas os primeiros tivessem reconhecido o direito à proporcionalidade. Solução mais isonômica seria aplicar a teoria concretista geral[109], fixando marco temporal a partir do qual a proporcionalidade se aplicaria para todos os trabalhadores. Contudo, é compreensível a decisão do Supremo, em virtude da necessidade de preservação do ato jurídico perfeito e da coisa julgada.

Outro tema constitucional – ainda não apreciado pelo STF – relacionado ao aviso prévio proporcional é o questionamento sobre sua aplicabilidade em benefício do empregador. A respeito, revela-se acertada a jurisprudência consolidada no âmbito do TST, no sentido negativo[110]. É que a proporcionalidade do aviso prévio é prevista expressamente no art. 7º, XXI, da CF, como um direito dos trabalhadores, e não dos empregadores. Nesse sentido é a regulamentação legal. Não há violação da isonomia, pois o prazo de 30 dias é suficiente para que o empregador consiga substituto do trabalhador que "pede" demissão.

---

agravada. 4. Agravo regimental a que se nega provimento" (ARE 837848 AgR, Relator(a): GILMAR MENDES, Segunda Turma, julgado em 25/08/2015).

109. A teoria concretista geral foi aplicada pelo STF no julgamento dos mandados de injunção atinentes ao direito de greve no serviço público. A respeito, ver tópico específico no capítulo sobre Direito Coletivo do Trabalho.

110. "AGRAVO INTERNO EM EMBARGOS EM RECURSO DE REVISTA. INTERPOSIÇÃO NA VIGÊNCIA DA LEI Nº 13.015/2014. AVISO-PRÉVIO PROPORCIONAL. CUMPRIMENTO ALÉM DOS 30 DIAS. LEI Nº 12.506/2011. DIREITO EXCLUSIVO DO TRABALHADOR. A Egrégia Turma decidiu consoante jurisprudência pacificada desta Corte, no sentido de que a proporcionalidade do aviso - prévio, prevista na Lei nº 12.506/2011, é direito exclusivo do trabalhador, de forma que sua exigência pelo empregador impõe o pagamento de indenização pelo período excedente a trinta dias. Precedentes. Incide, portanto, o disposto no artigo 894, § 2º, da CLT. Correta a aplicação do referido óbice, mantém-se o decidido. Verificada, por conseguinte, a manifesta improcedência do presente agravo, aplica-se a multa prevista no artigo 1.021, § 4º, do Código de Processo Civil. Agravo interno conhecido e não provido " (Ag-E-RR-100-36.2017.5.17.0009, Subseção I Especializada em Dissídios Individuais, Relator Ministro Claudio Mascarenhas Brandao, DEJT 29/11/2019).

6. COMPETÊNCIA LEGISLATIVA (DIREITO MATERIAL)

Referências normativas e jurisprudenciais	
Constituição	Art. 21. Compete à União: (...) XXIV - organizar, manter e executar a inspeção do trabalho. Art. 22. Compete privativamente à União legislar sobre: I - direito civil, comercial, penal, processual, eleitoral, agrário, marítimo, aeronáutico, espacial e do trabalho (...). Parágrafo único. Lei complementar poderá autorizar os Estados a legislar sobre questões específicas das matérias relacionadas neste artigo. Art. 24. Compete à União, aos Estados e ao Distrito Federal legislar concorrentemente sobre: (...) VI - florestas, caça, pesca, fauna, conservação da natureza, defesa do solo e dos recursos naturais, proteção do meio ambiente e controle da poluição; (...) XII - previdência social, proteção e defesa da saúde. § 1º No âmbito da legislação concorrente, a competência da União limitar-se-á a estabelecer normas gerais. § 2º A competência da União para legislar sobre normas gerais não exclui a competência suplementar dos Estados. § 3º Inexistindo lei federal sobre normas gerais, os Estados exercerão a competência legislativa plena, para atender a suas peculiaridades. § 4º A superveniência de lei federal sobre normas gerais suspende a eficácia da lei estadual, no que lhe for contrário
Julgados paradigmáticos	ADI 144, 601, 953, 1893, 2487, 2609, 2947, 3069, 3165, 3251, 3937, 3470, 3670, 3671, 4820, 5739 e 5876 ARE 1059077, 1032912 e 1023247
Normas internacionais	OIT: C. 139 e 162 Convenção da Basileia

6.1. Competência privativa da União

Tema recorrentemente apreciado pelo Supremo Tribunal Federal diz respeito à divisão de competências entre os entes federados. De fato, há diversos precedentes nos quais se discutiu a validade de leis estaduais que versavam sobre aspectos que tangenciavam as relações de trabalho. A estabilidade e coerência do entendimento manifestado nos julgados permite traçar segura diretriz a respeito.

O art. 22, I, da CF, estabelece a competência privativa da União para legislar sobre Direito do Trabalho. Interessante notar que a grande concentração de competências no âmbito da União explica-se historicamente porque o Estado brasileiro, que era unitário nos períodos colonial e imperial, passou a delegar alguns poderes ao demais entes federados[111]. Em outros países, como os Esta-

111. Cf. FERNANDES, João Renda Leal. *O mito EUA*, p. 34.

dos Unidos, os estados têm significativa competência legislativa em matéria trabalhista, o que permite o surgimento de um Direito do Trabalho federal ao lado de um Direito do Trabalho estadual[112].

O modelo brasileiro apresenta, no mínimo, duas vantagens: evita a *guerra trabalhista* (à semelhança da chamada *guerra fiscal*) entre os estados, que poderiam tentar atrair empresas com base na retração de direitos trabalhistas, em verdadeira competição predatória que prejudicaria a preservação de patamares mínimos de proteção ao trabalho; torna mais simples a atividade econômica em todo o território nacional, pois a empresa que queira se instalar em mais de um estado não precisa se preocupar em estudar e observar regulamentações específicas aplicáveis em cada um.

Ainda que a legislação estadual pretenda estabelecer patamar superior de direitos ao trabalhador, haverá inconstitucionalidade formal por violação da competência privativa da União para legislar sobre Direito do Trabalho. Embora a doutrina trabalhista, em geral, não se preocupe com o ponto[113], talvez por considerá-lo implícito, fato é que o subprincípio da norma mais favorável[114], que decorre do princípio da proteção, pressupõe que a pluralidade de normas de possível incidência sejam válidas (ou seja, conformes à Constituição) e estejam em pleno vigor; não há, portanto, possibilidade de aplicação de lei ou ato normativo inconstitucional, mesmo que, por hipótese, o regramento seja benéfico ao trabalhador.

Tais observações permitem compreender por que o STF declarou a inconstitucionalidade de leis estaduais sobre:

- vale-transporte, diante da existência da Lei federal nº 7.418/85 (ADI 601);

---

112. Sobre os EUA, João Renda Leal Fernandes (*op.cit.*, p. 40) esclarece: "Ao se referir ao Direito do Trabalho nos EUA, muitas vezes se revela mais prudente evitar menções abrangentes e generalistas sobre o 'Direito do Trabalho americano' ou o 'Direito do Trabalho dos EUA', sendo mais cauteloso referir-se ao 'Direito do Trabalho federal' (quando a referência disser respeito ao Direito editado no âmbito da União), a leis ou julgados específicos (federais ou estaduais) ou, pelo menos, ao 'Direito do Trabalho nos EUA', já que inúmeros aspectos trabalhistas – em especial, aqueles relacionados a direitos individuais assegurados em leis – costumam variar sensivelmente de um estado para outro".

113. Exceção feita a Vólia Bomfim e Gustavo Filipe Barbosa Garcia. Este autor menciona expressamente que, "existindo mais de uma norma jurídica válida e vigente, aplicável a determinada situação, prevalece aquela mais favorável ao empregado, ainda que esta norma esteja em posição hierárquica formalmente inferior nos sistema jurídico" (GARCIA, Gustavo Filipe Barbosa. *Curso de Direito Processual do Trabalho*. 5ª ed. Rio de Janeiro: Forense, 2016, p. 97).

114. Para Guilherme Guimarães Feliciano, o subprincípio da norma mais favorável tem expressão constitucional no art. 7º, *caput*, *in fine*, da Constituição, e significa que "o intérprete/aplicador do Direito do Trabalho deve sempre escolher a *norma jurídica mais favorável* para o trabalhador, independentemente de sua hierarquia formal". O autor propõe critério substantivo para definir qual seja a norma mais favorável, o que é determinado "por uma perspectiva *humanista*, i.e., a partir da *centralidade* da pessoa, não da contrapartida econômica" (grifos no original). FELICIANO, Guiherme Guimarães. *Curso Crítico de Direito do Trabalho*. São Paulo: Saraiva, 2013, p. 245-6.

- procedimentos e sanções administrativas para coibir atos discriminatórios contra a mulher nas relações de trabalho (ADI 953 e 2487), inclusive quando se trate de proibição de testes de gravidez ou de apresentação de atestados de laqueadura quando da admissão (ADI 3165);
- discriminação de empregados inscritos em cadastros restritivos de crédito (ADI 3670);
- política ambiental de trabalho estadual, fixação de padrões de qualidade ambiental ocupacional, cumprimento de padrões e requerimentos, penalidades de advertência, multa e interdição por violação à lei (ADI 1893);
- revista íntima (ADI 2947);
- o reconhecimento da profissão de condutor de ambulância (ADI 5876);
- a criação de feriados civis ou religiosos (ADI 3069 e 4820);
- a obrigatoriedade de fornecimento de leite, café e pão com manteiga para trabalhadores da construção civil (ADI 3251);
- estabelecimento de data para pagamento de empregados públicos celetistas de empresas públicas ou sociedades de economia mista, ainda que a previsão seja feita na Constituição Estadual (ADI 144);
- registro obrigatório de acidentes de trabalho com lesão, ferimento ou morte (ADI 5739).

Quanto aos feriados, vale notar que, desde 1959, no mínimo, o Supremo vem reconhecendo que, implícito na competência da União de legislar sobre Direito do Trabalho, está o poder de decretar feriados[115]. Sem dúvida, a decretação de feriados causa significativos impactos nas relações trabalhistas, por se tratar de dias em que não poderá haver trabalho – ou, se houver, gerará a necessidade de concessão de folga compensatória ou pagamento em dobro do dia.

Ademais, a Corte considera que os estados somente poderão decretar como feriado a "data magna" de criação da unidade estadual, em virtude da regulamentação contida na Lei federal nº 9093/1995[116]; por força mesma lei, os municípios podem fixar como feriados civis, em leis próprias, os dias do início e do término do ano do centenário de sua fundação, e como feriados religiosos os dias de guarda, de acordo com a tradição local e em número não superior a quatro, neste incluída a Sexta-Feira da Paixão.

Observe-se, ainda, que as competências privativas da União (aí incluída a para legislar sobre Direito do Trabalho) são passíveis de delegação, por meio

---

115. AI 20423, Relator(a): Min. BARROS BARRETO, Primeira Turma, julgado em 23/04/1959.
116. ADI 4820, Relator(a): Min. DIAS TOFFOLI, Tribunal Pleno, julgado em 20/09/2018.

de lei complementar, aos estados, para que legislem sobre questões específicas (CF, art. 21, parágrafo único). É o que foi feito, por exemplo, pela LC 103/2000, a qual permitiu que os estados estabeleçam, por leis próprias, pisos salariais para os empregados que não tenham piso definido em lei federal, convenção ou acordo coletivo de trabalho. Sobre o tema, ver, neste capítulo, item específico relativo a salário mínimo e piso profissional.

Por fim, a inspeção ou fiscalização do trabalho somente pode ser organizada, executada e mantida pela União (CF, art. 21, XXIV).

6.2. Competência concorrente: saúde e meio ambiente

O art. 24, VI e XII, da CF, estabelece competência concorrente da União, Estados e Distrito Federal para legislar sobre proteção do meio ambiente e da saúde. Sabendo-se que o meio ambiente abrange o do trabalho, e que a saúde do trabalhador é objeto de diversas normas protetivas federais (manifestadas em dispositivos legais ou até mesmo em atos administrativos, como as NRs), surge naturalmente a indagação sobre a possibilidade, ou não, de os estados editarem leis sobre tais temas, tendo em vista a competência privativa da União para legislar sobre Direito do Trabalho. Há, aqui, nítida interseção entre as competências legislativas.

A jurisprudência do STF se consolidou no sentido de que os estados podem legislar sobre meio ambiente e saúde em geral, mas não têm competência para editar leis específicas sobre meio ambiente do trabalho ou saúde do trabalho[117]. Isso porque a disciplina específica do meio ambiente do trabalho e da saúde do trabalhador integra o Direito do Trabalho, sujeito à reserva de lei federal. Os estados somente poderiam editar leis a respeito se houvesse delegação legislativa, pela União, por meio de lei complementar (CF, art. 22, parágrafo único).

Por tal motivo, o STF já declarou a inconstitucionalidade de lei estadual que previa a obrigatoriedade de equipar os ônibus utilizados no serviço público de transporte coletivo com dispositivos redutores de estresse para motoristas e cobradores[118], argumentando não se tratar de regulamentação dirigida à "generalidade do povo, mas a integrantes de um grupo bem determinado – motoristas e cobradores de ônibus do transporte coletivo distrital"; ademais, [a lei não apresentava] vinculação a qualquer peculiaridade local que recomendasse sua adoção" (voto do Min. Gilmar Mendes).

Contudo, a Corte admite que os estados editem normas de proteção à saúde e ao meio ambiente em geral, as quais podem acabar refletindo indire-

---

117. Assim: ADIs 2487, 1893, 2609; ARE 1032912 e ARE 1023247.

118. ADI 3.671, rel. min. Gilmar Mendes, j. 21-2-2020, P, DJE de 20-3-2020.

tamente nas relações de trabalho. Foi o que aconteceu com diversas leis estaduais – as quais foram objeto de ações diretas de inconstitucionalidade[119] – que proibiram o uso de amianto. O ponto merece detalhamento.

No âmbito da proteção ao meio ambiente e à saúde, a competência dos estados, em princípio, é suplementar: eles podem editar leis adequadas às especificidades regionais, mas a legislação estadual não pode violar as normas gerais promulgadas pela União a respeito do mesmo tema. Se não houver, entretanto, lei federal, os estados passam a dispor de competência legislativa plena, até que sobrevenha norma federal. A superveniência de lei federal faz com que a lei estadual tenha sua eficácia suspensa, na exata medida em que contrariar a primeira (CF, art. 24, §§1º a 4º).

No caso específico do amianto, o STF concluiu que a Lei nº 9.055/95, que permitia o uso da substância, passou por um "processo de inconstitucionalização". Pode-se dizer que se trata de mutação constitucional por alteração da realidade fática subjacente: quando editada, a lei observava o estado da técnica então aplicável. Sucede que o avanço da ciência demonstrou a nocividade do amianto, material altamente cancerígeno e capaz de ocasionar outras graves doenças. Assim, a Corte reconheceu a inconstitucionalidade da lei federal autorizadora de seu uso. Daí resultou um "vácuo normativo" a respeito, já que lei inconstitucional não gera efeitos; isso fez com que os estados passassem a dispor de competência legislativa plena a respeito do banimento do amianto. Reconheceu-se, portanto, a validade das iniciativas legislativas relativas à sua regulação, em qualquer nível federativo (inclusive estadual ou municipal[120]), ainda que proíbam de forma absoluta qualquer uso da substância.

A conclusão do Supremo Tribunal decorreu, também, das Convenções 139 e 162 da OIT, ambas ratificadas pelo Brasil: a primeira versa sobre prevenção e controle de riscos profissionais causados por substâncias cancerígenas, enquanto a segunda, sobre a utilização do amianto com segurança. A Convenção 162 também estabelece o dever do Estado de submeter a legislação nacional a revisão periódica, à luz do desenvolvimento técnico e do aumento do conhecimento científico.

Interessante notar que muitas das leis estaduais que vedam o uso amianto contêm previsões alusivas a obrigações a serem cumpridas pelo empregador, em favor do trabalhador[121]. Contudo, tais previsões se harmonizam com a Constituição, na ótica do Supremo, por não se tratar de norma trabalhista em

---

119. Como as ADIs 3937, 3470, 3357, entre outras.

120. Cf. ADI 3357, Relator(a): AYRES BRITTO, Relator(a) p/ Acórdão: DIAS TOFFOLI, Tribunal Pleno, julgado em 30/11/2017.

121. É o caso, por exemplo, da Lei estadual do Rio de Janeiro nº 3.579/2001, a qual, em seu art. 7º, XIV, estatui: "Art. 7º - Objetivando a proteção da saúde dos trabalhadores e de suas famílias, bem como da produção em geral, ficam adotadas as seguintes normas e critérios: É obrigatório o uso de equipamentos

sentido estrito, mas de norma de proteção do meio ambiente (que abrange o meio ambiente do trabalho), de controle de poluição e de proteção e defesa da saúde (art. 24, VIII e XII, da CF).

7. CONTRATOS PROVISÓRIOS DE TRABALHO (LEI Nº 9.601/98)

Referências normativas e jurisprudenciais	
Constituição	Art. 7º São direitos dos trabalhadores urbanos e rurais, além de outros que visem à melhoria de sua condição social: (...) I - relação de emprego protegida contra despedida arbitrária ou sem justa causa, nos termos de lei complementar, que preverá indenização compensatória, dentre outros direitos;
Legislação infra-constitucional	Lei 9.601/98
Normas internacionais	OIT: C. 111
Julgados paradigmáticos	ADI 1764 MC, ADI 1764

O Supremo Tribunal Federal, na ADI 1764, teve a oportunidade de apreciar, primeiramente em sede cautelar[122], e depois em caráter definitivo[123], a questão da constitucionalidade da Lei 9.601/98, que instituiu o chamado *contrato provisório de trabalho.*

Inicialmente, aspecto que merece realce é a falta de *funcionalidade* da Suprema Corte na apreciação do caso, como reconhecido, inclusive, por diversos ministros, na ocasião do julgamento. Isso porque, não obstante a ação haja sido ajuizada no dia seguinte à publicação da lei, o julgamento da medida cautelar somente se completou mais de 20 anos depois, e o julgamento definitivo, no ano seguinte. É certo que aposentadorias de ministros e sucessões na relatoria podem ter prejudicado o andamento regular do feito, mas causa estranheza que, neste contexto, utilize-se o decurso de duas décadas como elemento apto a demonstrar a inexistência de *periculum in mora*, para fins de indeferir a cautelar, como feito pela Suprema Corte.

A regulamentação da Lei 9.601/98, no que interessa ao debate travado sobre sua constitucionalidade no STF, pode ser assim sintetizada:

---

de proteção individual e de vestimentas adequadas, a serem fornecidos pelos empregadores, nos locais de trabalho em que sejam processados ou manufaturados materiais contendo asbesto".

122. ADI 1764 MC, Relator(a): GILMAR MENDES, Relator(a) p/ Acórdão: CÁRMEN LÚCIA, Tribunal Pleno, julgado em 11/04/2019.

123. ADI 1764, Relator(a): GILMAR MENDES, Tribunal Pleno, julgado em 20/04/2020.

- (i) admite-se a celebração de contratos a termo de forma ampla, independentemente dos requisitos do art. 443, §2º, da CLT, para atuação do trabalhador em qualquer atividade da empresa ou estabelecimento;
- (ii) a validade de tais contratações, entretanto, requer (a) prévia autorização em convenção ou acordo coletivo de trabalho, e (b) que as admissões representem acréscimo no número de empregados;
- (iii) o contrato de trabalho provisório deve ser celebrado por escrito[124], sendo certo que o art. 4º, §3º, da Lei 9.601/98[125], exige que o empregador dê publicidade à relação de empregados contratados segundo essa modalidade;
- (iv) durante 60 meses a contar da publicação da lei, os depósitos de FGTS foram reduzidos para 2% ao mês (no lugar do padrão geral de 8%), e houve redução pela metade de diversas contribuições sociais.

Decorrido o prazo legalmente previsto em que haveria aplicação de percentuais reduzidos de depósito de FGTS, pode-se dizer que, a partir do ano de 2003, o efeito prático residual da Lei 9.601/98 é o de permitir contratação por prazo determinado fora das hipóteses do art. 443, §2º, da CLT, isto é: mesmo que não se trate de serviço cuja natureza ou transitoriedade justifique a predeterminação do prazo; de atividades empresariais de caráter transitório; ou de contrato de experiência.

Nesse contexto, é importante observar que há dificuldade prática de se fiscalizar o cumprimento da exigência de que as contratações baseadas na Lei 9.601/98 representem acréscimo no número de empregados[126].

Os principais argumentos no sentido da inconstitucionalidade da lei, acolhidos nos votos vencidos dos Min. Edson Fachin (na cautelar e no julgamento final) e Rosa Weber (apenas no julgamento final) são, em síntese:

- (i) violação da isonomia, pois permitiria a existência de duas categorias empregados contratados a prazo determinado: (a) os regidos pela CLT (art. 443, §2º), os quais teriam patamar superior de direitos, principalmente no que tange ao percentual de FGTS e à aplicação das multas dos arts. 479 e 480 da CLT; (b) os regidos pela Lei 9.601/98, aos quais imposta limitação de direitos;

124. Cf. DELGADO, Maurício Godinho, *Curso...*, *op.cit.*, p. 554.

125. Art. 4º, § 3º O empregador deverá afixar, no quadro de avisos da empresa, cópias do instrumento normativo mencionado no art. 1º e da relação dos contratados, que conterá, dentre outras informações, o nome do empregado, número da Carteira de Trabalho e Previdência Social, o número de inscrição do trabalhador no Programa de Integração Social - PIS e as datas de início e de término do contrato por prazo determinado.

126. DELGADO, Maurício Godinho, *Curso...*, *op.cit.*, p. 546.

- (ii) violação do princípio da continuidade da relação de trabalho, em virtude da ampliação e autorização irrestrita para contratação por tempo determinado. O art. 7º, I, da CF, permitiria concluir pela excepcionalidade dessa modalidade de contratação, já que a vinculação do trabalhador ao emprego, que é sua fonte de subsistência, concretiza a dignidade da pessoa humana.

O Min. Fachin fez, ainda, observações relacionadas ao princípio da proporcionalidade:

> Min. Edson Fachin (ADI 1764 MC): A tentativa de estimular a criação de mais empregos e de minimizar a crise que assolava o Brasil em 1998, por meio da Lei 9.601/1998 e do respectivo Decreto 2.490/1998 regulamentador, assumiu como preço o esvaziamento do âmbito de proteção de direitos fundamentais do cidadão-empregado brasileiro. (...) A opção de contratação por prazo determinado de forma ampliada, tal como prevista pela Lei 9.601/1998 e respectivo decreto regulamentador, aparentemente revela-se como restrição inadequada à isonomia e à proteção contra despedida arbitrária, porque, em primeiro lugar não parece ter conduzido – nem conduziria – automaticamente à realização do objetivo do pleno emprego e, em segundo lugar, porque, ao que tudo indica, acabou por sacrificar os empregados menos qualificados, os quais, diante das suas próprias circunstâncias, não dispõem de paridade de armas para evitar a precarização das suas condições de trabalho.

De fato, a figura do contrato provisório regulado pela Lei 9.601/98 não causou impacto significativo nos níveis de desemprego no país[127]. De outro lado, estudo do Instituto de Pesquisa Econômica Aplicada (IPEA)[128] apurou que, entre os anos de 1995 e 2005, houve redução do poder de compra da remuneração do trabalho em 11,4%, ou seja, houve concentração de renda, sendo certo, ainda, que no mesmo período a força de trabalho mais qualificada passou a ser pior remunerada.

O Plenário do STF, entretanto, concluiu pela constitucionalidade do regramento instituído pela Lei 9.601/98 atinente aos contratos provisórios de trabalho. A corrente majoritária se baseou essencialmente nos seguintes argumentos:

---

127. Consta do voto da Min. Rosa Weber citação a estudo do IPEA conduzido por Roberto González e outros, nos seguintes termos: "Apesar das medidas flexibilizadoras as alterações promovidas pela Lei nº 9.601/98 no contratos atípicos não teve relevância no plano fático. Estudo do IPEA sobre as consequências e o alcance da regulação das relações de trabalho no Brasil nos vinte anos que se seguiram à promulgação da Constituição da República do Brasil aponta que: 'Essa medida seguia a tendência de vários países europeus de favorecer empregos atípicos – isto é, diferente do contrato de trabalho por tempo indeterminado e em jornada integral – como resposta ao desemprego. No entanto, e apesar do estímulo da redução de encargos, esta modalidade não se disseminou na mesma medida no Brasil. Segundo a Relação Anual de Informações Sociais (Rais), após um pico de 116,6 mil contratos em 2001, o número permaneceu entre 30 e 45 mil contratos anuais de 2002 em diante. Os contratos por tempo indeterminado representavam, ainda, perto de 98% dos empregos formais no Brasil ao fim de 2007'".

128. Boletim de Políticas Sociais – acompanhamento e análise nº 13, edição especial 2007, p. 198. Disponível em https://www.ipea.gov.br/portal/images/stories/PDFs/politicas_sociais/BPS_13_completo13.pdf. Acesso em 10. set. 2020.

- (i) não haveria inconstitucionalidade formal, pois o art. 7º, I, ao exigir lei complementar, restringir-se-ia à norma que regulamente e estabeleça os contornos das hipóteses de dispensa imotivada, o que não seria o caso do contrato de trabalho por prazo determinado;
- (ii) trata-se de política pública cujo objetivo seria aumentar o número de empregos formais;
- (iii) a Constituição não proibiria a existência de contratos de trabalho temporários. De outro lado, as normas coletivas, aptas a introduzirem os contratos provisórios, são prestigiadas no art. 7º, XXVI, da CF;
- (iv) a restrição de direitos seria justificável tendo em vista a crise econômica, tratando-se de alternativa válida para concretizar o direito constitucional ao trabalho.

Quanto à violação à isonomia, o voto do relator, Min. Gilmar Mendes, consignou:

> Min. Gilmar Mendes (ADI 1764): Anoto, nesse aspecto, que, em algumas situações, essa ocorrência não necessariamente irá de pronto violar o princípio da isonomia. (...) É preciso ter em mente que o contrato de trabalho por prazo determinado procura atender a determinada finalidade que é flexibilizar as relações trabalhistas e permitir que empresas acompanhem, por meio dele, as variações da produção e do mercado. Por seu caráter temporário, é de se esperar que possua garantias diferenciadas aos trabalhadores a ele submetidos. (...) tenho asseverado que a reforma não se presta à extinção de direitos, mas à promoção de condições de empregabilidade, sem as quais sequer é possível abrir a discussão em torno de direitos trabalhistas.

Contudo, o voto não esclarece o motivo pelo qual o estabelecimento de direitos inferiores aos trabalhadores contratados com base na Lei 9.601/98 – feito o cotejo com os contratados a prazo determinado com base na CLT – não viola a isonomia.

Por fim, o julgado da ADI 1764 MC propicia registro digno de nota. No voto do relator originário, Min. Sydney Sanches, proferido em 1998, encontra-se expressa aderência à lógica do *mal menor*. Em suas palavras:

> Min. Sydney Sanches (ADI 1764 MC): se a Lei impugnada não puder fazer crescer o índice de emprego no país, mas puder concorrer para que o de desemprego não prossiga em ritmo tão alto quanto o atual, já terá, de alguma forma, atenuado a aflição que esse crescimento provoca em toda a população, o que não deve ser desprezado no momento em que a Corte, sem maior aprofundamento no exame da questão jurídica, aprecia, apenas, o requerimento de medida cautelar de suspensão de tal diploma. Põe-se aqui, mais uma vez, o confronto entre dois males. O mal da ampliação das hipóteses de contrato por prazo determinado, com as vicissitudes dele decorrentes, mas que ficam amenizadas com a garantia da espontaneidade da adesão, garantida em convenções e acordos coletivos de trabalho; e o mal da não ampliação, de tais contratos, que, ao lado

de outros fatores políticos, econômicos e sociais, vem, a cada dia, concorrendo para o assustador índice de desemprego, sobretudo entre as classes menos favorecidas. Penso que, a esta altura, a opção há de ser por um mal menor (...).

A lógica do mal menor tem sido repetida várias vezes ao longo da História do Direito do Trabalho no Brasil, sobretudo a partir da década de 1960, quando se iniciou, ainda que de forma tímida, um processo de supressão e de redução de direitos trabalhistas no país[129]. Diz-se que é "melhor ter empregos que direitos", num raciocínio que vem ecoando inclusive no Supremo Tribunal Federal há décadas e pretendendo legitimar decisões políticas e judiciais em prejuízo da classe trabalhadora.

Sucede que a experiência histórica tem demonstrado que tal estratégia não funciona. A chamada *flexibilização* do Direito do Trabalho (eufemismo para o fenômeno da redução de direitos dos trabalhadores), proposta pelo Poderes Executivo e Legislativo, muitas vezes com a chancela do Supremo Tribunal Federal, não tem resolvido, mas agravado, os problemas decorrentes do desemprego, da concentração de renda e do aumento do desalento da população.

8. DANOS MORAIS

Referências normativas e jurisprudenciais	
Constituição	Art. 5º, X - são invioláveis a intimidade, a vida privada, a honra e a imagem das pessoas, assegurado o direito a indenização pelo dano material ou moral decorrente de sua violação; XXX - é garantido o direito de herança. Art. 7º - São direitos dos trabalhadores urbanos e rurais, além de outros que visem à melhoria de sua condição social: (...) XXII - redução dos riscos inerentes ao trabalho, por meio de normas de saúde, higiene e segurança; (...) XXVIII - seguro contra acidentes de trabalho, a cargo do empregador, sem excluir a indenização a que este está obrigado, quando incorrer em dolo ou culpa.
Dispositivos legais	CLT Art. 223-A. Aplicam-se à reparação de danos de natureza extrapatrimonial decorrentes da relação de trabalho apenas os dispositivos deste Título. Art. 223-B. Causa dano de natureza extrapatrimonial a ação ou omissão que ofenda a esfera moral ou existencial da pessoa física ou jurídica, as quais são as titulares exclusivas do direito à reparação. Art. 223-C. A honra, a imagem, a intimidade, a liberdade de ação, a autoestima, a sexualidade, a saúde, o lazer e a integridade física são os bens juridicamente tutelados inerentes à pessoa física.

129. Sobre o tema, v. SOUTO MAIOR, Jorge Luiz, *História...*, *op.cit.*, *passim*.

Referências normativas e jurisprudenciais	
Dispositivos legais	Art. 223-D. A imagem, a marca, o nome, o segredo empresarial e o sigilo da correspondência são bens juridicamente tutelados inerentes à pessoa jurídica. Art. 223-E. São responsáveis pelo dano extrapatrimonial todos os que tenham colaborado para a ofensa ao bem jurídico tutelado, na proporção da ação ou da omissão. Art. 223-F. A reparação por danos extrapatrimoniais pode ser pedida cumulativamente com a indenização por danos materiais decorrentes do mesmo ato lesivo. § 1º Se houver cumulação de pedidos, o juízo, ao proferir a decisão, discriminará os valores das indenizações a título de danos patrimoniais e das reparações por danos de natureza extrapatrimonial. § 2º A composição das perdas e danos, assim compreendidos os lucros cessantes e os danos emergentes, não interfere na avaliação dos danos extrapatrimoniais. Art. 223-G. Ao apreciar o pedido, o juízo considerará: I – a natureza do bem jurídico tutelado; II - a intensidade do sofrimento ou da humilhação; III - a possibilidade de superação física ou psicológica; IV - os reflexos pessoais e sociais da ação ou da omissão; V - a extensão e a duração dos efeitos da ofensa; VI - as condições em que ocorreu a ofensa ou o prejuízo moral; VII - o grau de dolo ou culpa; VIII - a ocorrência de retratação espontânea; IX - o esforço efetivo para minimizar a ofensa; X - o perdão, tácito ou expresso; XI - a situação social e econômica das partes envolvidas; XII - o grau de publicidade da ofensa; § 1º Se julgar procedente o pedido, o juízo fixará a indenização a ser paga, a cada um dos ofendidos, em um dos seguintes parâmetros, vedada a acumulação: I - ofensa de natureza leve, até três vezes o último salário contratual do ofendido; II - ofensa de natureza média, até cinco vezes o último salário contratual do ofendido; III - ofensa de natureza grave, até vinte vezes o último salário contratual do ofendido; IV - ofensa de natureza gravíssima, até cinquenta vezes o último salário contratual do ofendido. § 2º Se o ofendido for pessoa jurídica, a indenização será fixada com observância dos mesmos parâmetros estabelecidos no § 1º deste artigo, mas em relação ao salário contratual do ofensor. § 3º Na reincidência entre partes idênticas, o juízo poderá elevar ao dobro o valor da indenização.

Referências normativas e jurisprudenciais	
Dispositivos legais	CC Art. 943. O direito de exigir reparação e a obrigação de prestá-la transmitem-se com a herança. Art. 944. A indenização mede-se pela extensão do dano. Parágrafo único. Se houver excessiva desproporção entre a gravidade da culpa e o dano, poderá o juiz reduzir, equitativamente, a indenização.
Julgados paradigmáticos	ADI 5870, 6069 e 6083 (pendentes de julgamento) ARE 766618 ADPF 130 RE 172720, 348827, 420784, 396386, 351750, 447584, 636331
Normas internacionais	Convenção de Varsóvia e Protocolo de Montreal OIT: C. 155

8.1. Introdução

Tema relevante, e pendente de apreciação pelo Supremo Tribunal Federal, diz respeito à constitucionalidade da regulamentação do dano extrapatrimonial nas relações de trabalho, introduzida na CLT (arts. 223-A a G) pela Lei nº 13.467/2017. Discute-se a validade de tais dispositivos à luz dos princípios constitucionais da isonomia (art. 5º, *caput*) e da solidariedade (art. 3º, I), bem como dos arts. 5º, X; e 7º, XVIII, da CF.

O equacionamento da questão pressupõe que se faça breve análise (i) do regramento e das concepções doutrinárias existentes sobre o instituto da indenização por danos morais, no âmbito do Direito Civil, bem como (ii) da jurisprudência do STF a respeito da constitucionalidade de leis análogas, o que permitirá traçar diretrizes seguras para a esfera das relações trabalhistas.

8.2. Danos morais no Direito Civil

No Direito Civil, é tradicional[130] a noção de que a indenização se rege pelo princípio da reparação integral do dano: quem for lesado por ato ilícito de outrem, tem direito de ser restituído ao *status quo ante*, sem mais nem menos. A ideia é não gerar enriquecimento sem causa do infrator ou do ofendido, mantendo-se o equilíbrio. O princípio, de fácil aplicação na seara dos danos materiais, gera tormentosa questão no tocante à definição de valores de indenização por danos morais.

130. Gustavo Tepedino, Heloísa Helena Barboza e Maria Celina Bodin de Moraes afirmam que o Código Civil de 2002 consagra "a ideia que doutrina e jurisprudência brasileiras já imputavam à responsabilidade civil por meio do chamado princípio da reparação integral do dano", e que existe "preocupação excessiva dos tribunais brasileiros em evitar o enriquecimento sem causa da vítima", o que vem "atraindo para a discussão acerca do quantum indenizatório o argumento do caráter punitivo, tradicionalmente estranho ao direito civil brasileiro" (TEPEDINO, Gustavo; BARBOZA, Heloísa Helena; MORAES, Maria Celina Bodin. *Código Civil Interpretado conforme a Constituição da República*. V. III. Rio de Janeiro: Renovar, 2011, p. 859).

Sendo o dano moral uma violação a direitos da personalidade[131-132], capaz de gerar eventualmente - mas isso não é necessário à sua configuração - sentimentos de dor íntima no indivíduo lesado, surge a difícil tarefa de estabelecer critérios para sua mensuração, até porque "é impossível a fixação do *pretium dolores*, pelo que a dor não se indeniza"[133]. No entanto, caso se vislumbre a responsabilidade civil como sanção, não há nenhuma dificuldade em conceber o ressarcimento do dano moral, o que funcionaria como um "misto de pena e de compensação"[134].

De fato, apesar de o art. 944, *caput*, do Código Civil, estatuir que a indenização se mede pela extensão do dano, é comum, na doutrina civilista, a afirmação de que a reparação do dano moral tem dupla função: atenuar o sofrimento injusto e punir o agente provocador do dano[135]. Fala-se, ainda, que a responsabilização pelos danos morais teria caráter dissuasório, ou seja, pedagógico, para evitar novas infrações cometidas pelo mesmo ou por outros sujeitos[136]; ou que "o caráter punitivo é puramente reflexo ou indireto"[137].

É inegável que a jurisprudência - dos tribunais em geral, e especialmente do STJ[138-139] - tem trabalhado, na valoração da indenização por danos morais,

---

131. Segundo Alexandre Agra Belmonte, "direitos da personalidade são os direitos subjetivos destinados a garantir a integridade física, intelectual e moral do indivíduo no seu relacionamento com terceiros. Ao contrário dos bens exteriores, corpóreos e incorpóreos, de que o homem necessita para a satisfação de suas necessidades, bens interiores ou encontráveis dentro da própria pessoa lhe são inatos e aderem à personalidade" (BELMONTE, Alexandre Agra. *Curso de Responsabilidade Trabalhista: danos morais e patrimoniais nas relações de trabalho.* 2ª ed. São Paulo: LTR, 2009, p. 240).

132. Alguns autores, como Sérgio Cavalieri Filho (*Programa de Responsabilidade Civil.* 5ª ed. São Paulo: Malheiros, 2004, p. 94), associam o dano moral à violação da dignidade humana. Embora seja inegável que a violação de direitos da personalidade de seres humanos representem vilipêndio à sua dignidade, tal noção não se pode aplicar aos danos morais sofridos por pessoas jurídicas e até por entes despersonalizados, que titularizam direitos da personalidade, mas em relação aos quais não parece adequado falar em "dignidade", que é atributo típico da pessoa humana.

133. AMARAL, Francisco. *Direito Civil: introdução.* 5ª ed. Rio de Janeiro: Renovar, 2003, p. 556.

134. Idem, ibidem.

135. Cf. TEPEDINO, *op.cit.*, *loc.cit.*

136. Segundo Venosa, VENOSA: "há função de pena privada, mais ou menos acentuada, na indenização por dano moral, como reconhece o direito comparado tradicional. Não se trata, portanto de mero ressarcimento de danos (...)". Deve haver conjugação de três fatores "compensação, dissuasão e punição" (VENOSA, Sílvio de Salvo. *Direito Civil.* v. 4. 12ª ed. São Paulo: Atlas, 2012, p. 318-324).

137. GONÇALVES, Carlos Roberto. *Curso de Direito Civil.* v. 4. 2ª ed. São Paulo: Saraiva, 2007, p. 379.

138. Em sede de recursos repetitivos, relativos a danos ambientais, o STJ decidiu: "c) na fixação da indenização por danos morais, recomendável que o arbitramento seja feito caso a caso e com moderação, proporcionalmente ao grau de culpa, ao nível socioeconômico do autor, e, ainda, ao porte da empresa, orientando-se o juiz pelos critérios sugeridos pela doutrina e jurisprudência, com razoabilidade, valendo-se de sua experiência e bom senso, atento à realidade da vida e às peculiaridades de cada caso, de modo que, de um lado, não haja enriquecimento sem causa de quem recebe a indenização e, de outro, haja efetiva compensação pelos danos morais experimentados por aquele que fora lesado" (REsp 1374284/MG, Rel. Ministro LUIS FELIPE SALOMÃO, SEGUNDA SEÇÃO, julgado em 27/08/2014).

139. "A fixação do valor devido a título de indenização por danos morais, segundo a jurisprudência desta Corte, deve considerar o método bifásico, sendo este o que melhor atende às exigências de um arbitramento equitativo da indenização por danos extrapatrimoniais, uma vez que minimiza eventual arbitrariedade ao se adotar critérios unicamente subjetivos do julgador, além de afastar eventual tarifação do dano" (REsp

com critérios que revelam caráter punitivo e dissuasório, tais como a capacidade econômica das partes e o grau de culpa do ofensor, capazes tanto de aumentar[140], quanto de reduzir o *quantum* indenizatório[141].

Esse raciocínio tem feito com que a jurisprudência[142] e a doutrina[143] civilistas, em geral, venham rejeitando a possibilidade de "tarifação" ou "tabelamento" dos valores de indenização por danos morais, em virtude da necessidade de consideração das particularidades de cada caso.

8.3. *Tarifação* ou limitação da indenização na jurisprudência do STF

O Supremo Tribunal Federal já se pronunciou a respeito de duas questões que tangenciam o tema da tarifação dos danos morais: Lei de Imprensa (Lei nº 5.250/67) e responsabilidade civil de companhias aéreas.

No primeiro caso, mesmo antes de declarar, na ADPF 130, a integral não recepção da Lei de Imprensa pela Constituição de 1988, a jurisprudência da Corte já vinha sinalizando a impossibilidade de estabelecimento prévio de limites à indenização. Julgados turmários já afirmavam que "toda limitação, prévia e abstrata, ao valor de indenização por dano moral, objeto de juízo de equidade, é incompatível com o alcance da indenizabilidade irrestrita assegurada pela atual Constituição da República"[144]. Em outro precedente, o STF asseverou que "a Constituição de 1988 emprestou à reparação decorrente do

1.445.240/SP, Rel. Ministro Luis Felipe Salomão, Quarta Turma, julgado em 10.10.2017). O referido "método bifásico" consiste em, inicialmente, "estabelecer um valor básico para a indenização, considerando o interesse jurídico lesado, com base em grupo de precedentes jurisprudenciais que apreciaram casos semelhantes. Após, em um segundo momento, devem ser consideradas as circunstâncias do caso, para a fixação definitiva do valor da indenização, atendendo a determinação legal de arbitramento equitativo pelo juiz".

140. TEPEDINO et.al. afirmam: "Entre os critérios enumerados pela doutrina e pelos tribunais para o arbitramento da indenização por dano moral, aparecem usualmente a gravidade da culpa e a capacidade econômica do ofensor. Tais critérios imprimem à indenização um caráter punitivo. Fosse o cálculo da indenização pautado exclusivamente pela extensão do dano, como impõe a regra do art. 944, é certo que a gravidade da culpa e a capacidade econômica do ofensor em nada poderiam alterar o *quantum* indenizatório" (*op.cit.*, p. 862-3). Os autores concluem, entretanto, que o "caráter punitivo não se coaduna com o sistema pátrio de responsabilização".

141. Para Yussef Said Cahali: "a recomendação de que também seja considerada a situação socioeconômica do responsável pela indenização (...) se mostra compatível com a função sancionatória ou punitiva, e admonitária da condenação por danos morais; e, por outro lado, poderá levar a um arbitramento moderado e compatível, com possibilidade de, sob o aspecto prático, ser executado eficazmente" (*apud* GONÇALVES, Carlos Roberto, *op.cit.*, p. 384).

142. Exemplificam essa tendência: AgRg no REsp 527.585/SP, Rel. Ministro ALDIR PASSARINHO JUNIOR, QUARTA TURMA, julgado em 23/06/2009; EDcl no REsp 1036485/SC, Rel. Ministra NANCY ANDRIGHI, TERCEIRA TURMA, julgado em 12/05/2009. Vale lembrar, ainda, o entendimento consubstanciado na Súmula nº 281 do STJ, que estabelece que "a indenização por dano moral não está sujeita à tarifação prevista na Lei de Imprensa".

143. Nesse sentido: CAVALIERI FILHO, Sérgio, *op.cit.*, p. 109; VENOSA, Sílvio de Salvo, *op.cit.*, p. 321.

144. RE 447584, Relator(a): Min. CEZAR PELUSO, Segunda Turma, julgado em 28/11/2006.

dano moral tratamento especial - CF, art. 5º, V e X - desejando que a indenização decorrente desse dano fosse a mais ampla"[145].

Muito importante perceber que, no caso da Lei de Imprensa, o estabelecimento de limite à indenização tinha o efeito de proteger o ofensor – jornalista que tivesse atuado com negligência, imperícia, ou má-fé, divulgando informações falsas sobre terceiros – e, indiretamente, a própria liberdade de imprensa. Contudo, apesar do caráter fundamental da liberdade de imprensa, e da impossibilidade de se estabelecer censura prévia à atividade jornalística, o STF, na ADPF 130, deixou clara a viabilidade de responsabilização dos profissionais e órgãos de imprensa, abrangendo danos materiais e morais que devem ser fixados à luz das circunstâncias de cada caso concreto, inclusive em valores maiores do que os limites fixados anteriormente pela lei.

Depreende-se que, na visão da Suprema Corte, nem mesmo um suposto risco à liberdade de expressão e de imprensa (pela eventual fixação de indenizações elevadas contra os jornalistas) justifica a superação do princípio da indenizabilidade ampla e irrestrita dos danos morais (CF, art. 5º, V e X).

Outro tema correlato é o da limitação da indenização no transporte internacional de passageiros. A respeito, o STF fixou a seguinte tese, em repercussão geral: "Nos termos do art. 178 da Constituição da República, as normas e os tratados internacionais limitadores da responsabilidade das transportadoras aéreas de passageiros, especialmente as Convenções de Varsóvia e Montreal, têm prevalência em relação ao Código de Defesa do Consumidor". Nos julgados paradigmáticos[146] ficou bem definido que tais tratados internacionais se aplicam somente ao transporte aéreo internacional (não ao nacional), e alcançam apenas a indenização por danos materiais (não aquela devida por danos morais)[147]. O prazo prescricional aplicável, ainda de acordo com a Corte, é o previsto nas normas internacionais (dois anos).

O fundamento da tese está em que deve vigorar o princípio da especialidade. Os referidos tratados internacionais – por não versarem sobre direitos humanos – foram incorporados ao ordenamento brasileiro com status de lei ordinária, e disciplinam aspecto específico sobre a proteção do consumidor: limites e forma de indenização de danos materiais no transporte aéreo internacional. Por serem lei específica, os tratados prevalecem em face da lei geral,

---

145. RE: 396386 SP, Relator: Min. CARLOS VELLOSO, Segunda Turma, Data de Julgamento: 29/06/2004.

146. RE 636331, Relator(a): Min. GILMAR MENDES, Tribunal Pleno, julgado em 25/05/2017; ARE 766618, Relator(a): Min. ROBERTO BARROSO, Tribunal Pleno, julgado em 25/05/2017.

147. Cf. voto do Min. Gilmar Mendes, relator do RE 636331, no qual se lê, ainda: "A exclusão [da reparação por dano moral do âmbito de abrangência das Convenções] justifica-se porque a disposição do art. 22 não faz qualquer referência à reparação por dano moral, e também porque a imposição de limites quantitativos preestabelecidos não parece condizente com a própria natureza do bem jurídico tutelado, nos casos de reparação por dano moral.

que, no caso, é o Código de Defesa do Consumidor. Não bastasse o princípio da especialidade, o art. 178 da Constituição funciona como norma de sobredireito para solucionar a aparente antinomia entre as normas, dando preferência ao tratado internacional.

A Corte não respondeu, portanto, nos julgados paradigmáticos, à seguinte indagação: seria válido tratado internacional (ou lei ordinária) que limitasse a indenização por danos morais no transporte internacional de passageiros? A resposta parece verdadeira incógnita: de um lado, tem-se a tendência jurisprudencial no sentido da ampla e irrestrita indenizabilidade do dano moral como decorrência do art. 5º, X, da CF[148]; de outro, a regra contida no art. 178 da Carta, e que dá preferência aos tratados internacionais sobre transporte aéreo internacional de passageiros, em detrimento mesmo da legislação interna, o que parece abranger inclusive a indenização por danos morais.

8.4. Análise da constitucionalidade dos arts. 223-A a 223-G da CLT

A regulamentação do dano extrapatrimonial (= dano moral) introduzida na CLT pela Lei nº 13.467/2017 é repleta de violações à Constituição, as quais se espera sejam reconhecidas pelo Supremo Tribunal Federal.

O art. 223-A tentou impor "a fórceps" a inaplicabilidade do Código Civil – e de outras leis a respeito – no que tange à reparação dos danos extrapatrimoniais decorrentes das relações de trabalho. Sucede que o direito de indenização por danos morais tem base constitucional (CF, art. 5º, X; e art. 7º, XXVIII) e não pode ter seu exercício impedido por obra do legislador ordinário. Havendo qualquer lacuna ou omissão – decorrente até mesmo da inconstitucionalidade – no regramento da CLT, será legítimo ao intérprete utilizar-se subsidiariamente do direito comum, como aliás autoriza o art. 8º, §1º, da própria Consolidação.

É sintomático, por sinal, o fato de que o art. 8º, §1º, da CLT (também introduzido pela Lei nº 13.467.2017), estatua, sem ressalvas, que "o direito comum será fonte subsidiária do direito do trabalho", mas, no trato específico do dano moral, tente-se impossibilitar o intérprete de recorrer ao Código Civil. É que a regulamentação do Direito Civil é muito mais avançada do que a que passou a constar da CLT, conforme se verá.

---

148. Além dos julgados mencionados anteriormente, representa essa tendência: "INDENIZAÇÃO - DANO MORAL - EXTRAVIO DE MALA EM VIAGEM AÉREA - CONVENÇÃO DE VARSÓVIA - OBSERVAÇÃO MITIGADA - CONSTITUIÇÃO FEDERAL - SUPREMACIA. O fato de a Convenção de Varsóvia revelar, como regra, a indenização tarifada por danos materiais não exclui a relativa aos danos morais. Configurados esses pelo sentimento de desconforto, de constrangimento, aborrecimento e humilhação decorrentes do extravio de mala, cumpre observar a Carta Política da República - incisos V e X do artigo 5º, no que se sobrepõe a tratados e convenções ratificados pelo Brasil." (RE 172720, Relator(a): Min. MARCO AURÉLIO, Segunda Turma, julgado em 06/02/1996).

Isso já fica claro no art. 223-B, que, de forma velada, talvez tenha tentado introduzir a ideia da intransmissibilidade do dano moral, ou mesmo do chamado *dano em ricochete*, em que o evento lesivo acaba afetando indiretamente mais de uma pessoa. Ao mencionar que "a pessoa física ou jurídica são as titulares exclusivas do direito à reparação", o dispositivo comporta esse tipo de interpretação. Considerando, entretanto, a ambiguidade, forçoso que se proceda à interpretação conforme a Constituição, de modo a se reconhecer que: (i) o direito à indenização pelos danos morais sofridos em vida pelo trabalhador se transmite pela herança, ainda que o lesado não haja ajuizado a ação quando ainda vivo. Tal entendimento se ampara no art. 5º, XXX, da CF, no art. 943 do Código Civil, e ecoa na jurisprudência pacífica do Superior Tribunal de Justiça[149]; (ii) terceiros vinculados ao trabalhador (como familiares próximos) podem sofrer danos morais, suscetíveis de reparação (por força do art. 5º, X, da CF), em decorrência de falecimento relacionado a acidente de trabalho ou doença ocupacional, havendo competência da Justiça do Trabalho para processar e julgar tais causas, como vem decidindo, acertadamente, o STF[150].

A interpretação conjugada dos arts. 223-C e 223-D revelam clara violação aos princípios da isonomia e da indenizabilidade do dano moral (CF, art. 5º, X). O primeiro tenta discriminar o trabalhador, utilizando o artigo definido "os" após o elenco dos bens juridicamente tutelados inerentes à pessoa física do trabalhador, enquanto o art. 223-D pretende estabelecer relação meramente exemplificativa dos bens passíveis de tutela e pertinentes à pessoa jurídica (do empregador, evidentemente). Não se pode pensar, ingenuamente, que se trata

149. AGRAVO REGIMENTAL NOS EMBARGOS DE DIVERGÊNCIA EM RECURSO ESPECIAL. DANO MORAL. FALECIMENTO DO TITULAR. AJUIZAMENTO DE AÇÃO INDENIZATÓRIA. TRANSMISSIBILIDADE DO DIREITO. ENTENDIMENTO JURISPRUDENCIAL CONSOLIDADO. SÚMULA N.º 168/STJ. A posição atual e dominante que vigora nesta c. Corte é no sentido de embora a violação moral atinja apenas o plexo de direitos subjetivos da vítima, o direito à respectiva indenização transmite-se com o falecimento do titular do direito, possuindo o espólio ou os herdeiros legitimidade ativa ad causam para ajuizar ação indenizatória por danos morais, em virtude da ofensa moral suportada pelo de cujus. Incidência da Súmula n.º 168/STJ.

Agravo regimental desprovido (AgRg nos EREsp 978.651/SP, Rel. Ministro FELIX FISCHER, CORTE ESPECIAL, julgado em 15/12/2010, DJe 10/02/2011).

150. "EMENTA: (...) 1. Ao julgar o CC 7.204, 29.06.2005, Britto, Inf.STF 394, o Supremo Tribunal, revendo a entendimento anterior, assentou a competência da Justiça do Trabalho para julgar as ações de indenização por danos, morais ou materiais, decorrentes de acidente de trabalho, ajuizadas após a EC 45/04. 2. A nova orientação alcança os processos em trâmite pela Justiça comum estadual, desde que pendentes de julgamento de mérito (v.g. AI 506.325-AgR, 23.05.2006, 1a T, Peluso; e RE 461.925-AgR, 04.04.2006, 2a T, Celso), o que ocorre na espécie. 3. Irrelevante para a questão da competência que se cuide de ação proposta por viúvo de empregada das embargantes, falecida em decorrência do acidente de trabalho: trata-se de direito patrimonial, que, com a morte do trabalhador, se transmitiu aos sucessores. 4. Agravo regimental desprovido (RE 509353 ED, Relator(a): Min. SEPÚLVEDA PERTENCE, Primeira Turma, julgado em 25/06/2007).

de mero descuido ou impropriedade redacional; ao revés, os dispositivos têm a clara intenção de beneficiar a parte mais forte da relação jurídica de trabalho[151-152].

Daí decorre violação manifesta à isonomia. Além disso, estaria sendo violado o art. 5º, X, da CF. Necessário, portanto, que se faça, também aqui, interpretação conforme a Constituição, de modo que se estabeleça o caráter meramente exemplificativo do rol de bens tuteláveis do art. 223-C. Veja-se, por exemplo, que, caso não se pensasse assim, o dispositivo não albergaria a reparação por danos morais decorrentes de discriminação racial ou contra a mulher, por exemplo.

O art. 223-E também deve ser lido à luz da Constituição, sobretudo com o enfoque da isonomia, de modo que nada impede que se estabeleça a responsabilidade solidária dos causadores do dano. De fato, a norma geral do Código Civil (art. 942) prevê a responsabilização solidária nesses casos, o que consona com o princípio do acesso à justiça (por propiciar maior efetividade da futura execução de sentença). Embora não o preveja expressamente, o art. 223-E comportaria interpretação restritiva (= impossibilidade de condenação solidária), o que deve ser afastado pelo STF.

O art. 223-F, *caput* e parágrafos, não apresenta maiores problemas do ponto de vista constitucional, decorrendo da mais elementar lógica jurídica. Contudo, aqui também é importante fixar-se a interpretação conforme a Constituição, no sentido de que a reparação por danos morais é cumulável com aquela devida em função do dano estético.

Sem dúvida, o dispositivo mais polêmico é o art. 223-G, sobretudo o seu §1º, que estipula limites máximos para a indenização por danos morais. Na doutrina trabalhista, prevalece o entendimento pela inconstitucionalidade da tarifação[153], ou no sentido de que as faixas de valores seriam meramente indicativas e não

151. Homero Batista, ao comentar os dispositivos, também conclui que o rol do 223-C não é taxativo, dando o exemplo dos eventos discriminação e morte, que não foram considerados. Em suas palavras, "o rol é meramente exemplificativo, podendo ser acrescidos outros fundamentos para a lesão extrapatrimonial; é o recurso de que o jurista dispõe quando nota a pouca seriedade do legislador" SILVA, Homero Batista Mateus da. 2ª ed. rev.atual.e ampl. *Comentários à Reforma Trabalhista*. São Paulo: RT, 2017, p. 64-5.

152. "Os artigos 223-C e D, que aparentemente são redundantes, pois já há norma (constitucional e ordinária) tratando do tema, têm o claro intuito de favorecer o empregador, com a descrição dos danos de que pode ser vítima. De qualquer modo, trata-se de questão que também poderia ser resolvida à luz do direito material que regula a responsabilidade civil e que já possui regras a propósito" (SOUTO MAIOR, Jorge Luiz; SEVERO, Valdete Souto. *Manual da reforma trabalhista: pontos e contrapontos*. São Paulo: Sensus, 2017, p. 88).

153. João Oreste Dalazen, por exemplo, aponta violação ao princípio da proporcionalidade, de forma direta e aguda: "parece de lógica cartesiana irrefutável que 'proporcional' não se compadece jamais com a estipulação de um valor máximo a título de indenização, mormente levando em conta as múltiplas e heterogêneas formas de lesão moral que a dinâmica social e econômica suscita" (*apud* CARVALHO, Augusto César Leite de, *op.cit.*, p. 396).

vinculariam o julgador[154]. É francamente minoritário o entendimento a favor da constitucionalidade da norma[155].

Primeiro ponto importante é que se trata do primeiro dispositivo legal, no direito brasileiro, que consagra o caráter punitivo-pedagógico para a indenização por danos morais, o que abre a possibilidade de sua utilização analógica em outros ramos. Ao positivar o entendimento de que o juiz deve considerar o grau de dolo ou culpa, a ocorrência de retratação espontânea, o esforço efetivo para minimizar a ofensa, bem como a situação social e econômica das partes envolvidas, o art. 223-G da CLT referenda a prática jurisprudencial (cível e trabalhista), bem como a construção doutrinária a respeito, desenvolvida no Direito Civil. O caráter punitivo salta aos olhos, ainda, no §3º, que estipula que, na hipótese de reincidência, o juízo poderá elevar ao dobro o valor da indenização; é verdade que o legislador foi tímido, ao pressupor que a dobra só seria aplicável se a reincidência se desse entre partes idênticas, o que raramente acontecerá na realidade trabalhista.

Assim sendo, o tabelamento dos danos morais se revela inconstitucional, logo de início, por violar o princípio constitucional da proporcionalidade (CF, art. 5º, LIV - devido processo legal substancial), já que faz com que seja impossível adequar o montante da indenização às peculiaridades do caso concreto. Um exemplo serve para demonstrar o ponto. Suponha-se um acidente de trabalho fatal, provocado de forma dolosa por companhia multinacional com elevado capital social; e outro que haja vitimado vigilante de empresa de segurança armada, de pequeno porte, sem culpa da empresa (responsabilidade objetiva). O limite indenizatório para os dois casos seria o mesmo (50 salários contratuais do ofensor), o que evidencia a completa injustiça que pode resultar da aplicação do dispositivo legal.

Trata-se de restrição ao direito fundamental à indenização do dano moral (CF, art. 5º, X) que não passa pelo crivo dos subprincípios da proporcionalidade: adequação, necessidade e proporcionalidade em sentido estrito.

---

154. Assim, por exemplo, DELGADO, Maurício Godinho; DELGADO, Gabriela Neves. *A reforma trabalhista no Brasil: com os comentários à lei n. 13.467/2017*. São Paulo: LTr, 2017, p. 145-146, onde se lê: "A interpretação lógico-racional, sistemática e teleológica desses dispositivos legais rejeita a absolutização do tarifamento efetuado pela nova lei, considerando a tabela ali exposta basicamente como um parâmetro para a fixação indenizatória pelo Magistrado, mas sem prevalência sobre a noção jurídica advinda do princípio da proporcionalidade-razoabilidade". No mesmo sentido, Homero salienta a violação à isonomia, aduzindo que o 223-G faz com que "a dor do pobre seja menor do que a dor do rico, independentemente da lesão" (SILVA, Homero Batista Mateus da. 2ª ed. rev.atual.e ampl. *Comentários à Reforma Trabalhista*. São Paulo: RT, 2017, p. 64-5).

155. Segundo Vólia Bomfim: "a natureza da indenização decorrente do dano moral é de punição educativa ao agressor, de forma a inibir a repetição do mesmo ato no futuro". A autora deixa implícito que considera válida a tarifação do dano moral, e quanto ao evento morte, aduz, sem se posicionar: "muitos apontarão como lesão gravíssima e outros como excludente do tabelamento" (CASSAR, Vólia Bomfim, *op.cit.*, p. 924-5).

De fato, não pode dizer que a medida é adequada, porque sequer existe direito fundamental contrário que possa ser ponderado com a ampla indenizabilidade do dano moral. Soa completamente despropositado dizer que a segurança jurídica do empregador deveria ser tutelada nessa hipótese; a menos que se parta da insustentável premissa de que alguém precisaria de segurança jurídica para poder infringir mais tranquilamente direitos da personalidade do trabalhador[156].

Ainda que assim não fosse, não há necessidade (= inexistência de meio menos lesivo ao direito à ampla indenizabilidade) da restrição legislativa, pois eventuais situações de fixação abusiva do *quantum* indenizatório podem ser facilmente corrigidas pela via recursal.

Não há, também, proporcionalidade em sentido estrito, pois o que se ganha com a disposição legal (segurança jurídica para quem viole direitos da personalidade, o que sequer é um bem constitucionalmente tutelável) é muito inferior ao que se perde. Realmente, do ponto de vista estritamente econômico-financeiro, a prefixação de eventual indenização pode fazer com que seja vantajoso para a empresa, ávida por lucros, correr o risco de "pagar o preço" de eventual indenização por danos decorrentes de acidente de trabalho, inferior, por hipótese, aos custos decorrentes da implantação de métodos de trabalho que eliminem ou reduzam os riscos. É despropositado fixar previamente o "preço da dor", o que tende a monetizar questões existenciais.

Mas não é só. O art. 223-G, §1º, ainda viola a isonomia, sob dupla perspectiva:

- (i) externa, pois resulta na adoção de norma discriminatória contra o trabalhador, como se ele fosse um subcidadão ou cidadão de segunda categoria[157]. Exemplo: ocorrendo acidente aéreo que venha a vitimar o piloto e os passageiros, a família do primeiro receberia indenização

---

156. De forma semelhante, Augusto César Leite de Carvalho, *op.cit.*, p. 394-395, afirma a "insensatez de se prevenir o empresário, virtual ofensor, anunciando-lhe o exato valor a onerá-lo na hipótese de ele vulnerar um direito inerente à personalidade do empregado que está sob seu jugo. É certo que uma solução hermenêutica de tal ordem teria aptidão para converter a ofensa moral em uma relação custo-benefício". O autor admite o efeito dissuasório e punitivo da indenização por danos morais, argumentando que o Código Civil (art. 944, parágrafo único, e 945) traz elementos subjetivos para a valoração do dano moral, sendo impossível adotar-se somente critério objetivo.

157. Tal incoerência foi percebida pelo STF quando do julgamento do RE 828040, a respeito da possibilidade de responsabilização civil objetiva do empregador, com base no art. 927, parágrafo único, do Código Civil, como se vê na seguinte passagem do voto do Min. Alexandre de Moraes: "o Código Civil estabeleceu a regra geral da responsabilidade civil e previu a responsabilidade objetiva no caso de risco para os direitos de outrem. 'Outrem' abrange terceiros que não tenham qualquer tipo de vínculo com o empregador. Por conseguinte, seria absolutamente incoerente que, na mesma situação em relação ao trabalhador, a responsabilidade fosse subjetiva, e, em relação a terceiros, fosse objetiva. A Constituição estabeleceu um sistema em que o empregador recolhe seguro (CF, art. 7º, XXVIII)"" (RE 828040, Relator(a): ALEXANDRE DE MORAES, Tribunal Pleno, julgado em 12/03/2020).

limitada, ao passo que os familiares do passageiro estariam livres de quaisquer limites prévios;

- (ii) interna, já que dois trabalhadores que sofram idêntica violação a direitos da personalidade terão direito de receber indenizações diferentes, tão somente porque há diferenças em seus salários.

Especificamente quanto aos acidentes de trabalho, o tabelamento da indenização tem o condão de violar, também, o art. 7º, XXII, da CF (princípio do risco mínimo regressivo), já que acaba por estimular a precificação dos riscos à saúde do trabalhador; e o art. 7º, XXVIII, o que assegura o direito à indenização sem quaisquer restrições, no caso de haver dolo ou culpa do empregador.

Ainda no tocante a acidentes de trabalho e saúde do trabalhador, o tabelamento prévio de valores viola a Convenção nº 155 da OIT, ratificada pelo Brasil, especialmente no que estabelece a necessidade de que os países signatários ponham em prática uma política nacional coerente, com o objetivo de prevenir acidentes e danos à saúde. Ora, como demonstrado, não há qualquer coerência em medida legislativa destinada a trazer segurança jurídica para que o empregador possa causar mais tranquilamente danos à saúde do trabalhador. O art. 223-G, §1º, da CLT, não se compatibiliza, portanto, com o art. 4º da citada Convenção[158], a qual, por versar sobre direitos humanos, tem status supralegal, na forma da jurisprudência do Supremo Tribunal Federal.

9. DIREITO AO ESQUECIMENTO

Referências normativas e jurisprudenciais	
Constituição	Art. 5º, IX - é livre a expressão da atividade intelectual, artística, científica e de comunicação, independentemente de censura ou licença; X - são invioláveis a intimidade, a vida privada, a honra e a imagem das pessoas, assegurado o direito a indenização pelo dano material ou moral decorrente de sua violação (...). Art. 220. A manifestação do pensamento, a criação, a expressão e a informação, sob qualquer forma, processo ou veículo não sofrerão qualquer restrição, observado o disposto nesta Constituição. § 1º Nenhuma lei conterá dispositivo que possa constituir embaraço à plena liberdade de informação jornalística em qualquer veículo de comunicação social, observado o disposto no art. 5º, IV, V, X, XIII e XIV.

158. C. 155: "art. 4º — 1. Todo Membro deverá, em consulta com as organizações mais representativas de empregadores e de trabalhadores, e levando em conta as condições e as práticas nacionais, formular, pôr em prática e reexaminar periodicamente uma política nacional coerente em matéria de segurança e saúde dos trabalhadores e o meio-ambiente de trabalho. 2. Essa política terá como objetivo prevenir os acidentes e os danos à saúde que forem conseqüência do trabalho tenham relação com a atividade de trabalho, ou se apresentarem durante o trabalho, reduzindo ao mínimo, na medida que for razoável e possível, as causas dos riscos inerentes ao meio-ambiente de trabalho".

Referências normativas e jurisprudenciais	
Legislação infra-constitucional	CC: Art. 186. Aquele que, por ação ou omissão voluntária, negligência ou imprudência, violar direito e causar dano a outrem, ainda que exclusivamente moral, comete ato ilícito. Art. 927. Aquele que, por ato ilícito (arts. 186 e 187), causar dano a outrem, fica obrigado a repará-lo.
Súmulas e teses de repercussão geral	Tema 786 (RE 1010606): É incompatível com a Constituição a ideia de um direito ao esquecimento, assim entendido como o poder de obstar, em razão da passagem do tempo, a divulgação de fatos ou dados verídicos e licitamente obtidos e publicados em meios de comunicação social analógicos ou digitais. Eventuais excessos ou abusos no exercício da liberdade de expressão e de informação devem ser analisados caso a caso, a partir dos parâmetros constitucionais – especialmente os relativos à proteção da honra, da imagem, da privacidade e da personalidade em geral – e as expressas e específicas previsões legais nos âmbitos penal e cível.
Julgados paradigmáticos	RE 1010606

Ao julgar, em repercussão geral, o RE 1010606[159], o Plenário do Supremo Tribunal Federal, apreciando, pela primeira vez, o tema do direito ao esquecimento, fixou a tese de que "é incompatível com a Constituição a ideia de um direito ao esquecimento, assim entendido como o poder de obstar, em razão da passagem do tempo, a divulgação de fatos ou dados verídicos e licitamente obtidos e publicados em meios de comunicação social analógicos ou digitais. Eventuais excessos ou abusos no exercício da liberdade de expressão e de informação devem ser analisados caso a caso, a partir dos parâmetros constitucionais – especialmente os relativos à proteção da honra, da imagem, da privacidade e da personalidade em geral – e as expressas e específicas previsões legais nos âmbitos penal e cível".

O tema apresenta extrema densidade teórica, sendo que sua análise aprofundada exigiria um trabalho monográfico específico, o que foge ao propósito da presente obra. Contudo, passa-se a sumarizar brevemente o que decidido pela Suprema Corte, perquirindo o alcance do julgado no campo trabalhista[160].

O primeiro ponto é definir em que consiste o direito ao esquecimento. Embora haja controvérsias doutrinárias a respeito, o Supremo Tribunal Federal analisou o tema exclusivamente sob a ótica da publicação e divulgação de informações verídicas e que hajam sido obtidas e utilizadas de forma lícita. Vale dizer: informações falsas ou, ainda que verdadeiras, utilizadas de forma

159. RE 1010606/RJ, relator Min. Dias Toffoli, julgamento finalizado em 11.2.2021.

160. Analisando o tema a partir da perspectiva justrabalhista: MOLINA André Araújo; HIGA, Flávio da Costa. Direito ao esquecimento nas relações de trabalho. In: *Revista de Direito do Trabalho*, vol. 195/2018, p. 63 - 109, Nov / 2018.

contrária à lei, não se inserem na órbita do direito ao esquecimento, podendo ser objeto de tutela por meio de decisões judiciais que, por exemplo, defiram indenização por danos morais ou materiais, ou mesmo a determinação de seja apagada a publicação lesiva.

Desse modo, ao negar a existência de um "direito ao esquecimento", o STF não rejeita a possibilidade de que o prejudicado postule – e o Judiciário defira – tutela ressarcitória, de remoção do ilícito ou inibitória no que tange a informações inverídicas, divorciadas da realidade, ou que, ainda que verdadeiras, sejam utilizadas com propósito ilícito, tais como intenção difamatória ou injuriosa.

Os seguintes trechos do voto condutor do Min. Dias Toffoli ajudam a compreender o sentido e alcance do julgado:

> Min. Dias Toffoli (RE 1010606): (...) para fins de abordar o direito ao esquecimento, é necessário apartar de sua abrangência as informações ilícitas, ou seja: é preciso desconsiderar as informações inverídicas e as informações adquiridas ou utilizadas contrariamente à lei. (...)
>
> Diferentemente, o que se invoca com o direito ao esquecimento é a proteção jurídica para impedir a divulgação de fatos ou dados verdadeiros licitamente obtidos, amparando-se na alegação, em essência, de que, pelo decurso do tempo, as informações de outrora não guardariam relevância jurídica, ao passo que sua ocultação (ou ocultação dos elementos pessoais dos envolvidos) melhor serviria aos propósitos constitucionais, sobretudo à proteção dos direitos da personalidade.
>
> No cerne da alegação em favor de um direito a esquecer fatos passados está a compreensão de que não obstante se trate de fatos verdadeiros, sua utilização temporalmente distante da sua ocorrência, os tornaria descontextualizados. É nesse aspecto que surge o segundo elemento definidor do direito ao esquecimento: o decurso do tempo. (...) a passagem do tempo imporia a perda do interesse público na divulgação da informação. (...) Mas observe-se: é de potencial interesse público o que possa ser licitamente obtido e divulgado. Desse modo, um dado que não possa ser objeto de divulgação não é, em qualquer circunstância, dotado de interesse público. Interesse público pressupõe licitude. E licitude implica respeito aos direitos da personalidade.

Na verdade, o direito ao esquecimento, tal como apreciado pela Suprema Corte, diz respeito à divulgação e publicação de fatos verdadeiros. Argumentava-se, no recurso que deu origem à tese de repercussão geral, que a passagem do tempo faria com que (i) a divulgação dos fatos não tivesse mais interesse público e (ii) as informações passassem a estar descontextualizadas. No caso concreto, tratava-se de programa televisivo que relatava crime cometido no ano de 1958, sendo que os familiares da vítima postulavam indenização por danos morais, por serem obrigados a "reviver" um passado extremamente traumático, decorrente do homicídio praticado.

Evidencia-se a existência de aparente conflito entre dois princípios constitucionais: de um lado, a liberdade de expressão (CF, art. 5º, IX), sobretudo a jornalística (CF, art. 220, §1º); de outro, a proteção aos direitos da personalidade, notadamente a intimidade e a vida privada.

A decisão do STF estabeleceu uma preferência *prima facie* do direito à liberdade de expressão em face à proteção aos direitos da personalidade. A corrente majoritária formada na Corte considerou que impedir a publicação de informações verdadeiras, ainda que bastante antigas e talvez superadas pelo decurso do tempo, seria uma espécie de censura incompatível com os "ares democráticos" da Constituição de 1988. Afirmou-se, ainda, que não se pode negar, às gerações futuras, o direito de conhecer o passado, do que resultaria a inexistência de um direito ao esquecimento.

O tema é extremamente complexo, já que se poderia questionar, por exemplo, qual o interesse público na publicação de informação de cunho privado, relativa a fato ocorrido em passado remoto. Por exemplo: suponha-se a divulgação de notícia atinente à investigação policial e busca e apreensão realizadas na residência de determinado cidadão, cuja inocência vem a ser posteriormente comprovada em juízo. Haveria interesse social na veiculação *ad eternum* de uma tal notícia? Ou isso representaria uma exposição indevida de um cidadão inocente, que seria contínua e eternamente molestado com a associação de seu nome a uma empreitada criminosa de que sequer participou?

O exemplo poderia ser facilmente transposto para a realidade trabalhista. Suponha-se que a fiscalização do trabalho autue determinada empresa por supostamente empregar mão de obra em condições análogas à de escravo, sendo que, posteriormente, os autos de infração vêm a ser desconstituídos na Justiça do Trabalho, em virtude da demonstração de inexistência de qualquer irregularidade. Não teria o empregador, neste caso, direito ao esquecimento do episódio, tendo em vista o prejuízo que isso poderia gerar para a imagem de sua marca? Haveria algum interesse público na divulgação futura da autuação administrativa? Veja-se que o fato divulgado (autuação), em si, seria verdadeiro e obtido por fontes lícitas, mas a divulgação geraria danos patrimoniais e até mesmo morais nessa hipótese.

Portanto, apesar da amplitude da tese de repercussão geral firmada pelo Supremo Tribunal Federal, é possível concluir que a decisão da Corte se refere a uma situação em que há nítido interesse público na divulgação da informação, sendo possível não aplicar a tese firmada – em virtude de distinção ou *distinguishing* – quando não houver qualquer interesse público na divulgação e a notícia, ainda que verídica e obtida por meios lícitos, possa gerar danos a direitos patrimoniais e da personalidade, por estar descontextualizada em função da passagem do tempo.

10. DIREITO DO TRABALHO *EMERGENCIAL*

Referências normativas e jurisprudenciais	
Constituição	Art. 7º São direitos dos trabalhadores urbanos e rurais, além de outros que visem à melhoria de sua condição social: (...) VI - irredutibilidade do salário, salvo o disposto em convenção ou acordo coletivo; (...) XIII - duração do trabalho normal não superior a oito horas diárias e quarenta e quatro semanais, facultada a compensação de horários e a redução da jornada, mediante acordo ou convenção coletiva de trabalho; (...) XVI - remuneração do serviço extraordinário superior, no mínimo, em cinqüenta por cento à do normal; (...) XXII - redução dos riscos inerentes ao trabalho, por meio de normas de saúde, higiene e segurança.
Legislação infraconstitucional	MP 927 e 936/2020 Lei 14.020/2020
Normas internacionais	Convenções da OIT: 98, 148 e 154
Julgados paradigmáticos	ADI 6342,6344, 6346, 6348, 6349, 6352, 6254, 6363

No ano de 2020, o mundo se viu assombrado pela pandemia da covid-19, que gerou impactos significativos nas relações de trabalho. Foram editadas as MPs nº 927 e 936/2020, que estabeleceram medidas ditas "emergenciais" para fazer frente à nova realidade, considerando a necessidade de isolamento social (como medida preventiva ao contágio), com a consequente paralisação de diversas atividades econômicas.

A regulamentação suscita diversas reflexões sobre a estrutura do Direito do Trabalho, o que se fará a partir da análise das decisões do STF nas ações diretas de inconstitucionalidade que impugnaram a nova regulamentação.

10.1. Suspensão de contrato, redução de salário e de jornada de trabalho sem a participação de entidades sindicais

Na ADI 6363 MC[161], o Supremo, por maioria de votos, entendeu pela constitucionalidade da MP 936/2020, que estabeleceu a possibilidade de suspensão temporária do contrato de trabalho, bem como a de redução proporcional de jornada de trabalho e de salário, por meio de "acordo individual" entre trabalhador e empregador. A regulamentação prevê o pagamento, pela União, de benefício emergencial de preservação do emprego e da renda (BEPER), cuja base de cálculo é o valor do seguro-desemprego a que o empregado

161. ADI 6363 MC-Ref/DF, rel. orig. Min. Ricardo Lewandowski, red. p/ o ac. Min. Alexandre de Moraes, julgamento em 16 e 17.4.2020.

faria jus; e a garantia provisória de emprego, válida para período acordado de suspensão contratual (máximo de 60 dias) ou de redução proporcional de salário e jornada (máximo de 90 dias). Quando retomada a "normalidade" do contrato de trabalho, a estabilidade provisória se protrai em período equivalente àquele em vigorou a suspensão do contrato ou a redução do salário.

Ainda de acordo com a MP 936, não haveria necessidade de negociação coletiva para implementação da suspensão contratual ou da redução proporcional de salário e jornada para os empregados cujo salário fosse inferior a R$ 3.135,00; bem como para portadores de diploma de nível superior com salário mensal igual ou superior a R$ 12.202,12. Para os demais – ou seja empregados cujo salário mensal fica entre as duas faixas de valores apontadas –, as medidas emergenciais somente poderiam ser implementadas por meio de negociação coletiva.

Importante destacar, ainda, que a suspensão do contrato de trabalho e a redução de salário e jornada resultam, sempre, em decréscimo financeiro para o trabalhador, mesmo considerando o recebimento do BEPER. A perda financeira aumenta proporcionalmente ao aumento do salário base, de modo que quem ganha um salário mínimo, experimenta perda de valor absoluto e de percentual menores do que aquele cujo salário é mais alto.

A questão que se colocou ao STF, na ADI 6363 MC, foi a de saber se era constitucional a previsão contida na MP que permitia a adesão ao "programa emergencial de manutenção do emprego e da renda" por meio de "acordos individuais" escritos entre empregado e empregador, tendo em vista que a redação expressa do art. 7º, VI e XIII, da CF, estatui a "irredutibilidade do salário, salvo o disposto em convenção ou acordo coletivo", bem como que a redução da jornada pode ser feita "mediante acordo ou convenção coletiva de trabalho".

A Corte, por maioria, não referendou a liminar concedida pelo Min. Lewandowski e assentou a validade da MP 936/2020 (posteriormente convertida na Lei 14.020/2020). Os argumentos prevalecentes podem ser assim sintetizados:

- (i) se o ente sindical tivesse a possibilidade de afastar ou de alterar o acordo individual (como se se tratasse de condição resolutiva), não haveria segurança jurídica e os empregadores optariam pela via mais fácil, de promover a dispensa imotivada dos trabalhadores. Além disso, a alteração do acordo individual geraria descompasso entre essa modificação e o valor pago pelos cofres públicos (o BEPER), podendo-se vislumbrar quebra da boa-fé nos acordos;
- (ii) a garantia de irredutibilidade salarial apenas faria sentido se existisse o direito ao trabalho em primeiro lugar;
- (iii) o empregado teria a opção de não aceitar essa redução salarial ou a suspensão do contrato de trabalho. Neste caso, havendo dispensa, ele receberia o seguro-desemprego;

- (iv) a temporariedade das medidas;
- (v) o objetivo da medida provisória não era apenas legalizar a redução de salário, mas o de estabelecer mecanismos emergenciais de preservação do emprego e da renda, bem como da empresa. A situação não exigiria conflito, mas convergência para a sobrevivência da empresa e do empregado, com auxílio do governo. Sem esse pacto, poderia resultar o dobro do número de desempregados.

É preciso registrar que a maioria da Corte não encampou o entendimento segundo o qual a MP seria constitucional por não resultar em redução do salário-hora. Realmente, não se pode interpretar que o princípio da irredutibilidade salarial abranja apenas o salário-hora ou somente o salário nominal: os dois necessariamente são protegidos pelo art. 7º, VI, da CF, que tem o objetivo de preservar o nível salarial do empregado, de modo que ele possa programar minimamente seus compromissos financeiros[162].

Os Ministros Edson Fachin e Rosa Weber deferiam a liminar integralmente, ao fundamento de que o acordo individual não poderia dispor sobre as medidas tratadas na MP 936/2020. Já o Min. Lewandowski deferia a medida cautelar em parte, para dar interpretação conforme a Constituição, fixando o entendimento de que os acordos deveriam ser comunicados pelos empregadores ao sindicato profissional no prazo de até dez dias, para que este iniciasse a negociação coletiva caso desejasse.

A decisão do STF precisa ser muito bem contextualizada, para que dela não se extraiam conclusões equivocadas. Trata-se de decisão de cautelar a respeito da constitucionalidade de medida provisória. Daí resulta que a Corte – como ficou claro no voto de diversos ministros – exerceu relevante grau de autocontenção, buscando respeitar as decisões tomadas pelo Poder Executivo no contexto absolutamente anormal da pandemia da covid-19.

Quando do julgamento da cautelar (meados de abril de 2020), ainda se estava no início das medidas de isolamento social e não se podia prever nem por quanto tempo a quarentena persistiria, nem os impactos da recessão econômica que se avizinhava.

Nesse contexto, o que parece ter guiado a decisão da corrente majoritária foram os riscos decorrentes de eventual declaração de inconstitucionalidade ou de suspensão dos dispositivos pela Corte. Temia-se que qualquer decisão

---

162. No mesmo sentido, Arnaldo Süssekind (*op.cit.*, p. 151) afirma: "do princípio da irredutibilidade de salário resulta a tese da manutenção do nível salarial cogitado na celebração do contrato de trabalho". Há "não só a proibição da redução direta do salário (diminuição do salário ajustado por unidade de tempo ou de obra), como de sua diminuição indireta (fornecimento de menos serviço ao empregado pago em razão do seu rendimento)".

contrária pudesse agravar o quadro caótico que já se entremostrava para a economia e para as relações de trabalho no país.

De fato, exigir-se a negociação coletiva prévia, para implementação das medidas, não atenderia à urgência e gravidade da situação. Diante de qualquer impasse com o ente sindical, muitas empresas, premidas pela paralisação de atividades e redução substancial de seu fluxo de caixa, possivelmente optariam pela dispensa em massa dos empregados, aumentando o cenário já conturbado. Dessa forma, muito embora corretas as premissas dos Ministros Rosa Weber e Edson Fachin – que assentavam a necessidade de estímulo ao diálogo social tripartite, tal como previsto em diversas Convenções da OIT –, as respectivas conclusões, no contexto específico da pandemia, poderiam gerar consequências sociais graves e imprevisíveis. Aqui, a interpretação consequencialista se fazia necessária.

De outro lado, a corrente majoritária se baseou em premissas preocupantes do ponto de vista da estruturação do Direito do Trabalho, com possíveis reflexos no momento pós-pandemia, conforme se desenvolverá no próximo tópico.

É preciso destacar que a solução intermediária, proposta pelo Min. Ricardo Lewandowski, equacionava adequadamente a questão, conciliando o interesse na preservação dos empregos com o da plena observância dos direitos fundamentais previstos no art. 7º. Isso se comprova até mesmo pela adesão da Advocacia-Geral da União, que postulou expressamente, ao final dos debates, a manutenção da liminar deferida pelo Ministro.

De acordo com a decisão monocrática, empregados e empregadores poderiam celebrar, de imediato, acordos individuais para a suspensão do contrato de trabalho ou para a redução proporcional de salário e jornada. Contudo, tal como previsto no art. 11, §4º, da MP 936/2020[163], os empregadores deveriam comunicar aos sindicatos profissionais, no prazo de 10 dias, a celebração de tais acordos individuais, ficando assegurada ao sindicato a possibilidade de iniciar negociação coletiva. Caso não houvesse negociação coletiva contrária, os acordos individuais seguiriam gerando seus plenos efeitos.

Essa solução tinha o mérito de preservar o núcleo essencial do direito previsto no art. 7º, VI e XIII, da CF, sem tergiversar com a tese da flexibilização de garantias fundamentais em momentos de excepcionalidade. Além disso, a decisão monocrática do Min. Lewandowski não comprometeria, nem de longe, a necessidade de segurança jurídica que o momento reclamava.

---

163. § 4º Os acordos individuais de redução de jornada de trabalho e de salário ou de suspensão temporária do contrato de trabalho, pactuados nos termos desta Medida Provisória, deverão ser comunicados pelos empregadores ao respectivo sindicato laboral, no prazo de até dez dias corridos, contado da data de sua celebração.

Isso porque eventual modificação dos acordos individuais somente poderia ser feita se sobreviesse acordo coletivo ou convenção coletiva em sentido contrário. Na omissão, ou seja, se não houvesse pactuação coletiva, o acordo individual permaneceria vigente em seus termos originários. Perdoe-se o truísmo, mas diante da grande confusão gerada, é necessário dizer: o sindicato jamais poderia *impor* ao empregador a modificação do acordo individual; isso só poderia resultar de efetiva negociação e celebração de instrumentos coletivos que contam com a participação direta (acordo coletivo) ou indireta (convenção coletiva) do patronato. Se houvesse qualquer modificação nos termos dos acordos individuais, a União poderia reaver valores que eventualmente tivessem sido pagos a maior.

Ademais, era infundada a preocupação com a dificuldade de comunicação com os sindicatos. Bastaria que o empregador usasse os meios à sua disposição, tais como e-mail, ligação telefônica, correspondência registrada, ou qualquer outro meio idôneo. Caso o sindicato criasse qualquer dificuldade pare receber o comunicado, é evidente que o empregador não seria penalizado por isso e acordo individual permaneceria intocado. Aliás, nos moldes da decisão monocrática do Min. Lewandowski, o sindicato seria o maior interessado em tomar conhecimento da realidade da base representada para, se fosse o caso, iniciar negociações coletivas que se revelassem mais adequadas ao respectivo interesse.

No entanto, o STF entendeu pela desnecessidade da interpretação conforme a Constituição proposta pelo Min. Lewandowski, e acabou firmando perigoso precedente em matéria de direitos fundamentais, conforme se passa a desenvolver.

10.2. A prevalência genérica dos acordos individuais e a "flexibilização" de direitos fundamentais

Como visto, apesar da solução satisfatória proposta pelo Min. Lewandowski, a maioria do STF validou de forma absoluta, na análise da cautelar, o texto da medida provisória. Por ocasião da exposição oral de seus votos, houve colocações expressas no sentido de que o "sindicato não poderia fazer nada" (Min. Luiz Fux) a respeito dos acordos individuais firmados pelos trabalhadores, e de que "os sindicatos não teriam probidade nem capacidade" para agir no momento da crise (Min. Roberto Barroso).

No voto do Min. Alexandre de Moraes na ADI 6363 MC, foi dito que o momento da pandemia não se tratava de "conflito entre empregado e empregador", e que a situação exigiria "convergência para a sobrevivência da empresa". A ideia de que não haveria conflito também foi defendida por certos segmentos da doutrina[164].

---

164. Por exemplo, AGUIAR, Antônio Carlos; CALVET, Otávio Amaral. *"Negociação" individual para redução de salário e jornada de trabalho.* Publicado em 8 abr. 2020. Disponível em: https://www.conjur.com.

Posteriormente, na apreciação da medida cautelar nas ADIs movidas contra a MP 927/2020[165], os Ministros Rosa Weber, Edson Fachin e Ricardo Lewandowski destacaram, em seus votos, a inconstitucionalidade do art. 2º da citada medida provisória, o qual previa a prevalência de acordos individuais no período do estado de calamidade pública, com preponderância sobre instrumentos normativos legais e negociais, respeitados os limites da Constituição[166]. A corrente majoritária, entretanto, votou pela não suspensão cautelar do dispositivo.

É muito preocupante e precisa ser combatida de forma muito clara e firme a ideia de que o "novo" Direito do Trabalho deveria ser pautado pela maior permeabilidade aos acordos individuais e pelo prestígio à autonomia da vontade, concebidos como panaceias para o problema da litigiosidade excessiva, em conjunto com o estímulo aos meios alternativos de solução de conflitos[167].

Para que não pairem dúvidas: para o trabalhador comum (ou seja, a grande massa trabalhadora), não há o menor espaço para que se cogite de liberdade contratual e negociação das condições de trabalho com o empregador. A relação de trabalho é completamente assimétrica e o trabalhador depende do emprego como fonte de subsistência, o que, em cenário marcado pelo desemprego estrutural, faz com que o empregado aceite praticamente tudo que lhe seja imposto

---

br/2020-abr-08/aguiar-calvet-negociacao-individual-reducao-salario-jornada Acesso em 15 jun. 2020. Interessante notar que os autores, embora defendam a validade dos acordos individuais, usam, no título do texto, a expressão "negociação" entre aspas, mostrando que perceberam o fato de que não se trata de verdadeira negociação.

165. ADI 6342,6344, 6346, 6348, 6349, 6352, 6254, rel. Min. Marco Aurélio, red. p/ o ac. Min. Alexandre de Moraes, julgamento em 29.4.2020.

166. Art. 2º Durante o estado de calamidade pública a que se refere o art. 1º, o empregado e o empregador poderão celebrar acordo individual escrito, a fim de garantir a permanência do vínculo empregatício, que terá preponderância sobre os demais instrumentos normativos, legais e negociais, respeitados os limites estabelecidos na Constituição.

167. Carolina Tupinambá e Marina Valverde, por exemplo, sustentam que "a quantidade de novas ações que ingressam na Justiça do Trabalho a cada ano é enorme, apesar dos filtros inaugurados com a reforma trabalhista, revelando modelo pouco eficiente de resolução de conflitos entre empregadores e empregados. Em contextos como o atual, por outro lado, os mecanismos internos de resolução de problemas são essenciais. O mais básico deles consiste no próprio diálogo" (p. 228). Adiante, as autoras defendem a ideia de que "Com o amadurecimento desses atores sociais, a negociação interna poderá ser cada vez mais explorada, após o fim do estado de calamidade, evitando-se a litigiosidade e a necessidade de invocar um terceiro, que provavelmente não conheça a realidade específica, para resolver as questões que se colocam" (p. 233). Conclusivamente, afirmam que "os oportunistas, ou seja, empresas que não estão tendo impacto negativo em suas receitas (ou até mesmo estejam tendo aumento dela, como é o caso dos supermercados e farmácias) não poderão ser beneficiadas pelas medidas de flexibilização que se colocam para o enfrentamento da pandemia. Assim como, não parece aceitável que empregados aleguem vício de consentimento na realização de acordos individuais firmados, por exemplo, para reduzir salário e jornada. Um relevante filtro ético permeará o cenário que advirá da crise enfrentada" (p. 235). TUPINAMBÁ, Carolina; VALVERDE, Marina Novellino. Um novo normal para o Direito do Trabalho. *O Direito do Trabalho na crise da COVID-19* (coords. Alexandre Agra Belmonte et. alii). Salvador: Juspodivm, 2020, p. 221-238.

pelo patrão. Como se diz no jargão popular, "é pegar ou largar"[168], sendo que "largar" implica o ingresso do cidadão na grande fileira de desempregados.

A existência e o fortalecimento de órgãos estatais especializados – como a magistratura do trabalho, o Ministério Público do Trabalho e a fiscalização do trabalho –, é pressuposto indispensável para que se busque o mínimo de efetividade do projeto constitucional de construção de uma sociedade realmente livre, justa e solidária, em que se possa reduzir as desigualdades sociais e assegurar a dignidade do ser humano.

Pretender implantar a liberdade individual na relação de trabalho típica corresponde a defender um retorno à barbárie que imperava na Europa no século XIX, e no Brasil do início do século XX. Aliás, a barbárie, em boa medida, continua acontecendo não só no Brasil, mas em grande parte do mundo, mas isso não pode ser legitimado pelo Direito, que deve exercer papel transformador.

A liberdade assim preconizada não vale para todos, mas para muito poucos. E ressalvar as normas constitucionais (como feito pelo art. 2º da MP 927/2020) é absolutamente insuficiente: basta perceber que diversas regras fundamentais de proteção ao trabalho se encontram na legislação infraconstitucional, tais como as normas de saúde, higiene e segurança do trabalho (CLT, art. 154 e seguintes, e normas regulamentadoras); o intervalo intrajornada (CLT, art. 71); o intervalo entre jornadas (CLT, art. 66); o repouso em feriados (Lei n 605/49); a regulamentação diferenciada do trabalho do menor (CLT, art. 402 e seguintes); as normas sobre fiscalização do trabalho (diversos dispositivos da CLT, com o art. 343), entre muitas outras.

Feitos esses esclarecimentos, é importante salientar que o STF, quando da decisão do referendo em medida cautelar, não se pronunciou explicitamente sobre a abrangência do art. 2º da MP 927/2020, vale dizer: o acordo individual prevalece sobre a lei e sobre as normas coletivas em todo e qualquer tema, ou apenas quanto às matérias que foram objeto de regulamentação diferenciada na própria MP 927/2020?

Apesar da redação aparentemente ampla do referido art. 2º, a interpretação lógico-sistemática aponta para que a prevalência do acordo individual se dê apenas nas matérias tratadas ao longo da medida provisória, tais como o teletrabalho, a antecipação de férias etc. Pensar diferentemente equivaleria a reconhecer que a MP 927/2020 teria revogado, ainda que temporariamente e de forma oblíqua, toda a legislação trabalhista infraconstitucional.

---

168. O jargão popular não é dito apenas no Brasil. Por exemplo, a juíza da Suprema Corte dos EUA, Ruth B. Ginsburg, em voto dissidente No caso *Epic Systems Corp. v. Lewis* U.S., 138 S.Ct. 1612 (2018), menciona a existência dos contratos "take it or leave it", ou seja, pegar ou largar, sendo que a Suprema Corte americana, por apertada maioria, aceitou clausulas contratuais que restringiam a prerrogativa de empregados ajuizarem ações coletivas em busca de salários e horas extras inadimplidas. Sobre o tema, de forma profunda, v. FERNANDES, João Renda Leal, *O mito...*, *op.cit.*, p. 145.

Cabe afastar, ainda, alguns argumentos que foram equivocadamente lançados por ocasião dos debates envolvendo as medidas provisórias 927 e 936/2020.

Primeiro, a premissa de que não haveria conflito entre trabalhadores e empregadores em função da pandemia e da grave crise econômica. Mesmo que seja inegável a excepcionalidade da situação, não se pode supor que não exista o conflito de classes. A crise da Covid-19 realmente afeta a sociedade como um todo – e não apenas determinada categoria profissional –, mas não se pode, a partir daí, extrair a ilógica conclusão de que somente as autoridades públicas poderiam cuidar dos interesses coletivos envolvidos, como se não fosse papel da negociação coletiva resolver os aspectos trabalhistas envolvidos.

Ao contrário, a crise sanitária e econômica exige medidas concertadas entre Poder Público e sociedade civil. É necessário o diálogo entre Estado, sindicatos de trabalhadores e empregadores, nos exatos termos de diversas convenções e recomendações da Organização Internacional do Trabalho.

Segundo, foi dito por alguns que seriam necessários "vários anos" até se encerrarem as negociações coletivas a respeito da redução do salário e da jornada, ou da suspensão contratual. No entanto, a celebração de convenções coletivas é corriqueira na realidade trabalhista brasileira, e, havendo participação de federações ou confederações de trabalhadores e de empregadores, muitas vezes se tem a solução do conflito coletivo em âmbito nacional para determinada categoria. Completamente equivocado, portanto, supor que haveria necessidade de milhares de acordos coletivos. Alguns poucos resolveriam a questão em âmbito nacional.

Terceiro, foi mencionado que a redução salarial ou a suspensão contratual seriam decorrentes da lei (= da MP 936/2020), e não do acordo individual, e que, se a norma coletiva pode reduzir salários, a lei também poderia fazê-lo. Aqui se nota mais um gravíssimo desvio de perspectiva, pois o Estado, através da medida provisória, não está – com o perdão, novamente, pelo necessário truísmo – "negociando" a redução do salário com o empregador. Na verdade, foi criado um programa emergencial que pressupõe "acordo individual" entre empregado e empregador. Não é a lei, mas o "acordo" que reduz o salário ou suspende o contrato.

Em suma, a posição adotada pelo STF ao apreciar a medida cautelar nas ADIs – e que pode ser revista ou matizada quando do julgamento final – acabou por admitir a flexibilização da garantia constitucional prevista no art. 7º, VI, da Constituição, sob o argumento da crise econômica decorrente da pandemia. De todo modo, a prevalência dos acordos individuais restou assegurada apenas para o período do estado de calamidade.

Por fim, ressalte-se que a MP 927/2020 teve sua vigência encerrada em 19.07.2020, o que não diminui a importância do debate travado no STF a respeito dos temas nela versados.

10.3. A questão da covid-19 como doença ocupacional

Merece análise destacada a problemática do adoecimento do trabalhador em função da covid-19. No referendo em medida cautelar nas ADIs, o Supremo suspendeu o art. 29 da MP 927/2020[169], o qual previa que os casos de contaminação pelo coronavírus não seriam considerados ocupacionais, salvo se comprovado o nexo de causalidade.

O tema é extremamente complexo e propicia importante reflexão atinente à responsabilidade civil, notadamente no que tange ao nexo causal e à responsabilização objetiva.

O primeiro ponto a ser percebido é a diferenciação entre as esferas trabalhista e previdenciária. A primeira diz respeito à responsabilidade civil do empregador (danos morais e materiais, inclusive pensionamento, regidos pela CLT e pelo Código Civil); a segunda, à aplicação dos mecanismos de seguridade social (pagamento de benefícios previdenciários como o auxílio-doença acidentário, estabilidade de 12 meses do empregado acidentado, entre outros, regidos preponderantemente pela Lei nº 8.213/91).

A decisão do STF, no referendo em medida cautelar, não fez essa separação entre o âmbito trabalhista e o previdenciário. Aparentemente, a maioria da Corte sinalizou pela aplicabilidade da teoria da responsabilidade objetiva do empregador quanto ao adoecimento por covid-19. Curiosamente, fez-se referência até aos "motoboys"[170], que atualmente, como se sabe, geralmente são contratados de forma precária, sem vínculo empregatício, pelas empresas de entrega que atuam por meio de aplicativos.

Sucede que é imprescindível diferenciar a responsabilidade trabalhista da previdenciária.

O art. 29 da MP 927/2020 (suspenso cautelarmente pelo STF) apresentava regramento muito parecido com o da lei previdenciária (Lei nº 8.213/91, art. 20, §1º)[171], no que prevê a doença endêmica. A pandemia da covid-19 se enquadra

---

169. Art. 29. Os casos de contaminação pelo coronavírus (covid-19) não serão considerados ocupacionais, exceto mediante comprovação do nexo causal.

170. No informativo 975 do STF, as seguintes colocações constam como parte da fundamentação do voto do Min. Alexandre de Moraes: "o art. 29 é extremamente ofensivo relativamente aos inúmeros trabalhadores de atividades essenciais que continuam expostos aos riscos, como médicos e enfermeiros, para os quais a demonstração do nexo causal pode ser mais fácil, mas, também, relativamente aos funcionários de farmácias, de supermercados e aos motoboys que trazem e levam entregas de alimentos. Quanto a estes últimos, o ministro salientou a sua dificuldade em comprovar eventual nexo causal, o que iria de encontro, ademais, ao recente entendimento firmado pela Corte, no RE 828.040, no sentido de reconhecer a responsabilidade objetiva em alguns casos em que o risco é maior. Ou seja, não se pode admitir que o citado dispositivo exclua da consideração da contaminação por coronavírus como ocupacional, de uma maneira tão ampla, inclusive esses profissionais".

171. Art. 20, § 1º - Não são consideradas como doença do trabalho: (...) d) a doença endêmica adquirida por segurado habitante de região em que ela se desenvolva, salvo comprovação de que é resultante de exposição ou contato direto determinado pela natureza do trabalho.

perfeitamente neste último dispositivo legal, de modo que, sob a ótica previdenciária, deve-se considerar que não se trata, em princípio, de doença ocupacional.

Contudo, se ficar evidenciado que a atividade laborativa expõe o trabalhador a um incremento significativo no risco de contaminação (trabalhadores da "linha de frente" de combate ao vírus, como os de hospitais), a doença se qualifica como ocupacional sob o prisma previdenciário[172]. Daí decorre, por exemplo, que o trabalhador pode fazer jus ao auxílio-doença acidentário (atualmente chamado de benefício por incapacidade temporária acidentária), com as regras diferenciadas de carência que lhe são aplicáveis, bem como à garantia provisória de emprego de 12 meses prevista no art. 118 da lei previdenciária[173]. Essa conclusão decorre diretamente do art. 20, §1º, da Lei nº 8.213/91, que enquadra a doença endêmica (ou pandêmica, por extensão) como ocupacional quando resultante de exposição ou de contato direto determinado pela natureza do trabalho.

Raciocínio diverso deve ser trilhado quanto à responsabilidade civil do empregador em decorrência do adoecimento pela covid-19. Por lealdade ao leitor, informa-se que, além da já referida sinalização do STF – acerca da possível aplicação da teoria da responsabilidade objetiva –, a opinião doutrinária aparentemente prevalecente até o momento sinaliza pela possibilidade de responsabilização civil do empregador, tanto sob a ótica da presunção de culpa[174], quanto da responsabilidade objetiva[175].

---

172. Sobre o aumento do grau de exposição como fator decisivo, embora sem fazer o corte metodológico proposto no texto, no sentido de diferenciar as esferas trabalhista e previdenciária, Cláudio Brandão afirma: "a doença, mesmo endêmica – ou pandêmica, no caso da COVID-19 – pode ser considerada de natureza ocupacional quando resulte das condições de trabalho, como no caso de o empregado transferido de região onde não ainda não existia venha a contrair a doença por trabalhar em local em que esteja disseminada ou quando, mesmo habitando-a, não seja portador da doença e a adquira pelo fato de haver sido exposto ao contágio, como no caso específico dos profissionais de saúde ou dos trabalhadores que executam as atividades de limpeza e higienização dos estabelecimentos de saúde; motoristas de ambulância e carros funerários; trabalhadores em cemitérios, entre outros" (BRANDÃO, Cláudio. A Covid-19 e o adoecimento ocupacional. *O Direito do Trabalho na crise da COVID-19* [coords. Alexandre Agra Belmonte et. alii]. Salvador: Juspodivm, 2020, p. 290]. Adiante, o autor acrescenta que "se o fator trabalho nada acrescentar às possibilidades de contágio, estar-se-á diante do que se pode denominar de 'doença exclusivamente endêmica' e, por conseguinte, terá plena incidência o artigo 29 da MP 927/2020; caso contrário, permanecem as regras gerais contidas na Lei 8.213/1991, até porque não foram afetadas pela nova disciplina normativa" (p. 291).

173. Art. 118. O segurado que sofreu acidente do trabalho tem garantida, pelo prazo mínimo de doze meses, a manutenção do seu contrato de trabalho na empresa, após a cessação do auxílio-doença acidentário, independentemente de percepção de auxílio-acidente.

174. Assim, aparentemente, Luciano Martinez, quando sustenta: "por presunção, o adoecimento por conta do contágio viral é não ocupacional, a despeito da decisão tomada pelo STF em suspender a eficácia do art. 29 da MP 927/2020, se mantida a disposição contida no § 1º, do inciso II, "d", do art. 20 da Lei n. 8.213/91. O trabalhador, entretanto, pode demonstrar, contrariando a presunção inicial, que o contágio foi o resultado de exposição ou contato direto determinado pela natureza do trabalho. Isso, obviamente, ocorre com os profissionais da saúde e outros que estejam atuando na linha de frente do combate à pandemia, haja vista o ofício de cuidar das pessoas contaminadas" (Luciano Martinez: MARTINEZ, Luciano. As responsabilidades securitária social e civil-trabalhista nos casos de adoecimento pelo coronavírus. *O Direito do Trabalho na crise da COVID-19* [coords. Alexandre Agra Belmonte et. alii]. Salvador: Juspodivm, 2020, p. 301).

175. "(...) para as pessoas que atuam diretamente no combate à pandemia, na 'linha de frente' como popularmente se diz, a exposição ao risco torna-se habitual e, nesse aspecto, atrai a regra prevista no parágrafo

De início, veja-se que é absolutamente possível e legítima a responsabilidade civil do empregador por danos extrapatrimoniais decorrentes da negligência e da ausência de cuidados sanitários adequados. Por exemplo: o empregador não fornece álcool em gel ou máscaras, tal como recomendado pelas autoridades em matéria de saúde. A mera falta de cuidado, por gerar sentimento de apreensão e por aumentar os riscos de contágio, fazem com que surja dano moral *in re ipsa*, que pode ser exigido em face do empregador negligente.

Problema maior está na responsabilização civil do empregador pelos danos decorrentes da doença em si. A discussão ganha contornos de dramaticidade sobretudo na situação em que o cidadão trabalhador vem a óbito em decorrência da covid-19. Seria pertinente, nesses casos, estabelecer o pagamento de pensão mensal vitalícia (lucros cessantes), em benefício da família e a cargo do empregador? Ou, ao revés, se trataria de responsabilidade única e exclusiva da Previdência Social a de pagar o benefício da pensão por morte?

Ora, é sabido que a contaminação pela covid-19 pode acontecer em qualquer espécie de contato físico com outros seres humanos e até mesmo com superfícies. Dessa forma, é absolutamente impossível determinar onde, quando e como uma pessoa foi contaminada pelo vírus[176], com a ressalva de situações excepcionalíssimas[177].

De fato, o trabalhador – ainda que atuando na "linha de frente" de combate ao vírus – pode ter sido infectado, por exemplo, quando se dirigiu ao supermercado ou à farmácia para fins pessoais; no elevador de seu prédio; ou em qualquer outro lugar em que tenha circulado.

Para que haja responsabilidade civil (subjetiva ou objetiva), é necessária a conjugação de três elementos:

- (i) a ação ou omissão, que, no caso da relação de trabalho, é um fato ocorrido no contexto da prestação de serviços;
- (ii) um dano, consistente na violação de qualquer bem jurídico material (exemplo: lucros cessantes) ou imaterial (exemplo: dignidade, honra, integridade biopsíquica);

único do Código Civil, a consequente responsabilidade objetiva do empregador e dispensa o empregado da prova da nexo causal; é suficiente demonstrar o trabalho e o local onde era realizado" (BRANDÃO, Cláudio, *A Covid...*, *op.cit.*, p. 285).

176. Reconhecendo indiretamente a impossibilidade de identificação da fonte de contágio, Cláudio Brandão assevera: "no Brasil, foi declarada a situação de transmissão comunitária (...) oficialmente, no dia 20 de março de 2020. (...) Antes desse fato, havia condições, pelo menos no plano teórico, de ser identificada a origem do contágio, em geral pessoas provenientes de regiões afetadas pela doença" (*A Covid...*, *op.cit*, p. 285).

177. No plano da especulação teórica, pode-se cogitar de situação em que o trabalhador residisse no local de trabalho e dele não tenha saído durante longo período (exemplo: empregado doméstico que mora na casa do patrão e dela não saiu; trabalhador embarcado). Em tais casos, se for possível determinar a data em que houve o contágio, em tese seria possível estabelecer o nexo causal entre a doença e o trabalho.

- (iii) o nexo de causalidade, ou seja, a relação de causa e consequência entre ação e dano.

Nesse contexto, deve-se perceber que a responsabilidade objetiva dispensa a existência de culpa, mas não de nexo causal entre a atividade e o dano. E, para que se caracterize o nexo de causalidade, conforme abalizada doutrina, é imperioso que se demonstre que, sem a ação ou omissão do causador do dano, este não ocorreria[178]. Especificando o raciocínio para o âmbito trabalhista, o nexo causal pressupõe a demonstração de que o dano decorre de algum evento ocorrido no contexto da relação de trabalho, ainda que seja o caso de aplicação da responsabilidade objetiva.

Alguns exemplos permitirão visualizar melhor o ponto. Imaginem-se as seguintes situações hipotéticas, em que seria pertinente a aplicação da responsabilidade civil objetiva, ou seja, independentemente de culpa do empregador:

- (i) vigilante armado alvo de projétil em confronto para proteger a carga transportada da ação de criminosos;
- (ii) motorista profissional que sofre, em serviço, acidente de trânsito quando transportava mercadorias ou pessoas, com danos à sua integridade física;
- (iii) gerente bancário que é sequestrado fora do ambiente da instituição financeira, mas é feito refém em função de possuir as chaves da agência do banco;
- (iv) trabalhador que maneja amianto e é acometido de doença respiratória (asbestose);
- (v) empregado que faz reparos em rede de alta tensão e sofre descarga elétrica que gera danos pessoais;
- (vi) trabalhador da construção civil que sofre acidente de trabalho na obra.

---

178. "Antes de decidirmos se o agente agiu ou não com culpa teremos que apurar se ele deu causa ao resultado. E assim é por uma questão de lógica elementar: ninguém pode responder por algo que não fez, de modo que não tem o menor sentido examinar culpa de alguém que não tenha dado causa ao dano. (...) Cuida-se, então, de saber quando um determinado resultado é imputável ao agente; que relação deve existir entre o dano e o fato para que este, sob a ótica do Direito, possa ser considerado causa daquele. O conceito de nexo causal não é jurídico; decorre das leis naturais. É o vínculo, a ligação ou relação de causa e efeito entre a conduta e o resultado. A relação causal, portanto, estabelece o vínculo entre um determinado comportamento e um evento, permitindo concluir, com base nas leis naturais, se a ação ou omissão do agente foi ou não a causa do dano. (...) o nexo de causalidade é elemento indispensável em qualquer espécie de responsabilidade civil. Pode haver responsabilidade sem culpa, (...) mas não pode haver responsabilidade sem nexo causal. O simples fato de que as possibilidades de dano tenham sido acrescidas pelo fato alegado, diz o insigne Aguiar Dias, não estabelece suficientemente a causalidade. É preciso sempre demonstrar, para intentar a ação de reparação, que, *sem o fato alegado*, o dano não se teria produzido" (CAVALIERI FILHO, Sérgio. *Programa de Responsabilidade Civil.* 5ª ed. São Paulo: Malheiros, 2004, p. 65-6).

O "fio condutor" que une esses casos está no fato de que, em todos, seria possível afirmar seguramente que o dano (= doenças, sequelas físicas ou psíquicas, violação a direitos da personalidade) ocorreu por ocasião ou em função do trabalho. Mesmo que o evento danoso ocorra fora do ambiente de trabalho (como no exemplo do gerente bancário), a relação de causa e efeito se estabelece com bastante nitidez em todos os exemplos.

Já na hipótese de contaminação por doença endêmica ou pandêmica, entretanto, conforme já dito, não há como fixar a relação de causalidade, pois a contaminação pode ter acontecido em qualquer lugar e ocasião. O que fazer, por exemplo, na hipótese (não rara, sobretudo em se tratando de profissionais de saúde) em que o trabalhador tem dois ou mais empregos? Como estabelecer a responsabilidade civil objetiva nesses casos?

Em suma, como regra geral, pode-se afirmar que, para os trabalhadores da "linha de frente", haverá a caracterização de doença ocupacional apenas para fins previdenciários. Daí decorre a possibilidade de concessão de auxílio-doença acidentário (benefício temporário por incapacidade acidentária), aplicação de prazos de carência diferenciados e, eventualmente, a garantia provisória de emprego do art. 118 da lei previdenciária. De outro lado, do ponto de vista da responsabilidade civil do empregador, haverá responsabilidade subjetiva pela exposição majorada ao risco, nos casos em que se constate negligência ou violação das recomendações pertinentes das autoridades sanitárias (fornecimento de EPIs e outras medidas preventivas), cabendo a fixação de indenização por danos morais. Em princípio, entretanto, descabe responsabilizar civilmente o empregador pelos prejuízos decorrentes da doença em si, quer no que tange a danos morais, quanto a danos materiais (pensionamento e despesas médicas).

Tal raciocínio nada tem de heterodoxo. Situação idêntica acontece com o chamado "acidente de trajeto", que se equipara ao acidente de trabalho, nos exatos termos da legislação previdenciária[179]. Na situação em que o trabalhador sofre acidente no itinerário entre sua residência e o trabalho, estará caracterizado o acidente de trabalho para fins previdenciários. No entanto, não será pertinente a responsabilização civil do empregador, diante da inexistência de nexo de causalidade entre a doença e a atividade profissional, pois o dano terá decorrido não do trabalho, mas de evento externo (por exemplo, a colisão de veículos).

10.4. Fiscalização do trabalho

Dois outros dispositivos das medidas provisórias atinentes ao Direito do Trabalho Emergencial tiveram análise destacada no STF: os arts. 3º, VI, e

179. Lei nº 8.213/91, Art. 21. Equiparam-se também ao acidente do trabalho, para efeitos desta Lei: (...) d) no percurso da residência para o local de trabalho ou deste para aquela, qualquer que seja o meio de locomoção, inclusive veículo de propriedade do segurado.

31[180]. Ambos dizem respeito ao tema da fiscalização do trabalho, mas, curiosamente, apenas o art. 31 foi suspenso por aparente inconstitucionalidade (diz-se "aparente" por se tratar de julgamento de medida cautelar, feito em juízo de mera delibação, que ainda pode modificar-se quando da decisão final).

O voto condutor do Min. Alexandre de Moraes asseverou que o art. 31 não tem a mínima razoabilidade ao suspender, por 180 dias, a atuação dos auditores do trabalho. Isso seria um atentado contra a saúde do empregado e não auxiliaria em relação à pandemia e ao objetivo de manutenção de empregos. Ao contrário, no momento excepcional, em que vários direitos trabalhistas estão sendo relativizados, seria mais necessária a atuação dos auditores. Quanto aos exames médicos ocupacionais, destacou que, na prática, tais procedimentos são feitos com muitas pessoas em conjunto, gerando aglomerações. Além disso, o médico poderia indicar a necessidade de realizar exames em casos específicos. Ficou subentendido que o art. 3º, VI, deveria ser interpretado em conjugação com os arts. 15, 16 e 17[181], de modo que a suspensão das exigências

---

180. Art. 3º Para enfrentamento dos efeitos econômicos decorrentes do estado de calamidade pública e para preservação do emprego e da renda, poderão ser adotadas pelos empregadores, dentre outras, as seguintes medidas: (...)

VI - a suspensão de exigências administrativas em segurança e saúde no trabalho.

Art. 31. Durante o período de cento e oitenta dias, contado da data de entrada em vigor desta Medida Provisória, os Auditores Fiscais do Trabalho do Ministério da Economia atuarão de maneira orientadora, exceto quanto às seguintes irregularidades:

I - falta de registro de empregado, a partir de denúncias;

II - situações de grave e iminente risco, somente para as irregularidades imediatamente relacionadas à configuração da situação;

III - ocorrência de acidente de trabalho fatal apurado por meio de procedimento fiscal de análise de acidente, somente para as irregularidades imediatamente relacionadas às causas do acidente; e

IV - trabalho em condições análogas às de escravo ou trabalho infantil.

181. Art. 15. Durante o estado de calamidade pública a que se refere o art. 1º, fica suspensa a obrigatoriedade de realização dos exames médicos ocupacionais, clínicos e complementares, exceto dos exames demissionais.

§ 1º Os exames a que se refere *caput* serão realizados no prazo de sessenta dias, contado da data de encerramento do estado de calamidade pública.

§ 2º Na hipótese de o médico coordenador de programa de controle médico e saúde ocupacional considerar que a prorrogação representa risco para a saúde do empregado, o médico indicará ao empregador a necessidade de sua realização.

§ 3º O exame demissional poderá ser dispensado caso o exame médico ocupacional mais recente tenha sido realizado há menos de cento e oitenta dias.

Art. 16. Durante o estado de calamidade pública a que se refere o art. 1º, fica suspensa a obrigatoriedade de realização de treinamentos periódicos e eventuais dos atuais empregados, previstos em normas regulamentadoras de segurança e saúde no trabalho.

§ 1º Os treinamentos de que trata o *caput* serão realizados no prazo de noventa dias, contado da data de encerramento do estado de calamidade pública.

§ 2º Durante o estado de calamidade pública a que se refere o art. 1º, os treinamentos de que trata o *caput* poderão ser realizados na modalidade de ensino a distância e caberá ao empregador observar os conteúdos práticos, de modo a garantir que as atividades sejam executadas com segurança.

administrativas dizia respeito apenas aos exames médicos periódicos, aos treinamentos em matéria de saúde e segurança do trabalho e à CIPA.

O Min. Roberto Barroso, em seu voto oral, afirmou que sua primeira reação foi considerar como inconstitucional o art. 3º, VI, por se tratar de direito fundamental do empregado (proteção da saúde e segurança). Mesmo na pandemia, não seria possível, em sua visão, abrandar as normas de segurança e saúde do trabalho. A restrição se aplicaria, entretanto, apenas aos exames médicos ocupacionais, treinamentos periódicos e CIPA. Tais três hipóteses seriam razoáveis. Embora a Corte não haja feito interpretação conforme a Constituição nesse aspecto.

O Ministros Edson Fachin, Rosa Weber e Ricardo Lewandowski votaram vencidos pela inconstitucionalidade dos arts. 15 e 16, da MP 927, por violação ao art. 7º, XXII, da CF. A dispensa de realização de exames ocupacionais e de treinamentos relativos à segurança e saúde do trabalho vai de encontro ao objetivo de reduzir os riscos de acidente de trabalho e de doença ocupacional. O art. 16, §2º, na ótica dos mesmos ministros, seria constitucional por propiciar a realização dos treinamentos à distância.

A decisão do Plenário, portanto, deve ser interpretada no sentido de que a suspensão das exigências administrativas relativas à segurança e saúde do trabalho (art. 3º, VI) se refere apenas à não obrigatoriedade de realização de exames médicos periódicos (art. 15) e de treinamentos (art. 16), bem como à possibilidade de manutenção da CIPA até o encerramento do estado de calamidade, suspendendo-se os processos eleitorais então em curso (art. 17).

Assim interpretado, o julgado preserva a atuação da fiscalização do trabalho, atividade absolutamente fundamental para que haja o efetivo cumprimento da legislação trabalhista, sobretudo no que tange aos contratos de trabalho vigentes. Como se sabe, a atuação da Justiça do Trabalho, por provocação do trabalhador, acontece mais comumente após a extinção do vínculo empregatício – e, consequentemente, depois de já consumadas violações a direitos. A fiscalização, portanto, exerce o importante papel de minimizar o cometimento de infrações.

No que concerne à suspensão das exigências de exames ocupacionais e de treinamentos, a opção legislativa – validada pelo STF - vai na contramão do art. 7º, XXII, da CF (princípio do risco mínimo regressivo), aumentando exponencialmente os riscos de adoecimento ocupacional e de acidentes de trabalho. A medida em nada contribui para a preservação dos postos de emprego, e acaba gerando maiores riscos tanto para a saúde do trabalhador, quanto para

---

Art. 17. As comissões internas de prevenção de acidentes poderão ser mantidas até o encerramento do estado de calamidade pública e os processos eleitorais em curso poderão ser suspensos.

o patrimônio do empregador, que pode se sujeitar ao pagamento de indenizações em caso de eventuais danos sofridos pelo empregado.

10.5. Teletrabalho, banco de horas e tempo à disposição

Nas ADIs discutiu-se também a validade do regime diferenciado de compensação de jornadas e a regulamentação do teletrabalho (arts. 4º e 14 da MP 927/2020)[182]. O Min. Edson Fachin votou pela suspensão cautelar do art. 4º, §5º, dispositivo em relação ao qual o Min. Roberto Barroso demonstrou preocupação, mas não declarou a inconstitucionalidade. A maioria formada na Corte, entretanto, validou os dispositivos.

Sucede que autorizar a compensação de horários por acordos individuais – sobretudo ao longo do extenso período de 18 meses previsto na medida pro-

---

182. Art. 4º Durante o estado de calamidade pública a que se refere o art. 1º, o empregador poderá, a seu critério, alterar o regime de trabalho presencial para o teletrabalho, o trabalho remoto ou outro tipo de trabalho a distância e determinar o retorno ao regime de trabalho presencial, independentemente da existência de acordos individuais ou coletivos, dispensado o registro prévio da alteração no contrato individual de trabalho.

§ 1º Para fins do disposto nesta Medida Provisória, considera-se teletrabalho, trabalho remoto ou trabalho a distância a prestação de serviços preponderante ou totalmente fora das dependências do empregador, com a utilização de tecnologias da informação e comunicação que, por sua natureza, não configurem trabalho externo, aplicável o disposto no inciso III do *caput* do art. 62 da Consolidação das Leis do Trabalho, aprovada pelo Decreto-Lei nº 5.452, de 1943.

§ 2º A alteração de que trata o *caput* será notificada ao empregado com antecedência de, no mínimo, quarenta e oito horas, por escrito ou por meio eletrônico.

§ 3º As disposições relativas à responsabilidade pela aquisição, pela manutenção ou pelo fornecimento dos equipamentos tecnológicos e da infraestrutura necessária e adequada à prestação do teletrabalho, trabalho remoto ou trabalho a distância e ao reembolso de despesas arcadas pelo empregado serão previstas em contrato escrito, firmado previamente ou no prazo de trinta dias, contado da data da mudança do regime de trabalho.

§ 4º Na hipótese de o empregado não possuir os equipamentos tecnológicos e a infraestrutura necessária e adequada à prestação do teletrabalho, do trabalho remoto ou do trabalho a distância:

I - o empregador poderá fornecer os equipamentos em regime de comodato e pagar por serviços de infraestrutura, que não caracterizarão verba de natureza salarial; ou

II - na impossibilidade do oferecimento do regime de comodato de que trata o inciso I, o período da jornada normal de trabalho será computado como tempo de trabalho à disposição do empregador.

§ 5º O tempo de uso de aplicativos e programas de comunicação fora da jornada de trabalho normal do empregado não constitui tempo à disposição, regime de prontidão ou de sobreaviso, exceto se houver previsão em acordo individual ou coletivo.

Art. 14. Durante o estado de calamidade pública a que se refere o art. 1º, ficam autorizadas a interrupção das atividades pelo empregador e a constituição de regime especial de compensação de jornada, por meio de banco de horas, em favor do empregador ou do empregado, estabelecido por meio de acordo coletivo ou individual formal, para a compensação no prazo de até dezoito meses, contado da data de encerramento do estado de calamidade pública.

§ 1º A compensação de tempo para recuperação do período interrompido poderá ser feita mediante prorrogação de jornada em até duas horas, que não poderá exceder dez horas diárias.

§ 2º A compensação do saldo de horas poderá ser determinada pelo empregador independentemente de convenção coletiva ou acordo individual ou coletivo.

visória – viola frontalmente o art. 7º, XIII, da CF, que exige instrumento coletivo nessas hipóteses. O trabalho em sobrejornada durante tão longo período apresenta potencial extremamente danoso à saúde do trabalhador, além de aumentar os riscos de ocorrência de acidentes de trabalho.

A compensação por acordo individual só é legítima nas hipóteses da Súmula 85 do TST, não podendo consistir em "banco de horas", ou seja, não pode abranger períodos mais amplos de tempo, como o semestre[183] ou o ano.

Há outros dois aspectos cruciais quanto ao banco de horas: o fato de permitir a protelação no pagamento de salário (= horas extras trabalhadas) por longo período; e o critério matemático utilizado, de compensar uma hora extra com uma hora negativa do banco de horas. O critério correto deveria ser multiplicar a hora extra por 1,5 para fins de compensação, já que o art. 7º, XVI, da CF, impõe que o serviço extraordinário tem de ser remunerado com acréscimo de, no mínimo, 50% do valor normal[184].

No que tange à regulamentação do teletrabalho, o texto da MP 927/2020 – assim como acontece com os arts. 75-A a E da CLT[185] – é bastante lacônico, sobretudo quanto ao ônus financeiro associado à aquisição e manutenção dos equipamentos necessários para o trabalho. A discussão envolvendo tais dispositivos está em que os computadores e outros instrumentos telemáticos, em tese, podem ser utilizados pelo trabalhador para fins pessoais. Daí a possibilidade de que haja repartição de custos financeiros, conforme previsto no contrato de trabalho. No entanto, se o empregado é transferido do regime presencial para o teletrabalho no interesse do empregador, e não dispõe dos equipamentos necessários para essa nova realidade, o custo deve ser integralmente arcado pelo empregador, que assume, por força do art. 2º, *caput*, da CLT, os riscos do empreendimento[186].

Já o art. 4º, §5º, da MP 927 é manifestamente inconstitucional, ao estipular que o tempo de uso de aplicativos e programas de comunicação fora da jor-

---

183. Dessa forma, viola a Constituição o art. 59, §5º, da CLT, ao prever a possibilidade de banco de horas semestral por acordo individual, nos seguintes termos: "Art. 59, § 5º O banco de horas de que trata o § 2º deste artigo poderá ser pactuado por acordo individual escrito, desde que a compensação ocorra no período máximo de seis meses".

184. Segundo Homero Batista Mateus da Silva (*op.cit.*, p. 44), "se o pagamento da hora extra é à razão de 1,5 hora, também a compensação deveria ser de uma hora e meia para cada uma hora de sobretempo; isso é muito fácil de ser entendido e surpreende que não se mexa nesse ponto da legislação. Essa explicação sobre o custo mais barato das horas extras a serem compensadas em banco de horas justifica por que as empresas tendem a adotá-lo, mesmo sem sazonalidade, picos de produção ou atividades capazes de ensejar oscilação brusca de demanda (...)".

185. Com a mesma impressão, Homero Batista Mateus da Silva (*op.cit.*, p. 59) afirma que "o art. 75-D [da CLT] toca num ponto bastante sensível do teletrabalho – de quem são os custos dos equipamentos e, sobretudo, da manutenção dos insumos, como a conta de energia elétrica e da rede dados z- mas ficou longe de apresentar uma solução: apenas prevê a necessidade de ajuste escrito a respeito e, caso o empregador concorra com as despesas, os bens corpóreos e incorpóreos não assumem natureza salarial".

186. Art. 2º - Considera-se empregador a empresa, individual ou coletiva, que, assumindo os riscos da atividade econômica, admite, assalaria e dirige a prestação pessoal de serviço.

nada de trabalho normal do empregado não constituiria tempo à disposição, regime de prontidão ou de sobreaviso, exceto se houvesse previsão em acordo individual ou coletivo.

De fato, o legislador não pode criar uma ficção jurídica que preveja que o tempo efetivamente trabalhado não seja considerado como... tempo de trabalho. Se o trabalhador é obrigado – por força do contrato de trabalho ou por determinação do empregador – a se manter conectado, tendo a obrigação de responder imediatamente ou em curto lapso temporal as demandas que lhe são enviadas por aplicativos e programas eletrônicos de comunicação, é inegável que se trata de tempo à disposição, sobreaviso ou prontidão, conforme o caso concreto. Situação diversa aconteceria, por exemplo, se o trabalhador não tivesse a obrigação de responder às demandas de imediato, sendo-lhe legítimo aguardar o início do expediente no dia seguinte para fazê-lo: nesta situação, efetivamente não se tratará de tempo à disposição, nem de sobreaviso ou tempo de prontidão.

10.6. Antecipação de férias e de feriados, e moratória quanto ao FGTS. Vedação ao retrocesso

O STF também apreciou a constitucionalidade da disciplina das medidas provisórias no que flexibilizaram os requisitos legais atinentes às férias individuais e coletivas, permitiram o gozo antecipado de feriados e suspenderam a exigibilidade do FGTS referente às competências de março, abril e maio de 2020[187].

---

187. Art. 6º Durante o estado de calamidade pública a que se refere o art. 1º, o empregador informará ao empregado sobre a antecipação de suas férias com antecedência de, no mínimo, quarenta e oito horas, por escrito ou por meio eletrônico, com a indicação do período a ser gozado pelo empregado.

§ 1º As férias:

I - não poderão ser gozadas em períodos inferiores a cinco dias corridos; e

II - poderão ser concedidas por ato do empregador, ainda que o período aquisitivo a elas relativo não tenha transcorrido.

§ 2º Adicionalmente, empregado e empregador poderão negociar a antecipação de períodos futuros de férias, mediante acordo individual escrito.

§ 3º Os trabalhadores que pertençam ao grupo de risco do coronavírus (covid-19) serão priorizados para o gozo de férias, individuais ou coletivas, nos termos do disposto neste Capítulo e no Capítulo IV.

Art. 7º Durante o estado de calamidade pública a que se refere o art. 1º, o empregador poderá suspender as férias ou licenças não remuneradas dos profissionais da área de saúde ou daqueles que desempenhem funções essenciais, mediante comunicação formal da decisão ao trabalhador, por escrito ou por meio eletrônico, preferencialmente com antecedência de quarenta e oito horas.

Art. 8º Para as férias concedidas durante o estado de calamidade pública a que se refere o art. 1º, o empregador poderá optar por efetuar o pagamento do adicional de um terço de férias após sua concessão, até a data em que é devida a gratificação natalina prevista no art. 1º da Lei nº 4.749, de 12 de agosto de 1965.

Parágrafo único. O eventual requerimento por parte do empregado de conversão de um terço de férias em abono pecuniário estará sujeito à concordância do empregador, aplicável o prazo a que se refere o *caput*.

Art. 9º O pagamento da remuneração das férias concedidas em razão do estado de calamidade pública a que se refere o art. 1º poderá ser efetuado até o quinto dia útil do mês subsequente ao início do gozo

Aqui, embora o ponto possa ser polêmico, andou bem a Corte ao não suspender cautelarmente os dispositivos da medida provisória, já que deles não resulta violação direta a nenhum dispositivo da Constituição Federal. Resta investigar o tema sob a ótica do princípio da vedação ao retrocesso.

De início, veja-se que o princípio da vedação ao retrocesso não é previsto expressamente na Constituição brasileira, mas é implícito e decorre: (i) do modelo de Estado Democrático de Direito (art. 1º, *caput*); (ii) do princípio da dignidade da pessoa humana (art. 1º, III); (iii) do dever de assegurar a máxima eficácia e efetividade às normas definidoras de direitos fundamentais, o que compreende o fortalecimento da proteção dos direitos sociais[188]; (iv) no caso dos direitos trabalhistas, do *caput* do art. 7º, o qual indica a possibilidade de ampliação (não de redução) do rol dos direitos nele elencados; (v) proteção do mínimo existencial, que é decorrência do princípio constitucional da liberdade (art. 5º, *caput*).

Toda lei ou política pública restritiva de direitos sociais tem, contra si, uma espécie de "suspeita" ou de presunção de inconstitucionalidade, à luz do princípio da vedação ao retrocesso, o que transfere ao Poder Público o ônus argumentativo de justificar a validade da medida. No entanto, não é todo retrocesso que será considerado inconstitucional, mas apenas aqueles que não observem o mínimo existencial (associado à liberdade e à dignidade da pessoa

---

das férias, não aplicável o disposto no art. 145 da Consolidação das Leis do Trabalho, aprovada pelo Decreto-Lei nº 5.452, de 1943.

Art. 10. Na hipótese de dispensa do empregado, o empregador pagará, juntamente com o pagamento dos haveres rescisórios, os valores ainda não adimplidos relativos às férias.

Art. 13. Durante o estado de calamidade pública, os empregadores poderão antecipar o gozo de feriados não religiosos federais, estaduais, distritais e municipais e deverão notificar, por escrito ou por meio eletrônico, o conjunto de empregados beneficiados com antecedência de, no mínimo, quarenta e oito horas, mediante indicação expressa dos feriados aproveitados.

§ 1º Os feriados a que se refere o *caput* poderão ser utilizados para compensação do saldo em banco de horas.

§ 2º O aproveitamento de feriados religiosos dependerá de concordância do empregado, mediante manifestação em acordo individual escrito.

Art. 19. Fica suspensa a exigibilidade do recolhimento do FGTS pelos empregadores, referente às competências de março, abril e maio de 2020, com vencimento em abril, maio e junho de 2020, respectivamente.

Parágrafo único. Os empregadores poderão fazer uso da prerrogativa prevista no *caput* independentemente:

I - do número de empregados;

II - do regime de tributação;

III - da natureza jurídica;

IV - do ramo de atividade econômica; e

V - da adesão prévia.

188. Cf. SARLET, Ingo Wolfgang. Notas sobre a assim designada proibição de retrocesso social no constitucionalismo latino-americano. *Revista do Tribunal Superior do Trabalho*, v. 75, nº 3, jul/set 2009, p. 132.

humana), que violem o núcleo essencial dos direitos fundamentais, ou que não passem pelo teste da proporcionalidade ou razoabilidade[189].

Transpondo tais noções para o tema em análise, veja-se que o regramento da MP 927/2020 constitui, inegavelmente, retrocesso em matéria dos direitos trabalhistas atinentes às férias, feriados e FGTS. De fato, a redução do prazo de antecedência do aviso de férias; a possibilidade de concessão antes do fim do período aquisitivo e mesmo com relação a períodos futuros; a autorização para pagamento até o quinto dia útil do mês subsequente (tal como se fosse salário); o gozo antecipado de feriados; a moratória temporária de 3 meses de depósitos de FGTS; tudo isso piora a situação do trabalhador, mas não viola o núcleo essencial dos direitos envolvidos, pois as férias com acréscimo de 1/3 continuarão sendo fruídas e pagas, assim como os feriados e o FGTS.

No contexto específico da pandemia da covid-19, as medidas se revelam justificadas, considerando a imposição de medidas sanitárias que impossibilitaram a continuidade da atividade empresarial em diversos ramos. Assim, no que tange a esse aspecto específico, pode-se dizer que não há retrocesso inconstitucional, sendo que o regramento se justifica à luz do princípio da proporcionalidade, por se tratar de medidas que podem contribuir para a preservação dos empregos, sem comprometer o mínimo existencial e os direitos constitucionalmente estabelecidos.

10.7. Retroatividade

Sobre o tema da aplicação retroativa das medidas provisórias atinentes ao Direito do Trabalho emergencial, veja-se tópico específico, neste capítulo, na seção sobre a eficácia da lei no tempo.

---

189. Ingo Wolfgang Sarlet, ao discorrer sobre o tema (*op.cit.*), afirma: "o repúdio da ordem jurídica a medidas que, de algum modo, instaurem um estado de retrocesso (expressão que por si só já veicula uma carga negativa), sinaliza que nem todo ajuste, ainda que resulte em eventual restrição de direito fundamental, configura uma violação do direito, mesmo no campo da reversão (ainda mais quando parcial) de políticas públicas, mas que haverá retrocesso, portanto, uma situação constitucionalmente ilegítima, quando forem transpostas certas barreiras. (...) não será qualquer medida restritiva ou regressiva (que, de certa forma, sempre veicula uma restrição) que ensejará uma censura por força da violação da proibição de retrocesso" (p. 123). Em outra passagem, o autor sustenta que, "na sua aplicação concreta, isto é, na aferição da existência, ou não, de uma violação da proibição de retrocesso, não se poderiam – como, de resto, tem evidenciado toda a produção jurisprudencial sobre o tema – dispensar critérios adicionais, como é o caso da proteção da confiança (a depender da situação, é claro), da dignidade da pessoa humana e do correlato mínimo existencial, do núcleo essencial dos direitos fundamentais sociais, da proporcionalidade, apenas para citar os mais relevante" (p. 125).

11. DISCRIMINAÇÃO

	Referências normativas e jurisprudenciais
Constituição	Preâmbulo: "nós, representantes do povo brasileiro, reunidos em Assembleia Nacional Constituinte para instituir um Estado Democrático, destinado a assegurar o exercício dos direitos sociais e individuais, a liberdade, a segurança, o bem-estar, o desenvolvimento, a igualdade e a justiça como valores supremos de uma sociedade fraterna, pluralista e sem preconceitos (...)" Art. 1º A República Federativa do Brasil, formada pela união indissolúvel dos Estados e Municípios e do Distrito Federal, constitui-se em Estado Democrático de Direito e tem como fundamentos: (...) III - a dignidade da pessoa humana. Art. 3º Constituem objetivos fundamentais da República Federativa do Brasil: (...) IV - promover o bem de todos, sem preconceitos de origem, raça, sexo, cor, idade e quaisquer outras formas de discriminação. Art. 5º Todos são iguais perante a lei, sem distinção de qualquer natureza, garantindo-se aos brasileiros e aos estrangeiros residentes no País a inviolabilidade do direito à vida, à liberdade, à igualdade, à segurança e à propriedade, nos termos seguintes: (...) IX - é livre a expressão da atividade intelectual, artística, científica e de comunicação, independentemente de censura ou licença. Art. 7º, XXX - proibição de diferença de salários, de exercício de funções e de critério de admissão por motivo de sexo, idade, cor ou estado civil; XXXI - proibição de qualquer discriminação no tocante a salário e critérios de admissão do trabalhador portador de deficiência; XXXII - proibição de distinção entre trabalho manual, técnico e intelectual ou entre os profissionais respectivos (...).
Dispositivos legais	Lei nº 9.029/95, Art. 1º - É proibida a adoção de qualquer prática discriminatória e limitativa para efeito de acesso à relação de trabalho, ou de sua manutenção, por motivo de sexo, origem, raça, cor, estado civil, situação familiar, deficiência, reabilitação profissional, idade, entre outros, ressalvadas, nesse caso, as hipóteses de proteção à criança e ao adolescente previstas no inciso XXXIII do art. 7º da Constituição Federal.
Teses de repercussão geral	Tema 838 (RE 898450): Editais de concurso público não podem estabelecer restrição a pessoas com tatuagem, salvo situações excepcionais em razão de conteúdo que viole valores constitucionais. Tema 646 (ARE 678112): O estabelecimento de limite de idade para inscrição em concurso público apenas é legítimo quando justificado pela natureza das atribuições do cargo a ser preenchido. Tema 22 (RE 560900): Sem previsão constitucionalmente adequada e instituída por lei, não é legítima a cláusula de edital de concurso público que restrinja a participação de candidato pelo simples fato de responder a inquérito ou a ação penal.
Julgados paradigmáticos	ADC 41 ADI 5760 ADPF 186 RE 161243 ARE 678112 RG

Referências normativas e jurisprudenciais	
Normas internacionais	Convenção de Nova York sobre os Direitos das Pessoas com Deficiência Convenção Internacional sobre a Eliminação de Todas as Formas de Discriminação Racial OIT: Declaração da Filadélfia (1944); C. 111

11.1. Igualdade e discriminação na perspectiva constitucional-trabalhista

Discriminar é, segundo o dicionário, diferenciar; pôr à parte, usando algum critério; especificar. Atualmente, na língua portuguesa, a conotação mais usual do verbo é no sentido de "tratar de modo injusto e desigual uma pessoa ou um grupo de pessoas em razão de classe social, opção sexual, cor de pele, convicções religiosas, política etc." [190]

Juridicamente, a discriminação se associa ao princípio da isonomia ou da igualdade, e pode dizer-se: (i) odiosa, quando resultar em tratamento diferenciado pautado em critérios ilegítimos em detrimento ou em favor de certos grupos ou pessoas; (ii) positiva[191], ou compensatória, quando a diferenciação tiver o objetivo de corrigir injustiças e promover os direitos humanos[192]. Sem embargo, para evitar a confusão terminológica, preferível utilizar a expressão "ação afirmativa" para o último conceito, e o termo "discriminação" para a diferenciação ilegítima; daí falar-se, por exemplo, em discriminação contra a mulher, contra o negro, contra o homossexual etc.

A igualdade, por si só, é um princípio vazio, no sentido de que o seu conteúdo se conforma a partir de outros valores, principalmente a justiça e a

---

190. Dicionário Michaelis Brasileiro da Língua Portuguesa. Disponível em: http://michaelis.uol.com.br/ , acesso em 31/05/2020.

191. Para o Min. Joaquim Barbosa, "Da transição da ultrapassada noção de igualdade 'estática' ou 'formal' ao novo conceito de igualdade 'substancial' surge a idéia de 'igualdade de oportunidades', noção justificadora de diversos experimentos constitucionais pautados na necessidade de se extinguir ou de pelo menos mitigar o peso das desigualdades econômicas e sociais e, conseqüentemente, de promover a justiça social. Dessa nova visão resultou o surgimento, em diversos ordenamentos jurídicos nacionais e na esfera do Direito Internacional dos Direitos Humanos, de políticas sociais de apoio e de promoção de determinados grupos socialmente fragilizados. (...) A essas políticas sociais, que nada mais são do que tentativas de concretização da igualdade substancial ou material, dá-se a denominação de "ação afirmativa" ou, na terminologia do Direito europeu, de 'discriminação positiva' ou 'ação positiva'" (GOMES, Joaquim Benedito Barbosa. *As ações afirmativas e os processos de promoção da igualdade efetiva*. Disponível em: http://bradonegro.com/content/arquivo/11122018_205135.pdf . Acesso em 01/06/2020.

192. Segundo Ricardo Lobo Torres: "a discriminação reversa ou discriminação positiva, também chamada de 'tratamento compensatório', isto é, a desigualdade cometida (...) como resultado da proteção concedida aos pobres e aos fracos, torna-se plenamente constitucional. Impõe-se proteger as pessoas contra desigualdades fortemente arraigadas na sociedade e contra a injustiça global. *In dubio pro operario*. Os negros, com curta história de liberdade e longa escravidão e pobreza, e as mulheres, até hoje inferiorizadas no mercado de trabalho, por exemplo, merecem o tratamento diferenciado" (*Tratado de Direito Constitucional Financeiro e Tributário: os Direitos Humanos e a Tributação*. v. III. Rio de Janeiro: Renovar, 2005, p. 418).

liberdade, que permitem comparar a situação de diversos sujeitos ou grupos[193]. A igualdade, portanto, diz respeito à adequada distribuição de outros bens e valores, como a justiça, a segurança, a liberdade e a propriedade.

Embora necessária, a igualdade formal (= igualdade de todos perante a lei), típica do Estado liberal, revela-se insuficiente, pois as grandes disparidades sociais tendem a se perpetuar e a se agravar diante da aparente neutralidade da lei. Daí a importância de buscar e efetivar a igualdade material, que consiste em tratar igualmente os iguais, mas desigualmente os desiguais, na exata medida em que se desigualam. A justiça social, isto é, a adequada repartição dos resultados do progresso econômico, cultural e científico, insere-se nesse contexto.

Interessante notar que o princípio da igualdade, assim, compreendido, está na gênese do Direito do Trabalho, que é vocacionado essencialmente a amenizar a desigualdade presente entre trabalhador e patrão. No âmbito trabalhista, portanto, o princípio da isonomia é o fundamento do princípio da proteção, o qual determina um tratamento favorável e preferencial ao empregado, como forma de compensar sua usual fragilidade socioeconômica e a desigualdade verificada no plano dos fatos, em contraponto à figura do empregador[194].

Além disso, a relação de trabalho, por se tratar de típica relação de poder, comumente acaba refletindo e potencializando discriminações odiosas contra grupos socialmente fragilizados e/ou estigmatizados, tais como negros, idosos, mulheres, deficientes, homossexuais, entre outros. Sob outro enfoque, o trabalho pode ser elemento poderoso em favor da inserção desses grupos sociais, e de minimização da discriminação que ocorre fora do campo das relações trabalhistas.

No plano internacional, a Declaração da Filadélfia, de 1944 (documento anexado à Constituição da Organização Internacional do Trabalho), proclama a igualdade, ao afirmar que "todos os seres humanos, seja qual for a raça, credo ou sexo, têm direito ao progresso material e desenvolvimento espiritual em liberdade e dignidade, em segurança econômica e com oportunidades iguais".

A Convenção nº 111 da OIT - uma das oito convenções fundamentais - traz diversas disposições contra a discriminação nas relações de trabalho. Os Estados signatários - entre eles o Brasil - assumem o compromisso de formular e de aplicar uma política nacional que tenha por fim promover a igualdade

193. "A desigualdade que ofende o princípio constitucional da igualdade, a liberdade relativa e os direitos humanos é a que radica em escolhas arbitrárias, afastadas da razoabilidade e da proporcionalidade. (...) O princípio da igualdade é vazio, recebendo o conteúdo dos diversos valores (justiça, segurança e liberdade) e harmonizando-lhes as comparações intersubjetivas" (TORRES, Ricardo Lobo. *Tratado de Direito Constitucional Financeiro e Tributário: Valores e Princípios Constitucionais Tributários*. v. III. Rio de Janeiro: Renovar, 2005, p. 506).

194. Cf. BERNARDES, Felipe, *op.cit.*, p. 97.

de oportunidades e de tratamento em matéria de trabalho, com o objetivo de eliminar toda discriminação[195].

Outro importante tratado internacional é a Convenção Internacional sobre a Eliminação de Todas as Formas de Discriminação Racial, também ratificada pelo Brasil, e que traz dispositivos que estipulam a obrigatoriedade de adoção de políticas tendentes a gerar igualdade material no trabalho[196].

A igualdade também se relaciona com a liberdade[197]. Só se pode cogitar de efetiva liberdade quando está satisfeito o mínimo existencial, ou seja, as condições materiais necessárias para que o ser humano tenha existência digna; a desigualdade extrema – que decorre do não atendimento do mínimo essencial –, nessa ótica, acaba sendo uma violação mais intensa ao princípio da liberdade do que ao próprio princípio da igualdade.

Importante destacar que o STF tem declarado a inconstitucionalidade formal de leis estaduais sobre discriminação no trabalho, em virtude da competência legislativa privativa da União para legislar sobre direito do trabalho (CF, art. 22, I). A respeito, ver tópico específico sobre competência legislativa neste capítulo.

A jurisprudência do Supremo Tribunal Federal tem desempenhado importante papel no combate à discriminação em matéria de trabalho. Pode-se mesmo dizer que, historicamente, a Corte apresenta concepção progressista, afinada com ideais humanistas, em temas como a discriminação contra idosos, deficientes e mulheres; cotas raciais em concursos públicos, entre outros, conforme se passa a demonstrar.

11.2. Cotas raciais em concurso público e aplicabilidade na iniciativa privada

Importante precedente em matéria de ações afirmativas é a ADPF 186, em que se apreciou a questão da instituição de cotas étnico-raciais para ingresso

---

195. C.111, art. 1 2. As distinções, exclusões ou preferências fundadas em qualificações exigidas para um determinado emprego não são consideradas como discriminação.
Art. 2 — Qualquer Membro para o qual a presente convenção se encontre em vigor compromete-se a formular e aplicar uma política nacional que tenha por fim promover, por métodos adequados às circunstâncias e aos usos nacionais, a igualdade de oportunidades e de tratamento em matéria de emprego e profissão, com o objetivo de eliminar toda discriminação nessa matéria.

196. Artigo V - De conformidade com as obrigações fundamentais enunciadas no artigo 2, Os Estados Partes comprometem-se a proibir e a eliminar a discriminação racial em todas suas formas e a garantir o direito de cada uma à igualdade perante a lei sem distinção de raça, de cor ou de origem nacional ou étnica, principalmente no gozo dos seguintes direitos: (...) i) direitos ao trabalho, a livre escolha de seu trabalho, a condições equitativas e satisfatórias de trabalho à proteção contra o desemprego, a um salário igual para um trabalho igual, a uma remuneração equitativa e satisfatória.

197. "As relações entre igualdade e liberdade aparecem tanto na liberdade negativa quanto na positiva, como condição da liberdade, a assegurar a todos a igualdade de chance (= *liberdade para* ou real). (...) Igualdade e liberdade se implicam mutuamente, de modo que a igualdade ou está negativamente nos próprios direitos da liberdade enumerados no art. 5º (= *liberdade de*) ou aparece positiva, mas implicitamente, como condição da liberdade, a assegurar a todos a igualdade de chance" (TORRES, Ricardo Lobo, *op.cit.*, v. II, p. 154 - grifos no original).

em universidades públicas. A conclusão da Corte foi de que "não contraria – ao contrário, prestigia – o princípio da igualdade material, previsto no *caput* do art. 5º da Carta da República, a possibilidade de o Estado lançar mão seja de políticas de cunho universalista, que abrangem um número indeterminados de indivíduos, mediante (...) ações afirmativas, que atingem grupos sociais determinados, de maneira pontual, atribuindo a estes certas vantagens, por um tempo limitado, de modo a permitir-lhes a superação de desigualdades decorrentes de situações históricas particulares".

Especificamente em matéria de trabalho, é paradigmático o julgado da ADC 41, em que o STF concluiu pela validade da Lei nº 12.990/2014, que reserva a pessoas negras 20% das vagas oferecidas nos concursos públicos para provimento de cargos efetivos e empregos públicos no âmbito da administração pública federal direta e indireta.

Além do realce à igualdade material, a Corte destacou a ideia da igualdade como reconhecimento, que "significa respeitar as pessoas nas suas diferenças, mas procurar aproximá-las, igualando as oportunidades" (voto do Min. Roberto Barroso). A melhoria das condições socioeconômicas da população em geral não é suficiente, porque "a injustiça racial opera não apenas no campo da distribuição das riquezas produzidas em sociedade", mas abrange, também, "uma significativa dimensão de reconhecimento, essencialmente cultural ou simbólica. Os problemas de reconhecimento dizem respeito ao modo como determinados grupos são enxergados no contexto social, têm que ver com a sua identidade e autoestima coletivas" (voto do Min. Luiz Fux).

A tese enunciada pela Corte foi: "É constitucional a reserva de 20% das vagas oferecidas nos concursos públicos para provimento de cargos efetivos e empregos públicos no âmbito da administração pública direta e indireta. É legítima a utilização, além da autodeclaração, de critérios subsidiários de heteroidentificação, desde que respeitada a dignidade da pessoa humana e garantidos o contraditório e a ampla defesa".

Muito embora a ADC 41 haja se voltado para a lei federal instituidora da política de cotas em concursos públicos da Administração Pública Federal (direta e indireta), trata-se de precedente obrigatório em caráter geral, de modo que juízes e tribunais brasileiros ficam impossibilitados – ressalvadas as hipóteses de superação ou de distinção do precedente – de reconhecer a inconstitucionalidade de leis estaduais e municipais que estabeleçam políticas semelhantes nos respectivos âmbitos.

Trata-se de importante avanço na promoção da igualdade e no combate à discriminação racial no Brasil. As estatísticas oficiais demonstram que, em comparação com os brancos, a população negra apresenta indicadores substancialmente piores nos seguintes aspectos: pobreza e extrema pobreza; rendimentos do trabalho; ocupação de cargos gerenciais; condições de moradia, entre outros[198].

A desigualdade e a discriminação racial no Brasil têm raízes históricas fincadas não apenas na escravidão do negro, mas na completa ausência de políticas públicas voltadas a permitir a sua inserção digna na realidade socioeconômica, após a libertação. Os ideais humanistas, embora presentes em menor proporção, não foram o fator decisivo no processo de abolição da escravatura no Brasil – último país das Américas a concretizá-la, por sinal. De fato, a libertação dos escravos no país se liga à necessidade de implantação de nova racionalidade para a atividade econômica, sobretudo no que tange ao desenvolvimento do mercado consumidor interno[199].

O ex-escravo sequer foi inserido no "exército de reserva" de mão de obra, dando-se preferência, inicialmente, ao trabalho do imigrante[200]. O resultado somente podia ser a marginalização e a perpetuação histórica da pobreza, desigualdade e opressão contra a população negra.

Assim, as políticas de ações afirmativas, inclusive as cotas, representam tratamento diferenciado totalmente justificável e desejável, com o objetivo de reparar a injustiça histórica e de viabilizar o reconhecimento e a inserção de quem sempre foi excluído[201].

---

198. Segundo a Agência Brasil, com base em levantamento que reúne dados de diversas pesquisas, como a Síntese dos Indicadores Sociais, o Censo e, principalmente, a Pesquisa Nacional por Amostra de Domicílio - Contínua (Pnad Contínua) de 2018: Pretos e pardos que compõem a população negra do país são maioria entre trabalhadores desocupados (64,2%) ou subutilizados (66,1%); apenas 11,9% dos maiores salários gerenciais são pagos a trabalhadores pretos e pardos; Enquanto 27,9% das pessoas brancas vivem em domicílios sem ao menos um serviço de saneamento - coleta de esgoto e de lixo e fornecimento de água -, a proporção sobe para 44,5% entre pretos e pardos; na linha da extrema pobreza, com rendimento de até US$ 1,90 por dia, estão 3,6% dos brancos e 8,8% dos pretos e pardos. Disponível em: << https://agenciabrasil.ebc.com.br/economia/noticia/2019-11/negros-sao-maioria--entre-desocupados-e-trabalhadores-informais-no-pais >>. Acesso em: 01/06/2020.

199. José de Souza Martins (*apud* SOUTO MAIOR, Jorge Luiz, op.cit., v.1, parte 2, p. 95) assevera "que a liberdade *do* escravo não tenha se constituído em liberdade *para* o escravo e sim em liberdade para o burguês, isto é, para o capital. A noção de liberdade que comandou a Abolição foi a noção compartilhada pela burguesia e não a noção de liberdade que tinha sentido para o escravo. Por isso, o escravo libertado caiu na indigência e na degradação, porque o que importava não era a pessoa do cativo, mas sim o capital. Foi o fazendeiro quem se libertou do escravo e não o escravo quem se libertou do fazendeiro" (grifos no original).

200. "Depois de 1890, subsistiu boa parte das representações culturais anteriormente concebidas para justificar a escravidão, que ressaltavam certas 'características' dos negros (...). a opção pelos imigrantes se deu por múltiplas razões, mas, sobretudo, por um sentimento de higienização e branqueamento, visualizando a construção de uma sociedade, ao menos na aparência física, nos moldes europeus. Assim, volta-se à 'importação' do elemento estrangeiro, considerado como superior, de modo a sobrepujar o elemento nacional, branco pobre e negro liberto, considerado indolente, preguiçoso, indisciplinado e pouco produtivo" (SOUTO MAIOR, Jorge Luiz, op.cit., v.1, parte 2, p. 109/114).

201. Celso Antônio Bandeira de Mello, citado no voto do Min. Alexandre de Moraes na ADC 41, assevera: "os tratamentos normativos diferenciados são compatíveis com a Constituição Federal quando verificada a existência de uma finalidade razoavelmente proporcional ao fim visado".

Mas é preciso ir além. A inclusão do negro no serviço público, embora necessária, não é suficiente. É importante que se avance para o estabelecimento de cotas e incentivos para a admissão de negros, sobretudo em cargos gerenciais e com remuneração mais elevada, na iniciativa privada. O Estatuto da Igualdade Racial (Lei nº 12.288/2010, art. 39[202]) já contém instrumental apto a realizar essa finalidade, o que poderia ser realizado, por exemplo, mediante a concessão de incentivos fiscais e creditícios aos empregadores que cumprissem determinados requisitos estabelecidos em portarias ou outros atos administrativos regulamentadores.

11.3. Tatuagens

O STF decidiu, em repercussão geral (Tema 838 - RE 898450), que editais de concurso público não podem estabelecer restrição a pessoas com tatuagem, salvo situações excepcionais em razão de conteúdo que viole valores constitucionais.

Embora a tese fixada diga respeito apenas à admissão na Administração Pública (concursos públicos), não há razões que justifiquem conclusão diferente para a contratação de trabalhadores na iniciativa privada, sendo cabíveis apenas pequenas adaptações.

De fato, tanto para candidatos a concursos públicos, quanto para candidatos a vagas de emprego no setor privado, é nitidamente discriminatória a conduta de excluir o candidato em função de sua aparência física, o que inclui a presença de tatuagens em seu corpo. O estigma da tatuagem está associado, nas origens, ao seu uso por piratas e por presidiários, mas hoje em dia a prática adquiriu conotação nitidamente artística.

Qualquer restrição de acesso a cargos ou a empregos públicos ou privados só será válida se se configurar motivo legítimo. É possível, por exemplo, que, para determinados cargos integrantes das Forças Armadas, haja estipulação, em edital, de altura mínima do candidato, em virtude das atribuições do militar de infantaria, que podem envolver a carga de armas ou de pessoas; para cargos burocráticos, entretanto, não se justificaria a restrição.

---

202. Art. 39. O poder público promoverá ações que assegurem a igualdade de oportunidades no mercado de trabalho para a população negra, inclusive mediante a implementação de medidas visando à promoção da igualdade nas contratações do setor público e o incentivo à adoção de medidas similares nas empresas e organizações privadas.

§ 1º A igualdade de oportunidades será lograda mediante a adoção de políticas e programas de formação profissional, de emprego e de geração de renda voltados para a população negra.

§ 2º As ações visando a promover a igualdade de oportunidades na esfera da administração pública far-se-ão por meio de normas estabelecidas ou a serem estabelecidas em legislação específica e em seus regulamentos.

§ 3º O poder público estimulará, por meio de incentivos, a adoção de iguais medidas pelo setor privado. (...).

No que concerne à tatuagem, o seu uso está associado à liberdade de expressão e à autodeterminação do indivíduo, as quais não podem ser tolhidos por atos do Poder Público e de particulares, diante da eficácia horizontal dos direitos fundamentais inseridos no art. 5º, IX; e 1º, III, da CF, de onde respectivamente se extraem.

A restrição a candidatos só será válida se a tatuagem violar outros valores constitucionais de igual ou maior envergadura. Assim, por exemplo, se a imagem ou frase tatuada remeter a símbolos neonazistas, à incitação da violência ou a discriminação contra minorias ou grupos estigmatizados, ou a obscenidades[203].

Tema ainda mais delicado constitucionalmente – e não apreciado pelo STF – é o de uso de tatuagem que não ofenda os valores gerais da coletividade, mas seja contrária aos princípios de determinado empregador que constitua organização de tendência[204]. Pense-se, por exemplo, em trabalhador administrativo de sinagoga judaica que resolva fazer tatuagem que retrate um símbolo do cristianismo. Aqui pode surgir conflito aparente entre a liberdade de expressão do trabalhador, de um lado, contra a liberdade de gestão empresarial vinculada a determinada ideologia, de outro. Não há solução legal apriorística para esse tipo de situação, de modo que é apenas nas sutilezas e especificidades de cada caso concreto que se poderá resolver o impasse. No exemplo hipotético cogitado, uma solução possível seria considerar legítima a dispensa imotivada do trabalhador (sem justa causa), com o pagamento de todos os direitos rescisórios, em função da incompatibilidade superveniente entre as partes que torna inviável o prosseguimento da relação de emprego.

11.4. Nacionalidade

Outro tema já julgado pelo Supremo Tribunal Federal diz respeito ao tratamento diferenciado a trabalhadores em virtude de sua nacionalidade. Em precedente oriundo de turma (não vinculante, portanto), a Corte reconheceu violação ao princípio da igualdade na situação em que o regulamento empresarial estabelecia direitos diferentes em decorrência da nacionalidade do empregado[205].

---

203. A respeito de imagens obscenas, o STF fez menção ao uso do *Miller test*, segundo o qual a tatuagem será considerada imprópria quando: (a) o homem médio, seguindo padrões contemporâneos da comunidade, considere que a obra, tida como um todo, atrai o interesse lascivo; (ii) quando a obra retrata ou descreve, de modo ofensivo, conduta sexual, nos termos do que definido na legislação aplicável; (c) quando a obra, como um todo, não possua um sério valor literário, artístico, político ou científico.

204. Organizações de tendência são empresas ou instituições que exploram atividade impregnada de valores ideológicos , como organizações religiosas, partidos políticos, entre outras.

205. "EMENTA: CONSTITUCIONAL. TRABALHO. PRINCÍPIO DA IGUALDADE. TRABALHADOR BRASILEIRO EMPREGADO DE EMPRESA ESTRANGEIRA: ESTATUTOS DO PESSOAL DESTA: APLICABILIDADE AO TRABALHADOR ESTRANGEIRO E AO TRABALHADOR BRASILEIRO. C.F., 1967, art. 153, § 1º; C.F., 1988, art. 5º, *caput*.

No acórdão, evidencia-se que a Corte considerou ilegítimo o critério utilizado pelo empregador, ao adotar regulamento que concedia determinados direitos apenas aos empregados oriundos do país sede da empresa (tratava-se de multinacional). Trata-se de discriminação fundada em atributo ou qualidade intrínseca da pessoa, e resulta no tratamento desigual de pessoas que são iguais em essência (brasileiros e estrangeiros).

11.5. Idoso

A jurisprudência Suprema Corte apresenta interessantes julgados a respeito de discriminação de idosos em questões trabalhistas.

No RE 156404, a 1ª Turma sufragou o entendimento de que não é possível, em princípio, estabelecer limites etários para participação em concursos públicos, com a ressalva apenas das hipóteses em que a limitação da idade se possa legitimar como imposição da natureza e das atribuições do cargo a preencher. O entendimento foi reiterado em diversos julgado, até que, no ARE 678112[206], a jurisprudência foi confirmada em sede de repercussão geral, tendo sido fixada a seguinte tese: "o estabelecimento de limite de idade para inscrição em concurso público apenas é legítimo quando justificado pela natureza das atribuições do cargo a ser preenchido".

Outro importante precedente - este já oriundo do Plenário - é o RE 179193. Tratava-se de reclamação trabalhista ajuizada por empregado de empresa pública federal (Infraero) que, vendo-se na contingência de ter que reduzir seu quadro de pessoal, elegeu como critério preferencial para o desligamento a idade superior a 65 anos de idade, porque tal motivo tornaria os trabalhadores elegíveis ao benefício previdenciário de aposentadoria por idade. Alegava-se, no recurso extraordinário, que a prática violava o art. 7º, XXX, da CF.

Embora a ementa afirme não ter havido violação ao referido dispositivo constitucional[207], fato é que o inteiro teor do acórdão demonstra que a Corte não fixou tese a respeito de o art. 7º, XXX, da CF, abranger, ou não, práticas

---

I. - Ao recorrente, por não ser francês, não obstante trabalhar para a empresa francesa, no Brasil, não foi aplicado o Estatuto do Pessoal da Empresa, que concede vantagens aos empregados, cuja aplicabilidade seria restrita ao empregado de nacionalidade francesa. Ofensa ao princípio da igualdade: C.F., 1967, art. 153, § 1º; C.F., 1988, art. 5º, *caput*).

II. - A discriminação que se baseia em atributo, qualidade, nota intrínseca ou extrínseca do indivíduo, como o sexo, a raça, a nacionalidade, o credo religioso, etc., é inconstitucional. Precedente do STF: Ag 110.846 (AgRg)-PR, Célio Borja, RTJ 119/465.

III. - Fatores que autorizariam a desigualização não ocorrentes no caso.

IV. - R.E. conhecido e provido" (RE 161243, Relator(a): CARLOS VELLOSO, Segunda Turma, julgado em 29/10/1996).

206. RAE 678112 RG, Relator(a): LUIZ FUX, Tribunal Pleno, julgado em 25/04/2013.

207. EMENTA: Recurso extraordinário. Dispensa de emprego. Adoção, dentre outros critérios de dispensa pela necessidade de reduzir seu quadro, da idade de 65 anos por terem os empregados com essa idade

discriminatórias na dispensa de empregados[208]. Embora o erudito voto do Ministro Moreira Alves (relator) procure demonstrar não ser viável a aplicação analógica do dispositivo para a hipótese de dispensa discriminatória, soa assustador afirmar que dispensas discriminatórias não violariam a Constituição. Se não se puder rejeitar tal conclusão com base no art. 7º, XXX, o *caput* do art. 5º já seria suficiente para fazê-lo.

O real problema é definir se o critério de diferenciação (no caso, utilizado para escolher quais empregados seriam dispensados) retrata, ou não, discriminação odiosa. A corrente majoritária, acertadamente, estabeleceu não haver violação do princípio da não discriminação, porque o objetivo do empregador foi o de minorar os impactos da despedida: entre dispensar empregado que podia se aposentar (e, assim, ter fonte de subsistência garantida), e outro que ainda não o podia, a empresa optou pelo primeiro, o que parece critério racional e sensato que elimina – ou minimiza substancialmente – os prejuízos sofridos pelo grupo de trabalhadores.

11.6. Deficiente

Pode-se dizer que a jurisprudência do Supremo Tribunal Federal é progressista em matéria de inclusão trabalhista de portadores de deficiência.

Essa tendência é claramente exemplificada pelo RMS 26071[209], no qual a 1ª Turma definiu, contrariamente à previsão do decreto regulamentar, que a visão monocular (cegueira em um olho) constituía deficiência física, para fins de reserva de vaga em concurso público[210]. Na ementa, lê-se: "a reparação ou

---

direito a aposentadoria independentemente de tempo de serviço, o que não acontece com os de idade mais baixa. (...)

- Inexistência de ofensa ao artigo 7º, XXX, da Constituição, que nem por interpretação extensiva, nem por aplicação analógica, se aplica à hipótese de dispensa de emprego que tem tratamento específico, no tocante a despedida discriminatória, no inciso I desse mesmo artigo 7º que dá proteção contra ela proteção essa provisoriamente disciplinada nos incisos I e II do artigo 10 do ADCT, que não é norma de exceção, mas, sim, de transição.

- Não estabeleceu a Constituição de 1988 qualquer exceção expressa que conduzisse à estabilidade permanente (RE 179193, Relator(a): ILMAR GALVÃO, Relator(a) p/ Acórdão: MOREIRA ALVES, Tribunal Pleno, julgado em 18/12/1996, DJ 19-10-2001 PP-00048 EMENT VOL-02048-02 PP-00396).

208. Os votos vencedores dos ministros Francisco Rezek, Octavio Gallotti, Sydney Sanches e Sepúlveda Pertence deixam claro que o art. 7º, XXX, da CF, abrange a dispensa discriminatória; mas, no caso concreto, reputaram legítimo o critério estabelecido pela Infraero. A exclusão da dispensa do âmbito do referido dispositivo constitucional consta expressamente apenas dos votos dos ministros Moreira Alves (relator) e Néri da Silveira.

209. RMS 26071, Relator(a): Min. CARLOS BRITTO, Primeira Turma, julgado em 13/11/2007.

210. A regulamentação administrativa (Decreto nº 3.298/99) previa, inicialmente, que era portadora de deficiência visual apenas a pessoa que tivesse acuidade igual ou menor que 20/200 no "melhor olho". No caso julgado pelo STF, o impetrante tinha a capacidade máxima em um dos olhos, razão pela qual o decreto não o favoreceria. Após a concessão da liminar, o decreto foi alterado, passando a prever a deficiência visual na situação em que "a somatória do campo visual em ambos os olhos for igual ou

compensação dos fatores de desigualdade factual com medidas de superioridade jurídica constitui política de ação afirmativa que se inscreve nos quadros da sociedade fraterna que se lê desde o preâmbulo da Constituição de 1988".

Outro importante julgado, oriundo do Plenário, é a ADI 5760[211], em que a Corte declarou, por unanimidade, a inconstitucionalidade do art. 16-A da Lei nº 7.573/86, introduzido pela Lei nº 13.194/2015, o qual excluía os trabalhadores do embarcados da base de cálculo para a cota mínima de contratação de empregadores portadores de deficiência (nos moldes do art. 93 da Lei nº 8.213/91). Interessante notar que o parâmetro de controle, na ADI, foi a Convenção de Nova York sobre direitos das pessoas com deficiência, tratado internacional de direitos humanos que foi ratificado pelo Brasil de acordo com o procedimento do art. 5º, §3º, da CF, razão por que tem status equivalente às emendas constitucionais. Sem dúvida, o tratado especifica e concretiza diversas medidas necessárias para a inclusão dos deficientes. Apesar disso, pode-se dizer que a necessidade de implementação de ações afirmativas de proteção ao trabalhador deficiente já era decorrência implícita do art. 7º, XXX, da CF, bem como do princípio constitucional da solidariedade.

No voto condutor do Min. Alexandre de Moraes, assentou-se que, "para que as diferenciações normativas possam ser consideradas não discriminatórias, torna-se indispensável que exista uma justificativa objetiva e razoável". Conclui-se que a exclusão legislativa era discriminação odiosa, pois "a deficiência física, por si só, não incapacita generalizadamente o trabalhador para o desempenho de atividades laborais em embarcações". Eventualmente, das exigências da função e do grau de limitação do candidato, pode decorrer a impossibilidade de acesso para determinada vaga específica.

11.7. Antecedentes criminais

Em repercussão geral, o STF fixou a tese de que sem previsão constitucionalmente adequada e instituída por lei, não é legítima a cláusula de edital de concurso público que restrinja a participação de candidato pelo simples fato de responder a inquérito ou a ação penal[212].

Embora a tese seja obrigatória apenas no que tange a candidatos em concursos públicos, e não abranja expressamente hipóteses em que haja condenação criminal transitada em julgado, os fundamentos determinantes (*ratio decidendi*) do julgado podem ser estendidos para as relações trabalhistas em geral.

---

menor que 60%", o que foi usado como argumento para confirmar a liminar, já que, havendo cegueira em um dos olhos, no máximo a acuidade visual total seria de 50%.

211. ADI 5760, Relator(a): Min. ALEXANDRE DE MORAES, Tribunal Pleno, julgado em 13/09/2019.

212. RE 560900/DF, Rel. Min. Roberto Barroso, Tribunal Pleno, julgado em 6.2.2020.

O caso concreto envolvia um soldado da Polícia Militar, que foi impedido de concorrer em seleção para ascensão ao posto de cabo, pois respondia a processo criminal por suposta prática do crime de falso testemunho, sendo que o edital do concurso vedava a participação de concorrentes denunciados pela prática de crimes dolosos. A corrente vencedora na Suprema Corte se baseou nos seguintes argumentos:

- (i) necessidade de ponderação dos seguintes bens jurídicos constitucionais: de um lado, o princípio da presunção de inocência (CF, art. 5º, LVII), reforçado pelos princípios da liberdade profissional (art. 5º, XIII) e da ampla acessibilidade aos cargos públicos (art. 37, I); de outro lado, o princípio da moralidade administrativa (CF, art. 37, *caput*);
- (ii) na ponderação, deveriam ser observadas duas diretrizes: a necessidade de condenação por órgão colegiado ou de condenação definitiva. Há analogia com a Lei da "Ficha Limpa" (LC 135/2010); e a relação de incompatibilidade entre a natureza do crime e as atribuições do cargo, de modo que nem toda condenação criminal deveria ter por consequência direta e imediata impedir alguém de se candidatar a concurso público;
- (iii) para a concorrência a determinados cargos públicos, em função de sua natureza (exemplo: carreira da magistratura, segurança pública etc.), a lei poderia exigir qualificações mais restritas e rígidas;
- (iv) tais parâmetros obedeceriam ao princípio da proporcionalidade, já que se revelam: (a) adequadas, pois a restrição imposta se mostra idônea para proteger a moralidade administrativa; (b) não excessiva, uma vez que, após a condenação em segundo grau, a probabilidade de manutenção da condenação é muito grande e a exigência de relação entre a infração e as atribuições do cargo mitiga a restrição; e (c) proporcional em sentido estrito, na medida em que a atenuação do princípio da presunção de inocência é compensada pela contrapartida em boa administração e idoneidade dos servidores públicos.

Interessante notar que o voto vencido do Min. Alexandre de Moraes se baseava justamente na razoabilidade e proporcionalidade da previsão do edital, por se tratar no caso de servidor público militar, submetido aos princípios da hierarquia e da disciplina, o que demandaria análise diferenciada daquela cabível para a generalidade de situações que envolvem concursos públicos.

Isso demonstra que a teoria pós-positivista da ponderação de princípios tende a gerar soluções díspares de acordo com a visão pessoal de cada intérprete. Mesmo sem assumir o compromisso de abandoná-la completamente, é preciso apreender a crítica e perceber os riscos envolvidos[213].

---

213. Sobre o tema, Jorge Luiz Souto Maior faz crítica contundente: "a 'moderna' teoria positivista, que estabelece o argumento da ponderação para aplicação do Direito quando se verificar uma colisão de princípios,

Voltando à tese, vê-se que o STF foi bastante tímido em sua enunciação. Da forma como redigida, pode parecer que se houvesse condenação criminal transitada em julgado - por qualquer crime - seria válido o impedimento à concorrência no concurso público, o que não é correto e não corresponde ao raciocínio traçado no voto condutor do Min. Roberto Barroso.

Na verdade, a cláusula do edital será ilegítima não só quando restringir a participação de candidato pelo fato de responder a inquérito ou a ação penal, mas também se a restrição decorrer de sentença condenatória criminal transitada em julgado. O que releva é saber se o crime (já definitivamente apurado, ou ainda em fase de apuração) é incompatível com as atribuições do cargo.

Outra questão delicada, e que não foi decidida pela Corte, diz respeito à situação do condenado que já cumpriu a pena criminal. Impedir que o ex-presidiário participe de concursos públicos parece ser uma "confissão" estatal de que o projeto de ressocialização prometido pelo Direito Penal é uma falácia institucionalizada. Entretanto, embora a tese de repercussão geral não responda a essa questão, a fundamentação utilizada pelo STF parece autorizar a conclusão de que, mesmo no caso de pena criminal já cumprida, a restrição pode ser feita se as atribuições do cargo o justificarem.

De certa forma, o mesmo raciocínio tem sido feito pelo Tribunal Superior do Trabalho no que tange à exigência de certidão de antecedentes criminais no processo de admissão de empregados regidos pela CLT. A Corte Superior Trabalhista pacificou o entendimento, em sede de recurso de revista repetitivo, segundo o qual a exigência da certidão será legítima apenas quando justificada pela natureza da ocupação, como ocorre com cuidadores de idosos, babás, vigilantes armados, entre outros[214]. Fora desses casos, o critério de

---

não criando qualquer critério axiológico de natureza metodológica para essa ponderação, deixando, pois ao alvedrio do intérprete a avaliação das circunstâncias que exigem, no caso, a aplicação deste ou daquele princípio, pode gerar graves problemas não apenas para a efetivação dos 'direitos sociais', como estritamente reconhecidos, mas também para a compreensão da própria estrutura do Direito como um todo, que conduz o estudante do Direito a considerar muito confuso entender o Direito, desconfiando da sua capacidade intelectual quando, em verdade, deveria desconfiar da própria falta de uma consistente teoria geral acerca desse ramo do conhecimento" (*Curso, op.cit.*, v.1, parte 1, p. 612).

214. "INCIDENTE DE RECURSO DE REVISTA REPETITIVO. TEMA Nº 0001. DANO MORAL. EXIGÊNCIA DE CERTIDÃO DE ANTECEDENTES CRIMINAIS. CANDIDATO A EMPREGO 1 . Não é legítima e caracteriza lesão moral a exigência de Certidão de Antecedentes Criminais de candidato a emprego quando traduzir tratamento discriminatório ou não se justificar em razão de previsão em lei, da natureza do ofício ou do grau especial de fidúcia exigido. 2 . A exigência de Certidão de Antecedentes Criminais de candidato a emprego é legítima e não caracteriza lesão moral quando amparada em expressa previsão legal ou justificar-se em razão da natureza do ofício ou do grau especial de fidúcia exigido, a exemplo de empregados domésticos, cuidadores de menores, idosos ou deficientes (em creches, asilos ou instituições afins), motoristas rodoviários de carga, empregados que laboram no setor da agroindústria no manejo de ferramentas de trabalho perfurocortantes, bancários e afins, trabalhadores que atuam com substâncias tóxicas, entorpecentes e armas, trabalhadores que atuam com informações sigilosas. 3 . A exigência de Certidão de Antecedentes Criminais, quando ausente alguma das justificativas supra , caracteriza dano moral *in re ipsa* , passível de indenização, independentemente de o candidato ao

negar admissão ou manutenção do emprego em função da existência de antecedentes criminais é considerado prática discriminatória, que gera o direito à indenização por danos morais, independentemente de o candidato ter sido, ou não, admitido.

11.8. Mulher

Especificamente sobre a proteção da mulher e da maternidade em face de discriminação, ver seção específica sobre o trabalho da mulher e maternidade, neste capítulo.

12. DISPENSA EM MASSA (DISPENSA COLETIVA)

Está pendente de apreciação sob a sistemática da repercussão geral, no Supremo Tribunal Federal, a questão da validade das dispensas coletivas ou em massa[215]. Os recursos paradigmas foram interpostos antes da entrada em vigor da Lei 13.467/2017, que introduziu na CLT o art. 477-A, segundo o qual "as dispensas imotivadas individuais, plúrimas ou coletivas equiparam-se para todos os fins, não havendo necessidade de autorização prévia de entidade sindical ou de celebração de convenção coletiva ou acordo coletivo de trabalho para sua efetivação". Tal dispositivo legal é objeto da ADI 6142, de relatoria do Min. Edson Fachin.

No âmbito do Tribunal Superior do Trabalho, ainda não há precedentes que se refiram a dispensas em massa ocorridas após 11.11.2017 (data de entrada em vigor da chamada "reforma" trabalhista). Quanto a fatos anteriores a essa data, há diversos julgados da Corte Superior Trabalhista exigindo que a dispensa coletiva ou em massa seja precedida de negociação coletiva[216-217].

---

emprego ter ou não sido admitido" (IRR-RR-243000-58.2013.5.13.0023, Subseção I Especializada em Dissídios Individuais, Redator Ministro João Oreste Dalazen, DEJT 22/09/2017).

215. "CONTRATO DE TRABALHO - ROMPIMENTO - NEGOCIAÇÃO COLETIVA - EXIGÊNCIA NA ORIGEM - RECURSO EXTRAORDINÁRIO - REPERCUSSÃO GERAL VERIFICADA. Possui repercussão geral a controvérsia acerca da necessidade de prévia negociação coletiva com o sindicato dos trabalhadores para dispensa dos empregados em massa" (ARE 647651 RG, Relator(a): MARCO AURÉLIO, Tribunal Pleno, julgado em 21/03/2013). Posteriormente, o recurso paradigma do tema foi substituído, passando a ser o RE 999435.

216. O caso pioneiro foi o TST-RODC 309/2009-000-15-00.4, Relator Min. Mauricio Godinho Delgado, data de julgamento: 10.08.2009.

217. Por exemplo: "RECURSO ORDINÁRIO INTERPOSTO PELA SUSCITADA. ENCERRAMENTO DA EMPRESA. DEMISSÃO EM MASSA CARACTERIZADA. NECESSIDADE DE PRÉVIA NEGOCIAÇÃO COLETIVA. 1. É incontroverso nos autos que a demissão de todo o universo de empregados da Empresa, no total de 295 empregados, segundo apontado pelo Sindicato profissional, ocorreu em decorrência do encerramento das atividades da Suscitada. Revela-se de tal contexto a ilação de que a causa das dispensas é comum a todos os trabalhadores que se encontravam em atividade naquele momento e teve por escopo atender circunstância própria do empregador. A hipótese amolda-se perfeitamente à noção de demissão coletiva. 2. Segundo a jurisprudência da Seção de Dissídios Coletivos, a negociação coletiva é

Nesse contexto, cabe refletir sobre o tema a fim de definir se o novo art. 477-A da CLT consubstancia, ou não, superação do entendimento consolidado no âmbito do TST.

No plano doutrinário, encontram-se fundadas opiniões no sentido de que a Convenção 158 da OIT – não obstante a controvérsia ainda pendente no STF a respeito da validade de sua denúncia – contém conteúdo inequivocamente contrário à possibilidade de dispensa em massa[218]. De outro lado, há posicionamentos que, apesar de reconhecerem a indiscutível "questão social" das dispensas coletivas, sustentam a inexistência de impedimento jurídico para sua efetivação[219].

Os fundamentos utilizados pelo Tribunal Superior do Trabalho para exigir negociação coletiva para a dispensa coletiva no cenário anterior à Lei 13.467/2017 foram, em síntese:

- (i) as dispensas coletivas realizadas de maneira maciça e avassaladora, somente seriam juridicamente possíveis em um campo normativo "hiperindividualista", sem qualquer regulamentação social;
- (ii) as convenções OIT de nº 11, 87, 98, 135, 141 e 151, ratificadas pelo Brasil, não permitem reconhecer as dispensas em massa como direito potestativo do empregador, por se tratar de ato/fato coletivo;
- (iii) as regras e princípios constitucionais que determinam o respeito à dignidade da pessoa humana (art. 1º, III, CF), a valorização do trabalho e especialmente do emprego (arts. 1º, IV, 6º e 170, VIII, CF), a subordinação da propriedade à sua função socioambiental (arts. 5º, XXIII e 170, III, CF) e a intervenção sindical nas questões coletivas trabalhistas (art. 8º, III e VI, CF), tudo isso imporia o reconhecimento da distinção entre as dispensas meramente tópicas e individuais e as dispensas massivas, coletivas, as quais são social, econômica, familiar e comunitariamente impactantes.

Como se nota, o posicionamento do TST não se baseia numa regulamentação infraconstitucional (que inexistia à época em que firmada a jurisprudência a respeito), mas em valores constitucionais[220], notadamente a livre ini-

---

imprescindível para a dispensa em massa de trabalhadores. À míngua de tal procedimento, são devidas, por consequência, indenização compensatória e manutenção do plano de assistência médica, conforme decidido pela Corte de Origem. Precedente. Excluído do comando condenatório, em outro capítulo, o pagamento de dano moral coletivo, por incabível à espécie. Recurso a que se nega provimento. (RO - 6155-89.2014.5.15.0000 , Relatora Ministra: Maria de Assis Calsing, Data de Julgamento: 22/02/2016, Seção Especializada em Dissídios Coletivos , Data de Publicação: DEJT 26/02/2016).

218. SILVA, Homero Batista Mateus da Silva. *Comentários à Reforma Trabalhista.* 2ª ed. São Paulo: RT, p. 110.

219. MARTINS, Sérgio Pinto. *Direito do Trabalho.* 36ª ed. São Paulo: Saraiva Educação, 2020, p. 612.

220. Com a mesma impressão, FELICIANO, Guilherme Guimarães. *Comentários à Lei da Reforma Trabalhista: Dogmática, Visão Crítica e Constitucional.* FELICIANO, Guilherme Guimarães et. alli (coords.). São Paulo: LTR, 2018, p. 116.

ciativa, a intervenção do Estado no domínio econômico para realizar a justiça social, o princípio constitucional da solidariedade, com seu corolário de boa-fé objetiva e proteção da confiança, bem como a função social da propriedade.

Tais observações permitem concluir pela inconstitucionalidade da previsão do art. 477-A da CLT, no que dispensa a negociação coletiva prévia para a viabilização da dispensa em massa[221].

Ainda que assim não fosse, conforme muito bem observado em artigo acadêmico específico sobre o tema, o art. 477-A da CLT apenas prevê a desnecessidade de "autorização" do sindicato, sem mencionar que também seria desnecessária a negociação coletiva prévia. "Celebrar" acordo ou convenção coletiva e "autorizar" são atividades completamente diferentes de negociar[222].

Ademais, o ideário da reforma trabalhista de 2017 preconiza a prevalência do negociado sobre o legislado, o que demonstra a importância que a negociação coletiva assume no atual contexto das relações de trabalho no Brasil.

A imprescindibilidade de negociação coletiva prévia à dispensa em massa de empregados é uma realidade em países como a Itália, Portugal, França, Espanha, Dinamarca, Finlândia, Inglaterra, Estados Unidos da América e Japão[223].

Em suma, é inválido o ato de dispensa coletiva ou em massa não precedido de negociação coletiva com as entidades sindicais representantes da categoria profissional envolvida. Consequentemente, os trabalhadores assim dispensados fazem jus a serem reintegrados no emprego.

---

221. No mesmo sentido, Guilherme Feliciano aduz: "comungamos do entendimento de que o art. 477-A da CLT, quanto às dispensas coletivas, padece de inconstitucionalidade e não pode ser aplicado para sufragar demissões massivas que simplesmente ignorem o princípio da continuidade da relação de emprego, emergente do art. 7º, I, da CF (ainda que não concretizado em regras, à falta de lei complementar competente), ou ainda o princípio da conciliabilidade, quanto à prévia tentativa de negociação nos conflitos coletivos, que tem assento nos §§ 1º e 2º do art. 114 da Constituição (na redação da EC n. 45/2004). Ao intérprete cabe, portanto, recorrer à interpretação conforme a Constituição, no sentido de que a letra do preceito está a dispensar, para as demissões coletivas, tão somente a prévia "autorização" sindical — que, ademais, jamais se exigiu ou entendeu necessária —, assim como a celebração de convenção ou acordo coletivo de trabalho para aquele efeito. Não afasta, porém, a exigência de prévia comunicação à entidade sindical, nem das consequentes tentativas de negociação que devem sucedê-la (ou, na linha do Enunciado n. 57 da 2ª Jornada, o "dever de busca de meios alternativos à demissão em massa", com os rigores da boa-fé objetiva), antes de se consumar qualquer movimento rescisório coletivo. Essa compreensão deixa incólume a redação do art. 477-A da CLT, na sua literalidade, e ao mesmo tempo respeita a mínima eficácia, em sede de demissões massivas, dos arts. 7º, I, 114, §§ 1º e 2º, 5º, XXIII, e 170, III, da CF, além dos arts. 4º da Convenção n. 98, 5º da Convenção n. 154 e 13 da Convenção n. 158, todas da OIT" (op.cit., p. 118-119).

222. PORTO, Lorena Vasconcelos; MEIRINHO, Augusto Grieco Sant'Anna. A dispensa em massa e a pandemia do COVID-19. In: *Revista do Tribunal Regional do Trabalho da 3. Região*. Belo Horizonte, edição especial, t. II, jul. 2020, p. 483.

223. Idem, p. 492.

13. DURAÇÃO DO TRABALHO

Referências normativas e jurisprudenciais	
Constituição	Art. 7º São direitos dos trabalhadores urbanos e rurais, além de outros que visem à melhoria de sua condição social: (...) XIII - duração do trabalho normal não superior a oito horas diárias e quarenta e quatro semanais, facultada a compensação de horários e a redução da jornada, mediante acordo ou convenção coletiva de trabalho; (...) XV - repouso semanal remunerado, preferencialmente aos domingos; XVI - remuneração do serviço extraordinário superior, no mínimo, em cinquenta por cento à do normal (...).
Legislação infra-constitucional	CLT, Art. 59-A. Em exceção ao disposto no art. 59 desta Consolidação, é facultado às partes, mediante acordo individual escrito, convenção coletiva ou acordo coletivo de trabalho, estabelecer horário de trabalho de doze horas seguidas por trinta e seis horas ininterruptas de descanso, observados ou indenizados os intervalos para repouso e alimentação. Parágrafo único. A remuneração mensal pactuada pelo horário previsto no *caput* deste artigo abrange os pagamentos devidos pelo descanso semanal remunerado e pelo descanso em feriados, e serão considerados compensados os feriados e as prorrogações de trabalho noturno, quando houver, de que tratam o art. 70 e o § 5º do art. 73 desta Consolidação." CLT, Art. 60 - Nas atividades insalubres, (...) quaisquer prorrogações só poderão ser acordadas mediante licença prévia das autoridades competentes em matéria de higiene do trabalho, as quais, para esse efeito, procederão aos necessários exames locais e à verificação dos métodos e processos de trabalho, quer diretamente, quer por intermédio de autoridades sanitárias federais, estaduais e municipais, com quem entrarão em entendimento para tal fim. Parágrafo único. Excetuam-se da exigência de licença prévia as jornadas de doze horas de trabalho por trinta e seis horas ininterruptas de descanso. CLT, Art. 62 - Não são abrangidos pelo regime previsto neste capítulo: I - os empregados que exercem atividade externa incompatível com a fixação de horário de trabalho, devendo tal condição ser anotada na Carteira de Trabalho e Previdência Social e no registro de empregados; II - os gerentes, assim considerados os exercentes de cargos de gestão, aos quais se equiparam, para efeito do disposto neste artigo, os diretores e chefes de departamento ou filial. III - os empregados em regime de teletrabalho. Parágrafo único - O regime previsto neste capítulo será aplicável aos empregados mencionados no inciso II deste artigo, quando o salário do cargo de confiança, compreendendo a gratificação de função, se houver, for inferior ao valor do respectivo salário efetivo acrescido de 40% (quarenta por cento).
Súmulas e teses de repercussão geral	Tema 514 - ARE 660010: I) A ampliação de jornada de trabalho sem alteração da remuneração do servidor consiste em violação da regra constitucional da irredutibilidade de vencimentos (...); Súmula nº 444 do TST. JORNADA DE TRABALHO. NORMA COLETIVA. LEI. ESCALA DE 12 POR 36. VALIDADE. É válida, em caráter excepcional, a jornada de doze horas de trabalho por trinta e seis de descanso, prevista em lei ou

Referências normativas e jurisprudenciais	
Súmulas e teses de repercussão geral	ajustada exclusivamente mediante acordo coletivo de trabalho ou convenção coletiva de trabalho, assegurada a remuneração em dobro dos feriados trabalhados. O empregado não tem direito ao pagamento de adicional referente ao labor prestado na décima primeira e décima segunda horas. Súmula nº 85 do TST. COMPENSAÇÃO DE JORNADA. I. A compensação de jornada de trabalho deve ser ajustada por acordo individual escrito, acordo coletivo ou convenção coletiva. II. O acordo individual para compensação de horas é válido, salvo se houver norma coletiva em sentido contrário. (...) V. As disposições contidas nesta súmula não se aplicam ao regime compensatório na modalidade "banco de horas", que somente pode ser instituído por negociação coletiva.
Julgados paradigmáticos	ADI 4842 RE 563851
Normas internacionais	OIT: C. 01 e 47 (não ratificadas pelo Brasil)

13.1. Fundamentos e panorama da jurisprudência

O estabelecimento de limites à duração de trabalho está na gênese do Direito do Trabalho e, até hoje, continua sendo um dos temas mais relevantes da legislação trabalhista. Em diversos países, as primeiras leis de proteção ao trabalho – quando sequer se podia falar, ainda, na existência de um Direito do Trabalho como disciplina autônoma – disciplinaram justamente a duração máxima, diária e semanal, do trabalho assalariado[224].

É simbólico dessa importância, também, o fato de que a primeira convenção da Organização Internacional do Trabalho (Convenção nº 1, sobre horas de trabalho na indústria) versava justamente sobre o limite diário de oito horas de trabalho, e o semanal de 48 horas. Posteriormente, a OIT editou a Convenção nº 47, sobre a semana de 40 horas. Ambas as Convenções não foram ratificadas pelo Brasil.

A limitação da jornada de trabalho assume tamanho destaque porque associada diretamente a fatores de natureza biológica (riscos psicofísicos da fadiga); social (participação do trabalhador em atividades culturais, religiosas e familiares); e econômica (redução do desemprego e aumento da produtividade

---

224. Embora ainda se estivesse muito longe da formação do Direito do Trabalho, costuma-se apontar que a primeira lei de proteção ao trabalho foi o *Moral and Health Act*, de 1802, que fixou a jornada de trabalho máxima de 12 horas para as crianças. Na França, a primeira norma voltada ao trabalho foi editada em 1841 e limitava a 8 horas diárias o trabalho das crianças entre 8 e 12 anos de idade, e a 12 horas por dia o trabalho dos adolescentes de 12 a 16 anos. Para análise histórica ampla e aprofundada, v. SOUTO MAIOR, Jorge Luiz, *op.cit.*, v. I, parte I, p. 160 e seguintes.

do trabalhador)[225]. Na lógica capitalista, do ponto de vista do empregador, quanto maior for a duração do trabalho, maiores serão os lucros da atividade econômica; contudo, a superexploração do trabalhador gera efeitos nocivos não apenas a este, mas a toda a coletividade. Além da essencial questão humanitária envolvida, sob o prisma econômico deve-se observar que jornadas excessivas comprometem a saúde e aumentam as despesas da seguridade social; e desestimulam a abertura de novos postos de trabalho, perpetuando o desemprego.

Ao redor do mundo, parece haver amplo consenso de que a semana de 40 horas constitua o limite apropriado da duração do trabalho[226]. Nesse sentido, recomendação nº 126/1982, da OIT, preconiza a redução progressiva da duração do trabalho, até que se alcance o limite de 40 horas semanais. Interessante notar que em alguns países tidos como "liberais" em termos de legislação trabalhista, como os Estados Unidos, a compensação de jornada é vedada, sendo obrigatório o pagamento de todas as horas trabalhadas, com a previsão de pesadas multas em caso de descumprimento pelos empregadores[227]; naquele país, o controle rigoroso de jornada, ao inibir a prática de horas extras, é tido como instrumental relevante no combate ao desemprego[228].

No caso brasileiro, a Constituição estabeleceu a jornada ordinária de oito horas diárias, bem como o limite semanal de 44 horas de trabalho (art. 7º, XIII). Trata-se de regra com sentido unívoco e de fácil assimilação. A dificuldade e polêmica surgem porque o próprio dispositivo ressalva a possibilidade de "compensação de horários", expressão que gera divergências interpretativas na doutrina e na jurisprudência trabalhistas. Discute-se, ainda, se é possível que a legislação infraconstitucional crie exceções (como as do art. 62 da CLT) à norma constitucional.

---

225. Cf. SÜSSEKIND, Arnaldo, *op.cit.*, p. 196.

226. LEE, Sangheon; McCANN, Deirdre; MESSENGER, Jon C. *Duração do Trabalho em Todo o Mundo: Tendências de jornadas de trabalho, legislação e políticas numa perspectiva global comparada*. Secretaria Internacional de Trabalho. Brasília: OIT, 2009, p. 144.

227. Sobre o tema da compensação de jornada nos EUA, João Renda Leal Fernandes e Stanley Gacek esclarecem que a legislação federal norte-americana estabelece a duração máxima de 40 horas semanais de trabalho e veda a compensação de horários e de jornadas, de modo que todas as horas extras trabalhadas devem ser efetivamente quitadas com adicional mínimo de 50%. Ademais, caso seja reconhecido em juízo o inadimplemento de horas extras, o pagamento deverá ser feito em dobro, o que consiste em espécie de danos presumidos ("liquidate damages") sofridos pelo trabalhador. Os autores relatam, ainda, a existência de um departamento específico e bastante diligente no cumprimento das questões atinentes à jornada de trabalho, inclusive com atribuições que seriam típicas da jurisdição no cenário brasileiro (FERNANDES, João Renda Leal; GACEK, Stanley. Time is money: a proibição de compensação de jornada e a obrigatoriedade de remuneração das horas extras nos EUA. Disponível em: https://www.jota.info/opiniao-e-analise/artigos/proibicao-de-compensacao-de-jornada-e-remuneracao-das-horas-extras-nos-eua-09082020. Acesso em: 23.12.2020).

228. Cf. FERNANDES, João Renda Leal; GACEK, Stanley, *Time is money...*, *op.cit.*

O Supremo Tribunal Federal, ao longo do tempo, tem sido instado a decidir questões envolvendo os limites à duração do trabalho. Há decisões turmárias sobre temas como:

- turnos ininterruptos de revezamento[229];
- invalidação da jornada 24 x 72 de servidores públicos estaduais[230].

Mais recentemente, a tendência da Corte tem sido não conhecer de recursos extraordinários sobre temas alusivos à jornada de trabalho, por se tratar de violação meramente reflexa à Constituição, como nos casos de compensação de horário em atividade insalubre, com previsão em norma coletiva[231]; jornada de trabalho especial de operadores de telemarketing[232]; equiparação de folgas compensatórias com repouso semanal remunerado[233], entre outros temas.

Está pendente de apreciação, em sede de repercussão geral, o tema da possibilidade de remuneração inferior a um salário mínimo por servidor pú-

229. "JORNADA DE TRABALHO - TURNO DE REVEZAMENTO. O que revela o direito à jornada reduzida de seis horas não é a inexistência de intervalo para descanso e alimentação, mas sim o sistema de revezamento a implicar o trabalho em turnos diversos com alternância semanal" (AI 294301 AgR, Relator(a): MARCO AURÉLIO, Segunda Turma, julgado em 24/04/2001).

230. "EMENTA: CONSTITUCIONAL. SERVIDOR PÚBLICO. JORNADA DE TRABALHO. I. - A majoração da jornada de trabalho semanal para além do limite previsto no art. 7º, XIII, somente pode ocorrer em hipóteses excepcionais" (RE 425975 AgR, Relator(a): CARLOS VELLOSO, Segunda Turma, julgado em 08/11/2005).

231. "EMENTA: AGRAVO REGIMENTAL. DIREITO DO TRABALHO. ACORDO DE COMPENSAÇÃO DE HORÁRIO EM ATIVIDADE INSALUBRE PREVISTO EM NORMA CONVENCIONAL. OFENSA REFLEXA. 1. O art. 7º, XIII, apenas determina "duração do trabalho normal não superior a oito horas e quarenta e quatro semanais, facultada a compensação de horários e a redução de jornada, mediante acordo ou convenção coletiva de trabalho". É evidente que dispositivo não exauriu a matéria, deixando espaço para a legislação infraconstitucional e para as normas convencionais. 2. O Tribunal Superior do Trabalho reconheceu a validade da cláusula do acordo coletivo em detrimento do art. 60 da CLT. Entendeu-se que nesses casos o aludido dispositivo não seria aplicável. Assim, se existe ofensa direta, esta se deu ao art. 60 da CLT e não à Constituição federal. 3. Esta Corte não veda a possibilidade de revisão das normas convencionais à luz da legislação infraconstitucional, entretanto, a análise da incidência de eventual inobservância de disposições legais não se inclui no âmbito de atuação do recurso extraordinário" (AI 541781 AgR, Relator(a): JOAQUIM BARBOSA, Segunda Turma, julgado em 26/06/2012).

232. "EMENTA: AGRAVO REGIMENTAL NO RECURSO EXTRAORDINÁRIO COM AGRAVO. TRABALHISTA. HORA EXTRA. JORNADA DE TRABALHO. OPERADOR DE TELEMARKETING. AUSÊNCIA DE OFENSA CONSTITUCIONAL DIRETA E DE PREQUESTIONAMENTO: SÚMULAS 282 E 356 DO SUPREMO TRIBUNAL FEDERAL. PRECEDENTES. MULTA APLICADA NO PERCENTUAL DE 1%, CONFORME O § 4º DO ART. 1.021 DO CÓDIGO DE PROCESSO CIVIL. AGRAVO REGIMENTAL AO QUAL SE NEGA PROVIMENTO" (ARE 1090054 AgR, Relator(a): CÁRMEN LÚCIA (Presidente), Tribunal Pleno, julgado em 02/03/2018).

233. "(...) A discussão acerca da equiparação de folgas compensatórias com repouso semanal remunerado para fins de incidência de horas extras implica o reexame da legislação infraconstitucional aplicável à espécie (Leis 605/1949 e 5.811/1972 e Consolidação das Leis do Trabalho) o que inviabiliza o recurso extraordinário. 2. Agravo regimental a que se nega provimento" (ARE n. 930.524-AgR, Rel. Min. Edson Fachin, Primeira Turma, DJe 13.4.2016).

blico que trabalha em jornada de trabalho reduzida[234]. No mérito, o Tribunal não reafirmou a jurisprudência dominante sobre a matéria[235], que será submetida a posterior julgamento no Plenário físico.

Além disso, há importantes julgamentos sobre: a jornada 12 por 36; exercentes de cargo de gestão; e ampliação da jornada de trabalho, que merecem análise em separado, feita nos tópicos seguintes.

Sobre turnos ininterruptos de revezamento, ver item específico neste capítulo.

13.2. A jornada 12 por 36

A jurisprudência trabalhista - retratada na Súmula 444 do TST - anterior à Lei nº 13.467.2017 se consolidou no sentido da validade do regime de 12 horas de trabalho, seguidas de 36 horas de descanso, desde que houvesse norma coletiva autorizando a prática, dando aplicabilidade ao art. 7º, XIII, da CF. Entendia-se, ainda, que o repouso semanal remunerado estava implícito na compensação de horários, mas não assim os feriados, que deveriam - caso trabalhados - ser remunerados em dobro, conforme previsto na Lei nº 605/1949. Com a reforma de 2017, o art. 59-A da CLT não apenas chancelou a prática, mas a ampliou, ao autorizar a instituição do regime 12 x 36 por acordo individual escrito; e previu que os feriados, assim como os repousos semanais remunerados, já consideram quitados, em dispositivo de duvidosa constitucionalidade.

Na ADI 4842[236], o STF validou a previsão legal[237] que estabeleceu a jornada de 12 por 36 para os bombeiros civis. Segundo a Corte, a lei teria respaldo da

---

234. RE 964659 RG, Relator(a): DIAS TOFFOLI, Tribunal Pleno, julgado em 09/06/2016.

235. Retratada na seguinte decisão: "Agravo regimental no agravo de instrumento. Servidor público. Jornada reduzida. Remuneração inferior a um salário mínimo. Impossibilidade. Precedentes. 1. A Suprema Corte vem se pronunciando no sentido de que a remuneração do servidor público não pode ser inferior a um salário-mínimo. Esse entendimento se aplica ao servidor que trabalha em regime de jornada reduzida"(AI nº 815.869/PRAgR, Rel. Min. Dias Toffoli, Primeira Turma, DJe de 24/11/14).

236. "EMENTA: DIREITO DO TRABALHO. JORNADA DO BOMBEIRO CIVIL. JORNADA DE 12 (DOZE) HORAS DE TRABALHO POR 36 (TRINTA E SEIS HORAS) DE DESCANSO. DIREITO À SAÚDE (ART. 196 DA CRFB). DIREITO À JORNADA DE TRABALHO (ART. 7º, XIII, DA CRFB). DIREITO À PROTEÇÃO CONTRA RISCO À SAÚDE DO TRABALHADOR (ART. 7º, XXII, DA CRFB). 1. A jornada de 12 (doze) horas de trabalho por 36 (trinta e seis) horas de descanso não afronta o art. 7º, XIII, da Constituição da República, pois encontra-se respaldada na faculdade, conferida pela norma constitucional, de compensação de horários. 2. A proteção à saúde do trabalhador (art. 196 da CRFB) e à redução dos riscos inerentes ao trabalho (art. 7º, XXII, da CRFB) não são "ipso facto" desrespeitadas pela jornada de trabalho dos bombeiros civis, tendo em vista que para cada 12 (doze) horas trabalhadas há 36 (trinta e seis) horas de descanso e também prevalece o limite de 36 (trinta e seis) horas de jornada semanal. 3. Ação direta de inconstitucionalidade julgada improcedente" (ADI 4842, Relator(a): EDSON FACHIN, Tribunal Pleno, julgado em 14/09/2016).

237. Lei nº 11.901/2009, Art. 5º - A jornada do Bombeiro Civil é de 12 (doze) horas de trabalho por 36 (trinta e seis) horas de descanso, num total de 36 (trinta e seis) horas semanais.

norma constitucional que faculta a compensação de horários. No voto condutor (Min. Edson Fachin), consta que "não houve comprovação, com dados técnicos e periciais consistentes, de que a referida jornada causa danos à saúde do trabalhador". Os sindicatos da categoria dos bombeiros civis, na qualidade de *amici curiae*, afirmaram que a jornada estabelecida pela lei era benéfica aos trabalhadores.

Os votos vencidos dos ministros Marco Aurélio, Roberto Barroso e Rosa Weber propunham interpretação conforme a Constituição, para assegurar a possibilidade de que convenções e acordos coletivos previssem outras modalidades de jornada para os bombeiros civis, tais como o padrão de 8 horas diárias e 44 semanais. A corrente majoritária, entretanto, optou por não fazer a interpretação conforme, porque o objeto do pedido era somente a compatibilidade da jornada diferenciada com a Constituição; e que seria melhor que a Corte desse uma resposta a respeito da prevalência do negociado sobre o legislado em outro momento.

É preciso destacar que o precedente vinculante do STF se refere tão somente à jornada do bombeiro civil; a decisão da ADI 4842 não alcança a jornada 12 por 36 de forma generalizada, e há duas peculiaridades que merecem reflexão mais detida.

Primeira: a lei dos bombeiros civis estabelecia o limite máximo semanal de 36 horas de trabalho. Isso não ocorre no regime 12 por 36 em geral, em que o trabalhador se ativa durante 36 horas em uma semana, e 48 horas na subsequente.

Segunda: o trabalho do bombeiro civil envolve regime de plantão, como observado no voto do Min. Marco Aurélio. Isso significa que, em geral, o profissional somente é acionado quando há alguma ocorrência (incêndio), o que tende a gerar menor desgaste psicofísico do trabalhador.

Essas observações são importantes para perceber que é simplista a afirmação de que a jornada 12 por 36 seria sempre benéfica ao trabalhador. A realidade de determinadas categorias profissionais pode desaconselhar ou exigir o estabelecimento de certas condições para que tal regime de trabalho se viabilize de forma segura. No Brasil, a 12 por 36 é comumente adotada para profissionais de saúde e para vigilantes armados, atividades que nitidamente envolvem riscos não apenas aos profissionais, mas a toda a coletividade[238]. A extenuação do trabalhador certamente aumenta de forma significativa o risco de acidentes e de incidentes envolvendo tais trabalhadores, que podem colocar em risco não apenas a própria vida, mas a de terceiros.

238. Segundo Jorge Luiz Souto Maior e Valdete Souto Severo, *op.cit.*, p. 57, "permanecer por doze horas ou mais no ambiente de trabalho, sem nenhum intervalo, em atividades que no mais das vezes se realizam sob intempérie (....), sem dúvida torna o trabalho penoso, angustiante e adoecedor".

Não é por outro motivo que a Constituição de 1988 estatuiu (art. 7º, XIII) que a compensação de horários, isto é, modificação do parâmetro da duração diária do trabalho de 8 horas, e semanal de 44 horas, somente pode ser feita por norma coletiva[239]. Veja-se, entretanto, que a jurisprudência do TST admite, de há muito, que a compensação seja feita por acordo individual, nos moldes da Súmula 85; contudo, a compensação por acordo individual não podia consistir em "banco de horas", ou seja, não podia abranger períodos mais amplos de tempo, como o semestre[240] ou o ano.

Os sindicatos, como representantes legítimos da categoria, terão melhores condições de avaliar se a adoção do regime 12x36 é interessante para os trabalhadores, podendo exigir contrapartidas do empregador, como a concessão de intervalos extras para descanso, custeio de seguro de vida obrigatório, manutenção de espaços adequados para descanso ao longo da jornada, entre outras. Autorizar que a jornada 12 por 36 – que consubstancia, em essência, uma espécie de compensação de horários – seja feita por acordo individual (como consta da nova redação do art. 59-A da CLT) não apenas viola o texto constitucional expresso, mas maximiza os riscos do trabalho e impede, na prática, a obtenção de melhorias das condições de trabalho por força da negociação coletiva.

Veja-se que, assim postos os argumentos, seria discutível até mesmo se a lei poderia criar determinada sistemática de compensação de horários, ou se isso seria tema exclusivo de normas coletivas, por força do art. 7º, XIII, da CF. Não parece, entretanto, que a Constituição quis vedar a possibilidade de leis estabelecerem regimes de compensação, desde que o façam observando o princípio da proporcionalidade e atentas à realidade de cada categoria. No caso da lei dos bombeiros civis, isso foi obedecido, pois houve redução significativa da duração semanal do trabalho.

---

239. O intérprete não deve se impressionar com o fato de que o art. 7º, XIII, da CF, usa o vocábulo "coletiva" no feminino, razão pela qual estaria concordando apenas com a palavra "convenção". Na verdade, o dispositivo se refere tanto a acordo coletivo de trabalho, quanto a convenção coletiva de trabalho. A respeito, discorre Sérgio Pinto Martins: "a interpretação gramatical do inciso XIII do art. 7º da Constituição não é pacífica entre os especialistas, havendo posições em um sentido e em outro. Entendo que o adjetivo *coletiva*, qualificando o substantivo *convenção*, diz respeito tanto à convenção quanto ao acordo, até mesmo em razão da conjunção *ou* empregada no texto, que mostra a alternatividade tanto da convenção como do acordo serem coletivos. (...) O filólogo Celso Cunha, que fez a revisão gramatical da Constituição, entende que a última palavra numa frase deve concordar com a anterior, se esta for feminina. É seu o exemplo: 'estudo o idioma e a literatura portuguesa'. (...) O objetivo do constituinte foi de não ser repetitivo, (...) adotando variações ou sinônimos" (*op.cit.*, p. 814-5). Vólia Bomfim Cassar (*op.cit.*, p. 631) relata que, antes da Lei nº 13.467.2017, concordava com a tese de que o sistema de compensação de jornada 12x36 seria válido apenas quando efetuado por meio de norma coletiva, porque os instrumentos coletivos podiam alterar as regras legais a respeito da jornada de trabalho porque expressamente autorizados a tanto pelo art. 7º, XIII, da CF.

240. Viola a Constituição, portanto, o art. 59, §5º, da CLT, ao prever a possibilidade de banco de horas semestral por acordo individual, nos seguintes termos: "Art. 59, § 5º O banco de horas de que trata o § 2º deste artigo poderá ser pactuado por acordo individual escrito, desde que a compensação ocorra no período máximo de seis meses".

Além disso, embora o ponto não haja sido decidido pelo STF, nada impede que norma coletiva aplicável a bombeiros civis, ou mesmo o acordo individual entre trabalhador e empregador, estabeleça que a jornada será de 8 horas diárias e 44 semanais. A legislação específica deve ser interpretada no sentido de que faculta, mas não impõe, a adoção do regime 12 por 36 para os bombeiros civis. Interpretação contrária violaria a autonomia e a liberdade dos envolvidos, sem qualquer fundamento legítimo, pois o padrão de 8 horas diárias e 44 semanais é evidentemente válido, já que estabelecido pela própria Constituição.

Outra discussão trazida pela Lei nº 13.467/2017 foi a desnecessidade de autorização dos órgãos de fiscalização do trabalho para que se viabilize a jornada 12 por 36 em ambientes insalubres (parágrafo único introduzido ao art. 60 da CLT). Trata-se de norma que "deliberadamente amplia os riscos de doença ocupacional inerentes ao trabalho" e entra em "rota de colisão com o art. 7º, XXII, da CF", razão por que deve ser considerada inconstitucional[241].

Por fim, quanto ao parágrafo único do art. 59-A, é sustentável o entendimento de que há violação ao art. 7º, XV, da CF, no que assegura o direito ao repouso semanal remunerado[242]. Contudo, parece tratar-se de opção legislativa legítima, porque o trabalhador, na sistemática 12 x 36, acaba tendo 3 ou 4 dias por semana sem trabalho, o que atende ao objetivo constitucional de assegurar, no mínimo, um dia por semana para a desconexão das atividades laborativas. No que tange aos feriados, não há fundamento constitucional para a necessidade de concessão ou pagamento em dobro, razão pela qual o tema está sujeito à conformação feita pelo legislador ordinário, que pode excluí-los em determinadas hipóteses, desde que com observância da isonomia – o que está presente na jornada por 12 por 36, pelos motivos já expostos[243].

---

241. Cf. Homero Batista Mateus da Silva, *op.cit.*, p. 51. O autor, profundo estudioso do tema da saúde, segurança e higiene do trabalho, na mesma passagem ainda elucida: "existem pesquisas empreendidas no campo da saúde ocupacional, em que se analisam os impactos das fontes agressivas sobre o corpo humano, normalmente à razão de 8h de expediente diário. Assim sendo, se a pesquisa indica que 85dB corresponde ao limite máximo de pressão sonora suportado por um ser humano exposto à base de 8h diárias, ele não pode absolutamente ficar exposto por 10h ou 12h, ainda que tenha várias folgas na semana. A pressão sonora exerce efeitos acumulativos e, portanto, não se pode liberar genericamente a atividade insalubre com horas extras".

242. Nesse sentido, Jorge Luiz Souto Maior e Valdete Souto Severo (*op.cit*, p. 57) afirmam: "Por outro lado, nem como favor conferido pela lógica do mal menor se pode conferir eficácia ao parágrafo único do artigo 59-A, quando simplesmente nega vigência a outros direitos trabalhistas, como o descanso semanal remunerado e os feriados, que possuem regras e regimes de compensação próprios. Ora, se a compensação das 36 horas é fundamento para o trabalho em jornada de doze horas, isso em nada altera os demais direitos trabalhistas, como o trabalho em DSR e feriados, cujo valor, por incidência de outras normas, que não foram revogadas, é dobrado".

243. Em sentido contrário, Homero Batista Mateus da Silva (*op.cit*, *loc.cit.*) argumenta que "a reforma de 2017 errou: embora para o leigo pareça que um dia de folga seguinte a um dia de trabalho já represente a folga compensatória do domingo ou do feriado, temos de lembrar que, na verdade, a carga de 12h embute 4h a mais que necessitam de dia extra para a folga; assim o dia seguinte era destinado a compensar parte do anterior, havendo pouco espaço de manobra para a compensação do feriado". Conforme mencionado

13.3. Exceções ao limite da duração do trabalho: art. 62 da CLT

Outro interessante tema é o dos limites de jornada dos trabalhadores regidos pelo art. 62 da CLT.

Há acórdão turmário em que o STF, apesar de ter mencionado que a violação constitucional seria meramente reflexa, avançou no mérito e fixou o entendimento de que o art. 62 na CLT não estabeleceu jornada normal de trabalho superior à estabelecida pela Constituição, mas apenas "disciplinou as situações em que o controle da jornada se revela impraticável, perante as singularidades da atividade exercida". Não haveria violação, assim, ao art. 7º, XIII, da CF[244].

A jurisprudência do TST é consolidada no sentido da constitucionalidade do art. 62 da CLT, ressalvando que aos empregados ali enquadrados é assegurado o repouso semanal remunerado, bem como o descanso em feriados, que são objeto de lei específica (Lei nº 605/1949)[245].

O entendimento é correto. Nas três hipóteses previstas no art. 62 da CLT (trabalhador externo, gerente, teletrabalhador), não há propriamente o estabelecimento de uma jornada de trabalho ilimitada, o que certamente violaria o art.

---

no texto, pensamos, entretanto, que não há fundamento na Constituição que obrigue à concessão de folga em feriados, tratando-se de tema definido essencialmente pelo legislador ordinário.

244. RE 563851 AgR, Relator(a): CEZAR PELUSO, Segunda Turma, julgado em 26/02/2008.

245. EMBARGOS REGIDOS PELA LEI Nº 11.496/2007. CARGO DE CONFIANÇA. DOMINGOS E FERIADOS TRABALHADOS. PAGAMENTO EM DOBRO. A controvérsia cinge-se a definir se o empregado inserido na regra do artigo 62, inciso II, da CLT tem direito ao pagamento em dobro dos domingos e feriados trabalhados e não compensados. (...) Trata-se, portanto, de direito trabalhista fundamental, previsto a todos os trabalhadores urbanos e rurais, conforme dispõe a Constituição Federal, com vistas a preservar a higidez física e mental do empregado, bem como resguardar seu convívio social e familiar. Com relação aos feriados, o artigo 1º da Lei nº 605/49 e o artigo 70 da CLT vedam os trabalhos nesses dias. Tendo em vista a proximidade entre os dois direitos, a ordem jurídica os trata de maneira idêntica. O trabalho prestado nos dias de domingo e feriados, caso não compensado na semana seguinte, enseja o pagamento em dobro do período, sem prejuízo da remuneração relativa ao repouso semanal. Esse é o entendimento pacífico nesta Corte acerca da matéria, conforme se extrai do verbete nº 146 da Súmula de sua jurisprudência. Por outro lado, quanto ao empregado ocupante de cargo de confiança, nos moldes em que previsto no inciso II do artigo 62 da CLT, a ele não se aplicam as normas relativas à jornada de trabalho, tais como, limitação da jornada de trabalho, horas extras, adicional noturno e intervalos. A jurisprudência desta Corte vem consolidando o entendimento de que a disposição contida no *caput* do artigo 62 da CLT não afasta o direito ao repouso semanal remunerado, pois a exceção prevista por ele teve, por fim, afastar a obrigação do empregador de remunerar, como serviço extraordinário, o trabalho realizado pelos ocupantes de cargo de confiança. Logo, considerando que o artigo 62 da CLT afasta a aplicação do Capítulo II aos empregados ocupantes de cargo de confiança, as disposições previstas na Lei nº 605/49 não são alcançadas pelo dispositivo celetista. Assim, o ocupante de cargo de gestão, inserido no artigo 62, inciso II, da CLT, faz jus ao gozo do repouso semanal e à folga relativa aos dias de feriados com a remuneração correspondente. Caso não lhe seja dado usufruir desse direito nem lhe seja dada a oportunidade de compensação na semana seguinte, o empregador deve pagar, em dobro, a remuneração desses dias laborados, nos termos em que preconiza a Súmula nº 146 desta Corte. Embargos conhecidos e desprovidos" (TST-E-RR-3453300-61.2008.5.09.0013, Subseção I Especializada em Dissídios Individuais , Rel. Min. José Roberto Freire Pimenta, DEJT 25/11/2016).

7º, XIII, da CF; na verdade, trata-se de situações em que não há viabilidade de controle de jornada. No primeiro caso, porque a atividade externa desempenhada se revela incompatível mesmo com o controle (exemplo: vendedor externo não sujeito a metas); no segundo, porque o gerente se caracteriza como *alter ego* do empregador, ou seja, cuida-se de alguém que o representa ou "presenta" (Pontes de Miranda). Em princípio, não há como controlar o controlador. No caso do teletrabalho, a lei também estabelece a presunção relativa de que o tempo de trabalho é insuscetível de controle. No entanto, em qualquer dos três casos, se houver possibilidade de controle, ou se o controle for efetivamente realizado, a regra excepcional do art. 62 da CLT não será aplicável e a situação será regida pelo regramento geral.

13.4. Ampliação da jornada de trabalho

Em repercussão geral[246], o STF fixou a tese de que "a ampliação de jornada de trabalho sem alteração da remuneração do servidor consiste em violação da regra constitucional da irredutibilidade de vencimentos". O precedente é obrigatório apenas em relação a servidores públicos (celetistas ou estatutários), mas a respectiva conclusão é passível de extensão para os trabalhadores da iniciativa privada, porque os fundamentos utilizados têm matriz constitucional.

De fato, a *ratio decidendi* se baseia na premissa da impossibilidade de aumento da jornada de trabalho sem a correspondente majoração salarial, sob pena de se reduzir o salário-hora, o que é vedado pelo art. 7º, IV, da CF.

Não se pode interpretar que o princípio da irredutibilidade salarial abranja apenas o salário-hora ou somente o salário nominal: os dois necessariamente são protegidos pelo dispositivo constitucional, que tem o objetivo de preservar o nível salarial do empregado, de modo que ele possa programar minimamente seus compromissos financeiros[247-248].

No caso específico dos servidores públicos, a jurisprudência do Supremo Tribunal Federal é remansosa no sentido de que não há direito adquirido a regime jurídico. Daí decorre que a jornada de trabalho pode ser aumentada

246. ARE 660010, Relator(a): DIAS TOFFOLI, Tribunal Pleno, julgado em 30/10/2014.

247. No mesmo sentido, Arnaldo Süssekind (*op.cit.*, p. 151) afirma: "do princípio da irredutibilidade de salário resulta a tese da manutenção do nível salarial cogitado na celebração do contrato de trabalho". Há "não só a proibição da redução direta do salário (diminuição do salário ajustado por unidade de tempo ou de obra), como de sua diminuição indireta (fornecimento de menos serviço ao empregado pago em razão do seu rendimento)".

248. No já mencionado ARE 660010, o STF assentou que: "A violação da garantia da irredutibilidade de vencimentos pressupõe a redução direta dos estipêndios funcionais pela diminuição pura e simples do valor nominal do total da remuneração ou pelo decréscimo do valor do salário-hora, seja pela redução da jornada de trabalho com adequação dos vencimentos à nova carga horária, seja pelo aumento da jornada de trabalho sem a correspondente retribuição remuneratória".

por ato legislativo ou regulamentar, desde que observados os limites constitucionais. Contudo, tal majoração, para ser válida, deve ser feita concomitantemente ao aumento proporcional da remuneração.

No caso de empregados privados, a questão perpassaria pela análise do art. 468 da CLT, que impede a mudança do contrato de trabalho em prejuízo do empregado. Nesse contexto, o mero aumento da jornada, acompanhado de majoração de salário, não viola, em princípio, o referido dispositivo legal. Contudo, se no caso concreto ficar demonstrado o surgimento de algum prejuízo, inclusive extracontratual (exemplo: o empregado fica impossibilitado de exercer outra profissão ou de frequentar curso), o aumento da jornada pode se revelar inválido.

14. EFICÁCIA DA LEI TRABALHISTA NO TEMPO

	Referências normativas e jurisprudenciais
Constituição	Art. 5º, XXXVI - a lei não prejudicará o direito adquirido, o ato jurídico perfeito e a coisa julgada.
Legislação infraconstitucional	CLT, Art. 912 - Os dispositivos de caráter imperativo terão aplicação imediata às relações iniciadas, mas não consumadas, antes da vigência desta Consolidação. MP 927/2020, Art. 36. Consideram-se convalidadas as medidas trabalhistas adotadas por empregadores que não contrariem o disposto nesta Medida Provisória, tomadas no período dos trinta dias anteriores à data de entrada em vigor desta Medida Provisória.
Súmulas e teses de repercussão geral	RE 563965 (Tema 41): I - Não há direito adquirido a regime jurídico, desde que respeitado o princípio constitucional da irredutibilidade de vencimentos. TST, Súmula 191. ADICIONAL DE PERICULOSIDADE. INCIDÊNCIA. BASE DE CÁLCULO. I – O adicional de periculosidade incide apenas sobre o salário básico e não sobre este acrescido de outros adicionais. II – O adicional de periculosidade do empregado eletricitário, contratado sob a égide da Lei nº 7.369/1985, deve ser calculado sobre a totalidade das parcelas de natureza salarial. Não é válida norma coletiva mediante a qual se determina a incidência do referido adicional sobre o salário básico. III - A alteração da base de cálculo do adicional de periculosidade do eletricitário promovida pela Lei nº 12.740/2012 atinge somente contrato de trabalho firmado a partir de sua vigência, de modo que, nesse caso, o cálculo será realizado exclusivamente sobre o salário básico, conforme determina o § 1º do art. 193 da CLT. TST, OJ 362 da SDI-1: 362. CONTRATO NULO. EFEITOS. FGTS. MEDIDA PROVISÓRIA 2.164-41, DE 24.08.2001, E ART. 19-A DA LEI Nº 8.036, DE 11.05.1990. IRRETROATIVIDADE. Não afronta o princípio da irretroatividade da lei a aplicação do art. 19-A da Lei nº 8.036, de 11.05.1990, aos contratos declarados nulos celebrados antes da vigência da Medida Provisória nº 2.164-41, de 24.08.2001.
Julgados paradigmáticos	ADI 493, 1931 MC, 6342,6344, 6346, 6348, 6349, 6352, 6254 RE 188366, 205499, 563965

14.1. Precedentes sobre retroatividade em matéria civil

Um dos temas mais interessantes e polêmicos da teoria geral do direito é o da eficácia temporal das leis. Em princípio, a lei somente se aplica para o futuro, ou seja, para fatos ocorridos a partir de sua vigência. Excepciona-se a lei criminal menos gravosa (que descriminalize ou reduza a pena de determinada conduta); além disso, às normas constitucionais originárias (não as emendas constitucionais), dado seu caráter fundante e incondicionado, costuma-se reconhecer a possibilidade de aplicação retroativa, desde que o prevejam explicitamente[249].

Quando uma lei nova entra em vigor, o conflito com outros diplomas normativos se resolve à luz dos princípios da cronologia (a lei posterior revoga a anterior), hierarquia (lei superior prevalece quanto à inferior) e especialidade (a lei especial não se revoga pela lei geral superveniente que lhe seja contrária).

A dificuldade surge, entretanto, no que tange às relações jurídicas iniciadas sob a vigência da lei antiga, mas que se protraem no tempo ou que geram efeitos após a entrada em vigor da nova lei.

Na esfera trabalhista, não é raro que haja mudança da legislação ao longo da vigência do contrato de trabalho, já que se trata, por essência, de relação jurídica continuativa. Surge o questionamento, então, sobre qual das duas sucessivas leis se deve aplicar à relação empregatícia alcançada por ambas.

A jurisprudência do Supremo Tribunal Federal não apresenta precedentes que resolvam detidamente tal situação, encontrando-se apenas alguns julgados que tangenciaram o tema[250]. No entanto, há decisões paradigmáticas

---

249. Nesse sentido, a seguinte ementa: " Agravo regimental. - As normas constitucionais federais é que, por terem aplicação imediata, alcançam os efeitos futuros de fatos passados (retroatividade mínima), e se expressamente o declararem podem alcançar até fatos consumados no passado (retroatividades média e máxima). Não assim, porém, as normas constitucionais estaduais que estão sujeitas à vedação do artigo 5º, XXXVI, da Carta Magna Federal, inclusive a concernente à retroatividade mínima que ocorre com a aplicação imediata delas. Agravo a que se nega provimento"(AI 258337 AgR, Relator(a): MOREIRA ALVES, Primeira Turma, julgado em 06/06/2000).

250. Por exemplo, o seguinte julgado, cuja ementa se transcreve: "Justiça do Trabalho. Embargos de Terceiro, Penhora de bem dado em hipoteca cedular. - Falta de prequestionamento das questões relativas aos incisos II, LIV e LV do artigo 5º da Constituição. - Inexistência de ofensa ao artigo 5º, XXXV, da Carta Magna. - Por fim, inexiste, no caso, ofensa ao artigo 5º, XXXVI, da Constituição, porquanto os conceitos de direito adquirido e de ato jurídico perfeito, para a aplicação desse dispositivo constitucional, são ínsitos a questão de direito intertemporal, vedado que é constitucionalmente que a lei nova possa prejudicar o direito adquirido e o ato jurídico perfeito, e, portanto, ser aplicada nessas hipóteses retroativamente, o que, no caso, não ocorre, pois nele não está em causa a aplicação retroativa de norma jurídica, mas, sim, a questão de ser, ou não, aplicável na esfera trabalhista o disposto nos artigos 57 do Decreto-Lei nº 413/69 e 69 do Decreto-Lei 167/67. É de notar-se, ainda, que se assim não fosse, toda questão relativa à violação, no âmbito puramente legal ou convencional, de direito ou do estipulado em ato jurídico (assim, por exemplo, num contrato) daria ensejo à alegação de ofensa ao artigo 5º, XXXVI, da Constituição, porque todo direito seria direito adquirido (ou seja, direito que nasceu da ocorrência, no mundo real, da hipótese de incidência da norma jurídica cuja conseqüência é o nascimento desse direito) e todo ato jurídico validamente celebrado seria ato jurídico perfeito. Recurso extraordinário não conhecido" (RE 226894, Relator(a): MOREIRA ALVES, Tribunal Pleno, julgado em 03/02/2000).

sobre a retroatividade das leis em matéria de Direito Civil, sendo importante conhecê-las a fim de refletir sobre a possibilidade de aplicar os entendimentos nelas firmados no âmbito do Direito do Trabalho.

Na ADI 493[251], a Corte foi chamada a responder à seguinte indagação: a nova lei pode modificar os índices de correção monetária aplicáveis a parcelas vincendas de contratos celebrados antes de sua vigência? No caso, tratava-se de mudança com grande impacto nos contratos de financiamento vinculados ao sistema financeiro da habitação, que gerava prejuízo aos mutuários. O erudito voto do Min. Moreira Alves – acompanhado pela maioria do Plenário – esclarece diversos pontos importantes sobre o direito intertemporal. Inicia classificando as espécies de retroatividade, tendo como critério o grau de intensidade:

- (i) retroatividade máxima (= restitutória) consiste na aplicação da lei de modo a restituir as partes ao estado anterior e a desconstituir a coisa julgada e os fatos já consumados (como transação, prescrição ou pagamento). Como exemplo, uma lei que reduza as taxas máximas de juros em contratos privados, e determine que o credor devolva os juros já recebidos;
- (ii) retroatividade média ocorre quando a nova lei atinge efeitos pendentes de fato que lhe é anterior. Por exemplo, lei que limite as taxas de juros e que se aplicasse aos juros já vencidos, mas ainda não pagos quando de sua entrada em vigor;
- (iii) retroatividade mínima (= temperada ou mitigada) se caracteriza quando a nova lei alcança apenas os efeitos futuros (posteriores à entrada em vigor da lei) de fatos praticados anteriormente. Exemplifica-se com a lei que limite os juros e incida apenas sobre os juros que vençam após a entrada em vigor da alteração legislativa, mantendo os parâmetros anteriores quanto aos juros já vencidos – independentemente de já terem sido pagos ou não.

---

251. "Ação direta de inconstitucionalidade. - Se a lei alcançar os efeitos futuros de contratos celebrados anteriormente a ela, será essa lei retroativa (retroatividade mínima) porque vai interferir na causa, que e um ato ou fato ocorrido no passado. - O disposto no artigo 5, XXXVI, da Constituição Federal se aplica a toda e qualquer lei infraconstitucional, sem qualquer distinção entre lei de direito público e lei de direito privado, ou entre lei de ordem pública e lei dispositiva. Precedente do S.T.F.. - Ocorrência, no caso, de violação de direito adquirido. A taxa referencial (TR) não e índice de correção monetária, pois, refletindo as variações do custo primário da captação dos depósitos a prazo fixo, não constitui índice que reflita a variação do poder aquisitivo da moeda. Por isso, não há necessidade de se examinar a questão de saber se as normas que alteram índice de correção monetária se aplicam imediatamente, alcançando, pois, as prestações futuras de contratos celebrados no passado, sem violarem o disposto no artigo 5, XXXVI, da Carta Magna. - Também ofendem o ato jurídico perfeito os dispositivos impugnados que alteram o critério de reajuste das prestações nos contratos já celebrados pelo sistema do Plano de Equivalência Salarial por Categoria Profissional (PES/CP). Ação direta de inconstitucionalidade julgada procedente, para declarar a inconstitucionalidade dos artigos 18, "*caput*" e parágrafos 1 e 4; 20; 21 e paragrafo único; 23 e parágrafos; e 24 e parágrafos, todos da Lei n. 8.177, de 1 de maio de 1991" (ADI 493, Relator(a): Min. MOREIRA ALVES, Tribunal Pleno, julgado em 25/06/1992).

Na sequência, Moreira Alves menciona o entendimento de clássica doutrina estrangeira (Roubier e Planiol) no sentido de que a última situação não revelaria retroatividade, mas mero efeito imediato da lei, que poderia modificar os efeitos futuros de fatos anteriores. O Ministro, entretanto, afirmou que tais colocações seriam "manifestamente equivocadas", pois a lei que modifica os efeitos futuros interfere na causa, que é um ato ou fato ocorrido no passado; e que o próprio Roubier reconhecia que haveria efeito retroativo nessas hipóteses. O voto segue analisando a ideia de que nem mesmo normas de ordem pública podem ser aplicadas retroativamente, e enfoca o tema sob o ângulo do Direito Administrativo.

Essa orientação é bastante firme no STF, sendo possível encontrar decisões de turmas afirmando peremptoriamente que a retroatividade mínima também é vedada pelo art. 5º, XXXV, da CF[252].

Outro importante julgado foi a ADI 1931 MC[253], em que a Corte reiterou tal entendimento ao apreciar legislação que pretendia impor obrigações a operadoras de planos de saúde alcançando contratos celebrados anteriormente com consumidores[254]. A conclusão foi de que a nova lei não poderia alterar os efeitos futuros dos contratos firmados antes de sua vigência, sob pena de violar

252. "Recurso extraordinário. Mensalidade escolar. Atualização com base em contrato. - Em nosso sistema jurídico, a regra de que a lei nova não prejudicará o direito adquirido, o ato jurídico perfeito e a coisa julgada, por estar inserida no texto da Carta Magna (art. 5º, XXXVI), tem caráter constitucional, impedindo, portanto, que a legislação infraconstitucional, ainda quando de ordem pública, retroaja para alcançar o direito adquirido, o ato jurídico perfeito ou a coisa julgada, ou que o Juiz a aplique retroativamente. E a retroação ocorre ainda quando se pretende aplicar de imediato a lei nova para alcançar os efeitos futuros de fatos passados que se consubstanciem em qualquer das referidas limitações, pois ainda nesse caso há retroatividade - a retroatividade mínima -, uma vez que se a causa do efeito é o direito adquirido, a coisa julgada, ou o ato jurídico perfeito, modificando-se seus efeitos por força da lei nova, altera-se essa causa que constitucionalmente é infensa a tal alteração. Essa orientação, que é firme nesta Corte, não foi observada pelo acórdão recorrido que determinou a aplicação das Leis 8.030 e 8.039, ambas de 1990, aos efeitos posteriores a elas decorrentes de contrato celebrado em outubro de 1.989, prejudicando, assim, ato jurídico perfeito. Recurso extraordinário conhecido e provido" (RE 188366, Relator(a): Min. MOREIRA ALVES, Primeira Turma, julgado em 19/10/1999).

253. ADI 1931 MC, Relator(a): Min. MAURÍCIO CORRÊA, Tribunal Pleno, julgado em 21/08/2003.

254. Para melhor visualização, veja-se o art. 35-G da MP 1908-19, o qual foi suspenso cautelarmente pelo STF por violação ao direito adquirido e ao ato jurídico perfeito:

"Art. 35-G. A partir de 5 de junho de 1998, fica estabelecido para os contratos celebrados anteriormente à data de vigência desta Lei que:

I - qualquer variação na contraprestação pecuniária para consumidores com mais de sessenta anos de idade estará sujeita à autorização prévia do Ministério da Saúde, ouvido o Ministério da Fazenda;

II - a alegação de doença ou lesão preexistente estará sujeita à prévia regulamentação da matéria pelo CONSU;

III - é vedada a suspensão ou a rescisão unilateral do contrato individual ou familiar de produtos definidos no inciso I e § 1º do art. 1º desta Lei por parte da operadora, salvo o disposto no inciso II do parágrafo único do art. 13 desta Lei;

IV - é vedada a interrupção de internação hospitalar em leito clínico, cirúrgico ou em centro de terapia intensiva ou similar, salvo a critério do médico assistente.

o direito adquirido e o ato jurídico perfeito. A cautelar foi confirmada quando do julgamento final[255].

Conclui-se que a jurisprudência da Suprema Corte, em matéria de Direito Civil, é bastante firme no sentido de que a retroatividade mínima também é vedada pelo art. 5º, XXXVI, da Constituição Federal. Assim, de modo geral, mesmo em contratos civis de execução continuada ou diferida - e ainda que se trate de normas de ordem pública -, os efeitos futuros devem continuar sendo regidos pelos termos pactuados originariamente pelos contratantes.

Depreende-se que os valores tutelados são a segurança jurídica e a autonomia da vontade, em detrimento de princípios como a defesa do consumidor e do idoso, a isonomia quanto aos índices de correção monetária, entre outros.

14.2. Remuneração de servidores públicos

Em repercussão geral[256], o Supremo fixou a tese de que "não há direito adquirido a regime jurídico, desde que respeitado o princípio constitucional da irredutibilidade de vencimentos".

Embora se refira ao regime jurídico administrativo de servidores públicos, o julgado propicia importantes reflexões.

Cristaliza-se a jurisprudência da Suprema Corte no sentido de que o servidor público não tem direito adquirido ao regime jurídico (= à continuidade de aplicação da legislação) vigente quando do seu ingresso no cargo.

No caso concreto, lei estadual havia modificado o regime de cálculo da remuneração dos servidores públicos, substituindo a aplicação de percentuais pelo pagamento de valores fixos. O Supremo Tribunal decidiu que a modificação era válida, desde que observada a irredutibilidade dos vencimentos; não havendo perda financeira, o regime jurídico poderia ser modificado.

---

255. "AÇÃO DIRETA DE INCONSTITUCIONALIDADE - NORMA ATACADA - ALTERAÇÃO - PREJUÍZO. A superveniente modificação da norma impugnada, sem aditamento à inicial, implica o prejuízo do controle concentrado de constitucionalidade. PLANOS DE SAÚDE - REGÊNCIA - OBSERVÂNCIA. Os planos de saúde submetem-se aos ditames constitucionais, à legislação da época em que contratados e às clausulas deles constantes - considerações" (ADI 1931, Relator(a): Min. MARCO AURÉLIO, Tribunal Pleno, julgado em 07/02/2018).

256. "EMENTA: DIREITOS CONSTITUCIONAL E ADMINISTRATIVO. ESTABILIDADE FINANCEIRA. MODIFICAÇÃO DE FORMA DE CÁLCULO DA REMUNERAÇÃO. OFENSA À GARANTIA CONSTITUCIONAL DA IRREDUTIBILIDADE DA REMUNERAÇÃO: AUSÊNCIA. JURISPRUDÊNCIA. LEI COMPLEMENTAR N. 203/2001 DO ESTADO DO RIO GRANDE DO NORTE: CONSTITUCIONALIDADE. 1. O Supremo Tribunal Federal pacificou a sua jurisprudência sobre a constitucionalidade do instituto da estabilidade financeira e sobre a ausência de direito adquirido a regime jurídico. 2. Nesta linha, a Lei Complementar n. 203/2001, do Estado do Rio Grande do Norte, no ponto que alterou a forma de cálculo de gratificações e, conseqüentemente, a composição da remuneração de servidores públicos, não ofende a Constituição da República de 1988, por dar cumprimento ao princípio da irredutibilidade da remuneração. 3. Recurso extraordinário ao qual se nega provimento" (RE 563965, Relator(a): Min. CÁRMEN LÚCIA, Tribunal Pleno, julgado em 11/02/2009).

Percebe-se que o Tribunal afastou-se, aqui, da lógica da vedação à retroatividade mínima, exposta no tópico anterior. Metodologicamente, é possível explicar a conclusão partindo da premissa – não explicitada pela Corte – de que a relação de trabalho do servidor público não é contratual e, por essa razão, não seria afetada uma inexistente "causa" do contrato.

Dito de outro modo: a relação entre servidor e Administração Pública é regida pela lei, e não pela vontade das partes. Daí decorre que a modificação da lei se aplica de imediato a todos os servidores, desde que se respeitem eventuais direitos adquiridos, atos jurídicos perfeitos e coisa julgada, e que se preserve a irredutibilidade salarial.

14.3. Direito intertemporal em matéria trabalhista

Exposta a jurisprudência do STF sobre a aplicação imediata da lei em matéria civil (na qual se proíbe a retroatividade mínima) e na temática de servidores públicos regidos por regime administrativo (em que se afirma que a nova lei deve aplicar-se de imediato às relações já existentes), passa-se a refletir sobre o tema na perspectiva do contrato de trabalho alcançado por duas leis sucessivas.

Há expressiva doutrina especializada que sustenta que a lei trabalhista deve se aplicar de imediato, inclusive quanto aos contratos de trabalho já em curso quando da sua entrada em vigor, sem fazer distinção entre leis que ampliem ou que restrinjam os direitos do trabalhador[257].

De outro lado, encontram-se posicionamentos no sentido de que a lei trabalhista nova se aplicaria de imediato aos contratos em curso apenas no caso de veicular normas cogentes ou imperativas[258]. Essa linha de entendimento se pauta no art. 912 da CLT, que contém previsão exatamente neste sentido. No entanto, tal critério é insatisfatório por três motivos: (i) a proteção ao direito adquirido é direito fundamental e também constitui norma de ordem públi-

257. Assim, por exemplo: CASSAR, Vólia Bomfim, *op.cit.*, p. 134; GARCIA, Gustavo Filipe Barbosa, *op.cit.*, p. 77. No mesmo sentido, Homero Batista Mateus da Silva sustenta que "praticamente todas as normas de direito material do trabalho" oriundas das Lei nº 13.467/2017 (reforma trabalhista) devem ser aplicadas de imediato, tanto para contratos de trabalho antigos quanto para os novos (*op.cit.*, p. 226).

258. Nesse sentido, Raphael Miziara assevera: "a aplicação da norma trabalhista no tempo se faz a partir da natureza da regra (imperativa e cogente ou não) e não de sua benevolência ou maleficência ao emprego, como entende boa parte da doutrina estrangeira e brasileira e até mesmo da jurisprudência além-mar. Desse modo, a principal conclusão a que se chegou é a de que se o contrato foi legitimamente celebrado, os contratantes têm o direito de vê-lo cumprido, nos termos da lei contemporânea a seu nascimento, que regulará inclusive seus efeitos, de modo que a teoria do efeito imediato só terá morada nos contratos em curso quanto às disposições de ordem pública, geralmente de caráter imperativo. Fora disso, não há que se falar em aplicação imediata para as obrigações sucessivas no tempo, sob pena de violação ao ato jurídico perfeito e a não retroatividade das leis" (MIZIARA, Raphael. Critérios hermenêuticos que governam a relação entre leis materiais trabalhistas sucessivas no tempo. Disponível em: < http://ostrabalhistas.com.br/criterios-hermeneuticos-que-governam-relacao-entre-leis-materiais-trabalhistas--sucessivas-no-tempo/ . Acesso em 18.jun.2020.

ca – portanto, cogente ou imperativa; (ii) haveria dúvida e controvérsia para definir quais normas seriam cogentes e quais seriam meramente dispositivas; (iii) daí resultaria a aplicação de apenas alguns dispositivos da nova lei, o que, na prática, corresponderia à criação de uma terceira lei (misto da lei nova e da lei revogada) não concebida pelo legislador[259].

Há, ainda, importantes doutrinadores que preconizam uma diferenciação: a nova lei ampliativa dos direitos dos trabalhadores se aplicaria de imediato aos contratos de trabalho em curso, mas não assim a lei que piorasse a situação jurídica dos trabalhadores[260]. Argumenta-se com a proteção ao ato jurídico perfeito e ao direito adquirido, sendo que os direitos previstos em lei se incorporariam ao contrato de trabalho e não poderiam ser afetados por lei superveniente[261]; ou com o subprincípio da condição mais benéfica e a vedação ao retrocesso[262]. O tema remete às teorias contratualistas e acontratualista (esta, subdividida nas teorias da relação de trabalho e institucionalista) sobre a natureza da relação empregatícia.

A teoria contratualista, como o nome indica, sustenta que a relação de trabalho tem natureza contratual, já que o elemento *vontade* é essencial à configuração da relação de emprego, sendo este o fator que distingue o trabalho subordinado do escravo ou servil[263]. Já a teoria acontratualista da relação de trabalho defende que a relação empregatícia seria uma situação jurídica objetiva, independentemente do ato ou causa de sua origem; a prestação de serviços, por si só, seria o elemento essencial e gerador de direitos e obrigações[264]. Por fim, a

259. Nesse sentido as inspiradas palavras de Joalvo Magalhães: "o critério não se mostra suficiente para resolver a questão da aplicação da lei trabalhista no tempo. Isso porque a proteção ao direito adquirido também é matéria de ordem pública, pois se refere à segurança jurídica, direito fundamental cuja tutela é igualmente de interesse público. (...) Na verdade, defender que apenas as normas de ordem pública seriam aplicáveis aos contratos em vigor implicaria, por via transversa, em defender, na prática, a retroação apenas de normas mais favoráveis aos trabalhadores. Não se pode ignorar a circunstância de que as normas protetivas são aquelas que gozam do status de norma de ordem pública, o que nos conduz novamente ao questionamento - o direito adquirido protege apenas o empregado e não o empregador? Além disso, há o risco de se deparar com intransponível desafio hermenêutico, ao tentar aplicar seletivamente apenas alguns dispositivos novos, desprezando outros que regem o mesmo instituto jurídico, resultado em inegável fraude normativa" (MAGALHÃES, Joalvo. Aplicabilidade da reforma trabalhista aos contratos celebrados antes da sua vigência. *Reforma Trabalhista*. Rosangela Tremel e Ricardo Calcini (orgs.). -Campina Grande: EDUEPB, 2018, p. 248).

260. CARVALHO, Augusto César Leite de, *op.cit.*, p. 81.

261. Com essa argumentação, MARTINEZ, Luciano, *op.cit.*, p. 95.

262. Guilherme Guimarães Feliciano (*Curso..., op.cit.*, p. 248 e seguintes) aduz que "o subprincípio da condição mais benéfica diz basicamente respeito ao direito adquirido (...). Por ele, a aplicação de uma nova norma trabalhista não pode, em princípio, comprometer as condições mais favoráveis em que já se encontrava o trabalhador. (...) O subprincípio da condição mais benéfica é, na verdade, uma manifestação do princípio da proibição do retrocesso social. (...) Toda nova regulamentação ou disposição de caráter geral aplicável a todo um conjunto de situações laborais altera-lhes as condições anteriores, desde que essas não sejam mais benéficas ao trabalhador (caso em que, uma vez adquiridas, permanecem integrando o patrimônio jurídico do empregado".

263. Cf. DELGADO, Maurício Godinho, *op.cit.*, p. 303.

264. Idem, p. 304.

teoria acontratualista institucionalista também nega a importância da vontade, mas o faz baseada na ideia de que o trabalhador seria inserido na empresa como instituição, havendo um vínculo de natureza estatutária[265]. As teorias acontratualistas, em geral, são criticadas sob o fundamento de que proporiam "uma concepção de gestão trabalhista sumamente autoritária, em que a liberdade e a vontade dos trabalhadores, de fato, não teriam de cumprir qualquer papel lícito ou ponderável"[266].

A doutrina majoritária sustenta que a CLT adotou a teoria contratualista[267], mas que haveria passagens que sugerem a teoria institucionalista[268], tais como o art. 442, o qual estipula que o "contrato individual de trabalho é o acordo tácito ou expresso, correspondente à relação de emprego".

Nesse contexto, não se pode negar que a vontade e a liberdade efetivamente têm um papel importante, mas não central no Direito do Trabalho. Isso porque a vontade livre é pressuposto para que se inicie qualquer relação de trabalho, por não se cogitar de escravidão ou de servidão. Além disso, é certo que as partes podem estipular contratualmente direitos superiores ao patamar mínimo previsto em lei. Afora tais aspectos, é inexistente, ou muito limitado, o espaço de liberdade no âmbito da relação de trabalho.

Na verdade, a relação de trabalho se aproxima muito mais de um ato-condição ou de um contrato de adesão: o trabalhador manifesta sua vontade no sentido de inserir-se na estrutura produtiva do empregador e, a partir daí, enquadra-se na situação jurídica de empregado. Mas a legislação estatal cogente não "adere" ao contrato, ou seja, mudanças legislativas supervenientes devem se aplicar de imediato. Trata-se de situação estatutária, podendo-se falar numa espécie de "estatuto da profissão".

Pensar diferentemente equivaleria a sustentar que somente o trabalhador possuiria direitos adquiridos, não assim o empregador, o que parece incoerente em termos de teoria geral do direito, porque o contrato de trabalho é bifronte. Veja-se: se a legislação superveniente benéfica ao empregado se aplica de imediato, o mesmo raciocínio deve se aplicar caso a modificação legal seja benéfica ao empregador, afinal o contrato gera direitos e obrigações para as duas partes.

De fato, "o princípio da condição mais benéfica aplica-se somente a cláusulas contratuais, tácitas ou expressas, mas não imuniza a relação de emprego contra alterações promovidas pela lei posterior desfavorável ao empregado. O

---

265. Idem, ibidem.

266. Idem, p. 309.

267. Cf. CASSAR, Vólia Bomfim, *op.cit.*, p. 245-6, que cita Amauri Mascaro Nascimento, Alice Monteiro de Barros, Maurício Godinho Delgado, Martins Catharino, entre outros.

268. Idem, p. 243.

Direito do Trabalho é flutuante, as fontes materiais são constantes e desenvolvem trajetória pendular, ora em favor do empregado, ora em favor do empregador. Assim, diante de sucessivas alterações legislativas, o que permanece de perene é o contrato de trabalho e suas cláusulas, mas sem direito adquirido à aplicação de um regime jurídico específico"[269].

Em suma, apesar de a relação de trabalho apresentar base contratual, a situação jurídica de empregado e empregador decorre essencialmente da lei, a qual não é a "causa" nem a razão de ser do contrato. Sob essa perspectiva, a relação empregatícia é mais próxima da relação administrativa entre servidor público e Administração do que com os contratos típicos do Direito Civil.

Assim, pode-se falar numa espécie de "estatuto da profissão", sendo que eventuais mudanças legislativas se aplicam de imediato inclusive para relações trabalhistas anteriores, de modo que nem o trabalhador, nem o empregador possuem direito adquirido a regime jurídico. Contudo, eventuais direitos subjetivos que já se incorporaram ao patrimônio do titular antes da nova lei; atos jurídicos perfeitos aperfeiçoados nas mesmas condições; e a coisa julgada, todos devem ser preservados, em virtude do previsto no art. 5º, XXXVI, da Constituição Federal.

14.4. Retroatividade de medidas emergenciais (covid-19)

O art. 36 da Medida Provisória nº 927/2020 trouxe dispositivo inusitado que previu a "convalidação" de todas as medidas trabalhistas adotadas por empregadores e que não contrariem os termos da própria MP, desde que adotadas nos 30 dias anteriores à entrada em vigor do respectivo texto.

O Supremo Federal, ao apreciar a medida cautelar nas ações diretas de inconstitucionalidade ajuizadas contra a referida medida provisória, não suspendeu o mencionado art. 36. Contudo, dogmaticamente, é muito difícil ou mesmo impossível sustentar a validade do dispositivo, já que se trata, inequivocamente, de aplicação retroativa da lei. Seria uma espécie de retroatividade média (ver tópico 1 acima), por consistir em pretensa aplicação da nova lei a efeitos passados, mas ainda não consumados.

Conforme detalhado nos tópicos anteriores, a legislação trabalhista nova se aplica de imediato, passando a reger inclusive os efeitos futuros de contratos anteriores. Sucede que aplicar a lei a fatos ou efeitos passados viola manifestamente o direito adquirido e o ato jurídico perfeito, o que é vedado ao legislador.

É importante observar que, quando a medida provisória foi editada (no dia 22 de março de 2020), estava-se nos primeiros dias da quarentena decorrente da necessidade de isolamento social. No mês de fevereiro de 2020, e na

269. MAGALHÃES, Joalvo, *op.cit.*, p. 249.

primeira quinzena de março, a vida social e econômica seguia em aparente normalidade.

Nesse contexto, mesmo que se argumente pela "excepcionalidade" da situação da pandemia, não se consegue vislumbrar qualquer fundamento jurídico para a pretensa retroatividade, que se revela completamente irrazoável.

Dessa forma, direitos eventualmente adquiridos nos 30 dias anteriores à entrada em vigor da MP 927/2020 devem ser respeitados, por força do mandamento inscrito no art. 5º, XXXVI, da Constituição.

Assim, por exemplo, não se pode reputar válida a antecipação de férias ou o seu pagamento fora do prazo previsto no art. 145 da CLT (dois dias antes do início do respectivo período), nas hipóteses em que tais atos jurídicos hajam sido praticados antes da entrada em vigor da medida provisória. Em tais casos, já se terá incorporado ao patrimônio jurídico do empregado (= direito adquirido) o direito de receber a remuneração das férias em dobro, na forma da Súmula 450 do TST[270], que não pode ser afetado por legislação superveniente.

15. ESTABILIDADE E GARANTIAS PROVISÓRIAS DE EMPREGO

Referências normativas e jurisprudenciais	
Constituição	Art. 7º São direitos dos trabalhadores urbanos e rurais, além de outros que visem à melhoria de sua condição social: I - relação de emprego protegida contra despedida arbitrária ou sem justa causa, nos termos de lei complementar, que preverá indenização compensatória, dentre outros direitos; Art. 8º, VIII - é vedada a dispensa do empregado sindicalizado a partir do registro da candidatura a cargo de direção ou representação sindical e, se eleito, ainda que suplente, até um ano após o final do mandato, salvo se cometer falta grave nos termos da lei. ADCT, Art. 10. Até que seja promulgada a lei complementar a que se refere o art. 7º, I, da Constituição: I - fica limitada a proteção nele referida ao aumento, para quatro vezes, da porcentagem prevista no art. 6º, "*caput*" e § 1º, da Lei nº 5.107, de 13 de setembro de 1966 ; II - fica vedada a dispensa arbitrária ou sem justa causa: a) do empregado eleito para cargo de direção de comissões internas de prevenção de acidentes, desde o registro de sua candidatura até um ano após o final de seu mandato; b) da empregada gestante, desde a confirmação da gravidez até cinco meses após o parto.

270. TST, Súmula 450: FÉRIAS. GOZO NA ÉPOCA PRÓPRIA. PAGAMENTO FORA DO PRAZO. DOBRA DEVIDA. ARTS. 137 E 145 DA CLT. É devido o pagamento em dobro da remuneração de férias, incluído o terço constitucional, com base no art. 137 da CLT, quando, ainda que gozadas na época própria, o empregador tenha descumprido o prazo previsto no art. 145 do mesmo diploma legal.

Referências normativas e jurisprudenciais	
Legislação infra-constitucional	CLT Art. 163 - Será obrigatória a constituição de Comissão Interna de Prevenção de Acidentes (CIPA), de conformidade com instruções expedidas pelo Ministério do Trabalho, nos estabelecimentos ou locais de obra nelas especificadas. Art. 164 - Cada CIPA será composta de representantes da empresa e dos empregados, de acordo com os critérios que vierem a ser adotados na regulamentação de que trata o parágrafo único do artigo anterior. § 1º - Os representantes dos empregadores, titulares e suplentes, serão por eles designados. § 2º - Os representantes dos empregados, titulares e suplentes, serão eleitos em escrutínio secreto, do qual participem, independentemente de filiação sindical, exclusivamente os empregados interessados. § 3º - O mandato dos membros eleitos da CIPA terá a duração de 1 (um) ano, permitida uma reeleição § 4º - O disposto no parágrafo anterior não se aplicará ao membro suplente que, durante o seu mandato, tenha participado de menos da metade do número de reuniões da CIPA. § 5º - O empregador designará, anualmente, dentre os seus representantes, o Presidente da CIPA e os empregados elegerão, dentre eles, o Vice-Presidente Art. 165 - Os titulares da representação dos empregados nas CIPA (s) não poderão sofrer despedida arbitrária, entendendo-se como tal a que não se fundar em motivo disciplinar, técnico, econômico ou financeiro. Parágrafo único - Ocorrendo a despedida, caberá ao empregador, em caso de reclamação à Justiça do Trabalho, comprovar a existência de qualquer dos motivos mencionados neste artigo, sob pena de ser condenado a reintegrar o empregado. Art. 165 - Os titulares da representação dos empregados nas CIPA (s) não poderão sofrer despedida arbitrária, entendendo-se como tal a que não se fundar em motivo disciplinar, técnico, econômico ou financeiro. Parágrafo único - Ocorrendo a despedida, caberá ao empregador, em caso de reclamação à Justiça do Trabalho, comprovar a existência de qualquer dos motivos mencionados neste artigo, sob pena de ser condenado a reintegrar o empregado. Art. 391-A. A confirmação do estado de gravidez advindo no curso do contrato de trabalho, ainda que durante o prazo do aviso prévio trabalhado ou indenizado, garante à empregada gestante a estabilidade provisória prevista na alínea b do inciso II do art. 10 do Ato das Disposições Constitucionais Transitórias. Parágrafo único. O disposto no *caput* deste artigo aplica-se ao empregado adotante ao qual tenha sido concedida guarda provisória para fins de adoção. Art. 492 - O empregado que contar mais de 10 (dez) anos de serviço na mesma empresa não poderá ser despedido senão por motivo de falta grave ou circunstância de força maior, devidamente comprovadas. Art. 522. A administração do sindicato será exercida por uma diretoria constituída no máximo de sete e no mínimo de três membros e de um Conselho Fiscal composto de três membros, eleitos esses órgãos pela Assembleia Geral.

Referências normativas e jurisprudenciais	
Legislação infra-constitucional	Art. 543, § 5º - Para os fins deste artigo, a entidade sindical comunicará por escrito à empresa, dentro de 24 (vinte e quatro) horas, o dia e a hora do registro da candidatura do seu empregado e, em igual prazo, sua eleição e posse, fornecendo, outrossim, a este, comprovante no mesmo sentido. O Ministério do Trabalho e Previdência Social fará no mesmo prazo a comunicação no caso da designação referida no final do § 4º.
Normas interna-cionais	OIT: C. 87, 98, 107, 158
Súmulas e teses de repercussão geral	Tema 131 - RE 589998: Os empregados públicos das empresas públicas e sociedades de economia mista não fazem jus à estabilidade prevista no art. 41 da Constituição Federal, mas sua dispensa deve ser motivada. Tema 497 - RE 629053: A incidência da estabilidade prevista no art. 10, inc. II, do ADCT, somente exige a anterioridade da gravidez à dispensa sem justa causa. STF, Súmula 676: A garantia da estabilidade provisória prevista no art. 10, II, a, do ADCT também se aplica ao suplente do cargo de direção de Comissões Internas de Prevenção de Acidentes (CIPA). TST, Súmula 244 - GESTANTE. ESTABILIDADE PROVISÓRIA I - O desconhecimento do estado gravídico pelo empregador não afasta o direito ao pagamento da indenização decorrente da estabilidade (art. 10, II, "b" do ADCT). II - A garantia de emprego à gestante só autoriza a reintegração se esta se der durante o período de estabilidade. Do contrário, a garantia restringe-se aos salários e demais direitos correspondentes ao período de estabilidade. III - A empregada gestante tem direito à estabilidade provisória prevista no art. 10, inciso II, alínea "b", do Ato das Disposições Constitucionais Transitórias, mesmo na hipótese de admissão mediante contrato por tempo determinado. TST, Súmula 369 - DIRIGENTE SINDICAL. ESTABILIDADE PROVISÓRIA. I - É assegurada a estabilidade provisória ao empregado dirigente sindical, ainda que a comunicação do registro da candidatura ou da eleição e da posse seja realizada fora do prazo previsto no art. 543, § 5º, da CLT, desde que a ciência ao empregador, por qualquer meio, ocorra na vigência do contrato de trabalho. II - O art. 522 da CLT foi recepcionado pela Constituição Federal de 1988. Fica limitada, assim, a estabilidade a que alude o art. 543, § 3.º, da CLT a sete dirigentes sindicais e igual número de suplentes. III - O empregado de categoria diferenciada eleito dirigente sindical só goza de estabilidade se exercer na empresa atividade pertinente à categoria profissional do sindicato para o qual foi eleito dirigente. IV - Havendo extinção da atividade empresarial no âmbito da base territorial do sindicato, não há razão para subsistir a estabilidade. V - O registro da candidatura do empregado a cargo de dirigente sindical durante o período de aviso prévio, ainda que indenizado, não lhe assegura a estabilidade, visto que inaplicável a regra do § 3º do art. 543 da Consolidação das Leis do Trabalho.

Referências normativas e jurisprudenciais	
Súmulas e teses de repercussão geral	TST, Súmula 378 - ESTABILIDADE PROVISÓRIA. ACIDENTE DO TRABALHO. ART. 118 DA LEI Nº 8.213/1991. I - É constitucional o artigo 118 da Lei nº 8.213/1991 que assegura o direito à estabilidade provisória por período de 12 meses após a cessação do auxílio-doença ao empregado acidentado. II - São pressupostos para a concessão da estabilidade o afastamento superior a 15 dias e a consequente percepção do auxílio-doença acidentário, salvo se constatada, após a despedida, doença profissional que guarde relação de causalidade com a execução do contrato de emprego. III - O empregado submetido a contrato de trabalho por tempo determinado goza da garantia provisória de emprego decorrente de acidente de trabalho prevista no art. 118 da Lei nº 8.213/91. TST, Súmula 390 - ESTABILIDADE. ART. 41 DA CF/1988. CELETISTA. ADMINISTRAÇÃO DIRETA, AUTÁRQUICA OU FUNDACIONAL. APLICABILIDADE. EMPREGADO DE EMPRESA PÚBLICA E SOCIEDADE DE ECONOMIA MISTA. INAPLICÁVEL I - O servidor público celetista da administração direta, autárquica ou fundacional é beneficiário da estabilidade prevista no art. 41 da CF/1988. II - Ao empregado de empresa pública ou de sociedade de economia mista, ainda que admitido mediante aprovação em concurso público, não é garantida a estabilidade prevista no art. 41 da CF/1988.
Julgados paradigmáticos	ADI 414, 639, 1480-MC ADPF 276 AI 454064 AgR MI 628 RE 179193, 183884, 204625, 205107, 208436, 217355, 224667, 806190

15.1. Proteção contra a despedida arbitrária ou sem justa causa

O tema da estabilidade no emprego é um dos temas mais importantes na estruturação do Direito do Trabalho, com reflexos significativos na vida dos cidadãos e na conformação do modelo de sociedade. A conclusão é evidente, se se observa que a renda do trabalho é o que permite a subsistência do trabalhador, e o grande senso de intranquilidade e de injustiça que pode resultar da perda do emprego, sobretudo se desprovida de qualquer causa razoável ou legítima.

O direito comparado mostra que a estabilidade é uma realidade em alguns países, como, por exemplo, Itália[271] e Portugal[272]. Nos EUA, não há a estabilidade

271. Segundo Cláudio Rocha e Tamara Ruhas, "o ordenamento jurídico italiano, em regra, não permite a dispensa sem justa causa ou sem um justificado motivo (objetivo ou subjetivo)". Os autores explicam que, para empresas de menor dimensão (de acordo com a quantidade de empregados) e para empregadores não empresários, é devida indenização; para empregadores de grande porte, a legislação prevê o direito de reintegração dos empregados (ROCHA, Cláudio Jannotti da; RUHAS, Tamara Camarano. A dispensa individual e coletiva no Brasil e na Itália. *Revista do Tribunal Regional do Trabalho da 3ª Região*, v.56, n.86, p.21-36, jul./dez. 2012).

272. A Constituição da República Portuguesa, no artigo 53, estabelece o seguinte: "É garantida aos trabalhadores a segurança no emprego, sendo proibidos os despedimentos sem justa causa ou por motivos

geral no emprego na maioria dos estados, mas o sistema acaba por desestimular dispensas imotivadas, sendo relevantes, também, normas coletivas a respeito[273].

No Brasil, o art. 492 da CLT formalmente não foi revogado, muito embora a estabilidade no emprego tenha se tornado uma realidade rarefeita desde a entrada em vigor da Lei nº 5.107/66, que criou a *opção*[274] do empregado pelo regime do FGTS. A partir de então, e até a entrada em vigor da Constituição de 1988, os dois regimes (estabilidade e FGTS) coexistiam. Após 5 de outubro de 1988, entretanto, passou-se a entender, de forma geral, que o art. 492 da CLT não teria sido recepcionado pela Constituição, pois houve o estabelecimento do FGTS como direito trabalhista, no art. 7º, III, em substituição ao regime da estabilidade decenal da CLT. O entendimento se funda essencialmente no art. 10, I, do ADCT, o qual institui regra de transição que limita a proteção à dispensa imotivada ao pagamento, pelo empregador, de indenização correspondente a 40% dos depósitos de FGTS devidos ao longo de todo o contrato de trabalho.

No RE 179193[275], os Ministros Moreira Alves e Sydney Sanches chegaram a afirmar que a Constituição não admitiria a estabilidade permanente no

---

políticos ou ideológicos". Conforme João Gonçalves, em Portugal, a opinião consensual entre a doutrina e jurisprudência nacionais é a de que os destinatários do artigo 53.º da CRP são os trabalhadores subordinados – conceito equivalente ao de empregados no Brasil (GONÇALVES, João Gonçalo Teixeira Pinto Batista. A garantia de maior estabilidade e segurança no emprego público e a extinção da relação laboral pública por motivos disciplinares. Dissertação de mestrado em Direito. Lisboa: Universidade de Lisboa, 2018. Disponível em: https://repositorio.ul.pt/bitstream/10451/37378/1/ulfd136529_tese.pdf . Acesso em: 05/06/2020.

273. Segundo João Renda Leal Fernandes (*op.cit*), "(...) quando o ambiente de trabalho é sindicalizado e se alcança um acordo coletivo, é prática usual a inserção de cláusulas que vedem a despedida sem justa causa ou prevejam uma série de benefícios para quem for dispensado de forma imotivada" (p. 40). O autor esclarece, ainda (p. 70), que "Embora a grande maioria dos estados permita, em regra, a resilição a qualquer momento dos contratos de trabalho celebrados por tempo indeterminado, sem a necessidade de pagamento de indenizações decorrentes da dispensa imotivada – sistema de *employment at will*, que constitui talvez o elemento de maior flexibilidade do Direito do Trabalho nos EUA – o estado de Montana, por exemplo, estabelece a necessidade de *good cause* para a dispensa de empregados (*Wrongful Discharge from Employment Act – WDEA*)". Ademais, no que tange ao seguro-desemprego, (p. 182), "há, aqui, um ponto de especial relevância: o sistema premia aqueles empregadores que não realizam tantas dispensas sem justa causa, fato que indiretamente contribui para a manutenção do equilíbrio financeiro-atuarial, já que tais empregadores são recompensados com "créditos" (na prática, com cálculos que permitem a redução da alíquota) pelo fato de evitarem gastos ao sistema)".

274. Quem conhece a realidade da vida, sabe que não há, em verdade, opção, pois a necessidade de ganhar a vida faz com que o trabalhador aceite as imposições feitas pelo patrão.

275. "Recurso extraordinário. Dispensa de emprego. Adoção, dentre outros critérios de dispensa pela necessidade de reduzir seu quadro, da idade de 65 anos por terem os empregados com essa idade direito a aposentadoria independentemente de tempo de serviço, o que não acontece com os de idade mais baixa. (...) Inexistência de ofensa ao artigo 7º, XXX, da Constituição, que nem por interpretação extensiva, nem por aplicação analógica, se aplica à hipótese de dispensa de emprego que tem ttratamento específico, no tocante a despedida discriminatória, no inciso I desse mesmo artigo 7º que dá proteção contra ela, proteção essa provisoriamente disciplinada nos incisos I e II do artigo 10 do ADCT, que não é norma de exceção, mas, sim, de transição. Não estabeleceu a Constituição de 1988 qualquer exceção expressa que conduzisse à estabilidade permanente, nem é possível admiti-la por interpretação extensiva ou por analogia, porquanto, como decorre, inequivocamente do inciso I do artigo 7º da Constituição a proteção

emprego; que a proteção consistiria na "indenização compensatória que a lei complementar necessariamente terá de prever, além de outros direitos que venha esta a estabelecer, exceto, evidentemente, o de estabilidade plena ou permanente que daria margem a um *bis in* idem inadmissível com a indenização compensatória, como aliás se vê da disciplina provisória que encontra nos incisos I e II do art. 10 do ADCT". Embora a conclusão conste da ementa do julgado, os demais ministros não aderiram a esse fundamento[276].

De fato, o art. 10, I, do ADCT, impede transitoriamente o instituto da estabilidade no emprego, já que limita a proteção ao pagamento dos 40% do FGTS. Contudo, nada há que impeça uma hipotética (e improvável) lei complementar que o implantasse. O art. 7º, I, permite expressamente que a lei complementar estabeleça "outros direitos", além da indenização compensatória; e o art. 7º, III, ao prever o direito ao FGTS, não inibe que a legislação crie a estabilidade, pois não há nenhuma incompatibilidade. Para compreender o ponto, necessário perceber a diferença entre dispensa arbitrária e a dispensa sem justa causa.

A dispensa sem justa causa é um gênero mais amplo, que contrasta com a dispensa por justa causa (punição aplicada em função de falta grave cometida pelo trabalhador). A dispensa sem justa causa pode ser: (i) imotivada ou arbitrária, sujeita apenas ao arbítrio do empregador; (ii) motivada por razões de ordem disciplinar, técnica, econômica ou financeira.

No caso do membro da CIPA, por exemplo, o art. 165 da CLT veda a dispensa arbitrária, mas evidentemente não impede a despedida motivada e aquela decorrente de justa causa.

A lei complementar, então, poderia validamente estabelecer, por exemplo, a estabilidade no emprego como regra geral, de modo que a impedir a despedida arbitrária, mas a autorizar a dispensa motivada (seja por justa causa, seja por motivos técnicos, econômicos etc.). Em dispensa motivada não disciplinar (= sem justa causa), o trabalhador faria jus a sacar o FGTS. Isso demonstra claramente que o sistema da estabilidade é plenamente compatível com o do FGTS.

Fortalece esse raciocínio com a observação de que, no modelo constitucional brasileiro, a propriedade (o que inclui os meios de produção e as empresas)

---

que ele dá à relação de emprego contra despedida arbitrária ou sem justa causa é a indenização compensatória que a lei complementar terá necessariamente que prever, além de outros direitos que venha esta a estabelecer, exceto, evidentemente, o de estabilidade permanente ou plena que daria margem a um bis in idem inadmissível com a indenização compensatória como aliás se vê da disciplina provisória que se encontra nos incisos I e II do artigo 10 do ADCT" (RE 179193, Relator(a): ILMAR GALVÃO, Relator(a) p/ Acórdão: MOREIRA ALVES, Tribunal Pleno, julgado em 18/12/1996).

276. Em seu voto na ADI 1480 MC, o Min. Néri da Silveira disse que o ideal seria que o legislador previsse a estabilidade ampla no emprego, e que não firmava compromisso com a posição de que a lei complementar a que alude o art. 7º, I, não poderia instituir a estabilidade.

tem função social (CF, art. 5º, XXIII). A livre iniciativa deve, sim, ser estimulada, mas em harmonia com a valorização do ser humano que depende do trabalho para sobreviver. Admitir a despedida por mero capricho do empregador não é compatível com o projeto constitucional de construção de uma sociedade realmente livre, justa e solidária (CF, art. 3º, I).

Passado longo período após a entrada em vigor da CF/88, a lei complementar ainda não foi editada. O STF, no MI 628[277], rejeitou o mandado de injunção, em virtude da existência da regulamentação provisória do ADCT.

Outra importante discussão travada no STF diz respeito à Convenção nº 158 da Organização Internacional do Trabalho, sobre o término da relação de trabalho por iniciativa do empregador.

Na ADI 1480 MC[278], o Supremo fixou interpretação conforme a Constituição no sentido de que a Convenção nº 158 da OIT tem caráter meramente programático e não impõe a reintegração como consequência única possível decorrente da dispensa arbitrária; seria possível a fixação de indenização compensatória. A Corte se baseou no fato de que o art. 7º, I, da CF, exige lei complementar para regular a proteção contra a dispensa arbitrária e, por isso, o tratado internacional - que que teria status equivalente ao das leis ordinárias - constituiria mera proposta de legislação dirigida ao legislador interno. Além disso, a conclusão se pauta no art. 10 da própria Convenção[279], que efetivamente não impõe a reintegração como única consequência possível.

Importante destacar que, posteriormente, ao analisar a questão da prisão do depositário infiel à luz do Pacto de São José da Costa Rica, o STF fixou o entendimento de que os tratados internacionais sobre direitos humanos têm status supralegal, paralisando a eficácia da legislação interna que lhes for contrária[280]. Sendo os direitos sociais - no que se incluem os trabalhistas - direitos humanos de segunda dimensão, conclui-se as convenções da OIT também se sobrepõem à legislação ordinária interna, com as ressalvas das normas constitucionais e do princípio da norma mais favorável[281].

277. "Existindo norma, na própria CF, mais precisamente no art. 10, I, do ADCT, que regula, provisoriamente, o direito previsto no inciso I do art. 7º da Parte Permanente, enquanto não aprovada a lei complementar a que se refere, mostra-se descabido o mandado de injunção destinado a compelir o Congresso Nacional a elaborá-la" (MI 628, Plenário, Rel. min. Sydney Sanches, j. 19-8-2002).

278. ADI 1480 MC, Relator(a): Min. CELSO DE MELLO, Tribunal Pleno, julgado em 04/09/1997.

279. Art. 10 — Se os organismos mencionados no artigo 8 da presente Convenção chegarem à conclusão de que o término da relação de trabalho é injustificado e se, em virtude da legislação e prática nacionais, esses organismos não estiverem habilitados ou não considerarem possível, devido às circunstâncias, anular o término e, eventualmente, ordenar ou propor a readmissão do trabalhador, terão a faculdade de ordenar o pagamento de uma indenização adequada ou outra reparação que for considerada apropriada.

280. RE 466343, Relator(a): CEZAR PELUSO, Tribunal Pleno, julgado em 03/12/2008.

281. Maurício Godinho Delgado (*op.cit.*, p. 154) afirma que as convenções internacionais em matéria trabalhista têm "óbvia natureza de direitos humanos", e ressalta a necessidade de interpretação do tema à luz

Mesmo assim, a conclusão do STF quanto à Convenção nº 158 se sustenta, seja em função da reserva constitucional de lei complementar, seja pela interpretação conjugada do art. 10 do tratado internacional com o art. 10, I, do ADCT, pois a legislação nacional ainda não admite a reintegração no emprego como regra geral. Isso faz com que, ainda que a Corte venha a declarar a invalidade da denúncia da Convenção - promovida pelo Executivo brasileiro pouco tempo depois da entrada interna em vigor –, pouco efeito prático daí adviria para a vida do trabalhador e do empresário brasileiros.

Alguns anos depois do deferimento da medida cautelar, a ADI 1480 foi extinta sem resolução de mérito, em função da denúncia da Convenção nº 158 pelo Presidente da República. Sucede que, posteriormente, foi ajuizada nova ação direta de inconstitucionalidade (ADI 1625) em que se questiona a validade do decreto presidencial que denunciou o tratado internacional, que já se havia incorporado ao direito interno brasileiro; o tema ainda está pendente de apreciação no Supremo Tribunal Federal. Os votos já proferidos sinalizam a tendência de que se considere inconstitucional o decreto. Isso porque, uma vez que o Congresso Nacional haja aprovado o tratado internacional, com a promulgação do decreto legislativo pertinente (e posterior edição do decreto presidencial que promulga o tratado na ordem interna), não seria mais possível que o ato normativo deixasse de vigorar no Brasil por ato unilateral do Presidente da República. A denúncia, no plano internacional, até pode ser feita, mas o tratado, após o decreto legislativo, se integra à ordem jurídica nacional e, somente mediante a vontade conjugada do Congresso Nacional e do Presidente da República é que poderia haver a cessação interna da respectiva vigência. O Min. Teori Zavascki, em seu voto, aderiu a tal conclusão, mas sugeriu a adoção de modulação temporal, de modo que o entendimento somente se passasse a aplicar para o futuro; levou em conta que, por mais que não se possa falar na existência de um costume contra a Constituição, fato é que o mesmo vício (denúncia por ato unilateral do Presidente da República) já havia ocorrido em relação a diversas outras Convenções da OIT, ratificadas e depois denunciadas pelo Brasil.

A Suprema Corte teve oportunidade de definir, ainda, na ADI 414 MC[282], que a indenização de 40% do FGTS deve ser calculada considerando todos os depósitos realizados na conta vinculada durante a vigência do contrato de trabalho, atualizados monetariamente e acrescidos dos respectivos juros, não sendo permitida, para este fim a dedução dos saques ocorridos. Foi reconhecida, na ocasião a inconstitucionalidade, no ponto, do Decreto nº 99.684/90, o

---

do princípio da vedação do retrocesso, de modo que prevalece o princípio da norma mais favorável ao trabalhador, quer no que tange ao critério de solução do conflito normativo, quer no que diz respeito ao resultado interpretativo alcançado.

282. ADI 414 MC, rel. min. Sepúlveda Pertence, j. 1º-2-1991.

qual, em sua redação originária, excluída da base de cálculo os saques realizados pelo trabalhador. Decisão acertada, pois a exclusão dos saques faz com que haja violação do art. 10, I, do ADCT, já que o dispositivo incorporou a redação do art. 6º, *caput* e §1º, da Lei nº 5.107/66, e esta utilizava, como base de cálculo, o total dos depósitos feitos na conta vinculada do trabalhador.

Outra decisão importante, adotada sob a sistemática da repercussão geral (tema 748), foi proferida no RE 806190, em que se fixou a tese da constitucionalidade da legislação que prevê indenização adicional equivalente a 50% da última remuneração recebida na hipótese de demissão imotivada de empregado durante a vigência da Unidade Real de Valor (URV). O pano de fundo foi o art. 31 da Lei nº 8.880/94, que constituiu medida legislativa emergencial e temporária de política monetária (implementação do Plano Real), não tendo a finalidade de implantar um sistema geral e definitivo de proteção à relação de emprego. A Corte decidiu que incidia o art. 22, IV, da CF (não o art. 7º, I), de modo que não havia necessidade de lei complementar para que se veiculasse tal regulamentação. Isso porque se trata de regra de ajustamento do sistema monetário, inserida no contexto macroeconômico de combate à inflação, e não uma regulamentação específica e diretamente relacionada com a com a proteção da relação de emprego.

15.2. Dirigente sindical

A jurisprudência do STF, ao longo dos tempos, vem moldando a garantia provisória de emprego inscrita no art. 8º, VIII, da CF.

A decisão do Plenário no RE 205107[283] assentou o entendimento de que o dirigente sindical fará jus à garantia provisória de emprego mesmo que ainda não haja sido feito o registro do sindicato no Ministério do Trabalho. No inteiro teor do acórdão, explicita-se que o ente sindical estava em processo de formação, sendo que o respectivo registro no Cartório de Registro Civil de Pessoas Jurídicas somente foi feito já no curso do aviso prévio; e o requerimento de reconhecimento de personalidade sindical ao Ministério do Trabalho somente foi protocolado após o encerramento do aviso prévio.

---

283. "Estabilidade sindical provisória (CF, art. 8º, VII); reconhecimento da garantia aos diretores eleitos, na assembléia constitutiva da entidade sindical, desde, pelo menos, a data do pedido de registro no Ministério do Trabalho, o que não contraria a exigência deste, constante do art. 8º, I, da Constituição. 1. A constituição de um sindicato ' posto culmine no registro no Ministério do Trabalho (STF, MI 144, 3.8.92, Pertence, RTJ 147/868)' a ele não se resume: não é um ato, mas um processo. 2. Da exigência do registro para o aperfeiçoamento da constituição do sindicato, não cabe inferir que só a partir dele estejam os seus dirigentes ao abrigo da estabilidade sindical: é 'interpretação pedestre', que esvazia de eficácia aquela garantia constitucional, no momento talvez em que ela se apresenta mais necessária, a da fundação da entidade de classe" (RE 205107, Relator(a): SEPÚLVEDA PERTENCE, Tribunal Pleno, julgado em 06/08/1998, DJ 25-09-1998 PP-00021 EMENT VOL-01924-03 PP-00435).

Na visão da Corte, não faria sentido excluir a estabilidade do dirigente justamente no momento em que ela se revela mais necessária, já que a probabilidade de que haja pressões indevidas é muito maior em se tratando de sindicatos novos, que ainda não tem força suficiente para enfrentá-las. O raciocínio faz sentido, mas gera a seguinte indagação: o que aconteceria se fosse negado o registro do sindicato?

Não se desconhece que o registro é ato vinculado do extinto Ministério do Trabalho, mas pode ser que o órgão administrativo perceba alguma irregularidade ou ilegalidade que impeça a formação do novo sindicato (exemplo: não realização de assembleia pelos interessados; violação à unicidade sindical). Em tais casos, parece demasiado e contrário ao objetivo da Constituição estender a estabilidade para o dirigente de um sindicato que teve a negativa de registro no órgão competente. Registre-se que tal situação não aconteceu no caso que foi julgado pela Suprema Corte.

No RE 217355[284], a 2ª Turma concluiu que a garantia provisória de emprego alcança não apenas o dirigente de sindicato profissional, mas também os eleitos para cargos de direção de sindicatos patronais. Os seguintes fundamentos embasaram o julgado: (i) não cabe ao intérprete distinguir onde o texto constitucional não o fez. O art. 8º, VIII, não restringe a garantia de emprego ao dirigente de sindicato de trabalhadores; (ii) isonomia: não é possível tratar diferentemente dirigentes de sindicatos; (iii) o fato de que o representante do sindicato patronal pode adotar postura contrária aos interesses do empregador e, por isso, sofrer represália. Sucede que a conclusão e os fundamentos são incorretos, pois partem de premissas equivocadas, conforme se passa a demonstrar.

O primeiro ponto é que se pode extrair do texto do art. 8º, VIII, da CF, que a garantia de emprego é apenas do empregado sindicalizado. Ora, é evidente que o trabalhador jamais pode ser filiado ao sindicato da categoria econômica, o que já seria suficiente para refutar a conclusão do STF. Não bastasse, o dirigente de sindicato patronal não tem o papel de se contrapor ao empregador, mas de representar e defender os interesses deste em negociações coletivas. A situação é completamente diferente da vivenciada pelo dirigente de sindicato profissional, este sim sujeito a risco de retaliações por se posicionar em favor dos interesses dos trabalhadores. Não há, portanto, violação à isonomia. Por tais motivos, a jurisprudência do TST se consolidou no sentido de que a ga-

---

284. "Interpretação restritiva do inciso VIII do art. 8º da CF: impossibilidade. Inexistência de norma legal ou constitucional que estabeleça distinção entre o dirigente sindical patronal e o dos trabalhadores. Não perde a condição de empregado o trabalhador que, malgrado ocupe cargo de confiança na empresa empregadora, exerça mandato sindical como representante da categoria econômica. Representante sindical patronal. Dispensa no curso do mandato. Indenização e consectários legais devidos desde a data da despedida até um ano após o final do mandato" (RE 217.355, rel. min. Maurício Corrêa, j. 29-8-2000, 2ª T, DJ de 2-2-2001).

rantia provisória de emprego não alcança o dirigente de sindicato patronal[285], sendo este, também, o entendimento da doutrina especializada[286].

No RE 222334[287], a 2ª Turma acertadamente decidiu que a extinção da empresa (inexistindo agência ou filial na base territorial do sindicato representado) impede o prosseguimento da relação de emprego. O acórdão registrou que a garantia provisória de emprego não se destina a beneficiar diretamente o dirigente sindical, mas sim a "representação sindical de que se investe, que deixa de existir, entretanto, se extinta a empresa empregadora".

No AI 454064 AgR[288], a 2ª Turma reafirmou esse entendimento, mas ressalvou (conforme voto condutor do Min. Celso de Mello), que no caso de "cessação das atividades empresariais - seja pelo fechamento do estabelecimento patronal, seja pela extinção da própria empresa -, nem sempre tal evento autorizará a supressão da garantia constitucional da estabilidade provisória do dirigente sindical. É que, para que não subsista a proteção deferida pelo art. 8º, VIII, da Constituição, torna-se necessário que o empregador comprove a ocorrência de situação configuradora de força maior".

O entendimento é criticável e conflita com a Súmula 369, IV, do TST. Com a ressalva de situações de fraude à lei – que como tal deverão ser tratadas –,

---

285. Por exemplo: AIRR-709-96.2014.5.03.0014, 6ª Turma, Relatora Ministra Katia Magalhaes Arruda, DEJT 19/12/2016; RR-483-17.2012.5.09.0654, 8ª Turma, Relator Ministro Marcio Eurico Vitral Amaro, DEJT 24/11/201; AIRR - 114340-73.2003.5.01.0009 Data de Julgamento: 16/05/2007, Relatora Ministra: Maria Cristina Irigoyen Peduzzi, 3ª Turma; RR - 146400-40.2002.5.04.0401 Data de Julgamento: 12/08/2009, Relator Ministro: José Simpliciano Fontes de F. Fernandes, 2ª Turma; RR - 30600-19.2006.5.15.0012 Relator Ministro: Renato de Lacerda Paiva, 2ª Turma.

286. No sentido do texto: CASSAR, Vólia Bomfim, *op.cit.*, p. 1145; MARTINS, Sérgio Pinto, *op.cit.*, p. 673; BARROS, Alice Monteiro de, *op.cit.*, p. 982.

287. RE 222334 ED, Relator(a): Min. MAURÍCIO CORRÊA, Segunda Turma, julgado em 30/04/2002.

288. "AGRAVO DE INSTRUMENTO - DIRIGENTE SINDICAL - ESTABILIDADE PROVISÓRIA - GARANTIA CONSTITUCIONAL (CF, ART. 8º, VIII) - EXTINÇÃO DA EMPRESA OU FECHAMENTO DE SEU ESTABELECIMENTO - DOUTRINA - JURISPRUDÊNCIA - OCORRÊNCIA DE FATORES DE ORDEM TÉCNICA, ECONÔMICA E/OU FINANCEIRA - NECESSIDADE DE SUA DEMONSTRAÇÃO PELA EMPRESA INTERESSADA, A QUEM INCUMBE O ÔNUS DA PROVA - RECURSO IMPROVIDO. - A garantia constitucional da estabilidade provisória do dirigente sindical (CF, art. 8º, VIII) protege o empregado sindicalizado - registrado como candidato ou já investido no mandato sindical - contra injusta ruptura do contrato de trabalho, assim considerada toda despedida que não se fundar em falta grave ou, então, que não decorrer da extinção da própria empresa ou, ainda, que não resultar do encerramento das atividades empresariais na base territorial do sindicato, motivados, em qualquer dessas duas ultimas hipóteses, por fatores de ordem técnica, econômica e/ou financeira. Doutrina. Precedentes. - Compete ao empregador, sob pena de pagamento de indenização compensatória ao empregado/dirigente sindical, o ônus de comprovar a ocorrência de razões de ordem técnica, econômica ou financeira aptas a afastar, excepcionalmente, a incidência da garantia constitucional da estabilidade provisória do dirigente sindical, nas hipóteses de cessação das atividades empresariais. - Revela-se inadmissível, em sede recursal extraordinária, reexaminar questão de fato - que foi soberanamente decidida pelo Tribunal recorrido - com o objetivo de viabilizar, em função de tal análise, nova discussão em torno da ocorrência, ou não, de fatores de ordem técnica, econômica e/ou financeira causadores da extinção do estabelecimento empregador" (AI 454064 AgR, Relator(a): Min. CELSO DE MELLO, Segunda Turma, julgado em 14/03/2006).

não se concebe que o empreendedor extinga a empresa ou os estabelecimentos da base territorial do sindicato apenas para frustrar a garantia provisória do respectivo dirigente. Exigir a comprovação de "força maior" para extinção do estabelecimento é extravasar o objetivo da garantia de emprego prevista constitucionalmente, cujo escopo é o de proteger o dirigente sindical de retaliações em virtude do exercício regular do seu mandato na defesa dos trabalhadores. Extinta a empresa, ainda que não tenha havido força maior (por exemplo, estando associada ao simples desinteresse do empreendedor em continuar a atividade), não há razão para subsistir a estabilidade.

Por ocasião do julgamento do RE 224667[289], a 2ª Turma concluiu que o art. 543, §3º, da CF, foi recepcionado pela Constituição, de modo que é imprescindível a comunicação da candidatura ao empregador, para que surja a garantia de emprego. O entendimento é correto, mas deve ser bem compreendido: conforme jurisprudência do TST, o prazo de 24 horas para comunicação não é preclusivo, razão pela qual o que releva, para aquisição da estabilidade, é que o empregador haja efetivamente tomado ciência da candidatura, eleição ou posse do dirigente sindical. Pouco importa que a comunicação seja feita após o prazo de 24 horas do registro da candidatura[290], podendo-se até concluir pela desnecessidade de comunicado formal, desde que demonstrada a ampla divulgação e o conhecimento do fato pelo empregador através de outros meios[291].

---

289. "DIRIGENTE SINDICAL - GARANTIA DE EMPREGO - COMUNICAÇÃO AO EMPREGADOR. A formalidade prevista no artigo 543, § 5º, da Consolidação das Leis do Trabalho - ciência do empregador da candidatura do empregado - não se mostrou incompatível com a norma do inciso VIII do artigo 8º da Constituição Federal, isto diante do princípio da razoabilidade" (RE 224667, Relator(a): Min. MARCO AURÉLIO, Segunda Turma, julgado em 13/04/1999).

290. "EMBARGOS REGIDOS PELA LEI Nº 11.496/2007. ESTABILIDADE PROVISÓRIA. DIRIGENTE SINDICAL. COMUNICAÇÃO EXTEMPORÂNEA. ELEIÇÃO COMPOSTA DE CHAPA ÚNICA. SÚMULA Nº 369, ITEM I, DO TST. Discute-se, no caso, se a comunicação extemporânea do registro da candidatura, eleição e posse do empregado em cargo de dirigente sindical obstaculizaria seu direito à estabilidade provisória, em razão do preconizado no artigo 543, § 5º, da CLT. (...) esta Corte superior adotou o entendimento de que a comunicação do registro da candidatura, eleição e posse do empregado como dirigente sindical, mesmo quando feita fora do prazo nesse preceito fixado, é suficiente para assegurar o direito à estabilidade provisória, desde que a comunicação se dê no curso do contrato de trabalho " (E-ED-RR-1924200-81.2002.5.09.0002, Subseção I Especializada em Dissídios Individuais, Relator Ministro Jose Roberto Freire Pimenta, DEJT 03/10/2014).

291. "EMBARGOS. ESTABILIDADE SINDICAL. AUSÊNCIA DE COMUNICAÇÃO AO EMPREGADOR DA CANDIDATURA. ELEIÇÃO. CONHECIMENTO DO PLEITO PELA EMPRESA. FORMALIDADE NÃO CONSIDERADA ESSENCIAL. (...)A Súmula 369, I, do C. TST deve ser examinada sem fugir do objetivo concreto da norma, levando em consideração a situação em que a formalidade não se torna essencial para configuração da proteção a que alude a Constituição Federal. Isso porque (...) embora extemporânea a comunicação, se o ato produz efeitos a partir de então, limita-se o poder de despedimento do empregador, de molde a se proteger a representação sindical de índole constitucional, assegurando--lhe eficácia social, pois atingida a finalidade prevista na norma consolidada: comunicar o empregador . (Ministro Vieira de Mello Filho – RR-747749/2001). Deste modo, inaplicável a Súmula 369, I, do c. TST, quando os elementos fáticos traduzidos no julgado regional possibilitam verificar que se trata de eleição sindical com ampla divulgação, de conhecimento do empregador, já atingida a finalidade de comunicação do status do empregado à empresa , pela ciência inequívoca da participação do empregado

Outro importante julgado é a ADPF 276[292], em que o STF confirmou sua jurisprudência e reconheceu a validade da Súmula 369, II, do TST. Assentou--se, então, o entendimento de que o art. 522 da CLT foi recepcionado pela Constituição, de modo que sete é a quantidade máxima de dirigentes sindicais que terão estabilidade provisória. Na visão da Corte, não há esvaziamento do princípio da liberdade sindical, pois o quantitativo não é definido pela Constituição e foi estabelecido com razoabilidade pelo legislador ordinário.

De fato, algum limite há de ser estabelecido, sob pena de se permitirem procedimentos abusivos ou fixação de quantidade excessiva de dirigentes sindicais estáveis. *De lege ferenda*, seria interessante que a lei estipulasse proporcionalidade entre a quantidade de dirigentes estáveis e a base representada pelo ente sindical.

Cabe destacar, ainda, que na ADPF 276 ficou expressamente ressalvada a possibilidade de que os sindicatos tenham mais membros em sua direção, mas a estabilidade se restringirá aos sete assim indicados nos estatutos ou atas de eleição da diretoria. Percebe-se, assim, que não há violação da autonomia sindical, pois a entidade preserva o poder de auto-organização. Daí se conclui que a regulamentação do art. 522 da CLT é mesmo legítima, pois a garantia provisória de emprego gera efeitos perante terceiros (= o empregador), não se tratando, portanto, de assunto limitado ao âmbito interno do ente sindical.

Há, ainda, decisões turmárias interessantes a respeito da garantia provisória de servidor público dirigente sindical. A Corte tem precedentes que chegaram às seguintes conclusões:

- não há estabilidade se o ingresso no serviço público tiver sido irregular, por não precedido de concurso público[293]. Realmente, se o ato de ad-

---

na eleição da diretoria do sindicato, não há como afastar a estabilidade prevista no inciso VIII do art. 8º da CF" (E-ED-RR-49800-09.2002.5.17.0008, Subseção I Especializada em Dissídios Individuais, Relator Ministro Aloysio Correa da Veiga, DEJT 07/10/2011).

292. EMENTA: ARGUIÇÃO DE DESCUMPRIMENTO DE PRECEITO FUNDAMENTAL. ART. 522 DA CONSOLIDAÇÃO DAS LEIS DO TRABALHO. INC. II DA SÚMULA N. 369 DO TRIBUNAL SUPERIOR DO TRABALHO. DEFINIÇÃO DE NÚMERO MÁXIMO DE DIRIGENTES SINDICATOS COM ESTABILIDADE NO EMPREGO. RECEPÇÃO DO ART. 522 DA CONSOLIDAÇÃO DAS LEIS DO TRABALHO. PRECEDENTES DO SUPREMO TRIBUNAL. AUSÊNCIA DE ESVAZIAMENTO DO NÚCLEO DA LIBERDADE SINDICAL PELA NORMA LEGAL E PELO ENUNCIADO. ARGUIÇÃO DE DESCUMPRIMENTO DE PRECEITO FUNDAMENTAL IMPROCEDENTE. 1. A liberdade sindical tem previsão constitucional, mas não se dota de caráter absoluto. A previsão legal de número máximo de dirigentes sindicais dotados de estabilidade de emprego não esvazia aquela liberdade, que se preserva para cumprir a finalidade de autonomia da entidade sindical, não para criar situações de estabilidade genérica e ilimitada sem se conciliar com a razoabilidade e a finalidade da norma constitucional garantidora do direito. 2. Recepção da norma legal acolhida em precedentes do Supremo Tribunal Federal. Súmula que expressa o que a jurisprudência deste Supremo Tribunal não contraria a Constituição da República. 3. Arguição de descumprimento de preceito fundamental improcedente (ADPF 276, Relator(a): Min. CÁRMEN LÚCIA, Tribunal Pleno, julgado em 15/05/2020).

293. "ESTABILIDADE SINDICAL - SERVIDOR PÚBLICO - AUSÊNCIA DE CONCURSO - CONSEQUÊNCIA. Insubsistente o ingresso no serviço público ante o desrespeito à norma do inciso II do artigo 37 da

missão é nulo, não há como projetar no tempo a irregularidade, ainda que o servidor haja sido eleito para cargo de representação sindical;

- ocupante de cargo em comissão, demissível *ad nutum* (que não seja servidor efetivo), não é beneficiário de garantia provisória de emprego, ainda que eleito dirigente sindical[294]. De fato, há nítida incompatibilidade entre o caráter de confiança do cargo, do que resulta a necessidade de maior flexibilidade para o desligamento pela Administração Pública, e a estabilidade decorrente do exercício de mandato sindical. Cabe refletir se o mesmo raciocínio se aplicaria para a estabilidade da gestante: a resposta parece negativa, pois neste caso o período estabilitário é mais curto (5 meses após o parto), e deve prevalecer o interesse do nascituro[295];
- inexistência de garantia provisória de emprego ao servidor público civil, eleito dirigente sindical, que esteja em estágio probatório[296]. Um dos argumentos utilizados foi o do silêncio do art. 39, §3º, da CF, o qual não faz referência à garantia de emprego do dirigente sindical como sendo um dos direitos garantidos aos servidores públicos; além disso, a estabilidade seria uma forma de burlar a exigência constitucional do estágio probatório. O voto vencido do Min. Sepúlveda Pertence reconhecia que o art. 8º, III, da CF, constitui garantia do sindicato, e não do trabalho, e negar sua aplicação ao servidor público violaria a garantia de sindicalização da categoria.

15.3. Membro da CIPA

O Supremo Tribunal já foi instado a decidir sobre a garantia provisória do membro de comissão interna de prevenção de acidentes, objeto do art. 10, II, *a*, do ADCT.

Constituição Federal - Aprovação em concurso -, descabe assentar a existência da estabilidade prevista no inciso VIII do artigo 8º da Constituição Federal" (RE 248282, Relator(a): Min. MARCO AURÉLIO, Segunda Turma, julgado em 13/02/2001).

294. "EMENTA: Estabilidade sindical provisória (art. 8º, VIII, CF): não alcança o servidor público, regido por regime especial, ocupante de cargo em comissão e, concomitantemente, de cargo de direção no sindicato da categoria" (RE 183884, Relator(a): Min. SEPÚLVEDA PERTENCE, Primeira Turma, julgado em 08/06/1999).

295. Nesse sentido: "EMENTA Agravo regimental em recurso extraordinário. Servidora pública em licença gestante. Estabilidade. Reconhecimento, mesmo em se tratando de ocupante de cargo em comissão. Precedentes. 1. Servidora pública no gozo de licença gestante faz jus à estabilidade provisória, mesmo que seja detentora de cargo em comissão. 2. Jurisprudência pacífica desta Suprema Corte a respeito do tema" (RE 368460 AgR, Relator(a): Min. DIAS TOFFOLI, Primeira Turma, julgado em 27/03/2012).

296. "ADMINISTRATIVO. SERVIDOR PÚBLICO CIVIL. ESTABILIDADE SINDICAL. A Constituição, conquanto haja estendido ao servidor público o exercício de prerrogativas próprias do empregado regido pelo direito comum do trabalho (art. 39, § 2º), cuidou de estabelecer limitações indispensáveis a que o exercício de tais direitos não entre em choque com as vigas mestras do regime administrativo que preside as relações funcionais, entre essas, a relativa à estabilidade sindical do art. 8º, VIII, que importaria a supressão do estágio probatório, a que estão sujeitos todos os servidores. Recurso não conhecido" (RE 208436, Relator(a): Min. ILMAR GALVÃO, Primeira Turma, julgado em 13/10/1998). No mesmo sentido, RE 204.625, Rel. Min. Octavio Gallotti, julgado em 02/10/1998.

No RE 213473[297], o Tribunal Pleno confirmou a jurisprudência já desposada pelas turmas (por exemplo, no RE 205701 e no AI 191864 AgR) no sentido de que o empregado eleito para ser suplente do representante dos trabalhadores na CIPA é beneficiado pela garantia de emprego, desde o registro de sua candidatura, até um ano após o fim do mandato. O entendimento se baseia no fato de que o art. 10, II, *a*, do ADCT, não faz qualquer distinção entre titular e suplente, mencionando genericamente o empregado "eleito" para cargo de direção. Além disso, a interpretação teleológica demonstra que o objetivo da garantia de emprego é afastar o risco de que o representante dos empregados na CIPA sofra represálias em decorrência do seu mandato, já que comumente terá que se posicionar contra o interesse do empregador, no afã de minimizar os riscos de acidente de trabalho. E o suplente, comumente acionado para atuar na CIPA, também está sujeito a perder o emprego por esse motivo.

Depreende-se que a garantia do representante dos empregados na CIPA apresenta significativo interesse social, já que seu objetivo e fortalecer a atuação e a independência do órgão, o qual é interno à empresa e possui a missão de reduzir os riscos de acidente de trabalho.

Nos julgados, houve votos vencidos (ministros Moreira Alves e Octávio Gallotti) baseados na interpretação que consideraram literal do art. 10, II, *a*, do ADCT, já que supostamente o suplente da CIPA não seria eleito, nem teria mandato. Contudo, o argumento é inexato, pois o art. 164, §§2º e 3º, da CLT, deixam claro que o suplente do representante dos empregados tanto é eleito, quanto exerce o mandato, nos mesmos moldes do que ocorre com o titular.

15.4. Gestante

Tema comum – não raramente envolto em polêmicas – em processos trabalhistas é o da garantia provisória de emprego da trabalhadora gestante (ADCT, art. 10, II, *b*). Há importantes julgados da Suprema Corte a respeito.

Em sede de repercussão geral[298], foi fixada a tese de que a incidência da estabilidade prevista no art. 10, II, *b*, do ADCT, somente exige a anterioridade da

---

297. "EMENTA: TRABALHADOR. ESTABILIDADE. MEMBRO DA CIPA. SUPLENTE. ART. 10, INC. II, ALÍNEA A, DO ATO DAS DISPOSIÇÕES CONSTITUCIONAIS TRANSITÓRIAS. O artigo 10, inciso II, alínea a, do Ato das Disposições Constitucionais Transitórias, ao se referir à estabilidade provisória do empregado eleito para cargo de direção de comissões internas de prevenção de acidente, desde o registro de sua candidatura até um ano após o final de seu mandato, embora sem fazer referência textual ao suplente, não teve o efeito de excluir dele a referida garantia, porquanto o suplente poderá exercer, em substituição, a titularidade do cargo de direção na defesa dos interesses dos trabalhadores" (RE 213473, Relator(a): Min. ILMAR GALVÃO, Tribunal Pleno, julgado em 20/05/1998).

298. "Ementa: (...) 1. O conjunto dos Direitos sociais foi consagrado constitucionalmente como uma das espécies de direitos fundamentais, se caracterizando como verdadeiras liberdades positivas, de observância obrigatória em um Estado Social de Direito, tendo por finalidade a melhoria das condições de vida aos hipossuficientes, visando à concretização da igualdade social, e são consagrados como fundamentos

gravidez à dispensa sem justa causa. Confirmando a tradicional jurisprudência do STF[299], rechaçou-se expressamente a ideia de que a prévia comunicação da gravidez ao empregador seria requisito para aquisição da garantia provisória de emprego; o mero fato de a concepção ter ocorrido no curso de trabalho já é suficiente para que surja o impedimento à dispensa arbitrária ou sem justa causa.

Os fundamentos essenciais do julgado são: (i) a máxima efetividade dos direitos, que se caracterizam como liberdades positivas (ou seja, condições para o exercício da liberdade); (ii) proteção da mulher, da maternidade e do nascituro, o que se extrai de diversos dispositivos da Constituição; (iii) o fato de que o art. 10, II, *b*, do ADCT, não exige a comunicação ao empregador como requisito para sua incidência. Como fundamento de reforço, foi mencionada a Convenção nº 103 da OIT.

O voto vencido (Min. Marco Aurélio) se baseava na interpretação supostamente literal do dispositivo, sobretudo do vocábulo "confirmação", que teria o sentido de "ciência ao empregador". Contudo, a palavra também comporta o significado de "efetivação" da gravidez. A interpretação meramente literal, portanto, é insuficiente, e andou bem a Suprema Corte ao definir que o direito à estabilidade depende apenas de a concepção ter ocorrido no curso de trabalho. Contudo, subsistem algumas perplexidades e dificuldades que se veem na prática.

A primeira é a preocupação com a boa-fé do empregador. No ponto, foi muito bem observado no voto do Min. Roberto Barroso que a questão não é punir o empregador, mas assegurar a dignidade da gestante e do nascituro, em momento em que presumidamente haveria maiores dificuldades na obtenção de novo emprego. Deve-se levar em conta, ainda, que a maior parte do ônus financeiro fica a cargo da Previdência Social, que paga o benefício da licença-maternidade durante 120 dias. Sem embargo, o problema maior está justamente nas situações em que a reclamação trabalhista é ajuizada após o

---

do Estado democrático, pelo art. 1º, IV, da Constituição Federal. 2. A Constituição Federal proclama importantes direitos em seu artigo 6º, entre eles a proteção à maternidade, que é a ratio para inúmeros outros direitos sociais instrumentais, tais como a licença-gestante e, nos termos do inciso I do artigo 7º, o direito à segurança no emprego, que compreende a proteção da relação de emprego contra despedida arbitrária ou sem justa causa da gestante. 3. A proteção constitucional somente exige a presença do requisito biológico: gravidez preexistente a dispensa arbitrária, independentemente de prévio conhecimento ou comprovação. 4. A proteção contra dispensa arbitrária da gestante caracteriza-se como importante direito social instrumental protetivo tanto da mulher, ao assegurar-lhe o gozo de outros preceitos constitucionais – licença maternidade remunerada, princípio da paternidade responsável –; quanto da criança, permitindo a efetiva e integral proteção ao recém-nascido, possibilitando sua convivência integral com a mãe, nos primeiros meses de vida, de maneira harmônica e segura – econômica e psicologicamente, em face da garantia de estabilidade no emprego –, consagrada com absoluta prioridade, no artigo 227 do texto constitucional, como dever inclusive da sociedade (empregador)" (RE 629053, Relator(a): Min. MARCO AURÉLIO, Relator(a) p/ Acórdão: Min. ALEXANDRE DE MORAES, Tribunal Pleno, julgado em 10/10/2018).

299. Por exemplo: RE 234186, Relator(a): Min. SEPÚLVEDA PERTENCE, Primeira Turma, julgado em 05/06/2001.

decurso do período de garantia de emprego, *i.e.*, mais de 5 meses após o parto. Nesta situação, não é mais possível o encaminhamento da trabalhadora à Previdência Social, e o ônus do pagamento de salários e demais vantagens recai exclusivamente sob o empregador, que acaba tendo que pagar a indenização correspondente ao período estabilitário.

Em tais casos, realmente pode parecer injusto obrigar o empregador a pagar a indenização do período estabilitário nas hipóteses em que não haja tomado ciência do estado de gravidez a tempo de reintegrar a empregada. Ainda para esses casos, a jurisprudência consolidada do TST é no sentido de que o ajuizamento da reclamação trabalhista após o exaurimento do período estabilitário não configura abuso de direito, fazendo jus a trabalhadora ao recebimento da indenização correspondente[300]. Tal posicionamento está em harmonia com o caráter objetivo da garantia de emprego, que visa a proteger, em última análise, o nascituro.

A única forma de o empregador se precaver a respeito seria, após ter comunicado a dispensa, realizar teste de gravidez que, caso positivo, o autorizaria a tornar sem efeito a dispensa anteriormente comunicada. Tal procedimento, entretanto, poderia gerar questionamentos do ponto de vista de sua legitimidade, sob o argumento de ser violador da intimidade ou até mesmo discriminatório.

Outra situação, ainda mais polêmica, ocorre no caso em que, ajuizada a ação dentro do período estabilitário, e colocado o emprego à disposição pelo empregador, a trabalhadora recusa a reintegração e opta por receber a indenização do período estabilitário. Aqui, não se pode concordar com a jurisprudência consolidada (mas não vinculante) do TST, de que ainda assim a indenização seria devida[301]. Ora, mesmo considerando o caráter objetivo da garantia de emprego da gestante (conforme se extrai da decisão do STF), fato é que a situação se equipara a um autêntico pedido de demissão. Realmente, o direito assegurado pelo ADCT é de ser reintegrada ao trabalho, e não de receber indenização; se a reintegração ainda é viável, e se não há nenhum empecilho à sua efetivação (como, por exemplo, uma fundada incompatibilidade resultante

300. Tal entendimento está retratado na OJ 399 da SDI-1 do TST, segundo a qual: "ESTABILIDADE PROVISÓRIA. AÇÃO TRABALHISTA AJUIZADA APÓS O TÉRMINO DO PERÍODO DE GARANTIA NO EMPREGO. ABUSO DO EXERCÍCIO DO DIREITO DE AÇÃO. NÃO CONFIGURAÇÃO. INDENIZAÇÃO DEVIDA. O ajuizamento de ação trabalhista após decorrido o período de garantia de emprego não configura abuso do exercício do direito de ação, pois este está submetido apenas ao prazo prescricional inscrito no art. 7º, XXIX, da CF/1988, sendo devida a indenização desde a dispensa até a data do término do período estabilitário".

301. "(...) é pacífica a jurisprudência desta Corte no sentido de que não configura abuso de direito o ajuizamento de reclamação trabalhista após o término do período estabilitário. Acerca da mesma questão, esta SBDI-2/TST vem decidindo que a gestante, no prazo da estabilidade, ainda que se recuse a retornar ao serviço, faz jus à indenização decorrente da garantia temporária do emprego. Precedentes" (RO-5095-81.2014.5.15.0000, Subseção II Especializada em Dissídios Individuais, Relatora Ministra Maria Helena Mallmann, DEJT 20/03/2020).

da animosidade entre as partes), a trabalhadora está exercendo legítima opção de se desligar do emprego, não havendo motivo para obrigar o empregador a pagar indenização.

Essa situação (recusa da gestante em voltar ao emprego) não foi analisada no julgamento paradigmático do STF, sendo plenamente legítimo, portanto, que os juízes do trabalho façam a distinção no caso concreto, quando pertinente.

Prosseguindo na análise, veja-se que, como o aviso prévio integra o contrato de trabalho para todos os fins (CLT, art. 487, §1º, e OJ 82 da SDI-1 do TST), se a concepção ocorrer no curso do aviso prévio (trabalhado ou indenizado), a empregada também fará jus à reintegração ou à indenização do período estabilitário. Tal previsão consta expressamente do art. 391-A da CLT.

Coerentemente com o caráter objetivo da garantia de emprego, em decisão turmária, o Supremo já decidiu que, se o cargo ou posto de trabalho for extinto – tornando, em consequência, impossível a reintegração –, a trabalhadora fará jus a todas as vantagens financeiras pelo período constitucional da estabilidade[302].

A Corte já decidiu, também, que militares são beneficiárias da garantia prevista no art. 10, II, *b*, do ADCT, já que o direito amparado pelo art. 7º, XVIII, da CF, nos termos do art. 142, VIII, da CF/1988, as alcança[303].

Já teve o STF, ainda, a oportunidade de afirmar que a garantia da gestante não se aplica caso o desligamento haja decorrido de justa causa (falta grave cometida pela trabalhadora)[304]. Por mais que o julgado se refira à situação de servidora pública estatutária, é possível concluir que o raciocínio se aplica igualmente para empregadas do setor privado, e também para as hipóteses em que haja pedido espontâneo de demissão pela trabalhadora.

A jurisprudência da Corte é pacífica, ademais, no sentido de que a estabilidade provisória é devida mesmo para servidoras públicas ocupantes de cargos em comissão[305].

Vale mencionar, ainda, precedentes em que o STF reconheceu a impossibilidade de que normas coletivas (convenções ou acordos coletivos de trabalho) imponham, como requisito para aquisição da estabilidade gravídica, a necessidade de comunicação do estado gestacional ao empregador[306]. A conclusão foi de que "aos acordos e convenções coletivos de trabalho, assim como

---

302. RMS 21328, Relator(a): Min. CARLOS VELLOSO, Segunda Turma, julgado em 11/12/2001.

303. RE 523572 AgR, Relator(a): Min. ELLEN GRACIE, Segunda Turma, julgado em 06/10/2009; AI 811376 AgR, Relator(a): Min. GILMAR MENDES, Segunda Turma, julgado em 01/03/2011.

304. MS 23474, Relator(a): Min. GILMAR MENDES, Tribunal Pleno, julgado em 14/09/2006.

305. RE 368460 AgR, Relator(a): Min. DIAS TOFFOLI, Primeira Turma, julgado em 27/03/2012; RE 634093 AgR, Relator(a): Min. CELSO DE MELLO, Segunda Turma, julgado em 22/11/2011.

306. RE 234186, Relator(a): Min. SEPÚLVEDA PERTENCE, Primeira Turma, julgado em 05/06/2001; AI 448572 ED, Relator(a): Min. CELSO DE MELLO, Segunda Turma, julgado em 30/11/2010.

às sentenças normativas, não é lícito estabelecer limitações a direito constitucional dos trabalhadores, que nem à lei se permite".

Por fim, veja-se que a Corte já reconheceu a repercussão geral sobre o tema 542, que diz respeito ao "direito de gestante, contratada pela Administração Pública por prazo determinado ou ocupante de cargo em comissão demissível *ad nutum*, ao gozo de licença-maternidade e à estabilidade provisória" (RE 842844 e ARE 674103), estando pendente, ainda, decisão de mérito. Na jurisprudência do STF, não há decisões enfocando o tema sob a ótica trabalhista, mas se encontram decisões turmárias no sentido de que as servidoras administrativas temporárias gestantes fazem jus à garantia provisória de emprego[307]. Já no âmbito do Tribunal Superior do Trabalho, a jurisprudência se pacificou no sentido da inaplicabilidade da garantia de emprego à gestante contratada em caráter temporário, nos moldes da Lei 6.019/74[308].

15.5. Acidente de trabalho e doença ocupacional. Outras estabilidades

Na ADI 639[309], o Supremo Tribunal Federal reconheceu a constitucionalidade do art. 118 da Lei nº 8.213/91, que prevê garantia provisória de emprego nos 12 meses subsequentes à cessação do auxílio-doença acidentário.

---

307. Assim, por exemplo: "EMENTA: CONSTITUCIONAL. LICENÇA-MATERNIDADE. CONTRATO TEMPORÁRIO DE TRABALHO. SUCESSIVAS CONTRATAÇÕES. ESTABILIDADE PROVISÓRIA. ART. 7º, XVIII DA CONSTITUIÇÃO. ART. 10, II, b do ADCT. RECURSO DESPROVIDO. A empregada sob regime de contratação temporária tem direito à licença-maternidade, nos termos do art. 7º, XVIII da Constituição e do art. 10, II, b do ADCT, especialmente quando celebra sucessivos contratos temporários com o mesmo empregador. Recurso a que se nega provimento (RE 287905, Relator(a): ELLEN GRACIE, Relator(a) p/ Acórdão: JOAQUIM BARBOSA, Segunda Turma, julgado em 28/06/2005)".

308. "I - INCIDENTE DE ASSUNÇÃO DE COMPETÊNCIA - INSTAURAÇÃO DO INCIDENTE - ESTABILIDADE GESTANTE - CONTRATO TEMPORÁRIO DE TRABALHO - LEI Nº 6.019/74 - NOVA INTERPRETAÇÃO DO TEMA A PARTIR DE JULGADOS DA 1ª TURMA DESTA CORTE No particular, prevaleceram os fundamentos do Exmo. Ministro Relator para reconhecer contrariedade entre o entendimento firmado na Eg. 1ª Turma do Tribunal Superior do Trabalho e a jurisprudência tradicionalmente adotada pelas demais Turmas desta Eg. Corte, motivo pelo qual foi instaurado o Incidente de Assunção de Competência. ESTABILIDADE GESTANTE - CONTRATO TEMPORÁRIO DE TRABALHO - LEI Nº 6.019/1974 - FIXAÇÃO DE TESE. É inaplicável ao regime de trabalho temporário, disciplinado pela Lei n.º 6.019/1974, a garantia de estabilidade provisória à empregada gestante, prevista no art. 10, II, "b", do Ato das Disposições Constitucionais Transitórias. Tese fixada em Incidente de Assunção de Competência. II - EMBARGOS EM RECURSO DE REVISTA - INTERPOSIÇÃO SOB A ÉGIDE DA LEI Nº 13.015/2014 E DO CPC/2015 - ESTABILIDADE GESTANTE - CONTRATO TEMPORÁRIO DE TRABALHO - LEI Nº 6.019/1974 O acórdão embargado decidiu em sintonia com a tese firmada no Incidente de Assunção de Competência suscitado nos próprios autos, à luz do qual " é inaplicável ao regime de trabalho temporário, disciplinado pela Lei n.º 6.019/74, a garantia de estabilidade provisória à empregada gestante, prevista no art. 10, II, b, do Ato das Disposições Constitucionais Transitórias ". Embargos conhecidos e desprovidos" (IAC-5639-31.2013.5.12.0051, Tribunal Pleno, Redatora Ministra Maria Cristina Irigoyen Peduzzi, DEJT 29/07/2020).

309. "EMENTA: AÇÃO DIRETA DE INCONSTITUCIONALIDADE. ARTIGO 118 DA LEI 8.213/1991. Norma que assegura ao trabalhador a manutenção de contrato de trabalho por doze meses após a cessão do auxílio-doença, independentemente de percepção de auxílio-acidente. Alegação de ofensa à reserva de lei complementar, prevista no art. 7º, I, da Constituição federal, para a disciplina da proteção

A Corte concluiu não se tratar de regulamentação genérica da proteção contra a dispensa arbitrária ou sem justa causa (regime de estabilidade), mas apenas de tutela específica ao trabalhador acidentado. Não incide, portanto, o art. 7º, I, da CF. Ademais, o rol do art. 7º não exaure os direitos sociais, que podem ser ampliados por lei, sendo que o inciso XXII (princípio do risco mínimo regressivo) justifica a edição de lei protetiva do trabalhador em face de acidentes de trabalho.

Vê-se que foi expressamente rejeitado, no julgado, o argumento contido no voto vencido do Min. Marco Aurélio, no sentido de que somente por lei complementar poderiam ser estabelecidas outras garantias provisórias de emprego além das já previstas no texto da Constituição e do ADCT (gestante, cipeiro e dirigente sindical). A lei complementar, segundo o raciocínio do STF, somente se exige para a regulamentação da estabilidade permanente no emprego, em caráter geral, mas não para situações específicas e pontuais justificadas socialmente e por outros dispositivos constitucionais.

Daí se pode concluir que – embora não tenha havido manifestação específica do STF a respeito – também são constitucionais as seguintes garantias provisórias de emprego, estabelecidas por leis ordinárias:

- (i) representantes dos empregados na Comissões de Conciliação Prévia (CLT, art. 625-B);
- (ii) representante dos empregados no Conselho Curador do FGTS (Lei nº 8.036/90, art. 3º, § 9º);
- (iii) dirigentes de cooperativa de empregados (Lei nº 5.764/71, art. 55);
- (iv) representantes dos trabalhadores no Conselho Nacional de Previdência Social (Lei nº 8.213/91, art. 3º, § 7º).

15.6. Empregado público

Sobre a estabilidade de empregados públicos, ver seção específica deste capítulo, atinente aos servidores públicos.

---

da relação de emprego contra despedida arbitrária ou sem justa causa. Norma que se refere às garantias constitucionais do trabalhador em face de acidentes de trabalho e não guarda pertinência com a proteção da relação de emprego nos termos do art. 7º, I, da Constituição. Ação julgada improcedente". (ADI 639, Relator(a): JOAQUIM BARBOSA, Tribunal Pleno, julgado em 02/06/2005).

16. ESTADO DE COISAS INCONSTITUCIONAL

Referências normativas e jurisprudenciais	
Constituição	Art. 1º A República Federativa do Brasil, formada pela união indissolúvel dos Estados e Municípios e do Distrito Federal, constitui-se em Estado Democrático de Direito e tem como fundamentos (...): III - a dignidade da pessoa humana; IV - os valores sociais do trabalho e da livre iniciativa; (...). Art. 170. A ordem econômica, fundada na valorização do trabalho humano e na livre iniciativa, tem por fim assegurar a todos existência digna, conforme os ditames da justiça social, observados os seguintes princípios: (...) III - função social da propriedade (...).
Normas internacionais	OIT: C. 81
Julgados paradigmáticos	ADI 5468 ADPF 347 MC

16.1. Significado do instituto e aplicação pelo STF

O chamado *estado de coisas inconstitucional* consiste em conceito desenvolvido inicialmente pela Corte Constitucional da Colômbia, a partir do julgamento de diversos casos em que estava envolvida a violação sistemática e reiterada de direitos fundamentais, tais como aposentadoria de professores, deslocamento forçado de cidadãos dentro do território nacional, sistema carcerário, realização de concursos públicos para funções essenciais, entre outros.

Em tais casos, a Corte Constitucional colombiana observou haver falha sistêmica e estrutural, que gerava violação massiva e contínua de direitos fundamentais. Em outros termos, não se estava diante de mera proteção insuficiente, mas de violação flagrante de direitos de um grande número de pessoas, em decorrência de omissões injustificadas de uma pluralidade de órgãos estatais.

Ao reconhecer tal estado de coisas, a Justiça colombiana adotou postura ativista, determinando a realização de providências que beneficiariam não apenas o pequeno grupo de cidadãos que ajuizaram a ação (como no caso da aposentadoria dos professores), mas todos aqueles que se encontrassem em idêntica situação. Nitidamente, foi relativizada a noção de inércia da jurisdição, na busca de soluções *macroscópicas* para os casos individuais submetidos a julgamento.

A ausência ou a insuficiência de coordenação de medidas oriundas de diversos órgãos e Poderes estatais funcionava como elemento agravante e perpetuador da situação inconstitucional, de modo que a solução do problema exigia necessariamente por essa integração. Assim, a Corte Constitucional passou a funcionar como elemento de integração, além de instigar o debate na sociedade, para que se fizessem os ajustes necessários a fim de solucionar o quadro de violação sistemática e reiterada a direitos fundamentais.

Como se depreende, trata-se de atuação do Judiciário no tema de políticas públicas, com reflexos orçamentários. Pode-se questionar, assim, a legitimidade do Judiciário nessa atuação, tendo em vista que os órgãos que representam a vontade popular são, em essência, aqueles eleitos democraticamente - o Executivo e o Legislativo.

Contudo, tal objeção não se sustenta quando se observa que a atuação da Corte Constitucional tem o objetivo de resguardar o núcleo essencial de direitos fundamentais massivamente violados. A omissão reiterada e contínua dos demais Poderes justifica, portanto, a atuação ativista do Judiciário.

Além disso, ao declarar o estado de coisas inconstitucional, a Corte Constitucional não minudencia as políticas públicas que devam ser adotadas, mas apenas estabelece ordens flexíveis, cujo cumprimento deve ser monitorado com o auxílio da sociedade civil, assegurando-se, por exemplo, a realização de audiências públicas com essa finalidade.

No Brasil, o tema foi suscitado por ocasião do julgamento da ADPF 347 MC[310], em que o STF reconheceu o estado de coisas inconstitucional quanto ao sistema carcerário brasileiro, determinando o descontingenciamento de verbas do Fundo Penitenciário Nacional, bem como que as audiências de custódia se realizassem no prazo máximo de 90 dias a partir do momento da prisão.

O Supremo Tribunal Federal reconheceu que o estado caótico das penitenciárias brasileiras também é decorrente de falha do Poder Judiciário, mas não concedeu a liminar quanto aos pedidos de que juízes e tribunais fundamentassem as decisões que negassem a aplicação de medidas alternativas à prisão cautelar; que estabelecessem, sempre que possível, penas alternativas à prisão; que viessem a abrandar os requisitos temporais para a fruição de benefícios e direitos dos presos, como a progressão de regime, o livramento condicional e a suspensão condicional da pena. A Corte ponderou que se trata de obrigações já impostas aos juízes, e que o deferimento do pleito geraria o inconveniente de aumentar a quantidade de reclamações direcionadas ao STF.

Ademais, o STF determinou à União e aos Estados, e especificamente ao Estado de São Paulo, que encaminhem ao Supremo Tribunal Federal informações sobre a situação prisional. De posse de tais informações, a Corte poderia coordenar iniciativas visando à melhoria do sistema penitenciário.

Vale destacar que o Min. Gilmar Mendes (em proposição ao final não acolhida pelo Tribunal Pleno) sugeriu a elaboração de plano de trabalho para oferecer treinamento a juízes sobre o sistema prisional e medidas alternativas, com o objetivo de "reduzir a cultura do encarceramento".

---

310. ADPF 347 MC, Relator(a): MARCO AURÉLIO, Tribunal Pleno, julgado em 09/09/2015.

Posteriormente, nos mesmos autos, a Suprema Corte brasileira não referendou tutela provisória incidental concedida monocraticamente pelo Min. Marco Aurélio a respeito de medidas a serem adotados pelos juízos das execuções penais por ocasião da pandemia da covid-19[311]. A decisão monocrática "conclamava" os juízes a adotarem, entre outras, medidas como a liberdade condicional ou regime domiciliar a presidiários do grupo de risco para o vírus (idosos, portadores de doenças de base etc.), bem como para gestantes, lactantes e presos por crimes praticados sem violência ou grave ameaça.

O Tribunal Pleno, ao não referendar a decisão monocrática, levou em consideração que o *amicus curiae* não tem legitimidade para postular provimento jurisdicional cautelar em ação de controle concentrado de constitucionalidade. Além disso, a maioria da Corte concluiu que a medida não se inseria no objeto da petição inicial, sendo certo, por outro lado, que o Conselho Nacional de Justiça já havia editado a Recomendação nº 62, de 17 de março de 2020, que preconizava a adoção de medidas semelhantes.

16.2. O estado de coisas inconstitucional em matéria trabalhista

Embora a discussão sobre o estado de coisas inconstitucional, no âmbito do Supremo Tribunal Federal brasileiro, tenha se restringido à questão do sistema penitenciário, o raciocínio empreendido pela Corte pode ser transposto com precisão e pertinência para a realidade das relações de trabalho.

De fato, nota-se um quadro crescente e sistemático de violação de direitos trabalhistas e de enfraquecimento paulatino das instituições cujo objetivo é efetivá-los. Pode-se mesmo dizer que, em alguns casos, há verdadeiro incentivo ao descumprimento deliberado e reiterado da legislação de proteção ao trabalho, por órgãos dos Poderes Executivo, Legislativo e Judiciário, muitas vezes com a chancela do Supremo Tribunal Federal.

Os seguintes elementos, não exaustivos, ilustram a configuração do estado de coisas inconstitucional na realidade trabalhista brasileira:

- (i) as fortes restrições orçamentárias à Justiça do Trabalho e aos órgãos de fiscalização das relações de trabalho;
- (ii) a extinção do Ministério do Trabalho e a fragmentação das respectivas atribuições entre os Ministérios da Economia, da Cidadania e da Justiça, levada a efeito pela MP 870/2019;
- (iii) a propagação, por parte de agentes políticos[312], de discursos que defendem a extinção da Justiça do Trabalho em virtude do teor de suas

311. ADPF 347 TPI-Ref, Rel. Min. Alexandre de Moraes, julgado em 18.03.2020.

312. Exemplifica a assertiva a primeira entrevista concedida por Jair Messias Bolsonaro após sua posse no cargo de Presidente da República. Na ocasião, o Chefe de Governo afirmou que a legislação trabalhista

decisões, supostamente *protetivas* ou *paternalistas*, numa espécie de *chantagem institucional*;

- (iv) a edição de leis que rebaixam o patamar de direitos do trabalhador em comparação com os demais sujeitos de direito, como se aquele fosse uma *subcategoria* de cidadão. Como exemplos, entre tantos outros: a cobrança de honorários advocatícios sucumbenciais do trabalhador beneficiário da justiça gratuita (CLT, art. 791-A, §4º), ao passo que, no Processo Civil, não existe tal possibilidade (CPC, art. 98, §3º); a tarifação do dano moral na esfera trabalhista (CLT, art. 223-G, §1º); a criação de obstáculos intransponíveis para a edição de súmulas pelos tribunais do trabalho (CLT, art. 702, *f*, e §§3º e 4º); a tentativa de fazer com que a mera declaração de hipossuficiência não seja prova suficiente para obtenção de gratuidade de justiça (CLT, art. 790, §§3º e 4º);
- (v) o descumprimento generalizado, no meio social, de preceitos básicos da legislação de proteção ao trabalho, conforme demonstram as estatísticas oficiais[313].

Os dois primeiros pontos, pela sua magnitude e por terem repercutido na jurisprudência do STF, merecem maior aprofundamento.

Na ADI 5468[314], o STF foi instado a se pronunciar a respeito da constitucionalidade da lei orçamentária do ano de 2016, que reduziu substancialmente o orçamento da Justiça do Trabalho, tanto para despesas de custeio, quanto para as de investimento.

A ótica prevalecente na Corte enfocou a questão sob o prisma da separação de Poderes, reputando inexistente sua violação pela lei orçamentária. De acordo com a ementa do julgado, tratar-se-ia de "típica manifestação do Poder Legislativo a respeito de proposição legislativa submetida à discussão parlamentar", e que o "relatório da Comissão Mista de Planos, Orçamentos Públicos e Fiscalização (CMO) do Congresso Nacional", apesar de "ostentar confessa-

---

fazia com que o custo de empreender fosse muito elevado, o que prejudicaria, em sua visão, os interesses do próprio trabalhador. Disse, ainda, que seria melhor "ter emprego do que ter direitos" e que a atuação do Ministério Público do Trabalho seria, como regra geral, "politizada". Por fim, asseverou que seria estudada a questão da extinção da Justiça do Trabalho, dando a entender que se trataria de peculiaridade exclusiva do Brasil – o que não corresponde à realidade, tendo em vista que países como Alemanha, Argentina, Bélgica, Espanha, França, Inglaterra, Suécia, Nova Zelândia, Uruguai, entre tantos outros, possuem órgãos jurisdicionais especializados para o julgamento de matérias trabalhistas.

313. De acordo com o Relatório Geral da Justiça do Trabalho relativo ao ano de 2019 , os assuntos mais recorrentes na Justiça do Trabalho foram: aviso prévio (629.295 casos); indenização de 40% do FGTS (542.771 casos); multas dos arts. 467 e 477 da CLT; férias e 13º salário proporcional; horas extras e adicional. Disponível em: http://www.tst.jus.br/documents/18640430/26518944/Relat%C3%B3rio+Anal%C3%ADtico+2019.pdf/a982232c-2e60-72d7-7895-323dbcb21e05?t=1593177460746 . Acesso em 09.set.2020.

314. ADI 5468, Relator(a): LUIZ FUX, Tribunal Pleno, julgado em 30/06/2016.

damente, motivação ideologicamente enviesada", não vincularia a apreciação pelo Parlamento. O trecho final da ementa, entretanto, assevera que a Justiça do Trabalho seria serviço público estratégico, razão pela qual a instituição deveria "merecer a sensibilidade do legislador" para que se avaliasse a abertura de créditos suplementares ou especiais.

A decisão, contraditoriamente, reconhece a importância estratégica da Justiça do Trabalho, mas, ao mesmo tempo, conclui que a insuficiência do orçamento ficaria dependente da *sensibilidade* ou da *boa vontade* do legislador. Sucede que o relatório da Comissão Mista de Planos, Orçamentos Públicos e Fiscalização do Congresso Nacional (CMO) – documento base para a discussão sobre o orçamento no Parlamento – partia de visão completamente distorcida sobre a Justiça do Trabalho, e sustentava a redução do orçamento porque a atuação da instituição "prejudicava as empresas" e também como forma de "estimular os debates" sobre a necessidade de mudanças, em evidente desvio de finalidade[315].

Independentemente do relatório da CMO, fato é que não há qualquer justificativa plausível ou razoável para a aplicação de percentuais substancialmente superiores para a redução do orçamento da Justiça do Trabalho, em comparação com os demais órgãos do Poder Judiciário e do Ministério Público. Enquanto a média de redução de recursos destinados a despesas de custeio para o Judiciário em geral foi de 15%, para a Justiça do Trabalho a redução foi de 50%. O seguinte trecho do corajoso voto vencido do Min. Celso de Mello (acompanhado apenas por Ricardo Lewandowski e Rosa Weber) demonstra a perplexidade e os efeitos gerados pela lei orçamentária em consideração:

> Min. Celso de Mello (ADI 5468): O texto que o Deputado (...) Relator do projeto de lei orçamentária anual, apresentou à Comissão Mista do Congresso Nacional constitui a prova mais eloquente de que a drástica redução por ele proposta e acolhida pelo Poder Legislativo (50% das dotações para custeio e 90% dos recursos destinados a investimentos) traduziu nítida e inaceitável manifestação de intolerância em relação à Justiça do Trabalho, impondo-lhe cortes inéditos e gravosos, especialmente se comparados com o corte linear médio de 15% para custeio (e não de 29%) e de 40% para fins de investimentos (e não de 90%) incidente sobre os demais órgãos do Poder Judiciário. (...) Tenho para mim que a conduta institucional do Poder Legislativo da União, no contexto ora em exame, caracterizou típica (e lamentável) hipótese de atuação abusiva do Congresso Nacional, que agiu de modo irrazoável e desproporcional em relação a esse ramo especializado do

315. Veja-se a seguinte passagem do referido relatório: "As regras atuais estimulam a judicialização dos conflitos trabalhistas, na medida em que são extremamente condescendentes com o trabalhador. Atualmente, mesmo um profissional graduado e pós-graduado, com elevada remuneração, é considerado hipossuficiente na Justiça do Trabalho. Pode alegar que desconhecia seus direitos e era explorado e a Justiça tende a aceitar sua argumentação. (...) A situação atual é danosa às empresas e ao nosso desenvolvimento econômico, o que acarreta prejuízos aos empregados também. Nesse sentido, estamos propondo cancelamentos de despesas de maneira substancial, como forma de estimular uma reflexão sobre a necessidade e urgência de tais mudanças". Disponível em: https://www.camara.leg.br/internet/comissao/index/mista/orca/orcamento/or2016/rel_final/vol1/02_rel_e_voto.pdf. Acesso em: 09. set. 2020.

> Poder Judiciário da União: a Justiça do Trabalho. Leis irrazoáveis, veiculadoras de conteúdo arbitrário, que afetam e comprometem a atuação de instituições da República, negando-lhes recursos mínimos e necessários à sua própria existência e regular funcionamento, qualificam-se, negativamente, como diplomas legislativos inconstitucionais, especialmente quando tendem a impor, de modo totalmente ilegítimo, um estado de submissão financeiro-orçamentária a um dos Poderes do Estado, como ocorre na espécie, eis que a Justiça do Trabalho, com dotações orçamentárias reduzidíssimas, não terá condições de exercer, em plenitude, a atividade jurisdicional, o que impedirá o acesso, a ela, de milhões de hipossuficientes, cujos direitos sociais deixarão, em face do anômalo quadro gerado por tão perversa legislação, de ser restaurados e respeitados. (...) sem a proteção jurisdicional da Justiça do Trabalho, cuja atuação permite materializar e conferir efetividade real aos direitos sociais, os trabalhadores serão postos à margem do próprio sistema jurídico, frustrados em sua pretensão de amparo por parte do Estado-Juiz.

O tratamento discriminatório que a lei orçamentária conferiu à Justiça do Trabalho foi validado pela Suprema Corte brasileira, que, dessa forma, contribuiu para o aprofundamento do estado de coisas inconstitucional. Ora, é evidente que o enfraquecimento da Justiça do Trabalho potencializa ainda mais o descumprimento sistemático da legislação trabalhista, já que a instituição detém responsabilidade primária pela efetivação das reparações devidas aos trabalhadores. O Min. Lewandowski sinalizou, ainda, que a Corte provavelmente não seria tão condescendente com a lei orçamentária caso, hipoteticamente, tivesse havido redução do orçamento do STF em decorrência da insatisfação do Congresso Nacional com as decisões do próprio Tribunal:

> Min. Ricardo Lewandowski (ADI 5468): o excelentíssimo Deputado, relator do orçamento, para justificar os cortes impostos à Justiça do Trabalho, em média superior ao dobro dos cortes suportados por outros ramos do Poder, consigna que isto se fez para instar a magistratura do trabalho a "refletir sobre os entendimentos que alegadamente praticaria contra o patronato."
>
> Vejam Vossas Excelências como é que nós reagiríamos se sofrêssemos um corte no orçamento do Supremo Tribunal Federal, por parte do Congresso Nacional, se este alegasse, para fazê-lo, um inconformismo com as nossas decisões em matéria constitucional. Isto seria claramente inaceitável. Então, nós estamos aqui, para também subsidiar o argumento de nosso eminente Decano, diante de um claro desvio de finalidade legislativa.

Outro ponto digno de atenção e que perpetua o estado de coisas inconstitucional em matéria trabalhista são as deficiências da fiscalização do trabalho, agravadas pela extinção do Ministério do Trabalho, com a pulverização de suas atribuições por meio da MP 870/2019.

O maior problema da legislação trabalhista, no Brasil e no mundo, sempre foi o de sua efetividade, isto é, da efetiva observância da regulamentação pelos atores da relação de trabalho[316].

---

316. Cf. SOUTO MAIOR, Jorge Luiz. Uma Defesa do Ministério do Trabalho. Disponível em: https://www.jorgesoutomaior.com/blog/uma-defesa-do-ministerio-do-trabalho .Publicado em 13.11.2018. Acesso

O Ministério do Trabalho, Indústria e Comércio foi criado em 1930 (Decreto nº 19.433) e, desde então, o órgão se integrou à estrutura da Administração Pública Federal em todos os governos subsequentes, até sua extinção em 2019. Apesar da criação em 1930, os registros históricos demonstram a situação extremamente precária do órgão, que contava com a atuação de voluntários (geralmente estudantes de Direito) para se desincumbir de suas atribuições[317].

A partir da década de 1990, entretanto, houve intensificação das atividades do Ministério do Trabalho, sendo certo que a fiscalização trabalhista no meio rural somente foi efetivamente implementada em 1995, com a formação do Grupo Especial de Fiscalização Móvel, do Ministério do Trabalho, para atuação específica no meio rural[318]. Quanto aos empregadores rurais, é interessante notar que o agronegócio viveu seu melhor momento no Brasil justamente a partir dos anos 2000, quando, coincidentemente ou não, houve incremento na fiscalização trabalhista[319].

A extinção do Ministério do Trabalho é objeto da ADI 6057, Rel. Min. Ricardo Lewandowski, ainda pendente de apreciação no Supremo Tribunal Federal. A petição inicial argumenta que a existência do órgão – embora não prevista expressamente na Constituição – integra o bloco de constitucionalidade, já que necessário para o alcance de efetividade da legislação trabalhista, o que pressupõe a existência de um "arranjo institucional" que viabilize o cumprimento de diversas cláusulas pétreas constitucionais de proteção ao trabalho, tais como os arts. 1º, IV, 6º, 7º, 8º, 10 e 11, da Constituição Federal.

De fato, a reestruturação empreendida pela MP 870/2019 fez com que as atribuições relativas ao trabalho ficassem a cargo da Secretaria Especial de Previdência e Trabalho, subordinada ao Ministério da Economia. É intuitivo que isso faz com que os interesses puramente econômicos, de mera redução de custo, tendam a prevalecer sobre direitos básicos dos trabalhadores. Adota-se a *velha estratégia* de reduzir o custo do trabalho como panaceia para enfrentar uma crise econômica, a qual, entretanto, parece eterna.

A supressão de direitos e o enfraquecimento da Justiça do Trabalho e dos órgãos de fiscalização trabalho cria estímulo ao descumprimento da legislação

---

em 09. set. 2020. Diz o autor: "Lembre-se que diante da reconhecida disparidade econômica entre empregadores e empregados, que mantém este em situação de dependência, o maior problema da legislação trabalhista sempre foi aquele que se relaciona à sua eficácia – no Brasil e no mundo. Por isso, a fiscalização por um ente estatal se insere como ponto central dessa regulação, conforme, inclusive, atestado pela Organização Internacional do Trabalho por meio de sua Convenção de n. 81, aprovada em 1947, que fixa a necessidade da criação de um serviço governamental de Inspeção do Trabalho, dando especiais poderes aos inspetores para ingressarem a qualquer horário do dia ou da noite nos locais de trabalho, com a finalidade de assegurar o cumprimento da legislação social".

317. Idem, ibidem.

318. Idem, ibidem.

319. Idem, ibidem.

trabalhista, o que, por sua vez, gera um desequilíbrio na concorrência, pois os empregadores que não cumprem suas obrigações têm custo trabalhista menor e vantagem concorrencial. O desrespeito à legislação, assim, passa a ser generalizado. A concentração de renda, de outro lado, reduz o consumo, o que retroalimenta a crise econômica. Como "solução", defende-se a intensificação da redução de direitos trabalhistas e o sucateamento dos órgãos, sendo pertinente indagação: onde isso vai parar?

Esse círculo vicioso deixa claro que a superação do estado de coisas inconstitucional pressupõe atuação concertada dos três Poderes da República, além do Ministério Público do Trabalho, com o objetivo de: incrementar o cumprimento espontâneo da legislação trabalhista; punir o cometimento reiterado de infrações, desestimulando-as; criar uma cultura de respeito aos direitos sociais em geral, e aos trabalhistas em particular, como único instrumento capaz de criar um modelo de sociedade capitalista sustentável e responsável, com inclusão dos mais necessitados; fomentar a ideia de que a livre iniciativa também deve atender a um valor social, nos termos do art. 1º, IV, da CF, vale dizer, a liberdade de empreender deve atender a uma função social e tem por finalidade assegurar existência digna a todos, conforme os ditames da justiça social (CF, art. 170, *caput*).

17. FÉRIAS

Referências normativas e jurisprudenciais	
Constituição	Art. 7º São direitos dos trabalhadores urbanos e rurais, além de outros que visem à melhoria de sua condição social: (...) XVII - gozo de férias anuais remuneradas com, pelo menos, um terço a mais do que o salário normal. Art. 201, § 11. Os ganhos habituais do empregado, a qualquer título, serão incorporados ao salário para efeito de contribuição previdenciária e consequente repercussão em benefícios, nos casos e na forma da lei. (Incluído dada pela Emenda Constitucional nº 20, de 1998)
Legislação infra-constitucional	Lei nº 8.212/91, art. 28, § 9º Não integram o salário-de-contribuição para os fins desta Lei, exclusivamente: (...) d) as importâncias recebidas a título de férias indenizadas e respectivo adicional constitucional, inclusive o valor correspondente à dobra da remuneração de férias de que trata o art. 137 da Consolidação das Leis do Trabalho. CLT, Art. 133 - Não terá direito a férias o empregado que, no curso do período aquisitivo I - deixar o emprego e não for readmitido dentro de 60 (sessenta) dias subsequentes à sua saída; II - permanecer em gozo de licença, com percepção de salários, por mais de 30 (trinta) dias; III - deixar de trabalhar, com percepção do salário, por mais de 30 (trinta) dias, em virtude de paralisação parcial ou total dos serviços da empresa; e IV - tiver percebido da Previdência Social prestações de acidente de trabalho ou de auxílio-doença por mais de 6 (seis) meses, embora descontínuos.

Referências normativas e jurisprudenciais	
Normas internacionais	Convenções da OIT: C. 132
Súmulas e teses de repercussão geral	Tema 30 (RE 570908): I - O direito individual às férias é adquirido após o período de doze meses trabalhados, sendo devido o pagamento do terço constitucional independente do exercício desse direito; II - A ausência de previsão legal não pode restringir o direito ao pagamento do terço constitucional aos servidores exonerados de cargos comissionados que não usufruíram férias. Tema 985 (1072485): É legítima a incidência de contribuição social sobre o valor satisfeito a título de terço constitucional de férias.
Julgados paradigmáticos	RE 570908, 587941, 1072485 AI 513027

O tema trabalhista das férias não é novo no Supremo Tribunal Federal. No AI 10240[320], julgado no ano de 1942, a Corte apreciou o mérito de recurso em que se discutia o pagamento tempestivo das férias a uma "empregada de uma certa firma comercial". De lá para cá, é evidente que mudanças significativas ocorreram, de modo a se reconhecer que não se harmoniza com o perfil uma Suprema Corte o julgamento de questões tão casuísticas e que dependem essencialmente da análise probatória.

Em tempos mais modernos, percebe-se a tendência de não conhecimento de recursos extraordinários sobre a temática das férias, seja por inexistência de repercussão geral, seja porque a violação constitucional, se existente, seria meramente reflexa. É o que acontece, por exemplo, com o tema do pagamento em dobro das férias, com base no art. 145 da CLT[321], e do direito de recebimento de vale-refeição por servidor público durante o período de férias[322].

320. "Férias de empregado - Prova de pagamento - Improcedência da cobrança" (AI 10240, Relator(a): CASTRO NUNES, julgado em 15/01/1942).

321. Assim: "PROCESSUAL CIVIL. RECURSO EXTRAORDINÁRIO COM AGRAVO. RECLAMATÓRIA TRABALHISTA. CONCESSÃO DE FÉRIAS FORA DO PRAZO DO ART. 145 DA CONSOLIDAÇÃO DAS LEIS DO TRABALHO. PAGAMENTO EM DOBRO DA REMUNERAÇÃO CORRESPONDENTE. MATÉRIA INFRACONSTITUCIONAL. AUSÊNCIA DE REPERCUSSÃO GERAL. 1. A controvérsia relativa ao pagamento em dobro da remuneração de férias concedidas fora do prazo do art. 145 da Consolidação das Leis do Trabalho, fundada na interpretação desse dispositivo legal, é de natureza infraconstitucional. 2. É cabível a atribuição dos efeitos da declaração de ausência de repercussão geral quando não há matéria constitucional a ser apreciada ou quando eventual ofensa à Carta Magna ocorra de forma indireta ou reflexa (RE 584.608-RG, Rel. Min. ELLEN GRACIE, DJe de 13/3/2009). 3. Ausência de repercussão geral da questão suscitada, nos termos do art. 543-A do CPC" (ARE 910351 RG, Relator(a): TEORI ZAVASCKI, Tribunal Pleno, julgado em 05/11/2015).

322. "RECURSO. Agravo de Instrumento convertido em Extraordinário. Inadmissibilidade deste. Vale-refeição. Período de férias. Recebimento. Servidor Público. Tema infraconstitucional. Precedentes. Ausência de repercussão geral. Recurso extraordinário não conhecido. Não apresenta repercussão geral recurso extraordinário que, tendo por objeto direito de servidor público receber vale-refeição, durante

Contudo, há alguns importantes julgados sobre o instituto, tanto na perspectiva trabalhista, quanto na do Direito Administrativo e Previdenciário, que propiciam relevantes reflexões.

O STF reconheceu, em repercussão geral (tema 30: RE 570908)[323], que a ausência de previsão legal não poderia impedir que servidores públicos comissionados recebessem o valor das férias não usufruídas, com acréscimo de 1/3. No mesmo julgado, ficou assentado que o direito às férias se adquire após o período de 12 meses trabalhados e que a obrigação primária do tomador de serviços é de fazer, ou seja, de conceder as férias; mas, não havendo a concessão do repouso anual, seria imperativo que a indenização das férias fosse feita com o terço constitucional, até para evitar (i) o enriquecimento sem causa e (ii) o eventual estímulo à não concessão das férias (não concedê-las não pode ser mais "barato" do que concedê-las).

Embora o ponto não haja sido expressamente mencionado no julgado, fato é que as férias com acréscimo de 1/3 são direito constitucionalmente assegurado a todos os *trabalhadores*, conforme previsto no art. 7º, XVII, da CF. Portanto, não apenas os empregados regidos pela CLT são titulares de tal direito. A partir daí, é possível raciocinar, por exemplo, que trabalhadores em plataformas digitais e aplicativos (uberização), entre outros, devem ter reconhecidos, no mínimo, os direitos previstos no art. 7º da CF – caso não se lhes reconheça o vínculo empregatício.

Outro interessante precedente que aponta para a mesma direção é o RE 650898[324], também sob a sistemática da repercussão geral. Nele, a Corte assentou que "o regime de subsídio é incompatível com outras parcelas remuneratórias de natureza mensal, o que não é o caso do décimo terceiro salário e do terço constitucional de férias, pagos a todos os trabalhadores e servidores com periodicidade anual". O julgado diz respeito a servidores públicos remunerados por subsídio (parcela mensal única, impedindo-se o acréscimo de "penduricalhos", como "auxílios" ou acréscimos de toda a sorte); mais especificamente, agentes políticos detentores de mandato eletivo (prefeitos, governadores etc.).

Em seu voto condutor, o Min. Roberto Barroso afirmou que os agentes políticos, mesmo em sentido estrito, referindo-se aos agentes eletivos, devem ter situação nem melhor, nem pior, mas equiparada com a dos demais trabalhadores. E, portanto, se os trabalhadores em geral recebem o décimo terceiro e o adicional de férias, não haveria razão para não reconhecer tais vantagens aos agentes políticos.

---

o período de férias, versa sobre tema infraconstitucional" (AI 841445 RG, Relator(a): MINISTRO PRESIDENTE, Tribunal Pleno, julgado em 26/05/2011).

323. RE 570908, Relator(a): CÁRMEN LÚCIA, Tribunal Pleno, julgado em 16/09/2009.

324. RE 650898, Relator(a): MARCO AURÉLIO, Relator(a) p/ Acórdão: ROBERTO BARROSO, Tribunal Pleno, julgado em 01/02/2017.

Outro tema interessante, apreciado pelo STF de acordo com a sistemática de repercussão geral (tema 985)[325], é o da discussão sobre a incidência de contribuição previdenciária sobre o terço de férias (gozadas ou indenizadas). A jurisprudência tradicional do STF era no sentido da impossibilidade[326], sob o fundamento de que o terço é uma espécie de "reforço financeiro" para o período de férias, tendo natureza indenizatória e compensatória; ademais, não se incorpora ao salário do servidor ou do empregado, sendo que apenas os ganhos habituais é que podem ser incorporados à remuneração para fins de contribuição previdenciária, por força do art. 201, §11, da CF. A jurisprudência consolidada do Superior Tribunal de Justiça, apesar de entender pela incidência do imposto de renda quanto ao terço de férias[327], também era no sentido da não incidência de contribuições previdenciárias sobre a parcela[328].

---

325. "FÉRIAS – ACRÉSCIMO – CONTRIBUIÇÃO SOCIAL – INCIDÊNCIA. É legítima a incidência de contribuição social, a cargo do empregador, sobre os valores pagos ao empregado a título de terço constitucional de férias gozadas" (RE 1072485, Relator(a): MARCO AURÉLIO, Tribunal Pleno, julgado em 31/08/2020).

326. "EMENTA: RECURSO EXTRAORDINÁRIO - CONTRIBUIÇÃO SOCIAL - INCIDÊNCIA - ADICIONAL DE UM TERÇO (1/3) SOBRE FÉRIAS (CF, ART. 7º, XVII) - IMPOSSIBILIDADE - DIRETRIZ JURISPRUDENCIAL FIRMADA PELO SUPREMO TRIBUNAL FEDERAL - RECURSO DE AGRAVO IMPROVIDO. - O Supremo Tribunal Federal, em sucessivos julgamentos, firmou entendimento no sentido da não incidência de contribuição social sobre o adicional de um terço (1/3), a que se refere o art. 7º, XVII, da Constituição Federal. Precedentes" (RE 587941 AgR, Relator(a): CELSO DE MELLO, Segunda Turma, julgado em 30/09/2008).

327. "TRIBUTÁRIO. RECURSO ESPECIAL. IMPOSTO DE RENDA. ADICIONAL DE 1/3 (UM TERÇO) DE FÉRIAS GOZADAS. INCIDÊNCIA DA EXAÇÃO. 1. A jurisprudência tradicional do STJ é pacífica quanto à incidência do imposto de renda sobre o adicional (1/3) de férias gozadas. Precedentes: Pet 6.243/SP, Rel. Ministra Eliana Calmon, Primeira Seção, DJe 13/10/2008; AgRg no AREsp 450.899/MS, Rel. Ministro Mauro Campbell Marques, Segunda Turma, DJe 11/03/2014; AgRg no AREsp 367.144/MG, Rel. Ministro Herman Benjamin, Segunda Turma, DJe 28/02/2014; AgRg no REsp 1.112.877/SP, Rel. Ministro Luiz Fux, Primeira Turma, DJe 03/12/2010; REsp 891.794/SP, Rel. Ministro Teori Albino Zavascki, Primeira Turma, DJe 30/03/2009; entre outros. 2. A conclusão acerca da natureza do terço constitucional de férias gozadas nos julgamentos da Pet 7.296/PE e do REsp 1.230.957/RS, por si só, não infirma a hipótese de incidência do imposto de renda, cujo fato gerador não está relacionado com a composição do salário de contribuição para fins previdenciários ou com a habitualidade de percepção dessa verba, mas, sim, com a existência, ou não, de acréscimo patrimonial, que, como visto, é patente quando do recebimento do adicional de férias gozadas. 3. Recurso especial provido, divergindo do voto do Sr. Ministro Relator" (REsp 1459779/MA, Rel. Ministro MAURO CAMPBELL MARQUES, Rel. p/ Acórdão Ministro BENEDITO GONÇALVES, PRIMEIRA SEÇÃO, julgado em 22/04/2015, DJe 18/11/2015).

328. "(...) 1.2 Terço constitucional de férias. No que se refere ao adicional de férias relativo às férias indenizadas, a não incidência de contribuição previdenciária decorre de expressa previsão legal (art. 28, § 9º, "d", da Lei 8.212/91 - redação dada pela Lei 9.528/97). Em relação ao adicional de férias concernente às férias gozadas, tal importância possui natureza indenizatória/compensatória, e não constitui ganho habitual do empregado, razão pela qual sobre ela não é possível a incidência de contribuição previdenciária (a cargo da empresa). A Primeira Seção/STJ, no julgamento do AgRg nos EREsp 957.719/SC (Rel. Min. Cesar Asfor Rocha, DJe de 16.11.2010), ratificando entendimento das Turmas de Direito Público deste Tribunal, adotou a seguinte orientação: 'Jurisprudência das Turmas que compõem a Primeira Seção desta Corte consolidada no sentido de afastar a contribuição previdenciária do terço de férias também de empregados celetistas contratados por empresas privadas'" (REsp 1230957/RS, Rel. Ministro MAURO CAMPBELL MARQUES, PRIMEIRA SEÇÃO, julgado em 26/02/2014, DJe 18/03/2014).

No entanto, a tese fixada em repercussão geral foi diversa: concluiu a Suprema Corte pela legitimidade da incidência de contribuição social sobre o valor satisfeito a título de terço constitucional de férias. De acordo com a visão que veio a prevalecer, há "dois pressupostos para a incidência da contribuição previdenciária sobre valores pagos aos empregados: a natureza remuneratória e a habitualidade da verba".

Tais pressupostos estariam presentes, de acordo com a ótica prevalecente, no que tange às férias gozadas, por se tratar de remuneração periódica (recebida anualmente) e com caráter contraprestativo. Quanto às férias indenizadas, ainda de acordo com o STF, não haverá incidência de contribuição previdenciária.

Causa estranheza a modificação da natureza jurídica de determinada verba apenas pelo momento em que é paga: o terço de férias usufruídas, e pago, portanto, na vigência do contrato, seria salarial; ao passo que o terço de férias não gozadas, pago, portanto, após a extinção do contrato de trabalho, seria indenizatória. Ademais, os valores referentes ao terço de férias não se incorporam à remuneração para cálculo do futuro benefício previdenciário, o que gera uma tributação injusta, por implicar contribuição previdenciária que não terá a devida contrapartida.

A jurisprudência do Supremo Tribunal Federal também registra precedentes sobre a possibilidade de compensação da gratificação denominada pós-férias, instituída por norma coletiva, com o adicional de 1/3 de férias, previsto no art. 7º, XVII, da CF. Embora o tema tenha sido infraconstitucional em diversos precedentes[329] – de onde resultaria que eventual ofensa à Constituição seria meramente reflexa –, em outros julgados o Tribunal avançou para apreciar o mérito do recurso extraordinário[330]. O entendimento manifestado se revela correto, pois o terço de férias é estabelecido pela Lei Maior como acréscimo remuneratório mínimo; se o empregador concede vantagem maior, ainda que sob rubrica diversa, mas com a idêntica finalidade de proporcionar ao empregado um acréscimo salarial por ocasião do gozo de suas férias, é de rigor, à luz do princípio da boa-fé objetiva, considerar que o próprio terço constitucional terá sido quitado.

Está pendente de apreciação sob a sistemática de repercussão geral a discussão sobre a possibilidade de legislação municipal restringir o direito de férias de servidores públicos em função de determinados fatores, como licença médica superior a 60 dias[331]. Por extensão, pode-se dizer que a *ratio decidendi*

329. Como, por exemplo, no AI 352824 AgR, Relator(a): SYDNEY SANCHES, Primeira Turma, julgado em 09/04/2002.

330. "EMENTA: Férias: cabimento da compensação entre a gratificação de pós-férias, concedida pelo empregador por força de norma coletiva, e o terço constitucional de férias (CF, artigo 7º, XVII): precedente (AI 360.606-AgR, Moreira, DJ 26.04.2002)" (AI 506362 AgR, Relator(a): SEPÚLVEDA PERTENCE, Primeira Turma, julgado em 21/09/2004).

331. "EMENTA: CONSTITUCIONAL. LEI MUNICIPAL. RECEPÇÃO. LIMITAÇÃO DO DIREITO DE FÉRIAS. POSSIBILIDADE. RELEVÂNCIA JURÍDICA DA QUESTÃO CONSTITUCIONAL. EXIS-

será aplicável para servidores públicos estaduais e federais, e eventualmente até mesmo no âmbito de relações de trabalho regidas pela CLT, a depender da extensão da tese que venha a ser fixada pelo Supremo.

A questão não é simples, pois envolve os chamados "limites dos limites", vale dizer, qual o grau em que se admite a restrição legislativa de direitos fundamentais - no caso, o direito às férias com 1/3, previsto no art. 7º, XVII, e aplicável aos servidores públicos por força do art. 39, §3º, da CF.

Nesse contexto, sobressai a importância da preservação do núcleo essencial do direito fundamental - que está associado ao princípio da dignidade humana -, bem como do princípio da proporcionalidade. O regramento da CLT (art. 133, IV), por exemplo, estipula que o empregado perde o direito às férias se, durante o período aquisitivo, tiver ficado mais do que 6 meses, ainda que descontínuos, no gozo de benefício-previdenciário (auxílio-doença). A restrição se revela razoável, pois um afastamento tão longo torna desnecessárias as férias, cujo objetivo é recompor a energia do trabalhador após o ano de trabalho. Raciocínio análogo pode ser feito na hipótese de empregado que permaneça em gozo de licença, com percepção de salários, por mais de 30 (trinta) dias - o direito às férias também será perdido (CLT, art. 133, II).

Se a lei estabelecer, entretanto, requisitos irrazoáveis, instituindo restrições indevidas ao direito às férias, haverá inconstitucionalidade da regulamentação. Figure-se a hipótese em que a lei previsse que o empregado perderia o direito às férias em caso de licença médica de 5 dias no período aquisitivo. É certo que, além de situações extremadas, como a exemplificada, haverá uma variedade de casos que estarão numa espécie de "zona de penumbra" e podem gerar maiores debates. Em tais casos, o Judiciário deve exercer autocontenção e observar o espaço decisório legítimo dos Poderes Executivo e Legislativo, em observância ao princípio da separação de Poderes.

18. FGTS[332]

Referências normativas e jurisprudenciais	
Constituição	Art. 7º São direitos dos trabalhadores urbanos e rurais, além de outros que visem à melhoria de sua condição social: (...) III - fundo de garantia do tempo de serviço; (...)

TÊNCIA DE REPERCUSSÃO GERAL" (RE 593448 RG, Relator(a): RICARDO LEWANDOWSKI, Tribunal Pleno, julgado em 22/10/2009, DJe-218 DIVULG 19-11-2009 PUBLIC 20-11-2009 EMENT VOL-02383-06 PP-01185).

332. Sobre a exigibilidade de FGTS por servidores públicos admitidos irregularmente (sem concurso público), ver seção específica deste capítulo sobre servidores públicos.

Referências normativas e jurisprudenciais	
Constituição	XXIX - ação, quanto aos créditos resultantes das relações de trabalho, com prazo prescricional de cinco anos para os trabalhadores urbanos e rurais, até o limite de dois anos após a extinção do contrato de trabalho. Art. 149. Compete exclusivamente à União instituir contribuições sociais, de intervenção no domínio econômico e de interesse das categorias profissionais ou econômicas, como instrumento de sua atuação nas respectivas áreas, observado o disposto nos arts. 146, III, e 150, I e III, e sem prejuízo do previsto no art. 195, § 6º, relativamente às contribuições a que alude o dispositivo.
Legislação infra-constitucional	Lei nº 8.036/90, art. 23, § 5º O processo de fiscalização, de autuação e de imposição de multas reger-se-á pelo disposto no Título VII da CLT, respeitado o privilégio do FGTS à prescrição trintenária. (redação revogada) § 5º O processo de fiscalização, de autuação e de imposição de multas reger-se-á pelo disposto no Título VII da CLT. (Redação dada pela Lei nº 13.932, de 2019) Lei nº 8.036/90, Art. 29-B. Não será cabível medida liminar em mandado de segurança, no procedimento cautelar ou em quaisquer outras ações de natureza cautelar ou preventiva, nem a tutela antecipada prevista nos arts. 273 e 461 do Código de Processo Civil que impliquem saque ou movimentação da conta vinculada do trabalhador no FGTS. (Incluído pela Medida Provisória nº 2.197-43, de 2001) CTN, Art. 173. O direito de a Fazenda Pública constituir o crédito tributário extingue-se após 5 (cinco) anos, contados: I - do primeiro dia do exercício seguinte àquele em que o lançamento poderia ter sido efetuado; II - da data em que se tornar definitiva a decisão que houver anulado, por vício formal, o lançamento anteriormente efetuado. Parágrafo único. O direito a que se refere este artigo extingue-se definitivamente com o decurso do prazo nele previsto, contado da data em que tenha sido iniciada a constituição do crédito tributário pela notificação, ao sujeito passivo, de qualquer medida preparatória indispensável ao lançamento. CTN, Art. 174. A ação para a cobrança do crédito tributário prescreve em cinco anos, contados da data da sua constituição definitiva.
Súmulas e teses de repercussão geral	Tema 608 (ARE 709212): O prazo prescricional aplicável à cobrança de valores não depositados no Fundo de Garantia por Tempo de Serviço (FGTS) é quinquenal, nos termos do art. 7º, XXIX, da Constituição Federal. TST, Súmula 206: FGTS. INCIDÊNCIA SOBRE PARCELAS PRESCRITAS. A prescrição da pretensão relativa às parcelas remuneratórias alcança o respectivo recolhimento da contribuição para o FGTS. TST, Súmula 362.FGTS. PRESCRIÇÃO. I – Para os casos em que a ciência da lesão ocorreu a partir de 13.11.2014, é quinquenal a prescrição do direito de reclamar contra o não-recolhimento de contribuição para o FGTS, observado o prazo de dois anos após o término do contrato; II – Para os casos em que o prazo prescricional já estava em curso em 13.11.2014, aplica-se o prazo prescricional que se consumar primeiro: trinta anos, contados do termo inicial, ou cinco anos, a partir de 13.11.2014 (STF-ARE-709212/DF).

Referências normativas e jurisprudenciais	
Julgados paradigmáticos	ADI 2382, 2425, 2479 ARE 709212 Rcl 39196 RE 522897, 596478

18.1. Vedação à tutela antecipada para saque de FGTS

Em recente decisão monocrática[333], o STF julgou procedente reclamação e cassou decisão de TRT que havia determinado, em tutela da evidência, a expedição de alvará para saque de FGTS pela trabalhadora. De acordo com o Min. Alexandre de Moraes, o Juízo de origem teria deixado de observar a vedação legal, considerada hígida pelo STF, no que diz respeito à concessão de medida liminar ou tutela antecipada que impliquem saque ou movimentação da conta vinculada do trabalhador no FGTS, o que consubstanciaria "manifesta afronta ao resultado produzido pelo julgamento das ADIs 2382, 2425 e 2479". Na decisão, o Ministro ainda ressalta que votou em sentido contrário nas referidas ações diretas de inconstitucionalidade, mas acabou aplicando aquilo que interpretou ser a posição da Suprema Corte.

É preciso dizer destacadamente logo de início: o Supremo Tribunal Federal, na verdade, não declarou a constitucionalidade material do art. 29-B da Lei nº 8.036/90. Os juízes e tribunais do trabalho podem, validamente, deferir tutela provisória (de urgência e/ou da evidência) para autorizar o saque de FGTS pelo trabalhador.

A grande confusão existente a respeito – e que repercutiu na decisão acima mencionada do Min. Alexandre de Moraes – é menos culpa de quem incide em erro, e mais da Suprema Corte, com vênia respeitosa. Decorre de uma metodologia de votação que peca pela absoluta falta de clareza, o que é gravíssimo, em se tratando de tribunal superior, dada a replicação do entendimento equivocado em milhares de processos que discutem questões idênticas.

Explica-se.

Na discussão a respeito da constitucionalidade do art. 29-B da Lei nº 8.036/90, havia dois fundamentos suscitados na ADI: (i) inconstitucionalidade formal, já que o dispositivo foi introduzido na lei por medida provisória, a qual não pode versar sobre matéria processual; (ii) inconstitucionalidade material, em decorrência de violação com o princípio do acesso à justiça, porque a situação de urgência ficaria sem adequada e efetiva tutela jurisdicional.

Ao analisar minuciosamente o inteiro teor do acórdão das ADIs 2382, 2425, 2479, percebe-se que houve grande dispersão dos votos e não se formou

333. Rcl 39196, Rel. Min. Alexandre de Moraes, decisão monocrática, julgamento em 20/02/2020.

maioria quanto à constitucionalidade material do art. 29-B. A seguinte tabela permitirá visualizar globalmente o que efetivamente foi decidido no julgamento. Cabe destacar que, apesar de não constarem os respectivos votos no inteiro teor do acórdão, os Ministros Gilmar Mendes e Celso de Mello não constam como vencidos; daí, a única conclusão possível é que acompanharam o redator dos acórdãos (no caso, o Min. Edson Fachin, pois o Min. Lewandowski, relator originário, ficou vencido ao final). Ademais, os votos de alguns ministros geram dúvidas quanto ao seu conteúdo, conforme se demonstrará a seguir.

Nome do ministro	Constitucionalidade formal	Constitucionalidade material
Ricardo Lewandowski	inconstitucional	não se manifestou
Gilmar Mendes	constitucional	constitucional por proteger o patrimônio do trabalhador*
Celso de Mello	constitucional	constitucional por proteger o patrimônio do trabalhador*
Alexandre de Moraes	constitucional	inconstitucional
Edson Fachin	constitucional	constitucional por proteger o patrimônio do trabalhador*
Roberto Barroso	constitucional	constitucional
Rosa Weber	constitucional	não se manifestou
Luiz Fux	constitucional	inconstitucional*
Dias Toffoli	constitucional	constitucional por proteger o patrimônio do trabalhador*
Marco Aurélio	constitucional	inconstitucional
Carmen Lúcia	constitucional	não se manifestou*

Como se vê, houve 10 votos pela constitucionalidade formal do art. 29-B; e apenas 5 votos afirmando a respectiva constitucionalidade material, sendo que 4 deles partiram da premissa de proteção do trabalhador e não trataram especificamente sobre a situação em que saque fosse feito pessoalmente pelo próprio trabalhador (e não pelo seu advogado). O voto da Min. Carmen Lúcia foi ambíguo e não permite visualizar a conclusão de Sua Excelência quanto à constitucionalidade material do art. 29-B.

Para demonstrar o ponto, serão analisados individualmente os votos dos ministros, sem antes destacar que não se podem somar fundamentos heterogêneos. Se um ministro diz que há inconstitucionalidade material, mas recusa a formal; e outro ministro afirma que há inconstitucionalidade formal, mas não material, não se pode dizer que há dois votos pela inconstitucionalidade. Há apenas um voto pela inconstitucionalidade material e outro pela inconstitucionalidade formal, e se não houver adesão expressa da maioria do Plenário quanto a cada um dos fundamentos, a lei não pode ser declarada inconstitucional[334].

Passa-se a analisar os votos cuja interpretação pode gerar ambiguidade ou dúvida quanto aos fundamentos adotados, assinalados com asterisco na tabela acima. Por fidelidade ao leitor, serão transcritos os trechos pertinentes.

> Min. Carmen Lúcia: "No que concerne à alegada contrariedade aos arts. 5º, incs. XXI e XXXV, 6º, 8º, inc. III, 133 e 134 da Constituição da República, que, nos termos da petição inicial, traduzir-se-ia como forma de 'obstaculizar o acesso ao Judiciário daqueles menos favorecidos', razão jurídica não assiste aos Autores. A instituição de obrigação pela medida provisória controvertida afirma-se como medida proporcional à finalidade de se proteger o patrimônio constituído em favor dos trabalhadores".

Após o trecho transcrito, a Ministra transcreve jurisprudência e tece considerações sobre a necessidade de comparecimento pessoal do trabalhador para sacar o FGTS, como "cláusula de incremento na segurança do patrimônio vinculado ao FGTS". Apesar da menção ao art. 5º, XXXV, da CF, não há nenhum fundamento, no voto, a respeito do art. 29-B. Ao se referir a "instituição de obrigação pela medida provisória", tudo indica que a Ministra estava se referindo à obrigação de o trabalhador comparecer pessoalmente para poder realizar o saque. Dessa forma, conclui-se que a Min. Carmen Lúcia não se pronunciou expressamente sobre a constitucionalidade do art. 29-B, mas apenas sobre o art. 20, §18, da Lei do FGTS, o qual exige o comparecimento pessoal[335]. O voto foi *citra petita*.

---

334. Para demonstrar o raciocínio, veja-se o que aconteceu, por exemplo, no julgamento da ADI 2182, em que foi declarada a constitucionalidade formal da Lei nº 8.429/92. No julgado, o STF decidiu que, como a inicial somente alegava a inconstitucionalidade formal, a Corte não poderia avançar para julgar a questão da constitucionalidade material da lei, apesar da chamada "causa de pedir aberta" típica das ações de controle concentrado de constitucionalidade. Isso comprova que a inconstitucionalidade formal e a material devem ser votadas separadamente, ainda que eventualmente se decidam ambas nos mesmos autos. Veja-se a ementa da ADI 2182: "EMENTA: AÇÃO DIRETA DE INCONSTITUCIONALIDADE. 1. QUESTÃO DE ORDEM: PEDIDO ÚNICO DE DECLARAÇÃO DE INCONSTITUCIONALIDADE FORMAL DE LEI. IMPOSSIBILIDADE DE EXAMINAR A CONSTITUCIONALIDADE MATERIAL. 2. MÉRITO: ART. 65 DA CONSTITUIÇÃO DA REPÚBLICA. INCONSTITUCIONALIDADE FORMAL DA LEI 8.429/1992 (LEI DE IMPROBIDADE ADMINISTRATIVA): INEXISTÊNCIA. 1. Questão de ordem resolvida no sentido da impossibilidade de se examinar a constitucionalidade material dos dispositivos da Lei 8.429/1992 dada a circunstância de o pedido da ação direta de inconstitucionalidade se limitar única e exclusivamente à declaração de inconstitucionalidade formal da lei, sem qualquer argumentação relativa a eventuais vícios materiais de constitucionalidade da norma (...)" (ADI 2182, Relator(a): Min. MARCO AURÉLIO, Relator(a) p/ Acórdão: Min. CÁRMEN LÚCIA, Tribunal Pleno, julgado em 12/05/2010).

335. § 18. É indispensável o comparecimento pessoal do titular da conta vinculada para o pagamento da retirada nas hipóteses previstas nos incisos I, II, III, VIII, IX e X deste artigo, salvo em caso de grave moléstia comprovada por perícia médica, quando será paga a procurador especialmente constituído para esse fim.

> Min. Luiz Fux: "*Então, a última regra infirmaria todo o conteúdo, mas é possível analisar, de alguma maneira, dentro do contexto, quer dizer, o 29-B não está tão isolado assim do 29-A, nem o § 18 do 20. Então, o § 18 do 20: só o empregado pode, individualmente, receber; o 29-A, os créditos escrituralmente devidos são depositados na conta do empregado; e o 29-B, não serão cabíveis essas medidas liminares. Aqui houve um excesso de zelo, digamos assim, de forma inconstitucional, porque o que se quis evitar aqui foi que, sem conhecimento do empregado, quem obtivera a medida liminar poderia receber diretamente. Mas isso tudo tinha de ser conjugado, quer dizer, mesmo a liminar, só com a presença do empregado.*
>
> *Evidentemente que a intenção foi ótima do Legislador, da Medida Provisória, mas a verdade é que as medidas provisórias só foram interditadas, em matéria de competência exclusiva da União, depois da Emenda Constitucional.*
>
> *De sorte que eu também, fazendo essa justificativa do voto do Ministro Ricardo Lewandowski, eu peço vênia para acompanhar a divergência no sentido de que realmente o parâmetro de controle, à época, não interditava medida provisória em matéria processual.* (grifo nosso)

Nota-se certa ambiguidade no voto, mas o Min. Fux se manifestou claramente pela inconstitucionalidade material, tendo percebido que a preocupação do legislador era a de impedir o saque sem a presença do empregado. A conclusão quanto à constitucionalidade decorre unicamente da ausência de vício formal.

O Min. Barroso, apesar de ter decidido expressamente pela inconstitucionalidade material, deixa clara a preocupação no sentido de evitar fraudes. O magistrado mencionou, ainda, tradicional entendimento do STF (abaixo referido), sinalizando a possibilidade de que a incidência da vedação à tutela antecipada pudesse ser inconstitucional no caso concreto. No entanto, conclui vedando a tutela antecipada para saque de FGTS de forma peremptória:

> Min. Roberto Barroso: "*Eu também não tenho simpatia por normas que impeçam provimento cautelar. Houve uma decisão histórica aqui do Supremo. Eu não me lembro se o Relator era o Ministro Sepúlveda Pertence, mas eu me lembro bem do voto dele, em que Sua Excelência disse algo assim: É possível considerar-se inconstitucional, em tese, a vedação de concessão de tutela antecipada ou de cautelar. Mas, eventualmente, em um caso concreto, o juiz pode considerar inconstitucional essa possibilidade. Portanto, não é uma vedação insuperável. E por que estou considerando isso? É que, no caso do saque do Fundo de Garantia do Tempo de Serviço, a eventual cautelar e liminar é absolutamente satisfativa. Esse dinheiro, uma vez sacado, não há como fazer ele retornar. É como botar a pasta de dente de volta no tubo. Logo, eu acho que essa é uma das hipóteses em que, diante da irreversibilidade, não se deve admitir provimento cautelar. Tal como o Ministro Lewandowski, eu não tenho simpatia por essa vedação genericamente. Mas, quando a cautelar é absolutamente satisfativa, como neste caso, eu acho que essa é uma cautela legítima, até porque eu não creio que o legislador, ou, no caso, o Executivo, mas, certamente, não foi chancelada por um sentimento de perversidade para impedir o levantamento; foi pela constatação de que ocorriam fraudes, e essa é uma medida capaz de obviar as fraudes*".

Agora, o voto do redator para o acórdão (Min. Fachin), que foi acompanhado sem ressalvas pelos Min. Gilmar Mendes e Celso de Mello:

> Min. Edson Fachin: "*Por fim, a garantia fundamental da inafastabilidade de jurisdição não é afrontada em sua essência pelo fato de a norma impugnada vedar a concessão de medidas judiciais autorizadoras da movimentação das contas vinculadas do FGTS. A proteção almejada, como garantia à integridade do patrimônio intransferível do trabalhador, nesses casos, autoriza a restrição parcialmente imposta pela norma impugnada*".

É perceptível o desvio de perspectiva na decisão, que teve o nobre objetivo de garantir o efetivo recebimento do FGTS pelo interessado, mas não compreendeu que a vedação de concessão de tutela antecipada constitui previsão extremamente maléfica ao trabalhador. Basta que se pense em situação de incontroversa dispensa sem justa causa em que o empregador não entregou as guias e chave de conectividade para viabilizar o saque do FGTS pelo trabalhador. Impedir que o juiz do trabalho conceda tutela provisória em tais casos viola o acesso à justiça de forma escancarada.

Na verdade, a preocupação do Min. Fachin parece ter sido no sentido de evitar que terceiros (procuradores) sacassem indevidamente os valores titularizados pelo trabalhador. Sucede que, para evitar tal situação, bastaria que se condicionasse o saque à presença pessoal do trabalhador, o que não guarda relação com o fato de se tratar de medida liminar ou de decisão transitada em julgado, como bem observou o Min. Fux no trecho acima transcrito.

O mesmo raciocínio vale para o voto do Min. Toffoli:

> Min. Dias Toffoli: "*Esse fundo é administrado por um Conselho Curador tripartite, com representantes dos trabalhadores, empregadores e do governo federal. E ele não pode ficar ao sabor de cautelares e liminares, não pode ficar ao sabor de necessidades específicas, porque se cai no subjetivismo do julgador - 'ah, ele precisa comprar um remédio, vou liberar o fundo'; 'ele precisa internar um parente, vou liberar o fundo'- , e o fundo acaba perdendo a razão de ser, que é exatamente a de proteção do trabalhador quando do momento da extinção de seu contrato de trabalho. (...) eu penso que as razões que levaram, no passado, à edição dessa medida provisória, muito embora parte dessas razões hoje não mais subsistam, não levam à inconstitucionalização dessa medida, porque o Fundo de Garantia ainda é uma proteção do trabalhador quanto a sua despedida, principalmente a despedida imotivada, com a ruptura do contrato de trabalho*".

É patente o desvio de perspectiva. Partindo-se da correta premissa externada pelo Ministro, no sentido de que o FGTS é uma proteção do trabalhador quanto à sua despedida, pode-se dizer que seu objetivo não era o de impedir o saque, pelo próprio trabalhador, por força de decisão liminar ou antecipatória de tutela em geral. O que o Min. Toffoli entendeu ser adequado vedar é o saque casuístico dos valores, fora das hipóteses legalmente previstas. Não se nota, no voto do Ministro, nenhuma menção à impossibilidade de o trabalhador sacar o FGTS, por força de decisão provisória, caso efetivamente tivesse havido a dispensa imotivada do trabalhador.

Depreende-se que 4 dos ministros que votaram pela constitucionalidade material (Fachin, Gilmar Mendes, Celso de Mello e Toffoli) claramente tinham a preocupação de proteger o trabalhador contra fraudes, e não de impedir, pura e simplesmente, que fosse deferida medida antecipatória de tutela que viabilizasse o saque pelo próprio trabalhador, quando devido.

Mesmo desconsiderando esses 4 votos (além do voto do Min. Barroso, que também votou pela constitucionalidade material com maior clareza), percebe-se que não houve a formação de maioria de 6 votos pela constitucionalidade material do art. 29-B da Lei nº 8.036/90. Da mesma forma, não houve declaração de inconstitucionalidade.

Portanto, o dispositivo está em vigor, mas não deve ser interpretado no sentido de impossibilitar de forma absoluta a concessão de tutela provisória para saque de FGTS. Deve-se aplicar o entendimento manifestado – e não superado – pelo STF na ADI 223 MC[336], de modo que a previsão legal é constitucional em abstrato; mas isto não impede que, em cada caso concreto, o juiz examine a constitucionalidade e a razoabilidade da norma proibitiva da liminar.

Assim, se, no caso concreto, o juiz do trabalho se depara com a probabilidade de existência do direito (exemplo: instrumento de aviso prévio e TRCT demonstrando a dispensa sem justa causa), e com a urgência da situação (trabalhador dispensado sem nada receber), deverá conceder a tutela antecipada de urgência, viabilizando o saque do FGTS pessoalmente pelo próprio trabalhador. Pensar diferentemente seria negar ao trabalhador o direito de acesso efetivo à justiça, em manifesta violação ao art. 5º, XXXV, da CF.

Ademais, o art. 29-B da Lei do FGTS veda apenas a concessão de tutela antecipada. Não há qualquer menção, no dispositivo, à tutela provisória da evidência, e descabe realizar interpretação extensiva ou analógica de norma restritiva de direito. Dessa forma, havendo o enquadramento no art. 311 do CPC, é possível que a autorização de saque de FGTS se dê em sede de tutela da

336. A decisão se encontra assim ementada, *in verbis*: "AÇÃO DIRETA DE INCONSTITUCIONALIDADE CONTRA A MEDIDA PROVISORIA 173, DE 18.3.90, QUE VEDA A CONCESSÃO DE 'MEDIDA LIMINAR EM MANDADO DE SEGURANÇA E EM AÇÕES ORDINARIAS E CAUTELARES DECORRENTES DAS MEDIDAS PROVISORIAS NUMEROS 151, 154, 158, 160, 162, 165, 167 E 168': INDEFERIMENTO DO PEDIDO DE SUSPENSÃO CAUTELAR DA VIGENCIA DO DIPLOMA IMPUGNADO: RAZOES DOS VOTOS VENCEDORES. (...) CRITÉRIO DE RAZOABILIDADE DAS RESTRIÇÕES, A PARTIR DO CARÁTER ESSENCIALMENTE PROVISORIO DE TODO PROVIMENTO CAUTELAR, LIMINAR OU NÃO. GENERALIDADE, DIVERSIDADE E IMPRECISAO DE LIMITES DO ÂMBITO DE VEDAÇÃO DE LIMINAR DA MP 173, QUE, SE LHE PODEM VIR, A FINAL, A COMPROMETER A VALIDADE, DIFICULTAM DEMARCAR, EM TESE, NO JUÍZO DE DELIBAÇÃO SOBRE O PEDIDO DE SUA SUSPENSÃO CAUTELAR, ATÉ ONDE SÃO RAZOAVEIS AS PROIBIÇÕES NELA IMPOSTAS, ENQUANTO CONTENÇÃO AO ABUSO DO PODER CAUTELAR,E ONDE SE INICIA, INVERSAMENTE, O ABUSO DAS LIMITAÇÕES E A CONSEQUENTE AFRONTA A PLENITUDE DA JURISDIÇÃO E AO PODER JUDICIARIO. INDEFERIMENTO DA SUSPENSÃO LIMINAR DA MP 173, QUE NÃO PREJUDICA, SEGUNDO O RELATOR DO ACÓRDÃO, O EXAME JUDICIAL EM CADA CASO CONCRETO DA CONSTITUCIONALIDADE, INCLUIDA A RAZOABILIDADE, DA APLICAÇÃO DA NORMA PROIBITIVA DA LIMINAR" (ADI 223 MC, Relator(a): PAULO BROSSARD, Relator(a) p/ Acórdão: SEPÚLVEDA PERTENCE, Tribunal Pleno, julgado em 05/04/1990).

evidência (exemplo: situação em que a dispensa imotivada é incontroversa[337], ou em que o réu não oponha prova capaz de gerar dúvida razoável).

18.2. Prescrição do FGTS

Em repercussão geral[338], o STF fixou o entendimento de que os arts. 23, § 5º, da Lei 8.036/1990, e 55 do Regulamento do FGTS (Decreto 99.684/1990), são inconstitucionais na parte em que previam o prazo de 30 anos para a prescrição do FGTS, o qual passou a ser de 5 anos.

Considerando que se tratou de *virada* jurisprudencial, a Corte estabeleceu a modulação dos efeitos da decisão, com eficácia para o futuro, da seguinte forma: (i) para os créditos surgidos após 13/11/2014 (data da decisão), o prazo prescricional passa a ser de 5 anos; (ii) para os créditos surgidos antes dessa data, se aplica o prazo que expirar antes: 30 anos contados do surgimento do crédito, ou 13/11/2019.

A decisão modificou a tradicional jurisprudência do Tribunal Superior do Trabalho e do próprio Supremo Tribunal Federal[339], que era consolidada no sentido da prescrição trintenária do FGTS.

Apesar da erudição do voto do relator, com ampla citação de doutrina germânica, os argumentos do Min. Gilmar Mendes - acolhidos pelo colegiado, com exceção dos Min. Teori Zavascki e Rosa Weber - podem ser assim sintetizados: (i) o FGTS tem natureza trabalhista; (ii) o prazo trintenário decorria do art. 20 da Lei nº 5.107/66 e do art. 144 da Lei nº 3.807/60: este último fixava o prazo de 30 anos para cobrança das contribuições previdenciárias, e o primeiro estabelecia que o FGTS tinha os mesmos privilégios a elas aplicáveis. Daí o TST teria se inclinado para a natureza previdenciária do FGTS; (iii) o art. 7º, XXIX, da CF, teria determinação expressa sobre o prazo prescricional de cinco anos; (iv) seria incongruente aplicar o prazo bienal, previsto na Constituição, mas não o quinquenal; (v) o princípio da proteção não autorizaria a interpretação pela possibilidade da ampliação do prazo prescricional; (vi) violação à segurança jurídica; (vii) não haveria impossibilidade fática para que o trabalhador exigisse o FGTS em prazo menor, pois o órgão gestor encaminha extratos da conta vinculada e o trabalhador tem como saber se o empregador está cumprindo suas obrigações. O voto do Min. Roberto Barroso lança mais um argumento importante, qual seja o de que (viii) faltaria razoabilidade ao prazo trintenário,

---

337. Nesse caso, seria possível até mesmo o julgamento antecipado parcial de mérito (CPC, art. 356), o que não obsta a possibilidade de concessão de tutela da evidência.

338. ARE 709212, Relator(a): GILMAR MENDES, Tribunal Pleno, julgado em 13/11/2014.

339. Por exemplo: RE 100249, Relator(a): OSCAR CORREA, Relator(a) p/ Acórdão: NÉRI DA SILVEIRA, Tribunal Pleno, julgado em 02/12/1987.

o qual ao dobro do maior prazo de usucapião e ao triplo do maior prazo prescricional do Direito Civil. Em adendo, o Min. Barroso declarou, textualmente:

> Min. Roberto Barroso (ARE 709212): "Eu cheguei a cogitar, Presidente, só para compartilhar a reflexão, de, em lugar de aplicar diretamente o prazo quinquenal, aplicar o maior prazo, que seria o prazo de dez anos previsto no Código Civil. Mas, depois de uma nova reflexão, eu acho que é melhor aplicar o prazo de cinco anos previsto na Constituição, deixando expressa a minha posição de que, se o legislador entender que esse prazo protege deficientemente o empregado, ele pode alargá-lo, porém, não para trinta anos, porque esse prazo nós estamos considerando um prazo que vulnera a segurança jurídica". (sem grifos no original)

O julgado é emblemático, seja por revelar uma tendência jurisprudencial do STF de restrição dos direitos sociais, seja por propiciar uma reflexão crítica da tão difundida teoria autointitulada de "pós-positivista", que, sob o nobre argumento da introdução de "valores" na interpretação e aplicação do Direito, permite que o intérprete trabalhe com a "técnica da ponderação" dos bens jurídicos envolvidos, desde que sua "argumentação racional" seja capaz de convencer uma plateia "bem intencionada"[340].

Sucede que tal "teoria", na prática, pode legitimar qualquer conclusão a que se queira chegar, mesmo que disso resulte a desconstituição de decisão legítima de órgãos democraticamente eleitos, como o Legislativo e o Executivo. De fato, quais são os valores que devem preponderar? Qual a delimitação do "núcleo essencial" que não pode ser violado na "ponderação"? O que é uma argumentação racional e um auditório bem intencionado? O chamado "pós-positivismo" não é capaz de dar resposta segura a nenhuma dessas indagações. De acordo com a visão pessoal do intérprete, o resultado da "ponderação" será diferente.

No caso específico da decisão sobre a prescrição do FGTS, vê-se uma espécie de "ativismo judicial às avessas", com o objetivo de introduzir retrocesso em matéria de direitos sociais. Após quase 50 anos de vigência do entendimento, com amparo expresso na lei e jurisprudência pacificada dos tribunais su-

---

340. Esses argumentos são encontrados, por exemplo, na obra doutrinária de Luís Roberto Barroso (*Curso de Direito Constitucional Contemporâneo, op.cit.*) conforme trechos a seguir transcritos: "a doutrina pós-positivista se inspira na revalorização da razão prática, na teoria da justiça e na legitimação democrática. Nesse contexto, buscar ir além da legalidade estrita, mas não despreza o direito posto; procura empreender uma leitura moral da Constituição e das leis (...). Incluem-se a reentronização dos valores na interpretação jurídica" (p. 249). Em outro trecho, o próprio autor reconhece que "a ponderação, embora preveja a atribuição de pesos diversos aos fatores relevantes de determinada situação, não fornece referências materiais ou axiológicas para a valoração a ser feita. No seu limite máximo, presta-se ao papel de oferecer um rótulo para voluntarismos e soluções *ad hoc*, tanto as bem inspiradas como as nem tanto" (p. 337). Adiante, afirma que "a argumentação, a demonstração racional do itinerário lógico percorrido, o esforço de convencimento do *auditório* passam a ser fonte de legitimação e controlabilidade da decisão. No plano moral, já não se aceita, sem objeção profunda, que qualquer decisão emanada da autoridade competente seja legítima. Cada vez mais se exige sua justificação racional e moral, vale dizer, sua justiça intrínseca" (p. 341).

periores, o STF subitamente passou a entender que a lei não poderia estipular o prazo prescricional trintenário para o FGTS. Isso porque alguns ministros "acharam" que tal prazo não seria razoável.

A argumentação do STF se revela equivocada, tanto sob a ótica positivista, quanto sob a "pós-positivista", caso se queira utilizá-la. O único ponto de acerto foi a conclusão sobre a natureza trabalhista do FGTS.

De fato, o fundo de garantia do tempo de serviço é, inegavelmente, direito trabalhista, por força do art. 7º, III, da CF. Sem dúvida, também ostenta natureza tributária, podendo ser classificado como uma espécie de contribuição social (CF, art. 149). Daí, entretanto, não se pode extrair a obrigatoriedade de que o prazo prescricional seja de 5 anos.

A validade do prazo trintenário não decorria do princípio da proteção, tal como fundamentado no voto do Min. Gilmar Mendes; na verdade, trata-se de aplicar, pura e simplesmente, o *caput* do art. 7º da Constituição, que estatui que ali são previstos os direitos elencados, "além de outros que visem à melhoria de sua condição social". Assim, quando o inciso XXIX prevê o prazo prescricional de 5 anos, isso não quer dizer que a lei não possa ampliar esse prazo; o que não pode fazer é reduzi-lo, já que isso não significaria avanço e melhoria na condição social dos trabalhadores.

Esse raciocínio foi posteriormente encampado pelo próprio STF, por ocasião do julgamento do RE 828040[341], em que discutido o tema da aplicabilidade da responsabilidade objetiva ao Direito do Trabalho (objeto de estudo específico no item 24 deste capítulo). Curiosamente, o voto condutor do Min. Alexandre de Moraes (que não participou do julgamento sobre a prescrição trintenária do FGTS) foi seguido por todos os ministros, com exceção de Luiz Fux e Marco Aurélio. A ementa do julgado também encampa essa tese de que o art. 7º da Constituição estabelece direitos mínimos aos trabalhadores, que podem ser ampliados por lei infraconstitucional. Veja-se a seguinte passagem do voto de Alexandre de Moraes:

> Min. Alexandre de Moraes (voto no RE 828040): o *caput* do art. 7º da Constituição traz e deixa claramente exposto que é possível a legislação ordinária estipular outros direitos sociais que melhorem, que valorizem a vida do trabalhador. (...) Entendo que a regra prevista no inc. XXVIII do art. 7º não estabelece uma limitação normativa absoluta, um teto, no tocante à responsabilização civil, como se fosse, e aqui se inverteria toda a lógica protetiva dos direitos sociais, verdadeiro o direito do empregador a uma limitação da sua responsabilidade pela Constituição.

Contudo, os mesmos ministros que votaram a favor da possibilidade de responsabilização objetiva do empregador (encampando a ideia de que a lei

341. RE 828040, Relator(a): ALEXANDRE DE MORAES, Tribunal Pleno, julgado em 12/03/2020.

pode ampliar os direitos mencionados no art. 7º da CF) já haviam decidido pela inconstitucionalidade da previsão legal que elastecia o prazo prescricional do FGTS. A posição do Plenário do STF é, portanto, considerados os dois precedentes (responsabilidade objetiva e prescrição do FGTS), absolutamente incongruente.

Veja-se que, quanto maior o prazo prescricional, mais chance o trabalhador terá de efetivamente exigir e receber seus créditos. Tal assertiva parece verdadeiro truísmo, mas é necessário dizê-lo, assim como outras obviedades que passaram despercebidas ao longo do julgamento. Ao contrário do que sustentado pelo Min. Barroso, o prazo de 5 anos não é "consequência natural" da natureza jurídica trabalhista do FGTS; na verdade, admitir a ampliação do prazo prescricional por força de lei é que se apresenta como algo inerente aos direitos sociais em geral, e trabalhistas em particular, à luz da ideia de progressividade.

Veja-se o seguinte trecho do voto do Min. Luiz Fux:

> Min. Luiz Fux (ARE 709212): "Senhor Presidente, o Direito vive para o homem, não o homem para o Direito. Será que a gente pode imaginar que uma pessoa vai viver de Fundo de Garantia trinta anos? Não vai viver de Fundo de Garantia trinta anos. Vai mandado embora, levanta o Fundo e vai arranjar outro emprego. Mas suponhamos uma tragédia maior: não arranja um outro emprego. Aí, sim, poder-se-ia, ad argumentandum, falar em princípio da vedação ao retrocesso. Bom, o sujeito foi embora; o Fundo de Garantia, ele pode cobrar durante trinta anos. Ele vai se aguentando até que, no último ano desses trinta anos, ele quer levantar o Fundo. Mas não é isso que acontece. Só há vedação ao retrocesso quando não existem mecanismos de compensação. E hoje, Senhor Presidente, tem todos os mecanismos de compensação: tem seguro desemprego, tem bolsa família, tem minha casa e minha vida, tem tudo o que uma pessoa desempregada não faz força para ter e tem.
>
> De sorte que não é retrocesso nenhum nós entendermos que o Fundo de Garantia e a ação que o veicula é uma ação decorrente de acidente de trabalho. E o constituinte sabia disso e dispôs taxativamente, como o Ministro Gilmar Mendes destacou como núcleo central do seu voto, o art. 7º, inciso XXIX, que assegura a prescrição quinquenal nas ações decorrentes das relações de trabalho". (sem grifos no original)

Respondendo à pergunta contida no voto, veja-se que ninguém "vai viver" de FGTS durante 30 anos; e, no entendimento que era acertadamente adotado pelo TST, não era possível que a ação fosse ajuizada depois de 30 anos, mas apenas dentro do prazo de dois anos após a extinção do contrato de trabalho. E, se os depósitos não tivessem sido feitos pelo empregador, a reclamação trabalhista não terá o objetivo de permitir o "levantamento" do Fundo, mas a condenação do empregador a realizar os depósitos devidos ou pagar equivalente em dinheiro.

Ademais, só se pode creditar a um erro material a afirmação de que a ação que veicula o FGTS seria uma "ação decorrente de acidente de trabalho". Para evitar quaisquer dúvidas, entretanto, cabe esclarecer que o FGTS foi direito estabelecido no Brasil em substituição ao regime da estabilidade no emprego. Inicialmente, foi tratado como "opcional"[342] e, posteriormente, com a CF/1988, passou-se a entender que seria obrigatório e que teria sido extinta a estabilidade decenal prevista na CLT (com ressalva de quem já havia direito adquirido).

A implantação do sistema do fundo de garantia, por si só, já foi um retrocesso. Não bastasse isso, por força de construção jurisprudencial do STF, impôs-se outro retrocesso grave, o da redução do prazo prescricional, contrariando o texto expresso do art. 23, §5º, da Lei nº 8.036/90, bem como o art. 7º, *caput*, da Constituição. O fato de existir o benefício do seguro-desemprego ou do bolsa-família não "compensa" o retrocesso implementado pela Suprema Corte, porque se trata de políticas assistenciais precárias e que garantem, quando muito, o mínimo existencial. O cidadão não fica desempregado porque isso resultaria em menos esforço ou porque lhe faltaria vontade de trabalhar.

Agora, trecho de debate entre os Ministros Marco Aurélio e Teori Zavascki:

> O SENHOR MINISTRO TEORI ZAVASCKI - O que acontece se o empregado é despedido com justa causa? Ele não perde o direito?
>
> O SENHOR MINISTRO MARCO AURÉLIO – Teria que conferir, porque já estou fora da Justiça do Trabalho há vinte e quatro anos. Não tenho lidado com a matéria legal. Teria que conferir na lei o que ocorre em se tratando de despedimento com justa causa. Mas, a partir do momento em que se faz opção pelo FGTS, há abertura de conta vinculada, cujos depósitos são da titularidade do empregado. Atrevo-me a dizer que mesmo a justa causa não afasta o direito a esses depósitos, isso presumindo o que normalmente acontece, ou seja, o bom senso que norteia o Direito.
>
> O SENHOR MINISTRO TEORI ZAVASCKI - Então, Vossa Excelência admite que o empregado pode, em qualquer situação, cobrar do empregador a falta do depósito, mesmo na constância da relação de emprego?
>
> O SENHOR MINISTRO MARCO AURÉLIO – Sim, porque essa obrigatoriedade ocorre mês a mês.

Depois, em seu voto, o Min. Marco Aurélio afirmou ter decifrado a "charada", e afirmou que o trabalhador, no caso de dispensa por justa causa, não perderia os depósitos, mas apenas a indenização de 40%.

Para deixar mais claro, os depósitos de FGTS, a partir da Constituição de 1988, são feitos mensalmente pelo empregador, de forma obrigatória. Não há mais a antiga "opção" pelo FGTS. No caso de dispensa por justa causa, os valores depositados não sacados de imediato pelo empregado, mas permanecem em sua conta vinculada, podendo ser sacados quando ocorre alguma das hipóteses típicas previstas em lei, como a aquisição de casa própria, a aposentadoria, entre muitas outras.

---

342. No "mundo real", nunca houve opção. Ou o trabalhador aceitava a imposição feita pelo empregador, ou não seria contratado.

Em tese, seria possível que o trabalhador ajuizasse ações todos os meses, ou de tempos em tempos, para obter condenação do empregador ao recolhimento do FGTS. Sucede que, na realidade brasileira, em que há desemprego estrutural e inexistência de estabilidade no emprego, é raro que o trabalhador mova reclamação trabalhista enquanto seu contrato ainda está ativo; o mais comum é que o faça apenas quando da extinção da relação empregatícia. Isso porque, dependendo do salário para sobreviver, o empregado geralmente prefere não correr o risco de ser dispensado em função do ajuizamento da ação.

Mais um trecho do voto do Min. Fux:

> Min. Luiz Fux: "altro tempo altro diritto, nós estamos num novo tempo, tem que haver um novo Direito. Eu considero que efetivamente é insustentável hoje se afirmar que possa haver um prazo, quer em favor do Poder Público, quer em favor do órgão gestor, quer em favor do empregado, de trinta anos para cobrar uma importância que não foi paga a ele no tempo devido. À semelhança do que ontem nós estabelecemos, aqui a repercussão geral é saber se prevalece o prazo trintenário de prescrição para a cobrança de valores não recolhidos em reclamação trabalhista. Essa reclamação trabalhista, a petição inicial da reclamação trabalhista traz como verba acessória - então, veja logo a contraditio que encerraria isso, os salários prescrevem em cinco anos, agora aqui a verba acessória de Fundo de Garantia vai prescrever em trinta. Então, só isso já não se torna harmônico com a lógica jurídica. Então, na petição inicial, pede-se o Fundo de Garantia, a diferença do Fundo de Garantia. Entendo como base de cálculo as remunerações que aqui também são reclamadas. Então, é uma verba acessória da contraprestação do trabalhador. Então, em primeiro lugar. Em segundo lugar, Senhor Presidente, todos os direitos arrolados no artigo 7º são direitos importantíssimos e não deixam de ser prescritíveis. No meu modo de ver, não há direito mais importante do trabalhador, até para não gerar o enriquecimento sem causa do empregador, de receber os seus salários. Esse direito, quase que um direito natural, porque a Constituição veda o trabalho escravo e o trabalho gratuito. E esse direito é prescritível. E por que o direito de cobrar o Fundo de Garantia seria quase que imprescritível, submetido a um prazo de trinta anos? Tributos não sofrem a incidência desse prazo. O próprio direito de receber o salário é de cinco anos. E nada justificaria que essa verba acessória prescrevesse muito depois da esses prazos muito longos não se coadunam com a natureza humana, que não vai guardar documento durante trinta anos para cobrar. Isso é o primeiro aspecto".

Aqui a postura ativista foi corajosamente assumida. No voto, fica claro que a Corte está construindo o "novo Direito" para os "novos tempos". Quanto ao argumento baseado supostamente na lógica jurídica, não impressiona: não há qualquer incoerência na opção legislativa, pois o objetivo do FGTS, como visto, foi o de substituir a estabilidade e trazer uma garantia para o trabalhador, no sentido de possuir um patrimônio mínimo em caso de dispensa sem justa causa, o que lhe permitiria sobreviver caso o desemprego se prolongasse. Não se pode comparar, portanto, o FGTS com salário, porque, efetivamente, ninguém vai trabalhar durante 5 anos sem receber salário (a não ser que se trate de trabalho escravo). Até por sua própria natureza, é pertinente e interessante que o prazo prescricional do FGTS seja mais amplo.

Quanto à afirmação de um prazo tão longo não se coaduna com a natureza humana, causa certa perplexidade. Antes de respondê-la, vale atentar para o seguinte trecho do voto do Min. Lewandowski:

> Min. Ricardo Lewandowski: "evoco agora uma ponderação do Ministro Barroso no sentido de que é absolutamente irrazoável o prazo de trinta anos, comparando-se com outros prazos prescricionais. E ainda ontem, quando nós discutíamos a questão da prescrição num caso determinado, nós chegamos à conclusão de que hoje a Fazenda Pública está devidamente aparelhada em todo o território nacional para agir rapidamente, cobrar os seus direitos, e, portanto, esse prazo de cinco anos, o prazo quinquenal, que corresponde à prescrição administrativa e à prescrição tributária, é mais do que suficiente para que eventuais recursos do Fundo sejam recuperados. Não há razão para estender esse prazo de recuperação de verbas, mesmo em se tratando dessas verbas de que trata o artigo 2º da Lei 8.036".

A comparação com o prazo prescricional genérico do Direito Civil (10 anos, art. 205 do Código Civil) é imprópria, porque no âmbito cível não há a assimetria entre as partes que caracteriza a relação de trabalho. Ao contrário, como já dito, o empregado, em função de sua dependência econômica, dificilmente ajuíza a reclamação trabalhista na vigência do contrato de trabalho.

Não se nega que o empregado tenha ou possa ter conhecimento da irregularidade ou ausência dos depósitos em sua conta vinculada de FGTS. No entanto, o problema aqui não está na falta de conhecimento, mas na possibilidade real de ajuizar a ação. Os "novos tempos" não resolveram essa dificuldade; ao contrário, agravaram-na.

O que não se coaduna com a "natureza humana" é fazer com que uma pessoa perca um direito quando não teve (no mundo real) a chance de efetivamente cobrá-lo e exigi-lo do devedor.

É preciso que se deixe claro que toda a preocupação com a segurança jurídica apenas beneficia o "mau empregador", ou seja, aquele que não cumpre as obrigações legais espontaneamente. Isso gera inclusive um desequilíbrio da concorrência, pois os "bons empregadores", isto é, aqueles cumpridores da lei, estarão em posição de desvantagem, por terem maiores custos.

Partindo desse *standard*, seria possível fazer um raciocínio pós-positivista para afirmar que, ponderando a segurança jurídica, de um lado, com a efetividade do acesso à justiça (art. 5º, XXXV), o valor social do trabalho (art. 1º, IV), a função social da propriedade e o objetivo da ordem econômica – fundada na valorização do trabalho humano – de assegurar a todos existência digna, conforme os ditames da justiça social (art. 170, *caput* e III), de outro lado, deveria ser fixado prazo mais elastecido para os direitos trabalhistas em geral, sendo plenamente legítimo que o legislador ordinário o faça, tal como aconteceu com a Lei do FGTS.

19. GESTÃO DA EMPRESA E PARTICIPAÇÃO NOS LUCROS

Referências normativas e jurisprudenciais	
Constituição	Art. 7º São direitos dos trabalhadores urbanos e rurais, além de outros que visem à melhoria de sua condição social: (...) XI - participação nos lucros, ou resultados, desvinculada da remuneração, e, excepcionalmente, participação na gestão da empresa, conforme definido em lei. Art. 61, §1º São de iniciativa privativa do Presidente da República as leis que: (...) II - disponham sobre: (...) e) criação e extinção de Ministérios e órgãos da administração pública, observado o disposto no art. 84, VI.
Legislação infraconstitucional	Lei nº 10.101/2000, art. 3º, § 2º - É vedado o pagamento de qualquer antecipação ou distribuição de valores a título de participação nos lucros ou resultados da empresa em mais de 2 (duas) vezes no mesmo ano civil e em periodicidade inferior a 1 (um) trimestre civil. CLT, art. 457, § 2º As importâncias, ainda que habituais, pagas a título de ajuda de custo, auxílio-alimentação, vedado seu pagamento em dinheiro, diárias para viagem, prêmios e abonos não integram a remuneração do empregado, não se incorporam ao contrato de trabalho e não constituem base de incidência de qualquer encargo trabalhista e previdenciário. § 4º Consideram-se prêmios as liberalidades concedidas pelo empregador em forma de bens, serviços ou valor em dinheiro a empregado ou a grupo de empregados, em razão de desempenho superior ao ordinariamente esperado no exercício de suas atividades. CLT, Art. 611-A. A convenção coletiva e o acordo coletivo de trabalho têm prevalência sobre a lei quando, entre outros, dispuserem sobre: (...) XV - participação nos lucros ou resultados da empresa.
Súmulas e teses de repercussão geral	Tema 344 (RE 569441): Incide contribuição previdenciária sobre as parcelas pagas a título de participação nos lucros no período que antecede a entrada em vigor da Medida Provisória 794/1994, que regulamentou o art. 7º, XI, da Constituição Federal de 1988.
Julgados paradigmáticos	ADI 238, 1167, 1229, 2296 MC, 5417 RE 569441

19.1. Participação nos lucros ou resultados

O instituto da participação nos lucros ou resultados (PLR) não é novo no direito brasileiro e estrangeiro: no Brasil, é previsto desde a Constituição de 1946; na Europa continental e EUA, esse sistema de remuneração passou a ser utilizado desde meados do século XIX como método de fomento da produção e com o objetivo de "evitar litígios" entre empregados e empregadores[343].

343. Cf. SÜSSEKIND, *op.cit.*, p. 167.

No caso brasileiro, a previsão das Constituições de 1946[344] e de 1967/69[345] pressupunham a edição de lei, em dispositivos que se costumam classificar como de eficácia limitada (= não autoaplicáveis). O art. 621 da CLT, por força de alteração empreendida em 1967, passou a prever a possibilidade de que normas coletivas estipulassem o direito à participação nos lucros, mas a disposição não despertou o interesse dos protagonistas da negociação coletiva[346].

O desinteresse se explica, muito provavelmente, por razões históricas e ideológicas: o sindicalismo revolucionário entendia que a participação nos lucros poderia "cooptar os trabalhadores para a lógica do capitalismo e enfraquecer a luta de classes"; o sindicalismo reformista temia que a medida pudesse enfraquecer "a luta pela melhoria das condições de trabalho". Diante da ausência de pressão da classe trabalhadora, natural a omissão do patronato. Não tinha força, portanto, a doutrina social da Igreja Católica, que preconizava, desde 1931, a distribuição de lucros para que se realizasse justiça social. Já a ideologia neoliberal defende a PLR para incentivar a produtividade do trabalhador e o rendimento das empresas[347], o que influenciou a regulamentação do tema a partir da MP 794/1994, reeditada sucessivamente até sua conversão na Lei nº 10.101/2000.

A Constituição de 1988 reacendeu o debate doutrinário e jurisprudencial. Muitos passaram a considerar que, na parte em que o art. 7º, XI, da CF, estatui que a PLR é desvinculada da remuneração, o dispositivo seria de eficácia plena e aplicabilidade imediata[348]. Assim, mesmo antes da edição de legislação regulamentadora – e até mesmo se o pagamento fosse feito em desacordo com os critérios legais posteriormente vigentes –, a PLR paga não poderia ter natureza salarial, por aplicação direta do referido dispositivo da Lei Maior.

No RE 569441[349], entretanto, o STF não acatou o argumento, e fixou tese, em repercussão geral, no sentido de que "incide contribuição previdenciária sobre

---

344. Art. 157 - A legislação do trabalho e a da previdência social obedecerão nos seguintes preceitos, além de outros que visem a melhoria da condição dos trabalhadores: (...) IV - participação obrigatória e direta do trabalhador nos lucros da empresa, nos termos e pela forma que a lei determinar.

345. Art. 158 - A Constituição assegura aos trabalhadores os seguintes direitos, além de outros que, nos termos da lei, visem à melhoria, de sua condição social: (...) V - integração do trabalhador na vida e no desenvolvimento da empresa, com participação nos lucros e, excepcionalmente, na gestão, nos casos e condições que forem estabelecidos.

346. Cf. SÜSSEKIND, *op.cit.*, p. 168.

347. *Idem*, p. 169-170.

348. Assim, por exemplo, CASSAR, Vólia Bomfim, *op.cit.*, p. 796. Embora não fale expressamente sobre eficácia plena ou autoaplicabilidade do dispositivo constitucional, a autora menciona que não concorda com a "vertente que defende a natureza salarial da participação dos lucros quando não respeitada a forma prevista em lei", pois "o legislador constitucional foi expresso em sentido contrário".

349. "CONSTITUCIONAL E PREVIDENCIÁRIO. PARTICIPAÇÃO NOS LUCROS. NATUREZA JURÍDICA PARA FINS TRIBUTÁRIOS. EFICÁCIA LIMITADA DO ART. 7º, XI, DA CONSTITUIÇÃO FEDERAL. INCIDÊNCIA DA CONTRIBUIÇÃO PREVIDENCIÁRIA SOBRE ESSA ESPÉCIE DE GANHO ATÉ

as parcelas pagas a título de participação nos lucros no período que antecede a entrada em vigor da Medida Provisória 794/1994, que regulamentou o art. 7º, XI, da Constituição Federal de 1988".

Em tal julgado, a Corte reiterou a jurisprudência reiterada das turmas[350], da qual se pode extrair a seguinte conclusão lógica (embora não enunciada expressamente nos precedentes): se a natureza jurídica da PLR depende de lei, eventuais pagamentos feitos em desarmonia com o modelo legal devem ser considerados como salário. Assim, pode-se concluir que, se o pagamento fosse feito em base inferior a um semestre – violando, portanto, o art. 3º, § 2º, da Lei nº 10.101/2000, que atualmente disciplina a matéria –, os valores teriam natureza salarial, servindo como base de cálculo para outras parcelas trabalhistas e previdenciárias. Essa conclusão, entretanto, parece ter se modificado após a edição da Lei nº 13.467/2017.

De fato, o art. 611-A, XV, da CLT, na redação posterior à reforma de 2017, passou a prever a prevalência das normas coletivas sobre a lei, no que tange à participação nos lucros. Em princípio, não se vislumbra inconstitucionalidade na previsão legal, pois não há violação ao art. 7º, XI, da CF, nem a qualquer norma relativa à saúde, segurança e higiene do trabalho (direitos indisponíveis). Parece legítima a delegação do trato do tema às coletividades interessadas.

No entanto, as convenções e acordos coletivos de trabalho não têm uma espécie de "cheque em branco" para criar situações de fraude à lei. Desse modo, para a validade da norma coletiva, é imprescindível que o pagamento sob a rubrica "participação nos lucros e/ou resultados" esteja efetivamente associado ao resultado financeiro da empresa. Seria inválida, por exemplo, cláusula normativa que previsse o pagamento mensal ou bimestral de determinada quantia a título de participação nos lucros, mesmo que os balanços ou balancetes contábeis demonstrassem resultados negativos; o reconhecimento da fraude permitiria concluir tratar-se, em verdade, de salário "camuflado", com todas as consequências trabalhistas e fiscais daí advindas.

Com muito mais razão, inviável o pagamento de PLR por "acordo individual", pois a legislação de regência estipula claramente a necessidade de norma coletiva.

A REGULAMENTAÇÃO DA NORMA CONSTITUCIONAL. 1. Segundo afirmado por precedentes de ambas as Turmas desse Supremo Tribunal Federal, a eficácia do preceito veiculado pelo art. 7º, XI, da CF – inclusive no que se refere à natureza jurídica dos valores pagos a trabalhadores sob a forma de participação nos lucros para fins tributários – depende de regulamentação. 2. Na medida em que a disciplina do direito à participação nos lucros somente se operou com a edição da Medida Provisória 794/94 e que o fato gerador em causa concretizou-se antes da vigência desse ato normativo, deve incidir, sobre os valores em questão, a respectiva contribuição previdenciária. 3. Recurso extraordinário a que se dá provimento" (RE 569441, Relator(a): Min. DIAS TOFFOLI, Relator(a) p/ Acórdão: Min. TEORI ZAVASCKI, Tribunal Pleno, julgado em 30/10/2014).

350. RE 398284, Relator(a): Min. MENEZES DIREITO, Primeira Turma, julgado em 23/09/2008; RE 393764 AgR, Relator(a): Min. ELLEN GRACIE, Segunda Turma, julgado em 25/11/2008.

A argumentação do voto vencido (Min. Dias Toffoli) era no sentido da autoaplicabilidade do art. 7º, XI, da CF, de modo que jamais se poderia considerar que a PLR tem natureza salarial[351]. O argumento peca por excesso e abriria as portas para a prática de fraudes: bastaria que o empregador fizesse pagamentos a título de participação nos lucros para que fosse afastada a natureza salarial, o que não pode ser aceito. Para que seja desvinculada da remuneração, a PLR deve ser paga em consonância com os critérios legais ou com os estipulados em normas coletivas.

Na ADI 5417[352], a Suprema Corte reconheceu a constitucionalidade do art. 5º da Lei 10.101/2000[353], o qual preceitua que o pagamento de participação nos lucros e resultados a empregados de empresas estatais deve observar diretrizes específicas fixadas pelo Poder Executivo. Concluiu o STF não haver violação à isonomia, considerados os empregados de empresas privadas, porque os empregados públicos estão sujeitos a regime jurídico híbrido, que mescla aspectos de direito público e de direito privado.

19.2. Participação na gestão da empresa

O art. 7º, XI, da CF, é desdobramento do valor da cidadania e do princípio democrático (art. 1º, *caput* e II), que introduz a ideia de participação dos trabalhadores na gestão da empresa. Trata-se de norma constitucional de eficácia

---

351. No voto vencido, lê-se: "Sobre a eficácia da norma constitucional, três correntes se formaram: (i) a primeira sustenta que há necessidade de prévia regulamentação, por lei ordinária, tanto da participação nos lucros ou resultados, como também da participação na gestão da empresa para que o preceito constitucional possa ser aplicado; (ii) para a segunda corrente, a primeira parte do art. 7º, XI, CF é autoaplicável, dependendo de regulamentação, apenas, a segunda parte, que trata da participação na gestão da empresa; e (iii) a terceira corrente sustenta que a primeira parte do preceito constitucional referente à participação nos lucros ou resultados é autoaplicável apenas no que diz respeito à desvinculação da remuneração, ficando à cargo do legislador ordinário disciplinar apenas a forma como se dará essa participação. A Primeira Turma desta Corte, por maioria, nos autos do RE 398.284/RJ, Rel. Min. Menezes Direito, abraçou a primeira corrente. Por ocasião do julgamento do citado recurso, assentou a Primeira Turma que, não obstante o dispositivo constitucional tenha garantido a participação nos lucros desvinculada da remuneração, o exercício do direito estaria atrelado, como um todo, à existência de disciplina legal. Com isso, reputou-se admissível a cobrança das contribuições previdenciárias até a data em que entrou em vigor a MP nº 794/94. (...) A interpretação da norma inserida no § 9º, letra j, do art. 28 da Lei nº 8.212/91 não poderia ser diversa daquela estampada nos presentes autos, porquanto não caberia, repita-se, a legislação ordinária restringir direito que a Carta Maior tratou de assegurar. A importância recebida a título de participação nos lucros ou resultados da empresa não integra a base de cálculo da contribuição previdenciária a que se refere o art. 195, I da Constituição, mesmo antes da lei específica referida na letra j do § 9º do art. 28 da Lei nº 8.212/91".

352. ADI 5417, rel. Min. Cármen Lúcia, julgamento virtual finalizado em 4.12.2020.

353. Art. 5º - A participação de que trata o art. 1º desta Lei, relativamente aos trabalhadores em empresas estatais, observará diretrizes específicas fixadas pelo Poder Executivo.

Parágrafo único. Consideram-se empresas estatais as empresas públicas, sociedades de economia mista, suas subsidiárias e controladas e demais empresas em que a União, direta ou indiretamente, detenha a maioria do capital social com direito a voto.

limitada, de modo que somente pode gerar efeitos se e quando for editada lei a respeito.

Veja-se que o objetivo da Constituição não é o de alterar radicalmente a estrutura jurídica da empresa, mas apenas de "suavizar o tradicional princípio de soberania absoluta dos proprietários em algumas decisões"[354], sendo certo que a ideia é pertinente sobretudo às empresas de grande porte[355]. É por isso que o dispositivo constitucional menciona que a participação na gestão se dará apenas "excepcionalmente".

No plano legislativo, a Lei nº 6.404/76, no art. 140, parágrafo único, estabelece que, em se tratando de sociedades anônimas, o estatuto poderá prever a participação de representantes de empregados no conselho de administração, escolhidos pelo voto dos próprios empregados, em eleição direta, organizada pela empresa, em conjunto com as entidades sindicais que os representem. Portanto, não há imposição legal, em caráter genérico, a que as companhias de capital aberto possibilitem a coparticipação dos trabalhadores na gestão da empresa; trata-se de mera faculdade.

No âmbito da Administração Pública, entretanto, a realidade é diferente. Na esfera federal, a Lei nº 12.353/2010 passou a prever a obrigatoriedade (apenas para empresas com número igual ou superior a 200 empregados) da existência de representantes de empregados nos conselhos de administração das sociedades de economia mista e empresas públicas federais, bem como para suas subsidiárias e empresas controladas[356], dando concretude ao art. 7º, XI, da CF.

Além disso, a Suprema Corte já teve a oportunidade de apreciar a constitucionalidade de leis e de dispositivos de Constituições estaduais que previam a participação dos empregados em órgãos diretivos das empresas estatais dos respectivos estados.

Ao julgar a medida cautelar na ADI 2296[357], dois fundamentos foram utilizados para deferimento da suspensão de eficácia de lei estadual que determinava

---

354. Cf. Fernando Suárez Gonzáles, *apud* SÜSSEKIND, *op.cit.*, p. 190.

355. Cf. SÜSSEKIND, *op.cit.*, *loc.cit.*

356. Art. 2º - Os estatutos das empresas públicas e sociedades de economia mista de que trata esta Lei deverão prever a participação nos seus conselhos de administração de representante dos trabalhadores, assegurado o direito da União de eleger a maioria dos seus membros.

§ 1º O representante dos trabalhadores será escolhido dentre os empregados ativos da empresa pública ou sociedade de economia mista, pelo voto direto de seus pares, em eleição organizada pela empresa em conjunto com as entidades sindicais que os representem.

357. "EMENTA: I. Processo legislativo: iniciativa reservada ao Poder Executivo (CF, art. 61, § 1º, II, e): plausível a alegação de que viola tal iniciativa reservada ao Governador a lei, de origem parlamentar, que altera disposição sobre a eleição de representante dos empregados na diretoria da empresa pública do Estado: cautelar deferida. II. Participação dos empregados na gestão da empresa: admitida, com base no art. 7º, XI, CF, parece que, na eleição do representante, o sufrágio deve ser concedido apenas aos empregados em atividade, não aos inativos" (ADI 2296 MC, Relator(a): Min. SEPÚLVEDA PERTENCE, Tribunal Pleno, julgado em 16/11/2000).

a reserva de uma vaga da diretoria para empregado de determinada empresa estatal: (i) o vício de iniciativa, já que, na época, a redação (posteriormente modificada) do art. 61, §1º, II, *e*, da CF, previa iniciativa privativa do Chefe do Executivo para projetos de lei a respeito da estruturação dos órgãos da Administração Pública; (ii) o fato de que a lei estadual previa que os empregados aposentados podiam votar e ser votados, o que contrariaria o art. 7º, XI, da CF, que estende a garantia da cogestão apenas para os empregados em atividade.

Na ADI 238[358], a Corte declarou a inconstitucionalidade de dispositivos da Constituição do Estado do Rio de Janeiro que previam que um terço das vagas no conselho de administração e na diretoria executivas das empresas estatais deveriam ocupadas pelos respectivos empregados. Fundamentou-se com o fato de que a Lei das Sociedades Anônimas apenas faculta a participação de empregados no conselho de administração, desde que haja previsão no estatuto. Ademais, a lei federal prevê a competência do conselho de administração e da assembleia geral para escolher os diretores, ao passo que a norma estadual previa a respetiva eleição pelos empregados.

Prevaleceu, na época, o entendimento de que a autonomia federativa não justificaria que os estados membros adotassem modelo tão diferente do imposto às empresas estatais federais. Ficou assentado que os estatutos das empresas estatais estaduais até podiam prever a representação de empregados, mas isso não poderia ser imposto por lei ou mesmo pela Constituição do estado, sendo inviável criar regime jurídico diferente, sob pena de violar a competência privativa da União para legislar sobre direito comercial (CF, art. 22, I).

Já na ADI 1229 MC[359], a jurisprudência começou a caminhar em sentido diverso: aqui, o Supremo assentou a possibilidade de que o estado da Federação

358. "EMENTA: CONSTITUCIONAL. ADMINISTRATIVO. COMERCIAL. SOCIETÁRIO. NORMAS LOCAIS QUE ESTABELECEM A PARTICIPAÇÃO OBRIGATÓRIA DE EMPREGADOS DE EMPRESAS PÚBLICAS, SOCIEDADES DE ECONOMIA MISTA E FUNDAÇÕES NOS RESPECTIVOS ÓRGÃOS DE GESTÃO (CONSELHOS DE ADMINISTRAÇÃO E FISCAL) E DIRETORIA. ARTS. 42 E 218 (NOVA REDAÇÃO) DA CONSTITUIÇÃO DO ESTADO DO RIO DE JANEIRO. VIOLAÇÃO DO ART. 173, § 1º DA CONSTITUIÇÃO. RESERVA DE LEI FEDERAL PARA DISPOR SOBRE DIREITO COMERCIAL. Viola a reserva de lei para dispor sobre norma de direito comercial voltada à organização e estruturação das empresas públicas e das sociedades de economia mista norma constitucional estadual que estabelece número de vagas, nos órgãos de administração das pessoas jurídicas, para ser preenchidas por representantes dos empregados. Ação direta de inconstitucionalidade julgada parcialmente procedente" (ADI 238, Relator(a): JOAQUIM BARBOSA, Tribunal Pleno, julgado em 24/02/2010).

359. Ementa: AÇÃO DIRETA DE INCONSTITUCIONALIDADE. MEDIDA CAUTELAR. CONSTITUIÇÃO DO ESTADO DE SANTA CATARINA. IMPUGNAÇÃO AO ART. 14, II, DA CONSTITUIÇÃO ESTADUAL E AO INTEIRO TEOR DA LEI ESTADUAL DISCIPLINADORA Nº 1.178/94. ALEGAÇÃO DE VIOLAÇÃO AO ART. 37, II, DA CONSTITUIÇÃO DA REPÚBLICA. NORMAS QUE INSTITUEM A PARTICIPAÇÃO OBRIGATÓRIA DE 1 (UM) REPRESENTANTE DOS EMPREGADOS, POR ELES INDICADO, MEDIANTE PROCESSO ELETIVO, NO CONSELHO DE ADMINISTRAÇÃO E NA DIRETORIA DAS EMPRESAS PÚBLICAS, SOCIEDADES DE ECONOMIA MISTA E SUAS SUBSIDIÁRIAS. NORMA ESTATUTÁRIA. COMPETÊNCIA DO ESTADO, ENQUANTO ESTADO-ACIONISTA. INOCORRÊNCIA DE PRECEITO QUE CONFLITE COM O ORDENAMENTO FEDERAL VIGENTE.

edite norma prevendo que um dos membros do conselho de administração e da diretoria de empresa estatal será escolhido dentre seus empregados. Afirmou-se inexistir violação do modelo federal quanto à regência das sociedades anônimas, pois não há norma federal que impeça o acionista majoritário de dispor estatutariamente nesse sentido. Em outras palavras, a norma constitucional estadual determinava que o estado, enquanto acionista majoritário, incluísse nos estatutos de suas empresas estatais a participação dos empregados nos respectivos órgãos diretivos, como instrumento de gestão democrática da empresa. Posteriormente, o entendimento foi confirmado quando do julgamento final[360].

Da mesma forma, ao apreciar a ADI 1167[361], a Corte - consolidando a alteração de jurisprudência tradicional - declarou que as regras da CF que preveem iniciativa legislativa reservada ao Chefe do Executivo não se aplicam

---

INSTRUMENTO DE GESTÃO DEMOCRÁTICA. EXERCÍCIO DO DIREITO ASSEGURADO PELO ART. 7º, XI, DA CRFB/88. LONGO PERÍODO DE VIGÊNCIA DAS NORMAS IMPUGNADAS. AUSÊNCIA DE PERICULUM IN MORA. MEDIDA CAUTELAR JULGADA IMPROCEDENTE.

1. A gestão democrática, constitucionalmente contemplada no preceito alusivo aos direitos trabalhistas (CFRB/88, art. 7º, XI), é instrumento de participação do cidadão - do empregado - nos espaços públicos de que faz parte, além de ser desdobramento do disposto no artigo 1º, inciso II, que elege a cidadania como fundamento do Estado brasileiro.

2. O Estado, enquanto acionista majoritário da sociedade, pode, em consonância com o ordenamento federal vigente, editar norma estatutária que cuide de determinar que um dos membros da Diretoria da sociedade será escolhido – pela Assembleia Geral ou pelo Conselho de Administração, conforme o caso – entre os seus empregados.

3. In casu, o modelo societário definido pela legislação federal não restou violado pela lei estadual, porquanto não há norma federal que impeça o acionista majoritário de dispor estatutariamente no sentido de que um dos membros da Diretoria da sociedade deverá, necessariamente, ser seu empregado, especialmente quando se tenha em vista os motivos nobres que lhe dão causa.

4. Contata-se, outrossim, no caso sub examine, que o tempo decorrido desde a promulgação da Constituição Estadual (1989), e, igualmente, da lei ora impugnada (1994), conjura o periculum in mora, requisito indispensável para a concessão da liminar.

5. Pedido de medida cautelar em ação direta de inconstitucionalidade indeferido" (ADI 1229 MC, Relator(a): CARLOS VELLOSO, Relator(a) p/ Acórdão: LUIZ FUX, Tribunal Pleno, julgado em 11/04/2013).

360. ADI 1229, Relator(a): Min. EDSON FACHIN, Tribunal Pleno, julgado em 23/08/2019.

361. "Ação direta de inconstitucionalidade. Artigo 24 da Lei Orgânica do Distrito Federal. Determinação de participação de representantes dos servidores na direção superior dos entes da administração indireta do Distrito Federal. Vício de iniciativa. Ausência. Empresas públicas e sociedades de economia mista. Ausência de violação da competência privativa da União para legislar sobre direito comercial (art. 22, I, CF/88). Diretriz constitucional voltada à realização da ideia de gestão democrática (art. 7º, inciso XI, da CF/88). Improcedência.

1. As regras de iniciativa reservada previstas na Carta da República não se aplicam às normas originárias das constituições estaduais ou da Lei Orgânica do Distrito Federal. Precedente.

2. O Estado pode, na qualidade de acionista majoritário – ou seja, como Estado-acionista –, dispor sobre norma estatutária que preveja a participação de empregados na diretoria de empresas públicas ou de sociedades de economia mista, desde que tal norma não destoe da disciplina atribuída ao tema no âmbito federal. O art. 24 da Lei Orgânica do Distrito Federal determina, de forma genérica, a participação, na direção superior das empresas públicas e das sociedades de economia mista, de representantes dos servidores de tais empresas. Em nenhum momento a norma entra em minúcias, de modo que nem sequer especifica o número de representantes dos empregados, o órgão de direção superior no qual

em face de Constituições estaduais. Reputou-se constitucional a previsão de Constituição estadual que exigia de forma genérica (sem especificar a quantidade, nem os órgãos que deveriam ser ocupados por empregados, especificação que deveria ser feita pelo estatuto) a participação de empregados nos órgãos de direção superior de empresas públicas e de sociedades de economia mista estaduais.

O voto condutor do acórdão ressaltou que a ADIN 1167 era distinta do "julgado na ADI 238 (...), em que esta Corte declarou a inconstitucionalidade parcial de dispositivos da Constituição do Estado do Rio de Janeiro que estabeleciam a participação e a proporção de representantes dos empregados nos conselhos de administração e fiscal e na direção executiva das empresas públicas e das sociedades de economia mista. Naquele caso, a norma constitucional estadual distanciava-se de forma acentuada da disciplina federal sobre o tema, visto que, além de prever a participação de empregados nos órgãos de direção das empresas estatais, estabelecia uma proporção elevada dos empregados que ocupariam tais postos (1/3 – um terço), além de estabelecer mecanismo de escolha dos membros da diretoria da empresa manifestamente incompatível com o mecanismo previsto na Lei das S/A".

Depreende-se que, na visão atual do Supremo, a lei e/ou a Constituição do estado podem estabelecer a obrigatoriedade de participação de empregados nos órgãos de gestão (conselho de administração e diretoria), desde que não haja violação do modelo federal. Ademais, apesar de a lei federal nº 13.303/2010 não prever participação obrigatória dos empregados em diretorias (mas apenas no conselho de administração), a mesma lei faculta que o estatuto da empresa federal contenha esse tipo de previsão. Dessa forma, é válido que a legislação estadual estabeleça a participação de empregados não apenas no conselho de administração, mas também na diretoria das empresas estatais estaduais.

---

deve ocorrer essa participação ou o mecanismo de escolha desses servidores, deixando essas e outras questões para serem previstas nos estatutos dos referidos entes, na forma da legislação.

3. O preceito impugnado constitui diretriz constitucional voltada à realização da ideia de gestão democrática (art. 7º, inciso XI, da CF/88) no âmbito das empresas públicas e das sociedades de economia mista do Distrito Federal. A forma como a diretriz instituída pela norma impugnada se materializará dependerá de norma estatutária, a qual, conforme assinalado no julgamento da ADI nº 1.229/SC-MC, não poderá contrariar a normatividade federal sobre o tema, notadamente a Lei das Sociedades Anônimas (Lei 6.404/1976), a qual, inclusive, faculta a participação dos empregados nos conselhos de administração das empresas, sendo, portanto, aplicável às empresas estatais, em razão da sua estrutura acionária.

4. Ação direta julgada improcedente" (ADI 1167, Relator(a): DIAS TOFFOLI, Tribunal Pleno, julgado em 19/11/2014, ACÓRDÃO ELETRÔNICO DJe-027 DIVULG 09-02-2015 PUBLIC 10-02-2015).

20. GRATIFICAÇÃO NATALINA

Referências normativas e jurisprudenciais	
Constituição	Art. 7º São direitos dos trabalhadores urbanos e rurais, além de outros que visem à melhoria de sua condição social: (...) VIII - décimo terceiro salário com base na remuneração integral ou no valor da aposentadoria. Art. 37, X - a remuneração dos servidores públicos e o subsídio de que trata o § 4º do art. 39 somente poderão ser fixados ou alterados por lei específica, observada a iniciativa privativa em cada caso, assegurada revisão geral anual, sempre na mesma data e sem distinção de índices. Art. 201, § 11. Os ganhos habituais do empregado, a qualquer título, serão incorporados ao salário para efeito de contribuição previdenciária e consequente repercussão em benefícios, nos casos e na forma da lei. (Incluído dada pela Emenda Constitucional nº 20, de 1998)
Legislação infra-constitucional	Lei nº 4.090/62, Art. 1º - No mês de dezembro de cada ano, a todo empregado será paga, pelo empregador, uma gratificação salarial, independentemente da remuneração a que fizer jus. Lei nº 8.212/91, art. 28, § 7º O décimo-terceiro salário (gratificação natalina) integra o salário-de-contribuição, exceto para o cálculo de benefício, na forma estabelecida em regulamento.
Súmulas e teses de repercussão geral	STF, Súmula 207 - As gratificações habituais, inclusive a de Natal, consideram-se tacitamente convencionadas, integrando o salário. STF, Súmula 688 - É legítima a incidência da contribuição previdenciária sobre o 13º salário.
Julgados paradigmáticos	RE 260922 AI 845156 RG ARE 778547 RG

A gratificação natalina ou 13º salário é prevista no art. 7º, VIII, da CF, como direito dos trabalhadores urbanos e rurais, sendo aplicável também aos servidores públicos ocupantes de cargo público por força do art. 39, §3º, da Constituição.

Apesar da base constitucional, a jurisprudência do STF não apresenta muitos julgados sobre o tema.

Historicamente, é interessante notar que a Súmula 207 do STF – que reconhece a natureza salarial da gratificação natalina –, apesar de aprovada em 13/12/1963, deriva de precedentes anteriores à Lei nº 4.090/62[362]. O tema era polêmico à época, sendo que eventualmente tribunais trabalhistas afirmavam que o décimo terceiro salário era mera liberalidade[363], razão pela qual merece ser frisada a postura progressista então adotada pela Suprema Corte.

362. RE 45640, Relator(a): RIBEIRO DA COSTA, Tribunal Pleno, julgado em 06/04/1962; RE 48241, Relator(a): VICTOR NUNES, Segunda Turma, julgado em 22/08/1961; RE 44940, Relator(a): LAFAYETTE DE ANDRADA, Segunda Turma, julgado em 06/06/1961.

363. No RE 39902, Relator(a): HAHNEMANN GUIMARAES, Segunda Turma, julgado em 11/06/1963, consta que o TRT da 2ª Região havia julgado improcedente o pedido, por considerar que a gratificação natalina era mera liberalidade.

O art. 1º, *caput*, da Lei nº 4.090/62 estabelece a natureza salarial da gratificação natalina; na mesma direção, o art. 28, §7º, da Lei nº 8.212/91, estatui que o 13º salário integra o salário de contribuição, exceto para o cálculo de benefício previdenciário. Daí se extrai, ainda, que deve haver recolhimento de FGTS sobre a parcela.

A legislação foi questionada, e o STF fixou o entendimento de que é legítima a incidência de contribuições previdenciárias sobre o 13º salário, à luz do que dispõem os arts. 37, X, e 201, §11, da CF[364]. O tema é objeto da Súmula 688 da Corte.

Afora isso, percebe-se claramente uma tendência de negar a existência de repercussão geral de recursos extraordinários que versem sobre a gratificação natalina de servidores públicos e de empregados da iniciativa privada.

Isso ocorreu com o tema da base de cálculo do 13º salário de servidores públicos. A Corte entendeu que definir a inclusão, ou não, de verba paga a título de "plantão" na área de saúde como base de cálculo do 13º é tema infraconstitucional[365]. Embora o julgado mencione essa específica situação, o raciocínio pode ser estendido para a discussão sobre a integração de outras parcelas para a base de cálculo, tais como prêmios, diárias, entre outros.

O STF também definiu não ostentar repercussão geral recurso que discuta a inclusão, ou não, do 13º para cálculo do salário de benefício previdenciário[366].

---

364. "EMENTA: RECURSO EXTRAORDINÁRIO. CONTRIBUIÇÃO PARA A SEGURIDADE SOCIAL. INCIDÊNCIA SOBRE A GRATIFICAÇÃO NATALINA (DÉCIMO- TERCEIRO SALÁRIO) PAGA AOS EMPREGADOS. EXIGIBILIDADE DA EXAÇÃO. LEI Nº 8.212/91. 1. Contribuição para a seguridade social incidente sobre o décimo-terceiro salário. Legitimidade. A natureza da gratificação natalina é remuneratória e integra, para todos os efeitos, a remuneração do empregado, conforme estabelece a Súmula 207-STF. Recurso extraordinário não conhecido" (RE 260922, Relator(a): MARCO AURÉLIO, Relator(a) p/ Acórdão: MAURÍCIO CORRÊA, Segunda Turma, julgado em 30/05/2000.

365. "RECURSO. Agravo de instrumento convertido em Extraordinário. Inadmissibilidade deste. Verba paga a título de plantão na área de saúde. Reflexos. Décimo terceiro salário. Adicional de férias. Tema infraconstitucional. Precedentes. Ausência de repercussão geral. Recurso extraordinário não conhecido. Não apresenta repercussão geral recurso extraordinário que, tendo por objeto a incidência de verba paga a título de plantão na área de saúde na base de cálculo do décimo terceiro salário e do adicional de férias, versa sobre tema infraconstitucional" (AI 845156 RG, Relator(a): MINISTRO PRESIDENTE, Tribunal Pleno, julgado em 23/06/2011).

366. "Ementa: RECURSO EXTRAORDINÁRIO COM AGRAVO. PREVIDENCIÁRIO. CÁLCULO DO SALÁRIO DE BENEFÍCIO. INCLUSÃO OU NÃO DAS GRATIFICAÇÕES NATALINAS. ANÁLISE DE NORMAS INFRACONSTITUCIONAIS. OFENSA INDIRETA À CARTA DA REPÚBLICA. REPERCUSSÃO GERAL. INEXISTÊNCIA" (ARE 778547 RG, Relator(a): RICARDO LEWANDOWSKI, Tribunal Pleno, julgado em 28/11/2013).

21. GREVE

Referências normativas e jurisprudenciais	
Constituição	Art. 9º É assegurado o direito de greve, competindo aos trabalhadores decidir sobre a oportunidade de exercê-lo e sobre os interesses que devam por meio dele defender. § 1º A lei definirá os serviços ou atividades essenciais e disporá sobre o atendimento das necessidades inadiáveis da comunidade. § 2º Os abusos cometidos sujeitam os responsáveis às penas da lei.
Legislação infraconstitucional	Lei nº 7.783/89
Súmulas e teses de repercussão geral	Súmula 316 - A simples adesão à greve não constitui falta grave. Tema 531 (RE 693456) - A administração pública deve proceder ao desconto dos dias de paralisação decorrentes do exercício do direito de greve pelos servidores públicos, em virtude da suspensão do vínculo funcional que dela decorre, permitida a compensação em caso de acordo. O desconto será, contudo, incabível se ficar demonstrado que a greve foi provocada por conduta ilícita do Poder Público. Tema 541 (ARE 654432) - 1 - O exercício do direito de greve, sob qualquer forma ou modalidade, é vedado aos policiais civis e a todos os servidores públicos que atuem diretamente na área de segurança pública. 2 - É obrigatória a participação do Poder Público em mediação instaurada pelos órgãos classistas das carreiras de segurança pública, nos termos do art. 165 do CPC, para vocalização dos interesses da categoria.
Julgados paradigmáticos	ADI MC 1164, 3235 AI 171020, 282682 ARE 654432 MI 708 Rcl 5798, 6568 RE 42916, 58020, 184083, 222532, 226966, 693456

21.1. Greve: noções fundamentais

O direito positivo brasileiro (Lei nº 7.783/89, art. 2º) conceitua como legítimo exercício do direito de greve a suspensão coletiva, temporária e pacífica, total ou parcial, de prestação pessoal de serviços a empregador.

Do ponto de vista da teoria geral do direito, pode-se dizer que a natureza jurídica da greve é de fato jurídico, pois se trata de acontecimento que sofre a incidência de normas jurídicas e que, por isso, gera efeitos no plano do direito[367]. Além disso, a doutrina é, atualmente, unânime em enunciar a greve como direito[368], tal como proclamado no art. 9º da CF.

367. "Qualquer acontecimento no mundo fenomênico é um fato. Quando determinado acontecimento sofre a incidência de uma norma jurídica, está-se diante de um fato jurídico, que tem o condão de gerar, modificar ou extinguir relações jurídicas, situações jurídicas, ou direitos" (BERNARDES, Felipe, *op.cit.*, p. 56).

368. Por todos, GARCIA, Gustavo Filipe Barbosa, *op.cit.*, p. 1334.

Nem sempre foi assim. Na metade do século XX, renomados juristas como Carnelutti e Couture ainda relutavam em caracterizar a greve como direito[369]. Relatos históricos demonstram que na Europa do século XVIII, e em parte do XIX, a coalizão de trabalhadores era criminalizada[370].

No Brasil, a greve, na Primeira República, era mero fato social não regulamentado pelo Direito; a partir da Constituição de 1937, a greve foi reputada como fato ilegal e até mesmo criminalizada em algumas hipóteses[371]. Na Constituição de 1946, foi tratada como direito trabalhista; e, durante o regime militar, foi severamente restringida: "a Lei nº 4.330/64 não só proibia movimentos que não tivessem fins estritamente trabalhistas, como vedava a estratégia ocupacional do estabelecimento", além de estabelecer "rito cujo cumprimento era considerado inviável", transformando o direito em mero simulacro, razão pela qual o diploma legislativo foi apelidado de "lei antigreve"[372].

Esse brevíssimo escorço permite concluir que, ao menos no caso brasileiro, o estabelecimento de restrições mais intensas à greve se associa a regimes ditatoriais e autoritários (Estado Novo e ditadura civil-militar). De outro lado, os movimentos e greves de trabalhadores no final dos anos 1979 e nos anos 1980 foram fundamentais para a redemocratização do país. As reivindicações adquiriram forte dimensão política, ao expor a perversidade do modelo econômico concentrador de renda do regime militar[373], transcendendo o interesse exclusivo dos trabalhadores. Passou a haver a união entre diversas classes sociais que supera os "interesses imediatos, pontuais, da classe trabalhadora"[374].

É importante ter sempre em mente que a greve, embora possa parecer recurso "antipático" à sociedade, por poder afetar aspectos relacionados ao consumo, bem como aos empregadores, pelos imediatos e evidentes prejuízos que gera, é instrumento que permite avanços no campo social, democratiza as relações de trabalho e apresenta o potencial de trazer reflexos positivos para toda a coletividade.

A antipatia à greve pode ser vista claramente no âmbito do próprio Supremo Tribunal Federal. Veja-se trecho dos debates por ocasião do julgamento do RE 693456:

> Min. Roberto Barroso; nós não estamos tendo mecanismos institucionais de lidar com essa dificuldade. (...) A solução de força, a solução autoritária, a solução repressiva,

---

369. Cf. SÜSSEKIND, Arnaldo, *op.cit.*, p. 427.
370. São marcantes os exemplos da Lei Le Chapelier (1791), editada no contexto da Revolução Francesa; e de lei inglesa de 1779, que proibia, sob penas severas, a associação profissional. Para maior aprofundamento sobre o ponto, v. SOUTO MAIOR, Jorge Luiz, *Curso...*, *op.cit.*, v.1, parte I, p. 151 e seguintes.
371. Cf. DELGADO, Maurício Godinho, *op.cit.*, p. 1366.
372. Idem, ibidem.
373. Cf. MATTOS, Marcelo Badaró *apud* SOUTO MAIOR, Jorge Luiz, *História..*, *op.cit.*, v.1, parte II, p. 352.
374. SOUTO MAIOR, Jorge Luiz, *História..*, *op.cit.*, v.1, parte II, p. 348.

> nós já vivemos nesse país. Nós precisamos de uma solução institucional e com uma composição justa e legítima. E é isso que eu vou pretender fazer.
>
> O SENHOR MINISTRO LUIZ FUX - É. E o problema é bilateral. É para a população, claro. A opção do constituinte talvez não tenha sido a melhor de instituir esse direito de greve, mas, uma vez instituído.
>
> Em outro momento: O SENHOR MINISTRO LUIZ FUX - Pode-se até chegar à conclusão de que foi uma opção ruim do constituinte originário de deferir a greve no serviço público.
>
> O SENHOR MINISTRO GILMAR MENDES - Claro que foi ruim.
>
> O SENHOR MINISTRO LUÍS ROBERTO BARROSO - É preciso pensar.
>
> O SENHOR MINISTRO LUIZ FUX - Foi ruim.
>
> O SENHOR MINISTRO GILMAR MENDES - Foi ruim.

É inegável que a greve no serviço público deve se sujeitar a maiores critérios e cuidados, conforme se exporá abaixo, mas não se pode partir de uma visão preconcebida e negativa quanto ao direito de greve, ao ponto de se criticar o constituinte originário. Essa preconcepção tende a influenciar a interpretação que se fará do texto constitucional e até mesmo da legislação ordinária sobre a matéria.

A repulsa ao instituto da greve se nota, também, na jurisprudência trabalhista majoritária, e até mesmo na doutrina, as quais acabam por estabelecer-lhe restrições que não constam do direito positivo. Um dos instrumentos mais severos utilizados pelo Judiciário Trabalhista tem sido a fixação de elevadas multas periódicas (*astreintes*) com o objetivo de compelir os grevistas a retomarem suas atividades. Trata-se de conduta antissindical praticada pela Justiça do Trabalho e que viola o direito constitucional de greve. Um exemplo demonstrará o ponto.

Veja-se o que ocorreu na greve dos metroviários de São Paulo em 2014. O Tribunal Regional do Trabalho da 2ª Região determinou que os grevistas mantivessem 100% da operação nos horários de pico, e 70% nos demais horários, fixando multa que podia chegar a R$ 500 mil por dia de descumprimento. O Tribunal Superior do Trabalho reconheceu a "falta de razoabilidade do comando liminar", que, na prática, "traduziu impedimento ao direito de greve", mas, curiosamente, a multa foi mantida, embora reduzida para o limite de R$ 100 mil por dia de descumprimento[375-376].

375. RO-1000718-13.2014.5.02.0000, Seção Especializada em Dissídios Coletivos, Relatora Ministra Katia Magalhaes Arruda, DEJT 02/12/2019.

376. Outro exemplo foi o da greve dos petroleiros, em 2020. Em decisão monocrática liminar, foi cominada multa de R$ 500 mil por dia de descumprimento, estabelecendo-se o percentual de 90% de trabalhadores em atividade (DC - 1000087-16.2020.5.00.0000. Rel. Min. Ives Gandra da Silva Martins Filho. Decisão de 17.2.2020).

A imposição coercitiva do retorno ao trabalho, sobretudo em percentuais tão elevados e com multas tão significativas, é um claro atentado, sem amparo constitucional, ao direito de greve. É certo que a greve não é direito absoluto, mas os direitos ou liberdades fundamentais que devem ser preservados, ainda que importem em restrição ou impedimento ao direito de greve, são os atinentes à vida, à segurança ou à saúde da pessoa[377].

Outra restrição indevida ao direito de greve tem sido a proibição dos piquetes pacíficos, realizados com a finalidade de angariar trabalhadores para o movimento, e para impedir que alguns (os "fura-greve") sigam trabalhando contra a vontade da categoria. Há julgado do TST em que se concluiu que o ajuizamento de interditos proibitórios, com a finalidade de impedir os piquetes, não consistiria em ato antissindical, pois teria o objetivo de evitar o "transtorno" de que os grevistas impossibilitassem o acesso de outros empregados e de clientes ao estabelecimento[378]. Contudo, a jurisprudência majoritária da Corte se inclina, acertadamente, no sentido de admitir a prática dos piquetes[379].

De fato, é preciso deixar claro que, uma vez deflagrada a greve pela categoria, os trabalhadores que a integram não têm o direito de seguir trabalhando normalmente[380]. Se a greve é, por definição legal, o direito coletivo de suspensão de prestação de serviços, a prática de "furar a greve" é clara violação a esse direito, cabendo destacar, ademais, que os benefícios obtidos pela categoria alcançarão todos os trabalhadores.

Nesse contexto, os piquetes que incluam o impedimento de acesso ao local de trabalho surgem como uma espécie de autotutela praticada pela categoria em defesa de um direito dela própria. Até mesmo a ocupação do estabelecimento pode se revelar como estratégia legítima dos grevistas, desde que não haja, em qualquer caso, violência física ou moral contra as pessoas e danos ao patrimônio do empregador[381].

---

377. Cf. SÜSSEKIND, Arnaldo, *op.cit.*, p. 429.

378. E-ED-ED-RR-253840-90.2006.5.03.0140, Subseção I Especializada em Dissídios Individuais, Redator Ministro Ives Gandra Martins Filho, DEJT 04/10/2019.

379. RO-5902-33.2016.5.15.0000, Seção Especializada em Dissídios Coletivos, Relatora Ministra Katia Magalhaes Arruda, DEJT 22/06/2018. O-707-13.2016.5.17.0000, Seção Especializada em Dissídios Coletivos, Relatora Ministra Dora Maria da Costa, DEJT 15/12/2017.

380. Para Godinho, "direitos e garantias, em nenhuma hipótese, poderão, efetivamente, ser violados ou constrangidos, *exceto o acesso ao trabalho*, desde que, aqui, a restrição se faça sem violência física ou moral às pessoas. É que a Carta Magna assegura, enfaticamente, como *direito fundamental* a greve (...); neste caso, o ato individual de insistir no cumprimento isolado do contrato choca-se com o direito coletivo garantido. Inexistindo violência física e moral nos piquetes, estes são lícitos (...)" - grifos no original (DELGADO, Maurício Godinho, *op.cit.*, p. 1352).

381. Comentando o ponto, Godinho afirma: "a anterior Lei de Greve (4.330, de 1964, art. 17), de indissimulável matiz autoritário, rejeitava essa combinação de circunstâncias, considerando inerente à greve a *desocupação* dos locais de trabalho. A nova ordem jurídica constitucional (art. 9º, CF/88) e mesmo a nova Lei de Greve (7.783/89) não estabelecem, porém, tal requisito. E, rigorosamente, não há

Assim, o art. 6º, §§1º, 2º e 3º, da Lei nº 7.783/89[382], devem ser interpretados conforme a Constituição, de modo a preservar a eficácia prática do direito de greve. Empregados e empregadores devem negociar de boa-fé, não praticar violência nem ameaças físicas ou morais à contraparte e, de forma mais ampla, não violar os direitos alheios. É certo, entretanto, que o direito de propriedade do empregador, embora tenha que ser respeitado, não permite a continuidade da atividade empresarial com trabalhadores que pretendam não aderir à greve, porque isso representaria a negação do próprio direito coletivo de greve.

Outro ponto importante é o chamado "corte de ponto" durante a greve. O entendimento praticamente unânime da doutrina e da jurisprudência, pautado no art. 7º da Lei de Greve[383], é no sentido de que se trata de suspensão do contrato de trabalho, não sendo devidos os salários durante a paralisação coletiva da prestação de serviços[384]. Contudo, há importantes manifestações doutrinárias em sentido contrário[385].

De fato, a nomenclatura que hoje parece assentada, que diferencia a suspensão da interrupção do contrato de trabalho, sempre foi alvo de críticas doutrinárias[386], e gerou – o que ainda persiste até os dias atuais – controvérsias

---

comprometimento do instituto paredista em vista da adoção da estratégia ocupacional, uma vez que esta mantém-se subordinada à função primária da figura sociojurídica, que é a *abstenção coletiva de atividades contratuais dos trabalhadores*" - grifos no original (DELGADO, Maurício Godinho, *op.cit.*, p. 1342). Em sentido contrário, Süssekind sustenta que "é inadmissível a permanência de empregados grevistas, sem prestação de serviço, no estabelecimento", e que esta situação caracterizaria "ocupação ilícita da propriedade empresarial" (SÜSSEKIND, Arnaldo, *op.cit.*, p. 442).

382. § 1º Em nenhuma hipótese, os meios adotados por empregados e empregadores poderão violar ou constranger os direitos e garantias fundamentais de outrem.

§ 2º É vedado às empresas adotar meios para constranger o empregado ao comparecimento ao trabalho, bem como capazes de frustrar a divulgação do movimento.

§ 3º As manifestações e atos de persuasão utilizados pelos grevistas não poderão impedir o acesso ao trabalho nem causar ameaça ou dano à propriedade ou pessoa.

383. Art. 7º Observadas as condições previstas nesta Lei, a participação em greve suspende o contrato de trabalho, devendo as relações obrigacionais, durante o período, ser regidas pelo acordo, convenção, laudo arbitral ou decisão da Justiça do Trabalho.

384. Nesse sentido, por todos, CASSAR, Vólia Bomfim, *op.cit.*, p. 1317.

385. Para Arnaldo Paes Boson, atual Lei de Greve "não determina o desconto nos salários, apenas prevê que 'a participação em greve suspende o contrato de trabalho, devendo as relações obrigacionais, durante o período, ser regidas pelo acordo, convenção, laudo arbitral ou decisão da Justiça do Trabalho'. Fica claro que a interpretação conferida pela Suprema Corte termina sendo pior do que aquela extraída da Lei nº 4.330/64, conhecida como Lei Antigreve, editada durante a ditadura militar, que prevê o pagamento dos salários dos grevistas. O seu art. 20, parágrafo único, dispõe que 'a greve suspende o contrato de trabalho, assegurando aos grevistas o pagamento dos salários durante o período da sua duração e o cômputo do tempo de paralisação como de trabalho efetivo, se deferidas, pelo empregador ou pela Justiça do Trabalho, as reivindicações formuladas pelos empregados, total ou parcialmente" (PAES, Arnaldo Boson. Negociação Coletiva no Serviço Público: Potencialidades e Limites. In *Revista do Tribunal Superior do Trabalho*, Brasília, vol. 82, no 4, out/dez 2016, p. 93-94).

386. Vólia, por exemplo, refere que a legislação brasileira abandonou os critérios da doutrina estrangeira, e cita o entendimento Orlando Gomes e Élson Gottschalk, que criticavam o uso do vocábulo "interrupção",

quanto ao enquadramento de algumas figuras e quanto à conceituação dos institutos[387].

Desse modo, é sustentável o entendimento de que o art. 7º da Lei nº 7.783/89 deva ser interpretado em conjunto, pois o dispositivo prevê que "as relações obrigacionais devem ser regidas pelo acordo, convenção, laudo arbitral ou decisão da Justiça do Trabalho"; nessa ótica, não haveria autorização, portanto, para que o empregador afirme unilateralmente que está desobrigado de pagar salários durante a greve[388]. A menção que o dispositivo faz à suspensão seria interpretada apenas como um reforço à impossibilidade de que os grevistas sejam dispensados durante o curso do movimento paredista.

O entendimento, embora respeitável, acaba se revelando inviável na prática, por dar margem à prática de abuso do direito de greve – ao menos no caso da iniciativa privada – por parte dos trabalhadores, que, com a garantia de recebimento de salários e de não serem despedidos, não teriam nenhum estímulo a buscar negociação efetiva com o empregador. No caso da greve no setor público, algumas particularidades impõem raciocínio diferente, conforme se demonstrará nos próximos tópicos.

De todo modo, é importante perceber que o intervencionismo estatal nas relações coletivas de trabalho em geral, e especialmente na greve, é incompatível com a ideia de "liberdade" nas relações de trabalho – tão enaltecida pela reforma trabalhista de 2017 – e com a necessidade de "amadurecimento" do trabalhador, que deveria atingir a "maioridade cívica" (voto do Min. Barroso no RE 590415).

Seria, no mínimo, incoerente preconizar a liberdade nas negociações coletivas de trabalho, inclusive para suprimir ou reduzir direitos (conforme se demonstra, neste capítulo, no tópico sobre "reconhecimento das convenções e acordos coletivos de trabalho"), mas exigir a intervenção estatal para impedir ou obstaculizar o exercício pacífico do direito de greve[389].

O art. 8º, §3º, da CLT[390], introduzido pela Lei nº 13.467/2017, pretendeu implantar, no âmbito trabalhista, o que chamou de "princípio da intervenção

---

o qual não seria adequado para substituir a expressão "suspensão parcial" (CASSAR, Vólia Bomfim, *op.cit.*, p. 953).

387. Sérgio Pinto Martins, após se referir ao pensamento de Antônio Lamarca, para quem a distinção entre suspensão e interrupção do contrato de trabalho seria meramente cerebrina, afirma: "não há suspensão do contrato de trabalho, pois o contrato de trabalho não vai ser levantado, mas suspensão do trabalho, da execução do pacto ou de seus efeitos" (MARTINS, Sérgio Pinto, *op.cit.*, p. 543).

388. Defendendo tal concepção, SOUTO MAIOR, Jorge Luiz, *Curso...*, *op.cit.*, v.1, parte I, p. 692.

389. De acordo com a doutrina, "impõe verificar a incoerência do discurso liberal que se opunha – e ainda se opõe – à interferência do Estado nas relações particulares, mas não a recusa, ao contrário exige, para a preservação de seus interesses privados, atingidos pela manifestação, ou mera paralisação, ainda que pacífica, dos trabalhadores" (SOUTO MAIOR, Jorge Luiz, *Curso...*, *op.cit.*, v.1, parte I, p. 153).

390. § 3º No exame de convenção coletiva ou acordo coletivo de trabalho, a Justiça do Trabalho analisará exclusivamente a conformidade dos elementos essenciais do negócio jurídico, respeitado o disposto

mínima na autonomia da vontade coletiva". Daí se extrai que, do ponto de vista da greve, as restrições jurisdicionais que se vem lhe impondo são manifestamente contrárias à nova legislação, notadamente o estabelecimento de elevados percentuais de trabalhadores que deverão permanecer em atividade, a proibição de piquetes pacíficos e a determinação de retorno ao trabalho sob ameaça de multa.

A intervenção judicial na greve deve ser mínima, de modo a garantir apenas o atendimento das necessidades inadiáveis da comunidade, e a punição de responsáveis por eventuais abusos cometidos, tal como previsto no art. 9º, §§1º e 2º, da Constituição.

Sobre as consequências jurídicas da declaração de abusividade da greve, ver próximo tópico.

21.2. Greve abusiva, política e de solidariedade

A greve se diz abusiva quando não atendidas as determinações legais pertinentes. Prefere-se tal nomenclatura - em vez de se falar em "greve ilegal" - porque a greve é um direito, de modo que não há um "direito ilegal", mas, no máximo, um exercício abusivo de direito[391].

A abusividade da greve pode decorrer de vários fatores, tais como: falta de concessão de aviso ao empregador com antecedência de 72 horas (atividades essenciais) ou de 48 horas (demais atividades), conforme deflui dos arts. 3º, parágrafo único, e 13, da Lei 7.783/89; não realização de assembleia para deliberação dos trabalhadores; não atendimento das necessidades inadiáveis da comunidade, nos serviços essenciais, entre outros.

A declaração judicial de abusividade da greve trará a consequência de que, a partir de então, as ausências ao trabalho se considerarão injustificadas. O Judiciário não pode impor coercitivamente, sob pena de multa, o retorno às atividades, exceto se for com o objetivo de permitir o atendimento das necessidades inadiáveis da comunidade (e não do empregador) em serviços essenciais. Trata-se de seguir estritamente o texto constitucional e legal aplicável[392].

---

no art. 104 da Lei nº 10.406, de 10 de janeiro de 2002 (Código Civil), e balizará sua atuação pelo princípio da intervenção mínima na autonomia da vontade coletiva.

391. Da mesma forma, GARCIA, Gustavo Filipe Barbosa, *op.cit.*, p. 1335.

392. Souto Maior destaca a necessidade de "buscar a efetividade dos dispositivos existentes na ordem jurídica voltados a tentar conferir a paridade necessária para a negociação coletiva, até para que se possa dizer que no Direito Coletivo os sindicatos negociam em pé de igualdade com o empregador. Curiosamente, quem auxilia nesta tarefa é a própria Lei nº 13.467/17, quando cria, ainda que sem base material alguma, o tal 'princípio da intervenção mínima na autonomia da vontade coletiva'. Por aplicação desse 'princípio' fica afastada a possibilidade de o Judiciário interferir nas greves de trabalhadores. Seu mérito, no entanto, não vai além de lembrar que a Constituição Federal garantiu

Veja-se: embora a greve, desde seu início, suspenda o contrato de trabalho, tornando indevido, em princípio, o pagamento de salário – conforme entendimento majoritário exposto no tópico anterior –, não se pode considerar que se trata de faltas injustificadas ao trabalho até o momento em que o Judiciário declare a abusividade do movimento. Essa conclusão é válida inclusive se a greve for declarada abusiva pela Justiça do Trabalho. O caráter de falta injustificada somente se configura a partir da decisão judicial que declarar a abusividade da greve, independentemente do respectivo trânsito em julgado[393-394]. A decisão, portanto, tem caráter *ex nunc*.

Além disso, deve-se levar em conta que, conforme Súmula 316 do STF, a simples adesão à greve não configura falta grave. O verbete superou a jurisprudência anterior, segundo a qual a participação em greve abusiva consistiria em falta grave[395]. O entendimento doutrinário[396], bem como a jurisprudência atual dos Tribunais Regionais do Trabalho são firmes no sentido de que, ainda

---

aos trabalhadores, como preceito fundamental, o direito de greve, competindo-lhes 'decidir sobre a oportunidade de exercê-lo e sobre os interesses que devam por meio dele defender'. Os limites ficarão apenas por conta de 'serviços ou atividades essenciais' e 'o atendimento das necessidades inadiáveis da comunidade', além de previsão de punição aos responsáveis nos casos de abusos. Aliás, a própria Lei nº 13.467/17, afoita em parecer estar regulando tudo, reproduziu, nos incisos XXVII e XVIII, do art. 611-B, os termos do art. 9º da CF sobre a greve" (SOUTO MAIOR, Jorge Luiz. A reforma trabalhista e seus reflexos no direito coletivo do trabalho. Disponível em: https://www.jorgesoutomaior.com/blog/a-reforma-trabalhista-e-seus-reflexos-no-direito-coletivo-do-trabalho .Acesso em 13 jul.2020).

393. O inteiro teor do seguinte julgado deixa claro que as faltas injustificadas somente se configuram a partir da declaração de abusividade da greve pela Justiça do Trabalho: "AGRAVO DE INSTRUMENTO - DESPROVIMENTO - GREVE ABUSIVA - FALTAS INJUSTIFICADAS - PERDA DO DIREITO ÀS FÉRIAS - ART. 130 DA CLT Correto está o entendimento regional no sentido de que os dias de paralisação devem ser considerados como faltas injustificadas em razão da declaração de abusividade da greve. A conseqüência da existência de mais de 32 ausências injustificadas é a perda do direito às férias, em conformidade com o art. 130 da CLT. Agravo de Instrumento a que se nega provimento" (AIRR-7792000-88.2003.5.02.0900, 3ª Turma, Relatora Ministra Maria Cristina Irigoyen Peduzzi, DEJT 15/10/2004).

394. Entendimento semelhante foi manifestado pela 1ª Turma do STF no que tange a servidor público em estágio probatório: "Ementa: DIREITOS CONSTITUCIONAL E ADMINISTRATIVO. DIREITO DE GREVE. SERVIDOR PÚBLICO EM ESTÁGIO PROBATÓRIO. FALTA POR MAIS DE TRINTA DIAS. DEMISSÃO. SEGURANÇA CONCEDIDA. 1. A simples circunstância de o servidor público estar em estágio probatório não é justificativa para demissão com fundamento na sua participação em movimento grevista por período superior a trinta dias. 2. A ausência de regulamentação do direito de greve não transforma os dias de paralisação em movimento grevista em faltas injustificadas. 3. Recurso extraordinário a que se nega seguimento" (RE 226966, Relator(a): MENEZES DIREITO, Relator(a) p/ Acórdão: CÁRMEN LÚCIA, Primeira Turma, julgado em 11/11/2008).

395. Como exemplo dessa tendência superada: "A greve ilegal é falta grave. A lei nº 9070 não contraria a Constituição" (RE 42916, Relator(a): CÂNDIDO MOTTA, Primeira Turma, julgado em 10/09/1959).

396. Segundo Süssekind, "o fato de a greve ser declarada abusiva não significa, por si só, que os seus participantes tenham cometido ilícito trabalhista, principalmente quando restar comprovado que a participação da empregada se deu pacificamente" (SÜSSEKIND, Arnaldo, *op.cit.*, p. 465).

que a greve seja declarada abusiva, descabe cogitar de aplicação de justa causa decorrente da mera participação do trabalhador[397-398-399].

Se a greve persistir após a declaração de abusividade pelo Judiciário, ainda assim incide o raciocínio da Súmula 316 do STF, não se podendo concluir pela justa causa, por exemplo por suposto abandono de emprego. Isso porque o abandono de emprego pressupõe um elemento subjetivo, consistente na "intenção do empregado de não mais retornar ao trabalho até então exercido"[400], o que certamente não está presente por ocasião de movimento coletivo de paralisação da prestação de serviços. Esse entendimento, entretanto, pode ser objetado com o argumento de que, após a declaração judicial de abusividade da greve, o ânimo de descumprir a decisão judicial equivaleria ao ânimo de abandonar o emprego, consideradas as faltas injustificadas.

A jurisprudência da Suprema Corte registra, ainda, interessante precedente em que se afirmou que a justa causa não se configura nem mesmo se se tratar de greve política[401]. Contudo, é importante registrar que a tendência que veio a se consagrar e a se tornar francamente majoritária na jurisprudência e na doutrina trabalhistas é no sentido da abusividade das greves políticas e das de solidariedade[402].

Pode-se conceituar a greve política como sendo "aquela dirigida contra os poderes públicos, tendo como objetivo protestar contra decisões do governo

---

397. "RESCISÃO CONTRATUAL - JUSTA CAUSA APLICADA - PARTICIPAÇÃO EM GREVE DECLARADA ILEGAL - NULIDADE DA JUSTA CAUSA. A participação do empregado em movimento paredista, ainda que considerado abusivo pela autoridade competente, não pode acarretar a aplicação da sanção máxima da justa causa" (TRT-24 00247031320145240001, Relator: NICANOR DE ARAUJO LIMA, 1ª TURMA, Data de Publicação: 29/06/2015).

398. "RECURSO ORDINÁRIO DA RECLAMADA - JUSTA CAUSA - GREVE ABUSIVA - A princípio, a mera participação em greve, mesmo considerada ilegal, não autoriza, por si só, a dispensa por justa causa. Há de ser demonstrada a conduta reprovável e os atos lesivos ao patrimônio da empresa ou a terceiros, passíveis de enquadramento nas hipóteses previstas no art. 482, b, e, h (...)". (Processo: RO - 0001170-09.2012.5.06.0191 Redator: Sergio Torres Teixeira, Data de julgamento: 21/05/2014, Primeira Turma, Data de publicação: 01/06/2014).

399. "ADESÃO A MOVIMENTO PAREDISTA. APLICAÇÃO DA JUSTA CAUSA. IMPOSSIBILIDADE. A adesão à greve, por si só, não constitui falta grave, consoante a Súmula 316 do STF, não podendo, portanto, ser considerada motivo suficiente para a dação de justa causa. E diga-se que se a greve é um direito, não pode caracterizar falta grave a mera participação, daí porque o verbete tem aplicação nos casos de greves declaradas abusivas e ilegais, mesmo porque o art. 9º da Constituição da República assegura não só o direito de greve como também estabelece que compete aos trabalhadores decidir sobre a oportunidade de exercê-lo e sobre os interesses que devam por meio dele defender" (TRT-3 - RO: 00544201014803003 0000544-74.2010.5.03.0148, Relator: Convocado Maurilio Brasil, Quinta Turma, Data de Publicação: 6/11/2010, 12/11/2010).

400. Cf. GARCIA, Gustavo Filipe Barbosa, *op.cit.*, p. 641.

401. "Greve. Movimento pelo 13° salário. A simples adesão a greve não constitui falta grave (Súmula 316)" (RE 58019, Relator(a): VICTOR NUNES, Tribunal Pleno, julgado em 10/05/1965).

402. "O Direito do Trabalho, de um modo geral, só admite a greve de finalidades profissionais, objetivando pressionar o empregador a adotar ou rever condições contratuais ou ambientais de trabalho" (SÜSSEKIND, Arnaldo, *op.cit.*, p. 431).

ou pressionar órgãos governamentais para que tomem ou deixem de tomar determinada decisão"[403]. Como exemplo, pode-se figurar uma paralisação de trabalhadores em protesto contra a tramitação de determinado projeto de lei, ou para pressionar o Presidente da República a vetar determinado projeto aprovado pelo Parlamento e contrário ao interesse dos trabalhadores.

Ademais, também se incluem nessa categoria os movimentos paredistas dirigidos "contra o próprio empregador, mas em protesto a decisões que não tenham ligação direta com o contrato de trabalho"[404]. Exemplo: paralisação em protesto a uma política de escolha de reitor de universidade privada, antes eleito democraticamente pela comunidade acadêmica, e que passa a ser indicado unilateralmente pelo mantenedor.

Já as greves de solidariedade são descritas como aquelas nas quais "os trabalhadores buscam demonstrar seu apoio à determinada reivindicação realizada por outro grupo de trabalhadores ou para fortalecer outra greve já em execução, sem que haja necessariamente um interesse comum entre as categorias"[405].

O Supremo Tribunal Federal tem considerado que a análise do alcance da Lei nº 7.783/89, notadamente no que tange à declaração de abusividade da greve, é tema de índole infraconstitucional, insuscetível de apreciação pela Corte em recurso extraordinário[406]. Dessa forma, a última palavra sobre o tema tem sido do Tribunal Superior do Trabalho, cuja jurisprudência firmou-se no sentido da abusividade das greves políticas[407], sob o fundamento de que elas inviabilizam

403. BABOIN, José Carlos de Carvalho. *O tratamento jurisprudencial da greve política no Brasil.* Dissertação [mestrado em Direito]. Faculdade de Direito, Universidade de São Paulo, São Paulo, 2013, p. 56.

404. Idem, ibidem.

405. Idem, p. 57.

406. "AGRAVO DE INSTRUMENTO - LEI Nº 7.783/89 - DIREITO DE GREVE - RECONHECIMENTO JUDICIAL DE ABUSIVIDADE DO MOVIMENTO - AUSÊNCIA DE OFENSA DIRETA AO TEXTO CONSTITUCIONAL - CONTENCIOSO DE MERA LEGALIDADE - RECURSO IMPROVIDO. - O reconhecimento judicial da abusividade do direito de greve e a interpretação do alcance da Lei nº 7.783/89 qualificam-se como matérias revestidas de caráter simplesmente ordinário, podendo traduzir, quando muito, situação configuradora de ofensa meramente reflexa ao texto da Constituição, o que basta, por si só, para inviabilizar o conhecimento do recurso extraordinário. Precedentes" (AI 282682 AgR, Relator(a): CELSO DE MELLO, Segunda Turma, julgado em 14/05/2002). No mesmo sentido, AI 171020 AgR, Relator(a): CELSO DE MELLO, Primeira Turma, julgado em 24/10/1995.

407. "A) DISSÍDIO COLETIVO DE GREVE. RECURSO ORDINÁRIO DA COMPANHIA PAULISTA DE TRENS METROPOLITANOS - CPTM. 1. GREVE GERAL CONTRA AS REFORMAS TRABALHISTA E PREVIDENCIÁRIA. ABUSIVIDADE, SEGUNDO A MAIORIA DOS MEMBROS DESTA SEÇÃO. O atual entendimento desta Seção Especializada é de que a greve deflagrada como forma de protesto contra as Reformas Trabalhista e Previdenciária tem conotação política, porquanto dirigida contra o Poder Público e com objetivos direcionados à proteção de interesses que não podem ser atendidos pelo empregador. Por essa razão, a maioria dos membros desta SDC considera que a greve, nessa situação, deve ser declarada abusiva. Assim, por disciplina judiciária, declara-se abusiva a greve deflagrada pelos Sindicatos Suscitados no dia 28/4/2017. Ressalva de entendimento do Relator, o qual entende que a Constituição não considera inválidos os movimentos paredistas que defendam interesses que não sejam estritamente contratuais, desde que ostentem também dimensão e impacto profissionais e contratuais importantes - o que seria o caso dos autos, já que as reformas trabalhista e previdenciária, cerne da

o atendimento dos requisitos da Lei de Greve, notadamente a necessidade de negociação prévia com o empregador, o qual não tem como atender as reivindicações, que se direcionam ao Poder Público[408].

Quanto às greves de solidariedade, não há julgados representativos da posição do TST, mas, caso adotada a mesma lógica relativa às greves políticas, a conclusão seria pela possibilidade apenas quando as reivindicações pudessem ser atendidas pelo empregador ou pela categoria econômica (solidariedade interna).

Sucede que há importantes manifestações doutrinárias favoráveis às greves políticas e de solidariedade[409-410]. Na jurisprudência do STF, encontram-se *obiter dicta* de alguns ministros no mesmo sentido[411].

---

deflagração da greve, são eventos com alto potencial de repercussão nas condições de trabalho, pois podem promover modificações prejudiciais para os trabalhadores no contexto do contrato de trabalho. Nessa linha de raciocínio, não haveria abusividade no movimento paredista ora analisado, sob o ponto de vista material, ou seja, dos interesses defendidos (...)" (RO-1001268-03.2017.5.02.0000, Seção Especializada em Dissídios Coletivos, Relator Ministro Mauricio Godinho Delgado, DEJT 06/03/2020).

408. "RECURSO ORDINÁRIO. DISSÍDIO COLETIVO DE GREVE. ADESÃO À GREVE GERAL CONTRA AS REFORMAS TRABALHISTA E PREVIDENCIÁRIA (28/04/2017). CONOTAÇÃO POLÍTICA. ABUSIVIDADE DA GREVE. A greve deflagrada em apoio a conclamação geral de centrais sindicais para greve contra as propostas de Reformas Trabalhista e Previdenciário tem conotação política e não se enquadra nas disposições da Lei de Greve (Lei nº 7.783/89), notadamente da alusiva à necessidade de demonstração de frustração das negociações coletivas, contida no art. 3º, sendo abusiva. Na greve de viés político, há impossibilidade material de que sejam frustradas as negociações com o empregador, na medida em que, não é dirigida contra este, mas contra o Poder Público. A rigor, não se trata da dispensa do cumprimento do requisito mencionado nas hipóteses de greve política, mas de impossibilidade de que haja atendimento do requisito da negociação com o empregador. No caso, há descumprimento, ainda, do art. 13 da Lei nº 7.783/89 quanto à notificação prévia da paralisação ao empregador, não sendo suficiente a mera informação a partir de divulgação pela mídia eletrônica ou televisiva. Com efeito, a Suscitante desenvolve atividade essencial à população (transporte rodoviário), não podendo ficar à mercê de comunicados lançados na mídia nacional, sem ato oficial do sindicato profissional de comunicação da paralisação. Ademais, a Lei não flexibilizou no aspecto, não cabendo ao magistrado fazê-lo. Por fim, restou comprovado o descumprimento da ordem judicial de manutenção de quantitativo mínimo em serviço em Itaquaquecetuba, o que autoriza a aplicação da multa diária prevista na decisão liminar. Recurso ordinário conhecido e provido" (RO-1001240-35.2017.5.02.0000, Seção Especializada em Dissídios Coletivos, Relator Ministro Aloysio Corrêa da Veiga, DEJT 21/06/2018).

409. Raimundo Simão de Melo afirma: "Desse modo, pode-se afirmar que, conforme o disposto no art. 9º da Constituição Federal, o direito de greve, embora não seja um direito absoluto e irrestrito, está assegurado de forma ampla aos trabalhadores para a defesa de seus interesses, quer trabalhistas *stricto sensu* , quer profissionais *lato sensu*, aqui considerados aqueles que constituem o chamado piso vital mínimo do cidadão, consagrados no art. 6º da Constituição Federal. Entendimento contrário é, a nosso ver, incompatível com a norma constitucional. Portanto, como a lei não proíbe, são admitidas as greves políticas e de solidariedade ou protesto, desde, porém, que voltadas para a defesa de interesses trabalhistas-profissionais, mesmo que *lato sensu* como exemplo da primeira, pode-se imaginar uma greve-protesto dos trabalhadores contra a política econômica empreendida pelo governo, com claros e graves prejuízos para os trabalhadores, com diminuição do ritmo de crescimento econômico e conseqüente desemprego em massa" (MELO, Raimundo Simão de. *A Greve no Direito Brasileiro*. 2ª ed. São Paulo: LTR, 2009, p. 44).

410. A favor da licitude de greves políticas e de solidariedade, DELGADO, Maurício Godinho, *op.cit.*, p. 1349.

411. Na decisão monocrática do Min. Alexandre de Moraes, proferido na ADPF MC 519, em 25.5.2018, lê-se passagem bastante esclarecedora: "Há diversas espécies de greves permissíveis pelo texto constitucio-

De fato, o texto constitucional é de clareza solar ao dispor que compete aos trabalhadores decidirsobre a oportunidade de exercer o direito de greve, bem como sobre os interesses que por meio dele devam defender. Ora, é lição basilar de hermenêutica que, onde a lei não distingue, não cabe ao intérprete distinguir. A interpretação literal do art. 9º da CF, portanto, permite concluir seguramente pela licitude das greves políticas e de solidariedade. Observe-se, ainda, que nem mesmo a Lei nº 7.783/89 veda – como, aliás, não podia mesmo fazê-lo – tal espécie de movimento paredista.

Mas não é só. A interpretação teleológica do dispositivo constitucional impõe a mesma conclusão. Trata-se de reconhecer o caráter democrático da chamada "Constituição Cidadã", sendo certo que a greve é importante mecanismo de exercício dos direitos de reunião e de manifestação do pensamento.

Como visto, a greve gera diversos ônus aos trabalhadores, os quais ficam privados, inclusive, dos salários – conforme entendimento que vem prevalecendo na doutrina e na jurisprudência –, mas que, corajosamente, decidem realizar uma pacífica luta coletiva em prol da sociedade. Não se pode conceber que se trate de abuso de direito. O fato de que o empregador não pode atender as reivindicações não impressiona, porque as greves políticas e solidariedade somente se materializam quando envolvidos grandes empregadores, ou atividades em que o interesse social envolvido sirva para despertar a consciência coletiva a respeito do tema que pauta a greve. Nesse contexto, o próprio empregador e a sociedade como um todo podem acabar se mobilizando em prol dos mesmos objetivos.

21.3. Greve no serviço público

21.3.1. Regulamentação aplicável

O art. 37, VII, da CF, assegura ao servidor público civil o direito de greve, que deve ser exercido nos termos e nos limites definidos em lei específica. Sucede que, quase duas décadas após a promulgação da Constituição, o legislador ainda não tinha regulamentado tal dispositivo constitucional, que sempre se considerou como de eficácia limitada[412].

Por tais razões, o STF, em mandados de injunção coletivos[413], reconhecendo novamente a mora legislativa (que já havia sido declarada anteriormente em

---

nal, podendo os trabalhadores decretar greves reivindicativas, objetivando a melhoria das condições de trabalho, ou greves de solidariedade, em apoio a outras categorias ou grupos reprimidos, ou greves políticas, visando conseguir as transformações econômico-sociais que a sociedade requeira, ou, ainda, greves de protesto".

412. Normas constitucionais de eficácia limitada, ou não autoaplicáveis, na conhecida classificação de José Afonso da Silva, são aquelas que não geram direitos até que venham a ser regulamentadas pelo legislador. Tais normas, enquanto não regulamentadas, teriam apenas a eficácia negativa (impedir atos em sentido contrário ao preceito constitucional) e principiológica.

413. MI 708, Rel. Min. Gilmar Mendes, julgado em 25-10-2007.

outros mandados de injunção), evoluiu para fixar o entendimento, em caráter geral, de que é lícita a greve de servidores públicos civis, devendo-se aplicar, enquanto não sobrevier lei específica, a disciplina normativa atinente à iniciativa privada, vale dizer, as Leis nº 7.701/88 e 7.783/89.

Em tais precedentes, a Suprema Corte fixou, entretanto, algumas diretrizes importantes a respeito da greve no serviço público:

- (i) nada impede que, futuramente, o legislador infraconstitucional confira novos contornos à disciplina desse direito;
- (ii) em princípio, a regência se dará pela Lei 7.783/89, mas em virtude da necessária continuidade dos serviços públicos, é possível que, de acordo com as peculiaridades de cada caso concreto e mediante solicitação de entidade ou órgão legítimo, seja facultado ao tribunal competente impor a observância a regime de greve mais severo em razão de tratar-se de "serviços ou atividades essenciais", nos termos do regime fixado pelos arts. 9º a 11 da referida lei;
- (iii) há outros serviços essenciais além daqueles mencionados na Lei de Greve, cujo art. 10 apresenta rol meramente exemplificativo;
- (iv) procedimentalmente, aplica-se o regramento da Lei 7.701/88, no que tange à possibilidade de julgamento de dissídios coletivos de greve de servidores públicos;
- (v) quanto à competência jurisdicional: se a paralisação for de âmbito nacional, ou abranger mais de uma região da Justiça Federal, ou ainda, compreender mais de uma unidade da federação, a competência para o dissídio de greve será do Superior Tribunal de Justiça (por aplicação analógica do art. 2º, I, "a", da Lei nº 7.701/1988). Ainda no âmbito federal, se a controvérsia estiver adstrita a uma única região da justiça federal, a competência será dos Tribunais Regionais Federais (aplicação analógica do art. 6º da Lei nº 7.701/1988). Para o caso da jurisdição no contexto estadual ou municipal, se a controvérsia estiver adstrita a uma unidade da federação, a competência será do respectivo Tribunal de Justiça (também por aplicação analógica do art. 6º da Lei nº 7.701/1988). As greves de âmbito local ou municipal serão dirimidas pelo Tribunal de Justiça ou Tribunal Regional Federal com jurisdição sobre o local da paralisação, conforme se trate de greve de servidores municipais, estaduais ou federais. Tais tribunais, no âmbito de sua jurisdição, serão competentes para decidir acerca do mérito do pagamento, ou não, dos dias de paralisação;
- (vi) além disso, os tribunais têm competência funcional para apreciar questões como o percentual mínimo de servidores públicos que deve continuar trabalhando durante o movimento paredista, ou mesmo a proibição de qualquer tipo de paralisação; os interditos possessórios

para a desocupação de dependências dos órgãos públicos eventualmente tomados por grevistas; e para as demais medidas cautelares que apresentem conexão direta com o dissídio coletivo de greve.

Quanto à competência funcional para apreciação de interditos possessórios, o julgado do STF destoa da jurisprudência trabalhista, que tem reconhecido que tais litígios, ainda que relacionados à greve, devem ser apreciados por juízo de primeiro grau[414].

Ainda com referência à greve no serviço público, na ADI 3235[415], a Suprema Corte declarou a inconstitucionalidade de decreto estadual que determinava a imediata exoneração de servidor público em estágio probatório, caso confirmada sua participação em greve. A Corte concluiu que o ato normativo violava a Constituição por: (i) considerar o exercício não abusivo do direito constitucional de greve como fato desabonador da conduta do servidor público; e (b) criar distinção de tratamento a servidores públicos estáveis e não estáveis em razão do exercício do direito de greve.

Outro precedente interessante é a ADI MC 1164, no qual foi rejeitada a arguição de inconstitucionalidade de dispositivo da Lei Orgânica do Distrito Federal que proibia que servidores públicos distritais substituíssem, a qualquer pretexto, trabalhadores de empresas privadas em greve, com a ressalva da legislação federal aplicável. A Corte concluiu que não estava em jogo a organização administrativa, nem o regime jurídico dos servidores - matérias de iniciativa privativa do Chefe do Executivo –, mas a administração pública em si.

21.3.2. Desconto dos salários

Em 2016 - portanto, 9 anos depois do julgamento dos mandados de injunção sobre a possibilidade de greve no serviço público –, o STF fixou tese de

414. Nesse sentido, "INTERDITO PROIBITÓRIO COM PEDIDO DE LIMINAR DE MANUTENÇÃO DE POSSE. COMPETÊNCIA FUNCIONAL DAS VARAS DO TRABALHO. AÇÃO CIVIL LIGADA À DEFESA DA POSSE. 1. Nos termos do art. 114, II, da Constituição Federal e da Súmula Vinculante nº 23 do STF, inscreve-se na competência originária das Varas do Trabalho julgar interdito proibitório cuja causa de pedir decorra de movimento grevista, ou seja, com o fim de garantir o livre acesso de funcionários e clientes a agências bancárias durante período de greve, na medida em que se trata de ação civil de natureza possessória, e não de dissídio coletivo de natureza econômica ou de greve, em que a Justiça do Trabalho exerce o Poder Normativo. 2. O acórdão regional divergiu dessa orientação ao declinar de sua competência recursal e determinar a remessa dos autos à Seção de Dissídios Coletivos do TST, órgão jurisdicional ao qual não foi outorgada constitucionalmente a competência originária para julgar ação possessória. Determinação de retorno dos autos ao TRT da 10ª Região para prosseguir no julgamento do recurso ordinário interposto pela entidade sindical" (Pet-5473-59.2011.5.00.0000, Seção Especializada em Dissídios Coletivos, Relator Ministro Walmir Oliveira da Costa, DEJT 30/09/2011).

415. ADI 3235, Relator(a): CARLOS VELLOSO, Relator(a) p/ Acórdão: GILMAR MENDES (art. 38, II, RISTF), Tribunal Pleno, julgado em 04/02/2010.

repercussão geral segundo a qual "a administração pública deve proceder ao desconto dos dias de paralisação decorrentes do exercício do direito de greve pelos servidores públicos, em virtude da suspensão do vínculo funcional que dela decorre, permitida a compensação em caso de acordo. O desconto será, contudo, incabível se ficar demonstrado que a greve foi provocada por conduta ilícita do Poder Público".[416]

Pode-se dizer que, de certa forma, o entendimento já havia sido sinalizado pelo STF quando do julgamento do próprio MI 708, em cuja ementa se lê que "como regra geral (...) os salários dos dias de paralisação não deverão ser pagos, salvo no caso em que a greve tenha sido provocada justamente por atraso no pagamento aos servidores públicos civis, ou por outras situações excepcionais que justifiquem o afastamento da premissa da suspensão do contrato de trabalho".

No entanto, apenas no RE 693456 o tema foi debatido de forma específica e com a profundidade necessária, formando precedente obrigatório. Ademais, o julgado estabelece um dever de o administrador público não realizar o pagamento dos salários, algo que não constava da decisão do MI 708. A maioria formada no STF contou com 6 votos a favor da tese, e 4 em sentido contrário (Ministros Edson Fachin, Rosa Weber, Ricardo Lewandowski e Marco Aurélio).

Os argumentos da corrente majoritária podem ser assim sintetizados: (i) o pagamento de salários aos grevistas desestimularia a busca de uma solução para o conflito, o que prejudicaria a continuidade do serviço público e propiciaria abusos do direito de greve; (ii) a experiência demonstra a ocorrência de diversas greves que se prolongaram durante meses, gerando danos irreparáveis ou de difícil reparação à coletividade, como no exemplo de greves em universidades públicas, seguidas de períodos de insatisfatória reposição de aulas; (iii) seria de rigor a aplicação do mesmo regime jurídico da iniciativa privada, no qual a greve suspende o contrato de trabalho, ocasionando a cessação do pagamento de salários; (iv) a não ser assim, existiria um desequilíbrio de forças, pois os servidores públicos, detentores de estabilidade e recebendo normalmente salários, não se disporiam a fazer concessões quanto às suas reinvindicações. O seguinte trecho do voto condutor do Min. Dias Toffoli ilustra o pensamento que prevaleceu na Corte:

> Min. Dias Toffoli: Diferentemente do que ocorre na iniciativa privada, na relação estatutária não há tensão entre capital e trabalho. Na Administração Pública, vigora o princípio da supremacia do interesse público, princípio geral do direito administrativo, do qual decorrem, em um primeiro momento, o princípio da continuidade do serviço público, que implica que os serviços públicos não podem ser prejudicados, interrompidos ou paralisados, devendo-se, assim, haver um fluxo de continuidade, e, também, o dever inescusável do Estado em prestá-lo. Essa é a especialidade da norma que trata

416. RE 693456, Relator(a): DIAS TOFFOLI, Tribunal Pleno, julgado em 27/10/2016.

> da greve no serviço público. (...)Da mesma forma, na greve dos servidores públicos, parece-me que a regra há de ser o desconto dos dias não trabalhados. Trata-se de uma opção vinculante e não pode o gestor abrir mão disso, sob pena de violar o princípio da legalidade, que, inclusive, há de imperar quanto à concessão dos direitos pleiteados pelos grevistas. (...) Entretanto, reitero que a compensação dos dias e horas paradas ou mesmo o parcelamento dos descontos poderão ser objeto de negociação, uma vez que se encontram dentro das opções discricionárias do administrador.

A decisão foi tida, por setores da doutrina especializada, como um aniquilamento, na prática, do direito de greve dos servidores[417]. De fato, a greve no serviço público tem a particularidade de não causar prejuízos financeiros ao tomador de serviços. Isso faz com que a Administração Pública não tenha o mesmo ímpeto negocial que um empregador privado, o que acaba por fazer, muitas vezes, com que a greve se prolongue por longos períodos.

A lógica imposta pela decisão do STF faz com que todo o ônus da deflagração da greve recaia sobre os trabalhadores, que, premidos pela falta de salário, tendem a desistir da realização da greve. A Administração Pública não precisará se preocupar em negociar ou em ajuizar dissídio coletivo de greve, mas apenas aguardar até o momento em que a situação se torne insuportável para os grevistas.

Sob outro enfoque, veja-se que os trabalhadores não detêm a possibilidade de levar o conflito coletivo para decisão pelo Poder Judiciário. O atendimento das reivindicações econômico-financeiras dos grevistas somente pode ser alcançado por meio de lei, e não por uma incabível sentença normativa. De outro lado, uma vez instaurada a greve pelos servidores, o Poder Público tem a prerrogativa de ajuizar dissídio de greve no tribunal competente, com o objetivo de obter a declaração de abusividade do movimento e de assegurar o atendimento das necessidades inadiáveis da população.

Nota-se, portanto, uma total assimetria de forças, já que, se a Administração Pública não se dispuser a negociar, nenhuma solução será possível. Nesse contexto, o decurso do tempo associado ao "corte do ponto" favorece apenas o ente estatal.

O ponto não passou despercebido no voto do Min. Roberto Barroso, onde se lê:

> Min. Roberto Barroso (RE 693456): Sinalização, a título de obiter dictum, quanto à possibilidade de implementação, pelo tribunal competente, de decisão intermediária,

---

417. "O precedente do STF tem consequências devastadoras para o movimento sindical. Diante da ameaça de corte de ponto e de supressão de salários, elimina na prática o direito de greve dos servidores, rechaçando também a própria negociação coletiva, na linha do que já havia decidido na ADIn 492/DF" (PAES, Arnaldo Boson. Negociação Coletiva no Serviço Público: Potencialidades e Limites. In *Revista do Tribunal Superior do Trabalho*, Brasília, vol. 82, no 4, out/dez 2016, *loc.cit*).

> que determine o corte parcial e/ou a compensação parcial dos dias de paralisação, em caso de greve de longa duração, em que haja indícios de que o poder público: i) está se recusando a negociar com os servidores, ii) está recalcitrante na efetiva busca de acordo ou iii) pareça beneficiar-se, em termos imediatos, com a permanência da paralisação. Aplicação analógica de precedentes do TST.

Sucede que a recalcitrância do Poder Público, bem como sua recusa de negociação – comportamentos violadores da boa-fé objetiva –, na visão esposada pelo Ministro, e referendada pela maioria Corte, ainda assim gerarão efeitos prejudiciais aos servidores, que teriam apenas a "solução intermediária" de "corte parcial" ou "compensação parcial dos dias de paralisação". E, como já dito anteriormente, os servidores nada podem fazer a respeito, já que não podem ajuizar dissídio coletivo de natureza econômica para solução do conflito coletivo.

A solução ideal seria manter o pagamento dos salários dos servidores grevistas, o que geraria estímulo a que a Administração Pública efetivamente negociasse e, caso malograda a negociação, ajuizasse dissídio coletivo de greve no tribunal competente, "forçando" uma solução adequada para o caso concreto. A diferença entre a greve na iniciativa privada e no serviço público foi muito bem captada no seguinte trecho do voto vencido do Min. Edson Fachin:

> Min. Edson Fachin: Impende registrar que não nos parece simétrica a lógica da greve nas relações trabalhistas interprivadas com a ambiência do serviço público. Cumpre evitar transposições que não atentem a essa diferenciação. No âmbito privado, uma greve deflagrada por uma dada categoria, paralisando a atividade econômica, impõe prejuízos imediatos aos capitalistas e aos trabalhadores. O empresário, sem a força de trabalho, tem sua atividade econômica em situação de perigo. Natural, portanto, que o prejuízo econômico imposto a ambas as partes seja um fator a impelir uma solução célere ao impasse. Capitalistas e trabalhadores, ambos prejudicados pela paralisação, tendem a ajustar seus interesses de modo que a atividade empresária retorne à normalidade o mais brevemente possível. (...) Permitir o desconto imediato da remuneração dos servidores públicos significa que os prejuízos imediatos do movimento paredista serão suportados apenas por uma das partes em litígio. Essa lógica praticamente aniquilaria o direito de greve no serviço público. (...) evidente que a greve não é um direito absoluto. Mas se o direito está garantido constitucionalmente, não pode a restrição eventual e futura inviabilizá-lo por completo. Isso porque, se é preciso equilibrar os direitos à luz da proporcionalidade, como parecem exigir os precedentes desta Corte nesta matéria, o resultado não pode ser o aniquilamento de um dos direitos confrontados.

Depreende-se que a opção legítima do constituinte originário, de conceder o direito de greve aos servidores públicos – considerada "ruim" por alguns ministros –, acabou sofrendo acentuada restrição prática por parte do STF. Conforme mencionado no voto vencido do Min. Marco Aurélio:

> Min. Marco Aurélio (ARE 654432): Não imagino o direito de greve havendo a suspensão da fonte de sustento do trabalhador. Não pode o Estado dar com uma das mãos e retirar com a outra. E a Lei de regência, quanto às obrigações ante o movimento de paralisação,

> remete a decisão judicial, que é uma decisão judicial posterior. Para fazer greve, não é preciso pedir autorização ao Judiciário. O ajuizamento se faz, em mão invertida, pelo tomador de serviços, no caso, o prejudicado, e não pelos trabalhadores. A própria lei tem a disciplina a respeito. E trabalhador, principalmente os menos afortunados, não tem fôlego para sustentar uma paralisação com corte, com a suspensão do pagamento dos salários. Incumbe, sim, à entidade prejudicada, o ajuizamento de ação para que a greve, se for o caso, vir a ser declarada ilegal, e ter-se, com isso, sim, o desconto dos dias de paralisação.

Contudo, apesar de a tese fixada pelo STF estabelecer o princípio geral de que os dias de greve não devem ser remunerados, resulta de seus próprios termos a possibilidade de distinção de determinadas hipóteses. Veja-se o seguinte trecho de um dos votos vencedores:

> Min. Luiz Fux: O fato de termos estabelecido essa tese não só não inibe o acesso à Justiça, como também não inibe a criatividade do magistrado na negociação. A negociação é ex post facto.

Dessa forma, completamente viáveis os seguintes resultados, sem que se cogite de qualquer violação ao precedente obrigatório do STF:

- (i) a Administração Pública chega, diretamente ou mediante intervenção judicial, arbitragem ou mediação, a consenso com os grevistas, acordando a forma de compensação dos dias não trabalhados;
- (ii) decisão judicial, em dissídio de greve, fixa a necessidade de compensação total ou parcial dos dias não trabalhados, evitando parcial ou totalmente o respectivo desconto;
- (iii) a decisão judicial, reconhecendo o comportamento abusivo e recalcitrante do Poder Público, determina que se releve parcialmente o desconto dos dias não trabalhados por ocasião da greve.

21.3.3. Inviabilidade de exercício do direito de greve para certas categorias

Não obstante os servidores públicos sejam, em geral, titulares do direito de greve, a jurisprudência do STF registra alguns precedentes em que se registra a impossibilidade de deflagração do movimento paredista por determinadas categorias.

Na Rcl 6568[418], o Tribunal Pleno asseverou que "a conservação do bem comum exige que certas categorias de servidores públicos sejam privadas do exercício do direito de greve", o que seria a única maneira de salvaguardar outros direitos também abrigados na Constituição. Mencionou-se que não se beneficiam do direito de

418. Rcl 6568, Relator(a): EROS GRAU, Tribunal Pleno, julgado em 21/05/2009.

greve os servidores que exerçam "atividades das quais dependam a manutenção da ordem pública e da segurança pública, a administração da Justiça e a saúde pública. Da mesma forma, a greve seria inviável nos "serviços públicos desenvolvidos por grupos armados", sendo que as atividades desenvolvidas pela polícia civil seriam análogas, para o efeito da inexistência do direito de greve, às dos militares, em relação aos quais a Constituição expressamente proíbe a greve (art. 142, § 3º, IV, da CF).

Destaque-se que tal precedente não é vinculativo, pois adotado em sede de reclamação e, embora seja oriundo do Plenário, é anterior ao CPC/2015. Não há posicionamento obrigatório do STF, portanto, a respeito da (im)possibilidade de greve de servidores vinculados à administração de justiça e à saúde pública.

Posteriormente, apreciando o tema 541 da repercussão geral (ARE 654432)[419], a Corte fixou a seguinte tese: "1 - O exercício do direito de greve, sob qualquer forma ou modalidade, é vedado aos policiais civis e a todos os servidores públicos que atuem diretamente na área de segurança pública. 2 É obrigatória a participação do Poder Público em mediação instaurada pelos órgãos classistas das carreiras de segurança pública, nos termos do art. 165 do CPC, para vocalização dos interesses da categoria".

O tema envolve discussão de grande magnitude constitucional e de relevância para a sociedade. Isso porque, de um lado, o art. 37, VII, da CF, ao assegurar o direito de greve aos servidores públicos civis, não faz ressalva quanto a nenhuma categoria; de outro, é inegável o grande impacto social e o perigo decorrente da paralisação de serviço de segurança pública, cabendo destacar que os policiais civis portam armas, o que poderia gerar confrontos de difícil solução, por exemplo, no caso de o movimento paredista ser declarado abusivo pelo Judiciário.

A solução da maioria da Corte tem o mérito de prestigiar a segurança pública e de minimizar os riscos envolvidos, mas acabou aniquilando completamente o direito de greve, o qual é estabelecido claramente pela Constituição brasileira. Veja-se trecho do voto vencido do Min. Marco Aurélio:

> Min. Marco Aurélio (ARE 654432): É o quase eterno faz de conta que vinga no Brasil. Faz de conta que temos um Documento Básico, mas, por não amá-lo, o menosprezamos, o temos como um nada jurídico, e substituímos, conforme o critério de plantão, os ditames constantes desse documento básico! É o que ocorre relativamente ao direito de greve. Repito: direito de greve assegurado aos trabalhadores em geral! No tocante ao servidor público, tem-se regência - e muito clara - no mesmo artigo 37, em outros incisos desse citado artigo (...).Não me consta que o policial, pela própria nomenclatura, enquadrado como civil, seja um policial militar e que possa ser colocado na vala alusiva aos integrantes do Corpo de Bombeiros e da polícia repressiva, a militar, forças auxiliares das Forças Armadas. Por isso, transporta-se, em relação aos integrantes, o contido, em

419. ARE 654432, Relator(a): EDSON FACHIN, Relator(a) p/ Acórdão: ALEXANDRE DE MORAES, Tribunal Pleno, julgado em 05/04/2017.

> termos de proibição à greve nas Forças Armadas, no artigo 142, § 3º, inciso IV. Mas, em se tratando de um servidor civil, é dado inobservar esta garantia? Não, a não ser que fechemos a Constituição Federal, a não ser que não a observemos.

A solução proposta no voto vencido do Min. Edson Fachin era bastante interessante, pois preconizava a possibilidade de exercício limitado do direito de greve por parte dos policiais civis, condicionando-o à apreciação prévia do Poder Judiciário, o qual deveria estabelecer o percentual mínimo de servidores a serem mantidos nas suas funções. Estabelecia-se, ainda, serem vedados o porte de armas e o uso de títulos, uniformes, distintivos, insígnias ou emblemas da corporação por aqueles que viessem a aderir ao movimento paredista.

22. IRREDUTIBILIDADE SALARIAL

Referências normativas e jurisprudenciais	
Constituição	Art. 7º São direitos dos trabalhadores urbanos e rurais, além de outros que visem à melhoria de sua condição social: (...) VI - irredutibilidade do salário, salvo o disposto em convenção ou acordo coletivo. Art. 37, XI - a remuneração e o subsídio dos ocupantes de cargos, funções e empregos públicos da administração direta, autárquica e fundacional, dos membros de qualquer dos Poderes da União, dos Estados, do Distrito Federal e dos Municípios, dos detentores de mandato eletivo e dos demais agentes políticos e os proventos, pensões ou outra espécie remuneratória, percebidos cumulativamente ou não, incluídas as vantagens pessoais ou de qualquer outra natureza, não poderão exceder o subsídio mensal, em espécie, dos Ministros do Supremo Tribunal Federal, aplicando-se como limite, nos Municípios, o subsídio do Prefeito, e nos Estados e no Distrito Federal, o subsídio mensal do Governador no âmbito do Poder Executivo, o subsídio dos Deputados Estaduais e Distritais no âmbito do Poder Legislativo e o subsídio dos Desembargadores do Tribunal de Justiça, limitado a noventa inteiros e vinte e cinco centésimos por cento do subsídio mensal, em espécie, dos Ministros do Supremo Tribunal Federal, no âmbito do Poder Judiciário, aplicável este limite aos membros do Ministério Público, aos Procuradores e aos Defensores Públicos; (...) XV - o subsídio e os vencimentos dos ocupantes de cargos e empregos públicos são irredutíveis, ressalvado o disposto nos incisos XI e XIV deste artigo e nos arts. 39, § 4º, 150, II, 153, III, e 153, § 2º, I; (Redação dada pela Emenda Constitucional nº 19, de 1998)
Legislação infraconstitucional	Lei nº 4.923/65
Súmulas e teses de repercussão geral	RE 563965 (Tema 41): I - Não há direito adquirido a regime jurídico, desde que respeitado o princípio constitucional da irredutibilidade de vencimentos (...). RE 612975. (Tema 377): Nos casos autorizados constitucionalmente de acumulação de cargos, empregos e funções, a incidência do art. 37, inciso XI, da Constituição Federal pressupõe consideração de cada um dos vínculos formalizados, afastada a observância do teto remuneratório quanto ao somatório dos ganhos do agente público.

Referências normativas e jurisprudenciais	
Julgados paradigmáticos	ADI 4013, 6196, 6363 AI 588917 AgR, 621033 AgR, 861226 AgR ARE 669052 AgR MS 24381 ED RE 93555, 212131, 375936, 588944, 612975

O direito subjetivo do trabalhador à irredutibilidade salarial se aplica ao valor nominal de seu salário; no entanto, como princípio endereçado ao legislador, aos entes coletivos e ao Judiciário Trabalhista (no exercício do poder normativo), deve-se buscar a concretização da irredutibilidade real, de modo que seja preservado ou maximizado o poder de compra do salário[420].

Não se pode interpretar que o princípio da irredutibilidade salarial abranja apenas o salário-hora ou somente o salário global: os dois necessariamente são protegidos pelo art. 7º, VI, da CF, que tem o objetivo de preservar o nível salarial do empregado, de modo que ele possa programar minimamente seus compromissos financeiros[421].

Afora as ações diretas de inconstitucionalidade movidas contra a legislação diferenciada relativa à pandemia da covid-19 (estudada, neste capítulo, no tópico sobre Direito do Trabalho Emergencial, para o qual se remete o leitor), a tendência do STF tem sido a de não conhecer recursos extraordinários a respeito do tema da irredutibilidade salarial no campo estritamente trabalhista. Isso porque os casos que chegaram à Corte envolviam discussões de ofensa meramente reflexa à Constituição, por haver necessidade de interpretação da legislação infraconstitucional, tais como:

- integração definitiva da parcela denominada "quebra de caixa" (instituída em norma coletiva) e de diárias à remuneração do empregado[422-423];

420. No mesmo sentido, SÜSSEKIND, Arnaldo, *op.cit.*, p. 151.

421. Arnaldo Süssekind (*op.cit.*, *loc.cit.*) afirma: "do princípio da irredutibilidade de salário resulta a tese da manutenção do nível salarial cogitado na celebração do contrato de trabalho". Há "não só a proibição da redução direta do salário (diminuição do salário ajustado por unidade de tempo ou de obra), como de sua diminuição indireta (fornecimento de menos serviço ao empregado pago em razão do seu rendimento)".

422. "EMENTA: AGRAVO REGIMENTAL. NEGATIVA DE PRESTAÇÃO JURISDICIONAL. DIREITO DO TRABALHO. IRREDUTIBILIDADE SALARIAL (ART. 7º, VI, DA CONSTITUIÇÃO). INTEGRAÇÃO DEFINITIVA DA PARCELA QUEBRA-DE-CAIXA AO SALÁRIO. SÚMULAS 279 E 454. OFENSA REFLEXA. 1. A controvérsia sobre o direito à incorporação definitiva dos valores referentes à quebra-de-caixa demanda o prévio exame da legislação infraconstitucional, da norma convencional e dos fatos e provas que fundamentaram as conclusões da decisão recorrida. Portanto, inviável o processamento do recurso extraordinário. 2. O Tribunal a quo prestou jurisdição, não contrariando a orientação firmada no julgamento do AI 791.292-QO-RG. 3. Agravo regimental a que se nega provimento" (AI 588917 AgR, Relator(a): JOAQUIM BARBOSA, Segunda Turma, julgado em 26/06/2012).

423. "EMENTA: AGRAVO REGIMENTAL. DIREITO DO TRABALHO. IRREDUTIBILIDADE SALARIAL (ART. 7º, VI, DA CONSTITUIÇÃO). INTEGRAÇÃO DEFINITIVA DAS DIÁRIAS AO SALÁRIO.

- incorporação de horas extras habituais ao salário[424];
- reversão de bancário à jornada de 6 horas, com decréscimo proporcional da remuneração[425];
- desconto de valores na remuneração de servidores públicos, com base em lei local[426].

Já no âmbito do Direito Administrativo, a Corte tem mais comumente julgado o mérito de recursos relacionados à irredutibilidade de salários e vencimentos de servidores públicos. Embora se trate de campos diferentes, os raciocínios trilhados nos julgados podem servir de referência no Direito do Trabalho, conforme se passa a demonstrar.

Em repercussão geral, o Supremo Tribunal Federal concluiu pela impossibilidade de ampliação da jornada de trabalho sem o aumento proporcional da remuneração, sob pena de se diminuir o valor do salário-hora, também abrangido pela garantia constitucional da irredutibilidade. O tema foi analisado detidamente neste capítulo, no tópico sobre duração do trabalho (subitem "ampliação da jornada de trabalho").

Outro julgado proferido sob a sistemática de repercussão geral diz respeito ao teto remuneratório de servidores públicos[427]. A Suprema Corte concluiu que o teto previsto no art. 37, XI, da CF, deve ser interpretado como abrangente da

---

OFENSA REFLEXA. 1. A controvérsia sobre o direito à incorporação definitiva dos valores referentes às diárias superiores a 50% do salário foi examinada à luz da legislação de regência - Consolidação das Leis do Trabalho. 2. Agravo regimental a que se nega provimento" (AI 621033 AgR, Relator(a): JOAQUIM BARBOSA, Segunda Turma, julgado em 29/05/2012).

424. "DECISÃO TRABALHISTA. HORAS EXTRAS. HABITUALIDADE. IRREDUTIBILIDADE SALARIAL. OS TEMAS SOBRE A INCORPORAÇÃO AO SALARIO, DAS HORAS EXTRAS, HABITUALMENTE PRESTADAS, E A IRREDUTIBILIDADE SALARIAL NÃO ENVOLVEM MATÉRIA CONSTITUCIONAL PARA POSSIBILITAR O ACESSO A VIA EXTRAORDINÁRIO. PRECEDENTES DO STF. RECURSO EXTRAORDINÁRIO NÃO CONHECIDO" (RE 93555, Relator(a): RAFAEL MAYER, Primeira Turma, julgado em 16/12/1980).

425. "Ementa: AGRAVO REGIMENTAL NO RECURSO EXTRAORDINÁRIO COM AGRAVO. TRABALHISTA. EMPREGADO PÚBLICO. BANCÁRIO. REVERSÃO DE JORNADA. REDUÇÃO SALARIAL. ANÁLISE DE NORMA INFRACONSTITUCIONAL. CLT. OFENSA INDIRETA. AGRAVO IMPROVIDO. I - Indispensável a análise da Consolidação das Leis Trabalhistas - CLT para verificar, no caso, eventual ofensa ao princípio da irredutibilidade salarial. A afronta ao texto constitucional, se ocorrente, seria meramente reflexa, circunstância que torna inviável o recurso extraordinário. II - Agravo regimental improvido" (ARE 669052 AgR, Relator(a): RICARDO LEWANDOWSKI, Segunda Turma, julgado em 21/08/2012).

426. "EMENTA: RECURSO. Extraordinário. Incognoscibilidade. Lei Complementar estadual nº 61/2001 de Sergipe. Redutor salarial. Desconto. Matéria infraconstitucional. Ausência de repercussão geral. Recurso não conhecido. Não apresenta repercussão geral o recurso extraordinário que, tendo por objeto restituição de valores descontados da remuneração do funcionalismo público local, versa sobre matéria infraconstitucional" (RE 588944 RG, Relator(a): CEZAR PELUSO, Tribunal Pleno, julgado em 14/08/2009).

427. "TETO CONSTITUCIONAL - ACUMULAÇÃO DE CARGOS - ALCANCE. Nas situações jurídicas em que a Constituição Federal autoriza a acumulação de cargos, o teto remuneratório é considerado em

remuneração de cada cargo individualmente considerado, e não do somatório de vencimentos dos dois cargos legitimamente acumulados.

Prevaleceu o raciocínio de que o teto tem uma finalidade ética, de evitar os chamados "supersalários", incompatíveis com o princípio republicano, bem a de proteger o erário. Conforme dito pelo Min. Marco Aurélio, em seu voto condutor, "a percepção somada de remunerações relativas a cargos acumuláveis, ainda que acima, no cômputo global, do patamar máximo, não interfere nos objetivos que inspiram o texto constitucional". Argumentou-se, ainda, que interpretação diversa ensejaria enriquecimento sem causa da Administração, por resultar em remuneração inferior à que se tem como razoável para cada cargo isoladamente considerado. Em alguns casos, poderia haver até mesmo trabalho não remunerado, como no caso de ministro que exercesse uma função pública de magistério, tal como autorizado pela Constituição.

O precedente é interessante também por suscitar o debate acerca do controle de constitucionalidade de emenda constitucional. No caso, a EC 41/2003 modificou a redação do art. 37, XI, da CF, que passou a estabelecer que o teto se aplicaria para todo e qualquer tipo de remuneração recebida por servidor público, cumulativamente ou não. Em seu voto, o Min. Roberto Barroso salientou a necessidade de cautela e parcimônia do Judiciário no que tange à declaração de inconstitucionalidade nesses casos, a fim de não impedir que as maiorias governem. Contudo, a situação em apreço seria excepcional, por violar o direito fundamental ao trabalho remunerado. Diante da literalidade da redação do referido dispositivo constitucional, fez-se uma interpretação conforme a Constituição (Min. Barroso) ou uma declaração de nulidade parcial sem redução de texto (Min. Marco Aurélio), de modo que, nas hipóteses de acumulação lícita de cargos, o teto remuneratório incida isoladamente para cada uma das parcelas remuneratórias.

A jurisprudência da Corte, ademais, é pacífica em que o servidor público não tem direito adquirido a regime jurídico de cálculo de remuneração; no entanto, eventual decréscimo no seu valor nominal, decorrente de novos critérios utilizados pelo ente público, implica ofensa à garantia constitucional da irredutibilidade de vencimentos[428].

Há julgados das turmas, e também do Plenário[429], que concluem que, se houver transmudação do regime jurídico de celetista para estatutário, eventual diferença remuneratória deferida em sentença trabalhista transitada em julgado

---

relação à remuneração de cada um deles, e não ao somatório do que recebido" (RE 612975, Relator(a): MARCO AURÉLIO, Tribunal Pleno, julgado em 27/04/2017).

428. RE 375936 AgR, Relator(a): CARLOS BRITTO, Primeira Turma, julgado em 23/05/2006. No mesmo sentido, AI 767617 AgR, Relator(a): GILMAR MENDES, Segunda Turma, julgado em 28/08/2012.

429. MS 24381 ED, Relator(a): GILMAR MENDES, Tribunal Pleno, julgado em 03/08/2006.

pode ser suprimida pela Administração Pública, sem que se cogite de violação à coisa julgada, ao ato jurídico perfeito e à irredutibilidade de vencimentos[430].

No mesmo sentido, há interessante precedente em que a Suprema Corte concluiu criativamente que – diante da impossibilidade de redução salarial quando da conversão do regime celetista em estatutário – a solução razoável seria o enquadramento do servidor no nível mais alto da categoria que passou a integrar, sendo que eventual excesso remuneratório deveria ser considerado como vantagem pessoal a ser absorvida em futuras concessões de aumento real ou específico[431]. Dessa forma se preservou a irredutibilidade dos vencimentos, ao mesmo tempo em que se viabilizou o enquadramento do servidor no regime jurídico administrativo, com o qual podem se revelar incompatíveis certas vantagens decorrentes de contrato de trabalho.

Na ADI 6196[432], o STF fixou o entendimento de que "não afronta o direito adquirido e a irredutibilidade salarial (arts. 5º, XXXVI, e 37, XV, da CF) a norma estadual que, alterando calendário de integralização de piso salarial da categoria profissional, apenas prorroga o reajuste por mais três anos até alcançar o limite máximo previsto, como medida de austeridade adotada para equilibrar as contas públicas". O julgado envolvia legislação estadual que estabelecera reajuste salarial escalonado até o ano de 2021 para os professores da rede pública; antes da data prevista para a implementação, lei posterior diferiu no tempo os reajustes, que deveriam ser concedidos até o ano de 2024.

A corrente vencedora – na ocasião ficou vencido apenas o Min. Lewandowski – assentou o entendimento de que a lei revogadora não violou a irre-

---

430. "Ementa: AGRAVO REGIMENTAL NO AGRAVO DE INSTRUMENTO. ADMINISTRATIVO. SERVIDOR PÚBLICO. VANTAGEM OBTIDA POR SENTENÇA TRABALHISTA. PASSAGEM PARA O REGIME JURÍDICO ÚNICO. EFEITOS DA SENTENÇA TRABALHISTA LIMITADOS AO ADVENTO DO REGIME JURÍDICO ÚNICO. PRECEDENTES. 1. O servidor público celetista transposto para regime estatutário não possui direito adquirido às diferenças remuneratórias decorrentes de sentença trabalhista, tendo em vista a mudança de regime. Precedentes: AI 859.743-AgR, Rel. Min. Rosa Weber, Primeira Turma, DJe de 26/2/2014; RE 447.592-AgR, Rel. Min. Teori Zavascki, Segunda Turma, DJe de 3/9/2013; RE 576.397-AgR, Rel. Min. Cármen Lúcia, Segunda Turma, DJe de 21/11/2012; AI 572.366-AgR, Rel. Min. Dias Toffoli, Primeira Turma, DJe de 25/4/2012; e RE 562.757-ED, Rel. Min. Gilmar Mendes, Segunda Turma, DJe de 21/8/2012. 2. In casu, o acórdão extraordinariamente recorrido assentou: 'ADMINISTRATIVO. SERVIDOR CIVIL. VENCIMENTOS. IPC DE MARÇO/90. 84,32%. COISA JULGADA TRABALHISTA. EFICÁCIA ATÉ 11/12/90. 1. Não é cabível a correção da remuneração dos servidores públicos com base no IPC de março de 1990, correspondente a 84,32%. Entendimento do STJ. 2. A decisão proferida em sede de jurisdição trabalhista, com limitação dos seus efeitos até 11/12/1990, não autoriza a pretensão de pagamento da parcela após a vigência do Regime Jurídico Único. Precedente da Turma. 3. A exclusão de parcela salarial deferida em reclamação trabalhista no período celetista, após a passagem para o regime estatutário, não configura violação à coisa julgada, ao ato jurídico perfeito, ao direito adquirido e à irredutibilidade de vencimentos. Entendimento do Plenário do Supremo Tribunal Federal (MS nº 24.381/DF).' 3. Agravo regimental DESPROVIDO" (AI 861226 AgR, Relator(a): LUIZ FUX, Primeira Turma, julgado em 14/04/2015).

431. RE 212131, Relator(a): ILMAR GALVÃO, Primeira Turma, julgado em 03/08/1999.

432. ADI 6196, Relator(a): ALEXANDRE DE MORAES, Tribunal Pleno, julgado em 20/03/2020.

dutibilidade dos vencimentos, já que, como os reajustes ainda não haviam sido concedidos, não teria havido redução do valor nominal recebido pelos servidores. Nessa perspectiva, havia apenas expectativa de direito ao reajuste, mas não direito adquirido. Fato relevante levado em consideração foi a instituição de regime de austeridade fiscal pelo estado da federação, diante de dificuldades orçamentárias enfrentadas.

Perceba-se que o julgado consubstancia mudança da orientação manifestada pela Corte na ADI 4013[433], em que se chegou à conclusão de que, estando vigente lei concessiva de reajuste – ainda que para implementação em momento futuro –, estar-se-ia diante de verdadeiro adquirido que não poderia ser afetado por legislação superveniente.

Transpondo tais noções à relação de emprego, pode-se concluir que, diante de sua natureza contratual, "promessas" de reajuste feitas pelo empregador o vinculam e não podem ser retiradas sob o argumento de que ainda não teriam sido implementadas. Essa conclusão se reforça com os princípios da condição mais benéfica e da boa-fé objetiva, do qual decorre a necessidade de proteção da legítima expectativa do trabalhador.

23. LIBERDADE PROFISSIONAL

	Referências normativas e jurisprudenciais
Constituição	Art. 5º, XIII - é livre o exercício de qualquer trabalho, ofício ou profissão, atendidas as qualificações profissionais que a lei estabelecer.
Legislação infraconstitucional	Lei nº 8.906/94, Art. 8º Para inscrição como advogado é necessário: (...) IV - aprovação em Exame de Ordem.
Súmulas e teses de repercussão geral	Súmula 70: É inadmissível a interdição de estabelecimento como meio coercitivo para cobrança de tributo. Tema 241 (RE 603583): O Exame, inicialmente previsto no artigo 48, inciso III, da Lei nº 4.215/63 e hoje no artigo 8º, inciso IV, da Lei nº 8.906/94, mostra-se consentâneo com a Constituição Federal. Com ela é compatível a prerrogativa conferida à Ordem dos Advogados do Brasil para aplicação do exame de suficiência relativo ao acesso à advocacia. Tema 486 (RE 607107): É constitucional a imposição da pena de suspensão de habilitação para dirigir veículo automotor ao motorista profissional condenado por homicídio culposo no trânsito. Tema 732 (RE 647885): É inconstitucional a suspensão realizada por conselho de fiscalização profissional do exercício laboral de seus inscritos por inadimplência de anuidades, pois a medida consiste em sanção política em matéria tributária.

433. ADI 4013, Relator(a): CÁRMEN LÚCIA, Tribunal Pleno, julgado em 31/03/2016.

Referências normativas e jurisprudenciais	
Súmulas e teses de repercussão geral	Tema 738 (RE 795467): É incompatível com a Constituição a exigência de inscrição na Ordem dos Músicos do Brasil, bem como de pagamento de anuidade, para o exercício da profissão. Tema 967 (RE 1054110): 1. A proibição ou restrição da atividade de transporte privado individual por motorista cadastrado em aplicativo é inconstitucional, por violação aos princípios da livre iniciativa e da livre concorrência; e 2. No exercício de sua competência para regulamentação e fiscalização do transporte privado individual de passageiros, os Municípios e o Distrito Federal não podem contrariar os parâmetros fixados pelo legislador federal Tema 455 (RE 1263641): A exigência de garantia para o exercício da profissão de leiloeiro, prevista nos artigos 6º a 8º do Decreto 21.981/1932, é compatível com o artigo 5º, XIII, da CF/1988.
Julgados paradigmáticos	ADI 395, 803, 2317 MC, 3451, 5035, 5037 ADPF 183, 310, 449 RE 199088, 603583, 647885, 795467, 1054110, 1263641 RP 930, 1056

O art. 5º, XIII, da Constituição, institui verdadeiro direito fundamental à liberdade de trabalho. Embora também mencione os termos "ofício" e "profissão" – e a doutrina se esforce para diferenciá-los[434] –, é suficiente, para interpretar o citado dispositivo, definir trabalho como qualquer atividade exercida por pessoa física em benefício de outrem, excluídas atividades criminosas. Sequer se pode dizer que trabalho envolva sempre remuneração ou a busca de subsistência do trabalhador, pois o trabalho voluntário (não remunerado) também está abrangido pela garantia constitucional.

É importante, no conceito de *trabalho*, excluir atividades vedadas na esfera do Direito Penal, pois a ninguém é dada a liberdade de cometer crimes. A atividade criminosa, ainda que exercida de forma habitual, evidentemente não se insere no âmbito de proteção do art. 5º, XIII, da CF.

Trata-se de norma constitucional autoaplicável, de eficácia plena e aplicabilidade contida ou restringível. Assim, como já pontuado pelo STF[435], a

434. Segundo Leonardo Martins, "'ofício' ou 'profissão' referem-se a uma atividade social e política, à qual o indivíduo dedica-se de forma duradoura para a consecução dos meios de sua subsistência econômica"; no caso do termo "trabalho", faltaria "a característica da 'forma duradoura', pois o termo indica que uma atividade praticada uma única vez com o fim de se adquirir certa remuneração deverá ser protegida" (MARTINS, Leonardo. Comentários ao art. 5º, XIII. In *Comentários à Constituição do Brasil*. J.J.Gomes Canotilho et.al. (coords.). 2ª ed. São Paulo: Saraiva Educação, 2018, p. 318).

435. "EMENTA: AGRAVO REGIMENTAL NO MANDADO DE INJUNÇÃO. REGULAMENTAÇÃO DE ATIVIDADE PROFISSIONAL: ART. 5º, INC. XIII, DA CONSTITUIÇÃO DA REPÚBLICA. 1. Ausência de dispositivo constitucional que imponha aos Agravados o dever de regulamentar a atividade exercida pelos substituídos do Agravante. 2. O art. 5º, inc. XIII, da Constituição da República é norma de aplicação imediata e eficácia contida que pode ser restringida pela legislação infraconstitucional. Inexistindo lei regulamentando o exercício da atividade profissional dos substituídos, é livre o seu exercício. 3. Agravo

regra geral é a liberdade; a restrição é excepcional, de modo que, se não existir regulamentação restritiva validamente editada, a atividade profissional é livre ao cidadão.

Interpretando o art. 5º, XIII, o Supremo Tribunal Federal tem afirmado que o dispositivo estabelece uma "reserva legal qualificada", o que significa que a lei – e somente a lei – pode criar restrições à liberdade de trabalho; mas não é tudo, porque tais restrições somente se legitimam se forem atinentes à qualificação do trabalhador e se atenderem ao princípio da proporcionalidade.

Contudo, é importante notar que a jurisprudência da Corte também admite que a lei estabeleça restrições a atividades profissionais, mesmo que não esteja em jogo a qualificação do trabalhador, desde que se trate de objetivo legítimo. Foi o que aconteceu, por exemplo, quando do julgamento de ação direta de inconstitucionalidade contra legislação que impedia que candidatos a mandatos eletivos atuassem como apresentadores de rádio ou de televisão a partir de sua escolha pelo partido[436].

Em sentido semelhante, o julgado da ADI 2317 MC[437], em que estava em jogo resolução do Conselho Monetário Nacional que fixava prazo máximo para atuação de auditorias independentes junto às instituições financeiras. O Plenário considerou que não se estava diante de restrição de atividade profissional ou econômica, mas de regulamentação necessária para preservar o interesse público na existência de uma auditoria efetivamente independente, o qual estaria comprometido pela manutenção dos mesmos auditores por longo período. Embora os ministros não tenham mencionado o ponto, é inegável que o ato normativo afeta a liberdade profissional, restringindo-a; mas se trata de regulamentação legítima à luz do interesse público de controle eficiente do sistema financeiro.

---

regimental ao qual se nega provimento" (MI 6113 AgR, Relator(a): Min. CÁRMEN LÚCIA, Tribunal Pleno, julgado em 22/05/2014).

436. "EMENTA: - Ação Direta de Inconstitucionalidade. Propaganda eleitoral no radio e na televisão. Candidato apresentador ou comentarista de programa de radio ou televisão. Art. 70, paragrafo único, da Lei n. 8.713, de 30.09.1993, que regula as eleições de 03/10/1994. Alegações de violação ao art. 14, pars. 4. a 9., e art. 5., inciso XIII, da Constituição Federal. Medida cautelar. 1. O art. 70 da Lei n. 8.713, de 30.09.1993, veda, a partir da data da escolha do candidato pelo partido, a transmissão de programa de radio ou televisão por ele apresentado ou comentado. E o paragrafo único acrescenta que, sendo o nome do programa o mesmo que o do candidato, e proibida a sua divulgação, sob pena de cassação do respectivo registro. 2. Tais normas, a um primeiro exame do Tribunal, para efeito de medida cautelar, não estabelecem nova hipótese de inelegibilidade ou outra condição de elegibilidade, nem obstam o exercício de profissão a qualquer apresentador ou comentarista de radio ou televisão. E se destinam a impedir que, durante a propaganda eleitoral, por esses veículos de comunicação, o candidato, pelo exercício de tal profissão, se coloque, nesse ponto, em posição de nítida vantagem em relação aos candidatos que só terão acesso ao público, pelos mesmos meios, nos horários e com as restrições a que se referem as normas especificas da mesma Lei 8.713/93 (artigos 59 a 62, 66 e seguintes). Com isso, visam tais dispositivos a observância do princípio da isonomia, entre os candidatos, durante a propaganda eleitoral. (...)" (ADI 1062 MC, Relator(a): SYDNEY SANCHES, Tribunal Pleno, julgado em 25/05/1994).

437. ADI 2317 MC, Relator(a): ILMAR GALVÃO, Tribunal Pleno, julgado em 19/12/2000.

Perceba-se que, também aqui, não se trata de restrição pautada na necessidade de qualificação do profissional.

Do mesmo modo, a jurisprudência do STF se consolidou no sentido de que são válidas previsões legais que impeçam o exercício da advocacia nos seguintes casos: (i) servidores públicos que desempenham, direta ou indiretamente, atividades policiais[438]; (ii) assessor de desembargador[439]. Isso comprova definitivamente que não é apenas a qualificação profissional que pode autorizar a restrição à liberdade profissional, mas outros valores como a moralidade administrativa, a isonomia, a eficiência da Administração Pública, entre outros.

Outra importante tese a respeito, fixada em repercussão geral (tema 486), é a da constitucionalidade da imposição da pena de suspensão de habilitação para dirigir veículo automotor ao motorista profissional condenado por homicídio culposo no trânsito[440]. A discussão é se a pena criminal, neste caso, violaria o direito ao trabalho. Na visão do Supremo Tribunal, a previsão legislativa é razoável, sendo certo que inexiste direito absoluto ao exercício de atividades profissionais. A suspensão do direito de dirigir também seria coerente com o princípio da individualização da pena (CF, art. 5º, XLVI) e não impediria que o motorista profissional extraísse seu sustento de qualquer outra atividade laborativa.

De outro lado, na ADPF 310 a Corte declarou a inconstitucionalidade de ato do Conselho Federal da Ordem dos Advogados do Brasil que ampliava a *quarentena* prevista no art. 95, parágrafo único, V, da CF[441], a sócios e funcionários de ex-magistrado que passasse a exercer a advocacia[442]. Dois fundamentos

---

438. "EMENTA Ação direta de inconstitucionalidade. Exercício da advocacia. Servidores policiais. Incompatibilidade. Artigo 28, inciso V, da Lei nº 8.906/94. Ausência de ofensa ao princípio da isonomia. Improcedência da ação. 1. A vedação do exercício da atividade de advocacia por aqueles que desempenham, direta ou indiretamente, serviço de caráter policial, prevista no art. 28, inciso V, da Lei nº 8.906/94, não se presta para fazer qualquer distinção qualificativa entre a atividade policial e a advocacia. Cada qual presta serviços imensamente relevantes no âmbito social, havendo, inclusive, previsão expressa na Carta Magna a respeito dessas atividades. O que pretendeu o legislador foi estabelecer cláusula de incompatibilidade de exercício simultâneo das referidas atividades, por entendê-lo prejudicial ao cumprimento das respectivas funções. 2. Referido óbice não é inovação trazida pela Lei nº 8.906/94, pois já constava expressamente no anterior Estatuto da Ordem dos Advogados do Brasil, Lei nº 4.215/63 (art. 84, XII). Elegeu-se critério de diferenciação compatível com o princípio constitucional da isonomia, ante as peculiaridades inerentes ao exercício da profissão de advogado e das atividades policiais de qualquer natureza. 3. Ação julgada improcedente." (ADI 3541, Relator(a): DIAS TOFFOLI, Tribunal Pleno, julgado em 12/02/2014)

439. RE 199088, Relator(a): CARLOS VELLOSO, Segunda Turma, julgado em 01/10/1996.

440. RE 607107, Relator(a): ROBERTO BARROSO, Tribunal Pleno, julgado em 12/02/2020.

441. CF, art. 95, parágrafo único. Aos juízes é vedado: (...) V - exercer a advocacia no juízo ou tribunal do qual se afastou, antes de decorridos três anos do afastamento do cargo por aposentadoria ou exoneração.

442. "Ementa: ARGUIÇÃO DE DESCUMPRIMENTO DE PRECEITO FUNDAMENTAL. ENUNCIADO 018/2013, DO CONSELHO PLENO DA OAB. QUARENTENA PREVISTA NO ART. 95, V, DA CF. EXTENSÃO A ADVOGADOS ASSOCIADOS, FORMAL OU INFORMALMENTE, A EX-JUÍZES. ATO DO PODER PÚBLICO COM APTIDÃO PARA LESAR A LIBERDADE PROFISSIONAL. SUBSI-

foram adotados: (i) o fato de que somente a lei (e não atos administrativos) pode restringir o exercício profissional; (ii) a falta de razoabilidade da regulamentação, que interpretava de forma extensiva o citado dispositivo constitucional, abarcando pessoas que nunca foram magistradas e que, por isso, não poderiam exercer tráfico de influência ou, de forma mais ampla, violar a moralidade administrativa. Concluiu-se pela violação do art. 5º, XIII, da CF.

Em linhas gerais, o raciocínio do STF é o de que a lei somente pode restringir o exercício profissional se a atividade puder causar riscos a terceiros. Se este for o caso, a restrição será legítima quando necessária e adequada para assegurar qualificação do trabalhador, à luz do princípio da proporcionalidade.

Nesse sentido, a Corte se manifestou, na ADPF 183, pela impossibilidade da existência de um Conselho profissional com poder de polícia quanto à atividade de músicos[443], já que inexistente qualquer interesse público a exigir a demonstração prévia de conhecimentos técnicos ou científicos necessários ao bom exercício da profissão.

Igualmente, no RE 511961[444] fixou-se o entendimento de que é inconstitucional a exigência de diploma de curso superior para o exercício da profissão

---

DIARIEDADE ATENDIDA. VEDAÇÃO RESTRITA A EX-INTEGRANTES DA MAGISTRATURA. INCONSTITUCIONALIDADE. (...) 2. A norma impugnada cria impedimento ao exercício da advocacia não relacionado a requisitos individuais de capacidade técnica, mas a fato de terceiro (exercício, por outrem, da magistratura), sem qualquer intermediação legislativa, em conflito com a garantia do livre exercício "de qualquer trabalho, ofício ou profissão" (art. 5º, XIII). 3. O art. 95, parágrafo único, V, da Constituição Federal estabelece um importante padrão de moralidade pública, visando a coibir situações de conflito de interesses que possam ameaçar a credibilidade do Poder Judiciário. (...). 5. A cláusula constitucional hospedada no art. 5º, XIII, da CF, é asseguradora de direito fundamental – o exercício de profissões e ofícios – cuja restrição está submetida à reserva legal qualificada, não podendo ser formalizada por fonte jurídica diversa da legislativa. 6. Arguição de Descumprimento de Preceito Fundamental julgada procedente" (ADPF 310, Relator(a): ALEXANDRE DE MORAES, Tribunal Pleno, julgado em 18/10/2019, PROCESSO ELETRÔNICO DJe-040 DIVULG 26-02-2020 PUBLIC 27-02-2020).

443. Ementa: CONSTITUCIONAL. LEI FEDERAL 3.857/1960. INSTITUI A ORDEM DOS MÚSICOS DO BRASIL CONFERINDO PODER DE POLÍCIA SOBRE A PROFISSÃO DE MÚSICO. LIBERDADES DE PROFISSÃO E MANIFESTAÇÃO ARTÍSTICA (ARTS. 5º, IX E XIII, DA CF). INCOMPATIBILIDADE. IMPOSSIBILIDADE DE INTERVENÇÃO ESTATAL NESSE TIPO DE ATIVIDADE. 1. O art. 5º, XIII, parte final, da CF admite a limitação do exercício dos trabalhos, ofícios ou profissões, desde que materialmente compatível com os demais preceitos do texto constitucional, em especial o valor social do trabalho (arts. 1º, IV; 6º, *caput* e inciso XXXII; 170, caput e inciso VIII; 186, III, 191 e 193 da CF) e a liberdade de manifestação artística (art. 5º, IX, da CF). 2. As limitações ao livre exercício das profissões serão legítimas apenas quando o inadequado exercício de determinada atividade possa vir a causar danos a terceiros e desde que obedeçam a critérios de adequação e razoabilidade, o que não ocorre em relação ao exercício da profissão de músico, ausente qualquer interesse público na sua restrição. 3. A existência de um conselho profissional com competências para selecionar, disciplinar e fiscalizar o exercício da profissão de músico (art. 1º), para proceder a registros profissionais obrigatórios, para expedir carteiras profissionais obrigatórias (arts. 16 e 17) e para exercer poder de polícia, aplicando penalidades pelo exercício ilegal da profissão (arts. 18, 19, 54 e 55), afronta as garantias da liberdade de profissão e de expressão artística. 4. Arguição de Descumprimento de Preceito Fundamental julgada procedente" (ADPF 183, Relator(a): ALEXANDRE DE MORAES, Tribunal Pleno, julgado em 27/09/2019).

444. RE 511961, Relator(a): GILMAR MENDES, Tribunal Pleno, julgado em 17/06/2009.

de jornalista. No caso, além da argumentação atinente à liberdade profissional, fundamentou-se com a liberdade de expressão e de imprensa, que impediria inclusive a existência de controles estatais da atividade jornalística, tais como a existência de conselhos profissionais. Registrou-se, ainda, o posicionamento da OEA (Organização dos Estados Americanos) no mesmo sentido. De fato, exigir-se formação em curso superior não assegura maior qualidade da cobertura jornalística, o que depende de outros fatores, como ética e talento do profissional, entre outros que não se adquirem com a incorporação de conhecimentos técnicos transmitidos em curso superior.

Noutro giro, no RE 603583[445], a Suprema Corte concluiu pela validade constitucional da legislação que passou a estabelecer a obrigatoriedade do chamado "exame de Ordem" para exercício da profissão de advogado. Argumentou-se que a formação em Direito, por si só, não assegura que o bacharel detenha os conhecimentos necessários ao bom exercício da atividade, a qual cria significativos riscos para direitos patrimoniais e existenciais dos clientes patrocinados. Ademais, o fato de não existir exame semelhante para outras profissões que geram riscos ainda mais significativos, como a medicina, não faz com que se deslegitime o exame de Ordem; ao contrário, seria possível que o legislador estabelecesse algum tipo de exame semelhante para que egressos dos cursos de Ciências Médicas pudessem exercer a profissão.

Na ADI 803, a Corte considerou legítima a previsão, na Lei nº 8.234/91, de diversas atividades como "privativas" de nutricionistas, tais como planejamento, organização, direção, supervisão e avaliação de serviços pertinentes à alimentação e nutrição. Apesar de o art. 3º da Lei utilizar o adjetivo "privativas"[446], a conclusão foi a de que determinados profissionais, como médicos nutrólogos, gastroenterologistas, entre outros, não teriam seu exercício tolhido pela regulamentação da profissão de nutricionista.

Outro precedente interessante, firmado sob a sistemática de repercussão geral, diz respeito à impossibilidade de cancelamento de inscrição em Conselho Profissional (inclusive a OAB) por inadimplência no pagamento de anuidades[447]. De acordo com o STF, em virtude da natureza tributária das contribuições para

---

445. (RE 603583, Relator(a): MARCO AURÉLIO, Tribunal Pleno, julgado em 26/10/2011.

446. Art. 3º São atividades privativas dos nutricionistas: I - direção, coordenação e supervisão de cursos de graduação em nutrição; II - planejamento, organização, direção, supervisão e avaliação de serviços de alimentação e nutrição; III - planejamento, coordenação, supervisão e avaliação de estudos dietéticos; IV - ensino das matérias profissionais dos cursos de graduação em nutrição; V - ensino das disciplinas de nutrição e alimentação nos cursos de graduação da área de saúde e outras afins; VI - auditoria, consultoria e assessoria em nutrição e dietética; VII - assistência e educação nutricional e coletividades ou indivíduos, sadios ou enfermos, em instituições públicas e privadas e em consultório de nutrição e dietética; VIII - assistência dietoterápica hospitalar, ambulatorial e a nível de consultórios de nutrição e dietética, prescrevendo, planejando, analisando, supervisionando e avaliando dietas para enfermos.

447. RE 647885, Relator(a): EDSON FACHIN, Tribunal Pleno, julgado em 27/04/2020.

os Conselhos (CF, art. 149), o cancelamento da inscrição pelo não pagamento seria uma espécie de sanção política que inviabilizaria injustificadamente o exercício profissional. Além disso, apontou-se para a desproporcionalidade e para a desnecessidade da medida, já que tais entidades têm a seu dispor diversos mecanismos judiciais e extrajudiciais para a cobrança das anuidades.

Pode-se dizer que tal julgado (RE 647885) superou o RE 808424, pois aquele é mais amplo. De fato, no RE 808424, a Corte fixou a tese segundo a qual não seria possível o cancelamento automático da inscrição em conselho profissional em decorrência de inadimplência da anuidade, sem prévio processo administrativo. O foco, aqui, era apenas o necessário contraditório no processo administrativo de suspensão do direito de exercício profissional pelo inadimplente. Como se viu, o precedente posterior (RE 647885) simplesmente veda o cancelamento decorrente de inadimplência, o que faz com que seja desnecessário cogitar de processo administrativo e de contraditório a respeito.

Outra situação interessante apreciada pela Corte foi a da dispensa de revalidação de diploma estrangeiro para a atuação de médicos estrangeiros no âmbito do Programa Mais Médicos, conforme art. 16 da Lei nº 12.871/2013[448]. Merece destaque o argumento, acolhido pelo Plenário, de que nada impediria que o Congresso Nacional viesse a editar lei transformando essa regra específica em geral, de modo a prever a desnecessidade de validação do diploma para determinados países. Levou-se em conta, ainda, que a lei não deixou de exigir a qualificação necessária ao exercício da medicina, em virtude da previsão de que o médico intercambista seria supervisionado e fiscalizado pelo Conselho de Medicina, e do fato de que a bolsa estaria ligada a uma universidade.

Na ADI 3953[449], foi reafirmado o entendimento acerca da inconstitucionalidade de leis estaduais ou distritais que versem sobre Direito do Trabalho. No caso, tratava-se de legislação do Distrito Federal que reconhecia e regulamentava o exercício profissional das atividades de cabeleireiro, manicure, pedicuro, esteticista e profissional da beleza. Há lei federal que regulamenta tais profissões (Lei nº 13.352/2016), sendo certo que o art. 2º do respectivo projeto[450] foi vetado

---

448. Art. 16. O médico intercambista exercerá a Medicina exclusivamente no âmbito das atividades de ensino, pesquisa e extensão do Projeto Mais Médicos para o Brasil, dispensada, para tal fim, nos 3 (três) primeiros anos de participação, a revalidação de seu diploma nos termos do § 2º do art. 48 da Lei nº 9.394, de 20 de dezembro de 1996.

449. ADI 3953, Relator(a): RICARDO LEWANDOWSKI, Tribunal Pleno, julgado em 27/04/2020.Sabe

450. Art. 2º (VETADO) As atividades de que trata o art. 1º desta Lei serão exercidas pelos:

I - portadores de diploma do ensino fundamental;

II - portadores de habilitação específica fornecida por entidades públicas ou privadas, legalmente reconhecidas;

III - profissionais que, embora não sejam portadores de diploma ou de certificado na forma dos incisos I e II do *caput* deste artigo, estejam exercendo a profissão há pelo menos 1 (um) ano, contado da data de publicação desta Lei.

pelo Presidente da República, porque, ao limitar o exercício da atividade àqueles que tinham diploma de ensino fundamental ou de habilitação específica, violava o princípio da liberdade profissional (CF, art. 5º, XIII).

Ao julgar o RE 1263641[451], a Suprema Corte fixou a seguinte tese de repercussão geral: "A exigência de garantia para o exercício da profissão de leiloeiro, prevista nos artigos 6º a 8º do Decreto 21.981/1932, é compatível com o artigo 5º, XIII, da CF/1988".

O voto vencido do Min. Marco Aurélio reputava desproporcional a exigência de fiança para o exercício da profissão de leiloeiro, tal como previsto na regulamentação pertinente. Prevaleceu, entretanto, que, considerando o risco ao patrimônio de terceiros, inerente à profissão de leiloeiro, a exigência seria legítima, pois resguardaria o interesse social quanto à incolumidade da propriedade privada.

451. "DIREITO CONSTITUCIONAL. LIVRE EXERCÍCIO PROFISSIONAL, ATENDIDAS AS QUALIFICAÇÕES QUE A LEI ESTABELECER. LEILOEIRO. PAGAMENTO DE CAUÇÃO PARA DESEMPENHO DA ATIVIDADE. CONSTITUCIONALIDADE. RECURSO EXTRAORDINÁRIO DESPROVIDO. 1. A cláusula da liberdade de profissão (art. 5º, XIII, da CF) assegura a brasileiros e a estrangeiros residentes no país o direito constitucional a exercer qualquer trabalho, ofício ou profissão, atendidas as qualificações profissionais que a lei estabelecer. A jurisprudência do SUPREMO TRIBUNAL FEDERAL tem afirmado que essa norma socorre tanto a liberdade de escolha, como a liberdade de exercício de uma atividade a título de trabalho, ofício ou profissão. 2. Quanto ao exercício de trabalho, ofício ou profissão, a garantia de liberdade comporta alguma limitação pelo legislador infraconstitucional, conforme dispõe o art. 5º, XIII, da CF. Embora admissível, essa intervenção está materialmente submetida aos demais preceitos constitucionais, como o valor social do trabalho (arts. 1º, IV; 6º, *caput*, XXXII; 170, *caput*, e VIII; 186, III, 191 e 193, entre outros). 3. A legitimidade da atuação legislativa no campo do exercício do trabalho deve ser restrita apenas ao indispensável para viabilizar a proteção de outros bens jurídicos de interesse público igualmente resguardados pela própria Constituição, como a segurança, a saúde, a ordem pública, a incolumidade das pessoas e do patrimônio, a proteção especial da infância e outros. Somente quando a execução individual de determinada atividade puder implicar risco a algum desses valores, imprescindíveis para o bem-estar da coletividade, é que o legislador estará autorizado a restringir a liberdade de trabalho. 4. São diretrizes para a atividade legislativa tendente a condicionar o exercício de alguma profissão: (a) a lei não pode estabelecer limitações injustificadas, arbitrárias ou excessivas; (b) as limitações instituídas pela lei devem fundamentar-se em critérios técnicos capazes de atenuar os riscos sociais inerentes ao exercício de determinados ofícios; e (c) as limitações instituídas pela lei não podem dificultar o acesso a determinada categoria profissional apenas sob o pretexto de favorecer os seus atuais integrantes, mediante restrição exclusivamente corporativista do mercado de trabalho. 5. Enfim, exige-se, como requisito de validade das limitações normativas ao exercício profissional, que sejam elas obedientes a critérios de adequação e de razoabilidade que possam ser aferidos lógica e objetivamente. 6. O Decreto 21.981/1932 dispõe, em seus artigos 6º, 7º e 8º, que "o leiloeiro, depois de habilitado devidamente perante as Juntas Comerciais fica obrigado, mediante despacho das mesmas Juntas, a prestar fiança, em dinheiro ou em apólices da Divida Pública federal (...)"; "a fiança responde pelas dívidas ou responsabilidades do leiloeiro"; e que "o leiloeiro só poderá entrar no exercício da profissão, depois de aprovada a fiança oferecida (...)". 7. O leiloeiro lida diariamente com o patrimônio de terceiros, de forma que a prestação de fiança como condição para o exercício de sua profissão busca reduzir o risco de dano ao proprietário - o que reforça o interesse social da norma protetiva, bem como justifica a limitação para o exercício da profissão. 8. Recurso Extraordinário a que se nega provimento. Tema 455, fixada a seguinte tese de repercussão geral: 'A exigência de garantia para o exercício da profissão de leiloeiro, prevista nos artigos 6º a 8º do Decreto 21.981/1932, é compatível com o artigo 5º, XIII, da CF/1988.'"

(RE 1263641, Relator(a): MARCO AURÉLIO, Relator(a) p/ Acórdão: ALEXANDRE DE MORAES, Tribunal Pleno, julgado em 13/10/2020).

Sobre a atividade de transporte privado individual por motorista cadastrado em aplicativo (tema 967 da repercussão geral e ADPF 449), ver seção específica deste capítulo, sobre uberização.

24. PRESCRIÇÃO[452]

Referências normativas e jurisprudenciais	
Constituição	Art. 7º São direitos dos trabalhadores urbanos e rurais, além de outros que visem à melhoria de sua condição social: (...) XXIX - ação, quanto aos créditos resultantes das relações de trabalho, com prazo prescricional de cinco anos para os trabalhadores urbanos e rurais, até o limite de dois anos após a extinção do contrato de trabalho; (Redação dada pela Emenda Constitucional nº 28, de 2000)
Legislação infra-constitucional	CLT Art. 11. A pretensão quanto a créditos resultantes das relações de trabalho prescreve em cinco anos para os trabalhadores urbanos e rurais, até o limite de dois anos após a extinção do contrato de trabalho. (§ 1º O disposto neste artigo não se aplica às ações que tenham por objeto anotações para fins de prova junto à Previdência Social. § 2º Tratando-se de pretensão que envolva pedido de prestações sucessivas decorrente de alteração ou descumprimento do pactuado, a prescrição é total, exceto quando o direito à parcela esteja também assegurado por preceito de lei. § 3º A interrupção da prescrição somente ocorrerá pelo ajuizamento de reclamação trabalhista, mesmo que em juízo incompetente, ainda que venha a ser extinta sem resolução do mérito, produzindo efeitos apenas em relação aos pedidos idênticos Art. 11-A. Ocorre a prescrição intercorrente no processo do trabalho no prazo de dois anos. § 1º A fluência do prazo prescricional intercorrente inicia-se quando o exequente deixa de cumprir determinação judicial no curso da execução. § 2º A declaração da prescrição intercorrente pode ser requerida ou declarada de ofício em qualquer grau de jurisdição. Lei 12.815/2013: Art. 37 (...) § 4º As ações relativas aos créditos decorrentes da relação de trabalho avulso prescrevem em 5 (cinco) anos até o limite de 2 (dois) anos após o cancelamento do registro ou do cadastro no órgão gestor de mão de obra.
Súmulas e teses de repercussão geral	Súmula 327 (1963): O direito trabalhista admite a prescrição intercorrente.
Julgados paradigmáticos	ADI 613, 3653, 5132 ARE 709212 RE 317660, 570532

452. Para uma análise detalhada acerca da prescrição do Fundo do Garantia do Tempo de Serviço, ver seção específica sobre FGTS neste capítulo.

24.1. Visão geral. Rurícola. Prescrição do fundo de direito. Prescrição intercorrente

Prescrição é a perda da pretensão em decorrência de seu não exercício no prazo fixado em lei. Pretensão, em sentido material, consiste na exigência de subordinação de um interesse alheio ao próprio interesse[453], o que se materializa através de condutas (prestações de pagar, fazer, não fazer ou dar) a serem cumpridas pelo sujeito passivo. A pretensão se revela como um poder de exigir de outra pessoa uma ação ou omissão[454].

A prescrição não extingue o direito de ação – que é autônomo e abstrato, independente do direito material que se visa a tutelar –, e tampouco extingue o direito material em si. A dívida prescrita é uma obrigação natural: se o devedor pagar espontaneamente, descabe cogitar de repetição de indébito, pois a relação de crédito e débito continua existindo. O que o fenômeno prescritivo fulmina é a exigibilidade do direito, ou seja, a possibilidade de que o credor exija do devedor a prestação objeto da obrigação. Por isso, a prescrição está associada inevitavelmente a direitos subjetivos, que são direitos a uma prestação a ser cumprida pelo sujeito passivo[455].

Ao contrário, a decadência é fato jurídico que extingue o próprio direito, relacionando-se a direitos potestativos, os quais permitem que alguém influa na esfera jurídica de outra pessoa, sem que esta possa fazer nada, a não ser se sujeitar. Não há prestação exigível do sujeito passivo, que apenas sofre as consequências do exercício do direito potestativo[456].

O art. 7º, XXIX, da CF, institui dois prazos de prescrição trabalhista: o limite bienal, contado da extinção do contrato de trabalho; e o quinquenal. Interpretando tal dispositivo, a doutrina e jurisprudência se pacificaram no sentido de que o quinquênio deve ser contado retroativamente à data em que ajuizada a reclamação trabalhista. Não prevaleceram teses minoritárias – defendidas, no STF, pelo Min. Marco Aurélio – de que o prazo bienal seria de decadência. E, em se tratando da possibilidade de ajuizamento de ação condenatória, realmente só se pode estar diante de prazo prescricional, pois se cuida de exigir uma prestação do sujeito passivo, conforme já dito.

A prescrição, ao evitar a eternização dos litígios, busca essencialmente realizar os valores segurança jurídica e paz social. Seu fundamento está na impossibilidade de a ordem jurídica proteger a negligência do credor que, podendo, deixa de exigir seus direitos em tempo tido como razoável pelo legis-

---

453. Cf. BERNARDES, Felipe, *Manual...*, *op.cit.*, p. 226.

454. Cf. AMARAL, Francisco, *Direito Civil: Introdução.* 5ª ed. Rio de Janeiro: Renovar, 2003, p. 575.

455. BERNARDES, Felipe, *Manual...*, *op.cit.*, p. 478.

456. Idem, ibidem.

lador[457]. Pode-se dizer, portanto, que prescrição pressupõe inércia do credor que, embora podendo fazê-lo, deixa de exigir seus direitos perante o devedor.

À luz de tais premissas, e considerando ainda que o empregado, no Brasil, não detém estabilidade no emprego, podendo ser dispensado imotivadamente ao exclusivo critério do empregador, é de clareza solar que não deveria fluir nenhum prazo prescricional enquanto vigente o contrato de trabalho. O trabalhador, na quase totalidade das situações, quando deixa de ajuizar reclamação trabalhista na constância da relação de emprego, não o faz por ser omisso ou negligente; na verdade, há uma inibição decorrente do temor de perda do emprego e da sua fonte de subsistência. Reclamações trabalhistas de empregados com contrato ativo acabam sendo excepcionais na prática da Justiça do Trabalho.

Nesse sentido, o texto originário da Constituição de 1988 estabelecia que, no caso de empregados rurais, não fluía prazo de prescrição durante o contrato de trabalho, de modo que havia apenas o prazo bienal após a extinção da relação empregatícia[458]. Posteriormente, a EC 28/2000 unificou a situação dos trabalhadores urbanos e rurais, razão por que a prescrição quinquenal passou a ser aplicável a todos.

O Supremo Tribunal Federal, na ADI 3653[459], foi instado a se pronunciar sobre a constitucionalidade da referida emenda constitucional. A conclusão unânime do Plenário foi no sentido de que se trata de legítima opção exercida pelo Poder Constituinte derivado, não havendo violação aos limites materiais expressos ao poder de reforma do texto constitucional (art. 60, § 4º, IV, da CF). Ademais, a Corte definiu que a entrada imediata em vigor da EC 28/2000, tal como previsto em seu art. 3º, não permitiria concluir pela existência de qualquer indicativo de que a emenda teria projetado efeitos sobre fatos ocorridos antes de sua edição. A discussão sobre direito intertemporal, envolvendo a aplicação do novo regramento sobre os contratos em curso quando da edição da EC 28/2000, não seria "capaz de revelar qualquer incompatibilidade entre a emenda e o texto constitucional".

Sucede que o voto condutor do Ministro Alexandre de Moraes parte de uma premissa inexata que pode ter contaminado a conclusão. É que o voto, em termos de direito intertemporal, baseia-se na jurisprudência consolidada no

457. "A prescrição ocorre (...) apenas no campo das obrigações, em direitos subjetivos patrimoniais e disponíveis. Sua razão de ser está em que a prescrição traduz a recusa da ordem jurídica em proteger a negligência do credor, forçando o pronto exercício do seu direito, visando assim manter a certeza e a segurança nas relações jurídicas" (AMARAL, Francisco, *op.cit.*, p. 578).

458. Redação originária do art. 7º, XXIX, da CF (antes da EC 28/2000): "XXIX - ação, quanto a créditos resultantes das relações de trabalho, com prazo prescricional de: a) cinco anos para o trabalhador urbano, até o limite de dois anos após a extinção do contrato; b) até dois anos após a extinção do contrato, para o trabalhador rural".

459. ADI 3653, Relator(a): ALEXANDRE DE MORAES, Tribunal Pleno, julgado em 30/08/2019.

âmbito do Tribunal Superior do Trabalho e do próprio STF a respeito do tema; contudo, há afirmação que pretende descrever tal jurisprudência, mas o faz de forma equivocada. Veja-se:

> Min. Alexandre de Moraes: "Nesse sentido: (a) o prazo prescricional da pretensão do trabalhador rural, cujo contrato já era findo quando do advento da EC 28/2000, permanece sob o manto normativo da antiga redação do art. 7º, XXIX, da CF; (b) o prazo prescricional da pretensão do trabalhador rural, cujo contrato se encontrava vigente quando do advento da EC 28/2000, não se submete ao novo regramento por essa fixado, quanto às pretensões surgidas sob a égide da redação originária do art. 7º, XXIX, da CF".

A assertiva "a" é perfeita e corresponde à OJ 271 da SDI-1 do TST[460]. De fato, tendo o contrato de trabalho do rurícola sido extinto antes da entrada em vigor da EC 28/2000, há ato jurídico perfeito que fica a salvo de qualquer legislação superveniente. Aplica-se, em tais casos, somente a prescrição bienal, contada a partir da extinção do contrato, tal como previsto no regramento originário da Lei Maior.

Quanto à assertiva "b", surge interessante questão de direito intertemporal, sendo que o voto condutor do Ministro Alexandre de Moraes asseverou, em outras palavras, que a prescrição quinquenal somente incidiria para os créditos cujo fato gerador ocorra após a entrada em vigor da EC 28/2000. Os créditos anteriores não estariam sujeitos ao prazo quinquenal, devendo ser respeitado tão somente o biênio após a extinção do contrato de trabalho. Registre-se, entretanto, que tal assertiva, no voto, é precedida da menção à orientação jurisprudencial do TST em sentido diverso, conforme se passa a demonstrar, o que torna o voto, neste aspecto, confuso.

Sucede que a jurisprudência do TST, cristalizada na OJ 417 da SDI-1[461], consolidou-se no sentido de que, para os contratos de trabalho vigentes quando da entrada em vigor da EC 28/2000, a prescrição quinquenal se contaria a partir da respectiva data de publicação. Então, a partir de 26.05.2000 (data em que entrou em vigor a emenda constitucional), o trabalhador rural teria 5 anos para ajuizar ação cobrando os créditos surgidos antes dessa data, desde que observada a prescrição bienal. Exemplo: até 26.05.2005, o trabalhador rural

---

460. 71 - RURÍCOLA. PRESCRIÇÃO. CONTRATO DE EMPREGO EXTINTO. EMENDA CONSTITUCIONAL Nº 28/2000. INAPLICABILIDADE. O prazo prescricional da pretensão do rurícola, cujo contrato de emprego já se extinguira ao sobrevir a Emenda Constitucional nº 28, de 26/05/2000, tenha sido ou não ajuizada a ação trabalhista, prossegue regido pela lei vigente ao tempo da extinção do contrato de emprego.

461. 417. PRESCRIÇÃO. RURÍCOLA. EMENDA CONSTITUCIONAL Nº 28, DE 26.05.2000. CONTRATO DE TRABALHO EM CURSO. Não há prescrição total ou parcial da pretensão do trabalhador rural que reclama direitos relativos a contrato de trabalho que se encontrava em curso à época da promulgação da Emenda Constitucional nº 28, de 26.05.2000, desde que ajuizada a demanda no prazo de cinco anos de sua publicação, observada a prescrição bienal.

poderia ajuizar reclamação trabalhista exigindo parcelas vencidas em 1990 ou até antes, desde que ajuizasse a ação até o limite de dois anos após a extinção do contrato de trabalho[462].

O tema sempre foi polêmico em doutrina, havendo importantes opiniões no sentido de que os créditos surgidos anteriormente à EC 28/2000 não estariam sujeitos à prescrição quinquenal, mas apenas à bienal[463].

Os dois posicionamentos são sustentáveis e o direito positivo não traz solução expressa para a problemática. O primeiro critério (inaplicabilidade da prescrição quinquenal para créditos anteriores à EC 28/2000) se baseia na ideia de que a exigibilidade se integra à noção de direito adquirido; nessa ótica, nascido o crédito sob o manto de regra que não previa prescrição quinquenal, a nova lei não poderia fazê-lo, à luz do art. 5º, XXXVI, da CF. Já o segundo critério (aplicabilidade da prescrição quinquenal a contar da entrada em vigor da referida emenda constitucional) se pauta na premissa de que a prescrição, ao fulminar a exigibilidade, não afetaria o direito adquirido em si, além do que haveria interesse público na pacificação social e na segurança jurídica proporcionadas pelo instituto.

De todo modo, é inegável que se trata de questão constitucional, pois está em jogo a aplicação da proteção ao direito adquirido e à irretroatividade da lei. Apesar disso, o STF definiu que o tema da aplicação da EC 28/2000 aos contratos de trabalho em curso quando da respectiva publicação não apresenta repercussão geral[464]. Daí se conclui que a instância máxima decisória do tema será o Tribunal Superior do Trabalho, que presumidamente continuará aplicando suas orientações jurisprudenciais.

---

462. O seguinte julgado do TST também serve para exemplificar a jurisprudência da Corte: "PRESCRIÇÃO. TRABALHADOR RURAL. EMENDA CONSTITUCIONAL Nº 28/2000. Ajuizada a ação dentro dos prazos de cinco anos contados da vigência da Emenda Constitucional nº 28/2000 e de dois anos contados da extinção do contrato, tem o empregado garantida a imprescritibilidade dos direitos oriundos do vínculo de emprego. Recurso de revista não conhecido" (RR-188/2003-669-09-00.8, 5ª T., relator Ministro Aloysio Corrêa da Veiga, DJU-11/11/2005).

463. Nesse sentido, Gustavo Filipe Barbosa Garcia sustenta: "a Emenda Constitucional 28 não reduziu o prazo prescricional referente ao empregado rural, mas sim criou um novo critério, passando a correr a prescrição mesmo na vigência do contrato de trabalho, o que não existia anteriormente. É inaplicável, portanto, qualquer lição doutrinária ou jurisprudencial pertinente à redução, propriamente, do prazo prescricional. (...) Com isso, enfatize-se, ele [o novo prazo prescricional] não é aplicável aos fatos anteriores à sua vigência, sob pena de retroatividade no tempo. Nesse sentido, Miguel Maria de Serpa Lopes faz a seguinte menção: 'sendo de destacar a opinião de Gabba no sentido de que a nova prescrição é restritamente aplicável a fatos posteriores à sua criação, quer se trate de usucapião, quer se trate de prescrição'" (GARCIA, Gustavo Filipe Barbosa, *Curso...*, *op.cit.*, p. 1192).

464. CONSTITUCIONAL. ART. 7º, XXIX. TRABALHADOR RURAL. PRESCRIÇÃO. APLICABILIDADE. CONTRATO DE TRABALHO ANTERIOR À EC 28/2000, MAS EXTINTO APÓS A RESPECTIVA PUBLICAÇÃO. AÇÃO TRABALHISTA PROPOSTA APÓS A REFERIDA EMENDA. INEXISTÊNCIA DE REPERCUSSÃO GERAL. (RE 570532 RG, Rel. Min. RICARDO LEWANDOWSKI, julgado em 17/04/2008, DJe de 2/5/2008).

Ainda do ponto de vista do direito intertemporal, o STF já decidiu acertadamente, em mais de uma oportunidade, que a mudança dos prazos prescricionais – ainda quando levada a efeito pelo texto originário da CF/88 – não se aplica para pretensões anteriormente exercitáveis, mesmo que o processo judicial ainda esteja em curso quando da modificação legislativa ou constitucional[465-466].

A jurisprudência da Suprema Corte apresenta outras importantes decisões a respeito do tema da prescrição trabalhista.

Há diversos julgados que concluem que a distinção entre prescrição total (= do fundo do direito) e parcial é tema insuscetível de debate em recurso extraordinário, por não envolver violação direta à Constituição[467]. Igualmente, a jurisprudência mais recente, e baseada em situações ocorridas anteriormente à reforma trabalhista de 2017, é remansosa no sentido de que o tema da prescrição intercorrente se situa exclusivamente no âmbito infraconstitucional[468].

Isso explica o porquê de, antes da Lei nº 13.467/2017, a Súmula 327 do STF ter sido superada pela Súmula 114 do TST: enquanto a primeira previa a possibilidade da prescrição intercorrente no Direito do Trabalho, a segunda a recusava. A posição do TST acabava sendo a última justamente porque o STF passou a considerar, após a Constituição de 1988, que o tema não estava em sua órbita de competências por não se tratar de matéria constitucional.

A partir da orientação do STF no sentido de que o art. 7º, XXIX, da CF, não trata da prescrição intercorrente[469], pode-se extrair a conclusão pela constitucio-

---

465. "Prescrição trabalhista. Mesmo estando em curso o processo quando da promulgação da Constituição de 1988, não se sujeita a, seu art. 7., XXIX, o prazo anteriormente consumado" (AI 136489 AgR, Relator(a): OCTAVIO GALLOTTI, Primeira Turma, julgado em 04/02/1992).

466. "EMENTA: Agravo regimental. - O que se discute e se a prescrição ocorreu, ou não, anteriormente a reclamação ajuizada vários anos antes da promulgação da atual Constituição. Portanto, o preceito contido na atual Carta Magna sobre a prescrição trabalhista não e aplicável a fato que se teria, ou não, consumado no passado, pois a eficácia imediata da Constituição só alcança os efeitos futuros de fatos passados (retroatividade mínima) e não os fatos consumados no passado (retroatividade maxima). - Ademais, a questão da prescrição da pretensão e matéria que se situa no âmbito do direito material, e não na esfera do direito processual. Agravo a que se nega provimento" (AI 137195 AgR, Relator(a): MOREIRA ALVES, Primeira Turma, julgado em 31/10/1995).

467. Exemplificativamente: "Trabalhista. 2. Prescrição aplicável, se total ou parcial. Controvérsia que se situa no âmbito da legislação infraconstitucional. Inexistência de repercussão geral" (ARE 697514 RG, Relator(a): GILMAR MENDES, Tribunal Pleno, julgado em 06/09/2012). No mesmo sentido, AI 543590 AgR, Relator(a): SEPÚLVEDA PERTENCE, Primeira Turma, julgado em 11/10/2005; RE 575.019 AgR, 2ª Turma, Rel. Min. Ellen Gracie, julgado em 3-2-2009.

468. "EMENTA Agravo regimental no recurso extraordinário com agravo. Direito do Trabalho. Execução. Prescrição intercorrente. Legislação infraconstitucional. Ofensa reflexa. Precedentes. 1. A matéria relativa à aplicação da prescrição intercorrente na execução trabalhista tem natureza infraconstitucional. A afronta ao texto constitucional, caso ocorresse, seria reflexa ou indireta, o que não enseja a abertura da via extraordinária" (ARE 1238728 AgR, Relator(a): DIAS TOFFOLI (Presidente), Tribunal Pleno, julgado em 14/02/2020).

469. Afirmando isso expressamente: "PRESCRIÇÃO - EXECUÇÃO FORÇADA - SENTENÇA TRABALHISTA - REGENCIA. A prescrição da execução forçada de sentença trabalhista não tem regência

nalidade do art. 10-A, *caput*, da CLT (redação dada pela Lei nº 13.467/2017), no que prevê que ocorre a prescrição intercorrente no processo do trabalho no prazo de dois anos. Embora se afigure plenamente sustentável a posição doutrinária de que o dispositivo legal deveria ser interpretado conforme a Constituição, de modo que, caso se tratasse de execução movida por trabalhador com contrato de trabalho ativo, o prazo da prescrição intercorrente deveria ser de 5 anos[470], fato é que a apontada tendência jurisprudencial da Suprema Corte sinaliza a validade constitucional da previsão legislativa do prazo de 2 anos para a prescrição intercorrente, justamente porque essa não seria regulamentada diretamente pela Constituição.

No mesmo sentido, há ofensa meramente reflexa à Constituição nas hipóteses em que se discute o termo inicial do prazo de prescrição em decorrência do reconhecimento de unicidade contratual[471]. Da mesma forma, a questão do termo inicial da prescrição da cobrança da indenização de 40% do FGTS sobre os expurgos inflacionários decorrentes de planos econômicos, tema em relação ao qual se negou a existência de repercussão geral[472].

O Supremo Tribunal Federal também apresenta precedentes a respeito da transmudação de regime jurídico de servidor público, que passa de celetista a es-

---

constitucional. O disposto no inciso XXIX do artigo 7. da Constituição Federal diz respeito a demanda de conhecimento, tanto assim que se refere a ação que tenha como objeto créditos resultantes das relações de trabalho" (AI 140108 AgR, Relator(a): MARCO AURÉLIO, Segunda Turma, julgado em 08/06/1992).

470. Nesse sentido: "Ainda que se compreenda seja uma opção legislativa legítima a adoção da prescrição intercorrente a partir de 'quando o exequente deixa de cumprir determinação judicial no curso da execução' (art. 11-A, §1º), a aplicação do prazo bienal somente poderá ocorrer quando a ação trabalhista for alusiva a contrato extinto, pois do contrário haverá, virtualmente, prescrição intercorrente de pretensão contra a qual ainda fluía o prazo constitucional de prescrição quinquenal" (CARVALHO, Augusto César Leite de. *Curso...*, *op.cit.*, p. 117).

471. "EMENTA: - DIREITO CONSTITUCIONAL, TRABALHISTA E PROCESSUAL CIVIL. RECURSO EXTRAORDINÁRIO TRABALHISTA. ALEGAÇÃO DE OFENSA AO ART. 7º, XXIX, 'b", DA CONSTITUIÇÃO FEDERAL: PRESCRIÇÃO. 1. O aresto do T.S.T., para não conhecer do Recurso de Revista, levou em conta o enunciado 156 do T.S.T., que, por sua vez, resultou de interpretação do disposto no art. 453 da C.L.T., segundo o qual "no tempo de serviço do empregado, quando readmitido, serão computados os períodos, ainda que não contínuos, em que tiver trabalhado anteriormente na empresa". 2. Se assim é, não há propriamente ofensa direta ao disposto no art. 7º, XXIV, "b", da C.F., pois este não trata da hipótese de períodos descontínuos, havendo apenas fixado em dois anos, após a extinção do contrato, o prazo de prescrição da pretensão trabalhista rural, enquanto a alínea "a" o fixou em cinco anos para o trabalhador urbano, até o limite de dois anos após a extinção do contrato. 3. Se houve má aplicação do art. 453 da C.L.T. ou do enunciado 156 do T.S.T., como sustenta a recorrente, nem por isso se configurou ofensa direta à norma constitucional em questão. E é pacífica a jurisprudência do S.T.F., no sentido de não admitir, em R.E., alegação de ofensa indireta à Constituição Federal, por má interpretação e/ou aplicação de normas infraconstitucionais, como são as da C.L.T. 4. Agravo improvido" (AI 199970 AgR, Relator(a): SYDNEY SANCHES, Primeira Turma, julgado em 29/09/1998).

472. "Recurso Extraordinário. Direito Trabalhista. Prescrição. FGTS. Questão relativa ao termo inicial para questionar o direito à correção de diferenças alusivas ao Fundo de Garantia do Tempo de Serviço. Lei Complementar 110/2001. Controvérsia que se situa no âmbito da legislação infraconstitucional. Ofensa reflexa. Ausência de repercussão geral da questão suscitada" (RE 541856 RG, Relator(a): MARCO AURÉLIO, Relator(a) p/ Acórdão: GILMAR MENDES, Tribunal Pleno).

tatutário em virtude de lei do respectivo ente federativo. Em tais situações, a Corte concluiu tratar-se de modalidade *sui generis* de extinção do contrato de trabalho, de modo que o prazo da prescrição bienal começa a fluir quando da transmudação de regime (= entrada em vigor da nova legislação), isso caso o servidor almeje postular, em juízo, alguma parcela referente ao extinto contrato de trabalho[473]. De outro lado, a Corte, na ADI 613[474], definiu que a modificação do regime celetista para estatutário não gera direito ao saque dos depósitos de FGTS, já que não há a situação de desemprego que o fundamente; ao revés, a transmudação acaba "fortalecendo" o vínculo existente entre trabalhador e Administração Pública.

24.2. Prescrição do trabalhador portuário avulso

Na ADI 5132[475], o Supremo Tribunal Federal declarou a constitucionalidade do art. 37, §4º, da Lei 12.815/2013[476], o qual estipula que a prescrição bienal

---

473. "EMENTA: TRABALHISTA. PRAZO PRESCRICIONAL RELATIVO AOS DIREITOS DECORRENTES DE RELAÇÃO DE EMPREGO TRANSFORMADA EM VÍNCULO ESTATUTÁRIO, POR EFEITO DA IMPLANTAÇÃO DO REGIME ÚNICO DOS SERVIDORES CIVIS DA UNIÃO. PRAZO PRESCRICIONAL DO ART. 7.º, XXIX, A, DA CONSTITUIÇÃO FEDERAL. ALEGADA OFENSA AO ART. 39, § 3.º, DA MESMA CARTA E AO DIREITO ADQUIRIDO. Com a conversão do regime de trabalho do servidor, de celetista em estatutário, não obstante tenha resultado sem solução de continuidade o vínculo existente entre as mesmas partes, é de ter-se por extinto o contrato de trabalho e, conseqüentemente, iniciado, a partir de então, o curso do biênio estabelecido pela Carta Magna no dispositivo sob referência. Acórdão que se limitou a aplicar o referido prazo aos recorrentes enquanto ex-empregados, não havendo que se falar em ofensa ao art. 39, § 3.º, da Constituição, nem ao princípio do direito adquirido. Recurso não conhecido" (RE 317660, Relator(a): Min. ILMAR GALVÃO, Tribunal Pleno, julgado em 06/02/2002).

474. ADI 613, Relator(a): FRANCISCO REZEK, Relator(a) p/ Acórdão: CELSO DE MELLO, Tribunal Pleno, julgado em 29/04/1993.

475. "Ação direta de inconstitucionalidade. 2. Preliminar de ilegitimidade ativa fastada. FENOP. Associação de Associações. Precedentes. 3. Impugnação do §4º do art. 37 da Lei 12.815/2013. Novo Marco Regulatório do Setor Portuário. Termo inicial para contagem do prazo prescricional consistente no cancelamento do registro junto ao Órgão Gestor de Mão de Obra (OGMO). 4. Alegação de violação ao princípio da segurança jurídica e ao disposto no art. 7º, inciso XXIX, da CF/88. 5. A Constituição da República, ao consignar, em seu art. 7º, o direito "à ação, quanto aos créditos resultantes das relações de trabalho, com prazo prescricional de cinco anos para os trabalhadores urbanos e rurais, até o limite de dois anos após a extinção do contrato de trabalho (inciso XXIX) e "a igualdade de direitos entre o trabalhador com vínculo empregatício permanente e o trabalhador avulso" (inciso XXXIV), não elidiu a possibilidade de que, dentro do preceituado pelas normas constitucionais, em atenção aos princípios da valorização social do trabalho (art. 1º, IV) e de justiça social (arts. 3º, I a III; 7º a 9º, 170 e 193), fossem reguladas de modo diverso para atender às particularidades e às condições de trabalhos próprias da relação laboral avulsa. 6. Constitui o OGMO ente a que se vincula de forma estável, isto é, de forma fixa e constante, o trabalhador portuário avulso, para fins de gozo de seus direitos trabalhistas. Parece adequado, portanto, que o prazo quinquenal ou bienal seja aplicado considerando o vínculo com o órgão gestor. A solução, por sua vez, possibilita a aplicação, na prática, do prazo quinquenal, privilegiando o espírito que animou o legislador constituinte ao promover a ampliação do prazo prescricional e da proteção social conferida ao trabalhador. 7. Pedido em ação direta de inconstitucionalidade julgado improcedente" (ADI 5132, Relator(a): GILMAR MENDES, Relator(a) p/ Acórdão: EDSON FACHIN, Tribunal Pleno, julgado em 29/03/2021).

476. "Art. 37 (...) § 4º As ações relativas aos créditos decorrentes da relação de trabalho avulso prescrevem em 5 (cinco) anos até o limite de 2 (dois) anos após o cancelamento do registro ou do cadastro no órgão gestor de mão de obra.

do trabalhador portuário avulso flui a partir do cancelamento de seu registro ou cadastro perante o OGMO, sendo que, antes de tal momento, aplica-se tão somente a prescrição quinquenal.

A adequada compreensão do tema pressupõe breve incursão na sistemática do trabalho avulso, que se caracteriza pela existência de um vínculo estável e duradouro com o Órgão Gestor de Mão de Obra (OGMO), o que ocorre a partir da efetivação de registro ou cadastro do trabalhador em tal entidade. Contudo, o tomador de serviços do trabalhador avulso não é o OGMO, mas os diversos operadores portuários.

Conforme arts. 32 e 33 da Lei 12.815/2013, são atribuições do Órgão Gestor de Mão de Obra (OGMO), entre outras: selecionar e registrar o trabalhador portuário avulso; treinar e habilitar profissionalmente; aplicar normas disciplinares; administrar o fornecimento de mão de obra; arrecadar e repassar os valores devidos pelos tomadores relativos à remuneração e aos correspondentes encargos fiscais, sociais e previdenciários; contribuir para o incentivo à aposentadoria voluntária; zelar pelas normas de saúde, higiene e segurança do trabalho.

O trabalho avulso se materializa, portanto, a partir da existência de uma relação jurídica estável e duradoura entre trabalhador e OGMO, e de diversas relações jurídicas episódicas, de curta duração, com os vários operadores portuários que recrutam os trabalhadores via OGMO.

Intuitivamente, há duas possibilidades interpretativas a respeito da contagem do prazo prescricional desses trabalhadores:

- (i) o prazo prescricional bienal deveria ser contado a partir do encerramento de cada uma das microrrelações entre os trabalhadores portuários e os operadores portuários. Exemplo: o trabalhador foi contratado para trabalhar entre os dias 12 e 16 de abril de 2021 para determinado operador. A partir de 17 de abril, o trabalhador teria 2 anos para postular qualquer parcela eventualmente inadimplida pelo operador.

Tal solução gera o inconveniente de estimular a proliferação de demandas trabalhistas, já que, a cada descumprimento, ainda que limitadíssimo no tempo, poderia surgir uma reclamação trabalhista;

- (ii) o prazo prescricional bienal fluiria apenas a partir do cancelamento do registro ou do cadastro, da morte ou da aposentadoria voluntária do trabalhador portuário. Antes disso, aplicável tão somente a prescrição quinquenal. Exemplo: descumprida determinação obrigação pelo operador portuário X, para o qual o trabalhador prestou serviços em maio de 2018, e pelo operador Y, para o qual a prestação ocorreu em julho de 2018, o trabalhador portuário cujo cadastro foi cancelado em abril de 2021 poderia ajuizar reclamações trabalhistas exigindo tais parcelas (em face dos operadores X e Y e do OGMO) até abril de 2023 – já que as parcelas terão se tornado exigíveis nos 5 anos anteriores ao ajuizamento da ação e terá sido respeitado o biênio a partir do cancelamento do registro.

A segunda solução, como visto, foi validada pelo STF na ADI 5132. Vale registrar, para fins de análise crítica, passagem de um dos votos vencidos:

> Min. Gilmar Mendes (ADI 5132): É esse ativismo sem precedentes que o Tribunal Superior do Trabalho parece pretender seguir. E mais: a Justiça do Trabalho não pode perder de vista a realidade e, a partir de visões próprias do mundo, focada a atingir determinado fim que entende nobre, atuar como o bom juiz Magnaud. Há limites que precisam ser observados no Estado democrático de Direito e dos quais não se pode deliberadamente se afastar para favorecer grupo específico. (...) não cabe ao Tribunal Superior do Trabalho agir desvairadamente e, para chegar a determinado objetivo, interpretar norma constitucional de forma arbitrária.

Ora, é preciso perceber que a relação de trabalho avulso é *sui generis*, pois não há vínculo empregatício nem com o OGMO, nem com os operadores portuários tomadores de serviço. O fato de a vinculação do trabalhador se dar sucessivamente e por curtos períodos com diferentes tomadores aproxima o trabalhador avulso do eventual; de outro lado, a necessidade de registro e cadastro no OGMO – que faz toda a intermediação com os tomadores, além de responder solidariamente com os operadores portuários pela remuneração devida ao trabalhador portuário avulso e pelas indenizações decorrentes de acidente de trabalho (Lei 12.815/2013, art. 33, §2º) – faz com que a situação em muito se assemelhe a um vínculo empregatício permanente.

Fato é que a Constituição preceitua expressamente a igualdade de direitos entre o trabalhador com vínculo empregatício permanente e o trabalhador avulso (CF, art. 7º, XXXIV), o que leva a concluir que, sempre que possível, a interpretação deve ser no sentido de equiparar ambas as situações jurídicas.

Nesse contexto, nada há de "desvairado" na definição de que a prescrição quinquenal é, sim, aplicável ao trabalhador avulso, justamente porque esse direito também é garantido aos trabalhadores com vínculo permanente. Dada a realidade já narrada do trabalho avulso, de sucessão de microrrelações com diversos operadores portuários, aplicar a prescrição bienal a partir do fim de cada uma dessas microrrelações aniquilaria por completo o direito à prescrição quinquenal.

Portanto, andou bem o Tribunal Pleno do STF, pois concretizou não apenas a cláusula constitucional de igualdade entre trabalhadores avulsos e trabalhadores com vínculo empregatício permanente, mas também os ditames de valorização social do trabalho (CF, art. 1º, IV) e de justiça social (CF, arts. 3º, I a III, 170 e 193).

25. RECONHECIMENTO DAS CONVENÇÕES E ACORDOS COLETIVOS DE TRABALHO

Referências normativas e jurisprudenciais	
Constituição	Art. 7º São direitos dos trabalhadores urbanos e rurais, além de outros que visem à melhoria de sua condição social: (...) XXVI - reconhecimento das convenções e acordos coletivos de trabalho.
Legislação infra-constitucional	Art. 611-A. A convenção coletiva e o acordo coletivo de trabalho têm prevalência sobre a lei quando, entre outros, dispuserem sobre: I - pacto quanto à jornada de trabalho, observados os limites constitucionais; II - banco de horas anual; III - intervalo intrajornada, respeitado o limite mínimo de trinta minutos para jornadas superiores a seis horas; IV - adesão ao Programa Seguro-Emprego (PSE), de que trata a Lei nº 13.189, de 19 de novembro de 2015 ; V - plano de cargos, salários e funções compatíveis com a condição pessoal do empregado, bem como identificação dos cargos que se enquadram como funções de confiança; VI - regulamento empresarial; VII - representante dos trabalhadores no local de trabalho; VIII - teletrabalho, regime de sobreaviso, e trabalho intermitente; IX - remuneração por produtividade, incluídas as gorjetas percebidas pelo empregado, e remuneração por desempenho individual; X - modalidade de registro de jornada de trabalho; XI - troca do dia de feriado; XII - enquadramento do grau de insalubridade; XIII - prorrogação de jornada em ambientes insalubres, sem licença prévia das autoridades competentes do Ministério do Trabalho; XIV - prêmios de incentivo em bens ou serviços, eventualmente concedidos em programas de incentivo; XV - participação nos lucros ou resultados da empresa. § 1º No exame da convenção coletiva ou do acordo coletivo de trabalho, a Justiça do Trabalho observará o disposto no § 3º do art. 8º desta Consolidação. § 2º A inexistência de expressa indicação de contrapartidas recíprocas em convenção coletiva ou acordo coletivo de trabalho não ensejará sua nulidade por não caracterizar um vício do negócio jurídico. § 3º Se for pactuada cláusula que reduza o salário ou a jornada, a convenção coletiva ou o acordo coletivo de trabalho deverão prever a proteção dos empregados contra dispensa imotivada durante o prazo de vigência do instrumento coletivo. § 4º Na hipótese de procedência de ação anulatória de cláusula de convenção coletiva ou de acordo coletivo de trabalho, quando houver a cláusula compensatória, esta deverá ser igualmente anulada, sem repetição do indébito. § 5º Os sindicatos subscritores de convenção coletiva ou de acordo coletivo de trabalho deverão participar, como litisconsortes necessários, em ação individual ou coletiva, que tenha como objeto a anulação de cláusulas desses instrumentos.

Referências normativas e jurisprudenciais	
Legislação infra-constitucional	Art. 611-B. Constituem objeto ilícito de convenção coletiva ou de acordo coletivo de trabalho, exclusivamente, a supressão ou a redução dos seguintes direitos: I - normas de identificação profissional, inclusive as anotações na Carteira de Trabalho e Previdência Social; II - seguro-desemprego, em caso de desemprego involuntário; III - valor dos depósitos mensais e da indenização rescisória do Fundo de Garantia do Tempo de Serviço (FGTS); IV - salário mínimo; V - valor nominal do décimo terceiro salário; VI - remuneração do trabalho noturno superior à do diurno; VII - proteção do salário na forma da lei, constituindo crime sua retenção dolosa; VIII - salário-família; IX - repouso semanal remunerado; X - remuneração do serviço extraordinário superior, no mínimo, em 50% (cinquenta por cento) à do normal; XI - número de dias de férias devidas ao empregado; XII - gozo de férias anuais remuneradas com, pelo menos, um terço a mais do que o salário normal; XIII - licença-maternidade com a duração mínima de cento e vinte dias; XIV - licença-paternidade nos termos fixados em lei; XV - proteção do mercado de trabalho da mulher, mediante incentivos específicos, nos termos da lei; XVI - aviso prévio proporcional ao tempo de serviço, sendo no mínimo de trinta dias, nos termos da lei; XVII - normas de saúde, higiene e segurança do trabalho previstas em lei ou em normas regulamentadoras do Ministério do Trabalho; XVIII - adicional de remuneração para as atividades penosas, insalubres ou perigosas; XIX - aposentadoria; XX - seguro contra acidentes de trabalho, a cargo do empregador; XXI - ação, quanto aos créditos resultantes das relações de trabalho, com prazo prescricional de cinco anos para os trabalhadores urbanos e rurais, até o limite de dois anos após a extinção do contrato de trabalho; XXII - proibição de qualquer discriminação no tocante a salário e critérios de admissão do trabalhador com deficiência; XXIII - proibição de trabalho noturno, perigoso ou insalubre a menores de dezoito anos e de qualquer trabalho a menores de dezesseis anos, salvo na condição de aprendiz, a partir de quatorze anos; XXIV - medidas de proteção legal de crianças e adolescentes; XXV - igualdade de direitos entre o trabalhador com vínculo empregatício permanente e o trabalhador avulso; XXVI - liberdade de associação profissional ou sindical do trabalhador, inclusive o direito de não sofrer, sem sua expressa e prévia anuência, qualquer cobrança ou desconto salarial estabelecidos em convenção coletiva ou acordo coletivo de trabalho;

Referências normativas e jurisprudenciais	
Legislação infra-constitucional	XXVII - direito de greve, competindo aos trabalhadores decidir sobre a oportunidade de exercê-lo e sobre os interesses que devam por meio dele defender; XXVIII - definição legal sobre os serviços ou atividades essenciais e disposições legais sobre o atendimento das necessidades inadiáveis da comunidade em caso de greve; XXIX - tributos e outros créditos de terceiros; XXX - as disposições previstas nos arts. 373-A, 390, 392, 392-A, 394, 394-A, 395, 396 e 400 desta Consolidação. Parágrafo único. Regras sobre duração do trabalho e intervalos não são consideradas como normas de saúde, higiene e segurança do trabalho para os fins do disposto neste artigo.
Normas internacionais	OIT: C. 151, 154
Súmulas e teses de repercussão geral	Tema 152 (RE 590415): A transação extrajudicial que importa rescisão do contrato de trabalho, em razão de adesão voluntária do empregado a plano de dispensa incentivada, enseja quitação ampla e irrestrita de todas as parcelas objeto do contrato de emprego, caso essa condição tenha constado expressamente do acordo coletivo que aprovou o plano, bem como dos demais instrumentos celebrados com o empregado. Tema 357 (AI 825675 - entendimento superado): A questão da validade de norma de acordo ou convenção coletiva de trabalho que estabelece ampliação da jornada dos trabalhadores em turnos ininterruptos de revezamento e a redução de intervalo intrajornada tem natureza infraconstitucional e a ela são atribuídos os efeitos da ausência de repercussão geral, nos termos do precedente fixado no RE n. 584.608, rel. a Ministra Ellen Gracie, DJe 13/03/2009. Tema 762 (RE 820729 - entendimento superado): A questão da validade de norma coletiva de trabalho que fixa limite de horas in itinere inferior à metade do tempo efetivamente gasto pelo trabalhador no seu trajeto até o local do serviço tem natureza infraconstitucional, e a ela se atribuem os efeitos da ausência de repercussão geral, nos termos do precedente fixado no RE 584.608, rel. a Ministra Ellen Gracie, DJe 13/03/2009. Súmula 679 - A fixação de vencimentos dos servidores públicos não pode ser objeto de convenção coletiva.
Julgados paradigmáticos	ADI 492, 554, 559, 1764, 2200 AI 507348, 617006, 825675 MI 4398 RE 527061 AgRg, 590415, 820729, 895759 AgRg-segundo, 1121633

25.1. Normas coletivas: noções fundamentais

A História do Direito do Trabalho, no Brasil e no mundo, é fortemente ligada ao movimento coletivo de trabalhadores na busca de melhoria de suas condições de vida e de trabalho. A legislação trabalhista, ao contrário do que eventualmente se apregoa, não foi uma "dádiva" ou benesse concedida por um

Estado paternalista ou autoritário, mas, na verdade, foi fruto de um processo histórico de lutas e de conquistas da classe trabalhadora[477].

É fundamentar perceber que o movimento operário, sobretudo com a realização de greves, permitiu paulatinamente o enfrentamento – ainda que não completo e universal – de diversas mazelas sociais, como o trabalho infantil, a sobrejornada excessiva com aumento de riscos de acidentes de trabalho, os ambientes de trabalho insalubres e perigosos à saúde e à vida, entre várias outras.

Pode-se mesmo afirmar que "o negociado tornava-se modelo para o que deveria ser legislado, e o que era legislado adquirida o *status* de direito mínimo"[478].

A lógica da negociação coletiva, portanto, sempre foi a de propiciar avanços e mais direitos aos trabalhadores, e não sua redução ou supressão. É importante perceber isso para compreender e equacionar a problemática da chamada "prevalência do negociado sobre o legislado", de que se cuidará detalhadamente no próximo tópico.

Por ora, importante destacar que as normas coletivas são fruto da criatividade negocial dos atores sociais coletivos envolvidos nas relações de trabalho, a saber: de um lado, um ente sindical de trabalhadores (sindicato, federação ou confederação); de outro, a própria empresa ou um ente sindical representativo do patronato (sindicato, federação ou confederação patronal).

Quando o instrumento coletivo é celebrado diretamente entre organização sindical dos trabalhadores e o empregador, está-se diante de acordo coletivo de trabalho. Já na hipótese em que entes sindicais patronais e profissionais entabulam norma coletiva, surge a figura da convenção coletiva de trabalho.

A Constituição reconhece expressamente as convenções e os acordos coletivos de trabalho como direito dos trabalhadores, em seu art. 7º, XXVI. Trata-se de instrumento de democratização das relações de trabalho e que ressalta o pluralismo do Direito do Trabalho, que apresenta várias fontes, de múltiplas origens.

Do ponto de vista de sua natureza jurídica[479], as normas coletivas são, inegavelmente, atos jurídicos, já que se trata de manifestação da vontade humana

477. A obra seminal de Jorge Luiz Souto Maior demonstra, em vários trechos, essas afirmações, com notável embasamento em dados históricos e em documentos oficiais. Em uma passagem, lê-se: "sem a devida análise, o Direito do Trabalho pode acabar sendo apontado como obra do Estado liberal, quando, em verdade, somente surgiu quando o Estado liberal, diante dos horrores que produziu, foi posto em questão" (*Curso...*, *op. cit.*, v.1, parte I, p. 161). Referindo-se à Primeira República, o autor informa: "as condições de trabalho eram enormemente precárias (...). O conflito nas relações de trabalho fabris foi intenso no período, gerando várias greves por melhores condições de trabalho. (...). Refuta-se, assim, a ideia de que os brasileiros, os que aqui haviam nascido e que aqui habitavam, sem se integrar às classes de senhores de escravos e de escravos, fossem completamente desprovidos de compreensão social e que não se integraram, posteriormente, aos movimentos operários vivenciados já na Primeira República e até antes do advento desta" (*Curso...*, *op. cit.*, v.1, parte II, p. 128-133).

478. Cf. MARTINEZ, Luciano, *Curso...*, *op.cit.*, p. 1035.

479. A respeito, discorre Arnaldo Süssekind: "Daí concluir, acertadamente, Délio Maranhão, que 'este duplo aspecto da convenção coletiva leva-nos necessariamente a uma concepção dualista de sua natureza

geradora de efeitos jurídicos. Mais especificamente, pode-se dizer que, quanto à sua origem, os acordos e convenções coletivas têm natureza jurídica de contrato, por se tratar de ato bilateral em que os interessados estipulam as cláusulas que almejam. Contudo, do ponto de vista dos seus efeitos, os instrumentos coletivos têm natureza jurídica de fonte formal do direito (norma jurídica), já que suas cláusulas normativas serão aplicáveis a todos os integrantes de determinada categoria profissional (convenção coletiva) ou a todos os trabalhadores de determinada empresa (acordo coletivo); não apenas os empregados que o sejam quando da celebração do instrumento negocial, mas também aqueles que venham a ser admitidos nos respectivo prazo de vigência.

Daí se compreende a célebre assertiva metafórica segundo a qual os instrumentos coletivos ostentam "corpo" de contrato, mas "alma" de lei.

Não se pode perder de vista que as convenções e acordos coletivos também contêm cláusulas obrigacionais, que criam direitos e obrigações apenas entre os sujeitos intervenientes (eficácia *inter partes*). É o que acontece, por exemplo, com a chamada "cláusula de paz", segundo a qual o sindicato se compromete a não realizar greve no prazo de vigência do instrumento coletivo, com a ressalva da situação em que o empregador descumpre o próprio pacto coletivo.

A jurisprudência do STF conta com importantes julgamentos relacionados a acordos e convenções coletivas de trabalho, notadamente quanto aos seus limites e possibilidades, tanto na iniciativa privada quanto no setor público, bem como sobre a discussão envolvendo a ultratividade das cláusulas normativas após o fim do prazo de vigência do respectivo instrumento.

25.2. Limites da negociação coletiva e a prevalência do negociado sobre o legislado

Uma das decisões mais importantes do Supremo Tribunal Federal, em matéria trabalhista, foi a do RE 590415[480], julgado sob a sistemática da repercussão geral mais de dois anos antes da promulgação da Lei nº 13.467/2017 – a chamada "reforma trabalhista". Apesar de ser anterior à nova lei, a *ratio decidendi* firmada pela Corte deve ser levada em conta na interpretação dos arts. 611-A e 611-B, introduzidos na CLT pela mencionada lei.

---

jurídica. O ato jurídico é um só. Mas não é só contrato, nem só ato-regra. É, por isso, uma figura sui generis: normativa, por um lado, contratual, por outro. Um contrato normativo que não se enquadra nos moldes clássicos do contrato"'. Conclui Süssekind: "como se infere, a convenção e o acordo coletivo de trabalho são, a um só tempo: a) um ato-regra, de caráter normativo, aplicável às empresas e aos empregados que pertençam ou venham a pertencer aos grupos representados; b) um contrato, no que tange às cláusulas que obrigam, direta ou reciprocamente, as respectivas partes" (SÜSSEKIND, Arnaldo, op.cit., p. 414).

480. RE 590415, Relator(a): ROBERTO BARROSO, Tribunal Pleno, julgado em 30/04/2015.

Nunca houve controvérsia acerca da possibilidade de que normas coletivas ampliassem os direitos do trabalhador. Assim, pode-se dizer que o objetivo da Lei nº 13.467/2017 foi o de permitir a supressão ou a redução de direitos, o que muitas vezes é chamado pelo eufemismo "flexibilização de direitos trabalhistas"[481]. Usa-se uma expressão "atraente" para tentar reduzir a antipatia decorrente do real significado do que o fenômeno representa.

A grande questão que se coloca, em tal contexto, é a de saber quais são os limites da negociação coletiva no que tange à redução ou à supressão de direitos trabalhistas. A decisão do STF serve como importante norte, embora não seja suficiente para solucionar todas as controvérsias existentes, conforme se demonstrará, não sem antes analisar algumas premissas do voto condutor do Ministro Luís Roberto Barroso, que guiou o raciocínio da Corte.

> Min. Roberto Barroso: "Nos modelos de normatização autônoma, os conflitos entre capital e trabalho são, como regra, resolvidos no âmbito da sociedade civil, através de mecanismos de negociação coletiva entre sindicatos, associações profissionais e trabalhadores. Pode haver legislação estatal tutelando os direitos mais essenciais ou dispondo sobre procedimentos a serem observados no âmbito das negociações coletivas, mas as normas que regulam as relações de trabalho são produzidas pelos particulares, com considerável liberdade, através de instrumentos similares aos acordos e convenções coletivas. Esse é o modelo típico das democracias consolidadas, defendido pela Organização Internacional do Trabalho.
>
> 13. Há, por outro lado, um modelo de normatização marcadamente heterônoma, que segue um padrão corporativo-autoritário, que rejeita a autocomposição e a produção de normas privadas, através da submissão do conflito trabalhista ao rigoroso controle do Estado, direta ou indiretamente, no último caso, por meio de uma legislação minuciosa, que procura se antecipar e/ou eventualmente sufocar o embate entre empregadores e trabalhadores. Nesse caso, a disciplina das relações de trabalho provém fundamentalmente do Estado. Os exemplos clássicos de tal padrão são as experiências da Itália fascista e da Alemanha nazista, no século XX, com influência em outros países, entre os quais, reconhecidamente, o Brasil".

O trecho transcrito representa uma linha de pensamento que tem sido bastante propagada, e que resulta de uma significativa inexatidão histórica. Trata-se de desvio de perspectiva que conduz a uma visão de certa forma preconceituosa com a legislação trabalhista.

De fato, tornou-se "lugar comum" a afirmativa de que a CLT seria um diploma legislativo antiquado, fruto do autoritarismo do Estado Novo, e inspirada na *Carta del Lavoro* da Itália fascista. No entanto, a Consolidação das Leis do Trabalho foi substancialmente alterada, desde sua edição em 1943. Dito ainda mais claramente: a CLT de 2020 é completamente diferente da CLT de 1943, havendo atualmente pouquíssimos dispositivos remanescentes do texto

481. Vólia Bomfim, por exemplo, usa as expressões "flexibilização" e redução de direitos como termos sinônimos, conforme explicita em *Direito do Trabalho, op.cit.*, p. 1244.

originário. A grande maioria dos direitos trabalhistas estão fora da CLT, ainda que hajam sido formalmente a ela incorporados[482].

A bem da verdade, desde 1965 nota-se uma tendência de redução dos direitos trabalhistas, de que são exemplos a Lei nº 5.107/66, que criou o FGTS em substituição à estabilidade no emprego, o trabalho temporário (Lei nº 6.019/74), o contrato provisório e o banco de horas (Lei nº 9.601/98), entre muitas outras[483]. Assim, não é pertinente o argumento de que "a redução de direitos trabalhistas se justifica porque a legislação do trabalho, no Brasil, é velha (...) e que se constitua mera cópia da *Carta del Lavoro*, de inspiração fascista"[484].

Análise histórica mais aprofundada demonstra que – além de a CLT ter sido completamente modificada ao longo de suas décadas de vigência – "a experiência que se recusou a fazer foi a da efetivação da legislação existente". Ademais, desde o final da década de 1950, quando a CLT tinha pouco mais de dez anos, foi desenvolvido o discurso desfavorável à legislação trabalhista, sob o argumento da necessidade de "modernização" e de adaptação às novas exigências do mercado, em fórmula discursiva que acabou se incorporando à cultura nacional[485].

A ideologia corporativista presente na *Carta del Lavoro* – a qual não era uma lei ou código, mas apenas uma proclamação de princípios – não influenciou exclusivamente o regime fascista italiano. Ao contrário, trata-se de concepção que foi adotada tanto em estados autoritários, como em estados liberais democráticos, com destaque para a França e para os Estados Unidos da América. A possibilidade de intervenção estatal no sindicato, em situações extremas, é um dos fatores que impossibilitam este país de ratificar a Convenção nº 87 da OIT, caracterizando a inexistência de liberdade sindical plena[486].

---

482. Cf. SOUTO MAIOR, Jorge Luiz, *op.cit.*, v.1, parte II, p. 652.

483. Para uma análise histórica detalhada dessa tendência, v. SOUTO MAIOR, Jorge Luiz, *op.cit.*, *loc.cit.*

484. Cf. SOUTO MAIOR, Jorge Luiz, *op.cit.*, v.1, parte II, p. 653.

485. Idem, ibidem.

486. Veja-se, a respeito, o esclarecedor trecho do Prof. Cássio Casagrande: "A concepção 'corporativa' de ordem sindical (isto é, sindicato único autorizado e regulado pelo Estado) é anterior ao fascismo, que a abraçou tardiamente; ela estava presente em fins do século XIX tanto no positivismo sociológico de Augusto Comte, como na 'doutrina social' da Igreja Católica, especialmente nas encíclicas *Rerum Novarum* e *Quadragesimo Anno*. Esta ideologia corporativa da ordem sindical era uma reação reformista ao sindicalismo revolucionário de origem socialista e anarquista e estava em grande voga nas primeiras décadas do século XX como política conservadora, sendo adotada tanto em estados autoritários (Itália, Turquia, Portugal e Brasil), como em estados liberais democráticos, (França, Nova Zelândia e Estados Unidos). Observe-se que, quanto a este último país, após o crash de 1929 e a eleição de Franklin Delano Roosevelt para a presidência, o Congresso norte-americano aprovou, em 1935, a National Labor Relations Act, que tinha uma concepção que reservava importante papel ao Estado na organização dos sindicatos, através da instituição do National Labor Relations Board, órgão que tinha poder de organizar eleições entre trabalhadores para a formação de sindicatos (pelo critério de unicidade sindical) e de definir a dimensão das categorias (bargaining unit), além de instituir contribuições compulsórias (agency fee) destinadas às entidades sindicais. Além disto, como se sabe, esta legislação permitia até mesmo, em

Ademais, nada há de fascista ou autoritário numa legislação que assegura direitos individuais básicos ao trabalhador, tais como limitação de jornada, férias, intervalos para repouso, medidas de saúde e segurança do trabalho, previdência social, entre outros. Ao contrário, se há algo de corporativista no sistema de relações de trabalho no Brasil, é a unicidade sindical e a representação sindical por categoria, institutos previstos no art. 8º da Constituição Federal – e não consta que alguém considere que a "Carta Cidadã" tenha inspiração fascista[487]...

> Min. Roberto Barroso: "A transição do modelo corporativo-autoritário, essencialmente heterônomo, para um modelo justrabalhista mais democrático e autônomo tem por marco a Carta de 1988. A Constituição reconheceu as convenções e os acordos coletivos como instrumentos legítimos de prevenção e de autocomposição de conflitos trabalhistas; tornou explícita a possibilidade de utilização desses instrumentos, inclusive para a redução de direitos trabalhistas; atribuiu ao sindicato a representação da categoria; impôs a participação dos sindicatos nas negociações coletivas; e assegurou, em alguma medida, a liberdade sindical, vedando a prévia autorização do Estado para a fundação do sindicato, proibindo a intervenção do Poder Público em tal agremiação, estabelecendo a liberdade de filiação e vedando a dispensa do diretor, do representante sindical ou do candidato a tais cargos. Nota-se, assim, que a Constituição prestigiou a negociação coletiva, bem como a autocomposição dos conflitos trabalhistas, através dos sindicatos".

Correta a percepção manifestada nesse trecho do voto quanto ao fato de que a Constituição assegurou a liberdade sindical apenas em "alguma medida". O monopólio da representação da categoria e a unicidade sindical são entraves muito fortes, tanto que o Brasil, até hoje, não pode ratificar a fundamental Convenção nº 87 da OIT, que trata sobre liberdade sindical. O problema poderia ser resolvido mediante emenda constitucional que modificasse o art. 8º da CF. E, sem a garantia da liberdade sindical, a negociação coletiva não pode alcançar os objetivos que legitimam sua realização[488].

---

situações extremas, a intervenção do Estado em casos de greve, o que veio a ocorrer, por exemplo, durante a Guerra da Coreia, quando o governo Truman encampou siderúrgicas para pôr fim a conflitos trabalhistas. São essas características, aliás – ainda vigentes hoje na sua essência – , que impedem os EUA de assinarem a Convenção 87 da OIT, sobre liberdade sindical. Ou seja, trata-se de um modelo que em linhas gerais tem as mesmas inspirações ideológicas 'corporativas' da 'Carta del Lavoro', porém nunca se disse que o sistema de Direito Coletivo do Trabalho dos EUA é "fascista". (...) os princípios básicos da ordem sindical brasileira que comungariam dos mesmos conceitos adotados na Carta del Lavoro foram todos incorporados ao art. 8º. da Constituição democrática e cidadã de 1988 (como tinham estado, também, nas Constituições de 1946 e 1967). Lá estão a unicidade, o registro sindical, as contribuições recolhidas via Estado e o poder normativo do judiciário. Pergunto se há alguém que, por esse simples fato, denomine a nossa vigente Carta constitucional de 'fascista'" (CASAGRANDE, Cássio. Associar a CLT ao fascismo é uma mistificação da História. Disponível em: https://www.jota.info/paywall?redirect_to=//www.jota.info/opiniao-e-analise/colunas/o-mundo-fora-dos-autos/associar-a-clt-ao-fascismo-e-uma-mistificacao-da-historia-06082018 . Acesso em 10.jul.2020).

487. Cf. CASAGRANDE, Cássio, *op.cit.*

488. "O uso e, principalmente, o êxito da negociação coletiva depende de vários fatores, dentre os quais cumpre destacar: a) garantia da liberdade e da autonomia sindical; b) razoável índice de sindicalização

Merece esclarecimentos a afirmação de que a Lei Maior teria admitido a atuação sindical inclusive para reduzir direitos trabalhistas. Se isso é verdade quanto à redução salarial, compensação de jornada de trabalho e turnos ininterruptos de revezamento (art. 7º, incisos VI, XIII e XIV), fato é que nada há, no texto constitucional, que dê um "cheque em branco" para que entes sindicais reduzam direitos trabalhistas. Ademais, o estímulo à negociação coletiva sempre se fez tendo em vista o objetivo de ampliar os direitos do trabalhador, não de reduzi-los[489].

O argumento *a fortiori*, no sentido de que, se o sindicato pode atuar para redução de salário, deve poder atuar para os demais temas atinentes ao contrato de trabalho ("quem pode o mais, pode o menos"), é bastante coerente e sedutor, mas deve ser apreendido com cautela. Primeiro, porque a relação de trabalho deve ser vista sob uma perspectiva existencial, e não meramente patrimonial[490]. Sob essa ótica, não é correto dizer que quem pode transigir quanto a salário (valor patrimonial) pode transacionar quanto a *tudo* (valores existenciais, atinentes à integridade física e psíquica).

Além disso, a Constituição não estabelece os critérios para que seja possível a redução de direitos trabalhistas, razão pela qual é necessário buscar subsídios lógicos, teleológicos e históricos aptos a subsidiar o raciocínio do intérprete, o que pode ser feito com o suporte da doutrina, como parece ter sido feito pelo STF:

> Min. Roberto Barroso: "de acordo com o princípio da adequação setorial negociada, as regras autônomas juscoletivas podem prevalecer sobre o padrão geral heterônomo, mesmo que sejam restritivas dos direitos dos trabalhadores, desde que não transacionem setorialmente parcelas justrabalhistas de indisponibilidade absoluta. Embora, o critério definidor de quais sejam as parcelas de indisponibilidade absoluta seja vago, afirma-se que estão protegidos contra a negociação in pejus os direitos que correspondam a um 'patamar civilizatório mínimo', como a anotação da CTPS, o pagamento do salário mínimo, o repouso semanal remunerado, as normas de saúde e segurança do trabalho, dispositivos antidiscriminatórios, a liberdade de trabalho etc. Enquanto tal patamar civilizatório mínimo deveria ser preservado pela legislação heterônoma, os direitos que o excedem sujeitar-se-iam à negociação coletiva, que, justamente por isso, constituiria um valioso mecanismo de adequação das normas trabalhistas aos diferentes setores da economia e a diferenciadas conjunturas econômicas".

---

do grupo representado; c) espaço para a complementação e suplementação do sistema legal de proteção do trabalho" (SÜSSEKIND, Arnaldo, *op.cit.*, p. 401).

489. "A negociação coletiva deve ser facilitada e fomentada, a fim de que possa, em maior escala, ampliar o nível imperativo da proteção legal ao trabalhador brasileiro" (SÜSSEKIND, Arnaldo, *op.cit.*, p. 405).

490. Guilherme Guimarães Feliciano (*Curso...*, *op.cit.*, p. 210) menciona a existência de um "patrimonialismo histórico que colonizou o Direito do Trabalho desde os seus primórdios", mas defende que uma interpretação conforme a Constituição, ancorada nos arts. 1º, III e IV, 4º, II e 5º, *caput*, como ainda no item I, *a*, da Declaração da Filadélfia (1944) sinaliza para a necessidade de privilegiar a centralidade da pessoa, e não da contrapartida econômica.

> Em outro trecho, aduz: "a concepção paternalista que recusa à categoria dos trabalhadores a possibilidade de tomar as suas próprias decisões, de aprender com seus próprios erros, contribui para a permanente atrofia de suas capacidades cívicas e, por consequência, para a exclusão de parcela considerável da população do debate público".

O trecho acima transcrito é claramente inspirado na doutrina de Maurício Godinho Delgado (citado diversas vezes no voto do Min. Roberto Barroso), que consagrou o princípio da adequação setorial negociada e a noção de patamar civilizatório mínimo[491].

Godinho sustenta que o princípio da adequação setorial negociada determina que as normas coletivas autônomas prevalecem sobre a legislação estatal em duas hipóteses: (i) quando implementam "padrão setorial de direitos superior ao padrão geral oriundo da legislação heterônoma aplicável"; e (ii) quando as normas coletivas "transacionam setorialmente parcelas justrabalhistas de indisponibilidade apenas relativa (e não de indisponibilidade absoluta)"[492].

Na sequência, o autor esclarece que a negociação coletiva "não prevalece se concretizada mediante ato estrito de renúncia (e não transação)". Além disso, "não prevalece a adequação setorial negociada se concernente a direitos revestidos de indisponibilidade absoluta", esclarecendo que se trata de "parcelas imanadas por uma tutela de interesse público, por constituírem patamar civilizatório mínimo que a sociedade democrática não concebe ver reduzido em qualquer segmento profissional". Finaliza afirmando que "no caso brasileiro, esse patamar civilizatório mínimo está dado, essencialmente, por três grupos convergentes de normas trabalhistas heterônomas: as normas constitucionais em geral (...); as normas de tratados e convenções internacionais vigorantes no plano interno brasileiro; as normas legais infraconstitucionais que asseguram patamares de cidadania ao indivíduo que labora (preceitos relativos à saúde e segurança no trabalho, normas concernentes a bases salariais mínimas, normas de identificação profissional, dispositivos antidiscriminatórios etc.)"[493].

A impossibilidade de negociação coletiva sobre normas trabalhistas de indisponibilidade absoluta foi expressamente sufragada pelo STF no RE 590415. Sucede que, como bem observado no voto do Min. Barroso, há certa ambiguidade e indefinição quanto àquilo que venha a constituir o patamar civilizatório mínimo e que, portanto, não pode ser transacionado.

A jurisprudência trabalhista apresenta inúmeros exemplos controvertidos a respeito dos limites da negociação coletiva[494]. Na doutrina especializada, nota-se

---

491. DELGADO, Maurício Godinho, *op.cit.*, p. 1255 e seguintes.

492. Idem, ibidem.

493. Idem, ibidem.

494. Homero afirma que tentou "traçar um fio condutor das decisões, mas esse trabalho parece interminável e só tem a aumentar com a aparente simplicidade das duas listas ora enxertadas na CLT. (...) Chega a ser

a existência de opiniões divergentes, algumas preconizando o elastecimento das possibilidades da negociação coletiva[495], enquanto outras sustentam visão mais restritiva[496].

Há posições que associam a indisponibilidade absoluta aos direitos previstos na Constituição[497], o que parece, entretanto, insuficiente, pois há direitos trabalhistas que nitidamente integram a noção de ordem pública, por envolverem a saúde e a segurança do trabalho (com os reflexos sociais daí decorrentes, como custos com o sistema de previdência social, incapacitação de trabalhadores etc.), mas que não constam expressamente do texto constitucional. É o que acontece, por exemplo, com o intervalo intrajornada e interjornadas, bem como normas sobre a duração do trabalho em geral, que evidentemente estão relacionadas à saúde e à segurança do trabalhador. Inconstitucional, portanto, o art. 611-B, parágrafo único, da CLT, a menos que se pretenda sustentar, por

---

inacreditável que, no repertório de julgados do TST, constem discussões sobre cláusulas que admitem o trabalho noturno de adolescentes, vedam o direito de greve ou fixam taxas diferenciadas para sindicalizados e não sindicalizados" (SILVA, Homero Batista Mateus da, *Comentários...*, *op.cit.*, p. 133-4).

495. Vólia afirma que "apesar da expressão 'exclusivamente' contida no *caput* do art. 611-B da CLT, por óbvio que há outros vícios capazes de anular a norma coletiva ou uma cláusula contida no instrumento coletivo". Como exemplos, a autora aponta: vícios formais alusivos a quórum da assembleia do ente sindical; observância de "princípios, valores e regras constitucionais, sob pena de nulidade da cláusula violadora desse direito, mesmo que ele não esteja expressamente incluído nos incisos do art. 611-B da CLT", tais como: afastamento do vínculo de emprego; reduzir o adicional noturno, insalubre ou perigoso; banco de horas com prazo de compensação superior ao ano. De outro lado, a autora admite que a norma coletiva reduza ou suprima os seguintes direitos: retirar natureza salarial de qualquer sobressalário; autorizar alteração contratual *in pejus*; aumentar o limite diário de horas extras para fins de compensação; inclusão do trabalhador no inciso I do art. 62 da CLT para qualquer tipo de externo; alterar a data do pagamento dos salários além do 5º dia útil do mês subsequente; aumentar o prazo do contrato de experiência ou de qualquer contrato determinado. Conclui dizendo que 'enfim, a negociação coletiva poderá praticas amplas flexibilizações (revogações)'"(CASSAR, Vólia Bomfim. *Curso...*, *op.cit.*, p. 1252 e 1303).

496. Homero aduz que a afirmação do art. 611-B da CLT, no sentido de que o rol de matérias infensas à negociação coletiva é taxativo, é "ousada e desprovida de base científica". Em seguida, elenca diversos temas que devem "ser mantidos fora da órbita" das normas coletivas, servindo como exemplos os seguintes casos extraídos da jurisprudência do TST: concessão de reajuste salarial contrário a leis de política salarial; fixação de taxas de homologação, contribuição sindical e confederativa para trabalhadores não sindicalizados; cláusulas com efeitos retroativos; descontos salariais superiores a 70% do salario, ao arrepio do art. 82, parágrafo único, da CLT; cláusulas discriminatórias entre sindicalizados e não sindicalizados; restrições ou condicionantes à garantia de emprego da gestante (SILVA, Homero Batista Mateus da, *Comentários...*, *op.cit.*, p. 143). Em outro trecho, aduz que "o respeito ao décimo-terceiro é mandatório porque ele tem assento constitucional, mas o legislador foi bem ardiloso ao dizer que a observância é apenas do valor nominal, abrindo brecha para as partes negociarem a retirada dos reflexos e das integrações" (SILVA, Homero Batista Mateus da, *Comentários...*, *op.cit.*, p. 144).

497. Luciano Martinez delimita com muita argúcia as fronteiras da negociação coletiva, estabelecendo os seguintes limites: somente pode abranger matérias trabalhistas; somente pode dizer respeito a direitos transindividuais; não pode infringir os direitos fundamentais assegurados ao trabalhador na qualidade de cidadão; não pode violar os direitos laborais mínimos protegidos por lei; não pode macular os direitos alheios, inclusive os direitos tributários do Estado. Quanto aos direitos mínimos protegidos em lei, o autor esclarece que a negociação coletiva não pode violar norma legal proibitiva, e tampouco o "núcleo civilizatório mínimo", expressão que associa aos direitos previstos na Constituição, que nunca poderão ser eliminados pela norma coletiva (Cf. MARTINEZ, Luciano, *Curso...*, *op.cit.*, p. 1042-1044).

exemplo, a validade de uma jornada de trabalho de 24 horas seguidas de um motorista rodoviário, colocando em risco a vida de passageiros, pedestres e outros motoristas[498]...

O STF parece concordar com tal assertiva, pois o voto do Min. Barroso elencou como absolutamente indisponíveis alguns direitos que não constam do texto constitucional, tais como anotação de CTPS e as normas de saúde e segurança do trabalho.

Tema ainda pendente de definição pela Suprema Corte é o da possibilidade de que norma coletiva suprima ou reduza as horas "in itinere", ou seja, o tempo de deslocamento do empregado ao local de trabalho em transporte fornecido pelo empregador quando a localidade não for atendida por transporte público regular.

Como se sabe, a reforma trabalhista de 2017 suprimiu o instituto das horas de trajeto, conforme previsão expressa no art. 58, §2º, da CLT[499]. Antes disso, porém, a 2ª Turma do STF decidira, com base no RE 590415, que era válida norma coletiva por meio da qual "categoria de trabalhadores transaciona o direito ao cômputo das horas in itinere na jornada diária de trabalho em troca da concessão de vantagens de natureza pecuniária e de outras utilidades"[500]. Como se vê, em tal decisão, foi reforçada a ideia doutrinária segundo a qual a negociação coletiva não pode consistir em mera renúncia de direitos trabalhistas, mas deve, ao revés, constituir verdadeira transação, por força da qual a categoria profissional obtém determinados benefícios em troca da redução de outros direitos.

Contudo, o tema ainda permanece em aberto, pois está pendente de apreciação sob a sistemática de repercussão geral, sendo que, no ARE 1121633, a maioria dos ministros, no Plenário virtual, não concordou com a tese proposta

---

498. No mesmo sentido, Homero afirma: "alguns assuntos relevantes, como a supressão parcial da refeição, foram considerados matérias não ligadas à saúde pelo mesmo art. 611-B, parágrafo único – algo que reputamos inconstitucional e contraditório" (SILVA, Homero Batista Mateus da, *Comentários...*, *op.cit.*, p. 145). Quanto ao art. 611-A, que autoriza a negociação coletiva sobre determinadas matérias, o autor vaticina: "dificilmente obterá êxito o inciso XII: bastante ousado, ele prevê que a negociação coletiva estipule livremente o grau do adicional de insalubridade, em evidente contradição com o art. 611-B, XVII, que afirma ser matéria infensa à negociação coletiva o disposto nas normas regulamentadoras (NRs) do Ministério do Trabalho (...). Igualmente temerária é a fixação de horas extras – remuneradas ou compensadas – em ambientes insalubres, sem a aprovação das autoridades especializadas na matérias; justifica-se a celeuma em torno dessa prorrogação porque não se trata meramente de compensação ou de banco de horas, mas de superexposição do trabalhador a agentes físicos, químicos e biológicos acima dos níveis de tolerância (...)" (SILVA, Homero Batista Mateus da, *Comentários...*, *op.cit.*, p. 138).

499. § 2º O tempo despendido pelo empregado desde a sua residência até a efetiva ocupação do posto de trabalho e para o seu retorno, caminhando ou por qualquer meio de transporte, inclusive o fornecido pelo empregador, não será computado na jornada de trabalho, por não ser tempo à disposição do empregador.

500. RE 895759 AgR-segundo, Relator(a): TEORI ZAVASCKI, Segunda Turma, julgado em 09/12/2016.

pelo Min. Gilmar Mendes – a qual preconizava a desnecessidade da explicitação de vantagens compensatórias que justificassem a redução das horas "in itinere"[501]. O tema será apreciado pelo Plenário físico da Suprema Corte.

É preciso esclarecer que as decisões referidas nos parágrafos anteriores representam uma superação de entendimentos anteriores – alguns, inclusive mais antigos[502] – no sentido de que a análise da validade de normas coletivas não apresentaria repercussão geral, de modo que o recurso extraordinário que discutisse o tema não deveria ser conhecido[503]. Por medida de coerência, outros temas comuns em normas coletivas também deveriam ensejar o reconhecimento de repercussão geral quando ventilados nos recursos extraordinários, tais como a redução de intervalos, a definição da natureza salarial ou indenizatória de determinadas parcelas, entre outros.

Isso porque não se pode absolutamente extrair do RE 590415 a interpretação de que os arts. 611-A e 611-B da CLT sejam constitucionais. De outro lado, apesar de não mencionado expressamente no julgado, a visão doutrinária que o embasa permite que se chegue à seguinte conclusão: art. 611-A, §2º, da CLT, deve ser interpretado no sentido de que não há necessidade de *indicação* das contrapartidas recíprocas, mas estas devem existir[504]. Não se concebe, assim, a negociação coletiva apenas para renunciar direitos dos trabalhadores; alguma

---

501. Voto do Min. Gilmar Mendes na análise de repercussão geral no ARE 1121633: "desnecessária a explicitação de vantagens compensatórias que justificassem a redução das horas in itinere, haja vista a validade de cláusula coletiva flexibilizadora de direito positivado em lei trabalhista. (...) a redução ou limitação dos direitos trabalhistas pelos acordos coletivos deve, em qualquer caso, respeito aos direitos absolutamente indisponíveis, constitucionalmente assegurados." O ministro propôs a seguinte tese, que não foi sufragada pelo Plenário virtual, mas ainda será debatida no Plenário físico: "Os acordos e convenções coletivos devem ser observados, ainda que afastem ou restrinjam direitos trabalhistas, independentemente da explicitação de vantagens compensatórias ao direito flexibilizado na negociação coletiva, resguardados, em qualquer caso, os direitos absolutamente indisponíveis, constitucionalmente assegurados".

502. "EMENTA: I. Recurso extraordinário: descabimento: controvérsia sobre validade de cláusula de acordo coletivo de trabalho decidida à luz de legislação infraconstitucional pertinente, de reexame inviável no RE. II. Acordo coletivo de trabalho: o artigo 7º, XXVI, da Constituição Federal, não elide a declaração de nulidade de cláusula de acordo coletivo de trabalho à luz da legislação ordinária. III. Recurso extraordinário: inadmissibilidade: alegações improcedentes de negativa de prestação jurisdicional de violação dos princípios compreendidos no artigo 5º, incisos XXXV, XXXVI e LIV, da Constituição Federal. IV. Agravo regimental manifestamente infundado: condenação da agravante ao pagamento de multa, nos termos do art. 557, § 2º, C.Pr.Civil" (AI 617006 AgR, Relator(a): SEPÚLVEDA PERTENCE, Primeira Turma, julgado em 02/03/2007).

503. Trata-se dos temas 357 (AI 825675) e 762 (RE 820729) da repercussão geral, que estão, portanto, superados.

504. "(...) há previsão de que, se houver a contrapartida, esta deverá ser anulada em conjunto com a cláusula benéfica (...). Mas nem sempre será fácil enxergar qual cláusula foi negociada em benefício da outra, salvo se os sindicatos passarem a indicá-las expressamente. Em geral, o advogado e o juiz leem a norma coletiva sem a mínima noção da ordem com que foram pactuadas as cláusulas ou como se chegou ao consenso sobre, digamos, o adicional de horas extras" (SILVA, Homero Batista Mateus da, *Comentários...*, *op.cit.*, p. 135).

vantagem, ainda que não indicada expressamente, deve decorrer da leitura do instrumento coletivo, sob pena de sua nulidade[505].

> Min. Roberto Barroso: "Coube à autonomia individual da vontade apenas a decisão sobre aderir ou não ao PDI e, portanto, sobre outorgar ou não a quitação, nos termos das normas já aprovadas pela categoria". Adiante, afirma: "ao aderir ao PDI, a reclamante não abriu mão de parcelas indisponíveis, que constituíssem 'patamar civilizatório mínimo' do trabalhador. Não se sujeitou a condições aviltantes de trabalho (ao contrário, encerrou a relação de trabalho). Não atentou contra a saúde ou a segurança no trabalho. Não abriu mão de ter a sua CNTP (*sic*) assinada. Apenas transacionou eventuais direitos de caráter patrimonial ainda pendentes, que justamente por serem 'eventuais' eram incertos, configurando res dubia, e optou por receber, em seu lugar, de forma certa e imediata, a importância correspondente a 78 (setenta e oito) vezes o valor da maior remuneração que percebeu no Banco".

O trecho acima é importante por demonstrar o balizamento fático do precedente. No caso, não houve qualquer discussão atinente a vícios de vontade; houve o pagamento de valor consideravelmente superior ao devido se houvesse a mera rescisão do contrato de trabalho; não houve transação a respeito de direitos indisponíveis, mas apenas quanto a questões patrimoniais. Assim postas as coisas, irrepreensível a decisão da Suprema Corte; não foi à toa que o julgamento se deu por unanimidade no Plenário.

De outro lado, evidentemente não estarão acobertadas pela *ratio decidendi* do RE 590415 situações em que o ato individual de adesão ao plano de demissão voluntária (PDV) ou ao plano de desligamento incentivado (PDI) seja maculado por vício de vontade, tal como a coação, o estado de perigo, a lesão – causas de anulabilidade previstas no art. 171, II, do Código Civil, e plenamente aplicáveis ao Direito do Trabalho por força do art. 8º, §1º, da CLT.

Da mesma forma, a decisão do STF não impede que a situação fática enseje o reconhecimento de nulidade do ato jurídico individual de adesão ao PDV,

505. Jorge Luiz Souto Maior apresenta interessante interpretação do voto do Min. Barroso no RE 590415, afirmando: "Em um país acostumado com negociações coletivas fundadas em abuso do poder econômico, mediante ameaças de desemprego, refutando-se, pois, o pressuposto da boa-fé, também porque não se apresentam aos trabalhadores as devidas informações sobre a situação econômica da empresa ou do segmento econômico específico, os pressupostos estabelecidos no voto não deixaram de ser um avanço na seara negocial trabalhista. (...) A validade dos pactos negociais será reconhecida 'desde que não transacionem setorialmente parcelas justrabalhistas de indisponibilidade absoluta'. A decisão do Supremo deixou claro que não se criou uma norma aberta, de prevalência do negociado sobre o legislado, como forma de instrumentalização de renúncia a direitos, conforme, aliás, equivocadamente, entendeu o Ministro Teori no RE 895.759, pois a validade da cláusula de quitação somente foi declarada na situação posta em julgamento porque se reconheceu estarem preenchidas certas condições (...). Nos termos do entendimento do STF, portanto, não se pode acolher como válida norma coletiva que meramente reduza direitos trabalhistas ou que piore as condições de trabalho, sem qualquer tipo de compensação, até porque o '*caput*' do art. 7º da Constituição Federal deixa claro que os direitos e institutos trabalhistas, dentre eles a negociação coletiva, são instrumentos de 'melhoria da condição social dos trabalhadores' (SOUTO MAIOR, Jorge Luiz. "Reforma" trabalhista no STF e duas decisões importantes. Disponível em: https://www.jorgesoutomaior.com/blog/reforma-trabalhista-no-stf-duas-decisoes-importantes . Acesso em 9 jul.2020).

quando houver: vício de incapacidade do agente; objeto ilícito, impossível ou indeterminável; ilicitude do motivo determinante, comum a ambas as partes; tiver por objetivo de fraudar lei imperativa; ou, mais amplamente, quando a situação concreta se enquadrar no art. 166 do Código Civil, que prevê as hipóteses de nulidade do negócio jurídico.

Em tais situações, perceba-se que não se estará reconhecendo a invalidade da norma coletiva que instituiu o programa de demissão voluntária; ao contrário, estar-se-á decretando a nulidade ou a anulabilidade do ato individual de adesão que contenha algum vício. Trata-se, portanto, de distinção (*distinguishing*) legítima que pode, eventualmente, ser pertinente em determinados casos concretos.

25.3. Negociação coletiva no setor público

O art. 39, §3º, da CF, não menciona, entre os direitos aplicáveis aos servidores ocupantes de cargo de público, o de reconhecimento dos acordos e convenções coletivas de trabalho (art. 7º, XXVI). Contudo, previsões legislativas e também em normas internacionais têm feito com que o tema da negociação coletiva no setor público venha sendo debatido no âmbito do Supremo Tribunal Federal, com importantes reflexos na jurisprudência do Tribunal Superior do Trabalho.

O primeiro julgado importante sobre o tema foi a ADI 492[506], em que a Suprema Corte declarou a inconstitucionalidade de dispositivo legal que previa a possibilidade de negociação coletiva por servidores públicos federais. Os dois argumentos centrais, acolhidos pela maioria dos ministros, foram: (i) o regime jurídico administrativo, pautado na supremacia do interesse público e na possibilidade de alteração unilateral das condições de trabalho pela Administração Pública, seria incompatível com a negociação; (ii) a concessão de vantagens ou de aumento remuneratório aos servidores públicos dependeria de edição de lei (CF, art. 61, §1º, II, *a*) e da observância aos critérios orçamentários constitucionalmente estabelecidos (CF, art. 169, §1º)[507].

---

506. "CONSTITUCIONAL. TRABALHO. JUSTIÇA DO TRABALHO. COMPETÊNCIA. AÇÕES DOS SERVIDORES PUBLICOS ESTATUTARIOS. C.F., ARTS. 37, 39, 40, 41, 42 E 114. LEI N. 8.112, DE 1990, ART. 240, ALINEAS "D" E "E". I - SERVIDORES PUBLICOS ESTATUTARIOS: DIREITO A NEGOCIAÇÃO COLETIVA E A AÇÃO COLETIVA FRENTE A JUSTIÇA DO TRABALHO: INCONSTITUCIONALIDADE. LEI 8.112/90, ART. 240, ALINEAS "D" E "E". II - (...) III - AÇÃO DIRETA DE INCONSTITUCIONALIDADE JULGADA PROCEDENTE" (ADI 492, Relator(a): CARLOS VELLOSO, Tribunal Pleno, julgado em 12/11/1992).

507. Comentando a ADI 492, Arnaldo Boson Paes assevera: "A decisão confirma a tendência de os juristas pretenderem compreender o presente com as lentes do passado, aprisionando-se a paradigmas construídos em outro momento histórico. Com esse olhar retrospectivo, o acórdão terminou sufragando a tese da já superada concepção unilateralista de função, sem considerar o moderno desenvolvimento do tema, as normas da OIT e o Direito Comparado" (PAES, Arnaldo Boson. Negociação Coletiva no

Sucede que, conforme observado, na ocasião, pelo Min. Sepúlveda Pertence, a negociação coletiva sempre será "um fato, uma inevitabilidade política, que gerará consequências jurídicas". O princípio da legalidade não constitui óbice legítimo a que se permita a negociação, que, de resto, segue acontecendo na prática, embora de forma geralmente inadequada[508].

No entanto, a impossibilidade de negociação coletiva no setor público foi reiterada pelo Plenário do STF em julgados mais recentes, relativos a leis estaduais[509] e em mandado de injunção[510], insistindo-se no argumento de que a negociação coletiva pressuporia a "existência de partes formalmente detentoras de ampla autonomia negocial, o que não se realiza no plano da relação estatutária".

Apesar de tais decisões, não se pode confundir o processo de negociação com a celebração de convenção ou acordo coletivo de trabalho: do primeiro pode resultar o segundo, mas isso não é necessário. No caso dos empregados públicos, por exemplo, sempre foi possível que se celebrasse uma espécie de "protocolo de intenções", por meio do qual o Chefe do Poder Executivo se comprometesse a enviar ao Poder Legislativo projeto de lei que viabilizasse o aumento da remuneração ou a concessão de vantagens aos servidores[511].

Serviço Público: Potencialidades e Limites. In *Revista do Tribunal Superior do Trabalho*, Brasília, vol. 82, no 4, out/dez 2016, p. 91).

508. Segundo Arnaldo Boson Paes, "No Brasil, como dito, não há autêntica negociação coletiva. Existem meros diálogos informais, por meio de métodos inadequados e reuniões vazias, em que quase sempre os governos impõem unilateralmente as condições de trabalho. Os novos paradigmas indicam que se faz necessária urgentemente a institucionalização no Brasil de um sistema de negociação coletiva, de modo que se assegure o pleno e efetivo exercício dos direitos coletivos pelos servidores e que a negociação coletiva seja instrumento adequado e eficaz para a resolução dos conflitos" (PAES, Arnaldo Boson, *op.cit.*, p. 87).

509. EMENTA: AÇÃO DIRETA DE INCONSTITUCIONALIDADE. ARTIGO 57 DA LEI COMPLEMENTAR N. 4 DO ESTADO DO MATO GROSSO. SERVIDORES PÚBLICOS. ACORDOS E CONVENÇÕES COLETIVAS DE TRABALHO. VIOLAÇÃO DO ARTIGO 61, § 1º, II, DA CONSTITUIÇÃO DO BRASIL. ARTIGO 69, "*CAPUT*" E §§, DA LEI COMPLEMENTAR N. 4. (...) 1. A celebração de convenções e acordos coletivos de trabalho constitui direito reservado exclusivamente aos trabalhadores da iniciativa privada. A negociação coletiva demanda a existência de partes detentoras de ampla autonomia negocial, o que não se realiza no plano da relação estatutária. 2. A Administração Pública é vinculada pelo princípio da legalidade. A atribuição de vantagens aos servidores somente pode ser concedida a partir de projeto de lei de iniciativa do Chefe do Poder Executivo, consoante dispõe o artigo 61, § 1º, inciso II, alíneas "a" e "c", da Constituição do Brasil, desde que supervenientemente aprovado pelo Poder Legislativo. Precedentes (...)." (ADI 559, Relator(a): EROS GRAU, Tribunal Pleno, julgado em 15/02/2006).

510. "AGRAVO REGIMENTAL NO MANDADO DE INJUNÇÃO. SERVIDOR PÚBLICO. DIREITO À NEGOCIAÇÃO COLETIVA. INEXISTÊNCIA DE PREVISÃO NA CONSTITUIÇÃO FEDERAL. AGRAVO REGIMENTAL A QUE SE NEGA PROVIMENTO. 1. O direito à negociação coletiva é restrito aos trabalhadores da iniciativa privada. Esta Corte já decidiu que viola a Constituição Federal norma que confere tal direito aos servidores públicos (...)" (MI 4398 AgR, Relator(a): LUIZ FUX, Tribunal Pleno, julgado em 19/08/2015).

511. Escrevendo após a ratificação da Convenção nº 151 da OIT, Sérgio Pinto Martins (*op.cit.*, p. 1272) assevera: "(...) o servidor público tem direito à sindicalização, mas não pode negociar mediante acordo ou convenção coletiva de trabalho, em razão do princípio da legalidade que norteia a Administração

Ademais, deve-se perceber que três são os possíveis regimes jurídicos da relação profissional entre os agentes administrativos e a Administração Pública: (i) regime estatutário, que rege a relação dos servidores públicos estatutários (ou funcionários públicos), sendo o único admissível para as funções tipicamente administrativas com poder decisório (exemplo: ordenadores de despesa, agentes da fiscalização); (ii) regime celetista ou contratual, que regula a relação dos servidores celetistas ou empregados públicos, por meio de vínculo de natureza privada, embora haja naturais derrogações em virtude da presença da Administração Pública em um dos polos da relação jurídica (exemplo: necessidade de motivação da dispensa); (iii) regime contratual temporário (CF, art. 37, IX). No que tange às empresas estatais (empresas públicas e sociedades de economia mista), o regime aplicável é unicamente o celetista (CF, art. 173, §1°, II)[512].

Para todos os empregados públicos celetistas - quer os vinculados à Administração direta, autárquica e fundacional, quer os de empresas públicas e de sociedades de economia mista - é possível a celebração de instrumentos coletivos, cabendo fazer a seguinte diferenciação:

- (i) servidores públicos estatutários: é possível a negociação, mas não a celebração de instrumentos coletivos, já que a relação administrativa é regida pela lei[513-514]. Da negociação pode resultar protocolo de intenções por força do qual a autoridade responsável (em geral, o Chefe do Poder Executivo) se comprometa a enviar ao Legislativo projeto de lei concedendo aumento remuneratório ou vantagens;

Pública (art. 37 da Constituição). Nada impede, porém, que a Administração Pública e o Sindicato dos Servidores Públicos façam negociação coletiva. A Administração Pública não pode celebrar convenção ou acordo coletivo, pois só pode observar o previsto em lei (...). Entretanto, para que o resultado da negociação coletiva tenha validade, é preciso que ele seja transformado em lei (...)".

512. Cf. BERNARDES, Felipe, *op.cit.*, p. 162.

513. A partir da ratificação pelo Brasil da Convenção nº 151 da OIT, é sustentável o entendimento de que seria possível a celebração de acordos coletivos versando sobre cláusulas sociais para servidores públicos estatutários. No entanto, a figura do acordo coletivo é prevista apenas na CLT, não sendo sequer mencionada na Constituição ou em legislação administrativa como aplicável aos servidores estatutários, razão pela qual se defende o posicionamento exposto no texto.

514. Arnaldo Boson Paes, em sentido contrário, defende a possibilidade de celebração de convenções e acordos coletivos no setor público, com os seguintes argumentos: "O fato de a CF, ao tratar dos direitos dos servidores no art. 39, § 2º (atual § 3º, EC nº 19/98), não incluir entre os incisos do art. 7º, que cuida dos direitos dos trabalhadores em geral, o inciso XXVI, que disciplina o reconhecimento das convenções e dos acordos coletivos de trabalho, em nada afeta o direito à negociação coletiva no setor público. A Constituição não veda ao sindicato de servidores a possibilidade de celebrar convenções e acordos coletivos, haja vista que, quando pretende proibir o exercício de algum direito coletivo, fá-lo expressamente, tal como ocorreu com a expressa vedação de sindicalização e deflagração de greve pelos militares (art. 42, § 5º, com a redação anterior à EC nº 18/98). Desse modo, ao reconhecer expressamente o direito de sindicalização dos servidores (art. 37, VI), a CF estava automaticamente dispensada de proclamar o reconhecimento das convenções e *dos acordos coletivos em favor dos servidores, pois, ao repetir tal previsão, estaria incorrendo em bis* in idem" (PAES, Arnaldo Boson, *op.cit.*, p. 89).

- (ii) empregados públicos celetistas da Administração Direta, autárquica e fundacional: é possível a negociação coletiva, nos moldes do parágrafo anterior. Além disso, é legítima a celebração de acordo coletivo versando sobre cláusulas sociais (ver explicação abaixo). Não é viável a celebração de convenção coletiva de trabalho, pois o empregador público não integra categoria econômica;
- (iii) empregados públicos celetistas de empresas públicas e de sociedades de economia mista: não há nenhum óbice à celebração de convenções e acordos coletivos de trabalho, em virtude da aplicação a tais entidades do regime jurídico típico da iniciativa privada (CF, art. 173, §1º, II).

A jurisprudência do TST, que inicialmente rejeitava em absoluto a possibilidade de celebração de acordo coletivo por pessoa jurídica de direito público que mantivesse empregados[515], passou a admitir, após a ratificação da Convenção nº 151 pelo Brasil, o ajuizamento de dissídio coletivo exclusivamente para apreciação de cláusulas de natureza social, conforme orientação jurisprudencial nº 5 da Seção de Dissídios Coletivos[516]. Se é possível o ajuizamento de dissídio coletivo a respeito, que resulta em intervenção jurisdicional no julgamento do conflito coletivo, com muito mais razão é legítima a celebração de instrumentos coletivos a respeito[517], pois resultam da solução do conflito pelos próprios interessados.

---

515. Como exemplo dessa tendência já superada, a seguinte ementa: "RECURSO DE REVISTA. AUTARQUIA. DIFERENÇAS SALARIAIS. ACORDO COLETIVO A Constituição Federal de 1988 (art. 39, § 3º) não reconhece aos servidores públicos, gênero do qual o empregado público é espécie, o direito a firmar acordo ou convenção coletivos (inciso XXVI do art. 7º). A concessão de qualquer vantagem ou aumento de remuneração, a qualquer título, pelos órgãos e entidades da Administração Direta ou Indireta , inclusive autarquia, somente é legítima se reunidos três requisitos: a) prévia dotação orçamentária suficiente para atender às projeções de despesa de pessoal e aos acréscimos dela decorrentes; b) autorização específica na lei de diretrizes orçamentárias; c) cumprimento dos parâmetros estabelecidos na Lei de Responsabilidade Fiscal (inteligência dos arts. 37, *caput* , X, 39, § 3º, e 169, *caput* e §§ 1º, I e II, e 2º, da CF/88 e L.C. nº 101/2001). Revista conhecida e provida" (RR-135300-33.2003.5.02.0038, 3ª Turma, Relatora Ministra Rosa Maria Weber Candiota da Rosa, DEJT 10/10/2008).

516. OJ 5 da SDC: DISSÍDIO COLETIVO. PESSOA JURÍDICA DE DIREITO PÚBLICO. POSSIBILIDADE JURÍDICA. CLÁUSULA DE NATUREZA SOCIAL. Em face de pessoa jurídica de direito público que mantenha empregados, cabe dissídio coletivo exclusivamente para apreciação de cláusulas de natureza social. Inteligência da Convenção nº 151 da Organização Internacional do Trabalho, ratificada pelo Decreto Legislativo nº 206/2010.

517. Nesse sentido, representando a tendência atual da jurisprudência: "RECURSOS DE REVISTA DA RECLAMADA E DO MINISTÉRIO PÚBLICO DO TRABALHO. ANÁLISE CONJUNTA. FUNDAÇÃO PÚBLICA. REAJUSTES SALARIAIS PREVISTOS EM NORMAS COLETIVAS. AUMENTO DE DESPESAS COM PESSOAL. INAPLICABILIDADE. NEGOCIAÇÃO COLETIVA PERMITIDA APENAS EM TORNO DAS CHAMADAS CLÁSULAS SOCIAIS, SEM CONTEÚDO ECONÔMICO. Emerge do disposto no § 3º do art. 39 c/c com o art. 7º, XXVI, da CF , que não se reconhece, regra geral, à Administração Pública , a possibilidade de firmar convenção ou acordo coletivo de trabalho sobre verbas de cunho essencialmente econômico-financeiro, resguardada a negociação coletiva na área pública à seara eminentemente social (cláusulas sociais). Ainda por imposição da Constituição Federal, compete à lei, em sentido estrito, a fixação de limites do gasto com pessoal, sendo imprescindível a sua previsão em lei orçamentária (art. 169) e sua iniciativa pelo Poder Executivo (art. 61, § 1º, II, a, CF). Desse modo, o ente

Cláusulas sociais são aquelas que não geram impacto orçamentário aos cofres públicos, por não consistirem em aumento de remuneração ou em atribuição de vantagens pecuniárias ao servidor. Como exemplos, tem-se a previsão de estabilidade pré-aposentadoria; critérios para aceitação de atestados médicos particulares, para fins de abono de faltas, entre outros.

25.4. Ultratividade das normas coletivas

A tese da ultratividade de norma coletiva preconiza direitos previstos em convenção ou em acordo coletivo de trabalho somente podem ser suprimidos por meio de nova negociação coletiva, independentemente da expiração do prazo de vigência das normas coletivas anteriormente vigentes.

Na década de 1970, a jurisprudência do STF[518], com base na noção de direito adquirido, reconhecia não apenas a ultratividade das normas coletivas, mas também a incorporação definitiva, aos contratos de trabalho, dos direitos previstos em acordo ou convenção coletiva de trabalho, mesmo que o instrumento coletivo fosse posteriormente modificado.

No entanto, a jurisprudência do Tribunal Superior do Trabalho, desde março de 1988 (data de edição da versão original da Súmula 277), consolidou-se no sentido de que "as condições de trabalho alcançadas por força de sentença normativa vigoram no prazo assinado, não integrando, de forma definitiva, os contratos".

Posteriormente, a Lei nº 8.542/92 trouxe regramento diametralmente oposto. Seu art. 1º, §1º, preceituava que "as cláusulas dos acordos, convenções ou contratos coletivos de trabalho integram os contratos individuais de trabalho e somente poderão ser reduzidas ou suprimidas por posterior acordo, convenção ou contrato coletivo de trabalho". Tal regra, entretanto, foi revogada pela MP 1053/1995, reeditada sucessivamente até ser convertida na Lei 10.192/2001.

---

público encontra-se proibido de firmar convenção coletiva sobre vantagens remuneratórias, já que não possui autonomia para dispor sobre despesas, salvo se expressamente autorizado por lei e respeitados os limites nela previstos. Nesta linha, há inclusive a OJ 05 da SDC desta Corte Superior. Recursos de revista conhecidos e providos" (RR-161400-48.2006.5.02.0061, 3ª Turma, Relator Ministro Mauricio Godinho Delgado, DEJT 31/08/2012).

518. "Acordo coletivo. Coisa julgada. Princípio da isonomia. -Não ofende a coisa julgada acórdão que, em virtude de acordo coletivo anterior, reconhece que os empregados, que já haviam preenchido os requisitos para, durante a sua vigência, adquiriram direito dele resultante, não o perdem por não mais constar tal direito de acordo coletivo posterior. A aplicação do segundo acordo foi afastada em virtude do respeito ao direito adquirido, o que não implica desrespeito à decisão de que ele resultou. -Por outro lado, inexiste tratamento desigual com relação aos que adquiriram tal direito e os que não haviam ainda preenchido os requisitos necessários para tanto quando passou a vigorar o segundo acordo, e isso porque a situação entre eles era diversa, merecendo, pois, tratamento diferente. Agravo regimental a que se nega provimento" (AI 73169 AgR, Relator(a): MOREIRA ALVES, Tribunal Pleno, julgado em 26/04/1978).

O Supremo Tribunal Federal vinha entendendo que a questão do prazo de vigência das normas coletivas era questão infraconstitucional, razão por que não admitia os recursos extraordinários que discutiam o tema[519].

Sucede que, após a modificação do entendimento do TST – o qual passou a entender, em 2012, na Súmula 277, que as cláusulas de convenções e de acordos coletivos de trabalho somente poderiam ser modificadas ou suprimidas mediante nova negociação coletiva de trabalho[520] –, o STF também alterou sua concepção inicial. De fato, na ADPF 323, liminar do Min. Gilmar Mendes suspendeu a eficácia da Súmula 277 do TST, determinando "a suspensão de todos os processos em curso e dos efeitos de decisões judiciais proferidas no âmbito da Justiça do Trabalho que versem sobre a aplicação da ultratividade de normas de acordos e de convenções coletivas, sem prejuízo do término de sua fase instrutória, bem como das execuções já iniciadas".

Em sua decisão monocrática, o Min. Gilmar Mendes menciona que a nova redação da Súmula 277 do TST passou a ter "sentido diametralmente oposto, de modo" que não mais seria "possível classificar o tema como matéria de índole infraconstitucional". Contudo, não há uma explicação sobre o porquê de se considerar a matéria constitucional, ou não, de acordo com o resultado da interpretação de norma infraconstitucional a que o intérprete chegue (no caso, tratava-se da redação originária do art. 614, §3º, da CLT[521]).

Vale destacar que a Lei nº 13.467/2017 mudou a redação do art. 614, §3º, da CLT, o qual passou a vedar, expressamente, a ultratividade das normas coletivas. É curioso perceber o forte intervencionismo estatal presente na lei, que supostamente teria sido editada com o objetivo de "modernizar" a legislação trabalhista e de prestigiar a liberdade e a autonomia da vontade. Em vez de deixar a questão da eficácia temporal das normas coletivas a critério dos interessados, optou por vedar a ultratividade, sem que haja qualquer fundamento para tanto[522].

---

519. "EMENTA: AGRAVO REGIMENTAL EM RECURSO EXTRAORDINÁRIO. DIREITO DO TRABALHO. NEGOCIAÇÃO COLETIVA DE TRABALHO (INCISO XXVI DO ART. 7º DO MAGNO TEXTO). PRAZO DE VALIDADE. MATÉRIA INFRACONSTITUCIONAL. 1. "A Constituição Federal apenas assegura o reconhecimento dos acordos e convenções coletivas, genericamente, sem aludir ao prazo de validade das condições de trabalho estabelecidas, matéria afeta à lei ordinária" (AI 507.348-AgR, da relatoria do ministro Marco Aurélio). 2. Agravo regimental desprovido" (RE 572061 AgR, Relator(a): AYRES BRITTO, Segunda Turma, julgado em 22/02/2011).

520. ADPF 323 MC, Rel. Min. Gilmar Mendes, decisão monocrática, julgamento em 14/10/2016.

521. Redação originária (já revogada) do art. 614, §3º, da CLT: § 3º Não será permitido estipular duração de Convenção ou Acôrdo superior a 2 (dois) anos.

522. Comentando esse aspecto, Jorge Luiz Souto Maior assevera: "O artigo 614, que proíbe a ultratividade, é inexplicável no contexto de uma lei que veio, segundo se disse, para incentivar a negociação coletiva. Ora, o legislador não deveria cuidar disso e sim as próprias partes. No entanto, o legislador foi intervencionista ao extremo e estabeleceu que fixação da ultratividade em negociação coletiva estaria "vedada". Para proteger o empregador na negociação o legislador não poupou esforços e não se preocupou com

Contraditoriamente com a decisão liminar do Min. Gilmar Mendes na ADPF 323 (em que a premissa é o caráter constitucional e a violação a preceitos fundamentais pela nova redação da Súmula 277 do TST), o Plenário do Supremo Tribunal Federal, ao julgar a ADI 2200[523], reafirmou que os incisos VI e XXVI do art. 7º da Constituição não se disciplinam a questão da vigência e da eficácia das convenções e dos acordos coletivos de trabalho. Por tal motivo, declarou a Corte o prejuízo da ação (= perda superveniente do interesse de agir), a qual se voltava contra a Lei 10.192/20021, que revogara a previsão da Lei 8.542/92 quanto à ultratividade das normas coletivas. Como a Lei 13.467/2017 passou a vedar expressamente a ultratividade, a Suprema Corte entendeu que não havia mais objeto para a referida ADI.

Veja-se que tal decisão adota a premissa implícita de que a Lei 13.467/2017, no que veda a ultratividade, está de acordo com a Constituição. Se o STF considerasse tal previsão legislativa inconstitucional, a invalidade da lei – com sua consequente não geração de efeitos – faria com que permanecesse o interesse no julgamento de mérito da ADI.

Em sentido contrário, o voto vencido do Min. Edson Fachin asseverava que a normatividade constitucional – desde a edição da Constituição de 1988, e especialmente após a EC 45/2004 – já tinha densidade suficiente para concluir no sentido de que "a Lei de 1992 é mais adequada ao contexto constitucional de 1988 do que as Medidas Provisórias/Lei de 1995/2001".

De fato, o art. 114, §2º, da CF, tanto em sua redação originária[524], quanto na redação posterior à EC 45/2004[525], indica claramente que o poder normativo

---

as contradições. Ocorre que a ultratividade está expressamente prevista no § 2º do art. 114 da CF. A lei não pode vedar um preceito previsto constitucionalmente (...)" (SOUTO MAIOR, Jorge Luiz. A reforma trabalhista e seus reflexos no direito coletivo do trabalho. Disponível em: https://www.jorgesoutomaior.com/blog/a-reforma-trabalhista-e-seus-reflexos-no-direito-coletivo-do-trabalho .Acesso em 13 jul.2020).

523. "AÇÃO DIRETA DE INCONSTITUCIONALIDADE. MEDIDA PROVISÓRIA N. 1.950-62/2000, CONVERTIDA NA LEI N. 10.192/2001. REVOGAÇÃO DOS §§ 1º E 2º DO ART. 1º DA LEI N. 8.542/1992. ACORDOS E CONVENÇÕES COLETIVOS DE TRABALHO. SUPERVENIÊNCIA DA LEI N. 13.467/2017. PREJUÍZO DA AÇÃO. 1. Argumentação genérica quanto à indicação de afronta ao inc. XXXVII do art. 5º da Constituição da República. 2. A conversão da Medida Provisória n. 1.950-62/2000 na Lei n. 10.192/2001 torna prejudicado o debate sobre o preenchimento da excepcionalidade exigida pelo art. 62 da Constituição da República. 3. Nos incs. VI e XXVI do art. 7º da Constituição da República não se disciplinam a vigência e a eficácia das convenções e dos acordos coletivos de trabalho. A conformação desses institutos compete ao legislador ordinário, que deverá, à luz das demais normas constitucionais, eleger políticas legislativas aptas a viabilizar a concretização dos direitos dos trabalhadores. 4. Superveniência da Lei n. 13.467/2017, que expressamente veda ultratividade no direito do trabalho brasileiro. Esvaziamento da discussão quanto à lei revogadora. Impossibilidade de repristinação das normas revogadas pelos dispositivos questionados. 5. Ação direta de inconstitucionalidade prejudicada" (ADI 2200, Relator(a): CÁRMEN LÚCIA, Tribunal Pleno, julgado em 04/06/2020).

524. § 2º Recusando-se qualquer das partes à negociação ou à arbitragem, é facultado aos respectivos sindicatos ajuizar dissídio coletivo, podendo a Justiça do Trabalho estabelecer normas e condições, respeitadas as disposições convencionais e legais mínimas de proteção ao trabalho.

525. § 2º Recusando-se qualquer das partes à negociação coletiva ou à arbitragem, é facultado às mesmas, de comum acordo, ajuizar dissídio coletivo de natureza econômica, podendo a Justiça do Trabalho

da Justiça do Trabalho pressupõe o respeito às "disposições convencionadas anteriormente", ou seja, aos acordos e convenções coletivas anteriores. Ora, se nem a Justiça do Trabalho pode suprimir direitos estabelecidos em normas coletivas, com muito mais razão não se pode admitir que o mero decurso do tempo o faça, sendo necessário que se faça nova negociação coletiva.

A ultratividade das normas coletivas tem o mérito de instituir natural incentivo à negociação coletiva; ademais, por se tratar o instrumento coletivo de norma jurídica, deve-se aplicar a noção de que a existência de norma provisória é uma excepcionalidade, o que também fundamenta a própria noção de ultratividade[526]. Contudo, realmente a vigência temporária parece imposição do art. 614, §3º, da CLT – tanto na antiga, quanto na nova redação. *De lege ferenda*, o ideal é que não haja previsão de prazo máximo de vigência dos instrumentos coletivos, prestigiando a autonomia da vontade coletiva.

De todo modo, na atual posição do STF, e seguindo o texto da CLT na redação pós-reforma trabalhista de 2017, fato é que as cláusulas de convenções e acordos coletivos de trabalho não se incorporam ao contrato de trabalho, o que vale tanto para normas benéficas (que criem direitos) ou prejudiciais (que suprimam ou reduzam direitos) aos trabalhadores. Por exemplo: se o acordo coletivo prevê que determinada bonificação não terá natureza salarial, expirado o prazo de vigência do diploma normativo, aplica-se integralmente a lei, de modo que, atendidos os respectivos requisitos, a parcela terá caráter salarial, sem que se possa se cogitar de natureza indenizatória em função da realidade anteriormente vigorante por força do acordo coletivo.

26. RESPONSABILIDADE CIVIL

Referências normativas e jurisprudenciais	
Constituição	Art. 7º - São direitos dos trabalhadores urbanos e rurais, além de outros que visem à melhoria de sua condição social: (...) XXII - redução dos riscos inerentes ao trabalho, por meio de normas de saúde, higiene e segurança; (...) XXVIII - seguro contra acidentes de trabalho, a cargo do empregador, sem excluir a indenização a que este está obrigado, quando incorrer em dolo ou culpa.
Dispositivos legais	Código Civil, Art. 186. Aquele que, por ação ou omissão voluntária, negligência ou imprudência, violar direito e causar dano a outrem, ainda que exclusivamente moral, comete ato ilícito.

decidir o conflito, respeitadas as disposições mínimas legais de proteção ao trabalho, bem como as convencionadas anteriormente.

526. Cf. DELGADO, Maurício Godinho, *op.cit.*, p. 1328.

Referências normativas e jurisprudenciais	
Dispositivos legais	Art. 927. Aquele que, por ato ilícito (arts. 186 e 187), causar dano a outrem, fica obrigado a repará-lo. Parágrafo único. Haverá obrigação de reparar o dano, independentemente de culpa, nos casos especificados em lei, ou quando a atividade normalmente desenvolvida pelo autor do dano implicar, por sua natureza, risco para os direitos de outrem.
Súmulas e teses de repercussão geral	Tema 932 (RE 828040): O art. 927, parágrafo único, do Código Civil é compatível com o art. 7º, XXVIII, da Constituição Federal, sendo constitucional a responsabilização objetiva do empregador por danos decorrentes de acidentes de trabalho nos casos especificados em lei ou quando a atividade normalmente desenvolvida, por sua natureza, apresentar exposição habitual a risco especial, com potencialidade lesiva, e implicar ao trabalhador ônus maior do que aos demais membros da coletividade. Tema 999 (RE 654833): É imprescritível a pretensão de reparação civil de dano ambiental.
Julgados paradigmáticos	RE 228035, 654833, 828040

26.1. Responsabilidade civil objetiva

No RE 828040[527], o Supremo Tribunal Federal, superando controvérsia que ainda existia na doutrina e na jurisprudência, fixou, em repercussão geral, a tese de que "o artigo 927, parágrafo único, do Código Civil é compatível com o artigo 7º, XXVIII, da Constituição Federal, sendo constitucional a responsabilização objetiva do empregador por danos decorrentes de acidentes de trabalho, nos casos especificados em lei, ou quando a atividade normalmente desenvolvida, por sua natureza, apresentar exposição habitual a risco especial,

527. "DIREITO CONSTITUCIONAL. DIREITO DO TRABALHO. RECURSO EXTRAORDINÁRIO. REPERCUSSÃO GERAL RECONHECIDA. TEMA 932. EFETIVA PROTEÇÃO AOS DIREITOS SOCIAIS. POSSIBILIDADE DE RESPONSABILIZAÇÃO OBJETIVA DO EMPREGADOR POR DANOS DECORRENTES DE ACIDENTES DE TRABALHO. COMPATIBILIDADE DO ART. 7, XXVIII DA CONSTITUIÇÃO FEDERAL COM O ART. 927, PARÁGRAFO ÚNICO, DO CÓDIGO CIVIL. APLICABILIDADE PELA JUSTIÇA DO TRABALHO. 1. A responsabilidade civil subjetiva é a regra no Direito brasileiro, exigindo-se a comprovação de dolo ou culpa. Possibilidade, entretanto, de previsões excepcionais de responsabilidade objetiva pelo legislador ordinário em face da necessidade de justiça plena de se indenizar as vítimas em situações perigosas e de risco como acidentes nucleares e desastres ambientais. 2. O legislador constituinte estabeleceu um mínimo protetivo ao trabalhador no art. 7º, XXVIII, do texto constitucional, que não impede sua ampliação razoável por meio de legislação ordinária. Rol exemplificativo de direitos sociais nos artigos 6º e 7º da Constituição Federal. 3. Plena compatibilidade do art. 927, parágrafo único, do Código Civil com o art. 7º, XXVIII, da Constituição Federal, ao permitir hipótese excepcional de responsabilização objetiva do empregador por danos decorrentes de acidentes de trabalho, nos casos especificados em lei ou quando a atividade normalmente desenvolvida pelo autor implicar, por sua natureza, outros riscos, extraordinários e especiais. Possibilidade de aplicação pela Justiça do Trabalho (...)" (RE 828040, Relator(a): ALEXANDRE DE MORAES, Tribunal Pleno, julgado em 12/03/2020).

com potencialidade lesiva e implicar ao trabalhador ônus maior do que aos demais membros da coletividade".

Na visão da Suprema Corte, o art. 7º, XXVIII, da CF, ao prever que o empregador deve pagar indenização por acidente de trabalho, quando incorrer em dolo ou culpa, não exclui a possibilidade de aplicação da responsabilidade civil objetiva, prevista no art. 927, parágrafo único, do Código Civil. Trata-se de aplicar a ideia de diálogo das fontes e de conceber o ordenamento jurídico como um todo sistemático, coerente e isonômico. O seguinte trecho da manifestação da Min. Rosa Weber bem ilustra o ponto:

> Min. Rosa Weber (RE 828040): como eu disse, a tese restritiva, com todo respeito, eu não encampo. E lembraria - até agora comentava com o Ministro Fachin -, a situação de um empregado e de um visitante de uma obra – não empregado –, a subirem no elevador da obra, e em que caísse o elevador.
>
> Qual seria o dispositivo legal que poderia ser acionado do Código Civil, para efeito de indenização, no que tange a esse visitante da obra? Seria justamente o art. 927. Haveria direito sim à indenização, responsabilidade objetiva, mas quanto ao empregado não! O empregado teria que provar que o elevador estava estragado, caíra por negligência do empregador, ou seja, teria que provar o dolo ou culpa. (...)

De fato, o art. 7º da Constituição prevê direitos mínimos dos trabalhadores, não impedindo o estabelecimento, por lei, de outros direitos. Não faria sentido que a legislação civil – direcionada a partes que travam relações jurídicas em posição de igualdade – admitisse o reconhecimento de responsabilidade sem culpa, e que na seara trabalhista – na qual há, em regra, assimetria entre as partes, em decorrência da proeminência econômica do empregador – não fosse aplicável a responsabilidade objetiva.

Não há dúvidas de que o legislador pode prever outros direitos para melhorar a condição social do trabalhador, o que é justamente o caso do art. 927, parágrafo único, do Código Civil[528].

A partir da segunda metade do século XX, a temática da responsabilidade civil mudou seu foco, que antes era a culpa do ofensor, e passou a ser a reparação integral dos danos. Assim, a responsabilidade civil objetiva está focada na atividade geradora do risco, e não no comportamento específico do causador do dano[529].

---

528. Nesse sentido, veja-se o enunciado 377, aprovado na 4a Jornada de Direito Civil do Conselho da Justiça Federal: "377 - O art. 7º, inc. XXVIII, da Constituição Federal não é impedimento para a aplicação do disposto no art. 927, parágrafo único, do Código Civil quando se tratar de atividade de risco Assim, sempre que a atividade normalmente desenvolvida pelo empregador expuser o trabalhador a risco acentuado de dano, há o enquadramento no art. 927, parágrafo único, do Código Civil, razão pela qual descabe cogitar de culpa para fixar a responsabilidade". O enunciado, entretanto, merece uma ressalva: é que a responsabilidade objetiva deve aplicar-se quando a atividade normalmente desempenhada pelo *trabalhador* (em decorrência do contrato de trabalho).

529. A esse respeito, veja-se o enunciado 448, aprovado na 5a Jornada de Direito Civil do Conselho da Justiça Federal: "448 -Art. 927: A regra do art. 927, parágrafo único, segunda parte, do CC aplica-se sempre

Aliás, é interessante notar que, do ponto de vista histórico, a noção de responsabilidade objetiva se desenvolveu inicialmente na temática dos acidentes de trabalho para, apenas num momento posterior, espraiar-se para outros ramos do Direito, inclusive o Direito Civil[530-531]. Mais uma vez, veja-se a manifestação da Min. Rosa Weber:

> Min. Rosa Weber (RE 828040): No mesmo ano de instituição da Organização Internacional do Trabalho foi editada a primeira norma brasileira a regular as obrigações resultante do acidente do trabalho, Decreto nº 3.724/1919. Em seu art. 2º adota a teoria do risco profissional, porquanto institui o direito do operário ou da sua família à indenização por acidente "ocorrido pelo facto do trabalho ou durante este", excetuando apenas os casos de força maior ou dolo da própria vítima ou de estranhos.
>
> O Decreto-Lei nº 24.637/1934, por sua vez, ao disciplinar as obrigações resultantes dos acidentes de trabalho, mantém em seu art. 2º a responsabilidade objetiva do empregador.
>
> (...) o art. 7º, XXVIII, da Constituição Federal é o resultado de pacificação de controvérsia doutrinária atinente ao pagamento cumulativo do benefício previdenciário do seguro acidentário e a indenização decorrente da responsabilidade civil do empregador.

O Min. Alexandre de Moraes fez, a respeito, importante observação:

> Min. Alexandre de Moraes (RE 828040): Afirmo que o legislador constituinte estabeleceu um mínimo protetivo no art. 7º, XXVIII, que caracterizou um grande avanço, porque vínhamos de uma interpretação, inclusive por este Supremo Tribunal Federal, na Súmula nº 229, década de 60, em que se exigia, no caso de indenização acidentária, dolo ou culpa grave do empregador. Havia uma tradição no Direito brasileiro, consubstanciada na Súmula nº 229, exigindo, no caso de acidente do trabalho, a comprovação de dolo ou culpa grave para que pudesse existir indenização pelo Direito Civil.

Sem pretensão de exaurir a investigação histórica, mas apenas com objetivo de situar o tema, perceba-se que o Decreto nº 3.724/1919 era uma legislação

---

que a atividade normalmente desenvolvida, mesmo sem defeito e não essencialmente perigosa, induza, por sua natureza, risco especial e diferenciado aos direitos de outrem. São critérios de avaliação desse risco, entre outros, a estatística, a prova técnica e as máximas de experiência".

530. "(...) ainda no século XIX, em obra intitulada *Les accidents du travail et la responsabilité civile* (Paris, Ed. A. Rousseau, 1897), Raymond Salelles fez notar que, em determinados casos, como nos acidentes de trabalho, exigir da vítima a prova da culpa equivalia a não responsabilizar o provocador do dano. A afirmação tornava-se ainda mais contundente diante da crescente complexidade das práticas industriais e do progressivo aumento dos riscos de acidente de toda espécie" (TEPEDINO, Gustavo; BARBOZA, Heloísa Helena; MORAES, Maria Celina Bodin .*Código Civil Interpretado conforme a Constituição da República*. V. II. Rio de Janeiro: Renovar, 2006, p. 804-805).

531. Segundo Sérgio Cavalieri Filho, "foi no campo dos acidentes de trabalho que a noção de culpa, como fundamento da responsabilidade, revelou-se primeiramente insuficiente. Na medida em que a produção passou a ser mecanizada, aumentou vertiginosamente o número de acidentes, não só em razão do despreparo dos operários, mas também, e principalmente, pelo empirismo das máquinas então utilizadas, expondo os trabalhadores a grandes riscos. (...) Logo os juristas perceberam que a teoria subjetiva não era mais suficiente para atender a essa transformação social (...)" (CAVALIERI FILHO, Sérgio. *Programa de Responsabilidade Civil*. 5ª ed. São Paulo: Malheiros, p. 144.

bastante avançada para o seu tempo, pois acolhia a teoria do risco profissional e estabelecia a responsabilidade civil do empregador sem avaliação de culpa, além de equiparar a acidente a moléstia contraída pelo exercício do trabalho[532].

Sucede que o Decreto-Lei nº 7.036/1944, superando a legislação anterior, estabeleceu sistema em que os empregadores eram obrigados a providenciar seguros contra os riscos decorrentes de acidentes de trabalho (art. 94), sendo certo que, ao fazê-lo, ficavam desonerados da responsabilidades decorrentes dos acidentes, ressalvado o direito regressivo das entidades seguradoras (art. 100). Contudo, se o acidente decorresse de dolo do empregador ou dos seus prepostos, o(s) prejudicado(s) poderia(m) buscar indenização suplementar na forma do direito comum (art. 31).

Foi nesse contexto legislativo que o STF, a partir de diversos precedentes[533-534], editou a Súmula 229, a qual equiparou a culpa grave ao dolo para fins de permitir a responsabilização do empregador pelo acidente. Assim, a Constituição de 1988 representou avanço no cenário então existente, ao prever a possibilidade de indenização mesmo que não se cuidasse de dolo ou culpa grave, sendo suficiente qualquer grau de culpa.

O fundamento maior da responsabilidade objetiva é o princípio constitucional da solidariedade (CF, art. 3º, I). Depreende-se que a responsabilidade objetiva é uma forma de socialização dos riscos, à luz do princípio constitucional da solidariedade. No campo do Direito do Trabalho, a responsabilidade objetiva se aplicará sempre que a atividade normalmente desenvolvida pelo trabalhador, em função do contrato de trabalho, gerar-lhe um risco maior do que aquele experimentado pelos demais cidadãos.

Quando o legislador fala em "atividade normalmente desenvolvida pelo autor do dano", pretende enfatizar que mesmo o ato normal pode gerar a indenização. Dispensa-se a anormalidade da execução. Mesmo a atividade regular gera indenização. Não é necessário que seja um ato ilícito; um ato lícito pode engendrar a responsabilização. O seguinte trecho do voto condutor do Min. Alexandre de Moraes esclarece esse aspecto:

> Min. Alexandre de Moraes (RE 828040): A natureza que implica riscos maiores é a natureza da atividade, não é a natureza da ocorrência momentânea, não é a conduta que levou ao dano. Um roubo a mão armada, por exemplo, a um templo budista, onde

---

532. Cf. SOUTO MAIOR, Jorge Luiz, *História...*, *op.cit.*, p. 152-153.

533. "Acidente no trabalho e responsabilidade civil. Ação de direito comum. Em caso de falta inescusável do empregador. Se há prova de que este na se preocupa com a segurança do operário ou do público e dá causa ao acidente, pode a vítima recorrer à ação de direito comum. Embargos rejeitados" (RE 49462 EI, Relator(a): RIBEIRO DA COSTA, Tribunal Pleno, julgado em 26/10/1962).

534. "Concorrendo o empregador para o acidente no trabalho com culpa grave, pode ser responsabilizado de acôrdo com o direito comum" (RE 48894, Relator(a): VICTOR NUNES, Segunda Turma, julgado em 31/10/1961).

> há um tiroteio. A atividade de um funcionário de um templo budista não é de risco. O que ocorreu gerou um risco excepcional, mas não decorrente da própria atividade desenvolvida.
>
> Diversamente, da presente hipótese, onde o funcionário anda armado, com colete à prova de balas, dentro de um carro forte, e tem o dever de transportar valores. O risco é inerente à sua atividade. "Ah, mas ele que escolheu a atividade!". Sim, mas a atividade é de risco. A atividade, aqui, traz o risco inerente ao seu exercício, com habitualidade.

A responsabilidade objetiva se insere, ainda, no contexto maior de superação do individualismo jurídico[535].

A redação do art. 927, parágrafo único, do Código Civil, foi propositalmente ampla, deixando a definição dos pressupostos da responsabilidade objetiva para a jurisprudência (à luz da operabilidade, que é um dos alicerces do novo Código, ao lado da eticidade e da socialidade).

Nesse contexto, destaque-se que não foi acolhida, pelo Plenário, proposta dos Ministros Roberto Barroso e Gilmar Mendes, os quais sustentaram que a responsabilidade objetiva somente poderia ser aplicável nas hipóteses especificamente previstas em lei. Vejam-se os trechos das respectivas manifestações:

> Min. Roberto Barroso (RE 832040): Estou, Presidente, entendendo que o Código Civil, que nesta matéria deve ser aplicado por força do parágrafo único do art. 927, sim, estendeu para os casos de atividade de risco a responsabilidade objetiva, dentro dessas balizas limitadas da CLT. E, se o ato do Ministério do Trabalho considerar atividade de risco alguma coisa fora desses dois parâmetros do art. 193 da CLT, será inválido, porque atos normativos infra legais,
>
> evidentemente, têm os seus limites determinados pela lei. De modo que, fazendo questão de ressaltar que risco é risco e não qualquer coisa que se queira incluir nesse pacote, estou julgando, Presidente, o caso concreto favoravelmente ao trabalhador, porque, de acordo com o art. 193, II, da CLT, e de acordo com Portaria do Ministério do Trabalho, que considero válida, a atividade de transporte de valores é considerada atividade de risco. E acho que esta é uma norma puramente declaratória, porque entendo que, do art. 193, já se extraía essa circunstância.
>
> Min. Gilmar Mendes (RE 828040): Tem-se unicamente como margem de conformação da jurisprudência e da doutrina, avaliar situações nas quais haverá a incidência da responsabilidade civil pura ou com presunção de culpa (também denominada pela doutrina "culpa presumida" ou objetiva imprópria).

---

535. Sobre o ponto, veja-se a lição de valiosa doutrina: "A propagação da responsabilidade objetiva no século XX, através da adoção da teoria do risco, comprova a decadência das concepções do individualismo jurídico para regular os problemas sociais (...). [supera-se] completamente, em diversos casos, o objetivo de identificação do culpado – o responsável – pela responsabilidade sem culpa, considerada por muitos um verdadeiro compromisso com a solidariedade social. (...) O legislador quis se referir àquelas atividades que implicam alto risco ou um risco maior que o normal, justificando o sistema mais severo de responsabilização (...). O juiz deverá perceber, no caso concreto, uma atividade habitualmente desenvolvida pelo ofensor (...)" (TEPEDINO, Gustavo; BARBOZA, Heloísa Helena; MORAES, Maria Celina Bodin *op.cit.*, p. 805 e seguintes).

> Não se está a repassar a responsabilidade do empregador ao empregado por sua atividade de risco. Está-se afirmando que, neste caso, diante do risco ínsito à atividade, há uma presunção de culpa ou dolo do empregador, recaindo a este o ônus comprovar que não agiu com dolo ou culpa. (...) Ademais, não creio ser possível compreender o inciso XXVIII do art. 7º como "condição mínima passível de elastecimento pelo legislador ordinário, já que o *caput* do artigo confere espaço para progressão do direito, objetivando a melhoria da condição social do trabalhador", tal como defende a Procuradoria-Geral da República. O legislador ordinário é obra do Poder Constituído e, portanto, limitado ao espaço de delimitação disposto pelo Poder Constituinte, não havendo margem de manobra na atual senda constitucional. (...) A única exceção possível, é quando existir lei (formal e material) que reconhece determinadas atividades de alto risco, sendo aplicada, excepcionalmente, em virtude de expressa disposição legal, a responsabilidade objetiva, mediante aplicação supletiva do art. 927, parágrafo único, do Código Civil, a saber: [referindo-se ao art. 193 da CLT] Vê-se, pois, a CLT considera haver risco em virtude de exposição permanente do trabalhador a inflamáveis, explosivos, energia elétrica, ou risco à incolumidade física nas atividades de segurança pessoal ou patrimonial. Essa são as únicas situações em que o art. 927, parágrafo único, do Código Civil pode ser aplicado: quando a lei (formal e material) considerar a atividade como sujeita a risco. Não existindo previsão legal, ainda que a jurisprudência a considere como atividade de risco, a responsabilidade somente pode ser subjetiva, ainda com presunção de culpa.

Sucede que pretender limitar a caracterização de risco às hipóteses previamente estabelecidas em lei é postura equivocada, pois não é por acaso que o art. 927, parágrafo único, do Código Civil, trata a noção de risco como conceito jurídico indeterminado. O legislador percebeu muito bem que a vida social gera, a cada momento, novas formas de risco, sobretudo em virtude do desenvolvimento tecnológico. A concretização da noção de risco somente pode ser feita de forma eficaz pela jurisprudência, já que os juízes travam contato mais próximo com a multifacetada, cambiante e complexa realidade social.

Limitar o risco à previsão do art. 193 da CLT seria equívoco ainda mais grave. De acordo com o art. 20 da Lei 8.213/91[536] (cuja entrada em vigor ocorreu 29 anos antes do julgamento do STF, ora em análise), as doenças profissionais e do trabalho são consideradas acidente de trabalho, o que, aliás, é da tradição do direito brasileiro desde o Decreto nº 3.724/1919, tal como explicitado acima. Portanto, ao contrário do sustentado pelo Min. Barroso (cujo argumento foi expressamente rejeitado pelo Plenário do STF), a insalubridade também gera risco profissional à saúde do trabalhador. Além disso, mesmo

---

536. Art. 20. Consideram-se acidente do trabalho, nos termos do artigo anterior, as seguintes entidades mórbidas:

I - doença profissional, assim entendida a produzida ou desencadeada pelo exercício do trabalho peculiar a determinada atividade e constante da respectiva relação elaborada pelo Ministério do Trabalho e da Previdência Social;

II - doença do trabalho, assim entendida a adquirida ou desencadeada em função de condições especiais em que o trabalho é realizado e com ele se relacione diretamente, constante da relação mencionada no inciso I.

ambientes não catalogados pelos atos normativos aplicáveis como insalubres podem gerar risco de adoecimento profissional.

Perceba-se, ainda, que o voto do Min. Gilmar Mendes, nesse aspecto, é contraditório, pois afirma que "a jurisprudência e a doutrina" teriam como margem de conformação apenas definir quando haveria responsabilidade civil com ou sem presunção de culpa, e que o legislador não teria "margem de manobra"; na sequência, entretanto, assevera que a lei poderia criar exceções para "atividades de alto risco". Sucede que fica sem resposta a seguinte indagação: por que o art. 927, parágrafo único, não pode ser considerado uma norma excepcional aplicável no âmbito trabalhista, nos mesmos moldes sustentados no próprio voto do Ministro?

Veja-se mais um trecho de debate travado por ocasião do julgamento:

> Debate no RE 828040: A SENHORA MINISTRA ROSA WEBER - Ministro Luís Roberto, e o art. 189, atividades insalubres? O art. 192 é só adicional de periculosidade.
>
> O SENHOR MINISTRO LUÍS ROBERTO BARROSO - A insalubridade é diferente de atividade de risco.
>
> A SENHORA MINISTRA ROSA WEBER - Perdoe-me, mas exposição ao amianto, Vossa Excelência entende que não cria uma situação de risco? Atividades que envolvam exposição ao amianto?
>
> O SENHOR MINISTRO ALEXANDRE DE MORAES (RELATOR) - O 193 define as atividades perigosas, mas o risco também é insalubre.
>
> O SENHOR MINISTRO LUÍS ROBERTO BARROSO - O amianto, de uma maneira geral, está proibido. Qualquer atividade relacionada ao amianto, salvo o específico amianto crisotila, em que há uma discussão - penso que ainda inconclusa aqui - sobre...
>
> A SENHORA MINISTRA ROSA WEBER - Nós declaramos inconstitucional, já está concluída.
>
> O SENHOR MINISTRO LUÍS ROBERTO BARROSO - É, mas há leis estaduais, há lei federal... Esta é uma questão em aberto, na qual eu inclusive estou impedido e não atuo e, a meu ver, é uma questão técnica.
>
> Se o amianto crisotila não puder ser manipulado com segurança para o trabalhador e causar danos a terceiros, acho que ele simplesmente deve ser banido. E se for demonstrado que ele pode ser manipulado sem risco para o trabalhador e sem causar danos a terceiros, acho que não deve ser banido. Essa é uma questão técnica e não uma opção ideológica. Então, eu deixaria a questão do amianto de fora.
>
> A SENHORA MINISTRA ROSA WEBER - A minha opção não é ideológica.
>
> O SENHOR MINISTRO LUÍS ROBERTO BARROSO - É que risco...
>
> A SENHORA MINISTRA ROSA WEBER - Veja bem! É que o conceito de acidente do trabalho, no Brasil – não é opção ideológica minha, é o que diz a lei –, abrange também as moléstias profissionais, e inúmeras moléstias profissionais são causadas por exposição a agentes insalubres.

Além de desconsiderar a evolução histórica do instituto da responsabilidade civil objetiva – originada justamente a partir dos acidentes de trabalho, conforme demonstrado acima –, a proposta da corrente vencida ainda geraria inexplicável discriminação ao trabalhador e à própria Justiça do Trabalho. Isso porque, para toda e qualquer situação objeto de julgamento na Justiça Comum, o art. 927, parágrafo único, do Código Civil, poderia ser concretizado à luz das circunstâncias envolvidas, mediante raciocínio do juiz; mas, quando a situação envolvesse trabalhadores, e tivesse que ser apreciada pela Justiça Especializada, o julgador estaria adstrito às hipóteses taxativamente previstas em lei.

Vejam-se mais alguns trechos dos debates entre os ministros:

> Min. Alexandre de Moraes (RE 828040): No exemplo do elevador que Ministra Rosa deu, o juiz cível poderia entender livremente que, naquela construção, há um risco especial e potencialidade lesiva. O juiz trabalhista, não. Seria substituído por uma portaria do ministério, que hoje nem é mais Ministério do Trabalho.
>
> O SENHOR MINISTRO ALEXANDRE DE MORAES (RELATOR) - Agora, quando é a Justiça do Trabalho, tem que ser substituída por portaria do Ministério? É um absurdo. É um desrespeito à Justiça do Trabalho.
>
> O SENHOR MINISTRO LUÍS ROBERTO BARROSO - Não é absurdo; é exatamente isso. É porque, em outras matérias, nós enfrentamos os critérios largos da interpretação da Justiça do Trabalho e queremos ter limites.
>
> O SENHOR MINISTRO RICARDO LEWANDOWSKI - Presidente, mas acontece o seguinte. Nós, magistrados e intérpretes do Direito, estamos acostumados com esses conceitos abertos. Este conceito que está no art. 927, parágrafo único: "Quando a atividade normalmente desenvolvida pelo autor do dano implicar, por sua natureza, riscos para os direitos de outrem". Quem vai avaliar isto? É o intérprete, é o juiz. Como é que nós vamos coartar? Nós lidamos com inúmeros conceitos abertos na Constituição: segurança pública, por exemplo, proporcionalidade, razoabilidade...
>
> O SENHOR MINISTRO LUIZ FUX (PRESIDENTE) - Ministro Lewandowski, Vossa Excelência me permite? Antes dessa expressão, está assim: "Haverá obrigação de reparar o dano, independentemente de culpa, nos casos especificados em lei". É preciso a lei especificar.
>
> O SENHOR MINISTRO RICARDO LEWANDOWSKI - Presidente, mas a lei continua: "Nos casos especificados em lei, ou quando a atividade normalmente desenvolvida pelo autor do dano implicar, por sua natureza risco, para os direitos de outrem".

Para que haja responsabilidade civil (subjetiva ou objetiva), é necessária a conjugação de três elementos:

- (i) a ação ou omissão, que, no caso da relação de trabalho, é um fato ocorrido no contexto da prestação de serviços;
- (ii) um dano, consistente na violação de qualquer bem jurídico material (exemplo: lucros cessantes) ou imaterial (exemplo: dignidade, honra, integridade biopsíquica);
- (iii) o nexo de causalidade, ou seja, a relação de causa e consequência entre ação e dano.

Importante observar que a responsabilidade objetiva dispensa a verificação de culpa, mas não de nexo causal, que deve estar presente para viabilizar a responsabilização. O nexo de causalidade pressupõe a demonstração de que o dano decorre de algum evento ocorrido no contexto da relação de trabalho, ainda que seja o caso de aplicação da responsabilidade objetiva. Como exemplos de situações em que seria pertinente a aplicação da responsabilidade civil objetiva, pode-se citar:

- (i) vigilante armado alvo de projétil em confronto para proteger a carga transportada da ação de criminosos[537];
- (ii) motorista profissional que sofre, em serviço, acidente de trânsito quando transportava mercadorias ou pessoas, com danos à sua integridade física;
- (iii) gerente bancário que é sequestrado fora do ambiente da instituição financeira, mas é feito refém em função de possuir as chaves da agência do banco;
- (iv) trabalhador que maneja amianto e é acometido de doença respiratória (asbestose);
- (v) empregado que faz reparos em rede de alto tensão e sofre descarga elétrica que gera danos pessoais;
- (vi) trabalhador da construção civil que sofre acidente de trabalho na obra.

Em todos esses exemplos, veja-se que a atividade normalmente desenvolvida pelo trabalhador o expõe a risco acentuado de dano, em intensidade superior àquela a que se sujeitam os demais cidadãos. À luz do precedente vinculante firmado no RE 828040 e do art. 927, parágrafo único, do Código Civil, é pertinente a responsabilização civil do empregador em tais hipóteses.

26.2. Responsabilidade decorrente de dano ambiental

26.2.1. Análise da decisão do STF

A Suprema Corte brasileira firmou, em sede de repercussão geral, importante precedente cuja tese foi assim sintetizada: é imprescritível a pretensão de reparação civil de dano ambiental[538]. O julgado não se refere especificamente à

537. No RE 828040 (julgado sob a sistemática da repercussão geral), o caso concreto que deu origem à tese da aplicabilidade da responsabilidade civil objetiva no âmbito trabalhista envolvia justamente um vigilante que sofreu sequelas psicológicas decorrentes de confronto em serviço.

538. "RECURSO EXTRAORDINÁRIO. REPERCUSSÃO GERAL. TEMA 999. CONSTITUCIONAL. DANO AMBIENTAL. REPARAÇÃO. IMPRESCRITIBILIDADE. 1. Debate-se nestes autos se deve prevalecer o princípio da segurança jurídica, que beneficia o autor do dano ambiental diante da inércia do Poder Pú-

realidade trabalhista, mas a respectiva *ratio decidendi* lhe pode ser transposta, conforme se passa a demonstrar.

Importa, inicialmente, explicitar o cenário fático subjacente, a fim de delimitar o sentido e o alcance do precedente. Segundo consta do voto do relator, Min. Alexandre de Moraes:

- tratava-se de ação civil pública movida pelo Ministério Público Federal, com o objetivo de promover a reparação de "danos materiais, morais e ambientais, decorrentes de invasões em área indígena ocupada pela comunidade Ashaninka-Kampa do Rio Amônia, situada no Acre, as quais ocorreram entre os anos de 1981 a 1987, com a finalidade de extrair ilegalmente madeira de elevado valor de mercado (mogno, cedro e cerejeira)";
- o acórdão do Tribunal Regional Federal da 1ª Região, ao julgar a apelação interposta contra a sentença condenatória, manifestou o entendimento de que, na vigência do Código Civil de 1916, era vintenário o prazo prescricional para obter reparação de danos resultantes de invasão de terra indígena;
- o Superior Tribunal de Justiça negou provimento ao recurso especial interposto pelos réus e explicitou, no respectivo acórdão, que "o dano ambiental inclui-se dentre os direitos indisponíveis e como tal está dentre os poucos acobertados pelo manto da imprescritibilidade a ação que visa reparar o dano ambiental (*sic*)"[539].

Apesar de não explicitado nos acórdãos do STF e do STJ, pode-se inferir que a adoção da tese da imprescritibilidade por este último tribunal decorre do fato de que, na ótica da Corte, em princípio o prazo prescricional aplicável às ações civis públicas é quinquenal. A matéria está pacificada no que tange aos

---

blico; ou se devem prevalecer os princípios constitucionais de proteção, preservação e reparação do meio ambiente, que beneficiam toda a coletividade. 2. Em nosso ordenamento jurídico, a regra é a prescrição da pretensão reparatória. A imprescritibilidade, por sua vez, é exceção. Depende, portanto, de fatores externos, que o ordenamento jurídico reputa inderrogáveis pelo tempo. 3. Embora a Constituição e as leis ordinárias não disponham acerca do prazo prescricional para a reparação de danos civis ambientais, sendo regra a estipulação de prazo para pretensão ressarcitória, a tutela constitucional a determinados valores impõe o reconhecimento de pretensões imprescritíveis. 4. O meio ambiente deve ser considerado patrimônio comum de toda humanidade, para a garantia de sua integral proteção, especialmente em relação às gerações futuras. Todas as condutas do Poder Público estatal devem ser direcionadas no sentido de integral proteção legislativa interna e de adesão aos pactos e tratados internacionais protetivos desse direito humano fundamental de 3ª geração, para evitar prejuízo da coletividade em face de uma afetação de certo bem (recurso natural) a uma finalidade individual. 5. A reparação do dano ao meio ambiente é direito fundamental indisponível, sendo imperativo o reconhecimento da imprescritibilidade no que toca à recomposição dos danos ambientais (...)" (RE 654833, Relator(a): ALEXANDRE DE MORAES, Tribunal Pleno, julgado em 20/04/2020).

539. REsp 1.120.117/AC, Rel. Min. ELIANA CALMON, SEGUNDA TURMA, DJe de 19/11/2009.

direitos individuais homogêneos[540]; quanto aos interesses coletivos em sentido estrito e aos difusos, ainda não há definição pela Corte Especial do STJ, embora se encontrem precedentes que sinalizem, igualmente, pela aplicação do prazo quinquenal nessas hipóteses[541-542].

Assim, a 2ª Turma do STJ, no Resp 1120117 (que deu origem ao recurso extraordinário apreciado sob a sistemática da repercussão geral não pronunciou a imprescritibilidade da pretensão de reparação de danos ambientais em vão; na verdade, o fez porque, caso aplicasse o princípio geral que rege a jurisprudência da Corte (prescrição quinquenal para ações civis públicas), a prescrição teria se consumado, pois os atos ilícitos foram praticados entre 1981 e 1987, e a ação civil pública foi ajuizada em 1996[543].

Os argumentos da 2ª Turma do STJ, sobre a imprescritibilidade da pretensão de reparação ambiental, podem ser assim sintetizados:

---

540. "EMBARGOS DE DIVERGÊNCIA EM RECURSO ESPECIAL. CIVIL E PROCESSUAL CIVIL. AÇÃO CIVIL PÚBLICA. INTERESSES INDIVIDUAIS HOMOGÊNEOS. PRAZO PRESCRICIONAL. CINCO ANOS. JURISPRUDÊNCIA ATUAL PACIFICADA. PRECEDENTES. 1. A ação civil pública, promovida por associação de consumidores, na defesa dos interesses individuais homogêneos dos seus associados, prescreve em cinco anos. 2. A jurisprudência desta Corte Superior pacificou-se no sentido de ser aplicável à ação civil pública, na tutela de interesses individuais homogêneos disponíveis, o prazo prescricional quinquenal previsto no art. 21 da Lei da Ação Popular. Precedentes da Segunda Seção e da Corte Especial. 3. Embargos de divergência providos (EResp 1321501/SE, Corte Especial, Rel. Min. Raul Araújo, julgado em 05.06.2019).

541. No seguinte julgado, o STJ fixou a aplicação do prazo prescricional quinquenal para ação em que se discutia prática abusiva de fornecedor de serviços, "consistente em exigir do consumidor, no caso idoso, vantagem manifestadamente excessiva, qual seja, reajuste de plano de saúde no percentual de 165% (cento e sessenta e cinco por cento) para o caso do beneficiário atingir a faixa etária de 60 (sessenta) anos". Como a pretensão veiculada era de anulação de tal cláusula constante de contrato de adesão, parece-nos que se trata de direito coletivo em sentido estrito. Veja-se a ementa: "(...) AÇÃO CIVIL PÚBLICA, AÇÃO POPULAR E CÓDIGO DE DEFESA DO CONSUMIDOR. MICROSSISTEMA LEGAL. PROTEÇÃO COLETIVA DO CONSUMIDOR. PRAZO PRESCRICIONAL. LEI 7.347/85. CDC. OMISSÃO. APLICAÇÃO ANALÓGICA DA LEI 4.717/65. PRESCRIÇÃO QUINQUENAL. AGRAVO DESPROVIDO. (...) 3. O aresto paradigma (REsp 1.070.896/SC, Relator Ministro LUIS FELIPE SALOMÃO) reputa que, em face do lapso existente na Lei da Ação Civil Pública, deve-se aplicar o prazo quinquenal previsto no art. 21 da Lei da Ação Popular (Lei 4.717/65), tendo em vista formarem um microssistema legal, juntamente com o Código de Defesa do Consumidor. 4. Deve prevalecer o entendimento esposado no aresto paradigma, pois esta Corte tem decidido que a Ação Civil Pública, a Ação Popular e o Código de Defesa do Consumidor compõem um microssistema de tutela dos direitos difusos, motivo pelo qual a supressão das lacunas legais deve ser buscada, inicialmente, dentro do próprio microssistema. 5. A ausência de previsão do prazo prescricional para a propositura da Ação Civil Pública, tanto no CDC quanto na Lei 7.347/85, torna imperiosa a aplicação do prazo quinquenal previsto no art. 21 da Lei da Ação Popular (Lei 4.717/65)"(AgRg nos EREsp 995.995/DF, Rel. Ministro RAUL ARAÚJO, SEGUNDA SEÇÃO, julgado em 11/03/2015, DJe 09/04/2015).

542. Especificamente quanto a direitos difusos, e com a ressalva da reparação por dano ambiental, não encontramos precedentes específicos na jurisprudência do STJ. Contudo, sendo os direitos difusos espécies de direitos transindividuais e indivisíveis, assemelhados aos coletivos em sentido estrito; e havendo precedente (vide nota anterior) aplicando o prazo de prescrição quinquenal, parece legítimo o raciocínio de que a mesma conclusão deveria ser aplicada aos direitos difusos.

543. Tal informação foi obtida mediante consulta ao inteiro teor do acórdão do processo 0001207-32.1996.4.01.3000/JFAC, no site do Tribunal Regional Federal da 1ª Região.

- (i) a Constituição de 1988 atribuiu natureza especial ao direito ao meio ambiente. O art. 225, *caput*, da CF, ao estatuir que *todos* têm direito ao meio ambiente ecologicamente equilibrado, alarga a abrangência da norma e cria direito subjetivo oponível *erga omnes*;
- (ii) o dano ambiental oferece risco a toda a humanidade e à coletividade, que é a titular do bem ambiental que constitui direito difuso;
- (iii) trata-se de direito inerente à vida, fundamental e essencial a afirmação dos povos, independentemente de estar expresso ou não em texto legal;
- (iv) "no conflito entre estabelecer um prazo prescricional em favor do causador do dano ambiental, a fim de lhe atribuir segurança jurídica e estabilidade, com natureza eminentemente privada, e tutelar de forma mais benéfica bem jurídico coletivo, indisponível, fundamental, que antecede todos os demais direitos – pois sem ele não há vida, nem saúde, nem trabalho, nem lazer –, este último prevalece, por óbvio, concluindo pela imprescritibilidade do direito à reparação do dano ambiental".

Tais argumentos foram, em essência, acolhidos pelo Plenário do Supremo Tribunal Federal. Na dicção da Corte, o meio ambiente é "patrimônio comum de toda humanidade, para a garantia de sua integral proteção, especialmente em relação às gerações futuras". Ademais, considerou-se que a reparação do dano ao meio ambiente é direito fundamental indisponível, "sendo imperativo o reconhecimento da imprescritibilidade no que toca à recomposição dos danos ambientais".

A definição do alcance vinculativo do julgado perpassa pela análise dos pedidos que foram objeto de julgamento no processo de que se originou a tese fixada em repercussão geral. Veja-se trecho do voto do relator, Min. Alexandre de Moraes:

> Min. Alexandre de Moraes (RE 654833 - relatório): Na sentença, o Juízo da primeiro instância condenou solidariamente os ora recorrentes, a título indenizatório, ao pagamento de (i) R$
>
> 478.674,00 (quatrocentos e setenta e oito mil, seiscentos e setenta e quatro reais), decorrentes do prejuízo material causado pela garimpagem ilícita de madeira nas terras da referida comunidade indígena, durante o período de 1981 a 1982; (ii) R$ 982.877,28 (novecentos e oitenta e dois mil, oitocentos e setenta e sete reais e vinte e oito centavos) no tocante à madeira extraída entre 1985 e 1987; (iii) R$ 3.000.000,00 (três milhões de reais) por conta do danos morais, em favor da comunidade indígena Ashaninka--Kampa, os quais devem ser geridos pela Fundação Nacional do Índio - Funai e sob a fiscalização do MPF; e (iv) R$ 5.928.666,06 (cinco milhões, novecentos e vinte e oito mil, seiscentos e sessenta e seis reais e seis centavos), a serem repassados ao Fundo de Defesa de Direitos Difusos, para custear a recomposição ambiental.

No voto do Min. Edson Fachin, consta importante esclarecimento no sentido de que todas as indenizações (por danos morais coletivos e materiais) deveriam ser revertidas em favor da comunidade indígena, com gestão pela FUNAI. O ministro transcreveu o trecho da sentença condenatória – mantida, neste aspecto, pelo Tribunal Regional Federal, pelo Superior Tribunal de Justiça e pelo Supremo Tribunal Federal:

> Min. Edson Fachin (RE 654833): "determinar que o total das indenizações referidas nas alíneas anteriores seja revertido em benefício da comunidade Ashaninka/Kampa do rio Amônia situado no Acre, cuja gestão será realizada pela FUNAI, através da sua Administração Regional em R Branco - AC, juntamente com a Associação da comunidade indígena beneficiária, sob a fiscalização do Ministério Público Federal, devendo a FUNAI elaborar plano de uso racional dos valores para atendimento das necessidades dos beneficiários e gerenciamento adequado". (...) Ademais, outro aspecto merece ser considerado nesse julgamento. É certo que a reparação por meio do pagamento de indenização figura como último recurso da reparação ambiental. De fato, em primeiro lugar exusrge a tentativa de recomposição do meio, a fim de retornar ao statu quo ante, ou mesmo a avaliação da possibilidade de compensação ecológica por meio de medidas destinadas a garantir, de alguma forma, a manutenção das condições de vida no local degradado. No entanto, diante da impossibilidade ou inutilidade das tentativas de recomposição ou compensação, a indenização surge como forma de reparação dos danos causados. Assim, se as pretensões à recomposição ou compensação ambientais já foram reconhecidas como imprescritíveis, pela ausência de direito adquirido à preservação de uma situação de destruição do meio ambiente, parece-me ilógico que, concluindo-se pela sua inviabilidade, a única via restante possa ser considerada prescrita.

A lógica acolhida pela corrente majoritária, portanto, foi a de que o direito ao meio ambiente ecologicamente equilibrado é imprescritível e, ainda que sejam inviáveis ou inúteis as tentativas de recomposição *in natura*, será devida indenização – por danos materiais e morais – como último recurso apto a viabilizar a reparação ambiental. Foi rejeitada, dessa forma, a tese da prescritibilidade das indenizações, agasalhada nos votos vencidos dos Min. Marco Aurélio, Dias Toffoli e Gilmar Mendes, o qual sustentou:

> Min. Gilmar Mendes (RE 654833): Com todas as vênias, não se pode admitir imprescritibilidade implícita, que mitigue outros valores estruturantes do Estado Democrático de Direito. Em que pese o direito ao meio ambiente sadio não ter caráter patrimonial, a condenação ao pagamento de quantia em dinheiro tem indubitável caráter patrimonial, assim como as multas impostas por danos causados ao meio ambiente, que são prescritíveis.
>
> O fato de haver prescrição não significa o reconhecimento do direito de causar danos ambientais, assim como não autoriza que os devedores parem de pagar suas dívidas, ou que o direito permita que se possa causar dano a outrem.
>
> Na ocorrência de ofensa a direitos fundamentais, como no caso dos direitos da personalidade (que não cessam pelo não uso), a indenização por dano moral, por maior que seja a dor do indivíduo, é prescritível porque de caráter patrimonial. (...) concluo no sentido de ser vintenário o prazo de prescrição para os danos ambientais praticados na vigência do Código Civil de 1916 (art. 177), ao passo que, com a entrada em vigor do Código Civil de 2002 (11.1.2003), em regra, passou-se a aplicar o prazo decenal (art. 205), salvo, em ambos os casos, a situação de existir lei específica prevendo prazo diferenciado, menor ou maior.

A comparação do dano ambiental com o dano a direitos da personalidade – também dotados de jusfundamentalidade – é interessante, mas a imprescritibilidade parece ter sido reconhecida em virtude da transindividualidade e indivisibilidade dos direitos discutidos no processo paradigma.

Diz-se "parece", pois em nenhuma passagem do acórdão menciona-se expressamente que a tese se restringiria a direitos difusos e coletivos em sentido estrito. Contudo, os pedidos objeto de julgamento (conforme trecho da sentença, acima transcrito) relacionavam-se a indenizações por danos materiais e morais coletivos, cujo produto deveria reverter para a comunidade indígena, e não para indivíduos determinados.

Destarte, não se tratava de direitos individuais – homogêneos ou não –, mas de direitos difusos (recomposição do meio ambiente) e coletivos em sentido estrito (indenização à comunidade indígena, considerada em seu conjunto), nos exatos moldes da conceituação legislativa constante do art. 81, parágrafo único, I e II, do Código de Defesa do Consumidor[544]. De fato, no processo não se discutiu o direito de indenização de indivíduos específicos que hajam, por exemplo, sofrido danos à sua saúde física e mental em decorrência dos atos de destruição ambiental.

Em suma, pode-se concluir que a tese vinculante acerca da imprescritibilidade da reparação civil de danos ambientais abrange apenas os direitos coletivos *lato sensu* (= direitos coletivos em sentido estrito e direitos difusos). Quanto aos eventuais direitos individuais decorrentes dos mesmos fatos, não há precedente obrigatório emanado do Supremo Tribunal Federal.

Bem compreendido o sentido e o alcance do julgado, passa-se a analisar suas repercussões no que tange ao meio ambiente de trabalho.

26.2.2. Aplicabilidade do precedente no âmbito trabalhista

A Lei nº 6.938/81, art. 3º, I, estatui que o meio ambiente deve ser entendido como "o conjunto de condições, leis, influências e interações de ordem física, química e biológica, que permite, abriga e rege a vida em todas as suas formas". A doutrina especializada, ao analisar o dispositivo, destaca o caráter unitário do conceito de meio ambiente, cuja totalidade é regida por inúmeros princípios, diretrizes e objetivos que compõem a Política Nacional do Meio Ambiente[545].

---

544. Art. 81, Parágrafo único. A defesa coletiva será exercida quando se tratar de:

I - interesses ou direitos difusos, assim entendidos, para efeitos deste código, os transindividuais, de natureza indivisível, de que sejam titulares pessoas indeterminadas e ligadas por circunstâncias de fato;

II - interesses ou direitos coletivos, assim entendidos, para efeitos deste código, os transindividuais, de natureza indivisível de que seja titular grupo, categoria ou classe de pessoas ligadas entre si ou com a parte contrária por uma relação jurídica base (...).

545. FIORILLO, Celso Antonio Pacheco. *Curso de Direito Ambiental Brasileiro.* 8ª ed. São Paulo: Saraiva, 2007, p. 21-22.

Dessa forma, a divisão do meio ambiente em "compartimentos" tem o objetivo de facilitar a identificação da atividade degradante e do bem jurídico imediatamente agredido. Como o Direito Ambiental visa a tutelar a vida saudável, a classificação (meio ambiente natural, artificial, cultural e do trabalho) serve apenas para identificar qual aspecto do meio ambiente que foi mais aviltado[546].

Tal abordagem unitária do meio ambiente é decorrência direta do texto constitucional, que estabelece a colaboração na proteção do meio ambiente – destacadamente o do trabalho – como atribuição do sistema único de saúde (CF, art. 200, VIII)[547].

A associação do meio ambiente à saúde, feita pelo texto constitucional, além de intuitiva, permite a formulação de conceito mais dinâmico, abrangente e humanista do que venha a ser o meio ambiente do trabalho. De fato, partindo-se da noção estabelecida pela Organização Mundial da Saúde, no sentido de que a saúde é "o estado de completo bem-estar físico, mental e social, e não somente ausência de afecções e enfermidades", a única conclusão possível é a de que a "noção de meio ambiente de trabalho, para fins de tutela jurídica plena com vistas à sadia qualidade de vida do ser humano que trabalha, deve levar em conta não apenas os clássicos riscos físicos, químicos e biológicos", mas também "aqueles riscos mais consentâneos à realidade da ambiência laboral: os riscos ergonômicos e os riscos psicossociais"[548].

A doutrina destaca, ainda, o caráter *gestáltico* ou sistêmico do meio ambiente, em virtude da interpendência e interconexão entre os diversos elementos que o compõem; e a ampliação do conceito de meio ambiente de trabalho, que inclui o clima organizacional, a modalidade de pagamento, a maneira como o empregado é tratado pelo empregador e pelos seus pares, entre outros. Estendendo-se para além das dependências físicas da empresa, pode abranger até mesmo a residência do trabalhador que atua em regime de *home office*[549].

546. Idem, ibidem.

547. Art. 200. Ao sistema único de saúde compete, além de outras atribuições, nos termos da lei: (...) VIII - colaborar na proteção do meio ambiente, nele compreendido o do trabalho.

548. Cf. MARANHÃO, Ney. Meio ambiente do trabalho: descrição jurídico-conceitual. *Revista LTR*, v. 80, nº 4, abr. 2016, p. 428-429.

549. A esse respeito, Guilherme Guimarães Feliciano e Olívia Pasqualeto lecionam: "Observa-se, contudo, que tal disposição normativa (i) não expressa o caráter gestáltico do meio ambiente, já que o define como um conjunto, isto é, como a soma de elementos e não como um sistema, categoria esta que pressupõe uma necessária relação de interdependência e interconexão entre os elementos coexistentes; (ii) não inclui no conceito apresentado as interações de ordem psicossociais que interferem no meio ambiente. Por tais motivos, entende-se necessário complementar tal definição legal, tornando-a mais holística e adequada às características do meio ambiente. (...) frisa-se que o meio ambiente do trabalho não se resume ao local de trabalho. Para além dos muros da empresa – espacial e material –, o meio ambiente do trabalho abrange também os próprios 'instrumentos de trabalho, o modo de execução das tarefas' (MARANHÃO, 2017, p. 27), o clima organizacional, modalidade de pagamento, a maneira

Conforme exposto no tópico anterior, a tese fixada em repercussão geral pelo STF assentou a imprescritibilidade da pretensão de reparação civil de dano ambiental, o que abrange necessariamente o meio ambiente do trabalho.

Embora plausível o argumento de que o prazo prescricional, *de lege ferenda*, não deveria fluir durante a vigência do contrato de trabalho – em função do estado de necessidade econômica do trabalhador, que depende do emprego para subsistência, e do notório risco de desligamento decorrente do mero ajuizamento de reclamação trabalhista, já que se considera haver direito potestativo de dispensa por parte do empregador –, fato é que, *de lege lata*, o art. 7º, XXIX, da Constituição, prevê os marcos bienal e quinquenal. É certo, ainda, que a tese firmada em repercussão geral alcança tão somente os direitos difusos e coletivos em sentido estrito, conforme já explicitado.

Conclui-se que os danos individuais sofridos por trabalhadores em decorrência de degradação do meio ambiente do trabalho continuam sujeitando-se à lógica da prescrição trabalhista, tal como positivado no art. 7º, XXIX, da CF.

De outro lado, as pretensões formuladas por entidade sindical ou pelo Ministério Público do Trabalho – em ações civis públicas que tenham como objeto a reparação civil de danos ambientais que violem direitos coletivos *stricto sensu* ou difusos – se enquadram na tese firmada no tema 999 da repercussão geral (RE 654833), sendo imprescritíveis tais pretensões.

A delimitação das potencialidades do precedente perpassa, ainda, pela adequada compreensão dos princípios que regem o meio ambiente, inclusive o do trabalho, entre os quais se destacam: prevenção, precaução, melhoria contínua; informação-participação; e poluidor-pagador. Isso porque tais princípios permitem captar o sentido e o alcance da tutela ao meio ambiente, podendo ser extraídos da necessidade de equilíbrio ambiental e da "sadia qualidade de vida" impostas pelo art. 225 da Constituição.

O último (princípio do poluidor-pagador) foi mencionado no voto condutor do Min. Alexandre de Moraes:

> Min. Alexandre de Moraes (RE 654833) - apesar do nome, o princípio em tela não pode ser entendido como uma autorização para poluir direcionada aqueles que têm condições de pagar, mas sim como desestimulador para aqueles que lucram com a degradação ambiental.

---

como o empregado é tratado pelo empregador e pelos seus pares (MELO, 2013), dentre inúmeros outros fatores – físicos, químicos, biológicos, ergonômicos, psicossociais – que influenciam sua vida no trabalho. Com as intensas e rápidas mudanças que ocorrem no mundo do trabalho, essa dimensão "extramuros" ganha cada vez mais destaque, evidenciando que o meio ambiente do trabalho não se restringe às dependências físicas do empregador, podendo se prolongar para outros espaços, como a própria residência do trabalhador, como se dá com aqueles que prestam trabalho à distância em sua casa (home office)" (FELICIANO, Guilherme Guimarães; PASQUALETO, Olívia de Quintana Figueiredo. Amianto, meio ambiente do trabalho e responsabilidade civil do empregador. *Revista da Faculdade de Direito da Universidade de São Paulo*, v. 112, jan./dez 2017, p. 166-167).

De fato, o significado do princípio é estabelecer que aquele que polui o ambiente tem a obrigação de repará-lo[550].

O princípio da prevenção sinaliza no sentido de que todos (inclusive empregadores e entidades governamentais) têm o dever de evitar a concretização de riscos já conhecidos e em relação aos quais haja comprovação científica de sua potencialidade lesiva ao meio ambiente.

Já o princípio da precaução significa que, "ainda que não haja comprovação científica cabal sobre os riscos de determinada atividade, entende-se que há o dever, por parte dos agentes públicos ou particulares, de evitá-lo"[551]. Tal princípio parte da premissa de que o dano ambiental, em algumas hipóteses, pode ser irreparável, de modo que, se houver dúvida científica acerca do respectivo potencial danoso à vida ou à saúde humanas, a atividade deve ser interditada.

O princípio da melhoria contínua é decorrência direta do art. 7º, XXII, da CF (também chamado de princípio do risco mínimo regressivo). A ideia central é evitar a chamada *monetização* do risco, mediante pagamento de adicionais de insalubridade ou periculosidade, ou ainda indenizações por lesões já sofridas. Todo o esforço de quem empreende atividade econômica deve ser no sentido de minimizar os riscos envolvidos, "procurando sempre estar no mesmo compasso do mais avançado estado da técnica. Assim, não basta fornecer equipamentos de proteção aos trabalhadores; mais do que isso, é necessário atentar-se constantemente a novas tecnologias que eliminam o risco do meio labor-ambiental ou, se isso ainda não for possível, fornecer equipamentos de proteção mais protetivos; trocá-los quando do lançamento de outros mais modernos e seguros"[552].

Por último, o princípio da informação-participação, que pode ser considerado uma especificação dos deveres anexos decorrentes da boa-fé objetiva. De fato, seria insuficiente que o empregador investisse no meio ambiente do trabalho, mas não assegurasse aos trabalhadores a garantia de acesso às informações sobre as questões ambientais, e até mesmo de "participar das decisões tomadas sobre o meio laboral, tal como ocorre nas Comissões Internas de Acidentes do Trabalho (CIPA)"[553].

Todos esses princípios geram verdadeiras obrigações jurídicas aos empregadores e tomadores de serviços em geral, as quais, descumpridas, podem ensejar responsabilização civil pelos danos ambientais provocados.

---

550. FELICIANO, Guilherme Guimarães; PASQUALETO, Olívia de Quintana Figueiredo, *op.cit.*, p. 169.
551. Idem, p. 168.
552. Idem, ibidem.
553. Idem, p. 169.

Como exemplos de pretensões imprescritíveis de reparação civil de danos ao meio ambiente de trabalho, podem-se mencionar, entre outras:

- (i) danos materiais decorrentes da extração irregular de riquezas naturais em prejuízo de determinada coletividade (indígenas, quilombolas, populações ribeirinhas);
- (ii) danos morais coletivos decorrentes de assédio moral organizacional, caracterizado por política de gestão empresarial que generalizadamente viola direitos da personalidade dos trabalhadores, como a honra, a integridade físico-psíquica;
- (iii) danos morais coletivos em função do não atendimento dos princípios da prevenção, precaução, melhoria contínua e informação-participação, como por exemplo: métodos inadequados de trabalho; uso de equipamentos de proteção obsoletos, de acordo com o estado da arte; utilização, no processo produtivo, de substâncias em relação às quais a ciência apresentava fundada dúvida acerca de sua nocividade à saúde e à vida humana, entre outros.

Em todos esses exemplos – e em tantos outros assemelhados – a imprescritibilidade se caracterizará em função da natureza indisponível e essencialmente coletiva do direito envolvido, sendo certo que o produto da indenização deve ser revertido em prol da comunidade ofendida ou do fundo de direitos de difusos – que, no caso trabalhista, pode ser o Fundo de Amparo ao Trabalhador (FAT).

26.3. Responsabilidade por ato judiciário

A jurisprudência da Suprema Corte registra precedentes a respeito do tema da responsabilidade civil do Estado e dos próprios magistrados por erro judiciário.

No RE 228035[554], a 2ª Turma do STF reiterou entendimento que já manifestara[555] acerca da inexistência de responsabilidade objetiva do Estado em função de atos praticados no exercício da função jurisdicional. O argumento central utilizado foi o de que a função jurisdicional consiste em elemento da soberania, de modo que a responsabilidade estatal objetiva (CF, art. 37, §6º) somente se aplica aos atos do Poder Judiciário nos casos especificamente previstos em lei.

---

554. "EMENTA: CONSTITUCIONAL. ADMINISTRATIVO. CIVIL. RESPONSABILIDADE CIVIL DO ESTADO PELOS ATOS DOS JUÍZES. C.F., art. 37, § 6º. I. - A responsabilidade objetiva do Estado não se aplica aos atos dos juízes, a não ser nos casos expressamente declarados em lei. Precedentes do Supremo Tribunal Federal. II. - RE provido. Agravo improvido" (RE 228035 AgR, Relator(a): CARLOS VELLOSO, 2ª Turma, julgado em 10/02/2004).

555. O entendimento é tradicional no âmbito da Suprema Corte, servindo como exemplo o RE 111609, Re. Min. Moreira Alves, DJ de 19.03.1993.

Na visão da Corte, a função dos juízes decorreria da própria soberania do Estado, ao decidir em última instância sobre a atributividade das normas, razão por que não se confundiria, por exemplo, com a atividade do administrador público que, ao contrário, exerceria meros atos de execução da lei que permitiriam amplo controle.

O art. 143 do CPC/2015[556] estatui a responsabilidade civil dos juízes quando, no exercício de suas funções, procederem com dolo ou fraude. No mesmo sentido é o art. 49, I, da LC 35/79 (Lei Orgânica da Magistratura Nacional).

Tais dispositivos se justificam porque têm o objetivo de assegurar a independência dos juízes, para que possam julgar sem receio e aplicar satisfatoriamente o ordenamento jurídico. Caso se sujeitassem à responsabilidade civil amplamente, os juízes estariam sujeitos constantemente ao inconformismo das partes vencidas. Para a correção dos erros judiciários existem as vias processuais próprias, como os recursos e as ações autônomas de impugnação[557].

A respeito, cabe destacar que o STF fixou o entendimento, em sede de repercussão geral, de que a responsabilidade civil de servidores públicos – o que inclui os magistrados – é regida pelo art. 37, §6º, da Constituição, o qual institui dupla garantia: (i) uma para o cidadão, que se beneficia, como regra geral, da responsabilidade objetiva do Estado – o que não se aplica aos atos judiciários, conforme se verá; (ii) outra para o próprio servidor, que somente pode ser responsabilizado mediante ação regressiva movida pelo próprio ente estatal[558]. Dessa forma, o cidadão que teve o direito supostamente violado não pode acionar diretamente o servidor público culpado – nem mesmo em litisconsórcio passivo com o ente público –, mas deve ajuizar a ação exclusivamente em face do Estado. Este, caso condenado, pode valer-se da ação regressiva contra o servidor responsável.

---

556. Art. 143. O juiz responderá, civil e regressivamente, por perdas e danos quando:

I - no exercício de suas funções, proceder com dolo ou fraude;

II - recusar, omitir ou retardar, sem justo motivo, providência que deva ordenar de ofício ou a requerimento da parte.

Parágrafo único. As hipóteses previstas no inciso II somente serão verificadas depois que a parte requerer ao juiz que determine a providência e o requerimento não for apreciado no prazo de 10 (dez) dias.

557. "A independência de que devem gozar os juízes e as garantias que precisam ter, para julgar sem receio, estariam irremediavelmente postas em xeque se eles houvessem de ressarcir os danos provenientes de seus **erros.** E mais: ficariam os juízes permanentemente expostos ao descontentamento da parte vencida e o foro se transformaria no repositório de ações civis contra eles. Para corrigir sentença errada bastam recursos; o prejuízo por ela causado é consequência natural da falibilidade humana; essa possibilidade de **erro** é fato da Natureza, não é ato do juiz" (Hélio Tornaghi, Comentários ao Código de Processo Civil, vol. I, Editora Forense, pág. 409, citado no RE 219.117, STF, relator Min. Ilmar Galvão, Primeira Turma, DJ 29.10.99).

558. RE 1027633, Relator(a): MARCO AURÉLIO, Tribunal Pleno, julgado em 14/08/2019. A tese fixada em repercussão geral foi: "A teor do disposto no art. 37, § 6º, da Constituição Federal, a ação por danos causados por agente público deve ser ajuizada contra o Estado ou a pessoa jurídica de direito privado prestadora de serviço público, sendo parte ilegítima para a ação o autor do ato, assegurado o direito de regresso contra o responsável nos casos de dolo ou culpa".

Quanto à responsabilidade civil do Estado em si (não mais do magistrado), a jurisprudência do Superior Tribunal de Justiça registra algumas decisões de turma rejeitando a aplicação da responsabilidade objetiva por erro judiciário em matéria criminal[559]. Vale dizer: prisão preventiva ou em flagrante que se revelou, ao final, indevida - em virtude da prolação de sentença criminal absolutória após a regular tramitação do processo, ou mesmo pela procedência de revisão criminal em determinadas hipóteses[560] –, por si só não engendra responsabilidade civil do ente estatal. Na ótica do STJ, se a decisão judicial que determinou a prisão se baseia em fundamentos razoáveis (i.e., se há, no mínimo, indícios de autoria e de materialidade do delito), descabe responsabilizar o Estado pelo erro judiciário.

Pode-se concluir, assim, que, em matéria criminal, a jurisprudência do STJ, exige a configuração de dolo (em algumas decisões equiparado à culpa grave[561]) ou fraude para que o ente estatal seja responsabilizado, ou seja, os mesmos requisitos necessários para a responsabilização civil do próprio magistrado que incidiu em erro.

Ora, se assim o é quanto ao erro judiciário em matéria penal, que resulta na privação da liberdade, com muito mais razão deve sê-lo no que tange a eventuais erros constantes de decisões oriundas da esfera cível e trabalhista, de modo que, também nesses casos, a responsabilidade civil do magistrado e do próprio ente estatal por erro judiciário somente se configura nas hipóteses de dolo, fraude ou culpa grave.

26.4. Danos morais

Especificamente sobre a indenização por danos morais (incluindo a problemática da tarifação do dano moral e critérios para a sua fixação), ver seção específica neste capítulo, sob o título "danos morais".

---

559. Exemplifica essa tendência: "ADMINISTRATIVO E PROCESSUAL CIVIL. RESPONSABILIDADE CIVIL DO ESTADO. PRISÃO CAUTELAR. INDENIZAÇÃO POR DANOS MORAIS E MATERIAIS. ERRO JUDICIÁRIO. INEXISTÊNCIA. RESPONSABILIDADE OBJETIVA DO ESTADO NÃO CONFIGURADA. REEXAME DE PROVAS. SÚMULA 7/STJ. 1. O Tribunal a quo, com base em minuciosa análise das provas trazidas aos autos, consignou expressamente que "não restou comprovado nos autos que a prisão cautelar se deu com abuso de poder, excesso ou desvio na execução, não há falar em dever de indenizar". 2. No presente caso, para rever o entendimento da Corte de origem, a fim de atender ao apelo da recorrente, seria necessário revolver o contexto fático-probatório dos autos. Incidência, na hipótese, da Súmula 7 do STJ. 3. Recurso Especial não provido" (REsp 1804833/MT, Rel. Ministro HERMAN BENJAMIN, SEGUNDA TURMA, julgado em 16/05/2019, DJe 18/06/2019).

560. "Não há como se reconhecer a existência de erro judiciário capaz de gerar indenização por injusta condenação (art. 630, CPP) se a sentença condenatória fundou-se em interpretação jurisprudencial controversa à época da condenação e que somente veio a se firmar após a confirmação da sentença pelo Tribunal de segundo grau" (STJ - RvCr: 3900 SP 2017/0063342-2, 3ª Seção, Rel. Min. REYNALDO SOARES DA FONSECA, julgado em 13.12.2017).

561. STJ - AREsp: 180452 RS 2012/0097624-9, Relator: Ministro CESAR ASFOR ROCHA, Data de Publicação: DJ 03/09/2012.

27. SALÁRIO MÍNIMO E PISO SALARIAL

Referências normativas e jurisprudenciais	
Constituição	Art. 7º São direitos dos trabalhadores urbanos e rurais, além de outros que visem à melhoria de sua condição social: (...) IV - salário mínimo, fixado em lei, nacionalmente unificado, capaz de atender a suas necessidades vitais básicas e às de sua família com moradia, alimentação, educação, saúde, lazer, vestuário, higiene, transporte e previdência social, com reajustes periódicos que lhe preservem o poder aquisitivo, sendo vedada sua vinculação para qualquer fim; V - piso salarial proporcional à extensão e à complexidade do trabalho; (...) Art. 22. Compete privativamente à União legislar sobre: I - direito civil, comercial, penal, processual, eleitoral, agrário, marítimo, aeronáutico, espacial e do trabalho; (...) Parágrafo único. Lei complementar poderá autorizar os Estados a legislar sobre questões específicas das matérias relacionadas neste artigo.
Legislação infra-constitucional	LC 103/2000, Art. 1º - Os Estados e o Distrito Federal ficam autorizados a instituir, mediante lei de iniciativa do Poder Executivo, o piso salarial de que trata o inciso V do art. 7º da Constituição Federal para os empregados que não tenham piso salarial definido em lei federal, convenção ou acordo coletivo de trabalho.
Súmulas e teses de repercussão geral	Tema 25 (RE 565714): Salvo nos casos previstos na Constituição, o salário mínimo não pode ser usado como indexador de base de cálculo de vantagem de servidor público ou de empregado, nem ser substituído por decisão judicial. Tema 256 (RE 603451): Afronta o art. 7º, inciso IV, da Constituição Federal a adoção do salário mínimo como base de cálculo para a fixação de piso salarial. SV 4: Salvo nos casos previstos na Constituição, o salário mínimo não pode ser usado como indexador de base de cálculo de vantagem de servidor público ou de empregado, nem ser substituído por decisão judicial. SV 6: Não viola a Constituição o estabelecimento de remuneração inferior ao salário mínimo para as praças prestadoras de serviço militar inicial. SV 15: O cálculo de gratificações e outras vantagens do servidor público não incide sobre o abono utilizado para se atingir o salário mínimo. SV 16 (tese do tema 142 - RE 582019): Os arts. 7º, IV, e 39, § 3º (redação da EC 19/1998), da Constituição referem-se ao total da remuneração percebida pelo servidor público. TST, Súmula 228 (eficácia suspensa): ADICIONAL DE INSALUBRIDADE. BASE DE CÁLCULO. A partir de 9 de maio de 2008, data da publicação da Súmula Vinculante nº 4 do Supremo Tribunal Federal, o adicional de insalubridade será calculado sobre o salário básico, salvo critério mais vantajoso fixado em instrumento coletivo. TST, OJ 71 da SDI-2: AÇÃO RESCISÓRIA. SALÁRIO PROFISSIONAL. FIXAÇÃO. MÚLTIPLO DE SALÁRIO MÍNIMO. ART. 7º, IV, DA CF/88. A estipulação do salário profissional em múltiplos do salário mínimo não afronta o art. 7º, inciso IV, da Constituição Federal de 1988, só incorrendo em vulneração do referido preceito constitucional a fixação de correção automática do salário pelo reajuste do salário mínimo.

Referências normativas e jurisprudenciais	
Julgados paradigmáticos	ADI 1439, 1442, 4167, 4363 ED, 4364, 4375, 4391, 4568, 5344 ADPF 47, 53 MC, 95 MC, 151 MC AI 277835 AgR, 577908 AgR RE 170203, 197072, 225488, 235643, 565714, 570177, 582019, 603451, 964659

27.1. Salário mínimo: insuficiência, recebimento de salário inferior e fixação por decreto. Servidor público, militares, tempo parcial e presidiário

A fixação de salário mínimo constitui característica marcante da intervenção estatal nas relações de trabalho[562]. Trata-se de assegurar o mínimo existencial da pessoa que depende do trabalho para sobreviver, apresentando-se como pressuposto para o exercício da liberdade.

Há nítido caráter ético na imposição constitucional de salário mínimo (CF, art. 7º, IV), cuja fixação deve ser pré-excluída das "leis" do mercado (notadamente, oferta e procura). Pode-se mesmo dizer que o art. 7º, IV, da Constituição, é especificação da dimensão axiológica da dignidade da pessoa humana (CF, art. 1º, III).

Contudo, a jurisprudência do Supremo Tribunal Federal tem tergiversado quanto à efetividade da promessa constitucional atinente à fixação de um salário mínimo suficiente para atender às necessidades vitais básicas do trabalhador e às de sua família com moradia, alimentação, educação, saúde, lazer, vestuário, higiene, transporte e previdência social, conforme se passa a expor.

Na ADI 1442, o STF declarou a inconstitucionalidade da medida provisória que fixara o salário mínimo no ano de 1996, por omissão parcial, já que o valor seria insuficiente para garantir subsistência digna ao trabalhador e sua família. O acórdão tece amplas considerações acerca da perda do que chama de *sentimento constitucional*, o que ocorreria quando o Poder Público deixa de cumprir ou se abstém de prestar o que lhe ordena a Constituição, notadamente em tema de direitos humanos de segunda dimensão (direitos sociais), deformando a vontade soberana do poder constituinte. A perda do sentimento constitucional seria fator capaz de atribuir à Constituição o necessário coeficiente de legitimidade social. Apesar disso, a ação direta foi julgada *prejudicada* (= falta superveniente de interesse de agir) devido à revogação das leis impugnadas. O julgamento final ocorreu mais de 8 anos após o ajuizamento da ADIN.

562. Cf. SÜSSEKIND, Arnaldo, *op.cit.*, p. 143.

A medida cautelar na ADI 1442[563], apreciada no ano em que editada lei (1996), foi indeferida sob o fundamento de ser incabível a concessão de provimento cautelar nos casos de ação direta de inconstitucionalidade por omissão, já que não se poderia pretender que mero provimento cautelar antecipasse efeitos positivos inalcançáveis pela própria decisão final que se busca. Na ótica da Corte, nos casos de omissão legislativa, caberia ao STF apenas cientificar o legislador para que adotasse as medidas necessárias. O julgado destaca, entretanto, que havia clara situação de inconstitucionalidade por omissão parcial. Veja-se o seguinte trecho da ementa:

> Min. Celso de Mello (ADI 1458 MC): SALÁRIO MÍNIMO - VALOR INSUFICIENTE - SITUAÇÃO DE INCONSTITUCIONALIDADE POR OMISSÃO PARCIAL. - A insuficiência do valor correspondente ao salário mínimo, definido em importância que se revele incapaz de atender as necessidades vitais básicas do trabalhador e dos membros de sua família, configura um claro descumprimento, ainda que parcial, da Constituição da República, pois o legislador, em tal hipótese, longe de atuar como o sujeito concretizante do postulado constitucional que garante à classe trabalhadora um piso geral de remuneração (CF, art. 7º, IV), estará realizando, de modo imperfeito, o programa social assumido pelo Estado na ordem jurídica. - A omissão do Estado - que deixa de cumprir, em maior ou em menor extensão, a imposição ditada pelo texto constitucional - qualifica-se como comportamento revestido da maior gravidade político-jurídica, eis que, mediante inércia, o Poder Público também desrespeita a Constituição, também ofende direitos que nela se fundam e também impede, por ausência de medidas concretizadoras, a própria aplicabilidade dos postulados e princípios da Lei Fundamental. - As situações configuradoras de omissão inconstitucional - ainda que se cuide de omissão parcial, derivada da insuficiente concretização, pelo Poder Público, do conteúdo material da norma impositiva fundada na Carta Política, de que é destinatário - refletem comportamento estatal que deve ser repelido, pois a inércia do Estado qualifica-se, perigosamente, como um dos processos informais de mudança da Constituição, expondo-se, por isso mesmo, à censura do Poder Judiciário.

Nota-se uma postura de certo modo contraditória da Suprema Corte, já que, ao mesmo tempo em que reconhece comportamento legislativo "censurável", limita os efeitos da decisão a uma mera *cientificação* do Parlamento, como se este simplesmente tivesse a opção de continuar praticando inconstitucionalidades.

Não se desconhece a complexidade do tema, já que um aumento súbito do salário mínimo poderia gerar efeitos macroeconômicos significativamente perniciosos (v.g., o aumento substancial e exponencial da inflação), mas alguma solução deveria ser imposta, tal como a elaboração de um plano de longo prazo que viabilizasse o aumento real do salário mínimo ao longo do tempo. Não se trata de *ativismo judicial*, mas de cumprir a Constituição, que – com o perdão pelo truísmo – é norma jurídica obrigatória cuja observância deve ser assegurada pelo Supremo Tribunal Federal, que é seu guardião.

---

563. ADI 1458 MC, Relator(a): CELSO DE MELLO, Tribunal Pleno, julgado em 23/05/1996.

Outro tema ainda pendente de apreciação pela Corte diz respeito à possibilidade de recebimento de remuneração inferior a um salário mínimo por servidor público que labora em jornada de trabalho reduzida. Havia acórdãos de turma do STF no sentido de que o salário mínimo deveria ser garantido ainda nos casos de trabalho em tempo parcial[564].

Sucede que no RE 964659[565], o Tribunal reconheceu a repercussão geral da questão constitucional suscitada (possibilidade de recebimento de salário inferior ao mínimo, por servidor público, no caso de jornada reduzida), mas não reafirmou a jurisprudência dominante sobre a matéria, que será submetida a posterior julgamento no Plenário físico.

Na ótica prevalecente, a questão específica do valor da remuneração de servidor público está fora do alcance da SV 16 e do RE 582019[566] (julgado sob a sistemática de repercussão geral), pois a orientação então firmada diz respeito exclusivamente à definição do parâmetro remuneratório que não pode ficar aquém do salário mínimo: o vencimento-base ou o total da remuneração do servidor, tendo a Suprema Corte optado pelo último. Contudo, nem a SV 16, nem o RE 582019, definiram a questão específica da remuneração inferior ao salário mínimo nos casos de servidores públicos sujeitos à jornada reduzida.

Favoravelmente, pode-se argumentar que o salário mínimo foi concebido pelo constituinte como direcionado para os trabalhadores que se ativam em jornada de trabalho *completa*, vale dizer, de 8 horas diárias e 44 semanais, fixando-se a uma fonte de renda. Nessa ótica, nenhuma irregularidade haveria na fixação de vencimento-base inferior ao salário mínimo, desde que assegurado o salário mínimo hora.

Sucede que tal linha interpretativa é insuficiente e indesejável na realidade brasileira, em que a jurisprudência menciona cotidianamente a esdrúxula figura

---

564. "Agravo regimental no agravo de instrumento. Servidor público. Jornada reduzida. Remuneração inferior a um salário mínimo. Impossibilidade. Precedentes. 1. A Suprema Corte vem se pronunciando no sentido de que a remuneração do servidor público não pode ser inferior a um salário-mínimo. Esse entendimento se aplica ao servidor que trabalha em regime de jornada reduzida" (AI 815869 AgR, 1ª Turma, Rel. Min. Dias Toffoli, DJe de 24/11/14).

565. "Direito Constitucional e Administrativo. Servidor público. Possibilidade de recebimento de remuneração inferior a um salário mínimo por servidor público que labora em jornada de trabalho reduzida. Repercussão geral reconhecida" (RE 964659 RG, Relator(a): DIAS TOFFOLI, Tribunal Pleno, julgado em 09/06/2016).

566. "EMENTA: CONSTITUCIONAL. SERVIDOR PÚBLICO. SALÁRIO-BASE INFERIOR AO SALÁRIO MÍNIMO. POSSIBILIDADE. ARTS. 7º, IV, E 39, § 3º (redação dada pela EC 19/98), DA CONSTITUIÇÃO. I - Questão de ordem. Matéria de mérito pacificada no STF. Repercussão geral reconhecida. Confirmação da jurisprudência. Denegação da distribuição dos recursos que versem sobre o mesmo tema. Devolução desses RE à origem para adoção dos procedimentos previstos no art. 543-B, § 3º, do CPC. Precedentes: RE 579.431-QO/RS, RE 582.650-QO/BA, RE 580.108-QO/SP, Rel. Min. Ellen Gracie; RE 591.068-QO/PR, Rel. Min. Gilmar Mendes; RE 585.235-QO/MG, Rel. Min. Cezar Peluso"(RE 582019 QO-RG, Relator(a): RICARDO LEWANDOWSKI, Tribunal Pleno, julgado em 13/11/2008).

das "horas extras habituais", quando, na verdade, as horas sequer podem ser consideradas instituto jurídico, já que o direito fundamental, previsto no art. 7º, XIII, da Constituição, é a limitação da duração do trabalho[567]. Como o próprio nome indica, a extrapolação dos limites de jornada somente é cabível quando houver *serviço extraordinário*, ou seja, situação excepcional.

Ademais, a Constituição, ao assegurar o direito fundamental ao salário mínimo, no art. 7º, IV, não faz qualquer ressalva, devendo vigorar o princípio hermenêutico de que "onde a lei não distingue, não cabe ao intérprete distinguir". O objetivo, conforme já asseverado, é de assegurar o mínimo existencial à pessoa que depende do trabalho para sobreviver.

Cabe rememorar que a Lei 13.467/2017 remodelou o contrato de trabalho em tempo parcial, admitindo sua fixação em até 36 horas semanais (sem possibilidade de realização de horas extras) ou em 26 horas semanais (com a possibilidade de acréscimo de até 6 horas extras semanais), conforme nova redação do art. 58-A da CLT[568].

Perceba-se que o trabalho a tempo parcial com a possibilidade de realização de horas extras é verdadeiro contrassenso e configura arranjo trabalhista que prioriza interesses patrimoniais em detrimento de valores existenciais, porque:

- (i) o objetivo do trabalho a tempo parcial é o de reduzir o custo do empreendimento da atividade econômica;
- (ii) contudo, essa redução de custo se faz mediante sacrifício da previsibilidade financeira e de vida do trabalhador, que, além de receber salário inferior ao mínimo, não pode programar satisfatoriamente compromissos pessoais e nem mesmo conseguir outro emprego, pois se sujeita à exigência *habitual* de *horas extraordinárias*, sendo certo que a recusa ao serviço extraordinário pode ser considerada espécie de falta grave do trabalhador (por desídia ou insubordinação, por exemplo).

Embora a CLT somente se aplique para empregados públicos e privados, o mesmo raciocínio é válido para servidores públicos estatutários, que também são seres humanos que dependem da força de trabalho para sobreviver.

Não se diga – como infelizmente tem sido irresponsavelmente propagado no Brasil – que "é melhor ter trabalho do que ter direitos", porque a Constituição brasileira, ao assegurar o direito ao trabalho (art. 6º), não se contenta com qualquer trabalho, mas com o trabalho decente, que concretiza o vetor constitucional da dignidade da pessoa humana.

567. Cf. SOUTO MAIOR, Jorge Luiz; SEVERO, Valdete Souto, *Manual...*, *op.cit.*, p. 49-50.

568. Art. 58-A. Considera-se trabalho em regime de tempo parcial aquele cuja duração não exceda a trinta horas semanais, sem a possibilidade de horas suplementares semanais, ou, ainda, aquele cuja duração não exceda a vinte e seis horas semanais, com a possibilidade de acréscimo de até seis horas suplementares semanais.

Por tais razões, deve-se adotar o entendimento de que o salário mínimo deve ser garantido inclusive para os servidores públicos que trabalham em regime de tempo parcial, mas veja-se que o tema ainda está pendente de definição pelo STF.

Outro importante julgado sobre a temática do salário mínimo é o RE 570177[569], decidido sob a sistemática da repercussão geral. Aqui, a ótica da Suprema Corte foi a de encarar o serviço militar obrigatório não como um trabalho, mas como exercício de um *munus* público relacionado com a soberania do país. O regime jurídico aplicável é peculiar, e as Forças Armadas, na dicção do STF, teriam o dever de proporcionar condições materiais que viabilizassem o serviço militar obrigatório, tais como alimentação, vestuário e alojamento. Argumentou-se, ainda, que o art. 142 da Constituição não estende aos militares o direito ao salário mínimo, previsto no art. 7º, IV, da Lei Maior.

De forma semelhante, a Suprema Corte referendou a constitucionalidade do art. 29 da Lei de Execução Penal (Lei 7210/84)[570], o qual admite que o trabalho do preso (presidiário, condenado a pena privativa de liberdade) não pode ser remunerado em valor inferior a ¾ (três quartos do salário mínimo). Os seguintes fundamentos foram utilizados pela corrente majoritária formada na ADPF 336[571], conforme se extrai do voto condutor do Min. Luiz Fux:

- (i) o Judiciário deve ser deferente às opções legislativas, de modo que a declaração de inconstitucionalidade de leis que veiculem políticas públicas (tais como as referentes ao trabalho dos presos) deve ser empre-

569. "EMENTA: CONSTITUCIONAL. SERVIÇO MILITAR OBRIGATÓRIO. SOLDO. VALOR INFERIOR AO SALÁRIO MÍNIMO. VIOLAÇÃO AOS ARTS. 1º, III, 5º, *CAPUT*, E 7º, IV, DA CF. INOCORRÊNCIA. RE DESPROVIDO. I - A Constituição Federal não estendeu aos militares a garantia de remuneração não inferior ao salário mínimo, como o fez para outras categorias de trabalhadores. II - O regime a que submetem os militares não se confunde com aquele aplicável aos servidores civis, visto que têm direitos, garantias, prerrogativas e impedimentos próprios. III - Os cidadãos que prestam serviço militar obrigatório exercem um múnus público relacionado com a defesa da soberania da pátria. IV - A obrigação do Estado quanto aos conscritos limita-se a fornecer-lhes as condições materiais para a adequada prestação do serviço militar obrigatório nas Forças Armadas. V - Recurso extraordinário desprovido" (RE 570177, Relator(a): RICARDO LEWANDOWSKI, Tribunal Pleno, julgado em 30/04/2008).

570. Art. 29. O trabalho do preso será remunerado, mediante prévia tabela, não podendo ser inferior a 3/4 (três quartos) do salário mínimo.

§ 1º O produto da remuneração pelo trabalho deverá atender:

a) à indenização dos danos causados pelo crime, desde que determinados judicialmente e não reparados por outros meios;

b) à assistência à família;

c) a pequenas despesas pessoais;

d) ao ressarcimento ao Estado das despesas realizadas com a manutenção do condenado, em proporção a ser fixada e sem prejuízo da destinação prevista nas letras anteriores.

§ 2º Ressalvadas outras aplicações legais, será depositada a parte restante para constituição do pecúlio, em Caderneta de Poupança, que será entregue ao condenado quando posto em liberdade

571. ADPF 335, Rel. Min. Luiz Fux, Tribunal Pleno, Sessão Virtual de 19.2.2021 a 26.2.2021.

endida apenas excepcionalmente, quando houver "demonstração cabal e cientificamente segura da arbitrariedade da política implementada";

- (ii) não há consenso científico sobre os efeitos da política pública relativa ao salário mínimo no bem-estar social, havendo estudos inconclusivos na Ciência Econômica;
- (iii) o trabalho do preso seria um dever, com finalidade educativa e produtiva, nos termos dos arts. 28, *caput*, 31 e 39, V, da Lei de Execução Penal. O cumprimento da pena privativa de liberdade geraria restrições ao exercício do trabalho, o que depreciaria o valor da mão de obra (exemplo: necessidade de implantação de oficinas nos presídios, ou de controle da disciplina no trabalho externo);
- (iv) a lógica econômica do trabalho do preso seria distinta daquela atinente ao trabalho livre. Seria uma forma de conferir "rendimento ao preso quando uma pessoa livre, mantidas as demais condições, estaria desempregada, por ausência de interessados na sua contratação";
- (v) o Estado teria o dever de promover assistência material, à saúde, educacional, religiosa etc. ao preso, de modo que os objetivos do salário mínimo seriam alcançados mesmo sem o pagamento de salário mínimo.

A seguinte passagem do voto condutor ilustra o raciocínio prevalecente na Corte:

> Min. Luiz Fux (ADPF 336): O Requerente argumenta que o " Estado não pode violar direitos fundamentais sob a justificativa de trazer vantagens à contratação de presos, pois a instituição do salário mínimo visou justamente a assegurar à parte vulnerável da relação de emprego patamar mínimo de remuneração como forma de proteção à dignidade da pessoa humana " (fls. 10 da inicial).
>
> A alegação causa perplexidade, pressupondo que a dignidade humana é violada quando o indivíduo é remunerado aquém de certo patamar, mas admitindo a possibilidade de que ele não aufira qualquer remuneração, por falta de quem se interesse na sua contratação. Não se atina como poderia o legislador afrontar direitos fundamentais na busca de garantir o pouco, sem incorrer em semelhante afronta quando o protecionismo legal resulta em uma garantia do nada.

Como se depreende, a argumentação tem forte cunho economicista e determinista. Quer-se fazer crer que o estabelecimento de direitos trabalhistas (no caso, pagamento de salário mínimo ao preso) gera desemprego. Não se pode concordar com essa "lógica", que preconiza o atendimento de interesses apenas imediatos do empregador, com a redução de seus custos, desprezando-se os efeitos sistêmicos do contínuo rebaixamento do nível de direitos e da crescente concentração de renda, os quais tendem, no limite, a inviabilizar o funcionamento do sistema capitalista, por inexistência de mercado consumidor.

Conforme observado no voto vencido do Min. Edson Fachin, veja-se que o art. 7º, IV, da Constituição, assegura o recebimento de salário mínimo a todos os trabalhadores. Em nenhum momento o dispositivo constitucional exige a condição de empregado para que o direito nele estabelecido seja aplicável. Assim, o fato de o trabalho do preso não ser regido pela CLT não deveria ser elemento apto a afastar a aplicabilidade do salário mínimo em tais casos.

O Supremo Tribunal Federal já validou, também, lei que delegava a decreto presidencial a atribuição de fixar o valor nominal do salário mínimo[572]. O raciocínio feito acertadamente pela Corte foi o de que a lei previa todos os critérios e índices que deveriam ser aplicados pelo Presidente da República ao editar o decreto. Bem pensadas as coisas, o salário mínimo, dessa forma, era fixado pela própria lei, cabendo ao Presidente da República efetuar as operações matemáticas necessárias ao cálculo do valor pertinente.

27.2. Pisos salariais vinculados ao salário mínimo e vinculações ao salário mínimo para outros fins

O art. 7º, IV, *in fine*, da Constituição, veda a vinculação do salário mínimo "para qualquer fim", em norma cujo objetivo é evitar a chamada *espiral inflacionária* que comprometeria as políticas de valorização real do salário mínimo. Isso porque se os índices e preços da economia em geral fossem calculados em múltiplos de salário mínimo, o aumento do valor nominal deste não teria nenhum significado real, já que seria (o aumento) consumido pela inflação[573].

A jurisprudência do Supremo Tribunal Federal já se manifestou diversas vezes sobre o tema, de modo a delimitar mais precisamente o sentido e o alcance da norma.

---

572. "EMENTA: CONSTITUCIONAL. VALOR DO SALÁRIO MÍNIMO. ART. 3. DA LEI N. 12.382, de 25.2.2011. VALOR NOMINAL A SER ANUNCIADO E DIVULGADO POR DECRETO PRESIDENCIAL. DECRETO MERAMENTE DECLARATÓRIO DE VALOR A SER REAJUSTADO E AUMENTADO SEGUNDO ÍNDICES LEGALMENTE ESTABELECIDOS. OBSERVÂNCIA DO INC. IV DO ART. 7. DA CONSTITUIÇÃO DO BRASIL. AÇÃO JULGADA IMPROCEDENTE. 1. A exigência constitucional de lei formal para fixação do valor do salário mínimo está atendida pela Lei n. 12.382/2011. 2. A utilização de decreto presidencial, definida pela Lei n. 12.382/2011 como instrumento de anunciação e divulgação do valor nominal do salário mínimo de 2012 a 2015, não desobedece o comando constitucional posto no inc. IV do art. 7º da Constituição do Brasil. A Lei n. 12.382/2011 definiu o valor do salário mínimo e sua política de afirmação de novos valores nominais para o período indicado (arts. 1º e 2º). Cabe ao Presidente da República, exclusivamente, aplicar os índices definidos legalmente para reajuste e aumento e divulgá-los por meio de decreto, pelo que não há inovação da ordem jurídica nem nova fixação de valor. 3. Ação julgada improcedente" (ADI 4568, Relator(a): CÁRMEN LÚCIA, Tribunal Pleno, julgado em 03/11/2011).

573. Nesse sentido, a seguinte ementa: "SALÁRIO MÍNIMO - VINCULAÇÃO PROIBIDA - PREVIDÊNCIA - CONTRIBUIÇÃO. A razão de ser da parte final do inciso IV do artigo 7º da Carta Federal - "...vedada a vinculação para qualquer fim;" - é evitar que interesses estranhos aos versados na norma constitucional venham a ter influência na fixação do valor mínimo a ser observado" (RE 197072, Relator(a): MARCO AURÉLIO, Tribunal Pleno, julgado em 25/11/1998).

Em repercussão geral (tema 25: RE 565714[574]), a Corte fixou a tese de que, salvo nos casos previstos na Constituição, o salário mínimo não pode ser usado como indexador de base de cálculo de vantagem de servidor público ou de empregado, nem ser substituído por decisão judicial. A partir desse julgado, a Corte editou a SV 4, que estampa idêntica tese.

Em consequência, o TST modificou sua Súmula 228, de modo a prever que o adicional de insalubridade fosse calculado sobre o salário base do trabalhador. Sucede que, na ótica do STF, o salário mínimo deveria continuar sendo utilizado como base de cálculo até que a inconstitucionalidade fosse superada pelo legislador, já que não caberia ao Judiciário atuar como legislador positivo. Dessa forma, em decisão liminar[575], o STF suspendeu a eficácia da referida súmula, determinando a aplicação do salário mínimo como base de cálculo do adicional de insalubridade, até que sobrevenha previsão legal ou normativa em sentido contrário. A cautelar foi, ao final, confirmada em decisão monocrática já transitada em julgado[576].

Outro julgado de repercussão geral é o RE 603451 (tema 256)[577], em que fixada a tese segundo a qual afronta o art. 7º, inciso IV, da Constituição Federal a adoção do salário mínimo como base de cálculo para a fixação de piso salarial. Apesar da tese fixada, o julgado se referia ao estabelecimento de complementação de aposentadoria fixado por lei e por decisão judicial em múltiplos de salários mínimos.

Pode-se afirmar que tais julgados demonstram modificação e instabilidade da jurisprudência do STF, conforme se passa a expor.

De fato, no RE 170203[578], a 1ª Turma afirmou que o art. 7º, IV, visa a impedir a utilização do salário mínimo como fator de indexação para obrigações sem conteúdo salarial ou alimentar, mas que não abrangeria as hipóteses em que o objeto da prestação expressa em salários mínimos tem a finalidade de atender as mesmas garantias que a parte inicial do inciso concede ao trabalhador e a sua família. No caso, tratava-se de lei estadual que fixava pensão calculada em múltiplos de salários mínimos e que foi considerada válida.

No mesmo sentido, a 2ª Turma já admitiu a fixação de pensão vinculada ao salário mínimo, na hipótese de responsabilidade estatal decorrente de morte de preso no interior de estabelecimento prisional[579]. De outro lado, em sentido contrário, a 1ª Turma já havia firmado a impossibilidade de fixação de indenização por danos morais em múltiplos de salários mínimos[580].

---

574. RE 565714, Relator(a): CÁRMEN LÚCIA, Tribunal Pleno, julgado em 30/04/2008.
575. Rcl 6266 e 6275, Rel. Min. Gilmar Mendes, julgado em 15.07.2008.
576. Decisão monocrática do Min. Ricardo Lewandowski, datada de 11.03.2018.
577. RE 603451 RG, Relator(a): ELLEN GRACIE, Tribunal Pleno, julgado em 11/03/2010.
578. RE 170203, Relator(a): ILMAR GALVÃO, Primeira Turma, julgado em 30/11/1993.
579. AI 577908 AgR, Relator(a): GILMAR MENDES, Segunda Turma, julgado em 30/09/2008.
580. "Dano moral. Fixação de indenização com vinculação a salário mínimo. Vedação Constitucional. Art. 7º, IV, da Carta Magna. - O Plenário desta Corte, ao julgar, em 01.10.97, a ADIN 1425, firmou o enten-

Na ADPF 95 MC[581], a corrente majoritária formada na Corte, ao indeferir a medida cautelar, entendeu pela higidez constitucional do art. 3º da Lei nº 6.194/74, que estabelecia indenizações de danos pessoais causados por acidentes causados por veículos automotores e cobertos por seguro obrigatório, vinculando o valor da indenização a múltiplos de salário mínimo. Considerou-se ausente o *fumus boni iuris*, pois o art. 7º, IV, da CF, não vedaria a utilização do salário mínimo como parâmetro quantificador de indenização. E também ausente o *periculum in mora*, pois a lei já estava vigente havia 33 anos. O mérito não foi apreciado em função da posterior modificação substancial do dispositivo legal[582].

Análise diversa do *periculum in mora* foi feita na ADPF 151 MC[583], julgado no qual se apreciou a validade constitucional do art. 16 da Lei 7.394/85, que fixava o piso salarial dos técnicos em radiologia no montante de dois salários mínimos, além de estabelecer o adicional de insalubridade de 40% sobre esses vencimentos. O STF, utilizando a SV 4, decidiu pelo *congelamento* do piso salarial de tais profissionais, calculando-se o valor correspondente a dois salários mínimos vigentes na data da decisão (fevereiro de 2011), os quais seriam atualizados de acordo

---

dimento de que, ao estabelecer o artigo 7º, IV, da Constituição que é vedada a vinculação ao salário--mínimo para qualquer fim, "quis evitar que interesses estranhos aos versados na norma constitucional venham a ter influência na fixação do valor mínimo a ser observado". - No caso, a indenização por dano moral foi fixada em 500 salários-mínimos para que, inequivocamente, o valor do salário- mínimo a que essa indenização está vinculado atue como fator de atualização desta, o que é vedado pelo citado dispositivo constitucional. - Outros precedentes desta Corte quanto à vedação da vinculação em causa. Recurso extraordinário conhecido e provido" (RE 225488, Relator(a): MOREIRA ALVES, Primeira Turma, julgado em 11/04/2000).

581. "ARGÜIÇÃO DE DESCUMPRIMENTO DE PRECEITO FUNDAMENTAL. MEDIDA CAUTELAR. ARTIGO 3º DA LEI FEDERAL N. 6.194. SEGURO OBRIGATÓRIO. PRECEITO QUE DISCIPLINA OS VALORES PAGOS EM RAZÃO DE DANOS PESSOAIS CAUSADOS POR VEÍCULOS AUTOMOTORES DE VIA TERRESTRE, OU POR SUA CARGA, A PESSOAS TRANSPORTADAS OU NÃO. FIXAÇÃO DOS VALORES EM SALÁRIOS MÍNIMOS. VIOLAÇÃO DO DISPOSTO NO ARTIGO 7º, INCISO IV, DA CONSTITUIÇÃO DO BRASIL. FUMUS BONI IURIS E PERICULUM IN MORA NÃO CARACTERIZADOS. MEDIDA CAUTELAR INDEFERIDA. 1. O artigo 3º da Lei federal n. 6.194 vincula ao salário mínimo as indenizações pagas em decorrência de morte, invalidez permanentes e despesas de assistência médica e suplementares resultantes de acidentes causados por veículos automotores de via terrestre. 2. O Tribunal dividiu-se quanto à caracterização do fumus boni iuris e do periculum in mora: i) votos majoritários que entenderam ausentes o fumus boni iuris e o periculum in mora, eis que o artigo 7º, inciso IV, da Constituição do Brasil não vedaria a utilização do salário mínimo como parâmetro quantificador de indenização e a Lei n. 6.194 teria sido inserida no ordenamento jurídico em 1.974, respectivamente; ii) votos vencidos, incluindo o do Relator, no sentido de que o fumus boni iuris estaria configurado na impossibilidade de vinculação do salário mínimo para fins remuneratórios, indenizatórios --- embora em situações excepcionais esta Corte tenha manifestado entendimento diverso --- e o periculum in mora evidenciado pela existência de inúmeras decisões judiciais que, aplicando o texto normativo impugnado, impondo às entidades seguradoras obrigações pecuniárias. 3. Medida cautelar indeferida, contra o voto do Relator, que determinava a suspensão do trâmite dos processos em curso que respeitem à aplicação do artigo 3º da Lei n. 6.194, de 19 de dezembro de 1.974, até o julgamento final do feito" (ADPF 95 MC, Relator(a): EROS GRAU, Tribunal Pleno, julgado em 31/08/2006).

582. ADPF 95 AgR, Relator(a): ALEXANDRE DE MORAES, Tribunal Pleno, julgado em 01/08/2018.

583. ADPF 151 MC, Relator(a): JOAQUIM BARBOSA, Relator(a) p/ Acórdão: GILMAR MENDES, Tribunal Pleno, julgado em 02/02/2011.

com os "índices de correção de salários". Contudo, não se estabeleceu qual seria esse índice, sendo certo que nos debates entre os ministros foi dito que os índices poderiam ser fixados por lei estadual (em virtude da delegação legislativa contida na LC 103/2001), por convenção, acordo coletivo ou até por nova lei federal.

A preocupação manifestada pela corrente majoritária da Corte foi a de desindexar o salário mínimo. A Min. Carmen Lúcia afirmou que o STF não estaria "diminuindo direitos", mas não abordou a situação em que não seja editada lei ou norma coletiva reajustando o valor *congelado* pelo STF. A autora da ação (confederação patronal) alegou que o alto custo financeiro estaria inviabilizando a atividade empresarial no ramo da saúde. O Min. Joaquim Barbosa votou vencido (acompanhado pela Min. Ellen Gracie), ressaltando que estava sendo deferida a medida cautelar sem contraditório, ouvindo apenas os argumentos dos proprietários de estabelecimentos, sem qualquer comprovação de inviabilização da atividade empresarial. Além disso, a lei já estava vigente havia 26 anos e, ainda assim, considerou-se haver *periculum in mora*.

A decisão cautelar foi confirmada quando do julgamento do mérito, tendo sido reiterado "o congelamento da base de cálculo, a fim de que seja calculada de acordo com o valor de dois salários mínimos vigentes na data de estabilização da decisão que deferiu a medida cautelar"[584].

O argumento retórico de que "não estariam sendo retirados direitos" não corresponde à realidade, pois a ausência de lei (estadual ou federal) ou de norma coletiva que reajuste o valor de dois salários mínimos vigentes em fevereiro de 2011 faz com que o antigo piso de dois salários mínimos seja *absorvido* pela inflação e pelos reajustes posteriores do próprio salário mínimo. Desse modo, com o passar do tempo, o piso real dos técnicos em radiologia passa a ser apenas 1 salário mínimo.

Um exemplo demonstra o ponto: considerando que o salário mínimo em fevereiro de 2011 era de R$ 540,00, de modo que o piso dos técnicos em radiologia era de R$ 1.080,00. Em fevereiro de 2020, sem a edição de legislação que preveja piso diferenciado para a categoria, o profissional pode ser contratado pelos mesmo R$ 1.080,00, valor quase idêntico ao do salário mínimo do ano de 2020, estabelecido em R$ 1.045,00. É nítida a perda do poder de compra e a supressão de um direito da categoria, com base em lei que já estava em vigor desde 1976.

Portanto, a decisão da ADPF 151 merece dupla crítica:

- (i) primeiro, porque suprime direito dos trabalhadores utilizando retórica que insinua o contrário. Ora, a Suprema Corte precisa ser transparente quanto aos efeitos de suas decisões, e ter a coragem de reconhecê-los, caso seja a solução imposta pela Constituição;

584. ADPF 151, Relator(a): ROBERTO BARROSO, Tribunal Pleno, julgado em 07/02/2019.

- (ii) porque discrepa da lógica adotada em julgados anteriores (como o RE 170203 e o AI 577908 AgR, comentados acima), no sentido de que a vinculação ao salário mínimo não é vedada quando tem o mesmo objetivo que fundamenta o art. 7º, IV, da CF, a saber: manutenção de condições dignas de vida para o trabalhador.

De todo modo, trata-se de jurisprudência reiterada e que parece ter se consolidado na Suprema Corte[585].

Em sentido semelhante, na ADPF 53 MC[586], foi deferida a cautelar para suspender os reajustes automáticos dos profissionais de engenharia e arquitetura, com base em múltiplos de salários mínimos. A discussão envolvia a aplicação do art. 5º da Lei nº 4.950-A[587], que estabelece piso profissional de engenheiros e arquitetos. A decisão monocrática consignou que "o dispositivo impugnado, ao criar mecanismos de indexação salarial para cargos, utiliza o salário mínimo como fator de reajuste automático da remuneração dos profissionais das aludidas categorias", e que, com isso, haveria ofensa à parte final do disposto no art. 7º, IV, da Constituição Federal. O caso ainda tinha a particularidade de envolver servidores públicos celetistas estaduais, o que engendra, ainda, a problemática do pacto federativo: isso porque lei federal que modificasse o salário mínimo nacional geraria impactos no orçamento de estados e municípios. Especificamente quanto ao princípio federativo e a impossibilidade de leis estaduais (e, por extensão, também as municipais) fixarem piso salarial para seus servidores com base em múltiplos de salários mínimos, a Corte já tinha se pronunciado pela inconstitucionalidade nas ADPFs 33[588] e 47[589].

Posteriormente, nas Rcl 14075[590] e 19130 AgR[591], a Corte afirmou que não viola a decisão da ADPF 53 MC a decisão que reconhece a validade da fixação

585. "RECURSO. Extraordinário. Vinculação de salário profissional a múltiplos do salário mínimo. Impossibilidade. Precedentes. Esta Corte já assentou sua jurisprudência no sentido da impossibilidade de vinculação de salário profissional a múltiplos do salário mínimo (...)" (AI 277835 AgR, Relator(a): CEZAR PELUSO, Segunda Turma, julgado em 02/02/2010).

586. Decisão monocrática, Rel. Min. Gilmar Mendes, julgado em 22.04.2008.

587. Art . 5º Para a execução das atividades e tarefas classificadas na alínea a do art. 3º, fica fixado o salário-base mínimo de 6 (seis) vêzes o maior salário-mínimo comum vigente no País, para os profissionais relacionados na alínea a do art. 4º, e de 5 (cinco) vezes o maior salário-mínimo comum vigente no País, para os profissionais da alínea b do art. 4º.

588. ADPF 33, Relator(a): GILMAR MENDES, Tribunal Pleno, julgado em 07/12/2005.

589. ADPF 47, Relator(a): EROS GRAU, Tribunal Pleno, julgado em 12/12/2007.

590. "RECLAMAÇÃO – ALEGADA TRANSGRESSÃO À AUTORIDADE DA DECISÃO PROFERIDA, COM EFEITO VINCULANTE, NO EXAME DA ADPF 53-MC/PI E SUPOSTO DESRESPEITO AO ENUNCIADO CONSTANTE DA SÚMULA VINCULANTE Nº 04 – INOCORRÊNCIA – ATUAÇÃO DO PODER JUDICIÁRIO COMO LEGISLADOR POSITIVO – INADMISSIBILIDADE – DOUTRINA – PRECEDENTES – RECURSO DE AGRAVO IMPROVIDO" (Rcl 14075 AgR, Relator(a): CELSO DE MELLO, Tribunal Pleno, julgado em 14/05/2014).

591. "AGRAVO REGIMENTAL NA RECLAMAÇÃO. LEI Nº 4.950-A/1966. OFENSA À SÚMULA VINCULANTE Nº 4 E À ADPF 53. INEXISTÊNCIA. AGRAVO REGIMENTAL A QUE SE NEGA PROVI-

de piso salarial de engenheiros e de arquitetos em múltiplos de salários mínimos. Concluiu-se que o efeito vinculante da referida ADPF abrangia apenas servidores públicos celetistas, justamente em função do princípio federativo. É verdade que tais reclamações foram julgadas improcedentes porque as decisões reclamadas não se enquadravam na moldura delineada na decisão paradigma (ADPF 53 MC), mas é nítida a incongruência, no ponto, da jurisprudência da Suprema Corte.

Ora, não há qualquer distinção (além do valor) entre a fixação de piso salarial em múltiplos de salários mínimos para técnicos em radiologia, de um lado, e para engenheiros e arquitetos, de outro. Não há explicação plausível, portanto, para que o STF tenha, no primeiro caso, determinado o *congelamento* do piso salarial de acordo com o salário mínimo vigente à época da decisão (ADPF 151 MC); mas, quanto a engenheiros e arquitetos, a mesma providência não haja sido estabelecida – sendo certo que a petição inicial formulava expressamente pedido de declaração de não recepção do art. 5º da Lei nº 4.950-A.

As citadas reclamações, ainda, sinalizam pela possibilidade de que o piso salarial para a contratação seja fixado em múltiplos de salários mínimos, mas que, a partir daí, haja a desvinculação, de modo que a correção salarial seja feita de acordo com os índices de reajuste da categoria, e não em função da evolução do salário mínimo. Esse é o critério aplicado na OJ 71 da SDI-2 do TST[592]. Não há nenhuma explicação racional, entretanto, para que o mesmo critério não tenha sido adotado quanto à legislação dos técnicos em radiologia, em relação à qual a solução da Corte foi diversa.

Apesar da evidente falta de coerência da jurisprudência do Supremo Tribunal Federal a respeito, tenta-se sistematizar didaticamente o panorama atual:

- (i) a Corte considera ser inconstitucional a fixação de pisos salariais e de vantagens de servidores públicos e de empregados em múltiplos de salários mínimos;
- (ii) contudo, o Judiciário não pode atuar como legislador positivo, em virtude do princípio da separação de Poderes;
- (iii) por isso, em alguns casos a Corte *congela* o piso fixado na lei, reconhecendo a possibilidade de seu reajuste por leis ou normas coletivas

MENTO. 1. A decisão que aplica o piso salarial estabelecido no art. 5º da Lei 4.950/1966, mas ressalva a vedação de vinculação aos futuros aumentos do salário mínimo, está em consonância com o enunciado da Súmula Vinculante 4 e com a decisão proferida na ADPF 53 MC. Precedente do Tribunal Pleno: Rcl 14.075 AgR/SC, Rel. Min. Celso de Mello (DJe de 16/9/2014). 2. agravo regimental desprovido" (Rcl 19130 AgR, Relator(a): LUIZ FUX, Primeira Turma, julgado em 03/03/2015)

592. OJ 71. AÇÃO RESCISÓRIA. SALÁRIO PROFISSIONAL. FIXAÇÃO. MÚLTIPLO DE SALÁRIO MÍNIMO. ART. 7º, IV, DA CF/88. A estipulação do salário profissional em múltiplos do salário mínimo não afronta o art. 7º, inciso IV, da Constituição Federal de 1988, só incorrendo em vulneração do referido preceito constitucional a fixação de correção automática do salário pelo reajuste do salário mínimo.

posteriores (exemplo dos técnicos em radiologia, que, na prática, tiveram seu direito ao piso salarial eliminado pela decisão do STF). Em outras situações, o Tribunal determina que se continue utilizando o salário mínimo como base de cálculo, até que sobrevenha lei ou norma coletiva que preveja outro critério (exemplo do adicional de insalubridade, bem como do piso de engenheiros e arquitetos).

A oscilação e incoerência da jurisprudência, sobretudo a da Suprema Corte, gera imensa insegurança jurídica e faz com que nem a sociedade, nem a base do Judiciário tenha uma diretriz firme para seguir.

O ideal seria a adoção de critério simples e seguro, de modo a admitir a fixação de pisos salariais em múltiplos de salários mínimos para a contratação, mas vedando a vinculação ao salário mínimo para fins de reajuste. Assim, a correção deveria ser feita pelos índices aplicáveis à categoria, nos exatos moldes da OJ 71 da SDI-2 do TST, o que preserva o interesse dos trabalhadores sem violar o art. 7º, IV, da CF[593].

Ademais, apesar das decisões citadas neste tópico, não se vislumbra violação ao referido dispositivo constitucional no caso de decisões judiciais em processos individuais que fixem indenizações ou pensionamento calculados em múltiplos de salários mínimos. Interpretação sistemática e teleológica do art. 7º, IV, da CF, indica que o objetivo do constituinte foi o de evitar a utilização do salário mínimo como indexador geral da economia, risco que não está presente em decisões que o façam de forma muito limitada porque restrita a partes bem especificadas em determinado processo.

27.3. Pisos salariais fixados por leis estaduais

A Lei Complementar nº 103/2000 (art. 1º) autoriza os estados e o Distrito Federal a instituir, mediante lei de iniciativa do respectivo chefe do Poder Executivo, o piso salarial de que trata o inciso V do art. 7º da Constituição Federal para os empregados que não tenham piso salarial definido em lei federal, convenção ou acordo coletivo de trabalho.

A jurisprudência do Supremo Tribunal Federal está assentada na impossibilidade de aplicação de leis estaduais fixadoras de pisos salariais a categorias que já tenham pisos fixados em norma coletiva (convenção ou acordo coletivo

---

593. Discorrendo sobre os pisos salariais, Estêvão Mallet e Marcos Fava asseveram: "em se cuidando de uma forma de salário mínimo, embora restrito a determinadas atividades ou profissões, possível é a utilização desse valor como base, sem malferimento da norma constitucional" (MALLET, Estêvão; FAVA, Marcos. *Comentários ao art. 7º, V*. In *Comentários à Constituição do Brasil*. J.J.Gomes Canotilho et.al. (coords.). 2ª ed. São Paulo: Saraiva Educação, 2018, p. 612-614).

de trabalho)[594]. Se a lei estadual previr sua própria aplicação nesses casos, padecerá de vício de inconstitucionalidade formal, por violação aos limites da delegação legislativa contida no art. 22, I e parágrafo único, da CF: o estado federativo somente pode legislar sobre Direito do Trabalho nos estritos limites estabelecidos pela lei complementar federal.

Pelos mesmos motivos (= extrapolação dos limites da delegação legislativa) também haverá inconstitucionalidade formal se a lei estadual fixadora de piso salarial for de iniciativa parlamentar[595].

Igualmente, o Supremo Tribunal Federal já declarou a inconstitucionalidade de lei estadual na parte em que previa o piso salarial para determinadas categorias que não houvesse lei federal ou norma coletiva que o fixasse "a maior"[596]. De certa forma, a lei estadual partia da premissa de aplicação do princípio da norma mais favorável. Contudo, o STF, acertadamente, concluiu que também havia inconstitucionalidade formal, pois a LC 103/2000 não contém essa ressalva. Ou seja, de acordo com a lei, o estado somente pode estabelecer piso salarial quando não houver norma coletiva *tout court*, pouco importando se a convenção ou o acordo coletivo estabelecem patamar salarial superior ou inferior à lei estadual. Havendo norma coletiva ou lei federal, não há competência legislativa do estado membro.

28. SERVIDOR PÚBLICO[597]

Referências normativas e jurisprudenciais	
Constituição	Art. 37. A administração pública direta e indireta de qualquer dos Poderes da União, dos Estados, do Distrito Federal e dos Municípios obedecerá aos princípios de legalidade, impessoalidade, moralidade, publicidade e eficiência e, também, ao seguinte: I - os cargos, empregos e funções públicas são acessíveis aos brasileiros que preencham os requisitos estabelecidos em lei, assim como aos estrangeiros, na forma da lei;

594. "(...) o piso salarial fixado pela legislação estadual, em razão da limitação contida na Lei Complementar Federal nº 103/2000 e conforme ressalva expressa no art. 3º da lei estadual questionada, não incidirá sobre as profissões que tenham convenção ou acordo coletivo de trabalho, preservando-se e ressalvando-se os pisos salariais assim definidos. Por sua vez, em relação aos trabalhadores não abrangidos por nenhuma forma anterior de negociação coletiva, o piso salarial estadual incidirá, passando a ser esse, portanto, o patamar mínimo legalmente assegurado à categoria, e não mais o 'salário mínimo nacional'"(ADI 4364 ED, Relator(a): DIAS TOFFOLI, Tribunal Pleno, julgado em 29/05/2013).

595. Nesse sentido, ADI 5344, Relator(a): EDSON FACHIN, Tribunal Pleno, julgado em 11/10/2018.

596. ADI 4375, Relator(a): DIAS TOFFOLI, Tribunal Pleno, julgado em 02/03/2011.

597. Sobre as discussões envolvendo salário mínimo de servidores públicos, bem como vinculação da remuneração e de vantagens ao salário mínimo, ver item específico sobre salário mínimo, em capítulo próprio.

Referências normativas e jurisprudenciais	
Constituição	II - a investidura em cargo ou emprego público depende de aprovação prévia em concurso público de provas ou de provas e títulos, de acordo com a natureza e a complexidade do cargo ou emprego, na forma prevista em lei, ressalvadas as nomeações para cargo em comissão declarado em lei de livre nomeação e exoneração; III - o prazo de validade do concurso público será de até dois anos, prorrogável uma vez, por igual período; IV - durante o prazo improrrogável previsto no edital de convocação, aquele aprovado em concurso público de provas ou de provas e títulos será convocado com prioridade sobre novos concursados para assumir cargo ou emprego, na carreira; (...) IX - a lei estabelecerá os casos de contratação por tempo determinado para atender a necessidade temporária de excepcional interesse público; X - a remuneração dos servidores públicos e o subsídio de que trata o § 4º do art. 39 somente poderão ser fixados ou alterados por lei específica, observada a iniciativa privativa em cada caso, assegurada revisão geral anual, sempre na mesma data e sem distinção de índices; XI - a remuneração e o subsídio dos ocupantes de cargos, funções e empregos públicos da administração direta, autárquica e fundacional, dos membros de qualquer dos Poderes da União, dos Estados, do Distrito Federal e dos Municípios, dos detentores de mandato eletivo e dos demais agentes políticos e os proventos, pensões ou outra espécie remuneratória, percebidos cumulativamente ou não, incluídas as vantagens pessoais ou de qualquer outra natureza, não poderão exceder o subsídio mensal, em espécie, dos Ministros do Supremo Tribunal Federal, aplicando-se como limite, nos Municípios, o subsídio do Prefeito, e nos Estados e no Distrito Federal, o subsídio mensal do Governador no âmbito do Poder Executivo, o subsídio dos Deputados Estaduais e Distritais no âmbito do Poder Legislativo e o subsídio dos Desembargadores do Tribunal de Justiça, limitado a noventa inteiros e vinte e cinco centésimos por cento do subsídio mensal, em espécie, dos Ministros do Supremo Tribunal Federal, no âmbito do Poder Judiciário, aplicável este limite aos membros do Ministério Público, aos Procuradores e aos Defensores Públicos; (...) XIV - os acréscimos pecuniários percebidos por servidor público não serão computados nem acumulados para fins de concessão de acréscimos ulteriores; (...) XVI - é vedada a acumulação remunerada de cargos públicos, exceto, quando houver compatibilidade de horários, observado em qualquer caso o disposto no inciso XI: a) a de dois cargos de professor; b) a de um cargo de professor com outro técnico ou científico; c) a de dois cargos ou empregos privativos de profissionais de saúde, com profissões regulamentadas; XVII - a proibição de acumular estende-se a empregos e funções e abrange autarquias, fundações, empresas públicas, sociedades de economia mista, suas subsidiárias, e sociedades controladas, direta ou indiretamente, pelo poder público;
Legislação infra-constitucional	Lei nº 8.112/90 Lei nº 12.813/13

Referências normativas e jurisprudenciais	
Súmulas e teses de repercussão geral[598]	Súmula 683: O limite de idade para a inscrição em concurso público só se legitima em face do art. 7º, XXX, da Constituição, quando possa ser justificado pela natureza das atribuições do cargo a ser preenchido. SV 4: Salvo nos casos previstos na Constituição, o salário mínimo não pode ser usado como indexador de base de cálculo de vantagem de servidor público ou de empregado, nem ser substituído por decisão judicial. SV 6: Não viola a Constituição o estabelecimento de remuneração inferior ao salário mínimo para as praças prestadoras de serviço militar inicial. SV 13: A nomeação de cônjuge, companheiro ou parente em linha reta, colateral ou por afinidade, até o terceiro grau, inclusive, da autoridade nomeante ou de servidor da mesma pessoa jurídica investido em cargo de direção, chefia ou assessoramento, para o exercício de cargo em comissão ou de confiança ou, ainda, de função gratificada na administração pública direta e indireta em qualquer dos Poderes da União, dos Estados, do Distrito Federal e dos Municípios, compreendido o ajuste mediante designações recíprocas, viola a Constituição Federal. SV 15: O cálculo de gratificações e outras vantagens do servidor público não incide sobre o abono utilizado para se atingir o salário mínimo. SV 16 (tese do tema 142 - RE 582019): Os arts. 7º, IV, e 39, § 3º (redação da EC 19/1998), da Constituição referem-se ao total da remuneração percebida pelo servidor público. SV 37: Não cabe ao Poder Judiciário, que não tem função legislativa, aumentar vencimentos de servidores públicos sob o fundamento de isonomia.
Julgados paradigmáticos	ADI 290, 3116, 3127, 3247, 3386, 3649, 3721, 4433 ARE 665632, 678112, 848993 MI 833 RE 560900, 565089, 572921, 589998, 592317, 596478, 612975, 627294, 629392, 635648, 635739, 658027, 705140, 716378, 765320, 786540, 789874, 837311, 905357, 1027633, 1058333, 1219067, 1246685

A jurisprudência do STF conta com diversas teses fixadas sob a sistemática de repercussão geral (além de outros julgados e ações de controle concentrado de constitucionalidade) alusivas a concurso público e à remuneração de servidores públicos. Tais temas são de interesse para o Direito do Trabalho, quer por abrangerem empregados públicos regidos pela CLT, quer pelo potencial julgamento das questões, nestes casos, pela Justiça do Trabalho (sobre a competência da Justiça do Trabalho para julgar lides entre Administração Pública e servidores públicos, ver tópico específico no capítulo sobre Direito Processual).

598. Considerando a grande quantidade envolvida, optou-se por não transcrever as teses de repercussão geral na tabela, fazendo-o apenas no desenvolvimento do próprio texto principal deste capítulo.

28.1. Concurso público

28.1.1. Cláusula de barreira

Ao julgar o tema 376 da repercussão geral (RE 635739)[599], a Suprema Corte fixou a seguinte tese: é constitucional a regra inserida no edital de concurso público, denominada cláusula de barreira, com o intuito de selecionar apenas os candidatos mais bem classificados para prosseguir no certame.

Distinguem-se as cláusulas eliminatórias das de barreira. As primeiras preveem a exclusão de candidatos que não acertarem determinado número de questões objetivas ou não alcançarem determinada nota. Já as cláusulas de barreira não se relacionam a insuficiência de desempenho, mas estipulam um corte no quantitativo de candidatos que poderão participar de fases posteriores.

Na visão unânime do Tribunal, é legítima a cláusula de edital de concurso público que limita o número de candidatos participantes de cada fase do certame, não havendo violação do princípio da isonomia. Isso porque a utilização de critério objetivo baseado no mérito do candidato não constitui discriminação odiosa; ao contrário, trata-se de elemento adequado ao objetivo do concurso público, que consiste essencialmente em selecionar, de forma impessoal, os candidatos mais bem preparados ao exercício da função pública.

Ademais, a participação em fases avançadas de concursos públicos – sobretudo etapas como exame psicotécnico e curso de formação – envolvem elevados dispêndios financeiros por parte da Administração Pública. O vetor constitucional da eficiência (CF, art. 37, *caput*), portanto, também recomenda a adoção das cláusulas de barreira ou restritivas em geral.

O estabelecimento de *nota de corte* para correção de provas objetivas também leva em conta as limitações de recursos humanos presentes na maioria dos concursos, já que a correção de grande quantidade de provas discursivas abertas pode inviabilizar os trabalhados da comissão examinadora do concurso.

28.1.2. Nomeação tardia

A decisão do RE 724347[600], proferida sob a sistemática de repercussão geral, consagrou a conclusão segundo a qual na hipótese de posse em cargo público determinada por decisão judicial, o servidor não faz jus a indenização,

599. RE 635739, Relator(a): GILMAR MENDES, Tribunal Pleno, julgado em 19/02/2014.

600. "ADMINISTRATIVO. RESPONSABILIDADE CIVIL DO ESTADO. INVESTIDURA EM CARGO PÚBLICO POR FORÇA DE DECISÃO JUDICIAL. 1. Tese afirmada em repercussão geral: na hipótese de posse em cargo público determinada por decisão judicial, o servidor não faz jus a indenização, sob fundamento de que deveria ter sido investido em momento anterior, salvo situação de arbitrariedade flagrante. 2. Recurso extraordinário provido" (RE 724347, Relator(a): MARCO AURÉLIO, Relator(a) p/ Acórdão: ROBERTO BARROSO, Tribunal Pleno, julgado em 26/02/2015).

sob fundamento de que deveria ter sido investido em momento anterior, salvo situação de arbitrariedade flagrante.

A ótica prevalecente, exposta no voto condutor do Min. Barroso, foi a de que a remuneração não seria "prêmio", mas contraprestação por serviço prestado. Nessa visão, a mera existência de litígio de que resultasse atraso na posse não geraria, por si só, direito à indenização dos danos materiais consistentes nos vencimentos que o candidato deixou de receber. Fez-se, entretanto, ressalva das situações chamadas de "arbitrariedade qualificada". Nos termos do próprio voto:

> Min. Roberto Barroso (RE 724347): No entanto, é preciso ressalvar situações de arbitrariedade qualificada, tal como faz a jurisprudência do Supremo Tribunal Federal. A simples existência de um litígio judicial sobre concurso público é fato normal na vida de uma sociedade com instituições, e a defesa judicial pelo Estado de um ponto de vista minimamente razoável, dentro das regras do jogo, não gera dano indenizável. No entanto, em situações de patente arbitrariedade, descumprimento de ordens judiciais, litigância meramente procrastinatória, má-fé e outras manifestações de desprezo ou mau uso das instituições, ocorrem fatos extraordinários que exigem reparação adequada. (...) eu fiz a opção por uma postura mais comedida na atribuição de responsabilidade civil ao Estado, que eu não teria hesitação em reconhecer se considerasse ter havido arbitrariedade patente.

A compreensão do que venha a ser *arbitrariedade patente* ou *qualificada* deve partir das premissas fáticas do caso concreto que serviu como paradigma à fixação da tese de repercussão geral. O Min. Barroso o descreveu da seguinte forma:

> Min. Roberto Barroso (RE 724347): o caso concreto era o seguinte: o edital previa quinhentas vagas; cerca de cinco mil pessoas foram aprovadas na primeira fase; foram convocadas apenas quinhentas para a segunda fase; depois sobreveio lei criando sete mil novas vagas, facultando a convocação de aprovados além de quinhentos; a Administração chamou apenas mais mil e decidiu abrir concurso. E o remanescente daqueles cinco mil questionou a abertura de novo concurso. De modo que eu teria até dúvida, a decisão transitou em julgado, mas não caracterizaria essa hipótese como uma hipótese de arbitrariedade patente.

Os votos vencidos dos Ministros Marco Aurélio e Luiz Fux analisaram a questão sob ótica diversa: partindo da premissa de que a resistência estatal à nomeação do candidato foi ilegítima, o ato ilícito teria o efeito jurídico de gerar o dever de reparação por parte do ente público. A responsabilidade civil seria, inclusive, objetiva, à luz do art. 37, §6º, da CF.

De fato, muito embora, em seu voto, o Min. Barroso haja afirmado que não rediscutiria o mérito da decisão judicial que assegurou a convocação dos interessados para participarem das fases seguintes do certame[601], perceba-se que

601. Consta do voto: "Sem pretender rediscutir o mérito da decisão transitada em julgado, é fato que o Judiciário reconheceu a ilicitude dessa prática e determinou a convocação dos recorridos para a segunda

a própria tese fixada em repercussão geral exige que se faça juízo de valor quanto ao ato estatal de que resultou a postergação da nomeação: se patentemente arbitrário, deveria ser assegurada a indenização ao candidato prejudicado.

A tese fixada pela corrente majoritária merece, dessa forma, ser criticada porque incentiva comportamentos ilegítimos por parte da Administração Pública, tais como o descumprimento de decisões judiciais liminares que assegurem o direito à nomeação ou à participação em fases seguintes do certame, pois sempre haverá a perspectiva de que a tese sustentada pela Fazenda seja *razoável*, ou que o ato estatal não venha a ser considerado *patentemente arbitrário*.

Nesse contexto, os votos vencidos dos Min. Marco Aurélio e Luiz Fux se limitavam a aplicar a lógica básica da responsabilidade civil: *neminem laedere* ou não lesar ninguém. Se o estado pratica ato ilegítimo do qual decorre prejuízo material ao candidato, seria evidente o dever de reparar os danos causados pela conduta estatal. Contudo, a tese fixada pela Suprema Corte abre espaços para situações injustas, em que atos ilícitos (desde que não o sejam *patentemente* ou *flagrantemente*; sabe-se lá o que isto significa) ficarão sem qualquer espécie de reparação.

Complementando o julgado acima referido, no RE 629392[602] (tema 454 da repercussão geral), o STF fixou a tese de que a nomeação tardia de candidatos aprovados em concurso público, por meio de ato judicial, à qual atribuída eficácia retroativa, não gera direito às promoções ou progressões funcionais que alcançariam houvesse ocorrido, a tempo e modo, a nomeação. Entendeu-se que a progressão funcional ou a promoção dependeriam não apenas de requisitos temporais (= exercício do cargo por determinado período), mas também de outros pressupostos, como o êxito em estágio probatório ou outros elementos atinentes ao desempenho do servidor, tal como disposto na legislação ordinária pertinente.

28.1.3. Desnecessidade de concurso: sistema S

Ao apreciar o tema 569 da repercussão geral (RE 789874)[603], o Supremo Tribunal Federal fixou a seguinte tese: os serviços sociais autônomos integrantes do denominado Sistema "S" não estão submetidos à exigência de concurso público para contratação de pessoal, nos moldes do art. 37, II, da Constituição Federal.

A discussão surgiu porque as entidades do sistema S (tais como SENAI, SESI, SENAC e SESC) são sustentadas por contribuições compulsórias (tributos) pagas por empresas vinculadas a cada um dos segmentos econômicos envolvidos.

---

etapa, na qual vieram a obter aprovação. Veja-se que a decisão judicial sequer assegurou diretamente a nomeação e posse, mas apenas a convocação dos recorridos para a segunda etapa. Seja como for, não considero o caso aberrante o suficiente para ensejar aos recorridos um direito à reparação monetária".

602. RE 629392, Relator(a): MARCO AURÉLIO, Tribunal Pleno, julgado em 08/06/2017.

603. RE 789874, Relator(a): TEORI ZAVASCKI, Tribunal Pleno, julgado em 17/09/2014.

Na visão do Ministério Público do Trabalho, tal motivo, por si só, seria suficiente para que se exigisse que a contratação dos empregados de tais entidades fosse feita por meio de processo seletivo pautado em critérios objetivos.

Por força do art. 70 da Constituição[604], e do art. 183 do DL 200/1967[605], as entidades do sistema S, não obstante desfrutem de autonomia administrativa e tenham natureza jurídica de direito privado, estão sujeitas à fiscalização pelo Tribunal de Contas da União, justamente em virtude de serem financiadas por meio de recursos públicos.

No entanto, tais entidades não integram a Administração Pública, razão pela qual lhes é inaplicável o art. 37, II, da Constituição, no que exige que a contratação seja precedida de concurso público. A respeito, o voto condutor do Min. Teori Zavascki salientou:

> Min. Teori Zavascki: (RE 789874): não procede a alegação de que o só fato de serem os serviços sociais autônomos subvencionados por recursos públicos seria circunstância determinante da submissão das entidades do Sistema "S" aos princípios previstos no art. 37, *caput*, da Constituição, notadamente no que se refere à contratação de seu pessoal. Tal relação de causa e efeito, além de não prevista em lei e nem ser decorrência de norma ou princípio constitucional, jamais foi cogitada para outras entidades de direito privado que usufruem de recursos públicos, como as de utilidade pública declarada, as entidades beneficentes de assistência social e mesmo as entidades sindicais, também financiadas por contribuições compulsórias.

A conclusão do voto, entretanto, destaca que as entidades do sistema deveriam manter um "padrão de objetividade e eficiência na contratação e nos gastos com seu pessoal", de forma a legitimar a aplicação dos tributos de que são destinatários. Ressaltou-se, inclusive, que o Tribunal de Contas da União, no exercício da sua atividade fiscalizatória, deveria exercer controle sobre "a manutenção desse padrão de legitimidade, determinando, se for o caso, as providências necessárias para coibir eventuais distorções ou irregularidades".

O raciocínio se assemelha ao que decidido pelo STF na ADI 1923, alusiva aos empregados de organizações sociais (OS) e organizações da sociedade civil de interesse público (OSCIP)[606].

---

604. Art. 70. A fiscalização contábil, financeira, orçamentária, operacional e patrimonial da União e das entidades da administração direta e indireta, quanto à legalidade, legitimidade, economicidade, aplicação das subvenções e renúncia de receitas, será exercida pelo Congresso Nacional, mediante controle externo, e pelo sistema de controle interno de cada Poder.

    Parágrafo único. Prestará contas qualquer pessoa física ou jurídica, pública ou privada, que utilize, arrecade, guarde, gerencie ou administre dinheiros, bens e valores públicos ou pelos quais a União responda, ou que, em nome desta, assuma obrigações de natureza pecuniária

605. Art . 183. As entidades e organizações em geral, dotadas de personalidade jurídica de direito privado, que recebem contribuições parafiscais e prestam serviços de interesse público ou social, estão sujeitas à fiscalização do Estado nos termos e condições estabelecidas na legislação pertinente a cada uma.

606. A respeito do tema, ver, neste capítulo, tópico sobre a terceirização de serviços públicos por meio de organizações sociais.

28.1.4. *Remarcação de teste físico: gestante*

Sobre o tema, ver tópico sobre proteção ao trabalho da mulher, neste capítulo.

28.1.5. *Candidato que responde a processo criminal e limite etário*

Sobre o tema, ver tópico discriminação, neste capítulo.

28.1.6. *Direito à nomeação*

Sempre houve polêmica quanto a existir, ou não, direito subjetivo de nomeação e posse no cargo por candidatos aprovados em concurso público.

Pacificando a controvérsia, sob a sistemática da repercussão geral, o STF, no RE 598099[607], fixou entendimento que pode assim ser sintetizado:

- (i) por força dos princípios da boa-fé, da proteção à confiança e da segurança jurídica, se o edital do concurso contiver previsão de vagas, configura-se expectativa legítima dos candidatos aprovados, que passam, por essa razão, a titularizar o direito subjetivo de serem nomeados no prazo de validade do edital;
- (ii) no entanto, situações excepcionalíssimas podem justificar que a Administração Pública deixe de nomear os candidatos aprovados dentro do limite de vagas previsto no edital. Para que seja legítima a não nomeação, entretanto, é necessário que a situação justificadora seja: (a) superveniente, isto é, os fatos justificadores ocorram após a publicação do edital; (b) imprevisível; (c) grave, implicando onerosidade excessiva, dificuldade ou mesmo impossibilidade de cumprimento efetivo das regras do edital; (d) necessária, de modo que inexista outro meio menos gravoso para contornar a excepcionalidade;
- (iii) além disso, a recusa de nomeação de candidatos aprovados dentro do limite de vagas deve ser motivada, o que faz com que seja viável o controle jurisdicional a respeito.

Em suma, enaltecendo a força normativa do que chamou de "princípio do concurso público", a Suprema Corte estatuiu, como regra geral, o direito subjetivo à nomeação, admitindo que, de acordo com certos parâmetros, situações excepcionais autorizem conclusão contrária em determinados casos concretos.

Posteriormente, no RE 837311[608], o Tribunal foi instado a se pronunciar sobre a situação em que, durante o prazo de validade do concurso, surgem

---

607. RE 598099, Relator(a): GILMAR MENDES, Tribunal Pleno, julgado em 10/08/2011.
608. RE 837311, Relator(a): LUIZ FUX, Tribunal Pleno, julgado em 09/12/2015.

novas vagas, não previstas inicialmente no edital, tendo fixado a seguinte tese de repercussão geral: o surgimento de novas vagas ou a abertura de novo concurso para o mesmo cargo, durante o prazo de validade do certame anterior, não gera automaticamente o direito à nomeação dos candidatos aprovados fora das vagas previstas no edital, ressalvadas as hipóteses de preterição arbitrária e imotivada por parte da administração, caracterizada por comportamento tácito ou expresso do Poder Público capaz de revelar a inequívoca necessidade de nomeação do aprovado durante o período de validade do certame, a ser demonstrada de forma cabal pelo candidato. Assim, o direito subjetivo à nomeação do candidato aprovado em concurso público exsurge nas seguintes hipóteses: 1 - Quando a aprovação ocorrer dentro do número de vagas dentro do edital; 2 - Quando houver preterição na nomeação por não observância da ordem de classificação; 3 - Quando surgirem novas vagas, ou for aberto novo concurso durante a validade do certame anterior, e ocorrer a preterição de candidatos de forma arbitrária e imotivada por parte da administração nos termos acima.

Chama atenção o tamanho da tese, que destoa da extensão usual das proposições assentadas pela Corte em repercussão geral. Pode-se atribuir o fato à notória dificuldade de obtenção de consenso entre os ministros. Após a votação, iniciou-se longo debate que foi suspenso a fim de que o relator (Min. Luiz Fux) pudesse dialogar de forma reservada com os demais magistrados até que se alcançasse uma tese consensual. Os ministros chegaram a cogitar de julgar o caso sem fixação de tese de repercussão geral, mas a ideia não vingou. O Min. Lewandowski (presidente do colegiado, à época) fez um apelo aos colegas, para que fizessem um "pequeno esforço", já que haviam passado duas sessões inteiras discutindo a questão e seria uma perda de tempo lamentável se não chegassem a uma tese.

Sucede que houve grande dispersão de votos e de fundamentos, e a postura ideal da Suprema Corte efetivamente teria sido a não fixação de tese. Alguns ministros (como o Min. Barroso), ao final, concordaram com a tese enunciada, a qual não corresponde, entretanto, a observações e ressalvas feitas nos respectivos votos e intervenções nos debates.

O caso concreto tinha a particularidade de que a Administração Pública tinha nomeado candidatos aprovados fora da ordem classificatória. Ora, é evidente que, em tal hipótese, houve preterição dos candidatos mais bem classificados, sendo inconteste o direito subjetivo dos preteridos à nomeação.

No entanto, o *coração* da tese fixada está em que a preterição também se configura simplesmente pela abertura de novo concurso público, de forma imotivada, durante o prazo de validade de concurso anterior. Isso na hipótese em que surjam novas vagas além daquelas previstas inicialmente no edital.

> O SENHOR MINISTRO LUÍS ROBERTO BARROSO - Só para entender o cerne da decisão - eu sei que é a posição do Ministro Marco Aurélio. Todo mundo considerou, inclusive o Ministro Fux, que a preterição resultou da abertura de novo concurso? Foi essa a posição da maioria?
>
> O SENHOR MINISTRO MARCO AURÉLIO – Foi o fundamento básico.

De forma sucinta, a tese fixada considera que o direito à nomeação de candidatos aprovados fora das vagas do edital existe em caso de preterição. E a preterição ocorre, entre outras hipóteses, pela mera abertura de novo concurso de forma imotivada. Depreende-se que, se a Administração Pública motivar a abertura de novo concurso, não se configurará preterição e, consequentemente, os candidatos aprovados fora das vagas do edital não terão direito de serem nomeados. Veja-se passagem do pronunciamento do Min. Barroso:

> Min. Roberto Barroso (RE 837311): Quando a Administração Pública vem e considera, por juízo seu, que existe necessidade daquelas vagas, a meu ver, há clara violação do princípio da separação de Poderes. Não é uma questão de o Poder Judiciário rever a legalidade de um ato do Poder Público. É uma questão de o Poder Judiciário se sobrepor ao juízo de conveniência e oportunidade da Administração Pública para fazer, ou não, uma determinada nomeação. Eu entendo que, nessa matéria, fora dos números do edital, das vagas do edital, a Administração Pública tem o direito de prorrogar ou não prorrogar o concurso, ela tem o direito de realizar ou não realizar um novo concurso e ela tem o direito simplesmente de não querer prover as vagas. Portanto, eu não consigo imaginar. Uma coisa é se anular uma nomeação por preterição e nomear o candidato melhor classificado. Esta situação é completamente diferente da situação de a Administração decidir que há necessidade e, portanto, nomear um lote de pessoas, não no lugar de alguém indevidamente designado, mas porque o Judiciário achou que estava precisando de mais defensor público. (...) O que aconteceu aqui foi que foram abertas trinta vagas no edital e depois a Administração nomeou cento e dezoito. Depois achou que estava de bom tamanho quando chegou no 118º candidato e que era melhor fazer um novo concurso. E eu preciso dizer que também acho. Quando se chega, num concurso que você abriu para 30 vagas, se você já está no 118º, provavelmente, se você fizer novo concurso, você vai poder recrutar gente que esteja mais preparada. E eu não consigo imaginar considerar que seja ilegítimo para a Administração querer contratar gente mais preparada.

Tal argumentação parece irrefutável, pois o art. 37, IV, da CF, estabelece apenas que, durante o prazo improrrogável previsto no edital de convocação, aquele aprovado em concurso público de provas ou de provas e títulos será convocado com prioridade sobre novos concursados para assumir cargo ou emprego, na carreira. Depreende-se que o dispositivo não veda a realização de novo concurso, mas tão somente que os aprovados no novo concurso sejam nomeados durante o prazo de validade de concurso anterior.

A opção por realizar, ou não, novo concurso, parece inserir-se no âmbito da legítima discricionariedade da Administração Pública, desde que com referência às vagas surgidas posteriormente à publicação do edital do primeiro concurso. O seguinte trecho dos debates demonstra o ponto:

> Min. Luiz Fux: (...) Este caso tem de extraordinário que, durante o prazo de validade do concurso, já se estava imaginando a realização de um outro concurso. E, durante o prazo de validade deste concurso, o Tribunal entendeu que, pelas provas colhidas, que são insindicáveis em sede extraordinária, eles, efetivamente, esperaram acabar o prazo de validade do concurso para realizar um novo concurso.
>
> O SENHOR MINISTRO LUÍS ROBERTO BARROSO - Nós também temos uma divergência quanto a esse ponto.
>
> O SENHOR MINISTRO LUIZ FUX (RELATOR) - Isso, na essência, significa preterição prevista.
>
> O SENHOR MINISTRO LUÍS ROBERTO BARROSO - Mas, para pontuar a divergência, eu acho que a Administração tem o direito de abrir novo concurso depois de preenchidas as vagas do edital, desde que, em respeito ao artigo 37, IV, não proveja vagas enquanto estiver válido o certame anterior. Portanto, temos uma divergência jurídica transparentemente assentada, é esse o ponto.

No entanto, nos termos em que vazada a tese de repercussão geral, a Administração Pública precisará explicitar os motivos pelos quais preferiu lançar novo concurso público durante o prazo de validade de concurso anterior; e também explicitar os motivos pelos quais decidiu não convocar os candidatos aprovados fora das vagas previstas no edital, na hipótese em que surjam novas vagas. A partir daí, fatalmente haverá farto espaço para insegurança jurídica e litigiosidade, pois certamente se questionará: será que basta qualquer motivação? Ou o Judiciário pode se imiscuir no mérito do ato administrativo?

Imagine-se a seguinte situação hipotética: o edital do concurso público prevê 20 vagas e a Administração Pública nomeia os candidatos mais bem classificados. No prazo de validade do concurso, surgem mais 30 vagas e havia cadastro de reserva. O ente público opta por não nomear aprovados fora das vagas do edital e abre novo concurso público, sendo que as nomeações decorrentes do segundo concurso somente ocorrem após o fim do prazo de validade do primeiro concurso. Ao decidir por realizar o segundo concurso, a Administração Pública motiva o ato administrativo com o fundamento de que esse procedimento permitiria a seleção de candidatos mais preparados para cargo. Seria idônea essa motivação ou haveria preterição dos aprovados no primeiro concurso?

Aparentemente, seria absolutamente legítimo o comportamento de abrir novo concurso público em tal situação hipotética, mesmo à luz da tese fixada em repercussão geral. Agora, figure-se que, no mesmo exemplo, a Administração Pública não haja observado a formalidade de explicitar o motivo (busca dos candidatos mais preparados para o cargo). Parece rigor excessivo considerar que o segundo concurso seria ilegítimo apenas por esse motivo, já que a abertura de novo concurso intuitivamente tem esse objetivo de buscar os candidatos mais preparados. No entanto, a tese de repercussão geral, aplicada estritamente, gerará a conclusão de que a nomeação dos aprovados no segundo concurso, na hipótese figurada, constituiria preterição dos aprovados no primeiro concurso.

É dizer: de acordo com a tese fixada em repercussão geral, uma motivação *pro forma* seria requisito de validade para que a Administração Pública preferisse realizar novo concurso público em vez de aproveitar os aprovados fora das vagas previstas em edital de concurso anterior.

Merece crítica, portanto, a decisão da Suprema Corte, que fixa tese de difícil compreensão, ambígua e que, por isso mesmo, tende a perpetuar insegurança jurídica e litigiosidade.

28.1.7. Contrato nulo

O art. 37, II, da CF, prevê a regra da obrigatoriedade de concurso público – de provas ou de provas e títulos – para a investidura em cargo ou emprego público, com a ressalva dos cargos em comissão declarados em lei de livre nomeação e exoneração. De acordo com o §2º do mesmo dispositivo, a não observância da previsão implicará a nulidade do ato e a punição da autoridade responsável, nos termos da lei.

Sucede que o art. 19-A da Lei 8.036/90 estatui ser devido o depósito do FGTS na conta vinculada do trabalhador cujo contrato de trabalho seja declarado nulo nas hipóteses previstas no art. 37, § 2º, da Constituição Federal, quando mantido o direito ao salário. O dispositivo legal foi discutido no STF, que fixou, em sede de repercussão geral, duas teses a respeito: no RE 596478[609] (tema 191) reconheceu a constitucionalidade da previsão legal; e no RE 705140[610] (tema 308) reafirmou a nulidade das contratações de pessoal pela Administração Pública sem concurso público, explicitando que tais contratações não geram quaisquer efeitos jurídicos válidos, com a ressalva da percepção dos salários referentes ao período trabalhado e ao levantamento dos depósitos de FGTS[611]. Posteriormente, o entendimento foi reiterado em ação direta de inconstitucionalidade[612].

O inteiro teor dos acórdãos deixa claro o posicionamento da Corte no sentido de serem indevidas as demais parcelas inerentes aos contratos de trabalho, tais como 13º salário, férias com 1/3, aviso prévio e indenização de 40% do FGTS.

De outro lado, embora não seja mencionado nas decisões paradigmáticas do STF, deve-se considerar que eventuais horas extraordinárias trabalhadas devem

609. RE 596478, Relator(a): ELLEN GRACIE, Relator(a) p/ Acórdão: DIAS TOFFOLI, Tribunal Pleno, julgado em 13/06/2012.

610. RE 705140, Relator(a): TEORI ZAVASCKI, Tribunal Pleno, julgado em 28/08/2014.

611. A tese fixada foi: A Constituição de 1988 comina de nulidade as contratações de pessoal pela Administração Pública sem a observância das normas referentes à indispensabilidade da prévia aprovação em concurso público (CF, art. 37, § 2º), não gerando, essas contratações, quaisquer efeitos jurídicos válidos em relação aos empregados contratados, a não ser o direito à percepção dos salários referentes ao período trabalhado e, nos termos do art. 19-A da Lei 8.036/90, ao levantamento dos depósitos efetuados no Fundo de Garantia por Tempo de Serviço - FGTS.

612. ADI 3127, Relator(a): TEORI ZAVASCKI, Tribunal Pleno, julgado em 26/03/2015.

ser remuneradas com acréscimo de, no mínimo 50%, sob pena de se configurar enriquecimento sem causa da Administração Pública. Contudo, registre-se que a posição consolidada do TST é no sentido de serem devidas apenas as horas na forma simples, isto é, sem o adicional de horas extras[613].

Toda a discussão sobre a constitucionalidade do art. 19-A da Lei 8.036/90 foi pautada na concessão do direito ao FGTS ao trabalhador no caso de contratação nula. Contudo, a ótica deveria ter sido diferente: a inconstitucionalidade não decorre da atribuição de tal direito, mas da supressão dos demais direitos trabalhistas, sobretudo os previstos no art. 7º da Constituição.

De fato, a teoria trabalhista das nulidades – invocada expressamente pelo Min. Gilmar Mendes em seu voto vencedor no RE 596478 – preconiza que, no caso de trabalho proibido, o trabalhador deve ter assegurados todos os seus direitos trabalhistas e previdenciários, devendo cessar de imediato o vínculo empregatício, caso ainda não tenha havido a extinção do contrato de trabalho[614].

Não há razão lógico-jurídica para a distinção apenas pelo fato de se tratar de nulidade cominada pela Constituição (art. 37, §2º). O fundamento da teoria trabalhista das nulidades é o fato de que o trabalho prestado não pode ser desprezado, sendo impossível o retorno ao *status quo ante*, de modo que se deve assegurar a adequada remuneração, o que inclui, necessariamente, todos os direitos trabalhistas que seriam assegurados se a contratação não fosse irregular (= se o trabalho não fosse proibido).

Sob o prisma da análise econômica do direito, é inegável que o *barateamento* da contratação irregular tende a estimulá-la. Contratar sem concurso público não pode *custar menos* do que contratar mediante concurso, sob pena de haver incentivo econômico ao cometimento da ilicitude. Ao contrário, a

---

613. "RECURSO DE EMBARGOS INTERPOSTO SOB A ÉGIDE DA LEI N.º 11.496/2007. CONTRATO NULO. EFEITOS. HORAS EXTRAORDINÁRIAS. SÚMULA Nº 363 DESTE TRIBUNAL SUPERIOR. NÃO CONHECIMENTO. Consoante entendimento consagrado na Súmula n.º 363 desta Corte uniformizadora, 'a contratação de servidor público, após a CF/1988, sem prévia aprovação em concurso público, encontra óbice no respectivo art. 37, II e § 2º, somente lhe conferindo direito ao pagamento da contraprestação pactuada, em relação ao número de horas trabalhadas, respeitado o valor da hora do salário mínimo, e dos valores referentes aos depósitos do FGTS'. A contratação, em tais circunstâncias, dá ao trabalhador o direito de receber o valor correspondente à contraprestação pelo labor efetivamente prestado, equivalente ao salário em sentido estrito, respeitado o valor do salário mínimo-hora, bem assim a quantia correspondente aos depósitos do FGTS (esta última parcela em razão de disposição legal expressa - Medida Provisória n.º 2.164, de 24/8/2001). Tem jus, ainda, o empregado ao pagamento das horas extras efetivamente prestadas, sem o adicional. No caso concreto, todavia, não se vislumbra a alegada contrariedade à Súmula n.º 363 deste Tribunal Superior, porquanto, consoante se extrai do acórdão prolatado pelo Tribunal Regional, não houve condenação do reclamado ao pagamento de horas extras. Embargos de que não se conhece." (AIRR e RR-1080900-16.2002.5.02.0902, Relator: Ministro Lelio Bentes Corrêa, Data de Julgamento: 4/6/2009, Subseção I Especializada em Dissídios Individuais, Data de Publicação: DEJT 12/6/2009.)

614. Sobre o tema da teoria trabalhista das nulidades, mais amplamente, ver tópico relativo ao trabalho do menor neste capítulo.

punição da autoridade responsável deveria abranger, no mínimo, o direito de regresso – reconhecido, em *obter dictum*, por vários ministros nos julgados acima mencionados –, de modo que o ente público obtivesse o ressarcimento das quantias irregularmente pagas ao servidor admitido sem concurso; além do estabelecimento de multas à autoridade responsável.

Irrelevante o argumento de que o trabalhador sabia ou deveria saber que a contratação sem concurso público era irregular. Ora, na realidade brasileira caracterizada pelo desemprego estrutural, é evidente que o cidadão médio aceitará qualquer tipo de trabalho lícito (= não criminoso) para assegurar sua subsistência. Não se pode atribuir a culpa da irregularidade ao trabalhador, mas à autoridade responsável.

As teses fixadas pelo STF se harmonizam com o teor da Súmula 363 do Tribunal Superior do Trabalho, segundo a qual a contratação de servidor público, após a CF/1988, sem prévia aprovação em concurso público, encontra óbice no respectivo art. 37, II e § 2º, somente lhe conferindo direito ao pagamento da contraprestação pactuada, em relação ao número de horas trabalhadas, respeitado o valor da hora do salário mínimo, e dos valores referentes aos depósitos do FGTS.

O seguinte questionamento poderia ser suscitado: terá o trabalhador que vinha recebendo salário superior ao mínimo direito de recebê-lo no caso de inadimplemento pela Administração Pública, ou os períodos não pagos devem ser remunerados tendo como base o salário mínimo? Neste último caso, seria possível a compensação de valores superiores ao mínimo pagos em meses anteriores?

Coerentemente com o que sustentado acima, e até mesmo em função do princípio da inalterabilidade contratual lesiva (CLT, art. 468), seria imperativo o pagamento do salário pactuado[615]. Nesse sentido é a própria redação da Súmula 363, que garante o direito ao pagamento da *contraprestação pactuada*.

28.1.8. Data para atendimento dos requisitos

A jurisprudência do Supremo Tribunal Federal é remansosa no sentido de que o atendimento de requisitos legais para exercício de cargo público deve ser exigido por ocasião da posse, não da inscrição no concurso público[616-617].

615. No mesmo sentido: CORREIA, Henrique; MIESSA, Élisson. *Súmulas e Ojs do TST Comentadas e Organizadas por Assunto*. 7ª ed. Salvador: Juspodivm, 2016, p. 216.

616. Exemplificativamente: "Concurso público: auxiliar de enfermagem: a exigência de habilitação para o exercício do cargo objeto do certame dar-se-á no ato da posse e não da inscrição do concurso: precedente (RE 184.425, 2ª T., Carlos Velloso, DJ 12.6.98)" (RE 392976, Relator(a): SEPÚLVEDA PERTENCE, Primeira Turma, julgado em 17/08/2004).

617. Nesse sentido: RE 184425, Relator(a): CARLOS VELLOSO, Segunda Turma, julgado em 01/10/1996; RE 423752, Relator(a): SEPÚLVEDA PERTENCE, Primeira Turma, julgado em 17/08/2004.

Contudo, no que tange a concursos públicos para cargos das carreiras da magistratura[618] ou do Ministério Público[619], a Suprema Corte fixou entendimento diverso, no sentido de que o requisito de exercício de *atividade jurídica* por, no mínimo, 3 anos, deve ser atendido e comprovado por ocasião da inscrição definitiva do concurso, a qual se realiza, em geral, antes da etapa da prova oral.

Curiosamente, no RE 655265, a ementa do julgado consigna que a tese de repercussão geral não se restringiria apenas para concursos para ingresso na carreira da magistratura. Contudo, no extrato da ata de julgamento, a tese seria: "A comprovação do triênio de atividade jurídica exigida para o ingresso no cargo de juiz substituto, nos termos do inciso I do art. 93 da Constituição Federal, deve ocorrer no momento da inscrição definitiva no concurso público".

A *ratio decidendi* dos julgados denota que, na compreensão da concepção majoritária da Corte, a exigência seria legítima a partir da interpretação teleológica dos arts. 93, I, e 129, §3º, da CF[620], os quais têm o objetivo de propiciar a seleção de candidatos mais preparados e amadurecidos para o exercício das carreiras da magistratura e do Ministério Público. Além disso, a solução contrária conspiraria contra o interesse público, já que a Administração acabaria ficando sujeita ao interesse de candidatos aprovados que, quando convocados,

---

618. "INGRESSO NA CARREIRA DA MAGISTRATURA. ART. 93, I, CRFB. EC 45/2004. TRIÊNIO DE ATIVIDADE JURÍDICA PRIVATIVA DE BACHAREL EM DIREITO. REQUISITO DE EXPERIMENTAÇÃO PROFISSIONAL. MOMENTO DA COMPROVAÇÃO. INSCRIÇÃO DEFINITIVA. CONSTITUCIONALIDADE DA EXIGÊNCIA. ADI 3.460. REAFIRMAÇÃO DO PRECEDENTE PELA SUPREMA CORTE. (...) 1. A exigência de comprovação, no momento da inscrição definitiva (e não na posse), do triênio de atividade jurídica privativa de bacharel em Direito como condição de ingresso nas carreiras da magistratura e do ministério público (arts. 93, I e 129, §3º, CRFB - na redação da Emenda Constitucional n. 45/2004) foi declarada constitucional pelo STF na ADI 3.460. (...) Tese reafirmada: 'é constitucional a regra que exige a comprovação do triênio de atividade jurídica privativa de bacharel em Direito no momento da inscrição definitiva. 10. Recurso extraordinário desprovido" (RE 655265, Relator(a): LUIZ FUX, Relator(a) p/ Acórdão: EDSON FACHIN, Tribunal Pleno, julgado em 13/04/2016).

619. "CONSTITUCIONAL. AÇÃO DIRETA DE INCONSTITUCIONALIDADE. ARTIGO 7º, *CAPUT* E PARÁGRAFO ÚNICO, DA RESOLUÇÃO Nº 35/2002, COM A REDAÇÃO DADA PELO ART. 1º DA RESOLUÇÃO Nº 55/2004, DO CONSELHO SUPERIOR DO MINISTÉRIO PÚBLICO DO DISTRITO FEDERALE E TERRITÓRIOS. A norma impugnada veio atender ao objetivo da Emenda Constitucional 45/2004 de recrutar, com mais rígidos critérios de seletividade técnico-profissional, os pretendentes às carreira ministerial pública. Os três anos de atividade jurídica contam-se da data da conclusão do curso de Direito e o fraseado "atividade jurídica" é significante de atividade para cujo desempenho se faz imprescindível a conclusão de curso de bacharelado em Direito. O momento da comprovação desses requisitos deve ocorrer na data da inscrição no concurso, de molde a promover maior segurança jurídica tanto da sociedade quanto dos candidatos. Ação improcedente" (ADI 3460, Relator(a): CARLOS BRITTO, Tribunal Pleno, julgado em 31/08/2006).

620. Art. 93, I - ingresso na carreira, cujo cargo inicial será o de juiz substituto, mediante concurso público de provas e títulos, com a participação da Ordem dos Advogados do Brasil em todas as fases, exigindo-se do bacharel em direito, no mínimo, três anos de atividade jurídica e obedecendo-se, nas nomeações, à ordem de classificação.

Art. 129, § 3º O ingresso na carreira do Ministério Público far-se-á mediante concurso público de provas e títulos, assegurada a participação da Ordem dos Advogados do Brasil em sua realização, exigindo-se do bacharel em direito, no mínimo, três anos de atividade jurídica e observando-se, nas nomeações, a ordem de classificação.

pedem para irem para o *final de fila*, por não atenderem ao requisito do triênio de atividade jurídica, o que atrasa as nomeações; ademais, gera custosas disputas judiciais que, não raramente, resultam em deferimento de liminares impedindo a realização de novas nomeações.

Em tese, portanto, a conclusão da Corte poderia ser estendida para outros cargos públicos da área jurídica para os quais fosse recomendada maior experiência profissional e amadurecimento do candidato. Contudo, é importante observar que as teses de repercussão geral alcançam apenas a magistratura e o Ministério Público, sendo certo que, para a instituição ministerial, o art. 187 da LC 75/95[621] (Lei Orgânica do Ministério Público da União) condiciona a inscrição no concurso ao atendimento do requisito de dois anos do bacharelado em Direito. Após a EC 45/2004, o biênio teria se transmudado em triênio e o bacharelado, em atividade jurídica. Ressalve-se que a Lei Orgânica da Magistratura Nacional (LC 35/79) não contém previsão semelhante.

Vale ainda destacar a observação – que parece acertada – constante dos votos vencidos dos Ministros Luiz Fux e Roberto Barroso, segundo os quais a interpretação literal dos arts. 93, I, e 129, §3º, da CF, conduz à conclusão de que o requisito do triênio de atividade jurídica se exige apenas para o *ingresso* na carreira, e não para a mera realização do concurso público.

Por fim, veja-se que o STJ tem o entendimento consolidado de que – com exceção dos concursos para a magistratura e para o Ministério Público – o diploma, ou a habilitação legal para o exercício do cargo, deve ser exigido na posse, e não na inscrição para o concurso público[622]; nesse sentido é o verbete 266 da Súmula do Tribunal.

28.1.9. Escusa de consciência

Ao julgar o RE 611874[623] e o ARE 1099099[624], ambos com repercussão geral, o STF fixou teses sobre a possibilidade de invocação de escusa de consciência por parte de candidatos em concurso público ou mesmo por servidores públicos já no exercício de suas funções[625-626].

---

621. Art. 187. Poderão inscrever-se no concurso bacharéis em Direito há pelo menos dois anos, de comprovada idoneidade moral.

622. STJ - AgRg no AREsp: 846035 MS 2016/0017516-7, Relator: Ministro NAPOLEÃO NUNES MAIA FILHO, Data de Julgamento: 08/04/2019, T1 - PRIMEIRA TURMA.

623. RE 611874, Rel. Min. Edson Fachin, Tribunal Pleno, julgado em 26.11.2020.

624. ARE 1099099, Rel. Min. Edson Fachin, Tribunal Pleno, julgado em 26.11.2020.

625. Tese fixada no RE 611874 (tema 386): Nos termos do artigo 5º, VIII, da Constituição Federal é possível a realização de etapas de concurso público em datas e horários distintos dos previstos em edital, por candidato que invoca escusa de consciência por motivo de crença religiosa, desde que presentes a razoabilidade da alteração, a preservação da igualdade entre todos os candidatos e que não acarrete ônus desproporcional à Administração Pública, que deverá decidir de maneira fundamentada".

626. Tese fixada no ARE 1099099 (tema 1021): "Nos termos do artigo 5º, VIII, da Constituição Federal é possível à Administração Pública, inclusive durante o estágio probatório, estabelecer critérios alternativos

A escusa de consciência é instituto previsto no art. 5º, VIII, da CF, segundo o qual "ninguém será privado de direitos por motivo de crença religiosa ou de convicção filosófica ou política, salvo se as invocar para eximir-se de obrigação legal a todos imposta e recusar-se a cumprir prestação alternativa, fixada em lei". Trata-se de direito fundamental inerente às liberdades religiosa e de pensamento.

As referidas decisões da Suprema Corte partem da noção de acomodação razoável, de modo que, se o candidato em concurso público, ou o servidor público efetivo, invocam determinado impedimento em decorrência de crença religiosa, deve-se verificar se é possível harmonizar os interesses envolvidos, à luz do princípio da proporcionalidade.

No caso de concurso público, o STF assentou a necessidade de que a alteração a ser empreendida preserve a isonomia entre os candidatos. Assim, por exemplo, se determinado candidato informa a impossibilidade de participar de etapa do concurso público entre o por do sol de sexta-feira e o de sábado, por crença religiosa, sendo que a prova escrita está marcada justamente para o sábado de manhã, seria possível cogitar, por exemplo, de que o candidato que invoca escusa de consciência ficasse isolado em determinado local, incomunicável e com as devidas cautelas, até que pudesse iniciar a realização da prova de acordo com suas crenças religiosas.

De forma semelhante, a Suprema Corte decidiu que a invocação de escusa de consciência por servidor público não pode implicar desvirtuamento de suas funções. Utilizando o mesmo exemplo, suponha-se que o servidor público tenha sido admitido para trabalhar em empresa pública na área de cultura que somente funcione aos finais de semana. A escusa de consciência, nesta hipótese, não poderia ser admitida, porque a função inerente ao cargo pressupõe o trabalho justamente entre o por de sol de sexta-feira e sábado.

Em qualquer caso (concurso público ou servidor público já no exercício de suas funções), o Supremo Tribunal Federal asseverou que a invocação de escusa de consciência não pode implicar ônus desproporcional à administração pública. A alteração pretendida pelo interessado deve ser razoável e deve ser objeto de decisão fundamentada por parte da administração pública.

28.2. Contratação temporária

O art. 37, IX, da CF, prevê que a lei estabelecerá os casos de contratação por tempo determinado para atender a necessidade temporária de excepcional interesse público.

---

para o regular exercício dos deveres funcionais inerentes aos cargos públicos, em face de servidores que invocam escusa de consciência por motivos de crença religiosa, desde que presentes a razoabilidade da alteração, não se caracterize o desvirtuamento do exercício de suas funções e não acarrete ônus desproporcional à Administração Pública, que deverá decidir de maneira fundamentada".

Interpretando o dispositivo sob a sistemática da repercussão geral (tema 916)[627], a Suprema Corte fixou a seguinte tese: a contratação por tempo determinado para atendimento de necessidade temporária de excepcional interesse público realizada em desconformidade com os preceitos do art. 37, IX, da Constituição Federal não gera quaisquer efeitos jurídicos válidos em relação aos servidores contratados, com exceção do direito à percepção dos salários referentes ao período trabalhado e, nos termos do art. 19-A da Lei 8.036/1990, ao levantamento dos depósitos efetuados no Fundo de Garantia do Tempo de Serviço - FGTS.

O entendimento é coerente com o que o STF adotou no que tange aos contratos de trabalho nulos firmados pela Administração Pública (a respeito, de maneira detalhada e crítica, ver item 1.7, *supra*), de modo que a contratação irregular de servidores temporários gera aos trabalhadores apenas o direito aos salários referentes aos dias trabalhados e aos depósitos de FGTS do período.

A decisão dos embargos de declaração opostos contra o acórdão paradigmático esclareceu, ainda, que "a aplicação do art. 19-A da Lei 8.036/1990 aos servidores irregularmente contratados na forma do art. 37, IX, da CF/88 não se restringe a relações regidas pela Consolidação das Leis do Trabalho"[628].

Dessa forma, por mais que a Corte considere que o vínculo entre servidores temporários (CF, art. 37, IX) e Estado seja sempre administrativo[629], isto é, não se trata de relação empregatícia, no caso de contratação irregular serão devidos os depósitos de FGTS – direito que, como cediço, não é titularizado por servidores públicos estatutários.

Também em repercussão geral (tema 551)[630], o STF fixou a tese de que "Servidores temporários não fazem jus a décimo terceiro salário e férias re-

---

627. RE 765320 RG, Relator(a): TEORI ZAVASCKI, Tribunal Pleno, julgado em 15/09/2016.

628. RE 765320 ED, Relator(a): ALEXANDRE DE MORAES, Tribunal Pleno, julgado em 11/09/2017.

629. Sobre o tema, ver item específico sobre competência jurisdicional envolvendo servidores temporários, no capítulo sobre Direito Processual do trabalho.

630. "RECURSO EXTRAORDINÁRIO. REPERCUSSÃO GERAL. CONSTITUCIONAL. ADMINISTRATIVO. SERVIDOR PÚBLICO. CONTRATAÇÃO TEMPORÁRIA. DIREITO A DÉCIMO TERCEIRO SALÁRIO E FÉRIAS REMUNERADAS, ACRESCIDAS DO TERÇO CONSTITUCIONAL. 1. A contratação de servidores públicos por tempo determinado, para atender a necessidade temporária de excepcional interesse público, prevista no art. 37, IX, da Constituição, submete-se ao regime jurídico-administrativo, e não à Consolidação das Leis do Trabalho. 2. O direito a décimo terceiro salário e a férias remuneradas, acrescidas do terço constitucional, não decorre automaticamente da contratação temporária, demandando previsão legal ou contratual expressa a respeito. 3. No caso concreto, o vínculo do servidor temporário perdurou de 10 de dezembro de 2003 a 23 de março de 2009. 4. Trata-se de notório desvirtuamento da finalidade da contratação temporária, que tem por consequência o reconhecimento do direito ao 13º salário e às férias remuneradas, acrescidas do terço. 5. Recurso extraordinário a que se nega provimento. Tese de repercussão geral: 'Servidores temporários não fazem jus a décimo terceiro salário e férias remuneradas acrescidas do terço constitucional, salvo (I) expressa previsão legal e/ou contratual em sentido contrário, ou (II) comprovado desvirtuamento da contratação temporária pela Administração Pública, em razão de sucessivas e reiteradas renovações e/ou prorrogações'" (RE 1066677,

muneradas acrescidas do terço constitucional, salvo (I) expressa previsão legal e/ou contratual em sentido contrário, ou (II) comprovado desvirtuamento da contratação temporária pela Administração Pública, em razão de sucessivas e reiteradas renovações e/ou prorrogações".

Na visão da Corte, o direito ao 13º salário e às férias não é decorrência necessária da contratação temporária, a qual está sujeita a regime jurídico administrativo. No entanto, é curioso perceber que o Supremo Tribunal Federal, de certa forma, reconheceu que, diante do desvirtuamento da contratação temporária, tais parcelas serão devidas, tais como se se tratasse de contrato de trabalho. Embora a decisão do STF não o diga, deve-se concluir que, por identidade de razões, o mesmo entendimento é aplicável no que tange a parcelas como horas extraordinárias, adicionais de periculosidade e de insalubridade, o que demonstra a inadequação da Súmula 363 do TST[631]. De todo modo, a jurisprudência do STF se fixou no sentido da incompetência material da Justiça do Trabalho para julgar lides oriundas de contratação temporária pela Administração Pública[632].

Outra tese de repercussão geral sobre o tema da contratação temporária de pessoal pela Administração Pública é o tema 403 (RE 635648)[633], no qual se assentou ser compatível com a Constituição Federal a previsão legal que exija o transcurso de 24 (vinte e quatro) meses, contados do término do contrato, antes de nova admissão de professor temporário anteriormente contratado.

Nesse julgado, foi exposto o raciocínio de que, "embora não se apliquem integralmente as regras do concurso público para as contratações por necessidade temporária, deve a seleção simplificada observar os princípios da impessoalidade e da moralidade", de modo que foi considerada válida legislação que desautorizava nova contratação temporária do mesmo servidor sem observância do interstício mínimo de 24 meses. Segundo a decisão unânime da Suprema Corte, não há violação à isonomia, nem discriminação odiosa na vedação à recontratação de servidores temporários sem observância dessa espécie de *quarentena*. Os ministros reconheceram que tal previsão legal não inibe completamente o desvirtuamento da contratação temporária, mas ao menos não funciona como estímulo para a perpetuação da contratação temporária *ad aeternum* dos mesmos servidores. A seguinte passagem demonstra o ponto:

Relator(a): MARCO AURÉLIO, Relator(a) p/ Acórdão: ALEXANDRE DE MORAES, Tribunal Pleno, julgado em 22/05/2020).

631. TST, Súmula 363: A contratação de servidor público, após a CF/1988, sem prévia aprovação em concurso público, encontra óbice no respectivo art. 37, II e § 2º, somente lhe conferindo direito ao pagamento da contraprestação pactuada, em relação ao número de horas trabalhadas, respeitado o valor da hora do salário mínimo, e dos valores referentes aos depósitos do FGTS.

632. Sobre o tema, v. tópico específico no capítulo sobre Direito Processual do Trabalho, na seção sobre competência jurisdicional.

633. RE 635648, Relator(a): EDSON FACHIN, Tribunal Pleno, julgado em 14/06/2017.

Min. Alexandre de Moraes (RE 635648): É bem verdade que a impossibilidade de recontratação dos mesmos profissionais não assegura a observância do art. 37, IX, da CF, pois o preenchimento desses postos de trabalho por meio de contratos temporários, ainda que com pessoas antes não contratadas pela Administração, também frustra o ideal de temporalidade e transitoriedade desse tipo de contratação. Mesmo assim, a descontinuidade do vínculo temporário provocada pela vedação do art. 9º, III, da Lei 8.745/1993 evita que se instale na Administração interesse contrário ao provimento efetivo de cargos públicos mediante concurso e retira o administrador público da situação cômoda de reutilizar a mesma mão de obra já recrutada por processo seletivo simplificado.

No tema 612 da repercussão geral (RE 658026)[634], o STF explicitou os requisitos de validade dos contratos temporários, firmando a seguinte tese: nos termos do art. 37, IX, da Constituição Federal, para que se considere válida a contratação temporária de servidores públicos, é preciso que: a) os casos excepcionais estejam previstos em lei; b) o prazo de contratação seja predeterminado; c) a necessidade seja temporária; d) o interesse público seja excepcional; e) a contratação seja indispensável, sendo vedada para os serviços ordinários permanentes do Estado que estejam sob o espectro das contingências normais da Administração.

Na ótica da Corte, a regra geral é a contratação de pessoal pela Administração Pública por meio de concurso público, com o objetivo de resguardar os princípios da impessoalidade, igualdade, eficiência e moralidade. Perceba-se que a contratação temporária pode se dar, excepcionalmente, para serviços ordinários, desde que se trata de situação que não se amolde às "contingências normais" da Administração. Isso foi expressamente afirmado pela Suprema Corte na ADI 3247, em que se assentou que "a natureza permanente de algumas atividades públicas – como as desenvolvidas nas áreas da saúde, educação e segurança pública – não afasta, de plano, a autorização constitucional para contratar servidores destinados a suprir demanda eventual ou passageira"[635], de modo que necessidades circunstanciais autorizam a contratação temporária mesmo para atividades permanentes.

De outro lado, em situação de *normalidade*, a Administração Pública tem o dever de realizar concurso público para o atendimento das necessidades ordinárias da população.

Exemplifica situação de excepcionalidade, que não justifica a criação e o provimento de cargos públicos, a autorização contida no inciso III do art. 2º da Lei 8.745/93 para que o IBGE (Instituto Brasileiro de Geografia e Estatística) realize contratações temporárias para atender a necessidade, também temporária, de pessoal suficiente para dar andamento a trabalhos em períodos de pesquisas intensas, tais como o recenseamento. Destacou-se que as circunstân-

634. RE 658026, Relator(a): DIAS TOFFOLI, Tribunal Pleno, julgado em 09/04/2014.
635. ADI 3247, Relator(a): CÁRMEN LÚCIA, Tribunal Pleno, julgado em 26/03/2014.

cias nas quais realizadas as pesquisas não seriam frequentes e teriam duração limitada no tempo, de modo que a sazonalidade permite o enquadramento da contratação no art. 37, IX, da CF. Essa a decisão da Corte na ADI 3386[636].

A jurisprudência da Corte é firme no sentido da inconstitucionalidade de leis que contenham previsões genéricas autorizativas de contratação temporária, que permitam a contratação para o exercício de serviços típicos de carreira e de cargos permanentes no Estado, sem concurso público ou motivação de excepcional relevância que a justificasse. Se a necessidade de pessoal for previsível ou permanente, inválida a arregimentação por meio de contratos temporários[637].

28.3. Cumulação de cargos públicos

O art. 37, XVI, veda, como regra geral, a cumulação de cargos públicos, com algumas exceções. Quando permitida, a cumulação somente pode envolver dois cargos, sendo inviável a pretensão de acumular três remunerações, quer decorrente de serviço na ativa, quer decorrente de proventos de aposentadoria.

A discussão alusiva à tríplice cumulação de cargos públicos foi levada ao STF em virtude da redação do art. 11 da EC 20/98[638], a qual gerou polêmica em função de sua ambiguidade. A jurisprudência da Corte, entretanto, pacificou-se no sentido de que a permissão contida no referido dispositivo deveria ser interpretada de forma restritiva. Por esse motivo, em repercussão geral (tema 921), no ARE 848993[639], a Suprema Corte fixou a tese de que é vedada a cumulação tríplice de vencimentos e/ou proventos, ainda que a investidura nos cargos públicos tenha ocorrido anteriormente à EC 20/1998.

Outra importante tese de repercussão geral a respeito foi firmada no RE 1246685[640] (tema 1081), em que assentado que as hipóteses excepcionais autorizadoras de acumulação de cargos públicos previstas na Constituição Federal sujeitam-se, unicamente, a existência de compatibilidade de horários, verificada no caso concreto, ainda que haja norma infraconstitucional que limite a jornada semanal.

---

636. ADI 3386, Relator(a): CÁRMEN LÚCIA, Tribunal Pleno, julgado em 14/04/2011.
637. Cf. ADI 3116, Relator(a): CÁRMEN LÚCIA, Tribunal Pleno, julgado em 14/04/2011. Em sentido semelhante, ADI 3649, Relator(a): LUIZ FUX, Tribunal Pleno, julgado em 28/05/2014; e ADI 3721, Relator(a): TEORI ZAVASCKI, Tribunal Pleno, julgado em 09/06/2016.
638. Art. 11 - A vedação prevista no art. 37, § 10, da Constituição Federal, não se aplica aos membros de poder e aos inativos, servidores e militares, que, até a publicação desta Emenda, tenham ingressado novamente no serviço público por concurso público de provas ou de provas e títulos, e pelas demais formas previstas na Constituição Federal, sendo-lhes proibida a percepção de mais de uma aposentadoria pelo regime de previdência a que se refere o art. 40 da Constituição Federal, aplicando-se-lhes, em qualquer hipótese, o limite de que trata o § 11 deste mesmo artigo.
639. ARE 848993 RG, Relator(a): GILMAR MENDES, Tribunal Pleno, julgado em 06/10/2016.
640. ARE 1246685 RG, Relator(a): MINISTRO PRESIDENTE, Tribunal Pleno, julgado em 19/03/2020.

O Superior Tribunal de Justiça vinha entendendo que, no caso de profissionais da saúde, a cumulação de cargos seria inviável caso resultasse em duração semanal do trabalho superior a 60 horas. Contudo, o STJ adequou-se ao entendimento do Supremo Tribunal Federal, passando a entender que o único requisito estabelecido para a acumulação é a compatibilidade de horários no exercício das funções, cujo cumprimento deverá ser aferido pela administração pública[641].

Registre-se que, no âmbito de Advocacia-Geral da União, o parecer GQ 145/1998 – o qual limitava a duração do trabalho a 60 horas semanais, para que se considerasse possível a cumulação de cargos – foi superado pelo parecer AM 04/2019, que encampou o entendimento do STF a respeito da possibilidade de que a cumulação de cargos públicos é possível ainda em jornadas superiores a 60 horas semanais, desde que haja efetiva compatibilidade de horários e não haja prejuízos à qualidade do serviço público prestado.

Ademais, conforme tese fixada nos temas 377 e 384 da repercussão geral (RE 612975[642]), nos casos autorizados constitucionalmente de acumulação de cargos, empregos e funções, a incidência do art. 37, inciso XI, da Constituição Federal pressupõe consideração de cada um dos vínculos formalizados, afastada a observância do teto remuneratório quanto ao somatório dos ganhos do agente público.

A tese é correta, pois se a Constituição autoriza, em determinadas hipóteses, a cumulação de cargos, é de rigor que o trabalho seja remunerado. O teto deve ser observado em relação a cada cargo, e não ao somatório das remune-

---

641. ADMINISTRATIVO. RECURSO ESPECIAL. SERVIDOR PÚBLICO. ACUMULAÇÃO DE CARGOS PÚBLICOS REMUNERADOS. ÁREA DA SAÚDE. LIMITAÇÃO DA CARGA HORÁRIA. IMPOSSIBILIDADE. COMPATIBILIDADE DE HORÁRIOS. REQUISITO ÚNICO. AFERIÇÃO PELA ADMINISTRAÇÃO PÚBLICA. PRECEDENTES DO STF. RECURSO ESPECIAL A QUE SE NEGA PROVIMENTO.

1. A Primeira Seção desta Corte Superior tem reconhecido a impossibilidade de acumulação remunerada de cargos ou empregos públicos privativos de profissionais da área de saúde quando a jornada de trabalho for superior a 60 (sessenta) horas semanais.

2. Contudo, ambas as Turmas do Supremo Tribunal Federal, reiteradamente, posicionam-se "[...] no sentido de que a acumulação de cargos públicos de profissionais da área de saúde, prevista no art. 37, XVI, da CF/88, não se sujeita ao limite de 60 horas semanais previsto em norma infraconstitucional, pois inexiste tal requisito na Constituição Federal" (RE 1.094.802 AgR, Relator Min. Alexandre de Moraes, Primeira Turma, julgado em 11/5/2018, DJe 24/5/2018).

3. Segundo a orientação da Corte Maior, o único requisito estabelecido para a acumulação é a compatibilidade de horários no exercício das funções, cujo cumprimento deverá ser aferido pela administração pública. Precedentes do STF.

4. Adequação do entendimento da Primeira Seção desta Corte ao posicionamento consolidado no Supremo Tribunal Federal sobre o tema.

5. Recurso especial a que se nega provimento.

(REsp 1767955/RJ, Rel. Ministro OG FERNANDES, PRIMEIRA SEÇÃO, julgado em 27/03/2019, DJe 03/04/2019).

642. RE 612975, Relator(a): MARCO AURÉLIO, Tribunal Pleno, julgado em 27/04/2017.

rações dos cargos licitamente cumulados, sob pena de proibir, por via oblíqua, aquilo que a Constituição permitiu.

28.4. Responsabilidade civil do servidor público

No RE 1027633[643] (tema 940 da repercussão geral), a Suprema Corte fixou a seguinte tese: a teor do disposto no art. 37, § 6º, da Constituição Federal, a ação por danos causados por agente público deve ser ajuizada contra o Estado ou a pessoa jurídica de direito privado prestadora de serviço público, sendo parte ilegítima para a ação o autor do ato, assegurado o direito de regresso contra o responsável nos casos de dolo ou culpa.

Consagrou-se, assim, a ideia de dupla garantia: o mencionado dispositivo constitucional constitui direito do cidadão de responsabilizar objetivamente o Poder Público, isto é, independentemente da existência de culpa, sempre que houver nexo causal entre a atividade estatal e o dano sofrido. De outro lado, o art. 37, §6º, da CF, engendra garantia para o servidor público, que somente pode ser responsabilizado em ação regressiva movida pelo Poder Público e na qual se assegure ampla defesa e contraditório quanto à existência de culpa ou dolo do servidor responsável. Os objetivos dessa concepção são resumidos na seguinte passagem:

> Min. Marco Aurélio (RE 1027633): A possibilidade de ser acionado apenas em ação regressiva evita inibir o agente no desempenho das funções do cargo, resguardando a atividade administrativa e o interesse público. À vítima da lesão – seja particular, seja servidor – não cabe escolher contra quem ajuizará a demanda. A ação de indenização deve ser proposta contra a pessoa jurídica de direito público ou a de direito privado prestadora de serviço público.

Ainda de acordo com o voto condutor do acórdão, a tese da dupla garantia não impediria a denunciação da lide, de modo que o Estado poderia mover a ação regressiva no mesmo processo, promovendo a citação do servidor responsável como denunciado à lide. Note-se, ainda, que houve divergência quanto ao enunciado da tese em si, sendo que prevaleceu a proposta do Min. Lewandowski, que acrescentava a possibilidade do direito de regresso contra o servidor responsável em caso de dolo ou culpa.

Contudo, fato é que a tese nada menciona a respeito da denunciação da lide, razão pela qual o tema fica em aberto. Isso porque, abstratamente falando, o direito de regresso pode ser exercido tanto por ação autônoma quanto por denunciação da lide. Ademais, a tese de repercussão geral trata da ilegitimidade passiva do servidor na ação movida pelo cidadão supostamente prejudica-

643. RE 1027633, Relator Ministro Marco Aurélio, julgado no Plenário Presencial em 14.8.2019.

do, nada mencionando a respeito da legitimidade para que o servidor responda por força de denunciação da lide, que, no caso, consiste em ação incidental movida pelo Poder Público.

No plano infraconstitucional, entretanto, a jurisprudência do STJ se inclina pela desnecessidade e pela inviabilidade da denunciação da lide pelo Estado ao servidor público, sob o fundamento de que a admissão da intervenção de terceiros seria perniciosa para a celeridade processual, ao introduzir discussão sobre dolo ou culpa, elementos que são irrelevantes para a responsabilização do ente público[644]. Dessa forma, restaria à Fazenda Pública o ajuizamento de ação regressiva autônoma.

28.5. Remuneração

28.5.1. Incorporação de abonos e aumento de vencimentos: isonomia

A jurisprudência do STF é pacífica no sentido de que o aumento de vencimentos de servidores públicos depende de lei e não pode ser concedido pelo Poder Judiciário com base no princípio da isonomia.

Tal entendimento, cristalizado na SV 37, foi reafirmado no ARE 1219067[645]. Tal precedente, relativo a leis municipais do município de Mogi-Guaçu, pode ter a *ratio decidendi* assim sintetizada: o ente público concedeu reajustes por meio de abonos fixos incorporados aos vencimentos dos respectivos servidores, independentemente da faixa salarial de cada um. A discussão que surgiu foi a suposta violação à isonomia e ao art. 37, X, da CF, pois o critério adotado fez com que percentuais maiores fossem aplicados aos funcionários cujos vencimentos fossem menores.

A Suprema Corte decidiu pela inexistência de violação constitucional, sendo certo que, nas palavras do voto condutor do Min. Dias Toffoli, o Poder Judiciário não seria "competente para estender benefício remuneratório a servidor com fundamento na isonomia, extrapolando o ordenamento legal, sob pena de atuar como legislador positivo, em afronta à Constituição Federal".

644. "AGRAVO INTERNO NO AGRAVO (ART. 544 DO CPC/73) - RESPONSABILIDADE CIVIL - ACIDENTE AUTOMOBILÍSTICO - CONCESSIONÁRIA DE SERVIÇO PÚBLICO - DECISÃO MONOCRÁTICA QUE NEGOU PROVIMENTO O RECLAMO. IRRESIGNAÇÃO DA PARTE RÉ. (...) Conforme entendimento jurisprudencial adotado por esta Colenda Corte Superior de Justiça, em ação indenizatória movida contra empresa concessionária de serviços públicos, afigura-se indevida a denunciação da lide, ante a possibilidade de ajuizamento posterior de eventual ação regressiva. Estando a responsabilidade civil calcada no art. 37, § 6º, da CF/88, a admissão desta intervenção de terceiros implicaria ofensa ao princípio da celeridade processual, porquanto traria para dentro da lide indenizatória discussão a respeito de eventual culpa o agente público. Incidência do óbice contido na Súmula 83/STJ. (...)"(AgInt no AREsp 926.109/SP, Rel. Ministro MARCO BUZZI, QUARTA TURMA, julgado em 20/02/2018).

645. ARE 1219067 RG, Relator(a): MINISTRO PRESIDENTE, Tribunal Pleno, julgado em 29/08/2019.

Embora o julgado se refira especificamente à legislação de determinado município, a tese fixada é de ser aplicada a todo e qualquer caso semelhante, que envolva leis de outros entes federativos.

28.5.2. Revisão anual de vencimentos

De forma semelhante ao que exposto no tópico anterior, a Suprema Corte, no RE 592317[646] (tema 315 da repercussão geral), estabeleceu a tese genérica segundo a qual não cabe, ao Poder Judiciário, que não tem a função legislativa, aumentar vencimentos de servidores públicos sob o fundamento de isonomia. A tese é de teor idêntico ao da SV 37.

Posteriormente, nova tese de repercussão geral foi fixada no RE 710293 (tema 600)[647], para especificar que a vedação abrange não apenas verbas remuneratórias, mas também indenizatórias[648].

Ainda sobre o art. 37, X, da CF, no RE 905357[649] o STF fixou a seguinte tese de repercussão geral: a revisão geral anual da remuneração dos servidores públicos depende, cumulativamente, de dotação na Lei Orçamentária Anual e de previsão na Lei de Diretrizes Orçamentárias. Na dicção da ementa, o art. 169, § 1º, da Constituição, exige, para a concessão de vantagens ou aumento de remuneração aos agentes públicos, o preenchimento de dois requisitos cumulativos: (i) dotação na Lei Orçamentária Anual e (ii) autorização na Lei de Diretrizes Orçamentárias, de modo que não há direito à revisão geral anual da remuneração dos servidores públicos, quando se encontra prevista unicamente na Lei de Diretrizes Orçamentárias, sendo necessária, também, a dotação na Lei Orçamentária Anual.

Outro julgado proferido sob a sistemática de repercussão geral foi o RE 565089[650], no qual fixada a seguinte tese: o não encaminhamento de projeto de lei de revisão anual dos vencimentos dos servidores públicos, previsto no inciso X do art. 37 da CF/1988, não gera direito subjetivo a indenização. Deve o Poder Executivo, no entanto, se pronunciar, de forma fundamentada, acerca das razões pelas quais não propôs a revisão.

O voto vencido do Min. Marco Aurélio assegurava aos servidores o direito ao recebimento de indenização correspondente à inflação. Partindo da

646. RE 592317, Relator(a): GILMAR MENDES, Tribunal Pleno, julgado em 28/08/2014.

647. RE 710293, Relator(a): LUIZ FUX, Tribunal Pleno, julgado em 16/09/2020.

648. A tese enuncia: "Não cabe ao Poder Judiciário, que não tem função legislativa, aumentar qualquer verba de servidores públicos de carreiras distintas sob o fundamento de isonomia, tenham elas caráter remuneratório ou indenizatório".

649. RE 905357, Relator(a): ALEXANDRE DE MORAES, Tribunal Pleno, julgado em 29/11/2019.

650. RE 565089, Relator(a): MARCO AURÉLIO, Relator(a) p/ Acórdão: ROBERTO BARROSO, Tribunal Pleno, julgado em 25/09/2019.

distinção evidente entre aumento e reajuste de vencimentos, o ministro lançou pertinentes observações quanto ao reduzido "poder de barganha" dos servidores. Em suas palavras:

> Min. Marco Aurélio (RE 565089): O servidor público, em sentido amplo, não tem o mesmo poder de barganha dos trabalhadores em geral. A greve no serviço público até hoje não foi regulamentada na via legislativa, tendo sido objeto da integração mediante mandado de injunção. (...) O servidor público, integrando o gênero burocracia, ao contrário, não causa prejuízo ao tomador dos serviços ao deixar de prestar o serviço, ficando reduzida a efetividade da greve enquanto instrumento de negociação. Ressalvado o prejuízo indireto, político-eleitoral, o verdadeiro prejudicado com a paralisação da máquina administrativa é o administrado. Daí a importância da garantia constitucional. Essa se revela na leitura teleológica que se faz do artigo 37, inciso X, da Constituição, do qual se extrai o direito à manutenção dos patamares remuneratórios.

Ao criticar o que chamou de "pragmatismo jurídico" e "consequencialismo", Marco Aurélio consignou que argumentos extrajurídicos – tais como os impactos da decisão do STF nas finanças públicas – não poderiam ser levados em conta como fundamento decisório:

> Min. Marco Aurélio (RE 565089): Exceção feita ao ministro Barata Ribeiro, médico na origem, que integrou o Supremo por curtos onze meses, os juízes possuem formação estritamente jurídica. A eles não é dado fazer prognósticos econômicos ou sociais para que sirvam de fundamento decisório. Não incumbe ao Poder Judiciário analisar a conveniência dessa ou daquela norma, mas apenas assentar se determinada pretensão é ou não compatível com o ordenamento jurídico. (...) Não perco de vista o horizonte social quando busco a solução dos problemas jurídicos com que me defronto. Aliás, qualquer interpretação jurídica parte da consideração de elementos fáticos, ainda que seja uma interpretação em abstrato, pois, mesmo em casos tais, o magistrado não deixa de formular a hipótese e alcançar conclusões com base na realidade conhecida. O que não posso aceitar é que, presente a obrigação jurídica sob todos os cânones interpretativos – extraída da literalidade, historicidade, sistematicidade e teleologia da Constituição –, simplesmente se deixe de reconhecê-la ante razões de índole pragmática. Impõe-se o contorcionismo técnico para salvar as finanças públicas, mas esse é o papel do Tribunal Constitucional? A resposta só pode ser negativa.

Contudo, a visão que prevaleceu na Corte foi externada no voto do Min. Barroso, cujo argumento central segue transcrito:

> Min. Roberto Barroso (RE 565089): merece temperamento a ideia de que a adoção de um índice em qualquer medida inferior à inflação de determinado período importaria automaticamente degradação do direito de propriedade. Como se sabe, esse tipo de pretensão a uma radical intangibilidade monetária é muito mais uma peculiaridade do Brasil, do que uma exigência associada ao núcleo do referido direito. Com efeito, embora compreensível à luz do histórico inflacionário do País, essa pretensão não encontra paralelo relevante no direito comparado, inclusive por conta do seu efeito colateral de retroalimentação do processo inflacionário. Em outras palavras, a indexação pode ser gerada pelo impulso legí-

> timo de tentar neutralizar o fenômeno inflacionário, mas tem o efeito quase inevitável de aumentar a sua intensidade e gerar um círculo vicioso cujos efeitos o país já experimentou com particular intensidade. Portanto, Presidente, estou afirmando aqui no meu voto, como uma declaração de princípio filosófico, que a indexação ampla, geral e irrestrita que nós já praticamos é um mal para o país e eu não gostaria de voltar a ela. (...) penso que não se pode ignorar a necessidade de que os reajustes sejam condicionados às circunstâncias econômicas de cada momento. (...) Isso não significa, porém, que eu deixe de atribuir qualquer carga normativa ao dispositivo. Em vez disso, considero que o art. 37, inciso X, imponha ao Chefe do Poder Executivo o dever de se pronunciar, anualmente e de forma fundamentada, sobre a conveniência e possibilidade de reajuste anual do funcionalismo. Ademais, caso este venha a ser efetuado para a atualização do valor real dos vencimentos, o dispositivo impõe que o percentual de aumento concedido seja uniforme. Esse é o sentido que me parece possível de ser atribuído ao termo "revisão anual".

O Min. Luiz Fux fez crítica contundente e pertinente a essa linha de argumentação:

> Min. Luiz Fux (RE 565089): Por que o legislador constitucional não pensou antes de colocar essa regra aqui? Eu acho que nós é que estaremos sendo legisladores se nós dissermos aquilo que não é a vontade do Legislativo originário. O constituinte originário escolheu isso. E somos nós que vamos dizer: isso aqui é inconstitucional? Não é inconstitucional. Essa regra não é inconstitucional. O que há é um estado de inconstitucionalidade por omissão, porque ainda não se fez nada em relação a isso. (...) O Brasil, no meu modo de ver, prefere ser o País das desigualdades. O servidor público paga a conta. Apesar de, de maneira ornamental, se inicia o preâmbulo da Constituição, dizendo que nós prometemos como ideário da nação ter uma sociedade justa, solidária, com erradicação das desigualdades. Imagina se isso é uma sociedade justa, solidária e que erradica as desigualdades! Entendo que, efetivamente, ser consequencialista para negar vigência a uma norma constitucional derivada do Poder Constituinte originário faz com que o Supremo se coloque na posição do Legislador, como se houvesse um arrependimento eficaz, que não cabe a nós, cabe ao Poder Constituinte derivado. Que se faça uma emenda constitucional, faça alguma coisa, mas não encoste o Supremo Tribunal Federal na parede para que ele diga que o inciso X não tem normatividade suficiente.

No final, por maioria de votos (vencidos os Ministros Marco Aurélio, Carmen Lúcia, Luiz Fux e Ricardo Lewandowski), prevaleceu a tese do Min. Barroso. Pode-se dizer que, de acordo com a corrente vencedora, o art. 37, X, da CF, ao estatuir ser "assegurada a revisão anual", não garante efetivamente a revisão ou reajuste de vencimentos, mas apenas que o Poder Público avalie se deseja, ou não, conceder os reajustes.

O entendimento foi corroborado no RE 843112[651], cuja tese de repercussão geral afirma que "o Poder Judiciário não possui competência para determinar ao Poder Executivo a apresentação de projeto de lei que vise a promover a revisão geral anual da remuneração dos servidores públicos, tampouco para fixar o respectivo índice de correção".

651. RE 843112, Relator(a): LUIZ FUX, Tribunal Pleno, julgado em 22/09/2020.

28.5.3. Salário mínimo e equiparação remuneratória

No RE 572921[652], o STF fixou, em repercussão geral, a seguinte tese: o cálculo de gratificações e outras vantagens do servidor público não incide sobre o abono utilizado para se atingir o salário mínimo.

O julgado reflete a reiterada jurisprudência da Corte quanto ao alcance do art. 7º, IV, da CF, que veda a vinculação do salário mínimo para qualquer fim. No caso paradigmático, lei estadual criara abono destinado a assegurar o recebimento do salário mínimo aos servidores públicos cujos vencimentos-base lhe fossem inferiores. Ademais, a legislação estadual previa determinadas gratificações, com percentuais incidentes sobre o vencimento-base.

Na visão da Suprema Corte, o abono pago para atingir o salário mínimo não poderia ser considerado para cálculo das gratificações, já que o aumento do primeiro geraria automaticamente a majoração das últimas. Ficaria caracterizado, assim, o efeito de indexação da remuneração ao salário mínimo, em violação ao princípio da autonomia dos entes federativos e também à parte final do art. 7º, IV, da Constituição.

De forma semelhante, na ADI 290[653], o Supremo Tribunal Federal declarou a inconstitucionalidade de dispositivo de Constituição Estadual que assegurava aos servidores públicos estaduais ocupantes de cargos ou empregos de nível médio e superior piso salarial proporcional à extensão e à complexidade do trabalho, não inferior ao salário mínimo profissional estabelecido em lei.

Decidiu-se que o dispositivo resultava em vinculação dos vencimentos de determinadas categorias de servidores públicos às variações do piso salarial profissional nacional, de modo a haver aumento automático dos vencimentos, sem interferência do Chefe do Poder Executivo do Estado. A Corte salientou, ainda, a violação ao princípio federativo e à autonomia dos estados para fixar os vencimentos de seus servidores (CF, arts. 2º e 25), além do art. 37, XIII, que veda a vinculação de quaisquer espécies remuneratórias para efeitos de remuneração de pessoal do serviço público.

Também em repercussão geral[654], a Suprema Corte estatuiu a seguinte tese: é vedada a equiparação remuneratória entre militares das Forças Armadas e policiais e bombeiros militares do Distrito Federal, visto que a Constituição Federal de 1988, em seu art. 37, XIII, coíbe a vinculação ou equiparação de quaisquer espécies remuneratórias no âmbito do serviço público.

No julgado, anotou-se que o art. 21, XIV, da CF, prevê competência privativa da União para legislar sobre o vencimento dos integrantes dos quadros das

652. RE 572921 QO-RG, Relator(a): RICARDO LEWANDOWSKI, Tribunal Pleno, julgado em 13/11/2008.
653. ADI 290, Relator(a): DIAS TOFFOLI, Tribunal Pleno, julgado em 19/02/2014.
654. ARE 665632 RG, Relator(a): TEORI ZAVASCKI, Tribunal Pleno, julgado em 16/04/2015.

Polícia Civil e Militar e Corpo de Bombeiros Militar do Distrito Federal. Ademais, a redação originária do Decreto-Lei 667/69 (posteriormente modificada pela Lei 13.954/2019) previa que os vencimentos dos militares estaduais não podiam superar os dos integrantes das Forças Armadas. A partir daí, surgiu a pretensão de militares das Forças Armadas de equiparação de seus vencimentos ao patamar do que recebido pelos militares do Distrito Federal. O pedido foi julgado improcedente pelo STF, justamente porque o art. 37, XIII, da CF, veda a equiparação ou vinculação de quaisquer espécies remuneratórias no âmbito do serviço público.

28.5.4. Teto remuneratório

Ao julgar, sob a sistemática de repercussão geral, o RE 609381[655], o Supremo Tribunal Federal fixou o entendimento de que não há direito adquirido de servidor público ao recebimento de remuneração acima do teto fixado pelo art. 37, XI, da CF, na redação dada pela EC 41/2003. Na dicção da Corte, trata-se de espécie de "violação qualificada" do texto constitucional, de modo que, ainda que determinado direito tivesse sido adquirido antes da vigência da referida emenda constitucional, deveria ser feito o decote do excesso.

Reconheceu-se, assim, a inexistência de direito adquirido contra norma constitucional oriunda do poder constituinte derivado. Dessa forma, foi superada a jurisprudência anterior que considerava a irredutibilidade salarial como uma espécie qualificada de direito adquirido, por encontrar fundamento na Constituição[656].

---

655. "CONSTITUCIONAL E ADMINISTRATIVO. TETO DE RETRIBUIÇÃO. EMENDA CONSTITUCIONAL 41/03. EFICÁCIA IMEDIATA DOS LIMITES MÁXIMOS NELA FIXADOS. EXCESSOS. PERCEPÇÃO NÃO RESPALDADA PELA GARANTIA DA IRREDUTIBILIDADE. 1. O teto de retribuição estabelecido pela Emenda Constitucional 41/03 possui eficácia imediata, submetendo às referências de valor máximo nele discriminadas todas as verbas de natureza remuneratória percebidas pelos servidores públicos da União, Estados, Distrito Federal e Municípios, ainda que adquiridas de acordo com regime legal anterior. 2. A observância da norma de teto de retribuição representa verdadeira condição de legitimidade para o pagamento das remunerações no serviço público. Os valores que ultrapassam os limites pré-estabelecidos para cada nível federativo na Constituição Federal constituem excesso cujo pagamento não pode ser reclamado com amparo na garantia da irredutibilidade de vencimentos. 3. A incidência da garantia constitucional da irredutibilidade exige a presença cumulativa de pelo menos dois requisitos: (a) que o padrão remuneratório nominal tenha sido obtido conforme o direito, e não de maneira ilícita, ainda que por equívoco da Administração Pública; e (b) que o padrão remuneratório nominal esteja compreendido dentro do limite máximo pré-definido pela Constituição Federal. O pagamento de remunerações superiores aos tetos de retribuição de cada um dos níveis federativos traduz exemplo de violação qualificada do texto constitucional. 4. Recurso extraordinário provido" (RE 609381, Relator(a): TEORI ZAVASCKI, Tribunal Pleno, julgado em 02/10/2014).

656. "EMENTA: I. Ministros aposentados do Supremo Tribunal Federal: proventos (subsídios): teto remuneratório: pretensão de imunidade à incidência do teto sobre o adicional por tempo de serviço (ATS), no percentual máximo de 35% e sobre o acréscimo de 20% a que se refere o art. 184, III, da Lei 1711/52, combinado com o art. 250 da L. 8.112/90: mandado de segurança deferido, em parte. II. Controle incidente de constitucionalidade e o papel do Supremo Tribunal Federal. Ainda que não seja essencial à decisão da causa ou que a declaração de

28.6. Cargo em comissão

No RE 786540[657] (tema 763 da repercussão geral), o Supremo fixou a seguinte tese: 1. Os servidores ocupantes de cargo exclusivamente em comissão

---

ilegitimidade constitucional não aproveite à parte suscitante, não pode o Tribunal - dado o seu papel de "guarda da Constituição" - se furtar a enfrentar o problema de constitucionalidade suscitado incidentemente (v.g. SE 5.206-AgR, 8.5.97, Pertence, RTJ 190/908; Inq 1915, 05.08.2004, Pertence, DJ 05.08.2004; RE 102.553, 21.8.86, Rezek, DJ 13.02.87). III. Mandado de segurança: possibilidade jurídica do pedido: viabilidade do controle da constitucionalidade formal ou material das emendas à Constituição. IV. Magistrados. Subsídios, adicional por tempo de serviço e o teto do subsídio ou dos proventos, após a EC 41/2003: argüição de inconstitucionalidade, por alegada irrazoabilidade da consideração do adicional por tempo de serviço quer na apuração do teto (EC 41/03, art. 8º), quer na das remunerações a ele sujeitas (art. 37, XI, CF, cf EC 41/2003): rejeição. 1. Com relação a emendas constitucionais, o parâmetro de aferição de sua constitucionalidade é estreitíssimo, adstrito às limitações materiais, explícitas ou implícitas, que a Constituição imponha induvidosamente ao mais eminente dos poderes instituídos, qual seja o órgão de sua própria reforma. 2. Nem da interpretação mais generosa das chamadas "cláusulas pétreas" poderia resultar que um juízo de eventuais inconveniências se convertesse em declaração de inconstitucionalidade da emenda constitucional que submeta certa vantagem funcional ao teto constitucional de vencimentos. 3. No tocante à magistratura - independentemente de cuidar-se de uma emenda constitucional - a extinção da vantagem, decorrente da instituição do subsídio em "parcela única", a nenhum magistrado pode ter acarretado prejuízo financeiro indevido. 4. Por força do art. 65, VIII, da LOMAN (LC 35/79), desde sua edição, o adicional cogitado estava limitado a 35% calculados sobre o vencimento e a representação mensal (LOMAN, Art. 65, § 1º), sendo que, em razão do teto constitucional primitivo estabelecido para todos os membros do Judiciário, nenhum deles poderia receber, a título de ATS, montante superior ao que percebido por Ministro do Supremo Tribunal Federal, com o mesmo tempo de serviço (cf. voto do Ministro Néri da Silveira, na ADIn 14, RTJ 130/475,483). 5. Se assim é - e dada a determinação do art. 8º da EC 41/03, de que, na apuração do "valor da maior remuneração atribuída por lei (...) a Ministro do Supremo Tribunal Federal", para fixar o teto conforme o novo art. 37, XI, da Constituição, ao vencimento e à representação do cargo, se somasse a "parcela recebida em razão do tempo de serviço" - é patente que, dessa apuração e da sua aplicação como teto dos subsídios ou proventos de todos os magistrados, não pode ter resultado prejuízo indevido no tocante ao adicional questionado. 6. É da jurisprudência do Supremo Tribunal que não pode o agente público opor, à guisa de direito adquirido, a pretensão de manter determinada fórmula de composição de sua remuneração total, se, da alteração, não decorre a redução dela. 7. Se dessa forma se firmou quanto a normas infraconstitucionais, o mesmo se há de entender, no caso, em relação à emenda constitucional, na qual os preceitos impugnados, se efetivamente aboliram o adicional por tempo de serviço na remuneração dos magistrados e servidores pagos mediante subsídio, é que neste - o subsídio - foi absorvido o valor da vantagem. 8. Não procede, quanto ao ATS, a alegada ofensa ao princípio da isonomia, já que, para ser acolhida, a argüição pressuporia que a Constituição mesma tivesse erigido o maior ou menor tempo de serviço em fator compulsório do tratamento remuneratório dos servidores, o que não ocorre, pois o adicional correspondente não resulta da Constituição, que apenas o admite - mas, sim, de preceitos infraconstitucionais. V. Magistrados: acréscimo de 20% sobre os proventos da aposentadoria (Art. 184, III, da L. 1.711/52, c/c o art. 250 da L. 8.112/90) e o teto constitucional após a EC 41/2003: garantia constitucional de irredutibilidade de vencimentos: intangibilidade. 1. Não obstante cuidar-se de vantagem que não substantiva direito adquirido de estatura constitucional, razão por que, após a EC 41/2003, não seria possível assegurar sua percepção indefinida no tempo, fora ou além do teto a todos submetido, aos impetrantes, porque magistrados, a Constituição assegurou diretamente o direito à irredutibilidade de vencimentos - modalidade qualificada de direito adquirido, oponível às emendas constitucionais mesmas. 2. Ainda que, em tese, se considerasse susceptível de sofrer dispensa específica pelo poder de reforma constitucional, haveria de reclamar para tanto norma expressa e inequívoca, a que não se presta o art. 9º da EC 41/03, pois o art. 17 ADCT, a que se reporta, é norma referida ao momento inicial de vigência da Constituição de 1988, no qual incidiu e, neste momento, pelo fato mesmo de incidir, teve extinta a sua eficácia; de qualquer sorte, é mais que duvidosa a sua compatibilidade com a "cláusula pétrea" de indenidade dos direitos e garantias fundamentais outorgados pela Constituição de 1988, recebida como ato constituinte originário. 3. Os impetrantes - sob o pálio da garantia da irredutibilidade de vencimentos -, têm direito a continuar percebendo o acréscimo de 20% sobre os proventos, até que seu montante seja absorvido pelo subsídio fixado em lei para o Ministro do Supremo Tribunal Federal (...)" (MS 24875, Relator(a): SEPÚLVEDA PERTENCE, Tribunal Pleno, julgado em 11/05/2006)

657. RE 786540, Relator(a): DIAS TOFFOLI, Tribunal Pleno, julgado em 15/12/2016.

não se submetem à regra da aposentadoria compulsória prevista no art. 40, § 1º, II, da Constituição Federal, a qual atinge apenas os ocupantes de cargo de provimento efetivo, inexistindo, também, qualquer idade limite para fins de nomeação a cargo em comissão; 2. Ressalvados impedimentos de ordem infraconstitucional, não há óbice constitucional a que o servidor efetivo aposentado compulsoriamente permaneça no cargo comissionado que já desempenhava ou a que seja nomeado para cargo de livre nomeação e exoneração, uma vez que não se trata de continuidade ou criação de vínculo efetivo com a Administração.

Na ótica majoritária da Corte, o art. 40 da Constituição – sobretudo o respectivo §13[658] – aplica-se somente aos servidores ocupantes de cargo efetivo, não àqueles que exerçam exclusivamente cargo em comissão declarado em lei de livre nomeação e exoneração.

Assim, a aposentadoria compulsória aos 70 ou aos 75 anos de idade, na forma de lei complementar (CF, art. 40, §1º, II) se aplica tão somente para os titulares de cargo efetivo. Aos ocupantes de cargo em comissão, aplica-se o regime geral de previdência social.

Situação que pode ocorrer na prática é a de servidor efetivo que ocupa, em atividade, cargo em comissão. Nessa hipótese, de acordo com a decisão do STF, o servidor deverá ser aposentado do cargo efetivo e poderá permanecer exercendo o cargo comissionado. A Corte, no julgado referido, não se manifestou acerca da necessidade, ou não, de observância do teto remuneratório em decorrência da cumulação de proventos de aposentadoria do cargo efetivo com os vencimentos do cargo comissionado. Há outra circunstância que não foi objeto da decisão: o fato de que, com a aposentadoria compulsória no cargo efetivo, o servidor passa a compor o quadro de comissionados, de modo que devem ser observados os limites legais referentes à quantidade de comissionados passíveis de contratação.

No voto do Min. Fachin, consta, ainda, a observação de que o art. 7º, XXX, da CF, veda qualquer discriminação em decorrência da idade. Nas palavras do magistrado, "não há na Constituição princípio ou regra que permita concluir pela exclusão dos septuagenários da atividade estatal ou de qualquer outra forma de trabalho".

Vale consignar, ainda, o cerne da fundamentação do voto vencido do Min. Marco Aurélio, segundo o qual haveria uma violação da isonomia ao considerar que o servidor efetivo deveria ser desligado compulsoriamente aos

658. Art. 40. O regime próprio de previdência social dos servidores titulares de cargos efetivos terá caráter contributivo e solidário, mediante contribuição do respectivo ente federativo, de servidores ativos, de aposentados e de pensionistas, observados critérios que preservem o equilíbrio financeiro e atuarial.
§ 13. Aplica-se ao agente público ocupante, exclusivamente, de cargo em comissão declarado em lei de livre nomeação e exoneração, de outro cargo temporário, inclusive mandato eletivo, ou de emprego público, o Regime Geral de Previdência Social.

70 ou aos 75 anos de idade, mas o comissionado poderia continuar trabalhando sem limite etário. Em suas palavras:

> Min. Marco Aurélio (RE 786540): No tocante aos detentores estritamente de cargo em comissão ou de confiança, com a Emenda, veio o § 13, a versar, claramente, que são aposentados segundo o Regime Geral de Previdência Social. Mas essa mudança não afastou um princípio básico da Administração Pública: a impossibilidade de estar-se em um cargo, seja efetivo, seja de confiança, após os 70 anos. Se entendermos que o titular de cargo efetivo é afastado pela expulsória e não o é o detentor de cargo de confiança, estaremos dando ênfase maior a este último. Quer dizer, o concursado não pode prestar serviços depois dos 70, mas aquele que não é concursado e é nomeado à livre discrição pode continuar trabalhando após os 70. Tem-se princípio linear. Por isso, o rompimento do vínculo pelo Tribunal de Contas do Estado se fez de forma motivada, em consonância com a Carta Federal.

Outro importante julgado foi o RE 1041210[659] (tema 1010 da repercussão geral), em que fixada a seguinte tese: a) A criação de cargos em comissão somente se justifica para o exercício de funções de direção, chefia e assessoramento, não se prestando ao desempenho de atividades burocráticas, técnicas ou operacionais; b) tal criação deve pressupor a necessária relação de confiança entre a autoridade nomeante e o servidor nomeado; c) o número de cargos comissionados criados deve guardar proporcionalidade com a necessidade que eles visam suprir e com o número de servidores ocupantes de cargos efetivos no ente federativo que os criar; e d) as atribuições dos cargos em comissão devem estar descritas, de forma clara e objetiva, na própria lei que os instituir.

28.7. Regime de pessoal e necessidade de concurso público para empresas estatais

Três são os possíveis regimes jurídicos da relação profissional entre os agentes administrativos e a Administração Pública: (i) regime estatutário, que rege a relação dos servidores públicos estatutários (ou funcionários públicos), sendo o único admissível para as funções tipicamente administrativas com poder decisório (exemplo: ordenadores de despesa, agentes da fiscalização); (ii) regime celetista ou contratual, que regula a relação dos servidores celetistas ou empregados públicos, por meio de vínculo de natureza privada, embora haja naturais derrogações em virtude da presença da Administração Pública em um dos polos da relação jurídica (exemplo: necessidade de motivação da dispensa); (iii) regime contratual temporário (CF, art. 37, IX).

No que tange às empresas estatais (empresas públicas e sociedades de economia mista), o regime aplicável é unicamente o celetista (CF, art. 173, § 1°, II), já que tais entidades não exercem funções típicas de Estado.

---

659. RE 1041210 RG, Relator(a): DIAS TOFFOLI, Tribunal Pleno, julgado em 27/09/2018.

Já no que concerne aos servidores da Administração direta, autárquica e fundacional, antes da Emenda Constitucional 19/98, havia três correntes a respeito do regime jurídico dos respectivos servidores: (i) poderia ser adotado o regime celetista ou o estatutário, mas, uma vez feita a escolha, ela deveria se aplicar a todos os servidores, já que o regime jurídico deveria ser único; (ii) poderiam ser adotados ambos os regimes, mas para funções diferentes, sendo o celetista para funções não decisórias e subalternas, e o estatutário para as funções típicas de Estado, como fiscais, policiais etc.; (iii) o regime necessariamente deveria ser o estatutário para todas as funções, posição que predominou na doutrina e na jurisprudência.

Com a EC 19/98, foi extinta a obrigatoriedade de regime jurídico único, o que fez com que a Administração Pública contratasse pelo regime privado (= CLT) diversos servidores.

Contudo, o STF, na ADIN-MC 2135[660], restaurou a redação original do art. 39 da CF, revigorando, portanto, o regime jurídico único para os servidores da Administração direta, autárquica e fundacional. Assim, até que seja decidido o mérito da referida ação, é obrigatória a utilização, pelos entes federativos, do regime estatutário, pois há agentes públicos nessas entidades que exercem funções típicas de Estado - e, em virtude disso, o ente político não pode optar pelo regime celetista.

Observe-se, entretanto, que o STF ressalvou a validade dos atos anteriormente praticados com base em legislações eventualmente editadas durante a vigência do art. 39 da CF, na redação da EC 19/98.

Após a promulgação da Constituição de 1988, surgiu controvérsia a respeito da necessidade de realização de concurso público para admissão de empregados de empresas estatais (empresas públicas e sociedades de economia mista).

A polêmica foi solucionada pelo STF no MS 21322[661], em que se assentou a obrigatoriedade de realização de concurso público para admissão de pessoal por essas entidades.

---

660. ADI 2135 MC, Relator(a): NÉRI DA SILVEIRA, Relator(a) p/ Acórdão: ELLEN GRACIE, Tribunal Pleno, julgado em 02/08/2007.

661. "EMENTA: CARGOS e EMPREGOS PÚBLICOS. ADMINISTRAÇÃO PÚBLICA DIRETA, INDIRETA e FUNDACIONAL. ACESSIBILIDADE. CONCURSO PÚBLICO. A acessibilidade aos cargos públicos a todos os brasileiros, nos termos da Lei e mediante concurso público e princípio constitucional explícito, desde 1934, art. 168. Embora cronicamente sofismado, mercê de expedientes destinados a iludir a regra, não só foi reafirmado pela Constituição, como ampliado, para alcançar os empregos públicos, art. 37, I e II. Pela vigente ordem constitucional, em regra, o acesso aos empregos públicos opera-se mediante concurso público, que pode não ser de igual conteúdo, mas há de ser público. As autarquias, empresas públicas ou sociedades de economia mista estão sujeitas a regra, que envolve a administração direta, indireta ou fundacional, de qualquer dos poderes da União, dos Estados, do Distrito Federal e dos Municípios. Sociedade de economia mista destinada a explorar atividade econômica está igualmente

Contudo, no MS 22357[662], a Suprema Corte validou, excepcionalmente, contratações de empregados públicos sem concurso público, realizadas pela Infraero. Fundamentou-se com a necessidade proteção da confiança do administrado, já que as admissões foram validadas por decisão administrativa e acórdão anterior do TCU. A controvérsia existente à época e o procedimento seletivo objetivo e rigoroso adotado pela empresa estatal, aliados ao decurso de longo período de tempo até o momento do julgamento, fizeram com que o STF afastasse a nulidade das contratações dos impetrantes.

De fato, o Tribunal de Contas da União decidira, em 16.05.1990, que a contratação de empresas estatais deveria observar o concurso público. Mas, no caso da Infraero, o TCU concluiu que a orientação somente valeria para novas contratações[663]. Tal orientação, entretanto, foi revista quando do julgamento das contas do exercício de 1991, ocasião em que se determinou a regularização das admissões sob pena de nulidade. O marco temporal considerado pela Corte foi a publicação do acórdão do STF no MS 21322, o que ocorreu em 23.04.1993. No caso concreto do MS 22357, as admissões supostamente irregulares – e que foram, ao final, validadas – ocorreram entre 1990 e 1991.

Há, ainda, importante precedente da 1ª Turma em que se deliberou que empresas controladas pelo Poder Público – ainda que indiretamente, por se caracterizem como estatais de terceiro grau – estão submetidas à exigência de concurso público para admissão de pessoal[664]. De acordo com a ementa do próprio julgado, a empresa estatal de terceiro grau consiste em pessoa jurídica controlada por uma subsidiária integral de empresa pública ou sociedade de economista[665].

No mesmo sentido, o Tribunal de Contas da União, em recentes decisões[666], e também em sua Súmula 231[667], esposa o entendimento de que a contratação

---

sujeita a esse princípio, que não colide com o expresso no art. 173, PAR. 1. Exceções ao princípio, se existem estão na própria Constituição" (MS 21322, Relator(a): PAULO BROSSARD, Tribunal Pleno, julgado em 03/12/1992, DJ 23-04-1993).

662. MS 22357, Relator(a): GILMAR MENDES, Tribunal Pleno, julgado em 27/05/2004.

663. Processo TCU 016.629/92-2, acórdão 110/93.

664. MS 23294 AgR, Relator(a): ROSA WEBER, Primeira Turma, julgado em 23/08/2019, PROCESSO ELETRÔNICO DJe-191 DIVULG 02-09-2019 PUBLIC 03-09-2019.

665. Lê-se na ementa: "A União possui a maioria das ações com direito a voto da empresa estatal principal ou de primeiro grau, qual seja, o Banco do Brasil. A referida sociedade de economia mista, por sua vez, por intermédio da subsidiária integral BB Cayman Islands Holding, estatal de segundo grau, controla a BBTur, estatal de terceiro grau. À luz dessa cadeia de controle em três níveis, a BBTur é sociedade empresária indiretamente controlada pela União (...)".

666. Por exemplo: processo TC 013.901/2003-9.

667. TCU, Súmula 231: A exigência de concurso público para admissão de pessoal se estende a toda Administração Indireta, nela compreendidas as Autarquias, as Fundações instituídas e mantidas pelo Poder Público, as Sociedades de Economia Mista, as Empresas Públicas e, ainda, as demais entidades controladas diretamente ou indiretamente pela União, mesmo que visem a objetivos estritamente econômicos, em regime de competitividade com a iniciativa privada.

de pessoal de empresas subsidiárias de empresas estatais – isto é, empresas controladas direta ou indiretamente pelo Estado –, deve ser precedida de concurso público.

No RE 716378[668], o Tribunal Pleno do STF firmou importante precedente a respeito do regime jurídico de pessoal das fundações públicas. De acordo com a concepção prevalecente na ocasião, tais entidades podem sujeitar-se ao regime público ou privado, a depender do estatuto da sua criação ou autorização e das atividades por elas desempenhadas.

Assim, na dicção da Suprema Corte, as fundações públicas de direito público seriam aquelas que prestassem serviços públicos próprios, seja porque essa atividade estaria definida na Constituição Federal como uma obrigação a ser executada diretamente (como são as atividades públicas de saúde, higiene e educação, por exemplo), seja porque ela deve ser exercida com supremacia de poder, o que inclui o poder de polícia e a gestão da coisa pública. Essas atividades, ainda de acordo com o julgado, seriam essenciais, não podendo ser terceirizadas, nem delegadas a particulares e, portanto, deveriam se submeter a regras eminentemente publicísticas, o que impediria a submissão ao regime privado.

De outro lado, ainda de acordo com o STF, atividades econômicas e atividades estatais passíveis de delegação, exercidas por particulares, ainda que em parceria com o Estado, também podem ser definidas como objetos de fundações públicas. Nesta hipótese, se a fundação for instituída como ente privado, será caracterizada como fundação pública de direito privado. Esse entendimento foi reiterado na ADI 4247[669], na qual se reconheceu a constitucionalidade de legislação estadual que determinava que o regime jurídico celetista incidiria sobre as relações de trabalho estabelecidas no âmbito de fundações públicas, com personalidade jurídica de direito privado, destinadas à prestação de serviços de saúde.

Em conclusão, no RE 716378, a Corte asseverou que o art. 19 do ADCT – ao assegurar estabilidade aos servidores públicos em exercício há mais de 5 anos quando da promoção da Constituição de 1988 – somente seria aplicável aos empregados de fundações públicas de direito público, não assim àquelas de direito privado. Dessa forma, está parcialmente superada a OJ 364 da SDI-1 do TST[670], no que preconizava a aplicação do art. 19 do ADCT aos servidores de quaisquer fundações públicas (inclusive as de direito privado) que realizassem

---

668. RE 716378, Relator(a): DIAS TOFFOLI, Tribunal Pleno, julgado em 07/08/2019.

669. ADI 4247, Rel. Min. Marco Aurélio, julgamento virtual finalizado em 3.11.2020.

670. OJ-SDI1-364 ESTABILIDADE. ART. 19 DO ADCT. SERVIDOR PÚBLICO DE FUNDAÇÃO REGIDO PELA CLT. Fundação instituída por lei e que recebe dotação ou subvenção do Poder Público para realizar atividades de interesse do Estado, ainda que tenha personalidade jurídica de direito privado, ostenta natureza de fundação pública. Assim, seus servidores regidos pela CLT são beneficiários da estabilidade excepcional prevista no art. 19 do ADCT.

atividades de interesse do Estado, pois tal orientação não se harmoniza com a delimitação empreendida pelo STF e acima sintetizada.

Sobre a competência jurisdicional para o julgamento de lides envolvendo servidores públicos e Administração Pública, ver tópicos específicos na parte do livro dedicada ao Direito Processual do Trabalho.

28.8. Desvio de função

A jurisprudência de ambas as turmas do STF se orienta no sentido de ser devida indenização ao servidor público que, desviado de função pela Administração Pública, preste serviços atinentes a cargo mais bem remunerado[671-672].

A orientação se revela adequada, pois o art. 37, II, da CF, impede que o mero desvio de função permita o reenquadramento do servidor, ou sua efetivação no cargo para o qual desviado. Contudo, é imperativo, à luz do princípio da vedação ao enriquecimento sem causa – o qual constitui emanação do princípio constitucional da solidariedade: CF, art. 3º, I –, que haja o pagamento das diferenças salariais eventualmente devidas.

28.9. Despedida de empregado público: motivação e estabilidade

Embora não haja firmado precedente obrigatório a respeito, o Supremo Tribunal Federal sedimentou sua jurisprudência no sentido de que a estabilidade prevista no art. 41 da Constituição somente se aplica aos servidores públicos admitidos e que tenham completado o estágio probatório antes da entrada em vigor da EC 19/1998.

Note-se que alguns julgados de turma mencionam que a estabilidade seria aplicável desde que a admissão fosse anterior à referida emenda constitucional[673]. De outro lado, encontram-se decisões exigindo a finalização do estágio

671. "EMENTA: 1. Recurso extraordinário trabalhista: desvio de função: impossibilidade de enquadramento funcional e equiparação salarial: direito de receber a diferença das remunerações pelo período trabalhado em desvio, como indenização, sob pena de enriquecimento sem causa do Estado: precedentes. 2. Recurso extraordinário: descabimento: questão relativa à responsabilidade subsidiária da Administração Pública por débitos trabalhistas, restrita ao âmbito da legislação ordinária pertinente (Enunc. 331/TST; L. 8.666/93) e insuscetível de reapreciação na via do recurso extraordinário: precedentes" (AI 582457 AgR, Relator(a): SEPÚLVEDA PERTENCE, Primeira Turma, julgado em 26/09/2006).

672. "DESVIO DE FUNÇÃO - EQUILÍBRIO DA EQUAÇÃO INICIAL - VERBA INDENIZATÓRIA. Não conflita com a Carta da República, antes lhe prestando a devida homenagem, decisão mediante a qual se reconhece o direito ao pagamento de verba indenizatória a servidor que, desviado de função pela Administração Pública, passa a prestar serviços de maior valia" (RE 191278, Relator(a): MARCO AURÉLIO, Segunda Turma, julgado em 07/11/2000).

673. Assim, por exemplo: "AGRAVO REGIMENTAL NO AGRAVO DE INSTRUMENTO CONVERTIDO EM RECURSO EXTRAORDINÁRIO. EMPREGADO PÚBLICO. APROVAÇÃO EM CONCURSO PÚBLICO ANTERIOR À EC 19/98. ESTABILIDADE. A garantia da estabilidade, prevista no artigo 41 da Constituição, estende-se aos empregados públicos celetistas, admitidos em período anterior ao

probatório antes da entrada em vigor da EC 19/98, para que se reconheça o direito à estabilidade[674].

A segunda orientação se afigura mais acertada: o direito à estabilidade somente é adquirido com a aprovação em estágio probatório. Partindo-se da premissa de que não há direito adquirido a regime jurídico, conclui-se que a modificação operada pela EC 19/98 não se aplica retroativamente, de modo que não pode alcançar os servidores que já tinham direito adquirido à estabilidade; contudo, para os servidores ainda em estágio probatório quando da entrada em vigor da emenda, tinha-se apenas expectativa de direito, razão pela qual a estabilidade não se lhes aplica.

Sob outro enfoque, a jurisprudência consolidada do STF referente ao período anterior à EC 19/98 é no sentido de que a estabilidade abrangia não apenas os servidores públicos estatutários, mas também os celetistas[675], excluídos apenas os empregados de empresas públicas e de sociedades de economia mista[676].

Assim, a Súmula 390 do TST[677] deve ser interpretada conforme esse recorte temporal, de modo que a estabilidade nela referida somente alcança os

---

advento da EC n. 19/98. Agravo regimental a que se dá provimento" (AI 472685 AgR, Relator(a): EROS GRAU, Segunda Turma, julgado em 16/09/2008).

674. Nesse sentido: "CONSTITUCIONAL. EMPREGADO DE FUNDAÇÃO PÚBLICA. APROVAÇÃO EM CONCURSO PÚBLICO EM DATA ANTERIOR À EC 19/98. DIREITO À ESTABILIDADE. I - A estabilidade prevista no *caput* do art. 41 da Constituição Federal, na redação anterior à EC 19/98, alcança todos os servidores da administração pública direta e das entidades autárquicas e fundacionais, incluindo os empregados públicos aprovados em concurso público e que tenham cumprido o estágio probatório antes do advento da referida emenda, pouco importando o regime jurídico adotado" (AI 628888 AgR, Relator(a): RICARDO LEWANDOWSKI, Primeira Turma, julgado em 20/11/2007).

675. "Direito Constitucional e Administrativo. Servidores Publicos. Disponibilidade. Empregados do Quadro Permanente da Comissão de Valores Mobiliarios (autarquia). Mandado de Segurança impetrado pelos servidores colocados em disponibilidade por força do Decreto n. 99.362, de 02.07.1990. Alegação de que o instituto da disponibilidade somente se aplica aos ocupantes de cargos e não aos de empregos publicos. Alegação repelida. 1. A garantia constitucional da disponibilidade remunerada decorre da estabilidade no serviço público, que e assegurada, não apenas aos ocupantes de cargos, mas também aos de empregos publicos, ja que o art. 41 da C.F. se refere genericamente a servidores. 2. A extinção de empregos publicos e a declaração de sua desnecessidade decorrem de juízo de conveniencia e oportunidade formulado pela Administração Pública, prescindindo de lei ordinaria que as discipline (art. 84, XXV, da C.F.). 3. Interpretação dos artigos 41,"*caput*", PAR- 3., 37, II, e 84,IV, da C.F. e 19 do A.D.C.T.; das Leis n.s. 8.028 e 8.029 de 12.04.1990; e do Decreto n. 99.362, de 02.07.1990. 4. Precedentes: Mandados de Segurança n.s. 21.225 e 21.227. 5. Mandado de Segurança indeferido" (MS 21236, Relator(a): SYDNEY SANCHES, Tribunal Pleno, julgado em 20/04/1995).

676. "CONSTITUCIONAL. EMPREGADOS DE SOCIEDADE DE ECONOMIA MISTA. ESTABILIDADE. C.F., art. 41. I. - A norma do art. 41, C.F., conferidora de estabilidade, tem como destinatário o servidor público estatutário exercente de cargo público. Inaplicabilidade aos empregados de sociedade de economia mista. II. - Inocorrência de ofensa ao art. 37, II, C.F. III. - Agravo não provido" (RE 242069 AgR, Relator(a): CARLOS VELLOSO, Segunda Turma, julgado em 22/10/2002).

677. Súmula nº 390 do TST: ESTABILIDADE. ART. 41 DA CF/1988. CELETISTA. ADMINISTRAÇÃO DIRETA, AUTÁRQUICA OU FUNDACIONAL. APLICABILIDADE. EMPREGADO DE EMPRESA PÚBLICA E SOCIEDADE DE ECONOMIA MISTA. INAPLICÁVEL. I - O servidor público celetista da administração direta, autárquica ou fundacional é beneficiário da estabilidade prevista no art. 41 da

empregados públicos da Administração Direta, autárquica ou fundacional que hajam cumprido o estágio probatório antes da entrada em vigor da Emenda Constitucional 19/1998[678].

Outro julgado de importância fundamental foi o RE 589998, julgado primeiramente no ano de 2013[679], mas finalizado apenas em 2018[680], por ocasião da apreciação final dos embargos de declaração opostos contra a decisão plenária. O caso envolvia o debate acerca da necessidade de motivação do ato de dispensa de empregado público da Empresa Brasileira de Correios e Telégrafos (ECT).

A ementa da decisão originária de 2013 consignou que os empregados públicos não fariam jus à estabilidade prevista no art. 41 da CF, salvo aqueles admitidos em período anterior ao advento da EC 19/1998, mas que, em atenção aos princípios da impessoalidade e isonomia, que regem a admissão por concurso publico, a dispensa do empregado de empresas públicas e sociedades de economia mista que prestam serviços públicos deveria ser motivada. Ainda de acordo com a ementa do julgado, a motivação do ato de dispensa visaria a resguardar o empregado de "uma possível quebra do postulado da impessoalidade por parte do agente estatal investido do poder de demitir".

Como se percebe, os termos da decisão foram amplos, de modo a abranger todas as empresas públicas e sociedades de economia mista prestadoras de serviços públicos. Sucede que tal amplitude gerou questionamentos e pedidos de habilitação de diversas empresas estatais como *amici curiae*, que se viram prejudicados sem a possibilidade de exercer o seu direito ao contraditório e de influir eficazmente na construção da tese de repercussão geral.

Desse modo, quando do julgamento dos embargos de declaração, o Supremo Tribunal Federal optou por concretizar raciocínio denominado por alguns ministros como "minimalista" na fixação da tese de repercussão geral. Assim, esclarecendo o alcance do julgado, o Plenário da Corte explicitou que a tese vinculante abrange apenas a Empresa Brasileira de Correios e Telégrafos, a qual tem o dever de motivar formalmente o ato de dispensa de seus empregados[681]. Após a decisão dos embargos de declaração, ficou claro, ainda, que:

- (i) a discussão sobre o direito à reintegração, bem como quanto às consequências da nulidade de eventual dispensa realizada sem explicitação dos respectivos motivos, não foram objeto da tese de repercussão geral.

CF/1988. II - Ao empregado de empresa pública ou de sociedade de economia mista, ainda que admitido mediante aprovação em concurso público, não é garantida a estabilidade prevista no art. 41 da CF/1988.

678. De forma semelhante, CORREIA, Henrique; MIESSA, Élisson, *Súmulas...*, *op.cit.*, p. 593.

679. RE 589998, Relator(a): RICARDO LEWANDOWSKI, Tribunal Pleno, julgado em 20/03/2013.

680. RE 589998 ED, Relator(a): ROBERTO BARROSO, Tribunal Pleno, julgado em 10/10/2018.

681. A tese afinal estabelecida como de repercussão geral foi: A Empresa Brasileira de Correios e Telégrafos - ECT tem o dever jurídico de motivar, em ato formal, a demissão de seus empregados.

O tema deve ser decidido pelas instâncias próprias, sem prejuízo de que, se for o caso, chegue ao STF pela via adequada;

- (ii) a tese minimalista não autoriza a conclusão *a contrario sensu*, ou seja, no sentido de que supostamente o ato de dispensa de outras empresas estatais – que não a ECT – pudesse ser feito sem motivação. Na verdade, o STF optou, deliberadamente, por deixar o tema em aberto, fechando posição apenas em relação à Empresa Brasileira de Correios e Telégrafos;
- (iii) não há necessidade de processo administrativo ou de contraditório para que a ECT possa dispensar seus empregados sem justa causa. O que se exige é apenas a indicação por escrito dos motivos da dispensa, em ato formal;
- (iv) não se empreendeu modulação temporal quanto aos efeitos da decisão, tendo em vista que não houve modificação de orientação normativa ou de entendimento jurisprudencial.

De fato, já era consolidado, no TST, o entendimento segundo o qual a a validade do ato de despedida do empregado da Empresa Brasileira de Correios e Telégrafos (ECT) está condicionada à motivação, por gozar a empresa do mesmo tratamento destinado à Fazenda Pública em relação à imunidade tributária e à execução por precatório, além das prerrogativas de foro, prazos e custas processuais (OJ 247, II, da SDI-1).

Quanto ao item I da OJ 247 da SDI-1 do TST[682], o qual preconiza a possibilidade de dispensa sem necessidade de motivação no que tange a empregados públicos de empresas públicas e de sociedades de economia mista, é importante observar que não se trata de entendimento vinculante. Ademais, apesar de o STF ter fixado a tese minimalista acima referida, fato é que a *ratio decidendi* do RE 589998 sinaliza para a necessidade de motivação como elemento imprescindível para assegurar a impessoalidade da atuação da Administração Pública em relação aos respectivos empregados. A exigência de ato formal para a dispensa viabiliza o controle jurisdicional e guarda simetria com o procedimento para admissão – pautado na necessidade de aprovação em prévio concurso público –, impedindo práticas antirrepublicanas que visem a beneficiar determinados candidatos.

Tal entendimento, embora não cristalizado em tese vinculante de repercussão geral, teve a adesão expressa de vários ministros, inclusive do relator dos embargos de declaração, Min. Roberto Barroso.

---

682. 247. SERVIDOR PÚBLICO. CELETISTA CONCURSADO. DESPEDIDA IMOTIVADA. EMPRESA PÚBLICA OU SOCIEDADE DE ECONOMIA MISTA. POSSIBILIDADE. I A despedida de empregados de empresa pública e de sociedade de economia mista, mesmo admitidos por concurso público, independe de ato motivado para sua validade; (...).

Em suma, o tema da necessidade de motivação do ato de dispensa de empregados de empresas públicas e de sociedades de economia mista está em aberto no Supremo Tribunal Federal, sendo certo que o Tribunal Superior do Trabalho, embora não obrigado a fazê-lo, deveria rever o entendimento consubstanciado na OJ 247, I, da SDI-1.

Cabe destacar, por fim, que os servidores públicos – inclusive os regidos pela CLT – que, admitidos sem concurso público, já contassem com 5 anos ininterruptos de serviço público antes da promulgação da Constituição de 1988 são titulares de estabilidade por força do art. 19 do ADCT[683]. O STF tem interpretado de forma restritiva o dispositivo, o qual, na dicção da Corte, somente tornou estáveis no serviço público os servidores públicos civis que estavam no serviço público sem concurso antes de 05.10.1983 e permaneceram ativos até a data de entrada em vigor da Constituição[684].

Sobre o art. 19 do ADCT, destacam-se precedentes que reconhecem a impossibilidade de que normas constitucionais estaduais ampliem tal hipótese de exceção à regra do concurso público já estabelecida no ADCT federal[685]. No mesmo diapasão, já decidiu também a Corte que o art. 19 do ADCT não autoriza a transposição do servidor para cargo integrado a carreira distinta.[686]

---

683. "SERVIDOR PÚBLICO - ESTABILIDADE - ARTIGO 19 DO ATO DAS DISPOSIÇÕES CONSTITUCIONAIS TRANSITÓRIAS. O preceito excepcional do artigo 19 do Ato das Disposições Constitucionais Transitórias beneficia, justamente, aqueles que, contando, à época da promulgação da Carta, com cinco anos de serviço, não hajam ingressado mediante concurso público" (AI 448763 AgR, Relator(a): MARCO AURÉLIO, Primeira Turma, julgado em 02/10/2007).

684. RE 603663 AgR, Relator(a): ALEXANDRE DE MORAES, Primeira Turma, julgado em 22/09/2017.

685. "AÇÃO DIRETA DE INCONSTITUCIONALIDADE. ART. 28 E PARÁGRAFOS DO ADCT DA CARTA DE MINAS GERAIS. ESTABILIDADE EXTRAORDINÁRIA. ART. 19 DO ADCT DA CARTA FEDERAL. 1. A exigência de concurso público para a investidura em cargo garante o respeito a vários princípios constitucionais de direito administrativo, entre eles, o da impessoalidade e o da isonomia. O constituinte, todavia, inseriu no art. 19 do ADCT norma transitória criando uma estabilidade excepcional para servidores não concursados da União, Estados, Distrito Federal e dos Municípios que, quando da promulgação da Carta Federal, contassem com, no mínimo, cinco anos ininterruptos de serviço público. 2. A jurisprudência desta Corte tem considerado inconstitucionais normas estaduais que ampliam a exceção à regra da exigência de concurso para o ingresso no serviço público já estabelecida no ADCT Federal. Precedentes: ADI 498, rel. Min. Carlos Velloso (DJ de 09/08/1996) e ADI 208, rel. Min. Moreira Alves (DJ de 19/12/2002), entre outros. 3. Ação direta de inconstitucionalidade cujo pedido se julga procedente" (ADI 100, Relator(a): ELLEN GRACIE, Tribunal Pleno, julgado em 09/09/2004).

686. SERVIDOR PÚBLICO – ESTABILIDADE – ARTIGO 19 DO ATO DAS DISPOSIÇÕES CONSTITUCIONAIS TRANSITÓRIAS – ALCANCE. A norma do artigo 19 do Ato das Disposições Constitucionais Transitórias encerra simples estabilidade, ficando afastada a transposição de servidores considerados cargos públicos integrados a carreiras distintas, pouco importando encontrarem-se prestando serviços em cargo e órgão diversos da Administração Pública" (ADI 351, Relator(a): MARCO AURÉLIO, Tribunal Pleno, julgado em 14/05/2014).

28.10. Conselhos de fiscalização profissional e OAB

A jurisprudência das duas turmas do STF é consolidada no sentido de que os conselhos de fiscalização profissional[687], em virtude de sua natureza autárquica, só podem admitir pessoal mediante prévia realização de concurso público[688-689]. Excepciona-se tão somente a Ordem dos Advogados do Brasil, em relação à qual incabível a exigência de concurso público para contratação de pessoal, por se tratar de entidade *sui generis*, já que não vinculada a finalidades meramente corporativas[690].

---

687. Tais como os Conselhos Regionais de Engenharia e Arquitetura (CREA), Conselho Federal de Medicina (CFM) etc.

688. "Ementa: AGRAVO INTERNO NOS EMBARGOS DE DECLARAÇÃO NO RECURSO EXTRAORDINÁRIO. CONSELHO DE FISCALIZAÇÃO PROFISSIONAL. ADMISSÃO DE PESSOAL SEM CONCURSO PÚBLICO. NULIDADE. AÇÃO DIRETA DE INCONSTITUCIONALIDADE 1.717. EFEITOS EX TUNC. PRECEDENTES. AGRAVO INTERNO DESPROVIDO" (RE 1193345 ED-AgR, Relator(a): LUIZ FUX, Primeira Turma, julgado em 20/11/2019).

689. "EMENTA: AGRAVO REGIMENTAL NO RECURSO EXTRAORDINÁRIO COM AGRAVO. ADMINISTRATIVO. CONSELHO DE FISCALIZAÇÃO PROFISSIONAL. NATUREZA DE AUTARQUIA. CONTRATAÇÃO DE PESSOAL: EXIGÊNCIA DE CONCURSO PÚBLICO. PRECEDENTES. AGRAVO REGIMENTAL AO QUAL SE NEGA PROVIMENTO" (ARE 1204586 AgR-segundo, Relator(a): CÁRMEN LÚCIA, Segunda Turma, julgado em 18/10/2019).

690. "EMENTA: AÇÃO DIRETA DE INCONSTITUCIONALIDADE. § 1º DO ARTIGO 79 DA LEI N. 8.906, 2ª PARTE. "SERVIDORES" DA ORDEM DOS ADVOGADOS DO BRASIL. PRECEITO QUE POSSIBILITA A OPÇÃO PELO REGIME CELESTISTA. COMPENSAÇÃO PELA ESCOLHA DO REGIME JURÍDICO NO MOMENTO DA APOSENTADORIA. INDENIZAÇÃO. IMPOSIÇÃO DOS DITAMES INERENTES À ADMINISTRAÇÃO PÚBLICA DIRETA E INDIRETA. CONCURSO PÚBLICO (ART. 37, II DA CONSTITUIÇÃO DO BRASIL). INEXIGÊNCIA DE CONCURSO PÚBLICO PARA A ADMISSÃO DOS CONTRATADOS PELA OAB. AUTARQUIAS ESPECIAIS E AGÊNCIAS. CARÁTER JURÍDICO DA OAB. ENTIDADE PRESTADORA DE SERVIÇO PÚBLICO INDEPENDENTE. CATEGORIA ÍMPAR NO ELENCO DAS PERSONALIDADES JURÍDICAS EXISTENTES NO DIREITO BRASILEIRO. AUTONOMIA E INDEPENDÊNCIA DA ENTIDADE. PRINCÍPIO DA MORALIDADE. VIOLAÇÃO DO ARTIGO 37, *CAPUT*, DA CONSTITUIÇÃO DO BRASIL. NÃO OCORRÊNCIA. 1. A Lei n. 8.906, artigo 79, § 1º, possibilitou aos "servidores" da OAB, cujo regime outrora era estatutário, a opção pelo regime celetista. Compensação pela escolha: indenização a ser paga à época da aposentadoria. 2. Não procede a alegação de que a OAB sujeita-se aos ditames impostos à Administração Pública Direta e Indireta. 3. A OAB não é uma entidade da Administração Indireta da União. A Ordem é um serviço público independente, categoria ímpar no elenco das personalidades jurídicas existentes no direito brasileiro. 4. A OAB não está incluída na categoria na qual se inserem essas que se tem referido como "autarquias especiais" para pretender-se afirmar equivocada independência das hoje chamadas "agências". 5. Por não consubstanciar uma entidade da Administração Indireta, a OAB não está sujeita a controle da Administração, nem a qualquer das suas partes está vinculada. Essa não-vinculação é formal e materialmente necessária. 6. A OAB ocupa-se de atividades atinentes aos advogados, que exercem função constitucionalmente privilegiada, na medida em que são indispensáveis à administração da Justiça [artigo 133 da CB/88]. É entidade cuja finalidade é afeita a atribuições, interesses e seleção de advogados. Não há ordem de relação ou dependência entre a OAB e qualquer órgão público. 7. A Ordem dos Advogados do Brasil, cujas características são autonomia e independência, não pode ser tida como congênere dos demais órgãos de fiscalização profissional. A OAB não está voltada exclusivamente a finalidades corporativas. Possui finalidade institucional. 8. Embora decorra de determinação legal, o regime estatutário imposto aos empregados da OAB não é compatível com a entidade, que é autônoma e independente. 9. Improcede o pedido do requerente no sentido de que se dê interpretação conforme o artigo 37, inciso II, da Constituição do Brasil ao *caput* do artigo 79 da Lei n. 8.906, que determina a aplicação do regime trabalhista aos servidores da OAB.

Quanto ao regime de pessoal de tais entidades, tem-se como julgado paradigmático a ADI 1717[691], na qual a Suprema Corte decidiu que seria inviável a delegação, a uma entidade privada, "de atividade típica de Estado, que abrange até poder de polícia, de tributar e de punir, no que concerne ao exercício de atividades profissionais regulamentadas".

De fato, os conselhos profissionais são destinatários de tributos (contribuições sociais) pagas pelos profissionais inscritos, os quais se subordinam à fiscalização e à possibilidade de aplicação de sanções pelos conselhos. Trata-se de poderes-deveres que inegavelmente se inserem na órbita das atribuições do Poder Público.

Dessa forma, o regime jurídico de pessoal dos conselhos profissionais somente pode ser o estatutário, por conferir garantias como a estabilidade, necessárias ao exercício de funções típicas de Estado. Ressalve-se, entretanto, que na já referida ADI 1717, a Suprema Corte não apreciou a questão, pois considerou "prejudicado" o art. 58, §3º, da Lei 9.649/98[692], em decorrência de alteração substancial do parâmetro de controle (justamente o art. 39, *caput*, da CF, que estabelecia o regime jurídico único e foi modicado pela EC 19/98).

Com o julgado, criou-se situação paradoxal e ambígua, pois o art. 58, §3º, da Lei 9.649/98 – formalmente ainda em vigor – estipula que os empregados dos conselhos de fiscalização seriam regidos pela legislação trabalhista. No entanto, tal previsão não se harmoniza com a conclusão da Corte a respeito do fato de que tais entidades são pessoas jurídicas de direito público que exercem atividades típicas de Estado – para as quais somente se pode admitir pessoal sujeito a regime estatutário.

Sucede que, em julgados posteriores, notadamente a ADC 36[693], a ADI 5367[694] e a ADPF 367[695], o STF, por maioria de votos, declarou a constitucionalidade do referido dispositivo legal, sob o fundamento de que a situação dos conselhos profissionais seria peculiar, pois eles detêm maior autonomia administrativa e financeira do que a conferida às autarquias comuns. De acordo com o voto condutor do Min. Alexandre de Moraes, os recursos financeiros dos

---

10. Incabível a exigência de concurso público para admissão dos contratados sob o regime trabalhista pela OAB. 11. Princípio da moralidade. Ética da legalidade e moralidade. Confinamento do princípio da moralidade ao âmbito da ética da legalidade, que não pode ser ultrapassada, sob pena de dissolução do próprio sistema. Desvio de poder ou de finalidade. 12. Julgo improcedente o pedido" (ADI 3026, Relator(a): EROS GRAU, Tribunal Pleno, julgado em 08/06/2006).

691. ADI 1717, Relator(a): SYDNEY SANCHES, Tribunal Pleno, julgado em 07/11/2002.

692. § 3º Os empregados dos conselhos de fiscalização de profissões regulamentadas são regidos pela legislação trabalhista, sendo vedada qualquer forma de transposição, transferência ou deslocamento para o quadro da Administração Pública direta ou indireta.

693. ADC 36, Rel. Min. Cámen Lúcia, red. para ac. Min. Alexandre de Moraes, julgado em 05.09.2020.

694. ADI 5367, Rel. Min. Carmen Lúcia, red. para ac. Min. Alexandre de Moraes, julgado em 05.09.2020.

695. ADPF 367, Rel. Min. Carmen Lúcia, red. para ac. Min. Alexandre de Moraes, julgado em 05.09.2020.

conselhos são desvinculados do orçamento público, sendo também desnecessária a edição de lei para criação dos respectivos cargos.

Por tais motivos, a Suprema Corte considerou que deveria ser deferida ao legislador infraconstitucional margem de conformação para definir qual o regime jurídico aplicável aos servidores de tais entidades, sendo válida, por tal motivo, a previsão do art. 58, §3º, da Lei 9.649/98 no sentido de que o regime jurídico de pessoal dos conselhos profissionais deve ser o trabalhista.

29. SINDICATO E CONTRIBUIÇÃO SINDICAL

Referências normativas e jurisprudenciais	
Constituição	Art. 8º É livre a associação profissional ou sindical, observado o seguinte: I - a lei não poderá exigir autorização do Estado para a fundação de sindicato, ressalvado o registro no órgão competente, vedadas ao Poder Público a interferência e a intervenção na organização sindical; II - é vedada a criação de mais de uma organização sindical, em qualquer grau, representativa de categoria profissional ou econômica, na mesma base territorial, que será definida pelos trabalhadores ou empregadores interessados, não podendo ser inferior à área de um Município; III - ao sindicato cabe a defesa dos direitos e interesses coletivos ou individuais da categoria, inclusive em questões judiciais ou administrativas; IV - a assembléia geral fixará a contribuição que, em se tratando de categoria profissional, será descontada em folha, para custeio do sistema confederativo da representação sindical respectiva, independentemente da contribuição prevista em lei; V - ninguém será obrigado a filiar-se ou a manter-se filiado a sindicato; VI - é obrigatória a participação dos sindicatos nas negociações coletivas de trabalho; VII - o aposentado filiado tem direito a votar e ser votado nas organizações sindicais; VIII - é vedada a dispensa do empregado sindicalizado a partir do registro da candidatura a cargo de direção ou representação sindical e, se eleito, ainda que suplente, até um ano após o final do mandato, salvo se cometer falta grave nos termos da lei.
Legislação infra-constitucional	CLT, art. 578. As contribuições devidas aos sindicatos pelos participantes das categorias econômicas ou profissionais ou das profissões liberais representadas pelas referidas entidades serão, sob a denominação de contribuição sindical, pagas, recolhidas e aplicadas na forma estabelecida neste Capítulo, desde que prévia e expressamente autorizadas. Art. 579. O desconto da contribuição sindical está condicionado à autorização prévia e expressa dos que participarem de uma determinada categoria econômica ou profissional, ou de uma profissão liberal, em favor do sindicato representativo da mesma categoria ou profissão ou, inexistindo este, na conformidade do disposto no art. 591 desta Consolidação. Lei 8.112/90, art. 240: Art. 240. Ao servidor público civil é assegurado, nos termos da Constituição Federal, o direito à livre associação sindical e os seguintes direitos, entre outros, dela decorrentes: (...) c) de descontar em folha, sem ônus para a entidade sindical a que for filiado, o valor das mensalidades e contribuições definidas em assembléia geral da categoria.

Referências normativas e jurisprudenciais	
Normas internacionais	OIT: C. 87, 98, 154
Súmulas e teses de repercussão geral	SV 40 (= Súmula 666): A contribuição confederativa de que trata o art. 8º, IV, da Constituição Federal, só é exigível dos filiados ao sindicato respectivo. STF, Súmula 677: Até que lei venha a dispor a respeito, incumbe ao Ministério do Trabalho proceder ao registro das entidades sindicais e zelar pela observância do princípio da unicidade. Tema 935 (ARE 1018459): É inconstitucional a instituição, por acordo, convenção coletiva ou sentença normativa, de contribuições que se imponham compulsoriamente a empregados da categoria não sindicalizados.
Julgados paradigmáticos	ADI MC 962, MC 2006, 2522, 2811, 3587, 4364, 5794, 6363 AI 456634, AgR 609989 ARE 807155, 1018459 MS 21305, 21549 Rcl 4990 RE 159228, 199142, 200589, 207910, 217328, Ag 241935, 291822, 310811, 363860, 370834, 740434, 883642 RMS 21305 ROMS 24309

29.1. Histórico do modelo sindical brasileiro

O movimento associativo de trabalhadores se inicia no Brasil a partir das décadas finais do século XIX, sem que houvesse legislação específica que o disciplinasse[696]. Em 1903 (Decreto nº 979) e em 1907 (Decreto nº 1.637) surgem os primeiros diplomas legislativos que mencionam a figura do sindicato: o primeiro, facultando a organização de sindicatos de profissionais da agricultura e indústria rural; o segundo, admitindo a criação de sindicatos no âmbito urbano. Tais decretos, entretanto, podem ser caracterizados como facilitadores da atividade econômica, não tendo, efetivamente, legitimado a atuação sindical[697].

Apesar da autorização legal para a fundação de sindicatos, era muito pequeno o número de trabalhadores sindicalizados, e "como não havia interlocução dos sindicatos criados com os empregadores, a atividade do sindicato era, reservadamente, de cunho político, adotando-se, sobretudo, o viés revolucionário, anarquista"[698].

---

696. "As primeiras associações de trabalhadores livres mas assalariados, mesmo que não se intitulando sindicatos, surgiram nas décadas finais do século XIX (...) e agregavam trabalhadores por critérios diferenciados" (DELGADO, Maurício Godinho, *Curso...*, *op.cit.*, p. 1289).

697. Cf. SOUTO MAIOR, Jorge Luiz, *História...*, *op.cit.*, p.142.

698. Idem, p. 210-11.

O Decreto nº 19.770/1931 modifica substancialmente o cenário e constitui as bases do sindicalismo brasileiro, sendo que algumas perduram até os dias atuais. O diploma se caracteriza por propiciar forte intervenção do Estado nos entes sindicais, prevendo: a proibição de "toda e qualquer propaganda de ideologias sectárias, de caráter social, político ou religioso" (art. 1º, *f*); a necessidade de reconhecimento pelo Ministério do Trabalho para aquisição de personalidade jurídica pelo sindicato (art. 2º, *caput*); a aprovação de alterações estatutárias pelo Ministro do Trabalho (art. 2º, §2º); o fato de que os sindicatos eram órgãos de colaboração com o Poder Público (art. 6º); a unicidade sindical (art. 9º).

Criou-se, ainda, com o Decreto nº 21.396/1932, um sistema de solução de conflitos trabalhistas em que somente poderiam ser demandantes os empregados integrantes do sindicalismo oficial[699]. Nota-se a existência de incentivos ao sindicalismo oficial, ainda, na previsão de exclusivismo dos sindicatos nos Institutos de Aposentadorias e Pensões, sendo que tais incentivos foram transformados, posteriormente, em expresso monopólio jurídico de organização, atuação e representação sindical[700].

Depreende-se que, a partir da década de 1930, instituiu-se "modelo trabalhista corporativista e autocrático" cujo objetivo era "sufocar manifestações políticas ou operárias autonomistas ou simplesmente adversas à estratégia oficial concebida"[701].

De fato, o forte controle exercido pelo Estado sobre a atividade sindical é traço típico do regime corporativista, em que se ressalta a ideia de colaboração de classes em prol dos interesses superiores da nação. É nítida a influência da *Carta del Lavoro*, declaração de princípios do Estado fascista que previa, entre outros aspectos, que apenas o sindicato "legalmente reconhecido e submisso ao Estado" poderia representar a categoria profissional ou econômica, bem como celebrar contratos coletivos obrigatórios no âmbito de suas representações[702]. Tal sistema se caracteriza, ainda, pela intervenção da magistratura do trabalho na "regulação das controvérsias do trabalho"[703].

---

699. DELGADO, Maurício Godinho, *Curso...*, *op.cit.*, p. 1292.

700. Idem, p. 1293.

701. Idem, ibidem.

702. Em tradução livre do autor, o item III da Carta del Lavoro menciona que: "a organização sindical ou profissional é livre. Mas somente o sindicato legalmente reconhecido e submetido ao controle do Estado tem o direito de representar legalmente toda a categoria de empregadores ou de trabalhadores pelos quais é constituído; de tutelar, diante do Estado e de outras associações profissionais, seus interesses; de estipular contratos coletivos de trabalho obrigatórios para todos os integrantes da categoria, de impor-lhes contribuições e de exercitar, em relação a eles, funções de interesse público". No original: "III. L'organizzazione sindacale o professionale è libera. Ma solo il sindacato legalmente riconosciuto e sottoposto al controllo dello Stato ha il diritto di rappresentare legalmente tutta la categoria di datori di lavoro o di lavoratori per cui è costituito; di tutelarne, di fronte allo Stato e alle altre associazioni professionali, gli interessi; di stipulare contratti collettivi di lavoro obbligatori per tutti gli appartenenti alla categoria, di imporre loro contributi e di esercitare rispetto ad essi funzioni di interesse pubblico".

703. O item V da Carta del Lavoro prevê (tradução livre do autor): a magistratura do trabalho é o órgão com o qual o Estado intervém para regular as controvérsias decorrentes do trabalho, seja as que versem

É importante perceber, entretanto, que a vinculação do sindicato ao Estado, embora fosse típica do regime fascista, não era uma exclusividade deste. Além disso, a repressão aos sindicatos espontâneos era uma tônica também nos países liberais, sendo certo que o sistema sindical estabelecido no Brasil a partir da década de 1930 resultou em aumento significativo do número de sindicatos[704].

Apenas com Constituição de 1988 se rompe o controle do sindicato pelo Estado (art. 8º, I)[705]. No entanto, a Lei Maior manteve diversos resquícios do regime sindical corporativista, a saber:

- (i) a unicidade sindical, ou seja, a impossibilidade de existência de mais de um ente sindical, em qualquer grau, representativo de categoria profissional ou econômica, na mesma base territorial, que será definida pelos trabalhadores ou empregadores interessados, não podendo ser inferior à área de um Município (art. 8º, II);
- (ii) a sindicalização por categoria (art. 8º, III);
- (iii) a contribuição sindical prevista em lei (cuja obrigatoriedade foi afastada pela Lei n 13.467/2017, conforme se analisará adiante);
- (iv) a representação classista na Justiça do Trabalho (extinta pela EC 24/1999).

A análise da jurisprudência do Supremo Tribunal Federal permite compreender os limites, as possibilidades e os rumos do movimento sindical no Brasil, conforme se passa a demonstrar.

---

sobre a observância dos pactos e de outras normas existentes, seja as que versem sobra a determinação de novas condições de trabalho. No original: "La Magistratura del Lavoro è l'organo con cui lo Stato interviene a regolare le controversie del lavoro, sia che vertano sull'osservanza dei patti e delle altre norme esistenti, sia che vertano sulla determinazione di nuove condizioni di lavoro"

704. "No Decreto n. 19.770, de 19 de março de 1931, que regulou a atuação sindical, os sindicatos foram vinculados ao Estado. Surge daí a acusação da natureza fascista do governo de Vargas, pois tal vinculação também estava preconizada na *Carta del Lavoro* de 1927. No entanto, também o fazia a lei francesa da época e nenhuma relação esta possuía com o fascismo. Além disso, em outros países, onde imperava o discurso liberal, o que havia era uma grande luta contra a viabilidade da atuação dos sindicatos. No Brasil, como em outros países, a lei reprimia a ação sindical e aqui mais ainda diante da herança histórica escravagista. Além disso, a vinculação, se por um lado, serviu ao projeto getulista de afastar dos sindicatos o conteúdo político de natureza anárquica, que foi a marca do sindicalismo nacional na Primeira República, por outro, afastando o caráter repressivo no que se referia à constituição de sindicatos, embora mantivesse sob controle sua atuação, favoreceu o aumento do número dos sindicatos. A cultura escravista, aliada ao projeto liberal, fazia com que antes o trabalhador sindicalizado entrasse direto na conhecida lista negra e não conseguisse trabalho ou perdesse o trabalho já obtido (SOUTO MAIOR, Jorge Luiz, *História...*, *op.cit.*, p. 210-11).

705. Segundo Godinho, a Constituição de 1988 consiste no "primeiro momento na história na história brasileira após 1930 em que se afasta, estruturalmente, a possibilidade jurídica de intervenção do Estado – através do Ministério do Trabalho – sobre as entidades sindicais. Rompe-se, assim, com um dos pilares do velho modelo: o controle político-administrativo do Estado sobre a estrutura sindical" (DELGADO, Maurício Godinho, *Curso...*, *op.cit.*, p. 1294).

29.2. Unicidade sindical e representação por categoria: dissociação, desmembramento e paralelismo simétrico

O enquadramento sindical de trabalhadores e de empregadores se dá de forma automática, isto é, pelo mero fato de exercer determinada atividade profissional ou econômica, independentemente de filiação a qualquer sindicato.

Isso decorre do art. 8º, II e III, da CF, que estabelecem que os entes sindicais - cuja base territorial mínima é a de um município - representam a categoria profissional (sindicatos de trabalhadores) ou econômica (sindicatos de empregadores). Como já eram - antes da promulgação da Constituição - previstos na CLT[706], os conceitos de categoria profissional e econômica se tornaram indispensáveis para o funcionamento do sistema sindical implantado pela Carta Magna[707].

De acordo com o art. 511, §§ 1º e 2º, da CLT, a categoria econômica consiste em vínculo social básico decorrente da solidariedade de interesses econômicos dos que empreendem atividades idênticas, similares ou conexas. Já a categoria profissional seria expressão elementar composta pela similitude de condições de vida oriunda da profissão ou trabalho em comum, em situação de emprego na mesma atividade econômica ou em atividades econômicas similares ou conexas.

Além da referida automaticidade do enquadramento sindical, decorre do art. 511, §2º, da CLT, a noção de paralelismo simétrico das categorias profissional e econômica. Em outros termos: a categoria profissional sempre corresponderá a uma categoria econômica; definida esta, determina-se aquela. Assim, como

706. Art. 511. É lícita a associação para fins de estudo, defesa e coordenação dos seus interesses econômicos ou profissionais de todos os que, como empregadores, empregados, agentes ou trabalhadores autônomos ou profissionais liberais exerçam, respectivamente, a mesma atividade ou profissão ou atividades ou profissões similares ou conexas.

§ 1º A solidariedade de interesses econômicos dos que empreendem atividades idênticas, similares ou conexas, constitui o vínculo social básico que se denomina categoria econômica.

§ 2º A similitude de condições de vida oriunda da profissão ou trabalho em comum, em situação de emprego na mesma atividade econômica ou em atividades econômicas similares ou conexas, compõe a expressão social elementar compreendida como categoria profissional.

§ 3º Categoria profissional diferenciada é a que se forma dos empregados que exerçam profissões ou funções diferenciadas por força de estatuto profissional especial ou em consequência de condições de vida singulares.

§ 4º Os limites de identidade, similaridade ou conexidade fixam as dimensões dentro das quais a categoria econômica ou profissional é homogênea e a associação é natural .

707. Süssekind afirma que "além de impor a unicidade sindical, o precitado inciso II determinou o monopólio de representação sindical por categoria profissional ou econômica. Se tivesse referido apenas 'categoria', poder-se-ia entender que cogitava, indeterminadamente, de qualquer grupo de trabalhadores ou de empresários; mas a verdade é que alude a 'categoria profissional' e 'categoria econômica' - expressões a que correspondem conceitos sociológicos transplantados para o direito positivo brasileiro. E as normas legais pertinentes são não somente compatíveis com o Estatuto Fundamental, mas necessárias ao funcionamento do sistema sindical por ele adotado" (SÜSSEKIND, Arnaldo, *op.cit.*, p. 337).

princípio geral, pouco importa, para fins de enquadramento sindical, a profissão ou a função exercida por determinado trabalhador; o que releva é a atividade econômica desenvolvida pelo empregador[708]. Desse modo, por exemplo, um trabalhador que exerça a função de auxiliar de escritório num estabelecimento rural será considerado empregado rural, muito embora não desenvolva nenhuma atividade diretamente relacionada à agricultura ou à pecuária.

A definição das categorias econômicas (e as profissionais correspondentes) era feita pelo Ministério do Trabalho, a partir do quadro anexo mencionado no art. 577 da CLT[709]. Tal quadro podia ser atualizado ou modificado por proposta da Comissão de Enquadramento Sindical, aprovada pelo Ministro do Trabalho (CLT, art. 575).

Sucede que, como a Constituição de 1988 vedou a interferência do Estado no sindicato (art. 8º, I), tal Comissão foi extinta. Daí passou-se a entender competir às confederações a coordenação das atividades do sistema, podendo inclusive dirimir controvérsias, mas sempre assegurado o acesso ao Poder Judiciário no caso de conflito entre os interessados[710]. Ademais, comumente diz-se que o quadro anexo do art. 577 da CLT pode servir como referência para o enquadramento sindical, sem prejuízo da autonomia dos órgãos do sistema confederativo para dispor a respeito[711].

O modelo sindical instituído pela Constituição e pela CLT admite, também, a existência de categorias profissionais diferenciadas, que são as que se formam de empregados que exerçam profissões ou funções diferenciadas por força de estatuto profissional especial ou em consequência de condições de vida singulares (CLT, art. 511, §3º). Em tais casos excepcionais, o enquadramento sindical do trabalhador será feito à luz de sua função ou profissão, independentemente da atividade econômica desempenhada pelo empregador. Por exemplo: um médico que trabalhe para um estabelecimento rural não será empregado rural, pois integra categoria diferenciada regida por lei própria (Lei nº 3.999/61).

---

708. Nas palavras de Estêvão Mallet: "Na definição das categorias, há que se levar em conta a natureza da atividade desenvolvida pela empresa, de modo a que se conclua pela existência, ou não, de interesses comuns suficientes à formação da solidariedade social cogitada pelo legislador. (...) Do enquadramento da atividade do empregador decorre o enquadramento dos empregados que lhe prestam serviços. Ao definir o conceito de categoria profissional, o legislador vinculou-o ao exercício de emprego em determinado ramo de atividade (...). Não importa, em regra, a profissão concreta de cada empregado, o serviço que ele realiza (...). a categoria profissional estabelece-se a partir da categoria econômica. Daí o chamado paralelismo sindical, também conhecido como bifrontalidade sindical ou simetria (...)". (p. 95). Explicita ainda que "a cada sindicato econômico corresponde um determinado sindicato profissional" (MALLET, Estêvão. Reflexões sobre o enquadramento sindical dos empregados da agroindústria sucroalcooleira. In *A centralidade do trabalho e os rumos da legislação trabalhista* [ARRUDA, Kátia Magalhães; ARANTES, Delaíde Alves Miranda - orgs.]. São Paulo: LTR, 2018, p. 93-95).

709. Art. 577 - O Quadro de Atividades e Profissões em vigor fixará o plano básico do enquadramento sindical.

710. BARROS, Alice Monteiro de, *op.cit.*, p. 1235.

711. Idem, ibidem.

A sindicalização por categoria se amalgama com a unicidade sindical, que já foi tida, em decisão do STF, como a mais importante limitação constitucional à liberdade sindical[712]. Estabelece-se, dessa forma, o modelo de sindicato único em determinada área, que não pode ser inferior a um município. Por mais que haja liberdade de associação, apenas um ente sindical terá o monopólio de representação da categoria em sua base territorial.

A rigidez do modelo sindical brasileiro não impede, porém, que os entes sindicais se desdobrem, seja por desmembramento territorial, seja por dissociação de categorias ecléticas, conforme definido pela jurisprudência do Supremo Tribunal Federal, que traçou importantes parâmetros a respeito, embora apresente certas inconsistências que demonstram a necessidade de reforma do modelo sindical brasileiro, a fim de que se consagre a plena liberdade sindical, com a ratificação da Convenção nº 87 da OIT.

No RMS 21305[713], a Corte não admitiu a criação por desmembramento de sindicato atinente a categoria diferenciada. No caso, pretendia-se a criação de sindicato nacional específico dos pilotos da aviação civil, sendo certo que existia sindicato nacional dos aeronautas. O julgado salienta que os trabalhadores têm liberdade para escolher a base territorial do sindicato, mas não para definir a categoria em si. Nas hipóteses de categorias diferenciadas, geralmente regidas por leis especiais, pouco importariam as funções desempenhadas por cada trabalhador, pois a categoria seria tratada como um todo unitário e indivisível. A dissociação somente seria possível se o ente sindical congregasse categorias similares ou conexas, o que não era o caso dos aeronautas.

Já ao julgar o RE 291822[714], a conclusão da 1ª Turma do STF foi no sentido de admitir o desmembramento de sindicato que abrangia, inicialmente, cate-

---

712. "O princípio da unicidade sindical, previsto no art. 8º, II, da CF, é a mais importante das limitações constitucionais à liberdade sindical" (RE 310.811 AgR, 2ª Turma, Rel. Min. Ellen Gracie, julgado em 12.5.2009).

713. "CRIAÇÃO POR DESMEMBRAMENTO - CATEGORIA DIFERENCIADA. A organização sindical pressupõe a representação de categoria econômica ou profissional. Tratando-se de categoria diferenciada, definida à luz do disposto no par-3. do artigo 511 da Consolidação das Leis do Trabalho, descabe cogitar de desdobramento, por iniciativa dos interessados, consideradas as funções exercidas pelos sindicalizados. O disposto no paragrafo único do artigo 570 do referido Diploma aplica-se as hipóteses de existência de categoria similares ou conexas e não de categoria diferenciada, muito embora congregando trabalhadores que possuem funções diversas. A definição atribuída aos trabalhadores e empregadores diz respeito a base territorial do sindicato - artigo 8., inciso II, da Constituição Federal e não a categoria em si, que resulta das peculiaridades da profissão ou da atividade econômica, na maioria das vezes regida por lei especial, como ocorre em relação aos aeronautas. Mostra-se contraria ao princípio da unicidade sindical a criação de ente que implique desdobramento de categoria disciplinada em lei como única. Em vista da existência do Sindicato Nacional dos Aeronautas, a criação do Sindicato Nacional dos Pilotos da Aviação Civil não subsiste, em face da ilicitude do objeto. Segurança concedida para cassar-se o ato do registro no Ministério do Trabalho" (RMS 21305, Relator(a): MARCO AURÉLIO, Tribunal Pleno, julgado em 17/10/1991).

714. "(...) SINDICATO – REUNIÃO DE CATEGORIAS QUE GUARDAM AFINIDADE – DESMEMBRAMENTO. A impossibilidade de desmembramento de sindicato, considerados segmentos diversos, decorre

gorias afins, mas diferentes. O julgado se refere à dissociação dos contabilistas (profissionais de nível médio) e dos contadores (profissionais de nível superior), anteriormente agrupados em sindicato único. O precedente deixa claro que a dissociação era legítima porque os contabilistas e contadores integravam categorias distintas, que foram agrupadas porque os segmentos envolvidos não tinham condições de, nos primórdios, fundarem sindicatos separados. A seguinte passagem do voto condutor do Min. Marco Aurélio elucida de forma sintética a diferença entre este caso e o anterior, alusivo aos aeronautas:

> Min. Marco Aurélio (RE 291822): "A origem da junção, prevista na Consolidação das Leis do Trabalho, é única, ou seja, o somatório de forças considerados segmentos afins que não teriam, inicialmente, como formarem, isoladamente, entidade sindical. Não cabe evocar o que decidido quando do julgamento do Recurso Ordinário no Mandado de Segurança nº 21.305, do qual fui relator. No caso, havia categoria diferenciada, englobando segmentos, com regência normativa própria, unificada. Por isso prevaleceu a óptica sobre a inviabilidade de desmembramento".

O critério, embora pareça lógico, pode gerar embaraços e dúvidas nas diversas situações que a prática faz emergir.

Pense-se, por exemplo, na situação dos motoristas profissionais. Tradicionalmente, a categoria dos rodoviários sempre contou com sindicatos fortes e que congregam todos os empregados nesse ramo. Sucede que, em 2015, a Lei nº 13.103 regulamentou diversos aspectos da função de motorista profissional, como jornada de trabalho, períodos de descanso etc. A partir daí, surgem as indagações: os motoristas rodoviários passaram, a partir da referida lei, a constituir categoria profissional diferenciada? Seria possível a criação de sindicatos específicos de motoristas rodoviários? Caso positiva a resposta, também seria possível a criação de sindicatos específicos de cobradores de ônibus?

A essa última pergunta, poder-se-ia responder que os cobradores não integram categoria diferenciada porque não há lei própria que lhes discipline o trabalho. No entanto, admitir que o legislador possa criar e extinguir, livremente, categorias diferenciadas, constitui clara interferência do Estado na organização sindical, o que é vedado pelo art. 8º, I, da CF.

---

da circunstância de as categorias terem regência legal única, não alcançando categorias simplesmente conexas ou afins, quando prevalece a liberdade de associação. Precedente: Recurso Ordinário em Mandado Segurança nº 21.305/DF, por mim relatado no Plenário, acordão publicado no Diário da Justiça de 29 de novembro 1991. SINDICATO – EXISTÊNCIA JURÍDICA. O registro versado no inciso I do artigo 8º da Constituição Federal é o civil das pessoas jurídicas, não se podendo cogitar de observância da formalidade presente Poder ou Órgão público, ou seja, o Ministério do Trabalho. ORGANIZAÇÃO SINDICAL – CATEGORIAS AFINS – CONTABILISTAS E CONTADORES. Mostra-se possível o desmembramento do Sindicato se referente a categoria específica no que o primitivo englobava contabilistas e contadores – inteligência do Diploma Maior da República, a nortear a disciplina normativa ordinária, revelando recepcionado o artigo 571, primeira parte, da Consolidação das Leis do Trabalho, não subsistindo a exigência de autorização da Comissão do Enquadramento Sindical" (RE 291822, Relator(a): MARCO AURÉLIO, Primeira Turma, julgado em 29/11/2011).

Além disso, as inevitáveis controvérsias entre os grupos interessados tendem a desaguar no Judiciário, que acabará tendo que dar a última palavra com base em critérios vagos, tais como a existência de condições de vida singulares (CLT, art. 511, §3º)[715] que justifiquem a existência de uma categoria diferenciada... Trata-se de mais uma evidente intervenção do Estado na organização sindical.

De todo modo, a jurisprudência do STF registra, além dos precedentes atinentes à dissociação de categorias ecléticas ou conexas, julgados que dizem respeito ao desmembramento territorial de entes sindicais, considerando-o válido desde que observada a unicidade sindical[716].

Sobre esse tema, a jurisprudência do TST é firme no sentido de que o desmembramento de ente sindical não pode ser condicionado à autorização de assembleia geral do "sindicato-mãe"[717].

Em doutrina, entretanto, há fundadas opiniões no sentido de que, ainda que o direito de voto quanto ao desmembramento se restrinja aos trabalhadores que serão representados pela futura entidade, por força do princípio democrático os debates prévios ao desmembramento devem se realizar no âmbito da entidade maior que será desmembrada[718]. Embora não haja jurisprudência firme a esse respeito, há julgado de turma do TST nesse sentido[719].

---

715. § 3º Categoria profissional diferenciada é a que se forma dos empregados que exerçam profissões ou funções diferenciadas por força de estatuto profissional especial ou em consequência de condições de vida singulares.

716. "AGRAVO REGIMENTAL EM AGRAVO DE INSTRUMENTO. SINDICATO. POSSIBILIDADE DE DESDOBRAMENTO DE SINDICATO PRÉ-EXISTENTE PARA REPRESENTAÇÃO DE CATEGORIA PROFISSIONAL ESPECÍFICA. PRECEDENTES DESTA NOSSA CASA DE JUSTIÇA. 1. É pacífica a jurisprudência desta nosso Tribunal no sentido de que não implica ofensa ao princípio da unidade sindical a criação de novo sindicato, por desdobramento de sindicato pré-existente, para representação de categoria profissional específica, desde que respeitados os requisitos impostos pela legislação trabalhista e atendida a abrangência territorial mínima estabelecida pela Constituição Federal". (AI 609989 AgR, Relator(a): AYRES BRITTO, Segunda Turma, julgado em 30/08/2011).

717. Exemplificam essa tendência: ARR-1455-92.2010.5.19.0002, 2ª Turma, Relator Ministro Jose Roberto Freire Pimenta, DEJT 27/10/2017. RR-262700-26.2009.5.06.0291, 2ª Turma, Relatora Ministra Delaide Miranda Arantes, DEJT 13/12/2019.

718. Com profunda argumentação nesse sentido, MARTINEZ, Luciano, *op.cit.*, p. 976 e seguintes.

719. "AGRAVO DE INSTRUMENTO EM RECURSO DE REVISTA - ENTIDADE SINDICAL - DESMEMBRAMENTO DA BASE TERRITORIAL - TRABALHADORES INTERESSADOS - ASSEMBLÉIA - NULIDADE. É garantia individual o direito à liberdade de pensamento, à reunião pacífica, à liberdade associativa e à criação de associações de qualquer natureza, assegurada no disposto no art. 5º, IV, XVI, XVII, XVIII e XX, da Constituição da República. (...) Contudo, compete salientar que , na presente lide , está em debate questão distinta, qual seja o cerceamento por parte da comissão organizadora-ré , à participação de todos os interessados (in casu , os trabalhadores bancários da região metropolitana de Belo Horizonte) da assembleia de desmembramento da base territorial com o escopo de criar uma nova entidade sindical (trabalhadores das empresas de crédito de Betim). Como se pode observar, o Tribunal Regional, no tocante à delimitação dos interessados no processo de desmembramento da base territorial dos sindicatos, consignou expressamente que, não obstante o entendimento quanto à legitimidade do direito de voto ser restrito aos empregados que futuramente serão representados pela entidade sindical que vier a ser criada, houve restrição ao amplo acesso às dependências do local da assembleia pelos demais sindicalizados, afrontando, pois, os princípios democráticos, tornando o pleito

Caso se criem dois entes sindicais representativos da mesma categoria em idêntica base territorial, deve prevalecer o sindicato constituído primeiramente. Essa a conclusão da 2ª Turma do STF no RE 199142[720]. No entanto, como visto, a jurisprudência é assentada no sentido da possibilidade de cisão de sindicatos, desmembrando-se o sindicato anteriormente existente, desde que a base territorial da nova entidade (e também do ente sindical originário) abranja, no mínimo, um município[721].

A possibilidade de desmembramento também se reconhece no âmbito das federações[722] e confederações profissionais e patronais[723], em relação às quais também se aplica o critério da unicidade sindical. Tais entidades sindicais de

---

ilegítimo. Ressalte-se que a Corte a quo, por meio do conjunto fático-probatório dos autos, consignou que houve cerceio , até mesmo , à presença dos próprios bancários lotados em Betim, com direito a voto, bem como aos demais interessados em participar do processo (apesar de tão somente na instância deliberativa). Assentou que houve afronta ao principio democrático, razão pela qual manteve a nulidade da assembleia declarada na sentença de origem, e, entendimento contrário, como pretendem os reclamados, esbarra, necessariamente, no óbice da Súmula nº 126 desta Corte. Agravo de instrumento desprovido" (AIRR-652-13.2012.5.03.0026, 7ª Turma, Relator Ministro Luiz Philippe Vieira de Mello Filho, DEJT 20/11/2015).

720. "Sindicato. Superposição de base territorial. Unicidade Sindical (CF, art. 8º, II). Havendo identidade entre categoria de trabalhadores representados pelo autor e pelo réu e sendo idênticas também as bases territoriais de atuação de um e de outro sindicato, deve prevalecer o primeiro deles, dada a sua constituição anterior" (RE 199142, Relator(a): NELSON JOBIM, Segunda Turma, julgado em 03/10/2000).

721. Nesse sentido, por exemplo, "AGRAVO REGIMENTAL EM RECURSO EXTRAORDINÁRIO. DESMEMBRAMENTO DE SINDICATO. ENTIDADE PRÉ-EXISTENTE. MONOPÓLIO DA REPRESENTAÇÃO SINDICAL EM DETERMINADA BASE TERRITORIAL. PRINCÍPIO DA UNICIDADE SINDICAL. POSSIBILIDADE DE CISÃO. NORMAS DA CONSOLIDAÇÃO DAS LEIS DO TRABALHO. 1. Acolhendo o princípio da não intervenção e não interferência estatal na organização sindical (CF, artigo 8º,I), o legislador constituinte outorgou aos trabalhadores e empregadores interessados a capacidade para definir a base territorial da entidade que não poderá ser inferior à área de um Município, afastando a competência do Ministério do Trabalho para delimitá-la na forma prevista no artigo 517, § 1º da Consolidação das Leis do Trabalho. (...) 3. Artigo 571 c/c o artigo 570, parágrafo único da Consolidação das Leis do Trabalho. Possibilidade de cisão do sindicato principal com o objetivo de constituir entidade sindical específica, desde que observados os requisitos impostos pela norma trabalhista. 3.1. Em face das disposições contidas nos incisos I e II do artigo 8º da Constituição Federal não mais prevalecem as restrições previstas na CLT. 4. Criação de sindicato por meio de desmembramento da entidade sindical preexistente. Verificação da regular decisão tomada pelos trabalhadores e comprovação de que a base territorial da nova entidade não é inferior à área de um Município" (RE 207910 AgR, Relator(a): MAURÍCIO CORRÊA, Segunda Turma, julgado em 17/04/1998).

722. "Cisão de Federações - Licitude, no caso de ficar evidenciada a diferenciação de interesses econômicos entre duas espécies de trabalhadores, mesmo sendo conexas (art. 511, § 1º da CLT). (...) Inadmissibilidade da exigência de obediência às prescrições estatutárias da Federação mais antiga, tendo em vista a garantia de liberdade de instituição da nova entidade (CF, art. 8º, II)" (RE 217328, Relator(a): OCTAVIO GALLOTTI, Primeira Turma, julgado em 21/03/2000).

723. "CONFEDERAÇÃO NACIONAL DE SAÚDE - HOSPITAIS, ESTABELECIMENTOS E SERVIÇOS - CNS. DESMEMBRAMENTO DA CONFEDERAÇÃO NACIONAL DO COMÉRCIO. ALEGADA OFENSA AO PRINCÍPIO DA UNICIDADE. Improcedência da alegação, posto que a novel entidade representa categoria específica, até então congregada por entidade de natureza eclética, hipótese em que estava fadada ao desmembramento, concretizado como manifestação da liberdade sindical consagrada no art. 8º, II, da Constituição Federal. Agravo desprovido" (RE 241935 AgR, Relator(a): ILMAR GALVÃO, Primeira Turma, julgado em 26/09/2000).

grau superior têm sua representatividade delimitada pelas bases territoriais dos sindicatos que a elas se filiem[724], sendo certo que o art. 535 da CLT foi recepcionado pela CF/88, de modo que é imperioso que as confederações se organizem com o mínimo de três federações sindicais, sob pena de descaraterização de sua natureza sindical[725].

A 1ª Turma já decidiu também que não viola a unicidade sindical a "existência, na mesma base territorial, de entidades sindicais que representem estratos diversos da vasta categoria dos servidores públicos – funcionários públicos pertencentes a Administração direta, de um lado, e empregados públicos vinculados a entidades paraestatais, de outro, cada qual com regime jurídico próprio"[726].

29.3. Registro sindical

Apesar de vedadas, pela Constituição (art. 8º, I), a interferência e intervenção do Estado no sindicato, a jurisprudência do Supremo Tribunal Federal firmou-se no sentido de ser necessário o registro dos atos constitutivos do ente sindical (sindicato, federação ou confederação) no órgão competente – que sempre foi o Ministério do Trabalho, até sua extinção, quando a atribuição passou a incumbir ao Ministério da Economia.

Cristalizando a jurisprudência, a Súmula 677 do STF deixa claro que o registro das entidades sindicais apresenta o objetivo de zelar pela observância do princípio da unicidade. De fato, se não fosse feito qualquer registro, certamente haveria muitas dúvidas e controvérsias a respeito de qual o ente sindical representativo da categoria, sobretudo nas hipóteses de desmembramento e de criação de novos sindicatos.

Contudo, o órgão competente para o registro não pode emitir juízo de valor quanto à oportunidade de criação ou de desdobramento do ente sindical, já que isso consubstanciaria intervenção estatal no sindicato. Na verdade, o controle registral somente será legítimo quando se ativer aos aspectos formais envolvidos, tais como a realização de assembleia dos empregados interessados, com prévia publicação de edital; lista de presença à assembleia; no caso de desmembramento, o município da sede da entidade desmembrada deve permanecer, obrigatoriamente, sob a responsabilidade da própria entidade desmembrada. O tema é regulamentado pela Portaria nº 17.593/2020, da Secretaria Especial

724. "(...) Nem o princípio da unicidade sindical, nem o sistema confederativo, mantidos pela Constituição, impõem que os sindicatos se filiem a federação que pretenda abranger-lhe a categoria-base; por isso, nenhuma federação pode arrogar-se âmbito de representatividade maior que o resultante da soma das categorias e respectivas bases territoriais dos sindicatos que a ela se filiem". (MS 21549, Relator(a): SEPÚLVEDA PERTENCE, Tribunal Pleno, julgado em 17/11/1993).

725. ADI 1121 MC, Relator(a): CELSO DE MELLO, Tribunal Pleno, julgado em 06/09/1995.

726. RE 159228, Relator(a): CELSO DE MELLO, Primeira Turma, julgado em 23/08/1994.

de Previdência e Trabalho do Ministério da Economia, que estabelece o procedimento registral e os requisitos formais que devem ser cumpridos pelos solicitantes. Eventuais conflitos entre os interessados devem ser resolvidos por autocomposição, mediação, arbitragem ou pela via jurisdicional.

Na dicção do Supremo Tribunal Federal, "o registro sindical qualifica-se como ato administrativo essencialmente vinculado, devendo ser praticado pelo Ministro do Trabalho, mediante resolução fundamentada, sempre que, respeitado o postulado da unicidade sindical e observada a exigência de regularidade, autenticidade e representação, a entidade sindical interessada preencher, integralmente, os requisitos fixados pelo ordenamento positivo e por este considerados como necessários a formação dos organismos sindicais"[727].

A jurisprudência do STF é consolidada no sentido de que o registro sindical "é o ato que habilita as entidades sindicais para a representação de determinada categoria, tendo em vista a necessidade de observância do postulado da unicidade sindical"[728], inclusive para fins de reconhecimento de legitimidade ativa em ações coletivas, como substituto processual dos membros da categoria[729]. Idêntico raciocínio se aplica para que haja legitimidade ativa para ajuizamento, por confederação sindical, de ação direta de inconstitucionalidade no âmbito da própria Suprema Corte[730].

Depreende-se que os entes sindicais não podem ajuizar ações em nome da categoria sem que haja sido feito, previamente, o registro no Ministério do Trabalho/ Ministério da Economia. Essa é a jurisprudência consolidada do STF.

No entanto, no RE 370834[731], a 1ª Turma decidiu em sentido diverso, em julgado peculiar que discrepa da jurisprudência que até hoje se aplica na Corte. Na fundamentação, menciona-se que não havia sobreposição de sindicatos, isto é, o princípio da unicidade sindical estava sendo observado, por inexistir outro sindicato representativo da mesma categoria na mesma base territorial. Consignou-se, ainda, que para que o sindicato tivesse legitimidade para impetração

---

727. ADI 1121 MC, Relator(a): CELSO DE MELLO, Tribunal Pleno, julgado em 06/09/1995.

728. Rcl 4990 AgR, Relator(a): ELLEN GRACIE, Tribunal Pleno, julgado em 04/03/2009.

729. Nesse sentido, exemplificativamente: ARE 834.700-AgR, Rel. Min. Dias Toffoli, Segunda Turma, DJe de 21/8/2015; ARE 886.544-AgR, Rel. Min. Rosa Weber, Primeira Turma, DJe de 4/9/2015; RE 740434 AgR, Relator(a): LUIZ FUX, Primeira Turma, julgado em 19/02/2019.

730. "Agravo regimental incabível por não se dirigir a decisão interlocutória, mas a simples despacho de expediente (solicitação de informações). Ação Direta de que, igualmente não se conhece, à mingua de registro sindical da Confederação requerente. Precedentes do Supremo Tribunal: ADI 1.121 (RTJ 159/413) e ADI 1.565 (DJ de 17-12-99)" (ADI 2025 AgR, Relator(a): OCTAVIO GALLOTTI, Tribunal Pleno, julgado em 12/08/1999).

731. "LEGITIMIDADE - MANDADO DE SEGURANÇA COLETIVO - SINDICATO - REGISTRO NO MINISTÉRIO DO TRABALHO. A legitimidade de sindicato para atuar como substituto processual no mandado de segurança coletivo pressupõe tão somente a existência jurídica, ou seja, o registro no cartório próprio, sendo indiferente estarem ou não os estatutos arquivados e registrados no Ministério do Trabalho (...)" (RE 370834, Relator(a): MARCO AURÉLIO, Primeira Turma, julgado em 30/08/2011).

de mandado de segurança coletivo, bastava sua existência jurídica (registro no cartório de registro civil de pessoas jurídicas), sendo indiferente os estatutos estarem arquivados e registrados no Ministério do Trabalho.

29.4. Contribuição sindical de servidores públicos

A jurisprudência da Suprema Corte apresenta importantes precedentes a respeito da contribuição sindical dos servidores públicos, sendo que alguns dos julgados propiciam interessantes reflexões no que tange aos empregados privados, conforme se passa a demonstrar.

No AI 456634 AgR[732], a 2ª Turma concluiu que "a contribuição sindical instituída pelo art. 8º, IV, da Constituição Federal constitui norma dotada de autoaplicabilidade, não dependendo, para ser cobrada, de lei integrativa". Consequentemente, os sindicatos de servidores públicos poderiam promover a cobrança da contribuição sindical compulsória independentemente de lei regulamentadora específica. No mesmo sentido já era a jurisprudência da 1ª Turma (manifestada, por exemplo, RE 199019[733]), reiterada até momento pouco anterior à reforma trabalhista de 2017[734].

Pode-se dizer, portanto, que o STF entendia pela autoaplicabilidade do art. 8º, IV, da CF, na parte em que estabelece o chamado *imposto sindical* ou contribuição sindical compulsória. Isso porque, como se sabe, a CLT não se aplica aos servidores públicos estatutários, e, em consequência, inexistiam dispositivos legais que lhes impusessem a contribuição sindical obrigatória, cobrada independentemente de filiação ao sindicato, já que a regência legal era estabelecida no art. 578 e seguintes da CLT.

Essa observação é importante por demonstrar que a contribuição sindical compulsória é um dos pilares do modelo sindical brasileiro, tal como delineado na Constituição.

Na ADI 962[735], o STF declarou a inconstitucionalidade de portaria que vedava o desconto em folha da contribuição sindical devida pelos servidores públicos do Poder Judiciário estadual, salvo autorização expressa do interessado. O voto condutor (Min. Ilmar Galvão) fixou que, embora não se estabelecesse expressamente, em favor das entidades sindicais de servidores públicos,

732. AI 456634 AgR, Relator(a): CARLOS VELLOSO, Segunda Turma, julgado em 13/12/2005.

733. RE 199019, Relator(a): OCTAVIO GALLOTTI, Primeira Turma, julgado em 31/03/1998.

734. "EMENTA: AGRAVO REGIMENTAL EM RECURSO EXTRAORDINÁRIO COM AGRAVO. CONTRIBUIÇÃO SINDICAL. SERVIDORES PÚBLICOS. INCIDÊNCIA. DESNECESSIDADE DE REGULAMENTAÇÃO POR LEI ESPECÍFICA. PRECEDENTES O Supremo Tribunal Federal tem se orientado no sentido de que a contribuição sindical é devida pelos servidores públicos, independentemente da existência de lei específica regulamentando sua instituição. Agravo regimental a que se nega provimento" (ARE 807155 AgR, Relator(a): ROBERTO BARROSO, Primeira Turma, julgado em 07/10/2014).

735. ADI 962 MC, Relator(a): ILMAR GALVÃO, Tribunal Pleno, julgado em 11/11/1993.

regra autorizadora da fixação, em assembleia geral, da contribuição respectiva e da sua cobrança mediante desconto em folha, o tratamento não poderia discrepar, em atenção ao princípio da liberdade de associação, daquele conferido aos sindicatos vinculados ao setor privado. No caso, tratava-se de desconto em folha decorrente da filiação do servidor ao respectivo sindicato; a mera filiação, na ótica do STF, já era suficiente para revelar a autorização para o desconto da contribuição devida ao ente sindical"[736].

29.5. Fontes de custeio do sindicato e liberdade sindical

Existem quatro fontes principais de custeio do sindicato: contribuição sindical prevista em lei; contribuição assistencial; contribuição confederativa; e mensalidade sindical.

A contribuição assistencial é um "suporte financeiro" previsto em normas coletivas com o objetivo de propiciar o "revigoramento da entidade sindical depois de uma dispendiosa campanha de melhoria das condições de trabalho ou de atividade de crescimento institucional"[737]. Já a contribuição confederativa, também prevista em normas coletivas, visa ao custeio ordinário do sistema sindical confederativo[738].

De outro lado, a mensalidade sindical decorre do ato de sindicalização e comumente visa a garantir benefícios como acesso a clubes, convênios etc.

O STF, em momento anterior à "reforma" trabalhista de 2017 (Lei nº 13.467/2017), estabeleceu, na súmula vinculante nº 40, o entendimento de que a contribuição confederativa somente seria exigível dos filiados ao sindicato respectivo. Posteriormente, em repercussão geral, no ARE 1018459[739], o entendimento foi ampliado, fixando-se a tese de ser "inconstitucional a instituição, por acordo, convenção coletiva ou sentença normativa, de contribuições que se imponham compulsoriamente a empregados da categoria não sindicalizados", o que abrange as contribuições assistencial e confederativa, além da mensalidade sindical.

Destaque-se que a Suprema Corte se manifestou sobre o tema quando ainda vigorava, no ordenamento jurídico, a obrigatoriedade da contribuição sindical compulsória. Com a Lei nº 13.467/2017, o art. 579 da CLT passou a prever que as contribuições devidas aos sindicatos somente podem ser descontadas se houver autorização expressa do trabalhador.

Por mais que na ADI 5794[740] o STF haja declarado a constitucionalidade da extinção da contribuição sindical compulsória, fato é que não há precedente

---

736. No mesmo sentido, ADI 1088, Rel. Min. Nelson Jobim, julgado em 20.02.2002.

737. Cf. MARTINEZ, Luciano, *Curso...*, *op.cit.*, p. 1012.

738. Idem, ibidem.

739. ARE 1018459 RG, Relator(a): GILMAR MENDES, Tribunal Pleno, julgado em 23/02/2017.

740. ADI 5794/DF, rel. Min. Edson Fachin, red. p/ o ac. Min. Luiz Fux, julgado em 29.6.2018.

vinculante (sobre cobrança de contribuições assistenciais e confederativas a não sindicalizados) firmado após a referida modificação legislativa, cujo impacto torna legítima a rediscussão do tema, inclusive para o fim de se considerar superados a SV 40 e o precedente do ARE 1018459. A superação (*overruling*) do precedente, neste caso, poderia inclusive ser feita pelos juízes e tribunais do trabalho, já que se trata de alteração superveniente do cenário legislativo[741].

De fato, quando o Supremo exarou o entendimento segundo o qual era vedada a cobrança de contribuições sindicais a empregados que não a autorizassem expressamente, o sindicato ainda era beneficiário da contribuição sindical compulsória, devida inclusive pelos trabalhadores não sindicalizados, pelo mero fato de pertencerem à categoria profissional. Desse modo, fazia sentido que houvesse facultatividade de pagamento da contribuição assistencial e confederativa, pois os trabalhadores já financiavam o sistema sindical, independentemente de serem, ou não, filiados ao sindicato.

Contudo, extinta a contribuição sindical compulsória, parece legítimo que a contribuição assistencial seja cobrada de todos os integrantes da categoria, ainda que não sindicalizados. Tal modalidade de contribuição, conforme já dito, tem o objetivo de permitir o custeio da negociação coletiva empreendida pelo sindicato, o qual tem despesas com a manutenção de sua estrutura, e com a contratação de especialistas (normalmente advogados) para celebração dos instrumentos coletivos.

Ora, alguma forma de custeio há de se assegurar. Afronta ao mais elementar senso de justiça que alguém pretenda ter todas as benesses de determinada situação sem assumir nenhuma responsabilidade a respeito. É exatamente o que acontece com o financiamento do sindicato: seria legítimo que o trabalhador se beneficiasse das normas coletivas sem fazer nenhuma contribuição?

A análise de alguns trechos de votos dos ministros na ADI 5794 ajuda a elucidar a questão. Vejam-se alguns dos argumentos lançados no voto condutor do Min. Luiz Fux:

> Min. Luiz Fux (ADI 5794): O argumento teórico básico em favor da cobrança forçada de taxas para o custeio dos sindicatos reside no problema dos "bens públicos" ou "coletivos". Em Economia, os bens públicos são aqueles caracterizados por não-rivalidade e não-exclusão, pois o gozo do bem por um indivíduo não exclui o seu aproveitamento por terceiro, bem como é impossível ou excessivamente caro impedir que não pagantes consumam o bem. Nessas situações, haveria uma oferta sub-ótima do bem, visto que cada indivíduo teria incentivos em excesso para "pegar carona" sem pagar no investimento feito pelos outros, ou seja, ser um "free-rider" no consumo do bem produzido por terceiros. Aplicando-se essa lógica ao mercado de trabalho, os benefícios das negociações coletivas promovidas pelas entidades sindicais aproveitaria a toda a categoria

741. Sobre o tema, ver capítulo I, item 5.

> (de empregados ou empregadores, conforme o caso), sendo impossível impedir que não pagantes sejam beneficiados pela atuação dos sindicatos. À míngua da contribuição forçada, argumenta-se que não-sindicalizados seriam "freeriders" no investimento feito pelos sindicalizados, gerando incentivos para a desfiliação sindical mesmo para aqueles que concordam com os objetivos perseguidos pela entidade. O resultado seria uma produção sub-ótima de entidades sindicais.
>
> Ocorre que esses argumentos teóricos são abstratamente questionáveis e empiricamente não comprovados.
>
> Longe de haver uma produção sub-ótima de sindicatos, é amplamente conhecido o problema da proliferação excessiva de organizações sindicais no Brasil. Esse problema, inclusive, foi apontado na exposição de motivos do substitutivo ao Projeto de Lei nº 6.787/2016 (...).a Lei nº 13.467/2017 tem por escopo o fortalecimento e a eficiência das entidades sindicais, que passam a ser orientadas pela necessidade de perseguir os reais interesses dos trabalhadores, a fim de atraírem cada vez mais filiados.

Como se vê, foi expressamente mencionado – e rejeitado – o argumento de que os não sindicalizados tenderiam a se tornar "free riders" – ou seja, que passariam a se aproveitar das normas coletivas sem efetivar quaisquer contribuições –, o que desestimularia a sindicalização. Contudo, ao afirmar que tais argumentos seriam "abstratamente questionáveis", o voto carece de consistência teórica e se afasta dos pilares da Ciência Econômica, cujos ensinamentos ele próprio (o voto) pretende aplicar.

De fato, uma das premissas básicas amplamente aceitas na Economia é o princípio segundo o qual "as pessoas reagem a incentivos" e que "um incentivo é algo que induz uma pessoa a agir, tal como a perspectiva de uma punição ou recompensa"[742].

Ora, é evidente que o custo de oportunidade[743] do pagamento da contribuição sindical é o próprio valor pago. No sistema de representação sindical compulsória (independentemente de filiação do trabalhador ao sindicato) adotado no Brasil, a não aplicação das normas coletivas não representa um custo de oportunidade. Assim, concebido como um agente econômico racional (tal como se faz na Ciência Econômica), se o trabalhador perceber que pode ter o mesmo benefício com menor custo (= sem pagar contribuição sindical), obviamente receberá um incentivo para não se sindicalizar. A racionalidade econômica conduz à busca de maximização de utilidades, o que se faz, no caso, mediante obtenção da mesma vantagem sem a realização de qualquer dispêndio.

---

742. MANKIW, N. Gregory. *Introdução à Economia*. Trad de *Principles of economis* (8. Ed.): Allan Vidigal Hastings, Elisete Paes e Lima; revisão técnica: Manuel José Nunes Pinto. São Paulo: Cengage, 2020, p. 6.

743. Custo de oportunidade, em Economia, consiste naquilo de que se deve abrir mão para conseguir alguma coisa.

A conclusão lógica é que, do ponto de vista da teoria econômica, a aplicação da norma coletiva a toda a categoria, independentemente do pagamento de qualquer contribuição, é um incentivo para que o trabalhador não se filie e não contribua com o sindicato.

Ademais, o voto menciona que os argumentos não seriam "empiricamente comprovados". De fato, a comprovação empírica somente seria possível se fosse modificado o sistema sindical, de modo que somente os trabalhadores filiados ou que contribuíssem ao sindicato se beneficiassem das normas coletivas por ele firmadas. É fora de dúvida que um tal sistema consubstanciaria forte incentivo – no sentido econômico acima explicitado – à sindicalização ou à realização de contribuições voluntárias pelos trabalhadores aos entes sindicais.

De todo modo, os dados oficiais demonstram que em 2018 houve uma queda significativa na sindicalização, a qual atingiu os menores níveis históricos, apesar do crescimento na taxa de ocupação dos trabalhadores, em movimento inédito[744].

Outro aspecto importante debatido na Suprema Corte é a relação entre o pagamento de contribuições sindicais e a liberdade de expressão. Veja-se a seguinte passagem do voto condutor:

> Min. Luiz Fux (ADI 5794): No que diz respeito à liberdade de expressão, é consabido que entidades sindicais frequentemente se engajam em atividades políticas, lançando e apoiando candidatos, conclamando protestos e mantendo estreitos laços com partidos políticos. Ocorre que o discurso político é o núcleo por excelência da liberdade de expressão. Ao exigir que indivíduos financiem atividades políticas com as quais não concordam, por meio de contribuições compulsórias a sindicatos, o regime anterior certamente vulnerava a garantia fundamental da liberdade de expressão, protegida pelo art. 5º, IV, da Constituição.
>
> A esse respeito, é conveniente uma referência de Direito Comparado. No caso Janus v. American Federation of State, County, and Municipal Employees, Council 31, julgado no dia 28 de junho de 2018, a Suprema Corte dos Estados Unidos decidiu que um trabalhador não filiado a sindicato não pode ser obrigado por lei a pagar contribuição sindical, denominada "agency fee", ainda que sob o argumento de custear as atividades sindicais de negociação coletiva. Superando a orientação anteriormente fixada em Abood v. Detroit Board of Education (1977), entendeu a Corte que a extração forçada e não consentida de contribuições sindicais viola a Primeira Emenda à Constituição norte-americana, a qual garante as liberdades de expressão e associação. (...) quanto ao risco de "free-riders" se beneficiarem da atuação dos sindicatos sem contribuírem para a sua manutenção, a Corte concluiu que na verdade são os sindicatos que se be-

744. Segundo o IBGE, a queda na sindicalização entre 2014 e 2017 esteve fortemente associada à crise no mercado de trabalho, devido ao aumento do desemprego. Mas o mesmo fator não pode ser apontado em 2018, uma vez que nesse ano houve aumento de 1,3 milhão de postos de trabalho. As informações constam de matéria do Jornal O Globo, publicada em 18/12/2019. Disponível em: https://g1.globo.com/economia/noticia/2019/12/18/sindicalizacao-atinge-a-menor-taxa-no-brasil-em-2018-aponta-ibge.ghtml . Acesso em 30/07/2020.

neficiam da prerrogativa de representarem trabalhadores não filiados, aumentando seu poder político e influência. Mais ainda, o risco de "free-riders" não justifica a violação a liberdades fundamentais.

O argumento em torno da liberdade de expressão também se revela inexato, na medida em que olvida que a atuação do sindicato se dá em diversas frentes, todas a exigir recursos financeiros para sua efetivação, tais como: a assistência jurídica aos trabalhadores integrantes da categoria, independentemente de serem filiados (Lei nº 5.584/70, art. 18); a participação em negociações coletivas de trabalho e a celebração de instrumentos coletivos; atuação como substituto processual da categoria em ações coletivas.

Não se pode, portanto, pura e simplesmente afirmar que o pagamento da contribuição sindical represente o financiamento de um discurso político eventualmente manifestado pelos dirigentes sindicais, sendo certo que as entidades dispõem de outras fontes de receita, tais como a mensalidade sindical.

Ademais, a menção à jurisprudência da Suprema Corte dos Estados Unidos da América foi feita de forma descontextualizada, atraindo críticas de especialistas no assunto[745]. Em resumo, o caso Janus, mencionado no trecho acima transcrito, envolvia a negociação coletiva no setor público, cujas poten-

745. João Renda Leal Fernandes e Cássio Casagrande Júnior explicam que: "*Janus* foi objeto de citação expressa não apenas no voto (oral e escrito) de Luiz Fux, mas também no voto escrito de Alexandre de Moraes. No entanto, ninguém esclareceu que o caso norte-americano referia-se exclusivamente ao setor público, com fundamentação baseada na liberdade de associação garantida pela Primeira Emenda à Constituição dos EUA (a qual, segundo a *state action doctrine* prevalecente naquele país, limita-se à regência das relações entre Estado e indivíduos, sem eficácia direta e imediata nas relações privadas). (...) Nos EUA, considerando que o caso *Janus* dizia respeito apenas ao setor público, a questão constitucional relativa às contribuições sindicais compulsórias foi analisada sob o ângulo da necessidade de sua compatibilização com a liberdade de expressão (*Free Speech Clause*) da Primeira Emenda, porque se entendeu que a negociação coletiva com a Administração Pública (permitida, naquele país, com uma amplitude bem maior) pressupõe debate sobre orçamento público, que é uma questão política sujeita ao debate público de interesse de todos os cidadãos. Assim, caso cobrada contribuição obrigatoriamente de servidores públicos, estes estariam sendo compelidos, ainda que indiretamente, a apoiar um determinado discurso político. A Suprema Corte entende que o 'discurso compulsório' (*compelled speech*) é uma forma de violação à liberdade de expressão assegurada na Primeira Emenda, conforme o precedente West Virginia State Board of Education v. Barnette, 319 U.S. 624 (1943), que estabeleceu como inconstitucional uma lei do estado de West Virginia que obrigava os alunos da rede pública a saudar a bandeira nacional. De qualquer forma, o tratamento da Suprema Corte tem sido muito pouco restritivo à compulsoriedade da contribuição assistencial, especialmente porque o vínculo trabalhador-empresa-sindicato é visto como uma relação essencialmente privada e, como se sabe, a Primeira Emenda tem como objetivo evitar a supressão do discurso (ou a imposição de discurso compulsório) pelo Estado em face do particular". E concluem afirmando: "A análise de precedentes oriundos de sistemas estrangeiros pode revelar-se extremamente válida. Mas essa tarefa deve vir acompanhada de um mínimo de cautela, estudo, pesquisa e contextualização, a fim de viabilizar uma necessária filtragem. Do contrário, estar-se-á contribuindo para a desinformação e propagação de mitos, e não para a importação de ideias e argumentos verdadeiramente capazes de inspirar soluções para a nossa realidade particular" (FERNANDES, João Renda Leal; CASAGRANDE, Cássio. *O caso Janus v. AFSCME no STF: um amor incompreendido.* Disponível em: https://www.amatra1.org.br/noticias/?no-jota-renda-e-casagrande-falam-das-alusoes-ao-caso--janus-no-stf. Acesso em 21 jul.2020).

cialidades são muito maiores do que ocorre com os acordos coletivos firmados pela Administração Pública no Brasil. Isso porque nos EUA é possível que os instrumentos coletivos prevejam cláusulas econômicas em tais instrumentos coletivos, diferentemente do caso brasileiro, em que se admitem apenas as chamadas cláusulas sociais sem repercussão financeira.

Por envolver questões orçamentárias de interesse de toda a sociedade, a Suprema Corte dos EUA entendeu que incidia a Primeira Emenda à Constituição, que estabelece a liberdade de expressão como direito dos cidadãos frente ao Poder Público. A contribuição sindical compulsória ("agency fee") dos servidores públicos acabaria financiando, assim, um discurso político concernente ao orçamento público. Desse modo, a situação analisada no caso *Janus* não tem nenhuma relação com a cobrança de contribuição sindical compulsória de empregados privados, absolutamente desvinculados do orçamento público, razão pela qual é impertinente traçar um paralelo para concluir que a contribuição sindical compulsória no Brasil violaria a liberdade de expressão. Além disso, em 23 Estados norte-americanos e alguns territórios ainda se permite que "acordos coletivos estabeleçam cobrança compulsória de contribuições assistenciais integrais ou proporcionais de trabalhadores integrantes de uma unidade onde a maioria tenha optado pela presença do sindicato, independentemente de filiação sindical ou anuência expressa do trabalhador"[746].

Veja-se, agora, trecho de voto do Min. Barroso, que também integrou a corrente vencedora na Corte:

> Min. Roberto Barroso (ADI 5794): acho, Presidente, que, aqui, como em outras situações, nós temos de novo um embate entre modelos: um modelo de origem autoritária e paternalista, de um lado, e um modelo querendo irromper e trazer o futuro, que é um modelo de autonomia individual e de maior responsabilidade pessoal de cada um nas escolhas que faz. (...) Eu gostaria de dizer que, ao falar que o Congresso começou a mudar esse modelo e que ele é o protagonista desse processo, eu digo que começou porque há um próximo passo necessário e coerente com o fim da contribuição sindical, a meu ver, que é também o fim da unicidade sindical, porque senão o modelo fica capenga.

O voto tem o mérito de perceber que o modelo sindical brasileiro ficou absolutamente insustentável ("capenga") com a extinção da contribuição sindical compulsória. No entanto, a decisão foi tímida, por assim dizer, porque valida uma alteração legislativa que institui uma "liberdade" e uma "modernização" seletivas, pela metade. Sob outro enfoque, ao enfatizar a autonomia individual e a maior responsabilidade pessoal do trabalhador, o voto pode ser inserido num contexto mais amplo de transformação do modelo sindical brasileiro, de modo a que se implante a liberdade sindical possível à luz do ordenamento jurídico brasileiro, conforme se demonstrará no próximo tópico.

---

746. FERNANDES, João Renda Leal; CASAGRANDE, Cássio, *op.cit.*, *loc.cit.*

A extinção da contribuição sindical compulsória pela Lei nº 13.467/2017 não deve ser vista como um avanço, mas efetivo retrocesso, porque mantidos os outros dois pilares contrários à liberdade sindical: a unicidade e a sindicalização por categoria. Criou-se, na verdade, um sistema perverso, em que foram atribuídos poderes significativos ao sindicato (na onda da prevalência do negociado sobre o legislado), mas ao mesmo tempo se retirou subitamente sua fonte de custeio, sem que se permita a organização espontânea das bases representadas. O ponto foi bem percebido no voto vencido do Min. Fachin:

> Min. Edson Fachin (ADI 5794): Sem pluralismo sindical, a facultatividade da contribuição destinada ao custeio dessas entidades pode se tornar um instrumento de obnubilação do direito à sindicalização, que, inequivocamente reconhecido pelo constituinte de 1988, não poderia ser restringido, a esse ponto de atingir-se seu núcleo essencial (existência e cumprimento de suas obrigações constitucionalmente previstas), mesmo porque, se também foi o legislador infraconstitucional que reafirmou e reforçou o poder de negociação sindical, não poderia, por outro lado, atingir sua capacidade concreta de existência e funcionamento institucional.

A jurisprudência do Supremo Tribunal Federal registra, ainda, outros interessantes precedentes sobre o tema da liberdade sindical.

Na ADI MC 2006[747], a Corte concluiu pela validade de legislação que isentava micro e pequenas empresas, inscritas no SIMPLES, do recolhimento da contribuição sindical destinada às entidades sindicais patronais. No voto do relator, consta que "a tutela concedida às empresas de pequeno porte sobreleva à autonomia e à liberdade sindical de empregados e empregadores constitucionalmente protegidas".

No que tange à Ordem dos Advogados do Brasil, a decisão proferida na ADI 2522[748] assentou a constitucionalidade do art. 47 da Lei nº 8.906/94[749], o qual isenta os advogados do pagamento obrigatório da contribuição sindical, desde que paguem a anuidade devida à OAB. Na visão da Suprema Corte, a OAB exerce "a função tradicionalmente atribuída aos sindicatos, qual seja, a defesa dos direitos e interesses coletivos ou individuais da categoria", com a ressalva de que a Ordem ampara todos os inscritos, não apenas os empregados. Assim, não haveria como comparar os sindicatos de advogados com os demais, "já que as funções que deveriam, em tese, ser por eles desempenhadas, foram atribuídas à OAB".

Na ADI 2811[750], o STF decidiu que "o condicionamento da participação das cooperativas em processos licitatórios à apresentação de certificado de registro

---

747. ADI 2006 MC, Relator(a): MAURÍCIO CORRÊA, Tribunal Pleno, julgado em 01/07/1999.

748. ADI 2522, Relator(a): EROS GRAU, Tribunal Pleno, julgado em 08/06/2006.

749. Art. 47. O pagamento da contribuição anual à OAB isenta os inscritos nos seus quadros do pagamento obrigatório da contribuição sindical.

750. ADI 2811, Relator(a): ROSA WEBER, Tribunal Pleno, julgado em 25/10/2019.

no Sindicato e Organização das Cooperativas do Estado malfere a garantia da liberdade de associação sindical, consagrada no art. 8º, V, da Lei Maior". De fato, restringir a participação em licitações a pessoas jurídicas (no caso, cooperativas) que sejam filiadasa sindicato constitui clara violação à liberdade sindical, já que força, por via oblíqua ou indireta, a associação ao ente sindical.

De forma semelhante, na ADI 3587[751] a Corte concluiu pela inconstitucionalidade de lei distrital que sujeitava o exercício da profissão de carregador (transporte de bagagens em terminais rodoviários) à prévia filiação ao sindicato da categoria.

Na ADI 4364[752], o STF declarou a inconstitucionalidade de lei estadual que determinava a participação de representantes do governo nas negociações coletivas destinadas à atualização dos pisos salariais fixados na própria lei complementar do estado. O Plenário consignou que "as negociações coletivas devem ocorrer com a participação dos representantes dos empregadores e dos trabalhadores, sem intromissão do governo (princípio da negociação livre)". Tal previsão, na ótica da Corte, representaria, ainda, invasão de competência da União, por consistir em lei atinente a direito coletivo do trabalho.

29.6. Conclusão: uma proposta para a implantação possível da liberdade sindical no Brasil

A análise empreendida nos tópicos anteriores demonstrou, entre outros pontos: (i) a inadequação do modelo sindical brasileiro, que não consagra a efetiva liberdade sindical, por preservar a sindicalização por categorias e a unicidade sindical[753]; (ii) a perversidade do sistema adotado após a Lei nº 13.467/2017, por força da qual os sindicatos ganharam significativos poderes (com a prevalência do negociado coletivamente sobre o legislado), mas perderam subitamente sua principal fonte de custeio (a contribuição sindical compulsória)[754]; (iii) a violação da ideia de justiça comutativa num cenário em que trabalhadores não sindicalizados se beneficiam da atuação sindical sem verter nenhuma contribuição financeira ao sindicato, o que gera enriquecimento sem causa e desincentivo econômico à respectiva filiação.

---

751. ADI 3587, Relator(a): GILMAR MENDES, Tribunal Pleno, julgado em 12/12/2007.

752. ADI 4364, Relator(a): DIAS TOFFOLI, Tribunal Pleno, julgado em 02/03/2011.

753. Segundo Estêvão Mallet, no Brasil se adotou "modelo híbrido de organização sindical, com traços do regime corporativista, apenas temperados por elementos de liberdade sindical". Ainda de acordo com o autor, o critério de organização sindical por categoria é o único admissível para estruturação dos sindicatos, de modo que "não há liberdade de escolha, impondo-se a observância do critério da categoria" (MALLET, Estêvão, *Reflexões...*, *op.cit.*, p. 91).

754. Para Jorge Luiz Souto Maior e Valdete Souto Severo, o que a Lei 13.467/2017 faz "é simplesmente eliminar o chamado imposto sindical, sem reconhecer condições mínimas de atuação coletiva aos trabalhadores, pois – como já referimos – não reconhece garantias contra a demissão e ainda estimula a terceirização e a fragmentação da classe trabalhadora. Com isso, revela seu intuito de eliminar a atuação coletiva, em lugar de valorizá-la, como referem seus defensores" (*Manual...*, *op.cit.*, p. 119).

O ideal seria a reforma do modelo sindical brasileiro, por meio de emenda constitucional que previsse a extinção da sindicalização por categoria e da unicidade sindical, de modo que os próprios interessados pudessem definir as bases das representações e os trabalhadores que seriam abrangidos pelas normas coletivas eventualmente firmadas. Contudo, isso parece constituir verdadeira utopia, pois o legislador brasileiro jamais demonstrou "apetite" para consagrar a efetiva liberdade sindical com a consequente ratificação da Convenção 87 da OIT.

Não obstante, o direito positivo brasileiro apresenta potencialidades ainda não suficientemente exploradas e que podem contribuir para o caminhar do país rumo à liberdade sindical e ao fortalecimento dos movimentos coletivos de trabalhadores. As seguintes possibilidades podem ser debatidas: (i) eficácia e aplicabilidade das normas coletivas apenas aos trabalhadores sindicalizados; (ii) eficácia e aplicabilidade das normas coletivas apenas aos trabalhadores que contribuam para o ente sindical, independentemente de serem filiados; (iii) desenvolvimento do associativismo profissional.

A primeira solução – de aplicar as normas coletivas somente aos trabalhadores sindicalizados –, embora pareça a mais justa e equânime após a extinção da contribuição sindical compulsória, parece não contar com o beneplácito das opiniões doutrinárias[755] e jurisprudenciais, as quais se baseiam na assertiva de que o sindicato, à luz do art. 8º, II, da CF, deveria obrigatoriamente representar a totalidade da categoria. No âmbito do Tribunal Superior do Trabalho, rejeita-se inclusive a possibilidade de que a norma coletiva preveja que apenas uma de suas cláusulas (e não a totalidade do instrumento coletivo) seja aplicável somente aos sindicalizados[756].

---

755. Por todos, veja-se o que diga Arnaldo Süssekind (*op.cit.*, p. 418): "no regime da unicidade compulsória, adotado pela CLT (art. 516) e consagrado pela nova Constituição (art. 8º, II), os sindicatos representam, *ex vi legis*, todos os integrantes das correspondentes categorias profissionais ou econômicas, sejam ou não seus associados. A todos, portanto, aplica-se automaticamente a convenção ou o acordo coletivo. Se, como se espera, o referido art. 8º vier a ser modificado. para consagrar a liberdade sindical coletiva, ensejando a pluralidade de sindicatos na mesma categoria, empresa ou profissão, a lei deverá dispor sobre a aferição do mais representativo, a fim de assumir o papel de agente negociador, e, bem assim, a respeito da incidência *erga omnes*, ou não, da convenção ou do acordo coletivo por ele negociado".

756. "RECURSO ORDINÁRIO DO MINISTÉRIO PÚBLICO DO TRABALHO. PROCESSO ANTERIOR À LEI 13.467/2017. AÇÃO ANULATÓRIA. 1. CLÁUSULA DÉCIMA SÉTIMA: BENEFÍCIO SOCIAL AUXÍLIO CESTA BÁSICA. A cláusula em análise (Cláusula Décima Sétima) criou o benefício 'auxílio cesta básica', que deveria ser pago, nos termos de sua redação, apenas para os empregados associados ao Sindicato Réu. A maioria dos membros desta Seção Especializada votou no sentido de que a cláusula é nula e extrapola os limites da negociação coletiva, na medida em que, ao restringir o seu alcance aos filiados do sindicato, gera discriminação nas relações de trabalho e representa uma tentativa de obrigar a filiação compulsória dos trabalhadores ao sindicato, também vedada pela ordem jurídica. Este Relator ficou vencido e proferiu voto no sentido de que a norma coletiva não desrespeita o ordenamento jurídico, notadamente os princípios da isonomia e da liberdade sindical, em face das seguintes razões, em suma: primeiro, porque a situação diferenciada do empregado associado, que tem um custo mensal de manutenção do ente sindical, possibilita à negociação coletiva, beneficente de toda a categoria com a

O tema é delicado porque, de um lado, aplicar as normas coletivas a trabalhadores não sindicalizados e que não contribuem com a manutenção do ente sindical viola a isonomia, pois desconsidera os esforços dos trabalhadores que, por serem filiados ao ente sindical, dispendem recursos financeiros, mas obtêm os mesmos benefícios dos demais colegas que não contribuem[757]. De outro lado, poder-se-ia argumentar que, além de não se harmonizar com a noção de categoria e com o art. 8º, II, da CF, restringir a aplicação da norma coletiva aos sindicalizados seria uma violação à liberdade sindical no seu aspecto negativo, ou seja, a prerrogativa que o indivíduo tem de não se filiar ao sindicato.

Existe, entretanto, solução menos drástica e capaz de balancear os interesses em jogo: admitir que a norma coletiva preveja sua aplicabilidade apenas aos trabalhadores que – independentemente de serem, ou não, sindicalizados – contribuam com a manutenção do ente sindical, o que pode ser feito mediante contribuição assistencial, confederativa ou de qualquer outro tipo, estipulada no próprio instrumento coletivo[758].

Procedimentalmente, a adesão dos trabalhadores não sindicalizados ao instrumento coletivo pode ser feita da seguinte forma:

- (i) a própria norma coletiva estabelece prazo razoável (por exemplo, 30 dias após a celebração do instrumento coletivo ou da admissão do trabalhador na vigência do instrumento coletivo) para que o trabalhador, caso queira, adira expressamente;

---

criação de outras cláusulas, fazer essa pequena diferenciação, não detendo ela mais cunho discriminatório; segundo, porque não há a obrigação de filiação ao sindicato, sendo resguardados ao empregado não filiado todos os demais benefícios convencionais, bem como sendo tal opção irrelevante para a manutenção do seu emprego; terceiro porque a finalidade da norma é justamente o fortalecimento do sindicato e o desenvolvimento da liberdade sindical plena, apurada sob uma ótica eminentemente coletiva. Contudo, conforme já mencionado, o entendimento majoritário dos membros desta Seção Especializada foi de que a cláusula em análise deve ser anulada. Recurso ordinário provido para declarar a nulidade da cláusula em exame (...)" (TST-RO-772-57.2016.5.08.0000. Seção de Dissídios Coletivos. Rel. Min. Maurício Godinho Delgado, julgado em 08.04.2019).

757. Maurício Godinho Delgado, em voto no julgado mencionado na nota de rodapé anterior, afirma: "não se pode desprezar a condição especial e diferenciada do trabalhador sindicalizado, que arca com o custo significativo de representação de toda a categoria, sob pena de respaldar uma forma de discriminação às avessas sobre ele, que mantém o funcionamento do sindicato e não poderia ter reconhecida uma benesse também diferenciada".

758. Cláudio Freitas defende o entendimento de que a negociação coletiva deveria desvincular-se do binômio filiado e não filiado, passando a considerar os que contribuem e não contribuem, seja através de contribuições negociais (art. 545 da CLT), seja por meio das contribuições legais não obrigacionais (artigos 578 e seguintes da CLT), ressaltando que tais contribuições podem ser cobradas automaticamente dos filiados e espontaneamente dos não filiados (estes mediante autorização expressa). Isso porque "negociar coletivamente é algo trabalhoso e, muitas vezes, custoso", por envolver a necessidade de manutenção de estrutura sindical, pagamento de especialistas em negociação (normalmente advogados com experiência em direito sindical), entre outros gastos. A entidade sindical passaria a ter interesse em representar os contribuintes de maneira efetiva até com o "intuito de manutenção de seus pagamentos espontâneos (não filiados) ou obrigatórios (filiados)" (FREITAS, Cláudio. Direito coletivo do Trabalho. Salvador: Juspodivm, 2019, p. 270 e seguintes).

- (ii) prevê-se que o empregador deverá comunicar aos empregados quanto à possibilidade de aderir à norma coletiva no prazo fixado, devendo obter por escrito a opção do trabalhador quanto a pagar, ou não, a contribuição negocial.

Dessa forma, o trabalhador conserva sua liberdade individual de filiar-se ou de não se filiar ao sindicato. No entanto, ao mesmo tempo, cria-se um sistema justo e que viabiliza a manutenção do sistema sindical, pois a tendência natural será que os sindicatos sejam mais combativos e efetivos nas negociações, de modo a angariar a adesão da máxima quantidade possível de trabalhadores.

Esse é o raciocínio econômico correto a ser empreendido, pois parte da premissa de que agentes econômicos racionais tendem a buscar a maximização de suas utilidades.

Do ponto de vista jurídico, note-se que nem a Constituição, a lei infraconstitucional e a jurisprudência do STF se opõem a tal solução. Conforme visto anteriormente, a Suprema Corte analisou tão somente a constitucionalidade de extinção da contribuição sindical compulsória; e os julgados alusivos às contribuições negociais, além de anteriores à Lei 13.467/2017, não apreciaram a questão sob o prisma ora proposto (aplicação das normas coletivas apenas aos trabalhadores que contribuam financeiramente com o sindicato).

Outra possibilidade interessante, que vem sendo defendida por segmentos da doutrina e que tende a se ampliar, é o desenvolvimento do associativismo profissional[759].

A respeito, é importante perceber que o *caput* do art. 8º da Constituição prevê ser livre não apenas a associação sindical, mas também a associação profissional. Assim, embora a Lei Maior conserve o sistema sindical pautado na unicidade e representação compulsória por categoria, não há nenhum óbice jurídico à formação de associações de trabalhadores (empregados ou não empregados), com o objetivo de buscar a melhoria da condição de vida dos associados.

Tais associações podem celebrar contratos coletivos de trabalho com tomadores de serviço ou empregadores, estipulando a concessão de direitos

759. Segundo Carolina Tupinambá, "a liberdade sindical tem sentido amplo em nosso ordenamento, de modo a abarcar a coexistência dos sindicatos oficiais (presos pela amálgama estatal de divisão por categorias e contribuição obrigatória) e daqueles não oficiais ou livres (que obrigatoriamente serão sustentados por seus respectivos membros ou idealizadores, sem qualquer limitação geoterritorial ou corporativista por categorias ou outro modo limitativo semelhante). (...) Retomando-se o raciocínio de Antônio Carlos Aguiar: ao mesmo tempo em que a CF/88 afirma a exclusividade da negociação, também prevê a liberdade sindical, sendo certo que a compatibilização desses valores identifica-se, justamente, pela aceitação dos acordos atípicos. Liberdade sindical significaria, portanto, a possibilidade de existirem novos sujeitos da organização sindical brasileira, diferentes de sindicatos, federações e confederações" (TUPINAMBÁ, Carolina; VALVERDE, Marina Novellino A eficácia dos contratos atípicos entre associações civil e empresa. Revista LTr. Legislação do Trabalho, v. 84, p. 208, 2020).

acima do patamar mínimo legal exclusivamente aos respectivos associados. A restrição dos efeitos de tais contratos aos associados é inerente ao fato de se tratar de associação privada não sindical, razão pela qual descabe falar em estipulações em favor de toda a categoria.

Outro aspecto importante é que, no caso de associados empregados, tais contratos coletivos não se equiparam a convenções e a acordos coletivos de trabalho, justamente por não se tratar de entidades sindicais. Assim, a lógica a ser empregada quanto aos limites negociais é a mesma aplicada aos contratos individuais, sendo inaplicáveis os arts. 611-A e 611-B da CLT. Não cabe, assim, que tais associações profissionais não sindicais transacionem ou renunciem a direitos que não poderiam ser objeto de negociação individual.

30. TERCEIRIZAÇÃO

Referências normativas e jurisprudenciais	
Constituição	Art. 1º A República Federativa do Brasil, formada pela união indissolúvel dos Estados e Municípios e do Distrito Federal, constitui-se em Estado Democrático de Direito e tem como fundamentos: (...) V - os valores sociais do trabalho e da livre iniciativa. Art. 170. A ordem econômica, fundada na valorização do trabalho humano e na livre iniciativa, tem por fim assegurar a todos existência digna, conforme os ditames da justiça social, observados os seguintes princípios: (...) III - função social da propriedade; (...) VII - redução das desigualdades regionais e sociais.
Legislação infra-constitucional	CLT, Art. 2º - Considera-se empregador a empresa, individual ou coletiva, que, assumindo os riscos da atividade econômica, admite, assalaria e dirige a prestação pessoal de serviço. Lei nº 6.019/74, Art. 4º-A. Considera-se prestação de serviços a terceiros a transferência feita pela contratante da execução de quaisquer de suas atividades, inclusive sua atividade principal, à pessoa jurídica de direito privado prestadora de serviços que possua capacidade econômica compatível com a sua execução. § 1º A empresa prestadora de serviços contrata, remunera e dirige o trabalho realizado por seus trabalhadores, ou subcontrata outras empresas para realização desses serviços. § 2º Não se configura vínculo empregatício entre os trabalhadores, ou sócios das empresas prestadoras de serviços, qualquer que seja o seu ramo, e a empresa contratante. Art. 4º-B. São requisitos para o funcionamento da empresa de prestação de serviços a terceiros: I - prova de inscrição no Cadastro Nacional da Pessoa Jurídica (CNPJ); II - registro na Junta Comercial; III - capital social compatível com o número de empregados, observando-se os seguintes parâmetros:

<table>
<tr><th colspan="2">Referências normativas e jurisprudenciais</th></tr>
<tr><td>Legislação infra-constitucional</td><td>a) empresas com até dez empregados - capital mínimo de R$ 10.000,00 (dez mil reais);
b) empresas com mais de dez e até vinte empregados - capital mínimo de R$ 25.000,00 (vinte e cinco mil reais);
c) empresas com mais de vinte e até cinquenta empregados - capital mínimo de R$ 45.000,00 (quarenta e cinco mil reais);
d) empresas com mais de cinquenta e até cem empregados - capital mínimo de R$ 100.000,00 (cem mil reais); e
e) empresas com mais de cem empregados - capital mínimo de R$ 250.000,00 (duzentos e cinquenta mil reais).
Art. 4º-C. São asseguradas aos empregados da empresa prestadora de serviços a que se refere o art. 4º-A desta Lei, quando e enquanto os serviços, que podem ser de qualquer uma das atividades da contratante, forem executados nas dependências da tomadora, as mesmas condições:
I - relativas a:
a) alimentação garantida aos empregados da contratante, quando oferecida em refeitórios;
b) direito de utilizar os serviços de transporte;
c) atendimento médico ou ambulatorial existente nas dependências da contratante ou local por ela designado;
d) treinamento adequado, fornecido pela contratada, quando a atividade o exigir.
II - sanitárias, de medidas de proteção à saúde e de segurança no trabalho e de instalações adequadas à prestação do serviço.
§ 1º Contratante e contratada poderão estabelecer, se assim entenderem, que os empregados da contratada farão jus a salário equivalente ao pago aos empregados da contratante, além de outros direitos não previstos neste artigo.
§ 2º Nos contratos que impliquem mobilização de empregados da contratada em número igual ou superior a 20% (vinte por cento) dos empregados da contratante, esta poderá disponibilizar aos empregados da contratada os serviços de alimentação e atendimento ambulatorial em outros locais apropriados e com igual padrão de atendimento, com vistas a manter o pleno funcionamento dos serviços existentes.
Lei nº 8.666/91, Art. 71. O contratado é responsável pelos encargos trabalhistas, previdenciários, fiscais e comerciais resultantes da execução do contrato.
§ 1º A inadimplência do contratado, com referência aos encargos trabalhistas, fiscais e comerciais não transfere à Administração Pública a responsabilidade por seu pagamento, nem poderá onerar o objeto do contrato ou restringir a regularização e o uso das obras e edificações, inclusive perante o Registro de Imóveis.
Lei 14.133/2021. Art. 121. Somente o contratado será responsável pelos encargos trabalhistas, previdenciários, fiscais e comerciais resultantes da execução do contrato.
§ 1º A inadimplência do contratado em relação aos encargos trabalhistas, fiscais e comerciais não transferirá à Administração a responsabilidade pelo seu pagamento e não poderá onerar o objeto do contrato nem restringir a regularização e o uso das obras e das edificações, inclusive perante o registro de imóveis, ressalvada a hipótese prevista no § 2º deste artigo.</td></tr>
</table>

Referências normativas e jurisprudenciais	
Legislação infra-constitucional	§ 2º Exclusivamente nas contratações de serviços contínuos com regime de dedicação exclusiva de mão de obra, a Administração responderá solidariamente pelos encargos previdenciários e subsidiariamente pelos encargos trabalhistas se comprovada falha na fiscalização do cumprimento das obrigações do contratado. Lei nº 9.472/97: Art. 94. No cumprimento de seus deveres, a concessionária poderá, observadas as condições e limites estabelecidos pela Agência: (...) II - contratar com terceiros o desenvolvimento de atividades inerentes, acessórias ou complementares ao serviço, bem como a implementação de projetos associados.
Súmulas e teses de repercussão geral	Tema 246 (RE 760931): O inadimplemento dos encargos trabalhistas dos empregados do contratado não transfere automaticamente ao Poder Público contratante a responsabilidade pelo seu pagamento, seja em caráter solidário ou subsidiário, nos termos do art. 71, §1º, da Lei nº 8.666/93. Tema 383 (RE 635546): A equiparação de remuneração entre empregados da empresa tomadora de serviços e empregados da empresa contratada (terceirizada) fere o princípio da livre iniciativa, por se tratarem de agentes econômicos distintos, que não podem estar sujeitos a decisões empresariais que não são suas Tema 725 (RE 958252): É lícita a terceirização ou qualquer outra forma de divisão do trabalho entre pessoas jurídicas distintas, independentemente do objeto social das empresas envolvidas, mantida a responsabilidade subsidiária da empresa contratante. Tema 739 (ARE 791932): É nula a decisão de órgão fracionário que se recusa a aplicar o art. 94, II, da Lei 9.472/1997, sem observar a cláusula de reserva de Plenário (CF, art. 97), observado o artigo 949 do CPC. TST, Súmula nº 331. CONTRATO DE PRESTAÇÃO DE SERVIÇOS. LEGALIDADE I - A contratação de trabalhadores por empresa interposta é ilegal, formando-se o vínculo diretamente com o tomador dos serviços, salvo no caso de trabalho temporário (Lei nº 6.019, de 03.01.1974). (...) III - Não forma vínculo de emprego com o tomador a contratação de serviços de vigilância (Lei nº 7.102, de 20.06.1983) e de conservação e limpeza, bem como a de serviços especializados ligados à atividade-meio do tomador, desde que inexistente a pessoalidade e a subordinação direta.
Julgados paradigmáticos	ADC 16 ADI 1923, 5625, 5685, 5686, 5687, 5695, 5735 ADPF 324 ARE 791932 Rcl 27068 RE 635546, 760931, 958252

30.1. Terceirização: noções fundamentais e evolução histórica

Terceirização é "o fenômeno pelo qual se dissocia a relação econômica de trabalho da relação justrabalhista que lhe seria correspondente. Por tal fenômeno, insere-se o trabalhador no processo produtivo do tomador de serviços sem que se estendam a este os laços justrabalhistas, que se preservam fixados com uma entidade interveniente"[760].

A ideia de terceirização surgiu na administração de empresas com o objetivo de racionalizar a produção e promover ganhos de escala, de modo que a empresa "se concentre somente nas atividades em que pode gerar o maior valor", conforme asseverado em precedente do STF firmado sob a sistemática da repercussão geral[761].

Tal técnica de gestão decorre da superação do modelo fordista-taylorista de produção, no qual havia a concentração de unidades fabris. Caracterizava-se pela produção em massa, por meio da linha de montagem e de produtos homogêneos, "com controle dos tempos e movimentos pelo cronômetro taylorista e pela produção em série fordista"[762]. Outro importante aspecto do sistema fordista era a lógica da sustentabilidade da economia, baseada na concessão de renda e de tempo de lazer aos trabalhadores, em proporção suficiente para que houvesse o consumo dos produtos produzidos em massa, de modo que as empresas pudessem fabricar quantidades cada vez maiores[763].

O modelo fordista-taylorista foi paulatinamente substituído pelo chamado *toyotismo*, desenvolvido inicialmente no Japão após o fim da Segunda Guerra Mundial. O toyotismo se espraia para o mundo ocidental sobretudo a partir da década de 1970, com as crises do petróleo e de superprodução capitalista, que exigiu da indústria a remodelagem do sistema de produção massificada[764].

O toyotismo se caracteriza pela: (i) produção enxuta (*just in time*), com o objetivo de reduzir o desperdício e os gastos com estocagem; (ii) desconcentração produtiva, de modo que a empresa se organize em rede com outras empresas – e aqui surge o espaço para a terceirização; (iii) flexibilidade, par-

760. Cf. DELGADO, Maurício Godinho, *op.cit.*, p. 426.

761. Na ementa do RE 760931, Relator(a): Min. ROSA WEBER, Relator(a) p/ Acórdão: Min. LUIZ FUX, Tribunal Pleno, julgado em 26/04/2017, lê-se: "Histórico científico: Ronald H. Coase, "The Nature of The Firm", Economica (new series), Vol. 4, Issue 16, p. 386-405, 1937. O objetivo de uma organização empresarial é o de reproduzir a distribuição de fatores sob competição atomística dentro da firma, apenas fazendo sentido a produção de um bem ou serviço internamente em sua estrutura quando os custos disso não ultrapassarem os custos de obtenção perante terceiros no mercado, estes denominados 'custos de transação', método segundo o qual firma e sociedade desfrutam de maior produção e menor desperdício.

A Teoria da Administração qualifica a terceirização (outsourcing) como modelo organizacional de desintegração vertical, destinado ao alcance de ganhos de performance por meio da transferência para outros do fornecimento de bens e serviços anteriormente providos pela própria firma, a fim de que esta se concentre somente naquelas atividades em que pode gerar o maior valor (...)".

762. Cf. Ricardo Antunes, *apud* GAIA, Fausto Siqueira. *Uberização do trabalho: aspectos da subordinação jurídica disruptiva.* Rio de Janeiro: Lumen Juris, 2019, p. 36.

763. Cf. David Harvey, *apud* GAIA, Fausto Siqueira, *op.cit.*, p. 37,

764. Cf. GAIA, Fausto Siqueira, *op.cit.*, p. 40.

ticipação e polivalência da força de trabalho. Tais elementos estruturantes reduzem o custo da produção e, em consequência, aumentam a competitividade de mercado[765].

Depreende-se que a terceirização, no modelo toyotista, é importante instrumento de especialização da empresa, gerando um sistema de produção difusa de empresas em rede. A concentração da empresa em sua atividade-fim (= o núcleo do seu objeto societário) tende a gerar evidentes ganhos de produtividade.

No Brasil, o primeiro diploma legislativo a tratar da terceirização foi o Decreto-Lei nº 200/1967, cujo art. 10, §7º, previa a possibilidade de *execução indireta* de determinadas atividades[766]. Posteriormente, a Lei nº 5.645/70 exemplificou algumas possibilidades de terceirização no âmbito da Administração Pública (embora sem utilizar tal expressão): transporte, conservação, operação de elevadores, limpeza e outras assemelhadas.

Já no campo da iniciativa privada, a Lei nº 6.019/74 previu a possibilidade de terceirização no caso de trabalho temporário. Nesse modelo, uma empresa de trabalho temporário forneceria a mão de obra que seria dirigida e utilizada pela empresa contratante tomadora de serviços. Contudo, isso somente poderia ser feito por período limitado no tempo (atualmente 180 dias), e para atender à necessidade de substituição transitória de pessoal permanente ou à demanda complementar de serviços. Posteriormente, a Lei nº 7.102/84 autorizou a execução dos serviços de vigilância bancária por empresas especializadas em segurança.

Até a entrada em vigor das Leis nº 13.429 e 13.467/2017, não havia autorização, nem proibição legislativa para a terceirização em caráter geral no Direito brasileiro. A omissão do legislador fez com que o Tribunal Superior do Trabalho, inicialmente, na Súmula 256, previsse a ilicitude da prática. Em seguida, por meio da Súmula 331, a Corte modificou seu entendimento e fez importante distinção, passando (i) a considerar ilícito o fornecimento de mão de obra; e (ii) a admitir a subcontratação de serviços especializados ligados à atividade-meio do tomador de serviços, desde que inexistente a pessoalidade e a subordinação direta.

Fornecimento de mão de obra consiste na prática em que uma empresa simplesmente coloca trabalhadores à disposição de outra, sendo que a toma-

765. Idem, p. 41.

766. Art. 10, § 7º Para melhor desincumbir-se das tarefas de planejamento, coordenação, supervisão e contrôle e com o objetivo de impedir o crescimento desmesurado da máquina administrativa, a Administração procurará desobrigar-se da realização material de tarefas executivas, recorrendo, sempre que possível, à execução indireta, mediante contrato, desde que exista, na área, iniciativa privada suficientemente desenvolvida e capacitada a desempenhar os encargos de execução.

dora de serviços dirige pessoalmente a execução dos trabalhos. Diferencia-se da terceirização, mediante a qual a empresa tomadora de serviços contrata a execução de um serviço específico por outra empresa, chamada de *prestadora de serviços*, sendo que esta permanece como responsável por dirigir o trabalho de seus próprios empregados, que realizam atividades em prol da empresa contratante.

A pulverização do processo produtivo, decorrente da terceirização, gera um afastamento do trabalhador em relação ao real tomador de seus serviços (= a empresa contratante dos serviços terceirizados). Além disso, a fragmentação produtiva conduz a uma lógica individualista e atomizada, que faz com que seja praticamente impossível a união coletiva dos trabalhadores em prol da melhoria de sua condição social[767].

Veja-se que, por essência, o fornecimento de mão de obra, assim como a terceirização de atividade-fim, em princípio é precarizante e trata a força de trabalho como mercadoria, contrariando documentos internacionais como a Declaração da Filadélfia de 1944. Isso é evidente, porque a existência de um terceiro (a empresa prestadora de serviços, contratada) que se apropria dos lucros somente se justifica, do ponto de vista econômico, se o custo de contratação da empresa prestadora for menor do que o da contratação direta do trabalhador pela tomadora de serviços. Dito diretamente, reduz-se a remuneração global do trabalhador, pois parte das receitas é destinada a um intermediário.

Sucede que, na ADPF 324[768], o Supremo Tribunal Federal assentou a validade de terceirização de atividade-fim, inclusive para o período anterior à vigência da Lei nº 13.467/2017, em acórdão cujos fundamentos centrais se passa a analisar.

30.2. Crítica à decisão da ADPF 324: terceirização de atividade-fim

No relatório do Min. Barroso na ADPF 324, lê-se que os preceitos fundamentais supostamente violados seriam: (i) o princípio da legalidade (CF/88,

767. Segundo Souto Maior, "Mesmo com responsabilidade solidária, caução financeira, requisitos estatutários para a constituição de empresas prestadora de serviços, a terceirização destrói os vínculos básicos de categoria e de socialização pelo trabalho e seu efeito concreto, se isso fosse juridicamente possível, é o rebaixamento total dos direitos dos trabalhadores, que se veem, inclusive, impossibilitados de formular práticas coletivas de resistências, conduzidos a uma lógica individualista e atomizada (...) Além disso, se uma empresa pode empreender sem ter empregados, contratando serviços de outras empresas, a contratante não é uma empresa, não é empreendedora de nada, sendo mera contratante de empresas contratadas, que, por sua vez, adotando o mesmo instrumento jurídico, poderão não ter empregados, valendo-se de outras contratadas. O resultado é que só se chegará a uma relação de emprego ou por opção da empresa ou quando nas subcontratações formalizadas as empresas que se situarem no final da rede não tiverem mais condições econômicas de contratarem outras empresas" (SOUTO MAIOR, Jorge Luiz, *História...*, *op.cit.*, p. 676).

768. ADPF 324, Relator(a): ROBERTO BARROSO, Tribunal Pleno, julgado em 30/08/2018.

art. 5º, II); (ii) a liberdade dos agentes econômicos de contratarem e de estabelecerem estratégias racionais de produção; (iii) a livre iniciativa (CF/88, arts. 1º, IV, e 170) ; (iv) a livre concorrência (CF/88, art. 170, IV); (v) a valorização do trabalho humano (CF/1988, art. 1º, IV); (vi) o tratamento isonômico entre concorrentes (CF/1988, art. 5º, I); (vii) a atuação do Estado como agente normativo e regulador da economia (CF/1988, art. 174).

Passa-se a analisar alguns trechos que resumem os fundamentos adotados pela Corte na ADPF 324.

> Min. Roberto Barroso: "a Constituição não veda nem implícita nem explicitamente a terceirização. Essa é uma projeção ideológica de quem a interpreta com viés antigo, com todo respeito a quem pense diferente. eu penso que esta jurisprudência traz insegurança jurídica e pessoalmente acho que traz, inclusive, desemprego. (...) não há nenhuma lei que proíba a terceirização. Portanto, essas restrições são todas impostas por criação da própria Justiça do Trabalho. A invocação que se faz dos arts. 2º e 3º da CLT é de que a CLT prevê que as relações trabalhistas sejam bilaterais e que a terceirização criaria um tipo de relação jurídica trilateral. Tecnicamente, não é isso que ocorre e nem faz nenhum sentido essa crítica, porque, na terceirização, há duas relações bilaterais: a primeira, entre a empresa contratante e a empresa prestadora de serviços, uma relação de natureza civil; e a segunda, uma relação entre a empresa terceirizada e o empregado, esta sim uma relação de natureza trabalhista. Portanto, não há uma relação trilateral, o que há são duas relações bilaterais".

Com a ressalva da premissa de que a Constituição não proíbe a terceirização, os argumentos se revelam inexatos.

Em primeiro lugar, a acusação de que a posição contrária seria "projeção ideológica" deve ser refutada, até porque a visão adotada pelo ministro também poderia ser dita ideológica com viés contrário... Desqualificar a tese contrária dessa forma nada acrescenta ao debate jurídico e mostra uma visão de certo modo pré-concebida do instituto da terceirização, sem maior base científica.

É muito frágil, ainda, sustentar a possibilidade de terceirização de atividade-fim por "achar" que a posição restritiva gera desemprego. Ao contrário, nada há que comprove que ampliar a terceirização aumente o nível de emprego[769].

A crítica de que não haveria uma relação trilateral, mas duas relações bilaterais, é irrelevante e consiste em desvio de perspectiva. Realmente, a terceirização gera duas relações jurídicas bilaterais, mas o que importa é perceber

---

769. "Ampliar a terceirização passou a ser uma fome que não se sacia, embora os resultados da proliferação de postos de trabalho não tenham crescido na mesma voracidade. (...) até mesmo o enquadramento tributário me parece que ficará em xeque, porque se uma metalúrgica não desenvolve a metalurgia, mas delega todo o processo produtivo para uma empresa prestadora de serviços de metalurgia, então talvez ela não seja uma metalúrgica, mas uma empresa de gerenciamento de contratos de terceirização. Desnecessário dizer da confusão que haverá no enquadramento sindical e na negociação coletiva, pois a empresa suscitada talvez não tenha nenhum empregado metalúrgico, ao passo que a empresa terceirizada dirá que ela não é metalúrgica mas empreendimento especializado em prestação de serviços terceirizados" (SILVA, Homero Batista Mateus, *op.cit.*, p. 217).

que o empregador, na dicção do art. 2º da CLT, é a *empresa*, vale dizer, a atividade econômica organizada para a produção de bens ou serviços.

Nesse contexto, a figura do intermediador (= empresa terceirizada) surge com o objetivo não declarado de afastar o trabalhador daquele que efetivamente é o beneficiário dos serviços prestados, ou seja, de quem empreende a atividade econômica. A terceirização de atividade-fim permite que o capital se beneficie da força de trabalho, incorporando-a ao processo produtivo, mas sem a existência de vínculo jurídico com o trabalhador. No limite, a decisão do STF autoriza que a empresa atue sem que tenha sequer um empregado, numa verdadeira tentativa de "fuga" do Direito do Trabalho.

Portanto, a Súmula 331 do TST nada tinha de ideológica; ao contrário, adotava posicionamento moderado, pois admitia a contratação de serviços específicos relativos à atividade-meio. Esse entendimento estava em completa harmonia com as Ciências da Economia e da Administração, pois a terceirização, conforme explicitado no tópico anterior, foi concebida com o propósito de gerar maior especialização das empresas e propiciar ganhos de produtividade e de escala daí decorrentes.

Não há fundamento legítimo para a terceirização de atividade-fim, que visa tão somente à redução dos custos com a força de trabalho e à fragmentação dos trabalhadores. Qual o sentido de uma empresa metalúrgica, por exemplo, contratar terceirizados para exercer a atividade de metalurgia? Ou para que uma companhia aérea contrate pilotos e comissários terceirizados? Ou para que um banco contrate caixas bancários terceirizados?

É evidente que, em tais exemplos – como em tantos outros –, o objetivo do empreendedor consiste apenas em evitar a aplicação de normas coletivas de categorias que contam com sindicatos fortes, capazes de criar resistência coletiva por meio de greves e de negociações coletivas. Objetivo nitidamente ilegítimo, que viola o valor social do trabalho e constitui inclusive conduta antissindical.

> Min. Roberto Barroso: "Não se trata propriamente - e eu queria deixar claro - de escolhas ideológicas ou de preferências filosóficas. Trata-se, na verdade, do curso da história. Subjacente a essa discussão está uma dualidade que já esteve presente nos debates anteriores sobre questões trabalhistas, que contrapõe, a meu ver, uma visão protecionista/paternalista, de um lado, e uma visão emancipatória e libertadora, do outro lado, que procura fortalecer a negociação e a liberdade de contratar. (...) a empresa tomadora do serviço permanece com responsabilidade subsidiária no caso de descumprimento das normas trabalhistas e previdenciárias por parte da e presa prestadora de serviço. Portanto, o argumento da precarização não se sustenta, porque, no contrato entre a empresa prestadora de serviços e o empregado, as obrigações trabalhistas são exigíveis e a empresa que contratou a prestação de serviço é subsidiariamente responsável pelas obrigações trabalhistas e previdenciárias. De modo que não consigo alcançar a plenitude do argumento da precarização, porque as normas constitucionais que se aplicam ao Direito do Trabalho continuam valendo no contrato entre o empregado e a terceirizada".

> Min. Luiz Fux: "Outro argumento, por vezes invocado em discussões sobre a matéria, é o de que a terceirização fragilizaria a mobilização sindical dos trabalhadores. Reputo essa alegação demasiadamente frágil, mormente porque é imprestável a sustentar, só por si, uma suposta inconstitucionalidade dessa técnica empresarial. A divisão da atividade produtiva entre diversas empresas não altera a representação sindical, haja vista que o art. 8º, II, da Constituição contempla a existência de apenas uma organização sindical para cada categoria profissional ou econômica. Nem se alegue que a terceirização provocaria uma dispersão territorial dos trabalhadores nociva à mobilização sindical, porquanto uma mesma firma pode igualmente dividir a sua operação por diversas localidades distintas. Admitir a concepção peculiar dos dispositivos constitucionais construída pela Corte Trabalhista, nesse panorama, é defender que a realidade deve se curvar às teses elaboradas por juristas, não o contrário. Semelhante postura não se coaduna com a humildade judicial que deve informar o comportamento dos Tribunais. (...) longe de "precarizar", "reificar" ou prejudicar os empregados, a terceirização está associada a inegáveis benefícios aos trabalhadores em geral, como a redução do desemprego, diminuição do turnover, crescimento econômico e aumento de salários".

A insistência no argumento ideológico reforça o que se disse anteriormente: admitir a terceirização ampla e irrestrita de atividade-fim parece consistir em adesão a uma ideologia que preconiza a completa não intervenção do Estado na relação de trabalho. O Ministro, aqui, parte da premissa de que a Súmula 331 era um exemplo de "paternalismo" da Justiça do Trabalho, e que se deveria passar a adotar uma visão "emancipatória e libertadora".

Sucede que, na realidade brasileira, a liberdade não vale para todos. O trabalhador mediano não tem a menor condição de discutir nem de negociar condições contratuais com o patrão. Simplesmente é "pegar ou largar", em verdadeiro contrato de adesão. É evidente, mas precisa ser dito: o trabalhador não terá a opção de ser contratado pelo tomador de serviços ou pela empresa terceirizada de acordo com a sua preferência; isto lhe será imposto por ocasião da contratação.

Contrariamente ao que afirmado pelo Min. Fux, uma vez contratado pela empresa terceirizada, o trabalhador não integrará a categoria profissional do tomador de serviços, mas a dos empregados de empresas prestadoras de serviços a terceiros. Aliás, esse é o grande paradoxo atual do sistema brasileiro de relações trabalhistas: a jurisprudência do STF e a lei caminham para a defesa de uma "liberdade" plena no âmbito individual, mas persistem diversas limitações à liberdade no plano coletivo, como as referentes à sindicalização por categoria e a unicidade sindical.

A precarização decorrente da terceirização de atividade-fim se evidencia pelos seguintes motivos:

- (i) dá-se o inevitável enfraquecimento e esvaziamento dos entes sindicais representativos da categoria da tomadora de serviços;
- (ii) o menor poder de barganha dos sindicatos tende a suprimir ou reduzir as vantagens e benefícios dos trabalhadores, bem como a possibilidade de sua atuação judicial mais efetiva;

- (iii) a menor capacidade econômico-financeira da empresa terceirizada reduz os investimentos em segurança do trabalho na mesma proporção em que aumenta os índices de acidente de trabalho e de adoecimento por doença ocupacional;
- (iv) há uma exacerbação do individualismo e o sentimento de "não pertencimento" no contexto empresarial, tratando-se os terceirizados como uma "subcategoria";
- (v) a rotatividade de empresas terceirizadas e de empregados faz com que certos direitos básicos sejam comumente desrespeitados. Por exemplo, é comum que o mesmo trabalhador preste serviços para o mesmo tomador durante longos anos sem tirar férias, sem receber 13º salário, entre outros. A empresa contratada (terceirizada) é substituída diversas vezes e trabalhador continua prestando serviços para o mesmo tomador.

Nesse contexto, a responsabilidade subsidiária se revela, muitas vezes, insuficiente. É comum que em reclamações trabalhistas movidas contra empresas prestadoras de serviço, o trabalhador opte por não inserir a tomadora no polo passivo do processo, com o temor de que, se o fizer, será dispensado pela atual empresa prestadora, por determinação da empresa tomadora de serviços. Dessa forma, perpetua-se um cenário de descumprimento de preceitos básicos e cogentes de proteção ao trabalho.

Veja-se que a mera aplicação dos direitos constitucionais trabalhistas, embora necessária, não é suficiente. De fato, muitos dispositivos essenciais de proteção ao trabalho estão previstos na legislação infraconstitucional e, por vezes, em normas coletivas. Enxergar a precarização apenas do ponto de vista do art. 7º da Constituição é muito limitado; ademais, conforme já dito, sequer tais direitos básicos são efetivos nas relações de trabalho terceirizado.

Tais efeitos precarizante se revelam tanto na terceirização em atividade-fim, quanto naquela feita em atividade-meio. A Súmula 331, portanto, sequer adotou o caminho extremo de impedir em absoluto a terceirização, mas encontrou solução intermediária que se extrai da normatividade infraconstitucional. Percebeu bem o ponto o Min. Edson Fachin, em voto vencido:

> Min. Edson Fachin: "o exercício interpretativo acima mencionado levou em conta a Consolidação das Leis do Trabalho, que conceitua a figura do empregador e do empregado, de modo a caracterizar a relação de trabalho protegida pela lei, além de vedar expressamente a figura do contrato nulo, por meio do qual se consagra o princípio da primazia da realidade, desvelando a verdadeira relação empregatícia por trás daquela avença contratual.
>
> Não houve, reitero, interpretação à margem da legalidade, mas sim, observância da legalidade expressa nos arts. 2º, 3º e 448 da CLT e das exceções estabelecidas nas Leis 6.019/74 e 7.102/83, bem como da aplicação por analogia das outras normas legais citadas

(a viabilizar a possibilidade de terceirização das atividades-meio de forma geral, desempenhadas sem subordinação jurídica direta ao tomador de serviços e sem pessoalidade). Mais que isso, a interpretação até aqui conferida, ao prestigiar o contrato de trabalho e sua condição de porta de acesso aos direitos constitucionais trabalhistas, converge com o teor dos arts. 1º, III e IV, e 7º, I, da Constituição da República, em seu conteúdo substantivo.

Vale insistir na tese mais geral de que é a demanda e o desenvolvimento econômico que geram postos de trabalho e não o custo da força de trabalho. A precarização das formas de contratação do trabalho não é uma variável de interferência direta no nível de emprego, notadamente se se parte da premissa de que o objetivo de estratégias de gestão, como a terceirização, é especialização, e não redução de custos. (...) a ausência de relação direta entre custo do trabalho e geração de emprego pode ser facilmente demonstrada quando se observa que a década de 1990, que concentra as maiores medidas de flexibilização da legislação trabalhista brasileira (com acordos de compensação de jornada, contrato provisório de trabalho, congelamento do salário mínimo, entre outros fatores), ostentava uma taxa de desemprego que apenas se elevou, crescendo da ordem de 7,2% para 10,4% entre 1992 e 1999.

De outro lado, no período subsequente, a valorização do salário mínimo foi da ordem de 262% (aumento nominal) e de 72,31% (aumento real, acima da inflação), de acordo com dados da Fundação Perseu Abramo, o que implica, no mesmo quadro jurídico, um aumento significativo do custo do trabalho.

Todavia, entre 2002 e 2013 se observa um decréscimo da taxa de desemprego que varia de 12,6%, em 2002, para 5,4%, em 2013. Na atual tendência da economia brasileira, a liberalização da terceirização de atividade-fim, longe de interferir na curva de emprego, tenderá a 'nivelar por baixo' o mercado de trabalho, expandindo a condição de precariedade hoje presente nos 26,4% de postos de trabalho terceirizados para a totalidade dos empregos formais".

A precarização do trabalho terceirizado é comprovada por estatísticas[770]. De outro lado, não há nenhum embasamento científico que demonstre a redução do custo do trabalho gere efeitos benéficos para a economia nacional como um todo. Ao contrário, os dados explicitados no trecho acima demonstram que a tendência é exatamente inversa.

Na verdade, a busca pela terceirização irrestrita atende apenas a um interesse imediatista do empresário de redução de custos, em alinhamento com a ideologia neoliberal (ou ultraliberal, segundo alguns). Veja-se importante trecho do voto vencido do Min. Marco Aurélio:

Min. Marco Aurélio: "de forma sintomática, tem-se, quer no tocante à arguição de descumprimento de preceito fundamental, quer sob o ângulo do recurso extraordinário, iniciativa não da categoria profissional, mas da econômica. É sintomático!

770. Estatísticas do DIEESE: no ano de 2014: (i) a taxa de rotatividade em atividades tipicamente terceirizadas foi de 57,7%, ao passo que para os demais trabalhadores, 28,8%; (ii) o tempo médio de duração dos vínculos terceirizados foi de 34,1 meses, e para os demais trabalhadores, 70,3 meses; (iii) a remuneração média dos terceirizados correspondia a 76,6% dos demais; (iv) o salário de mulheres terceirizadas é bastante inferior ao de homens na mesma condição; (v) o índice de acidentes de trabalho é superior entre os terceirizados, chegando até o dobro em alguns casos.

> No primeiro caso, é requerente, na arguição de descumprimento de preceito fundamental, a Associação Brasileira do Agronegócio. E não me consta que tenha vindo a Juízo, com essa ação nobre, para ver garantidos direitos dos trabalhadores. O mesmo ocorre, Presidente, em relação ao recurso extraordinário em que recorrente é empresa tomadora de serviços. Logicamente, busca o benefício quanto ao empreendimento econômico, e não a preservação – vamos repetir à exaustão – de direitos dos hipossuficientes, de prestadores de serviços".
>
> Mais à frente, o Ministro afirma: "Sob o signo da globalização, não apenas o Brasil mas também a quase totalidade das nações tidas como subdesenvolvidas experimentaram, na década de 1990, importante influxo de ideário neoliberal, traduzido, em maior ou menor grau, em crescente pressão pela desregulamentação do mercado de trabalho. (...) o verbete data de 1986. Não julguei, Presidente, visando guardar a Constituição Federal, um único recurso extraordinário com abordagem do tema de fundo, mas, de repente, descobre-se que tudo está errado".

Realmente, depois de 25 anos de vigência da Súmula 331, havia situação estável na jurisprudência trabalhista brasileira. Por mais que se pudesse criticar a distinção entre atividade-meio e atividade-fim, por gerar certa ambiguidade em alguns casos, o critério se mostrava bastante assentado e legitimado pelo propósito de especialização que sempre se pregou no que tange à terceirização.

Importante, ainda, o relato do Ministro no sentido de que jamais julgara um recurso extraordinário sobre o tema. Isso porque jamais o tema foi considerado constitucional, como aliás, se extrai do voto do próprio relator, Min. Roberto Barroso. As decisões sempre se tomaram à luz da regulamentação contida na CLT.

É preciso deixar claro, portanto, que o efeito prático da ADPF 324 não foi o de criar situação jurídica favorável aos trabalhadores, mas o de reduzir o custo trabalhista sem nenhuma justificativa plausível, tal como seria a especialização da empresa na sua atividade-fim. As portas foram abertas para que se nivele por baixo o mercado de trabalho.

30.3. Amplitude da decisão da ADPF 324. Terceirização ilegal no novo cenário jurisprudencial e legislativo: *distinguishing*

Na ementa da ADPF 324, consta:

> Min. Roberto Barroso: "Firmo a seguinte tese: 1. 'É lícita a terceirização de toda e qualquer atividade, meio ou fim, não se configurando relação de emprego entre a contratante e o empregado da contratada. 2. Na terceirização, compete à contratante: i) verificar a idoneidade e a capacidade econômica da terceirizada; e ii) responder subsidiariamente pelo descumprimento das normas trabalhistas, bem como por obrigações previdenciárias, na forma do art. 31 da Lei 8.212/1993'. Restou explicitado pela maioria que a decisão não afeta automaticamente decisões transitadas em julgado".

Como se trata de precedente vinculante, o princípio geral sobre o tema passa a ser o de que não há vínculo empregatício entre o trabalhador e a empresa tomadora de serviços terceirizados, a qual, entretanto, é responsável pelos débitos trabalhistas e previdenciários eventualmente inadimplidos pela empregadora (a empresa prestadora de serviços), independentemente de se tratar de terceirização em atividade-fim ou em atividade meio. Contudo, excepcionalmente, a inobservância de determinadas balizas legais pode resultar na existência de vínculo empregatício com o tomador, sem que haja nisto qualquer violação à jurisprudência obrigatória do STF, em virtude da distinção (*distinguishing*) existente.

Primeiramente, a decisão da Corte não permite a pura e simples intermediação de mão de obra[771] (ver conceito nos tópicos anteriores). O que foi validado na ADPF 324 é tão somente a terceirização, que consiste na prestação de serviços por terceiros, no ciclo produtivo da empresa contratante. Portanto, se houver pessoalidade e subordinação direta do trabalhador ao tomador de serviços, é forçoso reconhecer a existência do vínculo empregatício entre ambos. Não se estará diante de terceirização em tais hipóteses, sendo-lhes inaplicável a *ratio decidendi* da ADPF 324. Trata-se, neste caso, de fazer o enquadramento da situação no art. 2º da CLT, independentemente da roupagem jurídica utilizada para camuflar a relação jurídica de trabalho.

Segundo aspecto importante é que, em qualquer hipótese de terceirização, fica mantida a responsabilidade subsidiária da empresa tomadora de serviços, a qual deve constar do polo passivo na fase de conhecimento. Na execução, caso inadimplido o débito pela devedora principal e frustrada a tentativa de execução, é possível redirecioná-la em face da devedora subsidiária, que detém o benefício de ordem, ou seja, pode indicar bens livres e desembaraçados da primeira suficientes para garantirem o juízo.

Por fim, a decisão do STF deixou claro que cabe à empresa contratante verificar a idoneidade e a capacidade econômica da terceirizada. Aqui, a decisão parece ter sido influenciada pelo teor do art. 4º-A e 4º-B da Lei nº 6.019/74, ambos introduzidos pela reforma trabalhista de 2017. Sucede que nem a lei, nem a decisão do STF explicitaram qual a consequência do descumprimento, razão pela qual é previsível que o tema gerará controvérsia nos tribunais trabalhistas até que seja pacificado.

Na doutrina, encontram-se opiniões afirmando a ilegalidade da terceirização caso a empresa contratada (terceirizada) não tenha capacidade financeira

771. No mesmo sentido, afirma Luciano Martinez: "As necessárias distinções entre 'terceirização de trabalhadores' e 'terceirização de serviços' permitem afirmar que a decisão contida na ADPF 324 não igualou as duas espécies, tampouco permitiu que um trabalhador fosse contratado mediante o referido *marchandage*. A referida ADPF, pelo que parece, somente visou e tratou da 'terceirização de serviços', mesmo porque a petição inicial (...) opôs-se expressamente às 'decisões judiciais proferidas no âmbito da Justiça do Trabalho', das quais resultava 'restrição, limitação e impedimento à liberdade de contratação de serviços por empresas vinculadas ao seu quadro associativo'" (MARTINEZ, Luciano, *Curso..., op.cit.*, p. 305).

compatível com a execução do contrato[772]. Há, ainda, posicionamentos no sentido de que a incapacidade econômico-financeira da contratada, ainda que verificada após a celebração do contrato de terceirização entre as empresas, é capaz de caracterizar o vínculo empregatício direto com a tomadora de serviços[773].

Há uma questão prévia à discussão: saber se a falta de capacidade econômica ocorre apenas quando não observado os limites mínimos de capital social previstos no art. 4º-B da Lei nº 6.019/74; ou, ao contrário, se a inidoneidade financeira pode caracterizar-se mesmo quando o capital social mínimo previsto na lei específica haja sido integralizado.

A integralização do capital social, nos moldes do referido art. 4º-B, é requisito mínimo que, caso descumprido, gerará presunção absoluta de inidoneidade financeira da empresa contratada. Contudo, não se pode descartar a possibilidade de que a empresa terceirizada se revele inidônea mesmo que seu capital social haja sido integralizado de acordo com os valores mínimos previstos em lei. Isso pode acontecer, por exemplo, quando houver débitos inscritos no BNDT (Banco Nacional de Devedores Trabalhistas) ou em outros registros similares. Nesse contexto, a integralização do capital social mínimo gera presunção relativa de idoneidade da empresa contratada, mas a presunção pode ser elidida por prova em contrário, a cargo do trabalhador.

Ademais, a consequência da ilegalidade efetivamente só pode ser o reconhecimento direto do vínculo empregatício com a empresa tomadora de serviços. Isso porque a contratação de empresa que não apresente idoneidade financeira é ato nulo, do ponto de vista trabalhista, por violar dispositivo legal cogente.

No entanto, havendo capacidade econômico-financeira quando da celebração do contrato interempresarial, a sua perda superveniente não pode implicar o reconhecimento de vínculo empregatício com a tomadora, pois o contrato era válido na origem e não pode ser desconstituído com eficácia retroativa. Restará, em tais hipóteses, a responsabilidade subsidiária da empresa tomadora de serviços.

---

772. Sem esclarecer quais as consequências da ilegalidade, Homero afirma que "Terceirizar serviços para empresas sem capacidade financeira compatível com sua execução já desafiava a lógica e, agora, desafia o texto legal. Será considerada terceirização ilegal" (SILVA, Homero Batista da Mateus, *op.cit.*, p. 218).

773. Assim, Henrique Correia e Élisson Miessa: "A ausência desse requisito leva ao reconhecimento de vínculo direto com a empresa contratante. Assim, o inadimplemento das verbas trabalhistas pela empresa prestadora de serviços a terceiros demonstra que não possui o requisito da capacidade econômica, devendo a terceirização ser considerada ilícita. Eventuais discussões acerca das distinções terminológicas acerca de capacidade financeira e econômica ficarão restritas apenas ao âmbito acadêmico, pois a prova de inadimplemento das obrigações trabalhistas será suficiente para comprovação de ausência do presente requisito". Adiante, mencionando enunciados da Jornada de Direito Material e Processual do Trabalho, afirmam que "se houver perda da capacidade econômica, é possível a caracterização do vínculo de emprego diretamente com a contratante" (CORREIA, Henrique; MIESSA, Élisson. *Manual da Reforma Trabalhista*. Salvador: Editora Juspodivm, 2018, p. 1.114).

Outra situação de ilegalidade ocorrerá quando o trabalhador for deslocado para realizar função distinta do escopo do contrato de prestação de serviços entre as empresas, em violação ao art. 5º-A, §1º, da Lei nº 6.019/74[774]. O que importa para a caracterização da ilegalidade não é o mero desvio de função do empregado, mas a utilização da mão de obra em funções não previstas no contrato interempresarial. Por exemplo: celebra-se contrato de prestação de serviços de limpeza entre duas empresas, sendo que o trabalhador é contratado inicialmente para a limpeza dos banheiros, mas depois é deslocado para varrer o pátio do estabelecimento; nesta hipótese, o vínculo permanece com a empresa prestadora. No entanto, no mesmo exemplo, se o funcionário é deslocado para trabalhar como vendedor, haverá a caracterização de vínculo empregatício com o tomador de serviços.

Por fim, não foi analisada pelo STF - o que viabiliza, eventualmente, a realização de distinção no caso concreto - a problemática da subordinação estrutural ou objetiva, que se pode conceituar como sendo a que se expressa pela "inserção do trabalhador na dinâmica do tomador de seus serviços, independentemente de receber (ou não) suas ordens diretas, mas acolhendo, estruturalmente, sua dinâmica de organização e funcionamento", ou pelo "poder jurídico sobre a atividade e atividade que se integra em atividade"[775]. A jurisprudência da Corte apresenta alguns julgados em que o recurso extraordinário a respeito não foi conhecido, por se tratar de matéria infraconstitucional[776].

30.4. Terceirização na Administração Pública

30.4.1. A questão da responsabilidade subsidiária

A terceirização vem sendo praticada largamente no âmbito da administração pública federal, estadual e municipal. Ao longo das últimas décadas, em milhões de processos judiciais, vem sendo discutida a responsabilidade subsidiária do ente estatal pelo inadimplemento das obrigações trabalhistas e previdenciárias por parte da empresa contratada.

Pode-se dizer, respeitosamente, que o STF fracassou em pacificar o tema, após proferir sucessivos julgados a respeito, conforme se passa a demonstrar.

---

774. § 1º É vedada à contratante a utilização dos trabalhadores em atividades distintas daquelas que foram objeto do contrato com a empresa prestadora de serviços.

775. Cf. DELGADO, Maurício Godinho, *op.cit.*, p. 294. Apesar de o autor distinguir a subordinação objetiva da estrutural, a diferença é tão sutil que é preferível tratar os termos como sinônimos.

776. Assim, por exemplo: "EMENTA: AGRAVO REGIMENTAL NO AGRAVO DE INSTRUMENTO. TRABALHISTA. TERCEIRIZAÇÃO. CONTROVÉRSIA SOBRE A EXISTÊNCIA DE RELAÇÃO EMPREGATÍCIA E SOBRE A NATUREZA DA ATIVIDADE PRESTADA. IMPOSSIBILIDADE DA ANÁLISE DA LEGISLAÇÃO INFRACONSTITUCIONAL. OFENSA CONSTITUCIONAL INDIRETA. PRECEDENTES. AGRAVO REGIMENTAL AO QUAL SE NEGA PROVIMENTO" (AI 791247 AgR, Relator(a): CÁRMEN LÚCIA, Primeira Turma, julgado em 24/08/2010).

A discussão decorre do art. 71, §1º, da Lei nº 8.666/91 (que encontra correspondência aproximada no art. 121, §§ 1º e 2º da nova lei de licitações, a Lei 14.133/2021)[777], que prevê que o inadimplemento das obrigações trabalhistas pela contratada não transfere a responsabilidade ao Poder Público contratante. Na ADC 16[778], julgada no ano de 2010, o STF declarou a constitucionalidade do dispositivo. Contudo, conforme afirmado, nos debates, pelo Ministro Relator Cezar Peluso, o reconhecimento da constitucionalidade não impediria que a Justiça do Trabalho recorresse a outros princípios constitucionais e, invocando os fatos da causa, reconheça a responsabilidade da Administração, não por mera inadimplência, mas por outros fatos. E isso, de fato, ocorreu, pois os tribunais trabalhistas continuaram reconhecendo a responsabilidade subsidiária quando o ente estatal não comprovava a devida fiscalização dos cumprimentos dos encargos trabalhistas e previdenciários por parte da empresa contratada.

Sete anos depois, o tema volta à pauta do Plenário do STF, que, em repercussão geral (RE 760931)[779], fixa a seguinte tese: "O inadimplemento dos encargos trabalhistas dos empregados do contratado não transfere automaticamente ao Poder Público contratante a responsabilidade pelo seu pagamento, seja em caráter solidário ou subsidiário, nos termos do art. 71, § 1º, da Lei nº 8.666/93".

Sucede que a tese não era suficientemente clara ao ponto de dissipar as dúvidas e controvérsias existentes sobre o tema. Afinal, o que seria "responsabilidade automática"? Trata-se de instituto não referido pela literatura processual e cujo real significado não foi devidamente esclarecido pela Suprema Corte. Tal assertiva se comprova mediante análise de julgados do próprio STF, posteriores à decisão do RE 760931: alguns ministros, monocraticamente, concediam liminares em reclamações por entenderem que seria impossível a

---

777. Art. 121. Somente o contratado será responsável pelos encargos trabalhistas, previdenciários, fiscais e comerciais resultantes da execução do contrato.

§ 1º A inadimplência do contratado em relação aos encargos trabalhistas, fiscais e comerciais não transferirá à Administração a responsabilidade pelo seu pagamento e não poderá onerar o objeto do contrato nem restringir a regularização e o uso das obras e das edificações, inclusive perante o registro de imóveis, ressalvada a hipótese prevista no § 2º deste artigo.

§ 2º Exclusivamente nas contratações de serviços contínuos com regime de dedicação exclusiva de mão de obra, a Administração responderá solidariamente pelos encargos previdenciários e subsidiariamente pelos encargos trabalhistas se comprovada falha na fiscalização do cumprimento das obrigações do contratado.

778. "EMENTA: RESPONSABILIDADE CONTRATUAL. Subsidiária. Contrato com a administração pública. Inadimplência negocial do outro contraente. Transferência consequente e automática dos seus encargos trabalhistas, fiscais e comerciais, resultantes da execução do contrato, à administração. Impossibilidade jurídica. Consequência proibida pelo art., 71, § 1º, da Lei federal nº 8.666/93. Constitucionalidade reconhecida dessa norma. Ação direta de constitucionalidade julgada, nesse sentido, procedente. Voto vencido. É constitucional a norma inscrita no art. 71, § 1º, da Lei federal nº 8.666, de 26 de junho de 1993, com a redação dada pela Lei nº 9.032, de 1995" (ADC 16, Relator(a): CEZAR PELUSO, Tribunal Pleno, julgado em 24/11/2010).

779. RE 760931, Relator(a): ROSA WEBER, Relator(a) p/ Acórdão: LUIZ FUX, Tribunal Pleno, julgado em 26/04/2017.

responsabilização subsidiária do ente público, ainda quando presente a respectiva culpa por ausência de fiscalização do contrato administrativo[780]; ao passo que outros ministros julgavam improcedentes ou negavam seguimento às reclamações em situações idênticas[781]. Cenário de insegurança jurídica também se revelava nas instâncias ordinárias da Justiça do Trabalho e no âmbito do Tribunal Superior do Trabalho.

De fato, o TST, num momento inicial, de forma equivocada, passou a entender que, à luz da jurisprudência do STF, seria ilegítima a inversão do ônus da prova a fim de determinar que o ente público contratante comprovasse a fiscalização do cumprimento dos encargos trabalhistas pela empresa contratada[782].

Opostos embargos de declaração no recurso extraordinário paradigmático, o STF afirmou inexistir omissão ou obscuridade, e registrou na ementa: "conforme está cristalino no acórdão e na respectiva tese de repercussão geral, a responsabilização subsidiária do poder público não é automática, dependendo de comprovação de culpa *in eligendo* ou culpa *in vigilando*, o que decorre da inarredável obrigação da administração pública de fiscalizar os contratos administrativos firmados sob os efeitos da estrita legalidade"[783].

Na sequência, o TST retificou seu posicionamento anterior e, em julgado da SDI-1[784], fixou o entendimento de que é possível, à luz do princípio da

---

780. Assim, por exemplo, Rcl 32353, Rel. Min. Luiz Fux, julgado em 17/12/2018; Rcl 28846, Rel. Min. Gilmar Mendes, julgado em 27/11/2018.

781. A título ilustrativo: Rcl 35866, Rel. Min. Rosa Weber, julgado em 02/08/2019.

782. Nesse sentido: ""[...] I - AGRAVO DE INSTRUMENTO EM RECURSO DE REVISTA. RESPONSABILIDADE SUBSIDIÁRIA. ENTE PÚBLICO. ÔNUS DA PROVA. AUSÊNCIA DE CULPA IN VIGILANDO. Ante a possível demonstração de contrariedade à Súmula 331, V, do TST, dou provimento ao agravo de instrumento para determinar a conversão prevista nos §§ 5º e 7º do artigo 897 da CLT. Agravo de instrumento conhecido e provido. II - RECURSO DE REVISTA. RESPONSABILIDADE SUBSIDIÁRIA. ENTE PÚBLICO. ÔNUS DA PROVA. AUSÊNCIA DE CULPA IN VIGILANDO. Ao julgar a ADC 16, o STF decidiu que o art. 71, § 1º, da Lei nº 8.666/93 é constitucional, mas que isso não impede a responsabilidade subsidiária da Administração Pública, desde que constatado que o ente público agiu com culpa in vigilando. Registre-se, ainda, a decisão do STF no RE nº 760.931, com repercussão geral, que atribuiu o ônus da prova da ausência de fiscalização ao trabalhador. No caso, o Regional atribuiu o ônus da prova da fiscalização à entidade pública, circunstância que contraria o entendimento do Supremo Tribunal Federal. Dessa forma, em face da atribuição do ônus da prova ao ente público e, diante da ausência de elementos que evidenciam a sua culpa, deve ser afastada a responsabilidade subsidiária a ele atribuída. Recurso de revista conhecido por contrariedade à Súmula 331, V, do TST e provido" (RR-143-45.2014.5.05.0030, 3ª Turma, Relator Ministro Alexandre de Souza Agra Belmonte, DEJT 25/10/2019).

783. RE 760931 ED, Relator(a): LUIZ FUX, Relator(a) p/ Acórdão: EDSON FACHIN, Tribunal Pleno, julgado em 01/08/2019.

784. E-RR-925-07.2016.5.05.0281, SDI-1, rel. Min. Cláudio Brandão, julgado em 12/12/2019. No voto condutor, lê-se: "O exame da *ratio decidendi* da mencionada decisão revela, ainda, que a ausência sistemática de fiscalização, quanto ao cumprimento das obrigações trabalhistas pela prestadora, autoriza a responsabilização do Poder Público. Após o julgamento dos embargos de declaração e tendo sido expressamente rejeitada a proposta de que fossem parcialmente acolhidos para se esclarecer que o ônus da prova desse fato pertencia ao empregado, pode-se concluir que cabe a esta Corte Superior a definição da matéria,

aptidão para a prova e com base no art. 818, §1º, da CLT[785], inverter o ônus da prova quanto à fiscalização do cumprimento das obrigações trabalhistas e previdenciárias, de modo que caberia ao ente estatal comprová-la.

De fato, os sucessivos julgados do Plenário do STF não decidiram a questão do ônus da prova[786]. As decisões impedem apenas a presunção de culpa, o que não se confunde com a inversão do ônus da prova à luz da carga probatória dinâmica. É evidente que é muito mais fácil à Administração Pública comprovar que fiscalizou do que ao trabalhador comprovar que não houve fiscalização; isso porque o ente estatal tem o dever de conservar tais documentos, conforme deflui do art. 67, *caput*, da Lei nº 8.666/91 (dispositivo correspondente ao art. 117, §1º, da Lei 14.133/2021)[787].

Em suma, após a grande confusão jurisprudencial, pode-se afirmar que a posição vinculativa dos tribunais superiores atualmente é no sentido de que, apesar da constitucionalidade do art. 71, §1º, da Lei nº 8.666/91, a Administração Pública pode ser responsabilizada subsidiariamente quando agir com culpa, o que se caracteriza quando não fiscaliza adequadamente o cumprimento

---

diante de sua natureza eminentemente infraconstitucional. (...) em sede de embargos de declaração, o Supremo Tribunal Federal deixou claro que a matéria pertinente ao ônus da prova não foi por ele definida, ao fixar o alcance do Tema 246. Permitiu, por conseguinte que a responsabilidade subsidiária seja reconhecida, mas sempre de natureza subjetiva, ou seja, faz-se necessário verificar a existência de culpa in vigilando. Por esse fundamento e com base no dever ordinário de fiscalização da execução do contrato e de obrigações outras impostas à Administração Pública por diversos dispositivos da Lei nº 8.666/1993, a exemplo, especialmente, dos artigos 58, III; 67, *caput* e seu §1º; e dos artigos 54, § 1º; 55, XIII; 58, III; 66; 67, § 1º; 77 e 78, é do Poder Público, tomador dos serviços, o ônus de demonstrar que fiscalizou de forma adequada o contrato de prestação de serviços (...)".

785. § 1º Nos casos previstos em lei ou diante de peculiaridades da causa relacionadas à impossibilidade ou à excessiva dificuldade de cumprir o encargo nos termos deste artigo ou à maior facilidade de obtenção da prova do fato contrário, poderá o juízo atribuir o ônus da prova de modo diverso, desde que o faça por decisão fundamentada, caso em que deverá dar à parte a oportunidade de se desincumbir do ônus que lhe foi atribuído.

786. Com a mesma visão: "Ou seja, a questão [do ônus da prova] foi tratada nos votos e na discussão plenária, impulsionando o manejo dos embargos de declaração, ficando vencido o voto do original relator, Min. Fux, que pretendia um detalhamento maior para a 'tese'. Embora na fundamentação invocasse uma proibição de inversão do ônus probatório ao tomador, isto nem constou da tese proposta (e rejeitada), que apenas vedava a presunção de culpa. No entanto, a maioria dos ministros acompanhou o voto do min. Edson Fachin, rejeitando os declaratórios por não haver omissão, obscuridade tampouco contradição no acórdão vergastado. (...)". (MARANHÃO, Ney; PRITSCH, Cesar Zucatti; JUNQUEIRA, Fernanda Antunes Marques. *STF deixa em aberto o ônus da prova quanto à culpa in vigilando do tomador público.* Disponível em: https://www.migalhas.com.br/depeso/319963/stf-deixa-em-aberto-o-onus-da-prova-quanto-a-culpa-in-vigilando-do-tomador-publico-a-sbdi-1-do-tst-entende-que-o-ente-publico-tem-a-aptidao-para-a-prova . Acesso em 28 jun.2020.

787. Art. 117. A execução do contrato deverá ser acompanhada e fiscalizada por 1 (um) ou mais fiscais do contrato, representantes da Administração especialmente designados conforme requisitos estabelecidos no art. 7º desta Lei, ou pelos respectivos substitutos, permitida a contratação de terceiros para assisti-los e subsidiá-los com informações pertinentes a essa atribuição.

§ 1º O fiscal do contrato anotará em registro próprio todas as ocorrências relacionadas à execução do contrato, determinando o que for necessário para a regularização das faltas ou dos defeitos observados.

das obrigações trabalhistas e previdenciárias da empresa contratada que lhe presta serviços terceirizados. O ônus de comprovar a fiscalização pode ser atribuído ao ente estatal, mediante decisão judicial fundamentada no princípio da aptidão para a prova, conforme art. 818 da CLT.

Para finalizar, não se pode deixar de fazer referência a um trecho do voto vencido do Min. Luiz Fux no RE 760931:

> Min. Luiz Fux: "a União destacou que a responsabilidade subsidiária da União importa em somas que estão não só derruindo as finanças dos Estados como também da própria União. Foram anunciados aqui números estratosféricos sobre essa responsabilidade que a Justiça Trabalho chancela".

Trata-se de argumento que parte de ótica economicista distorcida. Da forma como exposto, parece que a culpa pelas altas cifras envolvidas é da Justiça do Trabalho, quando, na verdade, a situação decorre do descumprimento, em larga escala, de preceitos básicos de proteção ao ser humano que trabalha, tais como ausência de pagamentos de verbas rescisórias, tema mais recorrente em processos trabalhistas envolvendo a responsabilidade subsidiária do Estado. A contratação das empresas prestadoras de serviço a partir de licitações baseadas exclusivamente no critério de menor preço, além das fraudes e má-gestão dos contratos administrativos é que são as responsáveis pelo grande quantitativo de processos e pelo volume financeiro envolvido. É o popular "barato que sai caro". Este modelo de gestão precisa ser repensado e aprimorado pelos administradores públicos.

30.4.2. Terceirização de serviços públicos por meio de organizações sociais

Importante julgado da Suprema Corte foi a ADI 1923[788], em que discutida a constitucionalidade do modelo de prestação de serviços públicos por meio de organizações sociais (OS), instituído pela Lei nº 9.637/98. Em síntese, a conclusão do Plenário foi no sentido de que não seria possível ao Judiciário impedir que os órgãos democraticamente eleitos optassem por modelo de prestação de serviços públicos por de delegação a entidades do terceiro setor, nas áreas da saúde, educação, cultura, desporto, ciência e tecnologia.

Foi feita "interpretação conforme à Constituição à Lei nº 9.637/98 e ao art. 24, XXIV, da Lei nº 8666/93, incluído pela Lei nº 9.648/98, para que: (i) o procedimento de qualificação seja conduzido de forma pública, objetiva e

788. ADI 1923, Relator(a): AYRES BRITTO, Relator(a) p/ Acórdão: LUIZ FUX, Tribunal Pleno, julgado em 16/04/2015.

impessoal, com observância dos princípios do *caput* do art. 37 da CF, e de acordo com parâmetros fixados em abstrato segundo o que prega o art. 20 da Lei nº 9.637/98; (ii) a celebração do contrato de gestão seja conduzida de forma pública, objetiva e impessoal, com observância dos princípios do *caput* do art. 37 da CF; (iii) as hipóteses de dispensa de licitação para contratações (Lei nº 8.666/93, art. 24, XXIV) e outorga de permissão de uso de bem público (Lei nº 9.637/98, art. 12, §3º) sejam conduzidas de forma pública, objetiva e impessoal, com observância dos princípios do *caput* do art. 37 da CF; (iv) os contratos a serem celebrados pela Organização Social com terceiros, com recursos públicos, sejam conduzidos de forma pública, objetiva e impessoal, com observância dos princípios do *caput* do art. 37 da CF, e nos termos do regulamento próprio a ser editado por cada entidade; (v) a seleção de pessoal pelas Organizações Sociais seja conduzida de forma pública, objetiva e impessoal, com observância dos princípios do *caput* do art. 37 da CF, e nos termos do regulamento próprio a ser editado por cada entidade; e (vi) para afastar qualquer interpretação que restrinja o controle, pelo Ministério Público e pelo TCU, da aplicação de verbas públicas".

As OS's, em tese, são entidades sem fins lucrativos, mas têm sido recorrentes na imprensa as notícias sobre fraudes e desvios de recursos públicos[789].

A opção pelo modelo de prestação de serviços por organizações sociais supostamente se legitimaria em função de maior eficiência e flexibilidade de instituições não vinculadas às amarras estatais. Sucede que, conforme decisão do STF, para a celebração dos chamados "contratos de gestão" – os quais delegam para a OS a execução de determinado serviço público –, é inexigível a realização de licitação, pois se trataria de mero convênio, e não de contrato administrativo, por inexistirem interesses antagônicos entre o Poder Público e o "parceiro" privado. Assim, a situação escaparia do âmbito do art. 37, XXI, da Constituição, que exige licitação apenas para contratos, mas não para convênios, em que há suposta convergência de interesses.

Destaque-se que, de acordo com o STF, haveria necessidade de fazer um "procedimento seletivo objetivo" para escolha da OS específica que prestaria determinado serviço. No entanto, há fundadas críticas no sentido de que se trata de colocação meramente retórica, que poderia resultar em atuação discriminatória do administrador público[790]. Além disso, a celebração de contratos de trabalho pelas OS`s é feita sem concurso público.

---

789. A Agência Brasil noticiou, por exemplo, que operação do Ministério Público Federal, da qual resultou a prisão de políticos e empresários, investigava desvios na ordem de R$ 74 milhões dos cofres públicos. Disponível em: https://agenciabrasil.ebc.com.br/geral/noticia/2018-08/fraudes-em-organizacoes-de--saude-no-rio-podem-ser-maiores-diz-mpf. Acesso em 01 jul.2020.

790. Assim, SOUTO MAIOR, Jorge Luiz, *História...*, *op.cit.*, p. 523.

Na prática, a decisão do STF, ao validar a legislação mencionada, tem o potencial de permitir que os entes federativos simplesmente se abstenham de prestar serviços públicos diretamente, delegando-os integralmente à iniciativa privada. Pode-se dizer, assim, que há verdadeira terceirização de atividade-fim do Estado nos setores da educação, saúde, cultura e lazer. Veja-se, a respeito, o seguinte trecho do voto vencido do Ministro Ayres Britto:

> Min. Ayres Britto: "o que faz a Lei 9.637/98, em seus arts. 18, 19, 20, 21 e 22, é estabelecer um mecanismo pelo qual o Estado pode transferir para a iniciativa privada toda a prestação de serviços públicos de saúde, educação, meio ambiente, cultura, ciência e tecnologia. A iniciativa privada a substituir o Poder Público, e não simplesmente a complementar a performance estatal. É dizer, o Estado a, globalmente, terceirizar funções que lhe são típicas. O que me parece juridicamente aberrante, pois não se pode forçar o Estado a desaprender o fazimento daquilo que é da sua própria compostura operacional: a prestação de serviços públicos. Realmente, o problema não está no repasse de verbas públicas a particulares, nem na utilização, por parte do Estado, do regime privado de gestão de pessoas, de compras e contratações. A verdadeira questão é que ele, Estado, pelos arts. 18, 19, 20, 21 e 22 da Lei 9.637/98 (dispositivos que falam em 'absorção', por organizações sociais, das atividades desempenhadas por entidades públicas a ser extintas) ficou autorizado a abdicar da prestação de serviços de que, constitucionalmente, não pode se demitir".
>
> (...) "quis a nossa Carta Magna que competisse à União explorar os serviços e instalações nucleares de qualquer natureza e exercer o monopólio sobre a pesquisa, a lavra, o enriquecimento e reprocessamento, a industrialização e o comércio de minérios nucleares e seus derivados (inciso XXIII do art. 21 da CF). Prescreveu ainda caber à mesma União explorar, diretamente, ou sob regime de concessão, permissão ou autorização, serviços de telecomunicações, radiodifusão sonora e de sons e imagens, energia elétrica, navegação aérea, aeroespacial, infra-estrutura aeroportuária, transporte ferroviário, aquaviário e rodoviário, etc (incisos XI e XII do art. 21 da CF). No mesmo tom, ordenou que ficassem sob a competência dos Municípios a organização e prestação direta, ou mediante concessão ou permissão, dos serviços públicos de interesse local, incluído o de transporte coletivo (inciso V do art. 30 da CF). Disse também caber ao Poder Público a iniciativa de ações destinadas a assegurar os direitos pertinentes à saúde, à previdência, à assistência social (art. 194 da CF), à educação (art. 205 da CF), à cultura (art. 215 da CF), ao desenvolvimento científico e tecnológico (art. 218 da CF) e ao meio ambiente (art. 225 da CF). Em suma, o papel do Estado na prestação de certas atividades, dentre as quais os serviços públicos, é o de protagonista-mor ou agente central. Logo, diferentemente da atividade econômica, seara em que o Poder Público, atuando como agente normativo e regulador, exerce, em regra, funções de fiscalização, incentivo e planejamento (art. 174 da CF), no palco dos serviços públicos o Estado é ator por excelência, prestando-os diretamente, ou então, sob o regime de concessão, permissão ou autorização".

De fato, apesar de a Lei nº 9.637/98 mencionar que estaria instituindo um "programa nacional de publicização", o que se tem, na verdade, é uma autorização para a completa privatização de serviços públicos essenciais como a saúde e educação. Elimina-se a via democrática do concurso público, permitindo-se toda a sorte de arbitrariedades e favorecimentos, mediante contratação privada que suprime direitos como a estabilidade do servidor público.

30.5. Terceirização de atividades inerentes e cláusula de reserva de plenário

O Supremo Tribunal Federal teve a oportunidade de julgar, em sede de repercussão geral, recurso extraordinário contra acórdão do TST que deixara de aplicar o art. 94, II, da Lei nº 9.472/97[791], que permitia que as concessionárias de telecomunicações terceirizassem atividades inerentes, acessórias ou complementares ao serviço concedido[792].

Para o tribunal de origem, o referido dispositivo legal não autorizaria a terceirização de atividade-fim, e a problemática não seria atinente à sua constitucionalidade, mas apenas à interpretação. Assim, "atividades inerentes", na visão de vários julgados turmários do TST, equivaleria apenas às atividades-meio, nos moldes da Súmula 331 da Corte.

Contudo, o STF, no julgado paradigmático, definiu que se tratava de espécie de declaração "branca" de inconstitucionalidade, ou seja, o TST estaria declarando a inconstitucionalidade de forma implícita, ao negar a aplicação do art. 94, II. Nessa ótica, há necessidade de que o tema fosse decidido pelo Plenário ou pelo Órgão Especial do TST, a fim de que se observasse a cláusula de reserva de plenário (art. 97 da CF e SV 10).

De todo modo, a importância do julgado passa a ser meramente residual, tendo em vista que, conforme estudado anteriormente, a Corte legitimou, em caráter retroativo e de forma ampla (com a ressalva da coisa julgada, que se aprofundará em tópico específico, abaixo), a terceirização em atividade-fim, tornando despicienda a discussão sobre o art. 94, II, da Lei nº 9.472/97.

30.6. A isonomia entre terceirizados e contratados diretamente pela tomadora de serviços

Questão recentemente apreciada pelo STF é a da isonomia entre os trabalhadores terceirizados e aqueles contratados diretamente pela empresa tomadora de serviços.

Em repercussão geral, no julgamento do RE 635546[793], a Suprema Corte decidiu pela impossibilidade de equiparação salarial (= isonomia) entre trabalhadores terceirizados e aqueles com vínculo empregatício direto com o tomador,

---

791. Art. 94. No cumprimento de seus deveres, a concessionária poderá, observadas as condições e limites estabelecidos pela Agência:

I - empregar, na execução dos serviços, equipamentos e infra-estrutura que não lhe pertençam;

II - contratar com terceiros o desenvolvimento de atividades inerentes, acessórias ou complementares ao serviço, bem como a implementação de projetos associados.

792. ARE 791932, Relator(a): ALEXANDRE DE MORAES, Tribunal Pleno, julgado em 11/10/2018.

793. RE 635546, Rel. Min. Marco Aurélio, red. p/ acórdão Min. Roberto Barroso, julgamento virtual finalizado em 21.09.2020.

ainda que exerçam idênticas funções. A tese fixada, em repercussão geral, foi: "A equiparação de remuneração entre empregados da empresa tomadora de serviços e empregados da empresa contratada (terceirizada) fere o princípio da livre iniciativa, por se tratarem de agentes econômicos distintos, que não podem estar sujeitos a decisões empresariais que não são suas".

A decisão acaba constituindo uma espécie de *confissão* do Supremo Tribunal Federal no sentido de que o objetivo da terceirização consiste na mera redução de custos com a força de trabalho. O discurso feito na ADPF 324, no sentido de que a terceirização era importante para que houvesse maior "especialização" das empresas, ou para que se "modernizasse" o mercado de trabalho do Brasil, cai por terra, e fica *escancarado* o propósito precarizante da terceirização. O seguinte trecho do voto condutor evidencia tais afirmações:

> Min. Roberto Barroso (RE 635546): Exigir que os valores de remuneração sejam os mesmos entre empregados da tomadora de serviço e da contratada significa, por via transversa, retirar do agente econômico a opção pela terceirização para fins de redução de custos (ou, ainda, incentivá-lo a não ter qualquer trabalhador permanente desempenhando a mesma atividade)[794].

O trecho transcrito deixa clara, ainda, a compreensão de que a situação do terceirizado é inferior à do trabalhador contratado diretamente pelo tomador de serviços, tanto que se demonstra cuidado para que este não seja "incentivado" a "não ter qualquer trabalhador permanente".

Veja-se que o recurso extraordinário não rediscutia a questão da licitude da terceirização de atividade-fim – tema já decidido na ADPF 324. Aqui, a questão que se colocava era saber se dois trabalhadores que prestam exatamente o mesmo serviço, em prol de um mesmo tomador, podem receber salários diferentes, apenas pelo fato de que um deles foi contratado diretamente, ao passo que o outro, por meio de empresa terceirizada.

A decisão do STF faz uma espécie de "recorte" da Constituição, escolhendo o princípio da livre iniciativa como fundamento da República, que valeria de forma absoluta, acima de todos os outros, inclusive do valor social do trabalho, que está no mesmo dispositivo constitucional que prevê o primeiro (CF, art. 1º, IV)[795].

Trata-se de mais um julgado da Suprema Corte brasileira que abre as portas para a barbárie nas relações de trabalho, pois diversas violações se tornam

---

794. Quando do fechamento desta edição, o inteiro teor do acórdão não havia sido publicado, mas o site do STF transcrevia esse trecho do voto. Disponível em: http://portal.stf.jus.br/noticias/verNoticiaDetalhe.asp?idConteudo=452400&ori=1 . Acesso em 21.12.2020.

795. Cf. SOUTO MAIOR, Jorge Luiz; GARCIA, Igor Cardoso. *Suprema sinceridade: "o objetivo da terceirização é reduzir salários e direitos trabalhistas"*. Disponível em: https://www.jorgesoutomaior.com/blog/suprema-sinceridade-o-objetivo-da-terceirizacao-e-reduzir-salarios-e-direitos-trabalhistas .Publicado em: 03.10.2020. Acesso em: 21.12.2020.

possíveis a partir da contratação de trabalhadores terceirizados: rebaixamento de salários, descumprimento de instrumentos coletivos (convenções e acordos coletivos de trabalho), pagamento de salários distintos para trabalho de igual valor, entre outros[796].

A jurisprudência do TST, consubstanciada na OJ 383 da SDI-1[797], firmou-se no sentido de que, no caso de terceirização na Administração Pública, apesar de não se configurar vínculo empregatício com o ente público, o terceirizado que exerça as mesmas funções que os contratados pelo tomador de serviços faz jus às mesmas verbas trabalhistas, legais e normativas. A partir da decisão em repercussão geral, tal jurisprudência terá de ser revista.

Veja-se que o art. 4º-C, §1º, introduzido em 2017 na Lei nº 6.019/74, estatui ser faculdade das empresas contratante e contratada estabelecer a isonomia salarial entre os respectivos empregados.

Contudo, o dispositivo merece interpretação conforme a Constituição. Isso porque é inconcebível que duas pessoas que exerçam as mesmas funções, no mesmo local, atendendo a todos os pressupostos do art. 461 da CLT[798], recebam salários diferentes. É preciso recordar-se de que o Direito do Trabalho é regido pelo princípio da primazia da realidade sobre a forma; assim, a formatação jurídica que resulte na contratação de terceirizados por pessoa jurídica distinta, para exercerem as mesmas funções que empregados efetivos da tomadora, constitui ato nitidamente fraudulento, à luz do art. 9º da CLT.

---

796. "A decisão engendra uma fórmula para se buscar no direito os antídotos contra a sua própria existência. É o avesso do direito legitimado pela Corte Constitucional. Aliás, cria-se, com essa decisão, um trunfo para violar quase todas as normas trabalhistas. Tudo o que historicamente e com muita luta se conquistou em termos trabalhistas pode ser desconsiderado com os artifícios antijurídicos e contrários aos direitos constitucionais sociais que vêm sendo gestados há algum tempo. O fato é que com o aval do Supremo, a terceirização vira um salvo conduto para descumprir as leis trabalhistas: não se pode reduzir salários, mas por meio da terceirização isso é permitido; não se pode descumprir cláusulas dos instrumentos coletivos, mas por meio da terceirização isso é permitido; não se pode pagar salários distintos para pessoas que realizam trabalho de igual valor, mas por meio da terceirização isso é autorizado; não se pode pagar salários distintos em razão do gênero, mas por meio da terceirização isso também é permitido" (SOUTO MAIOR, Jorge Luiz; GARCIA, Igor Cardoso , idem, ibidem).

797. OJ-SDI1-383 TERCEIRIZAÇÃO. EMPREGADOS DA EMPRESA PRESTADORA DE SERVIÇOS E DA TOMADORA. ISONOMIA. ART. 12, "A", DA LEI Nº 6.019, DE 03.01.1974. A contratação irregular de trabalhador, mediante empresa interposta, não gera vínculo de emprego com ente da Administração Pública, não afastando, contudo, pelo princípio da isonomia, o direito dos empregados terceirizados às mesmas verbas trabalhistas legais e normativas asseguradas àqueles contratados pelo tomador dos serviços, desde que presente a igualdade de funções. Aplicação analógica do art. 12, "a", da Lei nº 6.019, de 03.01.1974.

798. Art. 461. Sendo idêntica a função, a todo trabalho de igual valor, prestado ao mesmo empregador, no mesmo estabelecimento empresarial, corresponderá igual salário, sem distinção de sexo, etnia, nacionalidade ou idade.

§ 1º Trabalho de igual valor, para os fins deste Capítulo, será o que for feito com igual produtividade e com a mesma perfeição técnica, entre pessoas cuja diferença de tempo de serviço para o mesmo empregador não seja superior a quatro anos e a diferença de tempo na função não seja superior a dois anos.

De fato, admitir a distinção salarial nesses casos equivaleria a chancelar a pura e simples discriminação dos terceirizados, tratando-os como trabalhadores de segunda categoria. A igualdade salarial é conclusão imperativa à luz do princípio da isonomia, sendo possível a equiparação salarial, com base no art. 461 da CLT, mesmo em se tratando de empregadores diferentes.

Outro aspecto importante atinente à isonomia é o art. 4º-C, §2º, da Lei nº 6.019/74. O dispositivo prevê os que as empresas podem prover serviços de alimentação e de atendimento ambulatorial em locais distintos, para os empregados terceirizados, desde que "apropriados e com igual padrão de atendimento". Embora o dispositivo não se revele, em tese, inconstitucional, a segregação e a eventual pior qualidade do ambiente dos terceirizados pode resultar na prática de atos ilícitos violadores de direitos da personalidade, suscetíveis de ensejar reparação por danos morais.

30.7. Aspectos processuais decorrentes da posição do STF: ação rescisória e embargos à execução com eficácia rescisória

Conforme já estudado, na ADPF 324 o Supremo Tribunal Federal concluiu pela validade da terceirização em atividade-fim mesmo em período anterior à edição das Leis nº 13.427 e 13.467/2017.

A ementa consigna que a decisão não afeta "automaticamente" a coisa julgada, mas é fato que, partindo-se da premissa – com a qual não se concorda, mas que foi reconhecida pela maioria dos ministros do STF – de que a Súmula 331, III, do TST, violava diversos preceitos fundamentais da Constituição (como a legalidade, livre iniciativa, entre outros), abre-se espaço para a discussão do tema em ações rescisórias e em embargos à execução com eficácia rescisória. O tema deve ser analisado à luz do art. 525, §§ 12, 14 e 15, do CPC[799].

A decisão do STF deve ser anterior ao trânsito em julgado da decisão exequenda, para fins de cabimento dos embargos à execução com eficácia rescisória, ou seja, a decisão exequenda deve ter um vício de origem para que seja possível a arguição do tema nos embargos à execução. Não obstante, se a decisão do STF for posterior ao trânsito em julgado da decisão exequenda, ca-

799. Art. 525, § 12. Para efeito do disposto no inciso III do § 1º deste artigo, considera-se também inexigível a obrigação reconhecida em título executivo judicial fundado em lei ou ato normativo considerado inconstitucional pelo Supremo Tribunal Federal, ou fundado em aplicação ou interpretação da lei ou do ato normativo tido pelo Supremo Tribunal Federal como incompatível com a Constituição Federal, em controle de constitucionalidade concentrado ou difuso. (...)

§ 14. A decisão do Supremo Tribunal Federal referida no § 12 deve ser anterior ao trânsito em julgado da decisão exequenda.

§ 15. Se a decisão referida no § 12 for proferida após o trânsito em julgado da decisão exequenda, caberá ação rescisória, cujo prazo será contado do trânsito em julgado da decisão proferida pelo Supremo Tribunal Federal.

berá ação rescisória, cujo prazo será contado do trânsito em julgado da decisão proferida pelo Supremo Tribunal Federal (CPC, art. 525, §15)[800].

Pode-se dizer que sentença inconstitucional é título executivo judicial fundado em lei ou ato normativo considerado inconstitucional pelo Supremo Tribunal Federal, ou fundado em aplicação ou interpretação da lei ou do ato normativo tido pelo Supremo Tribunal Federal como incompatível com a Constituição Federal, em controle de constitucionalidade concentrado ou difuso[801].

Tal conceito poderia fazer com que o intérprete reconduzisse essa hipótese de cabimento de ação rescisória ao inciso V do art. 966, já que, em última análise, estar-se-ia diante de violação à norma constitucional: a sentença, ao aplicar a lei que o STF venha a declarar inconstitucional, viola o texto da Constituição[802].

No entanto, é preferível tratar a situação da sentença inconstitucional como hipótese autônoma de admissibilidade da ação rescisória, já que se sujeita a requisitos próprios e tem prazo diferenciado. De fato, para que caiba rescisória com base em inconstitucionalidade do título executivo judicial, é necessário que o STF – em controle difuso ou concentrado – declare a inconstitucionalidade de ato normativo após o trânsito em julgado da sentença nele fundada[803].

Observe-se, assim, que a hipótese de rescindibilidade da sentença (= cabimento da ação rescisória) decorrente da prolação da chamada "sentença inconstitucional" só foi introduzida no Direito Processual brasileiro a partir da entrada em vigor do CPC/2015, o que ocorreu no dia 18 de março de 2016. Antes disso, havia apenas a possibilidade dos embargos à execução com eficácia rescisória, tema envolto em polêmicas decorrentes da laconismo do texto legal então vigente[804].

Ademais, sob o ponto de vista do direito processual intertemporal, é cediço que a rescindibilidade (= cabimento e prazo da ação rescisória) se rege pela lei vigente quando do trânsito em julgado da sentença. Modificações legislativas supervenientes não podem criar, suprimir, ou modificar a rescindibilidade de sentenças anteriormente transitadas em julgado, sob pena de violação ao direito adquirido processual (CF, art. 5º, XXXVI).

Assim, somente são rescindíveis com base no art. 525, §15, do CPC, decisões transitadas em julgado após a entrada em vigor do mesmo Código. De-

---

800. Cf. BERNARDES, Felipe, *Manual...*, *op.cit.*, p. 956.
801. Idem, p. 840.
802. Idem, p. 841.
803. Idem, ibidem.
804. Para uma visão ampla e detalhada sobre tais polêmicas, v. DIDIER, Fredie, *Curso*, *op.cit.*, v.5, p. 371 e seguintes. O autor se posiciona no sentido de que, sob a vigência do CPC/1973, os embargos (ou impugnação ao cumprimento de sentença) com eficácia rescisória somente seriam pertinentes se a decisão do STF fosse anterior ao trânsito em julgado da decisão exequenda, exatamente como regulamentado no CPC/2015.

cisões anteriores são imunes à incidência da nova regulamentação, justamente porque tal hipótese de rescindibilidade (= sentença contrária à decisão posterior do STF em matéria constitucional) somente surgiu com o CPC/2015, conforme já dito.

Com base em tais noções, e considerando que a ADPF 324 foi julgada em 30/08/2018[805], pode-se asseverar que:

- (i) decisões da Justiça do Trabalho transitadas em julgado antes de 18.03.2016 e que hajam reconhecido a ilicitude de terceirização de atividade-fim são insuscetíveis de modificação por ação rescisória ou por embargos à execução com eficácia rescisória;
- (ii) decisões transitadas em julgado entre 18.03.2016 e 30.08.2018 e que tenham reconhecido a ilicitude de terceirização de atividade-fim podem ser desconstituídas mediante ação rescisória, cujo prazo bienal terá sido encerrado em 30.08.2020;
- (iii) decisões que reconheçam ilicitude de terceirização de atividade-fim transitadas em julgado a partir de 01.09.2018 (inclusive) contêm vício de origem, por violar a decisão da ADPF 324. A inconstitucionalidade da sentença pode ser suscitada, em tais hipóteses – se não houver a devida correção do julgado pela via recursal própria – por meio de embargos à execução com eficácia rescisória, nos moldes do art. 525, §12, do CPC.

30.8. Leis 13.429 e 13.467/2017

Vale anotar que, quando ajuizada a ADPF 324, ainda não havia regulamentação geral a respeito da terceirização no Direito brasileiro. Antes da finalização do julgamento, sobrevieram as leis 13.429 e 13.467/2017, que disciplinaram o fenômeno. Na ADPF 324, entretanto, por adstrição ao pedido, o STF circunscreveu a análise à Súmula 331 do TST e às decisões da Justiça do Trabalho que seguiam o entendimento do verbete.

Posteriormente, o Supremo Tribunal Federal, ao julgar diversas ações diretas de inconstitucionalidade, confirmou a validade do novo regramento legal estipulado pelas referidas leis[806]. Os argumentos utilizados pela Corte para

805. Aqui se está considerando a data de julgamento da ADPF 324, antes mesmo do julgamento dos embargos de declaração, em harmonia com a tendência de reconhecer eficácia imediata à decisão do STF em matéria constitucional (manifestada, por exemplo, na Rcl 30996, julgamento monocrático do Min. Celso de Mello de 09/08/2018). O marco temporal pode ser questionado, pois o art. 525, §15, do CPC, menciona que o prazo da ação rescisória será contado "do trânsito em julgado da decisão proferida pelo Supremo Tribunal Federal".

806. ADI 5735, ADI 5695, ADI 5686, ADI ,ADI 5687, ADI 5685, Relator(a): GILMAR MENDES, Tribunal Pleno, julgado em 16/06/2020.

solucionar tais casos foram idênticos aos expostos na ADPF 324. Em suma, pelos motivos já expostos nos tópicos anteriores, o Tribunal Pleno do STF concluiu pela constitucionalidade das previsões legais atinentes à terceirização de atividade-fim e à responsabilidade subsidiária do tomador de serviços, bem como da integralidade dos dispositivos da Lei 13.429/2017.

31. TRABALHADOR AVULSO[807]

	Referências normativas e jurisprudenciais
Constituição	Art. 5º Todos são iguais perante a lei, sem distinção de qualquer natureza, garantindo-se aos brasileiros e aos estrangeiros residentes no País a inviolabilidade do direito à vida, à liberdade, à igualdade, à segurança e à propriedade, nos termos seguintes; (...) II - ninguém será obrigado a fazer ou deixar de fazer alguma coisa senão em virtude de lei (...). Art. 7º - São direitos dos trabalhadores urbanos e rurais, além de outros que visem à melhoria de sua condição social: (...) XXIII - adicional de remuneração para as atividades penosas, insalubres ou perigosas, na forma da lei; (...) XXXIV - igualdade de direitos entre o trabalhador com vínculo empregatício permanente e o trabalhador avulso (...).
Legislação infraconstitucional	Lei 4.860/1965 Art. 14. A fim de remunerar os riscos relativos à insalubridade, periculosidade e outros porventura existentes, fica instituído o "adicional de riscos" de 40% (quarenta por cento) que incidirá sobre o valor do salário-hora ordinário do período diurno e substituirá todos aqueles que, com sentido ou caráter idêntico, vinham sendo pagos. Art. 19. As disposições desta Lei são aplicáveis a todos os servidores ou empregados pertencentes às Administrações dos Portos organizados sujeitos a qualquer regime de exploração (VETADO). Parágrafo único. Para os servidores sujeitos ao regime dos Estatutos dos Funcionários Públicos, sejam federais, estaduais ou municipais, estes serão aplicados supletivamente, assim como será a legislação do trabalho para os demais empregados, no que couber.
Súmulas e teses de repercussão geral	Tema 222 (RE 597124): Sempre que for pago ao trabalhador com vínculo permanente, o adicional de riscos é devido, nos mesmos termos, ao trabalhador portuário avulso.
Julgados paradigmáticos	RE 597124

807. Sobre a prescrição do trabalhador portuário avulso, ver seção específica sobre prescrição, neste capítulo.

Ao julgar o RE 597124[808], o Supremo Tribunal Federal fixou a seguinte tese: "Sempre que for pago ao trabalhador com vínculo permanente, o adicional de riscos é devido, nos mesmos termos, ao trabalhador portuário avulso".

Trata-se da interpretação dos arts. 14 e 19 da Lei 4.860/65, os quais preceituam que os empregados permanentes (com vínculo empregatício) pertencentes às administrações dos portos organizados fazem jus a receber adicional de riscos no valor de 40% sobre o salário-hora.

Apesar de não incluídos pelo art. 19 da referida lei como beneficiários da regra, a Suprema Corte decidiu que os trabalhadores portuários avulsos fazem jus ao adicional de risco nos mesmos moldes aplicáveis aos empregados com vínculo empregatício permanente, por força do princípio da isonomia e da regra contida no art. 7º, XXXIV, da CF, a qual estatui a igualdade de direitos entre o trabalhador com vínculo de emprego permanente e o trabalhador avulso.

O Tribunal Pleno deixou claro, ainda, que o mencionado adicional de risco será devido apenas aos trabalhadores avulsos que efetivamente estiverem sujeitos aos mesmos riscos do trabalhador com vínculo empregatício. A parcela não será devida, por exemplo, para os trabalhadores (com vínculo empregatício ou avulsos) que desempenhem funções administrativas.

32. TRABALHO DA MULHER E MATERNIDADE[809-810]

Referências normativas e jurisprudenciais	
Constituição	Art. 5º Todos são iguais perante a lei, sem distinção de qualquer natureza, garantindo-se aos brasileiros e aos estrangeiros residentes no País a inviolabilidade do direito à vida, à liberdade, à igualdade, à segurança e à propriedade, nos termos seguintes:

808. "RECURSO EXTRAORDINÁRIO. TRABALHADOR PORTUÁRIO AVULSO. ADICIONAL DE RISCOS. ISONOMIA CONSTITUCIONAL EXPRESSA. ARTIGO 7º, XXXIV, CRFB. 1. A regulação da atividade portuária por meio de legislação específica ocorreu para garantir aos trabalhadores que prestam serviços nas instalações portuárias direitos inerentes ao exercício das atividades que lhe são notoriamente peculiares. 2. O fato de os trabalhadores portuários avulsos sujeitarem-se a um regime de exploração diferenciado daqueles trabalhadores portuários com vínculo permanente não autoriza tratamento diferenciado entre eles, pois há norma constitucional explícita e específica de igualdade de direitos, de modo que, uma vez implementadas as condições legais específicas, ao trabalhador portuário avulso também é devido o adicional de riscos, previsto no art. 14 da Lei 4.860/1965, por imposição constitucional expressa. 3. Sempre que for pago ao trabalhador com vínculo permanente, o adicional de riscos também é devido, nos mesmos termos, ao trabalhador portuário avulso, considerando o disposto no artigo 7º, XXXIV, da Constituição da República. 4. Recurso Extraordinário a que se nega provimento" (RE 597124, Relator(a): EDSON FACHIN, Tribunal Pleno, julgado em 03/06/2020).

809. Sobre o tema específico da garantia provisória de emprego da gestante, ver seção deste capítulo alusiva à estabilidade e garantia de emprego.

810. Aplicam-se à discriminação contra a mulher as observações gerais lançadas na seção "discriminação", neste capítulo, para onde se remete o leitor.

Referências normativas e jurisprudenciais	
Constituição	I - homens e mulheres são iguais em direitos e obrigações, nos termos desta Constituição; Art. 6º São direitos sociais a educação, a saúde, a alimentação, o trabalho, a moradia, o transporte, o lazer, a segurança, a previdência social, a proteção à maternidade e à infância, a assistência aos desamparados, na forma desta Constituição. Art. 7º, XVIII - licença à gestante, sem prejuízo do emprego e do salário, com a duração de cento e vinte dias; (...) XX - proteção do mercado de trabalho da mulher, mediante incentivos específicos, nos termos da lei; Art. 201. A previdência social será organizada sob a forma do Regime Geral de Previdência Social, de caráter contributivo e de filiação obrigatória, observados critérios que preservem o equilíbrio financeiro e atuarial, e atenderá, na forma da lei, a: II - proteção à maternidade, especialmente à gestante; Art. 227. É dever da família, da sociedade e do Estado assegurar à criança, ao adolescente e ao jovem, com absoluta prioridade, o direito à vida, à saúde, à alimentação, à educação, ao lazer, à profissionalização, à cultura, à dignidade, ao respeito, à liberdade e à convivência familiar e comunitária, além de colocá-los a salvo de toda forma de negligência, discriminação, exploração, violência, crueldade e opressão.
Legislação infra-constitucional	CLT, Art. 392. A empregada gestante tem direito à licença-maternidade de 120 (cento e vinte) dias, sem prejuízo do emprego e do salário. § 1º A empregada deve, mediante atestado médico, notificar o seu empregador da data do início do afastamento do emprego, que poderá ocorrer entre o 28º (vigésimo oitavo) dia antes do parto e ocorrência deste. Art. 392-A. À empregada que adotar ou obtiver guarda judicial para fins de adoção de criança ou adolescente será concedida licença-maternidade nos termos do art. 392 desta Lei. (Redação dada pela Lei nº 13.509, de 2017) Art. 394-A. Sem prejuízo de sua remuneração, nesta incluído o valor do adicional de insalubridade, a empregada deverá ser afastada de: I - atividades consideradas insalubres em grau máximo, enquanto durar a gestação; II - atividades consideradas insalubres em grau médio ou mínimo, quando apresentar atestado de saúde, emitido por médico de confiança da mulher, que recomende o afastamento durante a gestação; (Vide ADIN 5938) III - atividades consideradas insalubres em qualquer grau, quando apresentar atestado de saúde, emitido por médico de confiança da mulher, que recomende o afastamento durante a lactação. (Vide ADIN 5938) § 2º Cabe à empresa pagar o adicional de insalubridade à gestante ou à lactante, efetivando-se a compensação, observado o disposto no art. 248 da Constituição Federal, por ocasião do recolhimento das contribuições incidentes sobre a folha de salários e demais rendimentos pagos ou creditados, a qualquer título, à pessoa física que lhe preste serviço. § 3º Quando não for possível que a gestante ou a lactante afastada nos termos do *caput* deste artigo exerça suas atividades em local salubre na empresa, a hipótese será considerada como gravidez de risco e ensejará a percepção de salário-maternidade, nos termos da Lei nº 8.213, de 24 de julho de 1991, durante todo o período de afastamento.

Referências normativas e jurisprudenciais	
Súmulas e teses de repercussão geral	Tema 782 (RE 778889): Os prazos da licença adotante não podem ser inferiores aos prazos da licença gestante, o mesmo valendo para as respectivas prorrogações. Em relação à licença adotante, não é possível fixar prazos diversos em função da idade da criança adotada. Tema 973 (RE 1058333): É constitucional a remarcação do teste de aptidão física de candidata que esteja grávida à época de sua realização, independentemente da previsão expressa em edital do concurso público.
Normas internacionais	OIT: C. 103 Convenção sobre a Eliminação de Todas as Formas de Discriminação contra a Mulher
Julgados paradigmáticos	ADI 1946, 5938, 6327 MC RE 658312, 778889, 1058333

32.1. Considerações gerais

O texto originário da CLT, de 1943, continha vários dispositivos que estabeleciam tratamento diferenciado para a mulher e que posteriormente foram revogados, tais como os atinentes à vedação ao trabalho noturno e à realização de horas extras por empregadas, e proibição de emprego de mão de obra feminina em atividades perigosas ou insalubres. Vários desses dispositivos foram revogados pela Lei nº 7.855/89, e outros foram modificadas por leis supervenientes, sobretudo a Lei nº 13.467/2017, que inseriu previsões polêmicas.

O tema perpassa pela concretização do princípio da igualdade, que foi proclamado formalmente por todas as Constituições brasileiras, desde a Imperial de 1824. É evidente, entretanto, que não havia efetiva igualdade: basta que se lembre da escravidão, abolida apenas em 1888, e da inferioridade jurídica da mulher, que era subordinada ao marido e só adquiriu de voto em 1932.

Mesmo após a conquista da igualdade no plano jurídico - o que só veio a ser claramente positivado com o Código Civil de 2002, pois no Código de 1916 havia nítida subordinação da mulher ao marido[811] –, a realidade continua evidenciando, até os dias atuais, que as mulheres, de modo geral, estão em desvantagem no tecido social. No tocante às relações de trabalho, o nível salarial da mão de obra feminina continua sendo significativamente inferior ao padrão masculino[812].

811. Como exemplos, o art. 1299 do CC/1916 previa que a mulher casada não podia aceitar mandato sem autorização do marido; e o art. 6º, II, que inicialmente estatuía serem as mulheres casadas relativamente incapazes. Com a Lei nº 4.121/62 (Estatuto da Mulher Casada), este dispositivo foi revogado, mas o Código Civil, no art. 223, continuava prevendo que o marido era o "chefe da sociedade conjugal".

812. Segundo a PNAD contínua de 2018, neste ano a mulher recebia 79,5% dos rendimentos do homem, o que demonstra tanto a desigualdade salarial, quanto a falta de inserção das mulheres em posições estratégicas e funções mais bem remuneradas. Disponível em: https://agenciadenoticias.ibge.gov.br/

Isso explica a preocupação da Constituição de 1988 com o fomento e incentivo ao mercado de trabalho da mulher (art. 7º, XX). Embora necessário, não é suficiente apenas proclamar a igualdade de homens e mulheres, pois, sem a adoção medidas corretivas, a desigualdade tende a se perpetuar ou até a se ampliar.

A grande dificuldade no trato do tema é o risco de que medidas protetivas do mercado de trabalho da mulher, ao ampliarem os custos dos empregadores, possam acabar por desestimular a contratação de mulheres, reforçando a discriminação e a desigualdade. Por tal motivo, nota-se que a jurisprudência do Supremo Tribunal Federal tem trabalhado, muitas vezes (mas nem sempre), com uma visão consequencialista da legislação de proteção do trabalho da mulher e da maternidade, com o objetivo de evitar a concretização do risco apontado.

Outro aspecto importante diz respeito à discriminação indireta, associada à teoria do impacto desproporcional, mencionada pelo Min. Nelson Jobim em seu voto na ADI 1946. Trata-se de medidas que são aparentemente neutras, mas que de fato incidem mais duramente sobre um grupo do que sobre outro e não podem ser justificadas pelas necessidades do negócio[813].

Nos tribunais norte-americanos, desenvolveu-se a ideia de "business necessity" (necessidade do negócio), cujo ônus da prova é do empregador, que deve comprovar que utilizou determinada medida ou praticou o ato por necessidade da atividade. Se isto for comprovado, não será reconhecida a discriminação, exceto se o demandante demonstrar a existência de um meio menos discriminatório e alternativo para atingir o resultado desejado pela medida[814].

Para exemplificar, suponha-se que determinado empregador estabeleça, como critério para admissão, que o candidato ao emprego de vigilante armado deve ter, no mínimo, a altura de 1,75m e o peso de 75kg. Tal medida, embora aparentemente neutra, claramente teria um impacto desproporcional entre candidatas do sexo feminino, que majoritariamente não atenderiam esse requisito. Não havendo justificativa razoável, o critério estipulado seria ilegítimo, por discriminar o mercado de trabalho da mulher.

A análise da jurisprudência permitirá visualizar as diretrizes que o STF tem adotado no trato do tema da proteção ao trabalho da mulher e à maternidade.

---

agencia-sala-de-imprensa/2013-agencia-de- noticias/releases/23923-em-2018-mulher-recebia-79-5-do--rendimento-do-homem . Acesso em 07/06/2020.

813. Cf. RIOS, Roger Raupp. *Direito da antidiscriminação: discriminação direta, indireta e ações afirmativas.* Porto Alegre: Livraria do Advogado, 2008, p. 119.

814. Cf. ZANDONAI, Camila Dozza. Discriminação indireta e o estudo da teoria do impacto desproporcional nas relações de trabalho. *Revista da Escola Judicial do Tribunal Regional do Trabalho da 4ª Região.* Vol. 1, n. 1 (jan./jun. 2019). Porto Alegre: Tribunal Regional do Trabalho da 4ª Região, 2019, p. 111.

32.2. Salário-maternidade: limite e custeio

Na ADI 1946[815], o STF analisou a questão da limitação pecuniária do benefício do salário-maternidade. A EC 20/1998 havia estabelecido limite genérico de R$ 1.200,00 (reajustável nos anos futuros), e discutiu-se se tal limitação se aplicava também ao salário-maternidade, de modo que eventual diferença fosse paga pelo empregador, e não pela Previdência Social. A Corte concluiu pela exclusão da licença-maternidade do teto dos benefícios previdenciários, para evitar discriminação da mulher no mercado de trabalho.

A fundamentação do julgado reside essencialmente nos seguintes pontos:

- (i) argumentos consequencialistas: caso se interpretasse que o empregador deveria arcar com a diferença entre o salário e o benefício do salário-maternidade, haveria desestímulo à contratação de empregadas mulheres. Além disso, elas tenderiam a ocupar apenas cargos com piores remunerações, limitadas ao teto do INSS;
- (ii) natureza jurídica previdenciária (e não trabalhista) do salário-maternidade, pois a proteção à maternidade se insere nas prestações de previdência social, nos termos do art. 201, II, da CF;

815. "EMENTA: DIREITO CONSTITUCIONAL, PREVIDENCIÁRIO E PROCESSUAL CIVIL. LICENÇA-GESTANTE. SALÁRIO. LIMITAÇÃO. AÇÃO DIRETA DE INCONSTITUCIONALIDADE DO ART. 14 DA EMENDA CONSTITUCIONAL Nº 20, DE 15.12.1998. ALEGAÇÃO DE VIOLAÇÃO AO DISPOSTO NOS ARTIGOS 3º, IV, 5º, I, 7º, XVIII, E 60, § 4º, IV, DA CONSTITUIÇÃO FEDERAL. 1. O legislador brasileiro, a partir de 1932 e mais claramente desde 1974, vem tratando o problema da proteção à gestante, cada vez menos como um encargo trabalhista (do empregador) e cada vez mais como de natureza previdenciária (...) 2. Diante desse quadro histórico, não é de se presumir que o legislador constituinte derivado, na Emenda 20/98, mais precisamente em seu art. 14, haja pretendido a revogação, ainda que implícita, do art. 7º, XVIII, da Constituição Federal originária. Se esse tivesse sido o objetivo da norma constitucional derivada, por certo a E.C. nº 20/98 conteria referência expressa a respeito. E, à falta de norma constitucional derivada, revogadora do art. 7º, XVIII, a pura e simples aplicação do art. 14 da E.C. 20/98, de modo a torná-la insubsistente, implicará um retrocesso histórico, em matéria social-previdenciária, que não se pode presumir desejado. 3. Na verdade, se se entender que a Previdência Social, doravante, responderá apenas por R$1.200,00 (hum mil e duzentos reais) por mês, durante a licença da gestante, e que o empregador responderá, sozinho, pelo restante, ficará sobremaneira, facilitada e estimulada a opção deste pelo trabalhador masculino, ao invés da mulher trabalhadora. Estará, então, propiciada a discriminação que a Constituição buscou combater, quando proibiu diferença de salários, de exercício de funções e de critérios de admissão, por motivo de sexo (art. 7º, inc. XXX, da C.F./88), proibição, que, em substância, é um desdobramento do princípio da igualdade de direitos, entre homens e mulheres, previsto no inciso I do art. 5º da Constituição Federal. Estará, ainda, conclamado o empregador a oferecer à mulher trabalhadora, quaisquer que sejam suas aptidões, salário nunca superior a R$1.200,00, para não ter de responder pela diferença. Não é crível que o constituinte derivado, de 1998, tenha chegado a esse ponto, na chamada Reforma da Previdência Social, desatento a tais conseqüências. Ao menos não é de se presumir que o tenha feito, sem o dizer expressamente, assumindo a grave responsabilidade. 4 a Ação Direta de Inconstitucionalidade é julgada procedente, em parte, para se dar, ao art. 14 da Emenda Constitucional nº 20, de 15.12.1998, interpretação conforme à Constituição, excluindo-se sua aplicação ao salário da licença gestante, a que se refere o art. 7º, inciso XVIII, da Constituição Federal. 6. Plenário. Decisão unânime" (ADI 1946, Relator(a): Min. SYDNEY SANCHES, Tribunal Pleno, julgado em 03/04/2003).

- (iii) a Convenção nº 103 da OIT, sobre amparo à maternidade, ratificada pelo Brasil, cujo art. IV estatui que, em hipótese alguma, deve o empregador ser tido como pessoalmente responsável pelo custo das prestações devidas às mulheres que ele emprega.

Embora não conste da ementa e também não tenha havido destaque a respeito no voto dos demais ministros, o relator mencionou como fundamento, ainda, a vedação ao retrocesso, pois já se havia alcançado determinado nível de proteção social que não poderia simplesmente ser suprimido pelo constituinte derivado.

É possível extrair do julgado, claramente (apesar de a menção tenha sido feita apenas no voto do Min. Nelson Jobim), que foi adotada a teoria do impacto desproporcional da regulação. A EC 20/98, aparentemente neutra, ao instituir teto genérico para os benefícios previdenciários, acabaria acarretando a consequência da discriminação odiosa contra o mercado de trabalho da mulher.

Interessante observar, ainda, que no referido julgado o STF exerceu controle de constitucionalidade de emenda constitucional, sendo que, em tais casos, o parâmetro de controle é restrito: apura-se somente eventual violação às cláusulas pétreas. No caso, o controle foi feito à luz do art. 5º, I, bem como do art. 7º, XVIII, e do art. 60, § 4º, IV.

Ficou implícito, portanto, que a Corte considerou os direitos sociais como cláusulas pétreas. Contudo, pode-se dizer que a decisão foi tímida, por não o ter afirmado expressamente. Preferiu-se fórmula mais moderada, para dizer apenas que a emenda constitucional não havia previsto expressamente que o salário-maternidade estava incluído no teto previdenciário; quando o preferível seria afirmar peremptoriamente que a previsão sequer poderia fazê-lo, sob pena de violar as cláusulas pétreas acima mencionadas.

Por fim, vale o registro de que o método de pagamento do salário-maternidade se baseia na compensação dos valores adiantados à trabalhadora pelo empregador, nos termos do art. 72 da Lei nº 8.213/91[816]. Em *obter dictum*, foi mencionado pelo Min. Nelson Jobim que isso foi estabelecido com o objetivo de evitar fraudes que ocorriam anteriormente no benefício do salário-maternidade.

32.3. Licença adotante

O tema da licença adotante constitui interessante exemplo de progressividade dos direitos sociais, tanto na via legislativa, quanto na jurisdicional.

---

816. Lei nº 8.213/91, Art. 72. O salário-maternidade para a segurada empregada ou trabalhadora avulsa consistirá numa renda mensal igual a sua remuneração integral.

§ 1º Cabe à empresa pagar o salário-maternidade devido à respectiva empregada gestante, efetivando-se a compensação, observado o disposto no art. 248 da Constituição Federal, quando do recolhimento das contribuições incidentes sobre a folha de salários e demais rendimentos pagos ou creditados, a qualquer título, à pessoa física que lhe preste serviço.

Inicialmente, a jurisprudência do Supremo foi refratária à extensão do benefício do salário-maternidade à adotante, por inexistir previsão legal a respeito[817].

No âmbito trabalhista, a licença adotante foi criada pela Lei nº 10.421/2002, que previu, inicialmente, prazos diferenciados de acordo com a idade da criança: 120 dias, se a criança tivesse até um ano de idade; 60 dias, se entre um e quatro anos de idade; e 30 dias, caso a criança tivesse entre quatro e oito anos de idade. Já com a Lei nº 12.010/2009, passou-se a entender que o prazo da licença se uniformizou em 120 dias, independentemente da idade da criança adotada[818], o que se tornou incontroverso a partir da entrada em vigor da Lei nº 12.873/2013, que modificara a redação do art. 392-A da CLT.

Portanto, quando o STF, em repercussão geral (RE 778889)[819], decidiu que a licença adotante deveria sempre ter prazo idêntico ao da licença maternidade, a legislação em vigor já o previa, no âmbito das relações de trabalho regidas pela CLT. Percebe-se, mais uma vez, que a jurisprudência da Corte foi tímida e conservadora no trato do necessário avanço dos direitos sociais.

O mérito da decisão está apenas em que o direito foi estendido às servidoras públicas, tendo sido declarada a inconstitucionalidade do art. 210 da Lei nº 8.112/90, que estabelecia prazos inferiores e diferenciados para a adoção por servidoras públicas federais[820]. O precedente firmado, aplicável também no âmbito da Administração Pública de estados e municípios, consagra o entendimento de que o prazo da licença adotante deve ser idêntico ao da licença gestante, inclusive no que tange à possibilidade de prorrogações, independentemente da idade da criança ou adolescente adotado.

Ao rever seu posicionamento anterior, a Corte argumentou que teria havido mutação constitucional em decorrência da "alteração da realidade social" e da "nova compreensão do alcance dos direitos do menor adotado", de modo que o avanço do significado atribuído à licença parental e à igualdade entre filhos, previstas na Constituição, permitia a superação de antigo entendimento do STF.

Assim, o Estatuto dos Servidores Públicos Federais (Lei nº 8.112/1990), que, originalmente, era uma norma inclusiva, passou a ser defasado e restritivo

---

817. "EMENTA: Não se estende à mãe adotiva o direito à licença, instituído em favor da empregada gestante pelo inciso XVIII do art. 7º, da Constituição Federal, ficando sujeito ao legislador ordinário o tratamento da matéria" (RE 197807, Relator(a): OCTAVIO GALLOTTI, Primeira Turma, julgado em 30/05/2000).

818. Cf. DELGADO, Maurício Godinho, *op.cit.*, p. 1025.

819. RE 778889, Relator(a): ROBERTO BARROSO, Tribunal Pleno, julgado em 10/03/2016.

820. Art. 210. À servidora que adotar ou obtiver guarda judicial de criança até 1 (um) ano de idade, serão concedidos 90 (noventa) dias de licença remunerada.

Parágrafo único. No caso de adoção ou guarda judicial de criança com mais de 1 (um) ano de idade, o prazo de que trata este artigo será de 30 (trinta) dias.

do direito à licença adotante, se comparado ao mesmo benefício nos moldes assegurados pela legislação trabalhista.

Outros argumentos utilizados foram: a dignidade humana; a igualdade entre filhos biológicos e adotados; a proteção integral da criança e do adolescente; e princípio da prioridade e do interesse superior do menor.

Na ementa do julgado, lê-se, ainda, que as crianças adotadas constituem grupo vulnerável e fragilizado, se comparados aos filhos biológicos, que se encontram em condição menos gravosa. Além disso, quanto mais velha a criança e quanto maior o tempo de internação compulsória em instituições, maior tende a ser a dificuldade de adaptação à família adotiva. Maior é, ainda, a dificuldade de viabilizar sua adoção, já que predomina no imaginário das famílias adotantes o desejo de reproduzir a paternidade biológica e adotar bebês, sendo impossível conferir-lhes proteção inferior às crianças mais velhas, sob pena de violação do princípio da proporcionalidade como vedação à proteção deficiente.

Nota-se, ainda, argumento consequencialista, no sentido de que as famílias adotantes deveriam ser encorajadas, e não desestimuladas a realizarem adoções, sobretudo de crianças e adolescentes mais velhos.

A tese fixada em repercussão geral foi: "Os prazos da licença adotante não podem ser inferiores aos prazos da licença gestante, o mesmo valendo para as respectivas prorrogações. Em relação à licença adotante, não é possível fixar prazos diversos em função da idade da criança adotada".

32.4. Intervalo do art. 384 da CLT

Outro julgamento importante, a respeito do trabalho da mulher, foi o RE 658312[821], em que, sob a sistemática da repercussão geral, o Plenário afirmou a validade do art. 384 da CLT, que estabelecia a obrigatoriedade de concessão de intervalo de 15 minutos antes do início do período extraordinário, caso houvesse prorrogação do horário normal da empregada. Posteriormente, em embargos de declaração, a decisão foi anulada, em decorrência de nulidade processual (ausência de intimação dos advogados de uma das partes para realizarem sustentação oral). Antes que houvesse a reinclusão do feito em pauta, o art. 384 da CLT foi revogado pela Lei nº 13.467/2017, mas permanece o interesse na análise do julgado, seja em virtude dos efeitos residuais (fatos ocorridos antes da modificação legislativa), seja para acompanhar a evolução da jurisprudência da Corte.

Importante observar que o acolhimento dos embargos de declaração fez com que a tese fixada haja perdido subsistência, ou seja, o tema da constitucionalidade

821. RE 658312, Relator(a): Min. DIAS TOFFOLI, Tribunal Pleno, julgado em 27/11/2014.

do art. 384 da CLT ainda está pendente de definição no STF. Não há precedente obrigatório e a Corte, em tese, pode revisitar o entendimento anteriormente firmado.

Com tais ressalvas, a tese fixada foi de que o art. 384 da CLT foi recepcionado pela CLT e se aplicaria a todas as mulheres trabalhadoras. A discussão foi travada à luz do princípio da isonomia, já que a legislação não estabelece o intervalo de 15 minutos para trabalhadores do sexo masculino. Os fundamentos do julgado podem ser assim sintetizados:

- (i) somente com a CF/1934 foi previsto expressamente o tratamento igualitário entre homens e mulheres. No entanto, tal realidade jurídica não teria garantido a plena igualdade entre os sexos no mundo dos fatos;
- (ii) por isso, a Constituição de 1988, além de prever a igualdade, estabeleceu a possibilidade de tratamento diferenciado, com finalidade corretiva. As situações expressas de tratamento diferenciado (benéfico às mulheres) teriam sido dispostas formalmente na própria Constituição, a exemplo dos artigos 7º, XX; e 40, § 1º, III, *a* e *b*;
- (iii) a Constituição se utilizou de alguns critérios para o tratamento diferenciado: a histórica exclusão da mulher do mercado de trabalho, de onde se extrai a obrigação estatal de implantar políticas públicas de natureza protetora no âmbito do direito do trabalho; o componente biológico a justificar o tratamento diferenciado, tendo em vista a menor resistência física da mulher; e aspecto social, por ser comum o acúmulo de atividades pela mulher no lar e no ambiente de trabalho;
- (iv) o art. 384 da CLT levaria em conta os critérios biológico e social, ampliando direitos fundamentais das mulheres e atendendo ao princípio da proporcionalidade na compensação das diferenças;
- (v) quando da revogação de dispositivos protetores do trabalho da mulher pela Lei nº 7.855/89, o legislador entendeu que deveria manter a regra do art. 384 da CLT, a fim de garantir à mulher uma diferenciada proteção, dada sua identidade biossocial peculiar e sua potencial condição de mãe, gestante ou administradora do lar. Não parece existir fundamento sociológico ou mesmo comprovação por dados estatísticos a amparar a tese de que o dispositivo em questão dificultaria ainda mais a inserção da mulher no mercado de trabalho.

Apesar de nobres os fundamentos, importante doutrina ressalta que a tutela da mulher somente se justifica no que tange à maternidade e à saúde e segurança no trabalho, não devendo ir além; até porque "todas as discriminações efetuadas contra a mulher ao longo dos séculos produziram-se sob o manto aparentemente generoso da tutela"[822].

---

822. DELGADO, Maurício Godinho, *op.cit.*, p. 864.

De fato, não há qualquer estudo científico que justifique a necessidade de intervalo diferenciado para as mulheres. Ao revés, o art. 384 da CLT não se mostrava razoável, afrontando o princípio da isonomia, com o pernicioso efeito de poder gerar discriminação no momento da contratação[823]. A inexistência de estatísticas a respeito (conforme mencionado pelo STF) se deve ao evidente fato de que nenhuma empresa vai declarar oficialmente que deixou de contratar mulher em função dos riscos trabalhistas envolvidos.

Além disso, a norma era prejudicial às mulheres sob outro enfoque: como o intervalo não era remunerado, as trabalhadoras eram obrigadas a ficar mais 15 minutos na empresa, sem qualquer remuneração, encerrando o expediente mais tarde do que colegas homens em situação semelhante. Acertados, portanto, os votos vencidos dos Ministros Luiz Fux e Marco Aurélio.

Vale registrar que a matéria sempre foi bastante controvertida no âmbito do TST, até que, no ano de 2008, o Pleno fixou o entendimento pela recepção do então vigente art. 384 da CLT (14 votos contra 12)[824].

Pelas razões já expostas, a revogação do art. 384 da CLT, pela Lei nº 13.467/2017, é de ser considerada constitucional, inexistindo violação ao princípio da vedação ao retrocesso (art. 7º, *caput*, da CF, e Pacto Internacional dos Direitos Econômicos, Sociais e Culturais de 1966).

32.5. Trabalho insalubre da gestante e da lactante

Na ADI 5938[825], o STF declarou a inconstitucionalidade da expressão "quando apresentar atestado de saúde, emitido por médico de confiança da mulher, que recomende o afastamento", contida nos incisos II e III do art. 394-A da Consolidação das Leis do Trabalho, inseridos pela Lei 13.467/2017.

Com a decisão, volta a vigorar o entendimento aplicável antes da "reforma" trabalhista de 2017: a empregada gestante ou lactante deve ser afastada, enquanto durar a gestação e a lactação, de quaisquer atividades, operações ou locais insalubres, devendo exercer suas atividades em local salubre. Quando não for possível que a gestante ou a lactante afastada exerça suas atividades em local salubre na empresa, a hipótese será considerada como gravidez de risco e ensejará a percepção de salário-maternidade, nos termos da Lei nº 8.213, de 24 de julho de 1991, durante todo o período de afastamento (CLT, art. 394-A, §3º).

Foi rejeitado expressamente o argumento *ad terrorem* de que a declaração de inconstitucionalidade poderia acarretar retração da participação da mulher

823. Com a mesma opinião, GARCIA, Gustavo Filipe Barbosa, *op.cit.*, p. 1002.

824. TST, Pleno, IIN-RR 1540/2005-046-12- 00.5, Relator: Ministro Ives Gandra Martins Filho, DEJT publicado em 13/02/2009.

825. ADI 5938, Relator(a): ALEXANDRE DE MORAES, Tribunal Pleno, julgado em 29/05/2019.

no mercado de trabalho. Esclareceu-se que eventuais discriminações devem ser punidas nos termos da lei, e que o texto constitucional determina, de maneira impositiva, a "proteção ao mercado de trabalho da mulher, mediante incentivos específicos, nos termos da lei" (CF, art. 7º, XX).

No voto do Min. Celso de Mello há menção expressa à vedação do retrocesso, "cláusula que proíbe o retrocesso em matéria social e traduz, no processo de sua concretização, verdadeira dimensão negativa pertinente aos direitos sociais de natureza prestacional, impedindo, em consequência, que os níveis de concretização dessas prerrogativas, uma vez atingidos, venham a ser reduzidos ou suprimidos".

O voto vencido do Min. Marco Aurélio fundamentou-se na proteção da liberdade da trabalhadora, estabelecendo a "necessidade, se esse for o desejo da mulher, de apresentar atestado médico no sentido da conveniência do afastamento", tudo com o objetivo de "atender às exigências do mercado de trabalho para não se criarem óbices à contratação da mão de obra feminina".

Contudo, a decisão da Corte se revela acertada, e digna de elogios, pela firmeza em rejeitar o raso argumento consequencialista e economicista da suposta criação de obstáculos ao mercado de trabalho da mulher. Como dito acima (no tópico alusivo ao art. 384 da CLT), o tratamento diferenciado da mulher é plenamente justificável em se tratando de proteção à maternidade e à saúde. Trata-se de bens indisponíveis, estabelecidos constitucionalmente não no interesse individual da mulher, mas no do nascituro e do recém-nascido e, portanto, de toda a coletividade.

Ademais, qualquer observador atento percebe que não existe verdadeira "liberdade" na relação de trabalho, ao menos do ponto de vista do empregado, que, necessitando manter sua fonte de subsistência, aceitará praticamente tudo que for imposto pelo patrão, ainda que isso signifique colocar em risco a saúde do nascituro ou do recém-nascido.

É patente, ainda, a violação à cláusula de vedação do retrocesso, pela mera supressão de um direito social fundamental de forma absolutamente injustificada e desprovida de critérios científicos. Se fosse feita atualização das NRs (normas regulamentadoras) – editadas em 1978, com base em estudos da década de 1960 – que preveem as situações de insalubridade, várias profissões seriam alçadas ao patamar do grau máximo de insalubridade[826]. A supressão de direitos, nesse contexto, se revela absolutamente ilegítima, viola o núcleo essencial do direito à saúde e não se desincumbe do ônus argumentativo inerente a qualquer lei que almeje restringir determinado direito social[827].

826. Cf. SILVA, Homero Batista Mateus da, *op.cit.*, p. 68.

827. Para Ingo Wolfgang Sarlet (p. 141), "uma medida restritiva em matéria de direitos sociais em princípio deve ser encarada com reservas, isto é, como uma medida 'suspeita' e submetida a uma presunção

32.6. Remarcação de teste de aptidão física em concurso público

Em repercussão geral (tema 973), o STF fixou a tese de que é constitucional a remarcação do teste de aptidão física de candidata que esteja grávida à época de sua realização, independentemente da previsão expressa em edital do concurso público[828]. A decisão se embasa nos seguintes fundamentos, noticiados no informativo nº 924 do STF:

- (i) o interesse de que a grávida leve a gestação a termo com êxito exorbita os limites individuais da genitora, alcançando outros indivíduos e a até mesmo a coletividade;
- (ii) enquanto a saúde pessoal do candidato em concurso público configura motivo exclusivamente individual e particular, a maternidade e a família constituem direitos fundamentais do homem social e do homem solidário;
- (iii) a gravidez não pode causar prejuízo às candidatas, sob pena de ofender os princípios da isonomia e da razoabilidade. Além disso, o direito ao planejamento familiar é livre decisão do casal. A liberdade decisória tutelada pelo planejamento familiar vincula-se estreitamente à privacidade e à intimidade do projeto de vida individual e parental dos envolvidos. Tendo em vista a prolongada duração dos concursos públicos e sua tendente escassez, muitas vezes inexiste planejamento familiar capaz de conciliar os interesses em jogo. Por tais razões, as escolhas tomadas muitas vezes impõem às mulheres o sacrifício de sua carreira, traduzindo-se em direta perpetuação da desigualdade de gênero;
- (iv) de todo modo, o direito de concorrer em condições de igualdade ao ingresso no serviço público, além de previsto em todas as Constituições brasileiras, foi reconhecido pelo Pacto de São José da Costa Rica e pela Declaração Universal dos Direitos Humanos. Ademais, os princípios em jogo devem ser analisados à luz da moderna concepção de administração pública gestora. Ao realizar o certame seletivo, o administrador público deve organizar suas ações e decisões de modo a otimizar a gestão pública, entendida esta como o exercício responsável do arbítrio administrativo na forma de decisões, ações e resultado esperado;

(sempre relativa) de inconstitucionalidade, de tal sorte que sujeita a controle no que concerne à sua proporcionalidade ou mesmo no que diz com a observância de outras exigências. Dentre tais exigências, situa-se precisamente a salvaguarda do núcleo essencial e, de modo especial, do conteúdo em dignidade humana do direito social objeto de restrição. Assim, se uma medida restritiva de direito social deve passar pelos testes da razoabilidade e da proporcionalidade, desafiando a declaração da sua ilegitimidade constitucional se não for adequada e necessária, também deverá – ainda que adequada e necessária – respeitar as barreiras do núcleo essencial e da dignidade da pessoa humana" (Notas sobre a assim designada proibição de retrocesso social no constitucionalismo latino-americano. *Revista do Tribunal Superior do Trabalho*, v. 75, nº 3, jul/set 2009, p. 116-149).

828. RE 1058333 RG, Relator(a): LUIZ FUX, Tribunal Pleno, julgado em 21.11.2018.

- (v) para não inviabilizar o prosseguimento do certame, a Corte admitiu que devesse haver a continuidade do concurso público, com a realização de teste físico em data posterior, reservado o número de vagas necessário. Se, após o teste de aptidão física remarcado, a candidata lograr aprovação e classificação, deve ser empossada.

O voto vencido sustentava a vinculação da Administração Pública ao edital do concurso público, o qual vedava a remarcação do teste físico.

A decisão é acertada. Pode-se vislumbrar, aqui, mais uma aplicação da teoria do impacto desproporcional, já referida acima: o critério editalício de vedar a remarcação do teste físico dos candidatos, por qualquer motivo, embora pareça ser neutro, acaba gerando discriminação e situação gravosa para a mulher, que pode ser prejudicada no que tange ao planejamento familiar e ao projeto da maternidade. O critério adotado pelo STF, de permitir o prosseguimento do certame com reserva da vaga, atende ao interesse público da Administração, ao viabilizar o ingresso de novos servidores e, ao mesmo tempo, assegura a proteção do mercado de trabalho da mulher.

32.7. Prorrogação da licença-maternidade: bebês prematuros e necessidade de internação da mãe ou do neonato

Na ADI 6327 MC[829], o Plenário do Supremo Tribunal Federal decidiu, em sede cautelar, a questão do termo inicial e da possibilidade de eventual

829. "Ementa: REFERENDO DE MEDIDA CAUTELAR. AÇÃO DIRETA DE INCONSTITUCIONALIDADE. ADI. IMPUGNAÇÃO DE COMPLEXO NORMATIVO QUE INCLUI ATO ANTERIOR À CONSTITUIÇÃO. FUNGIBILIDADE. ADPF. ARGUIÇÃO DE DESCUMPRIMENTO DE PRECEITO FUNDAMENTAL. REQUISITOS PRESENTES. CONHECIMENTO. PROBABILIDADE DO DIREITO. PROTEÇÃO DEFICIENTE. OMISSÃO PARCIAL. MÃES E BEBÊS QUE NECESSITAM DE INTERNAÇÃO PROLONGADA. NECESSIDADE DE EXTENSÃO DO PERÍODO DE LICENÇA-MATERNIDADE E DE PAGAMENTO DE SALÁRIO-MATERNIDADE NO PERÍODO DE 120 DIAS POSTERIOR À ALTA. PROTEÇÃO À MATERNIDADE E À INFÂNCIA COMO DIREITOS SOCIAIS FUNDAMENTAIS. ABSOLUTA PRIORIDADE DOS DIREITOS DAS CRIANÇAS. DIREITO À CONVIVÊNCIA FAMILIAR. MARCO LEGAL DA PRIMEIRA INFÂNCIA. ALTA HOSPITALAR QUE INAUGURA O PERÍODO PROTETIVO. (...) 2. Margem de normatividade a ser conformada pelo julgador dentro dos limites constitucionais que ganha relevância no tocante à efetivação dos direitos sociais, que exigem, para a concretização da igualdade, uma prestação positiva do Estado, material e normativa. Possibilidade de conformação diante da proteção deficiente. (...) É indisputável que essa importância seja ainda maior em relação a bebês que, após um período de internação, obtêm alta, algumas vezes contando com já alguns meses de vida, mas nem sempre sequer com o peso de um bebê recém-nascido a termo, demandando cuidados especiais em relação a sua imunidade e desenvolvimento. A alta é, então, o momento aguardado e celebrado e é esta data, afinal, que inaugura o período abrangido pela proteção constitucional à maternidade, à infância e à convivência familiar. 6. Omissão inconstitucional relativa nos dispositivos impugnados, uma vez que as crianças ou suas mães que são internadas após o parto são desigualmente privadas do período destinado à sua convivência inicial. (...) os cento e vinte dias devem ser considerados com vistas a efetivar a convivência familiar, fundada especialmente na unidade do binômio materno-infantil. 8. O perigo de dano irreparável reside na inexorabilidade e urgência da vida. A cada dia, findam-se licenças-maternidade que deveriam ser estendidas se conta-

prorrogação da licença-maternidade, nas hipóteses em que haja necessidade de internação do recém-nascido ou da mãe.

Primeiro aspecto que merece destaque é que se trata de decisão liminar, pautada, portanto, em situação de urgência (*periculum in mora*), mas que se refere ao art. 392, §1º, da CLT, bem como ao art. 71 da Lei nº 8.213/91, ambos vigentes há décadas. No entanto, o voto condutor do Min. Edson Fachin reputou presente tal requisito para a concessão da medida cautelar, tendo em vista o perigo de dano irreparável que reside na "inexorabilidade e urgência da vida", pois "a cada dia findam-se licenças-maternidade que deveriam ser estendidas se contadas a partir da alta, com o respectivo pagamento previdenciário do salário-maternidade, de modo a permitir que a licença à gestante tenha, de fato, o período de duração de 120 dias previsto no art. 7º, XVIII, da Constituição".

A *ratio* do julgado está em que os referidos dispositivos legais são inconstitucionais por omissão relativa, já que traduzem proteção insuficiente à maternidade. Isso porque, na ótica da Suprema Corte, o objetivo da licença-maternidade, prevista no art. 7º, XVIII, da CF, é de permitir o convívio da mãe com o recém-nascido, durante o período mínimo de 120 dias, o que é fundamental para o desenvolvimento saudável da criança. E tal objetivo não seria atendido nas situações em que o bebê e/ou a mãe precisam ficar internados após o parto – por exemplo, nas situações de prematuridade que resultem em internações prolongadas do neonato em UTIs, às vezes por vários meses seguidos.

Pode-se dizer que a decisão contém contradição interna, pois toda a fundamentação repousa na necessidade de prorrogação do benefício previdenciário da licença-maternidade, mas a conclusão (parte dispositiva do voto do Min. Fachin e que consta da ementa do julgado) menciona que deveria se considerar como "termo inicial da licença-maternidade e do respectivo salário-maternidade a data da alta hospitalar do recém-nascido e/ou de sua mãe, o que ocorrer por último". Veja-se o seguinte trecho do voto condutor do Min. Edson Fachin:

> Min. Edson Fachin: A interpretação literal, de fato, implica a conclusão de que o benefício inicia-se no período entre 28 dias antes do parto e a data da ocorrência deste, ainda que antecipado. Apesar de ser possível a extensão desse período em 2 (semanas) antes e depois

---

das a partir da alta, com o respectivo pagamento previdenciário do salário-maternidade, de modo a permitir que a licença à gestante tenha, de fato, o período de duração de 120 dias previsto no art. 7º, XVIII, da Constituição. 9. Presentes o fumus boni iuris e o periculum in mora, defiro a liminar, a fim de conferir interpretação conforme à Constituição ao artigo 392, §1º, da CLT, assim como ao artigo 71 da Lei n.º 8.213/91 e, por arrastamento, ao artigo 93 do seu Regulamento (Decreto n.º 3.048/99), e assim assentar (com fundamento no bloco constitucional e convencional de normas protetivas constante das razões sistemáticas antes explicitadas) a necessidade de prorrogar o benefício, bem como considerar como termo inicial da licença-maternidade e do respectivo salário-maternidade a alta hospitalar do recém-nascido e/ou de sua mãe, o que ocorrer por último, quando o período de internação exceder as duas semanas previstas no art. 392, §2º, da CLT, e no art. 93, §3º, do Decreto n.º 3.048/99" (ADI 6327 MC-Ref, Relator(a): EDSON FACHIN, Tribunal Pleno, julgado em 03/04/2020).

> do parto, mediante atestado médico, e haver previsão expressa de pagamento no caso de parto antecipado, não há previsão de extensão no caso de necessidade de internações mais longas, como ocorrem especialmente com crianças nascidas prematuramente, antes das 37 semanas de gestação. (...)No entanto, penso que a ausência de previsão legal não é óbice legítimo. A ausência de lei não significa, afinal, ausência da norma. (...)
>
> E não se pode invocar o óbice do art. 195, § 5º: "Nenhum benefício ou serviço da seguridade social poderá ser criado, majorado ou estendido sem a correspondente fonte de custeio total." (...)
>
> a cada dia, findam-se licenças-maternidade que deveriam ser estendidas se contadas a partir da alta, com o respectivo pagamento previdenciário do salário-maternidade, de modo a permitir que a licença à gestante tenha, de fato, o período de duração de 120 dias previsto no art. 7º, XVIII, da Constituição. Nesse momento liminar, entendo que a concessão da medida deve restringir-se aos casos mais graves, e, portanto, àquelas internações que excederem o período de duas semanas previsto no art. 392, §2º, da CLT, e no art. 93, §3º, do Regulamento da Previdência Social, permitindo nesses casos a prorrogação do benefício e, assim, a contagem do termo inicial do período de 120 dias a partir da alta hospitalar da criança ou de sua mãe, o que ocorrer por último.

A preocupação com a inexistência de fonte de custeio foi destacada também pelo Min. Gilmar Mendes, que acompanhou o relator com ressalvas, afirmando que, embora se alinhasse ao entendimento que reconhece a proteção insuficiente dos dispositivos legais impugnados, destacou "a necessidade de que o debate sobre o mérito da questão constitucional por esta Corte trate de forma mais aprofundada da questão crucial referente ao equilíbrio financeiro e atuarial do sistema previdenciário nacional, garantido pelo art. 195, § 5º, da Constituição Federal".

A decisão foi objeto de embargos de declaração pela Advocacia-Geral da União, que apontou a contradição acima referida.

Embora os embargos ainda não tenham sido decididos, a decisão da Corte evidencia que o benefício do salário-maternidade deve ser prorrogado nas hipóteses de internação da mãe ou do recém-nascido, pois o que se quis foi ampliar a proteção à maternidade, e não a reduzir.

Não se cogita, no acórdão, de deixar a mãe e a criança sem proteção durante o período que medeia entre o parto e a alta hospital; tampouco seria possível transferir tal ônus à empresa, sob pena de criar evidente discriminação ao mercado de trabalho da mulher. Justamente por isso a preocupação que os ministros manifestaram quanto à fonte de custeio, o que evidencia que a prorrogação da licença-maternidade será custeada pelo INSS, não pelo empregador.

Por fim, veja-se que o art. 93, §3º, do Decreto 3.048/99, prevê que "em casos excepcionais, os períodos de repouso anterior e posterior ao parto podem ser aumentados de mais duas semanas, por meio de atestado médico específico submetido à avaliação medico-pericial". Assim, se a internação da mãe ou do recém-nascido for de até duas semanas, a própria regulamentação já prevê a possibilidade de prorrogação do benefício previdenciário. Tal tipo situação não é alcançada pela decisão do STF, até mesmo porque isso seria desnecessário.

33. TRABALHO DO MENOR DE IDADE

Referências normativas e jurisprudenciais	
Constituição	Art. 7º São direitos dos trabalhadores urbanos e rurais, além de outros que visem à melhoria de sua condição social: (...) XXXIII - proibição de trabalho noturno, perigoso ou insalubre a menores de dezoito e de qualquer trabalho a menores de dezesseis anos, salvo na condição de aprendiz, a partir de quatorze anos; (Redação dada pela Emenda Constitucional nº 20, de 1998).
Normas internacionais	OIT: C. 138 e 182
Julgados paradigmáticos	AI 529694 RE 455241, 537040, 597930, 600616

33.1. Nulidades no Direito do Trabalho: trabalho proibido

O Supremo Tribunal Federal teve a oportunidade de apreciar, em diversas ocasiões, a questão dos efeitos jurídico-previdenciários de contratos de trabalho envolvendo menores que não poderiam firmá-los, por ainda não terem alcançado a idade mínima de 18 anos para o trabalho noturno, perigoso ou insalubre, ou de 16 anos para outras espécies de trabalho, com a ressalva da aprendizagem, possível a partir dos 14 anos (CF, art. 7º, XXXIII).

Mesmo antes da Constituição de 1988[830], a Corte já referendava a aplicação da teoria trabalhista das nulidades, segundo a qual a decretação de nulidade do contrato de trabalho não pode ter caráter retroativo (*ex tunc*). Isso porque as normas que preveem as nulidades têm caráter protetivo e não podem ser interpretadas em detrimento da proteção que elas próprias visam a implementar.

De fato, a figura do trabalho proibido resulta da violação de norma cogente que impede o labor em determinadas situações ou por determinadas pessoas. O principal exemplo consiste justamente no trabalho infanto-juvenil, proibido por norma constitucional.

Sucede que, uma vez prestado o trabalho, não se pode "voltar atrás", por assim dizer, de modo que a energia de trabalho dispendida deve ser adequadamente remunerada, de acordo com a legislação vigente, sob pena de gerar enriquecimento sem causa do tomador de serviços que a viola, o que constituiria, em última análise, incentivo econômico para práticas antijurídicas.

830. AgRAI 105.794, 2ª T., Rel. Aldir Passarinho, DJ 02.04.1986; e RE 104.654, 2ª T., Rel. Francisco Rezek, DJ 25.04.1986.

Assim, todos os direitos trabalhistas e previdenciários devem ser assegurados à criança ou adolescente cuja força de trabalho é irregularmente aproveitada, sem prejuízo da possibilidade de responsabilização civil, administrativa e, eventualmente, penal do tomador de serviços.

O principal julgado do STF a respeito do tema é o AI 529694[831], em que o erudito voto do relator, Min. Gilmar Mendes, analisa a questão sob o prisma do direito nacional e também do direito comparado, demonstrando que a irretroatividade da decretação de nulidade de contrato de trabalho está presente na lógica de diversos ordenamentos jurídicos.

A ideia base é a de que o art. 7º, XXXIII, da Constituição "não pode ser interpretado em prejuízo da criança ou adolescente que exerce atividade laboral, haja vista que a regra constitucional foi criada para a proteção e defesa dos trabalhadores, não podendo ser utilizada para privá-los dos seus direitos"[832].

Essa jurisprudência, embora não vinculante, reverbera no Superior Tribunal de Justiça, no qual há diversos precedentes reconhecendo a possibilidade de contagem de tempo de serviço e de contribuição, para fins previdenciários, decorrente de trabalho de crianças e adolescentes que ainda não atingiram a idade mínima para ingresso no mercado de trabalho[833].

---

831. "Agravo de instrumento. 2. Trabalhador rural ou rurícola menor de quatorze anos. Contagem de tempo de serviço. Art. 11, VII, da Lei nº. 8213. Possibilidade. Precedentes. 3. Alegação de violação aos arts. 5º, XXXVI; e 97, da CF/88. Improcedente. Impossibilidade de declaração de efeitos retroativos para o caso de declaração de nulidade de contratos trabalhistas. Tratamento similar na doutrina do direito comparado: México, Alemanha, França e Itália. Norma de garantia do trabalhador que não se interpreta em seu detrimento. Acórdão do STJ em conformidade com a jurisprudência desta Corte. 4. Precedentes citados: AgRAI 105.794, 2ª T., Rel. Aldir Passarinho, DJ 02.04.86; e RE 104.654, 2ª T., Rel. Francisco Rezek, DJ 25.04.86 5. Agravo de instrumento a que se nega provimento" (AI 529694, Relator(a): GILMAR MENDES, Segunda Turma, julgado em 15/02/2005).

832. RE 537040, decisão monocrática, Rel. Min. Dias Toffoli, julgado em 03.08.2011. No mesmo sentido: RE 597.930, decisão monocrática, Rel. min. Ricardo Lewandowski, julgado em 19.05.2011; RE 455.241 (Rel. min. Sepúlveda Pertence, DJ de 08.06.2006); RE 600616 AgR, Relator(a): ROBERTO BARROSO, Primeira Turma, julgado em 26/08/2014.

833. "PREVIDENCIÁRIO. AGRAVO INTERNO NO AGRAVO EM RECURSO ESPECIAL. APOSENTADORIA POR TEMPO DE SERVIÇO. TRABALHADOR URBANO. CÔMPUTO DO TRABALHO RURAL ANTERIOR À LEI 8.213/1991 SEM O RECOLHIMENTO DAS CONTRIBUIÇÕES. POSSIBILIDADE DE CÔMPUTO DO TRABALHO RURAL ANTERIOR AOS 12 ANOS DE IDADE. INDISPENSABILIDADE DA MAIS AMPLA PROTEÇÃO PREVIDENCIÁRIA ÀS CRIANÇAS E ADOLESCENTES. POSSIBILIDADE DE SER COMPUTADO PERÍODO DE TRABALHO PRESTADO PELO MENOR, ANTES DE ATINGIR A IDADE MÍNIMA PARA INGRESSO NO MERCADO DE TRABALHO. EXCEPCIONAL PREVALÊNCIA DA REALIDADE FACTUAL DIANTE DE REGRAS POSITIVADAS PROIBITIVAS DO TRABALHO DO INFANTE. ENTENDIMENTO ALINHADO À ORIENTAÇÃO JURISPRUDENCIAL DA TNU. ATIVIDADE CAMPESINA DEVIDAMENTE COMPROVADA. AGRAVO INTERNO DO SEGURADO PROVIDO" (AgInt no AREsp 956.558/SP, Rel. Ministro NAPOLEÃO NUNES MAIA FILHO, PRIMEIRA TURMA, julgado em 02/06/2020). No mesmo sentido: AgRg no REsp 1150829/SP, Rel. Min. CELSO LIMONGI, DJe 4.10.2010; AgRg no REsp. 1.074.722/SP, Rel. Min. JANE SILVA, DJe 17.11.2008; REsp 1709883/RS, 2ª Turma, Rel. Ministro HERMAN BENJAMIN, julgado em 06/11/2018; AgRg no REsp 1559760/MG, 2ª Turma, Rel. Ministro HUMBERTO MARTINS, julgado em 03/12/2015.

Não se confunde o trabalho proibido com a atividade ilícita (comumente chamada de *trabalho ilícito*[834]). Nesta, a própria prestação ou atividade desempenhada viola a ordem jurídica ou, mesmo que não a viole, o agente sabidamente se insere em atividade criminosa. Por exemplo: não pode ser considerado *trabalho* a atividade de tráfico de drogas, evidentemente ilícita em si mesma. Da mesma forma, um *contabilista* do tráfico, que ficasse responsável apenas pelo fluxo financeiro, embora não exercesse atividade ilegal em si, teria consciência de integrar organização criminosa e de contribuir para a prática dos delitos, razão pela qual a atividade também seria ilícita, inviabilizando o reconhecimento de vínculo empregatício[835].

A questão da ciência da inserção do trabalho em empreendimento ilícito configura, entretanto, tema polêmico na doutrina especializada, havendo manifestações no sentido de que a nulidade somente se verifica "se o objeto do contrato, em si, for ilícito", exemplificando-se com uma clínica ilegal de aborto, em que a nulidade não atingiria aquele presta serviços desvinculados da atividade ilícita[836]. Nesse sentido, aparentemente, a doutrina e jurisprudência majoritárias propõem que a ilicitude seja analisada exclusivamente sob a ótica do trabalho desenvolvido pelo empregado, e não pela atividade do empregador, que pode ser lícita ou ilícita[837].

O STF ainda não se pronunciou sobre os efeitos jurídicos do trabalho prestado no contexto de atividades ou de empreendimentos ilícitos. O Tribunal Superior do Trabalho considera ilícito, por exemplo, o trabalhador do *apontador* do *jogo do bicho*, negando a possibilidade de vínculo empregatício nesses casos (OJ 199 da SDI-1)[838]. O critério aqui utilizado parece ser o fato de que o trabalhador sabe, nesses casos, que ativa sua mão de obra em prol de empreendimento ilícito, muito embora a mera atividade de anotar as apostas, em si, não constitua crime. De outro lado, a Súmula 386 do TST[839] considera legítimo o

834. Luciano Martinez propõe, em passagem absolutamente acertada, que se deva preferir a expressão atividade ilícita, em vez de *trabalho ilícito*, porque "se a atividade humana foi qualificada como 'ilícita', ela se distancia, por si só, do conceito de 'trabalho'" (MARTINEZ, Luciano, *Curso...*, *op.cit.*, p. 179).

835. "Há situações, entretanto, em que a prestação é lícita, embora realizada num ambiente de práticas ilícitas. Exemplo pode ser extraído dos mensageiros que atuam nas fortalezas do 'jogo do bicho' ou nos quartéis dos comandos criminosos. Pergunta-se: o serviço de entrega de mensagens é lícito? A resposta é, evidentemente, positiva, mas a consciência da inserção do trabalhador na atividade ilícita será absolutamente relevante para determinar a solução dada à natureza do objeto. Se esse mensageiro sabia estar envolvido num ambiente de ilegalidade, contribuiu, à sua maneira, para a atividade criminosa." (MARTINEZ, Luciano, *Curso...*, *op.cit.*, *loc.cit.*).

836. Cf. GARCIA, Gustavo Filipe Barbosa, *Curso de Direito do Trabalho*, *op.cit.*, p. 167.

837. Cf. CASSAR, Vólia Bomfim, *op.cit.*, p. 542.

838. OJ 199. JOGO DO BICHO. CONTRATO DE TRABALHO. NULIDADE. OBJETO ILÍCITO. É nulo o contrato de trabalho celebrado para o desempenho de atividade inerente à prática do jogo do bicho, ante a ilicitude de seu objeto, o que subtrai o requisito de validade para a formação do ato jurídico.

839. Súmula nº 386 do TST. POLICIAL MILITAR. RECONHECIMENTO DE VÍNCULO EMPREGATÍCIO COM EMPRESA PRIVADA. Preenchidos os requisitos do art. 3º da CLT, é legítimo o reconhecimento de

reconhecimento de vínculo empregatício de policial militar com empresa de segurança privada, sem prejuízo de eventual punição administrativa por violação às normas da corporação; neste caso, está-se diante de trabalho apenas proibido, razão pela qual devem ser assegurados todos os direitos trabalhistas e previdenciários.

Em suma, a jurisprudência dos tribunais superiores permite concluir que, no caso de trabalho proibido, o trabalhador deve ter assegurados todos os seus direitos trabalhistas e previdenciários, devendo cessar de imediato o vínculo empregatício, caso ainda não tenha havido a extinção do contrato de trabalho. De outro lado, o *trabalho* ilícito (*rectius*: atividade ilícita) não tem o condão de assegurar qualquer efeito trabalhista ou previdenciário; na caracterização do que venha a ser trabalho ilícito, discute-se a situação em que o trabalho, em si, não é ilegal, mas o trabalhador contribui, direta ou indiretamente, para a prática de crimes. Sobre esse aspecto, o TST parece inclinar-se no sentido de ser relevante a ciência do trabalhador acerca da ilicitude do empreendimento em que se insere como elemento apto a caracterizar o *trabalho* como ilícito e, consequentemente, rejeitar o manto protetor do Direito do Trabalho.

33.2. Elevação da idade mínima para o trabalho infantil

Ao julgar a ADI 2096[840], o Supremo Tribunal Federal confirmou a constitucionalidade da EC 20/1998, no que elevou a idade mínima do trabalho

---

relação de emprego entre policial militar e empresa privada, independentemente do eventual cabimento de penalidade disciplinar prevista no Estatuto do Policial Militar.

840. "AÇÃO DIRETA DE INCONSTITUCIONALIDADE - ARTIGO 7º, INCISO XXXIII, DA CONSTITUIÇÃO FEDERAL, NA REDAÇÃO DADA PELA EC Nº 20/98 - PROIBIÇÃO DE QUALQUER TRABALHO A MENORES DE 16 (DEZESSEIS) ANOS, SALVO NA CONDIÇÃO DE APRENDIZ, A PARTIR DOS 14 (QUATORZE) ANOS - ALEGADA TRANSGRESSÃO AOS DIREITOS FUNDAMENTAIS DOS ADOLESCENTES SUPOSTAMENTE MOTIVADA PELA ELEVAÇÃO DO LIMITE ETÁRIO MÍNIMO (DE 14 PARA 16 ANOS) DE OBSERVÂNCIA NECESSÁRIA PARA EFEITO DE AQUISIÇÃO DA PLENA CAPACIDADE JURÍDICO-LABORAL - INOCORRÊNCIA DO ALEGADO VÍCIO DE INCONSTITUCIONALIDADE - A EVOLUÇÃO JURÍDICA DAS FORMAS DE TRATAMENTO LEGISLATIVO DISPENSADO À CRIANÇA E AO ADOLESCENTE: DA FASE DA ABSOLUTA INDIFERENÇA À DOUTRINA DA PROTEÇÃO INTEGRAL - ABOLIÇÃO DA EXPLORAÇÃO DO TRABALHO INFANTIL DE CARÁTER ESTRITAMENTE ECONÔMICO E ELEVAÇÃO PROGRESSIVA DA IDADE MÍNIMA DE ADMISSÃO PARA O TRABALHO E O EMPREGO - OBSERVÂNCIA DOS COMPROMISSOS FIRMADOS PELO BRASIL NO PLANO INTERNACIONAL (CONVENÇÃO SOBRE OS DIREITOS DA CRIANÇA, CONVENÇÃO OIT Nº 138, CONVENÇÃO OIT Nº 182 E META 8.7 DA AGENDA 2030 PARA O DESENVOLVIMENTO SUSTENTÁVEL) E NECESSIDADE DE RESPEITO AOS POSTULADOS QUE INFORMAM A DOUTRINA DA PROTEÇÃO INTEGRAL (CF, ART. 227) - PROFISSIONALIZAÇÃO E PROTEÇÃO NO TRABALHO - DIREITOS CONSTITUCIONAIS, DE ÍNDOLE SOCIAL, TITULARIZADOS PELA CRIANÇA E PELO ADOLESCENTE (CF, ART. 227, "*CAPUT*") - POSSIBILIDADE DE EXERCÍCIO DE ATIVIDADES PROFISSIONAIS INFANTOJUVENIS DE CARÁTER PREDOMINANTEMENTE SÓCIOEDUCATIVO, DESDE QUE OBSERVADO, SEMPRE, O RESPEITO À CONDIÇÃO PECULIAR DE PESSOA EM DESENVOLVIMENTO (CF, ART. 227, §3º, V) - VOCAÇÃO PROTETIVA DO POSTULADO CONSTITUCIONAL QUE VEDA O RETROCESSO SOCIAL - MAGISTÉRIO DA DOUTRINA - AÇÃO DIRETA JULGA-

infantil para 16 anos de idade, salvo na condição de aprendiz, a partir dos 14 anos[841].

O acórdão rechaçou, por unanimidade de votos, a argumentação de que a referida emenda constitucional violaria direitos fundamentais dos adolescentes, notadamente o direito ao trabalho. Foi rejeitado, também, o argumento simplista e preconceituoso de que o trabalho infanto-juvenil seria opção melhor do que a delinquência, como se as únicas opções fossem trabalhar ou cometer crimes. Ao contrário, é dever do Estado e da família proporcionar adequada educação aos menores de idade (CF, art. 205), sendo este o único caminho para a melhoria da condição social de crianças e adolescentes, sobretudo dos oriundos dos extratos mais pobres da população. A doutrina da "situação irregular" foi superada pela da proteção integral do menor.

A decisão é interessante, do ponto de vista constitucional, por chancelar expressamente o princípio da vedação ao retrocesso como fundamento de decidir. O julgado salienta que o nível de proteção ao direito social ao não trabalho, titularizado por crianças e adolescentes, somente poderia ser modificado para que fosse ampliado (tal como feito pela EC 20/98), jamais para reduzi-lo.

33.3. Competência para autorização do trabalho infantil

Sobre o tema da competência jurisdicional para autorização do trabalho artístico e esportivo infanto-juvenil, ver seção específica sobre competência no capítulo atinente ao direito processual do trabalho.

34. TRANSPORTADOR AUTÔNOMO DE CARGAS

Referências normativas e jurisprudenciais	
Constituição	Art. 7º São direitos dos trabalhadores urbanos e rurais, além de outros que visem à melhoria de sua condição social: I - relação de emprego protegida contra despedida arbitrária ou sem justa causa, nos termos de lei complementar, que preverá indenização compensatória, dentre outros direitos; (...) XXIX - ação, quanto aos créditos resultantes das relações de trabalho, com prazo prescricional de cinco anos para os trabalhadores urbanos e rurais, até o limite de dois anos após a extinção do contrato de trabalho.

DA IMPROCEDENTE, COM O CONSEQUENTE RECONHECIMENTO DA PLENA VALIDADE CONSTITUCIONAL DO ART. 7º, INCISO XXXIII, DA CONSTITUIÇÃO DA REPÚBLICA, NA REDAÇÃO DADA PELA EC Nº 20/98" (ADI 2096, Relator(a): CELSO DE MELLO, Tribunal Pleno, julgado em 13/10/2020).

841. A redação anterior do art. 7º, XXXIII, da CF, previa a idade mínima de 14 anos para qualquer trabalho ou profissão, salvo na condição de aprendiz.

Referências normativas e jurisprudenciais	
Legislação infra-constitucional	Lei nº 11.442/2007, Art. 2º A atividade econômica de que trata o art. 1º desta Lei é de natureza comercial, exercida por pessoa física ou jurídica em regime de livre concorrência, e depende de prévia inscrição do interessado em sua exploração no Registro Nacional de Transportadores Rodoviários de Cargas - RNTR-C da Agência Nacional de Transportes Terrestres - ANTT, nas seguintes categorias: I - Transportador Autônomo de Cargas - TAC, pessoa física que tenha no transporte rodoviário de cargas a sua atividade profissional; II - Empresa de Transporte Rodoviário de Cargas - ETC, pessoa jurídica constituída por qualquer forma prevista em lei que tenha no transporte rodoviário de cargas a sua atividade principal. § 1º O TAC deverá: I - comprovar ser proprietário, co-proprietário ou arrendatário de, pelo menos, 1 (um) veículo automotor de carga, registrado em seu nome no órgão de trânsito, como veículo de aluguel; II - comprovar ter experiência de, pelo menos, 3 (três) anos na atividade, ou ter sido aprovado em curso específico.(...) Art. 5º As relações decorrentes do contrato de transporte de cargas de que trata o art. 4º desta Lei são sempre de natureza comercial, não ensejando, em nenhuma hipótese, a caracterização de vínculo de emprego. Parágrafo único. Compete à Justiça Comum o julgamento de ações oriundas dos contratos de transporte de cargas. CLT, art. 2º - Considera-se empregador a empresa, individual ou coletiva, que, assumindo os riscos da atividade econômica, admite, assalaria e dirige a prestação pessoal de serviço. CLT, art. 3º - Considera-se empregado toda pessoa física que prestar serviços de natureza não eventual a empregador, sob a dependência deste e mediante salário. CLT, art. 9º - Art. 9º - Serão nulos de pleno direito os atos praticados com o objetivo de desvirtuar, impedir ou fraudar a aplicação dos preceitos contidos na presente Consolidação.
Julgados paradigmáticos	ADC 48 ADI 3961

O Supremo Tribunal Federal, na ADC 48 e na ADI 3961[842] (julgadas em conjunto), proclamou a constitucionalidade da Lei 11.442/2007, que regulamenta a atividade profissional do transportador autônomo de cargas (TAC).

842. "Direito do Trabalho. Ação Declaratória da Constitucionalidade e Ação Direta de Inconstitucionalidade. Transporte rodoviário de cargas. Lei 11.442/2007, que previu a terceirização da atividade-fim. Vínculo meramente comercial. Não configuração de relação de emprego. 1. A Lei nº 11.442/2007 (i) regulamentou a contratação de transportadores autônomos de carga por proprietários de carga e por empresas transportadoras de carga; (ii) autorizou a terceirização da atividade-fim pelas empresas transportadoras; e (iii) afastou a configuração de vínculo de emprego nessa hipótese. 2. É legítima a terceirização das atividades-fim de uma empresa. Como já foi decidido pelo Supremo Tribunal Federal, a Constituição não impõe uma única forma de estruturar a produção. Ao contrário, o princípio constitucional da livre

Primeiro ponto digno de nota é que a ementa dos referidos julgados fixa expressamente uma *tese*, tal como se se tratasse de decisão exarada na sistemática da repercussão geral. Embora, processualmente, pareça impróprio falar em *tese* em ações de controle concentrado de constitucionalidade – nas quais se decide apenas se determinado ato normativo é, ou não, constitucional –, a situação ilustra a tendência de objetivação do controle difuso[843].

No ponto que interessa ao Direito do Trabalho, a referida lei pode ser assim sintetizada;

- (i) o TAC é pessoa física que tem no transporte de cargas sua profissão;
- (ii) para caracterizar-se como TAC, o profissional deve atender cumulativamente a dois requisitos: (a) ser proprietário, coproprietário ou arrendatário de, pelo menos, um veículo automotor de carga, registrado em seu nome no órgão de trânsito, como veículo de aluguel; (b) ter experiência de, pelo menos, 3 (três) anos na atividade, ou ter sido aprovado em curso específico;
- (iii) o transportador autônomo de cargas pode ser (a) *agregado*, quando colocar veículo de sua propriedade ou de sua posse, a ser dirigido por ele próprio ou por preposto seu, a serviço do contratante, com exclusividade, mediante remuneração certa; ou (b) *independente*, quando prestar os serviços em caráter eventual e sem exclusividade, mediante frete ajustado a cada viagem;
- (iv) as relações jurídicas decorrentes do transporte de cargas feito pelo TAC são sempre de natureza comercial, ou seja, não se configura vínculo empregatício. Ademais, a competência jurisdicional para apreciação de eventuais litígios é da Justiça Comum.

O voto condutor do Min. Roberto Barroso teceu diversas considerações sobre o fenômeno da terceirização, destacando a jurisprudência recente do

iniciativa garante aos agentes econômicos liberdade para eleger suas estratégias empresariais dentro do marco vigente (CF/1988, art. 170). A proteção constitucional ao trabalho não impõe que toda e qualquer prestação remunerada de serviços configure relação de emprego (CF/1988, art. 7º). Precedente: ADPF 524, Rel. Min. Luís Roberto Barroso. 3. Não há inconstitucionalidade no prazo prescricional de 1 (um) ano, a contar da ciência do dano, para a propositura de ação de reparação de danos, prevista no art. 18 da Lei 11.442/2007, à luz do art. 7º, XXIX, CF, uma vez que não se trata de relação de trabalho, mas de relação comercial. 4. Procedência da ação declaratória da constitucionalidade e improcedência da ação direta de inconstitucionalidade. Tese: '1 – A Lei 11.442/2007 é constitucional, uma vez que a Constituição não veda a terceirização, de atividade-meio ou fim. 2 – O prazo prescricional estabelecido no art. 18 da Lei 11.442/2007 é válido porque não se trata de créditos resultantes de relação de trabalho, mas de relação comercial, não incidindo na hipótese o art. 7º, XXIX, CF. 3 – Uma vez preenchidos os requisitos dispostos na Lei nº 11.442/2007, estará configurada a relação comercial de natureza civil e afastada a configuração de vínculo trabalhista'" (ADC 48 e ADI 3961, Relator(a): ROBERTO BARROSO, Tribunal Pleno, julgado em 15/04/2020).

843. Sobre a objetivação do controle difuso, ver Capítulo I, item 1.

STF que concluiu pela legitimidade de terceirização de atividade-fim e de atividade-meio indistintamente[844]. Na sequência, destacou que o princípio constitucional da livre iniciativa permitiria a utilização de métodos produtivos que não dependessem, necessariamente, da contratação de empregados:

> Min. Roberto Barroso (ADC 48): no que respeita à compatibilidade entre a terceirização e as normas constitucionais, deve-se lembrar que a Constituição de 1988 consagra a livre iniciativa e a livre concorrência como valores fundantes da ordem econômica (CF/1988, art. 1º c/c art. 170, *caput* e inc. IV). De acordo com tais princípios, compete aos particulares a decisão sobre o objeto de suas empresas, sobre a forma de estruturá-las e sobre a estratégia para torná-las mais competitivas, desde que obviamente não se violem direitos de terceiros. Não há na Constituição norma que imponha a adoção de um único modelo de produção e que obrigue os agentes econômicos a concentrar todas as atividades necessárias à consecução de seu negócio ou a executá-las diretamente por seus empregados. A Lei nº 11.442/2007, por sua vez, previu as figuras da empresa de transporte rodoviário de cargas (ETC) e do transportador autônomo de cargas (TAC). E estabeleceu que o TAC pode ser contratado diretamente pelo proprietário da carga ou pela ETC. A norma autorizou, portanto, de forma expressa, que a empresa transportadora de cargas terceirizasse a sua atividade-fim, por meio da contratação do transportador autônomo.

Sucede que o que estava em jogo no julgado não era a livre iniciativa, nem a liberdade de as empresas terceirizarem atividade-fim ou organizarem sua produção. Ora, é lógico que ninguém é obrigado a contratar empregado, mas se estiverem presentes os requisitos fático-jurídicos da relação de emprego, não há como *escapar* desse enquadramento jurídico.

Na verdade, cuidava-se de definir se a lei podia excluir de forma prévia e abstrata a configuração de vínculo empregatício, o qual é a *porta de entrada*, por assim dizer, para a fruição de grande parte dos direitos sociais previstos no texto constitucional, notadamente em matéria trabalhista e previdenciária. Percebeu o ponto, com precisão, o Min. Fachin:

> Min. Edson Fachin (ADC 48): o cerne do tema também não me parece estar no plano de traduzir qualquer tipo de ofensa às premissas constitucionais do modelo de produção. Até porque essa opção foi feita pelo legislador constituinte e é vinculante ao julgador. Esse argumento, um pouco ad terrorem, também não me parece que esteja em questão. O que está em questão aqui é exatamente respeitar o texto constitucional. (...)pontuo que o debate, nas presentes ações, não diz respeito à possibilidade da terceirização da atividade fim, questão constitucional já decidida por esta Suprema Corte (ARE 791.932/DF, Relator Ministro Alexandre de Moraes O que se problematiza é a natureza da relação que se estabelece entre os contratantes de transporte de cargas, sejam eles pessoas físicas entre si, sejam pessoas jurídicas e físicas, principalmente sob o argumento de que a norma impugnada contraria a Constituição, notadamente, os artigos 5º, LIV (devido processo legal); 7º, XXIX (prescrição para demandas trabalhistas), e 114, I (competência da Justiça do Trabalho) da Constituição da República de 1988.

844. Sobre o tema da terceirização, ver item próprio neste capítulo.

Em seu voto vencido (acompanhado apenas pelos ministros Rosa Weber e Ricardo Lewandowski), Fachin anotou ainda que a questão constitucional deveria ser solucionada tendo como vetor hermenêutico o princípio da primazia da realidade, associado à boa-fé objetiva, à confiança recíproca e à isonomia material.

De fato, e ainda conforme raciocínio empreendido no voto do Min. Fachin, se estiverem presentes os requisitos da relação de emprego, não seria possível - como pretende a Lei 11.442/2007 - criar uma espécie de *ficção jurídica* e fazer com que a relação jurídica de trabalho seja tratada como se fosse comercial, pois isso violaria o regime estabelecido no art. 7º da Constituição Federal.

Na sequência, o Min. Barroso prestou esclarecimento:

> Min. Roberto Barroso (ADC 48): O Ministro Fachin e eu não temos uma divergência de substância, porque a Lei trata do transportador autônomo de carga. O transportador autônomo de carga é aquele que é o proprietário do caminhão, ou coproprietário, ou, na pior das hipóteses, arrendatário que presta o serviço por conta própria. É diferente do transportador de carga empregado, que dirige o caminhão do dono da carga. Neste caso, acho que o vínculo é trabalhista. Sendo assim, se estiverem presentes os elementos do vínculo trabalhista, não incide a Lei. Mas a Lei claramente define o que é transportador autônomo: é aquele que é dono do seu negócio. Aí, ele pode prestar serviços ou a um mesmo dono de cargas sempre, ou pode variar e prestar aleatoriamente esse serviço. Mas há uma diferença entre quem é dono do seu caminhão e aquele que é empregado que dirige o caminhão do outro. Logo, se a hipótese que se puser concretamente for a de alguém que esteja trabalhando como empregado, eu concordo com o Ministro Fachin. Mas, se esta for a hipótese, não incide a Lei. A hipótese que está prevista na Lei eu considero que é válida e legítima. Portanto, entendo a posição do Ministro Fachin de explicitar isso, mas não há uma divergência de fundo, porque acho que a lei, com clareza, exclui a possibilidade desta malversação, salvo hipóteses de fraude. (sem grifos no original)

Depreende-se que há certa ambiguidade no voto condutor que embasou a corrente majoritária na Corte. A passagem acima permite a extração duas conclusões conflitantes entre si:

- (i) caso estejam presentes os elementos do vínculo empregatício (pessoalidade, subordinação, não eventualidade e onerosidade), o trabalhador que faz o transporte de cargas será considerado empregado, independentemente de ser, ou não, proprietário do veículo utilizado em serviço. Essa conclusão é possível porque, como se sabe, ser proprietário de parte dos meios de produção não é requisito para a configuração de relação de emprego[845]. Além disso, o Min. Barroso, que proferiu o voto condutor,

845. Basta pensar, por exemplo, no regime de teletrabalho, em que muitas vezes o empregado é dono dos equipamentos utilizados para a realização dos serviços, conforme autorizado pelo art. 75-D da CLT.

afirmou expressamente que a fraude estava ressalvada e que não havia "divergência de fundo" com a manifestação do Min Fachin; ou

- (ii) o fato de ser proprietária, coproprietária ou arrendatária do veículo utilizado no trabalho impede, de forma absoluta, que a pessoa física transportadora de carga seja considerada empregada. Nesse sentido, o item 3 da *tese* fixada na ADC 48 estatui expressamente que "uma vez preenchidos os requisitos dispostos na Lei nº 11.442/2007, estará configurada a relação comercial de natureza civil e afastada a configuração de vínculo trabalhista".

Essa ambiguidade tende a ampliar a insegurança jurídica, o que permite concluir que o julgamento da ADC 48 e da ADI 3961 foi inútil do ponto de vista prático, até porque os tribunais superiores - inclusive o STF -não têm competência funcional para apreciação de matéria de fato (com pouquíssimas ressalvas, tais como as ações de competência originária). Sendo assim, e também porque os arts. 2º e 9º da CLT continuam em vigor, continuará existindo a discussão sobre o enquadramento de determinadas situações em que haja alegação de fraude na contratação do trabalhador como autônomo, do que resultaria o reconhecimento de vínculo empregatício.

O Supremo Tribunal Federal não afirmou - e nem poderia fazê-lo - que o instituto da fraude à lei foi revogado. E também não disse com clareza se a propriedade do veículo exclui, por si só, a possibilidade de configuração de vínculo empregatício. Nesse cenário, é inevitável que a *vida real* gere situações controversas para as quais a Lei 11.442/2007 e as decisões do STF a seu respeito engendrem fundadas dúvidas quanto ao adequado enquadramento jurídico.

A título ilustrativo, imagine-se a seguinte situação: trabalhador que faz transporte de cargas utiliza no serviço veículo próprio, adquirido mediante financiamento viabilizado pela empresa tomadora de seus serviços, com prestações descontadas de seus ganhos mensais. O sujeito, contratado como TAC, tem as seguintes obrigações: comparecer diariamente à sede da empresa, em determinado horário; retornar ao estabelecimento no fim do expediente e prestar conta do que fez; registrar em aplicativo o momento de início e de encerramento de cada entrega que realiza; seguir os métodos de trabalho e o roteiro estabelecido pelo dono da carga. Caso descumpra tais determinações, está sujeito a sanções disciplinares, como advertências e suspensões.

Nesse exemplo hipotético, parece evidente a existência de vínculo empregatício, dada a patente subordinação jurídica consistente na necessidade de cumprir horários e métodos de trabalho impostos pelo empregador. O mero fato de ser proprietário do veículo não é capaz de afastar essa conclusão.

Contudo, conforme exposto, a decisão do STF dá margem a interpretações diversas: seria totalmente sustentável que um juiz, na hipótese relatada, considerasse haver fraude à lei e declarasse o vínculo de emprego; ao passo que outro juiz, na mesma situação, considerasse que a propriedade do caminhão inibe a configuração da relação empregatícia. Em nenhum dos dois casos seria possível cogitar de violação ao precedente firmado na ADC 48 e na ADI 3961.

A primeira solução – de reconhecer o vínculo empregatício – parece, no exemplo proposto, a mais adequada, pela evidente fraude à lei. Nesse caso, a competência jurisdicional seria da Justiça do Trabalho. Para chegar a essa conclusão, entretanto, acaba sendo necessário fazer uma espécie de *hermenêutica* do precedente, pois a ementa dos referidos julgados é enviesada e algum desavisado poderia pensar, equivocadamente, que o STF teria vedado de forma absoluta a configuração do vínculo de emprego de pessoa contratada formalmente (mas não na realidade fática) como transportadora autônoma de cargas.

O cenário ideal seria aquele em que o STF enunciasse na ementa do julgado, de forma clara e direta, as consequências de sua decisão. No caso da TAC, precisaria fazer constar se há, ou não, possibilidade de reconhecimento de vínculo empregatício caso presentes os requisitos previstos na CLT ou caso se considere haver fraude à lei.

35. TURNO ININTERRUPTO DE REVEZAMENTO

Referências normativas e jurisprudenciais	
Constituição	Art. 7º São direitos dos trabalhadores urbanos e rurais, além de outros que visem à melhoria de sua condição social: (...) XIV - jornada de seis horas para o trabalho realizado em turnos ininterruptos de revezamento, salvo negociação coletiva;
Súmulas e teses de repercussão geral	STF, Súmula 675: Os intervalos fixados para descanso e alimentação durante a jornada de seis horas não descaracterizam o sistema de turnos ininterruptos de revezamento para o efeito do art. 7º, XIV, da Constituição. TST, SUM-423. TURNO ININTERRUPTO DE REVEZAMENTO. FIXAÇÃO DE JORNADA DE TRABALHO MEDIANTE NEGOCIAÇÃO COLETIVA. VALIDADE. Estabelecida jornada superior a seis horas e limitada a oito horas por meio de regular negociação coletiva, os empregados submetidos a turnos ininterruptos de revezamento não tem direito ao pagamento da 7ª e 8ª horas como extras. TST, OJ-SDI1-275 TURNO ININTERRUPTO DE REVEZAMENTO. HORISTA. HORAS EXTRAS E ADICIONAL. DEVIDOS. Inexistindo instrumento coletivo fixando jornada diversa, o empregado horista submetido a turno ininterrupto de revezamento faz jus ao pagamento das horas extraordinárias laboradas além da 6ª, bem como ao respectivo adicional TST, OJ-SDI1-395 TURNO ININTERRUPTO DE REVEZAMENTO. HORA NOTURNA REDUZIDA. INCIDÊNCIA. O trabalho em regime de turnos ininterruptos de revezamento não retira o direito à hora noturna reduzida, não havendo incompatibilidade entre as disposições contidas nos arts. 73, § 1º, da CLT e 7º, XIV, da Constituição Federal.

Referências normativas e jurisprudenciais	
Súmulas e teses de repercussão geral	TST, OJ-SDI1-396 TURNOS ININTERRUPTOS DE REVEZAMENTO. ALTERAÇÃO DA JORNADA DE 8 PARA 6 HORAS DIÁ-RIAS. EMPREGADO HORISTA. APLICAÇÃO DO DIVISOR 180. Para o cálculo do salário hora do empregado horista, submetido a turnos ininterruptos de revezamento, considerando a alteração da jornada de 8 para 6 horas diárias, aplica-se o divisor 180, em observância ao disposto no art. 7º, VI, da Constituição Federal, que assegura a irredutibilidade salarial.
Julgados paradigmáticos	AI 289622 AgR, AI 294301 AgR, 513159 AgR, 529707 AgR, 819972 AgR, AI 825675 RG RE 205815, 215411

O art. 7º, XIV, da Constituição, ao estabelecer a jornada de seis horas para os turnos ininterruptos de revezamento, apresenta redação que comporta multiplicidade de interpretações e que, por isso, foi objeto de debate na doutrina especializada e na jurisprudência do Supremo Tribunal Federal.

Após a entrada em vigor da Lei Maior, houve relevante doutrina que passou a sustentar que a caracterização do turno ininterrupto de revezamento pressupunha que as jornadas de trabalho não fossem *interrompidas* por, no mínimo, uma hora, para descanso e alimentação[846]. Sustentava-se, ainda, que a atividade empresarial deveria ser contínua, com trabalho noturno e aos domingos[847].

A controvérsia foi solucionada pelo STF no RE 205815[848]. Nesse julgado paradigmático, o relator originário, Min. Carlos Velloso – ao final, vencido –, defendeu a ideia exposta no parágrafo anterior, interpretando o dispositivo constitucional à luz do art. 71, *caput* e §1º, da CLT[849]. Desse modo, para o

846. Nesse sentido, Octávio Bueno Magano *apud* SÜSSEKIND, Arnaldo, *op.cit.*, p. 210.

847. SÜSSEKIND, Arnaldo, *op.cit., loc.cit.*

848. "CONSTITUCIONAL. TRABALHISTA. TURNOS ININTERRUPTOS DE REVEZAMENTO (CF, ART. 7º, XIV). (1) A expressão "ininterrupto" aplica-se a turnos, pois são eles que podem ser ininterruptos. Intraturno não há interrupção, mas suspensão ou, como nominado pela CLT, intervalo. A ininterrupção do texto constitucional diz com turnos entre si. Nada com as suspensões ou intervalos intraturnos. (2) São os turnos que devem ser ininterruptos e não o trabalho da empresa. Circunscreve-se a expressão "turno" aos segmentos das 24 horas, pelo que se tem como irrelevante a paralisação coletiva do trabalho aos domingos. O trabalhador, por texto constitucional, tem direito ao repouso semanal remunerado. Se a empresa, tendo em vista as condições operacionais de suas máquinas, pode paralisar no domingo, cumpre uma obrigação constitucional. Preferencialmente no domingo, diz a Constituição. (3) Consideram-se os intervalos, que são obrigações legais, como irrelevantes quanto à obrigação de ser o turno de 6:00 horas, quando (a) forem os turnos ininterruptos entre si, (b) houver revezamento e (c) não houver negociação coletiva da qual decorra situação diversa. Não é a duração do intervalo - se de 0:15 minutos, de uma ou de duas horas - que determina a duração da jornada. É o inverso. É a duração da jornada que determina o tamanho do intervalo: se de 0:15 minutos, de uma hora ou mais. (4). Recurso não conhecido" (RE 205815, Relator(a): CARLOS VELLOSO, Relator(a) p/ Acórdão: NELSON JOBIM, Tribunal Pleno, julgado em 04/12/1997).

849. Art. 71 - Em qualquer trabalho contínuo, cuja duração exceda de 6 (seis) horas, é obrigatória a concessão de um intervalo para repouso ou alimentação, o qual será, no mínimo, de 1 (uma) hora e, salvo acordo escrito ou contrato coletivo em contrário, não poderá exceder de 2 (duas) horas.

Ministro, a jornada de trabalho poderia ser desenvolvida em turno contínuo de até 6 horas, com intervalo de 15 minutos; ou num turno descontínuo de até 8 horas, com intervalo intrajornada de, no mínimo, 1 hora. O art. 412 da CLT[850], ao regulamentar o intervalo interjornadas e mencionar a existência de trabalho contínuo ou dividido em 2 turnos, também foi utilizado no voto vencido como fundamento. Assim, o turno ininterrupto de revezamento apenas se caracterizaria quando o trabalhador não tivesse intervalo intrajornada de 1h, por necessidade operacional da empresa.

Sucede que interpretação diversa foi sufragada pelos demais membros do Supremo Tribunal Federal, a partir do voto divergente do Min. Nelson Jobim, que recorreu inclusive à interpretação histórica do art. 7º, XIV, da CF. Consta do voto que, em nenhum momento, nos debates da assembleia nacional constituinte, foi feita referência à questão da inexistência do intervalo como elemento caracterizador do turno ininterrupto de revezamento[851].

Além disso, a concessão de intervalo não representa *interrupção* do turno ou da jornada de trabalho. O vocábulo *interrupção*, na ciência jurídica, tem o sentido de encerrar o fluxo de tempo ou o prazo já decorrido, o qual voltará a fluir, *do zero*, em momento posterior. Pense-se, por exemplo, na interrupção da prescrição, que, uma vez operada, faz com que o prazo prescricional flua novamente por inteiro, desprezando-se o tempo já decorrido antes. Para exemplificar: se determinado prazo prescricional é de dois anos e sobrevém causa interruptiva após 18 meses, quando a prescrição voltar a fluir, o credor terá novamente o prazo de dois anos, e não os 6 meses que restavam quando da interrupção.

Ora, dessa forma, é intuitivo que a jornada de trabalho não se *interrompe* propriamente com o intervalo e, por isso, não há duas jornadas de trabalho no mesmo dia ou turno interrompido. Se o trabalhador prestar serviços durante 4 horas e 30 minutos e fizer intervalo de 1 hora, quando retornar deverá trabalhar mais 3 horas e 30 minutos para completar as 8 horas diárias. O tempo decorrido antes do intervalo não vai ser desconsiderado e, sendo assim, e não será iniciado novo *turno* ou nova jornada.

Ademais, no campo trabalhista, a interrupção do contrato de trabalho consiste em situação na qual não há prestação de serviços, mas há pagamento de

---

§ 1º - Não excedendo de 6 (seis) horas o trabalho, será, entretanto, obrigatório um intervalo de 15 (quinze) minutos quando a duração ultrapassar 4 (quatro) horas.

850. Art. 412 - Após cada período de trabalho efetivo, quer contínuo, quer dividido em 2 (dois) turnos, haverá um intervalo de repouso, não inferior a 11(onze) horas.

851. O Ministro Nelson Jobim fez uma espécie de "testemunho", pois foi deputado da assembleia nacional constituinte e narra que foi o responsável por encaminhar a posição do PMDB pela aprovação do destaque, além de ter acompanhado pessoalmente todas as negociações sobre esse assunto. Segundo Jobim, a questão do intervalo foi mencionada na Comissão de Sistematização, num aparte do Deputado Israel Pinheiro, respondido pelo Deputado Bernardo Cabral. No entanto, o texto discutido foi derrotado pela emenda do "Centrão", no início do primeiro turno.

salário, diferentemente da suspensão, em que não há pagamento ao trabalhador. Ora, o intervalo intrajornada (de 15 minutos, 30 minutos, 1 hora, 2 horas) não é computado na jornada de trabalho, de modo que não é remunerado. Trata-se, portanto, de período de suspensão – não de interrupção – do trabalho.

Assim, é incorreto dizer que o intervalo intrajornada *interrompe* a jornada ou, o que é o mesmo, torna o turno *interrupto*.

Nessa ótica, a decisão do STF esclareceu que o regime de turnos ininterruptos de revezamento pressupõe a conjugação dos seguintes fatores:

- (i) a ininterrupção dos turnos diz respeito à sucessão de trabalhadores, uns entrando quando outros saem, dentro do espaço de 24 horas. Não há necessidade, portanto, de que a atividade da empresa seja contínua: ela pode ser interrompida, por exemplo, aos domingos, sem que se descaracterize o turno ininterrupto. O que deve ser ininterrupto é o turno, no sentido de que os trabalhadores se sucedem sem solução de continuidade ao longo do dia, mas a ininterrupção não precisa necessariamente – mas até pode – acontecer com a atividade da empresa;
- (ii) deve haver revezamento de horários, de modo que o mesmo trabalhador seja escalado alternadamente para trabalhar no turno da manhã, da tarde, da noite ou da madrugada;
- (iii) o intervalo de 15 minutos deve ser concedido para jornadas cuja duração seja entre 4 e 6 horas diárias e, para jornadas superiores a 6 horas diárias, deve-se conceder intervalo de uma a duas horas (CLT, art. 71, *caput*), admitida a redução para, no mínimo, 30 minutos, por norma coletiva (CLT, art. 611-A, III). A concessão de intervalos não descaracteriza o turno ininterrupto de revezamento. Esse entendimento foi posteriormente cristalizado na Súmula 675 do STF.

Perceba-se que a interpretação meramente literal do art. 7º, XIV, da CF, é insuficiente, sendo imprescindível recorrer ao método teleológico. De fato, o objetivo da norma é instituir direito *aos trabalhadores*, justamente em função do maior desgaste biológico, psicológico e social que decorre da alternância de turnos. A alternância de turnos (manhã, tarde, noite e madrugada) faz com que o trabalhador não tenha uma rotina bem estabelecida, o que prejudica o ritmo biológico natural e a programação da vida familiar e social. A redução da jornada – de 8 para 6 horas – funciona como uma espécie de *compensação*.

Tal entendimento foi reiterado em sucessivos julgados, que reconheceram ainda a possibilidade de que norma coletiva estabeleça jornada de 8 horas para o turno ininterrupto de revezamento, inexistindo obrigatoriedade de que o acordo ou a convenção coletiva de trabalho preveja pagamento específico em função da carga horária mais intensa no turno ininterrupto[852-853]. Nesse caso, estabelecida jornada superior a seis horas e limitada a oito horas por meio de regular negociação coletiva, os empregados submetidos a turnos ininterruptos de revezamento não tem direito ao pagamento da 7ª e 8ª horas como extras (TST, Súmula 423).

A Suprema Corte decidiu, ademais, que não tem repercussão geral a discussão alusiva à majoração da jornada em turnos ininterruptos de revezamento por convenção e acordo coletivo[854]. No caso específico, estava em discussão a validade do acordo coletivo à luz do art. 612 da CLT[855], já que o Tribunal Regional do Trabalho havia concluído pela inexistência de autorização dos empregados para celebração dos acordos coletivos e, consequentemente, pela nulidade das cláusulas normativas que autorizavam a majoração de jornada em turno ininterrupto de revezamento. A ofensa à Constituição, caso existente, seria meramente reflexa, por perpassar pela análise prévia ao referido dispositivo celetista.

Da mesma forma, o STF decidiu que não apresentam estatura constitucional, não dando ensejo, portanto, ao conhecimento do recurso extraordinário, as seguintes discussões: (i) compatibilidade da hora noturna reduzida com o turno ininterrupto de revezamento[856-857]; (ii) critérios de cálculo de horas

---

852. "JORNADA DE TRABALHO - TURNO DE REVEZAMENTO. O que revela o direito à jornada reduzida de seis horas não é a inexistência de intervalo para descanso e alimentação, mas sim o sistema de revezamento a implicar o trabalho em turnos diversos com alternância semanal" (AI 294301 AgR, Relator(a): MARCO AURÉLIO, Segunda Turma, julgado em 24/04/2001). No mesmo sentido, AI 289622 AgR, Relator(a): NELSON JOBIM, Segunda Turma, julgado em 18/12/2000.

853. "JORNADA - TURNO DE REVEZAMENTO. A jornada de seis horas prevista, como regra, no inciso XIV do artigo 7º da Constituição Federal cede àquela pactuada em contrato coletivo, tal como excepcionado na parte final do preceito" (RE 215411, Relator(a): NÉRI DA SILVEIRA, Relator(a) p/ Acórdão: MARCO AURÉLIO, Segunda Turma, julgado em 14/03/2006).

854. "Redução do intervalo intrajornada. Majoração da jornada em turnos ininterruptos de revezamento. Convenção e acordo coletivo. Matéria restrita ao âmbito infraconstitucional. Inexistência de repercussão geral" (AI 825675 RG, Relator(a): GILMAR MENDES, Tribunal Pleno, julgado em 16/12/2010).

855. Art. 612 - Os Sindicatos só poderão celebrar Convenções ou Acordos Coletivos de Trabalho, por deliberação de Assembléia Geral especialmente convocada para êsse fim, consoante o disposto nos respectivos Estatutos, dependendo a validade da mesma do comparecimento e votação, em primeira convocação, de 2/3 (dois terços) dos associados da entidade, se se tratar de Convenção, e dos interessados, no caso de Acôrdo, e, em segunda, de 1/3 (um têrço) dos mesmos.

Parágrafo único. O "quorum" de comparecimento e votação será de 1/8 (um oitavo) dos associados em segunda convocação, nas entidades sindicais que tenham mais de 5.000 (cinco mil) associados.

856. "EMENTA: AGRAVO REGIMENTAL EM AGRAVO DE INSTRUMENTO. DIREITO DO TRABALHO. TURNO ININTERRUPTO DE REVEZAMENTO. HORA NOTURNA REDUZIDA. MATÉRIA INFRACONSTITUCIONAL. AGRAVO IMPROVIDO. I - O Tribunal de origem decidiu a controvérsia atinente à compatibilidade entre a hora noturna reduzida e o turno ininterrupto de revezamento com base em normas infraconstitucionais (Consolidação das Leis do Trabalho) e na jurisprudência do Tribunal Superior do Trabalho. A afronta à Constituição, se ocorrente, seria indireta. Incabível, portanto, o recurso extraordinário. II – Agravo regimental improvido" (AI, Relator(a): RICARDO LEWANDOWSKI, Primeira Turma, julgado em 15/02/2011).

857. TST, OJ-SDI1-395 TURNO ININTERRUPTO DE REVEZAMENTO. HORA NOTURNA REDUZIDA. INCIDÊNCIA. O trabalho em regime de turnos ininterruptos de revezamento não retira o direito à

extras e adicionais para empregados horistas sujeitos a turnos ininterruptos de revezamento[858], sendo aplicável, a respeito, a OJ 275 da SDI-1 do TST[859].

36. *UBERIZAÇÃO, PEJOTIZAÇÃO* E PROTEÇÃO CONTRA A AUTOMAÇÃO

Referências normativas e jurisprudenciais	
Constituição	Art. 7º São direitos dos trabalhadores urbanos e rurais, além de outros que visem à melhoria de sua condição social: (...) XXVII - proteção em face da automação, na forma da lei. Art. 22. Compete privativamente à União legislar sobre: (...) XI - trânsito e transporte. Art. 30. Compete aos Municípios: I - legislar sobre assuntos de interesse local; (...).
Legislação infra-constitucional	Lei nº 13.640/2018 Lei 11.196/2005, Art. 129. Para fins fiscais e previdenciários, a prestação de serviços intelectuais, inclusive os de natureza científica, artística ou cultural, em caráter personalíssimo ou não, com ou sem a designação de quaisquer obrigações a sócios ou empregados da sociedade prestadora de serviços, quando por esta realizada, se sujeita tão-somente à legislação aplicável às pessoas jurídicas, sem prejuízo da observância do disposto no art. 50 da Lei nº 10.406, de 10 de janeiro de 2002 - Código Civil. CLT Art. 2º - Considera-se empregador a empresa, individual ou coletiva, que, assumindo os riscos da atividade econômica, admite, assalaria e dirige a prestação pessoal de serviço. (...) Art. 3º - Considera-se empregado toda pessoa física que prestar serviços de natureza não eventual a empregador, sob a dependência deste e mediante salário.

hora noturna reduzida, não havendo incompatibilidade entre as disposições contidas nos arts. 73, § 1º, da CLT e 7º, XIV, da Constituição Federal.

858. "EMENTA: AGRAVO REGIMENTAL NO AGRAVO DE INSTRUMENTO. TRABALHISTA. EMPREGADO HORISTA. TURNOS ININTERRUPTOS DE REVEZAMENTO. HORA EXTRA. MATÉRIA INFRACONSTITUCIONAL. A Constituição do Brasil, em seu artigo 7º, XIV, estabelece a jornada especial de 6 (seis) horas aos trabalhadores submetidos ao sistema de turnos ininterruptos. Controvérsia dirimida à luz de norma infraconstitucional. Agravo regimental a que se nega provimento" (AI 513159 AgR, Relator(a): EROS GRAU, Primeira Turma, julgado em 12/04/2005). No mesmo sentido, AI 529707 AgR, Relator(a): CELSO DE MELLO, Segunda Turma, julgado em 05/04/2005.

859. OJ-SDI1-275 TURNO ININTERRUPTO DE REVEZAMENTO. HORISTA. HORAS EXTRAS E ADICIONAL. DEVIDOS. Inexistindo instrumento coletivo fixando jornada diversa, o empregado horista submetido a turno ininterrupto de revezamento faz jus ao pagamento das horas extraordinárias laboradas além da 6ª, bem como ao respectivo adicional.

Referências normativas e jurisprudenciais	
Legislação infra-constitucional	Parágrafo único - Não haverá distinções relativas à espécie de emprego e à condição de trabalhador, nem entre o trabalho intelectual, técnico e manual. Art. 4º - Considera-se como de serviço efetivo o período em que o empregado esteja à disposição do empregador, aguardando ou executando ordens, salvo disposição especial expressamente consignada.
Súmulas e teses de repercussão geral	Tema 967 RE (1054110): 1. A proibição ou restrição da atividade de transporte privado individual por motorista cadastrado em aplicativo é inconstitucional, por violação aos princípios da livre iniciativa e da livre concorrência; e 2. No exercício de sua competência para regulamentação e fiscalização do transporte privado individual de passageiros, os Municípios e o Distrito Federal não podem contrariar os parâmetros fixados pelo legislador federal (CF/1988, art. 22, XI).
Julgados paradigmáticos	ADC 66 ADPF 449 RE 1054110

36.1. Aspectos administrativos e concorrenciais

O Supremo Tribunal Federal, na ADPF 449[860] e no RE 1054110[861], apreciou a questão da constitucionalidade da Lei 13.640/18, que regulamenta o

860. ADPF 449, Relator(a): LUIZ FUX, Tribunal Pleno, julgado em 08/05/2019.

861. "Direito constitucional. Recurso Extraordinário. Repercussão Geral. Transporte individual remunerado de passageiros por aplicativo. livre iniciativa e livre concorrência. 1. Recurso Extraordinário com repercussão geral interposto contra acórdão que declarou a inconstitucionalidade de lei municipal que proibiu o transporte individual remunerado de passageiros por motoristas cadastrados em aplicativos como Uber, Cabify e 99. 2. A questão constitucional suscitada no recurso diz respeito à licitude da atuação de motoristas privados cadastrados em plataformas de transporte compartilhado em mercado até então explorado por taxistas. 3. As normas que proíbam ou restrinjam de forma desproporcional o transporte privado individual de passageiros são inconstitucionais porque: (i) não há regra nem princípio constitucional que prescreva a exclusividade do modelo de táxi no mercado de transporte individual de passageiros; (ii) é contrário ao regime de livre iniciativa e de livre concorrência a criação de reservas de mercado em favor de atores econômicos já estabelecidos, com o propósito de afastar o impacto gerado pela inovação no setor; (iii) a possibilidade de intervenção do Estado na ordem econômica para preservar o mercado concorrencial e proteger o consumidor não pode contrariar ou esvaziar a livre iniciativa, a ponto de afetar seus elementos essenciais. Em um regime constitucional fundado na livre iniciativa, o legislador ordinário não tem ampla discricionariedade para suprimir espaços relevantes da iniciativa privada. 4. A admissão de uma modalidade de transporte individual submetida a uma menor intensidade de regulação, mas complementar ao serviço de táxi afirma-se como uma estratégia constitucionalmente adequada para acomodação da atividade inovadora no setor. Trata-se, afinal, de uma opção que: (i) privilegia a livre iniciativa e a livre concorrência; (ii) incentiva a inovação; (iii) tem impacto positivo sobre a mobilidade urbana e o meio ambiente; (iv) protege o consumidor; e (v) é apta a corrigir as ineficiências de um setor submetido historicamente a um monopólio "de fato". 5. A União Federal, no exercício de competência legislativa privativa para dispor sobre trânsito e transporte (CF/1988, art. 22, XI), estabeleceu diretrizes regulatórias para o transporte privado individual por aplicativo, cujas normas não incluem o controle de entrada e de preço. Em razão disso, a regulamentação e a fiscalização atribuídas aos municípios e ao Distrito Federal não podem contrariar o padrão regulatório estabelecido pelo legislador federal. 6. Recurso extraordinário desprovido, com a fixação das seguintes teses de julgamento:

transporte remunerado privado individual de passageiros, o qual comumente ocorre por intermédio de plataformas digitais (aplicativos).

Importante destacar que nem a lei, nem a Suprema Corte trataram do tema sob a perspectiva trabalhista. O enfoque dado pela legislação é o exercício do poder de polícia mediante estabelecimento de determinados requisitos e exigências para a atividade. Já a decisão do STF foi pautada essencialmente na ideia de livre iniciativa e de estímulo à concorrência no mercado de transporte individual de passageiros.

O escopo da lei foi muito bem resumido no voto do Min. Barroso:

> Min. Roberto Barroso (RE 1054110): (...) a Lei federal nº 13.640/2018, que modificou a lei da mobilidade urbana, estabeleceu os parâmetros para a prestação deste serviço privado de transporte de pessoas ao estabelecer: 1. O dever de cobrança de tributos pela prestação de serviços; 2. A contratação de seguro de acidentes pessoais e passageiros e do seguro obrigatório - DPVAT; 3. A inscrição do motorista como contribuinte individual do INSS; 4. A exigência de habilitação para dirigir; 5. O atendimento pelo veículo dos requisitos de idade e
>
> característica da autoridade de trânsito e do Poder Público; 6. Manutenção do Certificado de Registro e Licenciamento do Veículo; 7. Apresentação de certidão negativa de antecedentes criminais. Como se vê, os comandos cuidam exclusivamente de regulação da qualidade e da informação. Por esta razão, Presidente, considero que desta opção regulatória para o setor se extrai a impossibilidade de se criarem barreiras de entrada e controle de preço para o transporte individual privado por aplicativo.

Os muito bem fundamentados votos dos Min. Roberto Barroso e Luiz Fux teceram considerações sobre os aspectos concorrenciais envolvidos. Em resumo, desenvolveram a ideia de que a intervenção estatal no mercado de transporte de passageiros deveria ser a mínima possível, de forma a estimular a concorrência, que geraria ambiente de melhoria do serviço, melhores preços e, consequentemente, maior bem-estar para a coletividade. Mencionou-se a teoria da *escolha pública*, segundo a qual o processo politico de regulação é frequentemente *capturado* por grupos de poder interessados em evitar ou dificultar a entrada de novos concorrentes no mercado, com o que se acaba por gerar benefícios em prol de poucos e dispersar prejuízos por toda a sociedade.

A Corte destacou, ainda, o potencial transformador das novas tecnologias e o fato de que não haveria concorrência desleal com o serviço de táxis. A assimetria regulatória (= regulações diferentes para os táxis e para os motoris-

---

'1. A proibição ou restrição da atividade de transporte privado individual por motorista cadastrado em aplicativo é inconstitucional, por violação aos princípios da livre iniciativa e da livre concorrência; e 2. No exercício de sua competência para regulamentação e fiscalização do transporte privado individual de passageiros, os Municípios e o Distrito Federal não podem contrariar os parâmetros fixados pelo legislador federal (CF/1988, art. 22, XI)'". (RE 1054110, Relator(a): ROBERTO BARROSO, Tribunal Pleno, julgado em 09/05/2019)

tas de aplicativos) seria justificável com o propósito de melhorar a situação do consumidor, desde que o Estado atuasse para evitar a concretização do risco de formação de monopólio decorrente de atuação *predatória* dos aplicativos de transporte. No entanto, esse risco não existiria no caso, já que, se, por um lado, não se sujeitam à autorização ou permissão estatal e à regulamentação de preço, de outro lado os motoristas de aplicativos não disporiam de certas facilidades como a isenção tributária para aquisição de veículo e acesso a faixas seletivas de trânsito. Veja-se, a respeito, o seguinte trecho do voto condutor:

> Min. Roberto Barroso (RE 1054110): (...) há um conjunto de novas tecnologias que se impõem e merecem uma demanda relevante da sociedade. Evidentemente, a melhor forma de o Estado lidar com essas inovações e, eventualmente, com a destruição criativa da velha ordem não é impedir o progresso, mas, sim, tentar produzir as vias conciliatórias possíveis. A minha crença profunda hoje, analisando o Brasil, é de que nós precisamos é de mais sociedade civil, mais livre iniciativa, mais movimento social, e menos Estado; um capitalismo com risco privado, concorrência, empresários honestos, regras claras e estáveis, propiciadoras de um bom ambiente de negócios. Nesse contexto que eu acabo de retratar é que se situa, em primeiro lugar, a ideia de livre iniciativa, que é, como nós sabemos, um dos fundamentos do Estado brasileiro. Logo na abertura da Constituição, lá está a livre iniciativa, ao lado do valor social do trabalho. (...) considero legítima a intervenção do Estado, mesmo em um regime de livre iniciativa, para coibir falhas de mercado e/ou para proteger o consumidor. (...) A admissão de diferentes regimes de regulação para a mesma atividade, que caracteriza a denominada assimetria regulatória, não viola a isonomia, mas, na verdade, é um caminho para o aumento da competitividade e com a proporcional melhoria de bem-estar do usuário dos serviços, que se beneficia da competição entre os modelos.

A conclusão da Suprema Corte foi a de que são inconstitucionais leis estaduais ou municipais que proíbam ou que criem restrições desproporcionais ao serviço de transporte individual de passageiros, por violação ao princípio constitucional da livre iniciativa. Merece destaque, ainda, a afirmação constante da ementa no sentido de que a inovação no setor de transporte beneficia a livre iniciativa; tem impacto positivo sobre a mobilidade urbana e o meio ambiente; protege o consumidor; e corrige as *ineficiências* de um setor historicamente submetido a um monopólio de fato (os táxis).

O único ministro que não aderiu à tese da inconstitucionalidade material da lei municipal que proibia o transporte individual de passageiros por intermédio de aplicativos foi Edson Fachin, que reconheceu apenas a inconstitucionalidade formal do diploma legislativo.

Na visão do Min. Fachin, a inconstitucionalidade formal se caracterizava porque a Lei federal 13.640/18 permite tão somente que os municípios regulamentem o serviço de transporte individual de passageiros, mas não que o proíbam. Ao proibir, a lei municipal invadiu a esfera de competência privativa da União para legislar sobre trânsito e transporte (CF, art. 22, XI). No tema, os municípios e estados poderiam apenas suplementar a legislação federal para atender às suas peculiaridades à luz do interesse local (CF, art. 30, I). Em suas próprias palavras:

> Min. Edson Fachin (RE 1054110): In casu, a norma federal de regência Lei n.º 12.587/2012, que institui a Política Nacional de Mobilidade Urbana e que já vigia à época do julgamento da ação direta (registre-se que a Lei 13.640, de 2018, que previu a competência regulamentar dos Municípios para o transporte remunerado privado individual de passageiros, é posterior ao ajuizamento da ação direta) preservou, na hipótese, a atribuição material dos entes municipais para planejar, executar e avaliar os respectivos serviços de transporte urbano. (...) Nos termos em que definida a legislação federal, porém, não há espaço para o exercício da competência municipal que vise a proibir determinada modalidade de transporte urbano. Ao poder municipal é dado regular, não abolir o sistema de prestação.

Ao contrário dos demais magistrados da Suprema Corte, Fachin explicitou entendimento de que a lei federal teria ampla margem de atuação na matéria e poderia, inclusive, no exercício do poder de polícia, proibir ou restringir significativamente a atividade:

> Min. Edson Fachin (RE 1054110): (...) é bastante ampla a liberdade de conformação que detém o legislador para promover a realização desses direitos. Pode ele tanto autorizar o funcionamento desses aplicativos, como proibi-los, desde que detenha competência legal para tanto. Esse poder não deriva exclusivamente de uma regra prévia da definição do alcance de sua competência, mas da investigação minudente sobre os melhores meios de se atingir o fim constitucional de proteção dos direitos fundamentais. Só assim a livre iniciativa funcionaliza-se, isto é, fica à serviço daquilo que ela efetivamente promove: o aumento do bem-estar. (...) Assim como não há regra nem princípio constitucional que prescreva a exclusividade do modelo de táxi no mercado de transporte individual de passageiros, não há atividade econômica que dispense a atividade regulatória do Estado. À luz da legislação editada à época, deve-se, pois, reconhecer que não há no diploma impugnado vício material ao texto constitucional.

Muito interessante e digna de elogios as preocupações externalizadas pelo Min. Fachin, pois a livre iniciativa deve ser vista em perspectiva funcional, ou seja, ela não constitui um valor em si mesma. A liberdade de empreender se associa à matriz constitucional do direito de propriedade, a qual deve atender a sua função social (CF, art. 5º, XXII e XXIII). Assim, eventualmente pode ocorrer de ser adequada, necessária e proporcional (princípio da proporcionalidade) a proibição ou a restrição ao exercício de determinadas atividades econômicas e profissionais, com o objetivo de compatibilizar a liberdade individual com os demais interesses individuais e coletivos envolvidos.

Esse raciocínio serve como interessante ponto de partida para reflexão sobre os aspectos trabalhistas relacionados ao transporte individual de passageiros por aplicativos e, por extensão, às demais modalidades de trabalho exercido por meio de plataformas digitais, conforme se exporá no próximo tópico.

36.2. Aspectos trabalhistas da uberização

O objetivo desta seção não é esgotar o tema da uberização do trabalho, o que tem sido feito com maestria pela doutrina especializada[862]. Mais modestamente, pretende-se apenas fazer algumas reflexões propiciadas pelas decisões do STF comentadas no tópico anterior.

É inegável que as novas tecnologias têm modificado, e por certo ainda modificarão, e muito, o mundo do trabalho. No contexto de economia globalizada e de alta competitividade, a *lógica* do capital é buscar desenfreadamente a redução de custos. Nesse cenário, nota-se uma tendência crescente de *fuga* do Direito do Trabalho, através de fenômenos como a terceirização, a pejotização, a contratação de trabalhadores supostamente autônomos e com vínculos precários (como os intermitentes), os contratos de curta duração, entre outros[863].

Sucede que não há viabilidade de manutenção do sistema capitalista sem a existência de um mercado consumidor. Os direitos sociais, principalmente os trabalhistas, funcionam para o cidadão médio, desprovido da propriedade de meios de produção – e que por isso depende do trabalho para sobreviver –, como uma espécie de *porta de entrada* para uma vida minimamente digna e para a sustentação do próprio regime de produção capitalista.

Não é por outro motivo que a Constituição de 1988 estabeleceu modelo pautado nos valores sociais do trabalho e da livre iniciativa (CF, art. 1º, IV), além de tratar os principais direitos trabalhistas como direitos fundamentais e cláusulas pétreas (CF, art. 7º c/c art. 60). A livre iniciativa também está umbilicalmente ligada ao valor social, de modo que a liberdade econômica deve ser funcionalizada, ou seja, ela não vale em si mesma, mas apenas quando, além de permitir o lucro do empreendedor, realize sua função social consistente em gerar empregos decentes, preservar o meio ambiente e contribuir para o aumento do bem-estar social.

---

862. A principal referência é a obra de Fausto Siqueira Gaia (*Uberização do trabalho: aspectos da subordinação jurídica disruptiva*. Rio de Janeiro: Lumen Juris, 2019), fruto de sua tese de doutorado, em que enfrenta de forma verticalizada a questão da subordinação (que chama de *disruptiva*) no fenômeno do trabalho de transporte individual de passageiros por meio de aplicativos. Outra importante referência é a obra coordenada por Guilherme Guimarães Feliciano: *Infoproletários e a uberização do trabalho*. São Paulo: LTr, 2019. Há, ainda, diversos artigos sobre o tema, entre os quais merece destaque: CARELLI, Rodrigo de Lacerda. O Caso Uber e o Controle por Programação: de carona para o Século XIX. In: Ana Carolina Reis Paes Leme; Bruno Alves Rodrigues; José Eduardo de Resende Chaves Júnior. (Org.). *Tecnologias disruptivas e a exploração do trabalho humano*. São Paulo: Ltr, 2017, v. 1, p. 130-146.

863. A respeito, discorre Otávio Pinto e Silva: "A utilização do trabalho autônomo, da terceirização, da mão de obra externa são indicações de uma possível fuga do Direito do Trabalho, em busca da diminuição dos custos em setores de atividade tradicional e de fraco valor agregado; mas, por outro lado, também podem corresponder a estratégias de inovação em setores de alto nível de qualificação. No primeiro caso, o objetivo seria o de reduzir o peso do fator humano, em termos financeiros; mas no segundo caso, poder-se-ia estar querendo aumentá-lo, se analisada a questão em termos de iniciativa, de competência, de qualificação profissional" (SILVA, Otávio Pinto. Terceirização e a Reforma Trabalhista. In: Revista do Tribunal Regional do Trabalho da 15ª Região, n. 51, 2017, p. 167-182).

No entanto, alguns segmentos doutrinários têm sustentado que as transformações das relações de trabalho são inexoráveis e que caberia ao direito se adaptar à novidade, chegando-se mesmo a acusar aqueles que rejeitam o "novo" de propagarem sofismas e "romantismo ilusório"[864]. Aponta-se, ainda, que a tendência de multiplicação de trabalhadores juridicamente autônomos e economicamente independentes seria irreversível[865]. Esse discurso, que traz a ideia de que as bases consolidadas do Direito do Trabalho seriam inadequadas à "nova" realidade das relações de trabalho, tem reverberado no Supremo Tribunal Federal:

> Min. Gilmar Mendes (ADPF 324): Para admitirmos que os ares socioeconômicos são completamente diversos daqueles em que se assentaram as bases principiológicas do Direito do Trabalho, basta observar que a maior empresa de transportes do mundo não tem um carro sequer, e a maior empresa de hospedagem do mundo também não dispõe de um único apartamento. Refiro-me aos paradigmáticos Uber e Air B&B, ambos fundados em economia colaborativa e na descentralização da atividade econômica entre diversos agentes mercadológicos.

Não se pode negar, em absoluto, que é possível, no contexto das novas tecnologias, que determinados trabalhadores sejam efetivamente autônomos, economicamente independentes e que tenham plenas condições de negociar em posição de igualdade com os tomadores de seus serviços. Isso pode acontecer, por exemplo, com trabalhadores altamente qualificados e muito bem remunerados em setores específicos da economia, tais como programadores de computadores, altos executivos, entre outros.

No entanto, é fora de dúvida que a ideia de *autonomia* e de *independência* não corresponde à realidade da grande massa trabalhadora brasileira, que forma verdadeiro *exército de reserva* de mão de obra, pronto a se submeter a

---

864. "Adaptação, já dizia Darwin, é a chave do sucesso evolucionário. Tal como ocorre na biologia, o direito também deve evoluir, adaptar-se às novas circunstâncias. Ou isso, ou não dará conta do recado. Correrá o risco de virar letra morta ou, pior, de virar um zumbi normativo, um morto-vivo jurídico que degrada e bagunça as relações entre os vivos. O novo, neste sentido, pode servir como um instrumento capaz de ressuscitar o que estava moribundo. (...) coletem dados, analisem-os (*sic*) com lógica, com coerência, com método, atentem para a realidade futura e comparem-na com a do passado. Sofistiquem o argumento e plantem os pés no chão, deixando de lado os sofismas e o romantismo ilusório. Façam isso, se quiserem criticar o porvir. Pois, do contrário, se insistirem em mais do mesmo discurso raivoso, abstrato e saudosista, a reação poderá vir ainda mais forte, e bem antes do que se imagina" (GOMES, Fábio Rodrigues. *O novo direito do trabalho*. Revista do Tribunal Superior do Trabalho. São Paulo, vol. 84, nº 3, jul/set 2018, p. 120-167).

865. "Portanto, o desafio que se lança na atualidade é de que, de acordo com as alterações havidas no mercado de trabalho e as novas formas de prestação de serviços, a multiplicação de trabalhadores juridicamente autônomos e economicamente independentes parece ser irreversível, aos quais, certamente, não poderão ser aplicadas as regras de proteção contidas na CLT, já que destinadas àqueles que mantêm contrato de trabalho. (...) Necessário enfatizar, também, que a valorização do trabalho independente ou autônomo não importa no afastamento dos princípios protetores que inspiram o direito do trabalho, mas, na sua aplicação, tão somente, àqueles que, verdadeiramente, trabalharam sob o regime de subordinação" (FREDIANI, Yone. A quem o Direito do Trabalho deve proteger e o novo conceito de subordinação. In: *Revista de Direito do Trabalho*. São Paulo, v. 160, 2014, p. 117-120).

qualquer tipo de trabalho em troca de valores que mal permitam a subsistência e o atendimento das necessidades básicas vitais do trabalhador.

O progresso tecnológico, evidentemente, não deve ser impedido. Contudo, a racionalidade jurídica e ética devem impor-se, de modo a assegurar dignidade àqueles que dependem exclusivamente de sua força de trabalho para sobreviver; não se trata de opção ideológica, mas apenas de concretizar o projeto constitucional que elenca os direitos sociais como direitos fundamentais. Desprezá-los constitui atitude antidemocrática e, esta sim, a serviço de uma ideologia neoliberal ou ultraliberal[866].

De fato, o art. 7º da Constituição estabelece direitos que se aplicam a todos os *trabalhadores*, conforme resulta de sua própria literalidade, e não apenas a empregados. A interpretação restritiva, consagrada pela quase unanimidade da jurisprudência e da doutrina, precisa ser revista, em quadra histórica na qual a precarização do trabalho e a redução de despesas são tratadas quase como *oferenda* ao *deus mercado*. Este é um bom ponto de partida para o debate acerca do trabalho por intermédio de aplicativos, em fenômeno que vem sendo chamado de *uberização do trabalho*.

Indaga-se: o que há de *romântico* ou de *ilusório* em pretender aplicar a literalidade do art. 7º da Constituição, de modo a assegurar direitos básicos – como limitação de jornada, salário mínimo, proteção à saúde e segurança etc. – aos seres humanos que dependem de sua força de trabalho para sobreviver? O que justifica que um entregador de alimentos, por exemplo, trabalhe todos os dias da semana, sem folgas, mais do que 9 horas diárias, e receba remuneração inferior ao salário mínimo[867]?

O que se nota na grande maioria dos casos é que as novas ferramentas tecnológicas representam tentativa de mascarar os contornos da relação de

---

866. "(...) há um conjunto de novas tecnologias que se impõem e merecem uma demanda relevante da sociedade. Evidentemente, a melhor forma de o Estado lidar com essas inovações e, eventualmente, com a destruição criativa da velha ordem não é impedir o progresso, mas, sim, tentar produzir as vias conciliatórias possíveis. (...) ao se desconsiderar o projeto constitucional que, por deliberação democrática, assegurou aos trabalhadores e trabalhadoras direitos sociais como direitos fundamentais, o que se tem por resultado da desconsideração da legislação protetiva do trabalho é uma ação deliberadamente destruidora das bases democráticas, deem-lhe o nome que quiserem dar" (SOUTO MAIOR, Jorge Luiz. "Empregadores anticeletistas" [e antidemocráticos]. Publicado em 06/08/2020. Disponível em: https://www.jorgesoutomaior.com/blog/empregadores-anticeletistas-e-antidemocraticos. Acesso em 20.08.2020).

867. Segundo pesquisa feita pelo Centro de Estudos Sindicais e de Economia do Trabalho da Unicamp (Cesit - Unicamp), mais de 57% dos respondentes afirmaram já trabalhar normalmente mais de nove horas diárias, percentual que subiu para 62% durante a pandemia da covid-19. Durante a pandemia, 51,9% dos entrevistados afirmaram trabalhar os sete dias da semana. No universo de 270 respondentes, 47,4% declararam rendimento semanal de até R$ 520,00 (o que corresponderia a aproximadamente R$ 2.080,00 mensais). Destes, 17,8% declararam remuneração de até R$ 260,00 por semana (aproximadamente, R$ 1.040,00 mensais). Durante a pandemia, a parcela de entregadores que tem remuneração inferior a R$ 260,00 semanais praticamente dobrou, passando a compor 34,4% dos entrevistados (Disponível em: https://www.bbc.com/portuguese/brasil-53258465 . Acesso em 24.08.2020).

emprego, o que se faz de forma bastante sofisticada e mesmo com a *captação* da subjetividade do trabalhador[868], o qual passa a acreditar que é empreendedor e que a legislação trabalhista o prejudica, o que não corresponde à realidade.

De fato, há uma falsa sensação de autonomia, porque não há controle pessoal por parte do empregador (= ordens diretas dadas por gerentes ou supervisores), mas uma sofisticação consistente em controle por algoritmos, que nada mais são do que programações de computador que fazem cálculos e tomem decisões de acordo com certos parâmetros e objetivos – estes, obviamente, definidos pelos seres humanos que fazem a gestão da empresa. A subordinação algorítmica acaba sendo muito mais intensa do que a tradicional subordinação direta, já que nesta havia apenas um controle mecânico, sobre o corpo do trabalhador, ao passo que na subordinação por algoritmos nota-se uma tendência de domínio sobre o espírito do trabalhador, que está sendo avaliado e está disponível a todo momento[869].

Sob outro enfoque, é importante perceber que a CLT, nos seus arts. 2º e 3º, não contém qualquer previsão no sentido de que a subordinação jurídica pressuponha a dação de ordens diretas pelo tomador de serviços (empregador). De acordo com a Consolidação, o empregado é a pessoa física que preste serviços de natureza não eventual a empregador, sob a dependência deste e mediante salário; ao passo que empregador é a empresa que assume os riscos da atividade econômica, admite, assalaria e dirige a prestação pessoal de serviços.

Ora, o que se tem visto na prática da chamada *uberização do trabalho* são trabalhadores economicamente dependentes, que se vinculam continuamente, muitas vezes sem folgas e intervalos, prestando serviços durante longas horas para obter meios de subsistência, o que se enquadra perfeitamente no art. 3º,

---

868. "Enquanto o taylorismo/fordismo centrava-se na subordinação do trabalhador a uma racionalidade que lhe restava exterior, agora o foco está na sua programação, pela apresentação de metas, regras e medida dos resultados do trabalho por meio de indicadores estatísticos. É importante, no entanto, que o sujeito se aproprie desta avaliação para reagir positivamente à lacuna que ela revela entre sua performance e seus objetivos. (...) O ponto em comum, então, seria a colocação de tempo – determinado ou não – à disposição do empregador com a definição pelo contratante dos métodos de trabalho e aquisição por este do resultado final. No novo regime, a organização do trabalho – e consequentemente o seu controle – apresenta-se de forma diferente: é a programação por comandos. Restitui-se ao trabalhador certa esfera de autonomia na realização da prestação. Esta é a direção por objetivos. A partir da programação, da estipulação de regras e comandos preordenados e mutáveis pelo seu programador, ao trabalhador é incumbida a capacidade de reagir em tempo real aos sinais que lhe são emitidos para realizar os objetivos assinalados pelo programa. Os trabalhadores, nesse novo modelo, devem estar mobilizados e disponíveis à realização dos objetivos que lhe são consignados (CARELLI, Rodrigo de Lacerda. *O Caso Uber...*, *cit.*, p. 139-140).

869. "encontramos uma contradição própria do novo modelo: ao mesmo tempo em que acena para a entrega de parcela de autonomia ao trabalhador, essa liberdade é impedida pela programação, pela só e mera existência do algoritmo. (...) A ideia é da mobilização total: os trabalhadores devem estar disponíveis a todo momento. Essa mobilização, diferentemente do fordismo-taylorismo, visa dominar não o corpo dos trabalhadores, mas seus espíritos, cedendo a obediência mecânica em prol da busca pelos trabalhadores do atingimento dos objetivos traçados pela empresa, a partir da esfera de autonomia concedida, que implica que o trabalhador seja sempre transparente aos olhos do empregador, que a todo momento tem o poder de mensurar e avaliar seu funcionamento." (CARELLI, Rodrigo de Lacerda. *O Caso Uber...*, *cit.*, p. 141).

caput, da CLT. De outro lado, as empresas que fazem intermediações por serviços por aplicativos (entregadores, motoristas, entre outros) dirigem a prestação pessoal de serviços (CLT, art. 2º, *caput*), exigindo que o trabalhador seja cadastrado e que atenda a certos requisitos, além de haver um sofisticado mecanismo de controle de qualidade que conta com o auxílio dos consumidores.

O único grau de liberdade de que dispõe o trabalhador uberizado, no mais das vezes, é a opção de *ligar* ou de *desligar* o aplicativo, ou seja, trabalhar ou não trabalhar. Tal fator, por si só, não desnatura a relação de emprego, porque: (i) na realidade de desemprego estrutural e considerando a baixa remuneração recebida, o trabalhador tende a ativar sua força de trabalho continuamente por longos períodos; (ii) há possibilidade de aplicar sanções àqueles que recusam o atendimento de chamadas apresentadas pela plataforma[870]; (iii) a fixação dos preços é feita exclusivamente pela empresa detentora do aplicativo; (iv) as plataformas tecnológicas dão constantes estímulos para que o trabalhador permaneça trabalhando o maior número de horas possível[871]; (v) há ampliação dos mecanismos de controle sobre os períodos de labor ociosos[872].

A *liberdade* do trabalhador uberizado é verdadeira ficção, pois o que se verifica na verdade é um controle intenso e constante por parte do tomador de serviços, o que faz com que se possa falar numa espécie de *neofeudalismo* ou *refeudalização* das relações de trabalho[873]. O *novo* nada mais é do que uma nova roupagem para algo muito *velho*.

Outra ideia que vem sendo propagada e que também deve ser rechaçada é a de que se deveria construir legislativamente uma solução intermediária para os trabalhadores das plataformas digitais, tal como as figuras do parassubordinado na Itália, ou do trabalhador economicamente dependente prevista no ordenamento jurídico espanhol.

Isso porque uma tal solução resultaria no rebaixamento do padrão geral (= os vínculos de emprego tenderiam, com o tempo, a se transformar nessa figura intermediária), em vez de assegurar a melhora da condição dos uberizados.

Ademais, a solução dita intermediária já foi introduzida no Direito do Trabalho brasileiro pela Lei 13.467/2017, que introduziu a figura do contrato

---

870. Cf. GAIA, Fausto Siqueira, *op.cit.*, p. 241.

871. Idem, p. 246.

872. Idem, ibidem.

873. "A relação entre trabalhador e empresa passa por uma nova nomenclatura: é uma relação de aliança, em uma refeudalização das relações. O liame da aliança implica em um engajamento ainda maior da pessoa do trabalhador, pois ao invés de se fixar em obedecer mecanicamente a ordens dadas em tempo e lugar anteriormente fixados, devem os trabalhadores se mobilizar totalmente para a realização dos objetos que lhe são consignados e se submeter aos processos de avaliação de sua performance. Assim, o controle por programação ou comandos (ou por algoritmo) é a faceta moderna da organização do trabalho. Passa-se da ficção do trabalhador-mercadoria para a ficção do trabalhador-livre, em aliança neofeudal com a empresa" (CARELLI, Rodrigo de Lacerda. *O Caso Uber...*, *cit.*, p. 142).

intermitente, em que não se exige sequer a não eventualidade ou continuidade como requisito para caracterizar a relação de emprego[874]. Ora, o trabalho por intermédio de aplicativos, conforme já dito, tende a ser exercido continuamente e por longas jornadas, de forma muito mais intensa do que ocorre com os contratos intermitentes. Se assim o é, não há senso lógico na afirmação de que o contrato intermitente configura vínculo empregatício, mas o trabalho uberizado não o faria.

Na verdade, a solução do reconhecimento de vínculo empregatício se revela a ideal, por nivelar *por cima* a regulamentação trabalhista e contribuir efetivamente para uma mais justa distribuição de renda e para a preservação da dignidade do trabalhador e do próprio sistema capitalista de produção.

A objeção segundo a qual o vínculo não seria possível pela ausência de fiscalização da jornada de trabalho é facilmente respondida: primeiro, porque é plenamente possível o controle de jornada, devendo ser computado o tempo de serviço a partir do momento em que o trabalhador liga o aplicativo e se coloca à disposição da empresa, ainda que não esteja fazendo alguma entrega ou corrida. Segundo, porque o Direito do Trabalho brasileiro admite a existência de vínculo de emprego em situações em que não há controle de jornada, como nos casos de serviço externo incompatível, de detentor de cargo gerencial que represente o empregador, e também no teletrabalho (CLT, art. 62, I, II e III).

36.3. Pejotização

Na ADC 66[875], o Supremo Tribunal Federal afirmou a constitucionalidade do art. 129 da Lei 11.196/2005[876]. Segundo o dispositivo, para fins fiscais e pre-

874. "(...) tem-se o fato de que, mesmo com argumentos falseados e propósitos ligados a interesses econômicos não revelados, a 'deforma' trabalhista criou a tal figura intermediária, situada entre o emprego pleno (já não tão pleno assim) e o "nada". Trata-se do contrato intermitente, que serviria para as hipóteses em que o trabalho, não tendo todas as características da relação de emprego, como a continuidade, pudesse ser exercido sem os mesmos parâmetros jurídicos do emprego pleno, porém com alguns direitos. Ocorre que mesmo nesta modalidade não se negou o reconhecimento da relação de emprego. Então, a figura intermediária já foi introduzida e ela não afastou a relação de emprego, valendo lembrar que a identificação da relação de emprego gera efeitos também previdenciários e pertinentes à Seguridade Social que interessam à sociedade como um todo. É por isso, aliás, que a declaração da relação de emprego é uma questão de ordem pública, não se subordinando à vontade de quem compra ou mesmo de quem vende a força de trabalho. Enfim, se o trabalho prestado pelos entregadores às empresas de plataformas digitais não pode ser concebido como trabalho intermitente, vez que a execução é contínua e até chega a atingir 64,5 horas por semana, e se foi expressamente abstraída a aplicação do 'nada', como reconhecido pelo próprio representante de uma das empresas que exploram essa modalidade de trabalho, o que resta para identificar a condição jurídica dos entregadores por aplicativos, sem espaço para novas "invenções legislativas", é a relação de emprego com plenos direitos – o que, no caso brasileiro, já nem é grande coisa, conforme demonstrado acima. Uma objeção a isso representa a um só tempo: ofensa à lógica, desconsideração histórica, assunção de prática ilícita e ataque à democracia (SOUTO MAIOR, Jorge Luiz. "Empregadores anticeletistas" [e antidemocráticos]. Publicado em 06/08/2020. Disponível em: https://www.jorgesoutomaior.com/blog/empregadores-anticeletistas-e-antidemocraticos . Acesso em 20.08.2020).

875. ADC 66, Rel. Min. Cármen Lúcia, Tribunal Pleno, julgamento virtual finalizado em 18.12.2020.

876. Art. 129. Para fins fiscais e previdenciários, a prestação de serviços intelectuais, inclusive os de natureza científica, artística ou cultural, em caráter personalíssimo ou não, com ou sem a designação de quaisquer

videnciários, a prestação de serviços intelectuais por pessoas jurídicas sujeita-se à aplicação única e exclusiva da legislação pertinente às pessoas jurídicas, sem prejuízo da aplicação da teoria da desconsideração da personalidade jurídica.

Nota-se, no voto condutor do acórdão, um extravasamento do âmbito de incidência do próprio dispositivo legal questionado. Isso porque o texto legal se circunscreve aos aspectos fiscais e previdenciários, ao passo que o voto afirma a "validade" do dispositivo inclusive no que tange a "repercussões secundárias", o que, presumidamente, incluiria os efeitos trabalhistas:

> Min. Cármen Lúcia (ADC 66): Embora o art. 129 da Lei n. 11.196/2005 apenas se refira expressamente implicações fiscais e previdenciárias decorrentes da prestação de serviços intelectuais, incluídas os de natureza científica, artística ou cultural, por pessoa jurídica, não podem ser negada validade no direito de eventuais repercussões secundárias (*sic*), a determinar os termos e os efeitos de relação jurídica estabelecida entre a tomadora do serviço e a pessoa que desenvolve as atividades em seu benefício. (...) entendimento, que, apoiado no dinamismo das transformações econômicas e sociais, reafirma a necessidade de se assegurar ampla liberdade às empresas para definir suas escolhas organizacionais e os modelos de negócio com vistas a assegurar sua competitividade e subsistência (...).

Mais uma vez, percebe-se que a Suprema Corte enfatizou o princípio da livre iniciativa, baseando-se na equivocada premissa de que a *flexibilização* da legislação trabalhista (= supressão de direitos) seria uma necessidade para assegurar a subsistência e competitividade das empresas. A História demonstra que a postura precarizante não tem tido sucesso no combate às mazelas do desemprego e do crescimento da miséria e da concentração de renda[877]; ao contrário, os fenômenos se retroalimentam e se intensificam mutuamente. A perplexidade com esse cenário foi bem refletida no voto vencido do Min. Marco Aurélio:

> Min. Marco Aurélio (ADC 66): A quadra é verdadeiramente ímpar, levando em conta, de um lado, a realidade do atual mercado de trabalho e, de outro, o objetivo maior de justiça social. Na busca da excelência na prestação jurisdicional, o magistrado, encarnando a figura do Estado-juiz, deve ter a atuação norteada pelos princípios gerais do Direito e, mais especificamente, do Direito do Trabalho, considerada a história da legislação protetiva, sob pena de subverter-se aquilo que é o fundamento e a razão de ser da Justiça trabalhista.

De todo modo, a própria decisão da ADC 66 ressalvou a possibilidade de constatação de fraude nos casos concretos, o que deve ser avaliado criteriosamente pelo Poder Judiciário ou pela Administração Pública, conforme se extrai do voto da relatora:

---

obrigações a sócios ou empregados da sociedade prestadora de serviços, quando por esta realizada, se sujeita tão-somente à legislação aplicável às pessoas jurídicas, sem prejuízo da observância do disposto no art. 50 da Lei nº 10.406, de 10 de janeiro de 2002 - Código Civil.

877. Sobre o tema, detalhadamente, ver a primeira seção deste capítulo, em que se faz resgaste histórico da importância da Justiça do Trabalho e dos direitos sociais em geral.

> Min. Cármen Lúcia (ADC 66): Tanto não induz, entretanto, a que a opção pela contratação de pessoa jurídica para a prestação de serviços intelectuais descrita no art. 129 da Lei n. 11.196/2005 não se sujeite à avaliação de legalidade e regularidade pela Administração ou pelo Poder Judiciário quando acionado, por inexistirem no ordenamento constitucional garantias ou direitos absolutos.

De fato, nenhuma decisão judicial e nenhuma lei pode se sobrepor a uma noção elementar de lógica: o princípio do terceiro excluído, que pode ser expressado da seguinte forma: ou algo é ou não é[878]. Não há uma terceira via possível. Por exemplo, ou determinado objeto é um livro ou não é. Trata-se de noção intuitiva ao raciocínio humano e que se aplica na hermenêutica jurídica.

Ora, é isso que acontece quando se trata de relação de emprego. A CLT, ao regulamentar a relação de emprego, prevê o trabalho por pessoa física, com pessoalidade, subordinação, onerosidade e não eventualidade. Isso é tratado pela lei como contrato de trabalho. Não é possível que a mesma situação seja tratada por outra lei (a menos que se revogue a primeira) como algo que *não é*, ou seja, como se o suporte fático referido não gerasse vínculo empregatício.

Presentes os requisitos legais ao reconhecimento do vínculo de emprego, portanto, *ipso facto* tem-se que a prestação de serviços por interposta pessoa jurídica é fraudulenta, o que exclui a aplicabilidade do art. 129 da Lei 11.196/2005. Nesses termos, é desnecessário utilizar-se da teoria da desconsideração da personalidade jurídica, como o faz a própria lei e a decisão da Suprema Corte.

O princípio da primazia da realidade sobre a forma reforça esse raciocínio. No Direito do Trabalho, pouco importam denominações e formatações jurídicas utilizadas pelas partes; o que vale é o que ocorre na realidade fenomênica. Ainda que se chame determinado ajuste como "contrato de prestação de serviços" entre pessoas jurídicas, caso se evidencie que o trabalho é prestado de forma pessoal, onerosa, subordinada e não eventual por pessoa física, ter-se-á relação de emprego.

Conclui-se que o julgado não representa uma *abertura de portas* para a pejotização fraudulenta. As noções básicas e elementares de lógica, acima descritas, bem como as ressalvas contidas nos votos que compuseram a corrente majoritária, deixam claro que é possível o reconhecimento de vínculo empregatício – desde que presentes os respectivos pressupostos – ainda que a contratação se dê sob a forma dissimulada de prestação de serviços por meio de pessoa jurídica. Nesse caso, não se estará declarando a inconstitucionalidade do art. 129 da Lei 11.196/2005, mas apenas asseverando que, à luz do princípio do terceiro excluído, a situação fática não é regida por tal dispositivo, mas pela CLT.

878. "o princípio do terceiro-excluído pode ser visto como a forma disjuntiva do princípio da identidade: uma coisa é ou não é. Entre essas duas possibilidades contraditórias não há possibilidade de uma terceira que, assim, fica excluída. Formalmente, é assim expresso: A é B ou A não é B; como exemplo podemos, alimentados deste princípio, dizer que ou aquilo é árvore ou não é árvore" (TENÓRIO, Robinson Moreira. Lógica clássica: um problema de identidade. Disponível em: http://www2.uefs.br/sitientibus/pdf/11/logica_classica_um_problema_de_identidade.pdf. Acesso em 06.01.2021.

Capítulo III

DIREITO PROCESSUAL DO TRABALHO

1. AÇÃO RESCISÓRIA

Referências normativas e jurisprudenciais	
Constituição	Art. 5º Todos são iguais perante a lei, sem distinção de qualquer natureza, garantindo-se aos brasileiros e aos estrangeiros residentes no País a inviolabilidade do direito à vida, à liberdade, à igualdade, à segurança e à propriedade, nos termos seguintes; (...) XXXVI - a lei não prejudicará o direito adquirido, o ato jurídico perfeito e a coisa julgada (...).
Legislação infra-constitucional	CPC, art. Art. 966. A decisão de mérito, transitada em julgado, pode ser rescindida quando: I - se verificar que foi proferida por força de prevaricação, concussão ou corrupção do juiz; II - for proferida por juiz impedido ou por juízo absolutamente incompetente; III - resultar de dolo ou coação da parte vencedora em detrimento da parte vencida ou, ainda, de simulação ou colusão entre as partes, a fim de fraudar a lei; IV - ofender a coisa julgada; V - violar manifestamente norma jurídica; VI - for fundada em prova cuja falsidade tenha sido apurada em processo criminal ou venha a ser demonstrada na própria ação rescisória; VII - obtiver o autor, posteriormente ao trânsito em julgado, prova nova cuja existência ignorava ou de que não pôde fazer uso, capaz, por si só, de lhe assegurar pronunciamento favorável; VIII - for fundada em erro de fato verificável do exame dos autos. § 1º Há erro de fato quando a decisão rescindenda admitir fato inexistente ou quando considerar inexistente fato efetivamente ocorrido, sendo indispensável, em ambos os casos, que o fato não represente ponto controvertido sobre o qual o juiz deveria ter se pronunciado. § 2º Nas hipóteses previstas nos incisos do *caput*, será rescindível a decisão transitada em julgado que, embora não seja de mérito, impeça: I - nova propositura da demanda; ou II - admissibilidade do recurso correspondente. § 3º A ação rescisória pode ter por objeto apenas 1 (um) capítulo da decisão.

Referências normativas e jurisprudenciais	
Legislação infra-constitucional	§ 4º Os atos de disposição de direitos, praticados pelas partes ou por outros participantes do processo e homologados pelo juízo, bem como os atos homologatórios praticados no curso da execução, estão sujeitos à anulação, nos termos da lei. § 5º Cabe ação rescisória, com fundamento no inciso V do *caput* deste artigo, contra decisão baseada em enunciado de súmula ou acórdão proferido em julgamento de casos repetitivos que não tenha considerado a existência de distinção entre a questão discutida no processo e o padrão decisório que lhe deu fundamento. § 6º Quando a ação rescisória fundar-se na hipótese do § 5º deste artigo, caberá ao autor, sob pena de inépcia, demonstrar, fundamentadamente, tratar-se de situação particularizada por hipótese fática distinta ou de questão jurídica não examinada, a impor outra solução jurídica. CLT, Art. 836. É vedado aos órgãos da Justiça do Trabalho conhecer de questões já decididas, excetuados os casos expressamente previstos neste Título e a ação rescisória, que será admitida na forma do disposto no Capítulo IV do Título IX da Lei nº 5.869, de 11 de janeiro de 1973 – Código de Processo Civil, sujeita ao depósito prévio de 20% (vinte por cento) do valor da causa, salvo prova de miserabilidade jurídica do autor. Parágrafo único. A execução da decisão proferida em ação rescisória far-se-á nos próprios autos da ação que lhe deu origem, e será instruída com o acórdão da rescisória e a respectiva certidão de trânsito em julgado.
Súmulas e teses de repercussão geral	STF, Súmula 343: Não cabe ação rescisória por ofensa a literal disposição de lei, quando a decisão rescindenda se tiver baseado em texto legal de interpretação controvertida nos tribunais. Tema 136 (RE 590809): Não cabe ação rescisória quando o julgado estiver em harmonia com o entendimento firmado pelo Plenário do Supremo à época da formalização do acórdão rescindendo, ainda que ocorra posterior superação do precedente. Tema 733 (RE 730462): A decisão do Supremo Tribunal Federal declarando a constitucionalidade ou a inconstitucionalidade de preceito normativo não produz a automática reforma ou rescisão das decisões anteriores que tenham adotado entendimento diferente. Para que tal ocorra, será indispensável a interposição de recurso próprio ou, se for o caso, a propositura de ação rescisória própria, nos termos do art. 485 do CPC, observado o respectivo prazo decadencial (art. 495).
Julgados paradigmáticos	ADI 3995 AR 1409, 1578, 2107, 2125, 2422, 2440, 2697 RE 89108, 101144, 105205, 460439 AgR, 576847, 590809, 730462

1.1. Depósito prévio

A ação rescisória é sujeita a pressuposto processual específico, consistente no depósito prévio de 20% (vinte por cento) do valor da causa (CLT, art. 836). No Processo Civil, o percentual aplicável é de 5% (CPC, art. 968, II).

Caso a rescisória seja julgada inadmissível (= extinta sem resolução de mérito) ou improcedente, por unanimidade de votos, a importância depositada se converte em multa e reverte a favor do réu, sem prejuízo da possibilidade de punição do autor por litigância de má-fé.

Interessante observar, assim, que o depósito prévio na ação rescisória tem natureza jurídica *cambiante:* inicia como pressuposto processual objetivo e, ao fim, pode converter-se em multa, de acordo com o resultado do julgamento.

O depósito prévio não é exigível dos beneficiários da gratuidade de justiça, das pessoas jurídicas de direito público, do Ministério Público e da Defensoria Pública, quando autores de ação rescisória.

O Supremo Tribunal Federal, na ADI 3995[1], referendou a constitucionalidade do art. 836 da CLT, no que exige o depósito prévio de 20% do valor da causa como pressuposto para ajuizamento da ação rescisória. O voto condutor do Min. Luís Roberto Barroso fez interessante abordagem do direito fundamental de acesso à justiça (CF, art. 5º, XXXV):

> Min. Roberto Barroso (ADI 3995): Trata-se de garantia para a efetivação de direitos fundamentais, sem a qual a titularidade dos demais bens assegurados pela Constituição não faria sentido, uma vez que faltaria um instrumento apto a tutelar sua efetivação. A garantia de acesso ao Judiciário tem, contudo, um conteúdo amplo. Significa não apenas a possibilidade de deflagrar a jurisdição, mas, ainda, o direito a um processo justo e efetivo: com prazos razoáveis, decisões sem dilações indevidas, julgados coerentes e não conflitantes, bem como tratamento isonômico e imparcial dos postulantes. A possibilidade de provocar a prestação jurisdicional precisa ser exercida, portanto, com equilíbrio, de modo a não inviabilizar a prestação da justiça com qualidade. Trata-se de duas faces do mesmo direito de acesso à justiça que precisam ser tratadas de forma harmônica.

De fato, o congestionamento do Poder Judiciário tende a comprometer o acesso à justiça numa perspectiva macroscópica, já que o excesso de processos naturalmente reduz o tempo e recursos que poderão ser empregados para a solução de cada causa.

---

1. "DIREITO CONSTITUCIONAL E PROCESSUAL DO TRABALHO. AÇÃO DIRETA DE INCONSTITUCIONALIDADE. DEPÓSITO PRÉVIO EM AÇÃO RESCISÓRIA. ACESSO À JUSTIÇA E AMPLA DEFESA. PROPORCIONALIDADE. 1. As normas processuais podem e devem criar uma estrutura de incentivos e desincentivos que seja compatível com os limites de litigiosidade que a sociedade comporta. A sobreutilização do Judiciário congestiona o serviço, compromete a celeridade e a qualidade da prestação da tutela jurisdicional, incentiva demandas oportunistas e prejudica a efetividade e a credibilidade das instituições judiciais. Afeta, em última análise, o próprio direito constitucional de acesso à Justiça. 2. Dessa forma, é constitucional o depósito prévio no ajuizamento de ação rescisória como mecanismo legítimo de desincentivo ao ajuizamento de demandas ou de pedidos rescisórios aventureiros. Não há violação a direitos fundamentais, mas simples acomodação com outros valores constitucionalmente relevantes, como à tutela judicial efetiva, célere e de qualidade. 3. O depósito no percentual de 20% sobre o valor da causa não representa uma medida demasiadamente onerosa, guardando razoabilidade e proporcionalidade. 4. Ação direta de inconstitucionalidade julgada improcedente. Fixação da seguinte tese: 'É constitucional a fixação de depósito prévio como condição de procedibilidade da ação rescisória' (ADI 3995, Relator(a): ROBERTO BARROSO, Tribunal Pleno, julgado em 13/12/2018).

O voto do relator se utilizou de categorias típicas da análise econômica do direito, mencionando a teoria das escolhas racionais e a teoria dos jogos. Parte da premissa de que as pessoas são agentes racionais que respondem a incentivos, daí porque a exigência do depósito prévio funciona como elemento de desestímulo ao ajuizamento de ações rescisórias.

Perceba-se que a ação rescisória não consiste, em princípio, no primeiro acesso ao Judiciário, mas, na verdade, a uma espécie de *reacesso*, ou de reabertura da discussão da causa após o trânsito em julgado. Sob outro enfoque, o direito brasileiro prevê hipóteses muito amplas de cabimento da ação rescisória, notadamente na situação do art. 966, V, do CPC (violação de norma jurídica), o que faz com que a rescisória assuma, muitas vezes, um papel de recurso contra decisão transitada em julgado, o que não encontra paralelo nos ordenamentos jurídicos dos países ocidentais[2].

Curiosamente, ao versar sobre o depósito recursal no recurso extraordinário, o raciocínio da Corte foi diverso[3], o que revela incongruência na jurisprudência do Supremo Tribunal Federal[4].

Ainda quanto ao depósito prévio, o Tribunal Superior do Trabalho tem entendido que, caso o autor da ação rescisória requeira a concessão da gratuidade de justiça, essa questão deve ser apreciada antes de qualquer determinação no sentido de regularização ou de efetivação do depósito prévio[5].

---

2. Cf. GRECO, Leonardo, *Instituições...*, *op.cit.*, v.3, p. 342.
3. "RECURSO EXTRAORDINÁRIO - DEPÓSITO - INCONSTITUCIONALIDADE. Surge incompatível com a Constituição Federal exigência de depósito prévio como condição de admissibilidade do recurso extraordinário, no que não recepcionada a previsão constante do § 1º do artigo 899 da Consolidação das Leis do Trabalho, sendo inconstitucional a contida na cabeça do artigo 40 da Lei nº 8.177 e, por arrastamento, no inciso II da Instrução Normativa nº 3/1993 do Tribunal Superior do Trabalho" (RE 607447, Relator(a): MARCO AURÉLIO, Tribunal Pleno, julgado em 22/05/2020).
4. A respeito de tal decisão, ver tópico próprio na seção sobre recurso extraordinário, neste capítulo.
5. "Ação rescisória. Depósito prévio. Pessoa jurídica. Ausência de regularização. Extinção do processo, sem resolução do mérito, antes da análise do pedido de concessão de gratuidade de justiça. Impossibilidade. A decisão que, antes de analisar o pedido de benefício de gratuidade de justiça pleiteado por pessoa jurídica, indefere a petição inicial e extingue a ação rescisória, sem resolução de mérito, por falta de regularização do depósito prévio, está em desacordo com o que preceitua o art. 99, § 2º, do CPC de 2015. No caso, diante do descumprimento de determinação que concedia prazo para a regularização do depósito prévio, o julgador extinguiu a ação sem que houvesse manifestação da parte a respeito da ausência dos requisitos para a concessão da justiça gratuita e sem a oportunidade para o exercício do direito de defesa quanto a esse aspecto. Sob esse entendimento, a SBDI-II, por unanimidade, conheceu do recurso ordinário e, no mérito, deu-lhe provimento parcial para afastar a extinção do processo, sem resolução do mérito, e determinar o retorno dos autos ao Tribunal Regional para que prossiga no exame da admissibilidade da ação rescisória, considerando o pedido de concessão dos benefícios da justiça gratuita requerido na petição inicial. TST-RO-315-82.2017.5.19.0000, SBDI-II, rel. Min. Alexandre de Souza Agra Belmonte, 26/5/2020" (noticiado no informativo TST nº 219).

Ademais, o montante do depósito não pode ser superior a 1000 salários mínimos, devendo-se considerar o valor do salário mínimo nacional em vigor na data em que se realiza o depósito (CPC, art. 968, §2º)[6].

Veja-se que a Instrução Normativa nº 31/2007 do TST regulamenta o tema nos seguintes moldes: se a ação rescisória visar a desconstituir decisão da fase de conhecimento, o valor da causa corresponderá: (i) no caso de improcedência, ao valor dado à causa do processo originário ou aquele que for fixado pelo Juiz; (ii) no caso de procedência, total ou parcial, ao respectivo valor arbitrado à condenação. Já o valor da causa da ação rescisória que vise a desconstituir decisão da fase de execução corresponderá ao valor apurado em liquidação de sentença.

Destaque-se que, de acordo com a jurisprudência do TST[7], ainda que já haja liquidação, se a ação rescisória tiver por objeto decisão proferida na fase de conhecimento, o valor da causa deve levar em conta os valores arbitrados na decisão de conhecimento transitada em julgado. Exemplo: na sentença condenatória transitada em julgado, o juiz arbitra à condenação o valor de R$ 30.000,00 (trinta mil reais); em sede de liquidação, chega-se ao montante de R$ 50.000,00 (cinquenta mil reais). Nesse caso, o valor do depósito prévio de ação rescisória que vise a desconstituir a sentença de conhecimento transitada em julgado corresponderá a 20% (vinte por cento) sobre o valor arbitrado à condenação (R$ 30.000,00), com a devida correção monetária.

Ainda de acordo com precedentes do Tribunal Superior do Trabalho, a ausência ou insuficiência de depósito prévio é vício sanável, cabendo ao relator, antes de extinguir a ação rescisória sem resolução de mérito, conceder prazo para que o autor regularize o vício[8]. O entendimento, pautado no princípio da

---

6. § 2º O depósito previsto no inciso II do *caput* deste artigo não será superior a 1.000 (mil) salários-mínimos.
7. TST-RO-7878-41.2017.5.15.0000, SBDI-II, rel. Min. Alexandre Agra Belmonte, 1º.10.2019.
8. "Ação rescisória. Irregularidade no depósito prévio. Saneamento do vício de forma espontânea, logo após o ajuizamento da ação. Extinção do processo, sem resolução do mérito. Impossibilidade. Direito à emenda ou complementação da petição inicial previsto no CPC de 2015. Princípio da primazia da resolução do mérito. A decisão que, antes de conceder prazo para regularização do depósito prévio, indefere a petição inicial e extingue a ação rescisória, sem resolução de mérito, está em desacordo com o princípio da primazia da resolução do mérito e com o que preceitua o art. 321 do CPC, o qual é aplicável à ação rescisória em virtude do parágrafo único do art. 318 do CPC. Na espécie, a despeito de a autora ter regularizado, espontaneamente, o depósito prévio um dia após o ajuizamento da ação rescisória, o julgador extinguiu a ação, sem qualquer concessão de prazo para que o vício fosse sanado. Ocorre que, se a ausência de recolhimento do depósito prévio reclama a concessão de prazo para saneamento do vício, antes de se cogitar do indeferimento da exordial, a sua realização espontânea pela parte, ainda que em data diversa do protocolo da petição inicial, demonstra o pleno atendimento dos pressupostos processuais para a regular tramitação do feito. Sob esse entendimento, a SBDI-II, por unanimidade, conheceu do recurso ordinário e, no mérito, deu-lhe provimento para afastar a extinção do processo, sem resolução do mérito, e determinar o retorno dos autos ao Tribunal Regional para prosseguimento dos trâmites ulteriores, com prolação de nova decisão, como entender de direito. TST-RO-107-24.2016.5.23.0000, SBDI-II, rel. Min. Luiz José Dezena da Silva, 23/6/2020" (noticiado no informativo TST nº 221).

primazia da decisão de mérito, é também aplicável na situação em que o autor regulariza espontaneamente o vício antes da concessão de prazo pelo relator.

1.2. Tutela provisória em ação rescisória

Sempre foi polêmico o tema da viabilidade de concessão de tutela provisória (antecipada, cautelar ou da evidência) em ação rescisória. O problema teórico que se coloca é admitir que um provimento provisório, fundado em cognição sumária, sobreponha-se a uma decisão judicial transitada em julgado, o que pressupõe contraditório e cognição exauriente.

Na jurisprudência do Supremo Tribunal Federal, encontram-se decisões cuja ementa assevera descaber a implementação de tutela provisória em sede de ação rescisória, pois isso supostamente significaria a mitigação da coisa julgada, instituto que tem envergadura constitucional, por decisão judicial precária e efêmera[9].

Contudo, nota-se, no inteiro teor de tais julgados, que a maioria dos ministros não aderiu à tese da incompatibilidade da tutela provisória com a ação rescisória, limitando-se a não entender presentes os pressupostos para concessão da medida antecipatória ou cautelar no caso concreto[10]. Ao contrário, há diversos precedentes em que a Suprema Corte admitiu a concessão de tutela provisória em ação rescisória, reconhecendo o caráter excepcional da situação[11].

Ressalte-se que o art. 969 do Código de Processo Civil de 2015[12] prevê expressamente o cabimento de tutela provisória em ação rescisória.

Para o deferimento de tutela provisória de urgência em ação rescisória, devem estar presentes a probabilidade de êxito do autor (*fumus boni iuris*) e o risco de dano irreparável ou de difícil reparação (*periculum in mora*)[13].

Já a concessão de tutela provisória de evidência pressupõe o enquadramento em alguma das hipóteses do art. 311 do CPC[14]. Embora possa parecer inusitada

---

9. "AÇÃO RESCISÓRIA – TUTELA ANTECIPADA. Descabe, em mitigação precária e efêmera da coisa julgada, de envergadura constitucional, implementar, na rescisória, tutela antecipada" (AR 2328 MC--AgR, Relator(a): MARCO AURÉLIO, Tribunal Pleno, julgado em 19/03/2015).
10. Isso fica claro, por exemplo, no voto do Min. Teori Zavascki na ADI 2328, em que se afirma haver, no STF, "firme jurisprudência no sentido de que, embora se trate de medida excepcional, é cabível a concessão de liminar em sede de ação rescisória". Embora tenha havido unanimidade quanto à conclusão do acórdão, evidencia-se que o fundamento enunciado na ementa não foi acolhido por todos os julgadores.
11. RMS 26994 AgR, Relator(a): RICARDO LEWANDOWSKI, Segunda Turma, julgado em 06/03/2012; AR 1734 MC, Relator(a): JOAQUIM BARBOSA, Tribunal Pleno, julgado em 28/09/2005; AR 1685 MC, Relator(a): ELLEN GRACIE, Tribunal Pleno, julgado em 12/06/2002; AR 1699 MC, Relator(a): MARCO AURÉLIO, Relator(a) p/ Acórdão: JOAQUIM BARBOSA, Tribunal Pleno, julgado em 22/04/2004.
12. Art. 969. A propositura da ação rescisória não impede o cumprimento da decisão rescindenda, ressalvada a concessão de tutela provisória.
13. Sobre os requisitos para concessão de tutela provisória, mais amplamente, v. BERNARDES, Felipe, *Manual...*, *op.cit.*, p. 452 e seguintes.
14. Art. 311. A tutela da evidência será concedida, independentemente da demonstração de perigo de dano ou de risco ao resultado útil do processo, quando:

a afirmação de que a coisa julgada poderia ser desconstituída em tutela de evidência, é possível cogitar de hipóteses em que isso seria viável. Exemplo: coisa julgada que viola coisa julgada anterior, por julgar os mesmos pedidos. Neste caso, cabe ação rescisória com base no art. 966, IV, do CPC, sendo certo que a situação poderia ser toda avaliada por meio da prova documental, enquadrando-se potencialmente no art. 311, IV, do CPC.

Veja-se que o mero ajuizamento da ação rescisória não impede, nem suspende, o cumprimento da decisão rescindenda, que continua sendo definitivo – já que fundado em título executivo transitado em julgado.

No entanto, concedida a tutela provisória (de urgência ou da evidência) na ação rescisória, o tribunal pode determinar a concessão de efeito suspensivo – total ou parcial – da execução em curso. A suspensão pode abranger a totalidade dos valores objeto de execução, ou apenas parte deles, caso a rescisória impugne apenas parcialmente a decisão transitada em julgado. É possível, ainda, postular o deferimento de providência positiva (efeito suspensivo ativo[15]) em sede de ação rescisória.

1.3. Ação rescisória contra decisão homologatória de acordo[16]

Tema polêmico diz respeito ao mecanismo processual adequado para que as partes ou terceiros possam impugnar acordo homologado em juízo – o que pode acontecer, por exemplo, nas hipóteses de erro de fato ou de coação –: seria cabível ação rescisória ou ação anulatória?

A discussão não é apenas teórica, mas apresenta relevantes consequências práticas: a ação rescisória é de competência originária de tribunal, e está sujeita a procedimento especial (que inclui, por exemplo, a necessidade de realização de depósito prévio de 5% de 20% – no âmbito cível e trabalhista, respectivamente

---

I - ficar caracterizado o abuso do direito de defesa ou o manifesto propósito protelatório da parte;

II - as alegações de fato puderem ser comprovadas apenas documentalmente e houver tese firmada em julgamento de casos repetitivos ou em súmula vinculante;

III - se tratar de pedido reipersecutório fundado em prova documental adequada do contrato de depósito, caso em que será decretada a ordem de entrega do objeto custodiado, sob cominação de multa;

IV - a petição inicial for instruída com prova documental suficiente dos fatos constitutivos do direito do autor, a que o réu não oponha prova capaz de gerar dúvida razoável.

Parágrafo único. Nas hipóteses dos incisos II e III, o juiz poderá decidir liminarmente.

15. "o efeito suspensivo *ope judicis* é uma espécie de tutela provisória – cautelar ou antecipada – deferida judicialmente sempre que houver probabilidade de êxito do recorrente (*fumus boni iuris*) e perigo de dano irreparável ou de difícil reparação (*periculum in mora*). Fala-se, ainda, em efeito suspensivo ativo, para as hipóteses em que a mera sustação de efeitos não atende aos interesses do recorrente, que necessita de uma providência positiva que até então não foi deferida. O efeito suspensivo ativo corresponde a uma antecipação de tutela recursal" (BERNARDES, Felipe, *Manual...*, *op.cit.*, p. 612).

16. O presente tópico reproduz reflexões que já fizemos em RODRIGUES, Marco Antonio; BERNARDES, Felipe. *Diálogos entre a jurisprudência do STJ e do TST acerca da ação rescisória*. No prelo.

– do valor da causa); ao passo que a ação anulatória é de competência de juízo de primeiro grau e seguirá o procedimento comum.

O Supremo Tribunal Federal, instado a se pronunciar sobre o tema na AR 2697 AgR[17], já sob a égide do CPC/2015, decidiu ser inadequada a ação rescisória para desconstituir acordo homologado judicialmente: por força do art. 966, §4º, do CPC, o instrumento processual cabível é a ação anulatória. O mesmo entendimento foi adotado pela Suprema Corte no que tange à ação rescisória e anulatória regidas pelo CPC/1973[18]. Tais decisões são de observância pelos ministros e turmas do Supremo, mas não necessariamente a *ratio decidendi* deve ser seguida por outros tribunais[19]. Apesar da ausência de vinculatividade externa, os precedentes resultam de correta interpretação do texto infraconstitucional, conforme se passa a demonstrar.

O art. 485, VIII, do Código de Processo Civil de 1973, previa o cabimento da ação rescisória quando houvesse fundamento para invalidar confissão, desistência ou transação, em que se baseou a sentença. A doutrina interpretava o dispositivo no sentido de abranger, na verdade, renúncia ao direito, reconhecimento jurídico do pedido, transação e confissão[20]. No entanto, o art. 486 estatuía que "os atos judiciais, que não dependem de sentença, ou em que esta for meramente homologatória, podem ser rescindidos, como os atos jurídicos em geral, nos termos da lei civil".

Parcela da doutrina interpretava esses dispositivos no sentido de que a ação anulatória seria cabível para impugnar o ato da parte (= a transação ou acordo em si), sempre que este implicasse encerramento do processo. A sen-

---

17. Embora a ementa, a seguir transcrita, não deixe o ponto tão claro, o inteiro teor do acórdão demonstra que os ministros assentaram, de forma unânime, a premissa de inadequação da ação rescisória. "AGRAVO REGIMENTAL EM AÇÃO RESCISÓRIA. DIREITO TRIBUTÁRIO. SUBSTITUIÇÃO TRIBUTÁRIA PROGRESSIVA. IMPOSTO SOBRE CIRCULAÇÃO DE MERCADORIA E SERVIÇOS - ICMS. ACORDO ADMINISTRATIVO FUNDADO EM LEI ESTADUAL. INCONSTITUCIONALIDADE. LAPSO TEMPORAL. CABIMENTO. 1. Não é cabível ação rescisória na hipótese de propositura da demanda após amplo lapso temporal, a contar de decisão rescindenda homologatória de autocomposição. 2. Agravo regimental a que se nega provimento."
(AR 2697 AgR, Relator(a): Min. EDSON FACHIN, Tribunal Pleno, julgado em 21/03/2019, PROCESSO ELETRÔNICO DJe-101 DIVULG 14-05-2019 PUBLIC 15-05-2019)
18. "AÇÃO RESCISÓRIA. ANULAÇÃO DE TRANSAÇÃO HOMOLOGADA JUDICIALMENTE. APLICAÇÃO DO ART. 486 DO CÓDIGO DE PROCESSO CIVIL DE 1973. A SENTENÇA HOMOLOGATÓRIA DE TRANSAÇÃO APENAS FORMALIZA ATO RESULTANTE DA VONTADE DAS PARTES. A AÇÃO CABÍVEL PARA DESCONSTITUIR A TRANSAÇÃO HOMOLOGADA É A ANULATÓRIA. AGRAVO REGIMENTAL A QUE SE NEGA PROVIMENTO. I – Sentença que não aprecia o mérito do negócio jurídico de direito material, simplesmente homologatória, não enseja a ação rescisória e, sim, ação anulatória. II – Agravo regimental a que se nega provimento" (AR 2440 AgR, Relator(a): RICARDO LEWANDOWSKI, Tribunal Pleno, julgado em 19/09/2018).
19. Sobre a não obrigatoriedade do entendimento para outros tribunais, ver tópico específico no capítulo 1 desta obra.
20. Assim, por exemplo, GRECO FILHO, Vicente. *Direito Processual Civil*. 2º vol. São Paulo: Saraiva, 1989, p. 387.

tença, em tais casos, apenas chancelaria o ato das partes, não havendo propriamente julgamento pelo juízo. De outro lado, caberia ação rescisória (art. 485, VIII, do CPC/1973) caso a sentença se baseasse em acordo (inapto a encerrar a relação processual) correlato ao objeto do processo, pois nesse caso teria sido proferida efetiva decisão, e não sentença meramente homologatória[21]. Tal tese veio a ser pacificada no âmbito do Superior Tribunal de Justiça, cujas decisões estabeleciam que o meio adequado para desconstituir acordo homologado judicialmente era a ação anulatória[22].

Em sentido contrário, o Tribunal Superior do Trabalho, na Súmula 259, fixou o entendimento segundo o qual somente por ação rescisória é impugnável o termo de conciliação previsto no parágrafo único do art. 831 da CLT. O raciocínio era encampado por sólida corrente doutrinária[23] e se pautava na constatação de que decisão homologatória de acordo resultava na extinção do processo com resolução de mérito e, por isso, formava coisa julgada material.

Veja-se, entretanto, que o CPC/2015 não mais prevê como hipótese de rescindibilidade, no rol previsto no *caput* do art. 966, a existência de fundamento para invalidar transação. Ao contrário, o art. 966, §4º, estatui expressamente que "os atos de disposição de direitos, praticados pelas partes ou por outros participantes do processo e homologados pelo juízo, bem como os atos homologatórios praticados no curso da execução, estão sujeitos à anulação, nos termos da lei".

Na doutrina do Direito Processual Civil, é praticamente unânime[24] o entendimento de que o CPC/2015 ratificou a jurisprudência do STJ acerca do não cabimento de ação rescisória contra decisão judicial homologatória de acordo, sendo pertinente a ação anulatória caso haja algum vício no ato jurídico homologado[25].

---

21. Com tal interpretação, FUX, Luiz. *Curso de Direito Processual Civil.* 3ª ed. Rio de Janeiro: Forense, 2005, p. 868-869.

22. Nesse sentido, exemplificativamente: AgRg no AREsp 505.804/SC, Rel. Ministro JOÃO OTÁVIO DE NORONHA, TERCEIRA TURMA, julgado em 03/02/2015, DJe 12/02/2015. REsp 1234321/SC, Rel. Ministro LUIS FELIPE SALOMÃO, QUARTA TURMA, julgado em 07/06/2011, DJe 27/06/2011. AgRg no REsp 1152702/MT, Rel. Ministro RICARDO VILLAS BÔAS CUEVA, TERCEIRA TURMA, julgado em 15/05/2014, DJe 27/05/2014.

23. Barbosa Moreira (MOREIRA, José Carlos Barbosa. *Comentários ao Código de Processo Civil.* 15ª ed. Rio de Janeiro: Forense, 2009, p. 161/162) ao encampar tal linha de pensamento, afirmava: "(...) é necessário distinguir, no tocante aos atos homologáveis por sentença, entre os abrangidos pelo art. 485, nº VIII, e os restantes. Com relação àqueles (renúncia à pretensão, reconhecimento do pedido, transação), o regime será análogo ao da confissão, tal como o define o art. 352; isto é, a ação anulatória unicamente poderá ser utilizada no *curso do processo*, antes do trânsito em julgado da sentença homologatória; depois disso, o remédio próprio e exclusivo será a ação rescisória do art. 485, nº VIII" (grifos no original).

24. Em sentido minoritário, Fredie Didier Jr., para quem "uma interpretação sistêmica" permite concluir que o art. 966, §4º, do CPC, "não altera o cenário normativo até então existente", e que tal dispositivo teria como pressuposto de sua aplicabilidade a inexistência de coisa julgada (DIDIER, op. cit., p. 444-445).

25. Assim: RODRIGUES, Marco Antonio. *Manual dos recursos, ação rescisória e reclamação.* Rio de Janeiro: Forense, 2017, p. 334. No sentido do texto, exemplificativamente: MARINONI, op. cit., p. 599; BUENO,

Já na literatura especializada do Processo do Trabalho, encontram-se manifestações a favor do cabimento da ação anulatória[26], bem como posicionamentos que, de forma mais simplificada[27] ou mais densa[28], continuam sustentando o cabimento da ação rescisória.

op. cit., p. 734; GRECO, op.cit., v.3, p.335-336; ALVIM, Teresa Arruda; CONCEIÇÃO, Maria Lúcia Lins. *Transação homologada: anulatória ou rescisória?* Disponível em: https://www.migalhas.com.br/depeso/287442/transacao-homologada-anulatoria-ou-rescisoria. Acesso em: 12. abr. 2020. Rodrigo Barioni assevera que, "quando houver vício a invalidar o ato jurídico de renúncia ao direito, reconhecimento do pedido e transação, será cabível ação anulatória (...), o que encerra longo debate doutrinário sobre o tema." (BARIONI, op. cit., p. 2.392).

26. Nesse sentido, MIESSA, Élisson; CORREIA, Henrique. *Súmulas e OJs do TST Comentadas e Organizadas por Assunto*. 7ª ed. Salvador: Juspodivm, 2016, p. 1.750.

27. Por exemplo: ALMEIDA, Cleber Lúcio de. Direito Processual do Trabalho. 6ª ed. São Paulo: LTR, 2016, p. 718. Da mesma forma, Pedro Paulo Teixeira Manus assevera: "Caso ocorra vício de manifestação de vontade de um dos acordantes, como referimos, é cabível a ação rescisória, como demonstra a súmula nº 259 do Tribunal Superior do Trabalho". MANUS, Pedro Paulo Teixeira. *Irrecorribilidade de acordo homologado judicialmente*. Disponível em: https://www.conjur.com.br/2019-nov-01/reflexoes-trabalhistas-irrecorribilidade-acordo-homologado-judicialmente. Acesso em 10/04/2020.

28. Análise mais aprofundada sobre o tema, no campo trabalhista, foi feita por Teixeira Filho, cujos argumentos favoráveis ao cabimento da ação rescisória merecem consideração: "(...) no sistema do processo do trabalho, deverá ser preservado o entendimento estampado na Súmula nº 259, do TST, pelas seguintes razões jurídicas, entre outras: a) por força do estatuído no art. 831, parágrafo único, da CLT, a sentença (...) homologatória da transação (acordo) valerá como decisão irrecorrível (...). Isso significa que a sentença produz, ato contínuo à sua emissão, o fenômeno da coisa julgada material (....); b) conquanto a expressão legal: "não mais sujeita a recurso", em rigor, não se aplique à sentença de que trata o art. 831, parágrafo único, da CLT, pois esta é, ontologicamente irrecorrível (por essa razão, dissemos que ela produz a *res iudicata* material ato contínuo ao seu proferimento), a isso sobreleva o fato de esse pronunciamento da jurisdição trabalhista ser gerador da coisa julgada. Fica difícil, portanto, admitir-se a possibilidade de a sentença producente de coisa julgada material ser desfeita pela via, meramente, anulatória. Devemos observar, mais uma vez, que o art. 487, inciso III, alínea 'b', do CPC atual, inclui no elenco dos atos jurisdicionais que implicam a extinção do processo mediante resolução do mérito, a decisão (sentença) homologatória da transação; c) cumpre-nos rememorar que a coisa julgada (material) constitui garantia constitucional (CF, art. 5.o , XXXVI), cuja autoridade (e efeitos) somente pode ser afastada por meio de ação rescisória – a única, prevista pela mesma Constituição Federal, para essa finalidade (art. 102, inciso I, letra "j"). Cuida-se, pois, de uma ação constitucionalizada, destinada a desconstituir a *res iudicata*, desde que esteja presente uma das causas relacionadas nos incisos I a VIII, do art. 966, do CPC; d) para o exercício de ação anulatória não se exige o depósito de 20% do valor da causa, que o art. 836, *caput*, da CLT, impõe em relação à rescisória, fato que haveria de estimular o ajuizamento de ações anulatórias, por forma a agravar, ainda mais, a pletora de ações, em que hoje se vê engolfada a Justiça do Trabalho. É necessário reconhecer, entrementes, a presença de uma dificuldade, de ordem técnica, para justificar o manejo da ação rescisória, e não da anulatória, tendente a desfazer transação realizada em juízo. Passa-se que o CPC de 1973 incluía, no elenco das causas de rescindibilidade dos pronunciamentos jurisdicionais de mérito, a existência de fundamento para invalidar confissão, desistência ou transação, em que se baseou a decisão (art. 485, VIII). Essa causa específica, contudo, foi eliminada no sistema do CPC de 2015, a cuja conclusão se chega mercê de simples leitura dos incisos que compõem o seu art. 966. Assim sendo, o fundamento para o exercício da ação rescisória haverá, em muitos casos, de ser buscado na plasticidade do inciso V, da sobredita norma legal, que se refere à manifesta violação de norma jurídica. Essa violação, por sua vez, variará conforme seja o caso concreto; de qualquer modo, parece-nos que um desses fulcros haverá de ser a existências de vício de consentimento, por parte de um dos transatores – ou de ambos, em certas situações -- de erro substancial ou de ocorrência de quaisquer das situações previstas no art. 166, do Código Civil" (TEIXEIRA FILHO, Manoel Antônio. Sentença Homologatória de Transação: Ato Jurisdicional Anulável ou Rescindível? *Revista do Tribunal Regional do Trabalho da 9ª Região*, volume 7, número 69 [junho de 2018], p. 11-12).

Igualmente, muitos julgados de Tribunais Regionais do Trabalho seguem aplicando a Súmula 259 do TST, mesmo para ações rescisórias posteriores ao CPC/2015, sem maiores questionamentos quanto ao cabimento da ação anulatória[29]. No Tribunal Superior do Trabalho, nota-se certa hesitação da jurisprudência: é possível encontrar decisões mencionando o cabimento da ação anulatória[30]; e outras admitindo a discussão de vícios de acordo homologado por meio de ação rescisória[31].

Cabe, ainda, mencionar importante julgado do Órgão Especial do Tribunal Superior do Trabalho[32], no qual se decidiu pelo não cabimento de mandado de segurança contra decisão monocrática de relator que homologou renúncia do direito pelo autor, sob o fundamento de que se trata de decisão impugnável mediante agravo interno para o colegiado. Embora o acórdão faça menção ao

---

29. Exemplificativamente: Tribunal Regional do Trabalho da 24ª Região. Processo: 00242160720185240000. Tribunal Pleno. Relator: AMAURY RODRIGUES PINTO JUNIOR, Data de Julgamento: 12/03/2020. Tribunal Regional do Trabalho da 17ª Região. AR 0000051-51.2019.5.17.0000. Tribunal Pleno. Rel. Des. Cláudio Armando Couce de Menezes DEJT 16/12/2019.

30. Nesse sentido, AIRR-992-64.2017.5.17.0131, 3ª Turma, Relator Ministro Mauricio Godinho Delgado, DEJT 18/10/2019, em cuja ementa se lê: "As hipóteses de cabimento de ação rescisória estão taxativamente previstas no art. 966, *caput* e § 2º, do CPC/15, dentre as quais não se enquadra o pedido formulado pela autora na presente ação - declaração de extinção ou redução de pensão mensal fixada em acordo homologado judicialmente, qualificada como negócio jurídico processual relativo ao objeto litigioso da ação trabalhista (...). Nessa linha, eventual impugnação ao acordo judicialmente homologado, por aludir à disposição de direitos praticado pelas partes e homologado em juízo, estaria sujeita à ação anulatória prevista no § 4º do art. 966 do CPC/15".

31. TST-RO-1002195-66.2017.5.02.0000. SBDI-2. Rel. Min. Alexandre Agra Belmonte. Julgado em 09/04/2019.

32. MSCiv-1000105-71.2019.5.00.0000, Órgão Especial, Relator Ministro CLÁUDIO MASCARENHAS BRANDÃO, DEJT 18/10/2019. Na parte que interessa ao presente estudo, veja-se trecho da ementa: "AGRAVO EM MANDADO DE SEGURANÇA. ATO COATOR. DECISÃO UNIPESSOAL QUE HOMOLOGA PEDIDO DE RENÚNCIA AO DIREITO SOBRE O QUAL SE FUNDA A AÇÃO EXCLUSIVAMENTE EM RELAÇÃO À EMPRESA PRESTADORA DOS SERVIÇOS. ÓBICE DO ARTIGO 5º, II, DA LEI Nº 12.016/09. ORIENTAÇÃO JURISPRUDENCIAL Nº 92 DA SBDI-2 DO TST. (...) No caso, a decisão apontada como ato coator, independentemente da discussão acerca da formação de litisconsórcio passivo necessário ou facultativo, é passível de impugnação por meio de agravo interno, nos moldes dos artigos 1.021 do CPC c/c 265 do Regimento Interno deste Tribunal Superior. Isso porque a homologação de renúncia ao direito sobre o qual se funda ação não constitui mero despacho (artigo 1.001 do CPC). Ao contrário, possui natureza de sentença de mérito, na medida em que há extinção da relação de direito processual, bem como da relação de direito material. (...) A título elucidativo, a respeito de qual seria o discrímen adequado para se saber se, de decisão homologatória de pedido de renúncia, deveria caber ação anulatória ou rescisória, o Superior Tribunal de Justiça consolidou entendimento no sentido de que tal decisão tem natureza jurídica de sentença de mérito. Precedentes. Contudo, em face do 'Princípio da Colegialidade', segundo o qual, em última análise, todos os recursos são examinados por um órgão de composição plural - ainda que se trate de 'questão de ordem' -, não há se falar no trânsito em julgado na data ou no momento da homologação judicial do pedido de renúncia, por decisão unipessoal do relator. Isso porque o agravo interposto em face da decisão solitária do relator é, na essência, a apreciação, em momento diferido, da pretensão contida no apelo – no caso, da questão de ordem consubstanciada no pedido de renúncia. Ou seja, assume a natureza do próprio recurso julgado monocraticamente e, como tal, será apreciado pelo órgão colegiado. Ante o exposto, o cabimento do mandado de segurança esbarra no óbice do artigo 5º, II, da Lei nº 12.016/09, bem assim na Orientação Jurisprudencial nº 92 da SBDI-2, acima citados"(grifo nosso).

cabimento de ação rescisória nesses casos, trata-se de mero *obiter dictum*, razão pela qual tal decisão não configura precedente obrigatório[33].

No entanto, tal posicionamento (cabimento da ação rescisória) – tradicional na jurisprudência trabalhista, o que talvez explique a continuidade de sua aplicação pela inércia – não pode ser acolhido à luz do sistema processual resultante da confluência do regramento do CPC/2015 e da CLT.

Deveras, o art. 831, parágrafo único, da CLT, apenas prevê a irrecorribilidade de decisão homologatória de acordo. Daí não se pode concluir, sem manifesto salto lógico, que o instrumento processual aplicável seja necessariamente a ação rescisória, a qual somente é cabível nas hipóteses taxativamente previstas em lei, por constituir exceção às garantias fundamentais da segurança jurídica e da coisa julgada.

Perceba-se que a previsão do art. 831, parágrafo único, da CLT, não constitui especificidade ou peculiaridade do processo trabalhista, pois, também no Processo Civil, a celebração de acordo é fato impeditivo do direito de recorrer[34]. Desse modo, o cabimento da ação rescisória na Justiça do Trabalho é absolutamente idêntico à aplicabilidade na Justiça Comum, já que a regência, nos dois casos, será do Código de Processo Civil.

É inegável que decisão homologatória de acordo resolve o mérito do processo (CPC, art. 487, III, *b*). Contudo, não há nenhum dispositivo no CPC/2015 a prever impossibilidade de sentenças de mérito ficarem sujeitas à ação anulatória[35]. Ademais, é de se notar que o objetivo da ação anulatória é atacar o ato que foi homologado, e não a sentença de mérito homologatória, tendo como consequência afastar os efeitos desta última.

Ademais, a decisão homologatória não resulta de contraditório completo e de cognição exauriente quanto à validade do acordo. O juiz, ao homologar acordo, verifica apenas a regularidade formal do ato. Assim, diante da cogni-

---

33. Interessante notar que a decisão do Órgão Especial do TST cita dois precedentes do STJ que estabeleceram o cabimento de ação rescisória contra decisões judiciais homologatórias de renúncia ao direito. Tais decisões são incoerentes com a jurisprudência pacificada pelo STJ, que, conforme já demonstrado, entendia que decisão homologatória de transação somente pode ser impugnada por ação anulatória. Ora, a decisão homologatória de renúncia em nada difere daquela que homologa acordo, razão pela qual há a incoerência apontada. De todo modo, as duas decisões foram exaradas em ações rescisórias movidas ainda sob a égide do CPC/1973. Os julgados citados são: REsp 1674240/SP, Rel. Ministra NANCY ANDRIGHI, TERCEIRA TURMA, julgado em 05/06/2018, DJe 07/06/2018; e REsp 1587432/SP, Rel. Ministro HERMAN BENJAMIN, SEGUNDA TURMA, julgado em 24/05/2016, DJe 02/09/2016).

34. Tal posicionamento é pacífico no Direito Processual Civil. A título de exemplo, veja-se FUX, op. cit., p. 948, onde se lê: "a transação torna inadmissível o recurso". BARBOSA MOREIRA dizia ser "impeditivo do direito de recorrer o ato de que diretamente haja resultado a decisão desfavorável àquele que , depois, pretenda impugná-la", mencionando a preclusão lógica como fundamento da impossibilidade de recorrer nesses casos (MOREIRA, José Carlos Barbosa. *O novo processo civil brasileiro.* 27ª ed. Rio de Janeiro: Forense, 2018, p. 120).

35. ALVIM, Teresa Arruda, *op. cit., loc.cit.*

ção judicial incompleta, não há coisa julgada quanto à validade do acordo em si, mas apenas quanto ao direito material envolvido.

Para esclarecer o ponto, pense-se em acordo celebrado mediante coação de uma das partes. Ao homologar a avença, o juiz não realiza atividade cognitiva quanto à coação, até porque não há contraditório, naquele momento, a respeito. E, sem contraditório completo e cognição exauriente, não se pode dizer que haja coisa julgada a respeito da coação. De outro lado, a decisão homologatória resolve o mérito e faz coisa julgada quanto ao direito material subjacente. Contudo, isso não pode impedir que o lesado discuta, posteriormente, eventual vício do negócio jurídico homologado (transação), em ação autônoma na qual se assegure amplo contraditório, sem que haja limitações cognitivas.

A doutrina assevera que a formação de coisa julgada material pressupõe que a decisão judicial haja sido proferida em processo de cognição plena[36], no qual se assegure amplo contraditório[37].

Ora, é evidente que a ação rescisória apresenta limitações cognitivas no plano horizontal, pois somente pode ser ajuizada nas hipóteses de rescindibilidade taxativamente previstas no art. 966 do CPC. Daí a coerência do Código, ao prever o cabimento de ação anulatória para desconstituir acordo homologado judicialmente, pois é do sistema que a coisa julgada material só pode se formar em procedimentos em que não haja limitações ao contraditório e à cognição judicial[38]

O argumento segundo o qual a ação rescisória deveria ser ajuizada com base no art. 966, V, do CPC, alegando-se violação aos arts. 166 e 171 do Código

---

36. É corrente, em doutrina, a ideia de que a formação de coisa julgada material pressupõe contraditório completo e cognição exaustiva. Nesse sentido, por exemplo, GRECO, Leonardo. *Instituições de Processo Civil: Processo de Conhecimento*. V.2. Rio de Janeiro: Forense, 2010, p. 367.

37. "Observado o conteúdo atual do contraditório, a cognição plena pressupõe um modelo procedimental idôneo, predeterminado pelo legislador, por norma geral e abstrata, capaz de assegurar às partes o pleno exercício das suas faculdades defensivas. (...) Essa predeterminação legislativa envolve todas as alegações que sustentam a demanda, sejam as do autor ou as do réu, alcançando tanto a forma de exposição dos fatos quanto os demais fundamentos. (...) Envolve, por fim, a previsão de prazos congruentes para o amplo exercício da defesa, não apenas no momento inicial da marcha processual, mas em todo o seu curso, com especial atenção para a fase decisória" (SCHENK, Leonardo Faria. *Contraditório e cognição sumária*. Revista Eletrônica de Direito Processual (REDP), v. XIII. 2014. p. 555).

38. A respeito, BERNARDES, Felipe, op. cit., p. 261, onde se lê: "Trata-se de princípio que, além de solidamente assentado em doutrina, é manifestado na legislação processual, em diversos dispositivos. A título exemplificativo: – (i) ao regular o fenômeno da estabilização da tutela antecipada, o art. 304, §6º, do CPC, prevê textualmente que a decisão que concede a tutela não faz coisa julgada. O dispositivo é impecável, pois uma decisão tomada mediante cognição incompleta (como no caso da tutela provisória) jamais poderá formar coisa julgada material; – (ii) no tema da coisa julgada sobre questão prejudicial, o art. 503 do CPC admite a formação de coisa julgada material desde que tenha havido contraditório prévio e efetivo, não haja limitações probatórias ou restrições à cognição judicial que impeçam o aprofundamento da discussão".

Civil (causas legais de nulidade e anulabilidade dos negócios jurídicos) é inviável, à luz da jurisprudência do Tribunal Superior do Trabalho, que, na Súmula 298, I, preconiza que "a conclusão acerca da ocorrência de violação literal a disposição de lei pressupõe pronunciamento explícito, na sentença rescindenda, sobre a matéria veiculada".

Como o erro, a fraude contra credores, a incapacidade da parte, entre outras causas de nulidade ou anulabilidade do acordo, não são objeto de contraditório, nem de pronunciamento judicial explícito na sentença homologatória, não seria possível o ajuizamento de ação rescisória, do que resultaria a imutabilidade de situação jurídica ilegal, violando claramente o princípio da inafastabilidade do controle jurisdicional (CF, art. 5º, XXXV).

Quanto ao argumento consequencialista de que o cabimento de ação anulatória resultaria em aumento quantitativo da quantidade de ações ajuizadas para discutir acordos homologados, é inexato, pois o ordenamento contém previsões suficientes a afastar as lides temerárias, como a responsabilidade por despesas processuais (custas e honorários advocatícios), além das multas e indenizações por litigância de má-fé ou ato atentatório à dignidade da justiça.

Não é possível recorrer à interpretação extensiva das hipóteses de rescindibilidade, ainda que com a (boa) intenção de reduzir o ajuizamento de demandas temerárias. Isso iria de encontro ao princípio geral de que o cabimento da ação rescisória deve comportar interpretação estrita.

Perceba-se, por fim, que, na ação anulatória, não haverá a desconstituição da sentença homologatória em si, mas do ato das partes que concretizara a transação. Tornado sem efeito o acordo, as partes voltam ao *status quo ante*, de modo que fica reaberta a possibilidade de discussão dos direitos materiais subjacentes à sentença homologatória[39].

Em suma, o instrumento cabível para impugnar acordo homologado judicialmente é a ação anulatória, tal como previsto expressamente no art. 966, §4º, do CPC: "os atos de disposição de direitos, praticados pelas partes ou por outros participantes do processo e homologados pelo juízo, bem como os atos homologatórios praticados no curso da execução, estão sujeitos à anulação, nos termos da lei". Não havendo qualquer motivo para interpretação diferenciada na Justiça do Trabalho, neste ponto o Tribunal Superior do Trabalho deveria se aproximar da jurisprudência do Superior Tribunal de Justiça.

39. Sobre o ponto, veja-se a lição de Marinoni: "a força decorrente dos atos homologatórios, em verdade, não está precisamente no ato estatal, mas no ato jurídico perfeito que reconhece e envolve. O que se torna imutável em razão do ato homologatório não é exatamente o ato judicial, mas o ato processual realizado (..)". Fazendo menção a Pontes de Miranda, o autor explica que "o ato homologatório constitui ato jurídico processual transparente, porque nada acrescenta ao ato homologado, limitando-se a atestar a sua conformidade formal com os ditames do direito" (MARINONI, Luiz Guilherme; ARENHART, Sérgio Cruz; MITIDIERO, Daniel. *Novo Curso de Processo Civil*, v.2. São Paulo: Revista dos Tribunais, 2015, p. 599).

1.4. Alteração de jurisprudência após o trânsito em julgado

Em repercussão geral[40], o STF fixou a seguinte tese: "não cabe ação rescisória quando o julgado estiver em harmonia com o entendimento firmado pelo Plenário do Supremo à época da formalização do acórdão rescindendo, ainda que ocorra posterior superação do precedente".

A compreensão da tese perpassa pela discussão sobre o que venha a constituir "violação manifesta de norma jurídica" (CPC/2015, art. 966, V)[41] ou "violação literal de lei" (CPC/1974, art. 485, V)[42]. A própria Suprema Corte já considerou, em diversos julgados[43], que tal causa de rescindibilidade pressupunha "violação frontal e direta" à lei ou à Constituição, não sendo aplicável quando o julgado rescindendo tivesse se baseado em interpretação que, embora não fosse a melhor ou a mais correta, se revelasse razoável.

Essa é a razão de ser da Súmula 343 do STF: se o texto normativo (da Constituição ou da lei infraconstitucional) supostamente violado era de interpretação controvertida nos tribunais, poder-se-ia presumir que a interpretação feita pelo acórdão rescindendo seria razoável, fazendo com que não pudesse ser acolhida a ação rescisória.

Posteriormente, a Suprema Corte, em sucessivos pronunciamentos[44], afastou a aplicação da Súmula 343 quando envolvida violação à Constituição. Tal posicionamento se baseava essencialmente na ideia do prestígio à força normativa da Constituição e ao papel do Supremo Tribunal Federal como guardião da Lei Maior.

Sucede que, mais recentemente, a partir do RE 590809, o STF passou a entender que a Súmula 343 se aplica inclusive quando se tratar de suposta vio-

40. RE 590809, Relator(a): MARCO AURÉLIO, Tribunal Pleno, julgado em 22/10/2014.

41. Art. 966. A decisão de mérito, transitada em julgado, pode ser rescindida quando: (...) V - violar manifestamente norma jurídica (...).

42. Art. 485. A sentença de mérito, transitada em julgado, pode ser rescindida quando: (...) V - violar literal disposição de lei (...).

43. AR 1198, Relator(a): DJACI FALCÃO, Tribunal Pleno, julgado em 23/03/1988. No mesmo sentido: AR 940, Relator(a): RAFAEL MAYER, Tribunal Pleno, julgado em 11/10/1979; AR 960, Relator(a): THOMPSON FLORES, Tribunal Pleno, julgado em 26/05/1976.

44. "AÇÃO RESCISÓRIA. ACIDENTE DO TRABALHO. TRABALHADOR RURAL. OFENSA AO ART. 165, PARAGRAFO ÚNICO, DA CONSTITUIÇÃO FEDERAL. SÚMULA 343 (INAPLICAÇÃO). A ATRIBUIÇÃO OU EXTENSAO DE BENEFÍCIO PREVIDENCIÁRIO A CATEGORIA NÃO CONTEMPLADA NO SISTEMA PRÓPRIO IMPLICA OFENSA AO ART. 165, PARAGRAFO ÚNICO, DA CONSTITUIÇÃO FEDERAL, DADO A INEXISTÊNCIA DA CORRESPONDENTE FONTE DE CUSTEIO TOTAL. A SÚMULA N. 343 TEM APLICAÇÃO QUANDO SE TRATA DE TEXTO LEGAL DE INTERPRETAÇÃO CONTROVERTIDA NOS TRIBUNAIS, NÃO, POREM, DE TEXTO CONSTITUCIONAL. RECURSO EXTRAORDINÁRIO CONHECIDO E PROVIDO" (RE 101114, Relator(a): RAFAEL MAYER, Primeira Turma, julgado em 12/12/1983). De forma semelhante: AI 555806 AgR, Relator(a): EROS GRAU, Segunda Turma, julgado em 01/04/2008; AR 1478, Relator(a): RICARDO LEWANDOWSKI, Tribunal Pleno, julgado em 17/11/2011.

lação constitucional pela decisão rescindenda[45-46]. O fundamento dessa linha de pensamento está em que a coisa julgada é corolário da segurança jurídica, princípio que também está consagrado na Constituição (art. 5º, *caput*). Nessa ótica, desconstituir a coisa julgada sob o argumento de preservar a força normativa da Constituição acaba por violar a própria Lei Maior.

Não obstante, veja-se que outros acórdãos do Pleno da Suprema Corte proclamam que a decisão do RE 590809 não teria promovido substancial modificação tradicional jurisprudência no sentido de que a Súmula 343 não se aplica em ação rescisória fundada em ofensa à Constituição[47]. De fato, a tese fixada em repercussão geral no RE 590809 cuida da situação específica em que o acórdão

45. "SEGUNDO AGRAVO REGIMENTAL NA AÇÃO RESCISÓRIA. INEXISTÊNCIA DE VIOLAÇÃO A LITERAL DISPOSIÇÃO DE LEI. SÚMULA 343 DO STF. INCIDÊNCIA TAMBÉM NOS CASOS EM QUE A CONTROVÉRSIA DE ENTENDIMENTOS SE BASEIA NA APLICAÇÃO DE NORMA CONSTITUCIONAL. PRECEDENTE. AGRAVO DESPROVIDO. 1. Não cabe ação rescisória, sob a alegação de ofensa a literal dispositivo de lei, quando a decisão rescindenda se tiver baseado em texto legal de interpretação controvertida nos tribunais, nos termos da jurisprudência desta Corte. 2. In casu, incide a Súmula 343 deste Tribunal, cuja aplicabilidade foi recentemente ratificada pelo Plenário deste Tribunal, inclusive quando a controvérsia de entendimentos se basear na aplicação de norma constitucional (RE 590.809, Rel. Min. Marco Aurélio, DJe de 24/11/2014). 3. Agravo regimental a que se nega provimento" (AR 1415 AgR-segundo, Relator(a): LUIZ FUX, Tribunal Pleno, julgado em 09/04/2015)

46. "AGRAVO REGIMENTAL EM AÇÃO RESCISÓRIA. DIREITO FINANCEIRO. INCENTIVOS FISCAIS. REPASSES OBRIGATÓRIOS. SÚMULA 343 DO STF. 1. Não se vislumbra viável, em sede estreita de ação rescisória, realizar distinção entre feito transitado em julgado sob a vigência do CPC/73 e paradigma de repercussão geral, conquanto esse não foi realizado no momento oportuno na via do recurso extraordinário. 2. É entendimento iterativo desta Corte ser inovação recursal, em relação aos fatos ou à novel legislação, insuscetível de apreciação neste momento processual. Precedentes. 3. Nos termos da jurisprudência do STF, torna-se aplicável a Súmula 343 do STF aos casos em que se cogite interpretação controvertida de questão constitucional nos tribunais. Precedente: RE-RG 590.809, de relatoria do Ministro Marco Aurélio, Tribunal Pleno, DJe 24.11.2014. 4. É inviável, sequer no plano hipotético, a aplicação de incisos dos artigos 525 e 535 do CPC/15, haja vista que o acórdão rescindendo transitou em julgado sob a vigência do CPC/73. Art. 1.057 do CPC/2015. 5. Agravo regimental a que se nega provimento" (AR 2457 AgR, Relator(a): EDSON FACHIN, Tribunal Pleno, julgado em 08/08/2017).

47. "AÇÃO RESCISÓRIA. ART. 485, V, DO CÓDIGO DE PROCESSO CIVIL. MATÉRIA CONSTITUCIONAL. RESCISÃO DE ACÓRDÃO QUE APLICOU JURISPRUDÊNCIA DO STF POSTERIORMENTE MODIFICADA. NÃO CABIMENTO DA AÇÃO RESCISÓRIA COMO INSTRUMENTO DE UNIFORMIZAÇÃO DA JURISPRUDÊNCIA DO TRIBUNAL. PRECEDENTE. HONORÁRIOS ADVOCATÍCIOS EM RESCISÓRIA. FIXAÇÃO. 1. Ao julgar, em regime de repercussão geral, o RE 590.809/RS, (Min. MARCO AURÉLIO, DJe de 24/11/2014), o Plenário não operou, propriamente, uma substancial modificação da sua jurisprudência sobre a não aplicação da Súmula 343 em ação rescisória fundada em ofensa à Constituição. O que o Tribunal decidiu, na oportunidade, foi outra questão: ante a controvérsia, enunciada como matéria de repercussão geral, a respeito do cabimento ou não da "rescisão de julgado fundamentado em corrente jurisprudencial majoritária existente à época da formalização do acórdão rescindendo, em razão de entendimento posteriormente firmado pelo Supremo", a Corte respondeu negativamente, na consideração de que a ação rescisória não é instrumento de uniformização da sua jurisprudência. 2. Mais especificamente, o Tribunal afirmou que a superveniente modificação da sua jurisprudência (que antes reconhecia e depois veio a negar o direito a creditamento de IPI em operações com mercadorias isentas ou com alíquota zero) não autoriza, sob esse fundamento, o ajuizamento de ação rescisória para desfazer acórdão que aplicara a firme jurisprudência até então vigente no próprio STF. 3. Devidos honorários advocatícios à parte vencedora segundo os parâmetros do art. 20, § 4º, do CPC. 4. Agravo regimental da União desprovido. Agravo regimental da demandada parcialmente provido" (AR 2370 AgR, Relator(a): TEORI ZAVASCKI, Tribunal Pleno, julgado em 22/10/2015).

rescindendo segue a orientação vigente no STF na época do trânsito em julgado, sendo que, nesta hipótese, alteração superveniente do posicionamento da Suprema Corte não autoriza a rescisão do julgado com base no art. 966, V, do CPC.

Para fins didáticos, vejam-se as três situações possíveis a partir da tese de repercussão geral fixada no RE 590809:

- (i) o STF detém jurisprudência estável quanto a determinado tema constitucional, e a decisão rescindenda não a observa. Nesse caso, não há que se falar que o texto constitucional é de interpretação controvertida, pois o próprio Supremo tinha posição pacificada, daí porque não se aplica a Súmula 343 do STF e deve ser julgada procedente a ação rescisória movida contra a decisão contrária à jurisprudência da Suprema Corte. Não há, aqui, violação à segurança jurídica, já que a decisão rescindenda viola a jurisprudência do STF;
- (ii) o STF tinha determinado posicionamento quando do trânsito em julgado da decisão rescindenda, que o segue; mas, posteriormente, a Suprema Corte altera sua própria jurisprudência constitucional sobre o tema. Essa é a hipótese versada no RE 590809, de modo que não caberá ação rescisória, prestigiando-se a segurança jurídica;
- (iii) o STF não tinha, quando do trânsito em julgado da decisão alvo de ação rescisória, posicionamento sobre o tema constitucional discutido no processo de origem. Essa hipótese não foi versada no RE 590809, de modo que se aplica, aqui, a tradicional jurisprudência segundo a qual não se aplica a Súmula 343 em matéria constitucional. Assim, se, no prazo decadencial da ação rescisória, o STF fixar entendimento contrário ao adotado na decisão rescindenda, é possível a desconstituição do julgado com base no art. 966, V, do CPC.

1.5. Declaração de inconstitucionalidade e ação rescisória

No RE 730462[48], julgado sob a sistemática de repercussão geral, o STF fixou a tese de que "a decisão do Supremo Tribunal Federal declarando a constitucionalidade ou a inconstitucionalidade de preceito normativo não produz a automática reforma ou rescisão das decisões anteriores que tenham adotado entendimento diferente. Para que tal ocorra, será indispensável a interposição de recurso próprio ou, se for o caso, a propositura de ação rescisória própria, nos termos do art. 485 do CPC, observado o respectivo prazo decadencial (art. 495)".

A tese e o julgado se referem ao Código de Processo Civil de 1973, mas o entendimento é válido também à luz do Código de Processo Civil de 2015, cujo

48. RE 730462, Relator(a): TEORI ZAVASCKI, Tribunal Pleno, julgado em 28/05/2015.

art. 525, §15[49], preceitua caber ação rescisória contra decisão transitada em julgado baseada em lei que posteriormente ao trânsito em julgado venha a ser considerada inconstitucional pelo Supremo Tribunal Federal, ou fundada em aplicação ou interpretação da lei tida pelo Supremo Tribunal Federal como incompatível com a Constituição Federal, em controle de constitucionalidade concentrado ou difuso.

A diferença é que, no regime do CPC/1973, o termo inicial do prazo decadencial da ação rescisória era o trânsito em julgado da própria decisão rescindenda, ao passo que no regime do CPC/2015 o prazo da rescisória somente se inicia a partir do trânsito em julgado da decisão do Supremo Tribunal Federal.

O voto condutor do RE 730462, proferido pelo Min. Teori Zavascki, faz interessante distinção entre eficácia normativa e eficácia executiva das ações de controle concentrado de constitucionalidade. A eficácia normativa consiste na retirada da norma do ordenamento jurídico (caso declarada a inconstitucionalidade), ou em sua manutenção (na hipótese de reconhecimento de constitucionalidade da norma impugnada). Em princípio, a eficácia normativa é *ex tunc*, de modo que a decisão do STF retroage para declarar a nulidade ou a validade da norma desde sua origem, salvo se a Suprema Corte proceder à modulação dos efeitos da declaração de inconstitucionalidade.

Já a eficácia executiva (também chamada de "instrumental" pelo Min. Teori) diz respeito ao efeito vinculante, que somente se aplica a partir da publicação da decisão do STF no Diário Oficial, segundo o voto condutor. Desse modo, a decisão somente é vinculativa para os atos administrativos e para as decisões judiciais que lhe são posteriores, de modo que, por exemplo, eventual recurso ou causa ainda pendente de julgamento deve seguir a decisão da Suprema Corte. Contudo, se já tiver havido o trânsito em julgado, apenas por ação rescisória será possível desconstituir a coisa julgada.

1.6. Pronunciamento explícito

A jurisprudência do STF – não vinculante, neste aspecto, para os demais tribunais - firmou-se no sentido de ser inviável ação rescisória fundada em violação de norma jurídica se a decisão rescindenda não tiver se pronunciado a respeito da norma supostamente violada[50-51].

---

49. § 15. Se a decisão referida no § 12 for proferida após o trânsito em julgado da decisão exequenda, caberá ação rescisória, cujo prazo será contado do trânsito em julgado da decisão proferida pelo Supremo Tribunal Federal.

50. "EMENTA: 1. Ação rescisória: inadmissibilidade. Inviável a ação rescisória que se funda em violação literal de lei, se a decisão rescindenda não se pronunciou sobre a norma legal tida por violada por falta de alegação oportuna. 2. Agravo regimental: necessidade de impugnação do fundamento da decisão agravada (RISTF, art. 317, § 1º)" (AR 1752 AgR, Relator(a): SEPÚLVEDA PERTENCE, Tribunal Pleno, julgado em 07/04/2005).

51. "Ação rescisória. Decisão rescindenda que não se pronuncia sobre norma tida por violada. Inadmissibilidade. Mérito. Direito das sucessões. Filho adotivo. Pretendida habilitação na qualidade de herdeiro

Da mesma forma que a Suprema Corte, o Tribunal Superior do Trabalho possui o entendimento, manifestado na Súmula 298[52], no sentido de que o cabimento da ação rescisória por violação de norma jurídica pressupõe *pronunciamento explícito*, na sentença rescindenda, sobre a matéria veiculada. Para o TST, o conteúdo da norma reputada violada deve ter sido abordado na decisão rescindenda para que se considere preenchido o pressuposto, mesmo que não se indique expressamente o número do dispositivo legal. Ainda de acordo com a Corte Superior Trabalhista, a exigência do chamado *pronunciamento explícito* não seria absoluta, sendo dispensável quando o vício nasce no próprio julgamento, como se dá com a sentença *extra*, *citra* e *ultra petita*.

Nitidamente, a Súmula 298 do TST, assim como a jurisprudência do STF, não têm amparo legal, pois criam um requisito que não se pode extrair do CPC. O chamado *pronunciamento explícito* é uma transposição imprópria, para o campo da ação rescisória, do prequestionamento – e a redação originária da Súmula 298 do TST inclusive expressamente utilizava este vocábulo onde se lê atualmente *pronunciamento explícito*.

É compreensível e louvável a preocupação dos tribunais superiores em restringir o cabimento da rescisória com base em violação de norma jurídica, o que fundamenta a interpretação consubstanciada na Súmula 298 do TST. De fato, nos países ocidentais não há ordenamento jurídico que preveja hipótese tão ampla de desconstituição da coisa julgada, que faz a rescisória assumir as vezes de recurso contra decisão transitada em julgado[53].

---

do de cujus. Abertura da sucessão antes do advento da Constituição Federal de 1988. Inaplicabilidade do art. 227, § 6º, da Constituição. 1. Inviável a ação rescisória que se funda em violação literal de lei se a decisão rescindenda não se houver pronunciado sobre a norma legal tida por violada por falta de alegação oportuna. Precedente: AR nº 1.752/RJ-AgR, Plenário, Relator o Ministro Sepúlveda Pertence, DJ de 20/5/05. 2. A sucessão regula-se por lei vigente à data de sua abertura, não se aplicando a sucessões verificadas antes do seu advento a norma do art. 227, § 6º, da Carta de 1988. Precedente: RE nº 163.167/SC, Primeira Turma, Relator o Ministro Ilmar Galvão, DJ de 8/9/95. 3. Não conhecimento da ação rescisória" (AR 1811, Relator(a): LUIZ FUX, Relator(a) p/ Acórdão: DIAS TOFFOLI, Tribunal Pleno, julgado em 03/04/2014).

52. Súmula nº 298 do TST. AÇÃO RESCISÓRIA. VIOLAÇÃO A DISPOSIÇÃO DE LEI. PRONUNCIAMENTO EXPLÍCITO. I - A conclusão acerca da ocorrência de violação literal a disposição de lei pressupõe pronunciamento explícito, na sentença rescindenda, sobre a matéria veiculada. II - O pronunciamento explícito exigido em ação rescisória diz respeito à matéria e ao enfoque específico da tese debatida na ação, e não, necessariamente, ao dispositivo legal tido por violado. Basta que o conteúdo da norma reputada violada haja sido abordado na decisão rescindenda para que se considere preenchido o pressuposto. III - Para efeito de ação rescisória, considera-se pronunciada explicitamente a matéria tratada na sentença quando, examinando remessa de ofício, o Tribunal simplesmente a confirma. IV - A sentença meramente homologatória, que silencia sobre os motivos de convencimento do juiz, não se mostra rescindível, por ausência de pronunciamento explícito. V - Não é absoluta a exigência de pronunciamento explícito na ação rescisória, ainda que esta tenha por fundamento violação de dispositivo de lei. Assim, prescindível o pronunciamento explícito quando o vício nasce no próprio julgamento, como se dá com a sentença "extra, citra e ultra petita".

53. Cf. GRECO, Leonardo, *Instituições...*, *op.cit.*, v.3, p. 342.

Contudo, esse objetivo não pode ser atingido mediante o estabelecimento de óbices que não têm base na lei. A melhor solução para restringir a utilização da rescisória é modificar o entendimento consubstanciado na Súmula 412 do TST[54], que autoriza a desconstituição da sentença por violação a normas de caráter processual.

De fato, embora tal posicionamento (cabimento de rescisória por violação a normas processuais) seja praticamente unânime na doutrina, o Novo Código de Processo Civil proporciona oportunidade de revisitar o tema. Isso porque, sob a égide do Código anterior, havia o entendimento minoritário no sentido de que apenas violações de lei material poderiam ensejar a ação rescisória por violação de norma jurídica. O CPC/2015, portanto, poderia ter pacificado a controvérsia, mas não o fez.

Veja-se que, a se admitir o cabimento da rescisória com base no inciso V do art. 966[55], por violação a norma processual, estar-se-ia reconhecendo haver redundância na lei, já que as hipóteses dos incisos I a IV (impedimento do juiz, incompetência absoluta, ofensa à coisa julgada etc.) estariam abrangidas pela hipótese prevista no inciso V[56].

Para exemplificar, suponha-se situação de sentença proferida por juiz impedido. Nessa hipótese, cabe rescisória com base no art. 966, II. Se o inciso V do art. 966 também abrangesse violação de lei processual (como entende a doutrina majoritária e também o TST), a rescisória também seria pertinente com base neste dispositivo.

Ora, é noção elementar de hermenêutica que a lei não possui dispositivos inúteis. A única forma de concretizar esse postulado é entender que o inciso V do art. 966 não autoriza a rescisão da sentença por violação a normas de caráter processual. Trata-se de interpretação baseada na lei e que tem o mérito de propiciar o alcance do desejável objetivo de limitar o uso da ação rescisória.

1.7. Omissão no julgado rescindendo e erro de fato

O Supremo Tribunal Federal, em precedente não vinculativo para os demais tribunais[57], decidiu que não há erro de fato na hipótese em que a decisão monocrática rescindenda se omite na apreciação de petição de renúncia ao direito material e desistência do recurso interposto. Na espécie, cerca de três

54. TST, súmula 412: Sob a égide do CPC de 1973, pode uma questão processual ser objeto de rescisão desde que consista em pressuposto de validade de uma sentença de mérito.

55. Art. 966 – A decisão de mérito, transitada em julgado, pode ser rescindida quando: (...) V – violar manifestamente norma jurídica (...).

56. Demonstrou o ponto, com maestria, GRECO, Leonardo, *Instituições*, *op.cit*, v.3, p. 344.

57. AR 2107, Tribunal Pleno, Rel. orig. Min. Gilmar Mendes, Red. p/ o ac. Min. Alexandre de Moraes, julgamento em 16.9.2020.

meses antes do julgamento de recurso extraordinário, o recorrente peticionara renunciando ao direito material e desistindo do recurso, mas o ministro relator, em julgamento monocrático, desconsiderou tal petição (sem se referir sobre ela em seu *decisum*) e deu provimento parcial ao recurso.

A situação se enquadra perfeitamente no art. 966, §1º, do CPC[58], pois o julgamento do mérito recursal tomou como inexistente fato efetivamente ocorrido, qual seja, a desistência do recurso e a renúncia ao direito material em que se fundava a ação. Caso fosse considerada a petição da parte, evidentemente o resultado do julgamento seria diferente, pois o recurso (em relação ao qual se operou a desistência) jamais poderia ser provido. Nesse sentido foram os votos vencidos[59].

Contudo, a corrente majoritária concluiu pela inexistência de erro fato, com base nos seguintes argumentos: (i) a ação rescisória não é sucedânea de embargos de declaração. Caberia ao interessado, oportunamente, opor embargos de declaração para suprir a omissão já apontada; (ii) admitir o contrário poderia constituir precedente no sentido de que toda omissão poderia ser caracterizada como erro de fato. A seguinte passagem demonstra os fundamentos que alicerçaram a decisão:

> Min. Alexandre de Moraes (AR 2107): no estrito âmbito da adequação da via excepcional da ação rescisória, não me parece razoável considerar a simples omissão na não apreciação de pedido de renúncia ao direito, como efetivo erro de fato, na concepção que autoriza a relativização da coisa julgada material. A rigor, não se tomou como inexistente fato efetivamente ocorrido e relacionado com a relação jurídica de direito material, capaz, por si só, de alterar o desfecho dado à lide pela decisão rescindenda. Outrossim, se cogita de omissão na decisão judicial que deixou de apreciar pedido de renúncia ao direito, cumulado com desistência do recurso, o que deveria ter sido sanado pela via dos embargos de declaração, sob pena de preclusão e, frise-se, fruto de provocação pela parte interessada.

Sucede que a renúncia ao direito material é fato pertinente à relação jurídica de direito material (a *res in judicium deducta*), tanto que a homologação da renúncia resulta em julgamento com resolução de mérito e apto a formar coisa julgada material (CPC, art. 487, III, *c*)[60].

Ademais, a legislação processual não exige o esgotamento dos recursos no processo de origem para que se viabilize o ajuizamento de ação rescisória.

---

58. § 1º Há erro de fato quando a decisão rescindenda admitir fato inexistente ou quando considerar inexistente fato efetivamente ocorrido, sendo indispensável, em ambos os casos, que o fato não represente ponto controvertido sobre o qual o juiz deveria ter se pronunciado.
59. Votaram vencidos os Ministros Gilmar Mendes e Ricardo Lewandowski.
60. Art. 487. Haverá resolução de mérito quando o juiz: (...) III - homologar: (...) c) a renúncia à pretensão formulada na ação ou na reconvenção.

Veja-se que, ao contrário do que afirmado no voto condutor do acórdão, não se trata de admitir a rescisória em decorrência de qualquer omissão no julgado rescindendo, mas de situação típica em que o evidente erro de fato faz com que, caso consideradas as premissas corretas (no caso, a petição de renúncia ao direito e desistência do recurso), o julgamento necessariamente tivesse desfecho diferente.

2. AÇÕES COLETIVAS (SUBSTITUIÇÃO PROCESSUAL)

	Referências normativas e jurisprudenciais
Constituição	Art. 5º Todos são iguais perante a lei, sem distinção de qualquer natureza, garantindo-se aos brasileiros e aos estrangeiros residentes no País a inviolabilidade do direito à vida, à liberdade, à igualdade, à segurança e à propriedade, nos termos seguintes; (...) XXI - as entidades associativas, quando expressamente autorizadas, têm legitimidade para representar seus filiados judicial ou extrajudicialmente (...). Art. 8º É livre a associação profissional ou sindical, observado o seguinte: (...) III - ao sindicato cabe a defesa dos direitos e interesses coletivos ou individuais da categoria, inclusive em questões judiciais ou administrativas (...).
Legislação infra-constitucional	Lei 9.494/1997: Art. 2º-A. A sentença civil prolatada em ação de caráter coletivo proposta por entidade associativa, na defesa dos interesses e direitos dos seus associados, abrangerá apenas os substituídos que tenham, na data da propositura da ação, domicílio no âmbito da competência territorial do órgão prolator. Parágrafo único. Nas ações coletivas propostas contra a União, os Estados, o Distrito Federal, os Municípios e suas autarquias e fundações, a petição inicial deverá obrigatoriamente estar instruída com a ata da assembleia da entidade associativa que a autorizou, acompanhada da relação nominal dos seus associados e indicação dos respectivos endereços. Lei 7.347/85, Art. 16. A sentença civil fará coisa julgada erga omnes, nos limites da competência territorial do órgão prolator, exceto se o pedido for julgado improcedente por insuficiência de provas, hipótese em que qualquer legitimado poderá intentar outra ação com idêntico fundamento, valendo-se de nova prova.
Súmulas e teses de repercussão geral	Tema 82 (RE 573232). I – A previsão estatutária genérica não é suficiente para legitimar a atuação, em Juízo, de associações na defesa de direitos dos filiados, sendo indispensável autorização expressa, ainda que deliberada em assembleia, nos termos do artigo 5º, inciso XXI, da Constituição Federal; II – As balizas subjetivas do título judicial, formalizado em ação proposta por associação, são definidas pela representação no processo de conhecimento, limitada a execução aos associados apontados na inicial. Tema 499 (RE 612043): A eficácia subjetiva da coisa julgada formada a partir de ação coletiva, de rito ordinário, ajuizada por associação civil na defesa de interesses dos associados, somente alcança os filiados, residentes no âmbito da jurisdição do órgão julgador, que o fossem em momento anterior ou até a data da propositura da demanda, constantes da relação jurídica juntada à inicial do processo de conhecimento.

Referências normativas e jurisprudenciais	
Súmulas e teses de repercussão geral	Tema 607 (RE 733433): A Defensoria Pública tem legitimidade para a propositura de ação civil pública que vise a promover a tutela judicial de direitos difusos ou coletivos de que sejam titulares, em tese, pessoas necessitadas. Tema 823 (RE 883642): Os sindicatos possuem ampla legitimidade extraordinária para defender em juízo os direitos e interesses coletivos ou individuais dos integrantes da categoria que representam, inclusive nas liquidações e execuções de sentença, independentemente de autorização dos substituídos. Tema 836 (ARE 824781): Não é condição para o cabimento da ação popular a demonstração de prejuízo material aos cofres públicos, dado que o art. 5º, inciso LXXIII, da Constituição Federal estabelece que qualquer cidadão é parte legítima para propor ação popular e impugnar, ainda que separadamente, ato lesivo ao patrimônio material, moral, cultural ou histórico do Estado ou de entidade de que ele participe. Tema 1075 (RE 1101937): - É inconstitucional a redação do art. 16 da Lei 7.347/1985, alterada pela Lei 9.494/1997, sendo repristinada sua redação original. II - Em se tratando de ação civil pública de efeitos nacionais ou regionais, a competência deve observar o art. 93, II, da Lei 8.078/1990 (Código de Defesa do Consumidor). III - Ajuizadas múltiplas ações civis públicas de âmbito nacional ou regional e fixada a competência nos termos do item II, firma-se a prevenção do juízo que primeiro conheceu de uma delas, para o julgamento de todas as demandas conexas
Julgados paradigmáticos	ARE 824781, 1293130 Rcl 1503 RE 193579, 573232, 612043,733433, 883642, 1101937

2.1. Ações coletivas movidas por associações e por sindicatos: aproximações e diferenças

O foco do presente tópico são as ações coletivas em sentido estrito (tais como a ação civil pública e a ação coletiva), e não os dissídios coletivos[61].

As ações coletivas desempenham papel importantíssimo na concretização do ideal de acesso efetivo à justiça, pois tendem a promover a *solução molecular* do conflito, vale dizer, os conflitos de massa são mais facilmente levados ao Judiciário e por este resolvidos em escala macroscópica, no lugar do julgamento de milhares (ou milhões) de casos idênticos envolvendo diversos cidadãos.

No campo trabalhista, as ações coletivas ainda têm a vantagem de serem ações *sem rosto*, ou seja, não são movidas diretamente pelo trabalhador temeroso de perder o emprego. Sendo assim, o empregador não poderá retaliar o empregado, pois é o sindicato ou o Ministério Público do Trabalho que estará ajuizando a ação. Nesse cenário, é nítida a relevância das ações coletivas para a concretização do acesso à justiça em perspectiva substancial.

61. Sobre a distinção, v. BERNARDES, Felipe, *Manual...*, *op.cit.*, p. 688.

O Supremo Tribunal Federal, em diversas oportunidades, decidiu acerca de aspectos processuais atinentes às ações coletivas, notadamente no que tange à diferenciação daquelas ajuizadas por associações comuns em contraponto com as movidas por sindicatos.

Primeiro aspecto diz respeito à necessidade, ou não, de autorização dos substituídos nas ações coletivas. No caso das associações comuns[62], a Suprema Corte fixou, em repercussão geral[63], a tese de que "a previsão estatutária genérica não é suficiente para legitimar a atuação, em Juízo, de associações na defesa de direitos dos filiados, sendo indispensável autorização expressa, ainda que deliberada em assembleia, nos termos do artigo 5º, inciso XXI, da Constituição Federal", sendo que "as balizas subjetivas do título judicial, formalizado em ação proposta por associação, são definidas pela representação no processo de conhecimento, limitada a execução aos associados apontados na inicial".

Desse modo, o posicionamento vinculante do STF é no sentido de que as associações, para agirem em juízo em nome de seus associados, devem ter autorização específica para que possam ajuizar a ação judicial. Não basta autorização genérica nos atos constitutivos da entidade associativa, sendo necessário que, para cada novo processo, haja autorização específica.

Essa autorização específica pode se dar (i) de forma individual, mediante assinatura de cada associado interessado no ajuizamento; ou (ii) por meio de uma assembleia destinada a esse fim, em que o conjunto de associados concederá a autorização. Dessa forma, não necessariamente a autorização precisa ser dada por todos os associados; se a assembleia autorizar, mesmo associados que não assinem autorização individual podem ser beneficiários da sentença proferida na ação coletiva. Tudo dependerá dos termos em que feita a deliberação assemblear, a qual pode, por exemplo, prever que a ação será ajuizada em nome de todos os associados e não apenas em nome daqueles que concordaram com o ajuizamento.

Além disso, a petição inicial deve vir acompanhada (ou conter) rol de substituídos, isto é, a relação dos associados que se pretende sejam beneficiados com o provimento jurisdicional postulado. Apenas estes serão abrangidos pela coisa julgada, sendo excluídos, portanto: (i) pessoas que ingressem nos

62. Diz-se *comuns* porque os sindicatos também são espécie de associação, por se tratar de reunião de pessoas sem finalidade lucrativa, embora com características e objetivos peculiares.

63. "REPRESENTAÇÃO - ASSOCIADOS - ARTIGO 5º, INCISO XXI, DA CONSTITUIÇÃO FEDERAL. ALCANCE. O disposto no artigo 5º, inciso XXI, da Carta da República encerra representação específica, não alcançando previsão genérica do estatuto da associação a revelar a defesa dos interesses dos associados. TÍTULO EXECUTIVO JUDICIAL - ASSOCIAÇÃO - BENEFICIÁRIOS. As balizas subjetivas do título judicial, formalizado em ação proposta por associação, é definida pela representação no processo de conhecimento, presente a autorização expressa dos associados e a lista destes juntada à inicial" (RE 573232, Relator(a): RICARDO LEWANDOWSKI, Relator(a) p/ Acórdão: MARCO AURÉLIO, Tribunal Pleno, julgado em 14/05/2014).

quadros associativos após o ajuizamento da ação; (ii) associados que já ostentavam essa condição quando do ajuizamento, mas cujo nome não constou no rol de substituídos ou na relação contida na própria inicial.

Veja-se que a decisão aproxima bastante a atuação das associações em processos coletivos da ideia de representação, sem que haja, entretanto, completa identificação. O ponto merece maior esclarecimento.

De fato, não se pode afirmar, a partir do inteiro teor do acórdão do RE 573232, que a Suprema Corte considere que o art. 5º, XXI, da CF, refira-se à representação processual, e não à substituição processual[64], já que nem todos os ministros aderiram expressamente a esse fundamento.

Contudo, a representação processual se caracteriza pela atuação em juízo em nome de outrem, para defender direito alheio, ao passo que a substituição pressupõe que o sujeito processual atue em nome próprio na defesa de direito de terceiro (CPC, art. 18)[65]. Ora, a atuação como substituto processual somente é possível quando o ordenamento jurídico contiver autorização nesse sentido. Pode-se argumentar que o art. 5º, V, da Lei 7.347/85[66], constituiria o fundamento jurídico que autorizaria as associações a atuarem como substitutas processuais dos respectivos associados. Em doutrina, há abalizadas opiniões no sentido de que se trataria de típica substituição processual[67].

Sucede que as hipóteses de substituição processual se caracterizam pela desnecessidade de autorização do titular do direito material para que o substituto possa ajuizar a ação. É o que ocorre com o sindicato, o Ministério Público, e entes públicos (entes federativos, União, estados, municípios, autarquias, empresas estatais e fundações); numa palavra, todos os legitimados para a ação civil pública podem agir em juízo como substitutos processuais independentemente de autorização do titular do direito, exceto as associações.

---

64. Alguns ministros, como Marco Aurélio e Joaquim Barbosa, afirmaram expressamente nos seus votos que a associação agiria como representante, e não como substituta processual dos associados.

65. Art. 18. Ninguém poderá pleitear direito alheio em nome próprio, salvo quando autorizado pelo ordenamento jurídico.

    Parágrafo único. Havendo substituição processual, o substituído poderá intervir como assistente litisconsorcial.

66. Art. 5º - Têm legitimidade para propor a ação principal e a ação cautelar:

    V - a associação que, concomitantemente:

    a) esteja constituída há pelo menos 1 (um) ano nos termos da lei civil;

    b) inclua, entre suas finalidades institucionais, a proteção ao meio ambiente, ao consumidor, à ordem econômica, à livre concorrência ou ao patrimônio artístico, estético, histórico, turístico e paisagístico.

67. Assim: "Embora o texto constitucional fale em representação, a hipótese é de legitimação das associações para a tutela de direitos individuais de seus associados, configurando verdadeira substituição processual (CPC, art. 6º) (Barbosa Moreira, RP 61/190). A autorização pode estar prevista em lei, nos estatutos, ser dada pelos associados individualmente ou ocorrer em assembléia. (...) Em qualquer das hipóteses, pode a associação, em nome próprio, defender em Juízo o direito de seu associado (Celso Bastos. Coment. 2 º, 113)" (NERY JUNIOR, Nelson; NERY, Rosa Maria de Andrade. *Código de processo civil comentado*. 6ª ed. São Paulo: RT, 2002, p. 19).

De outro lado, não se pode identificar completamente a legitimação da associação com a figura da representação processual, porque nesta a parte não é o representante, mas o representado. Exemplo: se menor de idade ajuizar ação, ele será a parte, e não os respectivos responsáveis legais, os quais serão apenas representantes processuais. Já quando associação move ação civil pública, é a própria pessoa jurídica que será autora, e não os associados.

Portanto, caso se queira considerar que a atuação processual de associações em ações coletivas configura substituição processual, no mínimo se teria que reconhecer que, dados os contornos da decisão do STF em repercussão geral, trata-se de substituição processual atípica ou *sui generis*. Ou, sob outro enfoque, estar-se-ia diante de representação processual também atípica, pelas razões já expostas.

Assim, a partir dos balizamentos feitos pelo STF no RE 573232, pode-se dizer que a atuação das associações em ações coletivas se dá por meio de figura híbrida, que se situa na interseção entre a representação e a substituição processual.

De forma correlata, em repercussão geral[68], a Suprema Corte fixou a tese de que "a eficácia subjetiva da coisa julgada formada a partir de ação coletiva, de rito ordinário, ajuizada por associação civil na defesa de interesses dos associados, somente alcança os filiados, residentes no âmbito da jurisdição do órgão julgador, que o fossem em momento anterior ou até a data da propositura da demanda, constantes da relação jurídica juntada à inicial do processo de conhecimento".

Vê-se que a tese confirma a ideia segundo a qual a decisão em ação coletiva promovida por associação somente beneficia os associados indicados na petição inicial. A questão atinente à eficácia territorial da coisa julgada será analisada em tópico próprio nesta seção.

Sucede que, também em repercussão geral, o STF reconheceu a existência de exceção no que tange ao mandado de segurança coletivo. De fato, ao julgar o tema 1119 (ARE 1293130)[69], a Suprema Corte fixou a tese de que é "desnecessária a autorização expressa dos associados, a relação nominal destes, bem como a comprovação de filiação prévia, para a cobrança de valores pretéritos de título judicial decorrente de mandado de segurança coletivo impetrado por entidade associativa de caráter civil".

Assim, sinteticamente, pode-se dizer que o ajuizamento de ação civil pública ou de ação civil coletiva, por associação, pressupõe a autorização dos interessados, bem como juntada de rol de beneficiários e comprovação de filiação prévia ao ajuizamento da ação. Contudo, especificamente no mandado de segurança

68. RE 612043, Relator(a): MARCO AURÉLIO, Tribunal Pleno, julgado em 10.05.2017.
69. ARE 1293130, Relator(a): Min. Luiz Fux, Tribunal Pleno, julgado em 17.12.2020.

coletivo, a associação pode atuar mesmo sem autorização, sem indicação dos beneficiários e sem que haja necessidade de prévia filiação à associação.

A Corte fundamentou a decisão com base no argumento de que, no mandado de segurança coletivo, a associação não atua como representante processual, mas como autêntico substituto processual, por força do art. 5º, LXX, *b*, da CF[70].

Veja-se, entretanto, que o texto constitucional não é explícito a respeito do fato de que, no mandado de segurança coletivo, a atuação se daria na qualidade de substituto processual. Trata-se de inferência a partir do que se aplica para os demais legitimados previstos no mesmo dispositivo (justamente o art. 5º, LXX, da CF). Contudo, é completamente sustentável, do ponto de vista hermenêutico, o entendimento – rejeitado pelo STF – de que a situação das associações deveria ser a mesma em qualquer espécie de ação judicial (inclusive o mandado de segurança coletivo), sob pena de se criar sistema incoerente e, de certo modo, confuso.

Quanto aos sindicatos, sua atuação como autor de ação civil pública se dá em típico regime de substituição processual, conforme reconhecido pelo STF no RE 883642[71], julgado sob a sistemática de repercussão geral.

Dessa forma, entidades sindicais (sindicatos, federações e confederações de trabalhadores) podem não apenas ajuizar ações de conhecimento, mas também promover a liquidação e execução nos processos em que figurarem como substitutos processuais, independentemente de autorização pelos trabalhadores envolvidos.

O entendimento se funda no art. 8º, III, da CF[72], o qual prevê ampla legitimidade extraordinária para os sindicatos defenderem os direitos coletivos e individuais da categoria profissional. Além disso, a interpretação teleológica sinaliza que a legitimação ampla do sindicato favorece e viabiliza o acesso à justiça pelos trabalhadores, sobretudo durante a vigência do contrato de trabalho. Isso porque, conforme já referido acima, a existência do direito potestativo de dispensa, por parte do empregador, faz com que, na prática, dificilmente o trabalhador ajuíze reclamação trabalhista antes da extinção do contrato de trabalho. Com a atuação despersonificada do sindicato, supera-se esse obstáculo ao acesso à justiça.

Veja-se que a substituição processual pelo sindicato (= atuação em juízo na defesa de direitos individuais dos trabalhadores, independentemente da

---

70. LXX - o mandado de segurança coletivo pode ser impetrado por: a) partido político com representação no Congresso Nacional; b) organização sindical, entidade de classe ou associação legalmente constituída e em funcionamento há pelo menos um ano, em defesa dos interesses de seus membros ou associados.
71. RE 883642 RG, Relator(a): MINISTRO PRESIDENTE, Tribunal Pleno, julgado em 18/06/2015.
72. Art. 8º É livre a associação profissional ou sindical, observado o seguinte: (...) III - ao sindicato cabe a defesa dos direitos e interesses coletivos ou individuais da categoria, inclusive em questões judiciais ou administrativas (...).

anuência destes) é prevista expressamente no art. 872, parágrafo único, da CLT[73], dispositivo que retrata o pioneirismo do Direito Processual do Trabalho na temática da coletivização do processo[74].

Por fim, note-se que, por se tratar de típica substituição processual, não há necessidade de juntada de rol de substituídos ou de indicação, na petição inicial dos beneficiários do provimento jurisdicional almejado, sendo certo que o TST cancelou sua Súmula 310[75] para adequar-se à jurisprudência do STF. Na liquidação e execução, entretanto, por mais que não haja necessidade de autorização individual dos trabalhadores, o exequente (= sindicato) deverá individualizá-los, pois somente com a individualização é possível que se calcule o valor devido a cada trabalhador substituído, conforme jurisprudência consolidada do Supremo Tribunal Federal[76], reafirmada em repercussão geral[77].

---

73. Art. 872 - Celebrado o acordo, ou transitada em julgado a decisão, seguir-se-á o seu cumprimento, sob as penas estabelecidas neste Título.

    Parágrafo único - Quando os empregadores deixarem de satisfazer o pagamento de salários, na conformidade da decisão proferida, poderão os empregados ou seus sindicatos, independentes de outorga de poderes de seus associados, juntando certidão de tal decisão, apresentar reclamação à Junta ou Juízo competente, observado o processo previsto no Capítulo II deste Título, sendo vedado, porém, questionar sobre a matéria de fato e de direito já apreciada na decisão.

74. Em outra obra, afirmei: "A figura da ação de cumprimento é mais um exemplo do pioneirismo do Direito Processual do Trabalho, porque, bem antes de haver previsão das ações coletivas no Processo Civil, o art. 872, parágrafo único, da CLT, já autorizava a substituição processual ampla e irrestrita pelo sindicato - independentemente da outorga de poderes pelos associados - para exigir o cumprimento da sentença normativa" (BERNARDES, Felipe, *Manual*..., *op.cit.*, p. 714).

75. Súmula nº 310 do TST. SUBSTITUIÇÃO PROCESSUAL. SINDICATO (cancelamento mantido).

    I - O art. 8º, inciso III, da Constituição da República não assegura a substituição processual pelo sindicato.

    II - A substituição processual autorizada ao sindicato pelas Leis nºs 6.708, de 30.10.1979, e 7.238, de 29.10.1984, limitada aos associados, restringe-se às demandas que visem aos reajustes salariais previstos em lei, ajuizadas até 03.07.1989, data em que entrou em vigor a Lei nº 7.788/1989.

    III - A Lei nº 7.788/1989, em seu art. 8º, assegurou, durante sua vigência, a legitimidade do sindicato como substituto processual da categoria.

    IV - A substituição processual autorizada pela Lei nº 8.073, de 30.07.1990, ao sindicato alcança todos os integrantes da categoria e é restrita às demandas que visem à satisfação de reajustes salariais específicos resultantes de disposição prevista em lei de política salarial.

    V - Em qualquer ação proposta pelo sindicato como substituto processual, todos os substituídos serão individualizados na petição inicial e, para o início da execução, devidamente identificados pelo número da Carteira de Trabalho e Previdência Social ou de qualquer documento de identidade.

    VI - É lícito aos substituídos integrar a lide como assistente litisconsorcial, acordar, transigir e renunciar, independentemente de autorização ou anuência do substituto.

    VII - Na liquidação da sentença exeqüenda, promovida pelo substituto, serão individualizados os valores devidos a cada substituído, cujos depósitos para quitação serão levantados através de guias expedidas em seu nome ou de procurador com poderes especiais para esse fim, inclusive nas ações de cumprimento.

    VIII - Quando o sindicato for o autor da ação na condição de substituto processual, não serão devidos honorários advocatícios.

76. Nesse sentido, RE 193579, rel. orig. Min. Carlos Velloso, rel. p/ o acórdão Min. Joaquim Barbosa, julgado em 12.6.2006.

77. "RECURSO EXTRAORDINÁRIO. CONSTITUCIONAL. ART. 8º, III, DA LEI MAIOR. SINDICATO. LEGITIMIDADE. SUBSTITUTO PROCESSUAL. EXECUÇÃO DE SENTENÇA. DESNECESSIDADE

2.2. Controle de constitucionalidade em ações coletivas

No modelo brasileiro de jurisdição constitucional, todo e qualquer juiz tem a prerrogativa de exercer controle de constitucionalidade no âmbito do controle concreto e difuso. Basta que a constitucionalidade seja discutida como questão prejudicial, na fundamentação da decisão, e a decisão terá efeitos apenas no caso concreto submetido à análise judicial.

Dessa forma, em princípio, seria possível, no âmbito de ação coletiva, o controle de constitucionalidade, desde que tal questão não constituísse o objeto do processo, mas mera questão prévia. Noutras palavras, sempre que a inconstitucionalidade do ato normativo consubstanciasse a causa de pedir, e não o pedido. O reconhecimento de inconstitucionalidade pode ser feito em caráter prejudicial, como elemento indispensável à solução de litígio concreto e específico. Esse é o posicionamento amplamente prevalecente e reiterado no âmbito do STF[78-79-80].

Contudo, tal solução pode gerar embaraços teóricos e práticos, pois a amplitude da abrangência subjetiva das decisões de ações coletivas pode significar, em muitos casos, usurpação da competência do Tribunal Constitucional

---

DE AUTORIZAÇÃO. EXISTÊNCIA DE REPERCUSSÃO GERAL. REAFIRMAÇÃO DE JURISPRUDÊNCIA. I – Repercussão geral reconhecida e reafirmada a jurisprudência do Supremo Tribunal Federal no sentido da ampla legitimidade extraordinária dos sindicatos para defender em juízo os direitos e interesses coletivos ou individuais dos integrantes da categoria que representam, inclusive nas liquidações e execuções de sentença, independentemente de autorização dos substituídos" (RE 883642 RG, Relator(a): MINISTRO PRESIDENTE, Tribunal Pleno, julgado em 18/06/2015).

78. "CONTROLE DE CONSTITUCIONALIDADE – IMPLEMENTO E ESPÉCIES. Descabe confundir o controle concentrado de constitucionalidade com o difuso, podendo este último ser implementado por qualquer Juízo nos processos em geral, inclusive coletivo, como é a ação civil pública – precedentes: Recursos Extraordinários nº 424.993/DF, relator ministro Joaquim Barbosa, e 511.961/SP, relator ministro Gilmar Mendes, acórdãos publicados, respectivamente, no Diário da Justiça eletrônico de 19 de outubro de 2007 e 13 de novembro de 2009" (Rcl 8605 AgR, Relator(a): MARCO AURÉLIO, Tribunal Pleno, julgado em 17/10/2013).

79. "1. Contrato bancário. Juros. Capitalização em período inferior a um ano. Inadmissibilidade. Art. 5º da MP 2.087-29/2001, editada como MP 2.140-34. Inconstitucionalidade reconhecida incidentalmente. Controle difuso de constitucionalidade, exercido em ação civil pública. Não usurpação de competência do Supremo. Reclamação julgada improcedente. Agravo improvido. Inteligência do art. 102, inc. I, "a", da CF. Não usurpa competência do Supremo Tribunal Federal, decisão que, em ação civil pública de natureza condenatória, declara incidentalmente a inconstitucionalidade de norma jurídica. 2. RECURSO. Agravo regimental. Reclamação. Inconsistente. Inexistência de razões novas. Rejeição. É de rejeitar agravo regimental que não apresenta razões novas capazes de ditar reforma da decisão agravada" (Rcl 1897 AgR, Relator(a): CEZAR PELUSO (PRESIDENTE), Tribunal Pleno, julgado em 18/08/2010).

80. "DIREITO CONSTITUCIONAL. AGRAVO INTERNO EM RECURSO EXTRAORDINÁRIO. AÇÃO CIVIL PÚBLICA. DECLARAÇÃO INCIDENTAL DE INCONSTITUCIONALIDADE DE LEI. CONFUSÃO COM O PEDIDO PRINCIPAL. IMPOSSIBILIDADE. DECISÃO ALINHADA À JURISPRUDÊNCIA DO STF. 1. O Supremo Tribunal Federal firmou o entendimento no sentido de se admitir o controle difuso de constitucionalidade em ação civil pública desde que a alegação de inconstitucionalidade não se confunda com o pedido principal da causa. Precedentes. 2. Agravo interno a que se nega provimento, com aplicação da multa prevista no art. 557, § 2º, do CPC/1973" (RE 595213 AgR, Relator(a): Min. ROBERTO BARROSO, Primeira Turma, julgado em 01/12/2017).

competente para apreciar as ações de controle de constitucionalidade (STF e também Tribunais de Justiça no âmbito do controle estadual de constitucionalidade).

De fato, mesmo que a inconstitucionalidade seja alegada apenas como causa de pedir, a coisa julgada *erga omnes* das ações coletivas pode resultar, na prática, na completa e absoluta inaplicabilidade do ato normativo questionado, equivalendo a uma declaração de inconstitucionalidade em abstrato.

Exemplo: a lei de determinado Estado cria um tributo. O Ministério Público Estadual, então, ingressa com ação civil pública com o objetivo de fixar obrigação de não fazer para os agentes estaduais, consistente na impossibilidade de realização do lançamento tributário. Ora, por mais que não haja, expressamente, pedido de declaração de inconstitucionalidade da lei, é evidente que a pretensão manifestada esvazia a respectiva aplicabilidade e usurpa a competência do STF (para julgamento da ADI) ou do Tribunal de Justiça competente (para apreciar representação de inconstitucionalidade).

Percebe-se, assim, que é insuficiente a afirmação de que o controle de constitucionalidade em ações coletivas é possível caso se trate de mera questão prejudicial, sob pena de haver usurpação da competência da Corte Constitucional em diversos casos.

Há decisões do Plenário[81] e de turmas[82] do STF nesse sentido, afirmando categoricamente a impossibilidade de a ação civil pública dissimular pretensão

81. "EMENTA Reclamação constitucional - Ação Civil Pública – Lei nº 9.688/98 – Cargo de censor federal - Normas de efeitos concretos – Declaração de inconstitucionalidade – Pleito principal na Ação Civil Pública – Contorno de ação direta de inconstitucionalidade – Usurpação da competência do Supremo Tribunal Federal - Reclamação julgada procedente. 1. A ação civil pública em tela tem por objeto a Lei nº 9.688/98, que teve sua inconstitucionalidade arguida perante esta Suprema Corte, nos autos da ADI nº 2.980/DF, tendo o pleito sido rejeitado por se tratar de normas de efeitos concretos já exauridos. 2. A Lei nº 9.688/98 foi editada com o fim de imprimir eficácia à norma do parágrafo único do art. 23 da Constituição Federal de 1988, após provocação por esta Suprema Corte (ADI nº 889/DF), norma essa que versa, especificamente, sobre o aproveitamento dos ocupantes do extinto cargo de censor federal em outras carreiras. 3. O pleito de inconstitucionalidade deduzido pelo autor da ação civil pública atinge todo o escopo que inspirou a edição da referida lei, traduzindo-se em pedido principal da demanda, não se podendo falar, portanto, que se cuida de mero efeito incidental do que restou então postulado. 4. Voto vencido: a ação civil pública tem como pedido principal a pretensão de nulidade de atos de enquadramento de servidores públicos. A declaração de inconstitucionalidade da lei em que se embasa o ato que se pretende anular constitui fundamento jurídico do pedido, portanto, a causa petendi, motivo pelo qual não há falar em usurpação da competência do Supremo Tribunal Federal. 5. Reclamação julgada procedente, por maioria" (Rcl 1503, Relator(a): CARLOS VELLOSO, Relator(a) p/ Acórdão: DIAS TOFFOLI, Tribunal Pleno, julgado em 17/11/2011).

82. "Constitucional e Processual Civil. Reclamação constitucional. Subsídio mensal e vitalício pago a ex--ocupantes do cargo de chefe do Poder Executivo. Ação civil pública. Contorno de ação direta de inconstitucionalidade. Usurpação de competência do Supremo Tribunal Federal. Reclamação julgada procedente. 1. A ausência de identidade entre os atores elencados como responsáveis pela prática dos atos lesivos ao patrimônio público e aos princípios da Administração Pública na narrativa apresentada na peça vestibular da ação civil pública e aqueles indicados para integrar o polo passivo da lide, bem como a constatação de que o adimplemento do benefício está fundamentado em ato normativo geral editado

típica de ações de controle concentrado de constitucionalidade, tendo em vista a usurpação da competência da Corte.

A decisão adotada pelo Tribunal Pleno na Rcl 1503 ilustra o ponto. No caso, questionavam-se atos administrativos do Ministério da Justiça que reenquadraram servidores públicos que exerciam o cargo de censor federal nos cargos de perito criminal ou de delegado de polícia federal. Tais atos foram praticados com base na Lei nº 9.688/98, a qual extinguiu o cargo de censor federal e previu o reenquadramento dos respectivos ocupantes em outros cargos. A ação civil pública tinha como pedido principal a decretação de nulidade dos atos administrativos de reenquadramento, em decorrência de suposta inconstitucionalidade da Lei 9.688/98. Apesar de a inconstitucionalidade figurar como causa de pedir, e não como pedido da ação civil pública, o Plenário concluiu pela impossibilidade de realização de controle de constitucionalidade na ação civil pública, pois o provimento postulado atingiria "todo o escopo que inspirou a edição da referida lei".

2.3. Legitimidade da Defensoria Pública

Em repercussão geral[83], o STF fixou a seguinte tese: "a Defensoria Pública tem legitimidade para a propositura de ação civil pública que vise a promover a tutela judicial de direitos difusos ou coletivos de que sejam titulares, em tese, pessoas necessitadas".

Discutiu-se a constitucionalidade do art. 5º, II, da Lei da Ação Civil Pública[84], bem como do art. 4º, VII, VIII e X, da LC 80/94[85].

---

pelo Poder Legislativo do Estado do Mato Grosso e que o pedido de cessação do pagamento do benefício está fundamentado em normas constitucionais evidenciam a pretensão final da ACP de que se declare a inconstitucionalidade da parte final do art. 1º da Emenda à Constituição estadual nº 22/2003, esvaziando a eficácia da referida norma. 2. A pretensão deduzida nos autos da ação civil pública está dissociada da natureza típica das ações de responsabilização cível; se destina, antes, a dissimular o controle abstrato de constitucionalidade da parte final do art. 1º da Emenda nº 22/2003 à Constituição do Estado do Mato Grosso, que, ao extinguir a pensão vitalícia paga aos ex-ocupantes do cargo de chefe do Poder Executivo estadual, assegurou a manutenção do pagamento àqueles que já houvessem adquirido o direito de gozar o benefício. 3. Há usurpação da competência do STF inscrita no art. 102, I, a, da CF/88 quando configurado o ajuizamento de ação civil pública com o intento de dissimular o controle abstrato de constitucionalidade de ato normativo estadual em face da Constituição Federal. 4. Arquivamento da ação civil pública, ante a ausência de legitimidade ativa ad causam do Parquet estadual para propor ação direta de inconstitucionalidade perante a Suprema Corte, nos termos do art. 103 da CF/88. Precedentes. 5. Reclamação julgada procedente para cassar a decisão que julgou procedente o pedido formulado nos autos da ação civil pública, declarar a incompetência do juízo de primeira instância e determinar o arquivamento da ação" (Rcl 19662, Relator(a): Min. DIAS TOFFOLI, Segunda Turma, julgado em 06/09/2016).

83. RE 733433, Relator(a): DIAS TOFFOLI, Tribunal Pleno, julgado em 04/11/2015.

84. Lei nº 7.347, de 24 de julho de 1985: (...) Art. 5º - Têm legitimidade para propor a ação principal e a ação cautelar: (...) II - a Defensoria Pública (...).

85. Lei Complementar nº 80, de 12 de janeiro de 1994: Art. 4º - São funções institucionais da Defensoria Pública, dentre outras: (...) VII - promover ação civil pública e todas as espécies de ações capazes de

O voto do relator, acompanhado pela maioria do colegiado, asseverou haver necessidade de uma espécie de pertinência temática no que tange à legitimação da Defensoria Pública para ajuizar ações coletivas, de modo que os pedidos formulados devem se inserir na missão institucional do órgão, pautada na defesa de interesses de pessoas necessitadas e hipossuficientes economicamente.

Embora não tenha havido declaração expressa de inconstitucionalidade do inciso XI do art. 4º da Lei Complementar nº 80/94[86], a decisão sinalizou não competir à Defensoria Pública a defesa de grupos socialmente vulneráveis (como minorias, por exemplo) que não se caracterizem simultaneamente como necessitados sob o prisma financeiro.

Ademais, não obstante a tese fixada não haja refletido tal aspecto, os debates entre os ministros deixaram entrever que, no caso de ação coletiva movida pela Defensoria Pública, e que vise à tutela de direitos individuais homogêneos, somente seriam beneficiários de eventual sentença de procedência cidadãos necessitados, que poderiam, em tese, ser assistidos da Defensoria por meio de ações individuais. Assim, por exemplo, não caberia à Defensoria ajuizar ação civil pública em defesa de interesses individuais homogêneos de consumidores de carros de luxo, mas a instituição poderia, legitimamente, mover ação coletiva de consumo atinente a itens básicos de alimentação.

Quanto aos direitos coletivos em sentido estrito e difusos, anotou-se que, para legitimar-se a atuação da Defensoria, há necessidade de que a ação judicial abranja cidadãos necessitados, embora não necessariamente com exclusividade, pois a indivisibilidade do direito em jogo pode fazer com que a tutela jurisdicional extrapole a esfera de pessoas hipossuficientes economicamente. No caso julgado pela Corte, por exemplo, o provimento jurisdicional postulado dizia respeito à instalação de creches e pré-escolas em determinado município, direito nitidamente difuso, pois são titulares pessoas indeterminadas ligadas por circunstâncias de fato. O julgamento de procedência evidentemente beneficiaria pessoas pobres, que dependem de creches públicas para os respectivos filhos, embora não seja possível afastar, nessa hipótese, a possibilidade de que cidadãos não necessitados economicamente viessem a matricular os filhos na

---

propiciar a adequada tutela dos direitos difusos, coletivos ou individuais homogêneos quando o resultado da demanda puder beneficiar grupo de pessoas hipossuficientes; (...) VIII - exercer a defesa dos direitos e interesses individuais, difusos, coletivos e individuais homogêneos e dos direitos do consumidor, na forma do inciso LXXIV do art. 5º da Constituição Federal (...); X - promover a mais ampla defesa dos direitos fundamentais dos necessitados, abrangendo seus direitos individuais, coletivos, sociais, econômicos, culturais e ambientais, sendo admissíveis todas as espécies de ações capazes de propiciar sua adequada e efetiva tutela (...).

86. XI – exercer a defesa dos interesses individuais e coletivos da criança e do adolescente, do idoso, da pessoa portadora de necessidades especiais, da mulher vítima de violência doméstica e familiar e de outros grupos sociais vulneráveis que mereçam proteção especial do Estado (...).

mesma creche. Perceba-se que a indivisibilidade do direito ao funcionamento da creche faz com que a decisão judicial possa, em tese, beneficiar pessoas que não poderiam ser assistidos pela Defensoria Pública, por não serem hipossuficientes.

2.4. Ação popular

No ARE 824781, sob a sistemática da repercussão geral, o STF fixou a tese de que não é condição para o cabimento da ação popular a demonstração de prejuízo material aos cofres públicos, dado que o art. 5º, LXXIII, da Constituição Federal, estabelece que qualquer cidadão é parte legítima para propor ação popular e impugnar, ainda que separadamente, ato lesivo ao patrimônio material, moral, cultural ou histórico do Estado ou de entidade de que ele participe.

De fato, o art. 5º, LXXIII, da CF[87], ao versar sobre a ação popular, prevê o seu cabimento não apenas quando houver lesão ao erário (= patrimônio público), mas também quando se estiver diante de ato lesivo à moralidade administrativa, ao meio ambiente e ao patrimônio histórico e cultural. Descabe, assim, que o intérprete distinga onde a própria Constituição não distinguiu. Ao contrário, sendo a ação popular importante instrumento de cidadania, além de viabilizar o controle popular da Administração Pública, a interpretação deve ser ampliativa e inclusiva, e não restritiva.

A ação popular tem sido de escassa ou de inexistente utilização na Justiça do Trabalho[88]. Contudo, o instituto apresenta significativas possibilidades para incremento da participação popular na busca da melhoria das condições do trabalho humano e da concretização da dignidade dos trabalhadores[89].

No plano doutrinário, é possível sustentar, por exemplo, que, considerada a ampliação de competência da Justiça do Trabalho levada a efeito pela EC nº 45/2004, deveria ser admitida ação popular na Especializada, por exemplo, nas hipóteses envolvendo nulidade de edital de concurso público para contratação de pessoal celetista pela Administração Pública, e mesmo situações envolvendo terceirizações e delegação de serviços públicos para organizações sociais. Con-

---

87. LXXIII - qualquer cidadão é parte legítima para propor ação popular que vise a anular ato lesivo ao patrimônio público ou de entidade de que o Estado participe, à moralidade administrativa, ao meio ambiente e ao patrimônio histórico e cultural, ficando o autor, salvo comprovada má-fé, isento de custas judiciais e do ônus da sucumbência (...).

88. Pesquisa feita na jurisprudência do TST, no site do próprio Tribunal, em 16.11.2020, com a busca do termo "ação popular" gerou 71 resultados, mas nenhum deles se refere a ação popular cujo mérito haja sido julgado pela Justiça do Trabalho. A maioria dos resultados se referia à utilização do prazo prescricional previsto na lei de ação popular para outras espécies de ações coletivas.

89. Sobre o tema, amplamente, v. RODRIGUES, Laura Bittencourt Ferreira. *Ação popular e ação de improbidade administrativa na Justiça do Trabalho*. 2015. 334 f. Doutorado – Faculdade de Direito, Universidade de São Paulo, São Paulo, 2015.

tudo, a jurisprudência do STF tem se inclinado a reconhecer a competência da Justiça Comum nesses casos, por entender que não se trataria propriamente de conflito decorrente da relação de trabalho[90].

Contudo, ainda há um possível uso da ação popular na Justiça do Trabalho: a defesa do meio ambiente do trabalho. Ora, considerando que: (i) o meio ambiente do trabalho faz parte da noção de meio ambiente, conforme se extrai do art. 200, VIII, da CF[91]; (ii) a ação popular pode ter o escopo de tutela do meio ambiente (CF, art. 5º, LXIII); e (iii) compete à Justiça do Trabalho processar e julgar as ações que tenham como causa de pedir o descumprimento de normas trabalhistas relativas à segurança, higiene e saúde dos trabalhadores (STF, Súmula 736); a conclusão lógica é a de que é possível o ajuizamento de ação popular, por qualquer cidadão, para tutela do meio ambiente do trabalho, no regime de substituição processual[92].

Corrobora esse entendimento o fato de que a degradação do meio ambiente de trabalho tende a gerar adoecimento físico e psíquico, além de acidentes de trabalho típicos, cuja cobertura fica a cargo da Seguridade Social. Considerando o custeio público dos benefícios previdenciários e a consequente oneração do patrimônio público, todos os cidadãos devem ser considerados legitimados para a propositura de ações populares destinadas a proteger o meio ambiente de trabalho. Ressalte-se, entretanto, que o Supremo Tribunal Federal não foi, ainda, instado a se pronunciar sobre a competência da Justiça do Trabalho em tais hipóteses.

2.5. Eficácia territorial da sentença

Em repercussão geral[93], a Suprema Corte fixou a tese de que "a eficácia subjetiva da coisa julgada formada a partir de ação coletiva, de rito ordinário,

---

90. Assim, por exemplo, o seguinte julgado em repercussão geral: "RECURSO EXTRAORDINÁRIO REPRESENTATIVO DA CONTROVÉRSIA. Tema 992. DIREITO DO TRABALHO. DIREITO ADMINISTRATIVO. DISCUSSÃO SOBRE COMPETÊNCIA. ART. 114, INCISO I, DA CF/88. FASE PRÉ-CONTRATUAL. 1. Inexistência de relação de trabalho na chamada fase pré-contratual a atrair a competência da Justiça do Trabalho. 2. Prevalência do caráter público. Concurso público como ato de natureza administrativa. 3. Fixação da tese: Compete à Justiça comum processar e julgar controvérsias relacionadas à fase pré-contratual de seleção e de admissão de pessoal e eventual nulidade do certame em face da Administração Pública, direta e indireta, nas hipóteses em que adotado o regime celetista de contratação de pessoal. Recurso extraordinário não provido" (RE 960429, Relator(a): GILMAR MENDES, Tribunal Pleno, julgado em 05/03/2020).

91. Art. 200. Ao sistema único de saúde compete, além de outras atribuições, nos termos da lei: (...) VIII - colaborar na proteção do meio ambiente, nele compreendido o do trabalho.

92. No mesmo sentido: MELO, Raimundo Simão de. Ação popular como instrumento de tutela do meio ambiente do trabalho. Publicado em 06.12.2019. Disponível em: https://www.conjur.com.br/2019-dez-06/reflexoes-trabalhistas-acao-popular-instrumento-tutela-meio-ambiente-trabalho. Acesso em 16.11.2020.

93. RE 612043, Relator(a): MARCO AURÉLIO, Tribunal Pleno, julgado em 10/05/2017.

ajuizada por associação civil na defesa de interesses dos associados, somente alcança os filiados, residentes no âmbito da jurisdição do órgão julgador, que o fossem em momento anterior ou até a data da propositura da demanda, constantes da relação jurídica juntada à inicial do processo de conhecimento". Contudo, apesar de a tese mencionar a limitação da coisa jugada aos associados residentes no território em que o órgão julgador exerça a jurisdição, o tema não foi enfrentado sob o prisma do art. 16 da Lei da Ação Civil Pública, de modo que o tema veio a ser apreciado pela Corte no RE 1101937[94], também julgado sob a sistemática da repercussão geral.

No segundo julgado referido, a Suprema Corte declarou a inconstitucionalidade da redação dada ao art. 16 da Lei 7.347/85 pela Lei 9494/97. Em consequência, ficou repristinada a redação originária do dispositivo[95]. Foi fixada a seguinte tese de repercussão geral: "- É inconstitucional a redação do art. 16 da Lei 7.347/1985, alterada pela Lei 9.494/1997, sendo repristinada sua redação original. II - Em se tratando de ação civil pública de efeitos nacionais ou regionais, a competência deve observar o art. 93, II, da Lei 8.078/1990 (Código de Defesa do Consumidor). III - Ajuizadas múltiplas ações civis públicas de âmbito nacional ou regional e fixada a competência nos termos do item II, firma-se a prevenção do juízo que primeiro conheceu de uma delas, para o julgamento de todas as demandas conexas".

O art. 16 da Lei 7347/85[96], na redação dada pela Lei 9494/97, tentava instituir uma espécie de limitação territorial dos efeitos do julgamento de ação civil pública, o que era alvo de severas críticas doutrinárias, por ir de encontro a toda a sistemática das ações coletivas.

De fato, o legislador parecia ter confundido os conceitos de jurisdição e competência (definição do órgão jurisdicional que deva decidir determinada lide) com limites subjetivos da coisa julgada (abrangência subjetiva da decisão). Uma vez que a demanda haja sido proposta pelas partes legítimas, não há razão lógica ou jurídica para restringir a eficácia territorial da decisão, a qual será fixada tendo em vista o pedido formulado na petição inicial.

Além disso, observe-se que, em se tratando de direitos indivisíveis (difusos e coletivos *stricto sensu*), como a tutela do meio ambiente, é impossível, do

---

94. RE 1101937, Relator (a): ALEXANDRE DE MORAES, Tribunal Pleno, Sessão Virtual de 26.3.2021 a 7.4.2021.

95. Redação originária do art. 16 da Lei 7347/85 (repristinada, ou seja, atualmente em vigor): Art. 16. A sentença civil fará coisa julgada erga omnes, exceto se a ação for julgada improcedente por deficiência de provas, hipótese em que qualquer legitimado poderá intentar outra ação com idêntico fundamento, valendo-se de nova prova.

96. Redação dada pela Lei 9494/97 (declarada inconstitucional pelo STF): Art. 16. A sentença civil fará coisa julgada erga omnes, nos limites da competência territorial do órgão prolator, exceto se o pedido for julgado improcedente por insuficiência de provas, hipótese em que qualquer legitimado poderá intentar outra ação com idêntico fundamento, valendo-se de nova prova.

ponto de vista prático, restringir a eficácia territorial da decisão. Figure-se a poluição ambiental em um rio que percorra dois estados da Federação. Nesse caso, qualquer decisão judicial somente fará sentido se abranger todo o rio, sendo absolutamente despropositado cogitar de uma sentença que determine providências apenas no âmbito de uma das cidades percorridas pelo rio.

Outra crítica é a possível violação à isonomia e ao acesso à justiça, o que tornaria o art. 16 inconstitucional, segundo parcela da doutrina. Deveras, ao restringir a eficácia territorial da decisão, o dispositivo dificulta o acesso à justiça, o que pode inviabilizar a tutela jurisdicional em alguns casos. Além disso, propicia a ocorrência de múltiplos julgamentos contraditórios, violando a isonomia e a segurança jurídica e reduzindo drasticamente as chances de efetividade processual.

Registre-se que o STJ, em sede de recurso repetitivo, já havia comungado no entendimento que pugnava pela superação do art. 16 da LACP, ao decidir que os efeitos e a eficácia da sentença não estão circunscritos a lindes geográficos, mas aos limites objetivos e subjetivos do que foi decidido, levando-se em conta, para tanto, sempre a extensão do dano e a qualidade dos interesses metaindividuais postos em juízo[97-98].

---

97. "DIREITO PROCESSUAL. RECURSO REPRESENTATIVO DE CONTROVÉRSIA (ART. 543-C, CPC). DIREITOS METAINDIVIDUAIS. AÇÃO CIVIL PÚBLICA. APADECO X BANESTADO. EXPURGOS INFLACIONÁRIOS. EXECUÇÃO/LIQUIDAÇÃO INDIVIDUAL. FORO COMPETENTE. ALCANCE OBJETIVO E SUBJETIVO DOS EFEITOS DA SENTENÇA COLETIVA. LIMITAÇÃO TERRITORIAL. IMPROPRIEDADE. REVISÃO JURISPRUDENCIAL. LIMITAÇÃO AOS ASSOCIADOS. INVIABILIDADE. OFENSA À COISA JULGADA. 1. Para efeitos do art. 543-C do CPC: 1.1. A liquidação e a execução individual de sentença genérica proferida em ação civil coletiva pode ser ajuizada no foro do domicílio do beneficiário, porquanto os efeitos e a eficácia da sentença não estão circunscritos a lindes geográficos, mas aos limites objetivos e subjetivos do que foi decidido, levando-se em conta, para tanto, sempre a extensão do dano e a qualidade dos interesses metaindividuais postos em juízo (arts.468, 472 e 474, CPC e 93 e 103, CDC). 1.2. A sentença genérica proferida na ação civil coletiva ajuizada pela Apadeco, que condenou o Banestado ao pagamento dos chamados expurgos inflacionários sobre cadernetas de poupança, dispôs que seus efeitos alcançariam todos os poupadores da instituição financeira do Estado do Paraná. Por isso descabe a alteração do seu alcance em sede de liquidação/execução individual, sob pena de vulneração da coisa julgada. Assim, não se aplica ao caso a limitação contida no art. 2º-A, *caput*, da Lei n. 9.494/97 (...) (REsp 1243887/PR, Rel. Ministro LUIS FELIPE SALOMÃO, CORTE ESPECIAL, julgado em 19/10/2011, DJe 12/12/2011).
98. "EMBARGOS DE DIVERGÊNCIA. PROCESSUAL CIVIL. ART. 16 DA LEI DA AÇÃO CIVIL PÚBLICA. AÇÃO COLETIVA. LIMITAÇÃO APRIORÍSTICA DA EFICÁCIA DA DECISÃO À COMPETÊNCIA TERRITORIAL DO ÓRGÃO JUDICANTE. DESCONFORMIDADE COM O ENTENDIMENTO FIRMADO PELA CORTE ESPECIAL DO SUPERIOR TRIBUNAL DE JUSTIÇA EM JULGAMENTO DE RECURSO REPETITIVO REPRESENTATIVO DE CONTROVÉRSIA (RESP N.º 1.243.887/PR, REL. MIN. LUÍS FELIPE SALOMÃO). DISSÍDIO JURISPRUDENCIAL DEMONSTRADO. EMBARGOS DE DIVERGÊNCIA ACOLHIDOS. 1. No julgamento do recurso especial repetitivo (representativo de controvérsia) n.º 1.243.887/PR, Rel. Min. Luís Felipe Salomão, a Corte Especial do Superior Tribunal de Justiça, ao analisar a regra prevista no art. 16 da Lei n.º 7.347/85, primeira parte, consignou ser indevido limitar, aprioristicamente, a eficácia de decisões proferidas em ações civis públicas coletivas ao território da competência do órgão judicante. 2. Embargos de divergência acolhidos para restabelecer o acórdão de fls. 2.418-2.425 (volume 11), no ponto em que afastou a limitação territorial prevista no art. 16 da

Contudo, posteriormente, outra decisão da Corte Especial do STJ concluiu – supostamente embasada na decisão do STF no RE 612043 – que a limitação territorial da coisa julgada deveria se aplicar mesmo na hipótese de ação civil pública movida por sindicato de servidores públicos, na tutela de interesses individuais homogêneos dos trabalhadores substituídos[99].

Sucede que, conforme já afirmado, a decisão do RE 612043 não decidiu especificamente o ponto. Não aderiram à tese da limitação territorial da coisa julgada na ação coletiva, em que a associação atue como substituta processual, os seguintes ministros: Alexandre de Moraes; Ricardo Lewandowski; Edson Fachin; Rosa Weber; Gilmar Mendes. O extrato da ata de julgamento certifica que não votaram os ministros Roberto Barroso, Celso de Mello e Dias Toffoli. Assim, deu-se a maioria de 5 votos (contra 3 que aparentemente aderiram à ideia de limitação de eficácia territorial da coisa julgada).

O voto do Ministro Gilmar Mendes delimitou de forma precisa o tema objeto de decisão pela Suprema Corte:

> Min. Gilmar Mendes (RE 612043): É importante delimitar a controvérsia que está posta, destacando que se trata de ação ordinária coletiva proposta por associação civil em defesa de interesses individuais homogêneos dos seus associados. Não se está aqui a falar em mandado de segurança coletivo ou em ação coletiva proposta por sindicato, que recebem um tratamento distinto, conforme exposto a seguir. (...) A questão aqui também não versa sobre a substituição processual dos sindicatos, conforme o art. 8º, XXI, do texto constitucional, mas sobre a representação das associações, consoante previsto no art. 5º, XXI. (...) Proponho, para fins da sistemática de repercussão geral, a fixação da seguinte tese: "O momento processual adequado para exigir-se a comprovação de filiação do associado para fins de execução de sentença proferida em ação coletiva ajuizada por associação contra a Fazenda Pública é a data de formalização do processo, na petição inicial, conforme já definido no julgamento de mérito do RE 572.232/SC, em sede de repercussão geral".

Ao final, alguns ministros cogitaram a inserção de explicitação, no texto da tese, do próprio alcance do julgado, mas optou-se por enunciar tese *minimalista* ou sintética:

Lei n.º 7.347/85" (EREsp 1134957/SP, Rel. Ministra LAURITA VAZ, CORTE ESPECIAL, julgado em 24/10/2016).

99. "AGRAVO INTERNO NO RECURSO EXTRAORDINÁRIO. LIMITAÇÃO TERRITORIAL DA COISA JULGADA NA AÇÃO COLETIVA PROPOSTA POR SINDICATO. ACÓRDÃO DESTA CORTE EM CONFORMIDADE COM O TEMA 499/STF. AGRAVO IMPROVIDO. 1. Consoante entendimento firmado pelo Supremo Tribunal Federal no julgamento do RE 612.043 RG/PR, "A eficácia subjetiva da coisa julgada formada a partir de ação coletiva, de rito ordinário, ajuizada por associação civil na defesa de interesses dos associados, somente alcança os filiados, residentes no âmbito da jurisdição do órgão julgador, que o fossem em momento anterior ou até a data da propositura da demanda, constantes da relação jurídica juntada à inicial do processo de conhecimento" (Tema 499/STF). 2. Agravo interno improvido" (AgInt no RE nos EDcl nos EDcl no REsp 1657506/RS, Rel. Ministra MARIA THEREZA DE ASSIS MOURA, CORTE ESPECIAL, julgado em 27/11/2018).

O SENHOR MINISTRO RICARDO LEWANDOWSKI – Senhora Presidente, eu tinha sugerido, a bem, digamos assim, de um esclarecimento público, tendo em conta que estamos em sede de repercussão geral, que agregássemos à tese do eminente Relator, com a qual concordo integralmente, a seguinte frase: a ação coletiva aqui referida como de rito ordinário não se confunde com a ação coletiva proposta de acordo com o regramento do processo coletivo brasileiro. E entre aspas, talvez seria uma demasia: "Lei de Ação Civil Pública e Código de Defesa do Consumidor".

O SENHOR MINISTRO MARCO AURÉLIO (RELATOR) – O risco é o ministro Luiz Fux achar a sua tese ainda mais comprida do que a minha.

O SENHOR MINISTRO LUIZ FUX - Não, o problema é o seguinte: o problema é que o novo Código, para poder fazer aquela distinção de adequar o precedente ao caso concreto, ele determina que seja bem ajustado ao que foi discutido. E o que foi discutido, aqui, foi o que o

Ministro Marco Aurélio...

O SENHOR MINISTRO MARCO AURÉLIO (RELATOR) – O que não julgamos foi a problemática da ação civil pública. Por isso, não devemos inserir, na tese, algo a respeito.

(...)

O SENHOR MINISTRO RICARDO LEWANDOWSKI – Senhora Presidente, se isso ficar bem explicitado, seja em ata, ou seja, nesses nossos...

O SENHOR MINISTRO MARCO AURÉLIO (RELATOR) – Na tese, na própria tese, refiro-me, categoricamente, à ação coletiva de cobrança de rito ordinário.

(...)

A SENHORA MINISTRA ROSA WEBER - Não é isso. O que eu quero dizer, Ministro Marco Aurélio, é que me parece que a disciplina é muito ampla - o Ministro Luiz Fux acabou de manifestar preferência pela tese minimalista -, pelo risco de nós consagrarmos aqui algo que não foi discutido nesse processo, com uma visão... por isso que eu ficaria satisfeita só com a restrição apresentada...

O SENHOR MINISTRO RICARDO LEWANDOWSKI - Por isso é que eu estou - nessa linha da Ministra Rosa Weber – deixando de incluir na tese a Lei da Ação Civil Pública e o Código de Defesa do Consumidor, que têm regramento especial e que, por sua vez, possuem raízes na própria Constituição. Nós não estamos interpretando, data venia, a Constituição a partir da lei, mas nós estamos inserindo essa distinção diretamente da Constituição.

Em suma, pode-se concluir:

- (i) a decisão do STF no RE 612043 não abrange as ações civis públicas e ações civis coletivas ajuizadas com base nas Leis nº 7.347/85 (Lei da Ação Civil Pública) e 8.078/90 (Código de Defesa do Consumidor). No referido julgado, a Suprema Corte decidiu apenas a questão atinente à ação ordinária ajuizada sob o regime de representação processual, e a maioria formada não aderiu – ao menos expressamente – à tese de limitação territorial da coisa julgada, mas tão somente à relativa à necessidade de prévia filiação e autorização dos associados;

- (ii) dessa forma, também estão excluídas da decisão do RE 612043 as ações civis públicas movidas por sindicatos por meio da sistemática de substituição processual;
- (iii) a decisão do STJ no AgInt no RE nos EDcl nos EDcl no REsp 1657506/RS[100] interpretou de forma equivocada o quanto decidido pela Suprema Corte no RE 612043;
- (iv) a ementa do RE 612043 não constitui reprodução fiel do que decidido pela maioria dos ministros, que – repita-se – não aderiram à tese de limitação territorial da coisa julgada;
- (v) o tema da limitação territorial da coisa julgada na ação civil pública (Lei 7.347/85, art. 16) foi decidido em repercussão geral pelo STF no RE 1101937. Neste julgado, a Suprema Corte assentou a inconstitucionalidade da limitação territorial dos efeitos da coisa julgada prevista no referido dispositivo legal. Uma vez firmada a competência jurisdicional a partir do pedido formulado, a decisão judicial terá aptidão para gerar efeitos *erga omnes* (direitos difusos e individuais homogêneos) ou *ultra partes* (direitos coletivos em sentido estrito) em todo o território nacional.

3. ADVOGADO

Referências normativas e jurisprudenciais	
Constituição	Art. 5º Todos são iguais perante a lei, sem distinção de qualquer natureza, garantindo-se aos brasileiros e aos estrangeiros residentes no País a inviolabilidade do direito à vida, à liberdade, à igualdade, à segurança e à propriedade, nos termos seguintes; (...) XII - é inviolável o sigilo da correspondência e das comunicações telegráficas, de dados e das comunicações telefônicas, salvo, no último caso, por ordem judicial, nas hipóteses e na forma que a lei estabelecer para fins de investigação criminal ou instrução processual penal (...).
Legislação infraconstitucional	CPC/2015: Art. 77. Além de outros previstos neste Código, são deveres das partes, de seus procuradores e de todos aqueles que de qualquer forma participem do processo: I - expor os fatos em juízo conforme a verdade; II - não formular pretensão ou de apresentar defesa quando cientes de que são destituídas de fundamento; III - não produzir provas e não praticar atos inúteis ou desnecessários à declaração ou à defesa do direito; IV - cumprir com exatidão as decisões jurisdicionais, de natureza provisória ou final, e não criar embaraços à sua efetivação;

100. Rel. Ministra MARIA THEREZA DE ASSIS MOURA, CORTE ESPECIAL, julgado em 27/11/2018.

Referências normativas e jurisprudenciais	
Legislação infra-constitucional	V - declinar, no primeiro momento que lhes couber falar nos autos, o endereço residencial ou profissional onde receberão intimações, atualizando essa informação sempre que ocorrer qualquer modificação temporária ou definitiva; VI - não praticar inovação ilegal no estado de fato de bem ou direito litigioso. (...) § 2º A violação ao disposto nos incisos IV e VI constitui ato atentatório à dignidade da justiça, devendo o juiz, sem prejuízo das sanções criminais, civis e processuais cabíveis, aplicar ao responsável multa de até vinte por cento do valor da causa, de acordo com a gravidade da conduta. § 3º Não sendo paga no prazo a ser fixado pelo juiz, a multa prevista no § 2º será inscrita como dívida ativa da União ou do Estado após o trânsito em julgado da decisão que a fixou, e sua execução observará o procedimento da execução fiscal, revertendo-se aos fundos previstos no art. 97. § 4º A multa estabelecida no § 2º poderá ser fixada independentemente da incidência das previstas nos arts. 523, § 1º , e 536, § 1º . § 5º Quando o valor da causa for irrisório ou inestimável, a multa prevista no § 2º poderá ser fixada em até 10 (dez) vezes o valor do salário-mínimo. § 6º Aos advogados públicos ou privados e aos membros da Defensoria Pública e do Ministério Público não se aplica o disposto nos §§ 2º a 5º, devendo eventual responsabilidade disciplinar ser apurada pelo respectivo órgão de classe ou corregedoria, ao qual o juiz oficiará. CPC/1973: Art. 14. São deveres das partes e de todos aqueles que de qualquer forma participam do processo: I - expor os fatos em juízo conforme a verdade; II - proceder com lealdade e boa-fé; III - não formular pretensões, nem alegar defesa, cientes de que são destituídas de fundamento; IV - não produzir provas, nem praticar atos inúteis ou desnecessários à declaração ou defesa do direito. V - cumprir com exatidão os provimentos mandamentais e não criar embaraços à efetivação de provimentos judiciais, de natureza antecipatória ou final. Parágrafo único. Ressalvados os advogados que se sujeitam exclusivamente aos estatutos da OAB, a violação do disposto no inciso V deste artigo constitui ato atentatório ao exercício da jurisdição, podendo o juiz, sem prejuízo das sanções criminais, civis e processuais cabíveis, aplicar ao responsável multa em montante a ser fixado de acordo com a gravidade da conduta e não superior a vinte por cento do valor da causa; não sendo paga no prazo estabelecido, contado do trânsito em julgado da decisão final da causa, a multa será inscrita sempre como dívida ativa da União ou do Estado.
Julgados paradig-máticos	ADI 1105, 1127, 2652, 6135, 6160, 6161, 6169, 6177, 6182 HC 84270 Rcl 18885

3.1. Punição processual de advogados

As partes, procuradores, e todos os demais sujeitos processuais devem observar os ditames da boa-fé objetiva, de modo a sempre considerar a legítima expectativa de todos aqueles que intervêm no processo.

A boa-fé objetiva é pauta de conduta que se aplica igualmente para todos os sujeitos processuais, incluindo advogados, juiz e partes, entre outros. Na avaliação da conduta dos sujeitos processuais, deve-se ter em vista o comportamento normal de um homem médio no contexto social.

O art. 77, *caput*, do CPC, especifica alguns deveres dos sujeitos processuais, sem prejuízo de outros estabelecidos nas leis ou decorrentes diretamente dos princípios processuais: expor os fatos em juízo conforme a verdade; não formular pretensão ou apresentar defesa quando cientes de que são destituídas de fundamento; não produzir provas e não praticar atos inúteis ou desnecessários à declaração ou à defesa do direito; declinar, no primeiro momento que lhes couber falar nos autos, o endereço residencial ou profissional onde receberão intimações, atualizando essa informação sempre que ocorrer qualquer modificação temporária ou definitiva.

Além desses deveres, constitui ato atentatório à dignidade da jurisdição: (i) deixar de cumprir com exatidão as decisões jurisdicionais, de natureza provisória ou final, ou criar embaraços à sua efetivação; (ii) praticar inovação ilegal no estado de fato de bem ou direito litigioso.

No que tange a essa especificação de deveres decorrentes da boa-fé objetiva, a redação do CPC/2015 contém conteúdo substancialmente idêntico ao texto do art. 14 do CPC/1973. O novo Código, entretanto, corrige falha redacional do diploma revogado, promovendo adequação ao entendimento manifestado pelo STF na ADI 2652[101].

Nesse julgado, o Supremo Tribunal Federal procedeu à interpretação conforme a Constituição do art. 14, parágrafo único, do CPC/1973. Ao prever a punição processual por ato atentatório à dignidade da justiça, o dispositivo ressalvava "os advogados que se sujeitam exclusivamente aos estatutos da OAB". A inexistência de vírgula após o vocábulo "advogados" dava a entender que haveria advogados que, por não se sujeitarem exclusivamente aos estatutos da OAB – leia-se, advogados públicos, que se sujeitas às normas estatutárias do ente público correspondente –, poderiam ser punidos processualmente pela eventual prática de ato atentatório à dignidade da jurisdição.

Sucede que tal interpretação consubstanciaria nítida violação ao princípio da isonomia, criando discriminação odiosa e infundada aos advogados públicos. Por tal motivo, o STF julgou parcialmente procedente a referida ação direta de inconstitucionalidade para dar interpretação conforme a Constituição ao mencionado dispositivo do CPC/1973, esclarecendo que a ressalva nele contida abrangeria todos os advogados, públicos e privados, atuando em juízo a esse título, independentemente de estarem sujeitos também a outros regimes jurídicos.

101. ADI 2652, Relator: Min. MAURÍCIO CORRÊA, Tribunal Pleno, julgado em 08/05/2003.

Nesse diapasão, o art. 77, § 6º, do CPC/2015, corrigindo o erro redacional do Código anterior, estabelece expressamente que não se aplicam aos advogados públicos ou privados, e aos membros da Defensoria Pública e do Ministério Público, os dispositivos atinentes à punição por ato atentatório à dignidade da jurisdição, devendo eventual responsabilidade disciplinar ser apurada pelo respectivo órgão de classe ou corregedoria, ao qual o juiz oficiará.

Importante salientar, de outro lado, que a jurisprudência das turmas do STF é claudicante quanto ao julgamento de reclamações ajuizadas contra decisões judiciais que aplicam multas processuais diretamente aos advogados atuantes no processo, havendo decisões pela procedência da reclamação, por reconhecer violação ao precedente da ADI 2652[102]; e outros julgados que não admitem a reclamação, por ausência de aderência estrita ao que decidido na referida ação direta de inconstitucionalidade[103].

A diferença está em que, enquanto alguns julgados se atêm ao fato de que, na ADI 2652, a interpretação conforme a Constituição foi feita apenas em relação ao art. 14, parágrafo único, do CPC/1973, o qual versava sobre a punição por ato atentatório à dignidade da justiça, as decisões que julgam procedentes as reclamações se baseiam na observação de que, ao aplicar sanção processual ao advogado com base em outros dispositivos legais – notadamente aqueles atinentes à litigância de má-fé –, o que se tem é uma burla, por via oblíqua, ao que estabelecido na ADI 2652.

De todo modo, veja-se que o art. 32, *caput* e parágrafo único, da Lei 8906/94, estabelece que o advogado é responsável quando atuar com dolo ou culpa, sendo que, no caso de lide temerária, será solidariamente responsável com seu cliente, desde que coligado com este para lesar a parte contrária, o que será apurado em ação própria.

Depreende-se que não cabe ao Juiz do Trabalho aplicar punições ao advogado que se comporte inadequadamente, e, de forma dolosa ou culposa, lese direitos do próprio cliente ou de terceiros. Cabe ao magistrado expedir ofício à OAB, para apuração da responsabilidade, e, se for o caso de crime, para o Ministério Público Federal, para que investigue e forme sua *opinio delicti*.

---

102. "Agravo regimental em reclamação. Direito Processual Civil. Multa processual imposta a advogado. Ofensa à ADI nº 2.652/DF. Agravo regimental parcialmente provido. 1. Viola a autoridade do julgado na ADI nº 2.652/DF a aplicação de multa processual ao advogado, o qual não figura como parte ou como interveniente na ação. 2. Agravo regimental parcialmente provido" (Rcl 18885 AgR, Relator(a): TEORI ZAVASCKI, Relator(a) p/ Acórdão: DIAS TOFFOLI, Segunda Turma, julgado em 17/10/2017).

103. "PROCESSUAL CIVIL. AGRAVO REGIMENTAL NA RECLAMAÇÃO. IMPOSIÇÃO DE MULTA POR LITIGÂNCIA DE MÁ-FÉ A ADVOGADO. AUSÊNCIA DE ESTRITA ADERÊNCIA ENTRE O CONTEÚDO DO ATO RECLAMADO E O DO ACÓRDÃO PARADIGMA (ADI 2.652), QUE TRATOU APENAS DA APLICAÇÃO DE MULTA POR ATO ATENTATÓRIO À DIGNIDADE DA JUSTIÇA POR PARTE DE ADVOGADO PÚBLICO. INADMISSIBILIDADE. PRECEDENTES. AGRAVO REGIMENTAL A QUE SE NEGA PROVIMENTO" (Rcl 25313 AgR, Relator(a): TEORI ZAVASCKI, Segunda Turma, julgado em 11/11/2016).

Não cabe, assim, punição do advogado, nos próprios autos, por litigância de má-fé ou por ato atentatório à dignidade da justiça; a penalidade se aplica somente à parte que escolheu o causídico. O cabimento de reclamação direta ao STF, nas hipóteses de aplicação de multa por litigância de má-fé ao advogado, é controvertido no âmbito da própria Suprema Corte, conforme demonstrado acima.

Não obstante, registre-se haver entendimento minoritário no sentido da possibilidade de condenação solidária do advogado por litigância de má-fé, em casos excepcionais, em que ficar evidenciado que a má-fé partiu do patrono[104]. O problema dessa concepção é violar o princípio da legalidade, pois a legislação não estabelece a possibilidade de punição do advogado diretamente. A exigência de ação própria tem o objetivo de permitir um contraditório mais amplo, o que prestigia a advocacia.

Dessa forma, prejuízos materiais ou morais causados a qualquer pessoa em função do exercício da advocacia somente podem ser reparados em ação própria, no Juízo Cível competente; e as punições disciplinares são aplicadas pela OAB.

3.2. Detectores de metais e revista pessoal

Importante julgado do STF sobre a atuação profissional da advocacia é o HC 84270[105], o qual, embora oriundo de turma – e por isso não constitua precedente vinculante –, retrata a concepção majoritária sobre o assunto.

O caso dizia respeito a procedimento instituído pelo Tribunal de Justiça do Estado de São Paulo, de revista pessoal e submissão a detector de metais para ingresso nas dependências do Fórum.

A Suprema Corte concluiu que tal procedimento não violava a prerrogativa da advocacia de ingressar livremente em qualquer edifício ou recinto em que funcione repartição judicial (Lei 8.906/94, art. 7º, VI, *c*), já que não se estava impedindo o ingresso, mas apenas exigindo a realização de procedimento destinado a garantir a segurança de todos, inclusive dos próprios advogados. Ademais, o Tribunal asseverou inexistir discriminação, porquanto a medida era direcionada a todas as pessoas que ingressassem nas dependências das unidades judiciárias.

Considerou-se, ainda, que não havia violação do sigilo profissional, pois a eventual necessidade de abrir pastas e objetos similares não resultaria na leitura dos documentos, mas apenas teria o objetivo de identificar o objeto identificado pelo detector de metais.

---

104. Assim, SCHIAVI, Mauro, *Manual...*, *op.cit.*, p. 321.

105. HC 84270, 2ª Turma, Rel. Min. Gilmar Mendes, julgado em 24/08/2004.

Por fim, anotou-se que o art. 21, V, da LC 35/79 (Lei Orgânica da Magistratura Nacional), ao prever a competência privativa dos tribunais para exercer a direção e disciplina dos órgãos e serviços que lhes forem subordinados, legitimava, do ponto de vista formal, a regulamentação empreendida pelo Tribunal de Justiça.

3.3. ADI 1105 e 1127 (Estatuto da OAB)

A ADI 1127[106] constitui importante precedente do Supremo Tribunal Federal a respeito das prerrogativas dos advogados previstas no Estatuto da Advocacia - Lei 8.906/94. Considerando a multiplicidade de questões enfrentadas no julgado, será feita análise separada de cada ponto.

3.3.1. Indispensabilidade do advogado

Ao julgar a ADI 1127, o STF declarou a inconstitucionalidade da expressão "qualquer", contida no art. 1º, I, da Lei 8.906/94[107].

A Suprema Corte decidiu que a obrigatoriedade de participação de advogado em postulações judiciais, que se extrai do art. 133 da CF[108], não é absoluta, de modo que a lei pode prever exceções, tal como acontece nos casos do ajuizamento de ações perante a Justiça do Trabalho, impetração de *habeas corpus* e propositura de revisão criminal.

3.3.2. Imunidade profissional: injúria, difamação e desacato

Outro ponto analisado pelo STF na ação direta de constitucionalidade referida foi a questão da imunidade profissional do advogado, à luz do art. 2º, §3º, e do art. 7º, §2º, da Lei 8.906/94[109].

Primeiro aspecto importante é compreender que os dispositivos legais não isentam de responsabilidade o advogado que praticar o crime de calúnia (= imputação de crime) no seu exercício profissional.

Concluiu a Corte pela inconstitucionalidade da expressão "desacato", porque a configuração de tal crime seria elemento imprescindível para a preservação

106. ADI: 1127, Tribunal Pleno, Rel. Min. MARCO AURÉLIO, julgado em 17/05/2006.

107. Art. 1º São atividades privativas de advocacia: I - a postulação a qualquer órgão do Poder Judiciário e aos juizados especiais; (...).

108. Art. 133. O advogado é indispensável à administração da justiça, sendo inviolável por seus atos e manifestações no exercício da profissão, nos limites da lei.

109. Art, 2º, §3º: No exercício da profissão, o advogado é inviolável por seus atos e manifestações, nos limites desta lei.

Art. 7º, §2º: O advogado tem imunidade profissional, não constituindo injúria, difamação ou desacato puníveis qualquer manifestação de sua parte, no exercício de sua atividade, em juízo ou fora dele, sem prejuízo das sanções disciplinares perante a OAB, pelos excessos que comete.

da autoridade do juiz na condução da audiência ou sessão de julgamento. Na dicção da Min. Ellen Gracie, tratar-se-ia de "elemento de funcionabilidade" do sistema.

Por ocasião da votação, os ministros Sepúlveda Pertence, Ayres Britto, Cezar Peluso, Gilmar Mendes, Ellen Gracie e – aparentemente[110] – Eros Grau fizeram a ressalva de que a interpretação da inviolabilidade dos advogados no que tange aos crimes de injúria e difamação deveria ser analisada à luz dos precedentes firmados no Inquérito 1674[111] e no RHC 80536[112].

Dessa forma, pode-se dizer que, na ótica da Suprema Corte, a imunidade do advogado somente se verifica quando a manifestação contendo a suposta difamação ou injúria seja levada a efeito em virtude do exercício profissional da advocacia, ainda que fora de Juízo. Além disso, o advogado pode ser responsabilizado – em decorrência de sua atuação profissional, mesmo que se trate de processo judicial – caso atue com abuso da prerrogativa, cometendo excessos desnecessários ao debate da causa.

O Superior Tribunal de Justiça tem precedentes no sentido de que a imunidade dos advogados "não é absoluta, não alcançando os excessos desnecessários ao debate da causa cometidos contra a honra de quaisquer das pessoas envolvidas no processo, seja o magistrado, a parte, o membro do Ministério Público, o serventuário ou o advogado da parte contrária"[113].

---

110. Diz-se *aparentemente* porque o Min. Eros Grau reajustou seu voto em face dos argumentos do Min. Sepúlveda Pertence, o qual fazia menção expressa às decisões do Inquérito 1764 e do RHC 80536. Contudo, o Min. Eros Grau não falou expressamente sobre a limitação interpretativa contida em tais precedentes.

111. "Crime contra a honra: imunidade profissional do advogado: compreensão da ofensa a Juiz, desde que tenha alguma pertinência à causa. 1. O artigo 7º, § 2º, da L. 8.906/94 (Estatuto da Advocacia e da OAB) superou a jurisprudência formada sob o art. 142, C. Penal, que excluía do âmbito da imunidade profissional do advogado a injúria ou a difamação do juiz da causa. 2. Sob a lei nova, a imunidade do advogado se estende à eventual ofensa irrogada ao juiz, desde que pertinente à causa que defende. 3. O STF só deferiu a suspensão cautelar, no referido art. 7º § 2º, EAOAB, da extensão da imunidade à hipótese de desacato: nem um só voto entendeu plausível a argüição de inconstitucionalidade quanto à injúria ou à difamação. 4. A imunidade profissional cobre, assim, manifestação pela imprensa do Advogado Geral da União, que teria utilizado expressão depreciativa a despacho judicial em causa contra ela movida" (Inq 1674, Tribunal Pleno, Rel: ILMAR GALVÃO, julgado em 06/09/2001).

112. "(...) Imunidade do advogado por ofensas ao Juiz ou autoridade dirigente de processo administrativo: superação, pelo art. 7º EAOAB (L. 8.904/94) da jurisprudência formada sob o art. 142, I, C.Pen., que os subtraía, de modo absoluto, do alcance da libertas conviciandi, que, entretanto, continua a reclamar que as expressões utilizadas pelo profissional - ainda que, em tese, injuriosas ou difamatórias -, guardem pertinência com a discussão da causa e não degenerem em abuso da prerrogativa, mediante contumélias e epítetos pessoais, absolutamente dispensáveis ao exercício do nobre múnus da advocacia (RHC 80536, 1ª Turma, Relator: SEPÚLVEDA PERTENCE, julgado em 04/09/2001).

113. Cf. REsp 919.656/DF, Rel. Ministra MARIA ISABEL GALLOTTI, QUARTA TURMA, julgado em 04/11/2010, DJe 12/11/2010).

3.3.3. *Inviolabilidade do escritório, de instrumentos de trabalho e de correspondência e comunicações*

O art. 7º, II e IV, da Lei 8.906/94[114], também foi objeto de apreciação na ADI 1127. Os dispositivos asseguram a inviolabilidade do escritório ou local de trabalho do advogado, bem como de seus instrumentos de trabalho, bem como a prerrogativa de ter a presença de representante da OAB, quando preso em flagrante, por motivo ligado ao exercício da advocacia, para lavratura do auto respectivo, sob pena de nulidade e, nos demais casos, a comunicação expressa da prisão à seccional da Ordem.

Nos debates entre os ministros, manifestou-se a preocupação em não obstaculizar a persecução criminal e não frustrar a prática de diligências como a busca e apreensão.

O Min. Sepúlveda Pertence votou pela constitucionalidade dos dispositivos, esclarecendo que não estaria afastando a possibilidade de aplicação do art. 5º, XII, da Constituição, de modo que seria legítima a quebra de sigilo das comunicações por ordem fundamentada de autoridade judiciária, para fins de investigação criminal ou instrução processual penal. Ademais, as prerrogativas da advocacia não poderiam comprometer a eficácia da diligência.

Alguns ministros chegaram a debater sobre os procedimentos a serem adotados no caso de busca e apreensão, preconizando, por exemplo, que não se identificasse o local nem o advogado objeto de investigação, quando da solicitação de representante da OAB para acompanhar a diligência. Nos debates, alguns ministros criticaram tal proposição, falando que se trataria de sentença aditiva ou de um "voto com manual de instruções".

Vários Ministros, como Joaquim Barbosa, Cezar Peluso e Gilmar Mendes aderiram às explicitações feitas por Sepúlveda Pertence. A leitura do inteiro teor do acórdão, entretanto, não deixa clara a conclusão do Plenário a respeito de tais explicitações.

De todo modo, a jurisprudência posterior da Suprema Corte[115-116] é remansosa no sentido de que a inviolabilidade do escritório de advocacia não é abso-

114. Art. 7º. São direitos do advogado: (...) II – a inviolabilidade de seu escritório ou local de trabalho, bem como de seus instrumentos de trabalho, de sua correspondência escrita, eletrônica, telefônica e telemática, desde que relativas ao exercício da advocacia; (...) IV - ter a presença de representante da OAB, quando preso em flagrante, por motivo ligado ao exercício da advocacia, para lavratura do auto respectivo, sob pena de nulidade e, nos demais casos, a comunicação expressa à seccional da OAB.

115. Assim, por exemplo: Inq 4074, Relator(a): EDSON FACHIN, Relator(a) p/ Acórdão: DIAS TOFFOLI, Segunda Turma, julgado em 14/08/2018.

116. "HABEAS CORPUS. BUSCA E APREENSÃO FUNDAMENTADA. VERIFICAÇÃO DE QUE NO LOCAL FUNCIONAVA ESCRITÓRIO DE ADVOCACIA. NECESSIDADE DE FUNDAMENTAÇÃO ESPECÍFICA. AUSÊNCIA DE COMUNICAÇÃO AO MAGISTRADO ANTES DA EXECUÇÃO DA MEDIDA. IMPOSSIBILIDADE DE EXECUÇÃO EM SITUAÇÃO DISTINTA DAQUELA DETERMI-

luta, podendo ser afastada por decisão fundamentada de autoridade judiciária, devendo o mandado de busca e apreensão ser cumprido com acompanhamento de representante da OAB, conforme determina o art. 7º, §6º, da Lei 8.906/94[117].

De acordo com o §7º do mesmo dispositivo, na busca e apreensão, não podem ser apreendidos documentos, mídias e objetos que pertençam a clientes, bem como instrumentos de trabalho do advogado que contenham informações sobre clientes, com exceção dos clientes estejam sendo formalmente investigados como seus participes ou coautores pela prática do mesmo crime que deu causa a quebra da inviolabilidade.

Quanto à prisão em flagrante, foi reconhecida a constitucionalidade do art. 7º, §3º, de modo que o advogado somente poderá ser preso em flagrante, por motivo de exercício da profissão, em caso de crime inafiançável.

3.3.4. Prisão em sala de Estado-maior

A Corte declarou a inconstitucionalidade da expressão "assim reconhecidas pela OAB", contida no art. 7º, V, da Lei 8.906/94[118]. A maioria dos ministros concluiu que a atribuição de verificar a habitabilidade de prisões, a fim de verificar se as instalações são condignas, constitui atribuição típica do Poder Público. Eventual irregularidade deve ser combatida pela Ordem, se for o caso, mediante ação judicial.

NADA NA ORDEM JUDICIAL. NULIDADE DAS PROVAS COLHIDAS. ORDEM CONCEDIDA. 1. O sigilo profissional constitucionalmente determinado não exclui a possibilidade de cumprimento de mandado de busca e apreensão em escritório de advocacia. O local de trabalho do advogado, desde que este seja investigado, pode ser alvo de busca e apreensão, observando-se os limites impostos pela autoridade judicial. 2. Tratando-se de local onde existem documentos que dizem respeito a outros sujeitos não investigados, é indispensável a especificação do âmbito de abrangência da medida, que não poderá ser executada sobre a esfera de direitos de não investigados. 3. Equívoco quanto à indicação do escritório profissional do paciente, como seu endereço residencial, deve ser prontamente comunicado ao magistrado para adequação da ordem em relação às cautelas necessárias, sob pena de tornar nulas as provas oriundas da medida e todas as outras exclusivamente delas decorrentes. 4. Ordem concedida para declarar a nulidade das provas oriundas da busca e apreensão no escritório de advocacia do paciente, devendo o material colhido ser desentranhado dos autos do INQ 544 em curso no STJ e devolvido ao paciente, sem que tais provas, bem assim quaisquer das informações oriundas da execução da medida, possam ser usadas em relação ao paciente ou a qualquer outro investigado, nesta ou em outra investigação" (HC 91610, Relator(a): GILMAR MENDES, Segunda Turma, julgado em 08/06/2010).

117. Art. 7º, § 6º Presentes indícios de autoria e materialidade da prática de crime por parte de advogado, a autoridade judiciária competente poderá decretar a quebra da inviolabilidade de que trata o inciso II do **caput** deste artigo, em decisão motivada, expedindo mandado de busca e apreensão, específico e pormenorizado, a ser cumprido na presença de representante da OAB, sendo, em qualquer hipótese, vedada a utilização dos documentos, das mídias e dos objetos pertencentes a clientes do advogado averiguado, bem como dos demais instrumentos de trabalho que contenham informações sobre clientes.

118. Art. 7º - V - não ser recolhido preso, antes de sentença transitada em julgado, senão em sala de Estado Maior, com instalações e comodidades condignas, assim reconhecidas pela OAB, e, na sua falta, em prisão domiciliar.

3.3.5. *Sustentação oral após voto do relator*

O STF declarou a inconstitucionalidade do art. 7º, IX, do Estatuto da OAB[119], o qual assegurava ao advogado a prerrogativa de sustentar oralmente nas sessões de julgamento em tribunais após o voto do relator.

O principal fundamento adotado é que tal procedimento desvirtuaria o devido processo legal, instaurando uma espécie de novo recurso após o voto do relator. Esclareceu-se que o contraditório deve existir entre as partes, e não entre uma dessas e o órgão judicial. Permitir sustentação oral após o voto do relator fragmenta a unidade do julgamento e cria incidente dentro do julgamento colegiado.

Também se ponderou a questão da inconstitucionalidade formal, já que cabe aos tribunais editar seus regimentos internos e dispor sobre normas procedimentais internas. No julgamento da medida cautelar na ADI 1105[120], a Suprema Corte concluiu que o art. 7º, IX, da Lei 8.906/94, consistia em interferência legislativa indevida no principal ato típico da magistratura, que é o ato de julgar. No julgamento final de mérito[121], entretanto, o enfoque da Corte foi essencialmente sobre o aspecto envolvendo a violação do contraditório e devido processo legal.

3.4. Advogados públicos: honorários advocatícios

Nas ADI 6053 e 6178[122], o Supremo Tribunal Federal assentou a possibilidade de recebimento de honorários advocatícios sucumbenciais por advoga-

---

119. Art. 7º, IX - sustentar oralmente as razões de qualquer recurso ou processo, nas sessões de julgamento, após o voto do relator, em instância judicial ou administrativa, pelo prazo de quinze minutos, salvo se prazo maior for concedido.

120. ADI 1105 MC, Relator(a): PAULO BROSSARD, Tribunal Pleno, julgado em 03/08/1994.

121. ADI 1105, Relator(a): MARCO AURÉLIO, Relator(a) p/ Acórdão: RICARDO LEWANDOWSKI, Tribunal Pleno, julgado em 17/05/2006.

122. "CONSTITUCIONAL E ADMINISTRATIVO. INTERDEPENDÊNCIA E COMPLEMENTARIDADE DAS NORMAS CONSTITUCIONAIS PREVISTAS NOS ARTIGOS 37, *CAPUT*, XI, E 39, §§ 4º E 8º, E DAS PREVISÕES ESTABELECIDAS NO TÍTULO IV, CAPÍTULO IV, SEÇÕES II E IV, DO TEXTO CONSTITUCIONAL. POSSIBILIDADE DO RECEBIMENTO DE VERBA DE HONORÁRIOS DE SUCUMBÊNCIA POR ADVOGADOS PÚBLICOS CUMULADA COM SUBSÍDIO. NECESSIDADE DE ABSOLUTO RESPEITO AO TETO CONSTITUCIONAL DO FUNCIONALISMO PÚBLICO. 1. A natureza constitucional dos serviços prestados pelos advogados públicos possibilita o recebimento da verba de honorários sucumbenciais, nos termos da lei. A CORTE, recentemente, assentou que "o artigo 39, § 4º, da Constituição Federal, não constitui vedação absoluta de pagamento de outras verbas além do subsídio" (ADI 4.941, Rel. Min. TEORI ZAVASCKI, Relator p/ acórdão, Min. LUIZ FUX, DJe de 7/2/2020). 2. Nada obstante compatível com o regime de subsídio, sobretudo quando estruturado como um modelo de remuneração por performance, com vistas à eficiência do serviço público, a possibilidade de advogados públicos perceberem verbas honorárias sucumbenciais não afasta a incidência do teto remuneratório estabelecido pelo art. 37, XI, da Constituição Federal. 3. AÇÃO PARCIALMENTE PROCEDENTE" (ADI 6053 e 6178, Relator(a): MARCO AURÉLIO, Relator(a) p/ Acórdão: ALEXANDRE DE MORAES, Tribunal Pleno, julgado em 22/06/2020).

dos públicos, assim entendidos aqueles que representem a Administração Pública direta, autárquica e fundacional da União, dos estados e dos municípios. Veja-se que não estão abrangidos pelas decisões os advogados de fundações públicas de direito privado e de empresas estatais, as quais detêm personalidade jurídica de direito privado.

Na visão que prevaleceu na Suprema Corte, o art. 85, §19, do CPC[123], bem como previsões legislativas que regulamentem o pagamento dos honorários sucumbenciais aos advogados públicos nas esferas municipal, estadual e federal, não violam a Constituição Federal, desde que o somatório dos subsídios e dos honorários sucumbenciais recebidos pelos advogados públicos não excedam o teto mensal correspondente ao subsídio dos ministros do Supremo Tribunal Federal (CF, art. 37, XI). O entendimento foi reiterado em diversas ações diretas de inconstitucionalidade julgadas na Suprema Corte[124].

Em relação às empresas públicas e sociedades de economia mista, o próprio STF tem precedente que assegura aos respectivos advogados o recebimento dos honorários advocatícios sucumbenciais, sem menção ao teto remuneratório[125]. Ressalve-se, entretanto, que o Tribunal Superior do Trabalho firmou jurisprudência no sentido de que, sob a égide do CPC/1973, não eram devidos honorários advocatícios sucumbenciais para os advogados empregados de empresas estatais[126]. Sucede que tal entendimento, além de superado pelo CPC/2015, era

---

123. Art. 85, § 19. Os advogados públicos perceberão honorários de sucumbência, nos termos da lei.

124. ADI 6135, 6160, 6161, 6169, 6177, 6182, Relator(a): ROSA WEBER, Tribunal Pleno, julgado em 20/10/2020.

125. "EMENTA: CONSTITUCIONAL. ADVOGADOS. ADVOGADO-EMPREGADO. EMPRESAS PÚBLICAS E SOCIEDADES DE ECONOMIA MISTA. Medida Provisória 1.522-2, de 1996, artigo 3º. Lei 8.906/94, arts. 18 a 21. C.F., art. 173, § 1º. I. - As empresas públicas, as sociedades de economia mista e outras entidades que explorem atividade econômica em sentido estrito, sem monopólio, estão sujeitas ao regime próprio das empresas privadas, inclusive quanto às obrigações trabalhistas e tributárias. C.F., art. 173, § 1º. II. - Suspensão parcial da eficácia das expressões "às empresas públicas e às sociedades de economia mista", sem redução do texto, mediante a aplicação da técnica da interpretação conforme: não aplicabilidade às empresas públicas e às sociedades de economia mista que explorem atividade econômica, em sentido estrito, sem monopólio. III. - Cautelar deferida" (ADI 1552 MC, Relator(a): CARLOS VELLOSO, Tribunal Pleno, julgado em 17/04/1997).

126. "Ação rescisória. Art. 485, V, do CPC de 1973. Honorários sucumbenciais. Advogado empregado de sociedade de economia mista. Indevidos. A hipótese de ação rescisória com fundamento no art. 485, V, do CPC de 1973 pressupõe a manifesta violação à literalidade dos dispositivos legais apontados como ofendidos. No caso, o autor pretende a desconstituição do acórdão na parte em que indeferiu o recebimento de honorários de sucumbência decorrentes das ações judiciais em que a empregadora, sociedade de economia mista, teve êxito. A regra geral, prevista no artigo 21 da Lei nº 8.906/94, de que os honorários de sucumbência, nas causas em que for parte o empregador, são devidos aos empregados, foi expressamente relativizada pelo artigo 4º da Lei nº 9.527/97, o qual afastou a aplicação aos advogados da Administração Pública Direta e Indireta da União, dos Estados, do Distrito Federal e dos Municípios. Portanto, não há desrespeito aos artigos 23 e 24 da Lei nº 8.906/94, pois não possuem aplicação irrestrita, visto que excetuados os advogados empregados integrantes do quadro de pessoal da Administração Pública dos entes da Federação. Com esse entendimento, a SBDI-II, por unanimidade, conheceu do recurso ordinário e, no mérito, negou-lhe provimento. TST-RO2570-72.2011.5.10.0000, SBDI-II, rel. Min. Delaíde Miranda Arantes, 1º/9/2020" (noticiado no informativo TST nº 224).

contrário à jurisprudência do STF firmada sob a égide do Código de Processo Civil anterior[127].

De fato, o TST se baseava no art. 4º da Lei 9.527/97[128], a qual foi fruto da conversão da Medida Provisória nº 1.595-14, de 10/11/1997, que era uma reedição da MP nº 1.522/96, de 11/10/1996. Tal dispositivo foi suspenso parcialmente pela já citada decisão da ADI 1552 MC. O mérito da ação direta de inconstitucionalidade, entretanto, não foi julgado, pois sobreveio a EC nº 19/98, que alterou a redação do artigo 173, §1º da Constituição Federal, o qual era o parâmetro de controle na ADI. Por tal motivo, o STF julgou prejudicada a ação e extinguiu a ADI sem resolução de mérito[129].

Os advogados empregados de empresas estatais sempre estiveram submetidos à aplicação da CLT e ao regime jurídico típico das empresas privadas (CF, art. 173, §1º), sendo certo que os advogados empregados em geral fazem jus a honorários advocatícios sucumbenciais devidos nas causas em que for parte o empregador (Lei 8.906/94, art. 21, *caput*[130]). O art. 4º da Lei 9.527/97 é, dessa forma, inconstitucional, sobretudo por violar a isonomia de tratamento entre os advogados empregados de empresas estatais e de empresas privadas.

Ademais, "(i) o STF declarou a inconstitucionalidade de dispositivo de medida provisória com idêntica redação e (ii) o dispositivo foi superado pelo atual Código de Processo Civil e pelo artigo 791-A da CLT"[131], de modo que não há dúvidas de que o ordenamento jurídico vigente assegura aos advogados de empresas públicas e de sociedades de economia o direito ao recebimento de honorários advocatícios sucumbenciais nas causas em que seu empregador seja parte.

4. *AMICUS CURIAE*

Referências normativas e jurisprudenciais	
Constituição	Art. 1º A República Federativa do Brasil, formada pela união indissolúvel dos Estados e Municípios e do Distrito Federal, constitui-se em Estado Democrático de Direito e tem como fundamentos: (...).

127. Cf. TUPINAMBÁ, Carolina. *Os advogados empregados em estatais e o respectivo direito aos honorários.* In: MIESSA, Élisson. (Org.) *Honorários Advocatícios na Justiça do Trabalho.* São Paulo: Juspodvim, v. 1, pág. 1105-1120, 2019.

128. Art. 4º As disposições constantes do Capítulo V, Título I, da Lei nº 8.906, de 4 de julho de 1994, não se aplicam à Administração Pública direta da União, dos Estados, do Distrito Federal e dos Municípios, bem como às autarquias, às fundações instituídas pelo Poder Público, às empresas públicas e às sociedades de economia mista.

129. Cf. TUPINAMBÁ, Carolina. *Os advogados..., op.cit.*, p. 1117.

130. Art. 21. Nas causas em que for parte o empregador, ou pessoa por este representada, os honorários de sucumbência são devidos aos advogados empregados.

131. Idem, ibidem.

Referências normativas e jurisprudenciais	
Constituição	Art. 93, IX - todos os julgamentos dos órgãos do Poder Judiciário serão públicos, e fundamentadas todas as decisões, sob pena de nulidade, podendo a lei limitar a presença, em determinados atos, às próprias partes e a seus advogados, ou somente a estes, em casos nos quais a preservação do direito à intimidade do interessado no sigilo não prejudique o interesse público à informação (...).
Legislação infra-constitucional	CPC, Art. 138. O juiz ou o relator, considerando a relevância da matéria, a especificidade do tema objeto da demanda ou a repercussão social da controvérsia, poderá, por decisão irrecorrível, de ofício ou a requerimento das partes ou de quem pretenda manifestar-se, solicitar ou admitir a participação de pessoa natural ou jurídica, órgão ou entidade especializada, com representatividade adequada, no prazo de 15 (quinze) dias de sua intimação. § 1º A intervenção de que trata o *caput* não implica alteração de competência nem autoriza a interposição de recursos, ressalvadas a oposição de embargos de declaração e a hipótese do § 3º. § 2º Caberá ao juiz ou ao relator, na decisão que solicitar ou admitir a intervenção, definir os poderes do amicus curiae . § 3º O amicus curiae pode recorrer da decisão que julgar o incidente de resolução de demandas repetitivas. Art. 1.015. Cabe agravo de instrumento contra as decisões interlocutórias que versarem sobre: (...) IX - admissão ou inadmissão de intervenção de terceiros (...). Lei nº 9.868/99, Art. 7º - Não se admitirá intervenção de terceiros no processo de ação direta de inconstitucionalidade. (...) § 2º - O relator, considerando a relevância da matéria e a representatividade dos postulantes, poderá, por despacho irrecorrível, admitir, observado o prazo fixado no parágrafo anterior, a manifestação de outros órgãos ou entidades.
Julgados paradigmáticos	ADI 3105 ED, 3396, 3615 ED, 3931 ED, 3934 ED, 5774 ED

4.1. Noções gerais sobre o instituto[132]

Amicus curiae (amigo da Corte) é sujeito que intervém no processo, provocada ou espontaneamente, com o objetivo de opinar e prestar informações relevantes sobre o mérito da causa, propiciando a melhor compreensão do Juízo a respeito. Justifica-se tal modalidade de intervenção em virtude da relevância da matéria, da especificidade do tema objeto da demanda ou da repercussão social da controvérsia (CPC, art. 138, *caput*).

Trata-se de modalidade *sui generis* de intervenção de terceiros, pois o *amicus* não detém qualquer interesse jurídico na demanda, tal como exigido nas demais modalidades de intervenção; assim, não é titular de qualquer re-

132. Retomo, aqui, reflexões feitas em BERNARDES, Felipe, *Manual... op.cit.*, 2ª ed., p. 302-304.

lação jurídica direta ou indiretamente vinculada àquela discutida em Juízo. O interesse que justifica sua intervenção é institucional, pois o *amicus* tem grande credibilidade em alguma área específica de atuação que seja, de alguma forma, objeto do processo.

O instituto tem nítida feição democrática, associando-se à pluralização do debate e conferindo maior legitimidade às decisões judiciais nas situações que autorizam o ingresso do *amicus curiae*.

Não se confunde o *amicus curiae* com o perito, pois o segundo é sujeito probatório, cujos honorários são suportados pela parte sucumbente na pretensão objeto da perícia. O perito faz avaliação técnica dos fatos da causa, sem opinar sobre como deva ser o julgamento, e está sujeito às regras de impedimento e suspeição, já que deve ser imparcial (CPC, art. 148, II)[133]; enquanto o *amicus curiae* é terceiro interveniente não remunerado, que eventualmente pode não ser dotado de imparcialidade quanto ao tema discutido no processo, e pode opinar também em questões jurídicas e técnicas, não se sujeitando ao regramento da suspeição e impedimento.

No Processo do Trabalho, visualiza-se a possibilidade de intervenção do *amicus* sobretudo nas ações coletivas, capazes de atingir um grande número de trabalhadores. Pense-se numa ação civil pública cujo objeto seja a proibição do uso de determinado material tóxico que possa causar doenças em trabalhadores de certo setor da indústria. O tema é relevante e tem grande repercussão social, podendo ser interessante, por exemplo, a participação no processo de entidades científicas que estudem o tema, para municiar o Juízo de informações úteis ao deslinde da controvérsia.

Nada impede, contudo, que, em casos de grande repercussão social ou que versem sobre temas muito específicos ou relevantes, admita-se a intervenção do *amicus curiae* em processos individuais, inclusive em primeiro grau de jurisdição.

Discute-se se o *amicus curiae* é parte ou auxiliar do Juízo. Há posicionamento doutrinário no sentido de que o CPC, ao incluir a figura no capítulo atinente à intervenção de terceiros, teria se filiado ao entendimento segundo o qual o *amicus* é parte[134]. Outra vertente afirma cuidar-se de auxiliar especial do juiz[135].

O *amicus curiae*, tal como o assistente simples, não formula pedido, e tampouco é demandado no processo, não podendo ser caracterizado como parte. Não se pode sequer dizer que sempre será sujeito parcial, pois em algumas situações o *amicus* pode ser absolutamente desinteressado em relação ao litígio.

---

133. Art. 148 - Aplicam-se os motivos de impedimento e de suspeição: (...) II - aos auxiliares da justiça.
134. DIDIER, *Curso...*, *op.cit.*, v.1, p. 531.
135. THEODORO JÚNIOR, Curso..., *op.cit.*, v.1, p. 405.

Suponha-se ação envolvendo discussão entre duas companhias de capital aberto, a respeito de emissão de debêntures. Nessa hipótese, é obrigatória, por força da Lei nº 6.385/76, art. 31, *caput*[136], a intimação da Comissão de Valores Mobiliários, órgão público responsável pela fiscalização do mercado de capitais, que pode atuar, caso queira, como *amicus curiae*. Ora, é evidente que a CVM não atuará com parcialidade no processo, mas buscará apenas fornecer subsídios que permitam a melhor compreensão da causa pelo Judiciário. O mesmo se verifica com a intervenção do Conselho Administrativo de Defesa Econômica, prevista no art. 118 da Lei nº 12.529/2011, e pode acontecer com qualquer outra pessoa ou órgão que seja desinteressada em relação ao litígio[137].

Conclui-se, então, que o *amicus curiae* não é parte, mas terceiro interveniente, mais bem caracterizado como auxiliar do Juízo, parcial ou imparcial, cuja participação no processo se justifica em função de sua representatividade adequada acerca do tema objeto de controvérsia judicial.

Representatividade adequada consiste no fato de que a pessoa física, jurídica, ou órgão, detém prestígio e reconhecimento público por sua atuação vinculada ao tema objeto de discussão judicial. Cientistas, artistas, instituições de pesquisa, associações sem fins lucrativos, entre muitos outros, são exemplos de potenciais *amici curiae*.

Corrobora a conclusão de que o *amicus* não é parte o fato de não haver deslocamento de competência com a sua intervenção (CPC, art. 138, §1º)[138]. Assim, mesmo que o *amicus curiae* seja órgão público federal ou fundação pública federal, a competência permanecerá no Juízo em que tramitava a causa antes da intervenção do terceiro, não se deslocando para a Justiça Federal.

Além disso, o *amicus curiae* não pode recorrer, ressalvada a possibilidade de oposição de embargos de declaração e de recurso contra decisão de IRDR - incidente de resolução de demandas repetitivas (CPC, art. 138, §§1º e 3º). A doutrina alvitra, ainda, a possibilidade de recurso nas situações de recursos repetitivos[139]; ou sempre que se puder formar um precedente[140]. De fato, é pertinente a interpretação extensiva, pois o legislador disse menos do que queria: sempre que

136. Lei 6385/76Art. 31 - Nos processos judiciários que tenham por objetivo matéria incluída na competência da Comissão de Valores Mobiliários, será esta sempre intimada para, querendo, oferecer parecer ou prestar esclarecimentos, no prazo de quinze dias a contar da intimação.

137. Art. 118 - Nos processos judiciais em que se discuta a aplicação desta Lei, o Cade deverá ser intimado para, querendo, intervir no feito na qualidade de assistente.

138. Art. 138, §1º - A intervenção de que trata o *caput* não implica alteração de competência nem autoriza a interposição de recursos, ressalvadas a oposição de embargos de declaração e a hipótese do §3º. (...) §3º - O amicus curiae pode recorrer da decisão que julgar o incidente de resolução de demandas repetitivas.

139. DIDIER, v.1, p. 532.

140. MARINONI, v.2, p.99.

se tratar de casos repetitivos (IRDR ou recursos repetitivos) é possível o recurso do *amicus curiae*, considerada a repercussão social presumida da controvérsia.

Afora a prerrogativa de recorrer, e a de manifestação nos 15 dias subsequentes à sua intimação - ambas não passíveis de supressão pelo órgão jurisdicional -, o *amicus curiae* pode titularizar outros poderes, de acordo com decisão do juiz ou relator (art. 138, §2º)[141].

4.2. Interposição de recurso pelo *amicus curiae* nas ações de controle concentrado de constitucionalidade

De acordo com o regramento do Código de Processo Civil, é irrecorrível a decisão por força da qual o órgão jurisdicional admite (em caso de provocação de alguma das partes) ou solicita (de ofício) a intervenção do *amicus curiae* (art. 138, *caput*). Já a decisão que inadmite a intervenção do *amicus curiae* é impugnável, no Processo Civil, por agravo de instrumento (CPC, art. 1015, IX[142]), caso se trate de decisão de juiz de primeiro grau; ou de agravo interno, em se tratando de decisão monocrática de membro de tribunal. No Processo do Trabalho, não cabe recurso de imediato (CLT, art. 893, §1º) contra a decisão de juiz de primeiro grau, razão pela qual é pertinente, em tese, a impetração de mandado de segurança; e contra decisões monocráticas, cabe o recurso de agravo interno.

Assim como o CPC/2015, o art. 7º, §2º, da Lei 9.868/99[143] prevê a irrecorribilidade da decisão do relator que admita o ingresso do *amicus curiae*, mas silencia sobre a decisão que rejeita a intervenção do terceiro.

No entanto, antes mesmo da entrada em vigor do Código de 2015, a jurisprudência do Supremo Tribunal Federal se consolidara no sentido de que o *amicus curiae* não detém legitimidade recursal nas ações de controle concentrado de constitucionalidade, com a única ressalva da decisão que não admite o ingresso do *amicus*[144]. Trata-se, na dicção da Suprema Corte, de espécie de recurso *secundum eventum litis*, já que somente será cabível na hipótese de

141. Art. 138, § 2º - Caberá ao juiz ou ao relator, na decisão que solicitar ou admitir a intervenção, definir os poderes do *amicus curiae*.

142. Art. 1.015. Cabe agravo de instrumento contra as decisões interlocutórias que versarem sobre: (...) IX - admissão ou inadmissão de intervenção de terceiros (...).

143. Lei nº 9.868/99, Art. 7º - Não se admitirá intervenção de terceiros no processo de ação direta de inconstitucionalidade. (...) § 2º - O relator, considerando a relevância da matéria e a representatividade dos postulantes, poderá, por despacho irrecorrível, admitir, observado o prazo fixado no parágrafo anterior, a manifestação de outros órgãos ou entidades.

144. "AÇÃO DIRETA DE INCONSTITUCIONALIDADE. EMBARGOS DE DECLARAÇÃO OPOSTOS POR AMICUS CURIAE. AUSÊNCIA DE LEGITIMIDADE. INTERPRETAÇÃO DO § 2º DA LEI N. 9.868/99. 1. A jurisprudência deste Supremo Tribunal é assente quanto ao não-cabimento de recursos interpostos por terceiros estranhos à relação processual nos processos objetivos de controle de constitucionalidade. 2. Exceção apenas para impugnar decisão de não-admissibilidade de sua intervenção nos

inadmissão da intervenção do terceiro, não assim no caso em que a decisão judicial o admita.

O cabimento de recurso contra a decisão de inadmissão se pauta na perspectiva de pluralização do debate, o que traz maior coeficiente democrático e de legitimidade à atuação jurisdicional, além do prestígio ao contraditório e ao incremento da fundamentação da decisão, objetivos essenciais da figura do *amicus curiae*.

Ademais, na ADI 3396[145], a Suprema Corte inadmitiu a participação de pessoa física como *amicus curiae* em ação direta de inconstitucionalidade, seja por inexistência de representatividade adequada, seja pela impossibilidade de interesses individuais e subjetivos em ações de controle concentrado de constitucionalidade.

De fato, se o objetivo da intervenção como *amicus curiae* for o de promover a defesa de interesses próprios, será absolutamente impertinente a intervenção de terceiro. Contudo, não se pode pré-excluir, de forma absoluta, a possibilidade de que pessoa física seja admitida como *amicus*, desde que, em virtude de sua representatividade adequada, tenha condições de prestar contribuição ao deslinde do julgamento. Suponha-se, por hipótese, causa que envolva discussão sobre questão complexa e específica relacionada às Ciências Médicas; seria possível, por exemplo, que o cientista agraciado com o Prêmio Nobel e que dedicasse seus estudos ao tema fosse admitido, como pessoa física, na qualidade de *amicus curiae*.

5. ARBITRAGEM

Referências normativas e jurisprudenciais	
Constituição	Art. 5º Todos são iguais perante a lei, sem distinção de qualquer natureza, garantindo-se aos brasileiros e aos estrangeiros residentes no País a inviolabilidade do direito à vida, à liberdade, à igualdade, à segurança e à propriedade, nos termos seguintes; (...) Art. 114, § 2º Recusando-se qualquer das partes à negociação coletiva ou à arbitragem, é facultado às mesmas, de comum acordo, ajuizar dissídio coletivo de natureza econômica, podendo a Justiça do Trabalho decidir o conflito, respeitadas as disposições mínimas legais de proteção ao trabalho, bem como as convencionadas anteriormente.

autos. 3. Precedentes. 4. Embargos de declaração não conhecidos" (ADI 3615 ED, Relator(a): CÁRMEN LÚCIA, Tribunal Pleno, julgado em 17/03/2008).

145. "CONTROLE ABSTRATO DE CONSTITUCIONALIDADE – DECISÃO QUE FUNDAMENTADAMENTE NÃO ADMITIU A INTERVENÇÃO, COMO "AMICUS CURIAE", DE PESSOA FÍSICA – AUSÊNCIA DE REPRESENTATIVIDADE ADEQUADA – IMPOSSIBILIDADE DE DEFENDER, EM SEDE DE CONTROLE NORMATIVO ABSTRATO, DIREITOS E INTERESSES DE CARÁTER INDIVIDUAL E CONCRETO – LEGITIMIDADE DAQUELE QUE NÃO É ADMITIDO COMO "AMICUS CURIAE" PARA RECORRER DESSA DECISÃO DO RELATOR – AGRAVO INTERNO CONHECIDO – RECURSO IMPROVIDO" (ADI 3396 AgR, Relator(a): CELSO DE MELLO, Tribunal Pleno, julgado em 06/08/2020).

Referências normativas e jurisprudenciais	
Legislação infra-constitucional	CLT, Art. 507-A. Nos contratos individuais de trabalho cuja remuneração seja superior a duas vezes o limite máximo estabelecido para os benefícios do Regime Geral de Previdência Social, poderá ser pactuada cláusula compromissória de arbitragem, desde que por iniciativa do empregado ou mediante a sua concordância expressa, nos termos previstos na Lei nº 9.307, de 23 de setembro de 1996.
Julgados paradigmáticos	MI 1049

A EC 45/2004 introduziu, no texto constitucional, o art. 114, §2º, que faz menção à arbitragem em matéria trabalhista. O dispositivo, entretanto, abrange apenas os conflitos coletivos de trabalho; especificamente, aqueles que decorram da busca de melhores condições de trabalho pela categoria (dissídios coletivos de natureza econômica). Veja-se, ademais, que a Constituição não contém qualquer dispositivo que autorize ou vede a arbitragem nos dissídios individuais de trabalho.

No plano infraconstitucional, antes da Lei 13.467/2017, que inseriu o art. 507-A à CLT, inexistia autorização legal específica para o uso da arbitragem em matéria trabalhista. Contudo, previsões legislativas específicas faziam menção ao instituto, como, por exemplo: (i) art. 7º da Lei 7.783/89 (Lei de Greve)[146]; (ii) Lei nº 10.101/00, art. 4º (participação nos lucros e resultados)[147]; (iii) art. 90-C da Lei nº 9.615/98 (Lei Pelé)[148]. Além disso, o art. 83, XI da LC nº 75/93, ao regulamentar as atribuições do Ministério Público do Trabalho, autoriza o Procurador do Trabalho a atuar como árbitro, se assim for solicitado pelas partes, nos dissídios de competência da Justiça do Trabalho.

O Supremo Tribunal Federal ainda não decidiu sobre a possibilidade de uso da arbitragem nos dissídios individuais trabalhistas. Em algumas decisões monocráticas, nota-se a tendência de negar seguimento a recursos extraordinários sobre o tema, considerado infraconstitucional[149].

No MI 1049[150], em decisão monocrática anterior ao advento do novo art. 507-A da CLT, o STF concluiu inexistir omissão legislativa a respeito da arbitra-

146. Art. 7º Observadas as condições previstas nesta Lei, a participação em greve suspende o contrato de trabalho, devendo as relações obrigacionais, durante o período, ser regidas pelo acordo, convenção, laudo arbitral ou decisão da Justiça do Trabalho.

147. Art. 4º - Caso a negociação visando à participação nos lucros ou resultados da empresa resulte em impasse, as partes poderão utilizar-se dos seguintes mecanismos de solução do litígio: (...) II - arbitragem de ofertas finais, utilizando-se, no que couber, os termos da Lei nº 9.307, de 23 de setembro de 1996.

148. Art. 90-C. As partes interessadas poderão valer-se da arbitragem para dirimir litígios relativos a direitos patrimoniais disponíveis, vedada a apreciação de matéria referente à disciplina e à competição desportiva.

149. Nesse sentido, por exemplo, RE 681357, decisão monocrática, Rel. Min. Luiz Fux, julgado em 27.06.2012.

150. Mi 1049, decisão monocrática, Rel. Min. Cármen Lúcia, julgado em 29.06.2009.

gem em dissídios trabalhistas. O impetrante pretendia, no mandado de injunção, ter assegurado o direito de que a sentença arbitral, em matéria trabalhista, tivesse eficácia de coisa julgada material. A Suprema Corte considerou inexistir omissão legislativa, pois a Lei 9.307/96 já regulamentava o instituto da arbitragem. A insurgência quanto à interpretação conferida a respeito da inaplicabilidade da arbitragem nos dissídios individuais trabalhistas não configura, na ótica da Suprema Corte, matéria a ser decidida em mandado de injunção.

A jurisprudência do Superior Tribunal de Justiça apresenta alguns precedentes admitindo que a sentença arbitral é título apto a viabilizar o saque de FGTS nas hipóteses de dispensa sem justa causa do trabalhador[151]. Há, ainda, interessante julgado sobre homologação de sentença arbitral estrangeira envolvendo jogador de futebol[152]. Na espécie, o STJ decidiu que embora a matéria de fundo envolvesse direito individual trabalhista, foram discutidas, no procedimento de arbitragem, questões meramente patrimoniais que decorreram da rescisão antecipada do contrato de trabalho, o que resultou na aplicação da multa rescisória. Dessa forma, não teria havido abdicação a direito trabalhista (indisponível), mas apenas aplicação de multa rescisória, constante de cláusula prevista no contrato, o que autoriza, na visão da Corte, a utilização da arbitragem.

No âmbito do Tribunal Superior do Trabalho, a jurisprudência é consolidada no sentido da impossibilidade de utilização da arbitragem nas relações individuais de trabalho[153].

---

151. Assim, por exemplo: "DIREITO TRABALHISTA. ADMINISTRATIVO. FGTS. SAQUE DOS DEPÓSITOS. DESPEDIDA IMOTIVADA. SENTENÇA ARBITRAL. POSSIBILIDADE. PRECEDENTES. 1. Mandado de Segurança impetrado contra ato do gerente da CEF que não autorizou o levantamento dos valores da conta vinculada do FGTS em razão da natureza arbitral da sentença que solucionou litígio trabalhista. Concessão da segurança em primeiro grau. Acórdão dando provimento à apelação da CEF por entender que a arbitragem não pode ser utilizada quando a matéria versa sobre dissídios individuais trabalhistas, haja vista que os direitos assegurados aos trabalhadores são indisponíveis. Irresignado, o particular interpôs recurso especial alegando violação do art. 31 da Lei nº 9.307/96. 2. A indisponibilidade dos direitos trabalhistas deve ser interpretada no sentido de proteger o empregado na relação trabalhista e não de prejudicá-lo. Havendo rescisão contratual sem justa causa, é cabível o levantamento dos depósitos do FGTS, ainda que a sentença tenha natureza arbitral. Nulidade inexistente. Precedentes da Primeira e Segunda Turmas do STJ. 3. O art. 477, § 1º, da CLT, o qual exige a assistência do sindicato da categoria do empregado ou de órgão do Ministério do Trabalho na rescisão contratual de trabalho, é regra que visa a proteger o lado presumidamente mais fraco da relação jurídica laboral, qual seja, o trabalhador e sua classe. Não pode a mencionada norma ser invocada em prejuízo do obreiro. 4. Recurso especial provido."

(REsp 777.906/BA, Rel. Ministro JOSÉ DELGADO, PRIMEIRA TURMA, julgado em 18/10/2005).

152. SEC 11.529/EX, Rel. Ministro OG FERNANDES, CORTE ESPECIAL, julgado em 17/12/2014.

153. "AÇÃO CIVIL PÚBLICA. MINISTÉRIO PÚBLICO DO TRABALHO. CÂMARA DE ARBITRAGEM. IMPOSIÇÃO DE OBRIGAÇÃO DE NÃO FAZER. ABSTENÇÃO DA PRÁTICA DE ARBITRAGEM NO ÂMBITO DAS RELAÇÕES DE EMPREGO 1 . Controvérsia estabelecida nos autos de ação civil pública ajuizada pelo Ministério Público do Trabalho, em que se busca impor a pessoa jurídica de direito privado obrigação de abster-se de promover a arbitragem de conflitos no âmbito das relações de emprego. 2 . Acórdão proferido por Turma do TST que, a despeito de prover parcialmente recurso de revista interposto pelo Parquet , chancela a atividade de arbitragem em relação ao período posterior à dissolução dos

No entanto, cabe destacar que tal jurisprudência foi firmada com referência a fatos ocorridos e ações ajuizadas antes da Lei 13.467/2017, muito embora a data dos acórdãos do TST lhes seja posterior. De modo que se pode dizer que o Tribunal Superior do Trabalho ainda não se posicionou sobre o tema sob o prisma do novo art. 507-A da CLT, o qual autoriza a adoção da arbitragem em dissídios individuais para empregados cuja remuneração seja superior a duas vezes o teto dos benefícios da Previdência Social.

Até o momento, o que se tem na Corte Superior Trabalhista é a corroboração da tese doutrinária segundo a qual a arbitragem somente seria aplicável em dissídios individuais trabalhistas atinentes a altos empregados, conceito que não se identifica necessariamente com aquele de trabalhador que receba valor superior ao mencionado no novo art. 507-A da CLT.

Traçado o panorama jurisprudencial, retomam-se reflexões já feitas anteriormente[154].

A previsão de arbitragem indiscriminada no Processo do Trabalho, na realidade brasileira, apresenta o preocupante potencial de violar o acesso à justiça por parte do trabalhador. Isso porque, uma vez instituída a arbitragem, a matéria decidida pelo árbitro não pode ser levada, em princípio, ao Poder Judiciário, já que o laudo arbitral tem eficácia de coisa julgada.

---

contratos de trabalho, desde que respeitada a livre manifestação de vontade do ex-empregado e garantido o acesso irrestrito ao Poder Judiciário. Adoção de entendimento em que se sustenta a disponibilidade relativa dos direitos individuais trabalhistas, após a extinção do vínculo empregatício. 3 . Seja sob a ótica do artigo 114, §§ 1º e 2º, da Constituição Federal, seja à luz do artigo 1º da Lei nº 9.307/1996, o instituto da arbitragem não se aplica como forma de solução de conflitos individuais trabalhistas. Mesmo no tocante às prestações decorrentes do contrato de trabalho passíveis de transação ou renúncia, a manifestação de vontade do empregado , individualmente considerado, há que ser apreciada com naturais reservas , e deve necessariamente submeter-se ao crivo da Justiça do Trabalho ou à tutela sindical, mediante a celebração de válida negociação coletiva. Inteligência dos artigos 7º, XXVI, e 114, *caput* , I, da Constituição Federal. 4 . Em regra, a hipossuficiência econômica ínsita à condição de empregado interfere no livre arbítrio individual. Daí a necessidade de intervenção estatal ou, por expressa autorização constitucional, da entidade de classe representativa da categoria profissional, como meio de evitar o desvirtuamento dos preceitos legais e constitucionais que regem o Direito Individual do Trabalho. Artigo 9º da CLT. 5 . O princípio tuitivo do empregado, um dos pilares do Direito do Trabalho, inviabiliza qualquer tentativa de promover-se a arbitragem, nos moldes em que estatuído pela Lei nº 9.307/1996 , no âmbito do Direito Individual do Trabalho. Proteção que se estende, inclusive, ao período pós-contratual, abrangidas a homologação da rescisão, a percepção de verbas daí decorrentes e até eventual celebração de acordo com vistas à quitação do extinto contrato de trabalho. A premência da percepção das verbas rescisórias, de natureza alimentar, em momento de particular fragilidade do ex-empregado, frequentemente sujeito à insegurança do desemprego, com maior razão afasta a possibilidade de adoção da via arbitral como meio de solução de conflitos individuais trabalhistas, ante o maior comprometimento da vontade do trabalhador diante de tal panorama . 6 . A intermediação de pessoa jurídica de direito privado - "câmara de arbitragem" - quer na solução de conflitos, quer na homologação de acordos envolvendo direitos individuais trabalhistas , não se compatibiliza com o modelo de intervencionismo estatal norteador das relações de emprego no Brasil. 7 . Embargos do Ministério Público do Trabalho de que se conhece, por divergência jurisprudencial, e a que se dá provimento " (E-ED-RR-25900-67.2008.5.03.0075, Subseção I Especializada em Dissídios Individuais, Relator Ministro Joao Oreste Dalazen, DEJT 22/05/2015).

154. BERNARDES, Felipe. *Manual...*, *op.cit.*, p. 128 e seguintes.

De outro lado, o uso da arbitragem pode contribuir para a redução do quantitativo de processos levados ao Poder Judiciário, do que resultaria a prestação jurisdicional mais célere e eficiente.

A interpretação do novo art. 507-A da CLT portanto, deve ser feita sob o enfoque do princípio constitucional do acesso à justiça (CF, art. 5º, XXXV).

Nesse contexto, é necessário levar em conta a hipossuficiência do trabalhador. O trabalhador, no mais das vezes, está em situação de inferioridade no plano econômico e jurídico; geralmente, o empregador é quem detém maior conhecimento e, principalmente, é quem dita as regras do contrato de trabalho (poder diretivo do empregador), enquanto o empregado é subordinado e deve cumprir ordens.

Dessa forma, seria muito fácil para o empregador inserir uma cláusula de arbitragem no contrato de trabalho do empregado, de modo que qualquer conflito seria levado para o árbitro, e não para o Poder Judiciário. O empregado pouco ou nada poderia fazer a respeito: sua negativa em aderir à arbitragem resultaria presumidamente na perda do emprego.

Justificável, portanto, a cautela que sempre existiu, bem como o entendimento majoritário que sustentava não se aplicar a arbitragem no Processo do Trabalho.

Veja-se que a Reforma Trabalhista prevê, aparentemente, a possibilidade irrestrita de arbitragem desde que o empregado tenha remuneração superior a duas vezes o teto dos benefícios do INSS. No entanto, o texto contém ambiguidades e imprecisões que resultam em conclusão diferente.

De fato, convenção de arbitragem é o negócio jurídico por força do qual as partes de determinada relação jurídica resolvem submeter conflito dela decorrente a um árbitro. Trata-se de gênero que abrange duas espécies: (i) cláusula compromissória, firmada preventivamente, ou seja, antes de haver qualquer litígio, convenciona-se que eventual conflito será submetido à arbitragem; (ii) compromisso arbitral, que se refere a litígio já existente.

Diante de tais conceitos, note-se que há incongruência no novo dispositivo legal. O art. 507-A trata de cláusula compromissória (estabelecida antes de existir o conflito): seria a situação em que empregado e empregador firmam contrato de trabalho, dispondo nesse instrumento que, se vier a surgir eventual lide, o conflito será julgado por um árbitro, retirando do Poder Judiciário a possibilidade de julgamento.

Contudo, a redação do dispositivo afirma que pode ser pactuada a cláusula compromissória *desde que por iniciativa do empregado ou mediante a sua concordância expressa*. Nitidamente, a redação legal se inspirou em decisões do Superior Tribunal de Justiça a respeito da instituição da arbitragem no âmbito do Direito do Consumidor.

O STJ sempre foi muito cauteloso em admitir a arbitragem no Direito do Consumidor, já que o consumidor é a parte hipossuficiente (assim como o trabalhador – visualiza-se, aqui, a aproximação entre o Direto do Consumidor e o Direito do Trabalho).[155]

O entendimento do STJ é salutar, já que, sendo o fornecedor uma grande empresa, tem condições de impor cláusulas sem que o consumidor possa discuti-las; em regra, o consumidor e o fornecedor não estão em plano de igualdade, da mesma forma que o empregador e o trabalhador também não estão. Nas duas hipóteses, está-se diante de contratos de adesão.

O STJ entende que pode haver previsão de cláusula compromissória no contrato de consumo (antes de existir o litígio); contudo, isso não pode impedir o consumidor de acessar o Poder Judiciário, caso queira.

Dessa forma, fazer uso, ou não, da arbitragem é opção do consumidor. Na ótica do Superior Tribunal de Justiça, caso prefira, o consumidor pode ajuizar ação contra o fornecedor de produtos e serviços. A arbitragem é apenas mais uma alternativa à sua disposição. Essa interpretação tem o grande mérito de estimular os mecanismos alternativos de resolução de conflitos e, simultaneamente, não causar qualquer prejuízo ao acesso à Justiça por parte do hipossuficiente.

Assim, a cláusula compromissória, embora prevista no contrato de consumo, só terá eficácia (entendida a expressão como possibilidade de produção de efeitos) caso o aderente (consumidor) tome a iniciativa de instituir a arbitragem.

A segunda situação admitida pelo STJ é a de concordância expressa do consumidor quanto à instituição da arbitragem. É a hipótese em que o fornecedor leva a questão ao juízo arbitral e o consumidor, em sua defesa, concorda expressamente (não apenas tacitamente – o silêncio não vale para o STJ) com a arbitragem.

Feita essa análise, conclui-se que o texto do novo art. 507-A da CLT é bastante semelhante à redação utilizada pelo STJ em seus acórdãos. Sem dúvida, o novo dispositivo se inspirou na jurisprudência da Corte.

O raciocínio empregado pelo STJ pode e deve ser utilizado como referência quanto ao tema da arbitragem no Processo do Trabalho, tendo em vista a similaridade das situações jurídicas de consumidor e de trabalhador, ambas pautadas na hipossuficiência.

155. Veja-se, exemplificativamente, a seguinte ementa: "a cláusula compromissória só virá a ter eficácia caso este aderente venha a tomar a iniciativa de instituir a arbitragem, ou concorde, expressamente, com a sua instituição. (...) os autos revelam contrato de adesão de consumo em que fora estipulada cláusula compromissória. Apesar de sua manifestação inicial, a mera propositura da presente ação pelo consumidor é apta a demonstrar o seu desinteresse na adoção da arbitragem" (REsp 1.189.050/SP, Rel. Ministro LUIS FELIPE SALOMÃO, QUARTA TUMA, julgado em 01/03/2016, DJe 14/03/2016).

De fato, o empregado comum (mesmo que receba remuneração superior ao dobro do teto de benefícios do INSS), não tem condições de discutir a cláusula compromissória com o futuro patrão, pois o contrato de trabalho é de adesão.

Assim, a conclusão a que se chega, embora não esteja explícita no art. 507-A, é no sentido de que as partes podem prever a arbitragem no contrato de trabalho, mas a cláusula compromissória somente será eficaz caso o empregado opte, livremente, por levar a questão para o árbitro; ou quando o trabalhador manifestar expressamente sua concordância com a arbitragem perante o próprio juízo arbitral.

Importante destacar, ainda, que a manifestação de vontade do empregado deve ser isenta de vícios, como a coação, o erro e o dolo, que podem resultar – caso comprovadas – na anulabilidade da submissão do litígio à arbitragem (Código Civil, art. 138 e seguintes).

Caso o empregado opte por levar a questão para Justiça do Trabalho, não se deve acolher o entendimento de que a cláusula compromissória impossibilite a análise pelo Judiciário. Reitere-se: trata-se de opção do empregado, assim como é uma opção do consumidor. Se o consumidor é hipossuficiente e o trabalhador também o é, o raciocínio é idêntico para os dois.

Nesse contexto, é criticável o texto do art. 507-A da CLT, por ter utilizado de forma atécnica a expressão *cláusula compromissória*, que apresenta sentido técnico muito preciso e bem estabelecido no Direito brasileiro. Fala-se em cláusula compromissória por iniciativa do empregado, o que é inconcebível, pois quando se firma uma cláusula compromissória sequer se sabe se haverá, ou não, litígio. A iniciativa de qualquer das partes só pode existir quando o conflito de interesses já tiver surgido.

Em suma, a interpretação mais adequada é no sentido de que passa a ser possível o uso da arbitragem no âmbito trabalhista, desde que se façam presentes, cumulativamente, os seguintes requisitos:

- (i) o empregado deve ter remuneração superior ao dobro do teto dos benefícios do INSS;
- (ii) o empregado deve tomar a iniciativa de levar a questão ao juízo arbitral, ou concordar expressamente caso o empregador o faça;
- (iii) as partes (empregado e empregador) devem ter celebrado previamente cláusula compromissória (antes de existir o conflito) ou compromisso arbitral (após o surgimento da lide).

Considerando a ambiguidade e atecnia do art. 507-A, o tema certamente gerará decisões conflitantes nos Tribunais Trabalhistas, até que se pacifique a questão.

Por fim, deve-se entender pela possibilidade de utilização da arbitragem na situação dos *altos empregados*, cujo conceito não se confunde com o trazido pelo art. 507-A da CLT. Ou seja, o mero fato de o trabalhador receber salário duas vezes superior ao teto de benefícios do INSS não o transforma em alto empregado.

O conceito de alto empregado é fluido, o que, geralmente, dá margem a diversas interpretações. Porém, em síntese, diz respeito ao grande executivo, ao diretor de uma empresa, a um gerente com cargo alto, enfim, a pessoas que tenham capacidade econômica maior, que recebam salários maiores, e que possuam capacidade de negociação real com o empregador. Seriam, pois, empregados que estariam em plano de igualdade com a empresa, inexistindo hipossuficiência e sendo bastante atenuada (ou até inexistente) a subordinação.

6. COISA JULGADA

Referências normativas e jurisprudenciais	
Constituição	Art. 5º Todos são iguais perante a lei, sem distinção de qualquer natureza, garantindo-se aos brasileiros e aos estrangeiros residentes no País a inviolabilidade do direito à vida, à liberdade, à igualdade, à segurança e à propriedade, nos termos seguintes; (...) XXXVI - a lei não prejudicará o direito adquirido, o ato jurídico perfeito e a coisa julgada (...). ADCT, art. 17. Os vencimentos, a remuneração, as vantagens e os adicionais, bem como os proventos de aposentadoria que estejam sendo percebidos em desacordo com a Constituição serão imediatamente reduzidos aos limites dela decorrentes, não se admitindo, neste caso, invocação de direito adquirido ou percepção de excesso a qualquer título.
Legislação infra-constitucional	CPC, art. 502. Denomina-se coisa julgada material a autoridade que torna imutável e indiscutível a decisão de mérito não mais sujeita a recurso. Art. 505. Nenhum juiz decidirá novamente as questões já decididas relativas à mesma lide, salvo: I - se, tratando-se de relação jurídica de trato continuado, sobreveio modificação no estado de fato ou de direito, caso em que poderá a parte pedir a revisão do que foi estatuído na sentença; II - nos demais casos prescritos em lei.
Súmulas e teses de repercussão geral	Tema 380 (RE 600658): O art. 17 do ADCT alcança as situações jurídicas cobertas pela coisa julgada. Tema 392 (RE 363889): I - É possível a repropositura de ação de investigação de paternidade, quando anterior demanda idêntica, entre as mesmas partes, foi julgada improcedente, por falta de provas, em razão da parte interessada não dispor de condições econômicas para realizar o exame de DNA e o Estado não ter custeado a produção dessa prova; II - Deve ser relativizada a coisa julgada estabelecida em ações de investigação de paternidade em que não foi possível determinar-se a efetiva existência de vínculo genético a unir as partes, em decorrência da não realização do exame de DNA, meio de prova que pode fornecer segurança quase absoluta quanto à existência de tal vínculo.

Referências normativas e jurisprudenciais	
Súmulas e teses de repercussão geral	Tema 494 (RE 596663): A sentença que reconhece ao trabalhador ou ao servidor o direito a determinado percentual de acréscimo remuneratório deixa de ter eficácia a partir da superveniente incorporação definitiva do referido percentual nos seus ganhos.
Julgados paradigmáticos	ARE 748371, 1298177 RE 363889, 428154, 596663, 600658

6.1. Relativização da coisa julgada

Em repercussão geral[156], o STF fixou a tese de que "é possível a repropositura de ação de investigação de paternidade, quando anterior demanda idêntica, entre as mesmas partes, foi julgada improcedente, por falta de provas, em razão da parte interessada não dispor de condições econômicas para realizar o exame de DNA e o Estado não ter custeado a produção dessa prova; deve ser relativizada a coisa julgada estabelecida em ações de investigação de paternidade em que não foi possível determinar-se a efetiva existência de vínculo genético a unir as partes, em decorrência da não realização do exame de DNA, meio de prova que pode fornecer segurança quase absoluta quanto à existência de tal vínculo".

O inteiro teor do acórdão demonstra que o julgado e a tese fixada são bastante específicos, razão pela qual alguns ministros votaram pela inexistência de repercussão geral. Contudo, apesar de não se tratar de controvérsia repetitiva, a magnitude do tema fez com que o Pleno conhecesse do recurso extraordinário e fixasse tese a respeito.

156. "RECURSO EXTRAORDINÁRIO. DIREITO PROCESSUAL CIVIL E CONSTITUCIONAL. REPERCUSSÃO GERAL RECONHECIDA. AÇÃO DE INVESTIGAÇÃO DE PATERNIDADE DECLARADA EXTINTA, COM FUNDAMENTO EM COISA JULGADA, EM RAZÃO DA EXISTÊNCIA DE ANTERIOR DEMANDA EM QUE NÃO FOI POSSÍVEL A REALIZAÇÃO DE EXAME DE DNA, POR SER O AUTOR BENEFICÁRIO DA JUSTIÇA GRATUITA E POR NÃO TER O ESTADO PROVIDENCIADO A SUA REALIZAÇÃO. REPROPOSITURA DA AÇÃO. POSSIBILIDADE, EM RESPEITO À PREVALÊNCIA DO DIREITO FUNDAMENTAL À BUSCA DA IDENTIDADE GENÉTICA DO SER, COMO EMANAÇÃO DE SEU DIREITO DE PERSONALIDADE. 1. É dotada de repercussão geral a matéria atinente à possibilidade da repropositura de ação de investigação de paternidade, quando anterior demanda idêntica, entre as mesmas partes, foi julgada improcedente, por falta de provas, em razão da parte interessada não dispor de condições econômicas para realizar o exame de DNA e o Estado não ter custeado a produção dessa prova. 2. Deve ser relativizada a coisa julgada estabelecida em ações de investigação de paternidade em que não foi possível determinar-se a efetiva existência de vínculo genético a unir as partes, em decorrência da não realização do exame de DNA, meio de prova que pode fornecer segurança quase absoluta quanto à existência de tal vínculo. 3. Não devem ser impostos óbices de natureza processual ao exercício do direito fundamental à busca da identidade genética, como natural emanação do direito de personalidade de um ser, de forma a tornar-se igualmente efetivo o direito à igualdade entre os filhos, inclusive de qualificações, bem assim o princípio da paternidade responsável. 4. Hipótese em que não há disputa de paternidade de cunho biológico, em confronto com outra, de cunho afetivo. Busca-se o reconhecimento de paternidade com relação a pessoa identificada. 5. Recursos extraordinários conhecidos e providos" (RE 363889, Relator(a): DIAS TOFFOLI, Tribunal Pleno, julgado em 02/06/2011).

A situação apreciada em repercussão geral – e, por isso, dotada de eficácia vinculante – diz respeito a ação de investigação de paternidade movida por beneficiário da gratuidade de justiça que não tinha condições de custear o exame de DNA, o qual também não foi pago pelo Estado.

A corrente majoritária admitiu que nova ação de investigação de paternidade fosse processada e afastado o óbice da coisa julgada, mesmo tendo havido trânsito em julgado, décadas antes, da decisão anterior que não reconheceu a paternidade. O raciocínio adotado foi o da ponderação de valores, pois a segurança jurídica – da qual se extrai a garantia constitucional da coisa julgada – deveria ceder face ao direito à identidade genética, que é corolário da dignidade da pessoa humana. Levou-se em consideração, ainda, que o exame de DNA pode confirmar a paternidade com precisão praticamente absoluta, e não foi realizado, na época do trânsito em julgado, porque o autor não dispunha de recursos e o Estado não custeou a realização do exame.

Os votos vencidos (sobretudo o do Min. Cezar Peluso) asseveravam que a coisa julgada sequer poderia ser ponderada com outros valores constitucionais, por se tratar a segurança jurídica de pressuposto para o convívio em sociedade. Argumentou-se, ainda, que também deveria ser levada em consideração a dignidade do réu, molestado com a mesma ação décadas após o encerramento da primeira. Além disso, dado o longo período transcorrido, o interesse principal seria o pecuniário, e não a busca da identidade genética.

Contudo, não se pode afirmar peremptoriamente que o interesse seria apenas pecuniário, sendo certo que a estatura do direito em jogo (busca da identidade genética) é de grande magnitude. Não se pode concordar, ainda, com a afirmativa de que a coisa julgada seja valor imponderável, pois se trata de concretização do princípio da segurança jurídica, o que pode e deve ser ponderado com outros princípios de envergadura constitucional.

De todo modo, a teoria da relativização deve ser aplicada com muita parcimônia, pois nada garante que a segunda decisão judicial – que vai desconsiderar a coisa julgada anterior – seja mais justa do que a primeira. Falhas e injustiças também podem acontecer no segundo julgamento. Relativizar a coisa julgada com base em conceitos jurídicos indeterminados abertos e polissêmicos tende a aniquilar completamente a garantia constitucional da coisa julgada.

No Processo do Trabalho, é possível cogitar de aplicação da teoria da relativização da coisa julgada na situação específica de doença ocupacional cujos sintomas surgem apenas após a homologação de acordo (judicial ou extrajudicial) em que se concedera quitação total pelo extinto contrato de trabalho. De fato, se o trabalhador não sabia, e também não se podia exigir legitimamente que soubesse que estava acometido de moléstia profissional, deve ser relativizada a cláusula de quitação total, admitindo-se que se discuta em ação judicial eventual indenização por danos morais e materiais decorrentes do fato, sem que incida o óbice da coisa julgada. Embora inegavelmente o acordo homologado tenha eficácia de coisa julgada material, a relativização se impõe, à luz do princípio constitucional da solidariedade – e da boa-fé objetiva que daí decorre[157].

6.2. Coisa julgada anterior e contrária ao texto da Constituição ou de emenda constitucional

Em sede de repercussão geral[158], e reiterando a jurisprudência da Corte[159], o STF externou a tese de que o art. 17 do ADCT[160] alcança as situações jurídicas cobertas pela coisa julgada.

---

157. Sobre o tema, ver o seguinte julgado do TST, que, embora não tenha abordado o tema sob o prisma da relativização da coisa julgada, chegou à mesma conclusão defendida no texto: "AGRAVO DE INSTRUMENTO. COISA JULGADA. ACORDO HOMOLOGADO JUDICIALMENTE. ALCANCE. Caracterizada divergência jurisprudencial entre a decisão recorrida e aresto juntado pela reclamada, nos moldes do artigo 896, alínea a, da CLT. Agravo de instrumento provido. RECURSO DE REVISTA. COISA JULGADA. ACORDO HOMOLOGADO JUDICIALMENTE. ALCANCE. Discute-se nos autos se o acordo homologado no processo nº 738/1995, que tramitou perante a 6ª Vara do Trabalho de Santos, no qual o empregado deu plena, geral e irrevogável quitação do objeto da demanda e do extinto contrato de trabalho, para nada mais reclamar a qualquer título, alcança também o pedido de indenização por danos materiais e morais decorrentes de doença ocupacional, a qual somente teria se manifestado em 2004. A transação consiste em ato bilateral que comporta o eventual sacrifício ou privação de direito controvertido. A controvérsia pode residir na existência do direito ou na ocorrência de seu fato gerador. Nos termos da OJ 132 da SBDI-1 do TST, o acordo celebrado - homologado judicialmente - em que o empregado dá plena e ampla quitação, sem qualquer ressalva, alcança não só o objeto da inicial, como também todas as demais parcelas referentes ao extinto contrato de trabalho, violando a coisa julgada, a propositura de nova reclamação trabalhista. No presente caso, todavia, o reclamante não tinha sequer conhecimento da doença ocupacional na ocasião da extinção do contrato de trabalho, em 1994, ou da celebração do acordo homologado no processo nº 738/1995. Ressalte-se que somente em 2004, com a ciência inequívoca da doença, é que nasceu para o reclamante a pretensão indenizatória. Assim, não é possível entender estar compreendida na quitação promovida pelo acordo homologado a indenização por danos materiais e morais decorrentes de doença ocupacional constatada apenas dez anos após a extinção do contrato de emprego. A transação deve ser interpretada restritivamente (art. 843 do Código Civil). Ademais, a jurisprudência desta Corte é no sentido de entender que o acordo homologado na Justiça do Trabalho antes da Emenda Constitucional 45/2004, situação dos autos, não faz coisa julgada quanto ao pedido de indenização por danos materiais e morais decorrentes de acidente de trabalho ou doença ocupacional, mesmo que o empregado tenha dado plena e ampla quitação do extinto contrato de trabalho. Recurso de revista conhecido e provido " (RR-1357-86.2012.5.02.0301, 6ª Turma, Relator Ministro Augusto César Leite de Carvalho, DEJT 03/10/2014).

158. "SENTENÇA TRANSITADA EM JULGADO ANTERIORMENTE À CONSTITUIÇÃO. INCIDÊNCIA DO ART. 17 DO ADCT. RATIFICAÇÃO DA JURISPRUDÊNCIA DESTA CORTE. EXISTÊNCIA DE REPERCUSSÃO GERAL" (RE 600658 RG, Relator(a): ELLEN GRACIE, Tribunal Pleno, julgado em 07/04/2011).

159. "SERVIDOR PÚBLICO. Vencimentos. Vantagens pecuniárias. Adicionais por Tempo de Serviço e Sexta-Parte. Cálculo. Influência recíproca. Cumulação. Excesso. Inadmissibilidade. Redução por ato da administração. Coisa julgada material anterior ao início de vigência da atual Constituição da República. Direito adquirido. Não oponibilidade. Ação julgada improcedente. Embargos de divergência conhecidos e acolhidos para esse fim. Interpretação do art. 37, XIV, da CF, e do art. 17, *caput*, do ADCT. Voto vencido. Não pode ser oposta à administração pública, para efeito de impedir redução de excesso na percepção de adicionais e sexta-parte, calculados com influência recíproca, coisa julgada material formada antes do início de vigência da atual Constituição da República" (RE 146331 EDv, Relator(a): CEZAR PELUSO, Tribunal Pleno, julgado em 23/11/2006).

160. Art. 17. Os vencimentos, a remuneração, as vantagens e os adicionais, bem como os proventos de aposentadoria que estejam sendo percebidos em desacordo com a Constituição serão imediatamente

O referido dispositivo constitucional preceitua que vantagens, vencimentos e demais vantagens que estivessem sendo percebidas por servidores públicos quando da entrada em vigor da Constituição, em 05.10.1988, seriam imediatamente reduzidos aos limites constitucionais, não se admitindo invocação de direito adquirido ou percepção do excesso a qualquer título.

A discussão consiste justamente em saber se o dispositivo seria autoaplicável ou se a glosa de vencimentos pela Administração Pública pressuporia o ajuizamento de ação rescisória, caso o servidor tivesse obtido previamente o reconhecimento do direito por meio de decisão judicial transitada em julgado.

A Suprema Corte externou interessante raciocínio no sentido de que a coisa julgada é apenas uma das causas ou fontes do direito adquirido e também consistiria em uma das espécies de ato jurídico perfeito. Assim, vale a máxima segundo a qual não existe direito adquirido a regime jurídico, e de que o ato jurídico perfeito e a coisa julgada não são oponíveis à Constituição.

Ademais, descaberia cogitar de ação rescisória para desconstituir a coisa julgada formada anteriormente à Constituição, até porque a procedência do juízo rescisório implicaria o desfazimento da situação com eficácia *ex tunc*, o que não ocorre no caso de a legislação superveniente modificar o direito aplicável, pois os efeitos anteriores à modificação legislativa serão preservados.

Na verdade, trata-se de relação jurídica continuativa, pois o direito ao recebimento de vencimentos surge mês a mês, sujeitando-se, dessa forma, à cláusula *rebus sic stantibus*. Assim, modificações no estado de fato ou de direito, supervenientes ao trânsito em julgado, resultam na criação de situação jurídica que não integrava a causa de pedir e o pedido, razão pela qual a coisa julgada pode ser revista, o que pode ser feito, em algumas hipóteses, por meio de ação revisional. Sobre o ponto, ver tópico 4 desta seção.

Contudo, na situação específica do art. 17 do ADCT – e o raciocínio talvez possa ser extrapolado para normas do texto originário da Constituição de 1988, diante da máxima de que não existe direito adquirido contra norma constitucional originária –, a Suprema Corte concluiu pela desnecessidade de ajuizamento de ação rescisória ou revisional, podendo a Administração Pública regularizar a situação de forma autoexecutória, ou seja, sem a necessidade de intervenção prévia do Poder Judiciário.

O cenário é diferente no que tange às emendas constitucionais, em relação às quais o Pleno do STF já reconheceu a impossibilidade de que violem a coisa julgada, embora a jurisprudência não seja firme a respeito, conforme se passa a demonstrar.

---

reduzidos aos limites dela decorrentes, não se admitindo, neste caso, invocação de direito adquirido ou percepção de excesso a qualquer título.

De fato, na ADI 2356 MC[161], a Corte deferiu a cautelar, por reconhecer a verossimilhança da argumentação de inconstitucionalidade da EC 30/2000, no que previu a possibilidade de liquidação parcelada em até 10 anos dos precatórios pendentes na data de promulgação da Emenda. A corrente majoritária apontou acertadamente que a execução ou cumprimento de sentença visa justamente a concretizar a coisa julgada, que seria violada caso modificada, após o trânsito em julgado, a forma de quitação das obrigações. Ademais, o credor teria direito adquirido processual a que a execução (imprópria, pois não há prática de atos de expropriação contra a Fazenda Pública) se processasse da maneira como estampada no título executivo e na legislação vigente à época.

Os votos vencidos asseveravam inexistir violação à coisa julgada, pois tal instituto abrangeria apenas o reconhecimento e declaração do direito, o que seria mantido intacto pela emenda constitucional. Veja-se que, mesmo aqui, a premissa é a de que emenda constitucional não pode violar a coisa julgada,

---

161. "MEDIDA CAUTELAR EM AÇÃO DIRETA DE INCONSTITUCIONALIDADE. ART. 2º DA EMENDA CONSTITUCIONAL Nº 30, DE 13 DE SETEMBRO DE 2000, QUE ACRESCENTOU O ART. 78 AO ATO DAS DISPOSIÇÕES CONSTITUCIONAIS TRANSITÓRIAS. PARCELAMENTO DA LIQUIDAÇÃO DE PRECATÓRIOS PELA FAZENDA PÚBLICA. 1. O precatório de que trata o artigo 100 da Constituição consiste em prerrogativa processual do Poder Público. Possibilidade de pagar os seus débitos não à vista, mas num prazo que se estende até dezoito meses. Prerrogativa compensada, no entanto, pelo rigor dispensado aos responsáveis pelo cumprimento das ordens judiciais, cujo desrespeito constitui, primeiro, pressuposto de intervenção federal (inciso VI do art. 34 e inciso V do art. 35, da CF) e, segundo, crime de responsabilidade (inciso VII do art. 85 da CF). 2. O sistema de precatórios é garantia constitucional do cumprimento de decisão judicial contra a Fazenda Pública, que se define em regras de natureza processual conducentes à efetividade da sentença condenatória trânsita em julgado por quantia certa contra entidades de direito público. Além de homenagear o direito de propriedade (inciso XXII do art. 5º da CF), prestigia o acesso à jurisdição e a coisa julgada (incisos XXXV e XXXVI do art. 5º da CF). 3. A eficácia das regras jurídicas produzidas pelo poder constituinte (redundantemente chamado de "originário") não está sujeita a nenhuma limitação normativa, seja de ordem material, seja formal, porque provém do exercício de um poder de fato ou suprapositivo. Já as normas produzidas pelo poder reformador, essas têm sua validez e eficácia condicionadas à legitimação que recebam da ordem constitucional. Daí a necessária obediência das emendas constitucionais às chamadas cláusulas pétreas. 4. O art. 78 do Ato das Disposições Constitucionais Transitórias, acrescentado pelo art. 2º da Emenda Constitucional nº 30/2000, ao admitir a liquidação "em prestações anuais, iguais e sucessivas, no prazo máximo de dez anos" dos "precatórios pendentes na data de promulgação" da emenda, violou o direito adquirido do beneficiário do precatório, o ato jurídico perfeito e a coisa julgada. Atentou ainda contra a independência do Poder Judiciário, cuja autoridade é insuscetível de ser negada, máxime no concernente ao exercício do poder de julgar os litígios que lhe são submetidos e fazer cumpridas as suas decisões, inclusive contra a Fazenda Pública, na forma prevista na Constituição e na lei. Pelo que a alteração constitucional pretendida encontra óbice nos incisos III e IV do § 4º do art. 60 da Constituição, pois afronta "a separação dos Poderes" e "os direitos e garantias individuais". 5. Quanto aos precatórios "que decorram de ações iniciais ajuizadas até 31 de dezembro de 1999", sua liquidação parcelada não se compatibiliza com o *caput* do art. 5º da Constituição Federal. Não respeita o princípio da igualdade a admissão de que um certo número de precatórios, oriundos de ações ajuizadas até 31.12.1999, fique sujeito ao regime especial do art. 78 do ADCT, com o pagamento a ser efetuado em prestações anuais, iguais e sucessivas, no prazo máximo de dez anos, enquanto os demais créditos sejam beneficiados com o tratamento mais favorável do § 1º do art. 100 da Constituição. 6. Medida cautelar deferida para suspender a eficácia do art. 2º da Emenda Constitucional nº 30/2000, que introduziu o art. 78 no ADCT da Constituição de 1988" (ADI 2356 MC, Relator(a): NÉRI DA SILVEIRA, Relator(a) p/ Acórdão: AYRES BRITTO, Tribunal Pleno, julgado em 25/11/2010).

muito embora a corrente vencida haja considerado que, na hipótese específica, não havia a violação apontada. Não se adotou, dessa forma, a interpretação literal do art. 5º, XXXVI, da CF, segundo o qual "a lei não prejudicará o direito adquirido, o ato jurídico perfeito e a coisa julgada". *Lei*, nesse dispositivo, deve ser apreendida como ato normativo, o que inclui não apenas leis ordinárias e complementares, mas também emendas constitucionais.

Vale referir, ainda, o MS 24875[162], no bojo do qual a Suprema Corte asseverou que modalidades qualificadas de direito adquirido – tais como a irredutibilidade de vencimentos de magistrados – estariam imunes à modificação por emendas constitucionais. Tal entendimento, entretanto, foi modificado no RE 609381[163], julgado com repercussão geral em que se assentou que o direito adquirido não seria oponível à Emenda Constitucional nº 41/2003, a qual seria autoaplicável ao definir teto remuneratório para servidores públicos. Apesar de os julgados se referirem a direito adquirido, o mesmo raciocínio poderia ser aplicado no que tange à coisa julgada, pois esta constitui uma espécie direito adquirido reconhecido em decisão judicial imutável.

Depreende-se que a jurisprudência do Supremo Tribunal Federal não tem uma diretriz segura e unidirecional quanto à superação da coisa julgada e do direito adquirido por emenda constitucional.

6.3. Ação de cumprimento e modificação de sentença normativa

O Tribunal Pleno da Suprema Corte já teve a oportunidade de decidir a respeito da discussão envolvendo o destino de coisa julgada formada em ação de cumprimento, na hipótese em que a decisão era baseada em sentença normativa que posteriormente venha a ser modificada em grau de recurso[164].

---

162. MS 24875, Relator(a): SEPÚLVEDA PERTENCE, Tribunal Pleno, julgado em 11/05/2006.

163. "CONSTITUCIONAL E ADMINISTRATIVO. TETO DE RETRIBUIÇÃO. EMENDA CONSTITUCIONAL 41/03. EFICÁCIA IMEDIATA DOS LIMITES MÁXIMOS NELA FIXADOS. EXCESSOS. PERCEPÇÃO NÃO RESPALDADA PELA GARANTIA DA IRREDUTIBILIDADE. 1. O teto de retribuição estabelecido pela Emenda Constitucional 41/03 possui eficácia imediata, submetendo às referências de valor máximo nele discriminadas todas as verbas de natureza remuneratória percebidas pelos servidores públicos da União, Estados, Distrito Federal e Municípios, ainda que adquiridas de acordo com regime legal anterior. 2. A observância da norma de teto de retribuição representa verdadeira condição de legitimidade para o pagamento das remunerações no serviço público. Os valores que ultrapassam os limites pré-estabelecidos para cada nível federativo na Constituição Federal constituem excesso cujo pagamento não pode ser reclamado com amparo na garantia da irredutibilidade de vencimentos. 3. A incidência da garantia constitucional da irredutibilidade exige a presença cumulativa de pelo menos dois requisitos: (a) que o padrão remuneratório nominal tenha sido obtido conforme o direito, e não de maneira ilícita, ainda que por equívoco da Administração Pública; e (b) que o padrão remuneratório nominal esteja compreendido dentro do limite máximo pré-definido pela Constituição Federal. O pagamento de remunerações superiores aos tetos de retribuição de cada um dos níveis federativos traduz exemplo de violação qualificada do texto constitucional. 4. Recurso extraordinário provido" (RE 609381, Relator(a): TEORI ZAVASCKI, Tribunal Pleno, julgado em 02/10/2014).

164. "DIREITO PROCESSUAL. RECURSO EXTRAORDINÁRIO. DISSÍDIO COLETIVO. EXTINÇÃO DA AÇÃO DE CUMPRIMENTO DIANTE DA PERDA DE EFICÁCIA DA SENTENÇA NORMATIVA. AUSÊNCIA

A Suprema Corte adotou o mesmo entendimento exposto na Súmula 397 do Tribunal Superior do Trabalho[165].

A sentença proferida na ação de cumprimento tem aptidão para formar coisa julgada material; contudo, há particularidade, consistente no fato de que, se a ação de cumprimento for fundada em sentença normativa submetida a recurso, a coisa julgada na ação de cumprimento fica sujeita a condição resolutiva.

Assim, a decisão da ação de cumprimento fica sem efeito se acontecer evento futuro e incerto (condição) consistente no provimento do recurso interposto contra a sentença normativa.

O TST, na Súmula 397, sufraga o entendimento de que, se o recurso contra a sentença normativa for provido, basta que o executado (na ação de cumprimento) alegue o fato por simples petição (exceção de pré-executividade), sendo pertinente, ainda, o mandado de segurança caso o juiz do trabalho indefira o requerimento de extinção do processo.

Descabe, assim, o ajuizamento de ação rescisória contra a sentença proferida na ação de cumprimento, pois o seu trânsito em julgado é condicional e não ocorre se for dado provimento ao recurso ordinário interposto contra a decisão da sentença normativa que fundamentou a ação de cumprimento.

6.4. Coisa julgada e relações jurídicas continuativas[166]

Em repercussão geral[167], o Supremo Tribunal Federal fixou a tese de que "a sentença que reconhece ao trabalhador ou ao servidor o direito a determinado percentual de acréscimo remuneratório deixa de ter eficácia a partir da superveniente incorporação definitiva do referido percentual nos seus ganhos".

DE VIOLAÇÃO À COISA JULGADA. 1. A extinção da ação de cumprimento, quando decorrente da perda da eficácia da sentença normativa que a ensejou, não implica violação à coisa julgada. Precedente: RE 394.051 - AgR, Rel. Min. Dias Toffoli. 2. O acórdão do Tribunal de origem apresenta fundamentação suficiente, embora em sentido contrário aos interesses da parte recorrente, circunstância que não configura violação ao arts. 5º, LIV e LV, e 93, IX, da CF/88. 3. Recurso extraordinário a que se nega provimento" (RE 428154, Relator(a): MARCO AURÉLIO, Relator(a) p/ Acórdão: ROBERTO BARROSO, Tribunal Pleno, julgado em 07/05/2015).

165. Súmula nº 397 do TST. AÇÃO RESCISÓRIA. ART. 966, IV, DO CPC DE 2015 . ART. 485, IV, DO CPC DE 1973. AÇÃO DE CUMPRIMENTO. OFENSA À COISA JULGADA EMANADA DE SENTENÇA NORMATIVA MODIFICADA EM GRAU DE RECURSO. INVIABILIDADE. CABIMENTO DE MANDADO DE SEGURANÇA. Não procede ação rescisória calcada em ofensa à coisa julgada perpetrada por decisão proferida em ação de cumprimento, em face de a sentença normativa, na qual se louvava, ter sido modificada em grau de recurso, porque em dissídio coletivo somente se consubstancia coisa julgada formal. Assim, os meios processuais aptos a atacarem a execução da cláusula reformada são a exceção de pré-executividade e o mandado de segurança, no caso de descumprimento do art. 514 do CPC de 2015 (art. 572 do CPC de 1973).

166. O presente tópico foi enriquecido a partir de debates com os juízes do trabalho Joalvo Carvalho de Magalhães Filho, José Alexandre Cid Pinto Filho, Lucas Furiati Camargo, e Thiago Rabelo da Costa, a quem registro meu agradecimento.

167. RE 596663, Relator(a): MARCO AURÉLIO, Relator(a) p/ Acórdão: TEORI ZAVASCKI, Tribunal Pleno, julgado em 24/09/2014.

Percebe-se que a tese vinculante diz respeito tão somente à situação de acréscimos remuneratórios devidos a empregado ou a servidor público por força de decisão transitada em julgado, com superveniente incorporação definitiva dos valores na respectiva remuneração. Contudo, o raciocínio desenvolvido no precedente pode se aplicar a outras situações similares e comuns no cotidiano das relações de trabalho. Exemplo: sentença transitada em julgado que condene a reclamada ao pagamento de parcelas vincendas de adicional de insalubridade ou periculosidade; modificado o estado de fato, ou transferido de setor o reclamante, a empresa pode deixar de pagar a rubrica sem que se cogite de violação à coisa julgada?

O *leading case* da Suprema Corte envolvia situação de fato em que a decisão transitada em julgado determinara a incorporação de determinado percentual (correspondente à inflação) aos vencimentos de alguns empregados públicos de certa empresa estatal. Posteriormente, o acordo coletivo trouxe previsão estatuindo que idêntico percentual seria aplicável a todos os empregados, indistintamente. Evidencia-se, nesse contexto, que houve modificação do estado de direito existente quando do trânsito em julgado, pois o autor da ação passou a ter o direito à parcela por força da norma coletiva genérica. Pensar diferentemente faria com que o sujeito recebesse a vantagem em duplicidade.

O tema debatido diz respeito, portanto, à eficácia temporal da sentença que verse sobre relação jurídicas continuativas.

A coisa julgada refere-se sempre a fatos passados, alegados e comprovados pelas partes, mas eventualmente a decisão judicial pode gerar efeitos que se protraem no tempo. É o que ocorre com as relações jurídicas continuativas, nas quais o direito à prestação surge repetidamente ao longo do tempo. O principal exemplo é o direito ao recebimento de pensão – seja alimentícia (direito de família), previdenciária (paga pelo INSS) ou trabalhista (paga pelo empregador).

Nesse contexto, quando as obrigações estabelecidas pela sentença forem de trato sucessivo, é possível que ocorra modificação do estado de fato ou de direito, de modo a tornar inadequada a solução determinada na decisão transitada em julgado. Fala-se que, em tais hipóteses, a coisa julgada é *rebus sic stantibus*, ou seja, aplica-se enquanto inalteradas as circunstâncias existentes ao tempo da prolação da decisão.

A rigor, quando se modifica o estado de fato ou de direito, com reflexos em relação jurídica de trato sucessivo, o interessado em modificar a regência inicialmente estabelecida pela decisão transitada em julgado está aduzindo novo pedido e nova causa de pedir. Trata-se, portanto, de nova ação, cujo resultado não afrontará a autoridade da coisa julgada da decisão judicial anterior, justamente por se referir a novos fatos e/ou a novos direitos.

Por esse motivo, o art. 505, I, do CPC[168], prevê a possibilidade de revisão do que foi estatuído na sentença, sem que se cogite de qualquer violação à coisa julgada.

A ação revisional é o mecanismo processual que pode ser manejado pelo interessado em modificar a regência fixada em decisão transitada em julgado acerca de determinada relação jurídica continuativa. Por exemplo, o trabalhador que tenha obtido o reconhecimento do direito ao pagamento de pensão vitalícia pode postular a majoração do valor a ser recebido mensalmente, caso tenha havido agravamento da incapacidade laborativa. A empresa, na mesma hipótese, poderia pedir a redução do valor na situação contrária.

Cabe destacar que a revisional não se confunde com a ação rescisória, já que se trata de ação autônoma, com pedido e causa de pedir próprios; seu julgamento cabe a uma das Varas do Trabalho do local da prestação de serviços, não havendo prevenção do Juízo que fixou originariamente a pensão, pois a revisional é ação consequente.

Interessante discussão diz respeito à (des)necessidade de ajuizamento de ação revisional nas hipóteses em que haja modificação do estado de fato ou de direito existente quando do trânsito em julgado.

Em seu voto condutor no RE 596663, o Min. Teori Zavascki sustentou que o princípio geral sobre o tema é o de que a alteração do *status quo* tem efeitos "automáticos", o que tornaria inadequada – por falta de interesse de agir – a ação revisional nesses casos, sendo certo que o devedor poderia alegar o tema em embargos à execução ou em impugnação ao cumprimento de sentença[169]. Seria excepcional a possibilidade e necessidade de ajuizamento de

---

168. Art 505, I – se, tratando-se de relação jurídica de trato continuado, sobreveio modificação no estado de fato ou de direito, caso em que poderá a parte pedir a revisão do que foi estatuído na sentença.

169. O Min. Teori, na bela passagem referida, não afirmou expressamente que haveria falta de interesse de agir para a ação revisional nesses casos, mas essa parece ser a conclusão que se extrai do seu raciocínio. Em suas palavras: ""(...) A alteração do status quo tem, em regra, efeitos imediatos e automáticos. Assim, se a sentença declarou que determinado servidor público não tinha direito a adicional de insalubridade, a superveniência de lei prevendo a vantagem importará imediato direito de usufruí-la, cessando a partir daí a eficácia vinculativa do julgado, independente de novo pronunciamento judicial ou de qualquer outra formalidade. Igualmente, se a sentença declara que os serviços prestados por determinada empresa estão sujeitos a contribuição para a seguridade social, a norma superveniente que revogue a anterior ou que crie isenção fiscal cortará sua força vinculativa, dispensando o contribuinte, desde logo, do pagamento do tributo. O mesmo pode ocorrer em favor do Fisco, em casos que, reconhecida por sentença, a intributabilidade, sobrevier lei criando tributo: sua cobrança pode dar-se imediatamente, independentemente de revisão do julgado anterior. No que se refere à mudança no estado de fato, a situação é idêntica. A sentença que, à vista da incapacidade temporária para o trabalho, reconhece o direito ao benefício de auxílio-doença tem força vinculativa enquanto perdurar o status quo. A superveniente cura do segurado importa imediata cessação dessa eficácia. Nos exemplos citados, o interessado poderá invocar a nova situação (que extinguiu, ou modificou a relação jurídica) como matéria de defesa, impeditiva da outorga da tutela pretendida pela parte contrária. Havendo execução da sentença, a matéria pode ser alegada pela via de embargos, nos termos art. 741, VI, do CPC. Tratando-se de matéria típica de objeção, dela

ação revisional, o que ocorreria apenas quando a lei o exigisse expressamente. Como exemplo, o voto cita o art. 1699 do Código Civil[170], que menciona a imprescindibilidade de decisão judicial para modificar o valor dos alimentos anteriormente fixados, caso tenha havido mudança da situação financeira do alimentante ou do alimentando.

Tal posicionamento, embora replicado em doutrina[171], não foi sufragado – ao menos expressamente – pelos demais ministros, sendo certo que a tese fixada foi mais delimitada, conforme já exposto. Não há, portanto, precedente vinculativo e aplicável genericamente do STF quanto ao tema da *eficácia temporal da sentença*, ou dos limites objetivos da coisa julgada nas relações jurídicas continuativas.

No âmbito do Processo do Trabalho, a condenação em parcelas vincendas pode acontecer, por exemplo, nas hipóteses de adicional de insalubridade e de periculosidade, bem como de pensionamento por redução ou perda da capacidade laborativa em decorrência de acidente de trabalho ou de doença ocupacional. Com relação a tais direitos, veja-se que não há dispositivo legal que exija o ajuizamento de ação revisional[172]. Assim, com base na lição doutrinária e na decisão do STF supracitadas (a última, repita-se, não vinculante quanto a esse aspecto), seria sustentável o entendimento de que o empregador, em tais casos, poderia, unilateralmente, deixar de pagar os adicionais ou reduzir o valor da pensão.

Tal solução, entretanto, prepara significativas dificuldades, dado o contexto peculiar em que se desenvolvem as relações de trabalho. Note-se que a redução ou supressão unilateral do pagamento gera, no mínimo, risco trabalhista para o empregador, que pode vir a ser condenado em futura reclamação trabalhista. Desse modo, ainda que se entenda pela possibilidade de atuação unilateral e autoexecutória pelo empregador, deve-se reconhecer a existência de interesse de agir para o ajuizamento de ações revisionais nessas hipóteses,

---

pode conhecer o juiz até mesmo de ofício, mormente quando se trata de mudança do estado de direito, quando será inteiramente aplicável o princípio *jura novit curia*".

170. Art. 1.699. Se, fixados os alimentos, sobrevier mudança na situação financeira de quem os supre, ou na de quem os recebe, poderá o interessado reclamar ao juiz, conforme as circunstâncias, exoneração, redução ou majoração do encargo.

171. Eduardo Talamini, por exemplo, referindo-se ao art. 471, I, do CPC/1973, dispositivo equivalente ao art. 505, I, do CPC/2015, discorre que: "Há casos em que a lei expressamente prevê que, havendo alteração fática ou jurídica que repercuta na relação continuativa, caberá à parte interessada ir a juízo 'pedir a revisão' a que alude a regra em exame. (...) Nos demais casos, em que a lei silencia, a alteração do estado de fato ou de direito implicará direta e automaticamente a mudança na relação continuativa, mudança essa que deverá ser desde logo observada pelas partes. Surgindo novo litígio entre elas em face do novo panorama, a ação e a sentença serão de natureza meramente declaratória no que tange ao reconhecimento da mudança já antes havida" (TALAMINI, Eduardo A coisa julgada no tempo (os "limites temporais" da coisa julgada. In: *Revista do Advogado*, ano XXVI, nº 88, novembro de 2006, p. 56-63)

172. O supracitado art. 1699 do Código Civil diz respeito a alimentos do direito de família, não àqueles devidos em função de acidente de trabalho ou doença ocupacional.

já que a existência de coisa julgada anterior faz com que haja necessidade e utilidade de provimento judicial que afirme a modificação do estado de fato ou de direito.

Além disso, em algumas hipóteses, será bastante discutível a legitimidade da supressão ou redução unilateral de verbas ou vantagens vincendas deferidas em decisão transitada em julgado. Imagine-se, por exemplo, causa em que se trave amplo debate sobre a insalubridade de determinado ambiente de trabalho. Após o trânsito em julgado, o empregador faz pequena mudança no ambiente e resolve suprimir o adicional de insalubridade. Em tal caso, certamente haverá presunção de que o ambiente de trabalho permanece insalubre, e deverá haver nova instrução processual, com realização de nova perícia, a fim de apurar se houve, ou não, a descaracterização da insalubridade. Não parece adequado, nesse contexto, permitir que a discussão se faça em sede de execução (cumprimento de sentença), dado o tumulto processual que daí decorrerá.

Em outras hipóteses, em que seja evidente a mudança da situação de fato, pode-se admitir a validade da supressão ou redução unilateral pelo empregador. Ainda assim, caso surja controvérsia quanto ao tema, caberá ao executado o ônus de comprovar a modificação da situação de fato ou de direito, sendo possível, caso necessária, a realização de audiência de instrução nos moldes do art. 884, §2º, da CLT[173]. Pense-se, por exemplo, no caso em que a sentença transitada em julgado condene a reclamada ao pagamento de adicional de insalubridade, sendo que posteriormente o trabalhador é transferido da fábrica para o escritório e deixa de ter contato com os agentes insalubres. Nessa hipótese, em tese o tema poderia ser discutido na execução, embora também se deva reconhecer a possibilidade de ajuizamento de ação revisional.

A jurisprudência dos Tribunais Regionais do Trabalho e do Tribunal Superior do Trabalho apresenta inúmeros precedentes em que reconhecido o cabimento da ação revisional nas situações de modificação do estado de fato ou de direito[174] após o trânsito em julgado, notadamente quanto aos pedidos de

---

173. Art. 884 - Garantida a execução ou penhorados os bens, terá o executado 5 (cinco) dias para apresentar embargos, cabendo igual prazo ao exeqüente para impugnação. (...)

§ 2º - Se na defesa tiverem sido arroladas testemunhas, poderá o Juiz ou o Presidente do Tribunal, caso julgue necessários seus depoimentos, marcar audiência para a produção das provas, a qual deverá realizar-se dentro de 5 (cinco) dias.

174. "RECURSO ORDINÁRIO EM MANDADO DE SEGURANÇA. HOSPITAL NOSSA SENHORA DA CONCEIÇÃO S.A. ADICIONAL DE PERICULOSIDADE RECONHECIDO POR DECISÃO JUDICIAL COM TRÂNSITO EM JULGADO. RAIO X MÓVEL. SUPERVENIÊNCIA DA PORTARIA 595/2015 DO MINISTÉRIO DO TRABALHO E EMPREGO. AJUIZAMENTO DE AÇÃO REVISIONAL. ANTECIPAÇÃO DOS EFEITOS DA TUTELA EM RELAÇÃO ÀS PARCELAS POSTERIORES À PORTARIA. PRETENSÃO DE SUSTAÇÃO DO PAGAMENTO DO ADICIONAL DE PERICULOSIDADE. POSSIBILIDADE. REQUISITOS DO ART. 300 DO CPC/15. 1. Trata-se de ação mandamental impetrada contra o ato jurisdicional que, nos autos de ação revisional, ajuizada no curso da execução de sentença que condenou o Hospital Nossa Senhora da Conceição S.A. ao pagamento de adicional de periculosidade pela

adicionais de insalubridade[175] e de periculosidade[176], e de pagamento de pensão decorrente de acidente de trabalho ou de doença ocupacional[177].

6.5. Limites objetivos da coisa julgada

O Supremo Tribunal Federal já decidiu, em mais de uma ocasião, que a temática dos limites objetivos da coisa julgada não apresenta repercussão

operação de Raio X móvel, deferiu o requerimento de antecipação de tutela para suspender a liquidação com fundamento na superveniência da Portaria nº 595/2015 do Ministério do Trabalho e Emprego. 2. A liminar foi deferida para cassar a decisão que determinou a suspensão da execução da sentença e confirmada pelo Colegiado em julgamento definitivo. 3. Recurso ordinário interposto pelo Hospital litisconsorte insistindo no restabelecimento da liminar deferida nos autos da ação revisional. 4. A Portaria nº 595 do Ministério do Trabalho e Emprego, que entrou em vigor em 7/5/2015, excluiu a periculosidade das atividades realizadas com Raio X móvel, perpetrando modificação do estado de direito no curso de típica relação jurídica de trato continuado a ensejar a revisão por meio da ação proposta, consoante autoriza o art. 505, I, do CPC/2015. 5. Diante desse contexto, os valores que porventura sejam alcançados pela condenação relativamente ao período anterior à data da publicação da Portaria nº 595/2015 do MTE, em 08.05.2015, devem ser adimplidos em observância às situações jurídicas consolidadas sob a égide da regulamentação anterior. De outra parte, a liquidação relativa aos valores do período posterior à edição da mencionada Portaria e a inclusão da parcela em folha de pagamento da substituída devem ser suspensos até o trânsito em julgado da ação revisional, ante a violação de direito líquido e certo do litisconsorte de obter a revisão da condenação em razão da superveniência de norma a modificar o estado de direito. 6. Presentes, portanto, os pressupostos do art. 300 do CPC/2015, a segurança deve ser parcialmente concedida, nos termos da fundamentação. Recurso ordinário conhecido e parcialmente provido" (TST - RO: 201478420185040000, Relator: Alexandre de Souza Agra Belmonte, Data de Julgamento: 30/10/2018, Subseção II Especializada em Dissídios Individuais, Data de Publicação: DEJT 09/11/2018).

175. "AGRAVO DE INSTRUMENTO. RECURSO DE REVISTA. AÇÃO REVISIONAL. ADICIONAL DE INSALUBRIDADE. O Regional foi claro ao consignar que, nas atuais condições de trabalho do empregado-reclamado, não existem mais as situações que justifiquem o percebimento de adicional de insalubridade. Consignou, ainda, que não há no acordo negociado qualquer garantia da permanência do adicional de insalubridade em tais circunstâncias. Assim, a decisão recorrida, a qual liberou a empresa do pagamento do adicional de insalubridade está em consonância com os artigos 194 da CLT e 471, I, do CPC. Agravo de instrumento não provido" (AIRR-68240-49.2005.5.02.0466, 6ª Turma, Relator Ministro Augusto Cesar Leite de Carvalho, DEJT 08/08/2014).

176. "AÇÃO REVISIONAL. ADICIONAL DE PERICULOSIDADE. Procedência da ação revisional, uma vez comprovada a modificação nos estados de fato e de direito que ensejaram a condenação" (TRT-4 - ROT: 00214153320155040016, Data de Julgamento: 07/11/2019, 1ª Turma).

177. "EMBARGOS DE DECLARAÇÃO. RECURSO DE REVISTA COM AGRAVO DE INSTRUMENTO. PETIÇÃO. PRÁTICA SUPERVENIENTE DE ROUBOS PELO RECLAMANTE. ALEGAÇÃO DE SIMULAÇÃO DO RECLAMANTE E NULIDADE DA PERÍCIA MÉDICA. FATO NOVO INEXISTENTE. (...) nos termos do art. 505, I, do CPC/2015 (art. 471, I, do CPC/1973), em se tratando de relação jurídica continuativa, a modificação no estado de fato ou de direito pode ser objeto de revisão perante o órgão jurisdicional competente. (...) Assim, se o empregado acidentado recebe pensão de 30% do seu salário decorrente de invalidez parcial e, após alguns anos, fica totalmente incapacitado para o trabalho, faz jus à pensão no valor total da sua remuneração desde a data do ajuizamento da ação revisional. 5) Ao contrário, se a incapacidade deixou de existir, não se justifica a manutenção do pensionamento. Nesse sentido, cito precedentes desta Corte. 6) Caso a modificação tenha ocorrido no curso do processo, antes do trânsito em julgado, a parte poderá postular a revisão da decisão, com fundamento no artigo 493 do CPC. Entretanto, se o processo já tramita em fase extraordinária e para o exame do fato novo seja indispensável produção de prova pericial, não se aplica o disposto no artigo 493 do CPC, devendo a parte ajuizar ação revisional. Neste sentido, cito precedente do Supremo Tribunal Federal (...) " (ED-ARR-112500-13.2009.5.05.0007, 2ª Turma, Relatora Ministra Maria Helena Mallmann, DEJT 13/12/2019).

geral. Trata-se de entendimento jurisprudencial coerente com a ideia de que o recurso extraordinário não é cabível quando se tratar de violação reflexa da Constituição, vale dizer, nas hipóteses em que, para concluir pela contrariedade ao texto constitucional, faz-se necessário, antes, analisar o sentido e o alcance de norma infraconstitucional.

Nesse sentido, ao julgar o ARE 1298177[178] (tema 1123), a Corte decidiu que não apresenta repercussão geral – o que torna, portanto, inviável o conhecimento de recurso extraordinário – a discussão alusiva à execução da indenização de 40% do FGTS na hipótese em que a parcela não conste expressamente do título judicial transitado em julgado. Por extensão, o mesmo raciocínio deve ser aplicado nas situações em que se discuta o alcance de determinada decisão transitada em julgada.

De forma semelhante, no ARE 748371 (tema 660), o STF negou repercussão geral à controvérsia alusiva à "suposta violação aos princípios do contraditório, da ampla defesa, dos limites da coisa julgada e do devido processo legal", já que o julgamento da causa dependia de "prévia análise da adequada aplicação das normas infraconstitucionais"[179].

7. COISA JULGADA INCONSTITUCIONAL (EMBARGOS À EXECUÇÃO COM EFICÁCIA RESCISÓRIA)

Referências normativas e jurisprudenciais	
Constituição	Art. 5º Todos são iguais perante a lei, sem distinção de qualquer natureza, garantindo-se aos brasileiros e aos estrangeiros residentes no País a inviolabilidade do direito à vida, à liberdade, à igualdade, à segurança e à propriedade, nos termos seguintes; (...) XXXVI - a lei não prejudicará o direito adquirido, o ato jurídico perfeito e a coisa julgada (...).

178. "RECURSO EXTRAORDINÁRIO COM AGRAVO. PROCESSUAL CIVIL. EXECUÇÃO. RETIFICAÇÃO DOS CÁLCULOS. RESOLUÇÃO 405/2016 DO CONSELHO DA JUSTIÇA FEDERAL. EXCLUSÃO DA MULTA DE 40% SOBRE O FUNDO DE GARANTIA DO TEMPO DE SERVIÇO (FGTS). LEI 8.036/1990. LIMITES OBJETIVOS DA COISA JULGADA. ARE 748.371. TEMA 660. MATÉRIA COM REPERCUSSÃO GERAL REJEITADA. CONTROVÉRSIA DE ÍNDOLE INFRACONSTITUCIONAL. OFENSA À CONSTITUIÇÃO FEDERAL QUE, SE EXISTENTE, SERIA APENAS INDIRETA. NECESSIDADE DE REVOLVIMENTO DO CONJUNTO FÁTICO-PROBATÓRIO DOS AUTOS. IMPOSSIBILIDADE. SÚMULA 279 DO SUPREMO TRIBUNAL FEDERAL. AUSÊNCIA DE REPERCUSSÃO GERAL" (ARE 1298177 RG, Relator(a): MINISTRO PRESIDENTE, Tribunal Pleno, julgado em 17/12/2020).

179. "Alegação de cerceamento do direito de defesa. Tema relativo à suposta violação aos princípios do contraditório, da ampla defesa, dos limites da coisa julgada e do devido processo legal. Julgamento da causa dependente de prévia análise da adequada aplicação das normas infraconstitucionais. Rejeição da repercussão geral" (ARE 748371 RG, Relator(a): GILMAR MENDES, Tribunal Pleno, julgado em 06/06/2013).

Referências normativas e jurisprudenciais	
Legislação infra-constitucional	CPC Art. 525. Transcorrido o prazo previsto no art. 523 sem o pagamento voluntário, inicia-se o prazo de 15 (quinze) dias para que o executado, independentemente de penhora ou nova intimação, apresente, nos próprios autos, sua impugnação. § 1º Na impugnação, o executado poderá alegar: (...) III - inexequibilidade do título ou inexigibilidade da obrigação (...); § 12. Para efeito do disposto no inciso III do § 1º deste artigo, considera-se também inexigível a obrigação reconhecida em título executivo judicial fundado em lei ou ato normativo considerado inconstitucional pelo Supremo Tribunal Federal, ou fundado em aplicação ou interpretação da lei ou do ato normativo tido pelo Supremo Tribunal Federal como incompatível com a Constituição Federal, em controle de constitucionalidade concentrado ou difuso. (...) § 15. Se a decisão referida no § 12 for proferida após o trânsito em julgado da decisão exequenda, caberá ação rescisória, cujo prazo será contado do trânsito em julgado da decisão proferida pelo Supremo Tribunal Federal. Art. 535. A Fazenda Pública será intimada na pessoa de seu representante judicial, por carga, remessa ou meio eletrônico, para, querendo, no prazo de 30 (trinta) dias e nos próprios autos, impugnar a execução, podendo arguir: (...) § 5º Para efeito do disposto no inciso III do *caput* deste artigo, considera-se também inexigível a obrigação reconhecida em título executivo judicial fundado em lei ou ato normativo considerado inconstitucional pelo Supremo Tribunal Federal, ou fundado em aplicação ou interpretação da lei ou do ato normativo tido pelo Supremo Tribunal Federal como incompatível com a Constituição Federal, em controle de constitucionalidade concentrado ou difuso. CLT, art. 884, § 5º - Considera-se inexigível o título judicial fundado em lei ou ato normativo declarados inconstitucionais pelo Supremo Tribunal Federal ou em aplicação ou interpretação tidas por incompatíveis com a Constituição Federal.
Súmulas e teses de repercussão geral	Tema 360 (RE 611503): São constitucionais as disposições normativas do parágrafo único do art. 741 do CPC, do § 1º do art. 475-L, ambos do CPC/73, bem como os correspondentes dispositivos do CPC/15, o art. 525, § 1º, III e §§ 12 e 14, o art. 535, § 5º. São dispositivos que, buscando harmonizar a garantia da coisa julgada com o primado da Constituição, vieram agregar ao sistema processual brasileiro um mecanismo com eficácia rescisória de sentenças revestidas de vício de inconstitucionalidade qualificado, assim caracterizado nas hipóteses em que (a) a sentença exequenda esteja fundada em norma reconhecidamente inconstitucional – seja por aplicar norma inconstitucional, seja por aplicar norma em situação ou com um sentido inconstitucionais; ou (b) a sentença exequenda tenha deixado de aplicar norma reconhecidamente constitucional; e (c) desde que, em qualquer dos casos, o reconhecimento dessa constitucionalidade ou a inconstitucionalidade tenha decorrido de julgamento do STF realizado em data anterior ao trânsito em julgado da sentença exequenda.
Julgados paradigmáticos	ADI 2418 RE 611503

Na ADI 2418[180] e no RE 611503[181], o Supremo Tribunal Federal reconheceu a constitucionalidade do regramento previsto no art. 525, § 1º, III, e §§ 12 e 14, e no art. 535, § 5º, do CPC/2015[182]. Trata-se da discussão alusiva à chamada *sentença inconstitucional*, que pode se sujeitar (i) a embargos à execução (ou impugnação ao cumprimento de sentença) com eficácia rescisória ou (ii) a ação rescisória.

O voto condutor do Min. Teori Zavascki considerou cuidar-se de ponderação razoável e proporcional feita pelo legislador, que optou por privilegiar a força normativa da Constituição e a autoridade das decisões do STF (= primado da Constituição), em detrimento da segurança jurídica e da coisa julgada.

A decisão esclarece, ainda, que o cabimento dos embargos à execução com eficácia rescisória tem como requisito a configuração de vício de inconstitucionalidade qualificado, assim caracterizado nas hipóteses em que (i) a sentença exequenda esteja fundada em norma inconstitucional, ou aplique norma em situação ou com um sentido inconstitucionais; ou (ii) a sentença exequenda tenha deixado de aplicar norma reconhecidamente constitucional. Em ambos os casos, pressupõe-se que o STF haja declarado a constitucionalidade ou inconstitucionalidade da norma previamente ao trânsito em julgado da decisão exequenda.

Os embargos à execução com eficácia rescisória foram introduzidos no Processo do Trabalho pela medida provisória 2180-35/2001 (art. 884, §5º, da CLT); o tema é regulamentado também no art. 525, §12 e seguintes, do CPC[183].

---

180. ADI 2418, Relator(a): TEORI ZAVASCKI, Tribunal Pleno, julgado em 04/05/2016.

181. RE 611503, Relator(a): TEORI ZAVASCKI, Relator(a) p/ Acórdão: EDSON FACHIN, Tribunal Pleno, julgado em 20/08/2018.

182. Interessante perceber que a ADI 2418 impugnava apenas os dispositivos correspondentes do CPC/1973 – no ponto, o respectivo art. 741, parágrafo único. Quando do julgamento da ação direta, o dispositivo havia sido revogado pelo CPC/2015, o que, em princípio, deveria gerar o prejuízo (= falta superveniente de interesse de agir) da ADI. Contudo, a Suprema Corte optou por proferir julgamento de mérito, considerando que o instituto da impugnação ao cumprimento de sentença inconstitucional foi substancialmente mantido pelo CPC/2015, tendo havido apenas algumas "adjetivações" pela nova legislação, a qual esclareceu determinados pontos, tais como a possibilidade de manejo dos embargos à execução com eficácia rescisória (ou impugnação ao cumprimento de sentença) tanto nas hipóteses de declaração de inconstitucionalidade em controle concentrado, quanto no controle difuso.

183. Art. 525, §12 - Para efeito do disposto no inciso III do §1º deste artigo, considera-se também inexigível a obrigação reconhecida em título executivo judicial fundado em lei ou ato normativo considerado inconstitucional pelo Supremo Tribunal Federal, ou fundado em aplicação ou interpretação da lei ou do ato normativo tido pelo Supremo Tribunal Federal como incompatível com a Constituição Federal, em controle de constitucionalidade concentrado ou difuso.

§13 - No caso do §12, os efeitos da decisão do Supremo Tribunal Federal poderão ser modulados no tempo, em atenção à segurança jurídica.

§14 - A decisão do Supremo Tribunal Federal referida no §12 deve ser anterior ao trânsito em julgado da decisão exequenda.

O CPC, no art. 525, § 14, fixa que a decisão do STF deve ser anterior ao trânsito em julgado da decisão exequenda, para fins de cabimento dos embargos à execução com eficácia rescisória, ou seja, a decisão exequenda deve ter um vício de origem para que seja possível a arguição do tema nos embargos à execução. Não obstante, se a decisão do STF for posterior ao trânsito em julgado da decisão exequenda, caberá ação rescisória, cujo prazo será contado do trânsito em julgado da decisão proferida pelo Supremo Tribunal Federal (CPC, art. 525, §15).

Outro aspecto controvertido solucionado pelo CPC/2015 está na autorização explícita para utilização do mecanismo não apenas quando a decisão do STF tenha sido tomada em controle concentrado, mas também no controle difuso de constitucionalidade.

Os embargos à execução com eficácia rescisória constituem mecanismo de defesa do executado em face das chamadas *sentenças inconstitucionais*. Discutem-se, à luz da literalidade dos dispositivos legais - que mencionam a *inexigibilidade* do título judicial fundado em norma inconstitucional -, os efeitos de eventual julgamento de procedência dos embargos à execução nessa hipótese.

Uma parcela da doutrina reputa que a sentença formalmente transitada em julgado não teria força para se manter, quando inconstitucional, razão pela qual seria nula e o vício poderia ser reconhecido a qualquer tempo e em qualquer procedimento[184]. Outra corrente se posiciona no sentido de que se trata de mera ineficácia da sentença, o que poderia ser reconhecido incidentalmente na execução[185]. Uma terceira vertente é no sentido de que se trata de mecanismo processual com eficácia rescisória de certas sentenças inconstitucionais[186].

Tal discussão não é meramente acadêmica, já que, ao se considerar haver eficácia rescisória, há a perplexidade de possibilitar ao juiz da execução (em regra, juiz de primeiro grau) a desconstituição de decisão judicial proferida, eventualmente, por instâncias superiores. Para quem sustenta a mera ineficácia, persiste a mesma dificuldade prática, embora seja menor o embaraço no plano teórico. Esse inclusive é o fundamento (paralelamente à proteção constitucional à coisa julgada) por força do qual diversos autores sustentavam a inconstitucionalidade dos dispositivos legais que preveem os embargos com eficácia rescisória.

---

§15 - Se a decisão referida no §12 for proferida após o trânsito em julgado da decisão exequenda, caberá ação rescisória, cujo prazo será contado do trânsito em julgado da decisão proferida pelo Supremo Tribunal Federal.

184. THEODORO JÚNIOR, Humberto; FARIA. Juliana Cordeiro de. A coisa julgada inconstitucional e os instrumentos processuais para seu controle. In: *Revista dos Tribunais*. v. 91, n. 195, p. 21-40. jan. 2002.

185. ASSIS, Araken. Eficácia da coisa julgada inconstitucional. In: *Revista Dialética de Direito Processual*, São Paulo, v. 04, p. 07-28, 2003.

186. ZAVASCKI, Teori Albino. Ação Rescisória em Matéria Constitucional. In: *Revista de Direito Renovar*, Rio de Janeiro, n. 27, p. 153-174, set./dez. 2003.

Além disso, há quem sustente que a ineficácia ou rescisão da sentença inconstitucional deveria permitir o rejulgamento da causa pelo órgão competente, numa espécie de *judicium rescisorium*. O Código de Processo Civil de 2015, na mesma linha do Código anterior, não regulou expressamente o ponto, o que faz com que parcela da doutrina cogite da reabertura do processo, possibilitando novo julgamento, após a invalidação da sentença inconstitucional em sede de execução.

Apesar de todas as controvérsias existentes no plano teórico, deve-se considerar que o julgamento de procedência dos embargos à execução com eficácia rescisória reconhece a inexigibilidade da obrigação, e a decisão extintiva da execução faz coisa julgada material, de modo que se inviabiliza a renovação da pretensão de execução do valor.

Assim, em tese, o executado, pode ofertar embargos à execução alegando a inexigibilidade do título, quando fundado em norma inconstitucional. Contudo, por se tratar de questão de direito material, não é possível a atuação *ex officio* do juiz, que deve dar cumprimento à decisão até que o tema seja suscitado pelo interessado.

Por fim, descabe o manejo de embargos à execução com eficácia rescisória quando a lei em que se fundou a sentença é de idêntico teor à outra já declarada inconstitucional pela Suprema Corte, porque o regramento legal apenas os admite quando a própria lei em que se baseou a sentença já tiver sido declarada inconstitucional pelo STF; ou seja, não é suficiente, por exemplo, que o Supremo haja declarado a inconstitucionalidade de lei de outro estado da Federação, ainda que de teor idêntico ao daquela em que se baseou a sentença exequenda.

8. COMISSÃO DE CONCILIAÇÃO PRÉVIA

Referências normativas e jurisprudenciais	
Constituição	Art. 5º Todos são iguais perante a lei, sem distinção de qualquer natureza, garantindo-se aos brasileiros e aos estrangeiros residentes no País a inviolabilidade do direito à vida, à liberdade, à igualdade, à segurança e à propriedade, nos termos seguintes; (...) XXXV - a lei não excluirá da apreciação do Poder Judiciário lesão ou ameaça a direito;
Legislação infra-constitucional	CLT, Art. 625-A. As empresas e os sindicatos podem instituir Comissões de Conciliação Prévia, de composição paritária, com representante dos empregados e dos empregadores, com a atribuição de tentar conciliar os conflitos individuais do trabalho. Parágrafo único. As Comissões referidas no *caput* deste artigo poderão ser constituídas por grupos de empresas ou ter caráter intersindical.

Referências normativas e jurisprudenciais	
Legislação infra-constitucional	Art. 625-D. Qualquer demanda de natureza trabalhista será submetida à Comissão de Conciliação Prévia se, na localidade da prestação de serviços, houver sido instituída a Comissão no âmbito da empresa ou do sindicato da categoria. § 1º A demanda será formulada por escrito ou reduzida a termo por qualquer dos membros da Comissão, sendo entregue cópia datada e assinada pelo membro aos interessados. § 2º Não prosperando a conciliação, será fornecida ao empregado e ao empregador declaração da tentativa conciliatória frustrada com a descrição de seu objeto, firmada pelos membros da Comissão, que devera ser juntada à eventual reclamação trabalhista. § 3º Em caso de motivo relevante que impossibilite a observância do procedimento previsto no *caput* deste artigo, será a circunstância declarada na petição da ação intentada perante a Justiça do Trabalho. § 4º Caso exista, na mesma localidade e para a mesma categoria, Comissão de empresa e Comissão sindical, o interessado optará por uma delas submeter a sua demanda, sendo competente aquela que primeiro conhecer do pedido. Art. 625-E. Aceita a conciliação, será lavrado termo assinado pelo empregado, pelo empregador ou seu proposto e pelos membros da Comissão, fornecendo-se cópia às partes. Parágrafo único. O termo de conciliação é título executivo extrajudicial e terá eficácia liberatória geral, exceto quanto às parcelas expressamente ressalvadas.
Julgados paradigmáticos	ADI 2139, 2160, 2237

A Comissão de Conciliação Prévia (CCP) constitui equivalente jurisdicional, pois se trata mecanismo extrajudicial de solução definitiva de conflitos trabalhistas. A CCP é um órgão criado no âmbito de sindicatos ou de empresas, contando com representantes de empregados e de empregadores.

Os arts. 625-D e 625-E, da CLT, foram objeto das ADIs 2139, 2160, 2237, julgadas em conjunto[187]. Dois pontos foram objeto de decisão pelo STF: (i) a

187. "AÇÕES DIRETAS DE INCONSTITUCIONALIDADE. ARTS. 625-D, §§ 1º A 4º, E 852-B, INC. II, DA CONSOLIDAÇÃO DAS LEIS DO TRABALHO - CLT, ACRESCIDOS PELAS LEIS NS. 9.958, de 12 DE JANEIRO DE 2000, E 9.957, DE 12 DE JANEIRO DE 2000. COMISSÃO DE CONCILIAÇÃO PRÉVIA - CCP. SUPOSTA OBRIGATORIEDADE DE ANTECEDENTE SUBMISSÃO DO PLEITO TRABALHISTA À COMISSÃO PARA POSTERIOR AJUIZAMENTO DE RECLAMAÇÃO TRABALHISTA. INTERPRETAÇÃO QUE PERMITE A SUBMISSÃO FACULTATIVAMENTE. GARANTIA DO ACESSO À JUSTIÇA. ART. 5º, INC. XXXV, DA CONSTITUIÇÃO DA REPÚBLICA. INVIABILIDADE DE UTILIZAÇÃO DE CITAÇÃO POR EDITAL EM RITO SUMARÍSSIMO. CONSTITUCIONALIDADE. RESPEITO AOS PRINCÍPIOS DA RAZOABILIDADE. AÇÃO JULGADA PARCIALMENTE PROCEDENTE PARA DAR INTERPRETAÇÃO CONFORME A CONSTITUIÇÃO AO ART. 652-D, §§ 1º A 4º, DA CONSOLIDAÇÃO DAS LEIS DO TRABALHO -CLT. 1. O Supremo Tribunal Federal tem reconhecido, em obediência ao inc. XXXV do art. 5º da Constituição da República, a desnecessidade de prévio cumprimento de requisitos desproporcionais, procrastinatórios ou inviabilizadores da

questão da suposta obrigatoriedade da submissão prévia de conflitos trabalhistas à CCP, como requisito para o ajuizamento de reclamação trabalhista; (ii) a extensão da "eficácia liberatória geral" do acordo entabulado perante Comissão de Conciliação Prévia[188].

A primeira questão se resolveu de forma bastante clara e simples. Por unanimidade de votos, a Suprema Corte explicitou que o princípio do acesso à justiça ou da inafastabilidade da jurisdição (CF, art. 5º, XXXV) impede que se interprete o art. 625-D da CLT com a conotação de obrigatoriedade de submissão prévia da demanda à CCP. Mencionou-se que a Constituição é taxativa quanto às hipóteses que exigem prévio esgotamento da via administrativa, antes do ingresso em juízo.

Ainda que seja legítimo o recurso às Comissões de Conciliações Prévia, no afã de estimular meios alternativos de solução de controvérsias, as partes da relação de trabalho podem acionar o Judiciário independentemente de terem submetido o litígio, previamente, à CCP. A Suprema Corte ratificou, no ponto, o entendimento que já manifestara quando do julgamento da cautelar na ADI 2139[189].

Quanto à extensão da eficácia liberatória do acordo firmado perante a CCP, o tema não foi objeto de decisão em medida cautelar e, quando do julgamento final, nota-se que faltou clareza à decisão colegiada, sendo que o ponto sequer foi objeto da ementa do julgado, talvez em decorrência da visão da relatora, Min. Cármen Lúcia, sobre o assunto, conforme se demonstrará abaixo. No entanto, diversos ministros debateram e decidiram especificamente o tema[190].

---

submissão de pleito ao Poder Judiciário. 2. Contraria a Constituição interpretação do previsto no art. 625-D e parágrafos da Consolidação das Leis do Trabalho que reconhecesse a submissão da pretensão à Comissão de Conciliação Prévia como requisito para ajuizamento de ulterior reclamação trabalhista. Interpretação conforme a Constituição da norma. 3. Art. 625-D e parágrafos da Consolidação das Leis Trabalhistas: a legitimidade desse meio alternativo de resolução de conflitos baseia-se na consensualidade, sendo importante instrumento para o acesso à ordem jurídica justa, devendo ser apoiada, estimulada e atualizada, não consubstanciando, todavia, requisito essencial para o ajuizamento de reclamações trabalhistas. 4. A isonomia constitucional não impõe tratamento linear e rígido a todos os que demandam a atuação do Poder Judiciário, ainda que o façam por procedimento sumaríssimo na Justiça do Trabalho, pelo que se reconhece válida a exclusão da citação por edital daquele rito processual, em obediência aos princípios da primazia da realidade e da razoabilidade. Validade do art. 852-B, inc. II da Consolidação das Leis do Trabalho – CLT. 5. Ação direta de inconstitucionalidade julgada parcialmente procedente para para dar interpretação conforme a Constituição ao art. 625-D, §§ 1º a 4º, da Consolidação das Leis do Trabalho, no sentido de assentar que a Comissão de Conciliação Prévia constitui meio não obrigatório de solução de conflitos, permanecendo o acesso à Justiça resguardado para todos os que venham a ajuizar demanda diretamente ao órgão judiciário competente" (ADI 2139, 2160 e 2237, Relator(a): CÁRMEN LÚCIA, Tribunal Pleno, julgado em 01/08/2018).

188. Além dessas questões, a Corte decidiu a problemática da vedação à citação por edital no rito sumaríssimo, tema que será analisado em tópico próprio em outra seção deste capítulo.

189. ADI 2139 MC, Relator(a): OCTAVIO GALLOTTI, Relator(a) p/ Acórdão: MARCO AURÉLIO, Tribunal Pleno, julgado em 13/05/2009.

190. No voto do Min. Luiz Fux, por exemplo, consta que "O artigo 625-E da CLT não representa violação ao sistema normativo constitucional, visto que o termo de conciliação é título executivo extrajudicial e

Veja-se trecho de debate entre os Min. Edson Fachin e Cármen Lúcia:

> Min. Edson Fachin (ADI 2237) - Eu avançaria talvez um pouco, Senhora Presidente, mas não vejo muita dissonância, no sentido de suprimir a parte final desse dispositivo do parágrafo único quando menciona que "terá eficácia liberatória geral, exceto quanto às parcelas expressamente ressalvadas", porque tenho, para mim, que esse é só um efeito de chancela judicial, e não na ambiência da consideração prévia. Mas creio que o resultado do que Vossa Excelência está propondo, com a redução de texto, pode ser bastante simétrico nessa dimensão.
>
> Min. Cármen Lúcia - Sim, não fiz a leitura completa, mas resumida do voto, e, no que se refere ao 625-E, que estabelece exatamente "eficácia liberatória geral", assentei a sua validade. Aí faço a leitura apenas para completar e esclarecer porque aqui entendi que essa norma diria respeito a valores discutidos. Sendo facultativo, e, portanto, dizendo respeito aos valores ali discutidos e não se transmutam em quitação indiscriminada de verbas trabalhistas, mas geral relativamente ao que no termo se contém. (...)
>
> Min. Edson Fachin - Mas, como a expressão que está na lei é "eficácia liberatória geral", tenho, para mim, que essa expressão é inconstitucional. Portanto, aqui, entendo pela redução de texto e pela inconstitucionalidade parcial.
>
> Min. Cármen Lúcia - Eu considerei que a palavra geral significando tudo o que foi acordado por consenso afirmado entre as partes. Geral no que se refere àquilo que foi objeto da composição, por isso achei suficiente que, assim interpretado, se pudesse resguardar a norma e executar.

Como se depreende, a Min. Cármen Lúcia partiu da premissa – questionável, segundo os termos da própria lei – segundo a qual a eficácia liberatória "geral" somente se referiria "àquilo que foi objeto da composição". Portanto, no mínimo, seria mais adequado que a Corte julgasse a ADI parcialmente procedente para dar interpretação conforme a Constituição ao art. 625-E.

Ora, a expressão *eficácia liberatória geral* inequivocamente remete à ideia de quitação ampla e irrestrita de todas as obrigações decorrentes do contrato de trabalho. Nesse sentido já vinha interpretando o Tribunal Superior do Trabalho[191], e o entendimento tem sido reiterado mesmo após as decisões do STF

---

terá eficácia liberatória, "exceto quanto às parcelas expressamente ressalvadas", de modo que não institui eficácia liberatória geral. 7) A partir de interpretação sistemática com as demais normas da CLT, a eficácia liberatória geral referida pelo dispositivo diz respeito somente às parcelas ou títulos trabalhistas submetidos à comissão de conciliação".

191. "EMBARGOS REGIDOS PELA LEI Nº 13.015/2014. TERMO DE CONCILIAÇÃO FIRMADO PERANTE COMISSÃO DE CONCILIAÇÃO PRÉVIA. EFICÁCIA LIBERATÓRIA. PREVISÃO DE QUITAÇÃO DAS PARCELAS EXPRESSAMENTE CONSIGNADAS NO TERMO. QUITAÇÃO RESTRITA ÀS PARTES ACORDANTES. Esta SbDI-1 vem reiteradamente reconhecendo, com ressalva de entendimento pessoal deste Relator, que não há limitar os efeitos liberatórios do termo de conciliação firmado perante a Comissão de Conciliação Prévia quando não há nele nenhuma ressalva, sob pena de se negar vigência ao artigo 625-E da CLT. Contudo, no caso dos autos, há uma particularidade suficiente para afastar a aplicação do entendimento que prevaleceu nesta Corte sobre a matéria. Conforme se constata no acórdão regional, transcrito na decisão da Turma, houve limitação da eficácia liberatória apenas quanto às parcelas expressamente consignadas no termo de quitação. Desse modo, não há falar em eficácia liberatória geral em relação à totalidade das parcelas

nas ADIs ora comentadas[192]. A Corte Superior Trabalhista excepciona apenas a situação em que os próprios termos do acordo firmado perante a CCP limita a eficácia liberatória a determinadas parcelas[193].

Sucede que tais decisões contrariam o precedente vinculante firmado nas ADIs 2139, 2160, 2237, cabendo destacar que há julgados de turmas do TST, posteriores à decisão do STF, no sentido de que a eficácia liberatória abrange somente os valores *discutidos*, não podendo constituir quitação geral e irrestrita de verbas trabalhistas[194].

Na verdade, é impróprio dizer que a eficácia liberatória do acordo na CCP abrange somente os valores *discutidos*, pois não se trata de litígio, mas de acordo, de convergência de vontade entre trabalhador e empregador. Logo, não há valores discutidos, mas parcelas objeto de acordo.

---

oriundas do contrato de emprego, ante a limitação do alcance do acordo convolado pelas próprias partes. Por outro lado, a transação firmada na comissão de conciliação prévia produz efeitos somente entre as partes que a celebraram. Dessa forma, a quitação dada pelo referido termo de conciliação abrange as parcelas nele consignadas e somente tem eficácia entre as partes acordantes, não alcançando os pedidos relativos ao vínculo empregatício com a primeira reclamada, tomadora de serviços, que não participou do acordo. Embargos conhecidos e providos" (E-ED-ARR-557-80.2012.5.04.0405, Subseção I Especializada em Dissídios Individuais, Relator Ministro Jose Roberto Freire Pimenta, DEJT 11/05/2018).

192. "RECURSO DE EMBARGOS INTERPOSTO NA VIGÊNCIA DAS LEIS 13.015/2014 13.467/2017. QUITAÇÃO. ACORDO FIRMADO PERANTE A COMISSÃO DE CONCILIAÇÃO PRÉVIA. O entendimento da SBDI-1 do TST é de o termo de conciliação efetivado perante a comissão de conciliação prévia, sem aposição de ressalvas, ter eficácia liberatória geral referente às parcelas oriundas do contrato de trabalho (art. 625-E da CLT). No caso dos autos, ficou delimitado que houve restrição da eficácia liberatória no termo de conciliação prévia alusivo às parcelas e valores especificamente nele consignados. Nesse contexto, não estaria a incidir, por conseguinte, o entendimento sedimentado pela Corte sobre a matéria, tendo em vista que não se poderia dar eficácia liberatória geral em relação a parcelas cuja quitação não se pretendeu obter . Há precedentes. Recurso de embargos conhecido e desprovido" (E-ED-Ag-RR-295-69.2012.5.04.0781, Subseção I Especializada em Dissídios Individuais, Relator Ministro Augusto Cesar Leite de Carvalho, DEJT 13/09/2019).

193. "RECURSO DE EMBARGOS - INTERPOSIÇÃO SOB A REGÊNCIA DA LEI Nº 13.015/2014 - ACORDO - COMISSÃO DE CONCILIAÇÃO PRÉVIA - EFICÁCIA LIBERATÓRIA - LIMITAÇÃO EXPRESSA NO TERMO DE QUITAÇÃO - PARCELAS. Esta Corte firmou o entendimento de que não ofende ao artigo 625-E da CLT limitar a eficácia liberatória geral do acordo de conciliação firmado perante a Comissão de Conciliação Prévia se, por vontade das partes, houve restrição da quitação apenas às parcelas e valores expressamente consignados no recibo, particularidade equivalente à ressalva em relação às parcelas não consignadas, circunscrevendo-se ainda os efeitos do acordo às partes que o celebraram. Embargos conhecidos e providos " (E-RR-300-49.2012.5.04.0019, Subseção I Especializada em Dissídios Individuais, Relatora Ministra Maria Cristina Irigoyen Peduzzi, DEJT 26/04/2019).

194. "COMISSÃO DE CONCILIAÇÃO PRÉVIA. ACORDO SEM RESSALVAS E SEM VÍCIO DE CONSENTIMENTO. EFICÁCIA LIBERATÓRIA . O STF, no julgamento da ADI nº 2.237/DF, Relatora Ministra Carmem Lúcia, apreciando a constitucionalidade do art. 625-E, parágrafo único, da CLT, proferiu decisão no sentido de que "a eficácia liberatória geral do termo neles contido está relacionada ao que foi objeto da conciliação. Diz respeito aos valores discutidos e não se transmuta em quitação geral e indiscriminada de verbas trabalhistas" (DJE 20/02/2019 - ATA Nº 14/2019. DJE nº 34, divulgado em 19/02/2019). No caso dos autos, diante da delimitação fática feita pelo TRT, conclui-se que a eficácia liberatória decorrente da quitação passada pelo trabalhador ao firmar o mencionado acordo em Comissão de Conciliação Prévia atinge apenas os valores objeto de conciliação . A decisão recorrida, portanto, encontra-se em conformidade com o entendimento esposado pelo STF, no julgamento ADI nº 2.237/DF. Precedentes". (RR-365-17.2012.5.04.0028, 2ª Turma, Relatora Ministra Maria Helena Mallmann, DEJT 25/09/2020).

A confusão surge porque, com exceção dos Min. Edson Fachin e Rosa Weber, que declararam a inconstitucionalidade da expressão "eficácia liberatória geral", contida no art. 625-E da CLT, todos os demais ministros, nas conclusões de seus votos, afirmaram acompanhar integralmente a relatora, Min. Cármen Lúcia.

Embora não conste da ementa do julgado, fato é que a leitura do inteiro teor do acórdão permite concluir que a decisão da Suprema Corte fez uma espécie de interpretação conforme a Constituição, de modo que a eficácia liberatória do acordo firmado perante a CCP abrange apenas "aquilo que foi objeto do acordo".

Ainda aqui, surge relevante indagação, que não foi respondida explicitamente pela Suprema Corte: a quitação abrangeria as rubricas discriminadas nos termos firmados perante a CCP, ou apenas os valores efetivamente pagos ao trabalhador por força do acordo extrajudicial? Por exemplo: acordo firmado perante a CCP alusivo a horas extraordinárias, em que paga a quantia de R$ 2.000,00. A eficácia liberatória seria em relação a todas as horas extras ou apenas à quantia de R$ 2.000,00, que deveria ser deduzida em eventual reclamação trabalhista?

A decisão do Supremo Tribunal Federal não equacionou o ponto, mas o voto dos ministros sinaliza no sentido de que haveria eficácia liberatória geral não apenas quanto aos valores, mas também quanto às rubricas discriminadas no termo de conciliação.

No entanto, não há dúvidas de que, conforme decisão do STF, parcelas que não foram inseridas no acordo perante a CCP não estão abrangidas pela eficácia liberatória. Nesse sentido, o Tribunal Superior do Trabalho deve readequar sua jurisprudência.

9. COMPETÊNCIA JURISDICIONAL

Referências normativas e jurisprudenciais	
Constituição	Art. 114. Compete à Justiça do Trabalho processar e julgar: I - as ações oriundas da relação de trabalho, abrangidos os entes de direito público externo e da administração pública direta e indireta da União, dos Estados, do Distrito Federal e dos Municípios; II - as ações que envolvam exercício do direito de greve; III - as ações sobre representação sindical, entre sindicatos, entre sindicatos e trabalhadores, e entre sindicatos e empregadores; IV - os mandados de segurança, habeas corpus e habeas data , quando o ato questionado envolver matéria sujeita à sua jurisdição; V - os conflitos de competência entre órgãos com jurisdição trabalhista, ressalvado o disposto no art. 102, I, o; VI - as ações de indenização por dano moral ou patrimonial, decorrentes da relação de trabalho;

<table>
<tr><th colspan="2">Referências normativas e jurisprudenciais</th></tr>
<tr><td>Constituição</td><td>VII - as ações relativas às penalidades administrativas impostas aos empregadores pelos órgãos de fiscalização das relações de trabalho;
VIII - a execução, de ofício, das contribuições sociais previstas no art. 195, I, a , e II, e seus acréscimos legais, decorrentes das sentenças que proferir;
IX - outras controvérsias decorrentes da relação de trabalho, na forma da lei.</td></tr>
<tr><td>Legislação infraconstitucional</td><td>CLT, Art. 876, parágrafo único - A Justiça do Trabalho executará, de ofício, as contribuições sociais previstas na alínea a do inciso I e no inciso II do caput do art. 195 da Constituição Federal, e seus acréscimos legais, relativas ao objeto da condenação constante das sentenças que proferir e dos acordos que homologar.</td></tr>
<tr><td>Súmulas e teses de repercussão geral</td><td>STF, Súmula 736: Compete à justiça do trabalho julgar as ações que tenham como causa de pedir o descumprimento de normas trabalhistas relativas à segurança, higiene e saúde dos trabalhadores.
SV 22: A Justiça do Trabalho é competente para processar e julgar as ações de indenização por danos morais e patrimoniais decorrentes de acidente de trabalho propostas por empregado contra empregador, inclusive aquelas que ainda não possuíam sentença de mérito em primeiro grau quando da promulgação da EC 45/2004.
SV 23: A Justiça do Trabalho é competente para processar e julgar ação possessória ajuizada em decorrência do exercício do direito de greve pelos trabalhadores da iniciativa privada.
SV 53: A competência da Justiça do Trabalho prevista no art. 114, VIII, da CF alcança a execução de ofício das contribuições previdenciárias relativas ao objeto da condenação constante das sentenças que proferir e acordos por ela homologados.
Tema 43 (RE 573202): Compete à Justiça comum processar e julgar causas instauradas entre o Poder Público e seus servidores submetidos a regime especial disciplinado por lei local editada antes da Constituição Federal de 1988, com fundamento no artigo 106 da Constituição de 1967, na redação que lhe deu a Emenda Constitucional 1/1969.
Tema 90 (RE 583955): Compete ao juízo comum falimentar processar e julgar a execução dos créditos trabalhistas no caso de empresa em fase de recuperação judicial.
Tema 149 (RE 594435): Compete à Justiça comum o julgamento de conflito de interesses a envolver a incidência de contribuição previdenciária, considerada a complementação de proventos.
Tema 190 (RE 586453): Compete à Justiça comum o processamento de demandas ajuizadas contra entidades privadas de previdência com o propósito de obter complementação de aposentadoria, mantendo-se na Justiça Federal do Trabalho, até o trânsito em julgado e correspondente execução, todas as causas dessa espécie em que houver sido proferida sentença de mérito até 20/2/2013.
Tema 242 (RE 600091): Compete à Justiça do Trabalho processar e julgar as ações de indenização por danos morais e patrimoniais decorrentes de acidentes de trabalho propostas por empregado contra empregador, inclusive as propostas pelos sucessores do trabalhador falecido, salvo quando a</td></tr>
</table>

Referências normativas e jurisprudenciais	
Súmulas e teses de repercussão geral	sentença de mérito for anterior à promulgação da EC nº 45/04, hipótese em que, até o trânsito em julgado e a sua execução, a competência continuará a ser da Justiça Comum. Tema 305 (RE 607520): Compete à Justiça comum estadual processar e julgar as ações de cobrança ou os feitos executivos de honorários advocatícios arbitrados em favor de advogado dativo em ações cíveis e criminais. Tema 544 (RE 846854): A Justiça Comum Federal ou Estadual é competente para julgar a abusividade de greve de servidores públicos celetistas da administração direta, autarquias e fundações de direito público. Tema 550 (RE 606003): Preenchidos os requisitos dispostos na Lei 4.886/65, compete à Justiça Comum o julgamento de processos envolvendo relação jurídica entre representante e representada comerciais, uma vez que não há relação de trabalho entre as partes. Tema 853 (ARE 906491): Compete à Justiça do Trabalho processar e julgar demandas visando a obter prestações de natureza trabalhista, ajuizadas contra órgãos da Administração Pública por servidores que ingressaram em seus quadros, sem concurso público, antes do advento da CF/88, sob regime da Consolidação das Leis do Trabalho. Tema 928 (ARE 1001075): Competência da Justiça do Trabalho para processar e julgar ação que discute verbas trabalhistas, referentes a período regido pela CLT, supostamente devidas a empregados públicos que migraram, posteriormente, para o regime estatutário. Tema 992 (RE 960429): Compete à Justiça comum processar e julgar controvérsias relacionadas à fase pré-contratual de seleção e de admissão de pessoal e eventual nulidade do certame em face da Administração Pública, direta e indireta, nas hipóteses em que adotado o regime celetista de contratação de pessoal. Tema 994 (RE 1089282): Compete à Justiça comum processar e julgar demandas em que se discute o recolhimento e o repasse de contribuição sindical de servidores públicos regidos pelo regime estatutário. Tema 1092 (RE 1265549): Compete à Justiça comum processar e julgar causas sobre complementação de aposentadoria por lei cujo pagamento seja, originariamente ou por sucessão, da responsabilidade da Administração Pública direta ou indireta, por derivar essa responsabilidade de relação jurídico-administrativa
Julgados paradigmáticos	ADI 3395 AI AgRg 570429 ARE 798293, 1001075 CC 7128, 7201, 7204, 7242, 7456, 8018 Rcl 2879, 4489, 5381, 5698, 7342 RE 573202, 594435 ED, 595326, 600091, 606003, 607520, 960429, 1090128, 1089282

9.1. Execução de contribuições previdenciárias

Insere-se no feixe constitucional de competências da Justiça do Trabalho a execução, de ofício, das contribuições sociais decorrentes das sentenças condenatórias e acordos homologados. Esse é o entendimento consubstanciado na Súmula Vinculante nº 53 do Supremo Tribunal Federal e que se aplica, de acordo com a jurisprudência da Corte[195], inclusive para o período anterior à EC 20/98.

O texto do parágrafo único do art. 876 da CLT[196] , na redação dada pela Lei nº 13.467/2017, referenda antigo posicionamento do STF no sentido de que a execução *ex officio* abrange apenas as contribuições previdenciárias decorrentes de sentenças trabalhistas condenatórias ou de acordos homologados[197]. O fundamento é o de que não haveria título executivo quanto às obrigações relativas ao período meramente declarado, o que inviabilizaria a execução. Ao contrário, no caso de haver condenação, ainda segundo o Supremo Tribunal Federal, há um título, pois a contribuição previdenciária é acessória legal da verba deferida na sentença. Outro argumento é a violação ao contraditório. Nesse sentido também é a Súmula 368, I, do TST[198].

Com a nova redação do dispositivo, ficou superado no plano legislativo o entendimento segundo o qual a execução das contribuições previdenciárias poderia abranger salários já quitados durante o período contratual reconhecido. Vale dizer, mesmo que houvesse apenas a declaração do vínculo empregatício judicialmente, pela redação revogada do art. 876, parágrafo único, da CLT[199], as contribuições sociais seriam calculadas e exigidas inclusive quanto aos salários já pagos ao longo da contratualidade.

O posicionamento do Supremo Tribunal Federal merece crítica, e o ideal seria, *de lege ferenda*, que emenda constitucional o superasse. Embora, em tese,

---

195. "COMPETÊNCIA – CONTRIBUIÇÃO SOCIAL – SENTENÇA TRABALHISTA. A Justiça do Trabalho é competente para executar, de ofício, as contribuições previstas no artigo 195, incisos I, alínea "a", e II, da Carta da República, relativamente a títulos executivos judiciais por si formalizados em data anterior à promulgação da Emenda Constitucional nº 20/1998" (RE 595326, Relator(a): MARCO AURÉLIO, Tribunal Pleno, julgado em 24/08/2020).

196. Art. 876 - As decisões passadas em julgado ou das quais não tenha havido recurso com efeito suspensivo; os acordos, quando não cumpridos; os termos de ajuste de conduta firmados perante o Ministério Público do Trabalho e os termos de conciliação firmados perante as Comissões de Conciliação Prévia serão executados pela forma estabelecida neste Capítulo.

197. "Recurso extraordinário. Repercussão geral reconhecida. Competência da Justiça do Trabalho. Alcance do art. 114, VIII, da Constituição Federal. 1. A competência da Justiça do Trabalho prevista no art. 114, VIII, da Constituição Federal alcança apenas a execução das contribuições previdenciárias relativas ao objeto da condenação constante das sentenças que proferir. 2. Recurso extraordinário conhecido e desprovido" (RE 569056, Relator(a): MENEZES DIREITO, Tribunal Pleno, julgado em 11/09/2008).

198. TST, Súmula 368, I - A Justiça do Trabalho é competente para determinar o recolhimento das contribuições fiscais. A competência da Justiça do Trabalho, quanto à execução das contribuições previdenciárias, limita-se às sentenças condenatórias em pecúnia que proferir e aos valores, objeto de acordo homologado, que integrem o salário de contribuição.

199. Art. 876, Parágrafo único. Serão executadas ex-officio as contribuições sociais devidas em decorrência de decisão proferida pelos Juízes e Tribunais do Trabalho, resultantes de condenação ou homologação de acordo, inclusive sobre os salários pagos durante o período contratual reconhecido. (redação revogada pela Lei 13.467/2017).

seja possível que lei infraconstitucional provoque mudança na interpretação dada à Constituição pelo STF, havendo exemplos na jurisprudência da própria Corte em que isso aconteceu[200], em geral a tendência é a de que a lei que contrarie entendimento do STF em matéria constitucional venha a ser também declarada inconstitucional[201].

Os seguintes fundamentos demonstram a inadequação do entendimento do Supremo Tribunal Federal:

- (i) a sentença meramente declaratória, por força do art. 515, I, do CPC[202], também constitui título executivo. Se há decisão da Justiça do Trabalho declarando a existência de vínculo empregatício, e reconhecendo que salários (e, eventualmente, outras parcelas contratuais) já foram pagos, há certeza jurídica e declaração quanto às obrigações acessórias que decorrem do contrato de trabalho, entre as quais se incluem as contribuições previdenciárias;
- (ii) existe amplo contraditório na fase de conhecimento no que tange à declaração de vínculo empregatício, o que é suficiente para que se forme título executivo quanto às contribuições previdenciárias. No que tange aos critérios utilizados para cálculo, podem ser amplamente debatidos na fase de liquidação e de execução de sentença, nos mesmos moldes do que se faz quanto às parcelas previdenciárias decorrentes das sentenças condenatórias e de acordos homologados;
- (iii) a posição da Suprema Corte gera uma cisão de competências absolutamente disfuncional, que sobrecarrega desnecessariamente não

200. Por exemplo, nas ADCs 29 e 30, bem como na ADI 4578, em que o STF reconheceu a constitucionalidade da denominada "Lei da Ficha Limpa", a qual regulamentara o tema da inelegibilidade política de modo diferente do que tradicionalmente fazia a jurisprudência do STF. Enquanto a Suprema Corte exigia condenação transitada em julgado para caracterizar a inelegibilidade, a LC 135/2010 passou a estatuir que bastava condenação por órgão judiciário colegiado, ainda que pendente de apreciação eventual recurso interposto.

201. "As decisões do STF em matéria constitucional são insuscetíveis de invalidação pelas instâncias políticas. Isso, porém, não impede que seja editada uma nova lei, com conteúdo similar àquela que foi declarada inconstitucional. Essa posição pode ser derivada do próprio texto constitucional, que não estendeu ao Poder Legislativo os efeitos vinculantes das decisões proferidas pelo STF no controle de constitucionalidade (art. 102, § 2º, e art. 103-A, da Constituição). Se o fato ocorrer, é muito provável que a nova lei seja também declarada inconstitucional. Mas o resultado pode ser diferente. O STF pode e deve refletir sobre os argumentos adicionais fornecidos pelo Parlamento ou debatidos pela opinião pública para dar suporte ao novo ato normativo, e não ignorá-los, tomando a nova medida legislativa como afronta à sua autoridade. Nesse ínterim, além da possibilidade de alteração de posicionamento de alguns ministros, pode haver também a mudança na composição da Corte, com reflexões no resultado do julgamento" (SARMENTO, Daniel; SOUZA NETO, Cláudio Pereira de. *Direito Constitucional: teoria, história e métodos de trabalho.* Belo Horizonte: Fórum, 2012, p. 402-405).

202. Art. 515. São títulos executivos judiciais, cujo cumprimento dar-se-á de acordo com os artigos previstos neste Título: (...) I - as decisões proferidas no processo civil que reconheçam a exigibilidade de obrigação de pagar quantia, de fazer, de não fazer ou de entregar coisa (...).

apenas o sistema judiciário, mas também a advocacia pública, gerando despesas evitáveis e significativas aos cofres públicos. Isso porque os órgãos da Advocacia-Geral da União precisam, na atual sistemática, inscrever os débitos referentes às contribuições previdenciárias na dívida ativa para, na sequência, ajuizar execução fiscal na Justiça Federal. Caso se admitisse a execução de ofício diretamente na Justiça do Trabalho, certamente haveria racionalização do uso da máquina administrativa e judiciária, com ganhos de escala relacionados à redução de despesas e ao incremento de receitas públicas.

A competência da Justiça do Trabalho abrange a execução, de ofício, da contribuição alusiva ao SAT (seguro de acidente de trabalho). De outro lado, o TST entende que a competência não inclui a possibilidade de execução de contribuições devidas a terceiros (sistema S), sob o fundamento de que elas não constituem receitas da Previdência Social.

Quanto à natureza das verbas objeto da condenação, observe-se que, na sentença (ou na liquidação) o juiz deve especificar quais são as parcelas salariais, e quais são indenizatórias (sobre estas últimas não incide contribuição previdenciária), conforme deflui do art. 832, § 3º, da CLT[203].

Outrossim, no caso de acordo, segundo o art. 832, § 4º, da CLT[204], a União deve ser intimada da decisão homologatória de acordos que contenham parcela indenizatória, podendo interpor recurso relativo aos tributos que lhe forem devidos. Embora não conste do texto legal, o recurso cabível é o ordinário, interponível pela União no prazo de 16 dias (já que o prazo de entes públicos é dobrado). Depreende-se que, celebrado o acordo, há o imediato trânsito em julgado, mas apenas para as partes, e não para a União.

Sucede que a própria União, por meio da Súmula 67 da AGU, entende que na reclamação trabalhista, até o trânsito em julgado, as partes são livres para discriminar a natureza das verbas objeto do acordo judicial para efeito do cálculo da contribuição previdenciária, mesmo que tais valores não correspondam aos pedidos ou à proporção das verbas salariais constantes da petição inicial.

De fato, não há qualquer dispositivo legal ou constitucional que obrigue as partes a inserirem parcelas salariais nos acordos entabulados em juízo. A recusa judicial à homologação só pode se dar na hipótese de haver nítida fraude à legislação previdenciária.

---

203. Art. 832, § 3º, As decisões cognitivas ou homologatórias deverão sempre indicar a natureza jurídica das parcelas constantes da condenação ou do acordo homologado, inclusive o limite de responsabilidade de cada parte pelo recolhimento da contribuição previdenciária, se for o caso.

204. Art. 832, § 4º, A União será intimada das decisões homologatórias de acordos que contenham parcela indenizatória, na forma do art. 20 da Lei nº 11.033, de 21 de dezembro de 2004, facultada a interposição de recurso relativo aos tributos que lhe forem devidos.

A Lei 13.876/2019 inseriu os §§3º-A e 3º-B ao art. 832 da CLT[205], talvez com a pretensão de obrigar as partes e juiz a inserirem parcelas salariais nas sentenças e acordos homologados. Os novos dispositivos apresentam redação confusa e de difícil compreensão. Aparentemente, o art. 832, 3º-A, pretende exigir a fixação e cobrança de contribuições previdenciárias sobre "competências" referentes a vínculos empregatícios reconhecidos em decisões cognitivas ou homologatórias de acordo. Embora seja possível – e até desejável – interpretar a modificação legal como ampliação da competência da Justiça do Trabalho, para alcançar a execução de contribuições previdenciárias referentes ao período contratual reconhecido, tal interpretação provavelmente não teria o beneplácito do STF, o qual interpretou (conforme decisões supracitadas) que o art. 114, VIII, da CF, não permitiria a execução de ofício da contribuição social sem que houvesse condenação ao pagamento de um crédito trabalhista principal.

O § 3º-A, II, do art. 832, parece referir-se à situação típica de remuneração não contabilizada oficialmente (o chamado "salário por fora"). Nessas hipóteses, reconhecida a prática de pagamentos não contabilizados já efetuados, não há, também, na visão do STF, competência para execução de ofício das parcelas previdenciárias, pois os "salários por fora" já terão sido pagos. A competência para execução de ofício das contribuições sociais, nesses casos, refere-se apenas aos reflexos do "salário por fora" reconhecido em sentença. E seria inconstitucional estipular que o valor de cada "competência" não poderia ser inferior ao salário mínimo, pois o art. 195, I, da CF[206], prevê como base de cálculo das contribuições sociais a folha de salários e demais rendimentos efetivamente pagos ou creditados aos trabalhadores, não sendo legítima a criação de uma base de cálculo fictícia divorciada da realidade fática.

Tais observações permitem concluir pela inconstitucionalidade dos §§3º-A e 3º-B ao art. 832 da CLT, incluídos pela Lei 13.876/2019. Não é possível

---

205. § 3º-A. Para os fins do § 3º deste artigo, salvo na hipótese de o pedido da ação limitar-se expressamente ao reconhecimento de verbas de natureza exclusivamente indenizatória, a parcela referente às verbas de natureza remuneratória não poderá ter como base de cálculo valor inferior:

    I - ao salário-mínimo, para as competências que integram o vínculo empregatício reconhecido na decisão cognitiva ou homologatória; ou

    II - à diferença entre a remuneração reconhecida como devida na decisão cognitiva ou homologatória e a efetivamente paga pelo empregador, cujo valor total referente a cada competência não será inferior ao salário-mínimo.

    § 3º-B Caso haja piso salarial da categoria definido por acordo ou convenção coletiva de trabalho, o seu valor deverá ser utilizado como base de cálculo para os fins do § 3º-A deste artigo.

206. Art. 195. A seguridade social será financiada por toda a sociedade, de forma direta e indireta, nos termos da lei, mediante recursos provenientes dos orçamentos da União, dos Estados, do Distrito Federal e dos Municípios, e das seguintes contribuições sociais: I - do empregador, da empresa e da entidade a ela equiparada na forma da lei, incidentes sobre:

    a) a folha de salários e demais rendimentos do trabalho pagos ou creditados, a qualquer título, à pessoa física que lhe preste serviço, mesmo sem vínculo empregatício; (...).

cogitar de interpretação conforme à Constituição, pois não há outro sentido que possa ser extraído dos referidos dispositivos legais.

Outro aspecto importante é a definição dos critérios de atualização monetária e juros de mora das contribuições previdenciárias. O posicionamento mais recente do Pleno do TST é no sentido de que a incidência da correção monetária e dos juros de mora deve ser a partir da prestação de serviços, sobre os valores dos créditos previdenciários devidos pela empresa; descumprida a obrigação fixada em juízo, há também multa, aplicada a partir da citação da sentença de liquidação.

Esse entendimento decorre da nova redação do art. 43, § 3º, da Lei nº 8.212/91 (alterada pela lei 11.941/2009), o qual prevê expressamente que as contribuições sociais deverão ser apuradas mês a mês, com os acréscimos legais moratórios vigentes relativamente a cada uma das competências abrangidas[207].

Contudo, deve-se observar que o fato gerador das contribuições previdenciárias está estabelecido pelo art. 195, I, *a*, da CF, consistindo na folha de salários e demais rendimentos do trabalho pagos ou creditados, a qualquer título, à pessoa física que lhe preste serviços.

Veja-se que o dispositivo constitucional exige o pagamento ou o creditamento, para que se configure o fato gerador. Somente por lei complementar poder-se-ia criar nova hipótese de incidência tributária (CF, art. 195, § 4º).[208] Portanto, deve ser feita interpretação conforme a Constituição, do art. 43, § 3º, da Lei 8.212/91, a fim de considerar que, no caso de decisão judicial trabalhista, somente será cabível a incidência de multa e juros de mora após o dia dois do mês subsequente ao trânsito em julgado da decisão que põe fim à discussão acerca dos cálculos de liquidação, nos termos do artigo 276, *caput*, do Decreto nº 3.048 /99[209].

Contudo, o TST pacificou sua jurisprudência em sentido contrário, na Súmula 368, V, cujo texto prevê que, "para o labor realizado a partir de 5.3.2009, considera-se fato gerador das contribuições previdenciárias decorrentes de créditos trabalhistas reconhecidos ou homologados em juízo a data

---

207. Lei nº 8212/91, art. 43, § 3º, As contribuições sociais serão apuradas mês a mês, com referência ao período da prestação de serviços, mediante a aplicação de alíquotas, limites máximos do salário-de-contribuição e acréscimos legais moratórios vigentes relativamente a cada uma das competências abrangidas, devendo o recolhimento ser efetuado no mesmo prazo em que devam ser pagos os créditos encontrados em liquidação de sentença ou em acordo homologado, sendo que nesse último caso o recolhimento será feito em tantas parcelas quantas as previstas no acordo, nas mesmas datas em que sejam exigíveis e proporcionalmente a cada uma delas.

208. Art. 195, § 4º, A lei poderá instituir outras fontes destinadas a garantir a manutenção ou expansão da seguridade social, obedecido o disposto no art. 154, I.

209. Decreto nº 3.048/99, art. 276, Nas ações trabalhistas de que resultar o pagamento de direitos sujeitos à incidência de contribuição previdenciária, o recolhimento das importâncias devidas à seguridade social será feito no dia dois do mês seguinte ao da liquidação da sentença.

da efetiva prestação dos serviços. Sobre as contribuições previdenciárias não recolhidas a partir da prestação dos serviços incidem juros de mora e, uma vez apurados os créditos previdenciários, aplica-se multa a partir do exaurimento do prazo de citação para pagamento, se descumprida a obrigação, observado o limite legal de 20% (art. 61, § 2º, da Lei nº 9.430/96)".

9.2. Representante comercial

No RE 606003[210], julgado sob a sistemática da repercussão geral, o STF fixou a seguinte tese: "Preenchidos os requisitos dispostos na Lei 4.886/65, compete à Justiça Comum o julgamento de processos envolvendo relação jurídica entre representante e representada comerciais, uma vez que não há relação de trabalho entre as partes".

Primeiro aspecto a merecer destaque é o fato de a tese abranger apenas representantes comerciais autônomos, não constituindo precedente obrigatório no que tange a outras modalidades de trabalho autônomo.

O voto condutor do Min. Barroso parte da premissa de que o representante comercial, ainda que pessoa física, atua como empresário, praticando atos de comércio, o que afasta não apenas a relação de emprego, mas também a relação de trabalho. Após mencionar o art. 1º da Lei 4.886/65[211], o voto aduz:

> Min. Roberto Barroso (RE 606003): Não há, nos termos do dispositivo acima, vínculo de emprego entre representante e representado. Utilizando-se os parâmetros da própria

---

210. "Direito Constitucional e do Trabalho. Repercussão Geral. Contrato de representação comercial autônoma, regido pela Lei nº 4.886/65. Não configuração de relação de trabalho prevista no art. 114, CF. 1. Recurso Extraordinário interposto contra decisão proferida pelo Tribunal Superior do Trabalho, em que se alega afronta ao art. 114, incisos I e IX, da Constituição Federal, com redação dada pela EC 45/2004. Na origem, cuida-se de ação de cobrança de comissões sobre vendas decorrentes de contrato de representação comercial autônoma, ajuizada pelo representante, pessoa física, em face do representado. 2. As atividades de representação comercial autônoma configuram contrato típico de natureza comercial, disciplinado pela Lei nº 4.886/65, a qual prevê (i) o exercício da representação por pessoa jurídica ou pessoa física, sem relação de emprego, que desempenha, em caráter não eventual por conta de uma ou mais pessoas, a mediação para a realização de negócios mercantis e (ii) a competência da Justiça comum para o julgamento das controvérsias que surgirem entre representante e representado. 3. Na atividade de representação comercial autônoma, inexiste entre as partes vínculo de emprego ou relação de trabalho, mas relação comercial regida por legislação especial (Lei n° 4.886/65). Por conseguinte, a situação não foi afetada pelas alterações introduzidas pela EC n° 45/2004, que versa sobre hipótese distinta ao tratar da relação de trabalho no art. 114 da Constituição. 4. A proteção constitucional ao trabalho não impõe que toda e qualquer relação entre o contratante de um serviço e o seu prestador seja protegida por meio da relação de trabalho (CF/1988, art. 7º). Precedentes. 5. Ademais, os autos tratam de pedido de pagamento de comissões atrasadas. O pedido e a causa de pedir não têm natureza trabalhista, a reforçar a competência do Juízo Comum para o julgamento da demanda (...)"' (RE 606003, Relator(a): MARCO AURÉLIO, Relator(a) p/ Acórdão: ROBERTO BARROSO, Tribunal Pleno, julgado em 28/09/2020).

211. Lei 4.886/65, art. 1º Exerce a representação comercial autônoma a pessoa jurídica ou a pessoa física, sem relação de emprego, que desempenha, em caráter não eventual por conta de uma ou mais pessoas, a mediação para a realização de negócios mercantis, agenciando propostas ou pedidos, para, transmiti-los aos representados, praticando ou não atos relacionados com a execução dos negócios.

> Consolidação das Leis do Trabalho, de acordo com o art. 3º da CLT, a relação de emprego caracteriza-se pelos seguintes elementos: (i) onerosidade, (ii) não-eventualidade, (iii) pessoalidade e (iv) subordinação. O serviço prestado pelo representante comercial não apresenta o elemento da subordinação, já que não se submete a ordens, hierarquia, horário ou forma de realização do trabalho, como se extrai da Lei nº 4.886/65. Não sendo subordinado como o empregado, não está sujeito ao poder de direção do empregador e pode exercer sua atividade com autonomia. (...) O representante comercial exerce, deste modo, atividade empresarial, praticando atos de comércio, a caracterizar a natureza mercantil da sua profissão (REQUIÃO, Rubens. Curso de direito comercial. 23. ed. São Paulo: Saraiva. v. 1, p. 187-189). Ainda que seja pessoa física, possui independência no ajuste e execução e, portanto, é "um empresário modesto, cuja empresa consiste em sua atividade pessoal e em instrumentos e elementos de escasso valor" (VARRION, Valentin. Comentários à Consolidação das Leis do Trabalho. 29. ed, São Paulo: Saraiva, 2004, p. 35). Fica afastada, desta forma, não apenas a relação de emprego, mas igualmente a relação de trabalho.

O argumento é questionável.

Relação de trabalho é gênero, do qual a relação de emprego é espécie. A redação originária da Constituição restringia a competência da Justiça do Trabalho, permitindo-lhe apreciar apenas as causas que envolvessem empregados ou empregadores, ou seja, que decorressem da relação de emprego. A partir da EC 45/2004, o art. 114, I, da CF, passa a fixar a competência da Especializada sempre que a lide for oriunda da relação de trabalho.

Tal mudança não pode ser considerada meramente redacional, à luz da interpretação lógico-sistemática, tendo em vista que a tradição técnico-jurídica sempre distinguiu a relação de trabalho da relação de emprego. Ademais, o constituinte derivado não alteraria o texto da Constituição se não tivesse a intenção de alterar o significado que era consolidado, à época, acerca da competência do Judiciário trabalhista. No mesmo sentido, a seguinte passagem do voto vencido do Min. Marco Aurélio:

> Min. Marco Aurélio (RE 606003): Quando, na ação direta de inconstitucionalidade nº 492, formalizada não por associação, mas pelo Procurador-Geral da República, perquiriu-se o alcance desse texto, potencializou-se, a meu ver de forma acentuada, o emprego do vocábulo "empregadores", sabidamente a pressupor relação jurídica regida pela Consolidação das Leis do Trabalho, com o envolvimento de partes qualificadas como empregado e empregador.
>
> O que houve em decorrência da Emenda Constitucional nº 45/2004? A ampliação marcante – talvez considerados os novos ares da Justiça do Trabalho, com a anterior exclusão dos leigos – da competência. Impôs-se adoção de óptica diversa, abandonando-se o critério de relação de emprego e adotando-se a relação de trabalho como base maior, muito mais abrangente e genérica, congregando inúmeros vínculos de trabalho. (...) Assim, controvérsias decorrentes, mesmo que de maneira indireta, da relação de trabalho devem ser julgadas pela Justiça especializada, como é o caso envolvendo representantes comerciais.

Importante, portanto, esclarecer o que deve ser considerado relação de trabalho para fins de definição de competência jurisdicional.

Pode-se conceituar relação de trabalho como toda espécie de relação jurídica na qual haja o dispêndio de energia e tempo por parte de prestador de serviços pessoa física, em prol de um tomador. Este é um conceito genérico, que abrange qualquer forma de trabalho humano: subordinado ou não; remunerado ou não; eventual ou não; etc.

Entretanto, para fins de competência, apesar da dicção ampla do art. 114 da CF, nem toda causa oriunda de relação de trabalho será de competência da Justiça do Trabalho, pois a própria Constituição, ou a legislação infraconstitucional, podem excluir do campo de atuação da Especializada determinados tipos de relações de trabalho. É o que acontece com as causas envolvendo servidores públicos estatutários e relações de consumo.

Não havendo exceção legal ou constitucional, devem ser julgadas pela Justiça do Trabalho causas envolvendo não apenas empregados, mas também trabalhadores autônomos, eventuais, avulsos e voluntários, entre outros. Esse raciocínio deveria incluir o representante comercial autônomo que preste serviços como pessoa física.

A partir do conceito estabelecido, depreende-se que escapa à esfera de competência do Judiciário Trabalhista a prestação de serviços por pessoa jurídica, salvo se a causa de pedir e o pedido forem concernentes à descaracterização da contratação por intermédio de pessoa jurídica (*pejotização*), com a pretensão de reconhecimento de vínculo empregatício. Nesses casos, a Justiça do Trabalho reconhece apenas incidentalmente a nulidade do contrato social ou estatuto da sociedade empresária prestadora de serviços, pois não detém competência para anular, em caráter definitivo, atos societários; a resolução dessa questão prejudicial determinará a possibilidade, ou não, de reconhecimento de relação de emprego entre prestador e tomador de serviços.

A partir do exposto acima, pode-se afirmar que, com a ressalva da situação do representante comercial autônomo, decidida pelo STF, deve-se considerar como sendo da Justiça do Trabalho a competência para julgar ações oriundas das seguintes relações de trabalho, conforme vem se posicionando o TST: estágio[212];

212. "AGRAVO DE INSTRUMENTO. PROCEDIMENTO SUMARÍSSIMO. 1) INCOMPETÊNCIA DA JUSTIÇA DO TRABALHO. CONTRATO DE ESTÁGIO. VIOLAÇÃO AO ARTIGO 114, DA CONSTITUIÇÃO. Não se verifica a alegada violação ao artigo 114, da Constituição, uma vez que o contrato de estágio constitui espécie do gênero contrato de trabalho, diferenciando-se do contrato de emprego em razão dos objetivos educacionais que lhe são inerentes. Logo, ainda que não se discuta vínculo de emprego, a lide se insere na competência material dessa Justiça Especializada, consoante inciso I, do artigo 114, da Carta Magna. Agravo a que se nega provimento" (AIRR-1228-87.2013.5.04.0011, 1ª Turma, Relator Desembargador Convocado Alexandre Teixeira de Freitas Bastos Cunha, DEJT 10/04/2015). Em sentido semelhante: AIRR-509-49.2011.5.04.0020, 6ª Turma, Relatora Ministra Katia Magalhaes Arruda, DEJT 13/03/2015.

corretor de seguros autônomo[213]; além de acidente de trabalho envolvendo trabalhador autônomo[214].

O mesmo raciocínio deve ser aplicado em relação a demandas ajuizadas por trabalhadores em plataformas digitais, tais como motoristas de aplicativo. Não se pode considerar que tais prestadores de serviço sejam empresários, tratando-se, na verdade, de evidente relação de trabalho que atrai a competência do Judiciário Trabalhista, ainda que não haja postulação de reconhecimento de vínculo empregatício. Há, entretanto, decisão do Superior Tribunal de Justiça (não vinculante para a Justiça do Trabalho) afirmando a competência da Justiça Comum nesses casos, com base no argumento simplista de que não haveria relação de emprego, nem pedidos de verbas trabalhistas no caso[215].

---

213. "AGRAVO DE INSTRUMENTO. RECURSO DE REVISTA INTERPOSTO SOB A ÉGIDE DAS LEIS Nos 13.015/2014 E 13.105/2015 - DESCABIMENTO. 1. CORRETOR DE SEGUROS. COMISSÕES. AÇÃO AJUIZADA CONTRA EMPRESA. RELAÇÃO DE TRABALHO AUTÔNOMO. COMPETÊNCIA DESTA ESPECIALIZADA. Nos termos do art. 114, I e IX, da CF, com redação dada pela EC 45/2004, a Justiça do Trabalho é competente para julgar controvérsias decorrentes da relação de emprego e de trabalho. Na hipótese, a reclamação não se volta contra o cliente com o qual o corretor manteria relação de consumo, mas contra a empresa de corretagem que o contratou para exercer trabalho autônomo, de venda dos produtos da empresa, o que atrai a competência desta Especializada (...)" (AIRR-1089-70.2015.5.05.0001, 3ª Turma, Relator Ministro Alberto Luiz Bresciani de Fontan Pereira, DEJT 24/11/2017).

214. "I-AGRAVO DE INSTRUMENTO. RECURSO DE REVISTA. RECLAMANTES. LEI Nº 13.467/2017. COMPETÊNCIA DA JUSTIÇA DO TRABALHO. DANOS MORAIS. ACIDENTE DE TRABALHO. TRABALHADOR AUTÔNOMO. AÇÃO PROPOSTA PELOS FILHOS E ESPOSA DO DE CUJUS. (...) RECURSO DE REVISTA. RECLAMANTES. LEI Nº 13.467/2017. COMPETÊNCIA DA JUSTIÇA DO TRABALHO. DANOS MORAIS. ACIDENTE DE TRABALHO. TRABALHADOR AUTÔNOMO. AÇÃO PROPOSTA PELOS FILHOS E ESPOSA DO DE CUJUS No caso, o TRT entendeu que, nos termos da Súmula Vinculante nº 22 do STF, fica delimitada a competência da Justiça do Trabalho às ações de indenização por danos morais e materiais decorrentes de acidentes de trabalho ajuizadas por empregado em face do empregador. Assentou que, no caso, a causa de pedir não se baseia em um vínculo de emprego, mas numa relação de trabalho autônomo. Consignou ainda que seria incabível a pretensão da esposa e filhos do de cujus ao recebimento de indenização a título de reparação de dano moral e material decorrente do acidente sofrido, pois seria direito acessório do benefício previdenciário do acidente de trabalho, ao qual o trabalhador autônomo não tem direito. Nos termos do art. 114 da CF/88, "Compete à Justiça do Trabalho processar e julgar: (...) VI - as ações de indenização por dano moral ou patrimonial, decorrentes da relação de trabalho". Da leitura do dispositivo se depreende que o fato de o trabalhador ser autônomo não afasta a competência desta Justiça especializada para julgar a lide. (...)" (RR-11025-64.2015.5.01.0411, 6ª Turma, Relatora Ministra Katia Magalhaes Arruda, DEJT 04/09/2020).

215. "CONFLITO NEGATIVO DE COMPETÊNCIA. INCIDENTE MANEJADO SOB A ÉGIDE DO NCPC. AÇÃO DE OBRIGAÇÃO DE FAZER C.C. REPARAÇÃO DE DANOS MATERIAIS E MORAIS AJUIZADA POR MOTORISTA DE APLICATIVO UBER. RELAÇÃO DE TRABALHO NÃO CARACTERIZADA. SHARING ECONOMY. NATUREZA CÍVEL. COMPETÊNCIA DO JUÍZO ESTADUAL.

1. A competência ratione materiae, via de regra, é questão anterior a qualquer juízo sobre outras espécies de competência e, sendo determinada em função da natureza jurídica da pretensão, decorre diretamente do pedido e da causa de pedir deduzidos em juízo.

2. Os fundamentos de fato e de direito da causa não dizem respeito a eventual relação de emprego havida entre as partes, tampouco veiculam a pretensão de recebimento de verbas de natureza trabalhista. A pretensão decorre do contrato firmado com empresa detentora de aplicativo de celular, de cunho eminentemente civil.

9.3. Improbidade administrativa

A jurisprudência do STF revela precedente da 2ª Turma em que não se reconheceu legitimidade ativa ao Ministério Público do Trabalho para ajuizar demanda que objetivava o ressarcimento ao erário por dano decorrente de ato de improbidade administrativa imputado aos réus, consistente na contratação de mão de obra por meio de procedimento que dispensou, de forma supostamente ilegal, a realização de licitação[216].

Na espécie, tratava-se de combate à terceirização que, à época, era considerada ilícita, por envolver atividade-fim. Ademais, a terceirização foi feita por meio de dispensa de licitação supostamente irregular, daí a pretensão ressarcitória veiculada pelo Ministério Público em face dos agentes públicos responsáveis.

O julgado se harmoniza com a tendência jurisprudencial que se observa no âmbito do Tribunal Superior do Trabalho, cujos julgados têm reconhecido a incompetência material da Justiça do Trabalho para pretensões fundadas

---

3. As ferramentas tecnológicas disponíveis atualmente permitiram criar uma nova modalidade de interação econômica, fazendo surgir a economia compartilhada (sharing economy), em que a prestação de serviços por detentores de veículos particulares é intermediada por aplicativos geridos por empresas de tecnologia. Nesse processo, os motoristas, executores da atividade, atuam como empreendedores individuais, sem vínculo de emprego com a empresa proprietária da plataforma.

4. Compete a Justiça Comum Estadual julgar ação de obrigação de fazer c.c. reparação de danos materiais e morais ajuizada por motorista de aplicativo pretendendo a reativação de sua conta UBER para que possa voltar a usar o aplicativo e realizar seus serviços.

5. Conflito conhecido para declarar competente a Justiça Estadual" (CC 164.544/MG, Rel. Ministro MOURA RIBEIRO, SEGUNDA SEÇÃO, julgado em 28/08/2019).

216. "PROCESSUAL CIVIL. AGRAVO REGIMENTAL NO RECURSO EXTRAORDINÁRIO COM AGRAVO. PRELIMINAR DE REPERCUSSÃO GERAL. FUNDAMENTAÇÃO INSUFICIENTE. ÔNUS DO RECORRENTE. ART. 5º, LIV, DA CF/88. OFENSA CONSTITUCIONAL REFLEXA. COMPETÊNCIA DA JUSTIÇA DO TRABALHO. ART. 114, IX, DA CARTA MAGNA. NÃO INDICAÇÃO DA DISPOSIÇÃO NORMATIVA INFRACONSTITUCIONAL CORRESPONDENTE. SÚMULA 284/STF. AÇÃO CIVIL PÚBLICA POR ATO DE IMPROBIDADE ADMINISTRATIVA. INEXISTÊNCIA DE DIREITO OU INTERESSE DE NATUREZA TRABALHISTA A SER PROTEGIDO. LEGITIMIDADE ATIVA DO MINISTÉRIO PÚBLICO ESTADUAL, E NÃO DO MINISTÉRIO PÚBLICO DO TRABALHO. COMPETÊNCIA DA JUSTIÇA ESTADUAL. 1. O Ministério Público do Trabalho não possui legitimidade ativa para a propositura de ação civil pública por ato de improbidade administrativa que visa unicamente à proteção do erário estadual e dos princípios que regem a Administração Pública, sem ter por fim a defesa de qualquer direito ou interesse de natureza trabalhista. Confirmação da legitimidade ativa ad causam do Ministério Público do Estado do Rio de Janeiro e da competência da Justiça Estadual desse ente federado para julgar a causa. 2. Agravo regimental a que se nega provimento" (ARE 798293 AgR, Relator(a): TEORI ZAVASCKI, Segunda Turma, julgado em 08/09/2015).

na lei de improbidade administrativa[217-218]. O argumento central para afastar a competência da Especializada está em que não se trata de conflito oriundo da relação de trabalho, até porque o réu da ação de improbidade não é o ente público, mas o agente público que deu causa à ilegalidade. Dessa forma, não se cuidaria propriamente de relação trabalhista, mas de punição e ressarcimento em decorrência de infração cometida pelo servidor ou agente público responsável.

Embora o argumento seja ponderável, ao menos *de lege ferenda* deve-se sustentar que tal competência deve ser inserida no rol de atribuições da Justiça do Trabalho, o que poderia ser feito mediante edição de lei ordinária, já que:

217. "AGRAVO DE INSTRUMENTO EM RECURSO DE REVISTA. RECURSO DE REVISTA INTERPOSTO NA VIGÊNCIA DA LEI Nº 13.015/2014 . AÇÃO DE IMPROBIDADE ADMINISTRATIVA COM O OBJETIVO DE APLICAR SANÇÕES A AGENTES PÚBLICOS PELO DESCUMPRIMENTO DE TERMO DE AJUSTE DE CONDUTA (TAC) . INCOMPETÊNCIA MATERIAL DA JUSTIÇA DO TRABALHO. Discute-se, na hipótese dos autos, a competência da Justiça do Trabalho para processar e julgar ação de improbidade administrativa proposta pelo Ministério Público do Trabalho da 15ª Região contra agentes públicos municipais que causaram prejuízo ao erário, decorrente do descumprimento de um Termo de Ajuste de Conduta firmado nos autos de ação de execução. Este Tribunal Superior já se pronunciou diversas vezes sobre o tema, tendo prevalecido o entendimento de que a Justiça do Trabalho não possui competência para apreciar as ações de improbidade administrativa ajuizadas contra agentes públicos municipais. O artigo 114, inciso I, da Constituição Federal, com a redação que lhe foi dada pela Emenda Constitucional nº 45/2004, ao ampliar a competência desta Justiça especializada para processar e julgar ações oriundas da relação de trabalho, abrangidos os entes de Direito Público externo e da Administração Pública direta e indireta da União, dos Estados, do Distrito Federal e dos Municípios, refere-se às hipóteses em que envolvam entes públicos, ou seja, as pessoas jurídicas de Direito Público ou Privado, e não as pessoas físicas que praticam atos em nome das citadas pessoas jurídicas. Além disso, a responsabilização do gestor público por ato de improbidade administrativa independe da relação de trabalho estabelecida entre o servidor contratado sem concurso e a Administração Pública, visto que pode ser apurada sem que o ente público seja condenado ao pagamento de verbas trabalhistas devidas à pessoa contratada de forma irregular. Ressalta-se que a pretensão, nessa ação de improbidade administrativa, não é trabalhista, mas sim de natureza punitiva e administrativa, com o objetivo de apurar a alegada prática de ilícitos administrativos pelos agentes públicos apontados como réus e de acarretar-lhes, sem prejuízo da aplicação de outras sanções criminais, civis e administrativas, o dever de ressarcir os prejuízos causados ao erário. Trata-se, portanto, de uma questão de incompetência material da Justiça do Trabalho, corretamente reconhecida e declarada pelas instâncias ordinárias. Agravo de instrumento desprovido" (AIRR-881-63.2013.5.15.0006, 2ª Turma, Relator Ministro Jose Roberto Freire Pimenta, DEJT 31/03/2017).

218. "AÇÃO DE IMPROBIDADE ADMINISTRATIVA. CONTRATAÇÃO DE PESSOAL POR MEIO DE EMPRESA INTERPOSTA. NÃO REALIZAÇÃO DE CONCURSO PÚBLICO. INCOMPETÊNCIA DA JUSTIÇA DO TRABALHO. PRECEDENTES. SÚMULA 333 DO TST. Discute-se nos autos a competência da Justiça do Trabalho para analisar e julgar ação de improbidade administrativa, movida pelo Ministério Público do Trabalho em face de agentes públicos, na qual se denuncia a irregularidade da contratação de pessoal pelo Município de Romelândia, por meio de empresa interposta, sem a realização de concurso público. Não se discutindo no feito lesão a direito de trabalhadores celetistas, mas sim a natureza punitiva e administrativa dos atos supostamente praticados pelos agentes públicos que figuram como réus, nos termos da Lei 8.429/92, fica afastada a competência material desta Justiça Especializada, nos termos do art. 114, I, da CF, com a redação dada pela Emenda Constitucional 45/2004. Precedentes. Óbice da Súmula 333 do TST. Recurso de revista não conhecido" (RR-75400-10.2006.5.12.0015, 7ª Turma, Relator Ministro Douglas Alencar Rodrigues, DEJT 21/11/2014).

- (i) na forma do art. 114, IX, da CF, a lei pode estabelecer competência para a Justiça do Trabalho processar e julgar outras controvérsias decorrentes da relação de trabalho;
- (ii) o MPT tem forte atuação, sobretudo por meio da Coordenadoria Nacional de Combate às Irregularidades Trabalhistas na Administração Pública – CONAP, no combate a fraudes e a irregularidades cometidas pela Administração Pública;
- (iii) a instituição investiga cotidianamente denúncias alusivas a descumprimento de preceitos básicos da legislação trabalhista, tais como atraso ou não pagamento de verbas rescisórias devidas a empregados de empresas terceirizadas;
- (iii) de acordo com a Nota Técnica nº 5, de 23.10.2019, da CONAP/MPT[219], "nessas investigações, o Ministério Público do Trabalho frequentemente verifica situações em que são privilegiados interesses privados em detrimento dos direitos trabalhistas, com a constatação da prática de atos de improbidade administrativa. Com efeito, em muitos casos, observa-se que a terceirização tem sido utilizada como mecanismo viabilizador de várias formas de corrupção, conforme destacado na Nota Técnica nº 01, de 06/02/2019, da CONAP-MPT". Como irregularidades mais comumente investigadas e apuradas tem-se o superfaturamento, a existência de terceirizados *fantasmas* (pessoas formalmente registradas como empregados terceirizados da Administração Pública, mas que efetivamente não prestam serviços), calotes trabalhistas e danos aos cofres públicos, entre outras;
- (iv) a aplicação de sanções por atos de improbidade administrativa associados a ilícitos trabalhistas deveria ser feita pelo mesmo órgão que julga a ilegalidade em si, ou seja, a Justiça do Trabalho. Dessa forma, prestigia-se o princípio da unidade de convicção, de modo a evitar julgamentos conflitantes. Além disso, há nítido benefício à economia processual e à efetividade do processo, pela desnecessidade de ajuizamento de outra ação, no juízo cível, visando apenas à punição por ato de improbidade já reconhecido na esfera trabalhista;
- (v) a ação destinada a aplicar sanção por improbidade administrativa é de natureza cível, e não criminal, conforme vem decidindo a jurisprudência[220].

---

219. Disponível em: https://www2.camara.leg.br/atividade-legislativa/comissoes/comissoes-temporarias/especiais/56a-legislatura/pl-10887-18-improbidade-administrativa/documentos/seminarios/Sugesto-5CONAP.pdf. Acesso em 20 out. 2020.
220. ADI 2797, Tribunal Pleno, Rel. Min. Menezes Direito, redator Min. Ayres Britto, julgado em 16.05.2012.

9.4. Servidores públicos

9.4.1. Fase pré-contratual

A jurisprudência das duas turmas do Supremo Tribunal Federal se inclinava pela competência material da Justiça do Trabalho para processar e julgar lides envolvendo critérios de admissão e discussões atinentes aos processos seletivos de empregados promovidos por pessoas jurídicas de direito privado (notadamente empresas públicas e sociedades de economia mista) integrantes da Administração Pública[221-222].

No entanto, sob a sistemática de repercussão geral, ao julgar o RE 960429[223], ficou assentado no Plenário da Suprema Corte que a competência, em tais casos, será da Justiça Comum (Federal ou Estadual, conforme o caso).

A virada jurisprudencial se pautou na premissa de que a discussão atinente à fase pré-contratual de empregados públicos diz respeito ao procedimento do concurso público, que é típico ato administrativo, regido pelos princípios da Administração Pública. O voto condutor asseverou, ainda, que a aplicabilidade do Direito Administrativo para solucionar a controvérsia, associada ao fato de

---

221. "DIREITO DO TRABALHO E PROCESSUAL DO TRABALHO. AGRAVO REGIMENTAL NO RECURSO EXTRAORDINÁRIO COM AGRAVO. CONCURSO PÚBLICO. DEMANDA AJUIZADA POR CANDIDATO EM FACE DE EMPRESA SUBSIDIÁRIA DE SOCIEDADE DE ECONOMIA MISTA. FASE PRÉ-CONTRATUAL. COMPETÊNCIA DA JUSTIÇA DO TRABALHO. OFENSA AOS ARTS. 2º E 5º DA CONSTITUIÇÃO. SÚMULA 284/STF. TERCEIRIZAÇÃO. PRETERIÇÃO. DIREITO À NOMEAÇÃO. PRECEDENTES. 1. O Plenário do Supremo Tribunal Federal, no julgamento da ADI 3.395-MC, Rel. Min. CEZAR PELUSO, DJ de 10/11/2006, afastou a aplicação do art. 114, I, da CF/88, na redação conferida pela EC 45/04, às causas entre o Poder Público e os servidores a ele vinculados por relação jurídica estatutária. 2. Tal entendimento não se aplica às demandas instauradas entre pessoas jurídicas de direito privado integrantes da administração indireta e seus empregados, cuja relação é regida pela Consolidação das Leis do Trabalho (RE 505.816-AgR, Rel. Min. CARLOS BRITTO, Primeira Turma, DJe de 18/5/2007), sendo irrelevante que a ação seja relativa ao período pré-contratual, em que ainda não há pacto de trabalho firmado entre as partes. 3. Conforme orientação pacífica desta Corte, a ocupação precária por terceirização para desempenho de atribuições idênticas às de cargo efetivo vago, para o qual há candidatos aprovados em concurso público vigente, configura ato equivalente à preterição da ordem de classificação no certame, ensejando o direito à nomeação (...)" (ARE 774137 AgR-2ºJULG, Relator(a): TEORI ZAVASCKI, Segunda Turma, julgado em 14/10/2014).

222. "AGRAVO REGIMENTAL NO RECURSO EXTRAORDINÁRIO COM AGRAVO. ADMINISTRATIVO. PETROBRAS. PROCESSO SELETIVO. FASE PRÉ-CONTRATUAL. COMPETÊNCIA. JUSTIÇA DO TRABALHO. PRECEDENTES. AGRAVO REGIMENTAL DESPROVIDO" (ARE 910430 AgR, Relator(a): LUIZ FUX, Primeira Turma, julgado em 15/12/2015).

223. "RECURSO EXTRAORDINÁRIO REPRESENTATIVO DA CONTROVÉRSIA. Tema 992. DIREITO DO TRABALHO. DIREITO ADMINISTRATIVO. DISCUSSÃO SOBRE COMPETÊNCIA. ART. 114, INCISO I, DA CF/88. FASE PRÉ-CONTRATUAL. 1. Inexistência de relação de trabalho na chamada fase pré-contratual a atrair a competência da Justiça do Trabalho. 2. Prevalência do caráter público. Concurso público como ato de natureza administrativa. 3. Fixação da tese: Compete à Justiça comum processar e julgar controvérsias relacionadas à fase pré-contratual de seleção e de admissão de pessoal e eventual nulidade do certame em face da Administração Pública, direta e indireta, nas hipóteses em que adotado o regime celetista de contratação de pessoal. Recurso extraordinário não provido" (RE 960429, Relator(a): GILMAR MENDES, Tribunal Pleno, julgado em 05/03/2020).

que nessas hipóteses ainda não haveria interesse decorrente da relação de trabalho – a qual poderia nem vir a ocorrer –, seriam elementos que permitiriam concluir pela incompetência da Justiça do Trabalho.

> Min. Gilmar Mendes (RE 960429): Os casos narrados nas manifestações dos amicci curiae deste processo denotam que a indefinição para julgar esses litígios tem permitido que a justiça trabalhista avance sobre a aplicação de normas de cunho de direito público, em alguns casos até mesmo inovando na jurisprudência pátria sobre a matéria de contratações públicas de empresas estatais. (...) a matéria controvertida em muitas dessas ações tem como causa de pedir, próxima ou remota, a aplicação dos princípios da Administração Pública direcionados à obrigatoriedade de contratar por concurso público – matéria flagrantemente afeta ao Direito Público, de competência da Justiça comum. (...) É flagrante, portanto, que a fase anterior à contratação de empregado público deve se guiar por normas de direito público, notadamente do direito administrativo. Ainda não há de se falar, nesse momento, de direito ou interesse emergente da relação de trabalho, a atrair a competência da Justiça Trabalhista. Na verdade, a contratação ainda não é uma realidade – e pode, inclusive, nem vir a ocorrer.

Tais fundamentos, entretanto, são incongruentes com a jurisprudência da própria Suprema Corte e demonstram desvio de perspectiva, pois o julgado:

- (i) não explicou por que a Justiça do Trabalho é competente para aplicar o Direito Civil, como asseverado em diversos julgados do STF[224], mas não assim o Direito Administrativo;
- (ii) desconsiderou o fato de que as lides concernentes à fase pré-contratual muitas vezes envolvem aspectos tipicamente trabalhistas, tais como critérios de remuneração, carga horária, equiparação e isonomia salarial, entre outros;
- (iii) promove importante modificação da jurisprudência da própria Corte[225] sem que haja qualquer alteração do estado de fato ou de direito que o justifique.

---

224. Por exemplo: "CONSTITUCIONAL. COMPETÊNCIA JURISDICIONAL. JUSTIÇA DO TRABALHO X JUSTIÇA COMUM. AÇÃO DE INTERDITO PROIBITÓRIO. MOVIMENTO GREVISTA. ACESSO DE FUNCIONÁRIOS E CLIENTES À AGÊNCIA BANCÁRIA: "PIQUETE". ART. 114, INCISO II, DA CONSTITUIÇÃO DA REPÚBLICA. JURISPRUDÊNCIA DO SUPREMO TRIBUNAL FEDERAL. COMPETÊNCIA DA JUSTIÇA DO TRABALHO. 1. "A determinação da competência da Justiça do Trabalho não importa que dependa a solução da lide de questões de direito civil" (Conflito de Jurisdição n. 6.959), bastando que a questão submetida à apreciação judicial decorra da relação de emprego. 2. Ação de interdito proibitório cuja causa de pedir decorre de movimento grevista, ainda que de forma preventiva. 3. O exercício do direito de greve respeita a relação de emprego, pelo que a Emenda Constitucional n. 45/2003 incluiu, expressamente, na competência da Justiça do Trabalho conhecer e julgar as ações dele decorrentes (art. 114, inciso II, da Constituição da República). 4. Recurso extraordinário conhecido e provido para fixar a competência da Justiça do Trabalho" (RE 579648, Relator(a): MENEZES DIREITO, Relator(a) p/ Acórdão: CÁRMEN LÚCIA, Tribunal Pleno, julgado em 10/09/2008).

225. "Agravo regimental no recurso extraordinário. Administrativo. Concurso público. Fase pré-contratual. Competência da Justiça do Trabalho. Precedentes. 1. É pacífico o entendimento, nas duas Turmas da

9.4.2. *Contratação pela CLT e servidores estatutários. Dissídios de greve de servidores celetistas*

Três são os possíveis regimes jurídicos da relação profissional entre os agentes administrativos e a Administração Pública: (i) regime estatutário, que rege a relação dos servidores públicos estatutários (ou funcionários públicos), sendo o único admissível para as funções tipicamente administrativas com poder decisório (exemplo: ordenadores de despesa, agentes da fiscalização); (ii) regime celetista ou contratual, que regula a relação dos servidores celetistas ou empregados públicos, por meio de vínculo de natureza privada, embora haja naturais derrogações em virtude da presença da Administração Pública em um dos polos da relação jurídica (exemplo: necessidade de motivação da dispensa); (iii) regime contratual temporário (CF, art. 37, IX)[226].

No que tange às empresas estatais (empresas públicas e sociedades de economia mista), o regime aplicável é unicamente o celetista (CF, art. 173, § 1°, II)[227], já que tais entidades não exercem funções típicas de Estado. Destarte, a competência jurisdicional para apreciar as questões advindas desses vínculos trabalhistas é da Justiça do Trabalho.

Já no que concerne aos servidores da Administração direta, autárquica e fundacional, antes da Emenda Constitucional 19/98, havia três correntes a respeito do regime jurídico dos respectivos servidores: (i) poderia ser adotado o regime celetista ou o estatutário, mas, uma vez feita a escolha, ela deveria se aplicar a todos os servidores, já que o regime jurídico deveria ser único; (ii) poderiam ser adotados ambos os regimes, mas para funções diferentes, sendo o celetista para funções não decisórias e subalternas, e o estatutário para as funções típicas de Estado, como fiscais, policiais etc.; (iii) o regime necessariamente deveria ser o estatutário para todas as funções, posição que predominou na doutrina e na jurisprudência.

Com a EC 19/98, foi extinta a obrigatoriedade de regime jurídico único, o que fez com a Administração Pública contratasse diversos servidores pelo regime privado (= CLT).

Corte, de que compete à Justiça Laboral o julgamento das controvérsias nas quais se discutem questões afetas à fase pré-contratual relativas às pessoas jurídicas integrantes da administração indireta. 2. Agravo regimental não provido. 3. Inaplicável o art. 85, § 11, do CPC, pois não houve fixação prévia de honorários advocatícios na causa" (RE 897093 AgR, Relator(a): DIAS TOFFOLI, Segunda Turma, julgado em 17/11/2017).

226. Art. 37, IX, a lei estabelecerá os casos de contratação por tempo determinado para atender a necessidade temporária de excepcional interesse público.

227. Art. 173, § 1º, II, a sujeição ao regime jurídico próprio das empresas privadas, inclusive quanto aos direitos e obrigações civis, comerciais, trabalhistas e tributários.

Contudo, o STF, na ADIN-MC 2135[228], restaurou a redação original do art. 39 da CF[229], revigorando, portanto, o regime jurídico único para os servidores da Administração direta, autárquica e fundacional. Assim, até que seja decidido o mérito da referida ação, é obrigatória a utilização, pelos entes federativos, do regime estatutário, pois há agentes públicos nessas entidades que exercem funções típicas de Estado - e, em virtude disso, o ente político não pode optar pelo regime celetista. Dessa forma, a competência jurisdicional para apreciar as lides decorrentes dessas relações é da Justiça Comum (Estadual ou Federal).

Observe-se, entretanto, que o STF ressalvou a validade dos atos anteriormente praticados com base em legislações eventualmente editadas durante a vigência do art. 39 da CF, na redação da EC 19/98. Em virtude disso, é possível a existência residual de servidores celetistas na Administração direta, autárquica e fundacional - e, especificamente para estes casos, a competência é da Justiça do Trabalho.

Além disso, deve-se ressalvar que caso algum ente público (por exemplo, algum município) viole a exigência constitucional atualmente vigente do regime jurídico único estatutário, contratando novos empregados públicos pelo regime privado (trabalhista), a competência para julgamento de eventual ação oriunda dessa relação será também da Justiça do Trabalho, pois a competência da Justiça Comum somente se firma quando envolvida relação administrativa (estatutária).

A jurisprudência do STF é reiterada no sentido exposto acima: se o vínculo for celetista, ainda que envolvida a Administração Pública Direta, a competência é da Justiça do Trabalho; para vínculos estatutários ou temporários, a competência é da Justiça Comum[230]. Contudo, curiosamente há uma decisão recente da 1ª Turma da Corte (julgado isolado que não reflete o posicionamento majoritário, nem consubstancia precedente vinculante) que concluiu pela competência da

---

228. ADI 2135 MC, Relator(a): NÉRI DA SILVEIRA, Relator(a) p/ Acórdão: ELLEN GRACIE (ART.38,IV,b, do RISTF), Tribunal Pleno, julgado em 02/08/2007.

229. Art. 39, A União, os Estados, o Distrito Federal e os Municípios instituirão, no âmbito de sua competência, regime jurídico único e planos de carreira para os servidores da administração pública direta, das autarquias e das fundações públicas.

230. Nessa linha, por exemplo: "AGRAVO REGIMENTAL NA RECLAMAÇÃO. CONTRATAÇÃO TEMPORÁRIA. VÍNCULO DE NATUREZA JURÍDICO-ADMINISTRATIVA. OFENSA À ADI 3.395-MC. COMPETÊNCIA DA JUSTIÇA COMUM. AGRAVO REGIMENTAL DESPROVIDO. 1. A fixação da competência da Justiça Comum ou da Justiça do Trabalho, em casos envolvendo o Poder Público, demanda a análise da natureza do vínculo jurídico existente entre o trabalhador - termo aqui tomado em sua acepção ampla - e o órgão patronal. 2. In casu, trata-se de demanda entre o poder público e servidores temporários submetidos a regime jurídico administrativo, adequando-se, portanto, à hipótese tratada nos autos da ADI 3.395. 3. Agravo regimental desprovido" (Rcl 24844 AgR, Relator(a): Min. LUIZ FUX, Primeira Turma, julgado em 25/04/2017).

Justiça Comum para apreciar a validade de dispensa de empregado público, pois supostamente a matéria seria constitucional-administrativa[231].

No entanto, na situação específica de discussão acerca da legalidade ou ilegalidade de greve de servidores públicos – ainda que celetistas –, o STF fixou tese, em repercussão geral, no sentido de que "a Justiça Comum Federal ou Estadual é competente para julgar a abusividade de greve de servidores públicos celetistas da administração direta, autarquias e fundações de direito público"[232].

Embora o caso concreto envolvesse a situação de guardas municipais, as quais, por exercerem atividades de segurança pública e típicas de Estado, estão sujeitas a maiores influxos de regras de direito público, note-se que a tese de repercussão geral acabou sendo ampla, de modo a abranger quaisquer servidores celetistas da administração pública direta, autárquica ou fundacional.

O entendimento é, de certa forma, surpreendente e contrário à jurisprudência consolidada no âmbito da própria Suprema Corte desde o julgamento da medida cautelar – posteriormente ratificada em julgamento final – na ADI 3395[233]. Na ótica da corrente que prevaleceu no Plenário do STF, a greve de servidores públicos – ainda que celetistas – tem aptidão para afetar a continuidade dos serviços públicos, daí porque a questão escaparia à competência da Justiça do Trabalho.

No entanto, tal posicionamento confunde a questão da competência jurisdicional com os critérios a serem utilizados para julgamento do mérito da causa. A competência se fixa a partir da espécie de relação jurídica discutida em juízo; se a greve é de servidores celetistas, trata-se de conflito oriundo da relação de trabalho, razão pela qual o litígio deveria ser julgado pelo Judiciário Trabalhista, o qual, em sua decisão, deveria considerar os aspectos de direito

---

231. "DIREITO ADMINISTRATIVO. AGRAVO INTERNO EM RECURSO EXTRAORDINÁRIO COM AGRAVO. EMPREGADO PÚBLICO. EXONERAÇÃO. ATO ADMINISTRATIVO. COMPETÊNCIA DA JUSTIÇA COMUM. PRECEDENTES. 1. A natureza do ato de demissão de empregado público é constitucional-administrativa e não trabalhista, o que atrai a competência da Justiça comum para julgar a questão. Precedentes. 2. Agravo interno a que se nega provimento" (ARE 809482 AgR, Relator(a): Min. ROBERTO BARROSO, Primeira Turma, julgado em 17/03/2017).

232. RE 846854, Relator(a): Min. LUIZ FUX, Relator(a) p/ Acórdão: Min. ALEXANDRE DE MORAES, Tribunal Pleno, julgado em 01/08/2017.

233. "CONSTITUCIONAL E TRABALHO. COMPETÊNCIA DA JUSTIÇA DO TRABALHO. ART.114, I, DA CONSTITUIÇÃO FEDERAL. EMENDA CONSTITUCIONAL 45/2004. AUSÊNCIA DE INCONSTITUCIONALIDADE FORMAL. EXPRESSÃO "RELAÇÃO DE TRABALHO". INTERPRETAÇÃO CONFORME À CONSTITUIÇÃO. EXCLUSÃO DAS AÇÕES ENTRE O PODER PÚBLICO E SEUS SERVIDORES. PRECEDENTES. MEDIDA CAUTELAR CONFIRMADA. AÇÃO DIRETA JULGADA PARCIALMENTE PROCEDENTE. 1. O processo legislativo para edição da Emenda Constitucional 45/2004, que deu nova redação ao inciso I do art. 114 da Constituição Federal, é, do ponto de vista formal, constitucionalmente hígido. 2. A interpretação adequadamente constitucional da expressão "relação do trabalho" deve excluir os vínculos de natureza jurídico-estatutária, em razão do que a competência da Justiça do Trabalho não alcança as ações judiciais entre o Poder Público e seus servidores. 3. Medida Cautelar confirmada e Ação Direta julgada parcialmente procedente" (ADI 3395, Relator(a): ALEXANDRE DE MORAES, Tribunal Pleno, julgado em 15/04/2020).

público aplicáveis – notadamente o princípio da continuidade do serviço público. Nesse sentido, a seguinte passagem de um dos votos vencidos:

> Min. Roberto Barroso (RE 846854): a questão que se discute é em que lugar se deve julgar dissídio de celetistas? Eu penso que a competência é da Justiça do Trabalho, com todo o respeito e todas as vênias a quem pensa diferentemente. E acho que ao fazê-lo, a Justiça do Trabalho dirá, ou não, se guarda municipal é segurança pública. (...) que coubesse a Justiça do Trabalho aplicar uma jurisprudência do Supremo, eu não gostaria de abrir a exceção de que celetista litigue fora da Justiça do Trabalho. Não tenho apreço.

De outro lado, o Supremo Tribunal Federal já decidiu que a Justiça Comum é competente para processar e julgar dissídios coletivos de greve envolvendo servidores públicos estatutários[234].

9.4.3. *Ingresso sem concurso público anterior à CF/88*

A jurisprudência do STF, reafirmada em repercussão geral[235], firmou-se no sentido de competir à Justiça do Trabalho o processamento e julgamento de causas que envolvam servidores públicos celetistas admitidos sem concurso público antes da Constituição de 1988.

---

234. Na dicção da Corte, "se a paralisação for de âmbito nacional, ou abranger mais de uma região da justiça federal, ou ainda, compreender mais de uma unidade da federação, a competência para o dissídio de greve será do Superior Tribunal de Justiça (por aplicação analógica do art. 2º, I, "a", da Lei nº 7.701/1988). Ainda no âmbito federal, se a controvérsia estiver adstrita a uma única região da justiça federal, a competência será dos Tribunais Regionais Federais (aplicação analógica do art. 6º da Lei nº 7.701/1988). Para o caso da jurisdição no contexto estadual ou municipal, se a controvérsia estiver adstrita a uma unidade da federação, a competência será do respectivo Tribunal de Justiça (também por aplicação analógica do art. 6º da Lei nº 7.701/1988). As greves de âmbito local ou municipal serão dirimidas pelo Tribunal de Justiça ou Tribunal Regional Federal com jurisdição sobre o local da paralisação, conforme se trate de greve de servidores municipais, estaduais ou federais. Considerados os parâmetros acima delineados, a par da competência para o dissídio de greve em si, no qual se discuta a abusividade, ou não, da greve, os referidos tribunais, nos âmbitos de sua jurisdição, serão competentes para decidir acerca do mérito do pagamento, ou não, dos dias de paralisação em consonância com a excepcionalidade de que esse juízo se reveste" (MI 708, Relator(a): Min. GILMAR MENDES, Tribunal Pleno, julgado em 25/10/2007).

235. "CONSTITUCIONAL. TRABALHISTA. COMPETÊNCIA. SERVIDOR PÚBLICO ADMITIDO SEM CONCURSO PÚBLICO, PELO REGIME DA CLT, ANTES DO ADVENTO DA CONSTITUIÇÃO DE 1988. DEMANDA VISANDO OBTER PRESTAÇÕES DECORRENTES DA RELAÇÃO DE TRABALHO. COMPETÊNCIA DA JUSTIÇA DO TRABALHO. REPERCUSSÃO GERAL CONFIGURADA. REAFIRMAÇÃO DE JURISPRUDÊNCIA. 1. Em regime de repercussão geral, fica reafirmada a jurisprudência do Supremo Tribunal Federal no sentido de ser da competência da Justiça do Trabalho processar e julgar demandas visando a obter prestações de natureza trabalhista, ajuizadas contra órgãos da Administração Pública por servidores que ingressaram em seus quadros, sem concurso público, antes do advento da CF/88, sob regime da Consolidação das Leis do Trabalho - CLT. Inaplicabilidade, em casos tais, dos precedentes formados na ADI 3.395-MC (Rel. Min. CEZAR PELUSO, DJ de 10/11/2006) e no RE 573.202 (Rel. Min. RICARDO LEWANDOWSKI, DJe de 5/12/2008, Tema 43). 2. Agravo a que se conhece para negar seguimento ao recurso extraordinário" (ARE 906491 RG, Relator(a): TEORI ZAVASCKI, Tribunal Pleno, julgado em 01/10/2015).

A decisão acima foi proferida sem submissão ao Plenário Físico: o julgamento ocorreu apenas no Plenário Virtual. Contudo, o entendimento vem sendo reiterado em diversas reclamações no STF[236].

O posicionamento se revela coerente com a jurisprudência consolidada na Suprema Corte, segundo a qual não é possível a transposição, para cargos públicos efetivos, de servidores celetistas que não se submeteram a concurso público e foram admitidos antes da CF/1988[237]; e também com o princípio de que lides envolvendo servidores públicos celetistas devem ser julgadas pela Justiça do Trabalho[238].

O *leading case* sobre a matéria envolvia servidor público que adquirira a estabilidade prevista no art. 19 do ADCT, pois já tinha mais de 5 anos de exercício quando da entrada em vigor da Constituição. A aquisição de estabilidade não foi levada em consideração como fundamento determinante (*ratio decidendi*) do julgamento, razão pela qual o mesmo entendimento deve se aplicar para servidores não estáveis.

9.4.4. Contratação temporária (CF, art. 37, IX)

Quanto aos servidores temporários (CF, art. 37, IX)[239], o STF tem reiteradamente entendido que se trata de relação jurídico-administrativa, caracterizando-se como um regime especial próprio, disciplinado por lei de cada entidade da Federação.

De acordo com a doutrina processual, a competência em razão da matéria é definida em função da causa de pedir e do pedido expostos na petição inicial. Logo, uma vez afirmada a existência de relação de trabalho, a causa deve ser julgada pelo Judiciário Trabalhista; saber se a relação jurídica realmente existiu ou existe é questão de mérito, que não deveria influenciar na delimitação da competência jurisdicional.

Tais noções justificaram a edição da OJ 205 da SDI-1[240] pelo TST. De fato, o entendimento adotado, na época, pela Corte Superior Trabalhista foi no sentido

---

236. Por exemplo: Rcl 38114 AgR, Relator(a): Min. GILMAR MENDES, Segunda Turma, julgado em 27/04/2020; e Rcl 26238 AgR, Relator(a): Min. LUIZ FUX, Primeira Turma, julgado em 27/09/2019.

237. Assim: ADI 1150, Relator(a): MOREIRA ALVES, Tribunal Pleno, julgado em 01/10/1997.

238. Sobre o tema, detalhadamente, ver tópico acima.

239. Art. 37, IX, a lei estabelecerá os casos de contratação por tempo determinado para atender a necessidade temporária de excepcional interesse público.

240. OJ-SDI1-205, I, Inscreve-se na competência material da Justiça do Trabalho dirimir dissídio individual entre trabalhador e ente público se há controvérsia acerca do vínculo empregatício.

II, A simples presença de lei que disciplina a contratação por tempo determinado para atender a necessidade temporária de excepcional interesse público (art. 37, inciso IX, da CF/1988) não é o bastante para deslocar a competência da Justiça do Trabalho se se alega desvirtuamento em tal contratação, mediante a prestação de serviços à Administração para atendimento de necessidade permanente e não para acudir a situação transitória e emergencial.

de que a mera existência de lei prevendo a contratação por tempo determinado por excepcional interesse público não seria suficiente para afastar a competência da Justiça do Trabalho, se se alega desvirtuamento em tal contratação.

Isso se explica até mesmo em função dos princípios da primazia da realidade sobre a forma, do devido processo legal e do juiz natural. Se a parte alega a existência de relação de emprego, o ramo do Judiciário competente, segundo a Constituição, é a Justiça do Trabalho, que é mais bem aparelhada e possui maior capacidade institucional para a apreciação de tal tipo de lide.

Não obstante, o Supremo Tribunal Federal, em reiteradas decisões, conforme dito, tem determinado que as causas que versem sobre contratos de trabalho temporários (CF, art. 37, IX) sejam julgadas pela Justiça comum, Federal ou Estadual, conforme o caso. Isto porque, segundo a Suprema Corte, o vínculo mantido entre o servidor temporário e a Administração é sempre jurídico-administrativo, independentemente do regime jurídico aplicável e de seu eventual desvirtuamento.

Assim, não obstante a Constituição se refira à *contratação* por excepcional interesse público, a relação jurídica firmada entre a Administração e o agente administrativo é de direito público, razão pela qual a competência jurisdicional para apreciar lides dela decorrentes é da Justiça Estadual ou Federal, conforme o caso.

Mesmo que a parte alegue desvirtuamento do contrato temporário – em decorrência de a contratação ter se dado para função permanente, ou pelo descumprimento da legislação especial que rege a contratação temporária (exemplo: sucessivas prorrogações ilegais) – a relação continua regida pelo Direito Administrativo, razão pela qual a competência é da Justiça comum.

A Suprema Corte já aplicou esse entendimento inclusive para ações civis públicas referentes a contratações temporárias pela administração pública[241].

Tais razões levaram ao cancelamento da OJ 205 da SDI-1 do TST, em acatamento à interpretação da Suprema Corte.

Por fim, veja-se que a jurisprudência mais recente do STJ tem entendido que, ainda que o instrumento contratual se suporte em norma local que faça remissão à CLT, a competência será da Justiça Comum[242]. O principal fundamento é que a

241. "Constitucional. Reclamação. Ação civil pública. Servidores públicos. Regime temporário. Justiça do Trabalho. Incompetência. 1. No julgamento da ADI nº 3.395/DF-MC, este Supremo Tribunal suspendeu toda e qualquer interpretação do inciso I do artigo 114 da Constituição Federal (na redação da EC nº 45/04) que inserisse, na competência da Justiça do Trabalho, a apreciação de causas instauradas entre o Poder Público e seus servidores, a ele vinculados por típica relação de ordem estatutária ou de caráter jurídico-administrativo. 2. As contratações temporárias para suprir os serviços públicos estão no âmbito de relação jurídico-administrativa, sendo competente para dirimir os conflitos a Justiça comum e não a Justiça especializada. 3. Reclamação julgada procedente" (Rcl 4872, Relator(a): MARCO AURÉLIO, Relator(a) p/ Acórdão: MENEZES DIREITO, Tribunal Pleno, julgado em 21/08/2008).

242. AgRg no CC 138.099/RS, Rel. Ministro SÉRGIO KUKINA, PRIMEIRA SEÇÃO, julgado em 25/03/2015, DJe 31/03/2015.

competência jurisdicional da Justiça do Trabalho é determinada pela Constituição, e não pode ser definida por lei municipal ou estadual. O regime jurídico do serviço temporário (art. 37, IX) e a competência para apreciação das respectivas lides não poderiam, nessa ótica, ficar ao alvedrio das Administrações locais.

9.4.5. *Transposição para o regime estatutário*

Em repercussão geral[243], o STF fixou a tese de que compete à Justiça do Trabalho para processar e julgar ação que discute verbas trabalhistas, referentes a período regido pela CLT, supostamente devidas a empregados públicos que migraram, posteriormente, para o regime estatutário.

Note-se que a competência da Justiça do Trabalho limita-se até a data de entrada em vigor da lei que promove a transposição ou transmudação de regime. Assim, por exemplo, se o trabalhador postular parcelas vencidas na época em que era parte de contrato de trabalho regido pela CLT, tais como férias, salários inadimplidos, equiparação salarial, entre tantos outros, a competência será da Especializada.

Sucede que, muitas vezes, a postulação envolve parcela cujo direito se adquire no curso do contrato de trabalho, mas que poderia gerar efeitos na relação jurídica administrativa surgida após a transmudação para o regime estatutário. Por exemplo: a incorporação de diferenças salariais devidas durante o período celetista, as quais, em tese, deveriam ser respeitadas quando a relação se transforma em estatutária, à luz do princípio da irredutibilidade de vencimentos.

Em tais hipóteses, a jurisprudência do STF vem reconhecendo a competência da Justiça Comum para os efeitos posteriores à transposição do regime jurídico, de modo que a competência decisória e executória da Justiça do Trabalho se limita ao período em que o servidor era regido pela legislação trabalhista[244-245].

---

243. "Recurso extraordinário. Repercussão geral. 2. Competência da Justiça do Trabalho. Mudança de regime jurídico. Transposição para o regime estatutário. Verbas trabalhistas concernentes ao período anterior. 3. Compete à Justiça do Trabalho processar e julgar ações relativas às verbas trabalhistas referentes ao período em que o servidor mantinha vínculo celetista com a Administração, antes da transposição para o regime estatutário. 4. Recurso não provido. Reafirmação de jurisprudência" (ARE 1001075 RG, Relator(a): GILMAR MENDES, Tribunal Pleno, julgado em 08/12/2016).

244. "AGRAVO INTERNO NA RECLAMAÇÃO. CONSTITUCIONAL. SERVIDORES PÚBLICOS DA FUNASA. TRANSPOSIÇÃO DO REGIME CELETISTA PARA O ESTATUTÁRIO. COMPETÊNCIA. OFENSA AO ACÓRDÃO PROFERIDO NO JULGAMENTO DA MEDIDA CAUTELAR DA AÇÃO DIRETA DE INCONSTITUCIONALIDADE 3.395. RELAÇÃO JURÍDICO-ADMINISTRATIVA. INCOMPETÊNCIA DA JUSTIÇA DO TRABALHO. PRECEDENTES. AGRAVO A QUE SE NEGA PROVIMENTO. (...) In casu, o feito de origem tem como objeto a incorporação de índices relativos a planos econômicos aos vencimentos dos empregados da ora reclamante que tiveram seu regime jurídico alterado de celetista para estatutário, a partir da vigência da Lei 8.112/1990, de modo que a competência para o julgamento é da Justiça Comum. Precedentes: Rcl 21.994-AgR, Rel. Min. Roberto Barroso, Primeira Turma, DJe de 24/2/2016; Rcl 25.138-AgR, Rel. Min. Dias Toffoli, Segunda Turma, DJe de 26/4/2018. 4. Agravo interno a que se nega provimento" (Rcl 37058 AgR, Relator(a): LUIZ FUX, Primeira Turma, julgado em 21/02/2020).

245. "AGRAVO REGIMENTAL NA RECLAMAÇÃO. CONSTITUCIONAL. RELAÇÃO JURÍDICO-ADMINISTRATIVA. FUNDAÇÃO JOÃO PINHEIRO. CAUSA DE PEDIR RELACIONADA A RELAÇÃO

Vale mencionar a decisão do CC 8018[246], em que o pedido veiculado por servidor público municipal consistia na condenação do ente público à realização de depósitos de FGTS. No caso, supostamente teria havido transposição do regime jurídico de celetista para estatutário, e o pleito se referiria ao período anterior à transmudação. Contudo, conforme consta do voto do redator designado para o acórdão, Min. Alexandre de Moraes[247], na verdade o autor da ação havia sido admitido desde o início pelo regime estatutário. As sim, embora fizesse pedido de parcela tipicamente trabalhista (FGTS), a relação jurídica travada era administrativa, razão pela qual foi reconhecida a competência da Justiça Comum para julgamento do litígio.

9.5. Cobrança de honorários

Ao julgar, sob a sistemática da repercussão geral, o RE 607520[248] , a Suprema Corte fixou a tese de que compete à Justiça comum estadual processar e julgar as ações de cobrança ou os feitos executivos de honorários advocatícios arbitrados em favor de advogado dativo em ações cíveis e criminais.

Na ótica da Suprema Corte, a nomeação de advogado dativo, pelo Estado, para atuação em processo judicial, por mais que gere ao nomeado direito à remuneração, não caracteriza relação de trabalho para fins de estabelecimento de competência jurisdicional. O profissional deve buscar o que entenda de direito na Justiça Comum, Estadual ou Federal, conforme o caso.

JURÍDICO-ADMINISTRATIVA. DESCUMPRIMENTO DA DECISÃO PROFERIDA NA AÇÃO DIRETA DE INCONSTITUCIONALIDADE N. 3.395: PRECEDENTES. AGRAVO REGIMENTAL PROVIDO" (Rcl 8909 AgR, Relator(a): MARCO AURÉLIO, Relator(a) p/ Acórdão: CÁRMEN LÚCIA, Tribunal Pleno, julgado em 22/09/2016).

246. "CONFLITO DE COMPETÊNCIA. JUSTIÇA DO TRABALHO VERSUS JUSTIÇA COMUM. CONFLITO NEGATIVO SUSCITADO PELA JUSTIÇA COMUM. SERVIDOR PÚBLICO. RELAÇÃO JURÍDICO-ADMINISTRATIVA. REGIME JURÍDICO ÚNICO ESTABELECIDO PELA LEI MUNICIPAL 57/1998. COMPETÊNCIA DA JUSTIÇA COMUM. CONFLITO CONHECIDO PARA DECLARAR A COMPETÊNCIA DA JUSTIÇA COMUM. DETERMINAÇÃO DE REMESSA DOS AUTOS AO JUÍZO COMPETENTE" (CC 8018, Relator(a): MARCO AURÉLIO, Relator(a) p/ Acórdão: ALEXANDRE DE MORAES, Tribunal Pleno, julgado em 19/12/2019).

247. Consta do voto: "Infere-se dos autos que a relação jurídica mantida entre as partes possui natureza estatutária, haja a vista que a autora ingressou nos quadros do Município de Colônia Gurguéia/PI, mediante concurso realizado no ano de 2007, sob a égide da Lei Municipal 57/1998 que instituiu o regime jurídico único dos servidores municipais, ainda que a pretensão deduzida tenha por conteúdo o recebimento de valores referente aos depósitos do FGTS. Em outras palavras, parte-se da premissa que o vínculo se iniciou à luz de um regime estatutário, o que é suficiente para direcionar a competência para a Justiça Comum".

248. "Recurso extraordinário – Repercussão geral reconhecida – Ação de cobrança de honorários advocatícios – Verbas arbitradas em favor da recorrida em razão de sua atuação como defensora dativa – Inexistência de relação de trabalho a justificar seu processamento perante uma vara da Justiça Federal do Trabalho – Relação mantida entre as partes que é de cunho meramente administrativo – Reconhecimento da competência da Justiça comum estadual para o processamento do feito – Recurso provido" (RE 607520, Relator(a): DIAS TOFFOLI, Tribunal Pleno, julgado em 25/05/2011).

Perceba-se que a decisão do STF se refere às hipóteses em que a verba honorária será custeada por ente público (estado ou União), em face do qual deve ser ajuizada a ação, mas o raciocínio se harmoniza com o da Súmula 363 do STJ[249], segundo a qual as ações de cobrança de honorários movidas por profissionais liberais em face dos respectivos clientes (o que inclui advogados) são de competência da Justiça Estadual.

9.6. Meio ambiente do trabalho, acidente de trabalho e aplicação do Direito Civil

A discussão sobre o descumprimento de normas gerais relativas à saúde, higiene e segurança do trabalho (= meio ambiente do trabalho) refere-se a típico direito social trabalhista, de alcance coletivo geral, pouco importando a eventual diversidade dos regimes jurídicos dos trabalhadores abrangidos.

Assim, por se tratar de direito transindividual e indivisível, a competência para o julgamento dessa espécie de lide será da Justiça do Trabalho sempre que houver potencial envolvimento de empregados públicos ou privados regidos pela CLT, mesmo que o caso concreto também abarque servidores estatutários, conforme preconiza a Súmula 736 do STF[250]. Não obstante, registre-se o entendimento, baseado na Rcl 3303[251], julgada pelo Plenário do STF, no sentido de que a competência será da Justiça do Trabalho mesmo que não haja envolvimento de empregados públicos ou privados, regidos pela CLT.

Da mesma forma, as ações de indenização por danos morais e patrimoniais decorrentes de acidente de trabalho propostas por empregado contra empregador, inclusive aquelas que ainda não possuíam sentença de mérito em primeiro grau quando da promulgação da EC 45/2004, são de competência da Justiça do Trabalho, conforme SV 22.

A modulação temporal foi feita tendo em vista precedentes do próprio Supremo Tribunal Federal, que previam a competência da Justiça Comum para processar e julgar ações indenizatórias decorrentes de acidentes de traba-

---

249. STJ, Súmula 363 - Compete à Justiça estadual processar e julgar a ação de cobrança ajuizada por profissional liberal contra cliente.

250. STF, Súmula 736: Compete à justiça do trabalho julgar as ações que tenham como causa de pedir o descumprimento de normas trabalhistas relativas à segurança, higiene e saúde dos trabalhadores.

251. "CONSTITUCIONAL. RECLAMAÇÃO. ADI 3.395-MC. AÇÃO CIVIL PÚBLICA PROPOSTA NA JUSTIÇA DO TRABALHO, PARA IMPOR AO PODER PÚBLICO PIAUIENSE A OBSERVÂNCIA DAS NORMAS DE SAÚDE, HIGIENE E SEGURANÇA DO TRABALHO NO ÂMBITO DO INSTITUTO MÉDICO LEGAL. IMPROCEDÊNCIA. 1. Alegação de desrespeito ao decidido na ADI 3.395-MC não verificada, porquanto a ação civil pública em foco tem por objeto exigir o cumprimento, pelo Poder Público piauiense, das normas trabalhistas relativas à higiene, segurança e saúde dos trabalhadores. 2. Reclamação improcedente. Prejudicado o agravo regimental interposto" (Rcl 3303, Relator(a): CARLOS BRITTO, Tribunal Pleno, julgado em 19/11/2007).

lho[252]. Por imperativo de segurança jurídica e de política judiciária, decidiu-se por manter na Justiça Comum as ações que lá tramitassem e já tivessem sentença de mérito antes da entrada em vigor da EC nº 45/2004.

A referida emenda constitucional, por ter promovido nítida ampliação de competência da Justiça do Trabalho, foi uma espécie de *convite* para uma nova reflexão sobre o tema pelo STF, mas, a bem da verdade, a redação anterior do art. 114, I, da Constituição[253], já era clara no sentido de que litígios entre empregados e empregadores eram de competência da Especializada, sem quaisquer exceções – o que abrangia, obviamente, as ações decorrentes de acidentes de trabalho.

A jurisprudência anterior, hoje superada[254], pautava-se no princípio da unidade de convicção, tendo em vista que as lides decorrentes de acidentes de trabalho ou de doença ocupacional que envolvam a autarquia previdenciária (INSS) e no bojo das quais se postule a concessão de benefício previdenciário acidentário são de competência da Justiça Estadual, nos termos do art. 109, I, da CF[255]. A bifurcação de competências – ação contra o empregador, na Justiça do Trabalho; ação em face do INSS, na Justiça Estadual – faz com que haja possibilidade de julgamentos conflitantes e distintos sobre a mesma matéria: por exemplo, o juiz do trabalho pode concluir não ter havido acidente de trabalho, absolvendo o empregador, enquanto o juiz estadual julga procedente o pedido de concessão de benefício previdenciário acidentário.

O inconveniente, entretanto, deve ser superado pela atribuição global da competência à Justiça do Trabalho, que deveria julgar, no mesmo processo, a pretensão indenizatória contra o empregador e eventual reconhecimento do direito ao auxílio-doença acidentário (benefício por incapacidade temporária acidentária). Para tanto, bastaria que lei ordinária (CF, art. 114, IX) inserisse tal hipótese entre as causas de competência da Especializada.

---

252. "EMENTA: COMPETÊNCIA. Ação de indenização. Dano moral. Acidente do trabalho. Fato histórico único. Unidade de convicção. Feito da competência da Justiça Comum. Inteligência do art. 114, VI, da CF. Recurso provido. Votos vencidos. É da competência da Justiça Comum a ação de indenização por dano moral, quando o fato também qualifique acidente do trabalho" (RE 438639, Relator(a): CARLOS BRITTO, Relator(a) p/ Acórdão: CEZAR PELUSO, Tribunal Pleno, julgado em 09/03/2005).

253. Art. 114. Compete à Justiça do Trabalho conciliar e julgar os dissídios individuais e coletivos entre trabalhadores e empregadores, abrangidos os entes de direito público externo e da administração pública direta e indireta dos Municípios, do Distrito Federal, dos Estados e da União, e, na forma da lei, outras controvérsias decorrentes da relação de trabalho, bem como os litígios que tenham origem no cumprimento de suas próprias sentenças, inclusive coletivas. (redação anterior à Emenda Constitucional 45/2004).

254. A virada jurisprudencial ocorreu no CC 7204, Relator(a): CARLOS BRITTO, Tribunal Pleno, julgado em 29/06/2005.

255. Art. 109. Aos juízes federais compete processar e julgar: I - as causas em que a União, entidade autárquica ou empresa pública federal forem interessadas na condição de autoras, rés, assistentes ou oponentes, exceto as de falência, as de acidentes de trabalho e as sujeitas à Justiça Eleitoral e à Justiça do Trabalho (...).

Perceba-se que tal solução, preconizada *de lege ferenda*, além da evidente vantagem à economia processual e à racionalização da atividade jurisdicional, se beneficia da maior capacidade institucional e *expertise* da Justiça do Trabalho para questões relacionadas ao trabalho humano. Do ponto de vista constitucional, inexistem empecilhos, pois a redação atual do art. 114 da Constituição não permite que a lei suprima ou exclua a competência da Justiça do Trabalho para lides oriundas da relação de trabalho, mas nada impede o acréscimo de competências, até porque a competência da Justiça Estadual é residual.

O entendimento se reforça quando se percebe que a jurisprudência do STF tem afirmado, de há muito[256], que pouco importa para a definição da competência jurisdicional que o julgamento dependa da aplicação de normas de outros ramos do Direito, o que inclui, evidentemente, o Previdenciário - com o qual, aliás, a Justiça do Trabalho lida cotidianamente[257].

Por fim, em repercussão geral, a Suprema Corte fixou a tese de que a competência da Justiça do Trabalho se fixa inclusive se a ação indenizatória decorrentes de acidente de trabalho, movida em face de empregador, for ajuizada por sucessores de trabalhador falecido[258].

9.7. Litígios decorrentes do direito de greve

De acordo com a Súmula Vinculante nº 23 do Supremo Tribunal Federal, a Justiça do Trabalho é competente para processar e julgar ação possessória

---

256. "JUSTIÇA DO TRABALHO: COMPETÊNCIA: CONST., ART. 114: AÇÃO DE EMPREGADO CONTRA O EMPREGADOR, VISANDO A OBSERVANCIA DAS CONDIÇÕES NEGOCIAIS DA PROMESSA DE CONTRATAR FORMULADA PELA EMPRESA EM DECORRÊNCIA DA RELAÇÃO DE TRABALHO. 1. COMPETE A JUSTIÇA DO TRABALHO JULGAR DEMANDA DE SERVIDORES DO BANCO DO BRASIL PARA COMPELIR A EMPRESA AO CUMPRIMENTO DA PROMESSA DE VENDER-LHES, EM DADAS CONDIÇÕES DE PREÇO E MODO DE PAGAMENTO, APARTAMENTOS QUE, ASSENTINDO EM TRANSFERIR-SE PARA BRASILIA, AQUI VIESSEM A OCUPAR, POR MAIS DE CINCO ANOS, PERMANECENDO A SEU SERVIÇO EXCLUSIVO E DIRETO. 2. A DETERMINAÇÃO DA COMPETÊNCIA DA JUSTIÇA DO TRABALHO NÃO IMPORTA QUE DEPENDA A SOLUÇÃO DA LIDE DE QUESTÕES DE DIREITO CIVIL, MAS SIM, NO CASO, QUE A PROMESSA DE CONTRATAR, CUJO ALEGADO CONTEUDO E O FUNDAMENTO DO PEDIDO, TENHA SIDO FEITA EM RAZÃO DA RELAÇÃO DE EMPREGO, INSERINDO-SE NO CONTRATO DE TRABALHO" (CJ 6959, Relator(a): CELIO BORJA, Relator(a) p/ Acórdão: SEPÚLVEDA PERTENCE, Tribunal Pleno, julgado em 23/05/1990). Entendimento semelhante foi reiterado em diversas outras decisões da Suprema Corte, como no RE 408381 AgR, Relator(a): CARLOS VELLOSO, Segunda Turma, julgado em 23/03/2004.

257. Por exemplo, nos processos trabalhistas são comuns discussões envolvendo estabilidade acidentária (art. 118 da Lei 8.213/91), reflexos de benefícios previdenciários nos contratos de trabalho, execução de contribuições previdenciárias, entre muitas outras questões.

258. "Recurso extraordinário - Competência - Processual Civil e do Trabalho - Repercussão geral reconhecida - Ação de indenização decorrente de danos sofridos em acidente de trabalho - Demanda diretamente decorrente de relação de trabalho, sendo irrelevante, para fins de fixação da competência, o fato de ter sido ajuizada por sucessores do trabalhador falecido - Aplicação da norma do art. 114, inciso VI, da Constituição Federal, com a redação que a ela foi dada pela Emenda Constitucional nº 45/04 - Reconhecimento da competência da Justiça Federal do Trabalho para o processamento do feito - Recurso não provido" (RE 600091, Relator(a): DIAS TOFFOLI, Tribunal Pleno, julgado em 25/05/2011).

ajuizada em decorrência do exercício do direito de greve pelos trabalhadores da iniciativa privada.

Nota-se, aqui, reiteração da remansosa jurisprudência no sentido de que pouco importa, para definição de competência jurisdicional, a qual ramo do Direito pertencem as normas aplicáveis à solução da lide[259].

Tal entendimento permite concluir que a Justiça do Trabalho também é competente para apreciar ações possessórias vinculadas à relação de trabalho.

Suponha-se a hipótese em que um empregado receba a posse direta de imóvel como salário *in natura*, utilizando-o para fins de moradia. Caso o contrato de trabalho se extinga, e o empregado se recuse a desocupar o imóvel, o empregador pode valer-se de ação de reintegração de posse, que será de competência da Justiça do Trabalho, pois a posse, nesta hipótese, decorre da relação de trabalho.

A Justiça do Trabalho pode julgar interditos proibitórios (ações inibitórias, que visam a evitar a moléstia à posse); ações de manutenção de posse (em caso turbação da posse); e ações de reintegração de posse (no caso de esbulho possessório), sempre que a discussão esteja associada a uma relação de trabalho ou ao exercício do direito de greve.

9.8. Competência criminal e foro privilegiado

De acordo com a visão manifestada pelo STF na ADI 3684[260], a Constituição não prevê competência material da Justiça do Trabalho para julgamento de infrações penais, mesmo que hajam sido cometidas no contexto de uma relação de trabalho. Isso porque a EC 45/2004, ao ampliar a competência do Judiciário Trabalhista, não previu expressamente a competência criminal. Assim, como a redação anterior do art. 114 não abrangia esta espécie de competência, presumiu-se que o constituinte derivado pretendeu manter o estado de coisas então existente.

Dessa forma, crimes relacionados à organização do trabalho (atentado contra a liberdade de trabalho), contra a liberdade pessoal (exemplo: redução à condição análoga à de escravo), contra a organização da Justiça do Trabalho (falso testemunho em processo do trabalhista), bem como os efeitos penais de infrações cometidas por uma das partes da relação de trabalho não serão apreciados pela Justiça do Trabalho.

---

259. Sobre o tema, v. tópico 6, supra.

260. "Ação direta de inconstitucionalidade. 2. Art. 114, I, IV e IX, da CF, na redação dada pela Emenda Constitucional 45/2004. 3. Competência Criminal da Justiça do Trabalho. Inexistência. 4. Medida cautelar deferida pelo Plenário e confirmada no julgamento de mérito. 5. Interpretação conforme ao disposto no art. 114, I, IV e IX, da Constituição da República, de modo a afastar a competência da Justiça do Trabalho para processar e julgar ações penais. 6. Ação direta de inconstitucionalidade julgada procedente" (ADI 3684, Relator(a): GILMAR MENDES, Tribunal Pleno, julgado em 11/05/2020).

Cabe refletir criticamente sobre esse entendimento, a partir de voto vencido proferido no referido julgado:

> Min. Edson Fachin (ADI 3684): não se deve restringir o seu âmbito de proteção para excluir da competência da Justiça do Trabalho as ações criminais, desde que, por óbvio, sejam diretamente decorrentes da relação de trabalho. O argumento da necessidade de previsão constitucional expressa e explícita acerca da competência criminal, para que esta seja reconhecida, não impõe que se excluam as competências, como a da Justiça do Trabalho, para os crimes que ocorram no âmbito das relações, inequivocamente, submetidas à sua jurisdição. A norma constitucional deve ser interpretada de forma a cumprir, com a máxima eficácia possível, o conteúdo semântico mais amplo de sua prescrição, especialmente quando se está a interpretar regra de competência de uma Justiça Especializada que funciona, no Estado Democrático de Direito, como verdadeira garantia institucional dos direitos fundamentais sociais dos trabalhadores brasileiros. (...) A Justiça Especializada trabalhista é dotada de todos os adequados e necessários requisitos para exercer a competência constitucional que lhe atribuiu o legislador constituinte derivado, pois que, se os fatos que ensejam o reconhecimento da tipicidade penal são praticados no bojo da relação de trabalho, são o juiz do trabalho e tribunais laborais, bem como os ministérios públicos respectivos, as instituições mais preparadas para o processo e julgamento de tais fatos, ainda que no exercício de competência tipicamente criminal.

De fato, a Justiça do Trabalho detém maior capacidade institucional para solucionar os conflitos decorrentes da relação de trabalho, o que inclui os crimes praticados no respectivo contexto (como, por exemplo, o assédio sexual, previsto no art. 216-A do Código Penal), além dos delitos contra a organização do trabalho (CP, arts. 197 a 207). Ademais, tudo recomenda que crimes contra a administração da justiça (como o falso testemunho), praticados em processos trabalhistas, também fossem de competência da Justiça do Trabalho[261].

Do ponto de vista da efetividade da jurisdição, da economia processual e da unidade de convicção, a solução ideal, em termos de política judiciária, é que a competência para definir os efeitos civis, trabalhistas e criminais, decorrentes do mesmo fato, seja centralizada em único órgão.

Portanto, *de lege ferenda*, é desejável que o legislador estabeleça a competência da Justiça do Trabalho para julgamento dos crimes referidos. Evidentemente, o procedimento a ser aplicado em tais hipóteses deveria ser o do Código de Processo Penal.

---

261. Os crimes de falso testemunho cometidos no curso de processo em trâmite na Justiça Militar são julgados nela própria (nesse sentido, por exemplo, Apelação n. 7000825-65.2019.7.00.0000, Rel. para o Acórdão: Ministro PÉRICLES AURÉLIO LIMA DE QUEIROZ, DJ 07/08/2020; Revisão Criminal n. 7000931-61.2018.7.00.0000, Rel. Ministro FRANCISCO JOSELI PARENTE CAMELO, DJ 04/10/2019.). Já quanto ao falso testemunho praticado na Justiça Eleitoral, a tendência do Superior Tribunal de Justiça é reconhecer a competência da Justiça Federal (nesse sentido: CC 126.729/RS, Rel. Ministro MARCO AURÉLIO BELLIZZE, TERCEIRA SEÇÃO, julgado em 24/04/2013, DJe 30/04/2013).

De outro lado, mesmo no cenário ainda vigente, insere-se no feixe de competências do Judiciário Trabalhista a apreciação de efeitos não penais dos crimes cometidos no contexto da relação de trabalho. Por exemplo, no caso de uma empregada vítima de assédio sexual – crime previsto pelo art. 216-A do Código Penal –, a aplicação de pena criminal será feita pela Justiça Estadual, mas eventual deferimento de indenização por danos morais decorrentes dos fatos, bem como o reconhecimento da rescisão indireta do contrato de trabalho, competem à Justiça do Trabalho.

Ademais, veja-se que o juiz do trabalho, diante de crimes noticiados ou ocorridos por ocasião de processo trabalhista, deve dar ciência às autoridades competentes (Ministério Público Federal ou Estadual) para apuração e eventual ajuizamento de ação penal. Além disso, o magistrado trabalhista pode dar voz de prisão em flagrante no caso de crime cometido em audiência ou nas dependências da Vara do Trabalho, determinando o encaminhamento do infrator para a autoridade policial competente, com auxílio da Polícia Federal, caso necessário.

Vale destacar que a prerrogativa de foro, aplicável a algumas autoridades por força de normas constitucionais, não é pertinente no que tange a reclamações trabalhistas e a ações civis públicas. Nesse sentido, na Rcl 2879 MC[262], o STF afirmou a inexistência de foro privilegiado na situação em que Senador da República era réu em ação civil pública em trâmite na Justiça do Trabalho, na qual se postulava indenização por danos morais coletivos em decorrência de crimes supostamente praticados contra a organização do trabalho.

9.9. Conflitos de competência

De acordo com o CPC, art. 66, *caput* e parágrafo único, há conflito de competência quando: (i) dois ou mais juízes se declaram competentes – conflito positivo; (ii) dois ou mais juízes se consideram incompetentes, atribuindo um ao outro a competência – conflito negativo; (iii) entre dois ou mais juízes surge controvérsia acerca da reunião ou separação de processos – hipótese geralmente associada ao conflito positivo. O juiz que não acolher a competência declinada deverá suscitar o conflito, salvo se a atribuir a outro juízo.

O conflito de competência pode ser suscitado por qualquer das partes, pelo Ministério Público ou pelo juiz. Não pode ser suscitado, entretanto, pela parte que arguiu incompetência relativa, em virtude da preclusão lógica (caso a alegação tivesse sido acolhida e o processo encaminhado ao juízo alegadamente competente), ou da preclusão consumativa (caso a arguição de incompetência tivesse sido rejeitada).

262. Rcl 2879 MC, decisão monocrática, Rel. Min. Gilmar Mendes, julgado em 26.10.2004.

Trata-se de incidente processual que sempre tramitará em tribunais, em função da necessidade de que o conflito seja solucionado por órgão superior, podendo ser deflagrado por petição das partes ou do Ministério Público, ou por ofício do juiz.

Os conflitos de competência: (i) entre juízes do trabalho da mesma Região são solucionados pelo TRT respectivo; (ii) entre juízes do trabalho de diferentes Regiões, entre juízes do trabalho e TRT's de diferentes Regiões, bem como entre Tribunais Regionais do Trabalho distintos, são apreciados pelo Tribunal Superior do Trabalho; (iii) entre juiz do trabalho e juiz de direito, pelo Superior Tribunal de Justiça, exceto se se tratar de juiz de direito investido na jurisdição trabalhista, hipótese em que a competência para dirimir o conflito será do TRT respectivo[263]; (iv) entre o TST e qualquer órgão jurisdicional, pelo STF[264]; (v) entre o STJ e TRT, pelo STF[265].

Ressalte-se que não pode configurar-se conflito de competência entre Tribunal Regional do Trabalho e juiz a ele vinculado; nem entre TRT e TST, considerando o escalonamento hierárquico dos órgãos jurisdicionais da Justiça do Trabalho. Nesse sentido é a Súmula 420 do Tribunal Superior do Trabalho[266].

---

263. "CONSTITUCIONAL. PROCESSUAL. CONFLITO DE COMPETÊNCIA. SUPERIOR TRIBUNAL DE JUSTIÇA: JUIZ DE DIREITO INVESTIDO DE JURISDIÇÃO TRABALHISTA VS. JUNTA DE CONCILIAÇÃO E JULGAMENTO. I. - Conflito de competência entre Juiz de Direito investido de jurisdição trabalhista e Juiz do Trabalho. Competência do TRT para dirimir o conflito. II. - Conflito de competência conhecido e julgado improcedente" (CC 7061, Relator(a): CARLOS VELLOSO, Tribunal Pleno, julgado em 03/10/2001).

264. "COMPETÊNCIA – CONFLITO. Envolvendo o conflito de competência o Tribunal Superior do Trabalho e Tribunal de Justiça, incumbe ao Supremo apreciá-lo. CONFLITO DE COMPETÊNCIA – JUSTIÇA COMUM VERSUS JUSTIÇA DO TRABALHO. A definição da competência decorre da ação ajuizada. Tendo como causa de pedir relação jurídica regida pela Consolidação das Leis do Trabalho e pleito de reconhecimento do direito a verbas nela previstas, cabe à Justiça do Trabalho julgá-la" (CC 7950, Relator(a): MARCO AURÉLIO, Tribunal Pleno, julgado em 14/09/2016).

265. "CONFLITO DE COMPETÊNCIA - SUPERIOR TRIBUNAL DE JUSTIÇA E TRIBUNAL REGIONAL DO TRABALHO - COMPETÊNCIA DO SUPREMO TRIBUNAL FEDERAL PARA DIRIMIR REFERIDO CONFLITO - RECONHECIMENTO, POR ESTA SUPREMA CORTE, DA COMPETÊNCIA DO TRIBUNAL REGIONAL DO TRABALHO PARA DIRIMIR CONFLITO ENTRE VARA DO TRABALHO E JUIZ ESTADUAL INVESTIDO DE JURISDIÇÃO TRABALHISTA (CF, ART. 112, "IN FINE"). Compete, originariamente, ao Supremo Tribunal Federal, processar e julgar conflito de competência instaurado entre Tribunal Regional do Trabalho, de um lado, e o Superior Tribunal de Justiça, de outro. Precedentes. - Incumbe, ao Tribunal Regional do Trabalho, o poder de dirimir conflito de competência que se registre entre Vara do Trabalho e magistrado estadual investido de jurisdição trabalhista (CF, art. 112, "in fine"), pois, em tal situação, ambos os órgãos judiciários estão vinculados, em sede recursal, à competência do respectivo Tribunal Regional do Trabalho. Precedentes" (CC 7080, Relator(a): CELSO DE MELLO, Tribunal Pleno, julgado em 04/10/2001).

266. SUM-420 COMPETÊNCIA FUNCIONAL. CONFLITO NEGATIVO. TRT E VARA DO TRABALHO DE IDÊNTICA REGIÃO. NÃO CONFIGURAÇÃO Não se configura conflito de competência entre Tribunal Regional do Trabalho e Vara do Trabalho a ele vinculada.

9.10. Falência e recuperação judicial

9.10.1. Cenário anterior à Lei 14.112/2020

No RE 583955[267], julgado sob a sistemática da repercussão geral, o STF fixou a tese de que compete ao juízo comum falimentar processar e julgar a execução dos créditos trabalhistas no caso de empresa em fase de recuperação judicial.

De acordo com a decisão, no caso de decretação de falência, ou de deferimento do processamento de recuperação judicial, a Justiça do Trabalho permanece competente até o fim da fase de conhecimento, e também para a liquidação definitiva do crédito, conforme deflui do art. 6º, § 2º, da Lei nº 11.101/2005[268], sendo que o juiz do trabalho pode determinar, antes da apuração final do crédito, a reserva da importância que estimar devida (§ 3º)[269].

O processo trabalhista jamais se suspende na fase de conhecimento ou de liquidação, em virtude da falência ou recuperação judicial.

Contudo, decretada a falência, ou deferido o processamento da recuperação judicial do devedor trabalhista (mesmo antes de ter sido aprovado o respectivo plano), cessa a competência executória da Justiça do Trabalho. A partir desse marco temporal, qualquer ato de constrição do patrimônio (penhora, expropriação etc.) somente pode ser feito pelo juízo cível que conduz o processo falimentar ou de recuperação.

---

267. "CONFLITO NEGATIVO DE COMPETÊNCIA. EXECUÇÃO DE CRÉDITOS TRABALHISTAS EM PROCESSOS DE RECUPERAÇÃO JUDICIAL. COMPETÊNCIA DA JUSTIÇA ESTADUAL COMUM, COM EXCLUSÃO DA JUSTIÇA DO TRABALHO. INTERPRETAÇÃO DO DISPOSTO NA LEI 11.101/05, EM FACE DO ART. 114 DA CF. RECURSO EXTRAORDINÁRIO CONHECIDO E IMPROVIDO. I - A questão central debatida no presente recurso consiste em saber qual o juízo competente para processar e julgar a execução dos créditos trabalhistas no caso de empresa em fase de recuperação judicial. II - Na vigência do Decreto-lei 7.661/1945 consolidou-se o entendimento de que a competência para executar os créditos ora discutidos é da Justiça Estadual Comum, sendo essa também a regra adotada pela Lei 11.101/05. III - O inc. IX do art. 114 da Constituição Federal apenas outorgou ao legislador ordinário a faculdade de submeter à competência da Justiça Laboral outras controvérsias, além daquelas taxativamente estabelecidas nos incisos anteriores, desde que decorrentes da relação de trabalho. IV - O texto constitucional não o obrigou a fazê-lo, deixando ao seu alvedrio a avaliação das hipóteses em que se afigure conveniente o julgamento pela Justiça do Trabalho, à luz das peculiaridades das situações que pretende regrar. V - A opção do legislador infraconstitucional foi manter o regime anterior de execução dos créditos trabalhistas pelo juízo universal da falência, sem prejuízo da competência da Justiça Laboral quanto ao julgamento do processo de conhecimento. VI - Recurso extraordinário conhecido e improvido" (RE 583955, Relator(a): RICARDO LEWANDOWSKI, Tribunal Pleno, julgado em 28/05/2009).

268. Lei nº 11.101/2005, art. 6º, § 2º - É permitido pleitear, perante o administrador judicial, habilitação, exclusão ou modificação de créditos derivados da relação de trabalho, mas as ações de natureza trabalhista, inclusive as impugnações a que se refere o art. 8º desta Lei, serão processadas perante a justiça especializada até a apuração do respectivo crédito, que será inscrito no quadro-geral de credores pelo valor determinado em sentença.

269. Lei nº 11.101/2005, art. 6º, § 3º O juiz competente para as ações referidas nos §§ 1º e 2º deste artigo poderá determinar a reserva da importância que estimar devida na recuperação judicial ou na falência, e, uma vez reconhecido líquido o direito, será o crédito incluído na classe própria.

Isso se explica porque os princípios que regem a execução concursal são distintos dos que se aplicam à execução individual. A execução concursal se rege pela diretriz do tratamento paritário entre os credores (*pars conditio creditorum*). Considerada a insuficiência patrimonial do devedor, é mais justo que todos os credores recebam parcialmente os seus créditos, em vez de apenas alguns receberem a totalidade do crédito, e outros credores nada receberem.

É inexato, portanto, o argumento de que a execução trabalhista deveria prosseguir em virtude do caráter preferencial do crédito trabalhista, já que seria claramente injusto que alguns trabalhadores recebessem a integralidade de seus créditos, enquanto outros ficassem sem receber valor algum.

Importante destacar que, de acordo com a literalidade do art. 6º, § 4º, da Lei nº 11.101/2005, deferido o processamento da recuperação judicial, dar-se-ia a suspensão da execução trabalhista pelo prazo de 180 (cento e oitenta) dias, após o que o procedimento executivo poderia prosseguir normalmente na Justiça do Trabalho.

No entanto, o prosseguimento de execuções individuais, com a prática de diversos atos de constrição, comprometeria o objetivo de recuperar a viabilidade do empreendimento empresarial. O plano de recuperação deve prever prazos para pagamento dos credores, e o descumprimento do plano acarreta a convolação da recuperação judicial em falência. Deve-se ter em vista, ainda, que a recuperação judicial é dirigida pelo princípio da preservação da empresa, já que esta é fonte de empregos, de tributos e de renda.

Por tais razões, o STJ e o TST têm entendido que, mesmo que decorrido o prazo de 180 dias do deferimento do processamento da recuperação judicial, a Justiça do Trabalho permanece incompetente para praticar qualquer ato de constrição em face da empresa recuperanda.

Tanto no caso de falência, quanto no de recuperação judicial, o juiz do trabalho deve expedir certidão de habilitação de crédito, para que o credor trabalhista possa se habilitar no juízo cível competente (arts. 80 e 81 da Consolidação dos Provimentos da Corregedoria-Geral da Justiça do Trabalho)[270]. Ressalve-se que não se deve emitir a certidão caso a execução seja redirecionada aos sócios (desconsideração da personalidade jurídica) ou a empresa do grupo econômico. Nestas hipóteses, a certidão somente pode ser expedida após o insucesso das medidas, sob pena de gerar dupla garantia da execução.

270. Art. 80, Deferida a recuperação judicial, caberá ao juiz do trabalho, que entender pela cessação da competência para prosseguimento da execução trabalhista, determinar a expedição de Certidão de Habilitação de Crédito para ser submetida à apreciação do administrador judicial.

Art. 81, Expedida a Certidão de Habilitação de Crédito, os juízes do trabalho deverão se abster de encaminhar diretamente às secretarias dos juízes de direito ou dos juízes das varas especializadas em recuperações judiciais e falências ou mesmo ao administrador judicial os autos das execuções trabalhistas e/ou Certidões de Créditos Trabalhistas.

9.10.2. *Cenário posterior à Lei 14.112/2020*

Deferido o processamento da recuperação judicial, ou decretada a falência, suspendem-se todas as execuções direcionadas contra a sociedade empresária (Lei nº 11.101/2005, art. 6º, *caput*), inclusive as decorrentes de Termo de Ajuste de Conduta.

De acordo com a redação originária do art. 6º, § 4º, da Lei nº 11.101/2005[271], no caso de recuperação judicial, a suspensão jamais poderia ultrapassar 180 (cento e oitenta) dias contados do deferimento do processamento da recuperação; ultrapassado tal prazo, os credores poderiam prosseguir nas suas execuções individualmente. Contudo, a jurisprudência do STJ vinha relativizando o prazo de 180 dias, com o objetivo de prestigiar e viabilizar a recuperação da empresa. Assim, na visão da Corte, mesmo excedido o prazo, descaberia o prosseguimento automático das execuções individuais, e qualquer ato de constrição do patrimônio da empresa recuperanda só poderia ser feito pelo Juízo universal (aquele em que se processa a recuperação judicial).[272]

O dispositivo foi modificado pela Lei 14.112/2020, cabendo destacar os seguintes pontos:

- (i) o art. 6º, *caput*, III, da Lei 11.101/2005[273], passou a prever expressamente a inviabilidade de realização de atos de constrição sobre o patrimônio em função de demandas judiciais ou extrajudiciais cujos créditos ou obrigações sujeitem-se à recuperação judicial ou à falência. Vale dizer: apenas o juízo universal da recuperação judicial ou falência pode decidir sobre o patrimônio do devedor, inclusive no que tange a medidas cautelares como o arresto de bens.

Trata-se de cristalização legislativa do entendimento que já era dominante e pacificado no âmbito dos tribunais superiores, notadamente o Superior Tribunal de Justiça e o Tribunal Superior do Trabalho;

---

271. Art. 6º – A decretação da falência ou o deferimento do processamento da recuperação judicial suspende o curso da prescrição e de todas as ações e execuções em face do devedor, inclusive aquelas dos credores particulares do sócio solidário. (...)

    § 4º – Na recuperação judicial, a suspensão de que trata o *caput* deste artigo em hipótese nenhuma excederá o prazo improrrogável de 180 (cento e oitenta) dias contado do deferimento do processamento da recuperação, restabelecendo-se, após o decurso do prazo, o direito dos credores de iniciar ou continuar suas ações e execuções, independentemente de pronunciamento judicial.

272. AgInt no CC 151.207/GO, Rel. Ministro ANTONIO CARLOS FERREIRA, SEGUNDA SEÇÃO, julgado em 08/11/2017, DJe 13/11/2017.

273. Art. 6º A decretação da falência ou o deferimento do processamento da recuperação judicial implica: (...) III - proibição de qualquer forma de retenção, arresto, penhora, sequestro, busca e apreensão e constrição judicial ou extrajudicial sobre os bens do devedor, oriunda de demandas judiciais ou extrajudiciais cujos créditos ou obrigações sujeitem-se à recuperação judicial ou à falência.

- (ii) o novo texto do art. 6º, §4º, estipula que a suspensão das execuções e a proibição de prática de atos constritivos (referida acima) "perdurarão pelo prazo de 180 (cento e oitenta) dias, contado do deferimento do processamento da recuperação, prorrogável por igual período, uma única vez, em caráter excepcional, desde que o devedor não haja concorrido com a superação do lapso temporal".

Vale reproduzir, textualmente o §4º-A do art. 6º da Lei 11.101/2005, na redação dada pela Lei 14.112/2020 o qual estatui:

> § 4º-A. O decurso do prazo previsto no § 4º deste artigo sem a deliberação a respeito do plano de recuperação judicial proposto pelo devedor faculta aos credores a propositura de plano alternativo, na forma dos §§ 4º, 5º, 6º e 7º do art. 56 desta Lei, observado o seguinte: (Incluído pela Lei nº 14.112, de 2020)
>
> I - as suspensões e a proibição de que tratam os incisos I, II e III do *caput* deste artigo não serão aplicáveis caso os credores não apresentem plano alternativo no prazo de 30 (trinta) dias, contado do final do prazo referido no § 4º deste artigo ou no § 4º do art. 56 desta Lei; (Incluído pela Lei nº 14.112, de 2020)
>
> II - as suspensões e a proibição de que tratam os incisos I, II e III do *caput* deste artigo perdurarão por 180 (cento e oitenta) dias contados do final do prazo referido no § 4º deste artigo, ou da realização da assembleia-geral de credores referida no § 4º do art. 56 desta Lei, caso os credores apresentem plano alternativo no prazo referido no inciso I deste parágrafo ou no prazo referido no § 4º do art. 56 desta Lei. (Incluído pela Lei nº 14.112, de 2020)

Os novos dispositivos legais, introduzidos pela Lei 14.112/2020, superam expressamente o posicionamento do STJ, firmado sob a égide da redação anterior da Lei 11.101/2005.

De fato, conforme já referido acima, o Superior Tribunal de Justiça, na vigência do texto originário da Lei de Falências e Recuperação de Empresas, havia firmado o entendimento de que quaisquer atos de constrição de patrimônio da empresa recuperanda somente poderiam ser praticados pelo juízo universal, independentemente da extrapolação do prazo de 180 dias (também previsto na redação originária do dispositivo), sem qualquer limite temporal[274].

---

274. Exemplifica essa tendência: "PROCESSUAL CIVIL. AGRAVO INTERNO NO CONFLITO DE COMPETÊNCIA. JUÍZO DO TRABALHO E JUÍZO DA RECUPERAÇÃO JUDICIAL. COMPETÊNCIA DO JUÍZO DA RECUPERAÇÃO JUDICIAL PARA A PRÁTICA DE ATOS EXECUTÓRIOS OU CONSTRITIVOS QUE PERSISTE ATÉ O TRÂNSITO EM JULGADO DA SENTENÇA QUE DECLARA O ENCERRAMENTO DO PROCESSO. 1. Nos termos da jurisprudência consolidada desta Corte, é competente o juízo universal para prosseguimento de atos de execução que incidam sobre o patrimônio de empresa em processo falimentar ou de recuperação judicial.

2. Não compete ao juízo trabalhista interferir no acervo patrimonial da suscitante enquanto não houver a certificação do trânsito em julgado da sentença que declara o encerramento da sua recuperação judicial. (...)" (AgInt no CC 167.826/PA, Rel. Ministra NANCY ANDRIGHI, SEGUNDA SEÇÃO, julgado em 18/08/2020, DJe 21/08/2020). Neste julgado, lê-se: ""[...] 'os atos de execução dos créditos individuais

Sucede que a nova redação legal deixa claras as consequências da inobservância do prazo de 180 dias para aprovação do plano de recuperação judicial:

- (i) é possível que o prazo seja prorrogado por mais 180 dias (totalizando 360 dias), excepcionalmente, desde que o devedor não tenha dado causa ao atraso na aprovação do plano;
- (ii) vencido o prazo inicial de 180 dias (ou de 360, caso tenha havido prorrogação autorizada pelo juiz), os credores passam a ter a faculdade – não o ônus, nem a obrigação – de apresentar plano alternativo de recuperação judicial;
- (iii) caso os credores não apresentem plano alternativo de recuperação judicial no prazo de 30 dias, cessam tanto a suspensão das execuções (art. 6º, *caput*, II), quanto a proibição de prática de atos executórios pelos juízes do trabalho (art. 6º, *caput*, III). Já se os credores apresentarem o plano alternativo, ter-se-á nova prorrogação por mais 180 dias (art. 6º, §4º-A, II)[275].

Depreende-se que a lei levou a efeito verdadeiro *overruling* (superação) da jurisprudência consolidada no âmbito do STJ. A partir da vigência da Lei 14.112/2020, portanto, as prorrogações feitas pelo juízo universal (bem como a vedação à prática de atos constritivos) são delimitadas no tempo, não podendo se estender indefinidamente.

Na segunda hipótese retratada acima, se os credores apresentarem o plano facultativo de recuperação dentro de 30 dias (contados do fim do prazo para aprovação do plano originário), a suspensão das execuções e a proibição da prática de atos de constrição por juízos que não sejam o universal (como os juízes do trabalho, por exemplo) perdurará por mais 180 dias.

Ademais, embora não esteja explícito no texto legal, é intuitivo que, nos 30 dias subsequentes ao término do prazo, as execuções ainda não podem ser retomadas imediatamente, já que, caso os credores apresentem o plano alternativo, permanecerá a impossibilidade da prática de atos de constrição pelos juízes das execuções. Não faria sentido que se praticassem alguns atos de constrição nesse interregno de 30 dias – entre o vencimento do plano originário e a apresentação do plano alternativo – para que, na sequência, houvesse nova

---

promovidos contra empresas falidas ou em recuperação judicial, sob a égide do Decreto-lei nº 7.661/45 ou da Lei nº 11.101/05, devem ser realizados pelo juízo universal, ainda que ultrapassado o prazo de 180 dias de suspensão previsto no art. 6º, § 4º, da última norma' [...]".

275. II - as suspensões e a proibição de que tratam os incisos I, II e III do *caput* deste artigo perdurarão por 180 (cento e oitenta) dias contados do final do prazo referido no § 4º deste artigo, ou da realização da assembleia-geral de credores referida no § 4º do art. 56 desta Lei, caso os credores apresentem plano alternativo no prazo referido no inciso I deste parágrafo ou no prazo referido no § 4º do art. 56 desta Lei.

suspensão e aqueles mesmo atos constritivos não pudessem mais gerar efeitos.

Daí resulta que a suspensão das execuções trabalhistas pode ocorrer por, no máximo:

- (a) 180 + 30 dias = 210 dias, caso não tenha sido deferida prorrogação pelo juiz da recuperação judicial;
- (b) 180 + 180 + 30 dias = 390 dias, se houver sido prorrogado o prazo pelo juízo universal e os credores não apresentarem plano alternativo;
- (c) 180 + 180 + 30 + 180 dias =570 dias, caso, além da prorrogação pelo juízo falimentar, os credores apresentem plano alternativo.

Em qualquer desses casos, reitera-se, vencido o prazo, as execuções trabalhistas podem e devem prosseguir normalmente na Justiça do Trabalho, com a prática de atos de penhora, arresto, expropriação etc.

Na hipótese de falência, a Justiça do Trabalho não pode praticar atos constritivos contra o patrimônio da massa falida. Esse panorama não foi alterado pela Lei 14.112/2020.

Observe-se que os créditos trabalhistas inadimplidos após a formulação do pleito de recuperação judicial terão natureza extraconcursal (art. 49, *caput*, e 67 c/c 84, I, da Lei nº 11.101/2005)[276], devendo ser pagos antes de todos os demais, em caso de convolação em falência. Mesmo nestes casos, a competência para a execução é do Juízo Cível (em que se processa a recuperação judicial), conforme preconiza a jurisprudência do STJ.[277]

---

276. Art. 49 – Estão sujeitos à recuperação judicial todos os créditos existentes na data do pedido, ainda que não vencidos.

Art. 67 – Os créditos decorrentes de obrigações contraídas pelo devedor durante a recuperação judicial, inclusive aqueles relativos a despesas com fornecedores de bens ou serviços e contratos de mútuo, serão considerados extraconcursais, em caso de decretação de falência, respeitada, no que couber, a ordem estabelecida no art. 83 desta Lei.

Art. 84 – Serão considerados créditos extraconcursais e serão pagos com precedência sobre os mencionados no art. 83 desta Lei, na ordem a seguir, os relativos a: I – remunerações devidas ao administrador judicial e seus auxiliares, e créditos derivados da legislação do trabalho ou decorrentes de acidentes de trabalho relativos a serviços prestados após a decretação da falência (...).

277. CONFLITO DE COMPETÊNCIA. RECUPERAÇÃO JUDICIAL. EXECUÇÃO TRABALHISTA. PROSSEGUIMENTO. ATOS DE CONSTRIÇÃO. COMPETÊNCIA DO JUÍZO DA RECUPERAÇÃO JUDICIAL. 1. No caso de deferimento da recuperação judicial, a competência da Justiça do Trabalho se limita à apuração do respectivo crédito (processo de conhecimento), sendo vedada a prática, pelo citado Juízo, de qualquer ato que comprometa o patrimônio da empresa em recuperação (procedimento de execução).

2. Classificam-se como extraconcursais os créditos de obrigações que se originaram após o deferimento do processamento da recuperação, prevalecendo estes sobre os créditos concursais, de acordo com os arts. 83 e 84 da Lei nº 11.101/2005.

3. Segundo a jurisprudência desta Corte, como forma de preservar tanto o direito creditório quanto a viabilidade do plano de recuperação judicial, a execução de créditos trabalhistas constituídos depois do

9.11. Trabalho artístico infanto-juvenil

Na ADI 5326 MC[278], o Supremo Tribunal Federal declarou a inconstitucionalidade de atos regulamentares[279] que previam competir à Justiça do Trabalho o processamento de procedimentos de jurisdição voluntária destinados a viabilizar o que se denominou, na ementa, como "participação de crianças e adolescentes em eventos de caráter artístico".

De acordo com a concepção prevalecente, estampada na ementa do acórdão, haveria inconstitucionalidade formal, pois a fixação de competência jurisdicional e a criação de órgãos judiciais somente poderia ser feita por lei em sentido estrito, por força dos arts. 22, I, 113 e 114, IX, da Constituição. Ademais, declarou-se a inconstitucionalidade material dos atos normativos, por estabelecerem competência da Justiça do Trabalho "sem respaldo na Constituição", e porque o juízo da infância e da juventude seria a "autoridade que reúne os predicados, as capacidades institucionais necessárias para a realização de exame de tamanha relevância e responsabilidade"[280].

Ainda consonante a corrente majoritária, o exame da autorização para participação de menores de idade em espetáculos artísticos perpassaria pelo art. 149, §1º, do Estatuto da Criança e do Adolescente[281], cujos critérios evi-

---

pedido de recuperação judicial deve prosseguir no Juízo universal. (...) (CC 145.027/SC, Rel. Ministro RICARDO VILLAS BÔAS CUEVA, SEGUNDA SEÇÃO, julgado em 24/08/2016, DJe 31/08/2016).

278. "(...) COMPETÊNCIA JURISDICIONAL – FIXAÇÃO – ÓRGÃOS JUDICIAIS – CRIAÇÃO – LEGALIDADE ESTRITA. Considerado o princípio da legalidade estrita, a instituição, mediante atos infralegais, de preceitos a versarem a fixação de competência jurisdicional e a criação de órgãos judiciais é incompatível, sob o ângulo formal, com a Constituição Federal. COMPETÊNCIA – JURISDIÇÃO VOLUNTÁRIA – CRIANÇAS E ADOLESCENTES – EVENTOS ARTÍSTICOS – PARTICIPAÇÃO – AUTORIZAÇÃO. Ausente controvérsia a envolver relação de trabalho, compete ao Juízo da Infância e da Juventude, inserido no âmbito da Justiça Comum, apreciar, no campo da jurisdição voluntária, pedido de autorização visando a participação de crianças e adolescentes em eventos de caráter artístico" (ADI 5326 MC, Relator(a): MARCO AURÉLIO, Tribunal Pleno, julgado em 27/09/2018).

279. Trata-se da Recomendação Conjunta nº 1/2014, subscrita pela Corregedoria-Geral de Justiça do Tribunal de Justiça do Estado de São Paulo e pelas Corregedorias Regionais dos Tribunais Regionais do Trabalho da 2ª e da 15ª Regiões, pela Coordenadoria da Infância e da Juventude do Tribunal de Justiça do Estado de São Paulo e pelos Ministérios Públicos do Estado de São Paulo e do Trabalho das Segunda e Décima Quinta Regiões.

280. Cf. voto condutor do Min. Marco Aurélio.

281. Art. 149. Compete à autoridade judiciária disciplinar, através de portaria, ou autorizar, mediante alvará:

I - a entrada e permanência de criança ou adolescente, desacompanhado dos pais ou responsável, em:

a) estádio, ginásio e campo desportivo;

b) bailes ou promoções dançantes;

c) boate ou congêneres;

d) casa que explore comercialmente diversões eletrônicas;

e) estúdios cinematográficos, de teatro, rádio e televisão.

II - a participação de criança e adolescente em:

a) espetáculos públicos e seus ensaios;

b) certames de beleza.

denciariam a natureza cível da cognição a ser realizada pelo juiz, bem como a ausência de relação de trabalho.

No entanto, o voto vencido da Min. Rosa Weber teceu importantes considerações em sentido contrário:

> Min. Rosa Weber (ADI 5325 MC): não se referindo o pedido de autorização a participação de adolescentes e crianças em atividades ou espetáculos e ensaios de cunho artístico, mas a trabalho artístico infantojuvenil, que se insere em contexto de relação de trabalho, entendo abrangida na competência da Justiça do Trabalho tal autorização, a teor do artigo 114 da Lei Fundamental, na redação ampliativa trazida pela EC 45/2004. (...) Sem dúvida, o desempenho de atividade artística por crianças e adolescentes nem sempre caracteriza relação de trabalho. Os casos, por exemplo, de apresentação em evento de grupo folclórico/tradicionalista – como é comum nos Centros de Tradição Gaúcha –, de participação em concurso musical, das apresentações de grupos de ballet infantil resultantes de aulas periódicas são representações artísticas em que não se vislumbra relação de trabalho, por não ser o trabalho humano, em hipóteses tais, explorado economicamente por outro. (...) Tratando-se, noutro viés, de relação de trabalho artístico – na qual a criança ou adolescente labora mediante contraprestação, em contexto de alteridade geralmente –, estar-se-á diante de uma relação que se insere na previsão constitucional do art. 114 da Constituição Federal, com a redação dada pela Emenda Constitucional 45/2004, que ampliou a competência da Justiça do Trabalho para processar e julgar as ações oriundas das relações de trabalho, abrangentes, por óbvio, aquelas que envolvam crianças e adolescentes. Com efeito, na relação de trabalho artístico infantil vê-se, de um lado, a criança ou adolescente e, do outro lado, a empresa – de publicidade, de rádio, de televisão, de cinema -, interessada em contar com a "mão de obra" artística mirim via contrato de trabalho infantojuvenil.

Não há dúvidas de que o tema é de grande magnitude e relevância e se situa na *fronteira* entre o Direito do Trabalho e o Direito da Criança e do Adolescente, e seria pertinente diferenciar duas situações:

- (i) participação eventual em espetáculos ou exibições artísticas, hipótese em que prevalece o caráter civil da controvérsia, por não haver exploração econômica da criança em benefício de outrem. Aqui, a competência realmente deveria ficar com o juízo cível competente para causas envolvendo interesses de menores;
- (ii) exploração econômica, por terceiros, da atividade artística desempenhada pela criança ou adolescente. Nesse caso, é nítido o fato de que

---

§ 1º Para os fins do disposto neste artigo, a autoridade judiciária levará em conta, dentre outros fatores:

a) os princípios desta Lei;

b) as peculiaridades locais;

c) a existência de instalações adequadas;

d) o tipo de frequência habitual ao local;

e) a adequação do ambiente a eventual participação ou frequência de crianças e adolescentes;

f) a natureza do espetáculo.

se trata de relação de trabalho, assim caracterizada pelo dispêndio de tempo e energia de uma pessoa física em benefício de outrem, o que atrai a competência da Justiça do Trabalho, nos termos do art. 114, I, da CF.

Ao contrário do que afirmado no voto condutor da ADI 5326, a Justiça do Trabalho é o órgão que detém maior capacidade institucional para processamento dessa espécie de causa, pois o uso da mão de obra (ainda que vinculada a uma manifestação artística) por terceiros, ao revelar o caráter trabalhista da relação jurídica, faz com que incida toda a legislação de proteção ao trabalho. Daí resulta, por exemplo, que o tomador dos serviços passa a se sujeitar à atuação dos órgãos de fiscalização do trabalho; e que eventual demanda ajuizada pelo trabalhador mirim será processada e julgada pela Justiça do Trabalho. Ora, é incongruente e viola a unidade de convicção atribuir a competência *ex ante facto* (ou seja, para autorizar o trabalho infantil) a órgão distinto do competente para apreciar litígios *ex post facto*[282].

Seria interessante, portanto, que o legislador ordinário atribuísse tal competência à Justiça do Trabalho, o que se espera no futuro.

9.12. Complementação de aposentadoria

Sempre foi muito controvertida a definição da competência jurisdicional para apreciar conflitos envolvendo complementação de aposentadoria por plano de previdência privada.

O STF, em julgamento com repercussão geral[283], assentou a tese de que compete à Justiça comum o processamento de demandas ajuizadas contra entidades privadas de previdência com o propósito de obter complementação de aposentadoria, mantendo-se na Justiça Federal do Trabalho, até o trânsito em julgado e correspondente execução, todas as causas dessa espécie em que houver sido proferida sentença de mérito até 20/2/2013.

Os fundamentos principais foram a autonomia do Direito Previdenciário, face ao Direito do Trabalho; e a busca de maior racionalidade ao sistema, já que a controvérsia acerca da competência era extremamente nociva aos jurisdicionados.

---

282. Nesse sentido: "Em primeiro lugar, estando as consequências do trabalho afetas à Justiça do Trabalho, não há o que justifique que a autorização que o precede possa ser dada por juiz que, ulteriormente, será incompetente para analisar tais efeitos. A questão é jurídica, de lógica, envolve a necessidade de unidade de convicção e interpretação sistemática. (...) Ora, se em quaisquer dessas hipóteses e até mesmo em outras não divisadas, será o Juiz do Trabalho o competente para instruir e julgar eventual ação ajuizada, não há explicação plausível para que as autorizações de trabalho que originaram tais efeitos tenham sido dadas por quem não poderá apreciá-los, não sendo razoável manter-se a competência do Juiz da Infância e da Juventude, conforme lhe atribuem textos infraconstitucionais" (OLIVA, José Roberto Dantas. Competência para (des)autorização de trabalho infantil, inclusive artístico, é do juiz do trabalho. *Revista do Tribunal Regional do Trabalho da 15ª Região*, Campinas, SP, N. 42, p. 29-40, jan/jun. 2013).

283. RE 586453, Relator(a): Min. ELLEN GRACIE, Relator(a) p/ Acórdão: Min. DIAS TOFFOLI, Tribunal Pleno, julgado em 20/02/2013.

Assim, sempre que a complementação de aposentadoria for paga por entidade fechada de previdência complementar, mesmo que em decorrência de contrato de trabalho, a competência jurisdicional acerca dessa relação jurídica será da Justiça Comum.

Apenas na hipótese em que o benefício seja instituído e pago diretamente pelo próprio empregador é que se poderia cogitar de competência da Justiça do Trabalho. A Súmula 288, I, do TST, estatui que complementação dos proventos de aposentadoria, instituída, regulamentada e paga diretamente pelo empregador, sem vínculo com as entidades de previdência privada fechada, é regida pelas normas em vigor na data de admissão do empregado, ressalvadas as alterações que forem mais benéficas. Assim, o TST dá a entender que há competência da Justiça do Trabalho nessas hipóteses, o que se afigura correto, pois o precedente do STF é específico para a situação envolvendo fundos de pensão (entidades fechadas de previdência privada).

O Superior Tribunal de Justiça também tem a jurisprudência pacífica no sentido de que, se o pedido envolver a percepção de complementação de aposentadoria a ser paga diretamente pelo ex-empregador, não havendo pedido em face de entidade de previdência privada, a competência para julgamento será da Justiça do Trabalho[284].

Contudo, há decisões turmárias – e, portanto, não obrigatórias – do STF reconhecendo a competência da Justiça Comum, mesmo que a ação seja ajuizada exclusivamente em face do ex-empregador[285-286].

---

284. "AGRAVO INTERNO NO AGRAVO EM RECURSO ESPECIAL. AÇÃO DE COMPLEMENTAÇÃO DE APOSENTADORIA PRIVADA. DEMANDA PROPOSTA CONTRA BANCO DO BRASIL. PORTARIA Nº 966/1947. COMPETÊNCIA DA JUSTIÇA DO TRABALHO.PRECEDENTES. DECLÍNIO DA COMPETÊNCIA, DE OFÍCIO. APELO NOBRE PREJUDICADO. NEGADO PROVIMENTO. (...) 2. Esta Corte de Justiça tem entendimento pacificado de que "a Justiça do Trabalho é competente para processar e julgar ação proposta contra o Banco do Brasil S.A. por ex-funcionário com a finalidade de cobrar a complementação de aposentadoria prevista na Portaria n. 966/47, relativamente a direito inerente ao primitivo contrato de trabalho" (AgRg no CC 130.534/DF, Rel. Ministro JOÃO OTÁVIO DE NORONHA, Segunda Seção, DJe de 25/10/2013). 3. Consoante se observa nos autos, o cerne da questão é a percepção de complementação de aposentadoria a ser paga diretamente pelo ex-empregador, não havendo nenhum pleito formulado contra entidade de previdência privada. Por conseguinte, a hipótese "é diversa da contemplada no precedente do eg. Supremo Tribunal Federal no julgamento do RE 586.453/SE, que concluiu pela competência da Justiça Comum para processar e julgar demandas de natureza previdenciária promovidas contra entidades de previdência complementar" (CC 141.146/RJ, Rel. Ministro RAUL ARAÚJO, Segunda Seção, DJe de 26/8/2016). 4. Agravo interno ao qual se nega provimento" (AgInt no AREsp 1298328/SP, Rel. Ministro LÁZARO GUIMARÃES (DESEMBARGADOR CONVOCADO DO TRF 5ª REGIÃO), QUARTA TURMA, julgado em 14/08/2018).

285. "AGRAVO REGIMENTAL EM RECURSO EXTRAORDINÁRIO. COMPLEMENTAÇÃO DE APOSENTADORIA. AÇÃO PROPOSTA CONTRA EX-EMPREGADOR. AUTONOMIA DO DIREITO PREVIDENCIÁRIO. COMPETÊNCIA. JUSTIÇA COMUM. 1. Compete à Justiça Comum o julgamento de conflito a envolver complementação de proventos de aposentadoria em ação proposta apenas contra ex-empregador. 2. Agravo regimental a que se nega provimento" (RE 1256707 AgR, Relator(a): EDSON FACHIN, Segunda Turma, julgado em 22/05/2020).

286. "DIREITO PREVIDENCIÁRIO E PROCESSUAL CIVIL. COMPLEMENTAÇÃO DE APOSENTADORIA. EX-EMPREGADOR. COMPETÊNCIA DA JUSTIÇA COMUM. RECURSO EXTRAORDINÁRIO

Em suma, devem-se distinguir as seguintes situações:

- (i) o pedido é de condenação do empregador ao pagamento de parcelas salariais (exemplo: horas extras, equiparação salarial etc.) e *reflexos* em complementação de aposentadoria, a qual é paga por fundo de pensão. Nessa hipótese, a Justiça do Trabalho é absolutamente incompetente para o pedido de reflexos, ainda que a entidade de previdência privada não tenha sido inserida no polo passivo, pois apenas a Justiça Comum pode julgar pedidos de diferenças de complementação de aposentadoria a cargo de fundos de pensão;
- (ii) o pedido é de condenação do empregador ao pagamento de parcelas salariais e da contribuição respectiva (incidente sobre as parcelas objeto da condenação) que será vertida para o fundo de pensão. Nesse caso, haverá competência da Justiça do Trabalho, pois não há pedido de complementação de aposentadoria – o que se pede é que o empregador faça o recolhimento das contribuições previdenciárias para o fundo de pensão. A partir desse recolhimento, seria natural que a entidade de previdência majorasse espontaneamente o benefício do participante do plano; se isso não for feito, o lesado deverá ajuizar ação na Justiça Comum buscando a majoração do benefício.

Da mesma forma, no RE 1265549[287], foi fixada a seguinte tese de repercussão geral: "Compete à Justiça comum processar e julgar causas sobre complementação de aposentadoria instituída por lei cujo pagamento seja, originariamente ou por sucessão, da responsabilidade da Administração Pública direta ou indireta, por derivar essa responsabilidade de relação jurídico-administrativa". Posteriormente, em embargos de declaração, a Suprema Corte empreendeu modulação dos efeitos temporais do *decisum*, de modo que, os processos que já tivessem sentença de mérito proferida até a data da publica-

---

INTERPOSTO SOB A ÉGIDE DO CPC/2015. CONSONÂNCIA DA DECISÃO ORA RECORRIDA COM A JURISPRUDÊNCIA CRISTALIZADA NO SUPREMO TRIBUNAL FEDERAL. AGRAVO MANEJADO SOB A VIGÊNCIA DO CPC/2015. 1. O entendimento assinalado na decisão agravada não diverge da jurisprudência firmada no Supremo Tribunal Federal. 2. As razões do agravo não se mostram aptas a infirmar os fundamentos que lastrearam a decisão agravada. 3. Agravo interno conhecido e não provido" (RE 1125192 AgR, Relator(a): ROSA WEBER, Primeira Turma, julgado em 29/11/2019).

287. "Recurso extraordinário. Processual. Competência. Justiça comum estadual e Federal. Complementação de aposentadoria. Instituição por lei. Vínculo decorrente de regime de direito público. Existência de repercussão geral. Reafirmação da jurisprudência da Corte sobre o tema. Recurso extraordinário provido a fim de reconhecer a competência da Justiça comum estadual para processar e julgar a ação proposta pela parte ora recorrida. Tese de repercussão geral: Compete à Justiça comum processar e julgar causas sobre complementação de aposentadoria instituída por lei cujo pagamento seja, originariamente ou por sucessão, da responsabilidade da Administração Pública direta ou indireta, por derivar essa responsabilidade de relação jurídico-administrativa" (RE 1265549 RG, Relator(a): MINISTRO PRESIDENTE, Tribunal Pleno, julgado em 04/06/2020).

ção do acórdão do julgamento do recurso no Plenário do Supremo Tribunal Federal (19.06.2020), prosseguissem na Justiça do Trabalho até o trânsito em julgado e o final da execução.

O julgado diz respeito à instituição, por lei estadual, de complementação de aposentadoria, paga diretamente por empresa estatal a seus ex-empregados. O detalhe é que a empresa recebia recursos do respectivo Estado para efetivar tais pagamentos. Na ótica da Suprema Corte, a circunstância de o pagamento ser feito diretamente pela ex-empregadora é desimportante; o que releva seria o fato de não haver regência pela Consolidação das Leis do Trabalho e o envolvimento do erário.

Os argumentos são frágeis, pois é cediço que a Justiça do Trabalho pode aplicar normas oriundas de qualquer ramo da Ciência Jurídica e que a Fazenda Pública, quando atuar como empregadora, sujeita-se à competência jurisdicional da Justiça do Trabalho. No caso, se o ente público institui, por meio de lei, direito à complementação de aposentadoria para ex-empregados de determinada empresa estatal, não se trata de lei inconstitucional violadora da competência privativa da União para legislar sobre Direito do Trabalho (CF, art. 22, I); na verdade, a lei, nesses casos, faz as vezes do regulamento de empresa[288], o qual se integra aos contratos de trabalho como se fosse cláusula contratual. Daí decorre a conclusão lógica de que litígios envolvendo o pagamento desse tipo de complementação de aposentadoria – paga, repita-se, diretamente pelo ex-empregador – são oriundos da relação de trabalho, caracterizando a hipótese constitucional de competência da Justiça do Trabalho (CF, art. 114, I).

Outra decisão sobre o tema foi tomada no RE 594435[289], também julgado sob a sistemática de repercussão geral. A Corte fixou a tese de que "compete à Justiça comum o julgamento de conflito de interesses a envolver a incidência de contribuição previdenciária, considerada a complementação de proventos".

O caso concreto envolvia servidor público celetista, já aposentado, cujos proventos passaram a sofrer incidência de contribuição previdenciária, do que resultou decréscimo remuneratório. De acordo com a inicial, o procedimento seria ilegal, pois violaria direito adquirido pelo trabalhador por força de normas coletivas aplicáveis quando ainda na ativa. O fato de o direito ter como fato gerador o contrato de trabalho torna possível sustentar a competência da Justiça do Trabalho.

---

288. Sobre o ponto, mais detalhadamente, ver a seção sobre competência legislativa, no capítulo atinente ao Direito do Trabalho.

289. "COMPETÊNCIA – COMPLEMENTAÇÃO DE APOSENTADORIA – INCIDÊNCIA DE CONTRIBUIÇÃO SOCIAL. Compete à Justiça comum o julgamento de conflito a envolver a incidência de contribuição previdenciária sobre complementação de proventos de aposentadoria" (RE 594435, Relator(a): MARCO AURÉLIO, Tribunal Pleno, julgado em 24/05/2018).

Contudo, na visão prevalecente no âmbito do STF, a questão que se colocava não era trabalhista, mas tributária, por envolver a exigibilidade de determinado tributo (as contribuições previdenciárias) sobre ganhos de trabalhador aposentado. Por tal motivo, entendeu-se que a competência é da Justiça Estadual.

Como o entendimento firmado em repercussão geral superou jurisprudência consolidada no Tribunal Superior do Trabalho (o qual reconhecia a competência da Justiça do Trabalho em tais hipóteses), a Suprema Corte, em embargos de declaração[290], procedeu à modulação dos efeitos, de modo a manter, na Justiça do Trabalho, até final execução, todos os processos sobre a matéria em que já tenha sido proferida sentença de mérito até o dia da conclusão do julgamento do recurso extraordinário.

9.13. Contribuição sindical e representação sindical

O art. 114, III, da CF, estabelece a competência da Justiça do Trabalho para apreciar ações sobre representação sindical, entre sindicatos, entre sindicatos e trabalhadores, e entre sindicatos e empregadores.

A interpretação teleológica sinaliza que o objetivo do dispositivo, introduzido pela EC 45/2004, foi levar para a Justiça do Trabalho as discussões atinentes à matéria sindical, em virtude da maior capacidade institucional da Justiça do Trabalho quanto ao tema, decorrente de sua especialização. De fato, a CLT regulamenta diversos aspectos relativos à matéria sindical, que é imbricada, necessariamente, com as relações de trabalho.

Assim, não apenas discussões sobre representação sindical, mas quaisquer outras que envolvam entes sindicais agindo na qualidade de representantes de uma categoria profissional ou econômica, serão de competência do Judiciário Trabalhista. A ressalva é importante porque se um sindicato firmar,

---

290. "CONSTITUCIONAL E PROCESSO CIVIL. MODULAÇÃO DE EFEITOS EM EMBARGOS DE DECLARAÇÃO. VIABILIDADE. DEMONSTRAÇÃO DE SITUAÇÃO DE EXCEPCIONALIDADE. MODULAÇÃO DOS EFEITOS DO ACÓRDÃO PARA MANTER, NA JUSTIÇA DO TRABALHO, ATÉ FINAL EXECUÇÃO, TODOS OS PROCESSOS DESTA MATÉRIA EM QUE JÁ TENHA SIDO PROFERIDA SENTENÇA DE MÉRITO, ATÉ O DIA DA CONCLUSÃO DO JULGAMENTO DO RECURSO EXTRAORDINÁRIO (24/5/2018). 1. O § 3º do art. 927 do Código de Processo Civil de 2015 preconiza que, "na hipótese de alteração de jurisprudência dominante do Supremo Tribunal Federal e dos tribunais superiores ou daquela oriunda de julgamento de casos repetitivos, pode haver modulação dos efeitos da alteração no interesse social e no da segurança jurídica". 2. Tendo em vista a duradoura jurisprudência do Tribunal Superior do Trabalho em sentido oposto ao decidido pelo SUPREMO TRIBUNAL FEDERAL neste precedente, surge, inevitavelmente, o interesse em resguardar os atos praticados ao longo de vários anos, enquanto perdurou a indefinição acerca do Juízo competente para dirimir a controvérsia. 3. Precedente: RE 586.453, Rel. Min. ELLEN GRACIE, Rel. p/ Acórdão: Min. DIAS TOFFOLI, Tribunal Pleno, DJe de 6/6/2013, Tema 190 da Repercussão Geral. 4. Embargos de Declaração acolhidos para efeitos de modulação" (RE 594435 ED, Relator(a): MARCO AURÉLIO, Relator(a) p/ Acórdão: ALEXANDRE DE MORAES, Tribunal Pleno, julgado em 21/08/2019).

por exemplo, um contrato para prestação de serviços de limpeza, em sua sede, por uma empresa terceirizada, a relação jurídica será civil, e eventual conflito será apreciado pela Justiça Comum.

Contudo, embora o tema seja controvertido, a Justiça do Trabalho não detém competência para apreciar ações movidas pelo sindicato em face de terceiros, ainda que envolvida matéria sindical[291].

Pense-se em ação movida por sindicato em face da União, tendo em vista a negativa do Ministério da Economia em proceder ao registro sindical. Por mais que a matéria seja sindical, a competência para julgamento, nessa hipótese, será da Justiça Federal, já que o inciso III, do art. 114, da CF, restringe a competência da Justiça do Trabalho, em matéria sindical, às causas entre sindicatos, ou entre sindicatos e empregados, ou entre sindicatos e empregadores. Ou seja: não há competência se a ação for entre sindicato e qualquer outra pessoa, inclusive pessoa jurídica de direito público[292].

São de competência da Justiça do Trabalho, exemplificativamente: (i) ação entre dois sindicatos, na qual discutam qual o legítimo representante de uma categoria profissional ou econômica; (ii) ação de cobrança de contribuições sindicais, movida pelo sindicato em face do empregador, a partir da EC 45/2004[293], inclusive se a lide enolver sindicato da categoria econômica[294]; (iii) ação movida

291. Em sentido contrário, SCHIAVI, p. 212.

292. Nesse sentido, CC 126.372/PA, Rel. Ministro HUMBERTO MARTINS, PRIMEIRA SEÇÃO, julgado em 13/03/2013, DJe 21/03/2013.

293. "Conflito negativo de competência. Superior Tribunal de Justiça. Tribunal Superior do Trabalho. Contribuição sindical. Emenda Constitucional nº 45/04. 1. A discussão relativa à legitimidade do sindicato para receber a contribuição sindical representa matéria funcional à atuação sindical, enquadrando-se, diante da nova redação dada pela Emenda Constitucional nº 45/04 ao artigo 114, III, da Constituição Federal, na competência da Justiça do Trabalho. Tratando-se de competência absoluta, em razão da matéria, produz efeitos imediatos, a partir da publicação da referida emenda, atingindo os processos em curso, incidindo o teor do artigo 87 do Código de Processo Civil. 2. Aplica-se, portanto, o posicionamento adotado no CC nº 7.204-1/MG, Pleno, Relator o Ministro Carlos Britto, DJ de 9/12/05, que definiu a existência de sentença de mérito na Justiça Comum estadual, proferida antes da vigência da EC nº 45/04, como o fator determinante para fixar a competência da Justiça Comum, daí a razão pela qual mantém-se a competência do Superior Tribunal de Justiça. 3. Conflito conhecido para declarar competente o Superior Tribunal de Justiça" (CC 7456, Relator(a): MENEZES DIREITO, Tribunal Pleno, julgado em 07/04/2008).

294. "COMPETÊNCIA DA JUSTIÇA DO TRABALHO - CONTRIBUIÇÃO ASSISTENCIAL - SINDICATO DA CATEGORIA ECONÔMICA - REGÊNCIA CONSTITUCIONAL ANTERIOR À EMENDA CONSTITUCIONAL Nº 45/2004. Ante o disposto no artigo 1º da Lei nº 8.984/95, à Justiça do Trabalho já competia julgar ação de sindicato de categoria econômica contra empregador, visando à contribuição assistencial estabelecida em contrato coletivo. COMPETÊNCIA - CONTRIBUIÇÃO ASSISTENCIAL - SINDICATO DE CATEGORIA ECONÔMICA - EMENDA CONSTITUCIONAL Nº 45/2004. A competência da Justiça do Trabalho para processar e julgar ações sobre representação sindical, entre sindicatos, entre sindicatos e trabalhadores e entre sindicatos e empregadores - inciso III do artigo 114 da Constituição Federal, com a redação da Emenda nº 45, de 2004 -, abrange demandas propostas por sindicato de categoria econômica contra empregador, objetivando o reconhecimento do direito à contribuição assistencial" (CC 7221, Relator(a): MARCO AURÉLIO, Tribunal Pleno, julgado em 01/06/2006).

por empregado com objetivo de filiar-se ou desfiliar-se de sindicato, em caso de recusa ilegítima deste.

Ademais, se insere na competência do Judiciário Trabalhista o julgamento de conflitos internos dos sindicatos, como, por exemplo, discussões atinentes a irregularidades nas eleições sindicais.

Por fim, veja-se que a competência, em matéria sindical, é excluída caso se trate de sindicato de servidores públicos estatutários. Se o objetivo do inciso III (conforme dito acima) é possibilitar a melhor apreciação da matéria, não faria sentido atribuir-se a competência à Justiça do Trabalho, quando envolvidos servidores estatutários, sujeitos a princípios e regramentos diferentes dos aplicáveis aos trabalhadores em geral[295]. Embora algumas decisões do Superior Tribunal de Justiça reconhecessem a competência da Justiça do Trabalho nesses casos[296], o Supremo Tribunal Federal superou tal jurisprudência, ao estabelecer, em repercussão geral[297], a tese de que "compete à Justiça comum processar e julgar demandas em que se discute o recolhimento e o repasse de contribuição sindical de servidores públicos regidos pelo regime estatutário".

10. COMPETÊNCIA LEGISLATIVA

Referências normativas e jurisprudenciais	
Constituição	Art. 22. Compete privativamente à União legislar sobre: I - direito civil, comercial, penal, processual, eleitoral, agrário, marítimo, aeronáutico, espacial e do trabalho; (...). Art. 24. Compete à União, aos Estados e ao Distrito Federal legislar concorrentemente sobre: (...) XI - procedimentos em matéria processual; § 1º No âmbito da legislação concorrente, a competência da União limitar-se-á a estabelecer normas gerais. § 2º A competência da União para legislar sobre normas gerais não exclui a competência suplementar dos Estados. § 3º Inexistindo lei federal sobre normas gerais, os Estados exercerão a competência legislativa plena, para atender a suas peculiaridades. § 4º A superveniência de lei federal sobre normas gerais suspende a eficácia da lei estadual, no que lhe for contrário.
Julgados paradigmáticos	ADI 318, 932, 1285 MC, 1807, 2212, 2257, 2655, 2855, 2909, 2970, 3041, 3458, 3483, 4161, 4414 RE 405031

O sistema de governo federalista adotado pela Constituição brasileira implica a repartição de competências administrativas, legislativas e jurisdicionais

295. O STJ chegou a essa conclusão no CC 91419. Rel. Min. Carlos Fernando Mathias. DJ 24.03.2008.
296. AgRg no CC 128.599/MT, Rel. Ministra ASSUSETE MAGALHÃES, PRIMEIRA SEÇÃO, julgado em 13/05/2015, DJe 19/05/2015.
297. RE 1089282, Rel. Min. Gilmar Mendes, Tribunal Pleno, julgado em 04.12.2020.

entre entes federados diversos. Focando a questão exclusivamente sob a ótica do Direito Processual do Trabalho, tem-se que a competência legislativa para edição de leis sobre direito processual é privativa da União (CF, art. 22, I), mas os estados tem competência concorrente para legislar sobre procedimentos em matéria processual (CF, art. 24, XI).

As duas competências legislativas apresentam pontos de interseção e são potencialmente conflitantes, porque o processo, enquanto relação jurídica, manifesta-se, no mundo fenomênico, por meio da prática de diversos atos jurídicos (em sentido amplo). O encadeamento desses atos, bem como os requisitos exigidos para a prática de cada qual, consubstanciam o procedimento. O procedimento é exteriorização do processo na realidade material, a partir da confluência e concatenação de diversas manifestações de vontade humanas (atos processuais) realizadas em seu bojo[298].

Cabe analisar como o Supremo Tribunal Federal tem compreendido essa divisão de competências.

Na ADI 1285 MC[299], a Corte concluiu pela validade de lei estadual que disciplinava aspectos do inquérito civil público no âmbito do Ministério Público Estadual, relegando o detalhamento da regulamentação a Ato do Órgão Especial do Colégio de Procuradores de Justiça. Considerando que o inquérito civil público tem natureza de procedimento administrativo pré-processual, que tem função instrumental ao eventual ajuizamento de ação civil pública, o Tribunal asseverou que a matéria efetivamente se insere no âmbito da competência legislativa concorrente (CF, art. 24, XI).

O Supremo assentou, ainda, que, por força do art. 24, §§1º e 2º, da CF, à União competiria estabelecer as normas gerais sobre o assunto – o que foi feito por meio da Lei 7.347/1985 –, assegurando-se aos estados a competência suplementar para regular questões não disciplinadas pela legislação federal.

No mesmo julgado, a Suprema Corte suspendeu cautelarmente, por entender relevante a arguição de inconstitucionalidade, dispositivo da mesma lei estadual

298. Cf. BERNARDES, Felipe, *op.cit.*, p. 199.

299. "Ação direta de inconstitucionalidade. Pedido de liminar. Artigos 105, 108, "*caput*" e § 1º, 111, 166, V e X (este só no tocante à remissão ao inciso V do mesmo artigo), 299, § 2º, todos da Lei Complementar nº 734, de 26 de novembro de 1993, do Estado de São Paulo. - O inquérito civil é procedimento pré-processual que se insere na esfera do direito processual civil como procedimento, à semelhança do que sucede com relação ao inquérito policial em face do direito processual penal. Daí, a competência concorrente prevista no artigo 24, XI, da Constituição Federal. - A independência funcional a que alude o artigo 127, § 1º, da Constituição Federal é do Ministério Público como instituição, e não dos Conselhos que a integram, em cada um dos quais, evidentemente, a legislação competente pode atribuir funções e competência, delimitando, assim, sua esfera de atuação. Pedido de liminar deferido em parte, para suspender a eficácia, "ex nunc" e até o julgamento final desta ação, das expressões "e a ação civil pública" contidas no inciso V do artigo 116 e das expressões "de promoção ou" contidas no § 2º do artigo 299, ambos da Lei Complementar estadual nº 734, de 26 de novembro de 1993, do Estado de São Paulo" (ADI 1285 MC, Relator(a): MOREIRA ALVES, Tribunal Pleno, julgado em 25/10/1995).

que estabelecia legitimação ativa exclusiva ao Procurador-Geral de Justiça para ajuizar ação civil pública contra determinadas autoridades públicas. No ponto, considerou-se que a norma dizia respeito a processo e não a procedimento.

O Supremo Tribunal já declarou a inconstitucionalidade de leis estaduais que versavam sobre os seguintes temas, considerados processuais (CF, art. 22, I), e não meramente procedimentais (CF, art. 24, XI):

- (i) atos do juiz, direcionando sua atuação em face de situações específicas, quando acolhesse ou deixasse de acolher proposta de suspensão de processo criminal formulada por membro do Ministério Público, além de criar hipóteses de intervenção do Procurador-Geral de Justiça[300];
- (ii) disciplina da matéria referente ao valor que deva ser dado a uma causa[301];
- (iii) concessão definitiva do benefício da gratuidade de justiça pelo juiz[302]. Assentou-se que a questão atinente à gratuidade deve ser discutida à luz das normas processuais em vigor, as quais inclusive permitem a revogação do benefício a qualquer tempo;
- (iv) estabelecimento de prioridade na tramitação processual, em qualquer instância, para as causas que tenham, como parte, mulher vítima de violência doméstica[303]. Observou-se que o tema da tramitação prioritária é processual, razão pela qual é versado em leis federais, tais como o art. 20 da Lei do Mandado de Segurança (Lei nº 12.016/2009), o art. 19 da Lei do Habeas Data (Lei nº 9.507/1997). Curiosamente, o art. 1048, III, do CPC/2015[304], veio posteriormente a estabelecer a prioridade de tramitação para as vítimas de violência familiar e doméstica;

300. "AÇÃO DIRETA DE INCONSTITUCIONALIDADE. ARTIGO 26 DA LEI COMPLEMENTAR N. 851/98 DO ESTADO DE SÃO PAULO. MATÉRIA PROCESSUAL. INCONSTITUCIONALIDADE FORMAL. 1. À União, nos termos do disposto no artigo 22, inciso I, da Constituição do Brasil, compete privativamente legislar sobre direito processual. 2. Lei estadual que dispõe sobre atos de Juiz, direcionando sua atuação em face de situações específicas, tem natureza processual e não meramente procedimental. 3. Pedido de declaração de inconstitucionalidade julgado procedente" (ADI 2257, Relator(a): EROS GRAU, Tribunal Pleno, julgado em 06/04/2005).

301. "AÇÃO DIRETA DE INCONSTITUCIONALIDADE. LEI Nº 7.603, DE 27.12.2001, DO ESTADO DE MATO GROSSO. CUSTAS JUDICIAIS E EMOLUMENTOS. ALEGAÇÃO DE OFENSA AOS ARTIGOS 5º, XXXV, LXXIV, 7º, IV, 22, I, 145, II E § 2º E 154, I, TODOS DA CONSTITUIÇÃO FEDERAL. (...) Invade a competência da União norma estadual que disciplina matéria referente ao valor que deva ser dado a uma causa, tema especificamente inserido no campo do Direito Processual. Ação direta de inconstitucionalidade julgada parcialmente procedente" (ADI 2655, Relator(a): ELLEN GRACIE, Tribunal Pleno, julgado em 09/10/2003)".

302. ADI 3394, Relator(a): EROS GRAU, Tribunal Pleno, julgado em 02/04/2007.

303. ADI 3483, Relator(a): DIAS TOFFOLI, Tribunal Pleno, julgado em 03/04/2014.

304. Art. 1.048. Terão prioridade de tramitação, em qualquer juízo ou tribunal, os procedimentos judiciais: I - em que figure como parte ou interessado pessoa com idade igual ou superior a 60 (sessenta) anos ou portadora de doença grave, assim compreendida qualquer das enumeradas no art. 6º, inciso XIV, da Lei nº 7.713, de 22 de dezembro de 1988 ;

- (v) proibição de que mais de um órgão do Ministério Público oficiasse simultaneamente no mesmo processo ou procedimento[305];
- (vi) imposição de deveres ao Ministério Público, ao receber relatórios de Comissões Parlamentares de Inquérito (CPIs), especialmente os de informação e prioridade na tramitação de feitos, além do estabelecimento sanções no caso de seu descumprimento[306];
- (vii) criação de requisito de admissibilidade para interposição de recurso inominado no âmbito dos Juizados Especiais Cíveis, consistente no depósito prévio de 100% do valor da condenação[307];
- (viii) estabelecimento de competências de juizados especiais[308];
- (ix) gestão de depósitos judiciais[309], sendo certo que o tema é atualmente regido pela Lei Complementar 151/2015.

II - regulados pela Lei nº 8.069, de 13 de julho de 1990 (Estatuto da Criança e do Adolescente);

III - em que figure como parte a vítima de violência doméstica e familiar, nos termos da Lei nº 11.340, de 7 de agosto de 2006 (Lei Maria da Penha);

IV - em que se discuta a aplicação do disposto nas normas gerais de licitação e contratação a que se refere o inciso XXVII do *caput* do art. 22 da Constituição Federal.

305. ADI 932, Relator(a): RICARDO LEWANDOWSKI, Tribunal Pleno, julgado em 17/12/2010.

306. ADI 3041, Relator(a): RICARDO LEWANDOWSKI, Tribunal Pleno, julgado em 10/11/2011.

307. "AÇÃO DIRETA DE INCONSTITUCIONALIDADE. LEI N. 6.816/2007 DE ALAGOAS, INSTITUINDO DEPÓSITO PRÉVIO DE 100% DO VALOR DA CONDENAÇÃO PARA A INTERPOSIÇÃO DE RECURSO NOS JUIZADOS ESPECIAIS CÍVEIS DO ESTADO. INCONSTITUCIONALIDADE FORMAL: COMPETÊNCIA PRIVATIVA DA UNIÃO PARA LEGISLAR SOBRE MATÉRIA PROCESSUAL. ART. 22, INC. I, DA CONSTITUIÇÃO DA REPÚBLICA. AÇÃO DIRETA DE INCONSTITUCIONALIDADE JULGADA PROCEDENTE" (ADI 4161, Relator(a): CÁRMEN LÚCIA, Tribunal Pleno, julgado em 30/10/2014).

308. ADI 1807, Relator(a): DIAS TOFFOLI, Tribunal Pleno, julgado em 30/10/2014.

309. "AÇÃO DIRETA DE INCONSTITUCIONALIDADE. LEI ESTADUAL 12.069/2004, EM SUA REDAÇÃO ORIGINAL, ARTIGO 5º DA LEI ESTADUAL 12.585/2006 E LEI ESTADUAL 14.738/2015, TODAS DO ESTADO DO RIO GRANDE DO SUL. DISPONIBILIZAÇÃO AO ESTADO DE 95% DOS RECURSOS DE DEPÓSITOS JUDICIAIS PARA FINALIDADES DISCRICIONÁRIAS. DESACORDO COM AS NORMAS FEDERAIS DE REGÊNCIA. INVASÃO DA COMPETÊNCIA DA UNIÃO PARA LEGISLAR SOBRE DIREITO PROCESSUAL E SOBRE NORMAS GERAIS DE DIREITO FINANCEIRO (ARTIGOS 22, I, E 24, I, DA CONSTITUIÇÃO FEDERAL). AÇÃO DIRETA DE INCONSTITUCIONALIDADE CONHECIDA E JULGADO PROCEDENTE O PEDIDO. MODULAÇÃO DOS EFEITOS DA DECISÃO. 1. A administração da conta dos depósitos judiciais e extrajudiciais, porquanto constitui matéria processual e direito financeiro, insere-se na competência legislativa da União. Precedentes: ADI 2.909, Rel. Min. Ayres Britto, Plenário, DJe de 11/6/2010; ADI 3.125, Rel. Min. Ayres Britto, Plenário, DJe de 18/6/2010; ADI 5.409-MC-Ref, Rel. Min. Edson Fachin, Plenário, DJe de 13/5/2016; ADI 5392-MC, Rel. Min. Rosa Weber, DJe de 19/9/2016; ADI 5.072-MC, Rel. Min. Gilmar Mendes, DJe de 16/2/2017. 2. A iniciativa de lei visando a disciplinar o sistema financeiro de conta de depósitos judiciais não cabe ao Poder Judiciário, mercê de a recepção e a gestão dos depósitos judiciais terem natureza administrativa, não consubstanciando atividade jurisdicional. Precedente: ADI 2.855, Rel. Min. Marco Aurélio, Plenário, DJe de 12/5/2010. 3 In casu, a Lei 12.069/2004, do Estado do Rio Grande do Sul, em sua redação original e com as alterações das Leis estaduais 12.585/2006 e 14.738/2015, ao autorizar a disponibilização ao Estado de percentual dos recursos dos depósitos judiciais efetuados perante a Justiça estadual, bem como ao disciplinar sua utilização pelo Poder Executivo, usurpa competência da União para legislar sobre direito processual (artigos 22, I, da Constituição Federal). 4. As leis estaduais sub examine, ao permitirem a

Da mesma forma, por reconhecer a competência privativa da União para legislar sobre direito processual, o STF declarou a inconstitucionalidade de dispositivo de regimento interno de determinado tribunal que previa o julgamento em sessão secreta, nas hipóteses de ações criminais de competência originária do próprio tribunal[310]. Trabalhando com o conceito de *causa finalis*[311], a Corte explicitou que a expressão *direito processual* abarca não apenas as normas relativas ao contraditório, devido processo legal, poderes e deveres dos sujeitos processuais, mas também os preceitos que regulem os atos necessários a se chegar à decisão judicial.

Outro importante julgado sobre o tema foi a ADI 5534[312], em que a Corte declarou a constitucionalidade do art. 535, §3º, II, do CPC, o qual fixa o prazo de dois meses para pagamento de débitos fazendários inscritos como requisições de pequeno valor (RPV). Concluiu o STF que o prazo para cumprimento de decisão judicial, ainda que envolvida a Fazenda Pública estadual ou municipal, é norma tipicamente processual, o que parece correto, pois a norma atinge diretamente a satisfação do direito material da parte. Trata-se de regra geral que deve ficar a cargo da União, a bem da uniformização de critérios aplicáveis na execução de sentença. Em sentido contrário, poder-se-ia argumentar que o prazo para pagamento de RPV deveria observar as particularidades e a capacidade de pagamento de cada ente público, daí decorrendo a necessidade de reconhecimento da autonomia do estado-membro para definir a questão.

Nesse diapasão, a publicidade dos julgamentos, considerada pressuposto de validade da decisão por força do art. 5º, LX, da CF, não pode ser afastada por norma regimental, sob pena de se configurar inconstitucionalidade formal, decorrente da invasão da competência legislativa privativa da União (CF, art. 22, I).

Igualmente: (i) a exigência da presença de maioria absoluta dos ministros para finalização de julgamento criminal, estabelecida em norma regimental de

---

utilização dos recursos de depósitos judiciais em percentual superior ao previsto na legislação nacional, e ainda para finalidades discricionárias, bem como ao estabelecer o repasse de rendimentos dos depósitos judiciais ao Fundo de Reaparelhamento do Poder Judiciário, contrariam o âmbito normativo das normas em vigor (artigo 101, §§ 2º, I e II, e 3º, do Ato das Disposições Constitucionais Transitórias e Lei Complementar federal 151/2015) e da Lei federal 10.482/2002, vigente à época da edição da Lei estadual impugnada, e invade a competência da União para legislar sobre normas gerais de direito financeiro (artigo 24, I, da Constituição Federal (...)." (ADI 5456, Relator(a): LUIZ FUX, Tribunal Pleno, julgado em 15/04/2020).

310. ADI 2970, Relator(a): ELLEN GRACIE, Tribunal Pleno, julgado em 20/04/2006.

311. *Causa finalis* significa a razão de existir, a razão última de determinado objeto de análise.

312. ADI 5534, Rel. Min. Dias Toffoli, Tribunal Pleno, julgado em 21.12.2020.

tribunal, apresenta vício formal[313]; (ii) o regimento interno não pode instituir requisitos de admissibilidade de recursos[314].

---

313. "HABEAS-CORPUS. JULGAMENTO DE RECURSO ESPECIAL, CÍVEL OU CRIMINAL, PERANTE O SUPERIOR TRIBUNAL DE JUSTIÇA. QUORUM PARA JULGAMENTO: MAIORIA SIMPLES (RI--STJ, ART. 181, *CAPUT*). Suspensão de julgamento de recurso especial criminal, após ter sido alcançada a maioria simples, para aguardar o retorno de Ministro ausente à Sessão, a fim de que a deliberação fosse tomada pela maioria absoluta dos membros da Turma do Superior Tribunal de Justiça (RI-STJ, art. 181, *caput*). 1. O § 1º do art. 615 do Código de Processo Penal, contido no Capítulo V do Título II do Livro III, que concede a decisão mais favorável ao réu no caso de empate na votação, aplica- se apenas aos recursos previstos no mesmo capítulo (recurso em sentido estrito, apelação e embargos infringentes e de nulidade), excluídos, portanto, os recursos extraordinário e especial. Precedentes: HC nº 56.481-RJ, in RTJ 91/804; HC nº 58.318-RJ, in RTJ 102/532. 2. A exigência de maioria absoluta dos membros da Turma para a tomada de decisões, contida no *caput* do art. 181 do Regimento Interno do Superior Tribunal de Justiça, é inconstitucional porque dispõe sobre direito processual, que é matéria da competência legislativa exclusiva da União (CF, art. 22, I). 3. Habeas-corpus conhecido e provido para declarar que a decisão definitiva da 6ª Turma do Tribunal Superior de Justiça, ao julgar o Recurso Especial nº 94.798-RJ, é aquela tomada por 2 votos contra 1 na Sessão de 12.11.96, sendo nula a que resultou do prosseguimento do julgamento, de 3 votos contra 2, na Sessão de 10.12.96. 4. Declaração da inconstitucionalidade das expressões "absoluta dos seus membros" contida no *caput* do art. 181 do Regimento Interno do Superior Tribunal de Justiça" (HC 74761, Relator(a): MAURÍCIO CORRÊA, Tribunal Pleno, julgado em 11/06/1997).

314. "Habeas corpus. Processo penal militar. Recurso. Embargos infringentes e de nulidade. Superior Tribunal Militar. Norma regimental que exige no mínimo 4 (quatro) votos minoritários divergentes para seu cabimento. Inadmissibilidade. Requisito não previsto nos arts. 538 e 539 do Código de Processo Penal Militar. Tribunal que não dispõe de poderes normativos para disciplinar matéria recursal em contrariedade à lei. Inteligência do art. 96, I, a, da Constituição Federal. Inconstitucionalidade formal da alteração regimental. Garantia da razoável duração do processo (art. 5º, LXXVIII, CF) que não a legitima. Violação dos princípios constitucionais do devido processo legal e da ampla defesa (art. 5º, LIV e LV, da CF). Ilegalidade flagrante. Impossibilidade de analogia com o art. 333, parágrafo único, do Regimento Interno do Supremo Tribunal Federal, que exige no mínimo 4 (quatro) votos vencidos para o cabimento dos embargos infringentes. Norma editada à época em que o art. 119, § 3º, c, da Carta de 1969 expressamente outorgava à Suprema Corte poderes para dispor, em seu regimento interno, sobre o processo e o julgamento dos feitos de sua competência originária ou recursal. Ordem concedida para se determinar ao Superior Tribunal Militar que processe os embargos infringentes interpostos pelo paciente. Declarada a inconstitucionalidade incidental do art. 119, § 1º, do Regimento Interno do Superior Tribunal Militar, na redação dada pela Emenda Regimental nº 24, publicada no DJe de 10/6/14. 1. Assim como o legislador não pode se imiscuir em matéria reservada ao regimento interno dos tribunais, a esses é vedado desbordar de seus poderes normativos e dispor sobre matéria de competência privativa da União (art. 22, I, CF), sob pena de inconstitucionalidade formal. Precedentes. 2. A atribuição de poderes aos tribunais para instituir recursos internos e disciplinar o procedimento dos recursos que devam julgar não lhes outorga competência para criar requisito de admissibilidade recursal não previsto em lei. Inteligência do art. 96, I, a, da Constituição Federal. 3. Os arts. 538 e 539 do Código de Processo Penal Militar não exigem, para o cabimento dos embargos infringentes e de nulidade, número mínimo de votos vencidos. 4. O art. 119, § 1º, do Regimento Interno do Superior Tribunal Militar, ao exigir, no mínimo, 4 (quatro) votos divergentes minoritários para o cabimento dos embargos infringentes e de nulidade, além de dispor sobre matéria de competência privativa da União, viola o devido processo legal (art. 5º. LIV, CF), por impor requisito de admissibilidade recursal não previsto em lei. 5. Descabe invocar-se analogia com o art. 333, parágrafo único, do Regimento Interno do Supremo Tribunal Federal, que exige no mínimo 4 (quatro) votos vencidos para o cabimento dos embargos infringentes, uma vez que essa regra foi editada à época em que a Constituição de 1969, no art. 119, § 3º, c, outorgava poderes normativos ao Supremo Tribunal Federal para dispor sobre o processo e o julgamento dos feitos de sua competência originária ou recursal. 6. A garantia constitucional da duração razoável do processo não pode ser hipertrofiada em prejuízo da ampla defesa, com os meios e recursos a ela inerentes (art. 5º, LV, CF), salvo quando nítido o abuso do direito de recorrer. 7. É inconstitucional o art. 119, § 1º,

A órbita do regimento interno, portanto, consiste tão somente na disciplina de aspectos inerentes ao funcionamento e à divisão interna de competências do tribunal.

Observe-se, entretanto, que, curiosamente, a jurisprudência e a doutrina[315] foram condescendentes quanto à criação do recurso de agravo regimental em regimentos internos de tribunais, sob a vigência do CPC/1973 – no qual não havia previsão genérica de recurso contra decisões unipessoais de relatores, ao contrário do que passou a ser previsto pelo art. 1021 do CPC/2015[316]. O argumento em geral acatado é o de que o agravo regimental contra decisão monocrática em tribunal apenas devolveria a competência ao juiz natural, que é o colegiado.

Outra situação digna de destaque foi a definição da natureza jurídica da reclamação. O STF, na ADI 2212[317], decidiu que se trata de mero exercício do direito de petição (CF, art. 5º, XXXIV, *a*) , o que fez com que fossem consideradas válidas as normas estaduais que prevejam o cabimento da reclamação no âmbito dos estados, por não haver afronta à competência privativa da União para legislar sobre direito processual (CF, art. 22, I).

---

do Regimento Interno do Superior Tribunal Militar, na redação dada pela Emenda Regimental nº 24, publicada no DJe de 10/6/14, ao exigir no mínimo 4 (quatro) votos divergentes minoritários para o cabimento dos embargos infringentes e de nulidade. 8. Ordem de habeas corpus concedida" (HC 125768, Relator(a): DIAS TOFFOLI, Tribunal Pleno, julgado em 24/06/2015).

315. "(...) os agravos regimentais não podem ser chamados propriamente recursos, os quais implicam o reexame das decisões proferidas pelo juízo competente por ele próprio ou por um órgão jurisdicional diverso. No tribunal, o juízo naturalmente competente é o *colegiado*, e, portanto, o agravo regimental nada mais é do que a consequência do princípio da colegialidade das decisões dos tribunais. O que esse agravo faz é dar ao litigante que foi atingido por uma decisão monocrática de um membro do tribunal a oportunidade de exigir que essa decisão seja reexaminada pelo seu juiz natural, que é o próprio colegiado" (GRECO, Leonardo. *Instituições...*, v. 3, *op.cit.*, p. 314).

316. Art. 1.021. Contra decisão proferida pelo relator caberá agravo interno para o respectivo órgão colegiado, observadas, quanto ao processamento, as regras do regimento interno do tribunal.

317. "AÇÃO DIRETA DE INCONSTITUCIONALIDADE. ARTIGO 108, INCISO VII, ALÍNEA I DA CONSTITUIÇÃO DO ESTADO DO CEARÁ E ART. 21, INCISO VI, LETRA J DO REGIMENTO DO TRIBUNAL DE JUSTIÇA LOCAL. PREVISÃO, NO ÂMBITO ESTADUAL, DO INSTITUTO DA RECLAMAÇÃO. INSTITUTO DE NATUREZA PROCESSUAL CONSTITUCIONAL, SITUADO NO ÂMBITO DO DIREITO DE PETIÇÃO PREVISTO NO ARTIGO 5º, INCISO XXXIV, ALÍNEA A DA CONSTITUIÇÃO FEDERAL. INEXISTÊNCIA DE OFENSA AO ART. 22, INCISO I DA CARTA. 1. A natureza jurídica da reclamação não é a de um recurso, de uma ação e nem de um incidente processual. Situa-se ela no âmbito do direito constitucional de petição previsto no artigo 5º, inciso XXXIV da Constituição Federal. Em consequência, a sua adoção pelo Estado-membro, pela via legislativa local, não implica em invasão da competência privativa da União para legislar sobre direito processual (art. 22, I da CF). 2. A reclamação constitui instrumento que, aplicado no âmbito dos Estados-membros, tem como objetivo evitar, no caso de ofensa à autoridade de um julgado, o caminho tortuoso e demorado dos recursos previstos na legislação processual, inegavelmente inconvenientes quando já tem a parte uma decisão definitiva. Visa, também, à preservação da competência dos Tribunais de Justiça estaduais, diante de eventual usurpação por parte de Juízo ou outro Tribunal local. 3. A adoção desse instrumento pelos Estados-membros, além de estar em sintonia com o princípio da simetria, está em consonância com o princípio da efetividade das decisões judiciais. 4. Ação direta de inconstitucionalidade improcedente" (ADI 2212, Relator(a): ELLEN GRACIE, Tribunal Pleno, julgado em 02/10/2003).

Contudo, o mesmo Supremo Tribunal Federal, no RE 405031[318], declarou inconstitucionais os dispositivos do Regimento Interno do TST que previam a figura da reclamação para tal Corte. Na dicção do Supremo, a criação de instrumento processual pela via do regimento interno violaria a competência do Congresso Nacional para disciplinar o tema. Assim, sob a égide do CPC/1973, era incabível a reclamação para o Tribunal Superior do Trabalho.

Percebe-se nítida incongruência entre as referidas decisões da Suprema Corte. Ora, se se trata de mero exercício de direito de petição, como decidido na ADI 2212, a previsão no Regimento Interno do TST não configuraria violação à competência da União para legislar sobre processo.

Observe-se, entretanto, que tal discussão fica superada com o advento do Código de Processo Civil de 2015, que regulamentou o instituto a partir do art. 988, prevendo expressamente o cabimento da reclamação no âmbito de qualquer tribunal. Cabe notar que tal dispositivo está inserido no Livro III, Título I, a indicar que se trata de processo de competência originária de tribunal – o que confirma a natureza jurídica de ação.

11. CONSELHO NACIONAL DE JUSTIÇA

Referências normativas e jurisprudenciais	
Constituição	Art. 103-B. O Conselho Nacional de Justiça compõe-se de 15 (quinze) membros com mandato de 2 (dois) anos, admitida 1 (uma) recondução, sendo: I - o Presidente do Supremo Tribunal Federal; II - um Ministro do Superior Tribunal de Justiça, indicado pelo respectivo tribunal; III - um Ministro do Tribunal Superior do Trabalho, indicado pelo respectivo tribunal; IV - um desembargador de Tribunal de Justiça, indicado pelo Supremo Tribunal Federal; V - um juiz estadual, indicado pelo Supremo Tribunal Federal; VI - um juiz de Tribunal Regional Federal, indicado pelo Superior Tribunal de Justiça; VII - um juiz federal, indicado pelo Superior Tribunal de Justiça; VIII - um juiz de Tribunal Regional do Trabalho, indicado pelo Tribunal Superior do Trabalho; IX - um juiz do trabalho, indicado pelo Tribunal Superior do Trabalho; X - um membro do Ministério Público da União, indicado pelo Procurador-Geral da República;

318. "RECLAMAÇÃO - REGÊNCIA - REGIMENTO INTERNO - IMPROPRIEDADE. A criação de instrumento processual mediante regimento interno discrepa da Constituição Federal. Considerações sobre a matéria e do atropelo da dinâmica e organicidade próprias ao Direito" (RE 405031, Relator(a): MARCO AURÉLIO, Tribunal Pleno, julgado em 15/10/2008).

Referências normativas e jurisprudenciais	
Constituição	XI um membro do Ministério Público estadual, escolhido pelo Procurador-Geral da República dentre os nomes indicados pelo órgão competente de cada instituição estadual; XII - dois advogados, indicados pelo Conselho Federal da Ordem dos Advogados do Brasil; XIII - dois cidadãos, de notável saber jurídico e reputação ilibada, indicados um pela Câmara dos Deputados e outro pelo Senado Federal. § 1º O Conselho será presidido pelo Presidente do Supremo Tribunal Federal e, nas suas ausências e impedimentos, pelo Vice-Presidente do Supremo Tribunal Federal. § 2º Os demais membros do Conselho serão nomeados pelo Presidente da República, depois de aprovada a escolha pela maioria absoluta do Senado Federal § 3º Não efetuadas, no prazo legal, as indicações previstas neste artigo, caberá a escolha ao Supremo Tribunal Federal. § 4º Compete ao Conselho o controle da atuação administrativa e financeira do Poder Judiciário e do cumprimento dos deveres funcionais dos juízes, cabendo-lhe, além de outras atribuições que lhe forem conferidas pelo Estatuto da Magistratura: I - zelar pela autonomia do Poder Judiciário e pelo cumprimento do Estatuto da Magistratura, podendo expedir atos regulamentares, no âmbito de sua competência, ou recomendar providências; II - zelar pela observância do art. 37 e apreciar, de ofício ou mediante provocação, a legalidade dos atos administrativos praticados por membros ou órgãos do Poder Judiciário, podendo desconstituí-los, revê-los ou fixar prazo para que se adotem as providências necessárias ao exato cumprimento da lei, sem prejuízo da competência do Tribunal de Contas da União; III - receber e conhecer das reclamações contra membros ou órgãos do Poder Judiciário, inclusive contra seus serviços auxiliares, serventias e órgãos prestadores de serviços notariais e de registro que atuem por delegação do poder público ou oficializados, sem prejuízo da competência disciplinar e correicional dos tribunais, podendo avocar processos disciplinares em curso, determinar a remoção ou a disponibilidade e aplicar outras sanções administrativas, assegurada ampla defesa; IV - representar ao Ministério Público, no caso de crime contra a administração pública ou de abuso de autoridade V - rever, de ofício ou mediante provocação, os processos disciplinares de juízes e membros de tribunais julgados há menos de um ano; VI - elaborar semestralmente relatório estatístico sobre processos e sentenças prolatadas, por unidade da Federação, nos diferentes órgãos do Poder Judiciário; VII - elaborar relatório anual, propondo as providências que julgar necessárias, sobre a situação do Poder Judiciário no País e as atividades do Conselho, o qual deve integrar mensagem do Presidente do Supremo Tribunal Federal a ser remetida ao Congresso Nacional, por ocasião da abertura da sessão legislativa. § 5º O Ministro do Superior Tribunal de Justiça exercerá a função de Ministro-Corregedor e ficará excluído da distribuição de processos no Tribunal, competindo-lhe, além das atribuições que lhe forem conferidas pelo Estatuto da Magistratura, as seguintes:

Referências normativas e jurisprudenciais	
Constituição	I receber as reclamações e denúncias, de qualquer interessado, relativas aos magistrados e aos serviços judiciários II exercer funções executivas do Conselho, de inspeção e de correição geral; III requisitar e designar magistrados, delegando-lhes atribuições, e requisitar servidores de juízos ou tribunais, inclusive nos Estados, Distrito Federal e Territórios. § 6º Junto ao Conselho oficiarão o Procurador-Geral da República e o Presidente do Conselho Federal da Ordem dos Advogados do Brasil.
Legislação infra-constitucional	Lei Complementar nº 35/79
Julgados paradigmáticos	ADI 3367, 4638 Ref-MC MS 28891 MC-AgR, 30072, 35100

11.1. Criação do CNJ

Na ADI 3367[319], o Supremo Tribunal Federal se pronunciou sobre a constitucionalidade da Emenda Constitucional nº 45/2004, no que instituiu o Conselho

319. "(...) INCONSTITUCIONALIDADE. Ação direta. Emenda Constitucional nº 45/2004. Poder Judiciário. Conselho Nacional de Justiça. Instituição e disciplina. Natureza meramente administrativa. Órgão interno de controle administrativo, financeiro e disciplinar da magistratura. Constitucionalidade reconhecida. Separação e independência dos Poderes. História, significado e alcance concreto do princípio. Ofensa a cláusula constitucional imutável (cláusula pétrea). Inexistência. Subsistência do núcleo político do princípio, mediante preservação da função jurisdicional, típica do Judiciário, e das condições materiais do seu exercício imparcial e independente. Precedentes e súmula 649. Inaplicabilidade ao caso. Interpretação dos arts. 2º e 60, § 4º, III, da CF. Ação julgada improcedente. Votos vencidos. São constitucionais as normas que, introduzidas pela Emenda Constitucional nº 45, de 8 de dezembro de 2004, instituem e disciplinam o Conselho Nacional de Justiça, como órgão administrativo do Poder Judiciário nacional. 3. PODER JUDICIÁRIO. Caráter nacional. Regime orgânico unitário. Controle administrativo, financeiro e disciplinar. Órgão interno ou externo. Conselho de Justiça. Criação por Estado membro. Inadmissibilidade. Falta de competência constitucional. Os Estados membros carecem de competência constitucional para instituir, como órgão interno ou externo do Judiciário, conselho destinado ao controle da atividade administrativa, financeira ou disciplinar da respectiva Justiça. 4. PODER JUDICIÁRIO. Conselho Nacional de Justiça. Órgão de natureza exclusivamente administrativa. Atribuições de controle da atividade administrativa, financeira e disciplinar da magistratura. Competência relativa apenas aos órgãos e juízes situados, hierarquicamente, abaixo do Supremo Tribunal Federal. Preeminência deste, como órgão máximo do Poder Judiciário, sobre o Conselho, cujos atos e decisões estão sujeitos a seu controle jurisdicional. Inteligência dos art. 102, *caput*, inc. I, letra "r", e § 4º, da CF. O Conselho Nacional de Justiça não tem nenhuma competência sobre o Supremo Tribunal Federal e seus ministros, sendo esse o órgão máximo do Poder Judiciário nacional, a que aquele está sujeito. 5. PODER JUDICIÁRIO. Conselho Nacional de Justiça. Competência. Magistratura. Magistrado vitalício. Cargo. Perda mediante decisão administrativa. Previsão em texto aprovado pela Câmara dos Deputados e constante do Projeto que resultou na Emenda Constitucional nº 45/2004. Supressão pelo Senado Federal. Reapreciação pela Câmara. Desnecessidade. Subsistência do sentido normativo do texto residual aprovado e promulgado (art. 103-B, § 4º, III). Expressão que, ademais, ofenderia o disposto no art. 95, I, parte final, da CF. Ofensa ao art. 60, § 2º, da CF. Não ocorrência. Argüição repelida. Precedentes. Não precisa ser reapreciada pela Câmara dos Deputados expressão suprimida pelo Senado Federal em texto de projeto que, na redação remanescente, aprovada de ambas as Casas do Congresso, não perdeu sentido normativo.

Nacional de Justiça. O principal fundamento da arguição de inconstitucionalidade era a suposta violação aos princípios da separação de Poderes e federativo, dos quais se extrai o autogoverno e autonomia administrativa dos tribunais.

A Corte decidiu pela higidez constitucional da criação do CNJ com base nos seguintes argumentos:

- (i) o Conselho é órgão que integra o próprio Poder Judiciário, exercendo controle interno de natureza administrativa, financeira e disciplinar da magistratura. Não há, assim, violação à separação de Poderes, pois não se trata de controle externo;
- (ii) além disso, não se trata de controle relativo à função jurisdicional em si, mas de aspectos administrativos e funcionais concernentes aos magistrados. Dessa forma, restam preservados o núcleo essencial do princípio da separação de Poderes e as condições para o exercício imparcial e independente da jurisdição;
- (iii) o CNJ é órgão de caráter nacional, assim como o é o próprio Poder Judiciário brasileiro, que deve ser visto como uma unidade. Nesses termos, não há violação ao princípio federativo;
- (iv) alguns votos vencidos vislumbraram violação a separação de Poderes decorrente da inserção de conselheiros não integrantes da carreira da magistratura (membros do Ministério Público, advogados e cidadãos) como membros do CNJ. Contudo, prevaleceu o entendimento de que se cuida apenas de forma de pluralizar e democratizar a atuação da instituição, sendo certo que a maioria dos conselheiros (9 dos 15) são magistrados.

Ademais, embora conste da ementa do julgado, não houve decisão específica a respeito da vedação aos Conselheiros advogados e cidadãos de exercer atividades incompatíveis com o mandato, inclusive a advocacia. De todo modo, nos exatos moldes do art. 11, §3º, do Regimento Interno do Conselho Nacional de Justiça[320], deve-se entender que os Conselheiros não magistrados

---

6. PODER JUDICIÁRIO. Conselho Nacional de Justiça. Membro. Advogados e cidadãos. Exercício do mandato. Atividades incompatíveis com tal exercício. Proibição não constante das normas da Emenda Constitucional nº 45/2004. Pendência de projeto tendente a torná-la expressa, mediante acréscimo de § 8º ao art. 103-B da CF. Irrelevância. Ofensa ao princípio da isonomia. Não ocorrência. Impedimentos já previstos à conjugação dos arts. 95, § único, e 127, § 5º, II, da CF. Ação direta de inconstitucionalidade. Pedido aditado. Improcedência. Nenhum dos advogados ou cidadãos membros do Conselho Nacional de Justiça pode, durante o exercício do mandato, exercer atividades incompatíveis com essa condição, tais como exercer outro cargo ou função, salvo uma de magistério, dedicar-se a atividade político-partidária e exercer a advocacia no território nacional" (ADI 3367, Relator(a): CEZAR PELUSO, Tribunal Pleno, julgado em 13/04/2005).

320. Art. 11, § 3º Os Conselheiros não integrantes das carreiras da magistratura terão os mesmos direitos, prerrogativas, deveres, impedimentos constitucionais e legais, suspeições e incompatibilidades que

terão os mesmos impedimentos, vedações e incompatibilidades que regem a carreira da magistratura. Dessa forma, não podem exercer a advocacia, nem ser administradores de empresas.

O julgado definiu, ainda, que o próprio Supremo Tribunal Federal e seus ministros não se subordinam ao Conselho Nacional de Justiça, já que a Suprema Corte é o órgão de cúpula do Poder Judiciário nacional. Todos os demais órgãos do Judiciário, inclusive os demais tribunais superiores e seus ministros, estão sujeitos à atuação do CNJ, no que tange ao controle administrativo, financeiro e disciplinar.

11.2. Análise da ADI 4638 - uniformização das normas sobre processos administrativos disciplinares contra magistrados

Na ADI 4638 MC-Ref[321], o Supremo Tribunal Federal decidiu sobre a constitucionalidade de diversas regras contidas na Resolução nº 135/2011 do Conselho Nacional de Justiça, a qual dispõe sobre a uniformização de normas relativas ao procedimento administrativo disciplinar aplicável aos magistrados, acerca do rito e das penalidades.

Em função da amplitude da discussão, os diversos dispositivos impugnados na ação direta de inconstitucionalidade serão analisados separada e destacadamente.

> Art. 2º Considera-se Tribunal, para os efeitos desta resolução, o Conselho Nacional de Justiça, o Tribunal Pleno ou o Órgão Especial, onde houver, e o Conselho da Justiça Federal, no âmbito da respectiva competência administrativa definida na Constituição e nas leis próprias.

No ponto, o colegiado concluiu que o objetivo da norma não era transformar o CNJ em órgão com competência jurisdicional, mas apenas o de explicitar que o próprio Conselho se submete às normas regidas na Resolução. Trata-se de mera técnica redacional para evitar a repetição da expressão "Conselho Nacional de Justiça" nos dispositivos subsequentes.

> Art. 3º, § 1º - As penas previstas no art. 6º, § 1º, da Lei nº 4.898, de 9 de dezembro de 1965, são aplicáveis aos magistrados, desde que não incompatíveis com a Lei Complementar no 35, de 1979.

Tal dispositivo foi declarado inconstitucional, por violar o princípio da separação de Poderes. Isso porque, na ótica majoritária da Suprema Corte, a

---

regem a carreira da magistratura, no que couber, enquanto perdurar o mandato.

321. "PROCESSO OBJETIVO – LIMINAR – ATUAÇÃO DO RELATOR – REFERENDO PARCIAL. Atuando o relator em período no qual o Colegiado não esteja reunido, cumpre submeter a cautelar na abertura dos trabalhos. Referendo parcial implementado pela ilustrada maioria nos termos da ata de julgamento" (ADI 4638 MC-Ref, Relator(a): MARCO AURÉLIO, Tribunal Pleno, julgado em 08/02/2012).

Loman revela e preceito exaustivo os deveres dos magistrados, sendo que as penalidades administrativas aplicáveis são apenas aquelas previstas na própria lei complementar. Havendo disciplina específica na Loman, não pode o ato normativo do CNJ determinar a aplicação de penalidades previstas na lei geral de abuso de autoridade.

> Art. 4º O magistrado negligente, no cumprimento dos deveres do cargo, está sujeito à pena de advertência. Na reiteração e nos casos de procedimento incorreto, a pena será de censura, caso a infração não justificar punição mais grave. [...]
>
> Art. 20 O julgamento do processo administrativo disciplinar será realizado em sessão pública e serão fundamentadas todas as decisões, inclusive as interlocutórias.

No ponto, prevaleceu o entendimento de que tais dispositivos são válidos, pois refletem o art. 93, IX e X, da CF[322], os quais estabelecem expressamente que todos os julgamentos devem ser públicos, e que as decisões administrativas dos tribunais devem ser motivadas e precedidas de sessões também públicas. Aludiu-se às sessões secretas que eram feitas na época da ditadura militar e que resultavam, por vezes, na perda de cargo de magistrado que sequer tivera oportunidade de se defender.

> Art. 8º O Corregedor, no caso de magistrados de primeiro grau, o Presidente ou outro membro competente do Tribunal, nos demais casos, quando tiver ciência de irregularidade, é obrigado a promover a apuração imediata dos fatos, observados os termos desta Resolução e, no que não conflitar com esta, do Regimento Interno respectivo.
>
> Parágrafo único. Se da apuração em qualquer procedimento ou processo administrativo resultar a verificação de falta ou infração atribuída a magistrado, será determinada, pela autoridade competente, a instauração de sindicância ou proposta, diretamente, ao Tribunal, a instauração de processo administrativo disciplinar, observado, neste caso, o art. 14, *caput*, desta Resolução.
>
> Art. 9º A notícia de irregularidade praticada por magistrados poderá ser feita por toda e qualquer pessoa, exigindo-se formulação por escrito, com confirmação da autenticidade, a identificação e o endereço do denunciante.
>
> § 1º - Identificados os fatos, o magistrado será notificado a fim de, no prazo de cinco dias, prestar informações.
>
> § 2º - Quando o fato narrado não configurar infração disciplinar ou ilícito penal, o procedimento será arquivado de plano pelo Corregedor, no caso de magistrados de primeiro grau, ou pelo Presidente do Tribunal, nos demais casos ou, ainda, pelo Corregedor Nacional de Justiça, nos casos levados ao seu exame.

---

322. IX - todos os julgamentos dos órgãos do Poder Judiciário serão públicos, e fundamentadas todas as decisões, sob pena de nulidade, podendo a lei limitar a presença, em determinados atos, às próprias partes e a seus advogados, ou somente a estes, em casos nos quais a preservação do direito à intimidade do interessado no sigilo não prejudique o interesse público à informação;

X - as decisões administrativas dos tribunais serão motivadas e em sessão pública, sendo as disciplinares tomadas pelo voto da maioria absoluta de seus membros (...).

> § 3º - Os Corregedores locais, nos casos de magistrado de primeiro grau, e os presidentes de Tribunais, nos casos de magistrados de segundo grau, comunicarão à Corregedoria Nacional de Justiça, no prazo de quinze dias da decisão, o arquivamento dos procedimentos prévios de apuração contra magistrados.

Os arts. 8º e 9º suscitaram duas discussões: saber se o CNJ poderia definir os órgãos de cada tribunal responsáveis pelas apurações de infrações administrativas supostamente cometidas por magistrados; e se seria possível que a notícia de irregularidade fosse formulada por qualquer pessoa, o que teria ampliado o rol de legitimados a representar contra magistrados.

Quanto ao segundo ponto, veja-se que, conforme decidiu o STF, trata-se de corolário do direito de petição consagrado no art. 5º, XXXIV, *a*, da CF. Por força de tal cláusula pétrea, mesmo que não previsto na Resolução 135/2011, já seria possível que o cidadão peticionasse aos órgãos responsáveis com a finalidade de dar-lhes ciência de supostas irregularidades praticadas por magistrado. Ademais, o art. 103-B, § 4º, III, e § 7º, da Constituição, e autorizam o Conselho Nacional de Justiça e as ouvidorias a receber reclamações e denúncias de qualquer interessado contra membros ou órgãos do Poder Judiciário ou serviços auxiliares. Não faria sentido, nesse contexto, que o órgão cuja atuação é subsidiária (CNJ) pudesse receber representações, mas estas não pudessem ser direcionadas aos órgãos primariamente responsáveis pelo controle disciplinar (as corregedorias dos tribunais).

No que tange ao órgão competente, o Tribunal Pleno procedeu à interpretação conforme a Constituição do art. 8º, *caput*, e art. 9º, §3º, da Resolução, para salvaguardar a autonomia dos tribunais. Segundo a decisão do STF, onde se prevê a competência do corregedor para apurar infração praticada por juiz de primeiro grau; e do presidente, caso envolvido membro do tribunal, deve-se compreender que cada tribunal preserva sua autonomia para definir qual o órgão competente. Em tese, embora não seja comum, o regimento interno poderia prever, por exemplo, que o corregedor também fosse responsável por apurar denúncias envolvendo desembargadores.

De todo modo, a aplicação, em si, da sanção disciplinar é de competência privativa do pleno ou do órgão especial do respectivo tribunal. O que se atribui ao corregedor, presidente, vice-corregedor ou vice-presidente é a atribuição de promover a apuração dos fatos e, se for o caso, postular ao colegiado a aplicação da sanção cabível.

> Art. 10. Das decisões referidas nos artigos anteriores caberá recurso no prazo de 15 (quinze) dias ao Tribunal, por parte do autor da representação.

A polêmica envolvendo o art. 10 pode ser assim sintetizada: pode o CNJ disciplinar regras de procedimento administrativo em tribunais, ou isso seria incumbência exclusiva da Loman?

A Suprema Corte concluiu pela validade do regramento elaborado pelo CNJ, cujas atribuições incluem a definição de balizas para o funcionamento do sistema de correição no Poder Judiciário.

Contudo, o Tribunal deu interpretação conforme para, excluindo a expressão "por parte do autor da representação", entender-se que o sentido da norma é da possibilidade de recurso por parte do interessado, seja ele o magistrado contra o qual se instaura o procedimento, seja ele o autor da representação arquivada.

> Art. 12. Para os processos administrativos disciplinares e para a aplicação de quaisquer penalidades previstas em lei, é competente o Tribunal a que pertença ou esteja subordinado o Magistrado, sem prejuízo da atuação do Conselho Nacional de Justiça.
>
> Parágrafo único. Os procedimentos e normas previstos nesta Resolução aplicam-se ao processo disciplinar para apuração de infrações administrativas praticadas pelos Magistrados, sem prejuízo das disposições regimentais respectivas que com elas não conflitarem.

O art. 12 da Resolução 135/2011 reacendeu o debate sobre a competência disciplinar do CNJ caracterizar-se como autônoma e concorrente, ou subordinada e subsidiária à atuação dos tribunais locais.

Ao final, o colegiado concluiu que o Conselho Nacional de Justiça tem competência primária e autônoma, podendo instaurar processo administrativo disciplinar contra magistrado diretamente, ou seja, independentemente de eventual inação ou procedimento fraudulento no tribunal de origem. Ademais, para essa atuação primária do CNJ, na ótica do STF, não há necessidade de explicitação dos motivos pelo Conselho.

Sobre o tema da competência disciplinar do CNJ, ver tópico 4 desta seção.

> Art. 14. Antes da decisão sobre a instauração do processo pelo colegiado respectivo, a autoridade responsável pela acusação concederá ao magistrado prazo de quinze dias para a defesa prévia, contado da data da entrega da cópia do teor da acusação e das provas existentes.
>
> § 3º O Presidente e o Corregedor terão direito a voto.
>
> § 7º O relator será sorteado dentre os magistrados que integram o Pleno ou o Órgão Especial do Tribunal, não havendo revisor.
>
> § 8º Não poderá ser relator o magistrado que dirigiu o procedimento preparatório, ainda que não seja mais o Corregedor.
>
> § 9º. O processo administrativo terá o prazo de cento e quarenta dias para ser concluído, prorrogável, quando imprescindível para o término da instrução e houver motivo justificado, mediante deliberação do Plenário ou Órgão Especial.
>
> Art. 17 Após, o Relator determinará a citação do Magistrado para apresentar as razões de defesa e as provas que entender necessárias, em 5 dias, encaminhando-lhe cópia do acórdão que ordenou a instauração do processo administrativo disciplinar, com a

> respectiva portaria, observando-se que: [...] IV - considerar-se-á revel o magistrado que, regularmente citado, não apresentar defesa no prazo assinado; V - declarada a revelia, o relator poderá designar defensor dativo ao requerido, concedendo-lhe igual prazo para a apresentação de defesa.
>
> Art. 20 [...] [...] § 3º O Presidente e o Corregedor terão direito a voto.

No tópico, o voto do relator, Min. Marco Aurélio, concluiu que, diante da autonomia dos tribunais para elaborar os próprios regimentos internos, o CNJ não poderia dispor sobre procedimentos adotados nos processos disciplinares em trâmite naqueles órgãos. Igualmente, o Conselho Nacional de Justiça não teria competência para atribuir prazos máximos de duração; para definir a necessidade, ou não, de designação de revisor; e para estabelecer quais magistrados participariam do julgamento.

Contudo, prevaleceu o entendimento de que, tendo em vista a unidade da magistratura nacional, como decorre da própria Constituição[323], o CNJ deveria cumprir o papel de uniformizar os regramentos pertinentes aos procedimentos administrativos em face de magistrados – ao menos enquanto não sobrevier o Estatuto da Magistratura –, o que seria uma condição *sine qua non* para o efetivo cumprimento da missão institucional do próprio Conselho. Apontou-se, ainda, que a discrepância de procedimentos violaria o princípio da isonomia.

Por fim, note-se que a composição plural do Conselho Nacional de Justiça – que é integrado por juízes de diversas esferas, membros do Ministério Público e advogados – funciona como elemento legitimador da atuação normativa uniformizadora desempenhada pelo próprio Conselho.

> Art. 15 [...] § 1º O afastamento do Magistrado previsto no *caput* poderá ser cautelarmente decretado pelo Tribunal antes da instauração do processo administrativo disciplinar, quando necessário ou conveniente a regular apuração da infração disciplinar.

O art. 15, §1º, da Resolução 135/2011 do CNJ, estabelecia hipótese de afastamento cautelar de magistrado antes da abertura de processo administrativo disciplinar. O dispositivo foi declarado inconstitucional por violar a reserva legal, sobretudo porque o art. 27, §3º, da Loman[324], disciplina o tema de forma

---

323. O próprio Supremo Tribunal Federal, na ADI 3367, afirmou expressamente que "O pacto federativo não se desenha nem expressa, em relação ao Poder Judiciário, de forma normativa idêntica à que atua sobre os demais Poderes da República. Porque a Jurisdição, enquanto manifestação da unidade do poder soberano do Estado, tampouco pode deixar de ser una e indivisível, é doutrina assente que o Poder Judiciário tem caráter nacional, não existindo senão por metáforas e metonímias, 'Judiciários estaduais' ao lado de um 'Judiciário federal'. (...) O Conselho não é concebido nem estruturado como órgão da União, e, sim, do Poder Judiciário nacional".

324. Art. 27, § 3º - O Tribunal ou o seu órgão especial, na sessão em que ordenar a instauração do processo, como no curso dele, poderá afastar o magistrado do exercício das suas funções, sem prejuízo dos vencimentos e das vantagens, até a decisão final.

diversa, autorizando o afastamento do magistrado apenas quando da instauração do processo, por decisão do pleno ou do órgão especial do tribunal.

> Art. 21 A punição ao magistrado somente será imposta pelo voto da maioria absoluta dos membros do Tribunal ou do Órgão Especial.
>
> Parágrafo único. Na hipótese em que haja divergência quanto à pena, sem que se tenha formado maioria absoluta por uma delas, será aplicada a mais leve, ou, no caso de mais de duas penas alternativas, aplicar-se-á a mais leve que tiver obtido o maior número de votos.

O preceito *supra* foi bastante debatido no Supremo Tribunal Federal, por conflitar, aparentemente, com o art. 93, X, da CF, segundo o qual as decisões administrativas dos tribunais serão motivadas e em sessão pública, sendo as disciplinares tomadas pelo voto da maioria absoluta de seus membros.

O voto do relator declarava a inconstitucionalidade do dispositivo, pois permitiria a aplicação de pena a magistrado com quórum abaixo da maioria absoluta exigida constitucionalmente.

Prevaleceu, entretanto, o posicionamento que preconizou interpretação conforme a Constituição Federal para entender que deve haver votação específica de cada uma das penas disciplinares aplicáveis a magistrados até que se alcance a maioria absoluta dos votos.

Desse modo, se o pleno ou o órgão especial de determinado tribunal concluir pela culpabilidade de magistrado que responda a processo administrativo, necessariamente alguma sanção deverá ser aplicada. A preocupação do STF foi a de impedir situações geradoras de perplexidade, em que o tribunal conclua que o magistrado praticou ato ilícito, mas deixaria de ser punido por divergência dos membros do tribunal quanto à penalidade que deveria ser imposta.

Veja-se, entretanto, que a decisão do Supremo Tribunal Federal pode continuar dando margem à mesma perplexidade a que se visou evitar. De fato, nada impede que os votantes não alcancem maioria absoluta quanto à penalidade que deva ser aplicada, o que pode gerar impasse insuperável.

Exemplo: suponha-se tribunal formado por 30 desembargadores. No processo administrativo, 10 votam pela censura; 10 pela remoção; e outros 10, pela aposentadoria compulsória. Perceba-se que a pena mais branda, nesta hipótese, seria a censura, a qual deveria ser aplicada, segundo o art. 21, parágrafo único, da Resolução 135/2011 do CNJ. O critério do voto médio recomendaria a aplicação da penalidade de remoção. Contudo, não há como obrigar os membros do tribunal a votarem pela aplicação de penalidade com a qual não concordam.

11.3. Limites à competência do CNJ: atos normativos e competência jurisdicional. As chamadas *deliberações negativas*

A jurisprudência do STF registra inúmeros precedentes[325] em que confirmada a premissa assentada na ADI 3367, no sentido de que o Conselho Nacional de Justiça, embora integre o Poder Judiciário, não detém competência jurisdicional, razão por que não pode interferir em atos processuais ou em processos judiciais. A competência do CNJ abrange, entre outras atribuições, fiscalizar o exercício dos deveres funcionais por parte do magistrado, e não a respectiva atividade jurisdicional.

Ademais, de acordo com o art. 102, I, *r*, da CF, compete originariamente ao STF processar e julgar as ações em face do Conselho Nacional de Justiça. Interpretando tal dispositivo, a Suprema Corte construiu o conceito de *deliberação negativa*, que consiste na situação em que o CNJ deixa de intervir no ato oriundo de órgão judiciário e que haja sido objeto de questionamento perante o próprio Conselho[326-327].

De acordo com a jurisprudência do Supremo Tribunal Federal, em caso de deliberação negativa do CNJ, não incide o art. 102, I, *r*, da CF, já que, diante da recusa de intervenção pelo Conselho, o que o interessado busca é questionar não o ato do CNJ, em si, mas o ato administrativo que deu origem ao questionamento. Exemplo: determinado jurisdicionado pede a intervenção do CNJ para coibir ilegalidade supostamente cometida por juiz; o CNJ, ao receber o pedido de providências, percebe que se cuida de matéria tipicamente jurisdicional, infensa à competência do Conselho, e, por tal motivo, indefere o requerimento formulado. Neste exemplo hipotético, não cabe mandado de segurança contra o ato do CNJ perante o STF, pois o questionamento se dirige, na verdade, contra o ato do magistrado, causa primeira do procedimento instaurado no CNJ.

---

325. Por exemplo: MS 28611 MC-AgR, Relator(a): CELSO DE MELLO, Tribunal Pleno, julgado em 14/10/2010; MS 27148 AgR, Relator(a): CELSO DE MELLO, Tribunal Pleno, julgado em 11/05/2011.

326. "Ementa: AGRAVO REGIMENTAL. MANDADO DE SEGURANÇA. CONSELHO NACIONAL DE JUSTIÇA. PEDIDO DE PROVIDÊNCIAS. DELIBERAÇÃO NEGATIVA DO CNJ. IMPOSSIBILIDADE DE CONHECIMENTO. AGRAVO DESPROVIDO. I – A jurisprudência desta Corte firmou-se no sentido de que as deliberações negativas do Conselho Nacional de Justiça não estão sujeitas a revisão por meio de mandado de segurança impetrado diretamente no Supremo Tribunal Federal. II – Agravo regimental a que se nega provimento"

(MS 27764 AgR, Relator(a): RICARDO LEWANDOWSKI, Tribunal Pleno, julgado em 19/12/2012).

327. "EMENTA: AGRAVO REGIMENTAL NO MANDADO DE SEGURANÇA. CONCURSO PÚBLICO PARA JUIZ SUBSTITUTO. REPROVAÇÃO EM PROVA ORAL. DELIBERAÇÃO NEGATIVA DO CONSELHO NACIONAL DE JUSTIÇA. NÃO CABIMENTO DE MANDADO DE SEGURANÇA PARA O SUPREMO TRIBUNAL FEDERAL. PRECEDENTES. AGRAVO REGIMENTAL AO QUAL SE NEGA PROVIMENTO" (MS 27117 AgR, Relator(a): CÁRMEN LÚCIA, Tribunal Pleno, julgado em 19/12/2012).

Ainda que se trate de decisão meritória do CNJ, que declare expressamente inexistir ilegalidade no ato impugnado, o STF entende que se trata de deliberação negativa do Conselho, de modo que a respectiva decisão não poderá ser impugnada por meio de mandado de segurança direcionado ao Supremo Tribunal Federal[328].

Outro aspecto importante é o poder normativo ou regulamentar que se reconhece ao Conselho Nacional de Justiça. O STF tem-no reconhecido para viabilizar que o órgão possa, "no âmbito das suas atribuições previstas na Constituição, regulamentar as suas competências constitucionais"[329]. Na ADI 4638, já analisada no tópico 2, *supra*, por exemplo, reconheceu-se a validade de diversos tópicos de resolução destinada a uniformizar os procedimentos a serem adotados por tribunais em processos administrativos disciplinares contra magistrados.

De outro lado, a Suprema Corte não admite que o CNJ edite normas que interfiram diretamente na função jurisdicional, tais como vedações a prorrogações de interceptações telefônicas no plantão judiciário[330].

---

328. Nesse sentido: "Ementa: MANDADO DE SEGURANÇA. CONSELHO NACIONAL DE JUSTIÇA. DELIBERAÇÃO NEGATIVA. IMPOSSIBILIDADE DE CONHECIMENTO. NULIDADE DO PROCEDIMENTO DE CONTROLE ADMINISTRATIVO. NÃO OCORRÊNCIA. ORDEM DENEGADA. I – A jurisprudência desta Corte firmou-se no sentido de que as deliberações negativas do Conselho Nacional de Justiça não estão sujeitas a revisão por meio de mandado de segurança impetrado diretamente no Supremo Tribunal Federal. II – Para o reconhecimento de eventual nulidade, ainda que absoluta, faz-se necessária a demonstração do prejuízo efetivamente sofrido. III – Mandado de segurança conhecido em parte e, nessa extensão, denegada a ordem" (MS 26676, Relator(a): RICARDO LEWANDOWSKI, Segunda Turma, julgado em 24/06/2014).

329. Cf. voto do Min. Alexandre de Moraes na ADI 4145.

330. "EMENTA: CONSTITUCIONAL E ADMINISTRATIVO. PRINCÍPIO DA INAFASTABILIDADE DO JUDICIÁRIO (CF, ART. 5º, XXXV). INCONSTITUCIONALIDADE DE VEDAÇÃO ADMINISTRATIVA AO PLENO EXERCÍCO DA ATIVIDADE JURISDICIONAL DURANTE O PLANTÃO. INDEVIDA INTERFERÊNCIA NA LEGISLAÇÃO PROCESSUAL E DE ORGANIZAÇÃO JUDICIÁRIA PELO CONSELHO NACIONAL DE JUSTIÇA. AÇÃO DIRETA PARCIALMENTE PROCEDENTE. 1. O objeto das ações concentradas na jurisdição constitucional brasileira, além das espécies normativas primárias previstas no art. 59 da Constituição Federal, engloba a possibilidade de controle de todos os atos revestidos de indiscutível conteúdo normativo e autônomo. Ato normativo do Conselho Nacional de Justiça revestido dos atributos da generalidade, impessoalidade e abstratividade, permitindo a análise de sua constitucionalidade. Jurisprudência pacífica desta CORTE. 2. Inconstitucionalidade de norma administrativa proibitiva de plena atuação jurisdicional durante o plantão judiciário. Resolução do Conselho Nacional de Justiça que, visando disciplinar e uniformizar procedimentos de interceptação de comunicações telefônicas e de sistemas de informática e telemática nos órgãos jurisdicionais do Poder Judiciário, criou, administrativamente, inadmissível vedação ao exercício regular da função jurisdicional, ao vedar a análise judicial de pedidos de prorrogação de prazo de medida cautelar de interceptação de comunicação telefônica, telemática ou de informática durante o plantão judiciário, ressalvada a hipótese de risco iminente e grave à integridade ou à vida de terceiros. 3. Inconstitucionalidade do § 1º do art. 13 da Resolução 59/2008, com posteriores alterações, do Conselho Nacional de Justiça, que desrespeitou a competência constitucional dos Estados para legislar sobre a Organização Judiciária (CF, art. 125, §1º), inclusive plantão judicial; bem como os artigos 22, I, competência privativa da União para legislar sobre processo penal; 5º incisos XII (reserva legal) e XXXV (inafastabilidade de jurisdição). 4. Ação direta de inconstitucionalidade julgada parcialmente procedente para declarar inconstitucional o § 1º do art. 13 da

Em suma, o Supremo Tribunal Federal reconhece poder normativo ao CNJ nos estreitos limites das atribuições constitucionais desse órgão, que englobam, conforme já analisado, apenas aspectos administrativos, funcionais, financeiros e disciplinares atinentes à atuação de juízes e de órgãos jurisdicionais em geral.

11.4. Competência disciplinar do CNJ e controle pelo STF

Conforme já mencionado, o Conselho Nacional de Justiça, no exercício de sua competência disciplinar, pode fiscalizar, investigar e aplicar sanções a magistrados – excetuados os ministros do STF –, em decorrência de irregularidades funcionais por eles praticadas.

A controvérsia que surgiu a respeito foi sobre o caráter de tal competência: subsidiária e subordinada; ou autônoma e concorrente.

A primeira linha é resumida de forma precisa na passagem abaixo:

> Min. Celso de Mello (MS 28891 MC-AgR): o exercício, pelo Conselho Nacional de Justiça , da competência disciplinar que lhe foi atribuída dependeria, para legitimar-se, da estrita observância do postulado da subsidiariedade, de tal modo que a atuação originária desse órgão central resultasse, dentre outras situações anômalas, (a) da inércia dos Tribunais na adoção de medidas de índole administrativo-disciplinar, (b) da simulação investigatória, (c) da indevida procrastinação na prática dos atos de fiscalização e controle ou (d) da incapacidade de promover, com independência, procedimentos administrativos destinados a tornar efetiva a responsabilidade funcional dos magistrados.

Essa corrente, que veio a se tornar vencida no Supremo Tribunal Federal, preconizava a primazia dos tribunais locais na condução de processos disciplinares contra magistrados. Apenas em situações excepcionais, quando os órgãos de controle dos próprios tribunais não funcionassem ou não pudessem funcionar satisfatoriamente, se justificaria a atuação disciplinar do CNJ, a qual seria, portanto, subsidiária (= preferência para atuação dos próprios tribunais) e subordinada (= necessidade de verificação de inércia, má-condução dos processos disciplinares ou inviabilidade de apuração dos fatos no âmbito do próprio tribunal).

Prevaleceu, entretanto, o entendimento de que a competência disciplinar do CNJ é autônoma e concorrente à dos órgãos de controle dos tribunais[331]. Trata-se de

---

Resolução nº 59 do Conselho Nacional de Justiça" (ADI 4145, Relator(a): EDSON FACHIN, Relator(a) p/ Acórdão: ALEXANDRE DE MORAES, Tribunal Pleno, julgado em 26/04/2018).

331. "RECURSO DE AGRAVO INTERPOSTO PELA UNIÃO FEDERAL – DECISÃO DO RELATOR CONCESSIVA DE LIMINAR MANDAMENTAL COM APOIO NO PRINCÍPIO DA SUBSIDIARIEDADE, EM MOMENTO NO QUAL AINDA INEXISTIA PRONUNCIAMENTO DO SUPREMO TRIBUNAL FEDERAL SOBRE A MATÉRIA – CONSELHO NACIONAL DE JUSTIÇA – JURISDIÇÃO CENSÓRIA – APURAÇÃO DA RESPONSABILIDADE DISCIPLINAR DE MAGISTRADOS – A QUESTÃO

esferas distintas e independentes de controle, de modo que nada deveria impedir, em tese, a tramitação simultânea de processo disciplinar no CNJ e no tribunal envolvido. Contudo, o Conselho Nacional de Justiça tem entendimento firme no sentido de que não é possível a duplicidade de apuração dos mesmos fatos, por haver uma espécie de "litispendência administrativa"[332-333]. Nesse contexto, há precedentes do STF em que se relata o sobrestamento do processo disciplinar no âmbito do CNJ, até que se finalize o julgamento na esfera do tribunal local[334].

DA LEGITIMIDADE DA IMPOSIÇÃO DIRETA, A ELES, PELO CNJ, DE SANÇÕES DE ÍNDOLE ADMINISTRATIVA - A RESPONSABILIDADE DOS JUÍZES: UMA EXPRESSÃO DO POSTULADO REPUBLICANO - CARÁTER NACIONAL DO PODER JUDICIÁRIO - AUTOGOVERNO DA MAGISTRATURA: GARANTIA CONSTITUCIONAL DE CARÁTER OBJETIVO - A QUESTÃO DAS DELICADAS RELAÇÕES ENTRE A AUTONOMIA CONSTITUCIONAL DOS TRIBUNAIS E A JURISDIÇÃO CENSÓRIA OUTORGADA AO CONSELHO NACIONAL DE JUSTIÇA - EXISTÊNCIA DE SITUAÇÃO DE TENSÃO DIALÉTICA ENTRE A PRETENSÃO DE AUTONOMIA DOS TRIBUNAIS E O PODER DO CONSELHO NACIONAL DE JUSTIÇA NA ESTRUTURA CENTRAL DO APARELHO JUDICIÁRIO - A DISCUSSÃO EM TORNO DA INCIDÊNCIA DO PRINCÍPIO DA SUBSIDIARIEDADE COMO REQUISITO LEGITIMADOR DO EXERCÍCIO, PELO CONSELHO NACIONAL DE JUSTIÇA, DE SUA COMPETÊNCIA EM MATÉRIA DISCIPLINAR - SUPERVENIÊNCIA DE JULGAMENTO PLENÁRIO DO SUPREMO TRIBUNAL FEDERAL SOBRE O TEMA RECONHECENDO A POSSIBILIDADE DA PRÁTICA IMEDIATA DESSA COMPETÊNCIA - RECURSO DE AGRAVO PROVIDO (POR INICIATIVA DO PRÓPRIO RELATOR)" (MS 28891 MC-AgR, Relator(a): CELSO DE MELLO, Tribunal Pleno, julgado em 13/06/2012, ACÓRDÃO ELETRÔNICO DJe-231 DIVULG 23-11-2012 PUBLIC 26-11-2012).

332. "RECURSO ADMINISTRATIVO. RECLAMAÇÃO DISCIPLINAR. FATOS OBJETO DE PROCEDIMENTO ADMINISTRATIVO NO ÓRGÃO CENSOR LOCAL. DUPLICIDADE APURATÓRIA. LITISPENDÊNCIA ADMINISTRATIVA. ARQUIVAMENTO SUMÁRIO MANTIDO. RECURSO DESPROVIDO. 1. Os fatos narrados foram denunciados em procedimento disciplinar em trâmite na Corregedoria local, razão pela qual a intervenção desta Corregedoria, no presente momento, não se justifica. 2. Não cabe ao Conselho Nacional de Justiça proceder a concomitante apuração, porquanto a duplicidade apuratória implica uma espécie de 'litispendência administrativa'.3. Recurso administrativo desprovido" (CNJ - RA – Recurso Administrativo em RD - Reclamação Disciplinar - 0007020-81.2014.2.00.0000 - Rel. Min. NANCY ANDRIGHI - 10ª Sessão Virtual - julgado em 12/04/2016).

333. "RECURSO ADMINISTRATIVO - PROCEDIMENTO DE CONTROLE ADMINISTRATIVO -SINDICÂNCIA NA CORREGEDORIA NACIONAL DE JUSTIÇA EM MOVIMENTO - PROCESSO ADMINISTRATIVO DISCIPLINAR EM CURSO PERANTE O TJAL - DUPLICIDADE APURATÓRIA - CARACTERIZAÇÃO. 1. A jurisprudência solidificada do CNJ segue na esteira da impossibilidade de duplicidade apuratória disciplinar e concomitante da conduta de magistrado. 2. Na hipótese, houve representação por excesso de prazo (REP) no CNJ, arquivada por perda do objeto, com reautuação para Sindicância, a fim de se dar a investigação da conduta morosa do Requerente e possível desídia à frente da 13ª Vara Cível da Comarca de Maceió (AL). Ao mesmo tempo, foi instaurado processo administrativo disciplinar (PAD) pelo TJAL, para apurar, exclusivamente, sua atuação no processo objeto da representação. 3. Ora, apesar de a Sindicância no CNJ parecer ter objeto mais amplo que o PAD que tramita no TJAL contra o Magistrado Requerente, o fato é que ambos os processos se originaram da morosidade no mesmo feito. Para evitar a prática não salutar da duplicidade de apuração, quando são previstos regimentalmente instrumentos para que o acusado e condenado em processo censório disciplinar no órgão de origem possa acessar o CNJ, seja pelo uso da revisão disciplinar, da avocação ou do procedimento de controle administrativo, é de se arquivar a sindicância, devendo prosseguir apenas o PAD contra o Requerente no TJAL. Recurso administrativo provido parcialmente" (CNJ - RA – Recurso Administrativo em PCA - Procedimento de Controle Administrativo - 0000116-50.2011.2.00.0000 - Rel. IVES GANDRA - 125ª Sessão Ordinária - julgado em 26/04/2011).

334. "Mandado de segurança. Ato do CNJ. Reclamação disciplinar. Procedimentos censórios instaurados paralelamente no CNJ e na corte de origem. Sobrestamento do feito em trâmite no conselho.

Nota-se, ainda, na Suprema Corte, uma preocupação em não se transformar o CNJ em uma espécie de instância recursal contra decisões de tribunais em processos administrativos disciplinares[335]. De fato, o STF vem interpretando de forma restritiva o art. 103-B, §4º, V, da CF, no que atribui ao Conselho competência para rever, de ofício ou mediante provocação, os processos disciplinares de juízes e membros de tribunais julgados há menos de um ano.

Nesse sentido, não cabe ao CNJ atuar, na revisão disciplinar, como juízo recursal, mas controlar a legalidade da atuação dos tribunais locais na condução dos processos administrativos disciplinares, de modo que a intervenção do Conselho somente se justifica nos casos em que "a decisão proferida for flagrantemente contrária à lei ou à evidência dos autos, quando se fundar em provas comprovadamente falsas ou quando surgirem fatos novos que justifiquem a alteração da decisão"[336], de forma muito próxima à figura da revisão criminal. Em uma palavra, a revisão disciplinar no CNJ se pauta pela *excepcionalidade*, conforme se extrai do art. 84 do Regimento Interno do Conselho Nacional de Justiça[337].

De forma semelhante, na prática do CNJ, a avocação de processos disciplinares tem sido feita apenas excepcionalmente[338], por exemplo quando há

Julgamento pelo tribunal de origem. Incidência do art. 103-b, §4º, V, CF/88. Pretensão revisional do conselho iniciada. Observância do limite temporal. Necessidade. Segurança concedida. Nos autos da ADI nº 4.638/DF, o Supremo Tribunal firmou o entendimento de que o Conselho Nacional de Justiça possui atribuição correicional originária e autônoma, no sentido de que seu exercício não se submete a condicionantes relativas ao desempenho da competência disciplinar pelos tribunais locais. Todavia, a par do poder censório inicial atribuído ao CNJ, tratou, ainda, a EC nº 45/04, de conferir ao Conselho Nacional de Justiça poder revisional (art. 103-B, § 4º, inciso V), que, por essência, se realiza a partir do julgamento disciplinar pelo órgão local, sob limite temporal de um ano, de modo que, uma vez julgada a questão pela corregedoria de origem, a continuidade de eventual apuração em curso no CNJ há de se conformar àquele prazo constitucional. Hipótese em que foi o CNJ cientificado da decisão proferida no procedimento disciplinar local em 7/8/12, tendo, porém, adotado a primeira medida para revisão do julgado apenas em 23/12/13, após, portanto, o decurso do lapso temporal constitucional. Segurança concedida para anular a reclamação disciplinar nº 0002367-41.2011.2.00.0000" (MS 32724, Relator(a): DIAS TOFFOLI, Segunda Turma, julgado em 17/11/2015).

335. "Agravos regimentais no mandado de segurança. 2. Direito Administrativo. 3. Conselho Nacional de Justiça. Competência correicional originária e autônoma. 4. Revisão disciplinar. Art. 83, I, do RICNJ. 5. Peculiaridades do caso. Decisão de arquivamento não foi contrária às evidências dos autos. Cada fato foi descrito, cotejado e avaliado de forma individualizada pelo Tribunal de origem. Atuação do CNJ que configurou juízo recursal, hipótese não admitida no âmbito da revisão disciplinar. 6. Ausência de argumentos capazes de infirmar a decisão agravada. 7 . Negado provimento aos agravos regimentais" (MS 30072 AgR-AgR, Relator(a): GILMAR MENDES, Segunda Turma, julgado em 04/06/2019).

336. Cf. voto do Min. Ricardo Lewandowski no MS 30072 AgR-AgR.

337. Art. 83. A revisão dos processos disciplinares será admitida:

I - quando a decisão for contrária a texto expresso da lei, à evidência dos autos ou a ato normativo do CNJ;

II - quando a decisão se fundar em depoimentos, exames ou documentos comprovadamente falsos;

III - quando, após a decisão, surgirem fatos novos ou novas provas ou circunstâncias que determinem ou autorizem modificação da decisão proferida pelo órgão de origem.

338. "Avocação de processo disciplinar. A medida, por sua excepcionalidade e implicações jurídicas, só tem cabimento quando formulada nos termos do art. 85 do Regimento Interno. Não pode, além do mais,

significativo número de membros suspeitos ou impedidos para julgamento no tribunal de origem[339].

Analisando de forma sistemática a jurisprudência, portanto, depreende-se que é diminuto o significado prático de reconhecer ao CNJ competência autônoma e concorrente para processos disciplinares, tal como fez o Supremo Tribunal Federal.

Ora, se, conforme reconhecido pela jurisprudência do STF e do próprio CNJ: (i) há litispendência administrativa entre processos disciplinares no âmbito dos tribunais e do Conselho, devendo este ficar sobrestado até encerramento daquele; (ii) o CNJ não deve atuar como instância recursal, devendo ser pautado, em revisões disciplinares e avocações, na premissa da excepcionalidade; então, na realidade, o CNJ apenas atuará em processos disciplinares de forma subsidiária, dando-se preferência à atuação dos órgãos de controle dos próprios tribunais. Na prática, o Conselho intervirá quando o tribunal local decidir de forma manifestamente contrária à lei ou às provas dos autos, quando praticar simulação investigatória, quando deixar de apurar satisfatoriamente fatos relevantes, ou quando não tiver capacidade (o tribunal) de dar o devido andamento ao processo disciplinar.

Diante dessa jurisprudência, a relevância de considerar que a competência disciplinar do Conselho é autônoma e concorrente reside apenas no fato de que o CNJ, quando entender pertinente, poderá instaurar procedimentos administrativo disciplinar diretamente, sem que haja necessidade de aguardar a iniciativa do tribunal local.

---

o Conselho atropelar as regras e princípios hierárquicos e de competência previstos na Constituição (art. 96, I, letra "a" e "b") e na Lei nº. 9.784/99. O controle da atuação administrativa do Poder Judiciário atribuída ao Conselho é de ser feito sem prejuízo da competência disciplinar e correicional originárias dos Tribunais. Inteligência do art. 103-B, § 4º, III da Constituição Federal. Pedido improcedente" (CNJ - APD - Avocação - 3 - Rel. Marcus Faver - 3ª Sessão (EXTRAORDINÁRIA) - julgado em 28/03/2006).

339. "PROCEDIMENTO DE CONTROLE ADMINISTRATIVO. TRIBUNAL REGIONAL FEDERAL DA 2ª REGIÃO. JULGAMENTO DE PROCESSO ADMINISTRATIVO DISCIPLINAR E IMPOSIÇÃO DE PENA. QUÓRUM DE MAIORIA ABSOLUTA DECLARAÇÕES DE SUSPEIÇÃO E IMPEDIMENTO QUE ABRANGERAM 1/3 DO TRIBUNAL DE ORIGEM. COMPROMETIMENTO DO JULGAMENTO PELO ÓRGÃO ADMINISTRATIVO DO TRF. NECESSIDADE DE NOVO JULGAMENTO POR CORTE ADMINISTRATIVA SUPERIOR. AVOCAÇÃO DO PROCESSO PARA JULGAMENTO PELO CONSELHO NACIONAL DE JUSTIÇA. PRECEDENTES DO CNJ E DO STF. PRELIMINAR PRESCRIÇÃO AFASTADA. (...)

3. Cabe ao Conselho Nacional de Justiça intervir no julgamento de processos instruídos por outros colegiados que ao darem início ao julgamento disciplinar de magistrados, registraram grande quantidade de alegações de suspeição e prejudicaram a somatória do quórum de maioria absoluta do Tribunal Pleno.

4. Necessidade de se anular o julgamento de mérito realizado pelo Tribunal Regional Federal da 2ª Região (...) e determinar a sua avocação para posterior julgamento neste Conselho Nacional de Justiça, ficando a deliberação sobre a manutenção do afastamento cautelar do Magistrado para posterior apreciação pelo Relator que for designado" (CNJ - PCA - Procedimento de Controle Administrativo - 0006226-26.2015.2.00.0000 - Rel. ARNALDO HOSSEPIAN - 39ª Sessão Extraordinária - julgado em 09/05/2017).

12. DESPESAS PROCESSUAIS E GRATUIDADE DE JUSTIÇA

Referências normativas e jurisprudenciais	
Constituição	Art. 5º Todos são iguais perante a lei, sem distinção de qualquer natureza, garantindo-se aos brasileiros e aos estrangeiros residentes no País a inviolabilidade do direito à vida, à liberdade, à igualdade, à segurança e à propriedade, nos termos seguintes; (...) XXXV - a lei não excluirá da apreciação do Poder Judiciário lesão ou ameaça a direito; XXXVI - a lei não prejudicará o direito adquirido, o ato jurídico perfeito e a coisa julgada; (...) LXXIV - o Estado prestará assistência jurídica integral e gratuita aos que comprovarem insuficiência de recursos;
Legislação infraconstitucional	CPC, art. 98, § 3º Vencido o beneficiário, as obrigações decorrentes de sua sucumbência ficarão sob condição suspensiva de exigibilidade e somente poderão ser executadas se, nos 5 (cinco) anos subsequentes ao trânsito em julgado da decisão que as certificou, o credor demonstrar que deixou de existir a situação de insuficiência de recursos que justificou a concessão de gratuidade, extinguindo-se, passado esse prazo, tais obrigações do beneficiário. CLT, art. 791-A, § 3º Na hipótese de procedência parcial, o juízo arbitrará honorários de sucumbência recíproca, vedada a compensação entre os honorários. § 4º Vencido o beneficiário da justiça gratuita, desde que não tenha obtido em juízo, ainda que em outro processo, créditos capazes de suportar a despesa, as obrigações decorrentes de sua sucumbência ficarão sob condição suspensiva de exigibilidade e somente poderão ser executadas se, nos dois anos subsequentes ao trânsito em julgado da decisão que as certificou, o credor demonstrar que deixou de existir a situação de insuficiência de recursos que justificou a concessão de gratuidade, extinguindo-se, passado esse prazo, tais obrigações do beneficiário.
Súmulas e teses de repercussão geral	RE 581160 (tema 116): É inconstitucional o art. 29-C da Lei 8.036/1990, introduzido pelo art. 9º da MP 2.164-41/2001, que veda a condenação em honorários advocatícios nas ações entre o FGTS e os titulares de contas vinculadas, bem como naquelas em que figuram os respectivos representantes ou substitutos processuais. AI 842063 (tema 435): É compatível com a Constituição a aplicabilidade imediata do art. 1º-F da Lei 9.494/97, com alteração pela Medida Provisória nº 2.180-35/2001, ainda que em relação às ações ajuizadas antes de sua entrada em vigor.
Julgados paradigmáticos	ADI 2527 MC, 2736 RE 249003, 284729, 384866, 581160

12.1. Gratuidade de justiça

No RE 249003 ED[340], o Tribunal Pleno do Supremo Tribunal Federal decidiu pela constitucionalidade do art. 12 da Lei 1.060/50, o qual, embora com

340. "EMBARGOS DECLARATÓRIOS E AGRAVO REGIMENTAL EM RECURSO EXTRAORDINÁRIO. EFEITOS INFRINGENTES. CONVERSÃO DO EMBARGOS DECLARATÓRIOS EM AGRAVOS

redação truncada[341], previa a possibilidade de que o beneficiário de gratuidade de justiça fosse compelido a pagar as custas processuais, caso, no prazo de 5 anos a contar do trânsito em julgado, adquirisse capacidade financeira para tanto.

Posteriormente, o dispositivo foi revogado pelo Código de Processo Civil de 2015, cujo art. 98, §3º[342], mantém essencialmente a regulamentação anterior, embora corrigindo o vício redacional do art. 12 da Lei 1.060/50.

O voto do Min. Edson Fachin faz uma diferenciação entre as custas em sentido amplo, que seriam as despesas do processo em geral e se subdividiriam, segundo o voto, em taxa judiciária e custas processuais em sentido estrito. Embora não conceitue as duas espécies, o voto menciona precedente do STF que trata a taxa judiciária como o tributo a ser cobrado para cada processo, em conformidade, no mais das vezes, com a natureza da causa ou com o seu valor, conforme estabelecido em lei; e as custas em sentido estrito como sendo as despesas com os atos praticados no curso do procedimento[343].

Sucede que a jurisprudência do Tribunal Pleno da própria Suprema Corte enquadra as custas, a taxa judiciária e os emolumentos como espécies tributárias[344], o que parece mais consentâneo com a opinião doutrinária sobre o tema[345].

INTERNOS. JULGAMENTO CONJUNTO. RECEPÇÃO DO ART. 12 DA LEI 1.060/50. ASSISTÊNCIA JUDICIÁRIA GRATUITA. RECUPERAÇÃO DA CAPACIDADE CONTRIBUTIVA. 1. De acordo com a jurisprudência do STF, as custas dos serviços forenses se dividem em taxa judiciária e custas em sentido estrito. Precedentes. 2. O art. 12 da Lei 1.060/50 foi recepcionada quanto às custas processuais em sentido estrito, porquanto se mostra razoável interpretar que em relação às custas não submetidas ao regime tributário, ao "isentar" o jurisdicionado beneficiário da justiça gratuita, o que ocorre é o estabelecimento, por força de lei, de uma condição suspensiva de exigibilidade. 3. Em relação à taxa judiciária, firma-se convicção no sentido da recepção material e formal do artigo 12 da Lei 1.060/50, porquanto o Poder Legislativo em sua relativa liberdade de conformação normativa apenas explicitou uma correlação fundamental entre as imunidades e o princípio da capacidade contributiva no Sistema Tributário brasileiro, visto que a finalidade da tributação é justamente a realização da igualdade. 4. Agravos regimentais providos, para fins de consignar a recepção do artigo 12 da Lei 1.060/50 e determinar aos juízos de liquidação e de execução que observem o benefício da assistência judiciária gratuita deferidos no curso da fase cognitiva" (RE 249003 ED, Relator(a): EDSON FACHIN, Tribunal Pleno, julgado em 09/12/2015).

341. Era essa a redação do dispositivo legal: "Art. 12. A parte beneficiada pela isenção do pagamento das custas ficará obrigada a pagá-las, desde que possa fazê-lo, sem prejuízo do sustento próprio ou da família, se dentro de cinco anos, a contar da sentença final, o assistido não puder satisfazer tal pagamento, a obrigação ficará prescrita".

342. § 3º Vencido o beneficiário, as obrigações decorrentes de sua sucumbência ficarão sob condição suspensiva de exigibilidade e somente poderão ser executadas se, nos 5 (cinco) anos subsequentes ao trânsito em julgado da decisão que as certificou, o credor demonstrar que deixou de existir a situação de insuficiência de recursos que justificou a concessão de gratuidade, extinguindo-se, passado esse prazo, tais obrigações do beneficiário.

343. AI 309883 ED, Relator(a): MOREIRA ALVES, Primeira Turma, julgado em 14/05/2002.

344. "CONSTITUCIONAL. TRIBUTÁRIO. CUSTAS E EMOLUMENTOS: NATUREZA JURÍDICA: TAXA. DESTINAÇÃO DE PARTE DO PRODUTO DE SUA ARRECADAÇÃO A ENTIDADE DE CLASSE: CAIXA DE ASSISTÊNCIA DOS ADVOGADOS: INCONSTITUCIONALIDADE. Lei 5.672, de 1992, do Estado da Paraíba. I. - As custas, a taxa judiciária e os emolumentos constituem espécie tributária, são taxas, segundo a jurisprudência iterativa do Supremo Tribunal Federal. Precedentes do STF. (...)" (ADI 1145, Rel. Min. CARLOS VELLOSO, Tribunal Pleno, DJ 08.11.2002).

345. Eduardo Sabbag discorre que "as custas processuais e os emolumentos concernentes aos serviços notariais e registrais, exigidos pelas serventias judiciais e extrajudiciais, assumem a feição tributária como taxas

A importância da definição da natureza jurídica das custas processuais *lato sensu* está em que o art. 5º, LXXIV, da Constituição Federal, traduz regra de imunidade tributária às pessoas desprovidas de recursos[346]. Na dicção do Supremo Tribunal Federal, entretanto, a norma imunizante é condicionada por uma situação de fato a ser comprovada em juízo, qual seja, a insuficiência de recursos financeiros para promover uma ação sem colocar em risco o próprio sustento e do núcleo familiar.

Nesse sentido, a concretização da imunidade tributária prevista constitucionalmente exige que se faça um juízo de equidade que permita, por exemplo, a modulação da gratuidade, bem como a irretroatividade e a possibilidade de revogação do benefício.

A decisão da Suprema Corte ressalta, ainda, aspecto ligado à isonomia, pois não seria justo que um cidadão que adquirisse capacidade econômico-financeira no prazo de 5 anos continuasse isento do pagamento de despesas processuais, o que resultaria em prejuízo a toda a sociedade, onerada desnecessariamente com imunidade tributária que não mais se justificaria.

12.2. Honorários advocatícios

12.2.1. Direito autônomo do advogado e coisa julgada

Na ADI 2527 MC[347], o Supremo Tribunal Federal foi instado a se pronunciar sobre a constitucionalidade do art. 6º, §2º, da Lei 9.469/97, introduzido pela Medida Provisória nº 2226/2001[348]. O dispositivo admitia que, nas ações em que houvesse condenação da Fazenda Pública, ainda que após o trânsito em

---

de serviços, podendo ser exigidas com base no valor da causa ou da condenação, desde que a alíquota, sempre respeitando um teto previsto, não seja escorchante e confiscatória. (...) As custas processuais, como gênero, podem se dividir em: (I) taxa judiciária, (II) custas (em sentido estrito) e (III) emolumentos - todos como nítidas taxas de serviços. (...) impende destacar que a jurisprudência chancela a natureza tributária, de modo indistinto, a todas" (SABBAG, Eduardo. *Manual de Direito Tributário*. 4ª ed. São Paulo: Saraiva, 2012, p. 436).

346. Embora o voto do Min. Fachin restrinja a imunidade tributária à taxa judiciária, como as custas em geral se enquadram como tributo, elas também se inserem no âmbito de incidência da regra imunizante. Desnecessário, assim, recorrer à ideia de que, quanto às custas em sentido estrito, não se trataria de isenção, mas de "condição suspensiva de exigibilidade", como dito no voto do Min. Fachin. A preocupação do Ministro foi a de que uma lei federal não poderia conceder isenção para um tributo de competência estadual (= as custas em sentido estrito devidas na Justiça Estadual). Contudo, por se tratar de imunidade tributária prevista constitucionalmente, não há esse problema de repartição de competências entre os entes federativos.

347. ADI 2527 MC, Relator(a): ELLEN GRACIE, Tribunal Pleno, julgado em 16/08/2007.

348. § 2º O acordo ou a transação celebrada diretamente pela parte ou por intermédio de procurador para extinguir ou encerrar processo judicial, inclusive nos casos de extensão administrativa de pagamentos postulados em juízo, implicará sempre a responsabilidade de cada uma das partes pelo pagamento dos honorários de seus respectivos advogados, mesmo que tenham sido objeto de condenação transitada em julgado.

julgado, as partes celebrassem acordo diretamente entre si, implicando a responsabilidade de cada uma pelo pagamento dos honorários de seus advogados. Noutras palavras: a parte poderia transacionar a verba atinente aos honorários advocatícios sucumbenciais deferidos ao seu patrono.

A Corte suspendeu cautelarmente o dispositivo, forte no fundamento de que ninguém pode transacionar direito de terceiros. Com efeito, é de titularidade do advogado o direito de receber os honorários advocatícios sucumbenciais fixados em decisão judicial. Trata-se de direito autônomo do advogado, ou seja, os honorários se tornam um crédito independente e diferente do crédito titularizado pela parte representada. Dessa forma, qualquer transação que envolva os honorários advocatícios sucumbenciais somente pode ser feita com a participação do advogado titular do crédito.

Evidentemente, se o patrono assina acordo em que renuncia aos honorários sucumbenciais e no qual se estabeleça apenas o pagamento de honorários contratuais, não há qualquer ilicitude no objeto da transação. Não viola a coisa julgada o fato de o próprio titular do direito transacioná-lo, mesmo após o trânsito em julgado. Nada obsta, por exemplo, a que, em determinada execução trabalhista, o exequente entabule acordo para pagamento parcelado do crédito, ou mesmo renuncie parcialmente aos valores devidos, porque o credor tem, em princípio, ampla liberdade para decidir o que fazer com seus créditos. Da mesma forma, o advogado pode abrir mão de seus créditos para viabilizar o acordo.

Além da violação à coisa julgada, o STF sinalizou que a medida provisória violaria a isonomia e enfraqueceria a liberdade de contratar. Isso porque uma das partes (o exequente) já partiria de uma posição de desvantagem, em virtude do decréscimo do montante total devido – caso os honorários sucumbenciais fossem glosados de antemão.

12.2.2. Vedação à condenação em honorários na Lei do FGTS

No RE 581160[349], julgado sob a sistemática da repercussão geral, e na ADI 2736[350], a Suprema Corte declarou a inconstitucionalidade do art. 29-C

349. "RECURSO EXTRAORDINÁRIO COM REPERCUSSÃO GERAL RECONHECIDA. CONSTITUCIONAL. ART. 9º DA MP 2.164-41/2001. INTRODUÇÃO DO ART. 29-C NA LEI 8.036/1990. HONORÁRIOS ADVOCATÍCIOS. SUCUMBÊNCIA. AÇÕES ENVOLVENDO O FGTS E TITULARES DE CONTAS VINCULADAS. INCONSTITUCIONALIDADE DECLARADA NA ADI 2.736/DF. RECURSO PROVIDO. I - O Supremo Tribunal Federal, no julgamento da ADI 2.736/DF, Rel. Min. Cezar Peluso, declarou a inconstitucionalidade do art. 9º da MP 2.164-41/2001, na parte em que introduziu o art. 29-C na lei 8.036/1990, que vedava a condenação em honorários advocatícios "nas ações entre o FGTS e os titulares de contas vinculadas, bem como naquelas em que figuram os respectivos representantes ou substitutos processuais". II - Os mesmos argumentos devem ser aplicados à solução do litígio de que trata o presente recurso. III - Recurso extraordinário conhecido e provido" (RE 581160, Relator(a): RICARDO LEWANDOWSKI, Tribunal Pleno, julgado em 20/06/2012).

350. ADI 2736, Relator(a): CEZAR PELUSO (PRESIDENTE), Tribunal Pleno, julgado em 08/09/2010.

da Lei 8.036/90[351], introduzido pela Medida Provisória 2164-41/2001, o qual vedava a condenação em honorários advocatícios sucumbenciais nas ações entre o órgão gestor do FGTS e os titulares de contas vinculadas.

A questão foi apreciada exclusivamente sob o prisma da inconstitucionalidade formal, não tendo sido apreciada a questão material envolvida. Quanto a esta, não se vislumbra, em princípio, óbice a que o legislador pré-exclua os honorários sucumbenciais em determinados tipos de demanda, desde que o faça com observância aos princípios da isonomia e da proporcionalidade.

A conclusão a respeito da inconstitucionalidade formal se deve aos seguintes fundamentos:

- (i) a temática dos honorários advocatícios configura matéria processual, a qual não pode ser objeto de medida provisória, mesmo antes da promulgação da EC 32/2001. O entendimento é acertado, pois em tema de processo deve prevalecer a segurança jurídica, que não é compatível com a edição de normas efêmeras como as medidas provisórias;
- (ii) não estavam presentes os pressupostos constitucionais da urgência e relevância, necessários para que se legitime a edição de medida provisória.

12.2.3. Honorários advocatícios nas hipóteses de sucumbência recíproca

12.2.3.1. Visão geral

A Lei nº 13.467/2017 inovou substancialmente, ao trazer, no art. 791-A, da CLT[352], previsão que passa a fazer com que a condenação em honorários advocatícios sucumbenciais seja a regra geral no Direito Processual do Trabalho.

---

351. Art. 29-C. Nas ações entre o FGTS e os titulares de contas vinculadas, bem como naquelas em que figurem os respectivos representantes ou substitutos processuais, não haverá condenação em honorários advocatícios.

352. Art. 791-A. Ao advogado, ainda que atue em causa própria, serão devidos honorários de sucumbência, fixados entre o mínimo de 5% (cinco por cento) e o máximo de 15% (quinze por cento) sobre o valor que resultar da liquidação da sentença, do proveito econômico obtido ou, não sendo possível mensurá-lo, sobre o valor atualizado da causa.

§ 1º Os honorários são devidos também nas ações contra a Fazenda Pública e nas ações em que a parte estiver assistida ou substituída pelo sindicato de sua categoria.

§ 2º Ao fixar os honorários, o juízo observará:

I – o grau de zelo do profissional;

II – o lugar de prestação do serviço;

III – a natureza e a importância da causa;

IV – o trabalho realizado pelo advogado e o tempo exigido para o seu serviço.

§ 3º Na hipótese de procedência parcial, o juízo arbitrará honorários de sucumbência recíproca, vedada a compensação entre os honorários.

Caso bem compreendida e aplicada, a modificação legislativa é positiva para o trabalhador, porque, do seu ponto de vista, passa a ser inibida a prática que alguns empregadores adotavam, no sentido de somente pagar em juízo as verbas rescisórias e outros direitos trabalhistas básicos. Isso porque, no cenário anterior, sempre havia a possibilidade de o empregado deixar de ajuizar reclamação trabalhista (conformando-se com o inadimplemento do empregador), faltar à audiência, ou de ocorrer arquivamento, confissão etc.

Dessa forma, havia riscos de o empregado sucumbir na reclamação trabalhista eventualmente ajuizada; de outro lado, se o empregador fosse condenado a pagar as verbas rescisórias, seriam feitos apenas pequenos acréscimos (correção monetária, juros e multas), de modo que o empregador pagaria, por força de decisão judicial, aproximadamente o mesmo valor que já devia ter pago espontaneamente.

Depreende-se que, do ponto de vista estritamente econômico, alguns empregadores poderiam preferir o risco de condenação em processo trabalhista a quitar regularmente as verbas devidas, o que é um contrassenso em termos de análise econômica do direito, por estimular o ajuizamento desnecessário de demandas judiciais.

Com a Lei 13.467/2017, e a previsão de honorários advocatícios sucumbenciais, passa a haver acréscimo na condenação, o que certamente tem o potencial de desestimular a prática de postergar o pagamento das verbas devidas e *tentar a sorte* em processo judicial.

Exemplo: se o empregador, por ocasião da rescisão do contrato de trabalho de determinado empregado, deveria pagar R$ 10.000,00 (dez mil reais), caso o direito do trabalhador venha a ser reconhecido apenas judicialmente, essa quantia será acrescida do percentual de 5 (cinco) a 15% (quinze por cento), ou seja, entre R$ 500,00 (quinhentos) e R$ 1.500,00 (mil e quinhentos reais). Assim, a *conta* fica mais cara e o empregador passa a ser estimulado a quitar os direitos espontânea e extrajudicialmente.

Outra vantagem para o trabalhador é que, na prática, o advogado era remunerado apenas com honorários contratuais, estipulados com base em percentual sobre o proveito econômico obtido pelo autor do processo. Tal situação gerava dano material para o trabalhador, que precisava destinar geralmente entre 20 e 30% do valor de seu crédito para pagar o respectivo advogado.

---

§ 4º Vencido o beneficiário da justiça gratuita, desde que não tenha obtido em juízo, ainda que em outro processo, créditos capazes de suportar a despesa, as obrigações decorrentes de sua sucumbência ficarão sob condição suspensiva de exigibilidade e somente poderão ser executadas se, nos dois anos subsequentes ao trânsito em julgado da decisão que as certificou, o credor demonstrar que deixou de existir a situação de insuficiência de recursos que justificou a concessão de gratuidade, extinguindo-se, passado esse prazo, tais obrigações do beneficiário.

§ 5º São devidos honorários de sucumbência na reconvenção.

Os honorários sucumbenciais remunerarão o trabalho do patrono, evitando a referida situação. Contudo, nada impede que o trabalhador também combine o pagamento de honorários contratuais com seu advogado, com base no proveito econômico que obtiver, desde que em percentuais razoáveis, sob pena de se configurar contrato *leonino*. A partir da Lei 13.467/2017, portanto, os advogados devem readequar os contratos de honorários advocatícios, de modo que os honorários contratuais, somados aos sucumbenciais, não ultrapassem o montante de 30% (trinta por cento) do valor do crédito do trabalhador.

Assim, considera-se haver razoabilidade em eventual previsão contratual no sentido de serem devidos, além dos honorários sucumbenciais, honorários contratuais entre 15 e 25% (quinze e vinte e cinco por cento) do proveito econômico obtido pelo trabalhador. Patamares superiores podem ser considerados abusivos e justificar o ajuizamento de ação civil do trabalhador contra seu próprio advogado (processo que tramitará na Justiça Comum).

A previsão de honorários advocatícios sucumbenciais na Justiça do Trabalho também traz vantagens para os empregadores.

Para compreender o ponto, é preciso perceber 'que, se existem empregadores que atuam de má-fé e deixam de pagar – porque preferem pagar em juízo, conforme dito no tópico anterior –, por outro lado há trabalhadores que agem de má-fé na Justiça do Trabalho.

Assim, alguns trabalhadores (a minoria, diga-se de passagem) ajuizavam ações na Justiça do Trabalho, sabendo que não tinham nada a perder, que não teriam que pagar honorários advocatícios sucumbenciais ao advogado do seu empregador, nem teriam qualquer penalização, e formulavam pedidos infundados (a chamada *lide temerária*).

Este tipo de situação foi inibido com a Lei 13.467/2017, já que o risco de condenação ao pagamento de honorários sucumbenciais ao empregador tende a fazer com que haja redução ou supressão de pedidos infundados, *enxugando* as petições iniciais.

Então, tanto os *maus* empregadores, como os *maus* empregados (que violam a boa-fé objetiva), tendem a ter mais cautela, porque sabem que podem ser compelidos a pagar honorários advocatícios para o advogado da parte contrária, caso sejam sucumbentes na demanda.

Evidentemente, também há benefícios para os advogados, que passam a poder obter remuneração em virtude de seu trabalho no processo, tal como sempre ocorreu em processos cíveis.

O grande perigo envolvendo a cobrança de honorários advocatícios sucumbenciais é a inibição artificial do acesso à justiça, sobretudo nas hipóteses de sucumbência recíproca, o que pode fazer com que, na prática, determinados pedidos de difícil comprovação – tais como assédio sexual, discriminação racial, entre tantos outros – deixem de ser formulados nos processos trabalhistas. Nesse contexto, necessário construir soluções que, a partir do texto da lei, amenizem ou obstaculizem eventuais injustiças. Daí surge a possibilidade, por exemplo, de fixação de honorários advocatícios equitativos, conforme se passa a discorrer.

12.2.3.2. Honorários advocatícios equitativos no caso de sucumbência recíproca

O art. 791-A, §§ 3º e 4º, da CLT, textualmente estabelece a possibilidade de condenação das duas partes – reclamante e reclamado – ao pagamento de honorários advocatícios nas hipóteses de sucumbência recíproca, vale dizer, quando ambos forem, simultaneamente, vencidos e vencedores em diferentes pretensões exercitadas nos autos. A constitucionalidade dos dispositivos está pendente de apreciação pelo STF na ADI 5766.

Segundo o novo regramento, ainda que beneficiário da gratuidade de justiça, o reclamante deverá pagar os honorários advocatícios devidos ao patrono da reclamada, nas hipóteses de sucumbência recíproca, já que, em tais hipóteses, o trabalhador terá crédito para receber no mesmo ou em outro processo judicial.

Interessante observar que a lei veda a compensação de honorários advocatícios entre si (= honorários do patrono da reclamada não podem ser compensados com os honorários do patrono do reclamante), conforme se extrai do art. 791-A, § 3º, mas admite a compensação do débito de honorários advocatícios com o crédito que o trabalhador tenha a receber no processo – conforme previsto no § 4º do mesmo dispositivo.

Ora, embora os honorários advocatícios sejam crédito de natureza alimentar (como corretamente reconhece a jurisprudência), é no mínimo questionável privilegiar, de forma absoluta (como pretende fazer o texto da Reforma) o crédito do advogado da reclamada, em detrimento do crédito do próprio trabalhador-reclamante.

Observe-se, ainda, que, caso se opte pela aplicação pura e simples de percentuais nos casos de sucumbência recíproca, surgem situações de perplexidade, nas quais o trabalhador reclamante – ainda que beneficiário da justiça gratuita – perderia totalmente os créditos a que fizesse jus, e ainda ficaria com débito pendente a título de honorários, em virtude da compensação realizada.

Exemplo: reclamante faz pedido cujo montante total é R$ 100.000,00 (cem mil reais), e obtém julgamento de procedência apenas de R$ 8.000,00 (oito mil reais). Se o juiz fixar percentual de 10% (dez por cento) a título de honorários advocatícios, aplicando-os sobre o valor dos pedidos julgados improcedentes (R$ 92.000,00), o reclamante teria uma dívida de R$ 9.200,00 (nove mil e duzentos reais) a título de honorários, e um crédito de R$ 8.000,00 (oito mil reais) para receber. Feita a compensação, o reclamante nada receberia, e ainda teria um débito pendente de R$ 1.200,00 (mil e duzentos reais).

Pode-se chegar a duas conclusões parciais: (i) a Lei nº 13.467/2017 pretende inibir o ajuizamento de ações temerárias e de pedidos infundados, responsabilizando o autor pelo pagamento de honorários advocatícios no caso de sucumbência recíproca; (ii) a aplicação pura e simples de percentuais, na hipótese de sucumbência recíproca, gera situações injustas e violadoras do acesso à justiça.

Não se pode dizer pura e simplesmente que seja justo exigir o pagamento de honorários nessas hipóteses por suposta má-fé processual ou para coibir o *demandismo*, sob pena de presumir a má-fé e tratar o excepcional como regra. Conforme ensina abalizada doutrina norte-americana, "retirar de uma pessoa o direito de ter seus interesses examinados em juízo equivale a tratá-la como um objeto e não como cidadão participante"[353].

Ora, não há dúvidas de que o julgamento de improcedência pode decorrer de vários fatores, tais como, entre tantos outros:

- (i) dificuldade probatória inerente a determinados temas, tais como assédio sexual, discriminação;
- (ii) ausência acidental de testemunha ou da própria parte à audiência;
- (iii) possibilidade de múltiplas interpretações de determinadas provas, como laudos periciais, e também de textos legais que abriguem potencialmente mais de um significado, por consistirem em conceitos jurídicos ou em cláusulas gerais.

Nesse cenário, veja-se que não há, no âmbito trabalhista, dispositivo equivalente ao art. 85, § 6º, do CPC[354], o qual prevê expressamente que, nos casos de improcedência ou de extinção sem resolução de mérito também se aplica o critério de incidência de percentual sobre o valor do pedido. À luz do art. 769 da CLT, o intérprete deve concluir pela inaplicabilidade do art. 85, § 6º, do CPC, aos processos trabalhistas, em virtude da omissão da CLT e da incompatibilidade do referido dispositivo com o Direito Processual do Trabalho, o que se explica pelos seguintes fundamentos:

- (i) nem sempre o julgamento de improcedência decorre do fato de a lide ser temerária ou o pedido infundado, conforme já demonstrado acima;

---

353. A afirmação é de Kenneth Karst, extraída de TORRES, Ricardo Lobo. *Tratado de Direito Constitucional Financeiro e Tributário: os Tributos na Constituição*. v. IV. Rio de Janeiro: Renovar, 2007, p. 410 e seguintes. Ricardo Lobo Torres cita, ainda, o jurista italiano Achille Giannini, segundo o qual "a parte rica, condenada afinal, pagará a taxa [judiciária] ao Estado, bem como a parte pobre que tenha obtido vantagem econômica *significativa* em razão da lide" (sem grifo no original - página 411 da obra citada).

354. § 6º Os limites e critérios previstos nos §§ 2º e 3º aplicam-se independentemente de qual seja o conteúdo da decisão, inclusive aos casos de improcedência ou de sentença sem resolução de mérito.

- (ii) a cobrança de honorários advocatícios do beneficiário da gratuidade, com base em percentuais, no caso de sucumbência recíproca, pode gerar situação de nítida injustiça e enriquecimento sem causa do advogado do reclamado (Código Civil, art. 884), que poderia receber – através de compensação de créditos – os valores de verbas rescisórias e outros direitos básicos do trabalhador (adicional de insalubridade, horas extras etc.), em função do trabalho decorrente da elaboração de uma simples contestação;
- (iii) a cobrança de percentuais no caso de sucumbência recíproca inviabiliza, na prática, o acesso à Justiça do Trabalho em determinadas situações, pois cria despesa e risco demasiadamente elevados para o trabalhador beneficiário da gratuidade de justiça, o que perpetua e estimula o descumprimento da legislação trabalhista pelo empregador;
- (iv) caso se aplicasse o art. 85, § 6º, do CPC, ao Processo do Trabalho, seria mais fácil o acesso à Justiça Comum do que à Justiça do Trabalho, porque na primeira o beneficiário da gratuidade de justiça não paga (nem há compensação de seus créditos com) honorários advocatícios, nas hipóteses de sucumbência recíproca. Evidentemente, isso representaria total quebra de harmonia do sistema: na Justiça do Trabalho, como uma das partes (o trabalhador) é hipossuficiente, o acesso à justiça deve ser facilitado, ao contrário do que ocorre na Justiça Cível, em que há nivelamento e paridade entre as partes;
- (v) a fixação de honorários sucumbenciais em valores exacerbados é incompatível com o sistema de precedentes obrigatórios vigente no Direito Processual. Ora, se o advogado não puder defender tese contrária ao precedente (propondo a superação do entendimento, ou a distinção do caso concreto), por temer condenação elevada em honorários sucumbenciais, haverá nítido engessamento do Direito e supremacia dos Tribunais Superiores, de forma antidemocrática.

É preciso reiterar e deixar claro que não há nada no texto da CLT que obrigue o Juiz do Trabalho a fixar os honorários advocatícios com base em percentuais, na hipótese de sucumbência recíproca, assim como no caso de improcedência total dos pedidos. A previsão de fixação obrigatória de percentuais nas hipóteses de improcedência e de extinção sem resolução de mérito está escrita apenas no art. 85, § 6º, do CPC, que não se aplica no âmbito trabalhista, pelos motivos já expostos.

A solução que deve ser adotada, portanto, deve buscar a ponderação e o equilíbrio entre os valores envolvidos, sem excessos nem radicalismos: não se deve considerar inconstitucional a cobrança de honorários advocatícios do trabalhador no caso de sucumbência recíproca, porque as lides temerárias e os pedidos infundados realmente devem ser coibidos; de outro lado, não se pode inviabilizar o acesso à justiça e tornar incoerente o sistema judiciário de tutela de direitos.

Abre-se, então, a possibilidade de fixação de honorários advocatícios equitativos nas situações de sucumbência recíproca. Tal solução era adotada pelo Superior Tribunal de Justiça sob a égide do CPC/1973, o qual – exatamente como a CLT no cenário posterior à Reforma Trabalhista – não continha dispositivo que estabelecesse a fixação de honorários sucumbenciais necessariamente com base em percentuais, no caso de julgamento de improcedência do pedido[355].

Na fixação dos honorários equitativos, o juiz não está adstrito à observância de percentuais, podendo estipular um valor fixo, com base no bom senso e razoabilidade. Eventualmente, a estipulação do valor dos honorários com base na aplicação de percentuais até pode se revelar adequada, mas isso nem sempre ocorrerá, conforme já demonstrado.

No arbitramento do valor dos honorários advocatícios sucumbenciais relativos aos pedidos julgados improcedentes, ou extintos sem resolução de mérito, o juiz deve se pautar em diversos critérios, entre os quais se destacam:

- (i) a extensão do trabalho do advogado do réu, de modo a evitar o enriquecimento sem causa de quaisquer sujeitos processuais. Por exemplo, se houve simples oferecimento de contestação, o valor será mais baixo; se houve atuação do advogado até o grau recursal e também na execução, o valor será mais elevado etc.;
- (ii) o grau de zelo do profissional e o tempo exigido para o patrocínio da causa;
- (iii) o fato de que os honorários sucumbenciais têm o objetivo simultâneo de remunerar o trabalho do advogado, e também de coibir ações

355. AGRAVO REGIMENTAL NOS EMBARGOS DE DECLARAÇÃO NOS EMBARGOS DE DECLARAÇÃO NO RECURSO ESPECIAL. PROCESSUAL CIVIL. AÇÃO ORDINÁRIA. IMPROCEDÊNCIA. HONORÁRIOS ADVOCATÍCIOS. FIXAÇÃO. REGRA DA EQUIDADE. VALOR RAZOÁVEL. MODIFICAÇÃO. INADMISSIBILIDADE.

1. Tendo sido o pedido julgado improcedente, não há falar em condenação, cumprindo ao magistrado fixar os honorários advocatícios com observância do disposto no § 4º do art. 20 do Código de Processo Civil, ou seja, consoante a apreciação equitativa.

2. Na verba honorária arbitrada com base na equidade, o julgador não está adstrito a nenhum critério, como os limites inscritos no art. 20, § 3º, do CPC, podendo valer-se de percentuais tanto sobre o montante da causa quanto sobre o da condenação, bem como fixar os honorários em valor determinado.

3. Não merecem modificação os honorários advocatícios arbitrados por equidade, seguindo os critérios de razoabilidade.

4. Agravo regimental não provido.

(AgRg nos EDcl nos EDcl no REsp 1367922/SE, Rel. Ministro RICARDO VILLAS BÔAS CUEVA, TERCEIRA TURMA, julgado em 25/08/2015, DJe 31/08/2015)

temerárias e pedidos infundados. Assim, se o julgamento de improcedência se der por falta de provas, os honorários devem ser fixados em patamar mais baixo; se o juiz constatar que se trata de lide temerária, o montante pode ser mais elevado etc.

Voltando ao exemplo anterior, do pedido cujo montante total é R$ 100.000,00 (cem mil reais), e o autor obtém julgamento de procedência apenas de R$ 8.000,00 (oito mil reais), o juiz poderia fixar, por exemplo, à luz dos critérios expostos, honorários advocatícios no montante de R$ 2.000,00 (dois mil reais), considerando o trabalho tido pelo advogado na situação concreta. O reclamante receberia, nesta hipótese, a quantia líquida de R$ 6.000,00 (seis mil reais).

Depreende-se que a solução ora preconizada, além de extraída diretamente das leis infraconstitucionais pertinentes, é pautada nos princípios da proporcionalidade e razoabilidade, atendendo a todos os interesses envolvidos: não se inviabiliza o acesso à justiça; cria-se a necessidade de maior consciência do trabalhador-reclamante, desestimulando o ajuizamento de ações temerárias e pedidos infundados; prestigia-se o trabalho do advogado da reclamada, que terá justa retribuição pelo seu trabalho.

A fixação dos honorários por equidade viabiliza, ainda, que o juiz exerça em plenitude a missão de fazer justiça no caso concreto, *calibrando* o valor dos honorários de acordo com os elementos importantes, tais como o fato de se tratar de lide temerária, a dificuldade probatória envolvida, os valores a serem recebidos pelo trabalhador etc.

12.2.4. Honorários advocatícios recursais

A jurisprudência do Supremo Tribunal Federal – cuja observância, no ponto, não é obrigatória pelos demais tribunais – se inclina para a aplicabilidade do art. 85, §11, do Código de Processo Civil[356], mesmo para as hipóteses em que o recorrido não houver apresentado contrarrazões ao recurso interposto pelo adversário. Assim, desprovido ou não conhecido o recurso, o tribunal pode majorar os honorários advocatícios devidos pelo recorrente.

O entendimento se pauta, essencialmente, em dois fundamentos:

- (i) o fato de o "trabalho adicional" do advogado do recorrido não se limitar à apresentação de contrarrazões, mas englobar, muitas vezes, acompanhamento do processo, preparação para sustentação oral, oferecimento de memoriais, despacho em gabinete com magistrados etc.;

356. Art. 85, § 11. O tribunal, ao julgar recurso, majorará os honorários fixados anteriormente levando em conta o trabalho adicional realizado em grau recursal, observando, conforme o caso, o disposto nos §§ 2º a 6º, sendo vedado ao tribunal, no cômputo geral da fixação de honorários devidos ao advogado do vencedor, ultrapassar os respectivos limites estabelecidos nos §§ 2º e 3º para a fase de conhecimento.

- (ii) o caráter dissuasório dos honorários advocatícios recursais, os quais funcionam como elemento de desestímulo à interposição de recursos.

13. DIREITO PROBATÓRIO

Referências normativas e jurisprudenciais	
Constituição	Art. 5º Todos são iguais perante a lei, sem distinção de qualquer natureza, garantindo-se aos brasileiros e aos estrangeiros residentes no País a inviolabilidade do direito à vida, à liberdade, à igualdade, à segurança e à propriedade, nos termos seguintes; (...) LIV - ninguém será privado da liberdade ou de seus bens sem o devido processo legal (...).
Súmulas e teses de repercussão geral	Tema 237 (RE 583937): É lícita a prova consistente em gravação ambiental realizada por um dos interlocutores sem conhecimento do outro.
Julgados paradigmáticos	RE 583937

13.1. Gravação ambiental

A inadmissibilidade de provas obtidas por meios ilícitos é direito fundamental (CF, art. 5º, LVI).

Diferenciam-se as provas ilícitas das ilegítimas: aquelas são obtidas com violação às regras de direito material, ao passo que estas violam normas processuais. Ambas estão enquadradas na vedação constitucional acima mencionada.

A interceptação das comunicações telefônicas, admitida exclusivamente para fins de investigação criminal ou instrução processual penal, só pode ser realizada mediante ordem do juiz criminal competente, devendo correr sob segredo de justiça[357].

O juiz do trabalho não pode determinar a interceptação, ou seja, a gravação da conversa telefônica sem que todos os interlocutores tenham conhecimento. Contudo, uma vez realizada a interceptação em processo ou investigação criminal, a prova assim obtida pode ser licitamente usada como emprestada no processo trabalhista. Interceptações telefônicas podem ser úteis, por exemplo, em processos trabalhistas envolvendo a prática de crimes como o assédio sexual.

Ademais, em repercussão geral[358], o Supremo Tribunal Federal já sedimentou entendimento no sentido de que, quando um dos interlocutores faz a gravação, ainda

357. BERNARDES, Felipe. *A Repressão à Lavagem de Dinheiro e as Garantias Constitucionais: Tendências Atuais*. Revista do Tribunal Regional Federal – Primeira Região, Brasília, v. 18, n. 5, p. 97-126, maio 2006.

358. "AÇÃO PENAL. Prova. Gravação ambiental. Realização por um dos interlocutores sem conhecimento do outro. Validade. Jurisprudência reafirmada. Repercussão geral reconhecida. Recurso extraordinário

que sem o conhecimento do outro, a ilicitude é afastada, pois não se está diante de interceptação de comunicação. Tal conclusão é válida tanto para gravações ambientais, quanto para gravações de conversas telefônicas por um dos interlocutores.

Dessa forma, por exemplo, as gravações de conversas entre a empregada e o suposto assediador (assédio sexual) devem ser aceitas como meio de prova. De outro lado, não poderia a trabalhadora, exemplificativamente, gravar a conversa entre o assediador e os sócios da empresa, pois neste caso se estaria diante de interceptação telefônica vedada constitucionalmente (CF, art. 5º, XII). Trata-se de prova obtida por meio ilícito – em violação ao direito à intimidade dos interlocutores -, e que não pode, em princípio, ser admitida no processo. Só seria possível a admissão caso, num juízo de proporcionalidade, o bem jurídico tutelado devesse prevalecer em relação à intimidade. Um exemplo seria na situação de perigo à vida daquele que faz interceptação telefônica.

Embora a gravação ambiental seja lícita, seu valor probatório deve ser sopesado em cada caso concreto, à luz das particularidades envolvidas. O voto vencido do Min. Marco Aurélio reconhecia, com base no princípio da boa-fé objetiva, a ilicitude da gravação ambiental feita sem o conhecimento do interlocutor. Não há propriamente ilicitude, pois o participante da conversa não viola a intimidade de terceiros ao fazer a gravação. Contudo, do ponto de vista ético, é questionável o valor da gravação clandestina, pois aquele que faz a gravação pode, eventualmente, empregar artifícios para conduzir a conversa com o objetivo de produzir artificialmente a prova.

Dessa forma, a gravação ambiental deve ser contextualizada e a sua não inserção em contexto mais amplo fragiliza seu valor probatório, pois é certo que, nas interações humanas, muitas vezes uma ou algumas frases isoladas não representam a real mensagem que o interlocutor visava a transmitir. A eficácia probante da gravação feita sem o conhecimento do interlocutor, portanto, deve ser avaliada cuidadosamente em cada caso concreto.

Por fim, não se pode confundir a interceptação telefônica – que permite acesso ao conteúdo das chamadas telefônicas –, com a quebra do *sigilo telefônico*, o qual consiste apenas no registro dos dados relativos a determinada linha telefônica, tais como chamadas realizadas e recebidas e duração dos telefonemas. A interceptação telefônica é sujeita à cláusula de reserva de jurisdição e somente pode ser determinada para fins de instrução processual penal ou investigação criminal (CF, art. 5º, XII); já os sigilos bancário e telefônico podem ser quebrados por outros órgãos, tais como Comissões Parlamentares de Inquérito e Juízes do Trabalho, sem necessidade de vinculação à apuração de crimes (CF, art. 5º, X).

---

provido. Aplicação do art. 543-B, § 3º, do CPC. É lícita a prova consistente em gravação ambiental realizada por um dos interlocutores sem conhecimento do outro" (RE 583937 QO-RG, Relator(a): CEZAR PELUSO, Tribunal Pleno, julgado em 19/11/2009).

Na Justiça do Trabalho, a quebra dos sigilos fiscal, bancário e telefônico pode ser muito útil sobretudo na fase de execução, de modo a evitar a concretização de fraudes.

14. DISSÍDIO COLETIVO

	Referências normativas e jurisprudenciais
Constituição	Art. 5º Todos são iguais perante a lei, sem distinção de qualquer natureza, garantindo-se aos brasileiros e aos estrangeiros residentes no País a inviolabilidade do direito à vida, à liberdade, à igualdade, à segurança e à propriedade, nos termos seguintes; (...) II - ninguém será obrigado a fazer ou deixar de fazer alguma coisa senão em virtude de lei (...). Art. § 2º Recusando-se qualquer das partes à negociação coletiva ou à arbitragem, é facultado às mesmas, de comum acordo, ajuizar dissídio coletivo de natureza econômica, podendo a Justiça do Trabalho decidir o conflito, respeitadas as disposições mínimas legais de proteção ao trabalho, bem como as convencionadas anteriormente § 3º Em caso de greve em atividade essencial, com possibilidade de lesão do interesse público, o Ministério Público do Trabalho poderá ajuizar dissídio coletivo, competindo à Justiça do Trabalho decidir o conflito.
Normas internacionais	OIT: C. 154, 151
Súmulas e teses de repercussão geral	TST, Súmula nº 397. AÇÃO RESCISÓRIA. ART. 966, IV, DO CPC DE 2015. ART. 485, IV, DO CPC DE 1973. AÇÃO DE CUMPRIMENTO. OFENSA À COISA JULGADA EMANADA DE SENTENÇA NORMATIVA MODIFICADA EM GRAU DE RECURSO. INVIABILIDADE. CABIMENTO DE MANDADO DE SEGURANÇA. Não procede ação rescisória calcada em ofensa à coisa julgada perpetrada por decisão proferida em ação de cumprimento, em face de a sentença normativa, na qual se louvava, ter sido modificada em grau de recurso, porque em dissídio coletivo somente se consubstancia coisa julgada formal. Assim, os meios processuais aptos a atacarem a execução da cláusula reformada são a exceção de pré-executividade e o mandado de segurança, no caso de descumprimento do art. 514 do CPC de 2015.
Julgados paradigmáticos	ADI 3392, 3423, 3431, 3432 e 3520, 4364 RE 114836

14.1. Mútuo acordo para ajuizamento de dissídio coletivo e legitimidade do MPT[359]

Na ADI 3423 (e outras julgadas em conjunto)[360], o Supremo Tribunal Federal declarou a constitucionalidade dos §§2º e 3º do art. 114 da Constituição, na redação da EC 45/2004.

---

359. O presente tópico reproduz várias reflexões que já desenvolvemos em BERNARDES, Felipe, *Manual...*, *op.cit.*, p. 695 e seguintes.

360. "Ação Direta de Inconstitucionalidade. 2. Art. 1º, da Emenda Constitucional nº 45/2004, na parte em que deu nova redação ao art. 114, §§ 2º e 3º, da Constituição Federal. 3. Necessidade de "mutuo acor-

O dissídio de natureza econômica tem por objeto justamente a criação de normas jurídicas genéricas e abstratas que se aplicarão no âmbito de determinada empresa ou categoria profissional. A decisão do dissídio consiste em sentença normativa, que consubstancia o exercício do poder normativo da Justiça do Trabalho.

Trata-se de função anômala do Poder Judiciário, que inova no ordenamento jurídico, com eficácia prospectiva e *erga omnes* semelhante à das leis em geral. Por tal razão, e sobretudo para prestigiar a autocomposição pelos interessados, o poder normativo foi restringido pela EC 45/2004, sendo que o art. 114, §2º, da CF, passou a exigir o comum acordo para o ajuizamento do dissídio coletivo.

A exigência do *comum acordo* para ajuizamento de dissídios coletivos - trazida pela EC 45/2004 - reduz a margem de aplicabilidade do poder normativo da Justiça do Trabalho. Trata-se de exigir que as partes envolvidas (categoria profissional e econômica ou empresa) concordem com a submissão do conflito coletivo ao Poder Judiciário. Se uma das partes não manifestar sua concordância com o processamento do dissídio coletivo, o processo deverá ser extinto sem resolução do mérito. Este é um requisito que ainda dá margem a controvérsias doutrinárias e jurisprudenciais.

Registre-se que o requisito do comum acordo existe apenas para o dissídio coletivo de natureza econômica, conforme se extrai do texto do art. 114, §2º, da CF, não sendo uma exigência nas demais espécies de dissídio (jurídico e de greve).

Quanto à natureza jurídica do comum acordo, há duas correntes: (i) uma que entende tratar-se de pressuposto processual; e (ii) outra que sustenta ser o comum acordo uma condição da ação. No que tange a esta última corrente, há, ainda, duas linhas pensamento: para alguns, seria condição específica da ação de dissídio coletivo e, para outros, etapa integrante do interesse de agir. O voto do Min. Gilmar Mendes na ADI 3423 adere à concepção de que o comum acordo seria condição da ação.

Veja-se que o entendimento prevalecente no âmbito do TST é no sentido de que o comum acordo é pressuposto processual necessário para a válida formação

---

do" para ajuizamento do Dissídio Coletivo. 4. Legitimidade do MPT para ajuizar Dissídio Coletivo em caso de greve em atividade essencial. 5. Ofensa aos artigos 5º, XXXV, LV e LXXVIII, e 60, § 4º, IV, da Constituição Federal. Inocorrência. 6. Condição da ação estabelecida pela Constituição. Estímulo às formas alternativas de resolução de conflito. 7. Limitação do poder normativo da justiça do trabalho. Violação aos artigos 7º, XXVI, e 8º, III, e ao princípio da razoabilidade. Inexistência. 8. Recomendação do Comitê de Liberdade Sindical da Organização Internacional do Trabalho. Indevida intervenção do Estado nas relações coletivas do trabalho. Dissídio Coletivo não impositivo. Reforma do Poder Judiciário (EC 45) que visa dar celeridade processual e privilegiar a autocomposição. 9. Importância dos acordos coletivos como instrumento de negociação dos conflitos. Mútuo consentimento. Precedentes. 10. Ação direta de inconstitucionalidade julgada improcedente" (ADI 3392, 3423, 3431, 3432 e 3520, Relator(a): GILMAR MENDES, Tribunal Pleno, julgado em 29/05/2020).

e desenvolvimento da relação jurídica do processo[361]. Deveras, não se pode dizer que um sindicato que ajuíze o dissídio coletivo sem o comum acordo careça de interesse de agir; ao contrário, pode haver até um excesso de interesse, em virtude da necessidade de solução do conflito e da evidente utilidade.

De todo modo, se não houver o comum acordo, o dissídio coletivo será extinto sem resolução do mérito (CPC, art. 485, IV).

O comum acordo pode ser (i) expresso, quando o suscitado no dissídio coletivo declara concordar com o processamento da ação. Eventualmente, as partes podem até mesmo assinar a petição inicial em conjunto, embora isso não seja necessário para a caracterização do comum acordo expresso. O comum acordo pode, ainda, ser (ii) tácito, na hipótese em que o dissídio coletivo é ajuizado e o suscitado não se opõe ao seu processamento.

Discute-se se a exigência do comum acordo, trazida pela EC 45/2004, seria inconstitucional, à luz do princípio da inafastabilidade do controle jurisdicional (CF, art. 5º, XXXV). Isso porque exigir o consentimento do réu para o processamento da ação significa impedir, na maioria das vezes, que o processo se desenvolva, pois muito dificilmente alguém aceita espontaneamente ser réu em processo judicial.

No entanto, o Supremo Tribunal Federal decidiu não haver inconstitucionalidade, já que o poder normativo é função anômala do Judiciário consistente em criar direito novo. Não se trata de aplicar direito preexistente, que já seja

---

361. Por exemplo: "RECURSO ORDINÁRIO. DISSÍDIO COLETIVO DE NATUREZA ECONÔMICA. AUSÊNCIA DE COMUM ACORDO. EXTINÇÃO DO FEITO SEM RESOLUÇÃO DO MÉRITO. PROVIMENTO. Nos termos do § 2º do artigo 114 da Constituição Federal, é indispensável o comum acordo das partes para o ajuizamento do dissídio coletivo de natureza econômica, por se tratar de pressuposto processual. Esta Corte Superior, ao interpretar o aludido dispositivo constitucional, posiciona-se no sentido de que é suficiente a concordância tácita do suscitado para o atendimento desse pressuposto. Dessa forma, não é necessária a apresentação de petição conjunta das partes, presumindo-se a anuência do suscitado, caso não seja apresentada objeção expressa na contestação. Na hipótese , verifica-se que a suscitada, na audiência de instrução e conciliação , apresentou objeção ao ajuizamento do Dissídio Coletivo de natureza econômica em exame. O Tribunal Regional, contudo, rejeitou a aludida preliminar, sob o fundamento de que a ausência de comum acordo viola a garantia prevista no artigo 5º, da Constituição Federal. Esta Seção Especializada, entretanto, posiciona-se no sentido de que a exigência do aludido pressuposto processual não viola a garantia constitucional de acesso à justiça, na medida em que, em sede de dissídio coletivo de natureza econômica, a Justiça do Trabalho não é provocada para aplicar direito preexistente, mas sim para criar direito novo, a partir do exercício do seu poder normativo. Cumpre ressaltar, inclusive, que o Plenário do Supremo Tribunal Federal, julgou improcedente as ADIs 3.392, 3.423, 3.431, 3.432 e 3.520 , reconhecendo, por maioria de seus julgadores, a constitucionalidade do § 2º do artigo 114 da Constituição Federal. Assim, faz-se necessário que haja o comum acordo das partes para a instauração do dissídio coletivo de natureza econômica, ainda que tácito, nos termos da jurisprudência desta colenda Corte Superior. Desse modo, a Corte Regional, ao desconsiderar a necessidade do comum acordo, não o fez amparado na norma constitucional disciplinadora, razão pela qual merece ser reformado o acórdão ora recorrido. Recurso ordinário conhecido e provido, para acolher a preliminar de extinção do feito sem resolução do mérito " (ROT-1001976-82.2019.5.02.0000, Seção Especializada em Dissídios Coletivos, Relator Ministro Guilherme Augusto Caputo Bastos, DEJT 01/10/2020).

titularizado por determinado indivíduo ou grupo; assim, justamente por não haver direito material a tutelar, a exigência do comum acordo não viola o princípio do acesso à justiça.

A Suprema Corte destacou, ainda, que a restrição às possibilidades de intervenção do Judiciário se harmoniza com a Convenção nº 154 da OIT, que, ratificada pelo Brasil no ano de 1994 (Decreto nº 1.256, de 29 de setembro de 1994), prescreve que os "órgãos e os procedimentos de resolução dos conflitos trabalhistas sejam concedidos de tal maneira que possam contribuir para o estímulo à negociação coletiva".

O voto condutor do Min. Gilmar Mendes assevera, ainda, que, de acordo com a Organização Internacional do Trabalho, a melhor forma de composição na resolução de conflitos coletivos deveria privilegiar a normatização autônoma, evitando a imposição do poder estatal. No contexto brasileiro, isso significaria enfraquecer o poder normativo da Justiça do Trabalho e expandir os meios alternativos de pacificação, como a mediação e a arbitragem, mesmo que estatal.

Nota-se, aqui, incoerência com as decisões judiciais que vêm sendo proferidas nos tribunais trabalhistas a respeito do direito de greve. Nos dissídios de greve, tornou-se comum a determinação de que os grevistas retornem ao trabalho sob pena de multa e de dispensa por justa causa. O tema será objeto de análise específica no próximo tópico.

Os votos vencidos dos Min. Edson Fachin, Marco Aurélio, Rosa Weber e Ricardo Lewandowski consideravam que a exigência de comum acordo constituía "obstáculo desproporcional obstativo da submissão do pleito ao Poder Judiciário", e que o poder normativo da Justiça do Trabalho seria uma "conquista histórica dos trabalhadores brasileiros". Apontou-se violação ao art. 5º, XXXV, da Constituição Federal.

A partir da exigência do comum acordo, passou-se a argumentar que o poder normativo da Justiça do Trabalho teria se tornado uma espécie de arbitragem estatal. Isso porque o árbitro só tem o poder de decidir o conflito se as partes concordarem, firmando convenção de arbitragem. O comum acordo, nessa ótica, faria as vezes da convenção de arbitragem, submetendo o conflito coletivo ao Judiciário Trabalhista.

Inegavelmente, a exigência do comum acordo faz com que, do ponto de vista de sua origem, o dissídio coletivo de natureza econômica se equipare a uma arbitragem. Contudo, por se tratar de processo judicial, que tramita em Tribunal do Trabalho, há necessidade de observância de uma série de regras procedimentais.

Por exemplo, da sentença normativa cabe recurso; após o trânsito em julgado, é possível o ajuizamento de ação rescisória contra a referida decisão. Além disso, há aspectos relativos ao procedimento, competência e legitimidade que não estão sujeitos à livre disponibilidade das partes. De outro lado, no processo arbitral não há a incidência de tais regras processuais: não cabe recurso, nem ação rescisória etc.

Dessa forma, não se pode dizer que o dissídio coletivo seja pura e simplesmente uma arbitragem judicial, muito embora haja inegável similitude entre os fenômenos, considerando a necessidade de comum acordo para processamento da ação.

Por fim, o Supremo Tribunal Federal declarou a constitucionalidade da previsão introduzida pela EC 45/2004 e que assegura ao Ministério Público do Trabalho a possibilidade de ajuizar dissídio coletivo em caso de greve em atividade essencial com possibilidade de lesão do interesse público. Na dicção do voto condutor, tratar-se-ia de "garantia de pacificação de conflitos no caso de greve em atividades essenciais, de modo a privilegiar a paz social".

14.2. Intervenção estatal nos dissídios de greve: a incoerência jurisprudencial

Como visto no tópico anterior, o Supremo Tribunal Federal utilizou como argumentos centrais aptos a sustentar a constitucionalidade da exigência do comum acordo para o dissídio coletivo de natureza econômica: (i) inexistência de violação ao acesso à justiça, pois se trata de criação de novo direito, e não de aplicação de direito pré-existente; (ii) a necessidade de reduzir a intervenção estatal nas relações coletivas de trabalho.

Não cabe, aqui, analisar verticalmente o instituto da greve e a jurisprudência do Supremo Tribunal Federal a respeito. Sobre o tema da greve, ver item específico no capítulo atinente ao Direito do Trabalho, para o qual se remete o leitor.

Contudo, não se pode deixar de apontar a grave incoerência da jurisprudência dos tribunais trabalhistas, inclusive do Tribunal Superior do Trabalho, com o que decidido pelo Supremo Tribunal Federal.

Como visto, o STF enaltece a liberdade dos entes coletivos e preconiza a supressão ou redução da intervenção estatal nos conflitos coletivos de trabalho, destacando que tal postura supostamente seria a mais democrática. Nesse diapasão, a única conclusão possível é a de que o Estado não pode igualmente intervir, em princípio, nos dissídios coletivos decorrentes de greve, pelo menos não com a intensidade que vem sendo adotada pelos tribunais trabalhistas.

Tome-se como exemplo a greve dos Correios realizada no ano de 2020. A decisão do Tribunal Superior do Trabalho, julgando o dissídio coletivo de greve[362], pode ser assim sintetizada:

362. PROCESSO Nº TST-DCG-1001203-57.2020.5.00.0000, Seção de Dissídios Coletivos, Rel. Min. Ives Gandra Martins Filho, julgado em 21.09.2020.

- (i) atuação da Justiça do Trabalho nos dissídios coletivos de natureza econômica passou a ter contornos de arbitragem;
- (ii) nos casos de dissídios coletivos de greve, o Judiciário Trabalhista poderia atuar mesmo sem comum acordo, "a bem da sociedade". Por não ter sido, nessa hipótese, eleita pelas partes, o poder normativo da Justiça do Trabalho ficaria "restrito aos limites constitucionais e legais, preservando as normas convencionais pré-existentes, o que significa aquelas decorrentes do último instrumento normativo oriundo de negociação coletiva. Nessa hipótese, não é possível impor normas que venham a onerar economicamente a empresa, mas apenas cláusulas sociais que melhorem as condições de trabalho na empresa";
- (iii) a Lei 13.467/2017, assim como a jurisprudência do STF, impedem a ultratividade de normas coletivas;
- (iv) no caso concreto, houve recusa patronal em negociar e a proposta formulada pela empresa foi "superlativamente redutiva de vantagens";
- (v) por se tratar de greve de longa duração, admitiu-se a compensação de apenas 50% dos dias parados, com desconto dos 50% dos dias restantes;
- (vi) o Tribunal deferiu apenas as cláusulas econômicas aceitas pela empresa, e estabeleceu mais algumas cláusulas sociais que não implicavam ônus financeiro para o empregador. Foi deferido, também, reajuste salarial em percentual ligeiramente inferior ao INPC do período;
- (vii) composto o dissídio coletivo pela sentença normativa, o TST determinou a imediata cessação de greve e o retorno imediato dos trabalhadores ao serviço, sob pena de multa diária de R$ 100.000,00 (cem mil reais) aos sindicatos promotores da greve, "uma vez que eventual paralisação posterior ao julgamento do feito já não se dirige mais contra a Empresa, mas contra a própria Justiça do Trabalho";
- (viii) por fim, o acórdão autorizou a dispensa por justa causa do empregado que prosseguisse em greve no dia seguinte à data do julgamento.

Com o devido respeito à instituição Tribunal Superior do Trabalho, e aos seus integrantes, deve ser demonstrado com clareza que o julgado – que representa a jurisprudência trabalhista prevalecente sobre o tema – institui sistema absolutamente incoerente no trato das relações coletivas de trabalho, violando a diretriz jurisprudencial fixada pelo STF.

Veja-se que julgar as reivindicações econômicas da categoria sem o comum acordo das partes já constitui, por si só, violação ao art. 114, §2º, da CF, cuja higidez constitucional foi referendada pela Suprema Corte na ADI 3423.

Não é possível que o tribunal trabalhista decida o conflito econômico, se não houver o comum acordo, que é exigido pela Constituição para o processamento do dissídio econômico, vale dizer, para que se possa ter uma decisão a respeito das reivindicações econômicas da categoria. Entender diferentemente faria com que o requisito constitucional do comum acordo fosse facilmente burlado: bastaria, para tanto, deflagrar greve e, em seguida, ajuizar dissídio coletivo de greve, fazendo com que o Tribunal decidisse as reivindicações econômicas da categoria. No entanto, decidir as reivindicações da categoria constitui objeto específico do dissídio de natureza econômica[363].

De duas, uma: ou se parte para um sistema de efetiva liberdade dos entes coletivos (sindicatos e empresas) para negociar coletivamente e assumir as consequências da greve, ou se admite o intervencionismo do Estado nos conflitos coletivos.

O que não se pode é estabelecer um intervencionismo seletivo e pela metade, apenas com o fim de coibir os movimentos grevistas a pretexto de resguardar um suposto "bem maior da sociedade". Veja-se a manifesta incongruência: de um lado, diz-se que o Estado não pode intervir nos conflitos coletivos de trabalho pela via do dissídio coletivo, porque isso supostamente seria antidemocrático e paternalista; de outro, quando os trabalhadores resolvem assumir o risco do movimento grevista, com todo o desgaste daí decorrente – inclusive o corte de salários, placitado pela jurisprudência –, a Justiça do Trabalho intervém de forma incisiva, para determinar o imediato fim da greve, estabelecer pesada multa e autorizar a medida extrema da dispensa por justa causa pela mera continuidade da greve!

Além da incoerência, a decisão, objetivamente analisada, pratica uma espécie de *cinismo judicial,* porque diz uma coisa e faz outra. Afirma-se que o Judiciário não pode intervir, não pode *asfixiar* a autonomia privada coletiva, mas, ao mesmo tempo, profere-se decisão que impede o exercício do direito de greve, inviabilizando-o completamente em função das graves sanções cominadas.

Perceba-se que os trabalhadores ficam absolutamente impossibilitados de agir para a melhoria de sua condição social. Não podem recorrer ao Poder Judiciário, porque para que se exerça o poder normativo há necessidade do *comum acordo*, ou seja, da concordância do empregador, a qual sabidamente quase nunca ocorre; e também não podem fazer greve, sob pena de serem multados e dispensados por justa causa. Dá-se aos trabalhadores, portanto, apenas o "direito" de se submeterem às condições unilateralmente impostas pela empresa.

Quando os trabalhadores tentam fazer greve, e correm todos os riscos e agruras a ela inerentes, o Judiciário muda de postura e resolve julgar as reinvin-

363. BERNARDES, Felipe. *Manual de Processo do Trabalho.* 2ª ed. Salvador: Juspodivm, 2019, p. 697.

dicações econômicas, mas só defere os benefícios com os quais o empregador concordou. Perceba-se que o TST não apenas "lavou as mãos", como Pilatos, mas agiu ativa e efetivamente para impedir que uma das partes (o sindicato profissional) pudesse continuar batalhando pela melhoria das condições sociais dos trabalhadores.

Há forte incongruência, ainda, com a Súmula 316 do STF, segundo a qual "a simples adesão à greve não configura falta grave". O verbete superou a jurisprudência anterior, segundo a qual a participação em greve abusiva consistiria em falta grave[364]. O entendimento doutrinário[365], bem como a jurisprudência atual dos Tribunais Regionais do Trabalho vinha sendo firme no sentido de que, ainda que a greve fosse declarada abusiva, descaberia cogitar de aplicação de justa causa decorrente da mera participação do trabalhador[366-367-368]. Por isso mesmo, é surpreendente a decisão adotada na greve dos Correios de 2020.

Se a greve persistir após a declaração de abusividade pelo Judiciário, ainda assim incide o raciocínio da Súmula 316 do STF, não se podendo concluir pela justa causa, por exemplo por suposto abandono de emprego. Isso porque o abandono de emprego pressupõe um elemento subjetivo, consistente na "intenção do empregado de não mais retornar ao trabalho até então exercido"[369], o que certamente não está presente por ocasião de movimento coletivo de paralisação da prestação de serviços.

---

364. Como exemplo dessa tendência superada: "A greve ilegal é falta grave. A lei nº 9070 não contraria a Constituição" (RE 42916, Relator(a): CÂNDIDO MOTTA, Primeira Turma, julgado em 10/09/1959).

365. Segundo Süssekind, "o fato de a greve ser declarada abusiva não significa, por si só, que os seus participantes tenham cometido ilícito trabalhista, principalmente quando restar comprovado que a participação da empregada se deu pacificamente" (SÜSSEKIND, Arnaldo, *op.cit.*, p. 465).

366. "RESCISÃO CONTRATUAL - JUSTA CAUSA APLICADA - PARTICIPAÇÃO EM GREVE DECLARADA ILEGAL - NULIDADE DA JUSTA CAUSA. A participação do empregado em movimento paredista, ainda que considerado abusivo pela autoridade competente, não pode acarretar a aplicação da sanção máxima da justa causa" (TRT-24 00247031320145240001, Relator: NICANOR DE ARAUJO LIMA, 1ª TURMA, Data de Publicação: 29/06/2015).

367. "RECURSO ORDINÁRIO DA RECLAMADA - JUSTA CAUSA - GREVE ABUSIVA - A princípio, a mera participação em greve, mesmo considerada ilegal, não autoriza, por si só, a dispensa por justa causa. Há de ser demonstrada a conduta reprovável e os atos lesivos ao patrimônio da empresa ou a terceiros, passíveis de enquadramento nas hipóteses previstas no art. 482, b, e, h (...)". (Processo: RO - 0001170-09.2012.5.06.0191 Redator: Sergio Torres Teixeira, Data de julgamento: 21/05/2014, Primeira Turma, Data de publicação: 01/06/2014).

368. "ADESÃO A MOVIMENTO PAREDISTA. APLICAÇÃO DA JUSTA CAUSA. IMPOSSIBILIDADE. A adesão à greve, por si só, não constitui falta grave, consoante a Súmula 316 do STF, não podendo, portanto, ser considerada motivo suficiente para a dação de justa causa. E diga-se que se a greve é um direito, não pode caracterizar falta grave a mera participação, daí porque o verbete tem aplicação nos casos de greves declaradas abusivas e ilegais, mesmo porque o art. 9º da Constituição da República assegura não só o direito de greve como também estabelece que compete aos trabalhadores decidir sobre a oportunidade de exercê-lo e sobre os interesses que devam por meio dele defender" (TRT-3 - RO: 00544201014803003 0000544-74.2010.5.03.0148, Relator: Convocado Maurilio Brasil, Quinta Turma, Data de Publicação: 6/11/2010, 12/11/2010).

369. Cf. GARCIA, Gustavo Filipe Barbosa, *op.cit.*, p. 641.

Dessa forma, é imperativo que seja revista a jurisprudência do Tribunal Superior do Trabalho, a qual atualmente admite que os tribunais trabalhistas apreciem as reivindicações econômicas da categoria no caso de deflagração de greve[370]. Igualmente, deve-se prestigiar o entendimento de que é não é possível que o tribunal determine aos grevistas o retorno ao serviço e que "autorize" a efetivação de dispensas por justa causa no caso de descumprimento da determinação. Essa é a única maneira de preservar a coerência com a diretriz firmada pelo Supremo Tribunal Federal na ADI 3423.

14.3. Dissídio coletivo e pessoas jurídicas de direito público

Coerentemente com a jurisprudência que nega aos servidores públicos o direito à negociação coletiva e à celebração de convenções e de acordos coletivos de trabalho, o Supremo Tribunal Federal tem decidido pela impossibilidade de ajuizamento de dissídio coletivo por entes sindicais representativos de servidores públicos[371].

A jurisprudência do TST, que inicialmente rejeitava em absoluto a possibilidade de celebração de acordo coletivo por pessoa jurídica de direito público que mantivesse empregados[372], passou a admitir, após a ratificação da Convenção nº

---

370. "I - RECURSO ORDINÁRIO. PROCESSO SOB A ÉGIDE DA LEI 13.467/2017. DISSÍDIO COLETIVO DE NATUREZA ECONÔMICA. NOVA REDAÇÃO DO § 2º DO ARTIGO 114 DA CONSTITUIÇÃO ATUAL APÓS A PROMULGAÇÃO DA EMENDA CONSTITUCIONAL Nº 45/2004. COMUM ACORDO. A Seção Especializada em Dissídios Coletivos deste Tribunal Superior do Trabalho firmou jurisprudência no sentido de que a nova redação do § 2º do artigo 114 da Constituição Federal estabeleceu o pressuposto processual intransponível do mútuo consenso das partes para o ajuizamento do dissídio coletivo de natureza econômica. A EC nº 45/2004, incorporando críticas a esse processo especial coletivo, por traduzir excessiva intervenção estatal em matéria própria à criação de normas, o que seria inadequado ao efetivo Estado Democrático de Direito instituído pela Constituição (de modo a preservar com os sindicatos, pela via da negociação coletiva, a geração de novos institutos e regras trabalhistas, e não com o Judiciário), fixou o pressuposto processual restritivo do § 2º do art. 114, em sua nova redação. Nesse novo quadro jurídico, apenas havendo "mútuo acordo" ou em casos de greve, é que o dissídio de natureza econômica pode ser tramitado na Justiça do Trabalho. No caso concreto, as entidades sindicais da categoria econômica arguiram, em contestação, a referida preliminar, impedindo a incidência do poder normativo sobre as relações de trabalho existentes entre as Partes. Recurso ordinário desprovido" (ROT-1672-42.2018.5.09.0000, Seção Especializada em Dissídios Coletivos, Relator Ministro Mauricio Godinho Delgado, DEJT 01/10/2020).

371. "Agravo regimental no recurso extraordinário. Direito do trabalho. Dissídio coletivo. Instauração contra ente público. Impossibilidade. Inexistência de previsão constitucional. Precedentes. 1. A jurisprudência firmada na Corte é no sentido de que os servidores públicos não têm direito à negociação e ao dissídio coletivos, instrumentos que são inerentes aos trabalhadores da iniciativa privada. 2. Agravo regimental não provido" (RE 588461 AgR, Relator(a): DIAS TOFFOLI, Segunda Turma, julgado em 23/03/2018).

372. Como exemplo dessa tendência já superada, a seguinte ementa: "RECURSO DE REVISTA. AUTARQUIA. DIFERENÇAS SALARIAIS. ACORDO COLETIVO A Constituição Federal de 1988 (art. 39, § 3º) não reconhece aos servidores públicos, gênero do qual o empregado público é espécie, o direito a firmar acordo ou convenção coletivos (inciso XXVI do art. 7º). A concessão de qualquer vantagem ou aumento de remuneração, a qualquer título, pelos órgãos e entidades da Administração Direta ou Indireta , inclusive autarquia, somente é legítima se reunidos três requisitos: a) prévia dotação orçamentária suficiente para atender às projeções de despesa de pessoal e aos acréscimos dela decorrentes; b)

151 pelo Brasil, o ajuizamento de dissídio coletivo exclusivamente para apreciação de cláusulas de natureza social, conforme orientação jurisprudencial nº 5 da Seção de Dissídios Coletivos[373]. Se é possível o ajuizamento de dissídio coletivo a respeito, que resulta em intervenção jurisdicional no julgamento do conflito coletivo, com muito mais razão é legítima a celebração de instrumentos coletivos a respeito[374], pois resultam da solução do conflito pelos próprios interessados.

Cláusulas sociais são aquelas que não geram impacto orçamentário aos cofres públicos, por não consistirem em aumento de remuneração ou em atribuição de vantagens pecuniárias ao servidor. Como exemplos, tem-se a previsão de estabilidade pré-aposentadoria; critérios para aceitação de atestados médicos particulares, para fins de abono de faltas, entre outros.

14.4. Limites do poder normativo da Justiça do Trabalho

Antes mesmo da EC 45/2005, que instituiu a exigência do *comum acordo* para o processamento de dissídio coletivo de natureza econômica, a jurisprudência do Supremo Tribunal Federal já vinha reduzindo a amplitude do poder normativo da Justiça do Trabalho.

A jurisprudência da Corte, desde o período anterior à Constituição de 1988, não admitia que os dissídios coletivos deferissem vantagens já regulamentadas em lei ou que, de acordo com o texto constitucional, estivessem sujeitas à reserva de lei[375].

---

autorização específica na lei de diretrizes orçamentárias; c) cumprimento dos parâmetros estabelecidos na Lei de Responsabilidade Fiscal (inteligência dos arts. 37, *caput* , X, 39, § 3º, e 169, *caput* e §§ 1º, I e II, e 2º, da CF/88 e L.C. nº 101/2001). Revista conhecida e provida" (RR-135300-33.2003.5.02.0038, 3ª Turma, Relatora Ministra Rosa Maria Weber Candiota da Rosa, DEJT 10/10/2008).

373. OJ 5 da SDC: DISSÍDIO COLETIVO. PESSOA JURÍDICA DE DIREITO PÚBLICO. POSSIBILIDADE JURÍDICA. CLÁUSULA DE NATUREZA SOCIAL. Em face de pessoa jurídica de direito público que mantenha empregados, cabe dissídio coletivo exclusivamente para apreciação de cláusulas de natureza social. Inteligência da Convenção nº 151 da Organização Internacional do Trabalho, ratificada pelo Decreto Legislativo nº 206/2010.

374. Nesse sentido, representando a tendência atual da jurisprudência: "RECURSOS DE REVISTA DA RECLAMADA E DO MINISTÉRIO PÚBLICO DO TRABALHO. ANÁLISE CONJUNTA. FUNDAÇÃO PÚBLICA. REAJUSTES SALARIAIS PREVISTOS EM NORMAS COLETIVAS. AUMENTO DE DESPESAS COM PESSOAL. INAPLICABILIDADE. NEGOCIAÇÃO COLETIVA PERMITIDA APENAS EM TORNO DAS CHAMADAS CLÁSULAS SOCIAIS, SEM CONTEÚDO ECONÔMICO. Emerge do disposto no § 3º do art. 39 c/c com o art. 7º, XXVI, da CF , que não se reconhece, regra geral, à Administração Pública , a possibilidade de firmar convenção ou acordo coletivo de trabalho sobre verbas de cunho essencialmente econômico-financeiro, resguardada a negociação coletiva na área pública à seara eminentemente social (cláusulas sociais). Ainda por imposição da Constituição Federal, compete à lei, em sentido estrito, a fixação de limites do gasto com pessoal, sendo imprescindível a sua previsão em lei orçamentária (art. 169) e sua iniciativa pelo Poder Executivo (art. 61, § 1º, II, a, CF). Desse modo, o ente público encontra-se proibido de firmar convenção coletiva sobre vantagens remuneratórias, já que não possui autonomia para dispor sobre despesas, salvo se expressamente autorizado por lei e respeitados os limites nela previstos. Nesta linha, há inclusive a OJ 05 da SDC desta Corte Superior. Recursos de revista conhecidos e providos" (RR-161400-48.2006.5.02.0061, 3ª Turma, Relator Ministro Mauricio Godinho Delgado, DEJT 31/08/2012).

375. "RECURSO EXTRAORDINÁRIO. TRABALHISTA. DISSÍDIO COLETIVO. AUSÊNCIA DE PREVISÃO LEGAL PARA CLÁUSULAS DEFERIDAS. PODER NORMATIVO DA JUSTIÇA DO TRABALHO:

Sob a vigência da atual Constituição, o STF manteve o mesmo entendimento, mencionando que as cláusulas deferidas em sentença normativa deveriam encontrar "suporte na lei"[376], ou operar no "vazio da lei"[377]. Dessa forma, o tribunal trabalhista, em dissídio coletivo de natureza econômica, não pode fixar cláusulas:

- (i) que contrariem o texto constitucional, tais como: fixação de piso salarial vinculado ao salário mínimo, em afronta ao art. 7º, IV, da CF; estabilidade temporária no emprego, pois o tema depende de lei complementar (CF, art. 7º, I);
- (ii) que versem sobre temas reservados, pela Constituição, à lei em sentido formal, tais como o aviso prévio proporcional (CF, art. 7º, XXI);
- (iii) que contrariem preceito de lei, já que o poder normativo da Justiça do Trabalho está sujeito à supremacia da lei formal, nos termos do art. 114, §2º, da CF. Inválida, assim, por exemplo, cláusula normativa que estabeleça a antecipação para junho da primeira parcela do 13º salário, pois o tema é regulamentado de forma diversa pelo art. 2º da Lei nº 4.749/65[378].

Exemplificativamente, de outro lado, por não se enquadrarem em tais vedações, a Corte admite cláusulas normativas sobre os seguintes temas: reajuste salarial; multa pela falta de pagamento de dia de trabalho; construção de abrigos para a proteção dos trabalhadores; fornecimento de listas de empregados ao sindicato; afixação de quadro de avisos na sede do estabelecimento empresarial.

O entendimento tem sido reiterado pelo Tribunal mais recentemente[379].

LIMITES NA LEI. 1. A jurisprudência da Corte é no sentido de que as cláusulas deferidas em sentença normativa proferida em dissídio coletivo só podem ser impostas se encontrarem suporte na lei. 2. Sempre que a Justiça do Trabalho editar regra jurídica, há de apontar a lei que lho permitiu. Se o caso não se enquadra na classe daqueles que a especificação legal discerniu, para dentro dela se exercer a sua atividade normativa, está a Corte Especializada a exorbitar das funções constitucionalmente delimitadas. 3. A atribuição para resolver dissídios individuais e coletivos, necessariamente in concreto, de modo algum lhe dá a competência legiferante. Recurso extraordinário conhecido e provido" (RE 114836, Relator(a): MAURÍCIO CORRÊA, Segunda Turma, julgado em 01/12/1997).

376. Idem.

377. RE 197911, Relator(a): OCTAVIO GALLOTTI, Primeira Turma, julgado em 24/09/1996.

378. Art. 2º - Entre os meses de fevereiro e novembro de cada ano, o empregador pagará, como adiantamento da gratificação referida no artigo precedente, de uma só vez, metade do salário recebido pelo respectivo empregado no mês anterior

379. "Agravo regimental no recurso extraordinário. Trabalhista. Dissídio coletivo. Poder normativo da Justiça do Trabalho. Limitações. Precedentes. 1. A jurisprudência do Supremo Tribunal Federal pacificou o entendimento de que o poder normativo da Justiça do Trabalho encontra limites nas disposições constitucionais e legais pertinentes. 2. Inadmissível, em recurso extraordinário, o reexame de normas de leis ordinárias, para a constatação de que, houve, no caso, extrapolação do poder normativo da Justiça do

14.5. Coisa julgada e ação de cumprimento

Interessante questão, já apreciada em diversas ocasiões pelo Supremo Tribunal Federal, é o da coisa julgada em ação de cumprimento, nas hipóteses em que a decisão é baseada em cláusula normativa de dissídio coletivo que vem a ser suprimida ou anulada em grau de recurso.

Embora o tema haja sido objeto de debate entre os ministros, a jurisprudência que se consolidou no âmbito da Suprema Corte[380] consona com a Súmula 397 do Tribunal Superior do Trabalho, segundo a qual não cabe ação rescisória contra decisão transitada em julgado proferida em ação de cumprimento, na hipótese em que a sentença normativa – que constituía fundamento da condenação na ação de cumprimento – é modificada em grau recursal. Nessa ótica, basta o oferecimento de exceção de pré-executividade ou a impetração de mandado de segurança para fazer cessar a execução.

Segundo a corrente vencida, deveria ser respeitada a coisa julgada formada na ação de cumprimento, até que viesse a ser, eventualmente, desconstituída por ação rescisória.

A Súmula 397 do Tribunal Superior do Trabalho afirma categoricamente que, em dissídio coletivo, forma-se apenas coisa julgada formal[381]. O verbete parece partir da premissa de que, como as cláusulas de sentença normativa não se integram definitivamente aos contratos de trabalho e podem ser modificadas em grau recursal, não haveria formação de coisa julgada material.

No entanto, toda e qualquer sentença judicial (em dissídios individuais ou coletivos), caso trate de relações jurídicas continuativas, está sujeita à cláusula *rebus sic stantibus*, ou seja, pode ser modificada caso se altere o cenário fático e jurídico vigente[382]. Assim, do ponto de vista teórico, não é possível explicar a

---

Trabalho. 3. Agravo regimental não provido" (RE 595789 AgR, Relator(a): DIAS TOFFOLI, Primeira Turma, julgado em 17/09/2013).

380. "DIREITO PROCESSUAL. RECURSO EXTRAORDINÁRIO. DISSÍDIO COLETIVO. EXTINÇÃO DA AÇÃO DE CUMPRIMENTO DIANTE DA PERDA DE EFICÁCIA DA SENTENÇA NORMATIVA. AUSÊNCIA DE VIOLAÇÃO À COISA JULGADA. 1. A extinção da ação de cumprimento, quando decorrente da perda da eficácia da sentença normativa que a ensejou, não implica violação à coisa julgada. Precedente: RE 394.051 - AgR, Rel. Min. Dias Toffoli. 2. O acórdão do Tribunal de origem apresenta fundamentação suficiente, embora em sentido contrário aos interesses da parte recorrente, circunstância que não configura violação ao arts. 5º, LIV e LV, e 93, IX, da CF/88. 3. Recurso extraordinário a que se nega provimento" (RE 428154, Relator(a): MARCO AURÉLIO, Relator(a) p/ Acórdão: ROBERTO BARROSO, Tribunal Pleno, julgado em 07/05/2015).

381. TST, súmula 397: Não procede ação rescisória calcada em ofensa à coisa julgada perpetrada por decisão proferida em ação de cumprimento, em face de a sentença normativa, na qual se louvava, ter sido modificada em grau de recurso, porque em dissídio coletivo somente se consubstancia coisa julgada formal. Assim, os meios processuais aptos a atacarem a execução da cláusula reformada são a exceção de pré-executividade e o mandado de segurança, no caso de descumprimento do art. 514 do CPC de 2015 (art. 572 do CPC de 1973).

382. Sobre o tema, ver Capítulo XX, item 4.3.

possibilidade de modificação da sentença normativa com base no suposto fato de ela não formar coisa julgada material.

Para bem compreender o ponto, figure-se a seguinte hipótese: a categoria dos metalúrgicos de determinada região ingressa com dissídio coletivo de natureza econômica e postula a concessão de auxílio-creche, o que é concedido pela sentença normativa do TRT. A empresa, então, interpõe recurso ordinário para o TST, contra tal sentença normativa; contudo, como tal recurso não tem efeito suspensivo, o empregado *X* (que integra a categoria profissional referida) ajuíza ação de cumprimento e obtém, nesta, julgamento de procedência do pedido de condenação de seu empregador ao pagamento do auxílio-creche fixado na sentença normativa. A decisão na ação de cumprimento (ação individual) transita em julgado e, posteriormente, o TST dá provimento ao recurso do empregador no dissídio coletivo (interposto contra a sentença normativa que lastreou a condenação no processo individual).

A partir da situação narrada, fica fácil perceber que a execução individual na ação de cumprimento (movida pelo empregado *X*, na hipótese apresentada) é fundada em título provisório, já que a sentença normativa é objeto de recurso para o TST. Assim, realmente não cabe ação rescisória contra a sentença proferida na ação de cumprimento, já que a execução movida na ação individual tem o regime jurídico semelhante ao do cumprimento provisório de sentença, em virtude da interposição de recurso contra a sentença normativa. Basta que o executado junte simples petição demonstrando que a sentença normativa foi modificada, em grau de recurso, pelo TST.

Ora, é evidente que a sentença normativa não transita em julgado imediatamente. Enquanto não transcorrer o prazo recursal e não for decidido o recurso eventualmente interposto, não há formação de coisa julgada, material nem de coisa julgada formal. Portanto, a Súmula 397 do TST parte de premissa equivocada quando pretende explicar o não cabimento de ação rescisória (contra a decisão da ação individual de cumprimento) pelo suposto fato de que no dissídio coletivo somente se forma coisa julgada formal: na verdade, enquanto não for julgado o recurso no dissídio coletivo, não há qualquer espécie de coisa julgada na ação coletiva e, consequentemente, a execução individual será provisória.

A peculiaridade da sentença normativa é que o recurso cabível não tem efeito suspensivo *ope legis*. É justamente isso que permite o ajuizamento de ações de cumprimento, de forma imediata, pelos trabalhadores integrantes da categoria beneficiada. Além disso, o art. 6º, §3º, da Lei nº 4.725/65[383], estatui que o provimento do recurso não implica repetição de indébito quanto às van-

383. Art. 6º, §3º - O provimento do recurso não importará na restituição dos salários ou vantagens pagos, em execução do julgado.

tagens já recebidas pelos trabalhadores; vale dizer, o que já tiver sido pago pela empresa (espontaneamente ou em execução judicial forçada) não será passível de restituição.

Na verdade – ao contrário do que diz a Súmula 397 –, no dissídio coletivo forma-se, sim, coisa julgada material, após a decisão definitiva dos recursos eventualmente interpostos. Prova disso é que a Lei nº 7.701/88 prevê, no art. 2º, I, *c*, o cabimento de ação rescisória contra sentença normativa. Evidentemente, como qualquer outra decisão judicial acerca de relação jurídica continuativa, a sentença normativa pode ser revista e modificada em grau de recurso ou por meio de dissídio coletivo de revisão (o qual faz as vezes de uma ação revisional).

14.6. Outras decisões sobre dissídios coletivos

Na ADI 4364[384], o STF reconheceu não violar o poder normativo da Justiça do Trabalho lei estadual que fixe piso salarial ressalvando apenas categorias profissionais que já tenham piso fixado em lei federal, acordo coletivo de trabalho ou convenção coletiva de trabalho, sem nada mencionar quanto aos dissídios coletivos.

A decisão se revela acertada, pois a LC 103/2000 delega aos estados a possibilidade de fixação de pisos salariais, desde que não haja piso fixado em lei federal, convenção ou acordo coletivo de trabalho. Além disso, há coerência com as decisões da própria Suprema Corte que consideram ser inviável a fixação de pisos salariais em dissídios coletivos, conforme demonstrado nos tópicos anteriores.

Por fim, veja-se que o STF tem afirmado que a análise de eventual conflito entre regulamento empresarial e sentença normativa proferida em dissídio coletivo é tema infraconstitucional, que não enseja a abertura da via recursal extraordinária[385]. De fato, o regulamento empresarial adere aos contratos de trabalho como se fosse cláusula contratual, e a sentença normativa tem eficácia de lei. O confronto entre ambos, portanto, se equipara à análise das relações entre o contrato de trabalho e a lei em sentido formal. Eventual violação à Constituição (como ao princípio da legalidade, por exemplo), caso existente, será sempre indireta ou reflexa em tais hipóteses.

384. ADI 4364, Relator(a): DIAS TOFFOLI, Tribunal Pleno, julgado em 02/03/2011.

385. "AGRAVO REGIMENTAL EM RECURSO EXTRAORDINÁRIO. MATÉRIA TRABALHISTA. CONFLITO ENTRE REGULAMENTO INTERNO EMPRESARIAL E SENTENÇA NORMATIVA PROFERIDA EM DISSÍDIO COLETIVO. TEMA INFRACONSTITUCIONAL, QUE NÃO ENSEJA A ABERTURA DA VIA RECURSAL EXTRAORDINÁRIA. PRECEDENTES. Agravo regimental desprovido" (RE 355801 AgR, Relator(a): AYRES BRITTO, Primeira Turma, julgado em 06/04/2010).

15. DUPLO GRAU DE JURISDIÇÃO

Referências normativas e jurisprudenciais	
Constituição	Art. 5º Todos são iguais perante a lei, sem distinção de qualquer natureza, garantindo-se aos brasileiros e aos estrangeiros residentes no País a inviolabilidade do direito à vida, à liberdade, à igualdade, à segurança e à propriedade, nos termos seguintes; (...) LIV - ninguém será privado da liberdade ou de seus bens sem o devido processo legal (...). Art. 108. Compete aos Tribunais Regionais Federais: II - julgar, em grau de recurso, as causas decididas pelos juízes federais e pelos juízes estaduais no exercício da competência federal da área de sua jurisdição.
Legislação infra-constitucional	Lei nº 6.830/80, art. 34 - Das sentenças de primeira instância proferidas em execuções de valor igual ou inferior a 50 (cinquenta) Obrigações Reajustáveis do Tesouro Nacional - ORTN, só se admitirão embargos infringentes e de declaração. § 1º - Para os efeitos deste artigo considerar-se-á o valor da dívida monetariamente atualizado e acrescido de multa e juros de mora e de mais encargos legais, na data da distribuição. § 2º - Os embargos infringentes, instruídos, ou não, com documentos novos, serão deduzidos, no prazo de 10 (dez) dias perante o mesmo Juízo, em petição fundamentada. § 3º - Ouvido o embargado, no prazo de 10 (dez) dias, serão os autos conclusos ao Juiz, que, dentro de 20 (vinte) dias, os rejeitará ou reformará a sentença.
Súmulas e teses de repercussão geral	Tema 408 (ARE 637975) - É compatível com a Constituição o art. 34 da Lei 6.830/1980, que afirma incabível apelação em casos de execução fiscal cujo valor seja inferior a 50 ORTN.
Julgados paradigmáticos	ARE 637975

Duplo grau de jurisdição significa que os interessados têm o direito de provocar, por meio da interposição de recurso, o reexame de determinada decisão, por órgão jurisdicional diferente daquele que prolatou a decisão originária.

É bastante controvertida em doutrina a existência do princípio do duplo grau de jurisdição. Contrariamente, argumenta-se que não há qualquer dispositivo no ordenamento jurídico que positive o princípio, e que seria possível a supressão de recursos pelo legislador. No entanto, é seguro afirmar que se trata de princípio constitucional implícito, tanto no Processo do Trabalho, quanto no Processo Civil.

De fato, a Constituição prevê a existência de diversos órgãos jurisdicionais hierarquizados, estabelecendo que os Tribunais detêm competência para o julgamento de recursos. Por exemplo, no art. 108, II, da CF[386], estipula-se que os Tribunais Regionais Federais têm competência para julgar os recursos interpostos contra decisões dos Juízes Federais. Ora, não faria sentido essa previsão se a regra geral fosse a inexistência de recursos.

O princípio geral, portanto, é o de que as decisões judiciais são recorríveis. Contudo, como todo princípio, o duplo grau de jurisdição pode ser validamente ponderado pelo legislador (ordinário ou constitucional), notadamente com o princípio da duração razoável do processo e com a economia processual.

Assim, a Constituição estabelece a competência originária do STF para o julgamento de determinadas causas, como aquelas atinentes a infrações penais cometidas pelo Presidente da República (CF, art. 102, I, *b*)[387]. Não há possibilidade de recurso, pois não há órgão jurisdicional que se sobreponha ao STF.

A lei infraconstitucional também pode eliminar o duplo grau em determinadas causas, conforme já decidido pelo STF em repercussão geral[388]. Trata-se do poder de conformação pelo legislador infraconstitucional. O único exemplo atualmente existente no Processo do Trabalho é o das execuções fiscais com valor igual ou inferior a 50 (cinquenta) Obrigações Reajustáveis do Tesouro Nacional - ORTN, só se admitindo embargos infringentes e de declaração (Lei nº 6.830/80, art. 34, *caput* e §2º)[389]. Esses recursos são julgados pelo mesmo órgão jurisdicional de primeira instância que prolatou a decisão recorrida. Portanto, não há, nesses casos, duplo grau de jurisdição, que pressupõe, conforme já dito, a possibilidade de reapreciação por órgão distinto.

Na visão do legislador, o impacto financeiro é tão pequeno, em função do diminuto valor da causa, que não se justifica o cabimento de recursos, os quais resultam no prolongamento do uso da máquina judiciária, o que, sabidamen-

---

386. Art. 108. Compete aos Tribunais Regionais Federais:

II - julgar, em grau de recurso, as causas decididas pelos juízes federais e pelos juízes estaduais no exercício da competência federal da área de sua jurisdição.

387. Art. 102. Compete ao Supremo Tribunal Federal, precipuamente, a guarda da Constituição, cabendo-lhe:

I - processar e julgar, originariamente:

b) nas infrações penais comuns, o Presidente da República, o Vice-Presidente, os membros do Congresso Nacional, seus próprios Ministros e o Procurador-Geral da República.

388. "RECURSO. Agravo convertido em Extraordinário. Apelação em execução fiscal. Cabimento. Valor inferior a 50 ORTN. Constitucionalidade. Repercussão geral reconhecida. Precedentes. Reafirmação da jurisprudência. Recurso improvido. É compatível com a Constituição norma que afirma incabível apelação em casos de execução fiscal cujo valor seja inferior a 50 ORTN" (ARE 637975 RG, Relator(a): MINISTRO PRESIDENTE, Tribunal Pleno, julgado em 09/06/2011).

389. Art. 34 - Das sentenças de primeira instância proferidas em execuções de valor igual ou inferior a 50 (cinqüenta) Obrigações Reajustáveis do Tesouro Nacional - ORTN, só se admitirão embargos infringentes e de declaração.

§ 2º - Os embargos infringentes, instruídos, ou não, com documentos novos, serão deduzidos, no prazo de 10 (dez) dias perante o mesmo Juízo, em petição fundamentada.

te, pressupõe recursos financeiros para que os processos possam tramitar na instância recursal.

Embora grande parte da doutrina sustente em sentido contrário, veja-se que, nos dissídios trabalhistas sujeitos ao procedimento sumário (também chamados dissídios de alçada, aplicáveis para as causas cujo valor não ultrapasse dois salários mínimos), há, sim, duplo grau de jurisdição. De fato, o art. 2º, §4º, da Lei nº 5.584/70[390] restringe o âmbito de matérias passíveis de arguição no recurso (só cabe recurso que versar sobre matéria constitucional), mas não o elimina. Há, aqui, limitação do efeito devolutivo do recurso, mas é preservada a possibilidade de apreciação por órgão distinto do que prolatou a decisão, restando intacto, portanto, o princípio do duplo grau.

16. EXECUÇÃO

Referências normativas e jurisprudenciais	
Constituição	Art. 5º Todos são iguais perante a lei, sem distinção de qualquer natureza, garantindo-se aos brasileiros e aos estrangeiros residentes no País a inviolabilidade do direito à vida, à liberdade, à igualdade, à segurança e à propriedade, nos termos seguintes; (...)
Legislação infraconstitucional	CPC, Art. 833. São impenhoráveis: (...) IX - os recursos públicos recebidos por instituições privadas para aplicação compulsória em educação, saúde ou assistência social (...). Lei 8.009/90, art. 3º A impenhorabilidade é oponível em qualquer processo de execução civil, fiscal, previdenciária, trabalhista ou de outra natureza, salvo se movido: (...) VII - por obrigação decorrente de fiança concedida em contrato de locação.
Súmulas e teses de repercussão geral	Tema 295 (RE 612360): É constitucional a penhora de bem de família pertencente a fiador de contrato de locação, em virtude da compatibilidade da exceção prevista no art. 3°, VII, da Lei 8.009/1990 com o direito à moradia consagrado no art. 6° da Constituição Federal, com redação da EC 26/2000. Tema 961 (ARE 1038507): É impenhorável a pequena propriedade rural familiar constituída de mais de 01 (um) terreno, desde que contínuos e com área total inferior a 04 (quatro) módulos fiscais do município de localização
Julgados paradigmáticos	ADPF 114 MC, 275, 484, 485 MC ARE 1038507 RE 612360

390. § 4º - Salvo se versarem sobre matéria constitucional, nenhum recurso caberá das sentenças proferidas nos dissídios da alçada a que se refere o parágrafo anterior, considerado, para esse fim, o valor do salário mínimo à data do ajuizamento da ação.

16.1. Impenhorabilidade de recursos públicos destinados à educação

Na ADPF 448[391], o Supremo Tribunal Federal declarou a inconstitucionalidade de quaisquer medidas constritivas (*v.g.*, penhora, sequestro e arresto) que recaiam sobre verbas públicas destinadas à educação e que sejam geridas

---

391. "ARGUIÇÃO DE DESCUMPRIMENTO DE PRECEITO FUNDAMENTAL. INTERPRETAÇÃO JUDICIAL COMO OBJETO DE CONTROLE. POSSIBILIDADE. SUBSIDIARIEDADE. INEXISTÊNCIA DE OUTRO MEIO PARA SANAR A LESÃO OU AMEAÇA EM CARÁTER AMPLO. DECISÕES JUDICIAIS QUE RESULTARAM NO BLOQUEIO, PENHORA OU SEQUESTRO, PARA O FIM DE PAGAMENTO DE DÍVIDAS TRABALHISTAS, DE VERBAS DO ESTADO DO AMAPÁ, DAS CAIXAS ESCOLARES E DAS UNIDADES DESCENTRALIZADAS DE EXECUÇÃO DA EDUCAÇÃO - UDEs, DESTINADAS À MERENDA, AO TRANSPORTE DE ALUNOS E À MANUTENÇÃO DAS ESCOLAS PÚBLICAS. OFENSA AOS PRINCÍPIOS DA SEPARAÇÕES DOS PODERES E DO FOMENTO À EDUCAÇÃO. NATUREZA PRIVADA DAS UNIDADES EXECUTORAS. REPASSE DE VERBAS. DESCENTRALIZAÇÃO DA GESTÃO FINANCEIRA. NÃO CARACTERIZAÇÃO DAS PRERROGATIVAS DA FAZENDA PÚBLICA. NÃO SUJEIÇÃO AO REGIME DE PRECATÓRIO ARGUIÇÃO DE DESCUMPRIMENTO DE PRECEITO FUNDAMENTAL CONHECIDA E JULGADO PARCIALMENTE PROCEDENTE O PEDIDO. 1. O direito social à educação (artigos 6º e 205 e seguintes da Constituição), bem como a prioridade absoluta de proteção às crianças e aos adolescentes, em respeito à condição peculiar de pessoas em desenvolvimento que são (artigo 227 da Constituição), justificam a especial proteção constitucional dos valores necessários à aplicação efetiva dos recursos públicos destinados à concretização dos efetivos direitos. 2. Os princípios da separação dos poderes e do fomento à educação são violados por decisões judiciais que gerem bloqueio, penhora ou sequestro, para fins de quitação de débitos trabalhistas, de verbas públicas destinadas à merenda, ao transporte de alunos e à manutenção das escolas públicas. 3. A proteção constitucional a direitos individuais e a garantias fundamentais, inclusive de ordem trabalhista, convive com a impenhorabilidade, in casu, sob a ratio de que estão afetados a finalidades públicas e à realização das atividades e serviços públicos decorrentes do exercício obrigatório da função administrativa. 4. O artigo 167, VI, da Constituição proíbe a transposição, o remanejamento ou a transferência de recursos de uma categoria de programação para outra ou de um órgão para outro, sem prévia autorização legislativa, mandamento esse que também vincula o Judiciário. Isso porque as regras sobre aprovação e gestão orçamentárias consagram mecanismos de freios e contrapesos essenciais ao regular funcionamento das instituições republicanas e democráticas e à concretização do princípio da separação dos poderes. 5. As Unidades Executoras funcionam por meio de repasses de verbas para associações privadas sem fins lucrativos. Essa medida de descentralização da gestão financeira na prestação de serviços educacionais configura escolha de alocação de recursos plenamente legítima, inserida na margem de conformação das decisões de agentes políticos. No entanto, a transferência não descaracteriza a natureza eminentemente privada das Caixas Escolares, razão pela qual não lhes é aplicável o regime jurídico da Fazenda Pública. Se a associação privada conta com a agilidade do setor privado para posicionar-se como credora, que o faça para posicionar-se como devedora. 6. A arguição de descumprimento de preceito fundamental para evitar ou reparar lesão a preceito fundamental decorrente de atos judiciais é via processual que atende ao requisito da subsidiariedade, mercê de não existir outro instrumento para sanar a controvérsia com caráter abrangente e imediato, ou com a mesma eficácia e celeridade. 7. Arguição de descumprimento de preceito fundamental conhecida e julgado PARCIALMENTE PROCEDENTE o pedido, para declarar a inconstitucionalidade de quaisquer medidas de constrição judicial proferidas pelo Tribunal Regional do Trabalho da 8ª Região, pelo Tribunal Regional Federal da 1ª Região e pelo Tribunal de Justiça do Estado do Amapá, em desfavor do Estado do Amapá, das Caixas Escolares ou das Unidades Descentralizadas de Execução da Educação – UDEs, que recaiam sobre verbas destinadas à educação, confirmando os termos da medida cautelar anteriormente concedida, bem como para afastar a submissão ao regime de precatório das Caixas Escolares ou Unidades Descentralizadas de Educação, em razão da sua natureza jurídica de direito privado, de não integrar a Administração Pública, de não compor o orçamento público e da ratio que inspira a gestão descentralizada da coisa pública" (ADPF 484, Relator(a): LUIZ FUX, Tribunal Pleno, julgado em 04/06/2020).

por entidades privadas. No caso, tratava-se de espécie de descentralização administrativa levada a efeito pelo Estado do Amapá, que havia transferido para Caixas Escolares e para Unidades Descentralizadas de Execução da Educação – UDEs, a gestão do serviço escolar. Para tanto, o Estado repassa a tais entidades verbas destinadas à merenda, ao transporte de alunos e à manutenção das escolas públicas. O voto condutor esclarece o ponto:

> Min. Luiz Fux (ADPF 484): [As Caixas Escolares, assim como os conselhos escolares, os colegiados escolares, as associações de pais e mestres e os círculos de pais, que consistem em Unidades Executoras Próprias – UEx] encontram-se inseridas em uma política de descentralização dos recursos destinados às escolas, intitulada Programa Dinheiro Direto na Escola – PDDE, que presta assistência financeira às escolas públicas da educação básica das redes estaduais, municipais e do Distrito Federal e às escolas privadas de educação especial mantidas por entidades sem fins lucrativos. Os recursos do programa são transferidos de acordo com o número de alunos e com o censo escolar do ano anterior ao do repasse. Conforme estabelecido na Medida Provisória 1.784, de 14 de dezembro de 1998, a assistência financeira a ser concedida a cada estabelecimento de ensino passou a ser admitida via repasse "diretamente à unidade executora ou à entidade representativa da comunidade escolar".

Afirmou-se, ainda, que tais unidades executoras, segundo o "Manual de Orientação para Constituição de Unidade Executora Própria (UEx)" deveriam possuir conta corrente específica e exclusiva para receber recursos repassados pelo Poder Público, sem prejuízo da possibilidade de serem titulares de outra(s) conta(s) corrente(s), já que é possível que sejam beneficiárias de outras fontes de receitas, como aquelas decorrentes da exploração de serviços de cantinas, de doações, de comercialização de material didático, festas, exibições, entre outros.

Na visão prevalecente no âmbito da Suprema Corte, apenas essas outras fontes de receitas, desvinculadas do patrimônio público, é que poderiam ser objeto de atos de constrição e expropriação. Quanto aos recursos públicos repassados para as unidades descentralizadas, seria inviável a penhora, pelos seguintes fundamentos: (i) separação de Poderes, já que o Judiciário não poderia realocar para pagamento de dívidas trabalhistas valores previstos no orçamento e direcionados à educação pública; (ii) a relevância constitucional do direito à educação, que deveria prevalecer em face da satisfação de credor trabalhista; (iii) necessidade de precatório para pagamento de débitos da Fazenda Pública; (iv) o art. 833, IX, do CPC, que veda expressamente a penhora de recursos públicos recebidos por instituições privadas para aplicação compulsória em educação, saúde ou assistência social.

Apesar da coerência de tal linha argumentativa, vale conferir os fundamentos da corrente vencida:

> Min. Marco Aurélio (ADPF 484): O que se pede nesta ação? Que as Caixas Escolares, as quais detêm personalidade jurídica própria de direito privado, não satisfaçam o que devido aos empregados que contratem. (...) E, então, articula-se – e (...) essas Caixas têm receitas diversificadas – com o fato de a Justiça do Trabalho vir bloqueando valores que seriam destinados à manutenção dessas escolas públicas, geridas não pelo Estado, como deveria fazê-lo, mas por essas interpostas pessoas de direito privado que são as Caixas Escolares. E o que houve? Essas Caixas contrataram, e contrataram sem concurso público – mas isso não está em jogo, e poderiam fazê-lo, a meu ver –, prestadores de serviços pela Consolidação das Leis do Trabalho. Deixaram de satisfazer verbas trabalhistas. (...) Como, agora, o Supremo dará uma carta em branco a essas Caixas Escolares, para não satisfazerem os débitos trabalhistas? O passo, Presidente, para mim, é demasiado largo.

De fato, a solução adotada pelo Pleno faz com que haja uma espécie de terceirização do serviço público sem que a instituição que passa a exercê-lo responda efetivamente pelas obrigações trabalhistas de seus empregados, o que dá um *cheque em branco* para o descumprimento da legislação trabalhista. Explica-se.

O serviço público de educação deveria ser, em princípio, exercido diretamente pelo próprio Estado. Admitindo-se a delegação do serviço, as entidades do terceiro setor (pessoas jurídicas sem fins lucrativos) passam a ser responsáveis primárias pelas obrigações trabalhistas dos seus empregados. Evidentemente, é essencial a contratação de pessoas físicas para prestarem serviços inerentes à educação, tais como o ensino propriamente dito, além de atividades de apoio (limpeza, conservação, cozinha etc.). Por isso, não se consegue compreender a seguinte passagem que consta do inteiro teor do acórdão:

> Min. Roberto Barroso (ADPF 484): No fundo, no fundo, acho que o erro mesmo está em a Caixa Escolar contratar empregados; aí está o problema, porque não penso ser esse o papel da Caixa Escolar. No Brasil, onde há contrato de trabalho, há reclamação trabalhista; é cultural. Portanto, considero impróprio que a Caixa Escolar contrate pessoas. Porém, se contratou, evidentemente, deve responder como qualquer pessoa jurídica de direito privado.

Embora a frase final do excerto acima afirme que as unidades descentralizadas respondam como qualquer pessoa jurídica de direito privado, na prática a decisão do STF pode gerar embaraços de difícil superação. Se a conta corrente utilizada para receber recursos públicos também for usada para o recebimento de receitas privadas da instituição, a confusão patrimonial daí resultante tornará difícil – ou impossível –, para o credor e para o juízo da execução, discriminar quais valores possam ser objeto de penhora. Portanto, a exclusividade do uso da conta corrente para recebimento dos recursos públicos deve ser rigidamente fiscalizada pelos órgãos competentes.

De todo modo, partindo da premissa de que os valores repassados pelo ente público não podem ser penhorados, veja-se que haverá grande dificuldade de efetivar a responsabilidade patrimonial do devedor (a própria unidade descentralizada).

Por isso mesmo, não se pode adotar a tese, já perfilhada por algumas decisões do TST[392], no sentido de que nos convênios administrativos, por haver convergência de interesses entre o ente público e a entidade do terceiro setor (sem fins lucrativos), não haveria responsabilidade subsidiária do Estado. Ao contrário, trata-se, como já dito, de nítida terceirização do serviço público, sendo imperioso o reconhecimento da responsabilidade do ente estatal. Pensar diferentemente faria com que se criasse uma figura de um crédito praticamente inexequível, pela dificuldade fática de promover a execução contra a empregadora. Evidentemente, a responsabilização do ente público pressuporá a observância da sistemática dos precatórios ou de requisição de pequeno valor.

De forma semelhante, na ADPF 114[393], a Suprema Corte decidiu que "os recursos públicos vinculados a convênios não podem ser bloqueados ou penhorados por decisão judicial para pagamento de débitos trabalhistas de sociedade de economia mista, ainda que as verbas tenham sido repassadas à estatal, em virtude do disposto no art. 167, VI e X, da CF/1988", e do princípio da separação de poderes (CF, art. 2º). O caso versava sobre convênios firmados pelo Estado do Piauí para obtenção de recursos federais para construção de barragens e para pavimentação de rodovias.

---

392. Assim, por exemplo: "AGRAVO DE INSTRUMENTO. ADMISSBILIDADE. RECURSO DE REVISTA. RESPONSABILIDADE SUBSIDIÁRIA. CONVÊNIO FIRMADO ENTRE MUNICÍPIO E ENTIDADE SEM FINS LUCRATIVOS. Revela má-aplicação da Súmula nº 331, IV, do Tribunal Superior do Trabalho, decisão do Tribunal Regional que mantém a responsabilidade subsidiária do ente federativo, não obstante ter havido convênio firmado para o atendimento de interesse público primário, em que sua atuação, junto à entidade sem fins lucrativos, foi de mera cooperação, sem fins lucrativos, repassando valores advindos da UNIÃO, da qual atendeu a diretivas na implantação de Programas de Saúde Complementar. Agravo de instrumento provido. RESPONSABILIDADE SUBSIDIÁRIA. CONVÊNIO FIRMADO ENTRE MUNICÍPIO E ENTIDADE SEM FINS LUCRATIVOS. CONSECUÇÃO DO INTERESSE PÚBLICO PRIMÁRIO POR CONVERGÊNCIA DE ATUAÇÃO PÚBLICO-PRIVADA. AUSÊNCIA DE RESPONSABILIDADE DO ENTE PÚBLICO. INAPLICABILIDADE DO TEOR DO ITEM IV DA SÚMULA Nº 331 DESTA CORTE . Ao fomentar a educação ou a saúde direitos constitucionais sociais insculpidos no artigo 6º da constituição de 1988, o Estado atua de maneira efetivar os direitos fundamentais, por todos os meios permitidos em nosso ordenamento jurídico. Nesse contexto, o mero repasse de verbas, por meio de convênio, para a Comissão de Bairros de Belém, com vistas à contratação de trabalhadores como Agentes Comunitários de Saúde, não configura hipótese de terceirização, mas implementação dos direitos fundamentais sociais, que se erigem em escopos precípuos da nação e, no caso, incentivados pelo legislador constitucional que, mediante o art. 199, § 1º, desejou ver a conjunção de esforços entre o Estado-administração e o Estado-Sociedade para a execução de programas de saúde complementar, preferencialmente com instituições sem fins lucrativos. Tem-se, portanto, que, no caso concreto, ocorreu não uma triangularização da relação produtiva ou uma alienação de força de trabalho em atividade essencial ou secundária, mas uma relação cooperativa de coordenação, mediante convênio, visando ao atendimento do interesse público primário, motivo pelo qual não se pode reconhecer responsabilidade subsidiária do Município de Belém. Recurso de revista conhecido e provido" (RR-145940-49.2005.5.08.0009, 5ª Turma, Relator Ministro Emmanoel Pereira, DEJT 28/11/2008).

393. ADPF 114, Relator(a): ROBERTO BARROSO, Tribunal Pleno, julgado em 23/08/2019.

16.2. Penhora do bem de família do fiador

Em repercussão geral[394], o STF ratificou entendimento já pacificado em sua jurisprudência[395] a respeito da constitucionalidade do art. 3º, VII, da Lei nº 8.009/90[396], no que admite a penhora do bem de família do fiador de contrato de locação de imóvel.

A visão minoritária se baseava no art. 6º da Constituição, que assegura o direito social à moradia. Daí se extrairia, nessa ótica, a inviabilidade de penhora e de expropriação de imóvel residencial em qualquer hipótese, pois a propriedade estaria, nessas hipóteses, atendendo à sua função social de concretizar o direito à moradia.

A corrente majoritária, entretanto, aplicando raciocínio consequencialista, considerou que a impenhorabilidade do bem de família do fiador, na verdade, conspiraria contra o direito fundamental à moradia. Isso porque seria gerado um desestímulo aos locadores de imóveis residenciais, os quais passariam a exigir outros tipos de garantias dos possíveis locatários, tais como fiança bancária, sendo certo que tais exigências onerariam ainda mais as pessoas que desejassem alugar imóvel.

Dessa forma, a impenhorabilidade geraria prejuízo ao direito à moradia por parte de quem não fosse proprietário, direito este que é titularizado por todos, e não apenas pelos proprietários de imóveis.

Depreende-se que o raciocínio da corrente majoritária se pauta em premissas extraídas das Ciências Econômicas, notadamente quanto ao fato de que incentivos podem alterar o comportamento de agentes do mercado[397]. No entanto, não foram consideradas diversas variáveis, como a possibilidade de uso de outras garantias fidejussórias ou reais e a existência de custos (como despesas condominiais e tributos) que poderiam estimular a locação mesmo com a impenhorabilidade do bem de família do fiador, entre outros. Ademais,

---

394. "CONSTITUCIONALIDADE DA PENHORA DO BEM DE FAMÍLIA DO FIADOR. RATIFICAÇÃO DA JURISPRUDÊNCIA FIRMADA POR ESTA SUPREMA CORTE. EXISTÊNCIA DE REPERCUSSÃO GERAL" (RE 612360 RG, Relator(a): ELLEN GRACIE, Tribunal Pleno, julgado em 13/08/2010).

395. Entendimento manifestado, por exemplo, no seguinte julgado: "FIADOR. Locação. Ação de despejo. Sentença de procedência. Execução. Responsabilidade solidária pelos débitos do afiançado. Penhora de seu imóvel residencial. Bem de família. Admissibilidade. Inexistência de afronta ao direito de moradia, previsto no art. 6º da CF. Constitucionalidade do art.3º, inc. VII, da Lei nº 8.009/90, com a redação da Lei nº 8.245/91. Recurso extraordinário desprovido. Votos vencidos. A penhorabilidade do bem de família do fiador do contrato de locação, objeto do art. 3º, inc. VII, da Lei nº 8.009, de 23 de março de 1990, com a redação da Lei nº 8.245, de 15 de outubro de 1991, não ofende o art. 6º da Constituição da República" (RE 407688, Relator(a): CEZAR PELUSO, Tribunal Pleno, julgado em 08/02/2006).

396. Art. 3º A impenhorabilidade é oponível em qualquer processo de execução civil, fiscal, previdenciária, trabalhista ou de outra natureza, salvo se movido: (...) VII - por obrigação decorrente de fiança concedida em contrato de locação.

397. Sobre o tema, v. MANKIW, N. Gregory. *Introdução à Economia*. Trad de *Principles of economis* (8. Ed.): Allan Vidigal Hastings, Elisete Paes e Lima; revisão técnica: Manuel José Nunes Pinto. São Paulo: Cengage, 2020, p. 6.

não houve embasamento empírico para o raciocínio empreendido pela corrente majoritária na Suprema Corte. Mereceria maior reflexão e aprofundamento, portanto, a ideia enunciada de que o reconhecimento da penhorabilidade do bem de família do fiador prejudicaria, por si só, os possíveis locatários de imóveis.

Está pendente de julgamento pela sistemática de repercussão geral (tema 1127 - RE 1307334) o tema da penhorabilidade do bem de família de fiador de contrato de locação comercial. Ambas as turmas do STF vêm decidindo no sentido de que, no caso de fiança vinculada à locação de imóvel comercial, o bem de família do fiador deve ser considerado impenhorável, pois se trata de conflito entre os direitos à livre iniciativa (= funcionamento da empresa) e à moradia (= impenhorabilidade do bem residencial do fiador), com prevalência deste em relação àquele[398-399].

16.3. Constrição de verbas públicas em função de créditos titularizados pelo devedor trabalhista

Na ADPF 485[400], o Supremo Tribunal Federal declarou a inconstitucionalidade da interpretação judicial que admita qualquer ato de constrição (penhora,

398. "AGRAVO REGIMENTAL NO RECURSO EXTRAORDINÁRIO COM AGRAVO. DIREITO CIVIL. DIREITO À MORADIA. CONTRATO DE LOCAÇÃO DE IMÓVEL COMERCIAL. IMPENHORABILIDADE DO BEM DE FAMÍLIA DO FIADOR. ACÓRDÃO EM CONCORDÂNCIA COM A JURISPRUDÊNCIA DO SUPREMO TRIBUNAL FEDERAL - STF. AGRAVO REGIMENTAL A QUE SE NEGA PROVIMENTO. I – As razões do agravo regimental são inaptas para desconstituir os fundamentos da decisão agravada, que, por isso, se mantêm hígidos. II – O acórdão recorrido está em concordância com o entendimento do STF, no sentido de ser impenhorável o bem de família do fiador no caso de contrato de locação de imóvel comercial. III – Agravo regimental a que se nega provimento" (ARE 1282510 AgR, Relator(a): RICARDO LEWANDOWSKI, Segunda Turma, julgado em 26/10/2020).

399. "RECURSO EXTRAORDINÁRIO MANEJADO CONTRA ACÓRDÃO PUBLICADO EM 31.8.2005. INSUBMISSÃO À SISTEMÁTICA DA REPERCUSSÃO GERAL. PREMISSAS DISTINTAS DAS VERIFICADAS EM PRECEDENTES DESTA SUPREMA CORTE, QUE ABORDARAM GARANTIA FIDEJUSSÓRIA EM LOCAÇÃO RESIDENCIAL. CASO CONCRETO QUE ENVOLVE DÍVIDA DECORRENTE DE CONTRATO DE LOCAÇÃO DE IMÓVEL COMERCIAL. PENHORA DE BEM DE FAMÍLIA DO FIADOR. INCOMPATIBILIDADE COM O DIREITO À MORADIA E COM O PRINCÍPIO DA ISONOMIA. 1. A dignidade da pessoa humana e a proteção à família exigem que se ponham ao abrigo da constrição e da alienação forçada determinados bens. É o que ocorre com o bem de família do fiador, destinado à sua moradia, cujo sacrifício não pode ser exigido a pretexto de satisfazer o crédito de locador de imóvel comercial ou de estimular a livre iniciativa. Interpretação do art. 3º, VII, da Lei nº 8.009/1990 não recepcionada pela EC nº 26/2000. 2. A restrição do direito à moradia do fiador em contrato de locação comercial tampouco se justifica à luz do princípio da isonomia. Eventual bem de família de propriedade do locatário não se sujeitará à constrição e alienação forçada, para o fim de satisfazer valores devidos ao locador. Não se vislumbra justificativa para que o devedor principal, afiançado, goze de situação mais benéfica do que a conferida ao fiador, sobretudo porque tal disparidade de tratamento, ao contrário do que se verifica na locação de imóvel residencial, não se presta à promoção do próprio direito à moradia. 3. Premissas fáticas distintivas impedem a submissão do caso concreto, que envolve contrato de locação comercial, às mesmas balizas que orientaram a decisão proferida, por esta Suprema Corte, ao exame do tema nº 295 da repercussão geral, restrita aquela à análise da constitucionalidade da penhora do bem de família do fiador em contrato de locação residencial. 4. Recurso extraordinário conhecido e provido" (RE 605709, Relator(a): DIAS TOFFOLI, Relator(a) p/ Acórdão: ROSA WEBER, Primeira Turma, julgado em 12/06/2018).

400. ADPF 485, Rel. Min. Roberto Barroso, Tribunal Pleno, julgamento virtual finalizado em 4.12.2020.

bloqueio, sequestro) de verbas públicas para pagamento de valores devidos em ações trabalhistas, ainda que as empresas reclamadas detenham créditos a receber da Administração Pública, em virtude do disposto no art. 167, VI e X, da CF[401], e do princípio da separação de poderes (art. 2º da CF).

Ainda de acordo com a decisão, tais atos violariam os princípios do contraditório, da ampla defesa, do juiz natural, do sistema de precatórios e da segurança orçamentária.

De fato, mesmo que, supostamente, o devedor trabalhista (executado) seja titular de créditos a receber face à Administração Pública, pode ocorrer que, em decorrência dos mais diversos motivos, o ente público opte por não fazer o pagamento em determinado momento, ainda que a dívida já esteja vencida. Por exemplo: pode suceder que, diante de descumprimento do pactuado pelo contratado, a Administração Pública alegue exceção do contrato não cumprido e retenha o pagamento; ou que a insuficiência orçamentária exija que os recursos disponíveis sejam direcionados para despesas mais urgentes, como pagamento de pessoal ou investimento em segurança pública.

Em qualquer caso, não há competência material da Justiça do Trabalho para apreciar litígios decorrentes do contrato administrativo entre público e contratado (devedor do processo trabalhista), ou para redefinir prioridades orçamentárias.

Contudo, veja-se que nada impede – nem mesmo a decisão do STF na ADPF 485 – que a Justiça do Trabalho proceda à penhora de crédito em mãos de terceiros.

Isso porque direitos de crédito também podem ser objeto de penhora, que se consuma mediante intimação: (i) ao terceiro devedor para que não pague ao executado, seu credor; (ii) ao executado, credor do terceiro, para que não pratique ato de disposição do crédito (CPC, art. 855).

Assim, quando o executado for credor da Administração Pública, esta pode ser intimada para que faça o pagamento em juízo, à disposição do exequente. O procedimento operacionaliza-se mediante expedição de mandado de intimação a ser cumprido por oficial de justiça, que intimará o ente público devedor do executado (chamado de *debitor debitoris*). Nessa hipótese, não se estará fazendo constrição de verba pública, mas apenas determinando que, caso algum pagamento venha a ser feito ao executado, que o seja em juízo, e não diretamente ao credor do ente público (executado no processo trabalhista).

---

401. Art. 167. São vedados: (...) VI - a transposição, o remanejamento ou a transferência de recursos de uma categoria de programação para outra ou de um órgão para outro, sem prévia autorização legislativa; (...) X - a transferência voluntária de recursos e a concessão de empréstimos, inclusive por antecipação de receita, pelos Governos Federal e Estaduais e suas instituições financeiras, para pagamento de despesas com pessoal ativo, inativo e pensionista, dos Estados, do Distrito Federal e dos Municípios.

16.4. Impenhorabilidade da pequena propriedade rural

Ao julgar, sob a sistemática de repercussão geral, o ARE 1038507[402], o Supremo Tribunal Federal fixou a tese de que "é impenhorável a pequena propriedade rural familiar constituída de mais de 01 (um) terreno, desde que contínuos e com área total inferior a 04 (quatro) módulos fiscais do município de localização".

O *leading case* envolvia situação em que o pequeno proprietário rural havia oferecido o imóvel como garantia real de operação de crédito para compra de insumos para o desenvolvimento de atividade produtiva da família na própria propriedade rural.

A compreensão da discussão perpassa pelo art. 5º, XXVI, da Constituição Federal, cuja redação preceitua que "a pequena propriedade rural, assim definida em lei, desde que trabalhada pela família, não será objeto de penhora para pagamento de débitos decorrentes de sua atividade produtiva, dispondo a lei sobre os meios de financiar o seu desenvolvimento".

Os votos vencidos (Nunes Marques, Roberto Barroso, Alexandre de Moraes, Luiz Fux e Gilmar Mendes) consideravam que o caso deveria ser solucionado com o mesmo raciocínio aplicado pela jurisprudência do STF atinente à penhora do bem de família do fiador, em contrato de locação residencial de imóvel (RE 407688). Argumentavam que, se o pequeno proprietário, por sua livre vontade, decidisse dar a propriedade rural em garantia de dívida, seria imperativa a observância do pactuado, por força dos princípios constitucionais da segurança jurídica e da solidariedade (do qual decorre o princípio geral da boa-fé). Alegavam, ainda, que a impenhorabilidade acabaria prejudicando os próprios pequenos proprietários rurais, que presumidamente passariam a enfrentar maiores dificuldades para obtenção de crédito. Nesse sentido, a seguinte passagem de um dos votos vencidos:

> Min. Roberto Barroso (ARE 1038507): toda decisão judicial, especialmente quando prolatada em regime de repercussão geral, deve levar em conta o efeito sistêmico que produz sobre a realidade. No caso concreto, a generalização do entendimento firmado pela instância a quo produzirá grave impacto negativo sobre o mercado de crédito rural para pequenos proprietários. A aparente proteção concedida importará, na prática, em desproteção abrangente. (...) Aplicabilidade, ainda, do direito à livre iniciativa, princípio fundamental da República (CF, art. 1º, *caput*) e princípio geral da atividade econômica (CF, art. 170, *caput*). Numa economia de mercado, como a instituída na Constituição de 1988, a livre iniciativa é aspecto inerente à liberdade individual, cabendo a cada cidadão decidir onde e de que forma aplicará seus rendimentos e seus bens, podendo empregá-los para o exercício da atividade econômica que mais lhe aprouver.

402. ARE 1038507, Rel. Min. Edson Fachin, Tribunal Pleno, Sessão Virtual de 11 a 18.12.2020.

No caso, os recorridos ofereceram imóvel em garantia hipotecária para a aquisição de insumos para sua atividade econômica, garantia esta que certamente foi fator determinante para a própria celebração do contrato, possibilitando o exercício da atividade econômica pelos recorridos.

Trata-se de interessante de exemplo de raciocínio consequencialista, que nos últimos anos, em geral, vem sendo referendado pelo STF, especialmente em matéria trabalhista.

Do ponto de vista econômico, embora pareça fazer sentido a afirmação de que o mercado de crédito dos pequenos produtores rurais poderia vir a ser afetado negativamente com a decisão, a matéria mereceria maior aprofundamento, sobretudo com a realização de estudos empíricos para verificar os impactos da regulação no comportamento dos agentes econômicos.

Sob a ótica estritamente jurídica, entretanto, a questão parece mais simples: trata-se de definir se o art. 5º, XXVI, da CF, encerra regra ou princípio. Caso se considere que se cuida de norma-princípio (tal como fez a corrente minoritária no julgamento ora comentado), a consequência seria a possibilidade de sua ponderação com os outros princípios, tais como os da segurança jurídica e da boa-fé. Ao contrário, em se tratando de norma-regra, deve-se aplicar a lógica do "tudo ou nada" (Dworkin), descabendo cogitar da mitigação da regra mediante sua ponderação com princípios vagos e abstratos.

Conforme abalizada doutrina, "as regras, ao contrário dos princípios, expressam deveres e direitos definitivos, ou seja, se uma regra é válida, então deve se realizar exatamente aquilo que ela prescreve, nem mais, nem menos", ao passo que os princípios podem realizar-se de forma variada[403].

Nessa ótica, o grau de determinação da norma contida no art. 5º, XXVI, da CF, indica claramente que se trata, efetivamente, de regra, e não de princípio. O constituinte originário fez a opção – goste-se ou não – no sentido da impenhorabilidade da pequena propriedade rural, desde que trabalhada pela família, sem quaisquer exceções. Assim, o art. 3º, V, da Lei 8009/90[404], não pode incidir caso se trate de hipoteca de pequena propriedade rural trabalhada pela família. Existe um claro limite constitucional à argumentação consequencialista e economicista, o que foi reconhecido pela maioria dos ministros do Supremo Tribunal Federal.

A definição do que venha a ser *pequena propriedade rural* para fins de impenhorabilidade é feita pelo art. 4º, II, a, da Lei 8.629/93, que a define como

---

403. SILVA, Luis Virgilio Afonso da. Princípios e regras: mitos e equívocos acerca de uma distinção. *Revista Latino-Americana de Estudos Constitucionais*, Belo Horizonte, n. jan/jun 2003, p. 607-630, 2003.

404. Art. 3º A impenhorabilidade é oponível em qualquer processo de execução civil, fiscal, previdenciária, trabalhista ou de outra natureza, salvo se movido: (...) V - para execução de hipoteca sobre o imóvel oferecido como garantia real pelo casal ou pela entidade familiar.

sendo o imóvel rural de área até quatro módulos fiscais, respeitada a fração mínima de parcelamento. A especificação do tamanho e características do módulo fiscal é feita pelo Incra (Instituto Nacional de Colonização e Reforma Agrária), considerando-se as especificidades de cada município e de cada atividade agropecuária, conforme se extrai do art. 50, §§2º e 3º, da Lei 4.504/64 (Estatuto da Terra).

17. FALÊNCIA E RECUPERAÇÃO JUDICIAL

Referências normativas e jurisprudenciais	
Constituição	Art. 5º Todos são iguais perante a lei, sem distinção de qualquer natureza, garantindo-se aos brasileiros e aos estrangeiros residentes no País a inviolabilidade do direito à vida, à liberdade, à igualdade, à segurança e à propriedade, nos termos seguintes; (...)
Normas internacionais	OIT: C. 95, 173
Legislação infraconstitucional	Lei 11.101/2005: Art. 60. Se o plano de recuperação judicial aprovado envolver alienação judicial de filiais ou de unidades produtivas isoladas do devedor, o juiz ordenará a sua realização, observado o disposto no art. 142 desta Lei. Parágrafo único. O objeto da alienação estará livre de qualquer ônus e não haverá sucessão do arrematante nas obrigações do devedor, inclusive as de natureza tributária, observado o disposto no § 1º do art. 141 desta Lei. (redação originária) Parágrafo único. O objeto da alienação estará livre de qualquer ônus e não haverá sucessão do arrematante nas obrigações do devedor de qualquer natureza, incluídas, mas não exclusivamente, as de natureza ambiental, regulatória, administrativa, penal, anticorrupção, tributária e trabalhista, observado o disposto no § 1º do art. 141 desta Lei. (Redação dada pela Lei nº 14.112, de 2020) Art. 83. A classificação dos créditos na falência obedece à seguinte ordem: I - os créditos derivados da legislação trabalhista, limitados a 150 (cento e cinquenta) salários-mínimos por credor, e aqueles decorrentes de acidentes de trabalho; II - os créditos gravados com direito real de garantia até o limite do valor do bem gravado; III - os créditos tributários, independentemente da sua natureza e do tempo de constituição, exceto os créditos extraconcursais e as multas tributárias; IV - (revogado); a) (revogada); b) (revogada); c) (revogada); d) (revogada); V - (revogado);

Referências normativas e jurisprudenciais	
Legislação infra-constitucional	a) (revogada); b) (revogada); c) (revogada); VI- os créditos quirografários, a saber: b) os saldos dos créditos não cobertos pelo produto da alienação dos bens vinculados ao seu pagamento; e c) os saldos dos créditos derivados da legislação trabalhista que excederem o limite estabelecido no inciso I do *caput* deste artigo (...). (Redação dada pela Lei nº 14.112/2020). Art. 86. Proceder-se-á à restituição em dinheiro: I – se a coisa não mais existir ao tempo do pedido de restituição, hipótese em que o requerente receberá o valor da avaliação do bem, ou, no caso de ter ocorrido sua venda, o respectivo preço, em ambos os casos no valor atualizado; II – da importância entregue ao devedor, em moeda corrente nacional, decorrente de adiantamento a contrato de câmbio para exportação, na forma do art. 75, §§ 3º e 4º , da Lei nº 4.728, de 14 de julho de 1965, desde que o prazo total da operação, inclusive eventuais prorrogações, não exceda o previsto nas normas específicas da autoridade competente; III – dos valores entregues ao devedor pelo contratante de boa-fé na hipótese de revogação ou ineficácia do contrato, conforme disposto no art. 136 desta Lei. IV - às Fazendas Públicas, relativamente a tributos passíveis de retenção na fonte, de descontos de terceiros ou de sub-rogação e a valores recebidos pelos agentes arrecadadores e não recolhidos aos cofres públicos. (Incluído pela Lei nº 14.112, de 2020) Art. 141. Na alienação conjunta ou separada de ativos, inclusive da empresa ou de suas filiais, promovida sob qualquer das modalidades de que trata o art. 142: (Redação dada pela Lei nº 14.112, de 2020) (Vigência) I – todos os credores, observada a ordem de preferência definida no art. 83 desta Lei, sub-rogam-se no produto da realização do ativo; II – o objeto da alienação estará livre de qualquer ônus e não haverá sucessão do arrematante nas obrigações do devedor, inclusive as de natureza tributária, as derivadas da legislação do trabalho e as decorrentes de acidentes de trabalho. § 1º O disposto no inciso II do *caput* deste artigo não se aplica quando o arrematante for: I – sócio da sociedade falida, ou sociedade controlada pelo falido; II – parente, em linha reta ou colateral até o 4º (quarto) grau, consangüíneo ou afim, do falido ou de sócio da sociedade falida; ou III – identificado como agente do falido com o objetivo de fraudar a sucessão. § 2º Empregados do devedor contratados pelo arrematante serão admitidos mediante novos contratos de trabalho e o arrematante não responde por obrigações decorrentes do contrato anterior.
Julgados paradigmáticos	ADI 3424, 3934 ADPF 324

17.1. Sucessão trabalhista na recuperação judicial

O Supremo Tribunal decidiu, ao julgar a ADI 3934[405], a questão atinente à constitucionalidade da redação originária do art. 60, parágrafo único, da Lei 11.101/2005, no que regulamentava a alienação judicial de filiais ou de unidades produtivas isoladas do devedor em recuperação judicial. De acordo com a disciplina legal, o objeto da alienação estaria livre de qualquer ônus e não haveria sucessão do arrematante nas obrigações do devedor, inclusive as de natureza tributária. O dispositivo foi alterado pela Lei 14.112/2020, de modo que atualmente prevê expressamente a inexistência de sucessão trabalhista do arrematante na hipótese de aquisição de filiais ou unidades produtivas do devedor em recuperação judicial.

Diferentemente, a redação anterior do dispositivo não mencionava expressamente a inexistência de sucessão trabalhista do arrematante de filiar ou de unidade produtiva isolada do devedor em recuperação judicial. Diferentemente, o art. 141, II, da mesma lei, ao versar sobre a mesma situação no procedimento de falência, apresenta redação que já excluía expressamente a sucessão trabalhista nas mesmas hipóteses de alienação.

A opinião comum na doutrina especializada sempre foi no sentido de que o art. 60, parágrafo único, da Lei de Falência e Recuperação de Empresa, abrange também a inexistência de sucessão trabalhista[406]. O STF, ao discutir o tema na ADI 3934, sequer cogitou de conferir outra interpretação ao dispositivo. Os votos e debates entre os ministros demonstram que se partiu da premissa de que o texto legal previa a inexistência de sucessão nas obrigações do devedor em geral, incluindo as trabalhistas.

Os fundamentos do voto condutor do Min. Lewandowski, quanto à inexistência de sucessão trabalhista, podem ser assim sintetizados:

- (i) a Constituição não contém regra expressa sobre a cobrança de créditos trabalhistas em face de quem adquira ativos de empresa em recuperação judicial ou cuja falência haja sido decretada;

405. ADI 3934, Relator(a): RICARDO LEWANDOWSKI, Tribunal Pleno, julgado em 27/05/2009.

406. "Interessante questão poderá surgir na exegese desse parágrafo único do art. 60, consistente em saber se haverá ou não sucessão do arrematante nas obrigações de natureza trabalhista. Em preceito correspondente no âmbito da falência (inciso II do art. 141), há menção expressa de exclusão da sucessão quanto às obrigações derivadas da legislação do trabalho e às decorrentes de acidente de trabalho, ao lado das de cunho tributário, o que não ocorre no preceito em tela. Apesar da omissão, sustentamos que a isenção quanto à sucesssão do arrematante é ampla e atinge todas as obrigações, inclusive aquelas de feição trabalhista. O texto, ao se referir tão-somente às de natureza tributária, traduz oração explicativa. (...) A alienação judicial tem por escopo justamente a obtenção de recursos para cumprimento das obrigações contidas no plano, frustrando-se o intento caso o arrematante herde os débitos trabalhistas do devedor, porquanto perderá atrativo e cairá de preço o bem a ser alienado" (CAMPINHO, Sérgio. *Falência e recuperação de empresa.* 4ª ed. rev.e atual. Rio de Janeiro: Renovar, 2009, p. 177).

- (ii) não haveria ofensa direta a valores implícita ou explicitamente previstos na Constituição;
- (iii) o objetivo da lei seria garantir a sobrevivência das empresas em dificuldades, sendo que a inexistência de sucessão trabalhista do arrematante que adquira parcela dos ativos da empresa em recuperação judicial fomentaria a arrematação e, consequentemente, as chances de êxito do processo da recuperação judicial, mantendo empregos e viabilizando o sucesso das execuções trabalhistas de empregados eventualmente dispensados. Tratar-se-ia de concretizar os princípios da função social da propriedade e da livre iniciativa.

O raciocínio, em tese, faz sentido. Se o arrematante de estabelecimentos, bens ou unidades produtivas titularizadas por devedor em recuperação judicial fosse responsabilizado por dívidas da empresa recuperanda, ter-se-ia, do ponto de vista econômico, um desincentivo à expropriação. Isso porque, uma de duas: ou o adquirente se disporia a pagar preço inferior ao valor real dos bens, considerando o passivo que seria transferido juntamente com a transação; ou sequer a expropriação seria viável, nas hipóteses em que o passivo fosse superior ao ativo a ser transferido. Em palavras mais diretas: ninguém vai pagar dinheiro para adquirir uma dívida. O ponto foi captado pelo Min. Peluso em seu voto:

> Min. Cezar Peluso (ADI 3934): o que está por trás da interpretação dessa norma é, na verdade, um conflito entre duas visões. De um lado, uma visão macroeconômica, que tem o foco no dinamismo da economia e que, por isso mesmo, visa ao benefício de toda a coletividade, e, de outro, uma visão que eu diria um pouco mais microscópica e um pouco mais rente a aparentes interesses subjetivos individualizados, mas que, no fundo, reverte em dano geral, porque não permite a recuperação das empresas, nem que a lei atinja os seus objetivos.

Dessa forma, o regramento legal que estabelece inexistir sucessão trabalhista na alienação judicial de ativos de devedor em recuperação judicial aumenta as chances de êxito do soerguimento da empresa, o que contribui para a manutenção dos postos de trabalho; e amplia a solvabilidade dos débitos da empresa recuperanda, pois a tendência é maximizar os valores pagos pela realização do ativo, os quais serão pagos aos credores, inclusive os trabalhistas.

Sucede que a previsão legislativa ora considerada constitui uma *ponte* para o cometimento de fraudes. Veja-se que a alienação de unidades produtivas isoladas, de estabelecimentos, ou de outros ativos, imunes à sucessão trabalhista, pode ser empreendida de forma fraudulenta, com o objetivo de *zerar* o passivo de determinada empresa, transferindo o patrimônio do devedor a um *laranja*, ou seja, a alguém que continua a exercer o comando da empresa seguindo o comando do próprio devedor.

Por essa razão, deve-se entender que o art. 141, §1º, da Lei 11.101/05, embora se refira apenas à falência, também se aplica no caso de alienações concretizadas no bojo de processo de recuperação judicial[407]. O dispositivo estatui que haverá sucessão trabalhista nas hipóteses em que o adquirente de ativos seja: (i) sócio da sociedade falida, ou sociedade controlada pelo falido; (ii) parente, em linha reta ou colateral até o 4º (quarto) grau, consanguíneo ou afim, do falido ou de sócio da sociedade falida; ou (iii) identificado como agente do falido com o objetivo de fraudar a sucessão.

Como é intuitivo, a maior dificuldade reside na hipótese "iii", pois a comprovação de transferência fraudulenta do ativo, por meio do processo de recuperação judicial, demanda acervo probatório sofisticado e de difícil obtenção pelos credores. De todo modo, assentada a premissa de que haverá sucessão trabalhista no caso de alienação fraudulenta por ocasião da recuperação judicial, cabe investigar qual será o órgão jurisdicional competente para, reconhecendo a sucessão, praticar atos de constrição do patrimônio do adquirente dos ativos. O tema não foi objeto de análise pelo Supremo Tribunal Federal.

A jurisprudência dos Tribunais Regionais do Trabalho registra precedentes no sentido de que a competência, nessas hipóteses, seria da Justiça do Trabalho[408]. No Tribunal Superior do Trabalho, encontram-se decisões sinalizando que a Justiça do Trabalho poderia apreciar as premissas fáticas de fraude na alienação levada a efeito no procedimento da recuperação judicial[409].

De outro lado, o Superior Tribunal de Justiça, em conflitos de competência, tem decidido ser do juízo da recuperação a competência para apreciar o destino do patrimônio de bens afetados ao plano de recuperação judicial, inclusive em relação ao produto da expropriação de estabelecimentos e de unidades produti-

---

407. Com a mesma opinião, CAMPINHO, Sérgio, *op.cit.*, *loc.cit.*

408. "AGRAVO DE PETIÇÃO. GRUPO ECONÔMICO. CARACTERIZAÇÃO. A formação deste grupo econômico Já foi objeto de análise por diversas Turmas deste Regional da 1ª Região, inclusive por este Colegiado e, assim, sendo o caso destes autos exatamente a mesma questão, confirma-se que houve uma reestruturação societária e a constituição de unidades produtivas a partir da cisão das empresas em recuperação Judicial, todas sob o controle do mesmo grupo econômico, ou seja, a empresa CASA & VÍDEO RIO DE JANEIRO S/A foi criada pela própria MOBILITÁ COMÉRCIO, INDÚSTRIA E REPRESENTAÇÕES LTDA com um único intuito, qual seja: gerira unidade produtiva do Rio de Janeiro, assumindo, ao contrário do que alega a recorrente, por força do próprio plano de recuperação Judicial, os contratos de trabalho celebrados pela Mobilitá. As rés são integrantes do mesmo grupo econômico, não incidindo, no presente caso, o disposto nos artigos 60 e 141 da Lei 11.101/05, não provido" (Tribunal Regional do Trabalho da 1ª Região. Processo RO 0158200- 41.2008.5.01.0077, Relator Desembargador Antônio César Daiha, publicado em 14.08.2015)

409. "(...) No caso dos autos, foi reconhecida a responsabilidade solidária apenas com base na sucessão na recuperação judicial; não consta no acórdão recorrido premissa fática de fraude. Assim, deve ser afastada a responsabilidade solidária. 5 - Recurso de revista de que se conhece e a que se dá provimento" (RR-73400-49.2008.5.01.0055, 6ª Turma, Relatora Ministra Katia Magalhaes Arruda, DEJT 24/02/2017).

vas isoladas do devedor, mencionando-se que deve ser respeitada a "blindagem legal" instituída pelo art. 60, parágrafo único, da Lei 11.101/2005[410].

Sucede que nada há, no texto legal, que exclua a competência da Justiça do Trabalho em tais hipóteses. O que a LFRE prevê é tão somente a suspensão das execuções trabalhistas em face da empresa em recuperação judicial, e isso apenas durante o prazo mencionado nos dispositivo (Lei 11.101/05, art. 6º, §4º[411]).

A jurisprudência do STJ, portanto, no sentido de que o prazo de suspensão pode ser prorrogado infinitamente, e que qualquer ato de constrição patrimonial nos bens da empresa recuperanda somente poderia ser feito pelo juízo universal[412], já se mostrava contrária à literalidade do texto da lei, mesmo na redação originária da Lei 11.101/2005, conclusão que se mantém

---

410. "CONFLITO DE COMPETÊNCIA. RECUPERAÇÃO JUDICIAL. EXECUÇÃO TRABALHISTA. DESCONSIDERAÇÃO DA PERSONALIDADE JURÍDICA. ATOS DE CONSTRIÇÃO DO PATRIMÔNIO AFETADO AO PLANO DE SOERGUIMENTO.

EMPECILHOS À VENDA DE UNIDADE PRODUTIVA ISOLADA (UPI). VIOLAÇÃO À "BLINDAGEM" LEGAL DA ALIENAÇÃO (LRJF, art. 60). CONFLITO DE COMPETÊNCIA CARACTERIZADO.

1. O conflito positivo de competência está claramente configurado, pois ambos os Juízos suscitados se declaram competentes para o pagamento de credores da sociedade em recuperação judicial, bem como para decidir sobre o destino de bens afetados ao plano de soerguimento empresarial, sobretudo, em relação à destinação do valor obtido com a alienação de Unidade Produtiva Isolada (UPI).

2. A Lei de Recuperação Judicial e de Falência prevê que a alienação judicial de filiais ou de unidades produtivas isoladas do devedor estará livre de quaisquer ônus e não haverá sucessão do arrematante nas obrigações do devedor, inclusive as de natureza tributária (art. 60).

3. Conflito de competência conhecido para declarar a competência do Juízo da Recuperação Judicial.

(CC 161.042/RJ, Rel. Ministro RICARDO VILLAS BÔAS CUEVA, Rel. p/ Acórdão Ministro RAUL ARAÚJO, SEGUNDA SEÇÃO, julgado em 23/10/2019, DJe 10/12/2019). No mesmo sentido, CC 151.621/SP, Rel. Ministro MOURA RIBEIRO, Rel. p/ Acórdão Ministro LUIS FELIPE SALOMÃO, SEGUNDA SEÇÃO, julgado em 08/11/2018, DJe 04/12/2018).

411. § 4º Na recuperação judicial, as suspensões e a proibição de que tratam os incisos I, II e III do **caput** deste artigo perdurarão pelo prazo de 180 (cento e oitenta) dias, contado do deferimento do processamento da recuperação, prorrogável por igual período, uma única vez, em caráter excepcional, desde que o devedor não haja concorrido com a superação do lapso temporal. (Redação dada pela Lei nº 14.112, de 2020)

§ 4º-A. O decurso do prazo previsto no § 4º deste artigo sem a deliberação a respeito do plano de recuperação judicial proposto pelo devedor faculta aos credores a propositura de plano alternativo, na forma dos §§ 4º, 5º, 6º e 7º do art. 56 desta Lei, observado o seguinte: (Incluído pela Lei nº 14.112, de 2020)

I - as suspensões e a proibição de que tratam os incisos I, II e III do **caput** deste artigo não serão aplicáveis caso os credores não apresentem plano alternativo no prazo de 30 (trinta) dias, contado do final do prazo referido no § 4º deste artigo ou no § 4º do art. 56 desta Lei; (Incluído pela Lei nº 14.112, de 2020)

II - as suspensões e a proibição de que tratam os incisos I, II e III do **caput** deste artigo perdurarão por 180 (cento e oitenta) dias contados do final do prazo referido no § 4º deste artigo, ou da realização da assembleia-geral de credores referida no § 4º do art. 56 desta Lei, caso os credores apresentem plano alternativo no prazo referido no inciso I deste parágrafo ou no prazo referido no § 4º do art. 56 desta Lei. (Incluído pela Lei nº 14.112, de 2020)

412. Assim, por exemplo: "AGRAVO INTERNO NO CONFLITO DE COMPETÊNCIA. SOCIEDADE EM RECUPERAÇÃO JUDICIAL. MEDIDAS DE CONSTRIÇÃO, PELO JUÍZO TRABALHISTA, DE CRÉDITOS INTEGRANTES DO PATRIMÔNIO DA EMPRESA. IMPOSSIBILIDADE. COMPETÊNCIA DO JUÍZO DA RECUPERAÇÃO JUDICIAL. AGRAVO INTERNO DESPROVIDO.

a partir da nova redação do art. 6º, §4º, a partir da modificação empreendida pela Lei 14.112/2020. Não bastasse isso, não encontram base legal as decisões do Superior Tribunal de Justiça que estabelecem a competência do juízo da recuperação para julgar a discussão sobre a sucessão trabalhista, decorrência de fraude na alienação de unidade produtiva isolada na recuperação judicial.

Percebe-se que o Superior Tribunal de Justiça, embora inspirado no louvável e nobre propósito de preservar a empresa, coloca esse objetivo à frente de outros princípios igualmente importantes e tutelados constitucionalmente, tais como a efetividade da execução trabalhista, o valor social do trabalho, a dignidade humana do trabalhador, entre outros.

Deve-se reconhecer à Justiça do Trabalho a competência para processar e julgar as execuções de seus próprios julgados, sem que se criem obstáculos não previstos em lei.

17.2. Limitação da preferência do crédito trabalhista na falência

Na ADI 3934, além do tema da sucessão trabalhista na recuperação judicial, a Suprema Corte também decidiu a respeito da constitucionalidade do art. 83, I, da Lei 11.101/2005, que atribui caráter preferencial aos créditos derivados da legislação do trabalho, mas limitados a 150 (cento e cinquenta) salários-mínimos por credor, e os decorrentes de acidentes de trabalho. Perceba-se que a Lei 14.112/2020 alterou a redação do referido dispositivo legal, mantendo substancialmente, entretanto, o mesmo conteúdo[413].

---

1. Nos termos da pacífica jurisprudência desta Corte Superior, compete à Justiça do Trabalho apreciar e julgar os pedidos formulados em ações versando sobre apuração dos créditos individuais trabalhistas promovidos contra empresas falidas ou em recuperação judicial - Lei 11.101/2005. Ultrapassada, no entanto, a fase de apuração e liquidação dos referidos créditos trabalhistas, os montantes apurados deverão ser habilitados nos autos da falência ou da recuperação judicial para posterior pagamento.
2. Em relação aos créditos extraconcursais, deve ser garantido o direito de preferência do crédito nascido após o pedido de recuperação e, ao mesmo tempo, direcionar o pagamento desses créditos ao Juízo recuperacional que, ciente da não submissão dos referidos valores à recuperação judicial, deverá sopesar a essencialidade dos bens de propriedade da empresa passíveis de constrição, bem como a solidez do fluxo de caixa da empresa em recuperação. Precedentes.
3. Na hipótese, a sociedade Nova Aralco Indústria e Comércio S/A foi constituída no bojo da recuperação do Grupo Aralco com a finalidade expressa e exclusiva de fazer cumprir as obrigações contidas no plano de recuperação judicial, tratando-se, portanto, de um ativo abrangido pelo respectivo plano, o que afasta a incidência da Súmula 480/STJ. 4. Agravo interno desprovido". No voto condutor, lê-se: ""[...] a despeito de o art. 6º, § 4º, da Lei n. 11.101/05 assegurar o direito de os credores prosseguirem com seus pleitos individuais passado o prazo de 180 dias da data em que deferido o processamento da recuperação judicial, a jurisprudência deste Tribunal tem mitigado sua aplicação, tendo em vista que tal determinação se mostra de difícil conciliação com o escopo maior de implementação do plano de recuperação da empresa, razão pela qual não há que se falar em ausência de conflito de competência pelo simples fato de já ter escoado o referido prazo" (AgInt no CC 160.445/SP, Rel. Ministro MARCO AURÉLIO BELLIZZE, SEGUNDA SEÇÃO, julgado em 03/09/2019, DJe 11/09/2019).

413. Art. 83, I, da Lei 11.101/2005 com a redação dada pela Lei 14.112.2020: Art. 83. A classificação dos créditos na falência obedece à seguinte ordem: I - os créditos derivados da legislação trabalhista,

Esclareça-se que:

- (i) quanto aos créditos decorrentes de acidentes de trabalho, não há a limitação ao montante de 150 salários mínimos, conforme se extrai da literalidade do dispositivo. Ademais, para tal finalidade, não apenas se considera o acidente de trabalho típico, mas todas as situações jurídicas que a lei disciplina como acidente de trabalho, notadamente as doenças ocupacionais, nos termos dos arts. 19, *caput*, e 20 da Lei 8.213/91[414];
- (ii) incluem-se como créditos decorrentes de acidentes de trabalho indenizações por danos morais e materiais fixadas em função do infortúnio, o que inclui pensionamento vitalício ou temporário, ressarcimento de despesas médicas e com funeral, além de danos estéticos e indenização do período estabilitário (caso haja garantia provisória de emprego);
- (ii) no que concerne aos créditos trabalhistas não decorrentes de acidente de trabalho, os valores que ultrapassarem 150 salários mínimos continuarão sendo devidos pela massa falida, mas se enquadrarão como créditos quirografários, vale dizer, serão pagos após a quitação dos credores com garantia real, tributários os e com privilégio geral ou especial.

Quanto à limitação da preferência dos créditos trabalhistas na falência ao montante de 150 salários mínimos, o STF se baseou no fato de que o art. 7.1 da Convenção 173 da OIT preconiza que a legislação nacional pode limitar o alcance do privilégio dos créditos trabalhistas a um montante estabelecido, que não deverá ser inferior a um mínimo socialmente aceitável. Tal tratado internacional, embora não ratificado pelo Brasil, também respaldo para a solução legislativa adotada na Lei 11.101/2005.

Ainda na ótica da Suprema Corte, a limitação a 150 salários mínimos, limite tido como razoável, serviria para que a proteção decorrente do caráter

---

limitados a 150 (cento e cinquenta) salários-mínimos por credor, e aqueles decorrentes de acidentes de trabalho (...).

414. Art. 19. Acidente do trabalho é o que ocorre pelo exercício do trabalho a serviço de empresa ou de empregador doméstico ou pelo exercício do trabalho dos segurados referidos no inciso VII do art. 11 desta Lei, provocando lesão corporal ou perturbação funcional que cause a morte ou a perda ou redução, permanente ou temporária, da capacidade para o trabalho.

Art. 20. Consideram-se acidente do trabalho, nos termos do artigo anterior, as seguintes entidades mórbidas:

I - doença profissional, assim entendida a produzida ou desencadeada pelo exercício do trabalho peculiar a determinada atividade e constante da respectiva relação elaborada pelo Ministério do Trabalho e da Previdência Social;

II - doença do trabalho, assim entendida a adquirida ou desencadeada em função de condições especiais em que o trabalho é realizado e com ele se relacione diretamente, constante da relação mencionada no inciso I.

preferencial alcançasse o maior número de trabalhadores, sobretudo os que auferem os menores salários.

A decisão assentou também não haver violação ao art. 7º, IV, da CF, pois o que a Constituição veda seria a utilização do salário mínimo como indexador de prestações periódicas, e não como parâmetro de indenizações ou condenações.

De fato, considerando que os créditos decorrentes de acidente de trabalho não se sujeitam ao limite de 150 salários mínimos, tal montante configura limite razoável para a preferência estabelecida pelo legislador. Isso porque, no caso de acidente de trabalho, em função da gravidade da situação, que em algumas vezes resulta em moléstias ou sequelas graves e incuráveis, e até mesmo no falecimento do trabalhador, as indenizações evidentemente tendem a ser mais altas e não seria justo limitar o caráter preferencial do crédito nesses casos.

A opção legislativa acaba privilegiando os trabalhadores que recebem menores salários, os quais passam a ter maiores chances de receber integral ou parcialmente seus direitos trabalhistas, devidos pela massa falida. Se as indenizações mais vultosas também tivessem caráter preferencial, a divisão proporcional prejudicaria justamente os trabalhadores que recebessem menores salários.

A crítica que se pode fazer à escolha legislativa é que não houve a mesma limitação às demais espécies de créditos, vale dizer, não se limitou o caráter preferencial dos créditos tributários, de credores com garantias reais e daqueles com privilégio geral ou especial. O ponto foi explanado poeticamente pelo Min. Ayres Britto:

> Min. Ayres Britto (ADI 3934): é que os outros créditos não trabalhistas não foram limitados. (...) Lá no Nordeste, nós dizemos: cesteiro que faz um cesto faz um cento. Quem pode hoje quantificar em cem, amanhã pode quantificar em cinquenta, em trinta. E eu tenho receio disso (...).

17.3. Preterição e cessão de crédito de crédito trabalhista

Estão pendentes de julgamento no Supremo Tribunal Federal a ADI 3424 e a ADPF 312, em que se discute a constitucionalidade do art. 75, §3º, da Lei 4.728/65, e dos arts. 83, I e VI, *c*, § 4º, 84, V, e 86, II, da Lei 11.101/05.

O art. 83, §4º, foi revogado pela Lei 14.112/2020, de modo que o desfecho provável das ações diretas, quanto ao ponto, será a extinção sem resolução de mérito por falta superveniente de interesse de agir (= perda de objeto). Quanto aos demais dispositivos, as mudanças tiveram caráter apenas redacional, e não substancial, sendo de se supor que a Suprema Corte se pronunciará sobre o mérito dos pedidos de declaração de inconstitucionalidade.

O tema da limitação do caráter preferencial do crédito trabalhista ao montante de 150 salários mínimos (art. 83, I e VI) já foi decidido pela Corte na ADI 3934, conforme visto no tópico anterior. Em tese, por se tratar de ação de controle concentrado de constitucionalidade, seria possível que o STF mudasse de entendimento, mas essa parece uma hipótese improvável, ao menos no curto prazo.

O art. 83, §4º, da Lei 11.101/2005 foi revogado pela Lei 14.112/2020 e estatuía que os créditos trabalhistas cedidos a terceiros seriam considerados quirografários. Cabe ressalvar que, apesar da revogação do dispositivo legal, não é aplicável automaticamente a tese firmada pelo STF no tema 361 da repercussão geral (RE 631537), segundo a qual "A cessão de crédito alimentício não implica a alteração da natureza". Isso porque o tema 361 diz respeito única e exclusivamente à cessão de precatórios, não abrangendo a cessão de créditos trabalhistas no caso de falência do devedor. Assim, continua sendo sustentável – por não violar nenhuma decisão vinculante do STF - o entendimento de que a cessão do crédito trabalhista implica alteração de sua natureza, nas hipóteses de devedor falido.

O posicionamento tradicional do TST sempre foi no sentido de não admitir a operacionalização da cessão de crédito no âmbito da Justiça do Trabalho[415]. Contudo, há, na Corte, algumas decisões admitindo a cessão de crédito após a vigência da Emenda Constitucional 30/2000, já que o art. 78 do ADCT[416] passou a reconhecer a possibilidade de cessão de créditos consignados em precatório, independentemente de sua origem.

Admitida a cessão de créditos trabalhistas, deixa de existir competência da Justiça do Trabalho para processar a causa e praticar qualquer ato executivo, já que o crédito perde sua natureza de crédito decorrente de relação de trabalho, bem como todos os privilégios que a lei lhe assegura.

Quanto ao art. 83, §4º, da Lei de Falência e Recuperação de Empresa, não havia inconstitucionalidade pelo perda do caráter preferencial do crédito em caso de cessão, pois o caráter preferencial e os privilégios do crédito trabalhista visam à proteção do trabalhador, e não do crédito em si. Feita a cessão do crédito,

---

415. Por exemplo: Processo: ED-E-RR - 632923-19.2000.5.04.5555 Data de Julgamento: 01/10/2009, Relator Ministro: João Batista Brito Pereira, Subseção I Especializada em Dissídios Individuais, Data de Publicação: DEJT 13/11/2009.

416. Art. 78 - Ressalvados os créditos definidos em lei como de pequeno valor, os de natureza alimentícia, os de que trata o art. 33 deste Ato das Disposições Constitucionais Transitórias e suas complementações e os que já tiverem os seus respectivos recursos liberados ou depositados em juízo, os precatórios pendentes na data de promulgação desta Emenda e os que decorram de ações iniciais ajuizadas até 31 de dezembro de 1999 serão liquidados pelo seu valor real, em moeda corrente, acrescido de juros legais, em prestações anuais, iguais e sucessivas, no prazo máximo de dez anos, permitida a cessão dos créditos.

o credor deixa de ser o trabalhador, não se justificando mais a manutenção dos privilégios do crédito.

A discussão quanto à constitucionalidade está muito mais relacionada à violação ao direito de propriedade do credor trabalhista (CF, art. 5º, XXII), bem como ao valor social do trabalho e à dignidade do trabalhador (CF, art. 1º, III e IV). Isso porque a possibilidade de cessão do crédito, em si, apresenta o potencial de causar grande lesão ao trabalhador.

De fato, o grande perigo envolvendo a cessão de créditos trabalhistas é que, sobretudo em função do desemprego e da necessidade premente de obter recursos para subsistência, a tendência é a aplicação de deságios excessivos, caracterizando contratos leoninos de cessão de créditos, em nítido prejuízo ao trabalhador. Vale dizer: pela premência em receber recursos para subsistência, o trabalhador concorda em receber percentuais como 10% ou 15% do valor de face de seu crédito.

Além disso, a Convenção nº 95 da OIT, ratificada pelo Brasil, veda a cessão de verbas salariais em geral. Tratando-se de tratado internacional de direitos humanos, com status supralegal, provoca a paralisação de eficácia da legislação infraconstitucional que lhe contrarie.

Mais especificamente, o art. 10.2 da Convenção 95 estatui que "o salário deve ser protegido contra a penhora ou a cessão, na medida necessária para assegurar a manutenção do trabalhador e de sua família". Nesse cenário, perceba-se que o art. 83, §4º, da Lei 11.101/05, permite a cessão do crédito trabalhista de forma indiscriminada e sem quaisquer limites, inclusive quanto ao percentual admissível de deságio, o que contraria o dispositivo do tratado internacional.

A Suprema Corte enfrentará, ainda, o tema da constitucionalidade do art. 84, V, da Lei de Falência e Recuperação de Empresas, segundo o qual são extraconcursais – e, por isso, devem ser pagos com precedência sobre todos os demais, inclusive os trabalhistas – os créditos relativos a obrigações resultantes de atos jurídicos válidos praticados durante a recuperação judicial ou após a decretação da falência, e tributos relativos a fatos geradores ocorridos após a decretação da falência.

Não se vislumbra inconstitucionalidade no dispositivo, já que os créditos extraconcursais se referem a atos praticados com o objetivo de viabilizar o próprio procedimento da falência ou da recuperação judicial. Como exemplo, trabalhadores que prestem serviços após a decretação de falência ou outras categorias de credores.

Por fim, a discussão sobre o art. 75, §3º, da Lei 4.728/65[417], e o art. 86, II, da Lei 11.101/2005. Os dispositivos versam sobre os contratos de ACC (adian-

417. Art. 75. O contrato de câmbio, desde que protestado por oficial competente para o protesto de títulos, constitui instrumento bastante para requerer a ação executiva.

tamento sobre contrato de câmbio) e ACE (adiantamento sobre cambiais entregues). O ACC consiste na antecipação de recursos ao exportador, em moeda nacional, em função de uma exportação a ser realizada no futuro. Já o ACE se caracteriza pela antecipação ao exportador, também em moeda nacional, de valores após o embarque da mercadoria ao exterior (= exportação já realizada), em venda a prazo.

Em essência, percebe-se que o ACC/ACE configuram operações de crédito bancário relacionado a exportações feitas por empresas nacionais. Dessa forma, o art. 75, §3º, da Lei 4.728/65, e o art. 86, II, da Lei 11.101/2005, ao conferirem à instituição financeira o direito de restituição de quantias adiantadas, cria verdadeira ficção jurídica, tal como se os recursos adiantados ao exportador pertencessem ao banco – o que, evidentemente, não corresponde à realidade.

É compreensível e louvável a preocupação do legislador de estimular o crédito à exportação, importante para o desenvolvimento do país. No entanto, esse incentivo não pode se dar às custas de credores de parcelas alimentares. O caráter privilegiado do crédito trabalhista decorre do art. 100, §1º, da Constituição[418], que prevê que os precatórios de natureza alimentícia devem ser pagos com preferência sobre todos demais; e do art. 186 do Código Tributário Nacional[419]. Ademais, trata-se de concretização dos princípios do valor social do trabalho (CF, art. 1º, IV) e da isonomia, pois o credor mais necessitado (que é o trabalhador, que depende dos salários para sobreviver) deve ter tratamento legislativo mais benéfico do que credores civis.

Dessa forma, por criar ficção jurídica incompatível com a ordem constitucional, deve-se considerar não recepcionado o art. 75, §3º, da Lei 4.728/65, e inconstitucional o art. 86, II, da Lei 11.101/2005.

---

§ 1º Por esta via, o credor haverá a diferença entre a taxa de câmbio do contrato e a da data em que se efetuar o pagamento, conforme cotação fornecida pelo Banco Central, acrescida dos juros de mora.

§ 2º Pelo mesmo rito, serão processadas as ações para cobrança dos adiantamentos feitos pelas instituições financeiras aos exportadores, por conta do valor do contrato de câmbio, desde que as importâncias correspondentes estejam averbadas no contrato, com anuência do vendedor.

§ 3º No caso de falência ou concordata, o credor poderá pedir a restituição das importâncias adiantadas, a que se refere o parágrafo anterior.

418. § 1º Os débitos de natureza alimentícia compreendem aqueles decorrentes de salários, vencimentos, proventos, pensões e suas complementações, benefícios previdenciários e indenizações por morte ou por invalidez, fundadas em responsabilidade civil, em virtude de sentença judicial transitada em julgado, e serão pagos com preferência sobre todos os demais débitos, exceto sobre aqueles referidos no § 2º deste artigo.

419. Art. 186. O crédito tributário prefere a qualquer outro, seja qual for sua natureza ou o tempo de sua constituição, ressalvados os créditos decorrentes da legislação do trabalho ou do acidente de trabalho.

18. FAZENDA PÚBLICA EM JUÍZO

Referências normativas e jurisprudenciais	
Constituição	Art. 100. Os pagamentos devidos pelas Fazendas Públicas Federal, Estaduais, Distrital e Municipais, em virtude de sentença judiciária, far-se-ão exclusivamente na ordem cronológica de apresentação dos precatórios e à conta dos créditos respectivos, proibida a designação de casos ou de pessoas nas dotações orçamentárias e nos créditos adicionais abertos para este fim. § 1º Os débitos de natureza alimentícia compreendem aqueles decorrentes de salários, vencimentos, proventos, pensões e suas complementações, benefícios previdenciários e indenizações por morte ou por invalidez, fundadas em responsabilidade civil, em virtude de sentença judicial transitada em julgado, e serão pagos com preferência sobre todos os demais débitos, exceto sobre aqueles referidos no § 2º deste artigo. § 2º Os débitos de natureza alimentícia cujos titulares tenham 60 (sessenta) anos de idade ou mais na data de expedição do precatório, ou sejam portadores de doença grave, definidos na forma da lei, serão pagos com preferência sobre todos os demais débitos, até o valor equivalente ao triplo do fixado em lei para os fins do disposto no § 3º deste artigo, admitido o fracionamento para essa finalidade, sendo que o restante será pago na ordem cronológica de apresentação do precatório. § 2º Os débitos de natureza alimentícia cujos titulares, originários ou por sucessão hereditária, tenham 60 (sessenta) anos de idade, ou sejam portadores de doença grave, ou pessoas com deficiência, assim definidos na forma da lei, serão pagos com preferência sobre todos os demais débitos, até o valor equivalente ao triplo fixado em lei para os fins do disposto no § 3º deste artigo, admitido o fracionamento para essa finalidade, sendo que o restante será pago na ordem cronológica de apresentação do precatório. § 3º O disposto no *caput* deste artigo relativamente à expedição de precatórios não se aplica aos pagamentos de obrigações definidas em leis como de pequeno valor que as Fazendas referidas devam fazer em virtude de sentença judicial transitada em julgado. § 4º Para os fins do disposto no § 3º, poderão ser fixados, por leis próprias, valores distintos às entidades de direito público, segundo as diferentes capacidades econômicas, sendo o mínimo igual ao valor do maior benefício do regime geral de previdência social. § 5º É obrigatória a inclusão, no orçamento das entidades de direito público, de verba necessária ao pagamento de seus débitos, oriundos de sentenças transitadas em julgado, constantes de precatórios judiciários apresentados até 1º de julho, fazendo-se o pagamento até o final do exercício seguinte, quando terão seus valores atualizados monetariamente. § 6º As dotações orçamentárias e os créditos abertos serão consignados diretamente ao Poder Judiciário, cabendo ao Presidente do Tribunal que proferir a decisão exequenda determinar o pagamento integral e autorizar, a requerimento do credor e exclusivamente para os casos de preterimento de seu direito de precedência ou de não alocação orçamentária do valor necessário à satisfação do seu débito, o sequestro da quantia respectiva.

Referências normativas e jurisprudenciais	
Constituição	§ 7º O Presidente do Tribunal competente que, por ato comissivo ou omissivo, retardar ou tentar frustrar a liquidação regular de precatórios incorrerá em crime de responsabilidade e responderá, também, perante o Conselho Nacional de Justiça. § 8º É vedada a expedição de precatórios complementares ou suplementares de valor pago, bem como o fracionamento, repartição ou quebra do valor da execução para fins de enquadramento de parcela do total ao que dispõe o § 3º deste artigo. § 9º No momento da expedição dos precatórios, independentemente de regulamentação, deles deverá ser abatido, a título de compensação, valor correspondente aos débitos líquidos e certos, inscritos ou não em dívida ativa e constituídos contra o credor original pela Fazenda Pública devedora, incluídas parcelas vincendas de parcelamentos, ressalvados aqueles cuja execução esteja suspensa em virtude de contestação administrativa ou judicial. § 10. Antes da expedição dos precatórios, o Tribunal solicitará à Fazenda Pública devedora, para resposta em até 30 (trinta) dias, sob pena de perda do direito de abatimento, informação sobre os débitos que preencham as condições estabelecidas no § 9º, para os fins nele previstos. § 11. É facultada ao credor, conforme estabelecido em lei da entidade federativa devedora, a entrega de créditos em precatórios para compra de imóveis públicos do respectivo ente federado. § 12. A partir da promulgação desta Emenda Constitucional, a atualização de valores de requisitórios, após sua expedição, até o efetivo pagamento, independentemente de sua natureza, será feita pelo índice oficial de remuneração básica da caderneta de poupança, e, para fins de compensação da mora, incidirão juros simples no mesmo percentual de juros incidentes sobre a caderneta de poupança, ficando excluída a incidência de juros compensatórios. § 13. O credor poderá ceder, total ou parcialmente, seus créditos em precatórios a terceiros, independentemente da concordância do devedor, não se aplicando ao cessionário o disposto nos §§ 2º e 3º. § 14. A cessão de precatórios somente produzirá efeitos após comunicação, por meio de petição protocolizada, ao tribunal de origem e à entidade devedora. § 15. Sem prejuízo do disposto neste artigo, lei complementar a esta Constituição Federal poderá estabelecer regime especial para pagamento de crédito de precatórios de Estados, Distrito Federal e Municípios, dispondo sobre vinculações à receita corrente líquida e forma e prazo de liquidação. § 16. A seu critério exclusivo e na forma de lei, a União poderá assumir débitos, oriundos de precatórios, de Estados, Distrito Federal e Municípios, refinanciando-os diretamente. § 17. A União, os Estados, o Distrito Federal e os Municípios aferirão mensalmente, em base anual, o comprometimento de suas respectivas receitas correntes líquidas com o pagamento de precatórios e obrigações de pequeno valor.

Referências normativas e jurisprudenciais	
Constituição	§ 18. Entende-se como receita corrente líquida, para os fins de que trata o § 17, o somatório das receitas tributárias, patrimoniais, industriais, agropecuárias, de contribuições e de serviços, de transferências correntes e outras receitas correntes, incluindo as oriundas do § 1º do art. 20 da Constituição Federal, verificado no período compreendido pelo segundo mês imediatamente anterior ao de referência e os 11 (onze) meses precedentes, excluídas as duplicidades, e deduzidas: I - na União, as parcelas entregues aos Estados, ao Distrito Federal e aos Municípios por determinação constitucional; II - nos Estados, as parcelas entregues aos Municípios por determinação constitucional; III - na União, nos Estados, no Distrito Federal e nos Municípios, a contribuição dos servidores para custeio de seu sistema de previdência e assistência social e as receitas provenientes da compensação financeira referida no § 9º do art. 201 da Constituição Federal. § 19. Caso o montante total de débitos decorrentes de condenações judiciais em precatórios e obrigações de pequeno valor, em período de 12 (doze) meses, ultrapasse a média do comprometimento percentual da receita corrente líquida nos 5 (cinco) anos imediatamente anteriores, a parcela que exceder esse percentual poderá ser financiada, excetuada dos limites de endividamento de que tratam os incisos VI e VII do art. 52 da Constituição Federal e de quaisquer outros limites de endividamento previstos, não se aplicando a esse financiamento a vedação de vinculação de receita prevista no inciso IV do art. 167 da Constituição Federal. § 20. Caso haja precatório com valor superior a 15% (quinze por cento) do montante dos precatórios apresentados nos termos do § 5º deste artigo, 15% (quinze por cento) do valor deste precatório serão pagos até o final do exercício seguinte e o restante em parcelas iguais nos cinco exercícios subsequentes, acrescidas de juros de mora e correção monetária, ou mediante acordos diretos, perante Juízos Auxiliares de Conciliação de Precatórios, com redução máxima de 40% (quarenta por cento) do valor do crédito atualizado, desde que em relação ao crédito não penda recurso ou defesa judicial e que sejam observados os requisitos definidos na regulamentação editada pelo ente federado.
Legislação infra-constitucional	Lei 9.494/97
Súmulas e teses de repercussão geral	SV 17: Durante o período previsto no parágrafo 1º do artigo 100 da Constituição, não incidem juros de mora sobre os precatórios que nele sejam pagos. SV 47: Os honorários advocatícios incluídos na condenação ou destacados do montante principal devido ao credor consubstanciam verba de natureza alimentar cuja satisfação ocorrerá com a expedição de precatório ou requisição de pequeno valor, observada ordem especial restrita aos créditos dessa natureza. Súmula 655: A exceção prevista no art. 100, '*caput*', da CF/88, em favor dos créditos de natureza alimentícia, não dispensa a expedição de precatório,

Referências normativas e jurisprudenciais	
Súmulas e teses de repercussão geral	limitando-se a isentá-los da observância da ordem cronológica dos precatórios decorrentes de condenações de outra natureza. Tema 18 (RE 564132): Os honorários advocatícios incluídos na condenação ou destacados do montante principal devido ao credor consubstanciam verba de natureza alimentar cuja satisfação ocorrerá com a expedição de precatório ou requisição de pequeno valor, observada ordem especial restrita aos créditos dessa natureza. Tema 28 (RE 1205530): Surge constitucional expedição de precatório ou requisição de pequeno valor para pagamento da parte incontroversa e autônoma do pronunciamento judicial transitada em julgado observada a importância total executada para efeitos de dimensionamento como obrigação de pequeno valor. Tema 45 (RE 573872): A execução provisória de obrigação de fazer em face da Fazenda Pública não atrai o regime constitucional dos precatórios. Tema 58 (RE 592619): É vedado o fracionamento do valor de precatório em execução de sentença, com o objetivo de efetuar o pagamento das custas processuais por meio de requisição de pequeno valor (RPV). Tema 96 (RE 579431): Incidem os juros da mora no período compreendido entre a data da realização dos cálculos e a da requisição ou do precatório. Tema 112 (RE 587982): É harmônica com a normatividade constitucional a previsão do artigo 86 do ADCT na dicção da EC 32/2002 de um regime de transição para tratar dos precatórios reputados de pequeno valor, já expedidos antes de sua promulgação. Tema 132 (RE 590751): O art. 78 do Ato das Disposições Constitucionais Transitórias possui a mesma mens legis que o art. 33 desse Ato, razão pela qual, uma vez calculado o precatório pelo valor real do débito, acrescido de juros legais, não há mais falar em incidência desses nas parcelas anuais, iguais e sucessivas em que é fracionado, desde que adimplidas a tempo e corrigidas monetariamente. Tema 137 (RE 590871): É compatível com a Constituição da República de 1988 a ampliação para 30 (trinta) dias do prazo de oposição de embargos à execução pela Fazenda Pública. Tema 147 (RE 591085): Durante o período previsto no parágrafo 1º do artigo 100 (redação original e redação da EC 30/2000) da Constituição, não incidem juros de mora sobre os precatórios que nele sejam pagos. Tema 148 (RE 568645): A interpretação do § 4º do art. 100, alterado e hoje § 8º do art. 100 da Constituição da República, permite o pagamento dos débitos em execução nos casos de litisconsórcio facultativo. Tema 253 (RE 599628): Sociedades de economia mista que desenvolvem atividade econômica em regime concorrencial não se beneficiam do regime de precatórios, previsto no art. 100 da Constituição da República. Tema 355 (RE 693112): É válida a penhora em bens de pessoa jurídica de direito privado, realizada anteriormente à sucessão desta pela União, não devendo a execução prosseguir mediante precatório. Tema 361 (RE 631537): A cessão de crédito alimentício não implica a alteração da natureza.

	Referências normativas e jurisprudenciais
Súmulas e teses de repercussão geral	Tema 411 (AI 841548): É incompatível com a Constituição o reconhecimento às entidades paraestatais dos privilégios processuais concedidos à Fazenda Pública em execução de pagamento de quantia em dinheiro. Tema 450 (ARE 638195): É devida correção monetária no período compreendido entre a data de elaboração do cálculo da requisição de pequeno valor – RPV e sua expedição para pagamento. Tema 511 (RE 657686): É constitucionalmente vedada a compensação unilateral de débitos em proveito exclusivo da Fazenda Pública ainda que os valores envolvidos não estejam sujeitos ao regime de precatórios, mas apenas à sistemática da requisição de pequeno valor. Tema 521 (RE 612707): O pagamento parcelado dos créditos não alimentares, na forma do art. 78 do ADCT, não caracteriza preterição indevida de precatórios alimentares, desde que os primeiros tenham sido inscritos em exercício anterior ao da apresentação dos segundos, uma vez que, ressalvados os créditos de que trata o art. 100, § 2º, da Constituição, o pagamento dos precatórios deve observar as seguintes diretrizes: (1) a divisão e a organização das classes ocorrem segundo o ano de inscrição; (2) inicia-se o pagamento pelo exercício mais antigo em que há débitos pendentes; (3) quitam-se primeiramente os créditos alimentares; depois, os não alimentares do mesmo ano; (4) passa-se, então, ao ano seguinte da ordem cronológica, repetindo-se o esquema de pagamento; e assim sucessivamente. Tema 755 (ARE 723307): É vedado o fracionamento da execução pecuniária contra a Fazenda Pública para que uma parte seja paga antes do trânsito em julgado, por meio de Complemento Positivo, e outra depois do trânsito, mediante Precatório ou Requisição de Pequeno Valor. Tema 792 (RE 729107): Lei disciplinadora da submissão de crédito ao sistema de execução via precatório possui natureza material e processual, sendo inaplicável a situação jurídica constituída em data que a anteceda. Tema 810 (RE 870947): 1) O art. 1º-F da Lei nº 9.494/97, com a redação dada pela Lei nº 11.960/09, na parte em que disciplina os juros moratórios aplicáveis a condenações da Fazenda Pública, é inconstitucional ao incidir sobre débitos oriundos de relação jurídico-tributária, aos quais devem ser aplicados os mesmos juros de mora pelos quais a Fazenda Pública remunera seu crédito tributário, em respeito ao princípio constitucional da isonomia (CRFB, art. 5º, *caput*); quanto às condenações oriundas de relação jurídica não-tributária, a fixação dos juros moratórios segundo o índice de remuneração da caderneta de poupança é constitucional, permanecendo hígido, nesta extensão, o disposto no art. 1º-F da Lei nº 9.494/97 com a redação dada pela Lei nº 11.960/09; e 2) O art. 1º-F da Lei nº 9.494/97, com a redação dada pela Lei nº 11.960/09, na parte em que disciplina a atualização monetária das condenações impostas à Fazenda Pública segundo a remuneração oficial da caderneta de poupança, revela-se inconstitucional ao impor restrição desproporcional ao direito de propriedade (CRFB, art. 5º, XXII), uma vez que não se qualifica como medida adequada a capturar a variação de preços da economia, sendo inidônea a promover os fins a que se destina.

Referências normativas e jurisprudenciais	
Súmulas e teses de repercussão geral	Tema 831 (RE 889173): O pagamento dos valores devidos pela Fazenda Pública entre a data da impetração do mandado de segurança e a efetiva implementação da ordem concessiva deve observar o regime de precatórios previsto no artigo 100 da Constituição Federal. Tema 873 (ARE 925754): Não viola o art. 100, § 8º, da Constituição Federal a execução individual de sentença condenatória genérica proferida contra a Fazenda Pública em ação coletiva visando à tutela de direitos individuais homogêneos. Tema 877 (RE 938837): Os pagamentos devidos, em razão de pronunciamento judicial, pelos Conselhos de Fiscalização não se submetem ao regime de precatórios. Tema 1037 (RE 1169289): O enunciado da Súmula Vinculante 17 não foi afetado pela superveniência da Emenda Constitucional 62/2009, de modo que não incidem juros de mora no período de que trata o § 5º do art. 100 da Constituição. Havendo o inadimplemento pelo ente público devedor, a fluência dos juros inicia-se após o 'período de graça'.
Julgados paradigmáticos	ADC 11 ADI 2418, 4332, 4357, 4425, 5534 ADPF 387

18.1. Parcelamento de precatórios e caracterização de preterição no pagamento

Os bens públicos são impenhoráveis e a possibilidade de sua alienação se sujeita a diversos requisitos estabelecidos em lei, tais como a necessidade de avaliação, autorização legislativa (para bens imóveis) e licitação (para bens móveis), e só pode ocorrer se houver interesse público que o justifique (Lei nº 8.666/93, art. 17, dispositivo revogado e correspondente ao art. 76 da Lei 14.133/2021). Além disso, os entes públicos só podem fazer pagamentos em consonância com previsões orçamentárias.

Por tais motivos, a Constituição estabelece, no *caput* do art. 100, o regime de precatórios e de requisições de pequeno valor (RPV) para pagamento dos débitos devidos pela Fazenda Pública em virtude de sentença judiciária.

O precatório é uma requisição de pagamento, feita pelo Poder Judiciário e encaminhada ao Poder Executivo, que deve incluir, no orçamento, previsão específica suficiente a fazer a quitação do débito da Fazenda Pública. São feitas listagens de credores, para pagamento na ordem cronológica de recepção da requisição pelo Executivo. No caso de o crédito ser considerado, por lei, como obrigação de pequeno valor, a requisição de pagamento se faz diretamente à autoridade administrativa competente, não havendo elaboração de listagens de credores.

Considerando a impossibilidade de penhora e expropriação de bens, pode-se dizer que a execução contra a Fazenda Pública é imprópria, já que tais restrições impedem a prática dos atos executivos praticados nas demais modalidades de execução.

Desde o julgamento da ADI 47[420], ficou assentado no Supremo Tribunal Federal que os créditos alimentares formam lista preferencial de precatórios, distinta da listagem geral atinente aos créditos não preferenciais. Esse entendimento veio a ser estampado na Súmula 655 da Corte[421].

Após a EC nº 62/2009, passaram a existir três listagens de precatórios:

- (i) a primeira, superpreferencial, corresponde aos créditos de natureza alimentícia cujos titulares, originários ou por sucessão hereditária, tenham 60 (sessenta) anos de idade, ou sejam portadores de doença grave, ou pessoas com deficiência, assim definidos na forma da lei. Tais créditos serão pagos com preferência sobre todos os demais débitos, até o valor equivalente ao triplo fixado em lei para o pagamento por RPV, admitido o fracionamento para essa finalidade, sendo que o restante será pago na ordem cronológica de apresentação do precatório (CF, art. 100, § 2º);
- (ii) a segunda, preferencial, que abrange os débitos de natureza alimentícia, assim compreendidos aqueles decorrentes de salários, vencimentos, proventos, pensões e suas complementações, benefícios previdenciários e indenizações por morte ou por invalidez, fundadas em responsabilidade civil, em virtude de sentença judicial transitada em julgado. Tais créditos serão pagos com preferência sobre todos os demais débitos, com exceção daqueles constantes da listagem superpreferencial;
- (iii) a terceira, ordinária, que abrange os demais débitos da Fazenda Pública, que não façam parte das duas listagens anteriores.

Vale destacar que, se o crédito inserido na fila superpreferencial exceder o triplo do valor máximo do RPV da entidade devedora, o excesso será incluído na segunda listagem (preferencial). Trata-se da única hipótese de fracionamento de precatórios explicitamente admitida pela Constituição.

Nas ADIs 2356 e 2362[422], o Supremo Tribunal Federal declarou a inconstitucionalidade do regime especial de parcelamento de precatórios instituído pela EC nº 30/2000, a qual modificou a redação do art. 78 do ADCT[423]. Na visão da Suprema Corte:

---

420. ADI 47, Relator(a): OCTAVIO GALLOTTI, Tribunal Pleno, julgado em 22/10/1992.

421. Súmula 655: A exceção prevista no art. 100, '*caput*', da CF/88, em favor dos créditos de natureza alimentícia, não dispensa a expedição de precatório, limitando-se a isentá-los da observância da ordem cronológica dos precatórios decorrentes de condenações de outra natureza.

422. ADI 2356 MC, Relator(a): NÉRI DA SILVEIRA, Relator(a) p/ Acórdão: AYRES BRITTO, Tribunal Pleno, julgado em 25/11/2010.

423. Art. 78. Ressalvados os créditos definidos em lei como de pequeno valor, os de natureza alimentícia, os de que trata o art. 33 deste Ato das Disposições Constitucionais Transitórias e suas complementações

- (i) quanto aos "precatórios pendentes" quando da entrada em vigor da referida emenda constitucional, a norma viola o direito adquirido do credor, bem como a coisa julgada, ao modificar a sistemática de recebimento dos valores pelo credor. Além disso, reconheceu-se afronta à independência e autoridade do Judiciário, pois lhe deve ser reconhecido não apenas o poder de julgar, mas também o de fazer cumprir suas decisões;
- (ii) já no que tange à submissão de ações ajuizadas até 31.12.1999 ao regime de parcelamento de precatórios, a Corte vislumbrou violação à isonomia, pois os demais credores (= aqueles que tivessem movido a ação judicial a partir de 01.01.2000) teriam tratamento mais benéfico, já que não sujeitos ao parcelamento.

Ao julgar o RE 612707[424], sob a sistemática da repercussão geral, o Supremo Tribunal Federal fixou a seguinte tese: "o pagamento parcelado dos créditos não alimentares, na forma do art. 78 do ADCT, não caracteriza preterição indevida de precatórios alimentares, desde que os primeiros tenham sido inscritos em exercício anterior ao da apresentação dos segundos, uma vez que, ressalvados os créditos de que trata o art. 100, § 2º, da Constituição, o pagamento dos precatórios deve observar as seguintes diretrizes: (1) a divisão e a organização das classes ocorrem segundo o ano de inscrição; (2) inicia-se o pagamento pelo exercício mais antigo em que há débitos pendentes; (3) quitam-se primeiramente os créditos alimentares; depois, os não alimentares do mesmo ano; (4) passa-se, então, ao ano seguinte da ordem cronológica, repetindo-se o esquema de pagamento; e assim sucessivamente".

O julgado é importante por esclarecer que o caráter preferencial dos créditos alimentares se aplica apenas em relação aos requisitórios não alimentares do mesmo exercício financeiro, não abrangendo aqueles de anos posteriores. Assim, por exemplo, um precatório alimentar expedido no ano de 2020 deve ser pago antes de precatório não alimentar do mesmo ano; mas o precatório não alimentar de 2020 deve ser quitado com antecedência ao precatório alimentar do ano de 2021.

Contudo, esse raciocínio não se aplica para os créditos inscritos na fila *superpreferencial* (créditos alimentares de titulares idosos ou portadores de doenças graves), os quais devem ser pagos com preferência mesmo em relação a precatórios alimentares ou não alimentares de exercícios posteriores. Utilizando

---

e os que já tiverem os seus respectivos recursos liberados ou depositados em juízo, os precatórios pendentes na data de promulgação desta Emenda e os que decorram de ações iniciais ajuizadas até 31 de dezembro de 1999 serão liquidados pelo seu valor real, em moeda corrente, acrescido de juros legais, em prestações anuais, iguais e sucessivas, no prazo máximo de dez anos, permitida a cessão dos créditos.

424. RE 612707, Relator(a): EDSON FACHIN, Tribunal Pleno, julgado em 15/05/2020.

o mesmo exemplo acima, precatório superpreferencial do ano de 2021 deve ser pago antes da quitação de precatório alimentar ou não alimentar atinente ao exercício de 2020.

18.2. Cessão de crédito inscrito em precatório

Em repercussão geral[425], a Suprema fixou a tese de que a cessão de precatório não implica alteração de sua natureza. A fundamentação se utilizou, entre outras, de premissas consequencialistas, no sentido de que, caso a cessão de precatório modificasse a respectiva natureza, transformando um crédito alimentar (preferencial) em crédito ordinário, haveria um desestímulo ou maior deságio na aquisição de precatórios, em prejuízo do próprio credor alimentar.

Embora o voto do relator (Min. Marco Aurélio) não o mencione, o voto-vista do Min. Alexandre de Moraes, que o acompanhou, faz referência a resoluções do Conselho Nacional de Justiça, pressupondo-as válidas. Os demais ministros não se manifestaram expressamente a respeito.

De acordo com tais atos regulamentares, no caso de cessão de precatórios, o cessionário (adquirente do crédito) perde a preferência referente à primeira listagem (fila superpreferencial), mas mantém a preferência relativa aos créditos alimentares (fila preferencial), conforme previsto no art. 16, *caput* e §§ 1º a 4º, da Resolução nº 115 do CNJ[426], bem como do art. 42, §1º, da Resolução 303/2019 do mesmo órgão[427].

De certa forma, então, pode-se dizer que a regulamentação do CNJ discrepa da decisão do STF, pois a primeira não reconhece a possibilidade de o cessionário de precatório gozar dos privilégios atinentes à fila superpreferencial (CF, art. 100, §2º), enquanto o Supremo disse, de modo aparentemente mais amplo, que a cessão não altera a natureza do precatório. Contudo, observe-se

425. "PRECATÓRIO – CRÉDITO – CESSÃO – NATUREZA. A cessão de crédito não implica alteração da natureza" (RE 631537, Relator(a): MARCO AURÉLIO, Tribunal Pleno, julgado em 22/05/2020).

426. Art. 16 – O credor de precatório poderá ceder, total ou parcialmente, seus créditos a terceiros, independentemente da concordância do devedor, não se aplicando ao cessionário a preferência de que tratam os §§ 2º e 3º do art. 100 da CF.

§ 1º – O disposto no *caput* não obsta o gozo, pelo cessionário, da preferência de que trata o § 1º do art. 100, quando a origem do débito se enquadrar em uma das hipóteses nele previstas.

§ 2º – Quando a cessão for comunicada após o registro da preferência de que trata o § 2º do art. 100, deve o Tribunal de origem do precatório adotar as providências para a imediata retirada e, se for o caso, inclusão da preferência do § 1º do art. 100 da CF.

§ 3º – A cessão de precatórios somente produzirá efeitos após comunicação, por meio de petição protocolizada, ao juízo de origem e à entidade devedora, antes da apresentação da requisição ao Tribunal.

§ 4º A cessão de créditos não alterará a natureza comum ou alimentar do precatório e não prejudicará a compensação, sendo considerado, para esse fim, o credor originário.

427. § 1º A cessão não altera a natureza do precatório, podendo o cessionário gozar da preferência de que trata o § 1º do art. 100 da Constituição Federal, quando a origem do débito assim permitir, mantida a posição na ordem cronológica originária, em qualquer caso.

que a Suprema Corte não decidiu a questão especificamente sob o enfoque dos precatórios superpreferenciais; embora a tese de repercussão geral haja sido enunciada em termos genéricos, o caso concreto julgado era concernente a precatório alimentar que não integrava a fila superpreferencial (CF, art. 100, §1º).

Assim, remanesce dúvida sobre a possibilidade de o cessionário de crédito superpreferencial se beneficiar dessa condição, sendo que a regulamentação atualmente vigente no Conselho Nacional de Justiça não o admite.

Na parte em que se referem aos precatórios alimentícios não superpreferenciais (CF, art. 100, §1º), as resoluções do CNJ se harmonizam com a decisão da Suprema Corte: feita a cessão, o crédito permanece incluído na lista preferencial dos precatórios alimentares.

Outra questão que não foi decidida pelo STF diz respeito à competência jurisdicional no caso de cessão de créditos trabalhistas. Embora o precedente de repercussão geral não se refira especificamente a créditos trabalhistas, a amplitude da tese nele fixada leva à conclusão de que o entendimento se aplica na esfera da Justiça do Trabalho, a qual permanecerá competente para a execução, até o encerramento do processo, dessa forma, mesmo após eventual cessão do crédito inscrito em precatório.

18.3. Direito intertemporal sobre precatórios

O Supremo Tribunal Federal, em diversas ocasiões, apreciou a problemática atinente à eficácia no tempo de leis disciplinadoras da execução contra a Fazenda Pública, notadamente quanto à utilização do regime de precatórios ou de requisição de pequeno valor (RPV).

No RE 729107[428], julgado sob a sistemática da repercussão geral, a Suprema Corte, reiterando entendimento já manifestado anteriormente[429], concluiu que leis que submetam a execução à sistemática de precatório – em situações antes enquadráveis no regime de RPV – são aplicáveis de imediato aos processos pendentes, com a ressalva de decisões transitadas em julgado anteriormente à entrada em vigor da nova lei.

No caso apreciado em repercussão geral, lei estadual havia reduzido o limite da RPV de 40 para 10 salários mínimos. A redução foi considerada constitucional[430], mas aplicável apenas para decisões transitadas em julgado após a vigência da nova legislação.

428. "EXECUÇÃO – FAZENDA – LEI – APLICAÇÃO NO TEMPO. Lei disciplinadora da submissão de crédito ao sistema de execução via precatório possui natureza material e processual, sendo inaplicável a situação jurídica constituída em data que a anteceda" (RE 729107, Relator(a): MARCO AURÉLIO, Tribunal Pleno, julgado em 08/06/2020).

429. Por exemplo, na ADI 5100, Relator(a): LUIZ FUX, Tribunal Pleno, julgado em 27/04/2020.

430. Sobre o tema, ver tópico abaixo, específico sobre o limite da RPV nos estados e municípios.

De fato, as normas sobre o procedimento executivo – o que inclui a definição sobre aplicabilidade de precatório ou de requisição de pequeno valor – detêm, nitidamente, caráter processual. Regem-se, dessa forma, pelo princípio da eficácia imediata (*tempus regit actum*), razão pela qual incidem sobre os processos já em curso.

No entanto, com o trânsito em julgado da sentença que condene a Fazenda Pública ao pagamento de quantia, o credor passa a ter direito adquirido processual à observância da sistemática de requisição de pequeno valor, que lhe é mais vantajosa.

Ao revés, nada impediria que, se a legislação superveniente que majorasse o teto do RPV assim previsse, o crédito inscrito em precatório fosse pago por meio de requisição de pequeno valor; nesta hipótese, não haveria óbice à aplicação de meio mais vantajoso ao credor. Contudo, cabe ressaltar que o pagamento de débito já inscrito em precatório por meio de requisição de pequeno valor somente pode ser feito se houver previsão constitucional ou legal expressa nesse sentido, conforme se extrai do RE 587982, julgado sob a sistemática da repercussão geral[431].

Apesar de a tese fixada no referido julgado mencionar a EC 32/2002, trata-se de erro material, sendo certo que a remissão correta seria à EC 37/2002. Tal ato normativo modificou o art. 86 do ADCT[432], que passou a prever que os débitos definidos como de pequeno valor, relativos a precatórios já expedidos

---

431. "RECURSO EXTRAORDINÁRIO. REPERCUSSÃO GERAL. DIREITO CONSTITUCIONAL FINANCEIRO. EXECUÇÃO CONTRA A FAZENDA PÚBLICA. PRECATÓRIO EXPEDIDO ANTES DA EMENDA CONSTITUCIONAL 37/2002. CONVERSÃO EM REQUISIÇÃO DE PEQUENO VALOR (RPV). AUTOMATICIDADE. 1. A instituição de regime transitório no artigo 86 do ADCT, com a finalidade de regular a desigualdade criada pela EC 37/2002, mostra-se decisão constituinte adequada e possível para conciliar a satisfação dos débitos de pequena monta de credores da Fazenda Pública e o planejamento da atividade financeira do Estado. 2. A alteração formal do Texto Constitucional em questão não consiste em discrímen arbitrário nem violação substancial à igualdade fática entre os credores do Poder Público, tendo em vista a finalidade constitucional de eficiência organizativa e continuidade do Estado Fiscal. 3. Fixação da seguinte tese de julgamento ao presente Tema da sistemática da repercussão geral: "É harmônica com a normatividade constitucional a previsão no artigo 86 do ADCT na dicção da EC 32/2002 de um regime de transição para tratar dos precatórios reputados de pequeno valor, já expedidos antes de sua promulgação." 4. Recurso extraordinário a que nega provimento" (RE 587982, Relator(a): EDSON FACHIN, Tribunal Pleno, julgado em 27/03/2019).

432. Art. 86. Serão pagos conforme disposto no art. 100 da Constituição Federal, não se lhes aplicando a regra de parcelamento estabelecida no *caput* do art. 78 deste Ato das Disposições Constitucionais Transitórias, os débitos da Fazenda Federal, Estadual, Distrital ou Municipal oriundos de sentenças transitadas em julgado, que preencham, cumulativamente, as seguintes condições:

I - ter sido objeto de emissão de precatórios judiciários; II - ter sido definidos como de pequeno valor pela lei de que trata o § 3º do art. 100 da Constituição Federal ou pelo art. 87 deste Ato das Disposições Constitucionais Transitórias; III - estar, total ou parcialmente, pendentes de pagamento na data da publicação desta Emenda Constitucional.

§ 1º Os débitos a que se refere o *caput* deste artigo, ou os respectivos saldos, serão pagos na ordem cronológica de apresentação dos respectivos precatórios, com precedência sobre os de maior valor.

antes do *reenquadramento* (por força da legislação superveniente) na faixa pertinente à requisição de pequeno valor (justamente em virtude da majoração do teto da RPV), deveriam ser satisfeitos com observância da ordem cronológica de precatórios, mas com precedência sobre os precatórios de maior valor. Exemplo: suponha-se que haja sido expedido precatório, no valor de 25 salários mínimos, em face de determinado município; depois da expedição, tal crédito vem a ser considerado como de pequeno valor, por força da EC 37/2002, a qual estabeleceu, até que sobrevenha lei específica, o limite, para os municípios, de 30 salários mínimos como teto da RPV. O reenquadramento do débito como sendo de pequeno valor não faz com que o precatório, anteriormente expedido, transmude-se em RPV. De acordo com a tese de repercussão geral, o procedimento correto é manter-se o precatório, mas pagá-lo com preferência sobre os créditos cujo montante exceda o (novo) teto da requisição de pequeno valor.

Contudo, conforme asseverado acima, embora o tema não tenha sido objeto de apreciação pela Suprema Corte, pode-se afirmar que, se lei ou emenda constitucional previsse que os precatórios pendentes fossem pagos por requisição de pequeno valor, não haveria empecilho constitucional, por inexistir violação ao direito adquirido ou ao ato jurídico perfeito, já que a alteração, nesta hipótese, seria benéfica ao credor. No caso da EC 37/2002, entretanto, não houve previsão nesse sentido, razão pela qual se afigura correta a decisão da Suprema Corte.

18.4. Execução de parte incontroversa por precatório ou por requisição de pequeno valor: critérios. Prazo para pagamento de RPV

Resolvendo polêmica doutrinária e jurisprudencial, o Supremo Tribunal, sob a sistemática da repercussão geral, fixou a tese de que "surge constitucional expedição de precatório ou requisição de pequeno valor para pagamento da parte incontroversa e autônoma do pronunciamento judicial transitada em julgado observada a importância total executada para efeitos de dimensionamento como obrigação de pequeno valor"[433].

Dessa forma, na hipótese em que a Fazenda Pública ofertar embargos à execução parciais, a execução pode seguir de forma definitiva (até o pagamento do credor) no que tange à parte incontroversa do débito, sendo legítima a

§ 2º Os débitos a que se refere o *caput* deste artigo, se ainda não tiverem sido objeto de pagamento parcial, nos termos do art. 78 deste Ato das Disposições Constitucionais Transitórias, poderão ser pagos em duas parcelas anuais, se assim dispuser a lei.

§ 3º Observada a ordem cronológica de sua apresentação, os débitos de natureza alimentícia previstos neste artigo terão precedência para pagamento sobre todos os demais.

433. "EXECUÇÃO – TÍTULO JUDICIAL – PARTE AUTÔNOMA PRECLUSÃO – POSSIBILIDADE. Possível é a execução parcial do título judicial no que revela parte autônoma transitada em julgado na via da recorribilidade" (RE 1205530, Relator(a): MARCO AURÉLIO, Tribunal Pleno, julgado em 08/06/2020)

expedição de precatório ou de requisição de pequeno valor para pagá-la. O entendimento da Suprema Corte se revela acertado, pois a exigência de trânsito em julgado para expedição de precatório ou RPV (CF, art. 100, §5º) não impede a formação de coisa julgada parcial ou mesmo de preclusão quanto a valores que são reconhecidamente devidos pelo ente público, justamente porque não impugnados.

A execução da parcela incontroversa seguirá por precatório ou por RPV não à luz de seu próprio valor (da parcela incontroversa), mas considerando o montante total executado (= parte incontroversa acrescida da parte ainda controvertida). Se o montante total se encaixar na faixa de valores de requisição de pequeno valor, a parte incontroversa pode ser paga por esse instrumento. Ao revés, se o montante total for superior ao limite máximo da RPV, ainda que a parcela incontroversa seja inferior, o pagamento da parte incontroversa, assim como o futuro pagamento da parcela incontroversa, deve ser feito exclusivamente por precatório[434]. Entendimento contrário violaria o art. 100, §8º, da CF[435], no que veda o fracionamento de precatórios para a finalidade de enquadrar os valores nos limites da RPV.

A possibilidade de execução imediata da parte incontroversa (= transitada em julgado), na hipótese em que haja recurso parcial da Fazenda Pública, foi reiterada pelo STF ao julgar a ADI 5534[436]. Nessa decisão, a Corte referendou a constitucionalidade do art. 535, §3º, II, e fez interpretação conforme à Constituição do §4º do mesmo dispositivo legal[437].

O art. 535, §4º, do CPC, foi interpretado conforme à Constituição com a finalidade de fixar a interpretação exposta acima: a execução da parcela incontroversa se dará por RPV ou por precatório não considerando seu próprio valor (da parcela incontroversa), mas tendo em vista o montante total da condenação.

---

434. O voto do Min. Alexandre de Moraes RE 1205530) esclarece que: "deverá ser observado o valor total da execução (inclusive quanto a parte controvertida) para fins de determinação de qual o regime de pagamento a ser adotado, se por precatório ou por requisição de pequeno valor".

435. Art. 100, § 8º É vedada a expedição de precatórios complementares ou suplementares de valor pago, bem como o fracionamento, repartição ou quebra do valor da execução para fins de enquadramento de parcela do total ao que dispõe o § 3º deste artigo.

436. ADI 5534, Rel. Min. Dias Toffoli, Tribunal Pleno, julgado em 21.12.2020.

437. Art. 535. A Fazenda Pública será intimada na pessoa de seu representante judicial, por carga, remessa ou meio eletrônico, para, querendo, no prazo de 30 (trinta) dias e nos próprios autos, impugnar a execução, podendo arguir: (...)

§ 3º Não impugnada a execução ou rejeitadas as arguições da executada: (...) II - por ordem do juiz, dirigida à autoridade na pessoa de quem o ente público foi citado para o processo, o pagamento de obrigação de pequeno valor será realizado no prazo de 2 (dois) meses contado da entrega da requisição, mediante depósito na agência de banco oficial mais próxima da residência do exequente.

§ 4º Tratando-se de impugnação parcial, a parte não questionada pela executada será, desde logo, objeto de cumprimento.

Quanto ao art. 535, §3º, II, do CPC, a discussão diz respeito à extensão da competência legislativa concorrente dos estados para legislar sobre procedimentos em matéria processual (CF, art. 24, XI). Na visão sufragada pela Suprema Corte, o referido dispositivo legal, ao estabelecer o prazo de dois meses, contados da entrega da requisição, para pagamento das requisições de pequeno valor, consiste em norma tipicamente processual, e não meramente procedimental.

A distinção entre normas processuais, para as quais a competência legislativa é privativa da União (CF, art. 22, I), e as normas que versem sobre procedimentos em matéria processual é bastante tênue e já foi abordada na em seção própria, neste capítulo, atinente à competência legislativa, para a qual se remete o leitor.

18.5. Fracionamento de precatórios: litisconsórcio, honorários advocatícios e execução individual de sentença coletiva

Discute-se se o pagamento deve ser por precatório, ou por RPV, nas hipóteses em que haja litisconsórcio ativo, sendo o valor global superior ao teto da RPV, mas, considerados individualmente, os créditos não ultrapassam tal limite. *Mutatis mutandis*, a mesma discussão existe quanto aos honorários advocatícios incidentes sobre o valor de cada credor, e também na situação que envolve execução individual de sentenças condenatórias genéricas proferidas em ação coletiva que verse sobre direitos individuais homogêneos.

Aparentemente, o art. 97, § 11, do ADCT[438], impediria, nessas hipóteses, que o credor receba por RPV, ainda que seu crédito, isoladamente considerado, seja inferior à respectiva faixa de valores.

No entanto, o STF decidiu, acertadamente, em sede de repercussão geral[439] que, nos casos de litisconsórcio ativo facultativo, deve ser considerado

438. Art. 97, § 11 – No caso de precatórios relativos a diversos credores, em litisconsórcio, admite-se o desmembramento do valor, realizado pelo Tribunal de origem do precatório, por credor, e, por este, a habilitação do valor total a que tem direito, não se aplicando, neste caso, a regra do § 3º do art. 100 da Constituição Federal.

439. "REPERCUSSÃO GERAL. DIREITO CONSTITUCIONAL E PROCESSUAL CIVIL. VEDAÇÃO CONSTITUCIONAL DE FRACIONAMENTO DE EXECUÇÃO PARA FRAUDAR O PAGAMENTO POR PRECATÓRIO. ART. 100, § 8º (ORIGINARIAMENTE § 4º), DA CONSTITUIÇÃO DA REPÚBLICA. LITISCONSÓRCIO FACULTATIVO SIMPLES. CONSIDERAÇÃO INDIVIDUAL DOS LITISCONSORTES: CONSTITUCIONALIDADE. RECURSO EXTRAORDINÁRIO AO QUAL SE NEGA PROVIMENTO. 1. Ausência de prequestionamento quanto à alegação de inconstitucionalidade da Resolução n. 199/2005 do Tribunal de Justiça de São Paulo e quanto ao fracionamento dos honorários advocatícios. Incidência das Súmulas 282 e 356. 2. A execução ou o pagamento singularizado dos valores devidos a partes integrantes de litisconsórcio facultativo simples não contrariam o § 8º (originariamente § 4º) do art. 100 da Constituição da República. A forma de pagamento, por requisição de pequeno valor ou precatório, dependerá dos valores isoladamente considerados. 3. Recurso extraordinário ao qual se nega provimento" (RE 568645, Relator(a): CÁRMEN LÚCIA, Tribunal Pleno, julgado em 24/09/2014).

o valor a ser recebido individualmente por cada credor, a fim de definir se o pagamento será feito por precatório ou por RPV[440]. O posicionamento é coerente, pois estimula o fenômeno da cumulação de ações, o que contribui para a redução do quantitativo de processos em trâmite no Judiciário.

No mesmo sentido, a OJ nº 9 do Tribunal Pleno do TST estabelece que, no caso de reclamações trabalhistas plúrimas, a aferição do que vem a ser obrigação de pequeno valor, para efeito de dispensa de formação de precatório e aplicação do disposto no § 3º do art. 100 da CF/88, deve ser realizada considerando-se os créditos de cada reclamante.

A Suprema Corte, também em repercussão geral[441], fixou o mesmo entendimento no que tange aos honorários advocatícios sucumbenciais. Assim, por considerar que o direito do advogado é autônomo, o STF admite que o patrono receba (quando for o caso) seu crédito por RPV, ao passo que seu cliente – credor da Fazenda Pública – receba por precatório, se o respectivo crédito exceder o limite legal da RPV. Caso o crédito de honorários, em virtude de seu valor, deva ser recebido por meio de precatório, a inscrição se dará na fila superpreferencial (caso o advogado titular do crédito tenha mais de 60 anos ou seja portador de doença grave) ou preferencial (nos demais casos). Nesse sentido é a Súmula Vinculante nº 47 da Suprema Corte[442].

A Corte entende, ainda, que caso haja litisconsórcio ativo, os honorários sucumbenciais constituem crédito único e indivisível do patrono; assim, este não pode receber por RPV considerando os honorários incidentes sobre o crédito de cada litisconsorte[443]. Exemplo: o mesmo advogado representa 5 litisconsortes; o crédito de honorários sucumbenciais referentes a cada qual se enquadra na faixa

440. ARE 904880 AgR, Relator(a): Min. ROSA WEBER, Primeira Turma, julgado em 16/02/2016.

441. RE 564132, Relator(a): Min. EROS GRAU, Relator(a) p/ Acórdão: Min. CÁRMEN LÚCIA, Tribunal Pleno, julgado em 30/10/2014.

442. SV 47: Os honorários advocatícios incluídos na condenação ou destacados do montante principal devido ao credor consubstanciam verba de natureza alimentar cuja satisfação ocorrerá com a expedição de precatório ou requisição de pequeno valor, observada ordem especial restrita aos créditos dessa natureza

443. Embargos de divergência nos embargos de declaração no agravo regimental no recurso extraordinário. Constitucional e Processual. Regra do art. 100, § 8º, da CF. Litisconsórcio ativo facultativo. Honorários advocatícios. Crédito autônomo, uno e indiviso fixado de forma global. Execução proporcional à fração de cada litisconsorte. Impossibilidade. Embargos de divergência providos. 1. Uma vez que o crédito do advogado se origina de uma relação de direito processual, sendo devido em função de atos únicos praticados no curso do processo, em proveito de todos os litisconsortes e independentemente de quantos eles sejam, fixados os honorários de forma global sobre o valor da condenação, o crédito constituído é uno, indivisível e guarda total autonomia no que concerne ao crédito dos litisconsortes. 2. Nas causas em que a Fazenda Pública for condenada ao pagamento da verba honorária de forma global, é vedado o fracionamento de crédito único, consistente no valor total dos honorários advocatícios devidos, proporcionalmente à fração de cada litisconsorte, sob pena de afronta ao art. 100, § 8º, da Constituição. 3. Embargos de divergência providos para determinar que a execução dos honorários advocatícios se dê de forma una e indivisa. 4. Custas sucumbenciais invertidas, observada a eventual concessão de justiça gratuita" (RE 919793 AgR-ED-EDv, Relator(a): DIAS TOFFOLI, Tribunal Pleno, julgado em 07/02/2019).

de valores para pagamento por RPV, mas o somatório dos 5 supera o teto da TPV, de modo que o pagamento ao patrono deve ser feito pela via do precatório.

Tal entendimento é passível de crítica, e revela incoerência com o posicionamento anteriormente referido – que admite o desmembramento de valores em caso de litisconsórcio ativo.

Ora, de um lado, o STF adota orientação que estimula o exercício de ações coletivas e em litisconsórcio ativo (quando reconhece que, nesses casos, a definição de pagamento por RPV ou precatório se faz considerado o crédito individual de cada credor); de outro lado, a Corte desestimula as ações plúrimas, ao estabelecer que o crédito do advogado é único em cada processo. É de se esperar, nesse contexto, que o advogado prefira ajuizar várias ações separadamente – e não mais em litisconsórcio –, para que possa receber seus créditos por RPV.

A incoerência deve ser corrigida mediante alteração do entendimento concernente aos honorários sucumbenciais, que constituem verba de natureza acessória. A definição do pagamento por RPV ou precatório deveria ser feita considerando o total do crédito exequendo em relação a cada credor, o que inclui todos os seus acessórios – juros de mora, correção monetária e honorários advocatícios sucumbenciais. Pensar diferentemente gera, ainda, a perplexidade de que o advogado receba seu crédito – que é acessório, embora constitua direito autônomo do patrono – antes do respectivo cliente, o que soa ilógico e injusto.

De forma semelhante, ao julgar o tema 873 da repercussão geral, no ARE 925754[444], a Suprema Corte fixou a tese de que "não viola o art. 100, § 8º, da Constituição Federal a execução individual de sentença condenatória genérica proferida contra a Fazenda Pública em ação coletiva visando à tutela de direitos individuais homogêneos". Da mesma forma que acontece no litisconsórcio ativo, quando ocorrer o fenômeno da substituição processual, a definição da aplicabilidade de RPV ou de precatório deve ser feita à luz do valor individualizado de cada credor, não do somatório de todos. Vale rememorar que, na substituição processual, embora não haja necessidade de juntada de rol de substituídos ou de indicação dos beneficiários do provimento jurisdicional

---

444. "ADMINISTRATIVO E PROCESSUAL CIVIL. RECURSO EXTRAORDINÁRIO COM AGRAVO. EXECUÇÃO INDIVIDUAL DE SENTENÇA PROFERIDA EM AÇÃO COLETIVA PROPOSTA CONTRA A FAZENDA PÚBLICA. PAGAMENTO POR MEIO DE REQUISIÇÃO DE PEQUENO VALOR – RPV. INEXISTÊNCIA DO FRACIONAMENTO DE QUE TRATA O § 8º DO ART. 100 DA CONSTITUIÇÃO. REPERCUSSÃO GERAL CONFIGURADA. REAFIRMAÇÃO DA JURISPRUDÊNCIA. 1. Não viola o art. 100, § 8º, da Constituição Federal a execução individual de sentença condenatória genérica proferida contra a Fazenda Pública em ação coletiva visando à tutela de direitos individuais homogêneos. 2. Agravo conhecido para negar provimento ao recurso extraordinário, com o reconhecimento da repercussão geral do tema e a reafirmação da jurisprudência sobre a matéria" (ARE 925754 RG, Relator(a): TEORI ZAVASCKI, Tribunal Pleno, julgado em 17/12/2015).

postulado já na petição inicial que verse sobre direitos individuais homogêneos, é imprescindível que haja individualização dos créditos na fase de cumprimento de sentença, para viabilizá-la.

No tema 58 da repercussão geral[445], foi fixada a seguinte tese: "é vedado o fracionamento do valor de precatório em execução de sentença, com o objetivo de efetuar o pagamento das custas processuais por meio de requisição de pequeno valor (RPV)". Trata-se de situação não afeta à Justiça do Trabalho, por dizer respeito à antecipação do pagamento de custas processuais, o que é uma realidade, muitas vezes, na Justiça Comum. O credor, que vem a ser vencedor na ação judicial movida em face da Fazenda Pública, já recolhera custas antecipadamente quando do ajuizamento da ação; nesse caso, o credor fará jus ao reembolso das custas antecipadas, cujo montante deve ser adicionado ao valor principal objeto da condenação do ente público para fins de pagamento por precatório ou por RPV, conforme o caso. Ainda que o valor das custas – a serem reembolsadas – se enquadre no limite para pagamento por requisição de pequeno valor, se o resultado da soma do respectivo valor com o do crédito resultante da condenação superior o teto da RPV, o pagamento deve ser feito por meio de precatório. Nota-se que o raciocínio, aqui, foi diferente do adotado quanto ao fracionamento dos honorários advocatícios para fins de pagamento por RPV, o que se explica porque, no caso do reembolso das custas, há apenas um credor (o autor da ação), ao passo que, na hipótese de honorários advocatícios, há dois credores (o autor da ação e o respectivo advogado).

Ainda sobre o tema do fracionamento de precatórios, no ARE 723307 (tema 755 da repercussão geral)[446], a Suprema Corte fixou a tese de que "é vedado o fracionamento da execução pecuniária contra a Fazenda Pública para que uma parte seja paga antes do trânsito em julgado, por meio de Complemento Positivo, e outra depois do trânsito, mediante Precatório ou Requisição de Pequeno Valor".A noção de complemento positivo foi desenvolvida no âmbito dos Juizados Especiais Federais e se refere a valores vencidos no curso de processo judicial. Por exemplo, na hipótese de deferimento de tutela de urgência para que o INSS implemente determinado benefício previdenciário ao autor de ação judicial. O

445. "Recurso Extraordinário. 2. Alegação de ofensa ao art. 87 do ADCT e ao § 4º do art. 100 da Constituição Federal. Ocorrência. 3. Fracionamento do valor de precatório em execução de sentença, com o objetivo de efetuar o pagamento das custas processuais por meio de requisição de pequeno valor (RPV). Impossibilidade. 4. Recurso extraordinário provido" (RE 592619, Relator(a): GILMAR MENDES, Tribunal Pleno, julgado em 08/09/2010).

446. "Constitucional e Previdenciário. 2. Execução contra a Fazenda Pública. Obrigação de fazer. Fracionamento da execução para que uma parte seja paga antes do trânsito em julgado, por meio de Complemento Positivo, e outra depois do trânsito, mediante Precatório ou RPV. Impossibilidade. 3. Repercussão geral da questão constitucional reconhecida. 4. Reafirmação de jurisprudência. Precedentes. 5. Conhecimento do agravo e provimento do recurso extraordinário para afastar o fracionamento da execução" (ARE 723307 Manif-RG, Relator(a): GILMAR MENDES, Tribunal Pleno, julgado em 08/08/2014).

provimento de urgência deve ser, obviamente, cumprido, mas, se não o for, os juízes federais vinham determinando o pagamento de tais parcelas (= os valores vencidos no curso do processo) na via administrativa. Assim, as parcelas vencidas até a implementação do benefício devem ser pagas mediante RPV ou precatório, conforme o caso.

18.6. Juros de mora e correção monetária. A modulação temporal do IPCA-E feita pelo STF. Precatório complementar

Por força do art. 100, §5º, da Constituição, o precatório apresentado até 1º de julho deve ser quitado até o final do exercício financeiro seguinte; e, caso a apresentação ocorra após 1º de julho, a quitação deve ser feita até o fim do exercício subsequente ao seguinte. Assim, inevitavelmente haverá decurso de tempo entre a apresentação do precatório e a respectiva quitação.

Por tal razão, o referido dispositivo constitucional estabelece que os valores devem ser atualizados monetariamente quando do pagamento do precatório. Assim, para fins didáticos, pode-se dizer que a correção monetária é feita em dois momentos: (i) até a expedição do precatório; e (ii) quando do pagamento do precatório. Destaque-se que não há solução de continuidade ou interrupção na incidência da correção monetária.

No primeiro momento, a correção monetária será calculada tendo como marco inicial a data de descumprimento da obrigação pela Fazenda Pública; e, como termo final, a data de elaboração dos cálculos de liquidação e apresentação do precatório. Dessa forma, quando o juiz do trabalho proferir sentença condenatória (processo de conhecimento) em desfavor da Fazenda Pública, deve determinar a correção monetária de acordo com o critério que se passa a descrever.

Nessa primeira etapa, em princípio deveria ser utilizado para correção monetária a TR (índice que remunera a caderneta de poupança), conforme previsto no art. 1º-F da Lei nº 9.494/97[447]. Contudo, o STF declarou a inconstitucionalidade de utilização da TR para cálculo da correção monetária das condenações judiciais impostas à Fazenda Pública, já que tal índice não reflete a evolução do poder de compra da moeda; daí resulta que a sua aplicação acarretaria decréscimo financeiro para o credor, o que viola o direito de propriedade[448].

---

447. Art. 1º-F – Nas condenações impostas à Fazenda Pública, independentemente de sua natureza e para fins de atualização monetária, remuneração do capital e compensação da mora, haverá a incidência uma única vez, até o efetivo pagamento, dos índices oficiais de remuneração básica e juros aplicados à caderneta de poupança.

448. "DIREITO CONSTITUCIONAL. REGIME DE ATUALIZAÇÃO MONETÁRIA E JUROS MORATÓRIOS INCIDENTE SOBRE CONDENAÇÕES JUDICIAIS DA FAZENDA PÚBLICA. ART. 1º-F DA LEI Nº 9.494/97 COM A REDAÇÃO DADA PELA LEI Nº 11.960/09. IMPOSSIBILIDADE JURÍDICA DA UTILIZAÇÃO DO ÍNDICE DE REMUNERAÇÃO DA CADERNETA DE POUPANÇA COMO CRITÉ-

Destaque-se que, ao julgar os embargos de declaração no RE 870947[449], o STF decidiu não modular os efeitos da declaração de inconstitucionalidade, de modo que o IPCA-E deve incidir (como índice de correção monetária) durante toda a fase de conhecimento do processo movido contra a Fazenda Pública, bem como durante a fase de execução, inclusive após a expedição de precatório, com a ressalva do período que medeia entre 09/12/2009 (data de promulgação da EC 62/2009) e 25/03/2015, conforme explicado abaixo.

A segunda etapa em que se calculará a correção monetária compreende o período subsequente à expedição do precatório, e incide até o momento do respectivo pagamento. Perceba-se que a atribuição de efetuar os cálculos de correção monetária, nesta fase, não é mais do juiz da execução, mas do presidente do tribunal ao qual o juiz está vinculado.

No que tange a tal etapa (2º momento de correção monetária), o STF decidiu que se aplicam os índices da caderneta de poupança (TR), nos termos da Emenda Constitucional nº 62/2009, até 25.03.2015, data após a qual (i) os créditos em precatórios deverão ser corrigidos pelo Índice de Preços ao Consumidor Amplo Especial (IPCA-E) e (ii) os precatórios tributários deverão observar os mesmos critérios pelos quais a Fazenda Pública corrige seus créditos tributários[450].

Perceba-se que há dois critérios diferentes utilizados pela Suprema Corte:

- (i) nas ADIs 4357 e 4425 (atinentes a débitos já inscritos em precatórios) o STF modulou os efeitos da declaração de inconstitucionalidade

---

RIO DE CORREÇÃO MONETÁRIA. VIOLAÇÃO AO DIREITO FUNDAMENTAL DE PROPRIEDADE (CRFB, ART. 5º, XXII). INADEQUAÇÃO MANIFESTA ENTRE MEIOS E FINS. INCONSTITUCIONALIDADE DA UTILIZAÇÃO DO RENDIMENTO DA CADERNETA DE POUPANÇA COMO ÍNDICE DEFINIDOR DOS JUROS MORATÓRIOS DE CONDENAÇÕES IMPOSTAS À FAZENDA PÚBLICA, QUANDO ORIUNDAS DE RELAÇÕES JURÍDICO-TRIBUTÁRIAS. DISCRIMINAÇÃO ARBITRÁRIA E VIOLAÇÃO À ISONOMIA ENTRE DEVEDOR PÚBLICO E DEVEDOR PRIVADO (CRFB, ART. 5º, *CAPUT*). RECURSO EXTRAORDINÁRIO PARCIALMENTE PROVIDO. 1. O princípio constitucional da isonomia (CRFB, art. 5º, *caput*), no seu núcleo essencial, revela que o art. 1º-F da Lei nº 9.494/97, com a redação dada pela Lei nº 11.960/09, na parte em que disciplina os juros moratórios aplicáveis a condenações da Fazenda Pública, é inconstitucional ao incidir sobre débitos oriundos de relação jurídico-tributária, os quais devem observar os mesmos juros de mora pelos quais a Fazenda Pública remunera seu crédito; nas hipóteses de relação jurídica diversa da tributária, a fixação dos juros moratórios segundo o índice de remuneração da caderneta de poupança é constitucional, permanecendo hígido, nesta extensão, o disposto legal supramencionado. 2. O direito fundamental de propriedade (CRFB, art. 5º, XXII) repugna o disposto no art. 1º-F da Lei nº 9.494/97, com a redação dada pela Lei nº 11.960/09, porquanto a atualização monetária das condenações impostas à Fazenda Pública segundo a remuneração oficial da caderneta de poupança não se qualifica como medida adequada a capturar a variação de preços da economia, sendo inidônea a promover os fins a que se destina.(...) os índices de correção monetária devem consubstanciar autênticos índices de preços. 5. Recurso extraordinário parcialmente provido" (RE 870947, Relator(a): Min. LUIZ FUX, Tribunal Pleno, julgado em 20/09/2017).

449. RE 870947 ED, Relator(a): LUIZ FUX, Relator(a) p/ Acórdão: ALEXANDRE DE MORAES, Tribunal Pleno, julgado em 03/10/2019.

450. ADI 4425 QO, Relator(a): Min. LUIZ FUX, Tribunal Pleno, julgado em 25/03/2015.

- reconhecendo a validade da correção monetária pelos índices oficiais de remuneração da poupança entre 09/12/2009 (data de promulgação da EC 62/2009) e 25/03/2015 (data de julgamento dos embargos de declaração);

- (ii) já no RE 870947, não houve modulação temporal dos efeitos de declaração de inconstitucionalidade. Dessa forma, ficou definido que a correção monetária dos débitos da Fazenda Pública deve ser feita pelo IPCA-E, o que se aplica para pagamentos efetuados na via administrativa e também para débitos judicializados, até o momento da expedição do precatório.

Há nítida violação ao princípio da isonomia (conforme enunciado nos votos dos Min. Roberto Barroso e Gilmar Mendes no RE 870947), pois os credores fazendários serão tratados diferentemente apenas pelo fato de que uma das dívidas tenha sido incluída em precatório antes de outra virtualmente idêntica.

Esquematicamente, tem-se:

Tipo de débito	Correção monetária entre 09/12/2009 e 23/05/2015	Correção monetária a partir de 24/05/2015
Inscrito em precatório	Índice de remuneração da poupança	IPCA-E
Pago com atraso na via administrativa	IPCA-E	IPCA-E
Judicializado (antes da expedição do precatório)	IPCA-E	IPCA-E

No que tange aos juros moratórios, também há necessidade de considerar os dois momentos já referidos. Assim, na sentença condenatória (processo de conhecimento) o juiz deve estabelecer os critérios de juros moratórios em desfavor da Fazenda Pública; os juros moratórios continuam incidindo até o momento anterior à expedição do precatório, conforme já decidiu o STF em repercussão geral[451].

Após a expedição do precatório, e durante o prazo previsto constitucionalmente para pagamento, não incidem juros de mora, conforme Súmula Vinculante nº 17 do STF[452] e decisão do RE 591085 em repercussão

451. "JUROS DA MORA – FAZENDA PÚBLICA – DÍVIDA – REQUISIÇÃO OU PRECATÓRIO. Incidem juros da mora entre a data da realização dos cálculos e a da requisição ou do precatório" (RE 579431, Relator(a): Min. MARCO AURÉLIO, Tribunal Pleno, julgado em 19/04/2017).

452. STF, Súmula Vinculante nº 17 – Incidência – Juros de Mora – Precatórios Judiciários. Durante o período previsto no parágrafo 1º do artigo 100 da Constituição, não incidem juros de mora sobre os precatórios que nele sejam pagos.

geral[453]. De outro lado, se for excedido o prazo previsto no art. 100, § 5º, da CF, os juros moratórios passam a incidir a partir do primeiro dia do exercício financeiro seguinte àquele em que deveria ter sido pago o precatório, conforme jurisprudência da Suprema Corte[454].

Mesmo após a edição da Emenda Constitucional nº 62/2009, que modificou a redação do art. 100, §12, da CF – e poderia gerar a conclusão de que os juros de mora incidiriam até o efetivo pagamento, ainda que observado o prazo constitucional – o Supremo Tribunal Federal reafirmou, em repercussão geral[455], o entendimento de que durante o "período de graça" não incidem juros moratórios, quer o pagamento seja feito dentro do prazo constitucional, quer haja atraso na quitação. Os juros moratórios, portanto, somente incidem caso ultrapassado o prazo constitucional (CF, art. 100, §5º) para pagamento dos requisitórios, sendo que o termo *a quo* dos juros de mora – abstraídos aqueles porventura já exigíveis antes da expedição do precatório – será o primeiro dia do exercício subsequente àquele em que deveria ter sido feito o pagamento.

---

453. RE 591085 QO-RG, Relator(a): RICARDO LEWANDOWSKI, Tribunal Pleno, julgado em 04/12/2008.

454. "DIREITO CONSTITUCIONAL. PAGAMENTO DE PRECATÓRIO FORA DO PRAZO CONSTITUCIONAL. INCIDÊNCIA DE JUROS MORATÓRIOS SOMENTE A PARTIR DO PRIMEIRO DIA DO EXERCÍCIO FINANCEIRO SEGUINTE AO QUE O PRECATÓRIO DEVERIA SER PAGO. 1. A jurisprudência desse Supremo Tribunal Federal é no sentido de que não incidem juros moratórios sobre os precatórios pagos durante o prazo previsto no art. 100, § 5º, da Constituição. 2. Em caso de inadimplemento do prazo constitucional, os juros moratórios passam a incidir a partir do primeiro dia do exercício financeiro seguinte ao que deveria ter sido pago o precatório. Precedentes. (...)" (RE 940236 AgR, Relator(a): Min. MARCO AURÉLIO, Relator(a) p/ Acórdão: Min. ROBERTO BARROSO, Primeira Turma, julgado em 25/10/2016).

455. "RECURSO EXTRAORDINÁRIO. REPERCUSSÃO GERAL. TEMA 1037. CONSTITUCIONAL. ADMINISTRATIVO. JUROS DE MORA. INCIDÊNCIA NO PERÍODO COMPREENDIDO ENTRE A DATA DA EXPEDIÇÃO DO PRECATÓRIO OU DA REQUISIÇÃO DE PEQUENO VALOR (RPV) E O EFETIVO PAGAMENTO. IMPOSSIBILIDADE. 1. Em 10/11/2009, a jurisprudência do SUPREMO TRIBUNAL FEDERAL no sentido de que, "durante o período previsto no parágrafo 1º do artigo 100 da Constituição, não incidem juros de mora sobre os precatórios que nele sejam pagos" atingiu o mais elevado grau de consolidação, consubstanciando o Enunciado 17 da Súmula Vinculante desta CORTE. 2. Pouco após, em 9/12/2009, foi promulgada a Emenda Constitucional 62, que promoveu ampla reformulação no art. 100 da Constituição, o qual versa sobre o regime de precatórios. 3. Não obstante a norma à qual se refere a SV 17 tenha sido deslocada do parágrafo 1º para o parágrafo 5º do art. 100, tal modificação não altera o sentido do enunciado sumular - que, aliás, não foi afetado por qualquer disposição da Emenda 62. 4. O período previsto no art. 100, parágrafo 5º, da Constituição (precatórios apresentados até 1º de julho, devendo ser pagos até o final do exercício seguinte) costuma ser chamado de "período de graça constitucional". 5. Nesse interregno, não cabe a imposição de juros de mora, pois o ente público não está inadimplente. 6. Caso não haja o pagamento integral dentro deste prazo, os juros de mora passam a correr apenas a partir do término do "período de graça". 7. Recurso extraordinário a que se nega provimento. Tese de repercussão geral: "O enunciado da Súmula Vinculante 17 não foi afetado pela superveniência da Emenda Constitucional 62/2009, de modo que não incidem juros de mora no período de que trata o § 5º do art. 100 da Constituição. Havendo o inadimplemento pelo ente público devedor, a fluência dos juros inicia-se após o 'período de graça'" (RE 1169289, Relator(a): MARCO AURÉLIO, Relator(a) p/ Acórdão: ALEXANDRE DE MORAES, Tribunal Pleno, julgado em 16/06/2020).

O entendimento da Suprema Corte acaba concedendo uma espécie de *moratória* para o Poder Público, e estimula a protelação dos pagamentos pelos entes estatais, valendo registrar a forte crítica constante do voto vencido do Min. Marco Aurélio:

> Min. Marco Aurélio (RE 594892 AGR-ED-EDV): (...) pobres credores da Fazenda Nacional e das Fazendas estaduais e municipais. (...) O que ocorre considerada a jurisprudência? E estava tentando ver quando foi editado o verbete vinculante – os credores sofrem, em tese, diminuição, quanto a crédito, de 9%, no que se aponta que, a partir da expedição do precatório até a liquidação do débito, se ocorrida dentro dos dezoito meses, não se tem a incidência de juros da mora, à razão de 0,5% ao mês. Por isso é que cheguei a esse resultado, à diminuição do crédito em 9% – 18 meses à razão de 0,5% ao mês. (...) Há a máxima popular segundo a qual a corda estoura do lado mais fraco. No caso concreto, a Constituição é explícita afastando as consequências dessa máxima. É explícita ao revelar que, muito embora haja o prazo dilatado de 18 meses – e não são as 24 horas que tem o cidadão comum – para a liquidação do débito, deve ser satisfeito tal como se contém, ou seja, atualizado – para não ser diminuído, pelos efeitos perniciosos da inflação e da passagem do tempo. Presidente, está-se, para utilizar expressão do ministro Sepúlveda Pertence, diante de chapada inconstitucionalidade quanto à exclusão. Pelo verbete, incidem juros até a requisição, mas, a partir desta, haveria o período de graça para a Fazenda.

Perceba-se que a tese fixada no RE 594892 AGR-ED-EDV[456] é absolutamente idêntica à manifestada no RE 1169289 (tema 1037 da repercussão geral). A diferença é que, no primeiro caso, a determinação de incidência de juros moratórios durante o *período de graça* constava do título executivo transitado em julgado, o que não tinha sido objeto do tema 1037. Portanto, na ótica do STF, ainda que haja transitado em julgado decisão em sentido contrário, não incidirão juros moratórios no prazo previsto constitucionalmente para pagamento de requisitórios.

Ademais, o STF entende ser constitucional a utilização da TR para fixação de juros moratórios em desfavor da Fazenda Pública[457].

Em suma, a correção monetária deve ser feita com base nos índices de inflação (IPCA-E); e os juros de mora com base na TR. Os juros moratórios – diferentemente da correção monetária – são excluídos durante o prazo previsto no art. 100, § 5º, da CF.

Ainda quanto ao tema, veja-se que, se a Fazenda Pública for condenada subsidiariamente, os juros moratórios incidentes até a data de expedição do precatório (e que devem ser fixados na sentença prolatada na fase de conhecimento) são fixados com base na Lei nº 8.177/90, art. 39. Assim, incidirão na base de 1% (um por cento) ao mês. Depreende-se que a Fazenda só se beneficia da redução de juros de mora (mediante aplicação da TR) quando for devedora

456. Não consta que tal recurso extraordinário haja sido julgado pela sistemática de repercussão geral. Apesar disso, a ementa revela a fixação de uma "tese".

457. RE 870947, Relator(a): Min. LUIZ FUX, Tribunal Pleno, julgado em 20/09/2017.

principal; jamais quando for responsável subsidiária. Nesse sentido é a OJ 348 da SDI-1 do TST[458]. De todo modo, após a expedição do precatório, em qualquer caso (condenação principal ou subsidiária da Fazenda Pública), os juros de mora passam a ser calculados pela TR.

O raciocínio empreendido pelo STF quanto à correção de monetária de precatórios se aplica, *mutatis mutandis*, para a requisição de pequeno valor. Assim, no tema 450 da repercussão geral[459], foi definido ser devida correção monetária no período compreendido entre a data de elaboração do cálculo da requisição de pequeno valor – RPV – e sua expedição para pagamento. Veja-se que a tese não exclui a incidência de correção monetária após a expedição da RPV e até o efetivo pagamento[460], o que é exigência decorrente do art. 100, §12, da Constituição.

Tema ainda não pacificado no Pleno diz respeito à necessidade, ou não, de nova citação da Fazenda Pública para expedição de precatório complementar, quando tenha havido pagamento a menor. A 1ª Turma do STF registra precedentes que afirmam ser desnecessária nova citação, pois se trata de mero desdobramento de precatório anterior e que não haja quitado integralmente o débito[461-462]. O entendimento é acertado, pois a realização de nova citação

---

458. TST, OJ 382 da SDI-1: A Fazenda Pública, quando condenada subsidiariamente pelas obrigações trabalhistas devidas pela empregadora principal, não se beneficia da limitação dos juros, prevista no art. 1º-F da Lei nº 9.494, de 10.09.1997.

459. "CONSTITUCIONAL. FINANCEIRO. REQUISIÇÃO DE PEQUENO VALOR. CORREÇÃO MONETÁRIA E JUROS DE MORA. APURAÇÃO ENTRE A DATA DE REALIZAÇÃO DA CONTA DOS VALORES DEVIDOS E A EXPEDIÇÃO DA RPV. RELEVÂNCIA DO LAPSO TEMPORAL. CABIMENTO. REPERCUSSÃO GERAL RECONHECIDA QUANTO AO CABIMENTO DA APLICAÇÃO DE CORREÇÃO MONETÁRIA. 1. "O SUPREMO TRIBUNAL FEDERAL, CONHECENDO DO RECURSO EXTRAORDINÁRIO, JULGARÁ A CAUSA, APLICANDO O DIREITO À ESPÉCIE" (Súmula 456/STF). Aplicabilidade ao recurso extraordinário em exame. 2. É devida correção monetária no período compreendido entre a data de elaboração do cálculo da requisição de pequeno valor - RPV e sua expedição para pagamento. Recurso extraordinário conhecido, ao qual se dá parcial provimento, para cassar o acórdão-recorrido, de modo que o TJ/RS possa dar continuidade ao julgamento para definir qual é o índice de correção monetária aplicável em âmbito estadual" (ARE 638195, Relator(a): JOAQUIM BARBOSA, Tribunal Pleno, julgado em 29/05/2013).

460. A tese de repercussão geral ficou limitada à menção à data de expedição da RPV porque este era o tema objeto do recurso extraordinário paradigma, mas os votos dos ministros deixam claro que a correção monetária deve ser feita até o efetivo pagamento do requisitório.

461. "DIREITO CONSTITUCIONAL. AGRAVO INTERNO EM RECURSO EXTRAORDINÁRIO COM AGRAVO. PRECATÓRIO. POSSIBILIDADE DE COMPLEMENTAÇÃO. PRECEDENTES. 1. No caso dos autos, o Tribunal de origem decidiu que não há a necessidade de nova citação da Fazenda Pública para expedição de novo precatório, tendo em vista que o recorrente efetuou depósitos insuficientes para a quitação do débito. 2 Esse entendimento se alinha à jurisprudência desta Corte no sentido de que o objetivo da vedação de expedição complementar do precatório é impedir a quebra da ordem cronológica dos pagamentos, situação diversa da postergação do pagamento por meio de depósito aquém do efetivamente devido, sendo esse o caso dos autos. Precedentes. 3. Inaplicável o art. 85, § 11, do CPC, uma vez que não houve prévia fixação de honorários advocatícios de sucumbência. 4. Agravo interno a que se nega provimento" (ARE 1190395 AgR, Relator(a): ROBERTO BARROSO, Primeira Turma, julgado em 29/04/2019).

462. "AGRAVO REGIMENTAL EM AGRAVO DE INSTRUMENTO. CONSTITUCIONAL. PROCESSUAL CIVIL. EXECUÇÃO CONTRA A FAZENDA PÚBLICA. COMPLEMENTAÇÃO DE PRECATÓRIO.

tende a eternizar a discussão, sendo certo que o contraditório quanto à integralidade do débito já terá sido realizado antes da expedição do primeiro precatório.

Ressalve-se que, no RE 605481[463], julgado em repercussão geral (tema 266), a Suprema Corte, aparentemente, firmou entendimento em sentido contrário. No entanto, como bem observado nos referidos julgados da 1ª Turma, o recurso extraordinário não foi decidido pelo Plenário Físico da Corte, mas apenas pelo chamado "Plenário Virtual", e, na ocasião, o silêncio de determinados ministros (que não se manifestaram sobre a repercussão geral) foi considerado como sinônimo de ratificação da jurisprudência da Corte. Tal procedimento, entretanto, adotado quando a técnica da repercussão geral ainda estava em fase embrionária no âmbito do STF, revela-se equivocado, pois a decisão do Plenário Virtual diz respeito apenas à existência, ou não, de repercussão geral (= admissibilidade do recurso extraordinário), sendo certo que o mérito do recurso – caso se conclua pela existência de repercussão geral – deve ser julgado no Plenário Físico, com comparecimento e voto dos ministros. O silêncio de ministro, no Plenário Virtual, é considerado, por ficção jurídica (CF, art. 102, §3º)[464], como se tivesse sido proferido voto pela existência de repercussão geral[465]. Mas, quanto ao mérito, a fixação de tese pressupõe manifestação expressa, da qual nenhum ministro pode se abster, com a ressalva de situações de impedimento, suspeição, ou ausência eventual à sessão de julgamento.

Outra situação definida pelo Tribunal Pleno em repercussão geral[466] foi a atinente à não incidência de juros moratórios nas hipóteses de parcelamento dos

---

NOVA CITAÇÃO. DESNECESSIDADE. ENTENDIMENTO DA TURMA. AGRAVO PROVIDO. I – Os pagamentos de complementação de débitos da Fazenda Pública Federal, Estadual ou Municipal, decorrentes de decisões judiciais, deverão ser objeto de novo precatório, sem, contudo, ser necessária nova citação da Fazenda Pública. II - Agravo regimental provido" (AI 646081 AgR, Relator(a): RICARDO LEWANDOWSKI, Primeira Turma, julgado em 26/11/2013).

463. "EXPEDIÇÃO DE PRECATÓRIO COMPLEMENTAR. NECESSIDADE DE CITAÇÃO DA FAZENDA PÚBLICA. RATIFICAÇÃO DA JURISPRUDÊNCIA FIRMADA POR ESTA SUPREMA CORTE. EXISTÊNCIA DE REPERCUSSÃO GERAL" (RE 605481 RG, Relator(a): ELLEN GRACIE, Tribunal Pleno, julgado em 29/04/2010).

464. § 3º No recurso extraordinário o recorrente deverá demonstrar a repercussão geral das questões constitucionais discutidas no caso, nos termos da lei, a fim de que o Tribunal examine a admissão do recurso, somente podendo recusá-lo pela manifestação de dois terços de seus membros.

465. Diz-se que se trata de ficção jurídica porque, por força do art. 102, 3º, da CF, a repercussão geral somente pode ser recusada se oito ministros se manifestarem expressamente nesse sentido. A omissão, portanto, não pode ser computada como voto pela existência de repercussão geral.

466. "CONSTITUCIONAL. PRECATÓRIO. ART. 78 DO ADCT, INTRODUZIDO PELA EC 30/2000. INCIDÊNCIA DE JUROS COMPENSATÓRIOS E MORATÓRIOS NAS PARCELAS SUCESSIVAS. INADMISSIBILIDADE. ART 5º, XXIV E XXXVI, DA CONSTITUIÇÃO. OFENSA AO PRINCÍPIO DA JUSTA INDENIZAÇÃO. NECESSIDADE DE REEXAME DE PROVA. OFENSA REFLEXA. INCIDÊNCIA DA SÚMULA 279 DO STF. RE PARCIALMENTE PROVIDO. I - O art. 78 do ADC possui a mesma mens legis que o art. 33 deste Ato, razão pela qual, uma vez calculado o precatório pelo valor real do débito, acrescido de juros legais, não há mais falar em incidência destes nas parcelas anuais, iguais e

precatórios em 10 anos por força do art. 78 do ADCT. Trata-se de entendimento extremamente pernicioso aos credores do Estado, que, além de se submeterem a longo processo judicial e a elastecido parcelamento de seus créditos, sequer têm assegurada a adequada remuneração do capital, como se se tratasse de uma moratória concedida contra a vontade do credor.

18.7. Pagamentos de valores feitos em virtude de procedência de mandado de segurança

No RE 889173[467], julgado sob a sistemática de repercussão geral, de forma semelhante à tese fixada no tema 755[468], a Suprema Corte fixou a tese de que "o pagamento dos valores devidos pela Fazenda Pública entre a data da impetração do mandado de segurança e a efetiva implementação da ordem concessiva deve observar o regime de precatórios previsto no artigo 100 da Constituição Federal".

O mandado de segurança não é substitutivo de ação de cobrança. O objetivo do *writ* constitucional é a obtenção de provimento mandamental que imponha obrigação de fazer ou de não fazer à autoridade pública coatora, ou que anule determinado ato por ela praticado. Assim, para cobrança de quantias pretéritas, já vencidas, a via processual adequada é a ação ordinária.

No entanto, pode suceder que o mandado de segurança busque providência que implique reflexos financeiros continuados. Por exemplo, a implantação, em folha de pagamento de servidor público ou de aposentado, de determinada rubrica. Nessa situação, as parcelas que se vençam entre o ajuizamento da ação (= impetração do mandado de segurança) e o efetivo cumprimento da ordem (= inserção da rubrica em folha de pagamento) serão executadas nos próprios autos do mandado de segurança.

A tese de repercussão geral objeto de análise confirma que, mesmo em se tratando de mandado de segurança, a execução das parcelas vencidas nesse

---

sucessivas em que é fracionado, desde que adimplidas a tempo e corrigidas monetariamente. II - Não se mostra possível, em sede de recurso extraordinário, examinar a alegação de ofensa ao princípio da justa indenização, abrigado no art. 5º, XXIV, da Constituição Federal, diante do que dispõe a Súmula 279 do STF. III - A discussão acerca dos limites objetivos da coisa julgada, ademais, constitui matéria de legislação ordinária, que não dá ensejo à abertura da via extraordinária. IV - Recurso extraordinário parcialmente provido" (RE 590751, Relator(a): RICARDO LEWANDOWSKI, Tribunal Pleno, julgado em 09/12/2010).

467. "RECURSO EXTRAORDINÁRIO. CONSTITUCIONAL E PROCESSUAL. MANDADO DE SEGURANÇA. VALORES DEVIDOS ENTRE A DATA DA IMPETRAÇÃO E A IMPLEMENTAÇÃO DA ORDEM CONCESSIVA. SUBMISSÃO AO REGIME DE PRECATÓRIOS. REPERCUSSÃO GERAL RECONHECIDA. REAFIRMAÇÃO DE JURISPRUDÊNCIA" (RE 889173 RG, Relator(a): LUIZ FUX, Tribunal Pleno, julgado em 07/08/2015).

468. V. tópico anterior, deste capítulo, atinente ao fracionamento de precatórios, no trecho alusivo ao complemento positivo.

interregno será feita mediante precatório ou requisição de pequeno valor, conforme o caso. De fato, o art. 100 da Constituição não contém exceções à sua aplicabilidade em função da espécie de ação ajuizada, de modo que o regime especial de execução contra a Fazenda Pública deve ser observado também caso se trate de efeitos pecuniários de mandado de segurança.

18.8. Submissão de sociedades de economia mista e de empresas públicas ao regime de precatórios e RPV

Inserem-se no conceito de Fazenda Pública: (i) os entes federativos – União, Estados e Municípios; (ii) as autarquias e fundações de direito público (autárquicas) nas três esferas – federal, estadual e municipal; (iii) a Empresa Brasileira de Correios e Telégrafos[469]; (iv) empresas estatais que prestem serviço público em regime não concorrencial e que não tenham o objetivo de distribuir lucros aos respectivos acionistas.

Sobre o último grupo, perceba-se que, em princípio, não se inserem na noção de Fazenda Pública as empresas estatais (públicas ou de economia mista). Esse é o entendimento manifestado pelo STF, em repercussão geral, no RE 596628[470], no qual se explicitou a tese segundo a qual "sociedades de economia mista que desenvolvem atividade econômica em regime concorrencial não se beneficiam do regime de precatórios, previsto no art. 100 da Constituição da República". Apesar de não constar da tese, a ementa menciona, ainda, que não se aplica a sistemática de precatórios ou de requisições de pequeno valor caso a empresa estatal tenha como objetivo distribuir lucros aos seus acionistas.

De outro lado, no RE 580264[471], a Suprema Corte decidiu que sociedade de economista que preste serviço de saúde, e cujo capital seja majoritariamente

469. RE 393032 AgR, Rel. min. Cármen Lúcia, 1ª Turma, julgado em 27.10.2009.

470. "FINANCEIRO. SOCIEDADE DE ECONOMIA MISTA. PAGAMENTO DE VALORES POR FORÇA DE DECISÃO JUDICIAL. INAPLICABILIDADE DO REGIME DE PRECATÓRIO. ART. 100 DA CONSTITUIÇÃO. CONSTITUCIONAL E PROCESSUAL CIVIL. MATÉRIA CONSTITUCIONAL CUJA REPERCUSSÃO GERAL FOI RECONHECIDA. Os privilégios da Fazenda Pública são inextensíveis às sociedades de economia mista que executam atividades em regime de concorrência ou que tenham como objetivo distribuir lucros aos seus acionistas. Portanto, a empresa Centrais Elétricas do Norte do Brasil S.A. - Eletronorte não pode se beneficiar do sistema de pagamento por precatório de dívidas decorrentes de decisões judiciais (art. 100 da Constituição). Recurso extraordinário ao qual se nega provimento" (RE 599628, Relator(a): AYRES BRITTO, Relator(a) p/ Acórdão: JOAQUIM BARBOSA, Tribunal Pleno, julgado em 25/05/2011).

471. "CONSTITUCIONAL. TRIBUTÁRIO. RECURSO EXTRAORDINÁRIO. REPERCUSSÃO GERAL. IMUNIDADE TRIBUTÁRIA RECÍPROCA. SOCIEDADE DE ECONOMIA MISTA. SERVIÇOS DE SAÚDE. (...) A prestação de ações e serviços de saúde por sociedades de economia mista corresponde à própria atuação do Estado, desde que a empresa estatal não tenha por finalidade a obtenção de lucro. 3. As sociedades de economia mista prestadoras de ações e serviços de saúde, cujo capital social seja majoritariamente estatal, gozam da imunidade tributária prevista na alínea "a" do inciso VI do art. 150 da Constituição Federal" (RE 580264, Relator(a): Min. JOAQUIM BARBOSA, Relator(a) p/ Acórdão: Min. AYRES BRITTO, Tribunal Pleno, julgado em 16/12/2010).

estatal, é beneficiária da imunidade tributária recíproca assegurada aos entes federativos (CF, art. 150, VI, *a*). Por extensão, conclui-se que tais empresas estatais também gozarão dos privilégios processuais aplicáveis à Fazenda Pública, notadamente a execução nos moldes do art. 100 da Constituição (precatório ou RPV). Ressalve-se, entretanto, que, apesar de se tratar de julgamento em repercussão geral, a Corte optou por não fixar tese, dadas as particularidades do caso.

No mesmo sentido, na ADPF 387[472], a Suprema Corte explicitou ser aplicável "o regime dos precatórios às sociedades de economia mista prestadoras de serviço público próprio do Estado e de natureza não concorrencial". No caso, tratava-se de empresa pública cujo capital social pertencia 99% ao ente federativo, e que era responsável por gerenciar recursos humanos no âmbito de determinado estado.

Há, ainda, julgados de turmas no mesmo sentido. No RE 852302[473], a 2ª Turma decidiu pela aplicabilidade dos precatórios à sociedade de economia mista que prestava serviços de abastecimento de água e de saneamento básico, em regime de exclusividade, o qual corresponderia "à própria atuação do Estado, haja vista não visar à obtenção de lucro", sendo que o capital social era majoritariamente estatal. De outro lado, a 1ª Turma, na Rcl 29637[474], concluiu que a companhia de metrô do Distrito Federal não está submetida à sistemática de precatórios, já que, embora se trate de serviço público, a atividade desenvolvida "concorre, no mercado mais amplo dos transportes coletivos, com o serviço de transporte rodoviário, desempenhado por diversas empresas privadas", sendo que, por tal motivo, estabelecer privilégios processuais para a execução contra a companhia de metrô geraria vantagem competitiva em seu favor.

No caso específico da Empresa Brasileira de Correios e Telégrafos, a jurisprudência é consolidada no sentido de que seus bens são impenhoráveis, devendo a execução em face de tal empresa pública ser processada por meio de precatório ou de requisição de pequeno valor[475].

---

472. "Arguição de descumprimento de preceito fundamental. 2. Ato lesivo fundado em decisões de primeiro e de segundo graus do Tribunal Regional do Trabalho da 22ª Região que determinaram bloqueio, penhora e liberação de valores oriundos da conta única do Estado do Piauí, para pagamento de verbas trabalhistas de empregados da Empresa de Gestão de Recursos do Estado do Piauí S/A (EMGERPI). 3. Conversão da análise do pedido de medida cautelar em julgamento de mérito. Ação devidamente instruída. Possibilidade. Precedentes. 4. É aplicável o regime dos precatórios às sociedades de economia mista prestadoras de serviço público próprio do Estado e de natureza não concorrencial. Precedentes. 5. Ofensa aos princípios constitucionais do sistema financeiro e orçamentário, em especial ao da legalidade orçamentária (art. 167, VI, da CF), aos princípios da independência e da harmonia entre os Poderes (art. 2º da CF) e ao regime constitucional dos precatórios (art. 100 da CF). 6. Arguição de descumprimento de preceito fundamental julgada procedente" (ADPF 387, Relator(a): GILMAR MENDES, Tribunal Pleno, julgado em 23/03/2017).

473. RE 852302 AgR, Relator(a): DIAS TOFFOLI, Segunda Turma, julgado em 15/12/2015.

474. Rcl 29637 AgR, Relator(a): LUIZ FUX, Relator(a) p/ Acórdão: ROBERTO BARROSO, Primeira Turma, julgado em 30/06/2020.

475. "RECURSO EXTRAORDINÁRIO. CONSTITUCIONAL. EMPRESA BRASILEIRA DE CORREIOS E TELÉGRAFOS. IMPENHORABILIDADE DE SEUS BENS, RENDAS E SERVIÇOS. RECEPÇÃO

18.9. Conselhos de fiscalização profissional e entidades paraestatais

Ao julgar o tema 877 da repercussão geral (RE 938837), o STF fixou a tese de que "os pagamentos devidos, em razão de pronunciamento judicial, pelos Conselhos de Fiscalização não se submetem ao regime de precatórios". A decisão tem os seguintes fundamentos:

- (i) a decisão proferida pelo STF na ADI 1717[476], embora tenha afirmado a personalidade jurídica de direito público dos conselhos profissionais, não definiu todos os aspectos do regime jurídico dessas entidades;
- (ii) os conselhos de fiscalização profissional dispõem de receitas próprias (as contribuições pagas pelos profissionais da respectiva categoria) e não integram o orçamento público, razão pela qual se torna inviável a implementação da sistemática de precatórios;
- (iii) o caráter excepcional do mecanismo de execução pela via do precatório ou da requisição de pequeno valor, que não pode ser estendido por raciocínio interpretativo.

Em que pesem tais argumentos, não ficou respondida a questão colocada no voto vencido do Min. Edson Fachin, atinente à possível paralisação ou inviabilidade do serviço público de fiscalização e de exercício do poder de polícia, em geral, das profissões abrangidas pela atuação dos conselhos. A execução direta, por meio de expropriação de bens de tais entidades, tem aptidão para ocasionar a impossibilidade de seu funcionamento, em prejuízo à coletividade.

DO ARTIGO 12 DO DECRETO-LEI Nº 509/69. EXECUÇÃO.OBSERVÂNCIA DO REGIME DE PRECATÓRIO. APLICAÇÃO DO ARTIGO 100 DA CONSTITUIÇÃO FEDERAL. 1. À empresa Brasileira de Correios e Telégrafos, pessoa jurídica equiparada à Fazenda Pública, é aplicável o privilégio da impenhorabilidade de seus bens, rendas e serviços. Recepção do artigo 12 do Decreto-lei nº 509/69 e não-incidência da restrição contida no artigo 173, § 1º, da Constituição Federal, que submete a empresa pública, a sociedade de economia mista e outras entidades que explorem atividade econômica ao regime próprio das empresas privadas, inclusive quanto às obrigações trabalhistas e tributárias. 2. Empresa pública que não exerce atividade econômica e presta serviço público da competência da União Federal e por ela mantido. Execução. Observ ância ao regime de precatório, sob pena de vulneração do disposto no artigo 100 da Constituição Federal. Recurso extraordinário conhecido e provido" (RE 220906, Relator(a): MAURÍCIO CORRÊA, Tribunal Pleno, julgado em 16/11/2000).

476. "DIREITO CONSTITUCIONAL E ADMINISTRATIVO. AÇÃO DIRETA DE INCONSTITUCIONALIDADE DO ART. 58 E SEUS PARÁGRAFOS DA LEI FEDERAL Nº 9.649, DE 27.05.1998, QUE TRATAM DOS SERVIÇOS DE FISCALIZAÇÃO DE PROFISSÕES REGULAMENTADAS. 1. Estando prejudicada a Ação, quanto ao § 3º do art. 58 da Lei nº 9.649, de 27.05.1998, como já decidiu o Plenário, quando apreciou o pedido de medida cautelar, a Ação Direta é julgada procedente, quanto ao mais, declarando-se a inconstitucionalidade do "*caput*" e dos § 1º, 2º, 4º, 5º, 6º, 7º e 8º do mesmo art. 58. 2. Isso porque a interpretação conjugada dos artigos 5º, XIII, 22, XVI, 21, XXIV, 70, parágrafo único, 149 e 175 da Constituição Federal, leva à conclusão, no sentido da indelegabilidade, a uma entidade privada, de atividade típica de Estado, que abrange até poder de polícia, de tributar e de punir, no que concerne ao exercício de atividades profissionais regulamentadas, como ocorre com os dispositivos impugnados. 3. Decisão unânime" (ADI 1717, Relator(a): SYDNEY SANCHES, Tribunal Pleno, julgado em 07/11/2002).

De forma semelhante, no tema 411 (AI 841548) da repercussão geral[477], foi fixada a tese de que "é incompatível com a Constituição o reconhecimento às entidades paraestatais dos privilégios processuais concedidos à Fazenda Pública em execução de pagamento de quantia em dinheiro". Entidades paraestatais, nesse contexto, são os serviços sociais autônomos (SESC, SENAI etc.) e as organizações, conforme asseverado pelo próprio STF[478]. O entendimento é coerente com a decisão anteriormente referida sobre os conselhos de fiscalização profissional, pois as entidades paraestatais também não integram o orçamento público.

18.10. Encampação de serviço público e penhoras anteriormente realizadas

A decisão do RE 693112[479] (tema 355 da repercussão geral), a Suprema Corte fixou a tese segundo a qual "é válida a penhora em bens de pessoa jurídica de direito privado, realizada anteriormente à sucessão desta pela União, não devendo a execução prosseguir mediante precatório", em redação praticamente idêntica à da OJ 343 da SDI-1 do TST[480].

O caso paradigmático diz respeito à assunção, pela União, dos débitos da extinta Rede Ferroviária Federal, empresa estatal que desempenhava o serviço público de transporte ferroviário em regime jurídico privado, sem que a execução

477. "RECURSO. Agravo de instrumento convertido em Extraordinário. Rito de execução. Quantia em dinheiro. Paraestatais. Repercussão geral reconhecida. Precedentes. Reafirmação da jurisprudência. Recurso improvido. É incompatível com a Constituição o reconhecimento às entidades paraestatais dos privilégios processuais concedidos à Fazenda Pública em execução de pagamento de quantia em dinheiro" (AI 841548 RG, Relator(a): MINISTRO PRESIDENTE, Tribunal Pleno, julgado em 09/06/2011).

478. "RECURSO - APLICABILIDADE ESTRITA DA PRERROGATIVA PROCESSUAL DO PRAZO RECURSAL EM DOBRO (CPC, ART. 188) - PARANAPREVIDÊNCIA - ENTIDADE PARAESTATAL (ENTE DE COOPERAÇÃO) - INAPLICABILIDADE DO BENEFÍCIO EXTRAORDINÁRIO DA AMPLIAÇÃO DO PRAZO RECURSAL - INTEMPESTIVIDADE - RECURSO NÃO CONHECIDO. - As empresas governamentais (sociedades de economia mista e empresas públicas) e os entes de cooperação (serviços sociais autônomos e organizações sociais) qualificam-se como pessoas jurídicas de direito privado e, nessa condição, não dispõem dos benefícios processuais inerentes à Fazenda Pública (União, Estados-membros, Distrito Federal, Municípios e respectivas autarquias), notadamente da prerrogativa excepcional da ampliação dos prazos recursais (CPC, art. 188). Precedentes" (AI 349477 AgR, Relator(a): CELSO DE MELLO, Segunda Turma, julgado em 11/02/2003).

479. "Recurso Extraordinário. 2. Constitucional, Processual Civil e do Trabalho. 3. Execução. Penhora de bens da extinta Rede Ferroviária Federal S.A. - RFFSA. Sucessão posterior pela União. 4. É válida a penhora em bens de pessoa jurídica de direito privado, realizada anteriormente à sucessão desta pela União, não devendo a execução prosseguir mediante precatório (art. 100, *caput* e § 1º, da Constituição Federal). 5. Repercussão geral. 6. Recurso extraordinário não provido" (RE 693112, Relator(a): GILMAR MENDES, Tribunal Pleno, julgado em 09/02/2017).

480. TST, OJ 343 da SDI-1: PENHORA. SUCESSÃO. ART. 100 DA CF/1988. EXECUÇÃO. É válida a penhora em bens de pessoa jurídica de direito privado, realizada anteriormente à sucessão pela União ou por Estado-membro, não podendo a execução prosseguir mediante precatório. A decisão que a mantém não viola o art. 100 da CF/1988.

se submetesse à sistemática dos precatórios. Os débitos e créditos da empresa foram *estatizados*, passando a ser titularizados pela União. Discutiu-se, então, se as penhoras realizadas antes da transferência do patrimônio poderiam subsistir, já que o atual titular do débito (União) detém a prerrogativa processual da execução por meio de requisitório.

O Supremo Tribunal Federal concluiu que a penhora realizada antes da sucessão constituía ato jurídico perfeito que não poderia ser afetado pela situação jurídica superveniente. A regra do art. 100 da Constituição é destinada a proteger os bens e serviços públicos, não aqueles titularizados por entidades privadas. Como as normas sobre precatórios são excepcionais (pois excluem a aplicabilidade do regime geral de execução), sua interpretação deve ser estrita, e não pode ser ampliada para abarcar bens de pessoas jurídicas de direito privado.

18.11. Execução provisória e execução de obrigação de fazer

O STF firmou tese, ao apreciar o tema 45 da repercussão geral[481], no sentido de que a execução provisória de obrigação de fazer em face da Fazenda Pública não atrai o regime constitucional dos precatórios.

De fato, o art. 100 da Constituição exige a utilização da sistemática de requisitórios apenas para obrigações de pagar, isto é, dívidas já vencidas. A interpretação deve ser estrita, já que se trata de norma excetiva - pois a regra geral em processo é a execução direta mediante atos expropriatórios.

No processo paradigma da repercussão geral, tratava-se de obrigação de fazer consistente em dividir pensão - que já vinha sendo paga - entre mais de um beneficiário. Evidentemente, nessa hipótese, sequer há reflexos financeiros para o Estado, pois o montante total a ser pago permanece sendo o mesmo.

---

481. "RECURSO EXTRAORDINÁRIO COM REPERCUSSÃO GERAL. DIREITO CONSTITUCIONAL FINANCEIRO. SISTEMÁTICA DOS PRECATÓRIOS (ART. 100, CF/88). EXECUÇÃO PROVISÓRIA DE DÉBITOS DA FAZENDA PÚBLICA. OBRIGAÇÃO DE FAZER. SENTENÇA COM TRÂNSITO EM JULGADO. EMENDA CONSTITUCIONAL 30/2000. 1. Fixação da seguinte tese ao Tema 45 da sistemática da repercussão geral: "A execução provisória de obrigação de fazer em face da Fazenda Pública não atrai o regime constitucional dos precatórios." 2. A jurisprudência do STF firmou-se no sentido da inaplicabilidade ao Poder Público do regime jurídico da execução provisória de prestação de pagar quantia certa, após o advento da Emenda Constitucional 30/2000. Precedentes. 3. A sistemática constitucional dos precatórios não se aplica às obrigações de fato positivo ou negativo, dado a excepcionalidade do regime de pagamento de débitos pela Fazenda Pública, cuja interpretação deve ser restrita. Por consequência, a situação rege-se pela regra regal de que toda decisão não autossuficiente pode ser cumprida de maneira imediata, na pendência de recursos não recebidos com efeito suspensivo. 4. Não se encontra parâmetro constitucional ou legal que obste a pretensão de execução provisória de sentença condenatória de obrigação de fazer relativa à implantação de pensão de militar, antes do trânsito em julgado dos embargos do devedor opostos pela Fazenda Pública. 5. Há compatibilidade material entre o regime de cumprimento integral de decisão provisória e a sistemática dos precatórios, haja vista que este apenas se refere às obrigações de pagar quantia certa. 6. Recurso extraordinário a que se nega provimento" (RE 573872, Relator(a): EDSON FACHIN, Tribunal Pleno, julgado em 24/05/2017).

Apesar de não constar expressamente da tese, a partir das manifestações dos ministros, pode-se afirmar que o entendimento também se aplica caso se trate de obrigação de fazer que gere reflexos pecuniários futuros para o ente público, como seria, por exemplo, a determinação de implantação em folha de pagamento de certo benefício previdenciário ou de parcela que não vinha sendo paga. A obrigação de fazer (= implantação do pagamento quanto a parcelas vincendas) não se confunde com a obrigação de pagar as parcelas já vencidas; apenas para a última será pertinente o uso de precatório ou de requisição de pequeno valor.

Ademais, note-se que a jurisprudência do STF tem sido refratária à possibilidade de execução provisória, contra a Fazenda Pública, de obrigação de pagar[482] ou de dar coisa[483]. Contudo, cabe fazer algumas reflexões, que ainda não foram objeto de rejeição, nem de acolhimento, pela Suprema Corte.

Como é cediço, a expedição de precatório ou de RPV pressupõe o trânsito em julgado da decisão judicial. No entanto, isso não impede, em tese, o cumprimento provisório da sentença proferida em desfavor da Fazenda Pública, desde que o procedimento siga até o momento imediatamente anterior à expedição do requisitório.

Essa interpretação se harmoniza com o princípio constitucional do acesso à justiça e viabiliza a efetividade da tutela jurisdicional em face da Fazenda Pública, já que todo o trâmite do cumprimento de sentença (prazo para embargos, decisão judicial, eventual interposição de recurso etc.) será feito paralelamente ao andamento dos recursos interpostos ainda na fase de conhecimento. Nesse sentido há precedentes do Superior Tribunal de Justiça[484].

---

482. "AGRAVO REGIMENTAL NO RECURSO EXTRAORDINÁRIO COM AGRAVO. EXECUÇÃO PROVISÓRIA CONTRA A FAZENDA PÚBLICA. IMPOSSIBILIDADE. AGRAVO A QUE SE NEGA PROVIMENTO. I – Consoante a jurisprudência do Supremo Tribunal Federal, não se admite a execução provisória de prestação de pagar quantia certa contra a Fazenda Pública. II - Agravo regimental a que se nega provimento" (ARE 1154961 AgR, Relator(a): RICARDO LEWANDOWSKI, Segunda Turma, julgado em 20/09/2019).

483. "EXECUÇÃO PROVISÓRIA – FAZENDA PÚBLICA – OBRIGAÇÃO DE DAR – INVIABILIDADE – PRECEDENTE. Execução de pagar quantia certa pressupõe a preclusão maior relativamente ao decidido contra a Fazenda Pública. Precedente: recurso extraordinário nº 573.872-8, relator ministro Edson Fachin, julgado sob o ângulo da repercussão geral, acórdão publicado no Diário da Justiça de 11 de setembro de 2017" (AI 453444 AgR, Relator(a): MARCO AURÉLIO, Primeira Turma, julgado em 24/04/2018).

484. "PROCESSO CIVIL. EXECUÇÃO PROVISÓRIA CONTRA A FAZENDA PÚBLICA. AJUIZAMENTO ANTERIOR À EMENDA CONSTITUCIONAL N. 30/2000. POSSIBILIDADE. 1. A Emenda Constitucional nº 30 deu nova redação ao §1º do art. 100 da Constituição para estabelecer, como pressuposto da expedição de precatório ou da requisição do pagamento de débito de pequeno valor de responsabilidade da Fazenda Pública, o trânsito em julgado da respectiva sentença. 2. Há de se entender que, após a Emenda 30, limitou-se o âmbito dos atos executivos, mas não foi inteiramente extinta a execução provisória. Nada impede que se promova, na pendência de recurso com efeito apenas devolutivo, a liquidação da sentença, e que a execução (provisória) seja processada até a fase dos embargos (CPC, art. 730, primeira parte) ficando suspensa, daí em diante, até o trânsito em julgado do título executivo, se os embargos

Com o trânsito em julgado da decisão proferida na fase de conhecimento, e também daquela exarada no cumprimento provisório de sentença, viabiliza-se a expedição do precatório ou da RPV.

18.12. Valor mínimo de precatórios estaduais e municipais

O marco temporal a ser considerado – para fins de definir se o crédito contra a Fazenda será pago por precatório, ou por RPV – é o momento em que houver a liquidação definitiva da obrigação, não mais sujeita a recursos, com a consequente expedição da ordem de pagamento. Ademais, deve ser considerado o valor do salário-mínimo em vigor na mesma época; irrelevante, assim, perquirir o valor do salário-mínimo (ou do crédito exequendo) na época em que ajuizada a ação, ou em qualquer outro marco temporal.

A definição das faixas de valores para pagamento de precatórios ou de requisições de pequeno valor é feita por leis próprias de cada ente federado, observando-se determinados limites estabelecidos pela Constituição Federal.

O Supremo Tribunal Federal já reconheceu a constitucionalidade de leis que reduziram o teto da requisição de pequeno valor para cinco[485] ou dez[486] salários mínimos. Na dicção da Corte, a redução é válida desde que observado o princípio da proporcionalidade. Na avaliação, foram levados em conta aspectos como os índices de desenvolvimento humano dos estados ou

---

não forem opostos, ou forem rejeitados" (REsp 331.460/SP, Rel. Ministro TEORI ALBINO ZAVASCKI, PRIMEIRA TURMA, julgado em 07/08/2003

485. "AÇÃO DIRETA DE INCONSTITUCIONALIDADE. LEI 5.250/2002 DO ESTADO DO PIAUÍ. PRECATÓRIOS. OBRIGAÇÕES DE PEQUENO VALOR. CF, ART. 100, § 3º. ADCT, ART. 87. Possibilidade de fixação, pelos estados-membros, de valor referencial inferior ao do art. 87 do ADCT, com a redação dada pela Emenda Constitucional 37/2002. Ação direta julgada improcedente" (ADI 2868, Relator(a): AYRES BRITTO, Relator(a) p/ Acórdão: JOAQUIM BARBOSA, Tribunal Pleno, julgado em 02/06/2004).

486. "LEI 1.788/2007 DO ESTADO DE RONDÔNIA. ART. 1º. REDUÇÃO DO VALOR PREVISTO NO ART. 87 DO ADCT PARA O PAGAMENTO DOS DÉBITOS DA FAZENDA PÚBLICA POR MEIO DE REQUISIÇÃO DE PEQUENO VALOR. CONSTITUCIONALIDADE. EXERCÍCIO DO PODER DE CONFORMAÇÃO DO LEGISLADOR RECONHECIDO NO JULGAMENTO DA ADI 2.868/PI. 1. Alteração no parâmetro constitucional que não implique mudança substancial do conteúdo da norma não prejudica o julgamento da ação direta de inconstitucionalidade. 2. O artigo 87 do ADCT foi instituído como norma transitória pela Emenda Constitucional 37/2002, com o escopo de fixar teto provisório aos estados e municípios no que diz respeito ao pagamento de seus débitos por meio de requisição de pequeno valor. 3. No julgamento da ADI 2868/PI, esta Corte pacificou que tal dispositivo não delimita um piso, irredutível, para o pagamento dos débitos dos Estados e dos Municípios por meio de requisição de pequeno valor. Cabe a cada ente federado fixar o valor máximo para essa especial modalidade de pagamento dos débitos da Fazenda Pública em consonância com a sua capacidade financeira, como se infere do § 5º do artigo 100 da Constituição (redação anterior à EC 62/2009). 4. Inexistência de elementos concretos que demonstrem a discrepância entre o valor estipulado na lei questionada (dez salários-mínimos) e a capacidade financeira do Estado de Rondônia. 5. Ação direta de inconstitucionalidade conhecida e julgada improcedente" (ADI 4332, Relator(a): ALEXANDRE DE MORAES, Tribunal Pleno, julgado em 07/02/2018).

municípios envolvidos, bem como a respectiva capacidade financeira, a qual não considera apenas a receita do ente público, mas também o seu nível de endividamento[487].

O valor mínimo que deve, obrigatoriamente, ser pago como RPV equivale ao valor do maior benefício pago pela Previdência Social (INSS), conforme art. 100, § 4º, da CF[488]. De outro lado, destaque-se que não há valor máximo prefixado pela legislação; assim, por exemplo, nada impede que determinado estado ou município estabeleça, por meio de lei, por exemplo, que dívidas de até 200 (duzentos) salários-mínimos sejam pagas por RPV.

No caso da União, o valor máximo da RPV é de até 60 (sessenta) salários-mínimos (Lei nº 10.259/2001, art. 17, § 1º).

Enquanto não forem editadas leis próprias de cada ente federativo, deve-se considerar que: (i) para os Estados, o limite da RPV é de 40 (quarenta) salários-mínimos; (ii) para os Municípios, o limite da RPV é de 30 (trinta) salários-mínimos (ADCT, art. 87).

18.13. Sequestro de verbas públicas e intervenção federal

A denominação *sequestro*, utilizada pela Constituição, não corresponde à medida cautelar consistente na apreensão de bem específico, com o objetivo de garantir futura execução para entrega de coisa certa. Trata-se, na verdade, de medida satisfativa, já que o sequestro resulta na apreensão de recursos financeiros da entidade pública, para entrega ao credor.

A partir da Emenda Constitucional nº 62/2009, o art. 100, § 6º, da CF[489], autoriza o sequestro de verbas públicas, a requerimento do credor, exclusivamente para as hipóteses de (i) preterição do direito de preferência (= desrespeito à ordem cronológica de precatórios), ou de (ii) não alocação, no orçamento, da quantia necessária à satisfação da dívida.

Sobre o tema, o STF tem decisões, proferidas à luz da redação originária da Constituição – e também do texto decorrente da Emenda Constitucional nº 30/2000 – no sentido de que a única hipótese em que seria possível o sequestro

487. Cf. ADI 5100, Relator(a): LUIZ FUX, Tribunal Pleno, julgado em 27/04/2020.

488. Art. 100, § 4º – Para os fins do disposto no § 3º, poderão ser fixados, por leis próprias, valores distintos às entidades de direito público, segundo as diferentes capacidades econômicas, sendo o mínimo igual ao valor do maior benefício do regime geral de previdência social.

489. Art. 100, § 6º – As dotações orçamentárias e os créditos abertos serão consignados diretamente ao Poder Judiciário, cabendo ao Presidente do Tribunal que proferir a decisão exequenda determinar o pagamento integral e autorizar, a requerimento do credor e exclusivamente para os casos de preterimento de seu direito de precedência ou de não alocação orçamentária do valor necessário à satisfação do seu débito, o sequestro da quantia respectiva.

de recursos públicos é o caso de preterição do direito de preferência, não sendo admissível na hipótese de não inclusão da quantia no orçamento[490-491].

No cenário posterior à EC nº 62/2009, há precedentes do STF[492] admitindo o sequestro de verbas públicas no caso de não alocação de recursos orçamentários, caso o ente público tenha feito o parcelamento de sua dívida nos termos do art. 78, § 4º, do ADCT[493]. Contudo, a Corte continua não admitindo o sequestro caso se trate de precatório de natureza alimentícia[494], justamente porque o parcelamento do art. 78 do ADCT não se aplica a precatórios de natureza alimentícia.

---

490. ADI 1662, Relator(a): Min. MAURÍCIO CORRÊA, Tribunal Pleno, julgado em 30/08/2001.

491. "RECLAMAÇÃO CONSTITUCIONAL. FINANCEIRO. PRECATÓRIO. SEQUESTRO DE VERBAS PÚBLICAS. HIPÓTESES. ART. 100 DA CONSTITUIÇÃO. AUTORIDADE DA ADI 1.662. Conforme decidido no julgamento da ADI 1.662, a falta de inclusão de precatório em previsão orçamentária não é hipótese constitucional de sequestro de verbas públicas, em razão de tal ilícito acarretar outras formas específicas e gravosas de punição e de recondução à normalidade do Estado de Direito. Reclamação julgada procedente" (Rcl 743, Relator(a): MARCO AURÉLIO, Relator(a) p/ Acórdão: JOAQUIM BARBOSA, Tribunal Pleno, julgado em 04/02/2010).

492. Por exemplo: "(...) O SEQUESTRO DE VERBAS PÚBLICAS NA HIPÓTESE DE PRECATÓRIO ALIMENTAR NÃO SE CONFUNDE COM AQUELOUTRA CONSTRIÇÃO DERIVADA DE PARCELAMENTOS INADIMPLIDOS NOS TERMOS DO ART. 78, § 4º, DO ADCT. 3) INEXISTÊNCIA DE OFENSA AO QUE DECIDIDO NA ADIN 1.662 QUE VERSOU SOBRE SEQUESTRO DE RENDAS PÚBLICAS NA HIPÓTESE DE PRECATÓRIO DE CARÁTER ALIMENTAR. TRATANDO-SE DE PRECATÓRIO DE NATUREZA NÃO-ALIMENTAR, COMO NA HIPÓTESE DOS AUTOS, ADMITE-SE A INCIDÊNCIA DO ARTIGO 78, § 4º, DO ADCT QUE PERMITE O SEQUESTRO DE RECURSOS FINANCEIROS DA ENTIDADE EXECUTADA UMA VEZ VENCIDO O PRAZO DE PAGAMENTO, EM CASO DE OMISSÃO NO ORÇAMENTO OU DE PRETERIÇÃO AO DIREITO DE PREFERÊNCIA. 4) VOTO PELO DESACOLHIMENTO DA RECLAMAÇÃO" (Rcl 5730, Relator(a): Min. LUIZ FUX, Tribunal Pleno, julgado em 15/09/2011).

493. Art. 78. Ressalvados os créditos definidos em lei como de pequeno valor, os de natureza alimentícia, os de que trata o art. 33 deste Ato das Disposições Constitucionais Transitórias e suas complementações e os que já tiverem os seus respectivos recursos liberados ou depositados em juízo, os precatórios pendentes na data de promulgação desta Emenda e os que decorram de ações iniciais ajuizadas até 31 de dezembro de 1999 serão liquidados pelo seu valor real, em moeda corrente, acrescido de juros legais, em prestações anuais, iguais e sucessivas, no prazo máximo de dez anos, permitida a cessão dos créditos. (Incluído pela Emenda Constitucional nº 30, de 2000).

§ 4º O Presidente do Tribunal competente deverá, vencido o prazo ou em caso de omissão no orçamento, ou preterição ao direito de precedência, a requerimento do credor, requisitar ou determinar o seqüestro de recursos financeiros da entidade executada, suficientes à satisfação da prestação. (Incluído pela Emenda Constitucional nº 30, de 2000)

494. "RECLAMAÇÃO. ADI 1662/SP. ESTADO: LEGITIMIDADE ATIVA. PRECATÓRIO. CABIMENTO. PRETERIÇÃO DE ORDEM DE PRECEDÊNCIA. SEQÜESTRO DE VERBAS PÚBLICAS. POSSIBILIDADE. 1. Reclamação. Legitimidade ativa do Estado para sua propositura, dada a comprovação do prejuízo patrimonial sofrido em virtude do cumprimento da ordem judicial de constrição. Precedentes. 2. Precatório alimentar. Vencimento do prazo para o seu pagamento e não-inclusão, pela entidade estatal, da verba necessária à satisfação do débito não se equiparam à quebra da ordem cronológica dos precatórios e, portanto, não legitimam o seqüestro. A efetivação do pagamento do precatório, com quebra da ordem de precedência dos títulos, é a única hipótese constitucional a autorizar a medida constritiva. 3. Precatório. Pagamento. Quebra da ordem de precedência, devidamente comprovada pela quitação de parte de dívida inscrita a posteriore. Ocorrência de preterição. Hipótese suficiente à legitimação da ordem de seqüestro de verbas públicas. Observância à autoridade da decisão proferida na ADI 1662. Reclamação julgada improcedente e, em conseqüência, prejudicados os agravos regimentais interpostos" (Rcl 1270, Relator(a): MAURÍCIO CORRÊA, Tribunal Pleno, julgado em 17/03/2004).

A EC nº 62/2009 também instituiu regime especial de parcelamento e pagamento de precatórios, previsto no art. 97 do ADCT, que estabelece critérios e vinculação de percentual da receita líquida do ente público para a finalidade de quitar os precatórios parceladamente. O § 10 do referido dispositivo autoriza o sequestro de quantias públicas, caso não haja liberação tempestiva de recursos, de acordo com os parâmetros estabelecidos constitucionalmente[495].

Depreende-se que, de acordo com o texto vigente da Constituição, o sequestro de verbas públicas, em função do atraso no pagamento do precatório, pode dar-se em duas hipóteses: (i) se o ente optar por não realizar o parcelamento autorizado constitucionalmente, e não quitar o precatório no prazo previsto no art. 100, § 5º, da CF[496] – até 1º de julho do exercício seguinte à apresentação do precatório, ou do subsequente; (ii) se o ente optar por realizar o parcelamento autorizado constitucionalmente, e não liberar os recursos correspondentes aos percentuais constitucionalmente estabelecidos da receita corrente líquida para o pagamento de precatórios.

Assim, deve-se considerar superada a OJ nº 3 do Tribunal Pleno do TST[497].

Ademais, ressalte-se que é possível o sequestro de verbas públicas caso a RPV não seja paga no prazo de dois meses (CPC, art. 535, § 3º, II)[498], conforme se extrai da Lei nº 10.259/2001, art. 17, § 2º[499].

Além disso, veja-se que algumas decisões do TST têm admitido o chamado sequestro humanitário, em hipóteses nas quais o credor sofre risco iminente de vida e não pode aguardar sequer o pagamento dos credores da lista preferen-

---

495. Art. 97, § 10 – No caso de não liberação tempestiva dos recursos de que tratam o inciso II do § 1º e os §§ 2º e 6º deste artigo: I – haverá o sequestro de quantia nas contas de Estados, Distrito Federal e Municípios devedores, por ordem do Presidente do Tribunal referido no § 4º, até o limite do valor não liberado; II – constituir-se-á, alternativamente, por ordem do Presidente do Tribunal requerido, em favor dos credores de precatórios, contra Estados, Distrito Federal e Municípios devedores, direito líquido e certo, autoaplicável e independentemente de regulamentação, à compensação automática com débitos líquidos lançados por esta contra aqueles, e, havendo saldo em favor do credor, o valor terá automaticamente poder liberatório do pagamento de tributos de Estados, Distrito Federal e Municípios devedores, até onde se compensarem.

496. Art.100, § 5º – É obrigatória a inclusão, no orçamento das entidades de direito público, de verba necessária ao pagamento de seus débitos, oriundos de sentenças transitadas em julgado, constantes de precatórios judiciários apresentados até 1º de julho, fazendo-se o pagamento até o final do exercício seguinte, quando terão seus valores atualizados monetariamente.

497. OJ 3 do Tribunal Pleno do TST: O sequestro de verbas públicas para satisfação de precatórios trabalhistas só é admitido na hipótese de preterição do direito de precedência do credor, a ela não se equiparando as situações de não inclusão da despesa no orçamento ou de não-pagamento do precatório até o final do exercício, quando incluído no orçamento.

498. Art. 535, § 3º, II – por ordem do juiz, dirigida à autoridade na pessoa de quem o ente público foi citado para o processo, o pagamento de obrigação de pequeno valor será realizado no prazo de 2 (dois) meses contado da entrega da requisição, mediante depósito na agência de banco oficial mais próxima da residência do exequente.

499. Art. 17, § 2º – Desatendida a requisição judicial, o Juiz determinará o sequestro do numerário suficiente ao cumprimento da decisão.

cial[500]. O STF já admitiu a repercussão geral do tema, em relação ao qual ainda está pendente decisão de mérito na Corte[501].

Sob outro enfoque, o inadimplemento de precatórios constitui inexecução de decisão judicial. Dessa forma, em tese, por força do art. 34, VI, da CF[502], seria possível cogitar de intervenção federal (da União no Estado inadimplente) ou estadual (do Estado no município inadimplente).

No entanto, a jurisprudência dos tribunais - inclusive a do STF[503] - tem sido parcimoniosa a respeito, concluindo pela impossibilidade de intervenção caso haja situação de insuficiência de recursos financeiros por parte do ente público. Isso porque, além da regra constitucional que impõe o pagamento de precatórios e autoriza a intervenção, há outros princípios constitucionais de igual magnitude - tais como a necessidade de prestar serviços públicos essenciais (saúde, educação, segurança etc.) - que devem ser sopesados no caso concreto.

Assim, a intervenção somente se justifica se houver inadimplemento voluntário e doloso do ente público no pagamento de seus precatórios.

18.14. Precatórios e vinculação de receitas

Na ADI 584[504], a Suprema Corte declarou a inconstitucionalidade de dispositivo de Constituição Estadual que previa a vinculação de receitas obtidas

500. No TST, foi noticiado julgamento nesse sentido em 06/06/2018. O número do processo não foi divulgado para preservar a intimidade da trabalhadora, que era portadora de HIV. A notícia está disponível no site: http://www.tst.jus.br/noticias/-/asset_publisher/89Dk/content/tst-mantem-sequestro-humanitario-de--precatorios-para-portadora-de-hiv?inheritRedirect=false

501. "RECURSO EXTRAORDINÁRIO COM AGRAVO. SEQUESTRO DE VERBAS PÚBLICAS PARA PAGAMENTO DE CRÉDITO A PORTADOR DE MOLÉSTIA GRAVE SEM OBSERVÂNCIA À REGRA DOS PRECATÓRIOS. EMENDA CONSTITUCIONAL N.º 62/2009. ARTIGO 100, § 2º, DA CONSTITUIÇÃO FEDERAL. RELEVÂNCIA DA MATÉRIA E TRANSCENDÊNCIA DE INTERESSES. MANIFESTAÇÃO PELA EXISTÊNCIA DE REPERCUSSÃO GERAL DA QUESTÃO CONSTITUCIONAL" (ARE 665707 RG, Relator(a): LUIZ FUX, Tribunal Pleno, julgado em 04/10/2012). O processo paradigma foi substituído pelo RE 840435.

502. Art. 34, A União não intervirá nos Estados nem no Distrito Federal, exceto para: (...). VI - prover a execução de lei federal, ordem ou decisão judicial.

503. Por exemplo: "INTERVENÇÃO FEDERAL. Pagamento de precatório judicial. Descumprimento voluntário e intencional. Não ocorrência. Inadimplemento devido a insuficiência transitória de recursos financeiros. Necessidade de manutenção de serviços públicos essenciais, garantidos por outras normas constitucionais. Agravo improvido. Precedentes. Não se justifica decreto de intervenção federal por não pagamento de precatório judicial, quando o fato não se deva a omissão voluntária e intencional do ente federado, mas a insuficiência temporária de recursos financeiros" (IF 4640 AgR, Relator(a): Min. CEZAR PELUSO (Presidente), Tribunal Pleno, julgado em 29/03/2012).

504. "Ação direta de inconstitucionalidade. Artigo 245 da Constituição do Estado do Paraná. Vinculação de receitas obtidas judicialmente da União ao pagamento de débitos judiciais do Estado. Ofensa ao regramento constitucional dos precatórios. Vício formal. Iniciativa legislativa do chefe do Poder Executivo. Vinculação orçamentária. Confirmação da liminar. Procedência da ação. 1. O preceito atacado cria forma transversa de quebra da ordem de precedência dos precatórios ao efetivar a vinculação das receitas

judicialmente da União – a título de indenização ou pagamento de débito – ao pagamento de débitos judiciais do Estado, decorrentes da mesma origem da indenização e ou do pagamento.

De acordo com o *decisum*, o regramento incidia simultaneamente em inconstitucionalidade formal e material. O primeiro vício, em função do art. 165, III, da CF[505], que estabelece a iniciativa do Chefe do Poder Executivo para a elaboração de leis orçamentárias.

Já a inconstitucionalidade material, ainda na ótica da Suprema Corte, decorre do fato de que o dispositivo burlava, por via transversa, a ordem cronológica dos precatórios, exigida pelo art. 100 da Constituição. Isso porque, ao vincular a receita de determinados débitos ou indenizações ao pagamento de créditos de idêntica natureza, o regramento, inevitavelmente, faria com que esses credores recebessem antes daqueles cujos créditos fossem de natureza distinta.

18.15. Regime especial: EC 62/2009 e compensação de créditos fazendários

Ao julgar o tema 511 da repercussão geral[506], o STF fixou a tese de que "é constitucionalmente vedada a compensação unilateral de débitos em proveito exclusivo da Fazenda Pública ainda que os valores envolvidos não estejam sujeitos ao regime de precatórios, mas apenas à sistemática da requisição de pequeno valor".

O julgado confirma que o posicionamento adotado pela Corte nas ADIs 4357[507] e 4425, em que declarada a inconstitucionalidade do art. 100, §9º, da CF, na redação dada pela EC 62/2009. O dispositivo estabelecia uma espécie de compensação unilateral de créditos em favor da Fazenda Pública, a qual implicaria redução do valor do precatório em decorrência de dívida que o credor do ente público tivesse com o próprio ente público. Na ótica do Supremo, tal regramento violava a efetividade da jurisdição (CF, art. 5º, XXXV), a coisa julgada (CF, art.

---

obtidas com indenizações ou créditos pagos ao Estado pela União ao pagamento de débitos de idêntica natureza. Não encontra amparo constitucional a previsão, porquanto seria instalada, inevitavelmente, uma ordem paralela de satisfação dos créditos, em detrimento da ordem cronológica. Impossibilidade de regramento da matéria por norma de hierarquia inferior. Precedentes. 2. O dispositivo da Constituição do Estado do Paraná, ao efetuar vinculação de receita de caráter orçamentário, qual seja, a obtida do ente central por recebimento de indenizações ou de outros créditos, incorre em vício de natureza formal, uma vez que a Carta Política exige que a iniciativa legislativa de leis com esse conteúdo seja do chefe do Poder Executivo. Precedentes. 3. Ação julgada procedente" (ADI 584, Relator(a): DIAS TOFFOLI, Tribunal Pleno, julgado em 19/03/2014).

505. Art. 165. Leis de iniciativa do Poder Executivo estabelecerão: (...) III - os orçamentos anuais.

506. RE 657686, Relator(a): LUIZ FUX, Tribunal Pleno, julgado em 23/10/2014.

507. ADI 4357 e ADI 4425, Relator(a): AYRES BRITTO, Relator(a) p/ Acórdão: LUIZ FUX, Tribunal Pleno, julgado em 14/03/2013.

5º, XXXVI), a separação dos Poderes (CF, art. 2º), além de ofender a isonomia entre o Poder Público e o particular (CF, art. 5º, *caput*).

Nas referidas ações diretas de inconstitucionalidade, a Suprema Corte assentou, ainda, com relação à Emenda Constitucional nº 62/2009, que:

- (i) é legítima a criação da fila superpreferencial de precatórios (CF, art. 100, §2º – créditos alimentares cujos titulares tenham mais de 60 anos de idade ou sejam portadores de doença grave, na forma da lei), pois o novo regramento observa a proporcionalidade e concretiza o princípio da dignidade da pessoa humana;
- (ii) é inconstitucional, por violar a isonomia e gerar discriminação odiosa, limitar o caráter superpreferencial aos credores que tivessem mais de 60 anos apenas até a data de expedição do precatório, excluindo aqueles que completassem tal idade após a expedição, mas antes do pagamento. Posteriormente, o art. 100, §2º, da CF, foi corrigido pela EC 94/2016[508], que adequou o texto ao entendimento da Suprema Corte e incluiu, na fila superpreferencial, os titulares por sucessão hereditária que se enquadrem nos requisitos estabelecidos no dispositivo;
- (iii) viola a Constituição – mais especificamente, o direito de propriedade – a correção monetária dos débitos fazendários por meio dos índices de remuneração da caderneta de poupança. Isso porque tais índices são "manifestamente incapazes de preservar o valor real do crédito de que é titular o cidadão", sendo certo que o índice de correção monetária deveria refletir a inflação, de modo a preservar o valor de compra do crédito a ser recebido;
- (iv) quantos aos créditos não decorrentes de relações jurídicas tributárias, os juros de mora podem ser calculados em índices correspondentes à remuneração da caderneta de poupança. Contudo, quanto aos débitos oriundos de relações tributárias, os juros de mora, por imperativo decorrente do princípio da isonomia, devem ser idênticos aos aplicáveis aos créditos fazendários da mesma natureza;
- (v) é inconstitucional o "regime especial" que impôs novo parcelamento e moratória para os créditos inscritos em precatórios, por violação à coisa julgada, à separação de Poderes, e à garantia do acesso à justiça.

508. Nova redação: Art. 100, § 2º Os débitos de natureza alimentícia cujos titulares, originários ou por sucessão hereditária, tenham 60 (sessenta) anos de idade, ou sejam portadores de doença grave, ou pessoas com deficiência, assim definidos na forma da lei, serão pagos com preferência sobre todos os demais débitos, até o valor equivalente ao triplo fixado em lei para os fins do disposto no § 3º deste artigo, admitido o fracionamento para essa finalidade, sendo que o restante será pago na ordem cronológica de apresentação do precatório.

Ao julgar os segundos embargos de declaração na ADI 4357[509], a Corte estabeleceu, ainda, que o índice de correção monetária a ser aplicável a partir de 25/03/2015 seria o IPCA-E. A data eleita foi aquela em que foi concluído o julgamento de questão de ordem relativa à eficácia temporal do julgado.

18.16. Constrição de verbas públicas em função de créditos titularizados pelo devedor trabalhista

Sobre o tema, ver tópico específico na seção sobre execução, neste capítulo.

18.17. Prazo para embargos à execução

Por força dos arts. 535, *caput*, e 910, *caput*, do Código de Processo Civil, no âmbito do Processo Civil, o prazo para impugnação ao cumprimento de sentença ou para oposição de embargos à execução pela Fazenda Pública é de 30 (trinta) dias.

Deve-se entender que, no Processo do Trabalho, o prazo de embargos à execução pela Fazenda Pública também é de 30 (trinta) dias, por força do art. 1º-B da Lei nº 9.494/97. O STF já reconheceu, em caráter vinculante, em mais de uma oportunidade, a compatibilidade do preceito com a Constituição[510-511].

---

509. "Ementa: EMBARGOS DE DECLARAÇÃO EM AÇÃO DIRETA DE INCONSTITUCIONALIDADE. EMENDA CONSTITUCIONAL Nº 62/2009. REGIME DE JUROS MORATÓRIOS EM RELAÇÕES JURÍDICAS NÃO TRIBUTÁRIAS. SUPOSTA OMISSÃO QUANTO AO PRÍNCIPIO DA ISONOMIA. NÃO OCORRÊNCIA. TENTATIVA DE REDISCUSSÃO DO MÉRITO. IMPOSSIBILIDADE. ALEGAÇÃO DE OMISSÃO QUANTO AOS JUROS COMPENSATÓRIOS. IMPUGNAÇÃO NÃO APRESENTADA NA POSTULAÇÃO INICIAL. AUSÊNCIA DE VÍCIO NO ACÓRDÃO EMBARGADO. EFICÁCIA RETROATIVA DO JULGADO. OMISSÃO INEXISTENTE. CRITÉRIO DE CORREÇÃO MONETÁRIA DE PRECATÓRIOS NÃO SUJEITOS AO REGIME ESPECIAL. ALEGADA OMISSÃO. NÃO OCORRÊNCIA. APLICABILIDADE DO IPCA-E A PARTIR DE 25 DE MARÇO DE 2015 A TODOS OS REQUISITÓRIOS. EMBARGOS DE DECLARAÇÃO REJEITADOS. 1. O princípio constitucional da isonomia, segundo a compreensão da maioria formada no julgamento das ADIs nº 4.357 e 4.425, exige o mesmo regime de tratamento quanto aos juros moratórios para o credor público e para o credor privado em cada relação jurídica específica que integrem, na esteira do precedente fixado no RE nº 453.740, de relatoria do Min. Gilmar Mendes. 2. Os juros moratórios nas condenações e nos precatórios judiciais da Fazenda Pública seguem disciplinados pelo art. 1º-F da Lei nº 9.494/97, sendo válido o índice oficial de remuneração da caderneta de poupança como critério de sua quantificação, exceto no que diz respeito às relações jurídico-tributárias. 3. Os juros moratórios nas relações jurídico-tributárias devem seguir os mesmos critérios pelos quais a Fazenda Pública remunera o seu crédito, tendo como marco inicial a data de 25 de março de 2015, quando concluído o julgamento de questão de ordem relativa à eficácia temporal do julgado. Inexistência de omissão quanto ao ponto. 4. O Índice de Preços ao Consumidor Amplo-Especial (IPCA-E) é o índice de correção monetária a ser aplicado a todos os valores inscritos em precatórios, estejam eles sujeitos, ou não, ao regime especial criado pela EC nº 62/2009, qualquer que seja o ente federativo de que se trate. 5. Embargos de declaração rejeitados" (ADI 4357 QO-ED-segundos, Relator(a): LUIZ FUX, Tribunal Pleno, julgado em 09/12/2015).

510. "Ação Declaratória de Constitucionalidade. 2. Art. 4º da Medida Provisória 2.180/2001. 3. Ampliação do prazo para interpor embargos à execução. Nova redação dada aos arts. 730 do CPC/73 e 884 da CLT. 4. Medida cautelar deferida. Precedente: ADI 2.418, Rel. Min. Teori Zavascki. 5. Ação julgada procedente para declarar a constitucionalidade do art. 4º da MP 2.180/2001, confirmando a medida cautelar anteriormente deferida pelo Plenário" (ADC 11, Relator(a): GILMAR MENDES, Tribunal Pleno, julgado em 23/08/2019).

511. Tema 137 da repercussão geral: "RECURSO EXTRAORDINÁRIO. AMPLIAÇÃO DO PRAZO PARA A FAZENDA PÚBLICA OPOR EMBARGOS À EXECUÇÃO. CONSTITUCIONALIDADE. ART. 1º-B

De fato, além dos inegáveis embaraços burocráticos dos órgãos públicos, a ampliação do prazo para embargos também se justifica porque o exequente também terá o mesmo prazo para impugnar a sentença de liquidação; assim, inexiste violação à isonomia. Além disso, quando a Fazenda Pública é exequente (execução fiscal), o prazo para o cidadão embargar também é de 30 dias.

O conteúdo passível de arguição nos embargos à execução ofertados pela Fazenda Pública não guarda peculiaridades, sendo idêntico ao aplicável caso se trate de execução contra pessoa de direito privado.

Assim, no cumprimento de sentença, o ente público pode alegar, em seus embargos: (i) falta ou nulidade da citação se, na fase de conhecimento, o processo correu à revelia; (ii) ilegitimidade de parte; (iii) inexequibilidade do título ou inexigibilidade da obrigação; (iv) excesso de execução ou cumulação indevida de execuções; (v) incompetência absoluta ou relativa do juízo da execução; (vi) qualquer causa modificativa ou extintiva da obrigação, como pagamento, novação, compensação, transação ou prescrição, desde que supervenientes ao trânsito em julgado da sentença (CPC, art. 535, *caput*). É possível, ainda, o oferecimento de embargos à execução com eficácia rescisória, no caso de o título executivo ser fundado em norma declarada inconstitucional pelo STF (ou aplicada em interpretação tida, pelo STF, como incompatível com a Constituição).

Já quando se tratar de execução fundada em título extrajudicial, a Fazenda Pública pode alegar, nos embargos, qualquer matéria que lhe seria lícito deduzir como defesa no processo de conhecimento (CPC, art. 910, § 2º).

18.18. Correção de cálculos de precatórios e natureza da atuação do presidente do tribunal

O Supremo Tribunal Federal tem jurisprudência consolidada no sentido de que a atuação de presidente de tribunal, no que tange à gestão (pagamento e processamento) de precatórios, apresenta natureza meramente administrativa[512].

DA LEI 9.494/1997. RECURSO EXTRAORDINÁRIO PROVIDO PARA AFASTAR A INTEMPESTIVIDADE DOS EMBARGOS À EXECUÇÃO OPOSTOS PERANTE A JUSTIÇA DO TRABALHO. 1. O estabelecimento de tratamento processual especial para a Fazenda Pública, fixando-se prazo de 30 dias para opor embargos à execução, não restringe de forma desproporcional os direitos fundamentais das partes adversas, mas, sim, busca dar máxima efetividade ao princípio de proteção ao interesse público. (Precedentes: ADI 2.418, Relator Ministro Teori Zavascki, DJe 09.06.2016; ADC 11, Relator Ministro Gilmar Mendes, Plenário, J. 23.08.2019) 2. É compatível com a Constituição da República de 1988 a ampliação para 30 (trinta) dias do prazo de oposição de embargos à execução pela Fazenda Pública. 3. Recurso extraordinário provido para que a Justiça do Trabalho, reconhecida a tempestividade dos embargos à execução opostos pela Fazenda Pública no prazo que lhe foi facultado pelo art. 1º-B da Lei 9.494/1997, julgue como entender de direito" (RE 590871, Relator(a): EDSON FACHIN, Tribunal Pleno, julgado em 11/11/2019).

512. "DIREITO CONSTITUCIONAL E PROCESSUAL CIVIL. PRECATÓRIO. INDEFERIMENTO DE PEDIDO DE SUSPENSÃO. ALEGAÇÃO DE VIOLAÇÃO À DECISÃO PROFERIDA NA ADI 5.609-MC. 1. Por disposição expressa, a ordem de suspensão contida na decisão paradigma aplica-se apenas

Trata-se de atividade destinada a fazer controle formal do precatório e centralizar o encaminhamento dos requisitórios na pessoa do presidente do tribunal, de modo a evitar o inconveniente de que a Fazenda Pública recebesse precatórios diretamente de todos os órgãos jurisdicionais do país.

Daí decorrem duas consequências, já reconhecidas pela jurisprudência da Suprema Corte:

- (i) não cabe recurso extraordinário contra decisões do presidente do tribunal no que tange à gestão de precatórios[513], pois tal espécie recursal pressupõe *causa decidida* por tribunal, conforme se extrai do art. 102, III, da CF;
- (ii) o presidente do tribunal não detém competência para modificar os critérios de cálculo adotados pelo juiz da causa. O administrador somente pode atuar com o objetivo de corrigir erros materiais ou meramente aritméticos[514].

De forma semelhante, a OJ 2 do Tribunal Pleno do TST assevera que "o pedido de revisão dos cálculos, em fase de precatório, previsto no art. 1º-E da Lei nº 9.494/97, apenas poderá ser acolhido desde que: a) o requerente aponte e especifique claramente quais são as incorreções existentes nos cálculos, discriminando o montante que seria correto, pois do contrário a incorreção torna-se abstrata; b) o defeito nos cálculos esteja ligado à incorreção material ou à utilização de critério em descompasso com a lei ou com o título executivo judicial; e c) o critério legal aplicável ao débito não tenha sido objeto de debate nem na fase de conhecimento, nem na fase de execução".

---

aos processos judiciais. 2. A jurisprudência do Supremo Tribunal Federal consolidou-se no sentido de que o processamento de precatórios tem natureza administrativa. 3. Ausência de aderência estrita entre a decisão reclamada e o paradigma. 4. Agravo interno a que se nega provimento, com aplicação da multa prevista no art. 1.021, § 4º, do CPC/2015, em caso de decisão unânime" (Rcl 29385 AgR, Relator(a): ROBERTO BARROSO, Primeira Turma, julgado em 28/09/2018).

513. "Recurso extraordinário. 2. Alegação de ofensa ao art. 100, da Constituição Federal. 3. Recurso interposto de decisão referente a processo de Precatório. Natureza administrativa. 4. 'Não cabe recurso extraordinário contra decisão proferida no processamento de precatórios já que esta tem natureza administrativa e não jurisdicional'. Precedentes da Corte. 5. Agravo regimental desprovido" (RE 205182 AgR, Relator(a): NÉRI DA SILVEIRA, Segunda Turma, julgado em 17/04/2001).

514. "Reclamação. Precatório. Alteração do critério de cálculos. ADI nº 1.662/SP. 1. O entendimento do Supremo Tribunal Federal fixado na ADI nº 1.662/SP é o de que, em sede de precatório, o administrador público somente está autorizado a alterar os cálculos com a finalidade de corrigir erros materiais ou aritméticos, não tendo competência para modificar critérios que foram adotados pelo Juiz originário da causa. 2. Caracterizada a ofensa ao que foi decidido na ADI nº 1.662/SP porque, na hipótese presente, houve a determinação específica do julgado no sentido de serem refeitos os cálculos com mudança de critérios, independentemente de estar essa determinação vinculada à observância de qualquer tipo de norma legal. No caso, o cálculo já havia sido feito, não estando evidenciado nenhum erro material. 3. Reclamação julgada procedente" (Rcl 2267, Relator(a): NELSON JOBIM, Relator(a) p/ Acórdão: MENEZES DIREITO [Art. 38, IV, b, do RISTF], Tribunal Pleno, julgado em 04/03/2009).

Ainda de acordo com a jurisprudência consolidada do TST, em sede de precatório não se aplica a remessa necessária ou *ex officio*, sendo cabível, por outro lado, a impetração de mandado de segurança cabível mandado de segurança contra atos praticados pela Presidência dos Tribunais Regionais em precatório, justamente em razão de sua natureza administrativa (OJs 2 e 10 do Tribunal Pleno do TST)[515].

19. FUNDAMENTAÇÃO DA SENTENÇA

Referências normativas e jurisprudenciais	
Constituição	Art. 5º, LV - aos litigantes, em processo judicial ou administrativo, e aos acusados em geral são assegurados o contraditório e ampla defesa, com os meios e recursos a ela inerentes (...). Art. 93, IX - todos os julgamentos dos órgãos do Poder Judiciário serão públicos, e fundamentadas todas as decisões, sob pena de nulidade, podendo a lei limitar a presença, em determinados atos, às próprias partes e a seus advogados, ou somente a estes, em casos nos quais a preservação do direito à intimidade do interessado no sigilo não prejudique o interesse público à informação;
Legislação infraconstitucional	CPC, art. 489, § 1º Não se considera fundamentada qualquer decisão judicial, seja ela interlocutória, sentença ou acórdão, que: I - se limitar à indicação, à reprodução ou à paráfrase de ato normativo, sem explicar sua relação com a causa ou a questão decidida; II - empregar conceitos jurídicos indeterminados, sem explicar o motivo concreto de sua incidência no caso; III - invocar motivos que se prestariam a justificar qualquer outra decisão; IV - não enfrentar todos os argumentos deduzidos no processo capazes de, em tese, infirmar a conclusão adotada pelo julgador; V - se limitar a invocar precedente ou enunciado de súmula, sem identificar seus fundamentos determinantes nem demonstrar que o caso sob julgamento se ajusta àqueles fundamentos; VI - deixar de seguir enunciado de súmula, jurisprudência ou precedente invocado pela parte, sem demonstrar a existência de distinção no caso em julgamento ou a superação do entendimento.

515. OJ 2/TP. PRECATÓRIO. REVISÃO DE CÁLCULOS. LIMITES DA COMPETÊNCIA DO PRESIDENTE DO TRT. O pedido de revisão dos cálculos, em fase de precatório, previsto no art. 1º-E da Lei nº 9.494/97, apenas poderá ser acolhido desde que: a) o requerente aponte e especifique claramente quais são as incorreções existentes nos cálculos, discriminando o montante que seria correto, pois do contrário a incorreção torna-se abstrata; b) o defeito nos cálculos esteja ligado à incorreção material ou à utilização de critério em descompasso com a lei ou com o título executivo judicial; e c) o critério legal aplicável ao débito não tenha sido objeto de debate nem na fase de conhecimento, nem na fase de execução.
OJ 10/TP. PRECATÓRIO. PROCESSAMENTO E PAGAMENTO. NATUREZA ADMINISTRATIVA. MANDADO DE SEGURANÇA. CABIMENTO. É cabível mandado de segurança contra atos praticados pela Presidência dos Tribunais Regionais em precatório em razão de sua natureza administrativa, não se aplicando o disposto no inciso II do art. 5º da Lei nº 1.533, de 31.12.1951.

Referências normativas e jurisprudenciais	
Legislação infra-constitucional	§ 2º No caso de colisão entre normas, o juiz deve justificar o objeto e os critérios gerais da ponderação efetuada, enunciando as razões que autorizam a interferência na norma afastada e as premissas fáticas que fundamentam a conclusão. CLT, Art. 895 - Cabe recurso ordinário para a instância superior: (...) § 1º - Nas reclamações sujeitas ao procedimento sumaríssimo, o recurso ordinário: (...) IV - terá acórdão consistente unicamente na certidão de julgamento, com a indicação suficiente do processo e parte dispositiva, e das razões de decidir do voto prevalente. Se a sentença for confirmada pelos próprios fundamentos, a certidão de julgamento, registrando tal circunstância, servirá de acórdão.
Súmulas e teses de repercussão geral	Tema 339 (AI 791292): O art. 93, IX, da Constituição Federal exige que o acórdão ou decisão sejam fundamentados, ainda que sucintamente, sem determinar, contudo, o exame pormenorizado de cada uma das alegações ou provas. Tema 451 (RE 635729): Não afronta a exigência constitucional de motivação dos atos decisórios a decisão de Turma Recursal de Juizados Especiais que, em consonância com a Lei 9.099/1995, adota como razões de decidir os fundamentos contidos na sentença recorrida.
Julgados paradig-máticos	AI 791292 RE 635729

19.1. Fundamentação exauriente

Antes da vigência do Código de Processo Civil de 2015, no AI 791292 QO-RG[516], o STF decidiu, em repercussão geral, sobre a chamada *fundamentação exauriente* ou *exaustiva* das decisões judiciais, tendo fixado a seguinte tese: o art. 93, IX, da Constituição Federal exige que o acórdão ou decisão sejam fundamentados, ainda que sucintamente, sem determinar, contudo, o exame pormenorizado de cada uma das alegações ou provas.

Posteriormente, o art. 489, §1º, IV, do CPC, passou a prever que não se considera fundamentada a decisão que "não enfrentar todos os argumentos deduzidos no processo capazes de, em tese, infirmar a conclusão adotada pelo julgador", o que reabriu o debate sobre o tema.

---

516. "Questão de ordem. Agravo de Instrumento. Conversão em recurso extraordinário (CPC, art. 544, §§ 3º e 4º). 2. Alegação de ofensa aos incisos XXXV e LX do art. 5º e ao inciso IX do art. 93 da Constituição Federal. Inocorrência. 3. O art. 93, IX, da Constituição Federal exige que o acórdão ou decisão sejam fundamentados, ainda que sucintamente, sem determinar, contudo, o exame pormenorizado de cada uma das alegações ou provas, nem que sejam corretos os fundamentos da decisão. 4. Questão de ordem acolhida para reconhecer a repercussão geral, reafirmar a jurisprudência do Tribunal, negar provimento ao recurso e autorizar a adoção dos procedimentos relacionados à repercussão geral" (AI 791292 QO-RG, Relator(a): GILMAR MENDES, julgado em 23/06/2010).

De início, veja-se que o art. 93, IX, da Constituição da República, estabelece a necessidade de fundamentação de todas as decisões judiciais, sob pena de nulidade. Como o dispositivo não faz restrição, toda e qualquer espécie de decisão – interlocutória, definitiva, terminativa, monocrática ou colegiada – deve ser devidamente fundamentada.

A fundamentação, ao permitir o controle social das decisões judiciais, legitima a atuação do Poder Judiciário, o qual não conta, no sistema brasileiro, com membros democraticamente eleitos. Não há espaço, portanto, para formulação de juízos discricionários, de oportunidade e de conveniência, pelos magistrados, que detêm o dever o funcional de buscar soluções racionais e universalizáveis para os casos concretos que lhes são submetidos para julgamento, o que somente pode ser demonstrado por meio de fundamentação íntegra e consistente.

Evidentemente, para que uma decisão se considere fundamentada não basta que sejam externados quaisquer argumentos, ainda que frutos de opinião pessoal ou mero arbítrio do juiz; é imprescindível que a fundamentação seja coerente, racional e possa ser generalizada para qualquer outra causa idêntica ou semelhante.

O dever de fundamentar as decisões judiciais é decorrência do contraditório substancial, já que é na fundamentação que o juiz demonstrará que efetivamente considerou os argumentos e provas produzidas pelas partes.

Nesse contexto, o art. 489, §1º, IV, do CPC, precisa ser interpretado criteriosamente, sob pena de inviabilizar-se o funcionamento do Judiciário. Há, aqui, nítido conflito aparente de princípios: de um lado, o interessado tem o direito de ver seus argumentos e provas apreciados (contraditório); de outro, há potencial comprometimento do acesso à justiça, em sua escala macroscópica, em função do (ainda maior) congestionamento de processos nos órgãos jurisdicionais.

Assim, o magistrado tem o dever de apreciar apenas aqueles argumentos que efetivamente tenham a potencialidade de alterar a conclusão do ato decisório; não há necessidade ou obrigatoriedade de apreciação de argumentos irrelevantes e impertinentes, o que sempre deve ser avaliado com parcimônia e prudência. O Superior Tribunal de Justiça já decidiu que, mesmo após a vigência do Novo CPC, não é omissa a decisão que não se pronunciou sobre determinado argumento que era incapaz de infirmar a conclusão adotada[517].

517. "PROCESSUAL CIVIL. EMBARGOS DE DECLARAÇÃO EM MANDADO DE SEGURANÇA ORIGINÁRIO. INDEFERIMENTO DA INICIAL. OMISSÃO, CONTRADIÇÃO, OBSCURIDADE, ERRO MATERIAL. AUSÊNCIA. 1. Os embargos de declaração, conforme dispõe o art. 1.022 do CPC, destinam-se a suprir omissão, afastar obscuridade, eliminar contradição ou corrigir erro material existente no julgado, o que não ocorre na hipótese em apreço. 2. O julgador não está obrigado a responder a todas as questões suscitadas pelas partes, quando já tenha encontrado motivo suficiente para proferir a decisão.

Dessa forma, embora o Plenário Supremo Tribunal Federal não haja se pronunciado especificamente sobre o tema já na vigência do CPC/2015, o entendimento anteriormente manifestado em repercussão geral permanece válido e aplicável, inexistindo, no caso, superação (*overruling*) do precedente pela legislação posterior. Há inclusive decisões turmárias do STF nesse sentido[518].

Ademais, o art. 489, §1°, do CPC, prevê, de forma não taxativa, diversas situações nas quais se considera que a sentença não está devidamente fundamentada, tais como, exemplificativamente, quando invocar motivos que se prestariam a justificar qualquer outra decisão. Exemplo: o juiz *fundamenta* dizendo simplesmente que julga procedente o pedido porque estão presentes os pressupostos legais, conforme prova dos autos; aqui, não há, em verdade, fundamentação, pois não se sabe por que estão presentes os pressupostos e quais os elementos de prova que embasam a conclusão do juiz.

19.2. Fundamentação *per relationem*

Em repercussão geral[519], o Supremo Tribunal Federal fixou a seguinte tese: "Não afronta a exigência constitucional de motivação dos atos decisórios a decisão de Turma Recursal de Juizados Especiais que, em consonância com a Lei 9.099/1995, adota como razões de decidir os fundamentos contidos na sentença recorrida".

Embora a tese fixada diga respeito aos Juizados Especiais, que integram a Justiça Comum, fato é que o art. 46 da Lei 9.099/95[520] contém previsão muito assemelhada ao art. 895, §1°, IV, da CLT[521], segundo o qual, no rito sumaríssimo, o acórdão do recurso ordinário pode limitar-se a registrar que a sentença

---

A prescrição trazida pelo art. 489 do CPC/2015 veio confirmar a jurisprudência já sedimentada pelo Colendo Superior Tribunal de Justiça, sendo dever do julgador apenas enfrentar as questões capazes de infirmar a conclusão adotada na decisão recorrida. (...) 5. Embargos de declaração rejeitados" (EDcl no MS 21.315/DF, Rel. Ministra DIVA MALERBI [DESEMBARGADORA CONVOCADA TRF 3ª REGIÃO], PRIMEIRA SEÇÃO, julgado em 08/06/2016).

518. Por exemplo: RE 978318 ED, Relator(a): ALEXANDRE DE MORAES, Primeira Turma, julgado em 18/05/2018; ARE 926722 AgR, Relator(a): EDSON FACHIN, Segunda Turma, julgado em 17/03/2017.

519. "Juizado especial. Parágrafo 5° do art. 82 da Lei n° 9.099/95. Ausência de fundamentação. Artigo 93, inciso IX, da Constituição Federal. Não ocorrência. Possibilidade de o colégio recursal fazer remissão aos fundamentos adotados na sentença. Jurisprudência pacificada na Corte. Matéria com repercussão geral. Reafirmação da jurisprudência do Supremo Tribunal Federal" (RE 635729 RG, Relator(a): DIAS TOFFOLI, Tribunal Pleno, julgado em 30/06/2011, REPERCUSSÃO GERAL).

520. Art. 46. O julgamento em segunda instância constará apenas da ata, com a indicação suficiente do processo, fundamentação sucinta e parte dispositiva. Se a sentença for confirmada pelos próprios fundamentos, a súmula do julgamento servirá de acórdão.

521. Art. 895 - Cabe recurso ordinário para a instância superior: (...) § 1° - Nas reclamações sujeitas ao procedimento sumaríssimo, o recurso ordinário: (...) IV - terá acórdão consistente unicamente na certidão de julgamento, com a indicação suficiente do processo e parte dispositiva, e das razões de decidir do voto prevalente. Se a sentença for confirmada pelos próprios fundamentos, a certidão de julgamento, registrando tal circunstância, servirá de acórdão.

foi mantida pelos seus próprios fundamentos. Assim, o raciocínio do Supremo pode ser transporto para o procedimento sumaríssimo trabalhista.

É controvertida a validade da motivação *per relationem*, que se dá quando o órgão julgador se reporta a outras decisões adotadas no mesmo processo, ou a outras peças processuais, tais como pareceres do Ministério Público ou informações de alguma autoridade. Tal técnica de julgamento se harmoniza com os princípios da celeridade e economia processual, e não se reputa válida caso a remissão seja a peças processuais elaboradas pelas partes litigantes.

A jurisprudência do Supremo Tribunal Federal tem admitido amplamente a legitimidade constitucional da motivação *per relationem*, pois haveria a incorporação, à decisão judicial, dos fundamentos exarados na peça processual objeto de remissão[522]. Sucede que tais julgados devem ser interpretados com cautela, sob pena de se configurar grave violação ao contraditório e ao dever de fundamentação das decisões judiciais, inscrito no art. 93, IX, da CF.

No HC 69987[523], por exemplo, admitiu-se a fundamentação *per relationem* consistente na utilização, pelo acórdão, dos fundamentos exarados na sentença, isso em matéria criminal. Sucede que não consta – e nada leva a crer – que a fundamentação do acórdão haja se limitado a fazer remissão à sentença, mas o tenha feito como reforço argumentativo. Além disso, anotou-se não

522. "AÇÃO CÍVEL ORIGINÁRIA – EXTINÇÃO SEM RESOLUÇÃO DE MÉRITO – CONDENAÇÃO DA UNIÃO FEDERAL EM VERBA HONORÁRIA – PRINCÍPIO DA CAUSALIDADE – APLICABILIDADE – PRECEDENTES – DOUTRINA – DECISÃO QUE SE REPORTA AOS FUNDAMENTOS QUE DERAM SUPORTE AO PARECER DO MINISTÉRIO PÚBLICO – MOTIVAÇÃO "PER RELATIONEM" – LEGITIMIDADE CONSTITUCIONAL DESSA TÉCNICA DECISÓRIA – FUNDAMENTAÇÃO VÁLIDA – RECURSO DE AGRAVO IMPROVIDO. (...) O Supremo Tribunal Federal tem salientado, em seu magistério jurisprudencial, a propósito da motivação "per relationem", que inocorre ausência de fundamentação quando o ato decisório – o acórdão, inclusive – reporta-se, expressamente, a manifestações ou a peças processuais outras, mesmo as produzidas pelo Ministério Público, desde que nestas achem-se expostos os motivos, de fato ou de direito, justificadores da decisão judicial proferida. Precedentes. O acórdão, ao fazer remissão aos fundamentos fático-jurídicos expostos no parecer do Ministério Público – e ao invocá-los como expressa razão de decidir –, ajusta-se, com plena fidelidade, à exigência jurídico-constitucional de motivação a que estão sujeitos os atos decisórios emanados do Poder Judiciário (CF, art. 93, IX)" (ACO 1304 AgR, Relator(a): CELSO DE MELLO, Tribunal Pleno, julgado em 09/10/2014).

523. "'HABEAS CORPUS' - ALEGADA AUSÊNCIA DE MOTIVAÇÃO DA DECISÃO PENAL CONDENATÓRIA - INOCORRÊNCIA - ACÓRDÃO QUE SE REPORTA AOS FUNDAMENTOS DA SENTENÇA DE PRIMEIRA INSTÂNCIA - MOTIVAÇÃO "PER RELATIONEM" - FUNDAMENTAÇÃO VÁLIDA - SUPOSTA INOBSERVÂNCIA DO PRINCÍPIO DA INDIVIDUALIZAÇÃO DA PENA - SANÇÃO PENAL FIXADA NO MÍNIMO PREVISTO EM LEI - INEXISTÊNCIA DE QUALQUER PREJUÍZO AO RÉU - PEDIDO INDEFERIDO. - A sanção penal fixada no mínimo legal, ainda que imposta por ato decisório sucintamente fundamentado, não enseja qualquer prejuízo ao réu, revestindo-se, por isso mesmo, de plena legitimidade jurídica. Precedentes. - O acórdão, ao fazer remissão aos fundamentos de ordem fático-jurídica mencionados na sentença de primeira instância, atende a exigência constitucional que impõe, ao Poder Judiciário, o dever de motivar os atos decisórios que profere. A motivação 'per relationem', nesse contexto, revela-se compatível com a norma inscrita no inciso IX do art. 93 da Constituição da República. Precedentes. Doutrina" (HC 69987, Relator(a): CELSO DE MELLO, Tribunal Pleno, julgado em 18/12/1992).

haver prejuízo ao réu, já que a pena base foi fixada no mínimo legal.

O Tribunal Superior do Trabalho, para fins de cabimento de recurso de revista, entende ser insuficiente para configurar o prequestionamento a mera remissão aos fundamentos da sentença, conforme se extrai da OJ 151 da SDI-1[524]. Contudo, a Corte Superior Trabalhista tem reconhecido a validade de acórdãos regionais proferidos no procedimento sumaríssimo que se limitem a concluir que a sentença deva ser mantida pelos seus próprios fundamentos[525]. Desse

---

524. TST, OJ 151 da SDI-1: Decisão regional que simplesmente adota os fundamentos da decisão de primeiro grau não preenche a exigência do prequestionamento, tal como previsto na Súmula nº 297.

525. "RECURSO ORDINÁRIO EM AÇÃO RESCISÓRIA AJUIZADA SOB A ÉGIDE DO CPC DE 1973. HIPÓTESE DO ARTIGO 485, V, DO CPC DE 1973. ALEGAÇÃO DE ADOÇÃO DE RITO PROCESSUAL INADEQUADO À ESPÉCIE. AUSÊNCIA DE ATAQUE ESPECÍFICO AOS FUNDAMENTOS DO ACÓRDÃO RECORRIDO. ARTIGO 514, II, DO CPC DE 1973 E SÚMULA 422, I, DO TST. NÃO CONHECIMENTO. Nas razões recursais, a Autora insiste na tese inicial de que a adoção do rito sumaríssimo causou-lhe enormes prejuízos, renovando a alegação de ofensa às normas dos artigos 5º, LV, da CF, 852-A, parágrafo único, e 852-B, I, da CLT. Porém, não impugna a motivação adotada no julgamento de improcedência do pedido de corte rescisório, baseada na incidência do óbice do item I da Súmula 298 do TST. Nesse contexto, não atendido o dever legal de impugnação das razões de decidir inscritas na decisão recorrida, reservado à parte que interpõe o recurso de natureza ordinária (artigo 514, II, do CPC de 1973), incide a diretriz da Súmula 422, I, do TST, inviabilizando, por afronta ao postulado da dialeticidade, o conhecimento do recurso ordinário, no que se refere à pretensão rescisória deduzida com amparo no artigo 485, V, do CPC de 1973, sob a alegação de adoção de rito processual inadequado à espécie, com violação dos mencionados dispositivos constitucional e legais . Recurso ordinário conhecido parcialmente . INÉPCIA DA PETIÇÃO INICIAL DA AÇÃO RESCISÓRIA. ALEGAÇÃO DE MÁ APLICAÇÃO DA PRESCRIÇÃO. AUSÊNCIA DE INDICAÇÃO EXPRESSA DO DISPOSITIVO TIDO COMO VIOLADO. EXTINÇÃO DO PROCESSO SEM RESOLUÇÃO DO MÉRITO. INCIDÊNCIA DA PARTE FINAL DA SÚMULA 408 DO TST. 1. No acórdão recorrido, a Corte Regional declarou a inépcia da petição inicial da ação rescisória no tocante à alegação de má aplicação da prescrição, por ausência de indicação do dispositivo de lei violado, e extinguiu o processo sem resolução do mérito. 2. Nas razões do recurso ordinário, a Autora requer seja afastada a inépcia da petição inicial, ao argumento de que foi violada a norma do artigo 7º, XXIX, da CF. 3. Da leitura da petição inicial da ação rescisória, verifica-se que a Autora, no que diz com a alegação de má aplicação da prescrição, de fato, não apontou, com a devida fundamentação, qualquer dispositivo de Lei e/ou da Constituição Federal que teria sido violado. Tratando-se de ação rescisória fundada no artigo 485, V, do CPC de 1973, revela-se imprescindível a indicação, na petição inicial da ação desconstitutiva, do dispositivo legal violado, por se tratar de causa de pedir da rescisória, não incidindo, na hipótese, o princípio iura novit curia . Nesse sentido, aliás, a diretriz da Súmula 408 do TST. Desse modo, não indicado o dispositivo legal que teria sido desrespeitado, não há espaço para o deferimento do corte rescisório. 4. Com todas as vênias, a alegação de ofensa ao artigo 7º, XXIX, da CF, arguida somente no recurso ordinário, não pode ser objeto de análise por se tratar de inovação recursal. O postulado da segurança jurídica, aplicável a todos os ramos da ciência do direito, exige que as partes observem estritamente as fases processuais idealizadas em caráter preclusivo pelo legislador ordinário. A ampliação da causa de pedir e do pedido, processada em grau de recurso, não pode ser admitida, sob pena de inescusável ofensa ao devido processo legal. Recurso ordinário desprovido. ARTIGO 485, V, DO CPC DE 1973. PROCEDIMENTO SUMARÍSSIMO. CERTIDÃO DE JULGAMENTO DO RECURSO ORDINÁRIO. SENTENÇA MANTIDA PELOS PRÓPRIOS FUNDAMENTOS. NEGATIVA DE PRESTAÇÃO JURISDICIONAL. VIOLAÇÃO DOS ARTIGOS 93, IX, DA CF E 832 DA CLT. NÃO CONFIGURAÇÃO. INCIDÊNCIA DO DISPOSTO NO ARTIGO 895, § 1º, IV, PARTE FINAL, DA CLT. 1. Trata-se de ação rescisória, amparada em violação dos artigos 93, IX, da CF e 832 da CLT, ajuizada sob o argumento de que, na certidão de julgamento do recurso ordinário interposto no processo matriz, que tramitou pelo rito sumaríssimo, o TRT da 9ª Região, ao confirmar a sentença pelos próprios fundamentos, incorreu em negativa de prestação jurisdicional. 2. Na ação matriz, o TRT proferiu decisão, consubstanciada em certidão de julgamento, mediante a qual negou provimento ao recurso ordinário da Autora para manter a sentença pelos próprios fundamentos , eis que prescrita a

modo, a OJ 151 da SDI-1 tem sua aplicabilidade circunscrita aos processos que tramitem pelo rito ordinário[526].

No âmbito do Superior Tribunal de Justiça, de outro lado, tem-se admitido a fundamentação *per relationem* com algumas ressalvas: que o julgador tenha utilizado a fundamentação *per relationem* em complementação à sua própria, ainda que esta seja sucinta[527]; exigência de que a matéria tenha sido suficientemente enfrentada[528]; exigência de que haja transcrição de trechos das peças às quais há indicação[529].

---

pretensão. 3. O artigo 895, § 1º, IV, parte final, da CLT permite que, no procedimento sumaríssimo, não havendo modificação da decisão impugnada , a sentença de primeiro grau seja simplesmente confirmada pelos próprios fundamentos. Assim, tramitando o feito originário sob o rito sumaríssimo, e não havendo modificação da decisão atacada, é mesmo suficiente o registro de que a sentença está sendo confirmada pelos próprios fundamentos, sem que isso configure ofensa às regras dos artigos 93, IX, da CF e 832 da CLT. Recurso ordinário desprovido" (RO-5432-72.2013.5.09.0000, Subseção II Especializada em Dissídios Individuais, Relator Ministro Douglas Alencar Rodrigues, DEJT 09/11/2018).

526. "AGRAVO. DECISÃO MONOCRÁTICA PROFERIDA POR PRESIDENTE DE TURMA. RECURSO DE EMBARGOS INTERPOSTO SOB A ÉGIDE DA LEI N.º 11.496/2007. PROCESSO SUBMETIDO AO RITO SUMARÍSSIMO. ACÓRDÃO PROLATADO PELO TRIBUNAL REGIONAL, QUE ADOTA OS FUNDAMENTOS DA SENTENÇA. AUSÊNCIA DE PREQUESTIONAMENTO NÃO CARACTERIZADA. (...) . . O artigo 895, § 1º, da Consolidação das Leis do Trabalho autoriza que, nas reclamações sujeitas ao procedimento sumaríssimo, o recurso ordinário tenha acórdão consistente unicamente na certidão de julgamento, com a indicação suficiente do processo e parte dispositiva, e das razões de decidir do voto prevalente. Se a sentença for confirmada pelos próprios fundamentos, a certidão de julgamento, registrando tal circunstância, servirá de acórdão. Nessa última hipótese, a fundamentação constante da sentença e confirmada pelo Tribunal Regional servirá de base para o cotejo com a tese veiculada no recurso de revista. 4. Não há confundir a exceção antes referida, decorrente de disposição legal expressa, com a hipótese a que alude a Orientação Jurisprudencial n.º 151 da SBDI-I, aplicável a casos em que o Tribunal Regional, em processos submetidos ao rito ordinário trabalhista, limita-se a adotar os fundamentos da decisão recorrida, sem transcrevê-los, incidindo em prática sem o mínimo respaldo legal. Nessa hipótese, faz-se necessária a vigilante intercessão da parte, a fim de obter o necessário prequestionamento da matéria a ser objeto de recurso à instância extraordinária. 5. Não há, falar, portanto, no caso sob exame, em ausência de prequestionamento, razão pela qual não prospera a alegação de contrariedade à Súmula nº 297, I, desta Corte uniformizadora. 6. Inviável, de outro lado, o conhecimento de embargos por divergência jurisprudencial quando o aresto trazido a colação é oriundo da mesma Turma prolatora da decisão embargada, consoante entendimento consagrado na Orientação Jurisprudencial n.º 95 desta SBDI-I. 7 . Agravo conhecido e não provido. GESTANTE. ESTABILIDADE PROVISÓRIA. CONTRATO DE EXPERIÊNCIA. PAGAMENTO DE INDENIZAÇÃO SUBSTITUTIVA. 1. Consoante o disposto na parte final do inciso II do artigo 894 da Consolidação das Leis do Trabalho, não caberá recurso de embargos se a decisão recorrida estiver em consonância com orientação jurisprudencial ou súmula do Tribunal Superior do Trabalho. 2. Proferida a decisão da Turma em sintonia com o disposto na Súmula nº 244, III, desta Corte superior, no sentido de que a empregada gestante tem direito à estabilidade provisória prevista no art. 10, inciso II, alínea 'b', do Ato das Disposições Constitucionais Transitórias, mesmo na hipótese de admissão mediante contrato por tempo determinado , revela-se incabível o recurso de embargos. 3 . Agravo conhecido e não provido " (Ag-E-ED-RR-293-42.2012.5.04.0024, Subseção I Especializada em Dissídios Individuais, Relator Ministro Lelio Bentes Correa, DEJT 21/02/2014).

527. AgRg no AREsp 754.897/PR, Rel. Ministro REYNALDO SOARES DA FONSECA, QUINTA TURMA, julgado em 03/11/2015.

528. AgRg no HC 327.991/SP, Rel. Ministro FELIX FISCHER, QUINTA TURMA, julgado em 27/10/2015.

529. HC 332.810/RS, Rel. Ministra MARIA THEREZA DE ASSIS MOURA, SEXTA TURMA, julgado em 20/10/2015.

Na verdade, o louvável objetivo do STJ tem sido prestigiar o contraditório participativo, efetivo e substancial, que, na linha da moderna doutrina processual, não tem apenas o conteúdo clássico da bilateralidade da audiência (*audiatur et altera pars*), mas também significa que as partes têm o direito de influir eficazmente na decisão judicial – e daí resulta a necessidade de fundamentação adequada pelo órgão julgador.

Em que pese o posicionamento permissivo dos tribunais superiores – notadamente o STF e o TST –, fato é que a previsão do art. 895, §1º, IV, da CLT, viola o art. 93, IX, da CF (dever de fundamentação das decisões judiciais), além do art. 5º, LV (princípio do contraditório). Isso porque nada garante que o órgão recursal que se limite a afirmar que "a sentença deve ser mantida pelos seus próprios fundamentos" haja ao menos lido e compreendido os argumentos expostos no recurso. É fundamental que o tribunal *ad quem* explicite, com argumentos próprios, ainda que sucintos, o motivo pelo qual o recurso não merece provimento.

Certamente, a fundamentação per relationem será válida caso utilizada como reforço decisório ou como complementação das razões expostas pelo órgão julgador.

Sob outro enfoque, o contraditório substancial pressupõe que a parte possa influenciar eficazmente na construção do provimento jurisdicional, o que é reflexo do princípio democrático e serve para legitimar a atuação do Judiciário.

Assim, deveria ser revista a jurisprudência pelo STF no RE 635729, bem assim o posicionamento do TST a respeito da motivação do acórdão que nega provimento a recurso ordinário no rito sumaríssimo.

20. *HABEAS DATA*

Referências normativas e jurisprudenciais	
Constituição	Art. 5º Todos são iguais perante a lei, sem distinção de qualquer natureza, garantindo-se aos brasileiros e aos estrangeiros residentes no País a inviolabilidade do direito à vida, à liberdade, à igualdade, à segurança e à propriedade, nos termos seguintes; (...) LXXII - conceder-se-á habeas data: a) para assegurar o conhecimento de informações relativas à pessoa do impetrante, constantes de registros ou bancos de dados de entidades governamentais ou de caráter público; b) para a retificação de dados, quando não se prefira fazê-lo por processo sigiloso, judicial ou administrativo;
Legislação infra-constitucional	Lei 9.507/97

Referências normativas e jurisprudenciais	
Julgados paradigmáticos	RE 165304

O *habeas data* é ação constitucional cujo objeto é: (i) assegurar o conhecimento de informações relativas à pessoa do impetrante, constantes de registros ou bancos de dados de entidades governamentais ou de caráter público; (ii) a retificação de dados, quando não se prefira fazê-lo por processo sigiloso, judicial ou administrativo. De acordo com o regramento legal, também é cabível (iii) para a anotação nos assentamentos do interessado, de contestação ou explicação sobre dado verdadeiro, mas justificável, e que esteja sob pendência judicial ou amigável.

O procedimento do *habeas data* é estabelecido pela Lei nº 9.507/97.

Veja-se que o *habeas data* só é pertinente quando as informações (que se busca conhecer, retificar ou justificar) sejam ou possam ser transmitidas a terceiros, ou não sejam de uso privativo do órgão ou entidade produtora ou depositária das informações.

Dessa forma, no âmbito trabalhista, não será pertinente, por exemplo, a impetração de *habeas data* com o objetivo de assegurar a empregado ou a ex-empregado o acesso à respectiva ficha funcional, conforme já decidido pelo STF[530]. Ainda que o empregador seja entidade governamental (pessoa jurídica de direito privado ou público), se os dados funcionais são de uso privativo do empregador, não se trata de banco de dados de caráter público a justificar o *writ*. De outro lado, serviços de proteção ao crédito – entidades privadas – constituem bancos de dados de caráter público, razão pela qual é pertinente a impetração de *habeas data* que os tenha como legitimados passivos.

É raríssima a utilização de *habeas data* no Processo do Trabalho. Como exemplos, podem-se alvitrar as situações em que o Ministério do Trabalho se recuse a fornecer ao investigado informações a respeito de processo administrativo no qual se apure a infração à legislação trabalhista.

A petição inicial do *habeas data* deve ser instruída com prova da recusa ao acesso às informações ou do decurso de mais de dez dias sem decisão; da recusa em fazer-se a retificação ou do decurso de mais de quinze dias, sem decisão; ou da recusa em fazer-se a anotação justificativa do assentamento ou do decurso de mais de quinze dias sem decisão. Caso não haja tal prova, ou falte

530. "Habeas Data. Ilegitimidade passiva do Banco do Brasil S.A para a revelação, a ex-empregada, do conteúdo da ficha de pessoal, por não se tratar, no caso, de registro de caráter público, nem atuar o impetrado na condição de entidade Governamental (Constituição, art. 5º, LXXII, a e art. 173, § 1º, texto original)" (RE 165304, Relator(a): OCTAVIO GALLOTTI, Tribunal Pleno, julgado em 19/10/2000).

algum outro requisito, a petição inicial deve ser desde logo indeferida (Lei nº 9.507/97, arts. 9º e 10).[531]

A competência material da Justiça do Trabalho para o *habeas data* se fará presente sempre que o ato questionado envolver matéria sujeita à sua jurisdição (CF, art. 114, IV).

A competência funcional é regulada no art. 20 da Lei nº 9.507/97. No âmbito trabalhista, deve-se entender que a competência será:

- (i) em regra, de Juiz do Trabalho de 1º grau;
- (ii) originária de TRT, contra atos do próprio Tribunal ou de Juiz do Trabalho;
- (iii) originária do TST, contra atos do próprio Tribunal ou de Ministro de Estado;
- (iv) originária do Supremo Tribunal Federal, contra atos do Presidente da República, das Mesas da Câmara dos Deputados e do Senado Federal, do Tribunal de Contas da União, do Procurador-Geral da República e do próprio Supremo Tribunal Federal.

21. IMUNIDADE DE JURISDIÇÃO

Referências normativas e jurisprudenciais	
Constituição	Art. 5º Todos são iguais perante a lei, sem distinção de qualquer natureza, garantindo-se aos brasileiros e aos estrangeiros residentes no País a inviolabilidade do direito à vida, à liberdade, à igualdade, à segurança e à propriedade, nos termos seguintes; (...) XXXV - a lei não excluirá da apreciação do Poder Judiciário lesão ou ameaça a direito (...). Art. 114. Compete à Justiça do Trabalho processar e julgar: I - as ações oriundas da relação de trabalho, abrangidos os entes de direito público externo e da administração pública direta e indireta da União, dos Estados, do Distrito Federal e dos Municípios (...).
Legislação infra-constitucional	CPC, Art. 485. O juiz não resolverá o mérito quando: (...) IV verificar a ausência de pressupostos de constituição e de desenvolvimento válido e regular do processo.

531. Lei nº 9.507, Art. 9º - Ao despachar a inicial, o juiz ordenará que se notifique o coator do conteúdo da petição, entregando-lhe a segunda via apresentada pelo impetrante, com as cópias dos documentos, a fim de que, no prazo de dez dias, preste as informações que julgar necessárias.

Art. 10 - A inicial será desde logo indeferida, quando não for o caso de habeas data, ou se lhe faltar algum dos requisitos previstos nesta Lei.

	Referências normativas e jurisprudenciais
Súmulas e teses de repercussão geral	Tema 947 (RE 1034840): O organismo internacional que tenha garantida a imunidade de jurisdição em tratado firmado pelo Brasil e internalizado na ordem jurídica brasileira não pode ser demandado em juízo, salvo em caso de renúncia expressa a essa imunidade.
Julgados paradigmáticos	ACO 543 AgR, 633, 645 AI 457801 RE 597368, 1034840

A imunidade de jurisdição, sob a ótica processual, consiste em pressuposto processual negativo (CPC, art. 485, IV)[532], ou seja, caso haja a imunidade, o processo não pode se instaurar e prosseguir validamente. Depreende-se que resulta da imunidade de jurisdição a não submissão de determinada pessoa ou matéria ao crivo jurisdicional.

O conceito de imunidade de jurisdição se aproxima, mas não se confunde com o de imunidade de execução; em princípio, este está contido naquele. Dessa forma, se há imunidade à jurisdição de conhecimento, também haverá imunidade à jurisdição executória; mas a recíproca não é necessariamente verdadeira, de modo que pode haver imunidade de execução mesmo para entes internacionais que não gozem de imunidade de jurisdição em relação a determinadas matérias.

Não obstante a Convenção de Viena sobre Relações Diplomáticas preveja a não submissão dos agentes diplomáticos às autoridades judiciais do Estado acreditado, é entendimento pacificado pelos tribunais superiores o de que tal imunidade na fase de conhecimento do processo é apenas relativa, ou seja, alcança apenas os atos de império praticados pelo Estado estrangeiro ou pelo agente diplomático.

Como exemplos de atuação de império, podem-se citar atos praticados pelo Estado estrangeiro, numa ofensiva militar, em período de guerra, ocasionando a morte de civis no Brasil. As famílias dessas vítimas não podem ajuizar ação contra o Estado que causou o dano, por se tratar de ato de império: o ato é insindicável pela Justiça brasileira[533]. Especificamente quanto a violações a direitos da personalidade praticadas por Estado estrangeiro no contexto de guerra, a análise acerca da imunidade de jurisdição está pendente de apreciação no STF sob a sistemática de repercussão geral[534].

532. Art. 485. O juiz não resolverá o mérito quando: (...) IV verificar a ausência de pressupostos de constituição e de desenvolvimento válido e regular do processo.

533. Nesse sentido: Superior Tribunal de Justiça - RO 72/RJ, Rel. Ministro JOÃO OTÁVIO DE NORONHA, QUARTA TURMA, julgado em 18/08/2009, DJe 08/09/2009).

534. "RECURSO EXTRAORDINÁRIO COM AGRAVO. REPERCUSSÃO GERAL. DIREITOS HUMANOS. DIREITO INTERNACIONAL. ESTADO SOBERANO ESTRANGEIRO. IMUNIDADE DE

A imunidade de jurisdição dos Estados estrangeiros não abrange os atos de gestão (em que tais agentes nivelam-se ao particular), entre os quais se inclui a contratação de empregados locais (nacionais do Estado acreditado)[535].

Noutras palavras, a parêmia internacional *par in parem non habet imperium* (entre pares não há poder de império), decorrente do costume internacional, foi mitigada: de seu significado anterior, no sentido de que um Estado nacional nunca poderia exercer jurisdição em relação a outro Estado, passou a ser apreendida como privilégio não absoluto, mas relativo e abrangente apenas dos atos de império. Nesse sentido é a atual jurisprudência do Supremo Tribunal Federal.

Todavia, com relação aos organismos internacionais, como é caso da ONU, que são dotados de características diferentes dos Estados estrangeiros (pois não possuem território, nem governo), bem como finalidades específicas previstas em acordos internacionais, deve ser dispensado tratamento diverso daquele aplicado aos Estados. Ademais, sequer haveria de se cogitar em atos de império das organizações internacionais, pois elas não são dotadas de soberania.

Assim, o entendimento vigente do Supremo Tribunal Federal, manifestado em sede de repercussão geral[536], é no sentido de que, com relação a tais organismos, a imunidade de jurisdição é realmente absoluta, desde que prevista em diplomas internacionais firmados voluntariamente pelo Brasil, tais como a Convenção sobre Privilégios e Imunidades das Nações Unidas, Convenção sobre Privilégios e Imunidades das Agências Especializadas das Nações Unidas, Acordo Básico de Assistência Técnica com as Nações Unidas e suas Agências Especializadas, entre outros[537].

JURISDIÇÃO. PROCESSO DE CONHECIMENTO. COMPETÊNCIA. ATOS DE IMPÉRIO. ATOS DE GESTÃO. DELITO CONTRA O DIREITO INTERNACIONAL DA PESSOA HUMANO. PERÍODO DE GUERRA. DIREITOS DE PERSONALIDADE. SUCESSORES DA VÍTIMA. INDENIZAÇÃO. 1. O alcance da imunidade de jurisdição de Estado estrangeiro em relação a ato de império ofensivo ao direito internacional da pessoa humana é tema constitucional digno de submissão à sistemática da repercussão geral. 2. A controvérsia consiste em definir a viabilidade de processamento e julgamento de lide que envolve Estado soberano estrangeiro por parte do Poder Judiciário brasileiro. 3. Preliminar de repercussão geral reconhecida" (ARE 954858 RG, Relator(a): EDSON FACHIN, Tribunal Pleno, julgado em 11/05/2017).

535. Cf. RE 222368 AgR, Relator(a): CELSO DE MELLO, Segunda Turma, julgado em 30/04/2002.

536. RE 1034840 RG, Relator(a): LUIZ FUX, Tribunal Pleno, julgado em 05/06/2017.

537. "DIREITO INTERNACIONAL PÚBLICO. DIREITO CONSTITUCIONAL. IMUNIDADE DE JURISDIÇÃO. ORGANIZAÇÃO DAS NAÇÕES UNIDAS (ONU). PROGRAMA DAS NAÇÕES UNIDAS PARA O DESENVOLVIMENTO (ONU/PNUD). RECLAMAÇÃO TRABALHISTA. CONVENÇÃO SOBRE PRIVILÉGIOS E IMUNIDADES DAS NAÇÕES UNIDAS (DECRETO 27.784/1950). APLICAÇÃO. 1. Segundo estabelece a 'Convenção sobre Privilégios e Imunidades das Nações Unidas', promulgada no Brasil pelo Decreto 27.784, de 16 de fevereiro de 1950, 'A Organização das Nações Unidas, seus bens e haveres, qualquer que seja seu detentor, gozarão de imunidade de jurisdição, salvo na medida em que a Organização a ela tiver renunciado em determinado caso. Fica, todavia, entendido que a renúncia não

Logo, na visão prevalecente na Suprema Corte, deve o Estado brasileiro respeitar os tratados firmados com os organismos internacionais, sob pena de cometer ilícito internacional, sendo passível de responsabilização perante os órgãos internacionais competentes. Na mesma linha é a OJ 416 da SDI-1 do TST[538], que destaca que apenas haverá jurisdição brasileira na hipótese de renúncia expressa à cláusula de imunidade jurisdicional.

Registre-se que o tema não é pacífico, havendo entendimentos no sentido de que a imunidade de jurisdição, inclusive para tais organismos, deveria abranger apenas a fase de execução, pois não seria razoável aplicar a imunidade na fase de conhecimento, suprimindo direitos e impedindo o acesso à Justiça pelo trabalhador. Fundamenta-se com o art. 114 da Constituição da República, o qual estabelece a competência da Justiça do Trabalho para o julgamento de lides decorrentes da relação de trabalho, sem excepcionar os organismos internacionais.

Nesse sentido, o voto vencido da Min. Cármen Lúcia no RE 697368 destacou que os trabalhadores ficariam numa espécie de *limbo* jurídico, pois não teriam a quem recorrer no caso de violação de direitos sociais básicos. O impedimento ao acesso à justiça, nessa ótica, constitui grave violação de direitos humanos que vai de encontro ao que a própria organização internacional (no caso, tratava-se da ONU) preconiza:

> Min. Cármen Lúcia (RE 697368): No caso em pauta me parece mais grave porque seria negar um direito declarado pela própria ONU como fundamental e descumpri-lo quando esta entidade fosse a demandada. De uma parte, não se teria a garantia do direito interno (normas locais não submeteriam a ONU por respeito à sua natureza supranacional) e, de outra, não se teria outro sistema jurídico a assegurar direitos ou jurisdição, porque o demandante (no âmbito dos direitos trabalhistas) seria um nacional. Ter-se-ia criado, então, como antes anotado, verdadeiro limbo jurídico e um espaço de inacessibilidade a direito fundamental assim declarado pela própria ONU.

No mesmo julgado, apontou-se que os contratos de trabalho previam o uso da arbitragem para a solução de eventuais conflitos. No entanto, a corrente majoritária não ventilou a hipótese em que o contrato de trabalho não preveja

---

pode compreender medidas executivas'. 2. Esse preceito normativo, que no direito interno tem natureza equivalente a das leis ordinárias, aplica-se também às demandas de natureza trabalhista. 3. Recurso extraordinário provido"

(RE 597368, Relator(a): ELLEN GRACIE, Relator(a) p/ Acórdão: TEORI ZAVASCKI, Tribunal Pleno, julgado em 15/05/2013).

538. OJ 416: As organizações ou organismos internacionais gozam de imunidade absoluta de jurisdição quando amparados por norma internacional incorporada ao ordenamento jurídico brasileiro, não se lhes aplicando a regra do Direito Consuetudinário relativa à natureza dos atos praticados. Excepcionalmente, prevalecerá a jurisdição brasileira na hipótese de renúncia expressa à cláusula de imunidade jurisdicional.

o uso da arbitragem, nem a presumível dificuldade de acesso ao juízo arbitral, em função dos altos custos financeiros envolvidos.

Em suma, a jurisprudência atual do STF considera haver imunidade absoluta de jurisdição para organizações internacionais cujo tratado constitutivo a preveja; e imunidade apenas relativa de jurisdição para os Estados estrangeiros, o que viabiliza o prosseguimento de reclamação trabalhista.

Já quanto ao cumprimento de sentença, a posição prevalecente na Suprema Corte é no sentido de que os Estados estrangeiros gozam de imunidade de execução[539]. A jurisprudência do STF, entretanto, é claudicante quanto à possibilidade de penhora de bens de Estados estrangeiros que não estejam vinculados à atividade diplomática ou consular. Encontram-se decisões sinalizando a existência de imunidade absoluta de execução[540]; enquanto outros julgados se manifestam pela viabilidade da constrição de bens desafetados de finalidades diplomáticas ou consulares[541].

O Tribunal Superior do Trabalho tem decidido que é possível a penhora de bens de Estados estrangeiros, desde que haja comprovação de que os bens constritos não se encontram vinculados à atividade diplomática ou consular[542]. Na ótica do TST, não é suficiente o mero silêncio do país estrangeiro, sendo necessário que o credor comprove que o bem está desafetado[543].

---

539. "EMENTA: Imunidade de jurisdição. Execução fiscal movida pela União contra a República da Coréia. É da jurisprudência do Supremo Tribunal que, salvo renúncia, é absoluta a imunidade do Estado estrangeiro à jurisdição executória: orientação mantida por maioria de votos. Precedentes: ACO 524-AgR, Velloso, DJ 9.5.2003; ACO 522-AgR e 634-AgR, Ilmar Galvão, DJ 23.10.98 e 31.10.2002; ACO 527-AgR, Jobim, DJ 10.12.99; ACO 645, Gilmar Mendes, DJ 17.3.2003" (ACO 543 AgR, Relator(a): SEPÚLVEDA PERTENCE, Tribunal Pleno, julgado em 30/08/2006).

540. Exemplificativamente: "CONSTITUCIONAL. IMUNIDADE DE JURISDIÇÃO. EXECUÇÃO FISCAL PROMOVIDA PELA UNIÃO CONTRA ESTADO ESTRANGEIRO. CONVENÇÕES DE VIENA DE 1961 E 1963. 1. Litígio entre o Estado brasileiro e Estado estrangeiro: observância da imunidade de jurisdição, tendo em consideração as Convenções de Viena de 1961 e 1963. 2. Precedentes do Supremo Tribunal Federal: ACO 522-AgR/SP e ACO 634-AgR/SP, rel. Min. Ilmar Galvão, Plenário, 16.9.98 e 25.9.2002, DJ de 23.10.98 e 31.10.2002; ACO 527-AgR/SP, rel. Min. Nelson Jobim, Plenário, 30.9.98, DJ de 10.12.99; ACO 524 AgR/SP, rel. Min. Carlos Velloso, Plenário, DJ de 09.05.2003. 3. Agravo não provido" (ACO 633 AgR, Relator(a): ELLEN GRACIE, Tribunal Pleno, julgado em 11/04/2007).

541. ARE 1052366, decisão monocrática, Rel. Min. Alexandre de Moraes, julgado em 20.07.2018.

542. "RECURSO ORDINÁRIO EM MANDADO DE SEGURANÇA. ESTADO ESTRANGEIRO. REPÚBLICA DO GABÃO . IMUNIDADE RELATIVA DE JURISDIÇÃO E EXECUÇÃO. IMPOSSIBILIDADE DE RECAIR PENHORA SOBRE BENS AFETOS À REPRESENTAÇÃO DIPLOMÁTICA. CONCESSÃO PARCIAL DA SEGURANÇA. Nos termos da jurisprudência do Excelso STF e desta Corte, é relativa a imunidade de jurisdição e execução do Estado estrangeiro, não sendo passíveis de constrição judicial, contudo, os bens afetados à representação diplomática. Assim, deve ser parcialmente concedida a segurança, a fim de se determinar que não recaia constrição sobre bens atrelados, estritamente, à representação diplomática da impetrante. Precedentes. Recurso ordinário em mandado de segurança conhecido e parcialmente provido" (RO-181-80.2012.5.10.0000, Subseção II Especializada em Dissídios Individuais, Relator Ministro Alberto Luiz Bresciani de Fontan Pereira, DEJT 28/10/2016).

543. "RECURSOS ORDINÁRIOS EM MANDADO DE SEGURANÇA. 1. UNIÃO. REQUERIMENTO DE INTERVENÇÃO COMO ASSISTENTE SIMPLES. DEFERIMENTO. Trata-se de mandado de segurança

De forma semelhante, só é possível a prática de atos executivos em face de organismos internacionais mediante a respectiva renúncia expressa à imunidade na fase de execução. Assim, não havendo renúncia, descabe cogitar de expedição de carta rogatória, até porque o Estado da respectiva sede não realizará qualquer ato executivo sem que haja a renúncia expressa do organismo internacional.

---

em que se discute a legalidade de penhora que recaiu sobre imóvel dos Estados Unidos da América, centrando-se o debate sobre o caráter absoluto ou relativo da imunidade de jurisdição conferida aos Estados estrangeiros. Considerando, pois, o tema em debate, bem como o princípio da reciprocidade que orienta as relações entre Estados estrangeiros, inequívoco o interesse jurídico da União para intervir na lide na condição de assistente simples dos Estados Unidos da América, na forma do artigo 50, parágrafo único, do CPC c/c art. 769 da CLT. 2. ESTADO ESTRANGEIRO. MANDADO DE SEGURANÇA. IMPUGNAÇÃO A PENHORA. CABIMENTO. Em face da imunidade de jurisdição de que são beneficiários os estados estrangeiros, resultante de regra costumeira de direito internacional ("par in parem non habet iudicium"), não se pode exigir que a discussão acerca da licitude do ato de apreensão patrimonial, determinada pela autoridade judiciária nacional, seja deduzida em sede de embargos à penhora. Afinal, se os atos de apreensão patrimonial pressupõem a própria possibilidade de atuação da jurisdição nacional, a qual apenas se legitima sobre bens não afetados às atividade de representação do Estado estrangeiro, não há como excluir o debate em questão da via especial do mandado de segurança, na linha da jurisprudência da Excelsa Corte e deste Tribunal Superior do Trabalho. 3. ESTADO ESTRANGEIRO. PENHORA DE IMÓVEL. PROVA DA AFETAÇÃO À ATIVIDADE DIPLOMÁTICA OU CONSULAR NÃO PRODUZIDA. IMPOSSIBILIDADE DE ULTIMAÇÃO DOS ATOS DE EXPROPRIAÇÃO. Na linha da jurisprudência do TST, coerente com as modernas correntes doutrinárias do Direito Internacional Público, em execução de sentença, a imunidade de jurisdição reconhecida aos Estados estrangeiros detém caráter relativo. Nesse cenário, apenas os bens vinculados ao exercício das atividades de representação consular e diplomática estarão imunes à constrição judicial, não havendo, portanto, em relação a eles, e apenas em relação a eles, possibilidade de atuação do Poder Judiciário nacional . No caso examinado, foi determinada a penhora de imóvel, em razão de presunção de não afetação à atividade de representação diplomática ou consular, extraída do silêncio do ente estrangeiro executado, que fora regularmente intimado para manifestação pela via diplomática. O exame dos autos originários revela a juntada pela exequente de documentos que tão somente atestam a propriedade dos imóveis, inexistindo, contudo, prova inequívoca de que o bem atingido pelo gravame está ou não afetado à missão diplomática ou consular da pessoa jurídica de direito público externo. Nesse contexto, por força do disposto no art. 22 da Convenção de Viena sobre Relações Diplomáticas, não se revela possível prosseguir na expropriação do referido bem, devendo ser interrompidos os atos de expropriação, que apenas poderão ser retomados se demonstrado, de forma inequívoca, que o bem não se encontra afetado à missão diplomática ou consular. Ainda que a inércia ou o silêncio do ente estrangeiro, que fora formal e regularmente intimado para manifestação, evidencie postura processualmente censurável e dissentânea dos padrões éticos que devem ser observados nas relações entre estados estrangeiros, é certo que as regras legais que impõem deveres processuais às partes (por exemplo, os artigos 339 e 340 do CPC), e de cujo descumprimento podem ser extraídas presunções, apenas alcançam aqueles que se sujeitam, de forma induvidosa, à jurisdição nacional, o que não ocorre no caso dos autos. Em outras palavras, a cláusula da imunidade de jurisdição, na fase processual do cumprimento da sentença, apenas poderá ser relevada por meio de renúncia expressa do ente jurídico externo ou se demonstrado pela parte exequente que o bem por ela indicado à apreensão não está efetivamente afetado às atividades de representação do Estado estrangeiro. Não sendo esta a hipótese dos autos, não há como dar curso à execução, com a adoção das medidas de expropriação do bem indevidamente apreendido. Recursos ordinários conhecidos e parcialmente providos. 3. AÇÃO CAUTELAR EM APENSO. PROCEDÊNCIA DO PEDIDO. Considerando a solução do processo principal, julga-se procedente o pedido deduzido na ação cautelar, confirmando-se a decisão liminar de concessão de efeito suspensivo ao recurso ordinário do Estado estrangeiro e impedindo o prosseguimento da execução na reclamação trabalhista em relação ao imóvel penhorado. Pedido cautelar procedente" (RO-188-04.2014.5.10.0000, Subseção II Especializada em Dissídios Individuais, Relator Ministro Douglas Alencar Rodrigues, DEJT 02/10/2015).

O raciocínio, portanto, é diferente daquele empreendido em relação a Estados estrangeiros, pois, embora estes também detenham imunidade na fase de execução, é possível a expedição de carta rogatória com vistas à cobrança do crédito, associado a gestões diplomáticas, conforme já decidido pelo Superior Tribunal de Justiça[544].

22. JUROS DE MORA E CORREÇÃO MONETÁRIA

Referências normativas e jurisprudenciais	
Constituição	Art. 5º Todos são iguais perante a lei, sem distinção de qualquer natureza, garantindo-se aos brasileiros e aos estrangeiros residentes no País a inviolabilidade do direito à vida, à liberdade, à igualdade, à segurança e à propriedade, nos termos seguintes: (...) XXII - é garantido o direito de propriedade.
Legislação infra-constitucional	Lei 8.177/91 Medida Provisória 905/2019 Lei 9.494/97, art. 1º-F. Nas condenações impostas à Fazenda Pública, independentemente de sua natureza e para fins de atualização monetária, remuneração do capital e compensação da mora, haverá a incidência uma única vez, até o efetivo pagamento, dos índices oficiais de remuneração básica e juros aplicados à caderneta de poupança.
Julgados paradigmáticos	ADC 58, 59 ADI 4357, 4372, 4425, 4440, 5348, 5867, 6021 RE 870947

22.1. A questão da TR e do IPCA-E e os juros moratórios

Os juros de mora constituem indenização pelo retardamento no pagamento da dívida[545]. No Processo do Trabalho, o art. 39, §1º, da Lei 8.177/91, prevê – ainda que com atecnia redacional – juros de mora na base de 1% (um por cento) ao mês, contados do ajuizamento da reclamação trabalhista[546].

---

544. RECLAMAÇÃO TRABALHISTA. EXECUÇÃO MOVIDA CONTRA ESTADO ESTRANGEIRO. PENHORA. INADMISSIBILIDADE. IMUNIDADE DE EXECUÇÃO. EXPEDIÇÃO DE CARTA ROGATÓRIA PARA A COBRANÇA DO CRÉDITO. - Os bens do Estado estrangeiro são impenhoráveis em conformidade com o disposto no art. 22, inciso 3, da "Convenção de Viena sobre Relações Diplomáticas (Decreto nº 56.435, de 8.6.1965)". Agravo provido parcialmente para determinar-se a expedição de carta rogatória com vistas à cobrança do crédito. (Ag 230.684/DF, Rel. Ministro BARROS MONTEIRO, QUARTA TURMA, julgado em 25/11/2002, DJ 10/03/2003, p. 222)

545. Cf. TEPEDINO, Gustavo; BARBOZA, Heloísa Helena; MORAES, Maria Celina Bodin. *Código Civil Interpretado conforme a Constituição da República*. V. I. 2ª ed. Rio de Janeiro: Renovar, 2007, p. 742.

546. Art. 39, § 1º Aos débitos trabalhistas constantes de condenação pela Justiça do Trabalho ou decorrentes dos acordos feitos em reclamatória trabalhista, quando não cumpridos nas condições homologadas ou constantes do termo de conciliação, serão acrescidos, nos juros de mora previstos no *caput*, juros de

A Medida Provisória 905/2019 tentou alterar o cenário, passando a prever que os juros de mora deveriam ser equivalentes aos aplicados à caderneta de poupança. Sucede que a medida provisória caducou, de modo que voltou a vigorar o regramento estabelecido pela legislação anterior.

Os juros de mora não podem ser confundidos com a correção monetária; trata-se de institutos que têm finalidades e contornos completamente diferentes.

De fato, a partir do vencimento de toda e qualquer dívida, deve ser feita a respectiva correção monetária para fins de pagamento, sob pena de violação do direito de propriedade do credor (CF, art. 5º, XII): se assim não fosse, a variação de preços na economia, decorrência inexorável da inflação, faria com que o decurso do tempo corroesse o poder de compra da moeda; embora mantido o valor nominal do crédito, ter-se-ia a redução do valor real.

A correção monetária não visa a punir o devedor, ou a enriquecer o credor, mas apenas a manter o valor real da dívida. Por tal motivo, o melhor índice de correção monetária é aquele que capte, com a maior precisão possível, a inflação.

Por tais motivos, o Supremo Tribunal Federal decidiu, acertadamente, que as condenações judiciais da Fazenda Pública não poderiam ser corrigidas pelos índices de remuneração da caderneta de poupança, já que desvinculados absolutamente da variação de preços da economia[547]. Posteriormente, em de-

---

um por cento ao mês, contados do ajuizamento da reclamatória e aplicados pro rata die, ainda que não explicitados na sentença ou no termo de conciliação.

547. "DIREITO CONSTITUCIONAL. REGIME DE ATUALIZAÇÃO MONETÁRIA E JUROS MORATÓRIOS INCIDENTE SOBRE CONDENAÇÕES JUDICIAIS DA FAZENDA PÚBLICA. ART. 1º-F DA LEI Nº 9.494/97 COM A REDAÇÃO DADA PELA LEI Nº 11.960/09. IMPOSSIBILIDADE JURÍDICA DA UTILIZAÇÃO DO ÍNDICE DE REMUNERAÇÃO DA CADERNETA DE POUPANÇA COMO CRITÉRIO DE CORREÇÃO MONETÁRIA. VIOLAÇÃO AO DIREITO FUNDAMENTAL DE PROPRIEDADE (CRFB, ART. 5º, XXII). INADEQUAÇÃO MANIFESTA ENTRE MEIOS E FINS. INCONSTITUCIONALIDADE DA UTILIZAÇÃO DO RENDIMENTO DA CADERNETA DE POUPANÇA COMO ÍNDICE DEFINIDOR DOS JUROS MORATÓRIOS DE CONDENAÇÕES IMPOSTAS À FAZENDA PÚBLICA, QUANDO ORIUNDAS DE RELAÇÕES JURÍDICO-TRIBUTÁRIAS. DISCRIMINAÇÃO ARBITRÁRIA E VIOLAÇÃO À ISONOMIA ENTRE DEVEDOR PÚBLICO E DEVEDOR PRIVADO (CRFB, ART. 5º, *CAPUT*). RECURSO EXTRAORDINÁRIO PARCIALMENTE PROVIDO. 1. O princípio constitucional da isonomia (CRFB, art. 5º, *caput*), no seu núcleo essencial, revela que o art. 1º-F da Lei nº 9.494/97, com a redação dada pela Lei nº 11.960/09, na parte em que disciplina os juros moratórios aplicáveis a condenações da Fazenda Pública, é inconstitucional ao incidir sobre débitos oriundos de relação jurídico-tributária, os quais devem observar os mesmos juros de mora pelos quais a Fazenda Pública remunera seu crédito; nas hipóteses de relação jurídica diversa da tributária, a fixação dos juros moratórios segundo o índice de remuneração da caderneta de poupança é constitucional, permanecendo hígido, nesta extensão, o disposto legal supramencionado. 2. O direito fundamental de propriedade (CRFB, art. 5º, XXII) repugna o disposto no art. 1º-F da Lei nº 9.494/97, com a redação dada pela Lei nº 11.960/09, porquanto a atualização monetária das condenações impostas à Fazenda Pública segundo a remuneração oficial da caderneta de poupança não se qualifica como medida adequada a capturar a variação de preços da economia, sendo inidônea a promover os fins a que se destina. 3. A correção monetária tem como escopo preservar o poder aquisitivo da moeda diante da sua desvalorização nominal provocada pela inflação. É que a moeda fiduciária, enquanto instrumento de troca, só tem valor na medida em que capaz de ser transformada em bens e serviços. A inflação, por representar o aumento persistente e generalizado do nível de preços, distorce, no tempo,

cisão datada de 03.10.2019, o STF rejeitou o requerimento de modulação temporal dos efeitos da declaração de inconstitucionalidade da Lei 11.960/2009, na parte em que disciplinava a aplicação da remuneração da poupança como índice de correção monetária dos débitos fazendários.

Desse modo, há decisões vinculantes e com caráter *erga omnes* do Supremo Tribunal Federal determinando a aplicação do IPCA-E como índice de correção monetária das condenações judiciais contra a Fazenda Pública[548-549].

Não se trata de usurpar a competência legislativa para definir os índices mais adequados, mas de reconhecer que, do ponto de vista jurídico, a correção monetária deve corresponder à evolução do poder de compra da moeda. Se o legislador adota índice completamente desvinculado dessa realidade, a inconstitucionalidade é manifesta. Nesse sentido, a seguinte passagem:

> Min. Luiz Fux (ADI 4357): Destaco que nesse juízo não levo em conta qualquer consideração técnico-econômica que implique usurpação pelo Supremo Tribunal Federal de competência própria de órgãos especializados. Não se trata de definição judicial de índice de correção. Essa circunstância, já rechaçada pela jurisprudência da Casa, evidentemente transcenderia as capacidades institucionais do Poder Judiciário. Não obstante, a hipótese aqui é outra. Diz respeito à idoneidade lógica do índice fixado pelo constituinte reformador para capturar a inflação, e não do valor específico que deve assumir o índice para determinado período. Reitero: não se pode quantificar, em definitivo, um fenômeno essencialmente empírico antes mesmo da sua ocorrência. A inadequação do índice aqui é autoevidente.

---

a correspondência entre valores real e nominal (cf. MANKIW, N.G. Macroeconomia. Rio de Janeiro, LTC 2010, p. 94; DORNBUSH, R.; FISCHER, S. e STARTZ, R. Macroeconomia. São Paulo: McGraw--Hill do Brasil, 2009, p. 10; BLANCHARD, O. Macroeconomia. São Paulo: Prentice Hall, 2006, p. 29). 4. A correção monetária e a inflação, posto fenômenos econômicos conexos, exigem, por imperativo de adequação lógica, que os instrumentos destinados a realizar a primeira sejam capazes de capturar a segunda, razão pela qual os índices de correção monetária devem consubstanciar autênticos índices de preços. 5. Recurso extraordinário parcialmente provido" (RE 870947, Relator(a): Min. LUIZ FUX, Tribunal Pleno, julgado em 20/09/2017).

548. "EMBARGOS DECLARATÓRIOS EM AGRAVO REGIMENTAL NA AÇÃO CÍVEL ORIGINÁRIA. DIREITO FINANCEIRO. FUNDO DE MANUTENÇÃO E DESENVOLVIMENTO DO ENSINO FUNDAMENTAL E DE VALORIZAÇÃO DO MAGISTÉRIO – FUNDEF. CORREÇÃO MONETÁRIA. TEMA 810 DA REPERCUSSÃO GERAL. 1. No julgamento dos embargos opostos no RE nº 870.947-RG (Tema 810), de relatoria do Min. Luiz Fux, o Plenário do STF, por maioria, decidiu não modular os efeitos da decisão anteriormente proferida, considerando inconstitucional o índice de correção monetária (Taxa Referencial) desde a data da edição da Lei 11.960/2009. 2. In casu, deverá ser considerado esse novo contexto em sede de liquidação ou de cumprimento definitivo de sentença, de modo que na atualização monetária da dívida seja aplicado o IPCA-E como índice de correção. 3. Embargos de declaração providos" (ACO 683 AgR-ED, Relator(a): EDSON FACHIN, Tribunal Pleno, julgado em 11/05/2020).

549. "EMBARGOS DE DECLARAÇÃO EM AÇÃO DIRETA DE INCONSTITUCIONALIDADE. (...). O Índice de Preços ao Consumidor Amplo-Especial (IPCA-E) é o índice de correção monetária a ser aplicado a todos os valores inscritos em precatórios, estejam eles sujeitos, ou não, ao regime especial criado pela EC nº 62/2009, qualquer que seja o ente federativo de que se trate. 5. Embargos de declaração rejeitados" (ADI 4357 QO-ED-segundos, Relator(a): LUIZ FUX, Tribunal Pleno, julgado em 09/12/2015).

Por tais motivos, em 2015, o plenário do Tribunal Superior do Trabalho declarou a inconstitucionalidade do art. 39, *caput*, da Lei 8.177/91, na parte em que prevê a incidência da TR acumulada no período compreendido entre a data de vencimento da obrigação e o seu efetivo pagamento, a título de índice de correção monetária, e definiu o IPCA-E como fator de atualização[550].

Nesse cenário, perceba-se que a Lei 13.467.2017 (Reforma Trabalhista) acrescentou o §7º ao art. 879 da CLT, estatuindo que a atualização dos créditos decorrentes de condenação judicial deveria ser feita pela Taxa Referencial (TR), divulgada pelo Banco Central do Brasil, conforme a Lei 8.177/91.

Embora se saiba que toda lei goza de presunção de constitucionalidade, tal dispositivo da Reforma Trabalhista nasceu, por assim dizer, com presunção inversa: é que, embora o *decisum* do STF não fosse vinculante no que concerne aos créditos trabalhistas em geral, a *ratio decidendi* permitia concluir, seguramente, que a TR não poderia ser usada como índice de correção monetária de qualquer espécie de crédito, por não refletir a evolução do poder de compra da moeda, conforme explicitado acima.

Contudo, de forma inusitada e surpreendente, ao apreciar conjuntamente uma série de ações de controle concentrado de constitucionalidade[551], surgiu e prevaleceu no Supremo Tribunal Federal corrente que, embora reconhecendo a inconstitucionalidade do uso da TR como índice de correção monetária, sustentou que também seria inconstitucional a previsão de juros de 1% ao mês, estabelecida no art. 39, §1º, da Lei 8.177/91. Nas palavras do Min. Gilmar Mendes, que capitaneou tal linha de pensamento:

> Min. Gilmar Mendes (ADC 58): Embora, como dito, o STF nunca tenha declarado a inconstitucionalidade da TR per se, reconheço que o entendimento majoritário da Corte tem indicado ou sinalizado a impossibilidade de utilização da TR como índice de correção monetária. (...) Essa indevida utilização do IPCA-E pela jurisprudência do TST tornou-se confusa ao ponto de se imaginar que, diante da inaplicabilidade da TR, o uso daquele índice seria a única consequência possível. A solução da Corte Superior Trabalhista, todavia, lastreia-se em uma indevida equiparação da natureza do crédito trabalhista com o crédito assumido em face da Fazenda Pública, o qual está submetido a regime jurídico próprio da Lei 9.494/1997, com as alterações promovidas pela Lei 11.960/2009. (...) Portanto, para os críticos – de que estaríamos diante de institutos jurídicos diversos e inconfundíveis (correção monetária e juros) –, respondo que o Direito e seu intérprete não podem fechar os olhos para a realidade, sendo prova disso a jurisprudência de longa data do Supremo Tribunal Federal, que sempre tratou a condição inflacionária do país na análise da taxa de juros e vice-versa. (...) Sendo assim, posiciono-me pela necessidade de conferirmos interpretação conforme à Constituição dos dispositivos impugnados nestas

550. PROCESSO Nº TST-ArgInc-479-60.2011.5.04.0231, Tribunal Pleno, Rel. Min. Cláudio Brandão, julgado em 04.08.2015.

551. ADC 58, ADC 59, ADI 5867 e ADI 6021, Rel. Min. Gilmar Mendes, Tribunal Pleno, julgamento virtual finalizado em 18.12.2020.

> ações, determinando que o débito trabalhista seja atualizado de acordo com os mesmos critérios das condenações cíveis em geral. Além disso, entendo que devemos realizar apelo ao Legislador para que corrija futuramente a questão, equalizando os juros e a correção monetária aos padrões de mercado e, quanto aos efeitos pretéritos, determinarmos a aplicação da taxa Selic, em substituição à TR e aos juros legais, para calibrar, de forma adequada, razoável e proporcional, a consequência deste julgamento.

O extenso voto do Min. Gilmar Mendes, entretanto, curiosamente não aponta qual dispositivo constitucional teria sido violado pela previsão legislativa de juros de 1% a.m. para os débitos trabalhistas. Consta do voto apenas que deveria ser utilizado, na Justiça do Trabalho, o "mesmo critério de juros e correção monetária utilizado nas condenações cíveis em geral", o que atenderia a "integridade sistêmica do plexo normativo infraconstitucional".

Trata-se de uma das piores decisões da história da Suprema Corte brasileira, com um potencial devastador da efetividade - que já era baixa - do Direito do Trabalho. O efeito prático do julgado é estimular o descumprimento da legislação trabalhista, a inadimplência e a procrastinação do processo por empregadores. Como os maus pagadores acabam tendo vantagem competitiva no mercado, a tendência é que tais práticas se generalizem cada vez mais, trazendo a barbárie para as relações de trabalho no Brasil.

De acordo com o *decisum*, até o ajuizamento da reclamação trabalhista, a dívida é corrigida pelo IPCA-E; após a citação do reclamado e até o pagamento, aplica-se unicamente a taxa SELIC para fins de correção monetária e juros moratórios.

Aqui já surge um grave problema, que constitui verdadeiro paradoxo: o ajuizamento da reclamação trabalhista gera uma piora da situação jurídica do credor. Na fase pré-judicial, o crédito ao menos é corrigido de acordo com a inflação, assegurando-se o respectivo poder de compra; após a judicialização, o credor trabalhista começa a experimentar decréscimo no valor real que tem a receber, pois a taxa SELIC sequer é capaz de compensar a inflação.

Cabe lembrar-se da célebre frase de Chiovenda, tão repetida no Brasil, no sentido de que "o processo deve dar, quanto for possível, praticamente, a quem tenha um direito, tudo aquilo e exatamente aquilo que ele tenha direito de conseguir"[552]. Pode-se afirmar, ironicamente, que o Supremo Tribunal Federal *reescreveu* tal frase nos seguintes termos: trabalhador, se você não receber seus salários, não ajuíze reclamação trabalhista cobrando-os; se ajuizar, o processo vai retirar, tanto quanto possível, seus direitos, a começar pela inflação, que vai corroer, ao longo dos anos de tramitação do processo, o poder aquisitivo dos valores inadimplidos pelo seu empregador.

552. CHIOVENDA, Giuseppe. *Instituições de Direito Processual Civil*. 3ª ed., São Paulo: Saraiva, 1969, v. I, nº. 12, p. 46.

Em primeiro lugar, o raciocínio empreendido pelo STF viola o princípio da isonomia, pois o crédito trabalhista é privilegiado em relação aos créditos civis e até mesmo aos tributários, conforme se extrai do art. 83 da Lei 11.101/2005 (Lei de Recuperação Judicial e Falência)[553]. Por tal motivo, a "equalização" dos juros moratórios trabalhistas deveria ser feita com os juros aplicáveis aos créditos tributários, atualmente na base de 1% ao mês (Código Tributário Nacional, art. 161, §1º).

Perceba-se a contradição que se encontra na proposta de aplicação da taxa SELIC para englobar os juros de mora e a correção monetária incidentes sobre os débitos trabalhistas: de um lado, reconhece-se a inconstitucionalidade do uso da TR como índice de correção monetária. Afirma-se, entretanto, que o Judiciário não poderia substituir o índice fixado pelo legislador, em respeito ao princípio da separação de Poderes. De outro lado, a decisão determina a utilização de outro índice (a SELIC) não apenas para correção monetária, mas também para os juros moratórios, desconstituindo opção legislativa legítima manifestada pelo Parlamento e em vigor há praticamente três décadas, sem que jamais se tivesse cogitado da inconstitucionalidade do art. 39, §1º, da Lei 8.177/91.

O único "fundamento" que se poderia invocar – e que é apenas tangenciado no voto do Min. Gilmar Mendes – seria uma suposta falta de razoabilidade ou de proporcionalidade nos juros moratórios de 1% ao mês. Contudo, além do alto grau de subjetivismo dessa colocação, que viola flagrantemente o princípio da separação de Poderes, o voto deveria responder às seguintes indagações, na busca de um mínimo de integridade na jurisprudência da Corte:

---

553. Art. 83. A classificação dos créditos na falência obedece à seguinte ordem:

I - os créditos derivados da legislação trabalhista, limitados a 150 (cento e cinquenta) salários-mínimos por credor, e aqueles decorrentes de acidentes de trabalho;

II - os créditos gravados com direito real de garantia até o limite do valor do bem gravado;

III - os créditos tributários, independentemente da sua natureza e do tempo de constituição, exceto os créditos extraconcursais e as multas tributárias;

IV - (revogado);

a) (revogada);

b) (revogada);

c) (revogada);

d) (revogada);

V - (revogado);

a) (revogada);

b) (revogada);

c) (revogada);

VI- os créditos quirografários, a saber:

b) os saldos dos créditos não cobertos pelo produto da alienação dos bens vinculados ao seu pagamento; e

c) os saldos dos créditos derivados da legislação trabalhista que excederem o limite estabelecido no inciso I do *caput* deste artigo (...). (Redação dada pela Lei nº 14.112/2020).

- (i) se os juros de 1% a.m. para créditos trabalhistas são inconstitucionais, também há inconstitucionalidade no art. 161, §1º, do Código Tributário Nacional, que estipula o mesmo percentual para os créditos tributários?
- (ii) se o crédito trabalhista, por força do art. 100, §1º, da Constituição; do art. 186 do Código Tributário Nacional; e do art. 83, I, da Lei de Falência e Recuperação de Empresa, tem caráter preferencial em relação ao crédito tributário, como explicar o fato de que os juros de mora de ambas as espécies de créditos não possam ser equiparados pelo legislador?
- (iii) à luz do princípio da isonomia material, faz sentido que um crédito privilegiado (= trabalhista) tenha tratamento legal pior do que um crédito que lhe é inferior na gradação de preferências?

A resposta é evidente: é absolutamente incongruente tratar crédito privilegiado de forma pior do que um crédito não privilegiado, sob pena de violação à isonomia. O Código Tributário Nacional não é inconstitucional, assim como não o é o art. 39, §1º, da Lei 8.177/91.

Na verdade, corrente vencedora no âmbito do STF se baseia apenas em argumentos econômicos. Após comparar os diversos índices aplicáveis, opta por aquele menos gravoso ao empregador, argumentando que "a dívida trabalhista judicializada vem assumindo contornos extremamente vantajosos (bem superiores à média do mercado)".

A argumentação economicista não resiste, entretanto, aos seguintes fundamentos:

- (i) a judicialização da dívida trabalhista não decorre de opção do credor, mas do cometimento de ato ilícito (= descumprimento da lei) pelo empregador. Na grande maioria dos casos, trata-se de parcelas básicas, como salários e verbas rescisórias inadimplidas. Não se poderia estar mais distante de um *investimento*...;
- (ii) num cenário em que se combate a litigância temerária ou de má-fé, com a criação até mesmo de mecanismos que obstaculizam o acesso à justiça, tais como a cobrança de honorários advocatícios sucumbenciais de benefícios de gratuidade de justiça[554], engendra-se critério que estimula a litigiosidade, porque o empregador que conseguir protrair o pagamento da dívida trabalhista e aplicar tais recursos no mercado financeiro obterá vantagem financeira significativa;
- (iii) se os juros de 1% a.m. criam situação vantajosa ao trabalhador, o cálculo de correção monetária acrescida de juros de mora pela taxa SE-

554. Sobre o tema, ver item específico neste capítulo, no tópico alusivo às despesas processuais.

LIC cria situação desproporcional e ainda mais vantajosa ao empregador, já que essa taxa, no ano de 2020, sequer cobria a inflação do período;

- (iv) nunca se cogitou de aplicar a taxa SELIC quando seu patamar era elevado, superior a 12% ao ano.

O critério dos juros de mora de 1% a.m., além de legitimamente definido pelo órgão democraticamente eleito (= o Poder Legislativo), mostrava-se harmônico com a normatividade infraconstitucional e também concretizava o princípio constitucional da isonomia, sobretudo ao se fazer a comparação com os privilégios dos créditos fazendários.

De outro lado, a utilização da taxa SELIC como índice conglobante de juros moratórios e correção monetária representa grave retrocesso, já que, do ponto de vista da análise econômica do direito, a medida estimula o descumprimento da legislação trabalhista, além da procrastinação de processos judiciais.

A decisão do STF suscita, ainda, questionamento concernente ao critério a ser utilizado quanto aos precatórios apresentados pela Justiça do Trabalho. O ponto escancara, ainda mais, a incoerência, a iniquidade e o desacerto do julgado.

Explica-se.

Para os precatórios em geral, a Suprema Corte, conforme já afirmado, determinou, em caráter vinculante e *erga omnes*, que a correção monetária fosse feita pelo IPCA-E[555], além da aplicabilidade dos juros de mora pertinentes conforme cada caso. Já para os débitos trabalhistas, decidiu-se que, após a judicialização da controvérsia, seria aplicável unicamente a SELIC, índice que abarcaria correção monetária e juros moratórios. Há duas possibilidades interpretativas, então, para os débitos trabalhistas inscritos em precatórios:

- (i) considerar que prevalece o fato de se tratar de débito fazendário, enquadrando a situação no regramento correspondente. Nesse caso, ter-se-ia a perplexidade de que alguns credores trabalhistas (cujo devedor fosse a Fazenda Pública) teriam tratamento mais vantajoso que outros (cujos devedores não fossem entes públicos), violando manifestamente a noção básica de isonomia;
- (ii) considerar que prevalece o caráter trabalhista do crédito, aplicando-se o critério da taxa SELIC. Aqui, haveria, também, nítida violação da isonomia, pois aos precatórios não alimentares seria aplicado critério mais benéfico do que aos precatórios alimentares. Por exemplo, crédito

555. "EMBARGOS DE DECLARAÇÃO EM AÇÃO DIRETA DE INCONSTITUCIONALIDADE. (...). O Índice de Preços ao Consumidor Amplo-Especial (IPCA-E) é o índice de correção monetária a ser aplicado a todos os valores inscritos em precatórios, estejam eles sujeitos, ou não, ao regime especial criado pela EC nº 62/2009, qualquer que seja o ente federativo de que se trate. 5. Embargos de declaração rejeitados" (ADI 4357 QO-ED-segundos, Relator(a): LUIZ FUX, Tribunal Pleno, julgado em 09/12/2015).

a ser recebido por empresa, em face de ente público que descumprira contrato administrativo, será corrigido pelo IPCA-E e sofrerá incidência de juros de mora equivalentes à taxa de remuneração da caderneta de poupança; ao passo que precatório alimentar, integrante da fila preferencial, seria remunerado pela taxa SELIC (juros e correção monetária).

A situação é tão inusitada que sequer é possível opinar a respeito de qual o critério aplicável. Como visto, qualquer solução que seja dada conduzirá a resultado evidentemente injusto e inconstitucional.

Existem alguns instrumentos legais, à disposição da Justiça do Trabalho e da advocacia trabalhista, para minimizar o impacto deletério da decisão do Supremo Tribunal Federal quanto aos critérios de juros de mora e de correção monetária:

- (i) o deferimento de indenização por danos morais pelo descumprimento da legislação trabalhista, considerando que o inadimplemento de verbas alimentares gera dano moral *in re ipsa*, ou seja, independentemente de produção de prova a respeito. Isso porque, a partir das máximas da experiência, é presumível a dor psíquica de quem se vê privado de verbas necessárias à própria subsistência e precisa enfrentar a *via crucis* de um processo judicial cuja demora beneficia o devedor e gera perdas reais ao credor;
- (ii) a indenização suplementar de perdas e danos prevista no parágrafo único do art. 404 do Código Civil[556], já que, como demonstrado, a taxa SELIC não é suficiente sequer para cobrir a inflação do período. Seria possível, por exemplo, o deferimento de indenização de perdas e danos correspondentes à diferença entre a inflação do período e a taxa SELIC;
- (iii) a punição processual por litigância de má-fé e por ato atentatório à dignidade de justiça, nas hipóteses legais em que se configure procrastinação indevida do processo;
- (iv) a prolação de sentença parcial de mérito (CPC, art. 356) quanto aos pedidos que já tenham condições de imediato julgamento;
- (iv) o uso de meios coercitivos na execução, tais como a utilização de *astreintes* (multa periódica) para forçar o cumprimento de obrigação de pagar quantia certa.

556. Art. 404. As perdas e danos, nas obrigações de pagamento em dinheiro, serão pagas com atualização monetária segundo índices oficiais regularmente estabelecidos, abrangendo juros, custas e honorários de advogado, sem prejuízo da pena convencional.

Parágrafo único. Provado que os juros da mora não cobrem o prejuízo, e não havendo pena convencional, pode o juiz conceder ao credor indenização suplementar.

Por fim, cabe esclarecer a modulação de efeitos empreendida pelo STF nos referidos julgados. Para fins didáticos, podem-se distinguir as seguintes situações"

- (i) pagamentos já realizados, judicial ou extrajudicialmente, utilizando a TR, o IPCA-E ou qualquer outro índice de correção monetária, e o índice de 1% de juros moratórios: são considerados válidos e não é cabível rediscussão do tema em qualquer espécie de ação;
- (ii) decisões transitadas em julgado, que determinem expressamente a aplicação da TR, do IPCA-E ou de qualquer outro índice de correção monetária, e do índice de 1% de juros moratórios: serão insuscetíveis de rediscussão, sendo impertinente inclusive o ajuizamento de ação rescisória;
- (iii) decisões transitadas em julgado que não explicitaram os critérios de correção monetária e de juros moratórios, quer porque foram omissas, quer porque se reportaram, genericamente, aos "critérios legais": aplica-se a taxa SELIC desde o ajuizamento da ação, para fins de correção monetária e juros moratórios;
- (iv) decisões ainda não transitadas em julgado: aplica-se a taxa SELIC desde o ajuizamento da ação, para fins de correção monetária e juros moratórios.

22.2. Aplicação imediata de novos critérios de cálculo

Em repercussão geral[557], a Suprema Corte fixou a tese segundo a qual é compatível com a Constituição a aplicabilidade imediata do art. 1º-F da Lei 9.494/97, com alteração pela Medida Provisória nº 2.180-35/2001, ainda que em relação às ações ajuizadas antes de sua entrada em vigor.

O dispositivo, na redação dada pela MP 2180-35/2001, previa que os juros de mora, nas condenações impostas à Fazenda Pública para pagamento de verbas remuneratórias devidas a servidores e empregados públicos, não poderiam ultrapassar o percentual de seis por cento ao ano.

Para melhor compreender o ponto, veja-se a seguinte tabela, que externa o entendimento do Superior Tribunal de Justiça a respeito dos percentuais de

557. "RECURSO. Agravo de instrumento convertido em Extraordinário. Art. 1º-F da Lei 9.494/97. Aplicação. Ações ajuizadas antes de sua vigência. Repercussão geral reconhecida. Precedentes. Reafirmação da jurisprudência. Recurso provido. É compatível com a Constituição a aplicabilidade imediata do art. 1º-F da Lei 9.494/97, com alteração pela Medida Provisória nº 2.180-35/2001, ainda que em relação às ações ajuizadas antes de sua entrada em vigor" (AI 842063 RG, Relator(a): MINISTRO PRESIDENTE, Tribunal Pleno, julgado em 16/06/2011).

juros moratórios e de correção monetária aplicáveis nas condenações contra a Fazenda Pública, referentes a servidores e empregados públicos[558]:

Data	Juros de mora	Correção monetária
Até julho de 2001	1% ao mês (capitalização simples)	índices previstos no Manual de Cálculos da Justiça Federal, com destaque para a incidência do IPCA-E a partir de janeiro/2001
De agosto de 2001 a junho de 2009	0,5% ao mês	IPCA-E
A partir de julho de 2009	remuneração oficial da caderneta de poupança	IPCA-E

Como se percebe, a MP 2180-35/2001 reduziu pela metade o índice aplicável quanto aos juros de mora. O Superior Tribunal de Justiça inicialmente decidia que tal modificação não se aplicava para os processos já em curso, mas apenas para ações ajuizadas posteriormente à entrada em vigor do novo diploma legislativo[559]. Os precedentes asseveram que assim deveria ser por se tratar de norma de "natureza instrumental e material"[560].

No entanto, tal visão consistia em erro de perspectiva, já que, apesar de indubitável que as normas sobre juros de mora e correção estejam na *fronteira* entre direito material e processo, não há retroatividade na aplicação de novos índices para períodos posteriores à entrada em vigor da nova lei. Haveria retroatividade apenas se a lei pretendesse alcançar períodos já decorridos, o que não era o caso.

Sob outro enfoque, a mudança dos índices de correção monetária e de juros de mora, abrangendo somente períodos posteriores à nova lei, não viola expectativa legítima das partes. De fato, desde que respeitada a coisa julgada, o ato jurídico perfeito e o direito adquirido, não se pode pretender uma imutabilidade dos índices aplicáveis para o futuro, independentemente de já ter sido, ou não, ajuizada a ação judicial.

558. REsp 1492221/PR, Rel. Ministro MAURO CAMPBELL MARQUES, PRIMEIRA SEÇÃO, julgado em 22/02/2018, DJe 20/03/2018.

559. Cf. GONÇALVES, Benedito. Critérios de juros de mora e correção monetária nas condenações impostas à Fazenda Pública. Publicado em 19.07.2012. Disponível em: https://www.editorajc.com.br/criterios-de-juros-de-mora-e-correcao-monetaria-nas-condenacoes-impostas-a-fazenda-publica/ . Acesso em: 08 out. 2020.

560. EDcl no AgRg no REsp 1187848/RJ, Rel. Ministro BENEDITO GONÇALVES, PRIMEIRA TURMA, julgado em 21/09/2010.

Acertada, portanto a tese de repercussão geral fixada pela Suprema Corte, sendo certo que a ideia que lhe é subjacente pode ser pertinente em eventuais futuras modificações do regramento legal.

Por fim, registre-se que, posteriormente, houve nova modificação do regramento pela Lei 11.960/2009, de modo que, na redação atual, estatui-se que, *nas condenações impostas à Fazenda Pública, independentemente de sua natureza e para fins de atualização monetária, remuneração do capital e compensação da mora, haverá a incidência uma única vez, até o efetivo pagamento, dos índices oficiais de remuneração básica e juros aplicados à caderneta de poupança,* sendo que houve declaração de inconstitucionalidade pelo STF quanto à utilização dos índices de remuneração da poupança para fins de atualização monetária, por violação ao direito fundamental de propriedade do credor[561].

23. LEGITIMIDADE PARA AÇÕES DE CONTROLE CONCENTRADO DE CONSTITUCIONALIDADE

Referências normativas e jurisprudenciais	
Constituição	Art. 103. Podem propor a ação direta de inconstitucionalidade e a ação declaratória de constitucionalidade: I - o Presidente da República; II - a Mesa do Senado Federal; III - a Mesa da Câmara dos Deputados; IV - a Mesa de Assembléia Legislativa; IV - a Mesa de Assembléia Legislativa ou da Câmara Legislativa do Distrito Federal; V - o Governador de Estado; V - o Governador de Estado ou do Distrito Federal; VI - o Procurador-Geral da República; VII - o Conselho Federal da Ordem dos Advogados do Brasil; VIII - partido político com representação no Congresso Nacional; IX - confederação sindical ou entidade de classe de âmbito nacional.
Legislação infraconstitucional	Lei 9882/99, Art. 2º - Podem propor arguição de descumprimento de preceito fundamental: I - os legitimados para a ação direta de inconstitucionalidade (...). Lei 9868/99, Art. 12-A. Podem propor a ação direta de inconstitucionalidade por omissão os legitimados à propositura da ação direta de inconstitucionalidade e da ação declaratória de constitucionalidade. (
Julgados paradigmáticos	ADI 271 MC, 1003 MC, 1912, 1953, 1971 MC, 2180, 3153, 3961 AgR, 4406, 6079 ADPF 527 MC, 709 MC

561. ADI 5348, Relator(a): CÁRMEN LÚCIA, Tribunal Pleno, julgado em 11/11/2019.

23.1. Visão geral

Dado o escopo da obra, o objetivo do presente tópico não é exaurir o tema da legitimidade ativa para as ações de controle concentrado de constitucionalidade, mas apenas investigá-lo tendo em vista a realidade justrabalhista, vale dizer, perquirir (i) quais entidades podem provocar o controle concentrado de constitucionalidade da legislação material e processual do trabalho; e (ii) quais sujeitos envolvidos institucionalmente com as relações de trabalho são legitimados para o ajuizamento dessas ações.

Os legitimados para as ações de controle concentrado de constitucionalidade distinguem-se entre: (i) legitimados universais, que podem ajuizar a ação direta independentemente do tema versado no ato normativo questionado; (ii) legitimados especiais, que são sujeitos que somente podem atuar em assuntos que guardem relação com seus objetivos institucionais.

São legitimados universais: o Presidente da República, as Mesas do Senado e da Câmara, o Procurador-Geral da República, o Conselho Federal da Ordem dos Advogados do Brasil e partido político com representação no Congresso Nacional. Como legitimados especiais, tem-se o Governador de Estado, a Mesa de Assembleia Legislativa, confederação sindical e entidade de classe de âmbito nacional.

Os legitimados especiais, segundo a doutrina especializada[562] e também de acordo com a jurisprudência do Supremo Tribunal Federal[563-564-565], subme-

562. Luís Roberto Barroso, discorrendo sobre a legitimidade ativa das Mesas de Assembleia Legislativa e de Governadores de Estado, afirma: "A ação [ajuizada pela Mesa da Assembleia Legislativa] pode ter por objeto lei ou ato normativo emanado do próprio Poder por ela integrado e dirigido. Analogamente se passa em relação aos Governadores de Estado, cuja atuação no controle direto de constitucionalidade no plano federal é subordinada à existência de uma relação de pertinência entre a norma impugnada e os interesses que a eles cabe legitimamente tutelar" (BARROSO, Luís Roberto, *O controle de constitucionalidade no direito brasileiro*. 4ª ed. rev. e atual. São Paulo: Saraiva, 2009, p. 164).

563. "AÇÃO DIRETA DE INCONSTITUCIONALIDADE. MESA DE ASSEMBLÉIA LEGISLATIVA. FALTA DE PERTINÊNCIA TEMÁTICA. NÃO-CONHECIMENTO DA AÇÃO. Na hipótese não há vínculo objetivo de pertinência entre o conteúdo material das normas impugnadas - crédito rural - e a competência ou os interesses da Assembleia Legislativa do Estado do Mato Grosso do Sul. Vale a jurisprudência do Supremo que entende necessária, para alguns dos legitimados a propor a ação direta de inconstitucionalidade, a relação de pertinência temática. Ação direta não conhecida (ADI 1307 MC, Relator(a): FRANCISCO REZEK, Tribunal Pleno, julgado em 19/12/1995).

564. "ADIN. Legitimidade ativa de Governador de Estado e pertinência temática. Presente a necessidade de defesa de interesses do Estado, ante a perspectiva de que a lei impugnada venha a importar em fechamento de um mercado consumidor de produtos fabricados em seu território, com prejuízo à geração de empregos, ao desenvolvimento da economia local e à arrecadação tributária estadual, reconhece-se a legitimidade ativa do Governador do Estado para propositura de ADIn. Posição mais abrangente manifestada pelo Min. Sepúlveda Pertence (...)" (ADI 2396 MC, Relator(a): ELLEN GRACIE, Tribunal Pleno, julgado em 26/09/2001).

565. "EMENTA: AGRAVO REGIMENTAL EM AÇÃO DIRETA DE INCONSTITUCIONALIDADE POR OMISSÃO. EXTINÇÃO DO PROCESSO SEM RESOLUÇÃO DE MÉRITO. SUPOSTA OMISSÃO LEGISLATIVA NA IMPLEMENTAÇÃO DE IMPOSTO DE COMPETÊNCIA DA UNIÃO. GOVER-

tem-se ao requisito da pertinência temática, o que significa que a verificação *in concreto* da legitimidade ativa pressupõe a existência de correlação entre o tema objeto da ação de controle de constitucionalidade e os objetivos institucionais do sujeito processual que ajuíza.

Quanto ao Governador de Estado e Presidente da República, ainda que hajam iniciado o processo legislativo, ou mesmo sancionado o respectivo projeto, conservam a legitimidade para ajuizar ação direta de inconstitucionalidade contra a lei[566].

Tradicionalmente, a jurisprudência do Supremo Tribunal Federal admitia o ajuizamento de ação de controle concentrado, por Governador, em face de lei federal, quando esta repercutisse na esfera de autonomia estadual[567].

Nesse contexto, dificilmente se poderia reconhecer legitimidade ativa para que Governador de Estado ou Mesa de Assembleia Legislativa suscitasse o controle concentrado, no STF, contra a legislação trabalhista. Isso porque, como se sabe, a competência legislativa sobre Direito do Trabalho é privativa da União (CF, art. 22, I), o que faz naturalmente com que a regulamentação seja uniforme em todo o território nacional.

Em tese, poder-se-ia cogitar acerca da possibilidade de que os entes estaduais movessem a ação direta de inconstitucionalidade contra uma lei estadual, por exemplo, que, invadindo a competência privativa da União – e, por isso mesmo, incidindo no vício de inconstitucionalidade formal –, versasse sobre algum tema inerente ao Direito do Trabalho. Nesse sentido, a jurisprudência do Supremo Tribunal Federal é repleta de exemplos de ADIs que declararam a inconstitucionalidade de leis estaduais sobre temas como revista íntima de empregados, discriminação de empregados inscritos em cadastros restritivos de crédito, entre muitas outras[568].

NADOR DO ESTADO DO MARANHÃO. ILEGITIMIDADE ATIVA. AUSÊNCIA DE PERTINÊNCIA TEMÁTICA. PRECEDENTES. DESPROVIMENTO DO AGRAVO REGIMENTAL. 1. Alegação de omissão legislativa na implementação de imposto de competência da União – Imposto sobre Grandes Fortunas (IGF). Ausência de previsão constitucional de repartição de receitas desse tributo com os demais entes federados. 2. A jurisprudência desta CORTE é pacífica no sentido de que a legitimidade para a propositura das ações de controle concentrado de constitucionalidade, em face de ato normativo oriundo de ente federativo diverso, por governadores de Estado, exige a demonstração de pertinência temática, ou seja, a repercussão do ato, considerados os interesses do Estado. Precedentes. Ausência de pertinência temática. 3. Ilegitimidade ativa do Governador do Estado do Maranhão para propor Ação Direta de Inconstitucionalidade por Omissão com o objetivo de instituir imposto de competência da União. 4. Agravo Regimental a que se nega provimento" (ADO 31 AgR, Relator(a): ALEXANDRE DE MORAES, Tribunal Pleno, julgado em 09/04/2018).

566. BARROSO, Luís Roberto, *op.cit.*, p. 72.

567. "Em relação às normas federais, satisfaz-se o requisito em foco quando os efeitos destas normas repercutirem na esfera de autonomia estadual" (QUEIROZ NETO, Luiz Vicente de Medeiros. A Pertinência Temática como Requisito da Legitimidade Ativa para o Processo Objetivo de Controle Abstrato de Normas. In: Revista do Tribunal Regional Federal da 1ª Região, Brasília, v. 15, n. 7, jul. 2003, p. 58-74).

568. A respeito, ver seção específica sobre competência legislativa no capítulo sobre o Direito do Trabalho.

Contudo, quanto à legislação trabalhista propriamente dita (leia-se: leis federais sobre Direito do Trabalho), dificilmente a jurisprudência tradicional reconheceria legitimidade ativa a Governadores de Estado e a Mesas de Assembleias Legislativas para questioná-la em sede de controle concentrado de constitucionalidade, a menos que se tratasse de situação excepcional, em que a lei federal fosse discriminatória ou causasse impacto desproporcional a determinado ente federativo.

Pesquisa na jurisprudência do STF não permite localizar decisões que admitam ou rejeitem a legitimidade ativa de Governadores de Estado e de Mesas de Assembleia Legislativa para a propositura de ações diretas de inconstitucionalidade contra leis federais trabalhistas. Há, entretanto, o precedente da ADC 16, que foi movida pelo Governador do Distrito Federal[569].

De todo modo, o requisito da pertinência temática não é estabelecido pela Constituição e nem mesmo pela legislação infraconstitucional, mas apenas pela jurisprudência – que se pode alcunhar de *defensiva* – da Suprema Corte. O objetivo não declarado foi o de evitar a proliferação de grande quantidade de ações na Corte, o que poderia inviabilizar o respectivo funcionamento. Cabe rememorar que, antes da Constituição de 1988, apenas o Procurador-Geral da República tinha legitimidade ativa para suscitar o controle concentrado no STF, e, a partir de 05.10.1988, houve ampliação exponencial da quantidade de legitimados.

Sucede que exigir *pertinência temática* constitui tentativa de inserção do requisito do interesse de agir, típico de processos em que se discutem direitos subjetivos, em processos objetivos de controle concentrado de constitucionalidade, nos quais se analisa a validade da lei em tese, o que tem gerado críticas da doutrina especializada[570].

---

569. "EMENTA: RESPONSABILIDADE CONTRATUAL. Subsidiária. Contrato com a administração pública. Inadimplência negocial do outro contraente. Transferência consequente e automática dos seus encargos trabalhistas, fiscais e comerciais, resultantes da execução do contrato, à administração. Impossibilidade jurídica. Consequência proibida pelo art., 71, § 1º, da Lei federal nº 8.666/93. Constitucionalidade reconhecida dessa norma. Ação direta de constitucionalidade julgada, nesse sentido, procedente. Voto vencido. É constitucional a norma inscrita no art. 71, § 1º, da Lei federal nº 8.666, de 26 de junho de 1993, com a redação dada pela Lei nº 9.032, de 1995" (ADC 16, Relator(a): CEZAR PELUSO, Tribunal Pleno, julgado em 24/11/2010).

570. "A jurisprudência do STF tem identificado a necessidade de que o Governador de um Estado ou a Assembleia Legislativa que impugna ato normativo de outro demonstre a relação de pertinência da pretensão formulada – da pretendida declaração de inconstitucionalidade da lei. A falta de autorização constitucional para que o legislador estabeleça outras limitações ao direito de propositura suscita dúvidas sobre a correção do entendimento esposado pelo STF. Tendo em vista a natureza objetiva do processo de controle abstrato de normas, seria mais ortodoxo que, na espécie, fosse admitida a ação direta de inconstitucionalidade independentemente de qualquer juízo sobre a configuração, ou não, de uma relação de pertinência. Não se pode olvidar o caráter federativo da composição da República e a inexorável correlação que existe entre os Estados. A exigência, neste caso, da relação de pertinência, além de se colocar para além dos limites constitucionais, exigiria uma casuística inesgotável ou,

Por tais motivos, nota-se uma tendência crescente, na jurisprudência do STF, de ampliação da legitimidade ativa para ajuizamento de ações de controle concentrado na Corte, conforme se exporá no próximo tópico. Dessa forma, e até porque os estados atuam como empregadores (quando contratam pelo regime celetista) e são responsáveis subsidiários por débitos trabalhistas ao praticarem terceirização, deve-se reconhecer legitimidade às Mesas de Assembleias Legislativas e aos Governadores de Estado para a deflagração de processos objetivos de controle de constitucionalidade perante a Suprema Corte.

23.2. Confederação sindical e entidade de classe de âmbito nacional. A tendência jurisprudencial ampliativa da legitimidade

Conforme mencionado no tópico anterior, a jurisprudência do Supremo Tribunal Federal tem revelado, ao longo das últimas décadas, uma tendência crescente de reconhecimento de legitimidade ativa para ajuizamento de ações diretas de inconstitucionalidade perante a Corte. Demonstra essa assertiva a jurisprudência atinente à legitimidade das entidades de classe de âmbito nacional, a qual pode ser dividida, para fins didáticos, em três fases.

A primeira fase corresponde ao período que se inicia com a promulgação da Constituição de 1988 até o ano de 2004. Nesse período inicial, pode-se dizer

por vezes, difícil de demonstrar, fragilizando o caráter objetivo do controle de constitucionalidade" (MENDES, Gilmar Ferreira; STRECK, Lênio Luiz. *Comentários ao art. 103*. In: Comentários à Constituição do Brasi*l*. J.J.Gomes Canotilho et.al. [coords.]. 2ª ed. São Paulo: Saraiva Educação, 2018, p. 1518).

571. "AÇÃO DIRETA DE INCONSTITUCIONALIDADE - CONTROLE NORMATIVO ABSTRATO - LEGITIMIDADE ATIVA "AD CAUSAM" - ENTIDADE DE CLASSE - NÃO CONFIGURAÇÃO - CARÊNCIA DA AÇÃO. - O controle jurisdicional "in abstracto" da constitucionalidade das leis e atos normativos federais ou estaduais, perante o Supremo Tribunal Federal, suscita, dentre as múltiplas questões existentes, a análise do tema concernente a quem pode ativar, mediante ação direta, a jurisdição constitucional concentrada desta Corte. - Entre a legitimidade exclusiva e a legitimidade universal, optou o constituinte pela tese da legitimidade restrita e concorrente, partilhando, entre diversos órgãos, agentes ou instituições, a qualidade para agir em sede jurisdicional concentrada (v. CF/88, ART. 103). Dentre as pessoas ativamente legitimadas "ad causam" para o ajuizamento da ação direta de inconstitucionalidade estão as entidades de classe de âmbito nacional (CF. art. 103, IX). - O Supremo Tribunal Federal tem salientado, em sucessivos pronunciamentos a propósito do tema, que não se qualificam como entidades de classe aquelas que, congregando pessoas jurídicas, apresentam-se como verdadeiras associações de associações. Em tais hipóteses, tem-se-lhes negado a qualidade reclamada pelo texto constitucional, pois pessoas jurídicas, ainda que coletivamente representativas de categorias profissionais ou econômicas, não formam classe alguma. Precedentes. A jurisprudência desta Corte tem salientado, ainda, que pessoas jurídicas de direito privado, que reunam, como membros integrantes, associações de natureza civil e organismos de caráter sindical, desqualificam-se - precisamente em função do hibridismo dessa composição - como instituições de classe, cuja noção conceitual reclama a participação, nelas, dos próprios indivíduos integrantes de determinada categoria, e não apenas das entidades privadas constituídas para representá-los. Precedentes. - Entidades internacionais, que possuam uma Seção Brasileira domiciliada em território nacional, incumbida de representá-las no Brasil, não se qualificam, para os efeitos do art. 103 da Constituição, como instituições de classe. A composição heterogênea de associação que reuna, em função de explícita previsão estatutária, pessoas vinculadas a categorias radicalmente distintas, atua

que a jurisprudência do Supremo Tribunal foi bastante restritiva e parcimoniosa quanto à legitimidade ativa inscrita no art. 103, IX, da CF. Era negada legitimidade ativa às chamadas "associações de associações", ou seja, reunião de associações menores em associações maiores, sob o argumento de que elas não se caracterizariam como entidade de classe[-571-572].

Essa jurisprudência foi revista por ocasião do julgamento da ADI 3153 AgR[573]. A partir de então, a Suprema Corte abandonou o entendimento que excluía as entidades de classe de segundo grau (associações de associações) do rol dos legitimados à ação direta. Nessa segunda fase, portanto, a legitimidade passou a ser reconhecida sempre que a entidade tivesse um objetivo institucional classista, vale dizer, atuasse na defesa de interesses de determinada classe profissional ou econômica, ainda que se tratasse de entidade que congregasse, em nível nacional, entidades de classe de âmbito local ou regional.

Nesse contexto, o Supremo Tribunal Federal tem reiterado que as entidades de classe não se caracterizam como legitimados universais à propositura

---

como elemento descaracterizador da sua representatividade. Não se configuram, em conseqüência, como entidades de classe aquelas instituições que são integradas por membros vinculados a estratos sociais, profissionais ou econômicos diversificados, cujos objetivos, individualmente considerados, revelam-se contrastantes. Falta a essas entidades, na realidade, a presença de um elemento unificador que, fundado na essencial homogeneidade, comunhão e identidade de valores, constitui o fator necessário de conexão, apto a identificar os associados que as compõem como membros efetivamente pertencentes a uma determinada classe. - A jurisprudência do Supremo Tribunal Federal tem consignado, no que concerne ao requisito da espacialidade, que o caráter nacional da entidade de classe não decorre de mera declaração formal, consubstanciada em seus estatutos ou atos constitutivos. Essa particular característica de índole espacial pressupõe, além da atuação transregional da instituição, a existência de associados ou membros em pelo menos nove Estados da Federação. Trata-se de critério objetivo, fundado na aplicação analógica da Lei Orgânica dos Partidos Politicos, que supõe, ordinariamente atividades econômicas ou profissionais amplamente disseminadas no território nacional. Precedente: ADIN-386" (ADI 108 QO, Relator(a): CELSO DE MELLO, Tribunal Pleno, julgado em 13/04/1992).

572. -"Ação direta de inconstitucionalidade. Legitimidade ativa (art. 102, IX,da Constituição Federal). - Confederação Nacional dos Diretores Lojistas. - I.P.M.F. - A Confederação Nacional dos Diretores Lojistas não e entidade sindical, mas, sim, entidade civil, mais precisamente uma "associação de associações", que, segundo os critérios jurisprudenciais do Supremo Tribunal Federal, na interpretação do inciso IX do art. 103 da Constituição Federal, não e, propriamente, uma "entidade de classe" e, por isso, não esta legitimada a propositura de ação direta de inconstitucionalidade. Ação não conhecida, por ilegitimidade ativa "ad causam", prejudicado o requerimento de medida cautelar" (ADI 947 MC, Relator(a): SYDNEY SANCHES, Tribunal Pleno, julgado em 14/10/1993).

573. "Ação direta de inconstitucionalidade: legitimação ativa: 'entidade de classe de âmbito nacional': compreensão da 'associação de associações' de classe: revisão da jurisprudência do Supremo Tribunal. 1. O conceito de entidade de classe é dado pelo objetivo institucional classista, pouco importando que a eles diretamente se filiem os membros da respectiva categoria social ou agremiações que os congreguem, com a mesma finalidade, em âmbito territorial mais restrito. 2. É entidade de classe de âmbito nacional - como tal legitimada à propositura da ação direta de inconstitucionalidade (CF, art 103, IX) - aquela na qual se congregam associações regionais correspondentes a cada unidade da Federação, a fim de perseguirem, em todo o País, o mesmo objetivo institucional de defesa dos interesses de uma determinada classe. 3. Nesse sentido, altera o Supremo Tribunal sua jurisprudência, de modo a admitir a legitimação das "associações de associações de classe", de âmbito nacional, para a ação direta de inconstitucionalidade" (ADI 3153 AgR, Relator(a): CELSO DE MELLO, Relator(a) p/ Acórdão: SEPÚLVEDA PERTENCE, Tribunal Pleno, julgado em 12/08/2004).

de ação direta de inconstitucionalidade, subordinando-se ao requisito da pertinência temática.

Especificamente quanto a associações de magistrados, o STF tem decidido que:

- (i) tais entidades não têm legitimidade universal, exigindo-se a pertinência temática entre o conteúdo do ato impugnado e os objetivos institucionais constantes do estatuto da entidade[574];
- (ii) a Anamatra (Associação Nacional de Magistrados da Justiça do Trabalho) detém legitimidade para ajuizar ações de controle concentrado de constitucionalidade em face de leis que modifiquem a competência da Justiça do Trabalho[575] ou que regulamentem temas ínsitos à atuação da magistratura do trabalho, o que engloba a legislação trabalhista como um todo[576];

---

574. "LEGITIMIDADE UNIVERSAL – ASSOCIAÇÃO DE MAGISTRADOS. As associações de magistrados não gozam da legitimidade universal para o processo objetivo, devendo ser demonstrada a pertinência temática. LEGITIMIDADE – EXECUÇÃO CONTRA A FAZENDA – DISCIPLINA – ASSOCIAÇÃO DE MAGISTRADOS. As associações de magistrados não têm legitimidade ativa quanto a processo objetivo a envolver normas relativas à execução contra a Fazenda, porque ausente a pertinência temática" (ADI 4400, Relator(a): AYRES BRITTO, Relator(a) p/ Acórdão: MARCO AURÉLIO, Tribunal Pleno, julgado em 06/03/2013).

575. "EMENTA: PROCESSO CONSTITUCIONAL. AGRAVO REGIMENTAL EM AÇÃO DIRETA DE INCONSTITUCIONALIDADE. ART. 5º, *CAPUT* E PARÁGRAFO ÚNICO, E ART. 18, DA LEI 11.442/2007. LEGITIMIDADE ATIVA AD CAUSAM. ASSOCIAÇÃO NACIONAL DOS MAGISTRADOS DA JUSTIÇA DO TRABALHO – ANAMATRA. ART. 103, IX, DA CONSTITUIÇÃO DA REPÚBLICA. REPRESENTATIVIDADE NACIONAL. PERTINÊNCIA TEMÁTICA. CORRELAÇÃO ENTRE A NORMA IMPUGNADA E AS FINALIDADES DA ASSOCIAÇÃO AUTORA. PROVIMENTO. DECISÃO MAJORITÁRIA. 1. Evidenciada a representatividade nacional da entidade de classe autora, nos moldes do art. 103, IX, da Constituição da República e do art. 2º, IX, da Lei nº 9.868/1999. As associações de magistrados não são detentoras de legitimidade ad causam universal para o processo de controle objetivo de constitucionalidade, impondo-se a demonstração da pertinência temática. Precedentes desse STF. 2. Em debate o exame do requisito da pertinência temática, traduzida na existência de relação entre as atividades da associação e o campo de incidência da regra impugnada (art. 5º, *caput* e parágrafo único, e o art. 18, ambos, da Lei 11.442/2007). Lide envolvendo matéria ínsita ao campo de atuação institucional da magistratura do trabalho, a saber, a configuração, ou não, de vínculo de emprego com o motorista em transporte rodoviário de cargas. Alteração de legislação a retirar a competência da Justiça do Trabalho, a impactar a atuação direta dos magistrados associados, no exercício da jurisdição trabalhista. 3. Presente a correlação entre a norma impugnada e as finalidades institucionais da associação autora, tem-se por atendido o requisito da pertinência temática. Precedente: ADI 4066 (Relatora Ministra Rosa Weber, Tribunal Pleno, DJe 7.3.2018)ADI 5468 (Relator Ministro Luiz Fux, Tribunal Pleno, DJe 02.8.2017). Arguição de ilegitimidade ativa ad causam rejeitada. 4. Divergência circunscrita ao fundamento da ilegitimidade ativa ad causam da ANAMATRA, por ausência de pertinência temática, ao impugnar lei que dispõe sobre a natureza do transporte rodoviário de cargas por terceiros. 5. Agravo interno provido, por decisão colegiada majoritária" (ADI 3961 AgR, Relator(a): ROBERTO BARROSO, Relator(a) p/ Acórdão: ROSA WEBER, Tribunal Pleno, julgado em 07/02/2019).

576. "(...) 1. Evidenciada a representatividade nacional das entidades de classe autoras, nos moldes do art. 103, IX, da Constituição da República e do art. 2º, IX, da Lei nº 9.868/1999. Atendido o requisito da pertinência temática, presente a correlação entre a norma impugnada e as finalidades institucionais das associações autoras. Discussão envolvendo matéria ínsita ao campo de atuação institucional tanto da

- (iii) no caso da Anamages (Associação Nacional de Magistrados Estaduais), por representar apenas fração da classe de magistrados, sua legitimidade se restringe à impugnação de norma que diga respeito exclusivamente à magistratura de determinado ente da federação[577].

Atualmente, pode-se dizer que a tendência ampliativa da legitimidade se encontra numa terceira fase, ainda embrionária e não consolidada completamente, em que se passa a admitir o processamento de ações de controle concentrado de constitucionalidade movidas por associações que não representam interesses corporativos, profissionais ou econômicos, mas cujo objetivo institucional abranja a proteção de minorias, como a comunidade LGBT[578], ou de comunidades historicamente desfavorecidas, como os indígenas[579]. Já se reconheceu legitimidade ativa à associação que congrega dirigentes de universidades federais, em ADI que questionava lei supostamente violadora da autonomia universitária[580].

---

magistratura do trabalho quanto dos membros do Ministério Público do Trabalho, a saber, a alegada existência de consenso médico-científico no tocante ao efeito prejudicial da exploração do amianto crisotila para a saúde dos trabalhadores da indústria e da mineração, questão de saúde, higiene e segurança do trabalho. Precedente: ADI 5458 (Relator Ministro Luiz Fux, Tribunal Pleno, DJe 02.8.2017). Preliminar de ilegitimidade ativa ad causam rejeitada. (...)"(ADI 4066, Relator(a): ROSA WEBER, Tribunal Pleno, julgado em 24/08/2017).

577. "AGRAVO REGIMENTAL EM AÇÃO DIRETA DE INCONSTITUCIONALIDADE. EXTINÇÃO SEM RESOLUÇÃO DE MÉRITO. ASSOCIAÇÃO NACIONAL DOS MAGISTRADOS ESTADUAIS – ANAMAGES. NORMA DE INTERESSE DE TODA A MAGISTRATURA. AUSÊNCIA DE LEGITIMIDADE ATIVA. DESPROVIMENTO DO AGRAVO REGIMENTAL. 1. Embora a ANAMAGES represente apenas fração da classe dos magistrados, a jurisprudência do Supremo Tribunal Federal passou a reconhecer a sua legitimidade ativa quando a norma objeto de controle abstrato de constitucionalidade referir-se exclusivamente à magistratura de determinado ente da Federação. 2. O que se verifica, contudo, no caso em análise é a impugnação de norma de interesse de toda a magistratura, o que enseja o entendimento jurisprudencial consolidado desta Corte no sentido da ausência de legitimidade ativa da ANAMAGES. Precedentes: ADI 5.448-AgR, Rel. Min. Dias Toffoli; ADI-AgR-ED 3.843, Rel. Min. Teori Zavascki; ADI 4.372, Rel. Min. Ayres Britto, Redator para o acórdão o Ministro Luiz Fux; ADI 4600-AgR, Rel. Min. Luiz Fux. 3. Agravo Regimental a que se nega provimento" (ADI 4311 AgR, Relator(a): ROBERTO BARROSO, Tribunal Pleno, julgado em 17/08/2018).

578. ADPF 527 MC, decisão monocrática, Rel. Min. Roberto Barroso, julgado em 29.06.2018.

579. "Ementa: Direitos fundamentais. Povos Indígenas. Arguição de Descumprimento de Preceito Fundamental. Tutela do direito à vida e à saúde face à pandemia da COVID-19. Cautelares parcialmente deferidas. 1. Ação que tem por objeto falhas e omissões do Poder Público no combate à pandemia da COVID-19 entre os Povos Indígenas, com alto risco de contágio e mesmo de extermínio de etnias. 2. A Articulação dos Povos Indígenas do Brasil – APIB possui legitimidade ativa para propor ação direta perante o Supremo Tribunal Federal e, bem assim, os partidos políticos que assinam a petição inicial" (ADPF 709 MC-Ref, Relator(a): ROBERTO BARROSO, Tribunal Pleno, julgado em 05/08/2020)

580. "CONSTITUCIONAL CONTROLE DE CONSTITUCIONALIDADE. LEGITIMIDADE ATIVA AD CAUSAM. PERTINÊNCIA TEMÁTICA. ART. 103, IX, DA CONSTITUIÇÃO DA REPÚBLICA. ALEGAÇÃO DE INCONSTITUCIONALIDADE MATERIAL DO ARTIGO 96-A, §§ 2°, 3° e 7° DA LEI N° 8112/90 POR VIOLAÇÃO DA AUTONOMIA UNIVERSITÁRIA, DO DIREITO À EDUCAÇÃO E DO PRINCÍPIO DA PROPORCIONALIDADE. INOCORRÊNCIA. ARTIGOS 6°, *CAPUT*, E 207 DA CONSTITUIÇÃO FEDERAL. IMPROCEDÊNCIA. 1. Legitimidade ativa ad causam da Associação Nacional dos Dirigentes das Instituições de Ensino Superior – ANDIFES (art. 103, IX, da Constituição da República). Ampliação da interpretação do conceito de "entidade de classe", na linha da atual ten-

Quanto às entidades sindicais, a jurisprudência nega a legitimidade quando se tratar de federações, ainda que de âmbito nacional, por força do texto expresso do art. 103, IX, da CF, o qual confere legitimidade apenas às confederações[581]. O conceito de confederação sindical, para fins de definição de legitimidade ativa para ajuizamento de ação direta, corresponde à previsão do art. 535 da CLT[582], segundo o qual tais entidades de grau superior se organizam a partir da junção do número mínimo de 3 federações. Contudo, há precedentes relativizando a exigência, notadamente quando não há federações congregando a categoria, que se encontre organizada apenas por meio de sindicatos de âmbito regional ou nacional[583].

Na ADI 6465 AgR[584], o Supremo Tribunal Federal reafirmou seu entendimento no sentido de que a legitimidade para ajuizamento de ações de controle concentrado de constitucionalidade por confederações sindicais e de entidades de classe de âmbito nacional pressupõe: " (a) a caracterização como entidade de classe ou sindical, decorrente da representação de categoria empresarial ou profissional; (b) a abrangência ampla desse vínculo de representação, exigindo-se que a entidade represente toda a respectiva categoria, e não apenas fração dela; (c) o caráter nacional da representatividade, aferida pela demonstração da presença da entidade em pelo menos 9 (nove) estados brasileiros; e (d) a pertinência temática entre as finalidades institucionais da entidade e o objeto da impugnação".

---

dência da jurisprudência do Supremo Tribunal Federal. Reconhecimento da pertinência temática com o objeto da demanda. Entidade representativa, em âmbito nacional, dos interesses das universidades e instituições de ensino superior federais. (...)" (ADI 4406, Relator(a): ROSA WEBER, Tribunal Pleno, julgado em 18/10/2019).

581. "AÇÃO DIRETA DE INCONSTITUCIONALIDADE - ILEGITIMIDADE ATIVA DE FEDERAÇÃO SINDICAL - LEI Nº 6.194/74 (ART. 7º), COM A REDAÇÃO DADA PELA LEI Nº 8.441/92 (ART. 1º) - AMPLIAÇÃO DAS HIPÓTESES DE RESPONSABILIDADE CIVIL OBJETIVA DAS ENTIDADES SEGURADORAS - ALEGAÇÃO DE OFENSA À CONSTITUIÇÃO - APARENTE INOCORRÊNCIA - NÃO-CONFIGURAÇÃO DO PERICULUM IN MORA - MEDIDA CAUTELAR INDEFERIDA. - Federação sindical, ainda que de âmbito nacional, não dispõe de legitimidade ativa para promover a instauração do controle normativo abstrato de constitucionalidade de leis ou atos normativos federais ou estaduais, eis que, no âmbito da organização sindical brasileira, e para os fins a que se refere o art. 103, IX, da Carta Política, somente as Confederações sindicais possuem qualidade para ajuizar a ação direta de inconstitucionalidade (...)" (ADI 1003 MC, Relator(a): CELSO DE MELLO, Tribunal Pleno, julgado em 01/08/1994).

582. Art. 535 - As Confederações organizar-se-ão com o mínimo de 3 (três) federações e terão sede na Capital da República.

583. "LEGITIMIDADE - AÇÃO DIRETA DE INCONSTITUCIONALIDADE - CONFEDERAÇÃO. Têm-na as confederações sindicais para a propositura da ação direta de inconstitucionalidade - artigo 103 da Constituição Federal. O fato de a confederação, no âmbito da excepcionalidade e por não se contar com federação congregando certo segmento da categoria, estar formada com a integração de sindicato de âmbito regional ou nacional não afasta a legitimidade (...)" (ADI 1912, Relator(a): MARCO AURÉLIO, Tribunal Pleno, julgado em 25/03/1999).

584. ADI 6465 AgR/DF, Rel. Min. Alexandre de Moraes, julgamento virtual finalizado em 19.10.2020.

24. MAGISTRATURA

Referências normativas e jurisprudenciais	
Constituição	Art. 93. Lei complementar, de iniciativa do Supremo Tribunal Federal, disporá sobre o Estatuto da Magistratura, observados os seguintes princípios: I - ingresso na carreira, cujo cargo inicial será o de juiz substituto, mediante concurso público de provas e títulos, com a participação da Ordem dos Advogados do Brasil em todas as fases, exigindo-se do bacharel em direito, no mínimo, três anos de atividade jurídica e obedecendo-se, nas nomeações, à ordem de classificação; II - promoção de entrância para entrância, alternadamente, por antigüidade e merecimento, atendidas as seguintes normas: a) é obrigatória a promoção do juiz que figure por três vezes consecutivas ou cinco alternadas em lista de merecimento; b) a promoção por merecimento pressupõe dois anos de exercício na respectiva entrância e integrar o juiz a primeira quinta parte da lista de antigüidade desta, salvo se não houver com tais requisitos quem aceite o lugar vago; c) aferição do merecimento conforme o desempenho e pelos critérios objetivos de produtividade e presteza no exercício da jurisdição e pela freqüência e aproveitamento em cursos oficiais ou reconhecidos de aperfeiçoamento; d) na apuração de antigüidade, o tribunal somente poderá recusar o juiz mais antigo pelo voto fundamentado de dois terços de seus membros, conforme procedimento próprio, e assegurada ampla defesa, repetindo-se a votação até fixar-se a indicação; e) não será promovido o juiz que, injustificadamente, retiver autos em seu poder além do prazo legal, não podendo devolvê-los ao cartório sem o devido despacho ou decisão; III - o acesso aos tribunais de segundo grau far-se-á por antigüidade e merecimento, alternadamente, apurados na última ou única entrância; IV previsão de cursos oficiais de preparação, aperfeiçoamento e promoção de magistrados, constituindo etapa obrigatória do processo de vitaliciamento a participação em curso oficial ou reconhecido por escola nacional de formação e aperfeiçoamento de magistrados; V - o subsídio dos Ministros dos Tribunais Superiores corresponderá a noventa e cinco por cento do subsídio mensal fixado para os Ministros do Supremo Tribunal Federal e os subsídios dos demais magistrados serão fixados em lei e escalonados, em nível federal e estadual, conforme as respectivas categorias da estrutura judiciária nacional, não podendo a diferença entre uma e outra ser superior a dez por cento ou inferior a cinco por cento, nem exceder a noventa e cinco por cento do subsídio mensal dos Ministros dos Tribunais Superiores, obedecido, em qualquer caso, o disposto nos arts. 37, XI, e 39, § 4º; VI - a aposentadoria dos magistrados e a pensão de seus dependentes observarão o disposto no art. 40; VII - o juiz titular residirá na respectiva comarca, salvo autorização do tribunal; VIII - o ato de remoção ou de disponibilidade do magistrado, por interesse público, fundar-se-á em decisão por voto da maioria absoluta do respectivo tribunal ou do Conselho Nacional de Justiça, assegurada ampla defesa;

Referências normativas e jurisprudenciais	
Constituição	VIII - A remoção a pedido ou a permuta de magistrados de comarca de igual entrância atenderá, no que couber, ao disposto nas alíneas a , b , c e e do inciso II; (...). Art. 95. Os juízes gozam das seguintes garantias: I - vitaliciedadeexter, que, no primeiro grau, só será adquirida após dois anos de exercício, dependendo a perda do cargo, nesse período, de deliberação do tribunal a que o juiz estiver vinculado, e, nos demais casos, de sentença judicial transitada em julgado; II - inamovibilidade, salvo por motivo de interesse público, na forma do art. 93, VIII; III - irredutibilidade de subsídio, ressalvado o disposto nos arts. 37, X e XI, 39, § 4º, 150, II, 153, III, e 153, § 2º, I. Parágrafo único. Aos juízes é vedado: I - exercer, ainda que em disponibilidade, outro cargo ou função, salvo uma de magistério; II - receber, a qualquer título ou pretexto, custas ou participação em processo; III - dedicar-se à atividade político-partidária. IV - receber, a qualquer título ou pretexto, auxílios ou contribuições de pessoas físicas, entidades públicas ou privadas, ressalvadas as exceções previstas em lei; Art. 115. Os Tribunais Regionais do Trabalho compõem-se de, no mínimo, sete juízes, recrutados, quando possível, na respectiva região, e nomeados pelo Presidente da República dentre brasileiros com mais de trinta e menos de sessenta e cinco anos, sendo: I - um quinto dentre advogados com mais de dez anos de efetiva atividade profissional e membros do Ministério Público do Trabalho com mais de dez anos de efetivo exercício, observado o disposto no art. 94; II - os demais, mediante promoção de juízes do trabalho por antiguidade e merecimento, alternadamente.
Legislação infra-constitucional	LC 35/79, Art. 35 - São deveres do magistrado: (...) V - residir na sede da Comarca salvo autorização do órgão disciplinar a que estiver subordinado (...). Art. 81 - Na Magistratura de carreira dos Estados, ao provimento inicial e à promoção por merecimento precederá a remoção.
Súmulas e teses de repercussão geral	Tema 964 (RE 1037926): A promoção na magistratura por antiguidade precede a mediante remoção.
Julgados paradig-máticos	ADI 2753, 2880 MC, 3126, 3224

24.1. Exercício da atividade docente por magistrado: limitações

O Supremo Tribunal Federal já teve oportunidade de delinear os contornos do art. 95, parágrafo único, I, da Constituição, o qual veda aos juízes o exercício, ainda que em disponibilidade, de outro cargo ou função, salvo uma de magistério.

Observe-se que o dispositivo constitucional (CF, art. 95, parágrafo único, I) não menciona o exercício de *função pública*, mas apenas *função*, o que gera, inevitavelmente, o questionamento sobre o exercício de atividades privadas – inclusive no magistério – pelo magistrado.

Perceba-se que o art. 128, §5º, II, *d*, da Constituição, ao tratar das vedações aos membros do Ministério Público, menciona a proibição de exercício de outra função pública[585]. A diferença redacional torna sustentável o entendimento de que, no caso da magistratura, seria admissível apenas o exercício de uma função de magistério, no âmbito público ou privado, não sendo possível o exercício de outra atividade remunerada[586].

Contudo, não há razões para tratamento diferenciado, tendo em vista que o texto constitucional, a todo momento, reforça a necessidade de simetria entre o regime jurídico da magistratura e do Ministério Público (CF, art. 128, §6º, e art. 129, §4º)[587]. De fato, as duas funções são igualmente relevantes para a sociedade e essenciais à justiça.

Ademais, as expressões *cargo* e *função*, na linguagem técnico-jurídica do Direito Constitucional e Administrativo, associam-se ao exercício de atividade profissional no âmbito da Administração Pública. Assim, o magistrado pode ser titular de apenas um cargo ou função de magistério, no âmbito de universidade pública; em tese, nada impede que o juiz seja professor em mais de uma instituição particular de ensino[588].

Na ADI 3126 MC[589], foi apreciada Resolução do Conselho da Justiça Federal, que previa ser proibido aos juízes federais de primeiro e de segundo

---

585. (...) II - as seguintes vedações: (...) d) exercer, ainda que em disponibilidade, qualquer outra função pública, salvo uma de magistério.

586. Nesse sentido, MENDES, Gilmar Ferreira; Coelho, Inocêncio Mártires; BRANCO, Paulo Gustavo Gonet. *Curso de direito constitucional.* 3ª ed. São Paulo: Saraiva, 2008, p. 938.

587. Art. 128, § 6º Aplica-se aos membros do Ministério Público o disposto no art. 95, parágrafo único, V. Art. 129, § 4º Aplica-se ao Ministério Público, no que couber, o disposto no art. 93. (Parágrafo com redação dada pela Emenda Constitucional nº 45, de 2004)

588. Nesse sentido, aparentemente, TAVARES, André Ramos. *Curso de Direito Constitucional.* 5ª ed. São Paulo: Saraiva, 2007, p. 1.055.

589. "Ação Direta de Inconstitucionalidade ajuizada contra a Resolução no 336, de 2.003, do Presidente do Conselho da Justiça Federal, que dispõe sobre o acúmulo do exercício da magistratura com o exercício do magistério, no âmbito da Justiça Federal de primeiro e segundo graus. 2. Alegação no sentido de que a matéria em análise já encontra tratamento na Constituição Federal (art. 95, parágrafo único, I), e caso comportasse regulamentação, esta deveria vir sob a forma de lei complementar, no próprio Estatuto da Magistratura. 3. Suposta incompetência do Conselho da Justiça Federal para editar o referido ato, porquanto fora de suas atribuições definidas no art. 105, parágrafo único, da Carta Magna. 4. Considerou-se, no caso, que o objetivo da restrição constitucional é o de impedir o exercício da atividade de magistério que se revele incompatível com os afazeres da magistratura. Necessidade de se avaliar, no caso concreto,

graus o exercício de outro cargo ou função, ressalvado um único de magistério, público ou particular.

A interpretação que prevaleceu na Corte foi justamente no sentido de que o objetivo do art. 95, parágrafo único, I, da CF, é o de impedir o exercício da atividade de magistério que, pela carga horária dispendida, fosse incompatível com os afazeres da magistratura, o que somente seria passível de análise *in concreto*, independentemente de a docência ser exercida em mais de um estabelecimento de ensino.

Nesse diapasão, impor o exercício de uma única função de magistério poderia não atingir o objetivo constitucional. Como exemplo, imagine-se, de um lado, cargo no magistério público que demande 40 horas semanais; e, de outro, magistrado que seja professor em 3 instituições privadas, mas com carga horária de 2 horas por semana em cada qual. Na primeira hipótese, mesmo sendo cargo único, haveria burla ao dispositivo constitucional, ao passo que a segunda situação seria lícita, pois não surgiria prejuízo ao exercício da magistratura.

Além disso, o exercício do magistério pode dar-se em diferentes períodos letivos, o que demonstra a falta de razoabilidade de exigir o exercício de uma única função de magistério.

Na dicção do STF, "em qualquer hipótese – magistério no âmbito público ou privado –, a carga horária e as atribuições desempenhadas pelo magistrado não podem impedir ou prejudicar o exercício da função jurisdicional. Deve haver, em suma, compatibilidade de horários das funções de magistério e magistratura".

Note-se, ainda, que o art. 26, §1º, da LC 35/79 (Loman), estatui que o exercício de cargo de magistério superior, público ou particular, somente será permitido se houver correlação de matérias e compatibilidade de horários, vedado, em qualquer hipótese, o desempenho de função de direção administrativa ou técnica de estabelecimento de ensino.

Assim, o juiz somente pode ser professor de Direito (e não de outras áreas do conhecimento humano), e a atividade docente não pode comprometer o exercício da judicatura. Além disso, o magistrado não pode ser diretor administrativo ou exercer função técnica, ainda que em estabelecimento de ensino. Nada impede, entretanto, que juízes sejam diretores ou coordenadores pedagógicos ou acadêmicos de cursos de Direito.

O STF também já decidiu que o juiz não pode exercer outras funções privadas, ainda que se caracterizem por serem *quase públicas*, tais como atuação

se a atividade de magistério inviabiliza o ofício judicante. 5. Referendada a liminar, nos termos em que foi concedida pelo Ministro em exercício da presidência do Supremo Tribunal Federal, tão-somente para suspender a vigência da expressão "único (a)", constante da redação do art. 1º da Resolução no 336/2003, do Conselho de Justiça Federal" (ADI 3126 MC, Relator(a): GILMAR MENDES, Tribunal Pleno, julgado em 17/02/2005).

em tribunais de justiça desportiva e suas comissões disciplinares[590]. De acordo com a Corte, tais restrições têm o objetivo de preservar a magistratura, para que seja dotada de total independência, além de viabilizar que os juízes se dediquem integralmente ao cargo, dada a relevância institucional de suas atribuições.

Quanto ao magistério, a possibilidade de seu exercício por juízes é salutar, porque, como dito, de forma poética, pelo Min. Ayres Britto em seu voto no MS 25938:

> Min. Ayres Britto (MS 25938): magistério e magistratura são irmãs siamesas no sentido de que, de um lado, é ensinando que se aprende; de outro, como dizia Camões, há um saber que só de experiência é feito; vale dizer, o juiz tem muito a ganhar com o exercício do magistério, e o magistério tem muito a ganhar com a protagonização dos juízes. São atividades que se coimplicam, funcionalmente, porque, no plano da cognição, são mutuamente proveitosas. A razão de ser da exceção é exatamente a mutualidade de proveito. São duas funções geminadas, a magistratura e o magistério. Os juízes, na cátedra, em sala de aula, contribuem, e muito, para a formação dos futuros profissionais de Direito. A Constituição foi sábia.

24.2. Dever de residir na comarca e necessidade de autorização para ausências

A obrigatoriedade de que o juiz titular resida na própria comarca (ou no território em que exerce jurisdição, no caso da Justiça do Trabalho) decorre do art. 93, VII, da CF. O preceito constitucional permite que o tribunal respectivo (pleno ou órgão especial) autorize a residência em outro território, o que deve ser deferido "em casos excepcionais e desde que não causem prejuízo à efetiva prestação jurisdicional", conforme Resolução nº 37/2007 do Conselho Nacional de Justiça.

Essa análise deve ser feita à luz de critérios objetivos, tais como a pontualidade e assiduidade do magistrado, o cumprimento dos prazos legais para prolação de decisões, a inocorrência de adiamento de audiência motivado pela

590. "MANDADO DE SEGURANÇA. RESOLUÇÃO N. 10/2005, DO CONSELHO NACIONAL DE JUSTIÇA. VEDAÇÃO AO EXERCÍCIO DE FUNÇÕES, POR PARTE DOS MAGISTRADOS, EM TRIBUNAIS DE JUSTIÇA DESPORTIVA E SUAS COMISSÕES DISCIPLINARES. ESTABELECIMENTO DE PRAZO PARA DESLIGAMENTO. NORMA PROIBITIVA DE EFEITOS CONCRETOS. INAPLICABILIDADE DA SÚMULA N. 266 DO SUPREMO TRIBUNAL FEDERAL. IMPOSSIBILIDADE DE ACUMULAÇÃO DO CARGO DE JUIZ COM QUALQUER OUTRO, EXCETO O DE MAGISTÉRIO. (...). 3. As vedações formais impostas constitucionalmente aos magistrados objetivam, de um lado, proteger o próprio Poder Judiciário, de modo que seus integrantes sejam dotados de condições de total independência e, de outra parte, garantir que os juízes dediquem-se, integralmente, às funções inerentes ao cargo, proibindo que a dispersão com outras atividades deixe em menor valia e cuidado o desempenho da atividade jurisdicional, que é função essencial do Estado e direito fundamental do jurisdicionado. 4. O art. 95, parágrafo único, inc. I, da Constituição da República vinculou-se a uma proibição geral de acumulação do cargo de juiz com qualquer outro, de qualquer natureza ou feição, salvo uma de magistério. 5. Segurança denegada" (MS 25938, Relator(a): CÁRMEN LÚCIA, Tribunal Pleno, julgado em 24/04/2008).

ausência injustificada do juiz titular, a observância do prazo médio das demais unidades jurisdicionais para realização de audiência, entre outros.

Questão correlata que já foi apreciada pelo Supremo Tribunal Federal, em mais de uma ocasião[591-592], diz respeito à previsão eventualmente externalizada em regimentos internos ou em atos normativos de tribunais que estabeleçam a necessidade de autorização de órgãos diretivos (como a presidência ou a corregedoria) para que magistrados possam ausentar-se da comarca em que atuam e residem.

Na ótica da Suprema Corte, tais atos normativos ostentam *dupla inconstitucionalidade formal*: uma, porque a matéria é reservada à lei complementar; duas, pois a iniciativa legislativa para a disciplina da carreira da magistratura é exclusiva do STF (CF, art. 93, *caput*). Embora, em *obiter dictum*, alguns ministros hajam sinalizado também pela inconstitucionalidade material da norma[593], não houve decisão da Corte a respeito do ponto.

Sob esse enfoque, a Lei Orgânica da Magistratura Nacional (Lei Complementar nº 35/79), em seu art. 35, V, exige apenas que o juiz resida na comarca, exatamente como o faz a Constituição. Não consta dessa lei a imposição de que ausências e deslocamentos devam ser comunicados ou autorizados por órgãos diretivos dos tribunais. Qualquer previsão legislativa nesse sentido seria de duvidosa constitucionalidade e somente se justificaria caso pautada em critérios razoáveis e proporcionais.

Por exemplo: previsão de que ausências ocasionais e fora do horário de expediente devessem ser comunicadas ou autorizadas por órgãos diretivos violaria a liberdade individual do magistrado de forma desproporcional. Tal-

591. "Ação direta de inconstitucionalidade. 2. Art. 49 do Código de Normas criado pelo Provimento nº 4/99 da Corregedoria-Geral de Justiça do Tribunal de Justiça do Estado do Maranhão: autorização do Presidente para ausência de magistrados da comarca. 3. Dupla inconstitucionalidade formal: matéria reservada a lei complementar e iniciativa exclusiva do Supremo Tribunal Federal. 4. Precedentes. 5. Ação direta de inconstitucionalidade julgada procedente" (ADI 2880, Relator(a): Min. GILMAR MENDES, Tribunal Pleno, julgado em 30/10/2014).

592. "AÇÃO DIRETA DE INCONSTITUCIONALIDADE. RESOLUÇÃO Nº 22/2003, DA PRESIDÊNCIA DO TRIBUNAL DE JUSTIÇA DO ESTADO DO AMAPÁ. AFASTAMENTO EVENTUAL DE MAGISTRADO DA COMARCA EM FINAIS DE SEMANA ALTERNADOS E PRÉVIA COMUNICAÇÃO AO PRESIDENTE DO TRIBUNAL. ART. 93, *CAPUT* E INCISO VII DA CARTA MAGNA. RESERVA DE LEI COMPLEMENTAR. INCONSTITUCIONALIDADE FORMAL. 1. A resolução impugnada impôs verdadeira restrição temporal e procedimental à liberdade de locomoção dos magistrados. 2. Esta Corte fixou o entendimento de que a matéria relativa à permanência do magistrado na comarca onde exerça jurisdição e seus eventuais afastamentos são matérias próprias do Estatuto da Magistratura e que dependem, para uma nova regulamentação, da edição de lei complementar federal, segundo o que dispõem o *caput* e o inc. VII do art. 93 da Constituição Federal. 3. Precedentes: ADI nº 2.753, rel. Min. Carlos Velloso, DJ 11.04.03 e ADI nº 2.880-MC, rel. Min. Gilmar Mendes, DJ 01.08.03. 4. Ação direta cujo pedido se julga procedente" (ADI 3224, Relator(a): ELLEN GRACIE, Tribunal Pleno, julgado em 13/10/2004).

593. Por exemplo, no voto do Min. Marco Aurélio na ADI 3324 consta que o tribunal local teria "exagerado na dose" ao prever a necessidade de comunicação ao presidente para que os juízes pudessem se ausentar ocasionalmente da comarca.

vez pudesse ser admitida norma oriunda de lei complementar que deslocamentos do juiz para fora do território nacional necessitassem de autorização ou de comunicação, com a ressalva dos períodos de férias.

De todo modo, veja-se que a alínea *c* do art. 658 da CLT[594] não foi recepcionada pela Constituição de 1988, tendo em vista que, conforme já exposto, o regime jurídico da magistratura deve ser definido por lei complementar de iniciativa do Supremo Tribunal Federal (CF, art. 93, *caput*).

Assim, não há necessidade de autorização do Presidente do TRT para que o juiz do trabalho se ausente do território em que exerça a jurisdição.

24.3. Remoção e promoção de magistrados

Analisando o tema 964 da repercussão geral[595], o STF fixou a tese segundo a qual "a promoção na magistratura por antiguidade precede a mediante remoção".

A controvérsia analisada dizia respeito a norma de determinado tribunal que previa que a remoção de magistrados deveria ser efetivada antes de promoção por antiguidade. A discussão perpassa pelo art. 81 da Loman, segundo o qual, na magistratura de carreira dos estados, ao provimento inicial e à promoção por merecimento precederá a remoção.

O dispositivo legal prioriza, portanto, a remoção, que deve ser feita com antecedência em relação à promoção por merecimento. Contudo, o texto da lei não menciona a promoção por antiguidade.

A Suprema Corte reafirmou a inconstitucionalidade de normas editadas por tribunais a respeito do regime jurídico da magistratura, o que inclui os critérios para promoção, por se tratar de matéria sujeita à reserva de lei complementar de iniciativa do próprio Supremo Tribunal Federal (CF, art. 93, *caput*).

Outra importante decisão foi tomada na Rcl 2772 ED[596]. Na espécie, houve discussão judicial, em mandado de segurança, sobre os magistrados que integrariam lista tríplice para provimento de vaga em Tribunal Regional do

---

594. Art. 658 - São deveres precípuos dos Presidentes das Juntas, além dos que decorram do exercício de sua função: (...) c) residir dentro dos limites de sua jurisdição, não podendo ausentar-se sem licença do Presidente do Tribunal Regional.

595. "MAGISTRATURA – PROMOÇÃO POR ANTIGUIDADE – PRECEDÊNCIA – REMOÇÃO. A promoção na magistratura por antiguidade precede a mediante remoção" (RE 1037926, Relator(a): MARCO AURÉLIO, Tribunal Pleno, julgado em 16/09/2020).

596. "MAGISTRADO. Promoção por merecimento. Vaga única em Tribunal Regional do Trabalho. Lista tríplice. Composição. Mandado de segurança concedido a juíza que era um dos três únicos magistrados que, à data da confecção, cumpriam todos os requisitos constitucionais. Trânsito em julgado. Recomposição necessária da lista com o nome daqueles três magistrados. Sessenta e cinco anos completados por um deles no curso do processo. Irrelevância. Atuação da lei no momento em que incidiu. Impossibilidade de a duração do processo reverter em dano de quem tem razão. Embargos declaratórios acolhidos. Concedido mandado de segurança para recomposição de lista tríplice com os nomes dos magistrados que eram os únicos que, à época, reuniam os requisitos constitucionais para integrá-la, não pode a nova

Trabalho. Sucede que a tramitação da ação mandamental implicou suspensão da formação da lista e da nomeação. Após o trânsito em julgado da decisão concessiva da segurança, o TRT, ao formar a nova lista tríplice, excluiu um dos candidatos, por já ter completado 65 anos de idade – idade limite para nomeação de Desembargadores em TRT'S, conforme art. 115, *caput*, da CF[597].

Prevaleceu na Corte o entendimento de que o processo judicial não poderia implicar prejuízo aos titulares do direito material nele discutido. Assim, se, quando impetrado o mandado de segurança, somente três candidatos atendiam aos requisitos para integrá-la, a lista tríplice deve ser formada exatamente por esses nomes. A superveniência de fator impeditivo, qual seja, o fato de ter completado 65 anos de idade no curso do processo, não poderia resultar em prejuízo aos titulares de direito.

Observe-se, entretanto, que o ato de nomeação de membro de tribunal é complexo, porque pressupõe, após formação da lista tríplice, a nomeação do Presidente da República. Ora, o Chefe do Executivo poderia nomear como Desembargador do Trabalho candidato cuja idade, no momento da nomeação, fosse superior a 65 anos de idade ou esse ato seria inválido? E mais: e se o candidato tivesse completado 75 anos de idade e já não pudesse mais integrar o serviço público em virtude da aposentadoria compulsória?

Tais questões, embora hajam surgido durante os debates entre os ministros, não foram diretamente respondidas pela decisão da Corte. No entanto, o julgado sinalizou que não incidiria o limite etário de 65 anos no caso de acesso (= promoção) de juiz de carreira ao respectivo tribunal[598]. Ademais, a jurisprudência do STF apresenta decisões monocráticas no sentido de que não se aplica o limite etário para juízes de carreira promovidos ao tribunal, quer pelo critério do merecimento, quer pelo da antiguidade[599].

A solução é justa, pois impedir que juízes de carreira ascendam ao tribunal em virtude de terem completado 65 anos de idade, forçando-os a permanecer no primeiro grau até a aposentadoria, equivaleria a impedir alguém de progredir na carreira pelo mero fato de ter atingido certa idade, o que configuraria discriminação odiosa. O limite etário previsto nos arts. 107 (Tribunais Regionais Federais) e 115 (Tribunais Regionais do Trabalho) da Constituição, dessa forma, alcança apenas as nomeações pelo quinto constitucional (da advocacia e do Ministério Público).

---

lista, em cumprimento da decisão transitada em julgado, ser composta por outros juízes" (Rcl 2772 ED, Relator(a): CEZAR PELUSO, Tribunal Pleno, julgado em 23/08/2006).

597. Art. 115. Os Tribunais Regionais do Trabalho compõem-se de, no mínimo, sete juízes, recrutados, quando possível, na respectiva região, e nomeados pelo Presidente da República dentre brasileiros com mais de trinta e menos de sessenta e cinco anos, sendo: (...).

598. Com a mesma leitura, MS 28678, decisão monocrática, Rel. Min. Edson Fachin, julgado em 22.10.2016.

599. MS 22939, decisão monocrática, Rel. Min. Luiz Fux, julgado em 29.11.2017.

Outra situação já apreciada pelo Supremo Tribunal Federal diz respeito à necessidade de fundamentação de decisões administrativas concernentes à remoção voluntária de magistrados[600]. O entendimento se funda no art. 93, X, da Constituição, norma autoaplicável que impede que as decisões do Poder Judiciário sejam tomadas em escrutínio secreto e sem fundamentação.

24.4. Inamovibilidade do juiz substituto

O art. 656, §1º, da CLT, trata da divisão do território das diversas Regiões da Justiça do Trabalho em zonas ou circunscrições judiciárias, para fins de designação dos juízes substitutos. Tal previsão permite o deslocamento dos substitutos entre diversas unidades jurisdicionais, o que detém o potencial de violar a garantia da inamovibilidade dos magistrados.

De fato, as garantias da vitaliciedade, inamovibilidade e independência funcional permitem que se exerça a judicatura sem qualquer temor de represália ou sujeição a pressões externas ou internas que possam comprometer a necessária isenção para o julgamento. É evidente que desvios de conduta de magistrados devem ser exemplarmente punidos; contudo, a responsabilização de magistrados deve ser feita mediante o devido processo legal e perante os órgãos competentes. O que não se pode admitir é que o juiz esteja sujeito a pressões de autoridades ou de pessoas ou instituições dotadas de poderio econômico ou social.

Importantíssima, nesse contexto, a garantia da inamovibilidade, a significar que os juízes não podem ser transferidos, contra a própria vontade, da unidade jurisdicional em que atuam. Assim, o juiz do trabalho só pode ser removido para vara distinta daquela em que atua (o mesmo valendo para desembargadores e ministros, que tange às turmas que integram) a pedido, ou em caso de interesse público na remoção, sendo que, nesta hipótese, deve haver decisão por voto da maioria absoluta do respectivo tribunal ou do Conselho Nacional de Justiça, assegurada ampla defesa (CF, art. 93, VIII)[601].

---

600. "Mandado de segurança. 2. Conselho Nacional de Justiça. 3. Procedimento de Controle Administrativo n. 35/2005. 4. Acórdão do CNJ que julgou procedente o PCA para desconstituir a decisão administrativa do Tribunal de Justiça do Estado de Santa Catarina que realizou votação de atos de remoção voluntária de magistrados por meio de escrutínio secreto. 5. Alegação de que a decisão impugnada fundamentou-se na Resolução n. 6/2005 do CNJ, inaplicável à espécie, inexistindo obrigação legal de votação aberta e fundamentação expressa e pública no caso. 7. Improcedência das alegações da impetração. 7. Necessidade de motivação expressa, pública e fundamentada das decisões administrativas dos tribunais. 8. Regra geral, que também vincula a votação de atos de remoção de magistrados, por força da aplicação imediata do art. 93, X, da Constituição. 9. Precedentes. 10. Mandado de segurança denegado" (MS 25747, Relator(a): GILMAR MENDES, Tribunal Pleno, julgado em 17/05/2012).

601. Art. 93, VIII - o ato de remoção, disponibilidade e aposentadoria do magistrado, por interesse público, fundar-se-á em decisão por voto da maioria absoluta do respectivo tribunal ou do Conselho Nacional de Justiça, assegurada ampla defesa.

Discute-se se a garantia da inamovibilidade também se aplica aos juízes substitutos. Contrariamente, argumenta-se que, sendo inerente ao cargo a substituição (incluindo licenças, férias e outros afastamentos de juízes titulares), não haveria como fixar-se o juiz substituto em determinada unidade jurisdicional.

O argumento é pertinente, mas a Constituição, ao instituir a inamovibilidade, não diferencia os juízes substitutos dos titulares, devendo aplicar-se a máxima de hermenêutica segundo a qual onde a lei não distingue, não cabe ao intérprete fazê-lo.

A garantia da inamovibilidade pode ser harmonizada com a função de juiz substituto desde que se compreenda que este não pode ser transferido para fora de sua circunscrição territorial, mas pode, licitamente, ser removido para outras unidades dentro da mesma área geográfica, a partir de critérios objetivos e previamente definidos, o que suprime qualquer possibilidade de perseguição ou designação arbitrária de magistrados. Nesse sentido decidiu o Pleno do Supremo Tribunal Federal[602].

Cabe a cada TRT regulamentar e agrupar grupos de Varas por circunscrições territoriais, dentro das quais os juízes substitutos podem ser movimentados. O fundamento legal consiste justamente no art. 656, §1º, da CLT.

Por exemplo, no TRT da 1ª Região, há Ato que divide a Região em 6 (seis) circunscrições territoriais. Assim, eventualmente, em caso de necessidade, um juiz substituto que atue no município de Niterói pode ser transferido para Vara do Trabalho no município de São Gonçalo, já que as duas cidades estão inseridas na 2ª circunscrição, de acordo com a organização regional. Não seria possível, de outro lado, que o mesmo juiz substituto de uma das varas de Niterói fosse removido definitivamente para uma vara da Capital, pois se trata de circunscrições diferentes. Neste último caso, havendo interesse público, há necessidade de votação da maioria absoluta do Tribunal Pleno ou do órgão especial.

Apesar de o art. 656, §2º, da CLT[603], prever que a designação de Juízes Substitutos será feita pelo Presidente do TRT, o princípio da autonomia dos

---

602. "MANDADO DE SEGURANÇA. ATO DO CONSELHO NACIONAL DE JUSTIÇA QUE CONSIDEROU A INAMOVIBILIDADE GARANTIA APENAS DE JUIZ TITULAR. INCONSTITUCIONALIDADE. A INAMOVIBILIDADE É GARANTIA DE TODA A MAGISTRATURA, INCLUINDO O JUIZ TITULAR E O SUBSTITUTO. CONCESSÃO DA SEGURANÇA. I – A inamovibilidade é, nos termos do art. 95, II, da Constituição Federal, garantia de toda a magistratura, alcançando não apenas o juiz titular, como também o substituto. II - O magistrado só poderá ser removido por designação, para responder por determinada vara ou comarca ou para prestar auxílio, com o seu consentimento, ou, ainda, se o interesse público o exigir, nos termos do inciso VIII do art. 93 do Texto Constitucional. III – Segurança concedida" (MS 27958, Relator(a): RICARDO LEWANDOWSKI, Tribunal Pleno, julgado em 17/05/2012).

603. § 2º - A designação referida no *caput* deste artigo será de atribuição do Juiz-Presidente do Tribunal Regional do Trabalho ou, não havendo disposição regimental específica, de quem este indicar. (Parágrafo acrescentado pela Lei nº 8.432, de 11-6-92, DOU 12-06-92)

tribunais faz com que o tema seja típico de regimento interno, sendo lícitas as previsões regimentais que estipulem outro órgão como competente para realizar as designações dos magistrados.

Em alguns TRTs, como os da 2ª e 3ª Região, a designação de Juízes Substitutos é, efetivamente, atribuição do Presidente do Tribunal. Em outros Regionais, como os da 1ª e 5ª Regiões, a atribuição é do Corregedor-Regional.

Pode-se concluir, dessa forma, que a designação de juízes substitutos competirá ao órgão indicado pelo Regimento Interno de cada TRT e, na omissão, a atribuição é do Presidente do Regional.

Ademais, embora não haja previsão legislativa específica nesse sentido, deve-se entender que o critério de designação deve observar a preferência dos juízes substitutos mais antigos na carreira, observada a inamovibilidade daqueles já designados para determinados cargos. Assim, por exemplo, quando determinado Juiz Substituto for promovido, a vaga daí resultante ficará disponível para todos os Substitutos da mesma circunscrição territorial. Os interessados manifestarão sua opção, caso possuam interesse na nova designação, assegurando-se ao magistrado mais antigo na carreira a preferência pelo cargo recém-vago. Há Regimentos Internos que contêm previsões semelhantes.[604]

Nos TRTs divididos em zonas territoriais ou circunscrições judiciárias, haverá necessidade de lotação inicial de novos juízes em cada território; e há possibilidade de movimentação de juízes entre os territórios (= o magistrado passa a ser vinculado a outra circunscrição territorial).

O procedimento a ser adotado deve ser previsto na regulamentação de cada Tribunal a respeito. Contudo, é imprescindível que, tanto na lotação inicial, quanto na movimentação de juízes entre as circunscrições, sejam observados os critérios pré-estabelecidos e a antiguidade na carreira, de modo a impedir arbitrariedades por parte do órgão administrativo encarregado.

Assim, quando houver interesse em permuta, por juízes integrantes de diferentes circunscrições, deve-se assegurar preferência para os Substitutos mais antigos nas respectivas circunscrições.

Nas hipóteses de lotação de novos Juízes Substitutos no âmbito do Tribunal, deve-se assegurar, igualmente, preferência aos magistrados mais antigos que queiram ser removidos de circunscrição.

A transferência definitiva e compulsória de circunscrição somente é possível quando a vaga (auxílio ou titularidade) tiver sido extinta e não houver outra vaga disponível no âmbito da mesma circunscrição. Nada impede, entretanto, que o órgão administrativo responsável (Corregedor-Regional ou Presidente)

---

604. Por exemplo, o art. 54-A, §1º, do Regimento do TRT da 1ª Região: *§1º O critério para designação deverá observar a escolha do Juiz do Trabalho Substituto, conforme sua antiguidade no cargo.*

designe o Substituto emergencialmente para outra circunscrição, para atender a situações excepcionais.

24.5. Identidade de remuneração - magistratura estadual e federal

A partir da edição da EC 41/2003, e da modificação redacional por ela empreendida no art. 37, XI, da Constituição[605], o Conselho Nacional de Justiça editou atos normativos que previam que os subsídios de magistrados estaduais deveriam ser inferiores aos de juízes federais.

Instada a se pronunciar sobre tal regulamentação, a Suprema Corte, na ADI 3854 MC[606], declarou a inconstitucionalidade de tais diplomas regulamentares e procedeu à interpretação conforme a Constituição do art. 37, XI, e §12, da Lei Maior, para fixar o entendimento de que os dispositivos não estabelecem diferença de teto remuneratório entre magistrados estaduais e federais, de modo que as duas categorias se submetem ao mesmo limite: o subsídio mensal dos ministros do Supremo Tribunal Federal.

A opção pela interpretação conforme parece ter decorrido de uma espécie de *comedimento* da Corte, já que se tratava de controle de constitucionalidade de emenda constitucional. Nesses casos, o parâmetro de controle pode ser constituído unicamente pelas cláusulas pétreas (CF, art. 60, §4º).

Aqui, parece ter havido uma *timidez* da Suprema Corte em declarar a inconstitucionalidade parcial da EC 41/2003, o que gerou *incômodo* em alguns ministros[607]. A bem da verdade, a redação do art. 37, XI, da CF, indica claramente

605. XI - a remuneração e o subsídio dos ocupantes de cargos, funções e empregos públicos da administração direta, autárquica e fundacional, dos membros de qualquer dos Poderes da União, dos Estados, do Distrito Federal e dos Municípios, dos detentores de mandato eletivo e dos demais agentes políticos e os proventos, pensões ou outra espécie remuneratória, percebidos cumulativamente ou não, incluídas as vantagens pessoais ou de qualquer outra natureza, não poderão exceder o subsídio mensal, em espécie, dos Ministros do Supremo Tribunal Federal, aplicando-se como limite, nos Municípios, o subsídio do Prefeito, e nos Estados e no Distrito Federal, o subsídio mensal do Governador no âmbito do Poder Executivo, o subsídio dos Deputados Estaduais e Distritais no âmbito do Poder Legislativo e o subsídio dos Desembargadores do Tribunal de Justiça, limitado a noventa inteiros e vinte e cinco centésimos por cento do subsídio mensal, em espécie, dos Ministros do Supremo Tribunal Federal, no âmbito do Poder Judiciário, aplicável este limite aos membros do Ministério Público, aos Procuradores e aos Defensores Públicos; (Redação dada pela Emenda Constitucional nº 41, 19.12.2003).

606. "MAGISTRATURA. Remuneração. Limite ou teto remuneratório constitucional. Fixação diferenciada para os membros da magistratura federal e estadual. Inadmissibilidade. Caráter nacional do Poder Judiciário. Distinção arbitrária. Ofensa à regra constitucional da igualdade ou isonomia. Interpretação conforme dada ao art. 37, inc. XI, e § 12, da CF. Aparência de inconstitucionalidade do art. 2º da Resolução nº 13/2006 e do art. 1º, § único, da Resolução nº 14/2006, ambas do Conselho Nacional de Justiça. Ação direta de inconstitucionalidade. Liminar deferida. Voto vencido em parte. Em sede liminar de ação direta, aparentam inconstitucionalidade normas que, editadas pelo Conselho Nacional da Magistratura, estabelecem tetos remuneratórios diferenciados para os membros da magistratura estadual e os da federal" (ADI 3854 MC, Relator(a): CEZAR PELUSO, Tribunal Pleno, julgado em 28/02/2007).

607. O Ministro Gilmar Mendes afirmou expressamente que sentia "incômodo" em aderir à proposta de interpretação conforme a Constituição, sendo de sua preferência a declaração pura e simples de inconstitucionalidade.

que a intenção do constituinte derivado foi a de implantar teto remuneratório, no âmbito do Poder Judiciário estadual, equivalente a 90,25% do subsídio dos ministros do STF, o que naturalmente abrangeria os juízes estaduais.

De todo modo, a decisão plenária, ao concluir pela impossibilidade de fixação de faixas diferenciadas de subsídios para juízes federais e estaduais, pautou-se nos seguintes fundamentos:

- (i) violação da isonomia, já que as funções exercidas por todas as esferas da magistratura são idênticas, havendo apenas repartição de competências entre os diversos órgãos;
- (ii) o caráter nacional e unitário da magistratura, conforme resulta do art. 93, V, da CF;
- (iii) o desestímulo ao ingresso na magistratura estadual e a evasão de quadros, que decorreriam da interpretação contrária;
- (iv) violação ao princípio federativo, em consequência do tratamento discriminatório concedido ao Poder Judiciário dos estados.

24.6. Competência originária do STF

A jurisprudência do Supremo Tribunal Federal tem delineado a definição da competência originária da própria Corte nas hipóteses do art. 102, I, *n*, da CF[608], vale dizer, quando todos os membros da magistratura sejam direta ou indiretamente interessados, e também na situação em que mais da metade dos membros do tribunal de origem estejam impedidos ou sejam direta ou indiretamente interessados.

Os julgados não seguem uma linha exatamente coerente nessa temática. Encontram-se recentes decisões afirmando que não há competência originária do STF se o direito envolvido não consistir em vantagem exclusiva da magistratura e se não disser respeito a todos os membros da magistratura[609].

608. Art. 102. Compete ao Supremo Tribunal Federal, precipuamente, a guarda da Constituição, cabendo--lhe: I - processar e julgar, originariamente: (...) n) a ação em que todos os membros da magistratura sejam direta ou indiretamente interessados, e aquela em que mais da metade dos membros do tribunal de origem estejam impedidos ou sejam direta ou indiretamente interessados (...).

609. "PRETENSÃO DE PERCEPÇÃO DE VANTAGENS NÃO EXCLUSIVAS DA MAGISTRATURA. CONSOLIDAÇÃO DE INTERPRETAÇÃO RESTRITIVA DA COMPETÊNCIA ORIGINÁRIA DO SUPREMO TRIBUNAL FEDERAL (CF, ART. 102, I, N). AGRAVO AO QUAL SE NEGA PROVIMENTO. I - O Supremo Tribunal Federal firmou entendimento no sentido de que não se aplica o disposto no art. 102, I, n, da Constituição Federal aos casos nos quais o objeto da demanda não envolva direitos, interesses ou vantagens que digam respeito exclusivamente à magistratura. II - Na hipótese dos autos pretende-se, em síntese, a extensão do benefício previsto no art. 222, III da Lei Orgânica do Ministério Público da União. Assim, a demanda não está dirigida a todos os membros da magistratura, mas apenas a parte dos juízes; tampouco envolve vantagem que diga respeito exclusivamente à magistratura, não competindo a esta Corte julgar a causa. III – Agravo regimental a que se nega provimento" (AO 2240

Contraditoriamente, de outro lado, há decisões afirmando a competência originária da Corte para demanda ajuizada por associação de magistrados de determinado estado da federação, com o objetivo de assegurar "a prerrogativa da magistratura (art. 33, V, da LOMAN) de obter a renovação simplificada dos registros de propriedade de armas de defesa pessoal, com dispensa de teste psicológico e de capacidade técnica e da revisão periódica do registro"[610].

Ora, a prerrogativa de porte de armas não é exclusiva da magistratura, sendo titularizada, por exemplo, por membros do Ministério Público (Lei 8625/93, art. 42[611]). Além disso, naturalmente nem todos os juízes são interessados em portar arma, razão pela qual não se pode dizer que se tratasse de prerrogativa exclusiva da magistratura e de interesse de toda a classe.

Decisões mais recentes têm reiterado que o art. 102, I, n, da Constituição, deve ser interpretado de forma restritiva, de modo a abarcar apenas casos nos quais o objeto da demanda envolva direitos, interesses ou vantagens que digam respeito exclusivamente à magistratura[612].

24.7. Exercício da advocacia - *quarentena*

Por força do art. 95, parágrafo único, V, da Constituição, é vedado aos juízes exercer a advocacia no juízo ou tribunal do qual se afastou, antes de decorridos

---

AgR, Relator(a): RICARDO LEWANDOWSKI, Tribunal Pleno, julgado em 14/08/2019). No mesmo sentido: AO 662-MC/PE, Rel. Min. Celso de Mello; AO 955-AgR/ES, Rel. Min. Ellen Gracie; AO 1.635-TA/MS; e AO 1.688/SC e AO 1.775/DF, Rel. Min. Dias Toffoli.

610. "CONSTITUCIONAL E PROCESSUAL CIVIL. MANDADO DE SEGURANÇA COLETIVO DESTINADO A AFIRMAR PRERROGATIVA FUNCIONAL DA MAGISTRATURA. INTERESSE DE TODOS OS MEMBROS DA MAGISTRATURA. COMPETÊNCIA DO SUPREMO TRIBUNAL FEDERAL (ART. 102, I, n, DA CF). 1. Insere-se na competência do Supremo Tribunal Federal (art. 102, I, n da CF) a ação de mandado de segurança coletivo, impetrado por entidades associativas de magistrados, visando a assegurar alegada prerrogativa da magistratura (art. 33, V, da LOMAN) de obter a renovação simplificada dos registros de propriedade de armas de defesa pessoal, com dispensa de teste psicológico e de capacidade técnica e da revisão periódica do registro. 2. Agravo regimental a que se dá provimento, para julgar procedente a reclamação" (Rcl 11323 AgR, Relator(a): ROSA WEBER, Relator(a) p/ Acórdão: TEORI ZAVASCKI, Tribunal Pleno, julgado em 22/04/2015).

611. Art. 42. Os membros do Ministério Público terão carteira funcional, expedida na forma da Lei Orgânica, valendo em todo o território nacional como cédula de identidade, e porte de arma, independentemente, neste caso, de qualquer ato formal de licença ou autorização.

612. "PRETENSÃO DE PERCEPÇÃO DE VANTAGENS NÃO EXCLUSIVAS DA MAGISTRATURA. CONSOLIDAÇÃO DE INTERPRETAÇÃO RESTRITIVA DA COMPETÊNCIA ORIGINÁRIA DO SUPREMO TRIBUNAL FEDERAL (CF, ART. 102, I, N). AGRAVO AO QUAL SE NEGA PROVIMENTO. I - O Supremo Tribunal Federal firmou entendimento no sentido de que não se aplica o disposto no art. 102, I, n, da Constituição Federal aos casos nos quais o objeto da demanda não envolva direitos, interesses ou vantagens que digam respeito exclusivamente à magistratura. II - Na hipótese dos autos pretende-se, em síntese, a extensão do benefício previsto no art. 222, III da Lei Orgânica do Ministério Público da União. Assim, a demanda não está dirigida a todos os membros da magistratura, mas apenas a parte dos juízes; tampouco envolve vantagem que diga respeito exclusivamente à magistratura, não competindo a esta Corte julgar a causa. III – Agravo regimental a que se nega provimento" (AO 2240 AgR, Relator(a): RICARDO LEWANDOWSKI, Tribunal Pleno, julgado em 14/08/2019).

três anos do afastamento do cargo por aposentadoria ou exoneração (a chamada *quarentena* para o exercício da advocacia). A norma tem o objetivo de proteger a moralidade e a lisura da atividade jurisdicional, impedindo a chamada *exploração de prestígio* ou *tráfico de influência*.

Por se tratar de norma que restringe o direito fundamental à liberdade de trabalho (CF, art. 5º, XIII)[613], sua interpretação deve ser estrita.

Na delimitação do alcance do dispositivo, o Conselho Nacional de Justiça firmou o entendimento de que, na Justiça Estadual, a *quarentena* se aplica apenas no âmbito da comarca na qual atuava o magistrado anteriormente à sua aposentadoria ou exoneração[614].

No caso da Justiça do Trabalho, deve-se entender que Juiz do Trabalho de primeiro grau de jurisdição não poderá exercer a advocacia, antes de decorridos três anos de seu desligamento, considerado o território abrangido pela jurisdição da Vara do Trabalho em que atuava.

Assim, por exemplo, juiz titular de Vara do Trabalho situada no município do Rio de Janeiro, que venha a aposentar-se ou exonerar-se, não pode atuar – antes de decorridos três anos – em processos que tramitem na *cidade maravilhosa*; nada impediria, entretanto, que atuasse como advogado nas Varas do Trabalho da Baixada Fluminense ou outras do mesmo Estado.

Quanto aos Desembargadores, embora o tema seja polêmico, deve-se entender que a *quarentena* abrange apenas o exercício da advocacia no âmbito do próprio tribunal (segunda instância), não alcançando o exercício profissional no espectro dos juízos de primeira instância, ainda que vinculados ao tribunal do qual se desligara o magistrado.[615] Raciocínio análogo se aplica aos ministros

---

613. XIII - é livre o exercício de qualquer trabalho, ofício ou profissão, atendidas as qualificações profissionais que a lei estabelecer.

614. "PEDIDO DE PROVIDÊNCIAS. CONSULTA. ARTIGO 95, PARÁGRAFO ÚNICO, INCISO V, DA CONSTITUIÇÃO FEDERAL. QUARENTENA. EXTENSÃO DA VEDAÇÃO RELATIVA AOS JUÍZES DE PRIMEIRA INSTÂNCIA. 1. Ao juiz de Direito é vedado exercer a advocacia na Comarca da qual se afastou, antes de decorridos três anos do afastamento do cargo, por aposentadoria ou exoneração. 2. Ao juiz Federal ou juiz do Trabalho é vedado exercer a advocacia na seção, onde não houver subdivisão judiciária, subseção ou foro do qual se afastou, antes de decorridos três anos do afastamento do cargo por aposentadoria ou exoneração. Consulta parcialmente conhecida" (CNJ - PP - Pedido de Providências - Conselheiro - 0001037-77.2009.2.00.0000 - Rel. JOSÉ ADONIS CALLOU DE ARAÚJO SÁ - 82ª Sessão Ordináriaª Sessão - j. 14/04/2009).

615. Nesse sentido, por exemplo: "AGRAVO DE INSTRUMENTO. QUARENTENA. LIMITAÇÃO DE PROIBIÇÃO DE ATUAR NO TRIBUNAL DO QUAL SE AFASTOU O ATUAL ADVOGADO. EXPEDIÇÃO DA CARTEIRA DA OAB. RENÚNCIA. PERDA DE OBJETO DO RECURSO. INEXISTÊNCIA. (...) 2. A interpretação que exsurge da proibição constitucional questionada (artigo 95, parágrafo único, inciso V, da Cf/88) - a de que a quarentena se limita ao Tribunal do qual se afastou o causídico, no caso, deste TRF, não havendo impedimento para o exercício da advocacia perante a Primeira Instância. 3. Cumpre à OAB, ao expedir a carteira de advogado a magistrado aposentado, fazer nela averbar, com a necessária clareza, a interpretação que adota sobre o significado e a extensão do inciso V do parágrafo único do art. 95 da CF/88, interpretação a que ficará vinculado o inscrito (sem prejuízo de posterior questionamento

de tribunais superiores, os quais, após sua aposentadoria ou exoneração, ficam impedidos de exercer a advocacia no próprio tribunal do que se afastaram, mas podem advogar livremente nos órgãos jurisdicionais de primeira e segunda instância cujas decisões estiverem sujeitas ao órgão colegiado que integrou.

Isso se explica porque a limitação ao exercício da advocacia é norma restritiva, que se deve interpretar, portanto, estritamente. O dispositivo constitucional (CF, art. 95, parágrafo único, V) veda aos juízes exercer a advocacia no juízo ou tribunal do qual se afastou. Assim, não se pode estender a vedação para todos os juízos vinculados a determinado Tribunal de segunda instância; ou a todos os juízos e a todos os tribunais de segunda instância vinculados a determinado tribunal superior.

O Supremo Tribunal Federal ainda não decidiu o mérito dessa questão. Algumas decisões monocráticas têm negado a existência de repercussão geral, aparentemente porque a preliminar não teria sido adequadamente fundamentada pelos recorrentes[616]. Contudo, é inegável que o tema apresenta envergadura constitucional, já que se trata de restrição ao exercício profissional por um quantitativo relativamente grande de pessoas, a saber, juízes aposentados que passam a desempenhar a relevante função da advocacia. Espera-se que o tema, futuramente, deságue no Plenário da Suprema Corte.

24.8. Limite etário para ingresso na magistratura

Na ADI 5329[617], o STF declarou a inconstitucionalidade do art. 52, V, da Lei nº 11.697/2008[618], que estabelecia idade mínima de 25, e máxima de 50 anos de idade, para o ingresso na carreira da magistratura do Distrito Federal.

De acordo com a Corte, apenas a Constituição e a Lei Orgânica da Magistratura Nacional (que tem a forma de lei complementar) podem dispor sobre requisitos de ingresso na carreira da magistratura. Assim, lei ordinária que trate do tema padece de inconstitucionalidade formal.

judicial a respeito dessa interpretação). Não fazendo, e havendo controvérsia sobre o assunto, quem deve dirimi-la, não a tendo prevenido, é privativamente a OAB, e não os juízes. 4. Agravo parcialmente provido" (TRF4, AG 5020705-28.2013.404.0000, 2ª Turma, Relator Otávio Roberto Pamplona, D.E. 18/12/2013).

616. Assim: ARE 1153716, decisão monocrática, Rel. Min. Ricardo Lewandowski, julgado em 21.08.2018; e RE 1191236, decisão monocrática, Rel. Min. Alexandre de Moraes, julgado em 13.03.2019.

617. ADI 5329, Rel. Min. Marco Aurélio, Red. p/ o acórdão. Min. Alexandre de Moraes, Tribunal Pleno, julgamento virtual finalizado em 14.12.2020.

618. Art. 52. O ingresso na Carreira da Magistratura dar-se-á nos cargos de Juiz de Direito Substituto do Distrito Federal ou de Juiz de Direito dos Territórios e dependerá de concurso de provas e títulos realizado pelo Tribunal de Justiça, com a participação do Conselho Seccional da Ordem dos Advogados do Brasil do lugar em que se realizarem as provas, exigindo-se dos candidatos que satisfaçam os seguintes requisitos: (...) V – ter mais de 25 (vinte e cinco) e menos de 50 (cinqüenta) anos de idade, salvo quanto ao limite máximo, se for magistrado ou membro do Ministério Público (...).

Ademais, a decisão salientou que o limite etário caracterizaria, também, inconstitucionalidade material, por consistir em discriminação odiosa dos candidatos cuja idade fosse superior a 50 anos. Isso porque não há justificativa razoável para a exclusão; ao contrário, tudo indica que, no caso de carreiras cujas atribuições sejam preponderantemente de cunho intelectual, como ocorre no caso da magistratura, experiência profissional e o conhecimento jurídico acumulado qualificam o exercício da função.

24.9. Independência funcional de magistrados

O Tribunal Pleno da Suprema Corte já decidiu que a determinação, oriunda do Conselho Nacional de Justiça, de que os magistrados se cadastrem em sistemas eletrônicos necessários a viabilizar a prática de determinados atos processuais não viola a independência funcional dos juízes[619].

O caso decidido pelo Supremo Tribunal Federal diz respeito ao cadastramento de magistrados no sistema conhecido como "Bacenjud", utilizado para a prática de atos de constrição de contas correntes ou investimentos bancários.

Conforme bem anotado pela Corte, a obrigação de realizar o cadastramento é conduta administrativa que pode ser legitimamente exigida pelos órgãos de

619. "CONSTITUCIONAL. MANDADO DE SEGURANÇA. CONSELHO NACIONAL DE JUSTIÇA. ATRIBUIÇÕES. ART. 103-B DA CF. EXPEDIÇÃO DE ATOS REGULAMENTARES. DETERMINAÇÃO AOS MAGISTRADOS DE PRÉVIO CADASTRAMENTO NO SISTEMA "BACENJUD". COMANDO ABSTRATO. CONSTITUCIONALIDADE. PRESERVAÇÃO DOS PRINCÍPIOS DA LIBERDADE DE CONVICÇÃO E DA PERSUASÃO RACIONAL. SEGURANÇA DENEGADA. I - O art. 103-B da Constituição da República, introduzido pela Emenda Constitucional n. 45/2004, dispõe que o Conselho Nacional de Justiça é órgão com atribuições exclusivamente administrativas e correicionais, ainda que, estruturalmente, integre o Poder Judiciário. II - No exercício de suas atribuições administrativas, encontra-se o poder de "expedir atos regulamentares". Esses, por sua vez, são atos de comando abstrato que dirigem aos seus destinatários comandos e obrigações, desde que inseridos na esfera de competência do órgão. III - O Conselho Nacional de Justiça pode, no lídimo exercício de suas funções, regulamentar condutas e impor a toda magistratura nacional o cumprimento de obrigações de essência puramente administrativa. IV - A determinação aos magistrados de inscrição em cadastros ou sítios eletrônicos, com finalidades estatística, fiscalizatória ou, então, de viabilizar a materialização de ato processual insere-se perfeitamente nessa competência regulamentar. V - Inexistência de violação à convicção dos magistrados, que remanescem absolutamente livres para determinar ou não a penhora de bens, decidir se essa penhora recairá sobre este ou aquele bem e, até mesmo, deliberar se a penhora de numerário se dará ou não por meio da ferramenta denominada "BACEN JUD". VI - A necessidade de prévio cadastramento é medida puramente administrativa que tem, justamente, o intuito de permitir ao Poder Judiciário as necessárias agilidade e efetividade na prática de ato processual, evitando, com isso, possível frustração dos objetivos pretendidos, dado que o tempo, no processo executivo, corre em desfavor do credor. VII - A "penhora on line" é instituto jurídico, enquanto "BACEN JUD" é mera ferramenta tendente a operacionalizá-la ou materializá-la, através da determinação de constrição incidente sobre dinheiro existente em conta-corrente bancária ou aplicação financeira em nome do devedor, tendente à satisfação da obrigação. VIII Ato administrativo que não exorbita, mas, ao contrário, insere-se nas funções que constitucionalmente foram atribuídas ao CNJ. IX - Segurança denegada" (MS 27621, Relator(a): CÁRMEN LÚCIA, Relator(a) p/ Acórdão: RICARDO LEWANDOWSKI, Tribunal Pleno, julgado em 07/12/2011).

controle. A prática do ato processual, em si, como na hipótese da penhora *on line* realizada por meio do sistema Bacenjud, será decidida pelo juiz em cada caso concreto, à luz do direito positivo vigente. O magistrado, dessa forma, conserva sua independência funcional atinente à atividade jurisdicional em si.

25. MANDADO DE SEGURANÇA

Referências normativas e jurisprudenciais	
Constituição	Art. 5º Todos são iguais perante a lei, sem distinção de qualquer natureza, garantindo-se aos brasileiros e aos estrangeiros residentes no País a inviolabilidade do direito à vida, à liberdade, à igualdade, à segurança e à propriedade, nos termos seguintes; (...) LXIX - conceder-se-á mandado de segurança para proteger direito líquido e certo, não amparado por habeas corpus ou habeas data , quando o responsável pela ilegalidade ou abuso de poder for autoridade pública ou agente de pessoa jurídica no exercício de atribuições do Poder Público; LXX - o mandado de segurança coletivo pode ser impetrado por: a) partido político com representação no Congresso Nacional; b) organização sindical, entidade de classe ou associação legalmente constituída e em funcionamento há pelo menos um ano, em defesa dos interesses de seus membros ou associados (...).
Legislação infra-constitucional	Lei 12.016/2009
Súmulas e teses de repercussão geral	Tema 530 (RE 669367): É lícito ao impetrante desistir da ação de mandado de segurança, independentemente de aquiescência da autoridade apontada como coatora ou da entidade estatal interessada ou, ainda, quando for o caso, dos litisconsortes passivos necessários, a qualquer momento antes do término do julgamento, mesmo após eventual sentença concessiva do 'writ' constitucional, não se aplicando, em tal hipótese, a norma inscrita no art. 267, § 4º, do CPC/1973. STF, Súmula 625: Controvérsia sobre matéria de direito não impede concessão de mandado de segurança.
Julgados paradigmáticos	MS 24913 28440, 29093 RE 669367, 693456

A jurisprudência do Supremo Tribunal Federal registra importantes precedentes sobre a temática do mandado de segurança.

O mandado de segurança tem a natureza jurídica de garantia constitucional, e consiste em ação judicial de procedimento especial por meio da qual alguém busca defender direito líquido e certo de que se afirma titular, em face de ato de autoridade pública ou de agente de pessoa jurídica no exercício de função pública (CF, art. 5º, LXIX), desde que não seja caso de *habeas corpus* ou de *habeas data*.

A consagrada expressão *direito líquido e certo* é, de certo modo, equívoca, já que a ideia que se quer transmitir é a de que o mandado de segurança é cabível quando não houver dúvida em relação aos *fatos constitutivos* do direito alegado[620].

Liquidez e certeza, na linguagem técnico-processual, são atributos do pedido formulado em uma ação judicial, ou da sentença correspondente: não há diferenciação do mandado de segurança quanto a tal aspecto.

A peculiaridade do *writ* constitucional é que se trata de ação de rito mais célere, expedito, em tutela do cidadão contra ilegalidade do Poder Público; daí resulta que só é utilizável no mandado de segurança a prova documental, de modo que não haja necessidade de dilação probatória. Não se pode admitir sequer a produção de prova de outra natureza meramente *documentada*, tal como seria uma perícia ou um testemunho levado a termo.

Para que seja pertinente a impetração do mandado de segurança, entretanto, não é relevante a perquirição acerca da complexidade quanto ao enquadramento jurídico dos fatos narrados. Mesmo que se trate de intrincada e complexa questão de direito, a respeito da qual haja fundada controvérsia, é cabível o manejo do *writ*, desde que a prova pré-constituída seja suficiente para elucidar todos os fatos importantes ao julgamento da causa (STF, Súmula 625)[621].

A fim de compreender a peculiaridade decidida pelo STF em sede de repercussão geral[622], a respeito da possibilidade de desistência da ação de mandado de segurança, é preciso analisar o regime de formação de coisa julgada nesse *writ* constitucional.

Em caso de concessão da segurança (= julgamento de procedência do pedido formulado no mandado de segurança), com o trânsito em julgado forma-se normalmente a coisa julgada material, por se tratar de decisão de mérito (CPC, art. 487, I)[623].

---

620. Cf. BERNARDES, Felipe. *Manual de Processo do Trabalho..., op.cit.*, p. 773.

621. STF, Súmula 625: Controvérsia sobre matéria de direito não impede concessão de mandado de segurança.

622. "RECURSO EXTRAORDINÁRIO. REPERCUSSÃO GERAL ADMITIDA. PROCESSO CIVIL. MANDADO DE SEGURANÇA. PEDIDO DE DESISTÊNCIA DEDUZIDO APÓS A PROLAÇÃO DE SENTENÇA. ADMISSIBILIDADE. "É lícito ao impetrante desistir da ação de mandado de segurança, independentemente de aquiescência da autoridade apontada como coatora ou da entidade estatal interessada ou, ainda, quando for o caso, dos litisconsortes passivos necessários" (MS 26.890-AgR/DF, Pleno, Ministro Celso de Mello, DJe de 23.10.2009), "a qualquer momento antes do término do julgamento" (MS 24.584-AgR/DF, Pleno, Ministro Ricardo Lewandowski, DJe de 20.6.2008), "mesmo após eventual sentença concessiva do 'writ' constitucional, (...) não se aplicando, em tal hipótese, a norma inscrita no art. 267, § 4º, do CPC" (RE 255.837-AgR/PR, 2ª Turma, Ministro Celso de Mello, DJe de 27.11.2009). Jurisprudência desta Suprema Corte reiterada em repercussão geral (Tema 530 - Desistência em mandado de segurança, sem aquiescência da parte contrária, após prolação de sentença de mérito, ainda que favorável ao impetrante). Recurso extraordinário provido" (RE 669367, Relator(a): LUIZ FUX, Relator(a) p/ Acórdão: ROSA WEBER, Tribunal Pleno, julgado em 02/05/2013).

623. Art. 487 – Haverá resolução de mérito quando o juiz: I – acolher ou rejeitar o pedido formulado na ação ou na reconvenção.

Já na hipótese de denegação de segurança, devem-se distinguir duas possibilidades:

- (i) a ordem não é concedida porque, apesar de a prova documental pré-constituída ser satisfatória e suficiente para a definição dos fatos relevantes ao julgamento da causa, o respectivo enquadramento jurídico faz com que o impetrante não seja titular do direito material postulado. Nessa situação, haverá julgamento de mérito e o autor não pode impetrar novo mandado de segurança, nem ajuizar ação ordinária para reivindicar o mesmo direito, em virtude da coisa julgada material formada no *writ*;
- (ii) a ordem não é concedida porque a prova documental é insuficiente para o deslinde da controvérsia, havendo necessidade de dilação probatória. Neste caso, não haverá julgamento do mérito da lide, já que o mandado de segurança será extinto sem resolução de mérito em virtude da falta de pressuposto processual (CPC, art. 485, IV)[624], qual seja, a prova pré-constituída necessária e suficiente para elucidar os fatos da causa. Dessa forma, o impetrante pode valer-se das vias ordinárias para postular o mesmo direito, ou eventualmente impetrar novo mandado de segurança, desde que baseado em outras provas e observado o prazo decadencial de 120 dias (art. 19 da Lei nº 12.016/2009)[625].

Conclui-se, portanto, que a coisa julgada, em caso de denegação da segurança, forma-se *secundum eventum probationis*, à semelhança do que acontece nas ações civis públicas sobre direitos difusos e coletivos em sentido estrito.

No que tange à desistência da ação e à desistência de recurso interposto em sede de mandado de segurança, os institutos não podem ser confundidos.

A desistência do recurso pode ser feita a qualquer tempo e independe da anuência do recorrido e dos litisconsortes (CPC, art. 998, *caput*)[626], tendo como consequência lógica o trânsito em julgado da decisão recorrida.

Já a desistência da ação, após o decurso do prazo para oferecimento de defesa, só pode ser levada a efeito com o consentimento do réu (CPC, art. 485, § 4º[627], aplicável ao Processo do Trabalho por força do art. 769 da CLT[628]), e

---

624. Art. 485 – O juiz não resolverá o mérito quando: (...) V – verificar a ausência de pressupostos de constituição e de desenvolvimento válido e regular do processo.

625. Lei nº 12.016, Art. 19 – A sentença ou o acórdão que denegar mandado de segurança, sem decidir o mérito, não impedirá que o requerente, por ação própria, pleiteie os seus direitos e os respectivos efeitos patrimoniais.

626. Art. 998 – O recorrente poderá, a qualquer tempo, sem a anuência do recorrido ou dos litisconsortes, desistir do recurso.

627. Art. 485, § 4º – Oferecida a contestação, o autor não poderá, sem o consentimento do réu, desistir da ação.

628. Art. 769 – Nos casos omissos, o direito processual comum será fonte subsidiária do direito processual do trabalho, exceto naquilo em que for incompatível com as normas deste Título.

resulta na extinção do processo sem resolução de mérito.

Especificamente quanto ao mandado de segurança, a jurisprudência dos tribunais superiores (STJ[629] e STF, sendo que neste último a matéria foi decidida sob a sistemática da repercussão geral, conforme já mencionado) se inclina no sentido de que é possível ao impetrante desistir da ação de mandado de segurança após a sentença de mérito, ainda que seja desfavorável ao impetrante, sem anuência do impetrado, não se aplicando o art. 485, § 4º, do CPC. O fundamento é que não haveria direito da pessoa jurídica de direito público oponível ao impetrante, e que o mandado de segurança seguiria sistemática diferenciada, por constituir garantia constitucional em favor do cidadão.

Tal posicionamento, entretanto, é passível de críticas, pois a decisão que denega a segurança tem aptidão para formar coisa julgada material *secundum eventum probationis*, ou seja, sempre que for apreciado o mérito (Lei nº 12.016/2009, art. 19). Admitir a desistência do mandado de segurança, caso já proferida decisão contrária ao impetrante, equivale à rescisão desta por ato unilateral do autor, fraudando a formação da coisa julgada material e perpetuando a lide. O impetrante, por ato de mera vontade, estaria substituindo provimento jurisdicional definitivo por outro meramente terminativo, o que vai de encontro também ao princípio da economia processual.

Ainda que a decisão denegatória não fosse de mérito, é certo que o réu tem direito a uma decisão final, descabendo a rescisão da sentença por via oblíqua, em virtude da desistência.

Nesse sentido, o próprio STF já relativizou, em alguns julgados[630], seu tradicional entendimento, e deixou de homologar a desistência em mandado

---

629. "PROCESSUAL CIVIL. MANDADO DE SEGURANÇA. DESISTÊNCIA APÓS A SENTENÇA DE MÉRITO. POSSIBILIDADE. 1. O Supremo Tribunal Federal, nos autos do Recurso Extraordinário 669367, julgado em 02/05/2013, reconhecida a repercussão geral, definiu que é plenamente admissível a desistência unilateral do mandado de segurança, pelo impetrante, sem anuência do impetrado, mesmo após a prolação da sentença de mérito. 2. Indeferir o pedido de desistência do mandamus para supostamente preservar interesses do Estado contra o próprio destinatário da garantia constitucional configura patente desvirtuamento do instituto, haja vista que o mandado de segurança é instrumento previsto na Constituição Federal para resguardar o particular de ato ilegal perpetrado por agente público. 3. Recurso especial provido" (REsp 1405532/SP, Rel. Ministra ELIANA CALMON, SEGUNDA TURMA, julgado em 10/12/2013, DJe 18/12/2013).

630. "Agravo regimental em embargos de declaração em embargos de declaração em mandado de segurança. Petição de desistência. Intuito de recusa à observância da jurisprudência da Corte. Não homologação. Mérito recursal. Serventia extrajudicial. Permuta. Necessidade de concurso público. Decadência. Inaplicabilidade do art. 54 da Lei nº 9.784/99. Interinidade. Aplicação do teto de remuneração. Precedentes. Petição de desistência não homologada e agravo regimental não provido. 1. Nas hipóteses em que demonstrado o mero intuito de se recusar observância a Jurisprudência pacífica da Corte, o Supremo Tribunal tem afastado o entendimento firmado no RE 669.367 RG (Relatora para o acórdão a Ministra Rosa Weber, Pleno, DJe de 30/10/14), segundo o qual pode a parte impetrante manifestar desistência da ação mandamental a qualquer tempo, mesmo após a sentença, independentemente da concordância da parte impetrada. Precedentes. Pedido de desistência não homologado. 2. A Jurisprudência da Corte se consolidou no sentido da autoaplicabilidade do art. 236, § 3º, da CF/88, e, portanto, de que, após

de segurança por considerar que o objetivo do impetrante, ao desistir da ação mandamental, era, nitidamente, esquivar-se da jurisprudência pacífica da própria Corte, perpetuando a discussão em outras esferas do Judiciário.

Trata-se, portanto, de espécie de *distinguishing* que vem sendo levado a efeito pela Suprema Corte: quando o objetivo velado do impetrante, ao manifestar sua vontade no sentido de desistir do *writ*, seja o de evitar a aplicação da jurisprudência constitucional do próprio STF, a desistência não pode ser homologada sem aquiescência da autoridade impetrada, aplicando-se a sistemática geral do Código de Processo Civil.

Outra distinção foi feita pela Corte no RE 693456[631]. No caso, tratava-se de recurso extraordinário em mandado de segurança, sendo certo que o tema de mérito havia sido afetado para julgamento pelo Plenário de acordo com a sistemática da repercussão geral. Poucos minutos antes do início da sessão de julgamento, o impetrante peticionou desistindo da ação de mandado de segurança.

Na oportunidade, os ministros cogitaram de duas possibilidades: (i) seria inadmissível a desistência da ação de mandado de segurança, em virtude da objetivação do processo, decorrente do fato de ter sido selecionado como paradigma de repercussão geral; (ii) seria possível a desistência, mas o Tribunal seguiria em frente para julgar a tese de repercussão geral.

A Suprema Corte optou pela primeira opção, a qual certamente constitui *distinguishing* em relação à tese anteriormente fixada no RE 669367, muito embora alguns ministros hajam dito que se tratava de situação diferente, não versada no precedente anterior. É fato que neste não houve o enfoque específico quanto ao mandado de segurança que esteja em sede de recurso extraordinário no STF para julgamento na sistemática da repercussão geral.

---

a promulgação da Constituição Federal de 1988, é inconstitucional o acesso a serviços notarial e de registro, inclusive por remoção ou permuta, sem prévia aprovação em concurso público. 3. O Plenário do STF, em reiterados julgamentos, assentou o entendimento de que o prazo decadencial de 5 (cinco) anos, de que trata o art. 54 da Lei 9.784/1999, não se aplica à revisão de atos de delegação de serventias extrajudiciais editados após a Constituição de 1988, sem o atendimento das exigências prescritas em seu art. 236. 4. Aplica-se a quem detém interinamente a serventia extrajudicial a limitação do teto prevista no art. 37, XI, da Constituição. Precedentes. 5. Petição de desistência não homologada e agravo regimental não provido"(MS 29083 ED-ED-AgR, Relator(a): Min. TEORI ZAVASCKI, Relator(a) p/ Acórdão: Min. DIAS TOFFOLI, Segunda Turma, julgado em 16/05/2017).

631. "Recurso extraordinário. Repercussão geral reconhecida. Questão de ordem. Formulação de pedido de desistência da ação no recurso extraordinário em que reconhecida a repercussão geral da matéria. Impossibilidade. Mandado de segurança. Servidores públicos civis e direito de greve. Descontos dos dias parados em razão do movimento grevista. Possibilidade. Reafirmação da jurisprudência do Supremo Tribunal Federal. Recurso do qual se conhece em parte, relativamente à qual é provido. 1. O Tribunal, por maioria, resolveu questão de ordem no sentido de não se admitir a desistência do mandado de segurança, firmando a tese da impossibilidade de desistência de qualquer recurso ou mesmo de ação após o reconhecimento de repercussão geral da questão constitucional (...)" (RE 693456, Relator(a): DIAS TOFFOLI, Tribunal Pleno, julgado em 27/10/2016).

Contudo, é justamente isso que caracteriza a distinção: o julgado anterior é mais genérico, e o posterior é mais específico; no primeiro, concluiu-se pela possibilidade de desistência da ação de mandado de segurança mesmo após prolação de sentença de mérito, enquanto no segundo, excepciona-se a situação em que a causa esteja afetada para julgamento pela sistemática de repercussão geral.

Veja-se que o STF rejeitou expressamente a proposta de admitir a desistência da ação, mas fixar a tese de repercussão geral, conforme previsto no art. 988, parágrafo único, do CPC[632]. Os ministros deixaram expresso que, admitida a repercussão geral, não seria mais possível a desistência do mandado de segurança.

O entendimento é criticável, pois viola o texto expresso do referido dispositivo legal. Ademais, não se esclarece o que deveria ser feito caso tivessem sido escolhidos dois processos como paradigmas da repercussão geral e a desistência se referisse a apenas um deles: diante de ausência de prejuízo à atividade jurisdicional, seria o caso de admitir a desistência nessa hipótese?

Na verdade, o que se nota, a partir dos debates travados no RE 693456, foi a preocupação de evitar postura fraudulenta do impetrante do mandado de segurança, que estava tentando obstaculizar, por meio da desistência, que o Supremo Tribunal Federal aplicasse sua jurisprudência – desfavorável ao autor, evidentemente – ao caso concreto.

Tais observações demonstram a inadequação do entendimento firmado no RE 669367, o qual inevitavelmente dá margem a manobras fraudulentas, pois permite que o impetrante, percebendo que não logrará êxito em sua pretensão em grau recursal, impeça a finalização do julgamento de mérito e perpetue o litígio por meio de ações ordinárias.

26. MINISTÉRIO PÚBLICO DO TRABALHO

Referências normativas e jurisprudenciais	
Constituição	Art. 5º, LIII - ninguém será processado nem sentenciado senão pela autoridade competente. Art. 127. O Ministério Público é instituição permanente, essencial à função jurisdicional do Estado, incumbindo-lhe a defesa da ordem jurídica, do regime democrático e dos interesses sociais e individuais indisponíveis. § 1º - São princípios institucionais do Ministério Público a unidade, a indivisibilidade e a independência funcional. (...). Art. 128. O Ministério Público abrange:

632. Art. 988, Parágrafo único. A desistência do recurso não impede a análise de questão cuja repercussão geral já tenha sido reconhecida e daquela objeto de julgamento de recursos extraordinários ou especiais repetitivos.

Constituição	I - o Ministério Público da União, que compreende: a) o Ministério Público Federal; b) o Ministério Público do Trabalho; c) o Ministério Público Militar; d) o Ministério Público do Distrito Federal e Territórios; II - os Ministérios Públicos dos Estados. § 1º O Ministério Público da União tem por chefe o Procurador-Geral da República, nomeado pelo Presidente da República dentre integrantes da carreira, maiores de trinta e cinco anos, após a aprovação de seu nome pela maioria absoluta dos membros do Senado Federal, para mandato de dois anos, permitida a recondução.
Legislação infra-constitucional	LC 75/93 Lei 8625/93
Súmulas e teses de repercussão geral	Tema 471 (RE 631111): Com fundamento no art. 127 da Constituição Federal, o Ministério Público está legitimado a promover a tutela coletiva de direitos individuais homogêneos, mesmo de natureza disponível, quando a lesão a tais direitos, visualizada em seu conjunto, em forma coletiva e impessoal, transcender a esfera de interesses puramente particulares, passando a comprometer relevantes interesses sociais. Tema 850 (RE 643978): o Ministério Público tem legitimidade para a propositura de ação civil pública em defesa de direitos sociais relacionados ao FGTS. Tema 946 (RE 985392) - Os Ministérios Públicos dos Estados e do Distrito Federal têm legitimidade para propor e atuar em recursos e meios de impugnação de decisões judiciais em trâmite no STF e no STJ, oriundos de processos de sua atribuição, sem prejuízo da atuação do Ministério Público Federal.
Julgados paradigmáticos	ACO 1567 ADI 1289, 1852 MC ARE 798293 AgR , 915337 AgR, 1057601 AgR, 1090267 AgR HC 67759, 102147, 103038 MS 23769 Rcl 5873 AgR, 6239, 7318 AgR RE 643978, 985392

26.1. Legitimidade para atuação no STF

Questão polêmica já decidida pelo Supremo Tribunal Federal diz respeito à legitimidade para atuação de órgãos do Ministério Público perante a própria Corte. A discussão perpassa pelas noções de indivisibilidade e unidade, as quais constituem princípios institucionais da instituição ministerial (CF, art. 127, §1º), além da compreensão sobre os reflexos do sistema federativo na estruturação do Ministério Público.

A unidade costuma ser caracterizada como decorrência do fato de que os membros do Ministério Público integram um só órgão, sendo chefiados apenas pelo respectivo procurador-geral[633]. Nessa ótica, não haveria unidade entre os diversos ramos do Ministério Público da União, e tampouco entre o Ministério Público estadual e o federal. Há, entretanto, autores que extraem a unidade da ideia de que a instituição compõe um único corpo funcional voltado para a tutela do interesse público e do bem comum[634].

Já a indivisibilidade seria uma espécie de corolário da unidade, de modo que o *Parquet* não pode ser subdividido em instituições autônomas e desvinculadas, razão pela qual os respectivos membros podem ser substituídos uns pelos outros[635]. Nessa acepção, a indivisibilidade seria interna a cada ramo do Ministério Público.

A respeito da atuação do órgão ministerial no âmbito do Supremo Tribunal Federal, o art. 46 da Lei Complementar 75/93 estatui incumbir ao Procurador-Geral da República exercer as funções do Ministério Público junto à Corte, manifestando-se previamente em todos os processos de sua competência.

Interpretando esse dispositivo, o STF fez uma bifurcação: quanto aos ramos do Ministério Público da União – entre os quais se inclui o MPT –, apenas o Procurador-Geral da República pode atuar junto à Suprema Corte[636]. Isso porque a chefia do MPU seria exercida pelo Procurador-Geral da República, e também pela regência do art. 46 da LC 75/93.

Já no que tange ao Ministério Público estadual, à luz do princípio da autonomia federativa, e por não incidir o referido art. 46, a orientação da jurisprudência é no sentido de que tais órgãos detêm legitimidade para atuação processual no âmbito da Suprema Corte, quer se trate de ações de competência originária, quer se cuide de recursos interpostos internamente no âmbito do próprio Supremo Tribunal Federal[637].

---

633. Assim: BULOS, Uadi Lammêgo. *Curso de Direito Constitucional.* 5ª ed. São Paulo: Saraiva, 2010, p. 1368.

634. SAMPAIO, José Adércio Leite. Comentários ao art. 127. In: *Comentários à Constituição do Brasil.* J.J.Gomes Canotilho et.al. (coords.). 2ª ed. São Paulo: Saraiva Educação, 2018, p. 1632-1636.

635. BULOS, Uadi Lammêgo. *Curso*..., op.cit., p. 1369.

636. "AGRAVO REGIMENTAL NA RECLAMAÇÃO – ADMINISTRATIVO E PROCESSUAL CIVIL – DISSÍDIO ENTRE SERVIDORES E O PODER PÚBLICO – ADI nº 3.395/DF-MC – MINISTÉRIO PÚBLICO DO TRABALHO – ILEGITIMIDADE AD CAUSAM. 1. O Ministério Público do Trabalho integra a estrutura do Ministério Público da União (art. 128, I, da CF), sendo o princípio da unicidade do Ministério Público (art. 127, §1º, CF) importante fundamento conformador de sua atuação institucional. 2. As funções do Ministério Público junto ao Supremo Tribunal Federal competem privativamente ao Procurador-Geral da República. 3. O Ministério Público do Trabalho não possui legitimidade para atuar, em sede processual, perante o Supremo Tribunal Federal. 4. Agravo regimental não conhecido" (Rcl 7318 AgR, Relator(a): DIAS TOFFOLI, Tribunal Pleno, julgado em 23/05/2012). No mesmo sentido, entre muitos outros: Rcl 5873 AgR, Relator(a): CELSO DE MELLO, Tribunal Pleno, julgado em 09/12/2009; Rcl 6239 AgR-AgR/RO, rel. orig. Min. Luiz Fux, red. p/ o acórdão Min. Rosa Weber, julgado em 23.5.2012.

637. "RECLAMAÇÃO. ILEGITIMIDADE ATIVA DO MINISTÉRIO PÚBLICO ESTADUAL. INICIAL RATIFICADA PELO PROCURADOR-GERAL DA REPÚBLICA. AFASTAMENTO DA INCIDÊNCIA DO ART. 127 DA LEP POR ÓRGÃO FRACIONÁRIO DE TRIBUNAL ESTADUAL. VIOLAÇÃO DA

Ressalte-se, entretanto, que o Ministério Público do Trabalho tem legitimidade para interpor recursos para o STF – extraordinários ou ordinários – em face de decisões proferidas por órgãos da Justiça do Trabalho, notadamente pelo TST. Nessas hipóteses, o MPT não estará atuando junto ao STF, pois os recursos são interpostos perante o órgão *a quo*. Quando pertinente, haverá parecer do Procurador-Geral da República como *custos legis* nesses casos.

De outro lado, o Ministério Público do Trabalho não tem legitimidade para agir no Supremo Tribunal Federal por meio dos seguintes mecanismos: reclamação[638]; agravo interno ou regimental; ações de competência originária da Corte, como a ação rescisória, entre outros.

Ora, se, conforme já dito, inexiste unidade entre os diversos ramos do Ministério Público da União[639], subordinar a atuação do Ministério Público do Trabalho ao aval do Procurador-Geral da República parece não se harmonizar com o texto constitucional, no que assegura a unidade, a indivisibilidade e a independência funcional como predicados inerentes à atuação do *Parquet*.

Sob outro enfoque, o entendimento do STF aplica uma espécie de *capitis diminutio*[640] ao Ministério Público do Trabalho, que fica privado de utilizar de forma independente instrumentos processuais como a reclamação e a ação rescisória perante a Suprema Corte. Além de entes públicos e do Ministério Público estadual[641], todo e qualquer cidadão pode dirigir esse tipo de postulação ao STF, mas o MPT (e os demais ramos do MPU) ficam impedidos, subordinando-se à vontade do Procurador-Geral da República.

SÚMULA VINCULANTE 9. PROCEDÊNCIA. 1. Inicialmente, entendo que o Ministério Público do Estado de São Paulo não possui legitimidade para propor originariamente Reclamação perante esta Corte, já que "incumbe ao Procurador-Geral da República exercer as funções do Ministério Público junto ao Supremo Tribunal Federal, nos termos do art. 46 da Lei Complementar 75/93" (Rcl 4453 MC-AgR-AgR / SE, de minha relatoria, DJe 059, 26.03.2009). 2. Entretanto, a ilegitimidade ativa foi corrigida pelo Procurador-Geral da República, que ratificou a petição inicial e assumiu a iniciativa da demanda. 3. Entendimento original da relatora foi superado, por maioria de votos, para reconhecer a legitimidade ativa autônoma do Ministério Público Estadual para propor reclamação (...)" (Rcl 7358, Relator(a): ELLEN GRACIE, Tribunal Pleno, julgado em 24/02/2011).

638. Rcl 6239 AgR-AgR, Relator(a): LUIZ FUX, Relator(a) p/ Acórdão: ROSA WEBER, Tribunal Pleno, julgado em 23/05/2012.

639. Em doutrina, sustentam a inexistência de unidade entre os diversos ramos do MPU, bem como entre este e o Ministério Público dos estados: CUNHA JR., Dirley. *Curso de Direito Constitucional.* 6ª ed. Salvador: Juspodivm, 2012, p. 1185; BULOS, *op.cit, loc.cit.*

640. *Capitis diminutio* era expressão usada no antigo Direito Romano para refletir a perda da capacidade civil ou do pátrio poder por determinado cidadão.

641. RE 985392 RG, Relator(a): GILMAR MENDES, Tribunal Pleno, julgado em 25/05/2017. Nesse julgado, foi fixada a seguinte tese de repercussão geral: Os Ministérios Públicos dos Estados e do Distrito Federal têm legitimidade para propor e atuar em recursos e meios de impugnação de decisões judiciais em trâmite no STF e no STJ, oriundos de processos de sua atribuição, sem prejuízo da atuação do Ministério Público Federal.

26.2. Legitimidade para ação civil pública

26.2.1. Caracterização dos direitos difusos, coletivos em sentido estrito e individuais homogêneos[642]

Os direitos coletivos (cuja tutela se dá em processos coletivos) podem ser de três espécies, conceituada pelo art. 81, parágrafo único, do Código de Defesa do Consumidor[643]: (i) difusos; (ii) coletivos em sentido estrito; (iii) individuais homogêneos.

Os direitos difusos e coletivos em sentido estrito são *essencialmente* coletivos, já que por definição são direitos que pertencem a uma coletividade, e não a indivíduos isolados. Já os direitos individuais homogêneos são apenas *acidentalmente* coletivos: o ordenamento permite a tutela coletiva por razões de política judiciária, mas nada impede que cada indivíduo busque, por conta própria, a tutela de seu direito.

Para bem compreender a diferenciação entre as espécies de direitos, deve-se partir das noções de *transindividualidade* e *indivisibilidade.*

O direito será transindividual quando pertencer a uma coletividade de pessoas, ou seja, não há como atribuí-lo a determinado indivíduo, mas apenas a um grupo ou a uma coletividade de pessoas. Por exemplo: se o MPT ajuizar ação coletiva com o objetivo de obrigar determinada empresa estatal a realizar concursos públicos, trata-se de direito titularizado por todo e qualquer cidadão brasileiro que possa realizar o referido certame. Por essência, a observância da regra constitucional do concurso público é direito transindividual que pertence à coletividade.

Já a indivisibilidade se caracteriza pelo fato de não ser possível fracionar o atendimento e fruição do direito para apenas algumas pessoas ou subgrupos. Ou toda a coletividade interessada é atendida, ou ninguém o é. Voltando ao exemplo da pretensão de realização de concurso público: ou o certamente é realizado, e isso atenderá todos os cidadãos aptos a realizá-lo; ou não será feito o concurso para ninguém.

---

642. Neste tópico, retomamos reflexões feitas em BERNARDES, Felipe. Manual de Processo do Trabalho. 2ª ed. Salvador: Juspodivm, 2019, p. 689 e seguintes.

643. Art. 81 – A defesa dos interesses e direitos dos consumidores e das vítimas poderá ser exercida em juízo individualmente, ou a título coletivo.

Parágrafo único. A defesa coletiva será exercida quando se tratar de:

I – interesses ou direitos difusos, assim entendidos, para efeitos deste código, os transindividuais, de natureza indivisível, de que sejam titulares pessoas indeterminadas e ligadas por circunstâncias de fato;

II – interesses ou direitos coletivos, assim entendidos, para efeitos deste código, os transindividuais, de natureza indivisível de que seja titular grupo, categoria ou classe de pessoas ligadas entre si ou com a parte contrária por uma relação jurídica base;

III – interesses ou direitos individuais homogêneos, assim entendidos os decorrentes de origem comum.

Tanto os direitos difusos, quanto os coletivos *stricto sensu*, são transindividuais e indivisíveis. A diferença entre eles está no fato de que os direitos difusos são titularizados por pessoas indeterminadas e ligadas apenas por circunstâncias de fato. Voltando ao mesmo exemplo, os beneficiários do julgamento de procedência que obrigue a empresa estatal a realizar público são indeterminados, ligados apenas pelo fato de terem interesse em participar do certame.

Já os direitos coletivos em sentido estrito são titularizados por grupo, categoria ou classe de pessoas ligadas entre si ou com a parte contrária por uma relação jurídica base. O direito permanece não pertencendo a indivíduos isolados (assim como nos difusos), mas os titulares são passíveis de determinação, por integrarem grupo definido. Exemplo: o MPT ajuíza ação pleiteando o reconhecimento de nulidade de determinada cláusula de acordo coletiva de trabalho. Os titulares do direito reivindicado são todos os trabalhadores da empresa envolvida, e as partes estão ligadas por relação jurídica base, qual seja, o contrato de trabalho.

Perceba-se que os direitos difusos e coletivos em sentido estrito não podem ser postulados em juízo por indivíduos isolados. O cidadão não pode ingressar com ação visando a compelir a empresa estatal a realizar concurso público; o trabalhador não pode pedir a nulidade do acordo coletivo em caráter geral para toda a categoria (no máximo, poderia requerer a declaração incidental com efeitos apenas em seu processo individual).

Por fim, os direitos individuais homogêneos não são transindividuais, nem indivisíveis. São típicos direitos individuais, que podem ser buscados isoladamente pelo interessado. Contudo, por haver uma origem comum, o ordenamento jurídico considera conveniente que se permita a tutela coletiva desses direitos, em benefício da economia processual, isonomia e duração razoável do processo.

A lei não prevê a categoria de *direitos individuais heterogêneos*, mas, do ponto de vista doutrinário, é possível utilizar a expressão com o objetivo de enquadrar os direitos que não têm origem comum e, portanto, não são homogêneos e não podem ser tutelados em ações coletivas.

A definição do que venha a ser *origem comum* para fins de caracterização de um direito como homogêneo ou heterogêneo deve levar em conta a prevalência de questões individuais ou de questões comuns. De fato, a tutela coletiva de direitos somente será interessante, do ponto de vista de sua utilidade prática, caso haja prevalência de questões comuns sobre as individuais. Se, ao contrário, a situação litigiosa fizer com que os aspectos individuais – de cada titular de direito – prevaleçam em relação aos aspectos comuns, não haverá utilidade no uso da tutela coletiva.

Exemplo: o pedido de condenação ao pagamento de horas extras, em princípio, revela direito individual heterogêneo, já que cada trabalhador precisará comprovar sua própria jornada, que será variável dia a dia. O trabalhador *X*, por hipótese, pode ter trabalhado das 9h05 às 19h30 em um dia, e o trabalhador *Y*, das 8h57 às 19h03. A diferença da jornada de cada qual faz com que haja necessidade de comprovação individual da duração do trabalho de cada empregado. Se for proferida sentença condenatória genérica, nesta hipótese (condenando a reclamada ao pagamento de horas extras a todos os empregados), a decisão não terá nenhuma utilidade prática: cada trabalhador deverá ajuizar sua liquidação individual por artigos, comprovando sua própria jornada. Há, no exemplo, nítida prevalência das questões individuais sobre as comuns.

Ao contrário, se o pedido formulado na ação coletiva for o de recálculo de horas extras já quitadas (conforme contracheques de cada trabalhador), porque a empresa vem utilizando divisor equivocado (por exemplo, o divisor 180, quando deveria se valer do 150, que é mais benéfico ao trabalhador), a tutela coletiva seria pertinente, pois não haveria necessidade de instrução probatória quanto à jornada de cada trabalhador. A sentença genérica seria facilmente liquidada, mediante juntada dos contracheques de cada trabalhador, que demonstrariam o valor já quitado a título de horas extraordinários. Neste exemplo, portanto, há prevalência das questões comuns sobre as individuais.

É importante observar, também, que não existe qualquer bem jurídico que seja, em si mesmo, direito difuso, coletivo ou individual homogêneo. A caracterização de um direito como difuso, coletivo em sentido estrito ou individual homogêneo dependerá da forma como a pretensão é manifestada no processo, a partir da causa de pedir e do pedido.

Suponha-se, por exemplo, que o Ministério Público do Trabalho ajuíze ação civil pública em face de determinada indústria que utilize material tóxico em seu processo produtivo, constando, da petição inicial, dois pedidos: cessação do uso do referido material; e condenação ao pagamento de indenização por danos morais a cada um dos trabalhadores que sofreram danos à saúde em decorrência do fato. Perceba-se: o direito ao meio ambiente do trabalho equilibrado, nesta hipótese, gera um direito difuso (pois toda a coletividade é prejudicada pelo uso do material tóxico); coletivo em sentido estrito (já que todos os trabalhadores da empresa serão beneficiados com a decisão judicial que determine a cessação do uso do material); e individual homogêneo, porque o uso do material tóxico é origem comum dos danos sofridos por diversos trabalhadores.

Para ilustrar com mais um exemplo, veja-se a situação do dissídio coletivo de natureza econômica, que permite a criação de normas que valerão para toda a categoria profissional. Imagine-se que o sindicato dos rodoviários ajuíze dissídio coletivo para reivindicar um auxílio não previsto por lei, como o auxílio-creche. Nessa hipótese, toda a categoria dos rodoviários será beneficiada, caso o Tribunal julgue procedente o pedido. Por outro lado, se for julgado improcedente, todos os integrantes da categoria também serão prejudicados. Percebe-se, assim, a natureza indivisível desse direito, já que, ou toda a categoria será atendida, ou ninguém o será. Esse direito é coletivo em sentido estrito, pois os beneficiários desse auxílio serão apenas os integrantes da categoria, que estão ligados entre si e com a parte contrária (o empregador) por uma relação jurídica base, qual seja, o contrato de trabalho. Portanto, todos os rodoviários podem se beneficiar com a criação da norma jurídica no âmbito da categoria.

Dessa forma, conclui-se que pretensões manifestadas em dissídios coletivos de trabalho constituem, em princípio, direitos coletivos em sentido estrito.

26.2.2. Atuação do Ministério Público na tutela de direitos difusos, coletivos em sentido estrito e individuais homogêneos

Sob a sistemática da repercussão geral[644], o STF fixou a seguinte tese: "Com fundamento no art. 127 da Constituição Federal, o Ministério Público está legitimado a promover a tutela coletiva de direitos individuais homogêneos, mesmo de natureza disponível, quando a lesão a tais direitos, visualizada em seu conjunto, em forma coletiva e impessoal, transcender a esfera de interesses puramente particulares, passando a comprometer relevantes interesses sociais".

A tese menciona apenas os direitos individuais homogêneos porque apenas em relação a estes há controvérsia a respeito da legitimidade do Ministério Público para promover sua tutela em juízo. Isso porque o art. 129, III, da CF[645], ao elencar as funções institucionais do órgão ministerial, menciona apenas a promoção de ação civil pública para tutela de direitos difusos e coletivos, sem referência aos individuais homogêneos. E, quanto aos direitos individuais, o *caput* do art. 127 da Constituição estatui competir ao órgão a defesa de interesses sociais e individuais indisponíveis.

A Suprema Corte deixou claro que o Ministério Público pode promover a ação civil pública ainda quando se trate de direitos individuais disponíveis, desde que (i) haja autorização legislativa para tanto, como ocorre com as relações de consumo (Lei 8078/90, art. 82, I), ou que (ii) exista interesse social na tutela coletiva desses direitos, mesmo que não haja autorização legal específica para a atuação do *Parquet*. Vejam-se as seguintes passagens do voto condutor do saudoso processualista Min. Teori Zavascki:

644. RE 631111, Relator(a): TEORI ZAVASCKI, Tribunal Pleno, julgado em 07/08/2014.

645. Art. 129. São funções institucionais do Ministério Público: (...) III - promover o inquérito civil e a ação civil pública, para a proteção do patrimônio público e social, do meio ambiente e de outros interesses difusos e coletivos (...).

> Min. Teori Zavascki (RE 631111): Em se tratando de direitos homogêneos decorrentes de relações de consumo, o primeiro dos legitimados ativos eleitos pelo art. 82 do CDC (Lei 8.078/90) é justamente o Ministério Público. Além dessa, prevista no Código do Consumidor, há outras hipóteses de legitimação do Ministério Público para demandar em juízo a tutela coletiva em prol de direitos de natureza individual e disponível: a da Lei 7.913, de 7.12.1989, que o legitima a propor ação de responsabilidade por danos causados aos investidores no mercado de valores mobiliários, e a do art. 46, da Lei 6.024, de 13.03.1974, para propor ação de responsabilidade pelos prejuízos causados aos credores por ex-administradores de instituições financeiras em liquidação ou falência. Nas três hipóteses – danos decorrentes de relações de consumo, de investimentos em valores mobiliários e de operações com instituições financeiras –, os direitos lesados são, por natureza, individuais, divisíveis e disponíveis. (...) É importante assinalar esse detalhe: os objetivos perseguidos na ação coletiva são visualizados não propriamente pela ótica individual e pessoal de cada prejudicado, e sim pela perspectiva global, coletiva, impessoal, levando em consideração a ação lesiva do causador do dano em sua dimensão integral. (...)"Interesses sociais", como consta da Constituição, e "interesse público", como está no art. 82, III, do CPC, são expressões com significado substancialmente equivalente. Poder-se-ia, genericamente, defini-los como "interesses cuja tutela, no âmbito de um determinado ordenamento jurídico, é julgada como oportuna para o progresso material e moral da sociedade a cujo ordenamento jurídico corresponde", como o fez J. J. Calmon de Passos, referindo-se a interesses públicos (CALMON DE PASSOS, J. J. Intervenção do Ministério Público nas causas a que se refere o art. 82, III do CPC, Revista Forense, v. 268, n. 916-918, p. 55). Relacionam-se, assim, com situações, fatos, atos, bens e valores que, de alguma forma, concorrem para preservar a organização e o funcionamento da comunidade jurídica e politicamente considerada, ou para atender suas necessidades de bem-estar e desenvolvimento. (...) O próprio Ministério Público, independentemente de lei específica, pode, no exercício de suas funções institucionais, identificar situações em que a ofensa a direitos homogêneos compromete também interesses sociais. É seu dever, nesses casos, assumir a legitimação ativa e promover as medidas cabíveis para a devida tutela jurisdicional. É evidente que a posição e os atos do Ministério Público a respeito estarão sujeitos ao crivo da parte contrária, que poderá, como ocorreu no caso em exame, contestar a existência de interesse social apto a justificar a incidência do art. 127 da Constituição. A palavra final sobre a adequada legitimação caberá, sempre, ao Judiciário, que a confirmará ou a afastará. Tratando-se de matéria de ordem pública, dela pode conhecer até mesmo de ofício o juiz da causa.

Os direitos trabalhistas, como se sabe, caracterizam-se como direitos humanos ou fundamentais, o que por si só justifica que se admita a promoção da respectiva tutela jurisdicional em ações civis públicas movidas pelo MPT. Além disso, há, nitidamente, interesse social no cumprimento da legislação trabalhista, pelos seguintes motivos:

- (i) a necessidade de se promover igualdade de condições entre empresas concorrentes, evitando-se que infratores da legislação trabalhista tenham vantagem competitiva;

- (ii) o cumprimento da legislação trabalhista tem valor em si mesmo como elemento propulsor da efetivação dos direitos humanos sociais;
- (iii) a dificuldade de acesso do trabalhador ao Poder Judiciário na vigência do contrato de trabalho, o que amplifica a necessidade de utilização das ações coletivas.

Veja-se, ademais, que também existe interesse coletivo na solução *molecular* do conflito, vale dizer, a coletividade é beneficiada quando se resolve o litígio em escala macroscópica e de forma isonômica, evitando a proliferação de processos e de decisões conflitantes entre si.

Nesse diapasão, o STF, também em sede de repercussão geral[646], fixou a tese de que o Ministério Público tem legitimidade para a propositura de ação civil pública em defesa de direitos sociais relacionados ao FGTS. É importante destacar que tal precedente não se refere a ação movida pelo MPT, mas pelo MPF, em face do órgão gestor do FGTS, com o objetivo de aprimorar o modelo organizacional utilizado.

Contudo, a amplitude da tese, bem como seus fundamentos determinantes, permitem concluir seguramente que o mesmo raciocínio deve ser empreendido quando se tratar de ação civil pública movida pelo Ministério Público do Trabalho, o qual pode, por exemplo, postular a condenação do empregador inadimplente à integralização dos depósitos nas contas vinculadas de FGTS dos respectivos trabalhadores.

A jurisprudência do Tribunal Superior do Trabalho[647-648] também reconhece sem maiores restrições a legitimidade ativa do MPT para ajuizar ação civil pú-

646. RE 643978, Relator(a): ALEXANDRE DE MORAES, Tribunal Pleno, julgado em 09/10/2019.

647. "EMBARGOS DE DECLARAÇÃO EM RECURSO DE EMBARGOS EM RECURSO DE REVISTA - AÇÃO CIVIL PÚBLICA - DIREITOS INDIVIDUAIS HOMOGÊNEOS - LEGITIMIDADE DO MINISTÉRIO PÚBLICO DO TRABALHO . Nega-se provimento aos embargos de declaração quando a decisão embargada não padece dos vícios apontados pela embargante. O posicionamento adotado por este Colegiado, ao concluir pela legitimidade ativa do Ministério Público do Trabalho, está assentado exatamente no Código de Defesa do Consumidor, cuja aplicação não está restrita às relações consumeristas, ao contrário do que sustenta a embargante. Embargos de declaração desprovidos" (ED-E-ED-RR-163-26.2013.5.01.0016, Subseção I Especializada em Dissídios Individuais, Relator Ministro Luiz Philippe Vieira de Mello Filho, DEJT 20/04/2018).

648. "I - RECURSO DE EMBARGOS DA EMPRESA. AÇÃO CIVIL PÚBLICA. LEGITIMIDADE DO MINISTÉRIO PÚBLICO DO TRABALHO. DIREITOS INDIVIDUAIS HOMOGÊNEOS. RECOLHIMENTO DO FGTS. RECURSO DE REVISTA NÃO CONHECIDO. " A legitimidade do Ministério Público do Trabalho, na defesa de interesses individuais homogêneos, em ação civil pública, já está consagrada, na doutrina e na jurisprudência desta c. Corte e Excelso Supremo Tribunal Federal. O d. Ministério Público do Trabalho tem a legitimidade reconhecida, conforme previsão tanto na Constituição Federal, arts. 127 e 129, III, quanto na Lei Complementar nº 75/93, que confere tal legitimação para a defesa dos interesses difusos e coletivos na Justiça do Trabalho, sendo os interesses individuais homogêneos espécie de interesse coletivo lato sensu . Constatado ser o bem tutelado inserto naqueles direitos que visam à defesa da ordem jurídica e dos interesses sociais e individuais indisponíveis, considera-se legitimado o d. Ministério Público para a propositura de ação civil pública" (E-ED-ED-RR-224700-55.2009.5.15.0048,

blica visando à tutela de direitos individuais homogêneos na esfera trabalhista. O mesmo entendimento é adotado por decisões de turmas do STF[649-650-651].

26.3. Conflito de atribuições entre órgãos do Ministério Público

Ao longo dos anos, o Supremo Tribunal Federal tem sido instado a se pronunciar sobre conflitos de atribuições entre órgãos do Ministério Público, notadamente envolvendo as esferas estadual e federal. A jurisprudência da Corte oscilou a respeito: inicialmente, decidia-se que não haver conflito federativo, e, por interpretação analógica do art. 105, I, *d*, da CF, fixava-se a competência do Superior Tribunal de Justiça para dirimir o conflito de atribuições[652]; numa

---

Subseção I Especializada em Dissídios Individuais, Redator Ministro Alexandre de Souza Agra Belmonte, DEJT 08/05/2015).

649. "AGRAVO REGIMENTAL EM RECURSO EXTRAORDINÁRIO COM AGRAVO. CONSTITUCIONAL E TRABALHISTA. AÇÃO CIVIL PÚBLICA. LEGITIMIDADE DO MINISTÉRIO PÚBLICO DO TRABALHO. VÍNCULO CELETISTA ENTRE TRABALHADOR E ENTE PÚBLICO. COMPETÊNCIA DA JUSTIÇA DO TRABALHO. OFENSA AO PRINCÍPIO DA SEPARAÇÃO DOS PODERES. INOCORRÊNCIA. DESPROVIMENTO. 1. Nos termos da jurisprudência da Corte, o Ministério Público do Trabalho possui legitimidade para o ajuizar ação civil pública em defesa de interesses individuais homogêneos, além de competir à Justiça do Trabalho processar e julgar ação que envolva o Poder Público e servidor regido pela Consolidação das Leis do Trabalho. Precedentes. 2. A verificação acerca da existência de ilegalidade e abusividade dos atos administrativos não acarreta ofensa ao princípio da separação dos Poderes. 3. Agravo regimental a que se nega provimento, com aplicação da multa prevista no art. 1.021, §4º, do CPC" (ARE 1090267 AgR, Relator(a): EDSON FACHIN, Segunda Turma, julgado em 29/04/2019).

650. "Agravo regimental em recurso extraordinário com agravo. 2. Direito Processual do Trabalho. 3. Ação Civil Pública. Ministério Público do Trabalho. Legitimidade para defesa de direitos difusos, coletivos e individuais homogêneos. Precedentes desta Corte. 4. Violação aos princípios do contraditório, da ampla defesa e do devido processo legal. Ofensa reflexa. ARE-RG 748.371. 5. Agravo regimental a que se nega provimento" (ARE 1057601 AgR, Relator(a): GILMAR MENDES, Segunda Turma, julgado em 29/09/2017).

651. "AGRAVO REGIMENTAL NO RECURSO EXTRAORDINÁRIO COM AGRAVO. DIREITO DO TRABALHO. LEGITIMIDADE ATIVA AD CAUSAM DO MINISTÉRIO PÚBLICO DO TRABALHO. AÇÃO CIVIL PÚBLICA. DIREITOS INDIVIDUAIS HOMOGÊNEOS. AGRAVO REGIMENTAL AO QUAL SE NEGA PROVIMENTO" (ARE 915337 AgR, Relator(a): CÁRMEN LÚCIA, Segunda Turma, julgado em 01/12/2015).

652. "CONFLITO NEGATIVO DE ATRIBUIÇÕES. MINISTÉRIO PÚBLICO FEDERAL E ESTADUAL. DENÚNCIA. FALSIFICAÇÃO DE GUIAS DE CONTRIBUIÇÃO PREVIDENCIÁRIA. AUSÊNCIA DE CONFLITO FEDERATIVO. INCOMPETÊNCIA DESTA CORTE. 1. Conflito de atribuições entre o Ministério Público Federal e o Estadual. Empresa privada. Falsificação de guias de recolhimento de contribuições previdenciárias devidas à autarquia federal. Apuração do fato delituoso. Dissenso quanto ao órgão do Parquet competente para apresentar denúncia. 2. A competência originária do Supremo Tribunal Federal, a que alude a letra "f" do inciso I do artigo 102 da Constituição, restringe-se aos conflitos de atribuições entre entes federados que possam, potencialmente, comprometer a harmonia do pacto federativo. Exegese restritiva do preceito ditada pela jurisprudência da Corte. Ausência, no caso concreto, de divergência capaz de promover o desequilíbrio do sistema federal. 3. Presença de virtual conflito de jurisdição entre os juízos federal e estadual perante os quais funcionam os órgãos do Parquet em dissensão. Interpretação analógica do artigo 105, I, "d", da Carta da República, para fixar a competência do Superior Tribunal de Justiça a fim de que julgue a controvérsia. Conflito de atribuições não conhecido" (Pet 1503, Relator(a): MAURÍCIO CORRÊA, Tribunal Pleno, julgado em 03/10/2002).

segunda etapa, passou-se a aplicar analogicamente o art. 102, I, *f*, da Constituição, de modo que se reconhecia caber ao STF a solução do conflito de atribuições entre órgãos do Ministério Público Federal e dos estados[653].

Atualmente, a Suprema Corte voltou a entender que o julgamento de tais conflitos não se insere na órbita da competência do próprio STF[654]. Contudo, de forma contrária ao que já se decidiu anteriormente, a Corte assentou que o conflito de atribuições deve ser solucionado pelo Procurador-Geral da República[655].

Os fundamentos utilizados para embasar a posição do Supremo Tribunal Federal foram:

- (i) a unidade do Ministério Público, que seria instituição indivisível;
- (ii) o fato de não haver risco de ruptura do pacto federativo, tratando-se de mero conflito de atribuições para tarefas investigativas a serem realizadas por diferentes órgãos do Ministério Público;
- (iii) o fato de o Procurador-Geral da República poder atuar como órgão de caráter nacional, o que justifica que se lhe reconheça autoridade para solucionar os conflitos de atribuições, ainda que haja envolvimento de órgão do Ministério Público estadual. Essa atuação em caráter nacional ocorre, por exemplo, quando o Chefe do Ministério Público da União ajuíza ações de controle concentrado de constitucionalidade;
- (iv) a definição da competência da Suprema Corte é feita de forma taxativa pela Constituição Federal, não podendo ser elastecida pela via da interpretação.

---

653. Pet 3631, Relator(a): CEZAR PELUSO, Tribunal Pleno, julgado em 06/12/2007.

654. "Ação cível originária. Conflito de atribuição. Decisão monocrática pela atribuição do Ministério Público estadual. Agravo regimental. Julgamento iniciado. Pedido de Vista. Entendimento superveniente firmado pelo Plenário do Supremo Tribunal no sentido da incompetência da Corte para apreciar conflitos de atribuição entre ministérios públicos (ACO 924/PR, ACO 1394/RN, Pet 4706/DF e Pet 4863/RN). Atribuição definida ao PGR. Autos devolvidos ao relator para julgamento de embargos de declaração em agravo regimental interposto contra decisão de inadmissão da CVM como assistente simples. Questão de ordem resolvida no sentido do não conhecimento da ação, com a remessa dos autos ao PGR, ficando prejudicados os embargos de declaração e o agravo regimental" (ACO 1567 QO, Relator(a): DIAS TOFFOLI, Tribunal Pleno, julgado em 17/08/2016).

655. "CONSTITUCIONAL. CONFLITO DE ATRIBUIÇÕES ENTRE AGENTES DO MINISTÉRIO PÚBLICO DA UNIÃO E DOS ESTADOS. DIVERGÊNCIA "INTERNA CORPORIS". AUSÊNCIA DE CONFLITO FEDERATIVO. INEXISTÊNCIA DE COMPETÊNCIA DO SUPREMO TRIBUNAL FEDERAL (ART. 102, I, f, CF). NÃO CONHECIMENTO. 1. A divergência de entendimento entre órgão do Ministério Público da União e órgão do Ministério Público do Estado sobre a atribuição para investigar possível ilícito de natureza penal ou civil não configura conflito federativo com aptidão suficiente para atrair a competência do Supremo Tribunal Federal de que trata o art. 102, I, f, da Constituição Federal. 2. Tratando-se de divergência interna entre órgãos do Ministério Público, instituição que a Carta da República subordina aos princípios institucionais da unidade e da indivisibilidade (CF, art. 127, parágrafo 1º), cumpre ao próprio Ministério Público identificar e afirmar as atribuições investigativas de cada um dos seus órgãos em face do caso concreto, devendo prevalecer, à luz do princípio federativo, a manifestação do Procurador-Geral da República. 3. Conflito não conhecido" (ACO 1394, Relator(a): MARCO AURÉLIO, Relator(a) p/ Acórdão: TEORI ZAVASCKI, Tribunal Pleno, julgado em 19/05/2016).

Registre-se, ainda, que, na ACO 1394, foi rejeitada proposta do Min. Roberto Barroso no sentido de reconhecer competência do Conselho Nacional do Ministério Público (CNMP) para resolver conflitos de atribuições entre órgãos da instituição ministerial. De acordo com a visão majoritária, o Conselho atuaria apenas no controle da atividade-meio do Ministério Público, o que abarca aspectos atinentes a questões administrativas, financeiras e de cumprimento dos deveres funcionais pelos membros da instituição.

Parece acertado o entendimento de que não compete ao STF dirimir conflito de atribuições entre órgãos do Ministério Público, porque, de fato, tal competência não foi elencada no art. 102 da Constituição; tampouco há risco de ruptura do pacto federativo que justifique a interpretação analógica do art. 102, I, *f*, da Lei Maior.

Contudo, atribuir a competência ao Procurador-Geral da República centraliza excessivamente o poder nas mãos do Chefe do Ministério Público da União, o qual acaba por interferir na autonomia do Ministério Público dos estados. O ideal seria atribuir tal competência a um órgão colegiado com formação plural. Embora o art. 130 da Constituição não inclua, entre o plexo de competências do CNMP, a de solucionar conflitos de atribuições entre órgãos do Ministério Público, o fato de se tratar (o CNMP) de órgão constitucionalmente investido da missão de exercer controle externo da atividade administrativa do Ministério Público, além de ser formado por representantes de diversas esferas do Estado e da sociedade civil[656], legitima o Conselho a exercer tal competência, a qual define o rumo de importantes investigações.

De lege ferenda, portanto, seria interessante que emenda constitucional inserisse expressamente no art. 130 da Constituição a competência do Conselho Nacional do Ministério Público para dirimir conflitos de atribuições entre órgãos de diferentes esferas do Ministério Público.

26.4. Ação anulatória de normas coletivas

Inicialmente, veja-se que é possível o ajuizamento de ação individual movida por trabalhador contra empregador, na qual postule incidentalmente

656. Art. 130-A. O Conselho Nacional do Ministério Público compõe-se de quatorze membros nomeados pelo Presidente da República, depois de aprovada a escolha pela maioria absoluta do Senado Federal, para um mandato de dois anos, admitida uma recondução, sendo:

I o Procurador-Geral da República, que o preside;

II quatro membros do Ministério Público da União, assegurada a representação de cada uma de suas carreiras;

III três membros do Ministério Público dos Estados;

IV dois juízes, indicados um pelo Supremo Tribunal Federal e outro pelo Superior Tribunal de Justiça;

V dois advogados, indicados pelo Conselho Federal da Ordem dos Advogados do Brasil;

VI dois cidadãos de notável saber jurídico e reputação ilibada, indicados um pela Câmara dos Deputados e outro pelo Senado Federal.

o reconhecimento de nulidade de determinada cláusula normativa e direitos daí decorrentes. Tratando-se de lide individual, impertinente a participação dos sindicatos envolvidos e também, em princípio, do Ministério Público. Nessa hipótese, a norma coletiva permanecerá vigente no âmbito das categorias profissional e econômica e sua validade pode ser discutida em processos que envolvam outras partes, pois a coisa julgada vincula apenas as partes do processo (CPC, art. 506)[657].

De outro lado, o trabalhador, isoladamente considerado (ou mesmo em litisconsórcio com outros trabalhadores), não tem legitimidade para ajuizar ação anulatória em face de sindicato, com o objetivo de retirar do cenário jurídico, em caráter geral, cláusula convencional. Isso porque a pretensão de desconstituir norma coletiva consubstancia típico direito coletivo em sentido estrito (CDC, art. 81, parágrafo único, II)[658]: trata-se de direito transindividual e indivisível, já que, ou a norma coletiva será válida, ou será inválida para todos os empregados da categoria profissional, sendo inviável, do ponto de vista lógico, cogitar de cindir ou fracionar a pretensão anulatória.

Assim, a legitimidade ativa para a ação anulatória de cláusulas convencionais é de entes legitimados ao ajuizamento de ações coletivas; no campo trabalhista, os sindicatos e o MPT.

Foi levada ao STF discussão sobre a constitucionalidade do art. 83, IV, da Lei Complementar 75/93[659], o qual estatui competir ao MPT o ajuizamento das ações cabíveis para declaração de nulidade de cláusula de contrato, acordo coletivo ou convenção coletiva que viole as liberdades individuais ou coletivas ou os direitos individuais indisponíveis dos trabalhadores.

Na ADI 1852, inicialmente em caráter cautelar[660], e depois em juízo definitivo[661], a Suprema Corte declarou a constitucionalidade do dispositivo.

---

657. Art. 506 – A sentença faz coisa julgada às partes entre as quais é dada, não prejudicando terceiros.

658. Art. 81, parágrafo único. A defesa coletiva será exercida quando se tratar de: (...) II – interesses ou direitos coletivos, assim entendidos, para efeitos deste código, os transindividuais, de natureza indivisível de que seja titular grupo, categoria ou classe de pessoas ligadas entre si ou com a parte contrária por uma relação jurídica base.

659. Art. 83. Compete ao Ministério Público do Trabalho o exercício das seguintes atribuições junto aos órgãos da Justiça do Trabalho: (...) IV - propor as ações cabíveis para declaração de nulidade de cláusula de contrato, acordo coletivo ou convenção coletiva que viole as liberdades individuais ou coletivas ou os direitos individuais indisponíveis dos trabalhadores (...).

660. "MINISTÉRIO PÚBLICO DO TRABALHO - ATRIBUIÇÕES - ACORDOS E CONVENÇÕES COLETIVAS - NULIDADE - ARTIGO 83 DA LEI Nº 75/93. De início, não surge relevância e risco suficientes a suspender-se a eficácia do preceito do inciso IV do artigo 83 da Lei nº 75/93, no que prevista, como atribuição do Ministério Público do Trabalho junto aos órgãos da Justiça do Trabalho, a propositura de ações visando a declarar nulidade de cláusula 'de contrato, acordo coletivo ou convenção coletiva que viole as liberdades individuais ou coletivas ou os direitos individuais indisponíveis dos trabalhadores'" (ADI 1852 MC, Relator(a): MARCO AURÉLIO, Tribunal Pleno, julgado em 05/08/1998).

661. ADI 1852, Relator(a): CARLOS VELLOSO, Tribunal Pleno, julgado em 21/08/2002.

O voto condutor se baseou no art. 129, IX, da Constituição, que dispõe, em norma residual, ser função institucional do Ministério Público "exercer outras funções que lhe forem conferidas, desde que compatíveis com sua finalidade".

Na dicção da Suprema Corte, é compatível com o papel do Ministério Público o ajuizamento de ações anulatórias de instrumentos coletivos (convenções e acordos coletivos de trabalho) que atentem contra as liberdades individuais ou coletivas dos trabalhadores, bem como que violem direitos trabalhistas indisponíveis.

Sucede que sequer seria necessário recorrer ao art. 129, IX, da CF, pois a ação anulatória de cláusula convencional é típica ação civil pública que versa sobre direitos coletivos em sentido estrito, razão pela qual tal atribuição do Ministério Público é prevista diretamente no art. 129, III, da Constituição.

26.5. Quinto constitucional

Na ADI 1289[662], o STF inicialmente declarou a inconstitucionalidade de ato normativo do Conselho Superior do Ministério Público que autorizava a formação de lista sêxtupla – para fins de formação do quinto constitucional em Tribunais Regionais do Trabalho – com nomes de membros do MPT que ainda não contassem com 10 anos de efetivo exercício, nas hipóteses em que não houvesse seis Procuradores do Trabalho interessados e que atendessem a esse requisito temporal.

Na ótica então prevalecente na Suprema Corte, havia preponderância do requisito da experiência (tempo de serviço superior a 10 anos na carreira) sobre a amplitude de escolha (i) do tribunal que formará a lista tríplice a partir da lista sêxtupla – conforme decorre do parágrafo único do art. 94 da CF[663] – e (ii) do Presidente da República, que procede à nomeação com base na lista tríplice recebida do tribunal envolvido.

Dessa forma, de acordo com a decisão originária adotada na ADI 1289, a lista enviada pelo MPT ao TRT poderia, eventualmente, conter menos de seis

662. "Somente quando não houver, entre os Membros do Ministério Público do Trabalho, candidato com mais de dez anos de carreira, será lícita a inclusão em lista, para a investidura no cargo de Juiz de Tribunal Regional do Trabalho, de quem não preencha aquele requisito temporal. Inconstitucionalidade, perante o art. 115, parágrafo único, inciso II, combinado com o art. 94, ambos da Carta de 1988, de ato normativo do Conselho Superior do Ministério Público do Trabalho, que autorizara a complementação da lista com figurantes destituidos daquela antigüidade. Decisão majoritária do Supremo Tribunal" (ADI 1289, Relator(a): OCTAVIO GALLOTTI, Tribunal Pleno, julgado em 18/12/1996).

663. Art. 94. Um quinto dos lugares dos Tribunais Regionais Federais, dos Tribunais dos Estados, e do Distrito Federal e Territórios será composto de membros, do Ministério Público, com mais de dez anos de carreira, e de advogados de notório saber jurídico e de reputação ilibada, com mais de dez anos de efetiva atividade profissional, indicados em lista sêxtupla pelos órgãos de representação das respectivas classes.

Parágrafo único. Recebidas as indicações, o tribunal formará lista tríplice, enviando-a ao Poder Executivo, que, nos vinte dias subseqüentes, escolherá um de seus integrantes para nomeação.

nomes, se não houvesse membro com mais de 10 anos de efetivo exercício que desejasse concorrer para ser alçado ao cargo de Desembargador do Trabalho, oriundo do quinto constitucional reservado ao Ministério Público.

Sucede que, ao julgar embargos infringentes na própria ADI 1289[664], a Suprema Corte modificou o posicionamento anterior e assentou a constitucionalidade do ato normativo do CSMPT. Desse modo, na visão derradeira do STF, na hipótese em que não haja procuradores do trabalho com mais de dez anos de carreira interessados em concorrer ao quinto constitucional em tribunais regionais do trabalho, a lista sêxtupla deve ser completada com membros da instituição que ainda não atendam a esse requisito. Prevalece, em relação à necessidade de maior experiência do futuro desembargador e do prestígio à antiguidade da carreira, a liberdade de indicação do Poder Judiciário (ao formar a lista tríplice) e do Presidente da República (ao nomear o procurador no cargo de desembargador).

A respeito de outras decisões envolvendo o quinto constitucional nos tribunais trabalhistas, ver item específico na seção atinente à organização da Justiça do Trabalho, neste capítulo.

26.6. Atuação contra improbidade administrativa

A jurisprudência do STF revela precedente da 2ª Turma em que não se reconheceu legitimidade ativa ao Ministério Público do Trabalho para ajuizar demanda que objetivava o ressarcimento ao erário por dano decorrente de ato de improbidade administrativa imputado aos réus, consistente na contratação de mão de obra por meio de procedimento que dispensou, de forma supostamente ilegal, a realização de licitação[665].

---

664. "Ação Direta de Inconstitucionalidade. 2. Embargos Infringentes. Cabimento, na hipótese de recurso interposto antes da vigência da Lei nº 9.868, de 10 de novembro de 1999. 3. Cargos vagos de juízes do TRT. Composição de lista. 4. Requisitos dos arts. 94 e 115 da Constituição: quinto constitucional e lista sêxtupla. 5. Ato normativo que menos se distancia do sistema constitucional, ao assegurar aos órgãos participantes do processo a margem de escolha necessária. 6. Salvaguarda simultânea de princípios constitucionais em lugar da prevalência de um sobre outro. 7. Interpretação constitucional aberta que tem como pressuposto e limite o chamado "pensamento jurídico do possível". 8. Lacuna constitucional. 9. Embargos acolhidos para que seja reformado o acórdão e julgada improcedente a ADI 1.289, declarando-se a constitucionalidade da norma impugnada" (ADI 1289 EI, Relator(a): GILMAR MENDES, Tribunal Pleno, julgado em 03/04/2003).

665. "PROCESSUAL CIVIL. AGRAVO REGIMENTAL NO RECURSO EXTRAORDINÁRIO COM AGRAVO. PRELIMINAR DE REPERCUSSÃO GERAL. FUNDAMENTAÇÃO INSUFICIENTE. ÔNUS DO RECORRENTE. ART. 5º, LIV, DA CF/88. OFENSA CONSTITUCIONAL REFLEXA. COMPETÊNCIA DA JUSTIÇA DO TRABALHO. ART. 114, IX, DA CARTA MAGNA. NÃO INDICAÇÃO DA DISPOSIÇÃO NORMATIVA INFRACONSTITUCIONAL CORRESPONDENTE. SÚMULA 284/STF. AÇÃO CIVIL PÚBLICA POR ATO DE IMPROBIDADE ADMINISTRATIVA. INEXISTÊNCIA DE DIREITO OU INTERESSE DE NATUREZA TRABALHISTA A SER PROTEGIDO. LEGITIMIDADE ATIVA DO MINISTÉRIO PÚBLICO ESTADUAL, E NÃO DO MINISTÉRIO PÚBLICO DO TRABALHO. COMPETÊNCIA DA JUSTIÇA ESTADUAL. 1. O Ministério Público do Trabalho não possui legitimidade

Na espécie, tratava-se de combate à terceirização que, à época, era considerada ilícita, por envolver atividade-fim. Ademais, a terceirização foi feita por meio de dispensa de licitação supostamente irregular, daí a pretensão ressarcitória veiculada pelo Ministério Público em face dos agentes públicos responsáveis.

O julgado se harmoniza com a tendência jurisprudencial que se observa no âmbito do Tribunal Superior do Trabalho, cujos julgados têm reconhecido a incompetência material da Justiça do Trabalho para pretensões fundadas na lei de improbidade administrativa[666-667]. O argumento central para afastar

---

ativa para a propositura de ação civil pública por ato de improbidade administrativa que visa unicamente à proteção do erário estadual e dos princípios que regem a Administração Pública, sem ter por fim a defesa de qualquer direito ou interesse de natureza trabalhista. Confirmação da legitimidade ativa ad causam do Ministério Público do Estado do Rio de Janeiro e da competência da Justiça Estadual desse ente federado para julgar a causa. 2. Agravo regimental a que se nega provimento" (ARE 798293 AgR, Relator(a): TEORI ZAVASCKI, Segunda Turma, julgado em 08/09/2015).

666. "AGRAVO DE INSTRUMENTO EM RECURSO DE REVISTA. RECURSO DE REVISTA INTERPOSTO NA VIGÊNCIA DA LEI Nº 13.015/2014 . AÇÃO DE IMPROBIDADE ADMINISTRATIVA COM O OBJETIVO DE APLICAR SANÇÕES A AGENTES PÚBLICOS PELO DESCUMPRIMENTO DE TERMO DE AJUSTE DE CONDUTA (TAC) . INCOMPETÊNCIA MATERIAL DA JUSTIÇA DO TRABALHO. Discute-se, na hipótese dos autos, a competência da Justiça do Trabalho para processar e julgar ação de improbidade administrativa proposta pelo Ministério Público do Trabalho da 15ª Região contra agentes públicos municipais que causaram prejuízo ao erário, decorrente do descumprimento de um Termo de Ajuste de Conduta firmado nos autos de ação de execução. Este Tribunal Superior já se pronunciou diversas vezes sobre o tema, tendo prevalecido o entendimento de que a Justiça do Trabalho não possui competência para apreciar as ações de improbidade administrativa ajuizadas contra agentes públicos municipais. O artigo 114, inciso I, da Constituição Federal, com a redação que lhe foi dada pela Emenda Constitucional nº 45/2004, ao ampliar a competência desta Justiça especializada para processar e julgar ações oriundas da relação de trabalho, abrangidos os entes de Direito Público externo e da Administração Pública direta e indireta da União, dos Estados, do Distrito Federal e dos Municípios, refere-se às hipóteses em que envolvam entes públicos, ou seja, as pessoas jurídicas de Direito Público ou Privado, e não as pessoas físicas que praticam atos em nome das citadas pessoas jurídicas. Além disso, a responsabilização do gestor público por ato de improbidade administrativa independe da relação de trabalho estabelecida entre o servidor contratado sem concurso e a Administração Pública, visto que pode ser apurada sem que o ente público seja condenado ao pagamento de verbas trabalhistas devidas à pessoa contratada de forma irregular. Ressalta-se que a pretensão, nessa ação de improbidade administrativa, não é trabalhista, mas sim de natureza punitiva e administrativa, com o objetivo de apurar a alegada prática de ilícitos administrativos pelos agentes públicos apontados como réus e de acarretar-lhes, sem prejuízo da aplicação de outras sanções criminais, civis e administrativas, o dever de ressarcir os prejuízos causados ao erário. Trata-se, portanto, de uma questão de incompetência material da Justiça do Trabalho, corretamente reconhecida e declarada pelas instâncias ordinárias. Agravo de instrumento desprovido" (AIRR-881-63.2013.5.15.0006, 2ª Turma, Relator Ministro Jose Roberto Freire Pimenta, DEJT 31/03/2017).

667. "AÇÃO DE IMPROBIDADE ADMINISTRATIVA. CONTRATAÇÃO DE PESSOAL POR MEIO DE EMPRESA INTERPOSTA. NÃO REALIZAÇÃO DE CONCURSO PÚBLICO. INCOMPETÊNCIA DA JUSTIÇA DO TRABALHO. PRECEDENTES. SÚMULA 333 DO TST. Discute-se nos autos a competência da Justiça do Trabalho para analisar e julgar ação de improbidade administrativa, movida pelo Ministério Público do Trabalho em face de agentes públicos, na qual se denuncia a irregularidade da contratação de pessoal pelo Município de Romelândia, por meio de empresa interposta, sem a realização de concurso público. Não se discutindo no feito lesão a direito de trabalhadores celetistas, mas sim a natureza punitiva e administrativa dos atos supostamente praticados pelos agentes públicos que figuram como réus, nos termos da Lei 8.429/92, fica afastada a competência material desta Justiça Especializada,

a competência da Especializada está em que não se trata de conflito oriundo da relação de trabalho, até porque o réu da ação de improbidade não é o ente público, mas o agente público que deu causa à ilegalidade. Dessa forma, não se cuidaria propriamente de relação trabalhista, mas de punição e ressarcimento em decorrência de infração cometida pelo servidor ou agente público responsável.

Embora o argumento seja ponderável, ao menos *de lege ferenda* deve-se sustentar que tal competência deve ser inserida no rol de atribuições da Justiça do Trabalho, o que poderia ser feito mediante edição de lei ordinária, já que:

- (i) na forma do art. 114, IX, da CF, a lei pode estabelecer competência para a Justiça do Trabalho processar e julgar outras controvérsias decorrentes da relação de trabalho;
- (ii) o MPT tem forte atuação, sobretudo por meio da Coordenadoria Nacional de Combate às Irregularidades Trabalhistas na Administração Pública – CONAP, no combate a fraudes e a irregularidades cometidas pela Administração Pública;
- (iii) a instituição investiga cotidianamente denúncias alusivas a descumprimento de preceitos básicos da legislação trabalhista, tais como atraso ou não pagamento de verbas rescisórias devidas a empregados de empresas terceirizadas;
- (iii) de acordo com a Nota Técnica nº 5, de 23.10.2019, da CONAP/MPT[668], "nessas investigações, o Ministério Público do Trabalho frequentemente verifica situações em que são privilegiados interesses privados em detrimento dos direitos trabalhistas, com a constatação da prática de atos de improbidade administrativa. Com efeito, em muitos casos, observa-se que a terceirização tem sido utilizada como mecanismo viabilizador de várias formas de corrupção, conforme destacado na Nota Técnica nº 01, de 06/02/2019, da CONAP-MPT". Como irregularidades mais comumente investigadas e apuradas tem-se o superfaturamento, a existência de terceirizados *fantasmas* (pessoas formalmente registradas como empregados terceirizados da Administração Pública, mas que efetivamente não prestam serviços), calotes trabalhistas e danos aos cofres públicos, entre outras;
- (iv) a aplicação de sanções por atos de improbidade administrativa associados a ilícitos trabalhistas deveria ser feita pelo mesmo órgão que julga

nos termos do art. 114, I, da CF, com a redação dada pela Emenda Constitucional 45/2004. Precedentes. Óbice da Súmula 333 do TST. Recurso de revista não conhecido" (RR-75400-10.2006.5.12.0015, 7ª Turma, Relator Ministro Douglas Alencar Rodrigues, DEJT 21/11/2014).

668. Disponível em: https://www2.camara.leg.br/atividade-legislativa/comissoes/comissoes-temporarias/especiais/56a-legislatura/pl-10887-18-improbidade-administrativa/documentos/seminarios/Sugesto-5CONAP.pdf . Acesso em 20 out. 2020.

a ilegalidade em si, ou seja, a Justiça do Trabalho. Dessa forma, prestigia-se o princípio da unidade de convicção, de modo a evitar julgamentos conflitantes. Além disso, há nítido benefício à economia processual e à efetividade do processo, pela desnecessidade de ajuizamento de outra ação, no juízo cível, visando apenas à punição por ato de improbidade já reconhecido na esfera trabalhista;

- (v) a ação destinada a aplicar sanção por improbidade administrativa é de natureza cível, e não criminal, conforme vem decidindo a jurisprudência[669].

26.7. Promotor natural

Assim como o princípio do juiz natural, o princípio do promotor natural está inserido na noção de devido processo legal, e sinaliza que ninguém pode ser processado pelo Ministério Público senão por autoridade devidamente investida no cargo de promotor (em sentido amplo, ou seja, promotores e procuradores de justiça, procuradores do trabalho, procuradores da república etc.). Além disso, a atribuição da autoridade processante deve ser previamente definida, não se admitindo a figura de acusadores de exceção, ou seja, designados *a posteriori*, de forma casuística e específica para determinado fato (CF, art. 5º, XXXVII e LIII).

De outro lado, havendo pluralidade de órgãos competentes no âmbito do Ministério Público, o princípio do promotor natural conduz à distribuição aleatória dos processos, segundo critérios predefinidos.

Embora o tema seja controvertido, o art. 5º, LIII, da CF, também alberga – além do princípio do juiz natural – o princípio do promotor natural, ao prever que ninguém pode ser processado senão pela autoridade competente. Dessa forma, veda-se a realização de designações arbitrárias por parte da chefia da instituição, bem como de eventuais perseguições daí decorrentes[670].

Muito mais do que a pessoa física do promotor, o princípio em análise visa a proteger a própria sociedade, pois resulta na aplicação de critérios objetivos e imparciais na atuação do Ministério Público, o que evita a uso da instituição com fins de perseguição a determinados indivíduos, ou, eventualmente, a complacência e conivência com a prática de determinadas infrações por parte do membro escolhido pelo Procurador-Geral.

A jurisprudência do Supremo Tribunal Federal reconhece a existência do princípio do promotor natural. Na decisão plenária do HC 67759[671], a maioria

669. ADI 2797, Tribunal Pleno, Rel. Min. Menezes Direito, redator Min. Ayres Britto, julgado em 16.05.2012.

670. Cf. BERNARDES, Felipe, *Manual...*, *op.cit.*, p. 91.

671. "HABEAS CORPUS" - MINISTÉRIO PÚBLICO - SUA DESTINAÇÃO CONSTITUCIONAL - PRINCÍPIOS INSTITUCIONAIS - A QUESTÃO DO PROMOTOR NATURAL EM FACE DA CONSTITUIÇÃO DE 1988 - ALEGADO EXCESSO NO EXERCÍCIO DO PODER DE DENUNCIAR - INOCORREN-

dos ministros afirmou que o princípio seria imanente à Constituição brasileira, mas alguns deles consideraram haver necessidade de intermediação legislativa, de modo que não se trataria de norma autoaplicável.

Decisões recentes de turmas da Suprema Corte têm reafirmado a existência do princípio, sobretudo na esfera criminal[672]. No HC 102147[673], a Suprema Corte concluiu que a designação prévia e motivada de Promotor de Justiça mais experiente, para atuar especificamente em uma importante sessão do Tribunal do Júri, com a concordância do promotor natural, não configuraria violação ao princípio do promotor natural; no mesmo sentido a decisão no HC 103038[674].

Apesar de a jurisprudência referir-se mais comumente à atuação criminal do Ministério Público, o princípio do promotor natural se aplica, também, nas órbitas cível e trabalhista, abrangendo, portanto, o Ministério Público do Trabalho.

CIA - CONSTRANGIMENTO INJUSTO NÃO CARACTERIZADO - PEDIDO INDEFERIDO. - O postulado do Promotor Natural, que se revela imanente ao sistema constitucional brasileiro, repele, a partir da vedação de designações casuísticas efetuadas pela Chefia da Instituição, a figura do acusador de exceção. Esse princípio consagra uma garantia de ordem jurídica, destinada tanto a proteger o membro do Ministério Público, na medida em que lhe assegura o exercício pleno e independente do seu oficio, quanto a tutelar a própria coletividade, a quem se reconhece o direito de ver atuando, em quaisquer causas, apenas o Promotor cuja intervenção se justifique a partir de critérios abstratos e pré-determinados, estabelecidos em lei. A matriz constitucional desse princípio assenta-se nas clausulas da independência funcional e da inamovibilidade dos membros da Instituição. O postulado do Promotor Natural limita, por isso mesmo, o poder do Procurador-Geral que, embora expressão visível da unidade institucional, não deve exercer a Chefia do Ministério Público de modo hegemônico e incontrastável. Posição dos Ministros CELSO DE MELLO (Relator), SEPÚLVEDA PERTENCE, MARCO AURÉLIO e CARLOS VELLOSO. Divergência, apenas, quanto a aplicabilidade imediata do princípio do Promotor Natural: necessidade da "interpositio legislatoris" para efeito de atuação do princípio (Ministro CELSO DE MELLO); incidência do postulado, independentemente de intermediação legislativa (Ministros SEPÚLVEDA PERTENCE, MARCO AURÉLIO e CARLOS VELLOSO). - Reconhecimento da possibilidade de instituição do princípio do Promotor Natural mediante lei (Ministro SYDNEY SANCHES). - Posição de expressa rejeição a existência desse princípio consignada nos votos dos Ministros PAULO BROSSARD, OCTAVIO GALLOTTI, NÉRI DA SILVEIRA e MOREIRA ALVES" (HC 67759, Relator(a): CELSO DE MELLO, Tribunal Pleno, julgado em 06/08/1992).

672. "HABEAS CORPUS. DENÚNCIA OFERECIDA POR MEMBRO DO MINISTÉRIO PÚBLICO ATUANTE EM VARA CRIMINAL COMUM E RECEBIDA PELO JUÍZO DO TRIBUNAL DO JÚRI. VIOLAÇÃO AO PRINCÍPIO DO PROMOTOR NATURAL. INOCORRÊNCIA. PRINCÍPIOS UNIDADE E INDIVISIBILIDADE DO MINISTÉRIO PÚBLICO. PRECEDENTES. 1. O Plenário do Supremo Tribunal Federal, no julgamento do HC 67.759/RJ, de relatoria do Ministro CELSO DE MELLO, reconheceu, por maioria de votos, a existência do princípio do promotor natural, no sentido de proibirem-se designações casuísticas efetuadas pela chefia da Instituição, que criariam a figura do promotor de exceção, incompatível com a determinação constitucional de que somente o promotor natural deve atuar no processo. Hipótese não configurada no caso. 2. Habeas corpus denegado" (HC 114093, Relator(a): MARCO AURÉLIO, Relator(a) p/ Acórdão: ALEXANDRE DE MORAES, Primeira Turma, julgado em 03/10/2017).

673. HC 102147 AgR, Relator(a): CELSO DE MELLO, Segunda Turma, julgado em 01/03/2011.

674. HC 103038, Relator(a): JOAQUIM BARBOSA, Segunda Turma, julgado em 11/10/2011.

27. ORGANIZAÇÃO DA JUSTIÇA DO TRABALHO

Referências normativas e jurisprudenciais	
Constituição	Art. 96, II - ao Supremo Tribunal Federal, aos Tribunais Superiores e aos Tribunais de Justiça propor ao Poder Legislativo respectivo, observado o disposto no art. 169: a) a alteração do número de membros dos tribunais inferiores; b) a criação e a extinção de cargos e a remuneração dos seus serviços auxiliares e dos juízos que lhes forem vinculados, bem como a fixação do subsídio de seus membros e dos juízes, inclusive dos tribunais inferiores, onde houver; c) a criação ou extinção dos tribunais inferiores; d) a alteração da organização e da divisão judiciárias. Art. 99. Ao Poder Judiciário é assegurada autonomia administrativa e financeira. (...) § 2º O encaminhamento da proposta, ouvidos os outros tribunais interessados, compete: I - no âmbito da União, aos Presidentes do Supremo Tribunal Federal e dos Tribunais Superiores, com a aprovação dos respectivos tribunais (...). Art. 111. São órgãos da Justiça do Trabalho: I - o Tribunal Superior do Trabalho; II - os Tribunais Regionais do Trabalho; III - Juízes do Trabalho. Art. 115. Os Tribunais Regionais do Trabalho compõem-se de, no mínimo, sete juízes, recrutados, quando possível, na respectiva região, e nomeados pelo Presidente da República dentre brasileiros com mais de trinta e menos de sessenta e cinco anos, sendo: I - um quinto dentre advogados com mais de dez anos de efetiva atividade profissional e membros do Ministério Público do Trabalho com mais de dez anos de efetivo exercício, observado o disposto no art. 94; II - os demais, mediante promoção de juízes do trabalho por antiguidade e merecimento, alternadamente.
Legislação infra-constitucional	LC 35/79
Súmulas e teses de repercussão geral	SÚMULA 627 - No mandado de segurança contra a nomeação de magistrado da competência do Presidente da República, este é considerado autoridade coatora, ainda que o fundamento da impetração seja nulidade ocorrida em fase anterior do procedimento. SÚMULA 628 - Integrante de lista de candidatos a determinada vaga da composição de tribunal é parte legítima para impugnar a validade da nomeação de concorrente.
Julgados paradigmáticos	ADI 581, 2012, 2974, 3367, 3566, 5310 MS 21361, 23769, 24414, 24575, 25979, 27164, 27244, 28447 Rcl 10707 RE 239595, 597133

27.1. Quinto constitucional e composição dos tribunais trabalhistas

De acordo com a decisão do MS 23769[675], para fins de composição do respectivo quinto constitucional, quando da abertura de vaga, a OAB e o Ministério Público do Trabalho, por meio dos órgãos de representação das respectivas classes, enviam ao TRT lista sêxtupla formada por membros do Ministério Público, com mais de dez anos de carreira, e de advogados de notório saber jurídico e de reputação ilibada, com mais de dez anos de efetiva atividade profissional. A partir da lista sêxtupla, o Tribunal Regional do Trabalho forma lista tríplice, encaminhando-a ao Presidente da República para que faça a nomeação do escolhido, nos termos do art. 94 da Constituição Federal.

Sobre a indicação de membros do Ministério Público do Trabalho para a formação das listas sêxtupla e tríplice, ver item sobre Ministério Público do Trabalho neste capítulo.

27.2. Controle jurisdicional da investidura no cargo de Desembargador do Trabalho

A jurisprudência do Supremo Tribunal Federal apresenta diversos precedentes em que se adotou a premissa de que o ato de nomeação de magistrados em tribunais é complexo, por ser constituído a partir de diversas e sucessivas manifestações de vontade.

Didaticamente, podem-se distinguir duas situações: (i) nomeação de magistrados do quinto constitucional, em que o procedimento se inicia pela formação de lista sêxtupla pelo órgão representativo da respectiva classe (OAB ou Ministério Público). Nesse caso, o tribunal, ao receber a lista sêxtupla, forma lista tríplice para encaminhamento ao Presidente da República; (ii) já na magistratura de carreira, o acesso ao tribunal se dá, alternadamente, por merecimento e por antiguidade, sendo que os tribunais também enviam lista tríplice ao Chefe do Poder Executivo para que escolha um dos três nomes e proceda à nomeação.

---

675. "MANDADO DE SEGURANÇA COLETIVO. ASSOCIAÇÃO NACIONAL DOS PROCURADORES DO TRABALHO. COMPOSIÇÃO DOS TRIBUNAIS REGIONAIS DO TRABALHO EM DECORRÊNCIA DA EXTINÇÃO DA REPRESENTAÇÃO CLASSISTA NA JUSTIÇA LABORAL. EMENDA CONSTITUCIONAL Nº 24/99. VAGAS DESTINADAS A ADVOGADOS E MEMBROS DO MINISTÉRIO PÚBLICO DO TRABALHO. CRITÉRIO DE PROPORCIONALIDADE. (...) 3 - Composição do Tribunal Superior do Trabalho. Proporcionalidade. Emenda nº 24/99. Artigos 111, § 1º, 94 e 115, *caput* da Constituição Federal. Por simetria com os TRF's e todos os demais tribunais de grau de apelação, as listas tríplices haverão de ser extraídas das listas sêxtuplas encaminhadas pelos órgãos representativos de ambas as categorias, a teor do disposto no art. 94, in fine. A regra de escolha da lista tríplice, independentemente de indicação pelos órgãos de representação das respectivas classes é restrita aos tribunais superiores (TST e STJ). Não procede a pretensão da impetrante de aplicar aos Tribunais Regionais do Trabalho a regra especial de proporcionalidade estatuída pelo § 1º do art. 111 da Constituição, alusiva ao Tribunal Superior do Trabalho. Segurança denegada" (MS 23769, Relator(a): ELLEN GRACIE, Tribunal Pleno, julgado em 03/04/2002).

No caso dos tribunais superiores, a nomeação pelo Presidente da República deve ser precedida de aprovação pela maioria absoluta do Senado Federal, o que não ocorre em se tratando de tribunais regionais.

O Ministro da Justiça eventualmente atua na fase prévia à nomeação pelo Presidente da República, por exemplo quando determina a exclusão de determinado candidato da lista a ser encaminhada ao Chefe do Poder Executivo.

Depreende-se que são praticados diversos atos jurídicos até que se possa chegar ao ato final de nomeação do magistrado, daí porque se fala em ato complexo. Vícios em qualquer etapa do *iter* procedimental podem ser impugnados judicialmente pelos interessados, e a definição do ato objeto de questionamento é crucial para o estabelecimento da competência jurisdicional.

De fato, caso se cuide de mandado de segurança preventivo impetrado em face do Presidente da República, com a finalidade de obstar a nomeação de magistrado em tribunal, a competência será originária do Supremo Tribunal Federal (CF, art. 102, I, *d*), conforme decidido no Plenário da própria Corte[676].

De outro lado, se o *writ* for direcionado contra ato ilegal do Ministro da Justiça, apontado como única autoridade coatora na hipótese em que venha a glosar determinado nome da lista a ser encaminhada ao Presidente da República, a competência originária para processar e julgar o mandado de segurança será do Superior Tribunal de Justiça (CF, art. 105, I, *b*)[677].

No MS 26436, a Suprema Corte decidiu que a competência para julgar o mandado de segurança seria do próprio Tribunal Regional do Trabalho, na situação em que este rejeitara a lista sêxtupla encaminhada pela Ordem dos Advogados do Brasil. O julgado assinala que, embora o ato de nomeação de

---

676. "1. Mandado de segurança: autoridade coatora: legitimação do Presidente da República para responder, em caráter preventivo, à impetração fundada na inconstitucionalidade da lista tríplice organizada pelo Tribunal para a promoção de juízes. Precedente (MS 21.632-8/DF, Pl. 12.05.93, Pertence, DJ 06.08.93). 2. Composição de lista tríplice para preenchimento de vaga de Juiz do Tribunal Regional do Trabalho da 12ª Região/SC: incontroversa utilização de critérios objetivos, devidamente especificados, que demonstram a não equiparação entre os candidatos; ausência, ademais, de direito da impetrante de fazer prevalecer sua antiguidade, na composição da lista de merecimento, conforme a jurisprudência do Supremo Tribunal, que entende inconstitucional o critério de desempate postulado (v.g. ADIn 189, 9.10.91, Celso, RTJ 138/371; AO 70, 9.4.92, Pertence, RTJ 147/345)" (MS 25979 AgR, Relator(a): SEPÚLVEDA PERTENCE, Tribunal Pleno, julgado em 02/08/2006).

677. "JUIZ - INVESTIDURA EM TRIBUNAL REGIONAL DO TRABALHO (CF, ART. 115) - ATO SUBJETIVAMENTE COMPLEXO - CICLO DE FORMAÇÃO - POSSIBILIDADE DE CONTROLE JURISDICIONAL EM CADA MOMENTO DE SEU "ITER" FORMATIVO - DOUTRINA - PRECEDENTES. A QUESTÃO DA COMPETÊNCIA JURISDICIONAL - ALEGAÇÃO DE USURPAÇÃO, PELO SUPERIOR TRIBUNAL DE JUSTIÇA, DA COMPETÊNCIA ORIGINÁRIA DO SUPREMO TRIBUNAL FEDERAL - INOCORRÊNCIA, SEJA EM FACE DO CONTEXTO EXPOSTO, SEJA EM FACE DO EXERCÍCIO DE COMPETÊNCIA MERAMENTE DELEGADA - DOUTRINA - PRECEDENTES (...)" (Rcl 10707 AgR, Relator(a): CELSO DE MELLO, Tribunal Pleno, julgado em 28/05/2014).

Desembargador do Trabalho seja complexo, no caso a impetração voltava-se contra ato do próprio TRT[678].

27.3. Formação da lista tríplice para nomeação de magistrados de carreira em tribunais e para a promoção de juízes: critérios

Em diversas oportunidades, o STF decidiu sobre os critérios utilizáveis para formação de lista tríplice atinente à promoção por merecimento de juízes de carreira (o que engloba também o chamado *acesso* aos tribunais). As discussões perpassam pela interpretação do art. 93, II, *a*, *b* e *d*, da Constituição Federal, segundo os quais:

- (i) é obrigatória a promoção do juiz que figure por três vezes consecutivas ou cinco alternadas em lista de merecimento (letra *a*);
- (ii) a promoção por merecimento pressupõe dois anos de exercício na respectiva entrância e integrar o juiz a primeira quinta parte da lista de antiguidade desta, salvo se não houver com tais requisitos quem aceite o lugar vago (letra *b*);
- (iii) na apuração de antiguidade, o tribunal somente poderá recusar o juiz mais antigo pelo voto fundamentado de dois terços de seus membros, conforme procedimento próprio, e assegurada ampla defesa, repetindo-se a votação até fixar-se a indicação (letra *d*).

Na ADI 581[679] – em que se questionava a Lei 8215/91, que criara o Tribunal Regional do Trabalho da 21ª Região – a Suprema Corte definiu importantes premissas a respeito da interpretação dos referidos dispositivos constitucionais.

678. "MANDADO DE SEGURANÇA. QUESTÃO DE ORDEM. COMPETÊNCIA ORIGINÁRIA DO SUPREMO TRIBUNAL FEDERAL. NOMEAÇÃO PARA VAGA EM TRIBUNAL REGIONAL DO TRABALHO. LISTA SÊXTUPLA DA SECCIONAL DA ORDEM DOS ADVOGADOS DO BRASIL. I. Precedente do STF em que se constata a existência de conflito federativo resultante de controvérsia entre tribunal de justiça estadual e a Ordem dos Advogados do Brasil sobre formação de lista para nomeação de magistrado pelo quinto constitucional. Inaplicabilidade do precedente ao caso: controvérsia entre órgão e entidade federais. II. Ainda que a nomeação de magistrados pelo quinto constitucional seja ato complexo, a impetração é dirigida contra ato do Tribunal Regional do Trabalho. Ilegitimidade passiva do Presidente da República. Circunstância especial do caso, configurada pela retirada, pela própria Ordem dos Advogados do Brasil, da lista rejeitada pelo Tribunal Regional do Trabalho. Questão de ordem resolvida determinando-se a remessa da impetração ao Tribunal Regional do Trabalho da 1ª Região, para que decida como entender de direito" (MS 26438 QO, Relator(a): JOAQUIM BARBOSA, Tribunal Pleno, julgado em 29/10/2007).

679. "LISTA DE MERECIMENTO - TRIBUNAL REGIONAL DO TRABALHO DA VIGESIMA-PRIMEIRA REGIAO - RIO GRANDE DO NORTE - LEI Nº 8.215/91 - CONSTITUCIONALIDADE. A LEI Nº 8.215/91 MOSTRA-SE CONSTITUCIONAL NO QUE SE LHE EMPRESTE INTERPRETAÇÃO HARMONICA COM AS SEGUINTES PREMISSAS: A) A CONSIDERAÇÃO DO EXERCÍCIO POR MAIS DE DOIS ANOS E DA QUINTA PARTE DA LISTA DE ANTIGUIDADE OCORRE VAGA-A-VAGA, DESCABENDO FIXA-LA, DE INICIO E DE FORMA GLOBAL, PARA PREENCHIMENTO DAS DIVERSAS EXISTENTES; B) CONFECCIONADA A LISTA DE MERECIMENTO PARA A PRIMEIRA

O primeiro aspecto é que, caso haja pluralidade de vagas destinadas à promoção por merecimento, a definição dos juízes que compõem a quinta parte da lista de antiguidade – e que, portanto, estão aptos a concorrer – deve ser feita vaga a vaga, e não de forma global.

Exemplo: suponha-se que, em determinado tribunal, haja 100 juízes titulares. Logo, os 20 mais antigos (a quinta parte) são aptos a concorrer à promoção por merecimento. Imagine-se que surjam 3 vagas destinadas à promoção por merecimento e mais 3 à promoção por antiguidade. Nesse cenário hipotético, a tabela a seguir demonstra a diferença significativa em termos de clientela das vagas destinadas à promoção por merecimento, feito o cotejo entre os dois critérios: (a) apuração da quinta parte uma única vez para todas as promoções em conjunto; (b) apuração da quinta parte após o preenchimento de cada vaga disponível para promoção. A posição do último candidato que pode concorrer à promoção por merecimento considera a situação inicial de 100 vagas preenchidas no quadro da carreira (= antiguidade *originária* ou *primitiva*).

Posição do último candidato que pode concorrer	Vaga 1 (merecimento)	Vaga 2 (antiguidade)	Vaga 3 (merecimento)	Vaga 4 (antiguidade)	Vaga 5 (merecimento)
Critério "a" - apuração global	20º	-	20º	-	20º
Critério "b"- apuração vaga a vaga	20º	-	22º	-	24º

Outro ponto importante definido na ADI 581 se refere à hipótese em que não haja, na quinta parte mais antiga, juízes interessados e que tenham mais de dois anos de exercício no cargo, tal como exige o art. 93, II, *b*, da CF. Nessa hipótese, deve-se assegurar que o(s) magistrado(s) interessado(s) que integre(m) a quinta parte mais antiga e atenda(m) aos requisitos componha(m) a lista; e,

---

VAGA, APURAM-SE, PARA A VAGA SUBSEQUENTE, OS NOMES DOS JUIZES QUE, AFASTADOS OS JA SELECIONADOS, COMPONHAM A REFERIDA QUINTA PARTE DE ANTIGUIDADE E TENHAM, NO CARGO DE PRESIDENTE DE JUNTA DE CONCILIAÇÃO E JULGAMENTO, DOIS ANOS DE EXERCÍCIO; C) A REGRA CONSTANTE DA PARTE FINAL DA ALINEA "B" DO INCISO II DO ARTIGO 93 DA CARTA FEDERAL DIZ RESPEITO A LISTA DE MERECIMENTO A SER ELABORADA E NÃO A VAGA ABERTA, PODENDO O TRIBUNAL, DE QUALQUER FORMA, RECUSAR O NOME REMANESCENTE,OBSERVADA A MAIORIA QUALIFICADA DE DOIS TERCOS. D) INEXISTENTES JUIZES QUE ATENDAM AS CONDIÇÕES CUMULATIVAS PREVISTAS NA ALINEA "B" DO INCISO II DO ARTIGO 93 DA LEI BASICA FEDERAL EM NUMERO SUFICIENTE A FEITURA DA LISTA TRIPLICE, APURA-SE A PRIMEIRA QUINTA PARTE DOS MAIS ANTIGOS, CONSIDERADOS TODOS OS MAGISTRADOS, ISTO PARA OS LUGARES REMANESCENTES NA LISTA DE MERECIMENTO" (ADI 581, Relator(a): MARCO AURÉLIO, Tribunal Pleno, julgado em 12/08/1992).

excluídos os juízes não interessados na promoção, calcula-se novamente a quinta parte mais antiga, o que forma uma espécie de "quinta parte de interessados", em contraponto à quinta parte real (ou seja, a que leva em conta o efetivo de juízes em exercício no tribunal).

Esse critério foi adotado pelo STF porque, caso se pensasse de forma diversa, a lista de candidatos à promoção por merecimento deixaria de ser tríplice e passaria a ser dúplice ou até mesmo única, nas hipóteses em que houvesse apenas um ou dois interessados na quinta parte mais antiga dos magistrados. Consequentemente, seria tolhida a liberdade de escolha do próprio tribunal e também do Presidente da República, os quais têm certo grau de discricionariedade no processo de promoção de magistrados pelo critério de merecimento.

Contudo, no MS 24414[680], a Corte, interpretando a própria decisão exarada anteriormente na ADI 581, explicitou que a recomposição da quinta parte mais antiga não é devida se houver, na quinta parte originária ou primitiva, dois ou três juízes que tenham mais de dois anos de carreira e sejam interessados na promoção por merecimento. Nesses casos, a lista tríplice obrigatoriamente deverá ser formada pelos dois ou três juízes que integram a quinta parte originária.

Exemplo: em tribunal formado por 15 magistrados, apenas 3 dos 5 mais antigos desejam concorrer à promoção por merecimento para acesso ao tribunal. Ao escolher o primeiro nome da lista tríplice, o tribunal elege um desses 3 juízes. Para selecionar o segundo nome da lista tríplice, o tribunal somente poderá eleger – de acordo com a decisão do MS 24414 – um dos dois remanescentes que compunham a quinta parte mais antiga originária. Da mesma forma, o terceiro nome forçosamente recairá no juiz remanescente e que também integrava a quinta parte primitiva. Rechaça-se, assim, a ideia de que, a cada nome eleito para compor a lista, seja feita a recomposição da quinta parte pela exclusão do candidato já eleito, o que permitiria a desnecessária inclusão de candidatos que não compõe a quinta parte mais antiga de juízes.

Já no MS 21631, o Supremo Tribunal Federal decidiu que a necessidade de integrar a quinta parte mais antiga dos quadros, bem assim a exigência de dois

680. "(...) MAGISTRADO. Promoção por merecimento. Vaga única em Tribunal Regional Federal. Lista tríplice. Composição. Escolha entre três únicos juízes que cumprem todos os requisitos constitucionais. Indicação de dois outros que não pertencem à primeira quinta parte da lista de antiguidade. Recomposição dessa quinta parte na votação do segundo e terceiro nomes. Inadmissibilidade. Não ocorrência de recusa, nem de impossibilidade do exercício do poder de escolha. Ofensa a direito líquido e certo de juiz remanescente da primeira votação. Nulidade parcial da lista encaminhada ao Presidente da República. Mandado de segurança concedido, em parte, para decretá-la. Inteligência do art. 93, II, "b" e "d", da CF, e da interpretação fixada na ADI nº 581-DF. Ofende direito líquido e certo de magistrado que, sendo um dos três únicos juízes com plenas condições constitucionais de promoção por merecimento, é preterido, sem recusa em procedimento próprio e específico, por outros dois que não pertencem à primeira quinta parte da lista de antiguidade, na composição de lista tríplice para o preenchimento de uma única vaga" (MS 24414, Relator(a): CEZAR PELUSO, Tribunal Pleno, julgado em 03/09/2003).

anos de exercício na entrância (CF, art. 93, I, b), não se aplica para o acesso aos tribunais regionais federais. Isso porque, no âmbito da Justiça Federal comum, os requisitos são previstos em regra constitucional específica: art. 107, II[681], o qual afasta a normatividade geral aplicável na Justiça Estadual e também na Justiça do Trabalho. Para a nomeação de juízes de carreira no cargo de desembargador federal, a Constituição exige apenas a idade mínima de 30 anos e 5 anos de exercício do cargo de juiz federal.

No âmbito trabalhista, por não haver entrância, deve-se considerar o exercício mínimo de dois anos no cargo de juiz do trabalho substituto ou de juiz titular, bem como a necessidade de que o candidato integre a quinta parte da lista de antiguidade dos juízes do respectivo tribunal. Ademais, conforme decidido pelo STF no MS 27164[682], a promoção de juízes do trabalho obedece sistemática diferenciada da aplicada aos juízes federais, pois os primeiros não estão sujeitos ao requisito do tempo mínimo de 5 anos de exercício.

27.4. Punição de magistrados: prazo prescricional e competência do TST

Os temas da punição administrativa e do processo administrativo em face de magistrados são regulamentados por dispositivos da LC 35/79 (Lei Orgânica da Magistratura Nacional), bem como pela Resolução 135/2011 do Conselho Nacional de Justiça.

De acordo com o art. 12 da referida Resolução[683], a competência para julgamento de processos administrativos disciplinares e para aplicação de quaisquer penalidades previstas em lei é do próprio tribunal a que pertença ou esteja subordinado o magistrado, sem prejuízo da atuação do CNJ.

---

681. Art. 107. Os Tribunais Regionais Federais compõem-se de, no mínimo, sete juízes, recrutados, quando possível, na respectiva região e nomeados pelo Presidente da República dentre brasileiros com mais de trinta e menos de sessenta e cinco anos, sendo:

I - um quinto dentre advogados com mais de dez anos de efetiva atividade profissional e membros do Ministério Público Federal com mais de dez anos de carreira;

II - os demais, mediante promoção de juízes federais com mais de cinco anos de exercício, por antigüidade e merecimento, alternadamente.

682. "EMENTA: AGRAVO REGIMENTAL. MANDADO DE SEGURANÇA. JUIZ FEDERAL. PROMOÇÃO POR MERECIMENTO. 1. Segundo entendimento pacífico do Supremo Tribunal Federal, 'É inaplicável a norma do art. 93, II, b, da Constituição Federal à promoção dos juízes federais, por estar sujeita apenas ao requisito do implemento de cinco anos de exercício do art. 107, II da Carta Magna, incluído o tempo de exercício no cargo de juiz federal substituto. Precedentes' (MS 23.789, da relatoria da ministra Ellen Gracie). 2 . Agravo regimental a que se nega provimento" (MS 26661 AgR, Relator(a): AYRES BRITTO, Tribunal Pleno, julgado em 10/11/2010).

683. Art. 12. Para os processos administrativos disciplinares e para a aplicação de quaisquer penalidades previstas em lei, é competente o Tribunal a que pertença ou esteja subordinado o Magistrado, sem prejuízo da atuação do Conselho Nacional de Justiça.

Parágrafo único. Os procedimentos e normas previstos nesta Resolução aplicam-se ao processo disciplinar para apuração de infrações administrativas praticadas pelos Magistrados, sem prejuízo das disposições regimentais respectivas que com elas não conflitarem.

Assim, o corregedor, no caso de magistrados de primeiro grau, o presidente ou outro membro competente do tribunal, nos demais casos, quando tiver ciência de irregularidade, é obrigado a promover a apuração imediata dos fatos (Resolução 135/2011 do CNJ, art. 8º, *caput*). Da apuração dos fatos pode ser determinada a instauração de sindicância ou proposta diretamente ao Tribunal a instauração de processo administrativo disciplinar (Resolução 135/2011 do CNJ, art. 8º, parágrafo único).

Não existe previsão na lei ou na Constituição a respeito da situação em que não haja quórum suficiente no tribunal regional para julgamento do processo administrativo, notadamente no caso de suspeição ou impedimento de mais da metade dos membros da corte. Da mesma forma, a legislação não regulamenta o prazo prescricional aplicável à pretensão punitiva na esfera administrativa. Os dois temas já foram objeto de decisão pelo Supremo Tribunal Federal, que estabeleceu as premissas aplicáveis.

Na Pet 1193 QO[684], a Suprema Corte apreciou situação em que mais da metade dos membros de Tribunal Regional do Trabalho eram impedidos ao julgamento de processo administrativo disciplinar a ser instaurado em face de magistrado. A decisão concluiu não haver competência originária do Supremo Tribunal Federal, pois o vocábulo "ação", contido no art. 102, I, *n*, da CF[685], pressupõe que se trate de ação judicial, e não de mero processo administrativo. Ademais, a competência originária da Suprema Corte deve ser vista como uma

684. "Petição. Questão de ordem. Competência para a instauração e julgamento de processo administrativo disciplinar contra juízes de Tribunal Regional do Trabalho, faltando, neste, o quórum necessário para tanto. - Tratando-se de competência excepcional, a letra "n" do inciso I do artigo 102 da Constituição deve ser interpretada estritamente, razão porque a palavra "ação" nela constante se restringe à ação judicial, só transferindo para a competência desta Corte competências jurisdicionais e não atribuições de natureza administrativa. - Por outro lado, apenas se reconhece competência a esta Corte que não esteja prevista na Carta Magna, quando não haja a possibilidade de se atribuir, inclusive por construção constitucional, tal competência a outro Tribunal. No caso, é isso possível, porquanto do exame do texto constitucional se verifica que, no âmbito trabalhista, ao Tribunal Superior do Trabalho se atribui competência (assim, nos artigos 96, II, "a" e "c", e 99, § 2º, I) que não é jurisdicional e que se projeta direta ou indiretamente no terreno administrativo, o que lhe dá certo poder de supervisão sobre os Tribunais Regionais do Trabalho. Dentro desse poder de supervisão do Tribunal Superior do Trabalho, que deflui, inclusive, da competência de propor ao Poder Legislativo a extinção de Tribunais Regionais do Trabalho, se insere a competência dessa Corte Superior para o processo disciplinar em causa contra Juízes togados do Tribunal Regional do Trabalho da 13ª Região, por não ter este o quorum necessário para a realização desse processo. Questão de ordem que se resolve pela declaração de incompetência desta Corte, determinando-se a devolução dos autos da Sindicância em causa ao Tribunal Superior do Trabalho, por ser ele o competente, no caso, para a instauração e o julgamento do processo administrativo disciplinar que dela resultar" (Pet 1193 QO, Relator(a): MOREIRA ALVES, Tribunal Pleno, julgado em 28/05/1997).

685. Art. 102. Compete ao Supremo Tribunal Federal, precipuamente, a guarda da Constituição, cabendo-lhe: I - processar e julgar, originariamente: (...) n) a ação em que todos os membros da magistratura sejam direta ou indiretamente interessados, e aquela em que mais da metade dos membros do tribunal de origem estejam impedidos ou sejam direta ou indiretamente interessados;

excepcionalidade, razão pela qual não poderia ser ampliada pela via interpretativa.

Diante do impasse, o STF asseverou que caberia ao Tribunal Superior do Trabalho decidir acerca da instauração do processo administrativo, já que a Corte Superior Trabalhista teria "certo poder de supervisão" sobre os tribunais regionais do trabalho, inclusive no que tange à possibilidade de propor ao Poder Legislativo a extinção ou criação dos tribunais inferiores, ou mesmo a modificação do número dos respectivos membros (CF, art. 96, II, *a* e *c*), além do encaminhamento das respectivas propostas orçamentárias (CF, art. 99, §2º).

Tal entendimento foi reiterado no MS 25191[686], julgado em que também se discutiu a problemática atinente ao prazo prescricional aplicável no âmbito dos processos administrativos disciplinares contra magistrados. Diante da omissão da Lei Orgânica da Magistratura Nacional, decidiu-se pela aplicabilidade subsidiária da Lei 8112/91 – que versa sobre o regime jurídico dos servidores públicos federais –, cujo art. 142[687] estabelece o prazo prescricional de 5 anos quanto às infrações puníveis com demissão, cassação de aposentadoria ou disponibilidade e destituição de cargo em comissão.

---

686. "MANDADO DE SEGURANÇA. APOSENTADORIA COMPULSÓRIA DE MAGISTRADO TRABALHISTA. COMPETÊNCIA DO TRIBUNAL SUPERIOR DO TRABALHO PARA INSTAURAR PROCESSO ADMINISTRATIVO DISCIPLINAR CONTRA MAGISTRADO TRABALHISTA. INOCORRÊNCIA DE PRESCRIÇÃO ADMINISTRATIVA. INEXISTÊNCIA DE NULIDADE DA SINDICÂNCIA E DO PROCESSO ADMINISTRATIVO. PRECEDENTES. IMPOSSIBILIDADE DE DILAÇÃO PROBATÓRIA EM MANDADO DE SEGURANÇA. SEGURANÇA DENEGADA. 1. Competência do Tribunal Superior do Trabalho para julgar processo disciplinar do Impetrante decorrente da falta de quorum do Tribunal Regional do Trabalho da 14ª Região. Precedentes. 2. A Lei Orgânica da Magistratura Nacional não estabelece regras de prescrição da pretensão punitiva por faltas disciplinares praticadas por magistrados: aplicação subsidiária da Lei n. 8.112/90. Precedentes do Superior Tribunal de Justiça. O prazo prescricional previsto no art. 142 da Lei n. 8.112/90 iniciou-se a partir da expedição da Resolução n. 817/2001, do Tribunal Superior do Trabalho, e teve seu curso interrompido pela instauração do Processo Administrativo n. TRT-MA-0087/01, razão pela qual não ocorreu prescrição administrativa. 3. A instauração de sindicância, como medida preparatória, não prejudica o agente público: admissão pela jurisprudência. Precedentes. 4. O mandado de segurança não é a sede apropriada para se rediscutirem argumentos debatidos e analisados no curso do processo administrativo, diante da impossibilidade de dilação probatória nessa ação. Precedentes. 5. Segurança denegada" (MS 25191, Relator(a): CÁRMEN LÚCIA, Tribunal Pleno, julgado em 19/11/2007).

687. Art. 142. A ação disciplinar prescreverá:

I - em 5 (cinco) anos, quanto às infrações puníveis com demissão, cassação de aposentadoria ou disponibilidade e destituição de cargo em comissão;

II - em 2 (dois) anos, quanto à suspensão;

III - em 180 (cento e oitenta) dias, quanto à advertência.

§ 1º O prazo de prescrição começa a correr da data em que o fato se tornou conhecido.

§ 2º Os prazos de prescrição previstos na lei penal aplicam-se às infrações disciplinares capituladas também como crime.

§ 3º A abertura de sindicância ou a instauração de processo disciplinar interrompe a prescrição, até a decisão final proferida por autoridade competente.

§ 4º Interrompido o curso da prescrição, o prazo começará a correr a partir do dia em que cessar a interrupção.

Posteriormente, a Resolução 135/2011 do CNJ encampou esses critérios, e passou a dispor, ainda, que o processo administrativo terá o prazo de cento e quarenta dias para ser concluído, prorrogável, quando imprescindível para o término da instrução e houver motivo justificado, mediante deliberação do Plenário ou Órgão Especial (art. 14, § 9º). Ainda de acordo com o ato normativo:

- (i) o prazo de prescrição de falta funcional praticada pelo magistrado é de cinco anos, contado a partir da data em que o tribunal tomou conhecimento do fato, salvo quando configurar tipo penal, hipótese em que o prazo prescricional será o do Código Penal;
- (ii) a interrupção da prescrição ocorre com a decisão do Plenário ou do Órgão Especial que determina a instauração do processo administrativo disciplinar;
- (iii) a prorrogação do prazo de conclusão do processo administrativo disciplinar não impede o início da contagem do prazo prescricional. Desse modo, a prescrição volta a fluir a partir do 141º dia subsequente à instauração do processo administrativo disciplinar.

27.5. Cargos de direção em tribunais

A eleição de magistrados que exercerão a administração de tribunais é regulamentada pela Lei Orgânica da Magistratura Nacional (LC nº 35/79, especialmente arts. 99, *caput*, 102 e 103[688]) e também pelos regimentos internos das diversas cortes do país. A jurisprudência do Supremo Tribunal Federal registra importantes precedentes a respeito.

---

688. Art. 99 - Compõem o órgão especial a que se refere o parágrafo único do art. 16 o Presidente, o Vice-Presidente do Tribunal de Justiça e o Corregedor da Justiça, que exercerão nele iguais funções, os Desembargadores de maior antigüidade no cargo, respeitada a representação de advogados e membros do Ministério Público, e inadmitida a recusa do encargo.

Art. 102 - Os Tribunais, pela maioria dos seus membros efetivos, por votação secreta, elegerão dentre seus Juízes mais antigos, em número correspondente ao dos cargos de direção, os titulares destes, com mandato por dois anos, proibida a reeleição. Quem tiver exercido quaisquer cargos de direção por quatro anos, ou o de Presidente, não figurará mais entre os elegíveis, até que se esgotem todos os nomes, na ordem de antigüidade. É obrigatória a aceitação do cargo, salvo recusa manifestada e aceita antes da eleição.

Parágrafo único - O disposto neste artigo não se aplica ao Juiz eleito, para completar período de mandato inferior a um ano.

Art. 103 - O Presidente e o Corregedor da Justiça não integrarão as Câmaras ou Turmas. A Lei estadual poderá estender a mesma proibição também aos Vice-Presidentes.

§ 1º - Nos Tribunais com mais de trinta Desembargadores a lei de organização judiciária poderá prever a existência de mais de um Vice-Presidente, com as funções que a lei e o Regimento Interno determinarem, observado quanto a eles, inclusive, o disposto no *caput* deste artigo.

§ 2º - Nos Estados com mais de cem Comarcas e duzentas Varas, poderá haver até dois Corregedores, com as funções que a lei e o Regimento Interno determinarem.

Na ADI 1503[689], a Corte reiterou sua consagrada jurisprudência no sentido de que a Loman foi recepcionada pela Constituição de 1988 com status de lei complementar, o que impede que os regimentos internos de tribunais disciplinem o tema dos processos eleitorais em tribunais em desarmonia com a própria Loman, sob pena de incidir em inconstitucionalidade formal.

No caso, tratava-se de dispositivo regimental que previa que, no caso de não se alcançar maioria absoluta nem na votação inicial, nem na subsequente da qual participassem apenas os dois mais votados, estes seriam considerados rejeitados e a lista de candidatos deveria ser recomposta, com exclusão dos dois rejeitados, para que o tribunal procedesse a uma terceira votação. Veja-se que essa sistemática poderia resultar na participação como candidato e eleição de desembargador que não estivesse entre os juízes mais antigos do tribunal, em número correspondente ao dos cargos de direção, conforme exigido pelo art. 102, *caput*, da Loman.

Por mais que o critério haja parecido justo a alguns ministros (como o Min. Sepúlveda Pertence), fato é que o regimento interno, ao disciplinar o processo eletivo para tribunais em contrariedade à LC 35/79, invadiu a esfera normativa reservada à lei complementar e, por tal motivo, a Corte declarou a respectiva inconstitucionalidade.

Em sentido semelhante, na ADI 3566[690], ficou assentado no Plenário do STF que é inconstitucional norma de regimento interno de tribunal que disponha sobre o universo de magistrados elegíveis para seus órgãos diretivos. O caso concreto

---

689. "REGIMENTO INTERNO DO TRIBUNAL DE JUSTIÇA DO ESTADO DO RIO DE JANEIRO. ESCOLHA DE CARGOS DE DIREÇÃO. MATÉRIA RESERVADA À LEI COMPLEMENTAR. COMPETÊNCIA DOS TRIBUNAIS DE JUSTIÇA. LIMITES. 1. A eleição para o preenchimento dos cargos de direção dos Tribunais de Justiça dos Estados é disciplinada pelo artigo 102 da Lei Complementar nº 35/79 (LOMAN), recebida pela atual ordem constitucional (CF, artigo 93). 2. Os Regimentos Internos dos Tribunais podem explicitar os meios para a sua realização, desde que obedecidos os limites e parâmetros estabelecidos na lei. 3. Neles é vedada, contudo, a inclusão de instruções sobre o processo eleitoral interno que ultrapassem as regras básicas da lei complementar. 4. Inconstitucionalidade do segundo período do § 4º do artigo 11 do Regimento Interno do Tribunal de Justiça do Estado do Rio de Janeiro. Ação direta de inconstitucionalidade julgada procedente, em parte" (ADI 1503, Relator(a): MAURÍCIO CORRÊA, Tribunal Pleno, julgado em 29/03/2001).

690. "EMENTA: MAGISTRATURA. Tribunal. Membros dos órgãos diretivos. Presidente, Vice-Presidente e Corregedor-Geral. Eleição. Universo dos magistrados elegíveis. Previsão regimental de elegibilidade de todos os integrantes do Órgão Especial. Inadmissibilidade. Temática institucional. Matéria de competência legislativa reservada à Lei Orgânica da Magistratura e ao Estatuto da Magistratura. Ofensa ao art. 93, *caput*, da Constituição Federal. Inteligência do art. 96, inc. I, letra a, da Constituição Federal. Recepção e vigência do art. 102 da Lei Complementar federal nº 35, de 14 de março de 1979 - LOMAN. Ação direta de inconstitucionalidade julgada, por unanimidade, prejudicada quanto ao § 1º, e, improcedente quanto ao *caput*, ambos do art. 4º da Lei nº 7.727/89. Ação julgada procedente, contra o voto do Relator sorteado, quanto aos arts. 3º, *caput*, e 11, inc. I, letra a, do Regimento Interno do Tribunal Regional Federal da 3ª Região. São inconstitucionais as normas de Regimento Interno de tribunal que disponham sobre o universo dos magistrados elegíveis para seus órgãos de direção" (ADI 3566, Relator(a): JOAQUIM BARBOSA, Relator(a) p/ Acórdão: CEZAR PELUSO, Tribunal Pleno, julgado em 15/02/2007).

envolvia norma regimental que estatuía que todos os membros do órgão especial poderiam ser eleitos para os cargos de presidente, vice-presidente e corregedor. A Suprema Corte decidiu que, mesmo após a EC 45/2004[691], continua em pleno vigor o art. 102 da Loman, de modo que o regimento interno não pode alterar o universo de magistrados elegíveis previstos na referida lei complementar.

Digna de nota é a decisão na Rcl 13115 MC-AgR[692], que constitui verdadeiro *ponto fora da curva* na jurisprudência consolidada do STF. A ementa do acórdão indica que, como a temática da eleição para órgãos eletivos não foi mencionada no art. 96, I, da Constituição de 1988 – diferentemente do que ocorria na Constituição anterior, a qual remetia o tema à disciplina da Loman –, os tribunais teriam liberdade para, exercendo sua autonomia administrativa, definir os critérios aplicáveis nos processos eleitorais em seu próprio âmbito.

Sucede que, na ADI 5310[693], alguns ministros sinalizaram que a ementa da referida Rcl 13115 MC-AgR não refletia a conclusão da corrente majoritária, que teria se pautado em aspectos processuais atinentes à figura da reclamação. De tal forma que, na ADI 5310, a Suprema Corte reiterou seu tradicional entendimento pela recepção do art. 102 da Loman, razão pela qual declarou a inconstitucionalidade de norma regimental que admitia a reeleição para cargos diretivos em tribunais, desde que observado intervalo de dois mandatos.

Outra relevante decisão é a do MS 28447[694]. No julgado, a maioria da Corte – baseada sobretudo na redação do *caput* do art. 99 da Loman – concluiu que apenas as

691. O voto vencido do Min. Joaquim Barbosa argumentava que, a partir da EC 45/2004, o art. 102 da Loman não se deveria mais considerar recepcionado. Isso porque tal dispositivo estaria "em sintonia com o art. 93, XI, da Constituição Federal, com a nova redação dada pela EC 45/2004, que prevê a existência de órgãos especiais (...) compostos tanto por juízes mais antigos como por juízes eleitos, que podem não ser os mais antigos".

692. "JUDICIÁRIO – AUTONOMIA. Consoante disposto no artigo 99 da Carta de 1988, ao Poder Judiciário é assegurada autonomia administrativa e financeira. TRIBUNAIS – DIREÇÃO – REGÊNCIA. Ao contrário do versado no artigo 112 do Diploma Maior anterior – Emenda Constitucional nº 1, de 1969 –, o atual não remete mais à Lei Orgânica da Magistratura a regência da direção dos tribunais, ficando a disciplina a cargo do regimento interno. RECLAMAÇÃO – EFEITO TRANSCENDENTE. Reiterados são os pronunciamentos do Supremo no sentido de não se admitir, como base para pedido formulado em reclamação, o efeito transcendente" (Rcl 13115 MC-AgR, Relator(a): LUIZ FUX, Relator(a) p/ Acórdão: MARCO AURÉLIO, Tribunal Pleno, julgado em 12/12/2012).

693. "AÇÃO DIRETA DE INCONSTITUCIONALIDADE. ELEIÇÃO PARA ÓRGÃOS DIRETIVOS DO TRIBUNAL DE JUSTIÇA DO RIO DE JANEIRO. RESOLUÇÃO N. 1/2014 DO TRIBUNAL DE JUSTIÇA DO RIO DE JANEIRO. ART. 93, *CAPUT*, DA CONSTITUIÇÃO DA REPÚBLICA. ART. 102 DA LOMAN: NORMA GERAL RECEPCIONADA PELA CONSTITUIÇÃO DA REPÚBLICA. PRECEDENTES. REGULAMENTAÇÃO ESTADUAL DIVERGENTE DA PREVISÃO NORMATIVA GERAL. AÇÃO DIRETA DE INCONSTITUCIONALIDADE JULGADA PROCEDENTE" (ADI 5310, Relator(a): CÁRMEN LÚCIA, Tribunal Pleno, julgado em 14/12/2016).

694. "CONSTITUCIONAL E ADMINISTRATIVO – MANDADO DE SEGURANÇA - ORDENAÇÃO NORMATIVA DOS TRIBUNAIS – LOMAN - REGIMENTO INTERNO – ELEIÇÃO DE PRESIDENTE – CONDIÇÕES DE ELEGIBILIDADE – CARGO DE VICE-CORREGEDOR - SEGURANÇA DENEGADA POR MAIORIA. 1. A condição de candidato elegível para cargo de direção de tribunal confere-lhe pretensão a ser deduzida em juízo, possuindo legitimidade para propositura do mandamus. 2. O objeto da impetração é apreciar os limites dos poderes normativos (ou nomogenéticos, para ser mais preciso) dos

funções de presidente, vice-presidente e de corregedor configuram cargo de direção para fins da inelegibilidade prevista no art. 102, *caput*, da mesma lei. Segundo tal dispositivo, os magistrados que já tiverem exercido quaisquer cargos de direção por quatro anos, ou o de presidente, não poderão figurar mais entre os elegíveis, até que se esgotem todos os nomes, na ordem de antiguidade. A discussão que se colocou foi a de saber se o cargo de vice-corregedor deveria ser considerado como de direção, de modo que o período na respectiva investidura fosse contado para cálculo dos quatro anos que tornam o magistrado inelegível para novos cargos diretivos.

Embora a dispersão de votos dificulte a tarefa de delimitar a *ratio decidendi* do julgado, extrai-se do inteiro teor do acórdão prolatado no MS 28447 não ser importante o nome dado ao cargo, mas a realidade das funções exercidas. Assim, caso a função de corregedor ou de presidente seja compartilhada regimentalmente entre mais de um magistrado – mediante a criação de mais de uma vice-presidência ou de uma ou mais vice-corregedorias –, o tempo desempenhado em tal cargo será computado para fins de inelegibilidade do exercente.

Houve nítida preocupação, na manifestação de alguns ministros, com a possibilidade de fraude à lei pelo regimento interno. Bastaria que se mudasse o nome do cargo (de corregedor para vice-corregedor ou subcorregedor, por exemplo) para que, em burla à Loman, o magistrado exercesse cargos diretivos por mais de 4 anos. No caso concreto, entretanto, considerou-se que o cargo de vice-corregedor no TRT da 3ª Região não era diretivo.

Exemplificando, a bem da clareza: no TRT da 1ª Região, o art. 30 do Regimento Interno[695] estatui que o vice-corregedor apenas substituirá e auxiliará o corregedor regional. Assim, desembargador eleito para o cargo de vice-corregedor

---

tribunais - o que se radica no papel dos regimentos internos -, é interpretar o art. 102 da Lei Orgânica da Magistratura Nacional, à luz do texto constitucional. 3. O espaço normativo dos regimentos internos dos tribunais é expressão da garantia constitucional de sua autonomia orgânico-administrativa (art. 96, I, "a", CF/88), compreensiva da "independência na estruturação e funcionamento de seus órgãos". 4. A prerrogativa de elaborar o Estatuto da Magistratura, cometida ao STF pelo constituinte originário (art. 93, *caput*, CF/88), tem função constritiva da liberdade nomogenética dos tribunais. 5. Há reserva constitucional para o domínio de lei complementar no que concerne ao processo eleitoral nos tribunais, estando a caracterização dos loci diretivos, para fins de elegibilidade, adstrita aos três cargos, dispostos em numerus clausus, no art. 99 da LOMAN. 6. Não se encarta no poder nomogenético dos tribunais dispor além do que prescrito no art. 102 da LOMAN, no que se conecta aos requisitos de elegibilidade. 7. A departição de funções, nomes jurídicos ou atribuições, nos regimentos internos dos tribunais, não pode ser excogitado como critério diferenciador razoável e susceptível de quebra da isonomia entre os postulantes de cargo diretivo. 8. Votos Vencidos: Possibilidade de situações específicas do Poder Judiciário local virem disciplinadas no regimento interno, com a repartição dos poderes de direção entre outros órgãos do tribunal, como expressão de sua autonomia orgânico-administrativa (art. 103, LOMAN). É indiferente à identificação de cargo de direção o nomen juris manifesto, pois realiza-se pela compreensão das atribuições regimentais dispensadas ao titular, que possui competências específicas originárias. Ausência de hierarquia entre os cargos de Corregedor e Vice-Corregedor a evidenciar fraude à Constituição Federal. 9. Segurança denegada por maioria" (MS 28447, Relator(a): DIAS TOFFOLI, Tribunal Pleno, julgado em 25/08/2011).

695. Art. 30. Compete ao Vice-Corregedor Regional: I - substituir o Corregedor Regional nas suas férias, ausências e impedimentos; e II - auxiliar o Corregedor Regional sempre que necessário.

pode legitimamente exercer cargos de direção por quatro anos, sem que se cogite de violação ao art. 102 da Loman, justamente porque o cargo de Vice-Corregedor não deve ser considerado diretivo nesta hipótese. Já no TRT da 2ª Região, o art. 4º do Regimento[696] prevê como cargos de direção os de vice-presidente judicial e o de vice-presidente administrativo; nesse caso, o mandato exercido em qualquer dos dois cargos será considerado como exercício de cargo de direção.

Na ADI 2974[697], o STF declarou a inconstitucionalidade da IN 8/1996, do Tribunal Superior do Trabalho. O ato normativo estabelecia critérios a serem aplicados pelos TRTs no que tange às eleições para órgãos diretivos em tribunais, e inclusive preceituava que apenas os cargos de presidente e de corregedor seriam assim considerados.

Na ótica manifestada no voto do relator (Min. Marco Aurélio), a matéria do processo eleitoral em tribunais deve ser tratada pelo regimento interno de cada qual, em observância ao princípio da autonomia dos tribunais, positivado no art. 96, I, *a*, da CF. Contudo, o fundamento mais adequado parece ser o sustentado pelo Min. Gilmar Mendes, pois a regulamentação do tema é feita pela Lei Orgânica da Magistratura Nacional e está sujeita à reserva de lei complementar. O próprio STF, conforme julgados já citados neste tópico, já asseverou ser necessária uniformidade no regime jurídico da magistratura, o que inclui o tratamento legislativo dado aos processos eleitorais em tribunais. Assim, havia inconstitucionalidade formal da instrução normativa do TST, por adentrar em tema reservado ao legislador complementar, o que torna desnecessária a análise à luz do princípio da autonomia dos tribunais.

Quanto ao colégio eleitoral, a Suprema Corte, na ADI 2012[698], com fundamento no art. 96, I, *a*, da CF[699], decidiu pela inconstitucionalidade de norma

696. Art. 4º São cargos de direção do Tribunal o de Presidente, o de Vice-Presidente Administrativo, o de Vice-Presidente Judicial e o de Corregedor Regional, que serão providos por eleição, separadamente, também nessa ordem.

697. "TRIBUNAIS REGIONAIS DO TRABALHO – CARGOS DE DIREÇÃO E SUBSTITUIÇÃO – ELEIÇÃO. A escolha dos dirigentes é atribuição privativa do Tribunal, nos termos do artigo 96, inciso I, alínea "a", da Constituição Federal. TRIBUNAL REGIONAL – ORGANIZAÇÃO – AUTONOMIA – VIOLAÇÃO. Surge inconstitucional norma do Tribunal Superior do Trabalho a disciplinar organização de tribunal regional" (ADI 2974, Relator(a): MARCO AURÉLIO, Tribunal Pleno, julgado em 08/06/2020).

698. "AÇÃO DIRETA DE INCONSTITUCIONALIDADE. ELEIÇÕES PARA OS ÓRGÃOS DIRETIVOS DO TRIBUNAL DE JUSTIÇA DO ESTADO DE SÃO PAULO. ART. 62 DA CONSTITUIÇÃO DO ESTADO DE SÃO PAULO, NA REDAÇÃO DADA PELA EMENDA 7/1999. ESCOLHA POR DESEMBARGADORES E JUÍZES VITALÍCIOS. IMPOSSIBILIDADE. OFENSA AO ART. 96, I, A, DA CONSTITUIÇÃO FEDERAL. ADI JULGADA PROCEDENTE. I – A escolha dos órgãos diretivos compete privativamente ao próprio tribunal, nos termos do artigo 96, I, a, da Carta Magna; II – Tribunal, na dicção constitucional, é o órgão colegiado, sendo inconstitucional, portanto, a norma estadual possibilitar que juízes vitalícios, que não apenas os desembargadores, participarem da escolha da direção do tribunal; III – Ação direta julgada procedente" (ADI 2012, Relator(a): RICARDO LEWANDOWSKI, Tribunal Pleno, julgado em 27/10/2011)

699. Art. 96. Compete privativamente:

I - aos tribunais: a) eleger seus órgãos diretivos e elaborar seus regimentos internos, com observância das normas de processo e das garantias processuais das partes, dispondo sobre a competência e o funcionamento dos respectivos órgãos jurisdicionais e administrativos (...).

de regimento interno que permitia que juízes de primeiro grau votassem nas eleições para cargos diretivos nos tribunais. Atendo-se à literalidade do preceito constitucional, e interpretando-o de forma restritiva, a corrente majoritária concluiu que a eleição para órgãos diretivos deve ser feita por membros do próprio tribunal, ou seja, desembargadores ou ministros. A expressão "tribunais", nessa ótica, não pode ser lida como se estivesse indicando todos os integrantes da magistratura no âmbito de determinado tribunal. Tal concepção se pauta, ainda, na interpretação sistemática, pois outros dispositivos, como o art. 102 da CF[700], fazem clara diferenciação entre os tribunais e os juízes de primeiro grau, enquanto órgãos do Poder Judiciário.

O voto vencido do Min. Marco Aurélio prestigiava o princípio democrático e o da autonomia dos tribunais. De fato, parece mais consentâneo com o sistema da Constituição de 1988 a ideia de que quem quer que seja governado deve ter a oportunidade de participar dos processos decisórios, direta ou indiretamente. No caso dos tribunais, é inegável que os juízes de primeiro grau se submetem à respectiva administração, de modo que admitir o voto de todos os magistrados ampliaria a legitimidade da eleição.

27.6. Convocação de juízes e composição de órgão colegiado

A Lei Orgânica da Magistratura Nacional, em seu art. 118[701], regula a possibilidade de convocação de juízes de primeiro grau, nas hipóteses de vacância de cargo ou de afastamento, por prazo superior a 30 dias, de membro de tribunal.

No âmbito da Justiça Federal comum, o art. 4º da Lei nº 9.788/99[702] autoriza a convocação de juízes de primeiro grau para auxílio no âmbito dos tribunais, ou seja, fora das hipóteses de substituição ou de vacância previstas na Loman.

---

700. Art. 92. São órgãos do Poder Judiciário:
I - o Supremo Tribunal Federal;
I-A o Conselho Nacional de Justiça;
II - o Superior Tribunal de Justiça;
II-A - o Tribunal Superior do Trabalho;
III - os Tribunais Regionais Federais e Juízes Federais;
IV - os Tribunais e Juízes do Trabalho;
V - os Tribunais e Juízes Eleitorais;
VI - os Tribunais e Juízes Militares;
VII - os Tribunais e Juízes dos Estados e do Distrito Federal e Territórios.

701. Art. 118. Em caso de vaga ou afastamento, por prazo superior a 30 (trinta) dias, de membro dos Tribunais Superiores, dos Tribunais Regionais, dos Tribunais de Justiça e dos Tribunais de Alçada, (Vetado) poderão ser convocados Juízes, em Substituição (Vetado) escolhidos (Vetado) por decisão da maioria absoluta do Tribunal respectivo, ou, se houver, de seu Órgão Especial: (...).

702. Art. 4º - Os Tribunais Regionais Federais poderão, em caráter excepcional e quando o acúmulo de serviço o exigir, convocar Juízes Federais ou Juízes Federais Substitutos, em número equivalente ao de

Discutiu-se, no Supremo Tribunal Federal, a validade de julgamentos levados a efeito no âmbito de Tribunal Regional Federal, na hipótese em que a maior parte dos magistrados votantes não era de membros do próprio tribunal, mas de juízes de primeiro grau convocados com fundamento na Lei 9.788/99.

No RE 597133[703], a Corte decidiu que tais julgamentos seria plenamente válidos, inexistindo violação ao princípio do juiz natural, porque a convocação de juízes primeiro grau é prevista em lei, razão pela qual não se trata de tribunal de exceção ou de definição de competência *ex post facto*. Ademais, a distribuição de processos é feita de forma aleatória, e a convocação de magistrados contribui para a duração razoável dos processos.

No entanto, alguns votos[704] manifestaram preocupação com a sistemática de convocação ampla e irrestrita de juízes de primeiro grau, salientando que, em cenário diverso, a decisão poderia ser reavaliada.

27.7. Atribuições dos oficiais de justiça

Na ADI 3050[705], o Supremo Tribunal Federal reconheceu a constitucionalidade de lei complementar estadual que prevê competir aos oficiais de justiça a incumbência de auxiliar os serviços de secretaria da vara, quando não estiver realizando diligências.

A Corte justificou a decisão com os seguintes fundamentos: a lei teria o objetivo de maximizar a eficiência do serviço judiciário, contribuindo para a duração razoável do processo; os oficiais de justiça são auxiliares do juízo, conforme art. 149 do CPC[706]; o fato de tais funções de auxílio à secretaria não

---

Juízes de cada Tribunal, para auxiliar em Segundo Grau, nos termos de resolução a ser editada pelo Conselho da Justiça Federal.

703. "RECURSO EXTRAORDINÁRIO. PROCESSUAL PENAL. JULGAMENTO DE APELAÇÃO POR TURMA JULGADORA COMPOSTA MAJORITARIAMENTE POR JUÍZES FEDERAIS CONVOCADOS. NULIDADE. INEXISTÊNCIA. OFENSA AO PRINCÍPIO DO JUIZ NATURAL. INOCORRÊNCIA. PRECEDENTES. RECURSO DESPROVIDO. I – Não viola o postulado constitucional do juiz natural o julgamento de apelação por órgão composto majoritariamente por juízes convocados, autorizado no âmbito da Justiça Federal pela Lei 9.788/1999. II – Colegiado constituídos por magistrados togados, integrantes da Justiça Federal, e a quem a distribuição de processos é feita aleatoriamente. III – Julgamentos realizados com estrita observância do princípio da publicidade, bem como do direito ao devido processo legal, à ampla defesa e ao contraditório. IV – Recurso extraordinário desprovido" (RE 597133, Relator(a): RICARDO LEWANDOWSKI, Tribunal Pleno, julgado em 17/11/2010).

704. Como o voto do Min. Gilmar Mendes, que acompanhou o relator, mas manifestou preocupação, e o voto do Min. Marco Aurélio, que entendia que a sistemática adotada consistia em espécie de *clonagem*, pois o tribunal regional federal convocara juízes de primeiro grau em número equivalente ao de membros do próprio natural. Vale dizer: composta a Corte por 40 desembargadores, convocaram-se indistintamente 40 juízes de primeiro grau, fazendo com que a composição dos órgãos julgadores fosse diferente a cada julgamento.

705. ADI 4853, Rel. Min. Rosa Weber, julgamento virtual finalizado em 3.11.2020.

706. Art. 149. São auxiliares da Justiça, além de outros cujas atribuições sejam determinadas pelas normas de organização judiciária, o escrivão, o chefe de secretaria, o oficial de justiça, o perito, o depositário,

caracterizarem investidura em carreira diversa.

Sem dúvida, a lei pode ampliar ou reduzir o feixe de atribuições de cargos públicos já existentes, até porque não há direito adquirido a regime jurídico. Controvérsia poderia surgir na hipótese em que a inclusão de novas atribuições decorresse não de lei, mas de mero ato administrativo de tribunal.

No caso da Justiça do Trabalho, porém, não há essa dificuldade, pois a art. 4º, I, Lei 11.416/2006[707], ao estabelecer o rol de atribuições dos analistas judiciários no âmbito do Poder Judiciário da União (cargo ocupado pelos oficiais de justiça, na especialidade de execução de mandados), prevê, de forma genérica, a incumbência de assessoramento, o que abrange o processamento de feitos.

28. PRISÃO CIVIL

Referências normativas e jurisprudenciais	
Constituição	Art. 5º Todos são iguais perante a lei, sem distinção de qualquer natureza, garantindo-se aos brasileiros e aos estrangeiros residentes no País a inviolabilidade do direito à vida, à liberdade, à igualdade, à segurança e à propriedade, nos termos seguintes; (...)
Legislação infraconstitucional	CPC, Art. 77. Além de outros previstos neste Código, são deveres das partes, de seus procuradores e de todos aqueles que de qualquer forma participem do processo: (...) IV - cumprir com exatidão as decisões jurisdicionais, de natureza provisória ou final, e não criar embaraços à sua efetivação; (...) VI - não praticar inovação ilegal no estado de fato de bem ou direito litigioso. § 2º A violação ao disposto nos incisos IV e VI constitui ato atentatório à dignidade da justiça, devendo o juiz, sem prejuízo das sanções criminais, civis e processuais cabíveis, aplicar ao responsável multa de até vinte por cento do valor da causa, de acordo com a gravidade da conduta. CPC, art. 161. O depositário ou o administrador responde pelos prejuízos que, por dolo ou culpa, causar à parte, perdendo a remuneração que lhe foi arbitrada, mas tem o direito a haver o que legitimamente despendeu no exercício do encargo. Parágrafo único. O depositário infiel responde civilmente pelos prejuízos causados, sem prejuízo de sua responsabilidade penal e da imposição de sanção por ato atentatório à dignidade da justiça.
Súmulas e teses de repercussão geral	SV 25 - É ilícita a prisão civil de depositário infiel, qualquer que seja a modalidade de depósito.

o administrador, o intérprete, o tradutor, o mediador, o conciliador judicial, o partidor, o distribuidor, o contabilista e o regulador de avarias.

707. Art. 4º As atribuições dos cargos serão descritas em regulamento, observado o seguinte: I - Carreira de Analista Judiciário: atividades de planejamento; organização; coordenação; supervisão técnica; assessoramento; estudo; pesquisa; elaboração de laudos, pareceres ou informações e execução de tarefas de elevado grau de complexidade (...).

Referências normativas e jurisprudenciais	
Normas internacionais	Pacto de São José da Costa Rica, art. 7º, item 7: Ninguém deve ser detido por dívidas. Este princípio não limita os mandados de autoridade judiciária competente expedidos em virtude de inadimplemento de obrigação alimentar.
Julgados paradigmáticos	HC 77631, 87585 RE 349703

A compreensão do tema da prisão do depositário infiel pressupõe rápida incursão no campo da hierarquia normativa dos tratados internacionais que versem sobre direitos humanos. Em doutrina, pode-se identificar as seguintes correntes a respeito:

- (i) supraconstitucionalidade, de modo que nem mesmo a Constituição ou emendas constitucionais poderiam suprimir ou reduzir o âmbito de proteção de direito humano estampado em tratado internacional[708];
- (ii) constitucionalidade, já que o art. 5º, §2º, da CF[709], consistiria em cláusula de abertura para outros direitos humanos previstos em tratados internacionais subscritos pelo Brasil. No caso de conflito entre norma constitucional e tratado, deveria ser aplicado o critério *pro homine*, ou seja, a interpretação mais favorável à vítima[710];
- (iii) supralegalidade, ideia segundo a qual o tratado internacional sobre direitos humanos teria status inferior à Constituição, mas superior à legislação ordinária interna;
- (iv) paridade normativa, de sorte que o direito interno e o tratado internacional estariam no mesmo nível hierárquico, sendo que conflito entre ambos deveria ser solucionado por meio dos critérios clássicos da cronologia (*lex posterior derogat priori*) e da especialidade (*lex specialis derogat generalis*).

O posicionamento tradicional do Supremo Tribunal Federal, desde o julgamento do RE 80004[711], sempre foi no sentido da paridade normativa entre os tratados internacionais e o direito interno. Havendo dispositivos conflitantes, caberia perquirir se a situação estaria a envolver norma especial, a ser aplicada

708. Assim: MELLO, Celso D. de Albuquerque. *O §2° do art. 5° da Constituição Federal*. In: TORRES, Ricardo Lobo (Org.). Teoria dos direitos fundamentais. 2a Ed. Rio de Janeiro: Renovar, 2001, p. 25.

709. § 2º Os direitos e garantias expressos nesta Constituição não excluem outros decorrentes do regime e dos princípios por ela adotados, ou dos tratados internacionais em que a República Federativa do Brasil seja parte.

710. PIOVESAN, Flávia. Direitos Humanos e o Direito Constitucional Internacional. 5ª Ed. São Paulo: Max Limonad; 2002.

711. RE 80004, Relator(a): XAVIER DE ALBUQUERQUE, Tribunal Pleno, julgado em 01/06/1977.

em detrimento de norma geral; ou, não sendo este o caso, dar-se-ia a incidência da norma mais recente, que revoga a mais antiga.

Veja-se que o critério da paridade normativa continua aplicável até os dias atuais no que tange a tratados internacionais que não versem sobre direitos humanos. Exemplo: tratado internacional sobre matéria tributária, que conceda isenção ou redução de tarifas de imposto incidente sobre produtos oriundos de determinado país. A norma internacional, nesse caso, será aplicável não por ser superior hierarquicamente à legislação interna, mas por se tratar de norma especial.

A tese da supraconstitucionalidade, embora engenhosa, é de difícil compatibilização com o postulado da soberania nacional e com a ideia de supremacia da Constituição. De fato, ao celebrar tratado internacional, o Brasil deve observar a própria Constituição, tanto do ponto de vista formal (= procedimento para que o tratado seja obrigatório em território nacional), quanto material (= conteúdo normativo do tratado).

Note-se, ademais, que o art. 102, III, *b*, da CF[712], ao prever a competência do STF para fazer controle de constitucionalidade de tratados internacionais, acaba por rechaçar a ideia de que tais atos normativos – independentemente do tema neles versado – pudessem sobrepor-se às normas constitucionais.

Quanto à tese de que os tratados internacionais sobre direitos humanos seriam materialmente constitucionais, integrando o chamado *bloco de constitucionalidade*, tem-se que a EC 45/2004, ao modificar a redação do art. 5º, §3º da CF[713], enfraqueceu sobremaneira tal vertente. Ora, se os tratados internacionais, de acordo com a nova redação constitucional, podem ter status equivalente às emendas constitucionais – desde que observado procedimento próprio, com votação em dois turnos por três quintos dos membros de cada Casa do Congresso Nacional –, então a conclusão que se impõe é a de que os tratados não ratificados de acordo com tal modelo não possuem a mesma estatura normativa, ainda que versem sobre direitos humanos.

Tais razões fizeram com que, a partir do RE 349703[714], o Supremo Tribunal Federal passasse a adotar a teoria da supralegalidade dos tratados sobre direitos

---

712. Art. 102. Compete ao Supremo Tribunal Federal, precipuamente, a guarda da Constituição, cabendo-lhe: (...) III - julgar, mediante recurso extraordinário, as causas decididas em única ou última instância, quando a decisão recorrida: (...) b) declarar a inconstitucionalidade de tratado ou lei federal (...).

713. § 3º Os tratados e convenções internacionais sobre direitos humanos que forem aprovados, em cada Casa do Congresso Nacional, em dois turnos, por três quintos dos votos dos respectivos membros, serão equivalentes às emendas constitucionais.

714. "PRISÃO CIVIL DO DEPOSITÁRIO INFIEL EM FACE DOS TRATADOS INTERNACIONAIS DE DIREITOS HUMANOS. INTERPRETAÇÃO DA PARTE FINAL DO INCISO LXVII DO ART. 5º DA CONSTITUIÇÃO BRASILEIRA DE 1988. POSIÇÃO HIERÁRQUICO-NORMATIVA DOS TRATADOS INTERNACIONAIS DE DIREITOS HUMANOS NO ORDENAMENTO JURÍDICO BRASILEIRO. Desde a adesão do Brasil, sem qualquer reserva, ao Pacto Internacional dos Direitos Civis e Políticos (art. 11) e à Convenção Americana sobre Direitos Humanos - Pacto de San José da

humanos, a significar que se situam abaixo da Constituição, mas acima da legislação ordinária. Daí resulta, na dicção da Corte, não a revogação ou inconstitucionalidade das leis ordinárias contrárias aos tratados, mas mera "paralisação de sua eficácia". Noutras palavras, tal legislação poderia voltar a vigorar se e quando o tratado internacional fosse denunciado. Isso gera o fenômeno do controle de convencionalidade, que já vinha sendo adotado pela Corte Europeia de Direitos Humanos, e consiste no exame da compatibilidade entre o direito interno e o tratado internacional que verse sobre direitos humanos.

A partir de tal raciocínio, o Supremo Tribunal Federal passou a entender ser impossível a prisão do depositário infiel, tendo em vista o Pacto de São José da Costa Rica, que veda a prisão por dívida, com a única exceção da obrigação alimentícia.

Assim, conclui-se pela ineficácia do decreto-lei 911/69, inexistindo base normativa para a prisão do depositário infiel. A Suprema Corte salientou, ainda, que o devedor-fiduciante era equiparado à figura de depositário por ficção jurídica, já que a alienação fiduciária em garantia não constitui, na realidade das coisas, contrato de depósito, tratando-se de instituto deveras diferente.

Ao final, o raciocínio foi estendido, de modo que a Súmula Vinculante 25 do STF passou a dispor ser ilícita a prisão civil de depositário infiel, qualquer que seja a modalidade de depósito, o que inclui a figura do depositário judicial.

Nesse cenário, o depositário infiel se sujeita, em princípio, apenas à responsabilidade civil – devendo responder pelo equivalente em pecúnia da coisa depositada e não restituída, além dos demais prejuízos comprovadamente

---

Costa Rica (art. 7º, 7), ambos no ano de 1992, não há mais base legal para prisão civil do depositário infiel, pois o caráter especial desses diplomas internacionais sobre direitos humanos lhes reserva lugar específico no ordenamento jurídico, estando abaixo da Constituição, porém acima da legislação interna. O status normativo supralegal dos tratados internacionais de direitos humanos subscritos pelo Brasil torna inaplicável a legislação infraconstitucional com ele conflitante, seja ela anterior ou posterior ao ato de adesão. Assim ocorreu com o art. 1.287 do Código Civil de 1916 e com o Decreto-Lei nº 911/69, assim como em relação ao art. 652 do Novo Código Civil (Lei nº 10.406/2002). ALIENAÇÃO FIDUCIÁRIA EM GARANTIA. DECRETO-LEI Nº 911/69. EQUIPAÇÃO DO DEVEDOR-FIDUCIANTE AO DEPOSITÁRIO. PRISÃO CIVIL DO DEVEDOR-FIDUCIANTE EM FACE DO PRINCÍPIO DA PROPORCIONALIDADE. A prisão civil do devedor-fiduciante no âmbito do contrato de alienação fiduciária em garantia viola o princípio da proporcionalidade, visto que: a) o ordenamento jurídico prevê outros meios processuais-executórios postos à disposição do credor-fiduciário para a garantia do crédito, de forma que a prisão civil, como medida extrema de coerção do devedor inadimplente, não passa no exame da proporcionalidade como proibição de excesso, em sua tríplice configuração: adequação, necessidade e proporcionalidade em sentido estrito; e b) o Decreto-Lei nº 911/69, ao instituir uma ficção jurídica, equiparando o devedor-fiduciante ao depositário, para todos os efeitos previstos nas leis civis e penais, criou uma figura atípica de depósito, transbordando os limites do conteúdo semântico da expressão "depositário infiel" insculpida no art. 5º, inciso LXVII, da Constituição e, dessa forma, desfigurando o instituto do depósito em sua conformação constitucional, o que perfaz a violação ao princípio da reserva legal proporcional. RECURSO EXTRAORDINÁRIO CONHECIDO E NÃO PROVIDO" (RE 349703, Relator(a): CARLOS BRITTO, Relator(a) p/ Acórdão: GILMAR MENDES, Tribunal Pleno, julgado em 03/12/2008).

sofridos pelo exequente[715] – e à punição por ato atentatório à dignidade da justiça, conforme se depreende do art. 161, parágrafo único, do CPC[716].

A responsabilidade criminal do depositário somente se configurará caso a situação concreta se enquadre em algum tipo penal (estelionato, falsidade ideológica etc.); o mero fato de não restituir o bem não pode implicar prisão.

29. PROCEDIMENTO SUMARÍSSIMO

	Referências normativas e jurisprudenciais
Constituição	Art. 5º, XXXV - a lei não excluirá da apreciação do Poder Judiciário lesão ou ameaça a direito; (...) LIV - ninguém será privado da liberdade ou de seus bens sem o devido processo legal (...).
Legislação infra-constitucional	CLT, Art. 852-B. Nas reclamações enquadradas no procedimento sumarís-simo: (...) II - não se fará citação por edital, incumbindo ao autor a correta indicação do nome e endereço do reclamado (...).
Julgados paradig-máticos	ADI 2139, 2160, 2237

29.1. Citação por edital

Ao julgar as ADIs 2139, 2160 e 2237[717], a Suprema Corte referendou a constitucionalidade do art. 852-B, II, da CLT, segundo o qual, nas reclamações trabalhistas que tramitem no rito sumaríssimo, não se fará citação por edital, incumbindo ao reclamante a correta indicação do nome e do endereço do reclamado.

---

715. "No âmbito da execução fiscal, não obstante a caracterização de ato atentatório à dignidade da justiça, pelo qual o depositário responderá com a cominação de multa, como dantes esclarecido, tem-se que quedará ele responsável pelo valor atualizado do bem objeto da guarda (...) o depositário judicial, como administrador de bens de terceiro, responderá pessoal e solidariamente com o devedor originário pela satisfação do crédito público até o limite do valor atualizado do bem mantido sob sua guarda, caso deixe de apresenta-lo no momento oportuno. Por óbvio, caso a figura do depositário coincida com a do devedor, responderá este com outros bens de seu patrimônio pelo quantum equivalente" (VAZ, Tatiana Brugnera. A responsabilidade do depositário infiel em ação de execução fiscal. Disponível em: https://www.gov.br/pgfn/pt-br/central-de-conteudo/publicacoes/revista-pgfn/ano-ii-numero-iv/Htatiana4.pdf. Acesso em 12.11.2020).

716. Art. 161, Parágrafo único. O depositário infiel responde civilmente pelos prejuízos causados, sem prejuízo de sua responsabilidade penal e da imposição de sanção por ato atentatório à dignidade da justiça.

717. "(...) 4. A isonomia constitucional não impõe tratamento linear e rígido a todos os que demandam a atuação do Poder Judiciário, ainda que o façam por procedimento sumaríssimo na Justiça do Trabalho, pelo que se reconhece válida a exclusão da citação por edital daquele rito processual, em obediência aos princípios da primazia da realidade e da razoabilidade. Validade do art. 852-B, inc. II da Consolidação das Leis do Trabalho – CLT. (...)" (ADI 2139, 2160 e 2237, Relator(a): CÁRMEN LÚCIA, Tribunal Pleno, julgado em 01/08/2018).

O questionamento baseava-se em suposta violação ao princípio da isonomia, já que os reclamantes de ações que tramitassem pelo rito sumaríssimo se veriam privados da possibilidade de promover a citação por edital, contrariamente ao que ocorre no procedimento ordinário.

O Supremo Tribunal Federal assentou inexistir violação à isonomia, já que o art. 852-B, II, da CLT, trata diferentemente situações desiguais, considerando que o procedimento sumaríssimo abrange causas de menor expressão econômica. Justifica-se, dessa forma, a exclusão da citação por edital, com o objetivo de potencializar a celeridade e a simplicidade do processo. Veja-se que, no âmbito dos Juizados Especiais Cíveis, o art. 18, §2º, da Lei 9.099/95 também veda a citação por edital, pautado na mesma ideia de que se trata de causa de menor valor e que exige procedimento mais simplificado.

Por fim, o inteiro teor do acórdão deixa claro que, nas situações em que haja necessidade de citação por edital – por exemplo, por ser desconhecido o paradeiro do citando –, o rito processual deve ser convertido de sumaríssimo para ordinário, viabilizando o acesso à justiça.

29.2. Fundamentação do acórdão em recurso ordinário no procedimento sumaríssimo

Sobre o tema, ver tópico sobre fundamentação *per relationem*, na seção "fundamentação da sentença", neste capítulo.

30. RECLAMAÇÃO

Referências normativas e jurisprudenciais	
Constituição	Art. 102. Compete ao Supremo Tribunal Federal, precipuamente, a guarda da Constituição, cabendo-lhe: I - processar e julgar, originariamente: (...) l) a reclamação para a preservação de sua competência e garantia da autoridade de suas decisões;
Legislação infra-constitucional	CPC, Art. 988. Caberá reclamação da parte interessada ou do Ministério Público para: I - preservar a competência do tribunal; II - garantir a autoridade das decisões do tribunal; III – garantir a observância de enunciado de súmula vinculante e de decisão do Supremo Tribunal Federal em controle concentrado de constitucionalidade; IV – garantir a observância de acórdão proferido em julgamento de incidente de resolução de demandas repetitivas ou de incidente de assunção de competência;

Referências normativas e jurisprudenciais	
Legislação infra-constitucional	§ 1º A reclamação pode ser proposta perante qualquer tribunal, e seu julgamento compete ao órgão jurisdicional cuja competência se busca preservar ou cuja autoridade se pretenda garantir. § 2º A reclamação deverá ser instruída com prova documental e dirigida ao presidente do tribunal. § 3º Assim que recebida, a reclamação será autuada e distribuída ao relator do processo principal, sempre que possível. § 4º As hipóteses dos incisos III e IV compreendem a aplicação indevida da tese jurídica e sua não aplicação aos casos que a ela correspondam. § 5º É inadmissível a reclamação: I – proposta após o trânsito em julgado da decisão reclamada; II – proposta para garantir a observância de acórdão de recurso extraordinário com repercussão geral reconhecida ou de acórdão proferido em julgamento de recursos extraordinário ou especial repetitivos, quando não esgotadas as instâncias ordinárias. § 6º A inadmissibilidade ou o julgamento do recurso interposto contra a decisão proferida pelo órgão reclamado não prejudica a reclamação.
Julgados paradigmáticos	Rcl 3113 AgR, 4645, 5015 AgR, 6135 AgR, 7578 AgR RE 405031

30.1. Natureza jurídica da reclamação

Reclamação é instrumento processual destinado a garantir a autoridade das decisões de Tribunal – bem como a de sua jurisprudência, em hipóteses específicas previstas em lei –, ou a preservar a respectiva competência.

Tal instituto tem previsão constitucional apenas quando direcionado ao Supremo Tribunal Federal (CF, art. 102, I, *f*)[718], ao Superior Tribunal de Justiça (CF, art. 105, I, *f*)[719] e ao Tribunal Superior do Trabalho (CF, art. 111-A, § 3º).[720] Foi criado originalmente pela jurisprudência do STF, e posteriormente incorporado à Constituição e regulamentado pelos arts. 13 a 18 da Lei nº 8.038/90. Tais dispositivos foram revogados pelo Novo Código de Processo Civil, que regulamenta atualmente a reclamação.

Embora haja controvérsia, a natureza jurídica da reclamação é de ação. Contudo, vale destacar que o STF, na ADIN 2212[721], preconizou que se trata de

718. Art. 102 – Compete ao Supremo Tribunal Federal, precipuamente, a guarda da Constituição, cabendo- lhe: I – processar e julgar, originariamente: (...) f) as causas e os conflitos entre a União e os Estados, a União e o Distrito Federal, ou entre uns e outros, inclusive as respectivas entidades da administração indireta (...).

719. Art. 105 – Compete ao Superior Tribunal de Justiça: I – processar e julgar, originariamente: (...) f) a reclamação para a preservação de sua competência e garantia da autoridade de suas decisões (...).

720. Art. 111-A, § 3º – Compete ao Tribunal Superior do Trabalho processar e julgar, originariamente, a reclamação para a preservação de sua competência e garantia da autoridade de suas decisões.

721. "AÇÃO DIRETA DE INCONSTITUCIONALIDADE. ARTIGO 108, INCISO VII, ALÍNEA I DA CONSTITUIÇÃO DO ESTADO DO CEARÁ E ART. 21, INCISO VI, LETRA J DO REGIMENTO DO TRIBUNAL

mero exercício do direito de petição (CF, art. 5º, XXXIV, *a*)[722], o que fazia com que fossem válidas as normas estaduais que previssem o cabimento da reclamação no âmbito dos Estados membros, não havendo afronta à competência privativa da União para legislar sobre direito processual (CF, art. 22, I)[723]. Há, ainda, entendimentos de que a reclamação seria mero incidente processual, ou recurso.

Contudo, o STF, no RE 405031[724], declarou inconstitucionais os dispositivos do Regimento Interno do TST que previam a figura da reclamação para tal Corte. Na dicção do Supremo, a criação de instrumento processual pela via do regimento interno violaria a competência do Congresso Nacional para disciplinar o tema. Assim, sob a égide do CPC/1973, era incabível a reclamação para o Tribunal Superior do Trabalho.

Percebia-se incongruência entre as referidas decisões da Suprema Corte. Ora, se se trata de mero exercício de direito de petição, a previsão em regimento não configuraria violação à competência da União para legislar sobre processo.

Observe-se, entretanto, que tal discussão fica superada com o advento do Código de Processo Civil de 2015, que regulamentou o instituto da reclamação a partir do art. 988. Cabe notar que tal dispositivo está inserido no Livro III, Título I, a indicar que se trata de processo de competência originária de Tribunal – o que confirma a natureza jurídica de ação.

O art. 988, § 1º, do CPC[725], dispõe que a reclamação pode ser proposta perante qualquer tribunal. Havendo omissão da CLT, e compatibilidade com

---

DE JUSTIÇA LOCAL. PREVISÃO, NO ÂMBITO ESTADUAL, DO INSTITUTO DA RECLAMAÇÃO. INSTITUTO DE NATUREZA PROCESSUAL CONSTITUCIONAL, SITUADO NO ÂMBITO DO DIREITO DE PETIÇÃO PREVISTO NO ARTIGO 5º, INCISO XXXIV, ALÍNEA A DA CONSTITUIÇÃO FEDERAL. INEXISTÊNCIA DE OFENSA AO ART. 22, INCISO I DA CARTA. 1. A natureza jurídica da reclamação não é a de um recurso, de uma ação e nem de um incidente processual. Situa-se ela no âmbito do direito constitucional de petição previsto no artigo 5º, inciso XXXIV da Constituição Federal. Em consequência, a sua adoção pelo Estado-membro, pela via legislativa local, não implica em invasão da competência privativa da União para legislar sobre direito processual (art. 22, I da CF). 2. A reclamação constitui instrumento que, aplicado no âmbito dos Estados-membros, tem como objetivo evitar, no caso de ofensa à autoridade de um julgado, o caminho tortuoso e demorado dos recursos previstos na legislação processual, inegavelmente inconvenientes quando já tem a parte uma decisão definitiva. Visa, também, à preservação da competência dos Tribunais de Justiça estaduais, diante de eventual usurpação por parte de Juízo ou outro Tribunal local. 3. A adoção desse instrumento pelos Estados-membros, além de estar em sintonia com o princípio da simetria, está em consonância com o princípio da efetividade das decisões judiciais. 4. Ação direta de inconstitucionalidade improcedente" (ADI 2212, Relator(a): ELLEN GRACIE, Tribunal Pleno, julgado em 02/10/2003).

722. Art. 5º, XXXIV – são a todos assegurados, independentemente do pagamento de taxas: a) o direito de petição aos poderes públicos em defesa de direitos ou contra ilegalidade ou abuso de poder.

723. Art. 22 – Compete privativamente à União legislar sobre: I – direito civil, comercial, penal, processual, eleitoral, agrário, marítimo, aeronáutico, espacial e do trabalho (...).

724. "RECLAMAÇÃO - REGÊNCIA - REGIMENTO INTERNO - IMPROPRIEDADE. A criação de instrumento processual mediante regimento interno discrepa da Constituição Federal. Considerações sobre a matéria e do atropelo da dinâmica e organicidade próprias ao Direito" (RE 405031, Relator(a): MARCO AURÉLIO, Tribunal Pleno, julgado em 15/10/2008).

725. Art. 988, § 1º – A reclamação pode ser proposta perante qualquer tribunal, e seu julgamento compete ao órgão jurisdicional cuja competência se busca preservar ou cuja autoridade se pretenda garantir.

os princípios do Processo do Trabalho, tal regramento se aplica no âmbito da Justiça do Trabalho (CLT, art. 769).[726]

Dessa forma, atualmente é cabível a reclamação não apenas para o Tribunal Superior do Trabalho, mas também para os Tribunais Regionais do Trabalho, em qualquer das hipóteses previstas nos incisos do art. 988, *caput*, do CPC.

Em suma, a reclamação é ação de procedimento especial prevista constitucionalmente com o objetivo de garantir a autoridade das decisões de Tribunais Superiores e de preservar a respectiva competência. O cabimento da reclamação foi estendido pelo CPC, de modo que pode ser direcionada atualmente para qualquer tribunal e também com o objetivo de assegurar, em determinados casos, a observância dos precedentes obrigatórios.

30.2. Reclamação *per saltum*: reclamação ao STF contra decisões de juízes de primeiro grau e de tribunais regionais do trabalho

O Supremo Tribunal Federal, em sucessivos julgados[727-728], tem reafirmado o entendimento de que a reclamação não pode ser usada como substitutivo de recurso ou de ação rescisória, de modo que a causa deve percorrer todas as instâncias – no caso trabalhista, a Vara do Trabalho, o TRT e o TST – para que possa chegar, se for o caso, até a Suprema Corte.

Esse entendimento encontra fundamento no art. 988, §5º, II, do CPC[729], que exige o esgotamento das instâncias ordinárias para que se revele *admissível*

726. Art. 769 – Nos casos omissos, o direito processual comum será fonte subsidiária do direito processual do trabalho, exceto naquilo em que for incompatível com as normas deste Título.

727. "EMBARGOS DE DECLARAÇÃO RECEBIDOS COMO AGRAVO REGIMENTAL. RECLAMAÇÃO. ALEGADA OMISSÃO NA DECISÃO EMBARGADA. APRECIAÇÃO DE PEDIDO SUBSIDIÁRIO DE CONCESSÃO DA ORDEM DE HABEAS CORPUS DE OFÍCIO. REJEIÇÃO. (...) A reclamação constitucional não se destina ao atropelamento da marcha processual, razão pela qual é indevida sua utilização como técnica per saltum de acesso a esta Corte Suprema, em substituição ou complementação dos meios de defesa previstos na legislação processual, sob pena de indevida supressão de instância (...)" (Rcl 33007 ED, Relator(a): ROSA WEBER, Primeira Turma, julgado em 14/06/2019).

728. "AGRAVO REGIMENTAL. RECLAMAÇÃO. AUSÊNCIA DE EFICÁCIA GERAL VINCULANTE DO PARADIGMA INVOCADO. NÃO ESGOTAMENTO DAS INSTÂNCIAS ORDINÁRIAS. INADEQUAÇÃO DO INSTRUMENTO DA RECLAMAÇÃO. AGRAVO AO QUAL SE NEGA PROVIMENTO I – A parte agravante não trouxe argumentos capazes de afastar as razões lançadas no decisum atacado, devendo este, portanto, ser mantido por seus próprios fundamentos. II - Ausente a eficácia geral vinculante do paradigma invocado, cuja relação processual a reclamante não integrou, incabível se mostra a via reclamatória. III - Ainda que o decidido nos recursos extraordinários afetos ao regime da repercussão geral vincule os demais órgãos judiciários, sua aplicação aos outros casos concretos, em observância à sistemática instituída pela EC 45/2004, regulamentada pela Lei 11.418/2006, não poderá ser buscada, diretamente, nesta Suprema Corte, antes da apreciação da controvérsia pelas instâncias ordinárias. IV - O instrumento da reclamação não pode ser utilizado a fim de que, per saltum, seja aplicado o entendimento firmado no RE 573.232-RG/SC a processo em que não esgotadas as instâncias ordinárias. V – Agravo regimental ao qual se nega provimento". (Rcl 23653 AgR, Relator(a): RICARDO LEWANDOWSKI, Segunda Turma, julgado em 13/04/2018).

729. § 5º É inadmissível a reclamação: (...). II – proposta para garantir a observância de acórdão de recurso extraordinário com repercussão geral reconhecida ou de acórdão proferido em julgamento de recursos extraordinário ou especial repetitivos, quando não esgotadas as instâncias ordinárias.

a reclamação, nas situações em que haja precedente firmado em repercussão geral ou pelo mecanismo de recursos extraordinários repetitivos. Tendo a reclamação a natureza jurídica de ação, quando se fala em "inadmissibilidade", trata-se de extinção do processo sem resolução de mérito; no caso, por ausência do pressuposto processual consistente no esgotamento das instâncias ordinárias.

Veja-se que o referido dispositivo do Código de Processo Civil não menciona a súmula vinculante, de modo que é possível fazer-se interpretação *a contrario sensu* para concluir pelo cabimento direto da reclamação ao STF quando violado, por juiz ou tribunal regional ou local, enunciado de súmula vinculante. Há manifestações doutrinárias nesse sentido[730].

Sucede que o Supremo Tribunal Federal não alcançou, no ponto, uma jurisprudência íntegra, estável e coerente, tal como exigido pelo art. 926 do CPC. De fato, há julgados em todos os sentidos, o que dá a impressão de se tratar de verdadeira *loteria judiciária* que traz insegurança jurídica e incerteza aos jurisdicionados:

- (i) há decisões proclamando a inadmissibilidade de reclamação direta ao STF por suposta inobservância de súmula vinculante[731], enquanto

730. "Mesmo antes da edição do novo CPC (inciso III do art. 988), a reclamação já era por excelência o meio de impor a observância das decisões em controle concentrado de constitucionalidade, de efeito erga omnes (art. 28, § único, da Lei 9868/99, c/c arts. 13 a 18 da Lei 8038/90) e das súmulas vinculantes do STF perante os órgãos do Judiciário e da Administração Pública (art. 7º da Lei 11.417/2006). Nestes casos, pode ocorrer a intervenção per saltum, diretamente do STF em atos de juízes de primeiro grau, ou mesmo da Administração" (PRITSCH, Cesar Zucatti. O uso elástico da reclamação ao STF e o problema da correção monetária nas ações trabalhistas, antes e depois da reforma trabalhista. Disponível em: https://juslaboris.tst.jus.br/bitstream/handle/20.500.12178/146932/2018_pritsch_cesar_uso_elastico_reclamacao.pdf?sequence=1&isAllowed=y. Acesso em: 02.dez.2020.

731. "AGRAVO REGIMENTAL NA RECLAMAÇÃO. CONSTITUCIONAL. ADMINISTRATIVO. VEREADOR. PROCESSO DE CRIME DE RESPONSABILIDADE DE PREFEITO MUNICIPAL. IMPEDIMENTO DO EXERCÍCIO DE MANDATO PARLAMENTAR. ALEGAÇÃO DE AFRONTA AO ENUNCIADO DA SÚMULA VINCULANTE 46. AUSÊNCIA DE ESGOTAMENTO DAS VIAS ORDINÁRIAS. INVIABILIDADE DE UTILIZAÇÃO DA RECLAMAÇÃO COMO SUCEDÂNEO DE RECURSO OU DE OUTRAS AÇÕES CABÍVEIS. AUSÊNCIA DE ADERÊNCIA ENTRE PARADIGMA E ATO RECLAMADO. AGRAVO REGIMENTAL DESPROVIDO. 1. A reclamação, por expressa determinação constitucional, destina-se a preservar a competência desta Suprema Corte e garantir a autoridade de suas decisões, ex vi do artigo 102, I, l, da CF, além de salvaguardar o estrito cumprimento dos enunciados da Súmula Vinculante, nos termos do artigo 103-A, § 3º, da Constituição, incluído pela EC 45/2004. Neste particular, a jurisprudência desta Suprema Corte estabeleceu diversas condicionantes para a utilização da via reclamatória, de sorte a evitar o uso promíscuo do referido instrumento processual. 2. A reclamação é impassível de ser manejada como sucedâneo de recurso ou ação rescisória, bem como é inadmissível a sua utilização em substituição a outras ações cabíveis. Incidência do "princípio da não-reclamação contra o recorrível" ou da "irreclamabilidade contra a decisão de que ainda cabe recurso" (PONTES DE MIRANDA, Francisco Cavalcanti. Comentários ao Código de Processo Civil. Tomo V, Arts. 444-475. Rio de Janeiro: Forense, 2ª Edição, p. 390 e 394). 3. O ajuizamento de reclamação contra decisão da qual cabe recurso contraria o sistema jurídico-processual e revela-se disfuncional, caracterizando hipótese de abuso do direito de ação. Necessidade das instâncias julgadoras superiores de prestigiarem o sistema jurisdicional estabelecido pelo Poder Constituinte, de modo a preservar a atuação dos demais órgãos

outras admitem a reclamação *per saltum* (sem esgotamento das instâncias ordinárias) nas mesmas hipóteses[732];

- (ii) em geral, afirma-se que não é possível a reclamação direta ao STF por má aplicação de entendimento firmado em repercussão geral por juiz de primeiro grau ou por tribunal regional[733], mas por vezes se aceita o

---

do Poder Judiciário que, de igual forma, ostentam competências de envergadura constitucional. 4. O exaurimento da jurisdição ordinária antes do manejo da reclamação constitucional de competência do Supremo Tribunal Federal deve ser observado, sob pena de se estimular a propositura per saltum da via eleita. Precedentes: Rcl 25.596-AgR, Segunda Turma, Rel. Min. Dias Toffoli, DJe de 1º/08/2017; e Rcl 18.020-AgR, Rel. Min. Rosa Weber, Primeira Turma, DJe de 18/04/2016. 5. In casu, a reclamação foi ajuizada contra decisão da 9ª Câmara de Direito Público do Tribunal de Justiça do Estado de São Paulo, claramente suprimindo instâncias recursais estabelecidas pelo sistema normativo processual e subvertendo, dessa forma, a destinação constitucional do instituto da reclamação, que não deve, portanto, ser admitida na hipótese em tela. 6. A aderência estrita entre o objeto do ato reclamado e o conteúdo da decisão do STF dotada de efeito vinculante e eficácia erga omnes apontada pelo reclamante é requisito para a admissibilidade da reclamação constitucional. Precedentes: Rcl 22.608-AgR, Rel. Min. Dias Toffoli, Segunda Turma, DJe de 22/04/2016; e Rcl 21.559-AgR, Rel. Min. Alexandre de Moraes, Primeira Turma, DJe de 1º/09/2017. 7. Agravo regimental desprovido" (Rcl 31579 AgR, Relator(a): LUIZ FUX, Primeira Turma, julgado em 12/11/2018).

732. "AGRAVO REGIMENTAL NA RECLAMAÇÃO. SÚMULA VINCULANTE N. 56. OFENSA. EXCESSO DE EXECUÇÃO PENAL. RECONHECIMENTO. PANDEMIA. EXCEPCIONALIDADE QUE NÃO JUSTIFICA A SUBMISSÃO DO APENADO A REGIME MAIS GRAVOSO AO QUE TEM DIREITO. APLICAÇÃO DE MEDIDAS ALTERNATIVAS. IMPERIOSIDADE. AGRAVO REGIMENTAL PROVIDO PARA JULGAR PROCEDENTE A RECLAMAÇÃO. 1. A falta de estabelecimento penal adequado não autoriza a manutenção do condenado em regime prisional mais gravoso. Esse o teor da Súmula Vinculante 56, a qual se ofende com a imposição de permanência do apenado em unidade incompatível com o regime a que fez jus, porque inviabilizada a sua transferência em razão da pandemia de Covid-19. 2. O Plenário da Corte, no julgamento do RE 641.320/RS, reconheceu a impossibilidade de excesso de execução penal e assentou o dever de o Estado-Juiz, em havendo déficit de vagas, adotar medidas alternativas, consentâneas com as particularidades do caso concreto, como (i) a saída antecipada de sentenciados em regimes menos graves ou mais antigos; (ii) a liberdade eletronicamente monitorada; (iii) o cumprimento de penas restritivas de direito e/ou estudo, para aquele que progrediu ao regime aberto; (iv) ou mesmo a prisão domiciliar, até que haja estrutura para aplicação das demais providências. 3. Agravo regimental provido, para julgar procedente a reclamação, a fim de determinar a inclusão imediata do reclamante no regime semiaberto ou a adoção, pelo Juízo da Execução Penal, das medidas alternativas, conforme os parâmetros estabelecidos no RE 641.320/RS" (Rcl 40771 AgR, Relator(a): CÁRMEN LÚCIA, Relator(a) p/ Acórdão: EDSON FACHIN, Segunda Turma, julgado em 29/06/2020).

733. "AGRAVO REGIMENTAL. RECLAMAÇÃO. REPERCUSSÃO GERAL. CARÁTER ERGA OMNES E EFEITO VINCULANTE QUE TERIA SIDO ATRIBUÍDO AO RE 600.885-RG/RS. COMPETÊNCIA PARA A SOLUÇÃO DE CASOS CONCRETOS. INADEQUAÇÃO DO INSTRUMENTO DA RECLAMAÇÃO. AGRAVO DESPROVIDO. I - Conquanto o decidido nos recursos extraordinários submetidos ao regime da repercussão geral vincule os outros órgãos do Poder Judiciário, sua aplicação aos demais casos concretos, em observância à nova sistemática instituída pela EC 45/2004, regulamentada pela Lei 11.418/2006, não poderá ser buscada, diretamente, nesta Suprema Corte, antes da apreciação da controvérsia pelas instâncias ordinárias; II - O instrumento da reclamação não pode ser utilizado a fim de que, per saltum, seja aplicado o entendimento firmado no RE 600.885-RG/RS a processo em curso no primeiro grau de jurisdição; III - A reforma das decisões dos juízes de primeiro grau, contrárias à orientação firmada em julgamentos afetos ao regime da repercussão geral, deve ser feita pelo Tribunal a que estiverem vinculados, pela via recursal ordinária. Precedente: Rcl 10.793/SP, Rel. Min. Ellen Gracie; IV – Agravo a que se nega provimento" (Rcl 12600 AgR, Relator(a): RICARDO LEWANDOWSKI, Tribunal Pleno, julgado em 17/11/2011).

uso da reclamação *per saltum* nessas situações, inclusive contra decisões de tribunais regionais do trabalho[734-735].

Especificamente quanto à repercussão geral, a Suprema Corte tem se pronunciado no sentido do descabimento da reclamação para questionar a aplicação da sistemática da repercussão geral pelos tribunais de origem, com a ressalva de eventuais atos teratológicos[736].

Assim, se os tribunais *a quo* (no caso da Justiça do Trabalho, o Tribunal Superior do Trabalho) negarem seguimento a recurso extraordinário, baseando-se em decisão do STF que haja rejeitado a existência de repercussão geral

---

734. De acordo com manifestação do Min. Luiz Fux na Rcl 39443 AgR (ementa transcrita na nota de rodapé seguinte), "a partir da publicação da ata de julgamento do Recurso Extraordinário 760.931, em 02/05/2017, o paradigma adequado para se obter pronunciamento desta Corte acerca do tema [da responsabilidade subsidiária da Administração Pública nos casos de terceirização], em sede de reclamação, deixa de ser a Ação Declaratória de Constitucionalidade 16 e passa a ser o Tema 246 da Repercussão Geral, que deu nova interpretação ao que decidido em controle concentrado de constitucionalidade". Veja-se que, no caso, tratava-se de reclamação – afinal julgada procedente – contra decisão do TRT da 18ª Região que supostamente se equivocou na aplicação de entendimento firmado pelo STF em repercussão geral.

735. "AGRAVO REGIMENTAL. RECLAMAÇÃO. CONSTITUCIONAL. TRABALHISTA. TERCEIRIZAÇÃO DE SERVIÇOS PARA CONSECUÇÃO DE ATIVIDADE-FIM. RESPONSABILIDADE SUBSIDIÁRIA DA ADMINISTRAÇÃO PÚBLICA. DECLARAÇÃO DE OCORRÊNCIA DE CULPA IN VIGILANDO. ALEGAÇÃO DE OFENSA À TESE VINCULANTE FIXADA POR ESTA CORTE NO RECURSO EXTRAORDINÁRIO 760.931 - TEMA 246 DA REPERCUSSÃO GERAL. OCORRÊNCIA. PRECEDENTES. AGRAVO REGIMENTAL A QUE SE DÁ PROVIMENTO. 1. A reclamação, por expressa determinação constitucional, destina-se a preservar a competência desta Suprema Corte e garantir a autoridade de suas decisões, ex vi do artigo 102, inciso I, alínea l, da Constituição da República, além de salvaguardar o estrito cumprimento dos enunciados de Súmula Vinculante, nos termos do artigo 103-A, § 3º, da Constituição, incluído pela Emenda Constitucional 45/2004. 2. No julgamento da Ação Declaratória de Constitucionalidade 16 e do Recurso Extraordinário 760.931, Tema 246 da Repercussão Geral, esta Suprema Corte fixou entendimento pela impossibilidade de se responsabilizar a Administração pelo inadimplemento de verba trabalhista por mera presunção de culpa. 3. In casu, a decisão reclamada admite que o mero inadimplemento gera a responsabilização do Ente Público, estando, pois, em desacordo ao quanto decidido por este Supremo Tribunal Federal nos acórdãos paradigmas. 4. Agravo a que se dá provimento, para cassar o acórdão reclamado e determinar que outro seja proferido, observando-se o conteúdo da Súmula Vinculante 10 e da tese fixada no Tema 246 da repercussão geral"
(Rcl 39443 AgR, Relator(a): ROSA WEBER, Relator(a) p/ Acórdão: LUIZ FUX, Primeira Turma, julgado em 15/09/2020).

736. "AGRAVO REGIMENTAL. RECLAMAÇÃO. DECISÃO QUE INADMITE RECURSO EXTRAORDINÁRIO COM BASE NA SISTEMÁTICA DA REPERCUSSÃO GERAL. TEMA 949. AUSÊNCIA DE TERATOLOGIA. IMPOSSIBILIDADE DE UTILIZAÇÃO DA RECLAMAÇÃO COMO SUCEDÂNEO RECURSAL. FUNDAMENTO SUFICIENTE DA DECISÃO AGRAVADA. AUSÊNCIA DE IMPUGNAÇÃO. INCIDÊNCIA DO ART. 317, § 1º, DO RISTF. AGRAVO REGIMENTAL A QUE SE NEGA PROVIMENTO. I – As razões do agravo regimental são inaptas para desconstituir os fundamentos da decisão agravada, que, por isso, se mantêm hígidos. II – O Supremo Tribunal Federal já se pronunciou, em mais de uma oportunidade, pelo não cabimento da reclamação ajuizada com o específico propósito de corrigir eventuais equívocos na aplicação, pelos Tribunais, do instituto da repercussão geral, salvo a ocorrência de evidente teratologia, o que não se verifica no caso em análise. III - O agravante não refutou o fundamento relativo à impossibilidade de utilização da reclamação como sucedâneo recursal, o que atrai a incidência do art. 317, § 1º, do RISTF. Precedentes. IV – Agravo regimental a que se nega provimento" (Rcl 42010 AgR, Relator(a): RICARDO LEWANDOWSKI, Segunda Turma, julgado em 11/11/2020).

do tema, não caberá, em princípio, reclamação ao STF[737]. Da mesma forma, por força do art. 1042, *caput*, do CPC[738], não caberá agravo para o STF nas mesmas hipóteses, e também naquelas em que o tribunal *a quo* aplique o mérito da tese fixada em repercussão geral. Desse modo, fixada a tese pelo STF, eventual má aplicação do precedente deve ser corrigida pelo próprio tribunal de origem, inexistindo qualquer mecanismo processual que viabilize a correção pelo Supremo Tribunal Federal[739].

30.3. Reclamação por inobservância de súmula

A jurisprudência do STF é no sentido de descabimento da reclamação contra decisão que supostamente viole súmulas comuns (não vinculantes) da própria Suprema Corte[740]. O entendimento se pauta no fato de que a reclama-

737. "CONSTITUCIONAL. REPERCUSSÃO GERAL. RECLAMAÇÃO CONSTITUCIONAL. NÃO CABIMENTO DA RECLAMAÇÃO. Não cabe reclamação constitucional para correção da alegada aplicação equivocada de precedente que firma inexistir repercussão geral da matéria constitucional. Precedentes. Agravo regimental conhecido, mas ao qual se nega provimento" (Rcl 7578 AgR, Relator(a): JOAQUIM BARBOSA, Tribunal Pleno, julgado em 30/11/2011).

738. Art. 1.042. Cabe agravo contra decisão do presidente ou do vice-presidente do tribunal recorrido que inadmitir recurso extraordinário ou recurso especial, salvo quando fundada na aplicação de entendimento firmado em regime de repercussão geral ou em julgamento de recursos repetitivos.

739. "AGRAVO REGIMENTAL EM AÇÃO RESCISÓRIA. INTERPOSIÇÃO EM 05.09.2019. CABIMENTO. IMPOSSIBILIDADE. TEMA DE REPERCUSSÃO GERAL. AUSÊNCIA DE OMISSÃO. DESPROVIMENTO. 1. O Supremo Tribunal Federal consolidou jurisprudência no sentido da impossibilidade de utilização de qualquer instrumento processual, por falta de previsão legal, para rediscutir decisão em que se aplicou tema de processo paradigma julgado segundo a sistemática de repercussão geral. 2. O enquadramento dos julgados apresentados não considerou apenas os elementos concretos dos casos, mas, sim, as questões constitucionais fundamentais que de lá emergem, as quais são semelhantes às debatidas no caso dos autos. 3. Em decorrência do sistema de precedentes, recém-positivado pelo Código de Processo Civil, é necessário que o Supremo Tribunal Federal, no desempenho de sua competência recursal, aja com prudência, a fim de estabilizar, de forma íntegra e coerente, a jurisprudência constitucional. 4. Nos casos em que a interpretação extensiva do Código de Processo Civil impossibilite a aplicação da sistemática, por autorizar rediscussões diante da aplicação de tema e dificultar a replicação de teses, entendo que a melhor interpretação será a que impeça o esvaziamento da repercussão geral. 5. Como a decisão que aqui se pretende rescindir, por ser fundada em tema da sistemática de repercussão geral, não pode ser objeto de outro remédio processual para este Supremo Tribunal Federal, por ausência de previsão legal, restou prejudicada qualquer discussão fática remanescente. 6. Agravo regimental a que se nega provimento" (AR 2580 AgR, Relator(a): EDSON FACHIN, Tribunal Pleno, julgado em 13/12/2019).

740. "CONSTITUCIONAL. RECLAMAÇÃO. ALEGADA VIOLAÇÃO DA AUTORIDADE DE ORIENTAÇÃO JURISPRUDENCIAL SUMULADA. SÚMULA DA JURISPRUDÊNCIA DOMINANTE DO SUPREMO TRIBUNAL FEDERAL. NÃO CABIMENTO. DECISÃO QUE NEGA SEGUIMENTO À RECLAMAÇÃO (ART. 161, PAR. ÚN., DO RISTF). AGRAVO REGIMENTAL. A reclamação constitucional (art. 102, I, l da Constituição) não é meio de uniformização de jurisprudência. Tampouco serve como sucedâneo de recurso ou medida judicial eventualmente cabíveis para reformar decisão judicial. Não cabe reclamação constitucional por alegada violação de entendimento jurisprudencial, independentemente de ele estar consolidado na Súmula da Jurisprudência Dominante do Supremo Tribunal Federal ("Súmula Tradicional"). Hipótese na qual a orientação sumulada tida por ofendida não era vinculante, nos termos do art. 103-A, § 3º da Constituição. Agravo regimental conhecido, mas ao qual se nega provimento" (Rcl 6135 AgR, Relator(a): JOAQUIM BARBOSA, Tribunal Pleno, julgado em 28/08/2008).

ção não pode ser utilizada como sucedâneo de recurso ou de outro meio de impugnação eventualmente cabível contra a decisão judicial, e visa a reduzir o quantitativo de reclamações que possam tramitar no STF.

30.4. Reclamação contra tutela provisória

O Supremo Tribunal Federal admite o ajuizamento de reclamação contra decisão de tutela provisória - notadamente de tutela antecipada[741]. Contudo, extinto o processo principal sem resolução de mérito, fica prejudicada a reclamação, por falta superveniente de interesse de agir[742].

Perceba-se que tal entendimento resulta no elastecimento das hipóteses de cabimento da reclamação, o que tende a sobrecarregar e a inviabilizar o funcionamento adequado da Suprema Corte.

30.5. Desnecessidade de juntada da decisão paradigmática

O Supremo Tribunal Federal se posiciona no sentido de que não há necessidade, na reclamação, de juntada, com a petição inicial, de cópia integral da decisão paradigmática supostamente respeitada[743].

O entendimento se revela acertado, à luz dos princípios da primazia da decisão de mérito (CPC, art. 4º)[744] e da instrumentalidade das formas (CPC, art. 188)[745], com seu corolário de busca de maior simplicidade nos trâmites processuais. Nos dias atuais, em que o inteiro teor dos acórdãos é facilmente acessível

741. "Reclamação. 2. Decisão que deferiu antecipação de tutela. 3. Incidência da decisão proferida na ADC nº 4. 4. A norma contida no art. 1º da Lei nº 9.494/97 não pode ter a sua aplicação frustrada pela jurisdição ordinária. 5. Reclamação julgada procedente" (Rcl 1980, Relator(a): GILMAR MENDES, Tribunal Pleno, julgado em 13/03/2003).

742. "RECLAMAÇÃO. Propositura contra antecipação de tutela. Extinção subseqüente do processo, sem exame do mérito, Prejuízo do remédio constitucional. Agravo não conhecido. Julgado, sem exame do mérito, o processo onde se praticou ato contra o qual foi ajuizada reclamação constitucional, esta considera-se prejudicada, sem subsistência de interesse em recurso nela interposto" (Rcl 5017 AgR, Relator(a): CEZAR PELUSO, Tribunal Pleno, julgado em 27/11/2008).

743. "AGRAVO REGIMENTAL NA RECLAMAÇÃO - PROCESSUAL CIVIL - GARANTIA DA AUTORIDADE DO SUPREMO TRIBUNAL FEDERAL - CÓPIA INTEGRAL DO ACÓRDÃO DO STF SUPOSTAMENTE OFENDIDO: DESNECESSIDADE DE SUA JUNTADA PARA CONHECIMENTO DA RECLAMAÇÃO - AGRAVO REGIMENTAL PROVIDO. 1. O conhecimento da reclamação constitucional não está condicionado à juntada aos autos de cópia integral da decisão paradigmática desta Suprema Corte tida por desrespeitada. 2. Ao Supremo Tribunal Federal é dado conhecer o conteúdo de seus julgados. 3. Agravo regimental provido para dar curso à reclamação constitucional" (Rcl 3113 AgR, Relator(a): MARCO AURÉLIO, Relator(a) p/ Acórdão: DIAS TOFFOLI, Tribunal Pleno, julgado em 18/08/2010).

744. Art. 4º As partes têm o direito de obter em prazo razoável a solução integral do mérito, incluída a atividade satisfativa.

745. Art. 188. Os atos e os termos processuais independem de forma determinada, salvo quando a lei expressamente a exigir, considerando-se válidos os que, realizados de outro modo, lhe preencham a finalidade essencial.

por meio da rede mundial de computadores, decretar a inépcia da petição inicial da reclamação constituiria rigor formal inútil, até porque a situação não seria apta a violar o contraditório. Sob outro enfoque, nada há, na legislação, que exija a juntada do inteiro teor da decisão paradigmática invocada na reclamação.

31. RECURSO DE REVISTA

Referências normativas e jurisprudenciais	
Constituição	Art. 5º Todos são iguais perante a lei, sem distinção de qualquer natureza, garantindo-se aos brasileiros e aos estrangeiros residentes no País a inviolabilidade do direito à vida, à liberdade, à igualdade, à segurança e à propriedade, nos termos seguintes; (...) em questões judiciais ou administrativas (...).
Legislação infra-constitucional	CLT, art.896-A - O Tribunal Superior do Trabalho, no recurso de revista, examinará previamente se a causa oferece transcendência com relação aos reflexos gerais de natureza econômica, política, social ou jurídica. (...) § 6º - O juízo de admissibilidade do recurso de revista exercido pela Presidência dos Tribunais Regionais do Trabalho limita-se à análise dos pressupostos intrínsecos e extrínsecos do apelo, não abrangendo o critério da transcendência das questões nele veiculadas.
Súmulas e teses de repercussão geral	Tema 181: A questão do preenchimento dos pressupostos de admissibilidade de recursos da competência de outros Tribunais tem natureza infraconstitucional e a ela são atribuídos os efeitos da ausência de repercussão geral, nos termos do precedente fixado no RE n. 584.608, rel. a Ministra Ellen Gracie, DJe 13/03/2009.
Julgados paradigmáticos	ARE 756969 AgR-EDv-AgR Rcl 40652 AgR. 41446 AgR RE 598365, 798740

31.1. Inadmissibilidade de recurso extraordinário para reanálise dos requisitos de admissibilidade de recurso de revista

O Supremo Tribunal Federal, no RE 598365[746], decidiu, sob a sistemática de repercussão geral, que não cabe recurso extraordinário para reanálise dos requisitos de admissibilidade de recursos de competência de outros tribunais, notadamente do recurso de revista, decidido no âmbito do Tribunal Superior do Trabalho.

746. "PRESSUPOSTOS DE ADMISSIBILIDADE DE RECURSOS DA COMPETÊNCIA DE OUTROS TRIBUNAIS. MATÉRIA INFRACONSTITUCIONAL. AUSÊNCIA DE REPERCUSSÃO GERAL. A questão alusiva ao cabimento de recursos da competência de outros Tribunais se restringe ao âmbito infraconstitucional. Precedentes. Não havendo, em rigor, questão constitucional a ser apreciada por esta nossa Corte, falta ao caso "elemento de configuração da própria repercussão geral", conforme salientou a ministra Ellen Gracie, no julgamento da Repercussão Geral no RE 584.608" (RE 598365 RG, Relator(a): AYRES BRITTO, Tribunal Pleno, julgado em 14.08.2009).

O fundamento da decisão da Suprema Corte é o de que, em tais hipóteses, a alegação da violação constitucional (pressuposto para conhecimento do recurso extraordinário) perpassa pela análise prévia da legislação infraconstitucional. Dito de outro modo: para concluir pela violação ao devido processo legal (CF, art. 5º, LIV), há necessidade de verificar qual a lei infraconstitucional aplicável, a qual, se violada diretamente, implicaria a ofensa indireta ou reflexa ao texto da Constituição. Na visão do STF, apenas a violação direta (não assim a reflexa!) da Constituição autoriza o manejo de recurso extraordinário.

O entendimento é de simples apreensão no que tange aos requisitos de admissibilidade dos recursos em geral, mas gera maiores questionamentos quanto a alguns aspectos específicos do recurso de revista.

De fato, a praxe do Tribunal Superior do Trabalho diferencia o que chama de "pressupostos intrínsecos" e "pressupostos extrínsecos" do recurso de revista.

Os *pressupostos extrínsecos* são aqueles inerentes a todo e qualquer recurso, como a tempestividade, o preparo, a regularidade formal (requisitos chamados de *extrínsecos* na teoria geral dos recursos), bem como a inexistência de fato impeditivo ou extintivo do direito de recorrer, a legitimidade e o interesse recursal (que são requisitos intrínsecos de admissibilidade na teoria geral dos recursos). Se o TST não conhecer de recurso de revista por considerar inexistir algum desses requisitos de admissibilidade, a questão não pode ser revista em recurso extraordinário no STF. O cabimento do recurso, que é requisito intrínseco de admissibilidade dos recursos em geral, será analisado separadamente abaixo, no que concerne ao recurso de revista.

Já os *pressupostos intrínsecos*, ainda consoante a jurisprudência do TST, consistem em requisitos específicos do recurso de revista, a saber: o prequestionamento e a demonstração do prequestionamento[747], bem como o enquadramento em alguma das hipóteses de cabimento previstas no art. 896, *caput*, da CLT[748] (divergência jurisprudencial e violação de lei ou da Constituição).

747. "AGRAVO. RECURSO DE EMBARGOS. ADMISSIBILIDADE. REQUISITOS PREVISTOS NO ART. 896, § 1º-A, DA CLT. PROVA DE PREQUESTIONAMENTO. PRESSUPOSTO INTRÍNSECO. SÚMULA 353 DO TST. LITIGÂNCIA DE MÁ-FÉ. MULTA. (...) A alteração legislativa levada a efeito no art. 896 da CLT especificou o modo de comprovar o prequestionamento da matéria objeto do Recurso de Revista. Considerando que o prequestionamento constitui pressuposto intrínseco, o ônus atribuído à parte de demonstrar esse pressuposto, nos moldes do § 1º-A, incs. I a III, do art. 896 da CLT, possui, a mesma natureza (...)." (Ag-E-AIRR-11140-07.2015.5.15.0117, Subseção I Especializada em Dissídios Individuais, Relator Ministro Joao Batista Brito Pereira, DEJT 26/06/2020).

748. Art. 896 - Cabe Recurso de Revista para Turma do Tribunal Superior do Trabalho das decisões proferidas em grau de recurso ordinário, em dissídio individual, pelos Tribunais Regionais do Trabalho, quando: a) derem ao mesmo dispositivo de lei federal interpretação diversa da que lhe houver dado outro Tribunal Regional do Trabalho, no seu Pleno ou Turma, ou a Seção de Dissídios Individuais do Tribunal Superior do Trabalho, ou contrariarem súmula de jurisprudência uniforme dessa Corte ou súmula vinculante do Supremo Tribunal Federal;

O Tribunal Superior do Trabalho trata, ainda, como pressupostos intrínsecos *formais* os requisitos exigidos no art. 896, §1º-A, I, II e III[749-750].

Na conceituação proposta, a transcendência configuraria pressuposto intrínseco do recurso de revista[751]. Sucede que, à luz do art. 896-A, §7º, da CLT[752], a lei parece tratar a transcendência como requisito *sui generis*, que não

---

b) derem ao mesmo dispositivo de lei estadual, Convenção Coletiva de Trabalho, Acordo Coletivo, sentença normativa ou regulamento empresarial de observância obrigatória em área territorial que exceda a jurisdição do Tribunal Regional prolator da decisão recorrida, interpretação divergente, na forma da alínea a;

c) proferidas com violação literal de disposição de lei federal ou afronta direta e literal à Constituição Federal.

749. § 1º-A. Sob pena de não conhecimento, é ônus da parte:

I - indicar o trecho da decisão recorrida que consubstancia o prequestionamento da controvérsia objeto do recurso de revista;

II - indicar, de forma explícita e fundamentada, contrariedade a dispositivo de lei, súmula ou orientação jurisprudencial do Tribunal Superior do Trabalho que conflite com a decisão regional;

III - expor as razões do pedido de reforma, impugnando todos os fundamentos jurídicos da decisão recorrida, inclusive mediante demonstração analítica de cada dispositivo de lei, da Constituição Federal, de súmula ou orientação jurisprudencial cuja contrariedade aponte;

IV - transcrever na peça recursal, no caso de suscitar preliminar de nulidade de julgado por negativa de prestação jurisdicional, o trecho dos embargos declaratórios em que foi pedido o pronunciamento do tribunal sobre questão veiculada no recurso ordinário e o trecho da decisão regional que rejeitou os embargos quanto ao pedido, para cotejo e verificação, de plano, da ocorrência da omissão.

750. Nesse sentido: "A) AGRAVO DE INSTRUMENTO EM RECURSO DE REVISTA INTERPOSTO PELO RECLAMADO BANCO DO BRASIL S.A. ACÓRDÃO REGIONAL PUBLICADO NA VIGÊNCIA DA LEI Nº 13.015/2014 E DA INSTRUÇÃO NORMATIVA TST Nº 40/2016. 1. NULIDADE PROCESSUAL POR NEGATIVA DE PRESTAÇÃO JURISDICIONAL. NÃO PROVIMENTO. I. A respeito dos pressupostos intrínsecos exigidos pelo art. 896, § 1º-A, I, II e III, da CLT (Lei 13.015/2014), aplicável às decisões publicadas a partir de 22/09/2014, no caso de alegação de negativa da prestação jurisdicional, no recente julgamento dos E-RR-1522-62.2013.5.15.0067, a Subseção Especializada em Dissídios Individuais I desta Corte fixou o entendimento de que, para que se atenda ao disposto no art. 896, § 1º-A, da CLT nos casos de exame de preliminar por negativa de prestação jurisdicional, a parte recorrente deve transcrever: (a) os trechos dos seus embargos de declaração em que se objetivou sanar a omissão e (b) o trecho do acórdão regional que julgou os embargos de declaração no ponto em que se examinou as alegações da parte recorrente. (...)" (RR-1409-07.2011.5.15.0091, 4ª Turma, Relator Ministro Alexandre Luiz Ramos, DEJT 23/10/2020).

751. "RECURSO DE REVISTA INTERPOSTO PELA PARTE RECLAMADA. ACÓRDÃO REGIONAL PUBLICADO NA VIGÊNCIA DA LEI Nº 13.467/2017. TRANSCENDÊNCIA POLÍTICA JÁ RECONHECIDA. RESPONSABILIDADE SUBSIDIÁRIA. ENTE PÚBLICO. CONDUTA CULPOSA DA ADMINISTRAÇÃO. DANO SOFRIDO PELO EMPREGADO. NEXO CAUSAL. COMPROVAÇÃO. NECESSIDADE. TEMA DE REPERCUSSÃO GERAL Nº 246. SUBSEÇÃO I ESPECIALIZADA EM DISSÍDIOS INDIVIDUAIS DO TST. ÔNUS DA PROVA. I. A decisão unipessoal agravada já efetuou a análise do pressuposto intrínseco da transcendência, nos termos do art. 896-A da CLT, ocasião em que reconheceu a existência de transcendência política do tema "responsabilidade subsidiária - ente público", em razão da necessidade de cotejo das razões de fato e de direito consignadas no acórdão regional com a decisão vinculante proferida no julgamento da ADC nº 16, com o Tema de Repercussão Geral nº 246 e com o entendimento consolidado na Súmula nº 331, V, do TST. Resulta desnecessária, portanto, nova análise acerca do referido aspecto. (...)" (RR-10741-56.2017.5.15.0133, 7ª Turma, Relator Ministro Evandro Pereira Valadao Lopes, DEJT 06/11/2020).

752. § 6º - O juízo de admissibilidade do recurso de revista exercido pela Presidência dos Tribunais Regionais do Trabalho limita-se à análise dos pressupostos intrínsecos e extrínsecos do apelo, não abrangendo o critério da transcendência das questões nele veiculadas.

seria nem intrínseco, nem extrínseco, e nesse sentido se encontram, aparentemente, algumas decisões do TST[753].

De todo modo, em princípio, o Supremo Tribunal Federal tem decidido que a definição acerca da existência ou de inexistência de transcendência é de competência exclusiva do TST, sendo inviável que o STF rediscuta, em sede de recurso extraordinário interposto pelo prejudicado, a transcendência de recurso de revista[754]. No entanto, há decisões turmárias do STF reconhecendo a possibilidade de julgamento de reclamações contra decisões do TST que afirmem inexistir transcendência no recurso de revista e disso resulte a não aplicação, pelo próprio TST, da jurisprudência vinculante do STF[755].

Depreende-se que a jurisprudência do TST embaralha conceitos tradicionais da teoria geral dos recursos. Veja-se, por exemplo, o que ocorre com

753. "AGRAVO INTERNO. AGRAVO DE INSTRUMENTO EM RECURSO DE REVISTA INTERPOSTO SOB A ÉGIDE DA LEI Nº 13.467/2017. TERCEIRIZAÇÃO - ADMINISTRAÇÃO PÚBLICA - RESPONSABILIDADE SUBSIDIÁRIA - CULPA IN VIGILANDO - ÔNUS DA PROVA - AUSÊNCIA DE TRANSCENDÊNCIA. Conforme preconiza o artigo 896-A da CLT, com redação atribuída pela Lei nº 13.467/2017, antes de se examinar os pressupostos intrínsecos do recurso de revista, faz-se necessário verificar se a causa oferece transcendência. (...)" (Ag-AIRR-11053-02.2014.5.01.0206, 7ª Turma, Relator Ministro Renato de Lacerda Paiva, DEJT 27/11/2020).

754. "DIREITO PROCESSUAL CIVIL E DO TRABALHO. AGRAVO INTERNO EM RECLAMAÇÃO. AUSÊNCIA DE TRANSCENDÊNCIA. ALEGAÇÃO DE USURPAÇÃO DE COMPETÊNCIA. 1. Não configurada a alegada usurpação da competência desta Corte, tendo em vista que o Tribunal Superior do Trabalho atuou dentro dos limites de sua competência para análise dos pressupostos de cabimento do recurso de revista (art. 896-A da CLT). 2. Não há que se falar em usurpação da competência desta Corte, uma vez que a matéria de fundo não possui índole constitucional, tal como fixado pelo Supremo Tribunal Federal no Tema 625 da repercussão geral (...)" (Rcl 41446 AgR, Relator(a): ROBERTO BARROSO, Primeira Turma, julgado em 13/10/2020).

755. "Ementa: CONSTITUCIONAL, TRABALHISTA E PROCESSUAL CIVIL. AGRAVO INTERNO NA RECLAMAÇÃO. VIOLAÇÃO AO QUE DECIDIDO NA ADC 16 E NO RE 760.931 TEMA 246-RG. DECISÃO IMPUGNADA QUE ATRIBUIU RESPONSABILIDADE SUBSIDIÁRIA À RECLAMANTE SEM A DEMONSTRAÇÃO DE COMPORTAMENTO SISTEMATICAMENTE NEGLIGENTE OU DE NEXO DE CAUSALIDADE ENTRE A CONDUTA DO PODER PÚBLICO E O DANO SOFRIDO PELO TRABALHADOR. SUPERADA A AUSÊNCIA DE TRANSCENDÊNCIA DO RECURSO DE REVISTA (ART. 896-A DA CLT) POR ABSOLUTA INCOMPATIBILIDADE COM AS DECISÕES DESTA CORTE SOBRE A TEMÁTICA. RECURSO PROVIDO PARA AFASTAR A RESPONSABILIDADE DA RECORRENTE. 1. O SUPREMO TRIBUNAL FEDERAL reconheceu a Repercussão Geral sobre a questão de responsabilidade subsidiária da administração pública por encargos trabalhistas gerados pelo inadimplemento de empresa prestadora de serviço na ADC 16 e no RE 760.931 Tema 246-RG. Mostra-se incompatível com tais precedentes, portanto, o reconhecimento, pelo TST, da ausência de transcendência da matéria, motivo pelo qual supero a questão para analisar a questão de fundo. 2. Por ocasião do julgamento do RE 760.931, sob a sistemática da Repercussão Geral, o Plenário desta SUPREMA CORTE afirmou que inexiste responsabilidade do Estado por débitos trabalhistas de terceiros, alavancada pela premissa da inversão do ônus da prova em favor do trabalhador. 3. No caso sob exame, não houve a comprovação real de um comportamento sistematicamente negligente da agravante, tampouco há prova do nexo de causalidade entre a conduta comissiva ou omissiva do Poder Público e o dano sofrido pelo trabalhador, a revelar presunção de responsabilidade da reclamante, conclusão não admitida por esta CORTE quando do julgamento da ADC 16. 4.Recurso de agravo ao qual se dá provimento, afastando, desde já, a responsabilidade da parte recorrente" (Rcl 40652 AgR, Relator(a): ROSA WEBER, Relator(a) p/ Acórdão: ALEXANDRE DE MORAES, Primeira Turma, julgado em 08/09/2020).

os já referidos *pressupostos intrínsecos formais*, que consistem na necessidade de o recorrente transcrever ou destacar (sublinhar/negritar), o fragmento da decisão recorrida que consubstancia o prequestionamento. O Tribunal Superior do Trabalho trata a exigência como pressuposto intrínseco do recurso de revista[756], quando é evidente que se trata do requisito extrínseco de admissibilidade atinente à regularidade formal.

O principal embaraço, entretanto, reside na confusão entre o juízo de mérito e de admissibilidade no que tange ao cabimento do recurso de revista. Na prática do TST, a consequência lógica do conhecimento do recurso de revista é o seu provimento[757]. Assim, se o recorrente alegar violação a dispositivo legal ou constitucional, e o TST não a reconhecer, o recurso de revista não será conhecido, o que dá a falsa impressão de que não foi superado o juízo de admissibilidade.

Em doutrina, há quem indique que tal confusão, por vezes, é proposital, pois resulta na possibilidade de que os tribunais *a quo* (os TRTs), exercendo juízo de "admissibilidade" quanto aos pressupostos intrínsecos, neguem seguimento a recursos de revista por motivos de mérito[758]. Nessa ótica, tratar-se-ia de estratégia inerente à jurisprudência defensiva, com o fim de evitar a subida ao TST de grande quantidade de recursos de revista.

No entanto, não se pode confundir, no plano doutrinário, a admissibilidade e o mérito do recurso de revista. Para que o recurso se revele cabível, basta que se indique, na peça recursal, a suposta violação legal. Com isso, o recurso já se torna adequado ao figurino legal, e – ausente qualquer outra causa de inadmissibilidade – deve ser conhecido. Saber se houve, ou não, a suposta afronta à lei ou à Constituição constitui o *mérito* do recurso de revista. Assim, concluindo o TST pela inexistência de violação, deveria proclamar o não provimento do recurso, em vez de seu não conhecimento.

---

756. "RECURSO DE REVISTA DO AUTOR. CPC/2015. INSTRUÇÃO NORMATIVA Nº 40 DO TST. LEI 13.467/2017. EMPREGADO ADMITIDO SEM CONCURSO PÚBLICO, MAIS DE 5 ANOS ANTES DA PROMULGAÇÃO DA CONSTITUIÇÃO FEDERAL DE 1988. POSSIBILIDADE DA TRANSMUDAÇÃO AUTOMÁTICA DO REGIME JURÍDICO. NÃO ATENDIMENTO DA EXIGÊNCIA CONTIDA NO ARTIGO 896, §1º-A, I, DA CLT. TRANSCENDÊNCIA DA CAUSA NÃO EXAMINADA. Entre as alterações promovidas à sistemática recursal pela Lei nº 13.015/2014 encontra-se a criação de pressuposto intrínseco do recurso de revista, no qual a parte deve, obrigatoriamente, transcrever, ou destacar (sublinhar/negritar), o fragmento da decisão recorrida que revele a resposta do tribunal de origem sobre a matéria objeto do apelo; ou seja, o ponto específico da discussão, contendo as principais premissas fáticas e jurídicas contidas no acórdão regional acerca do tema invocado no recurso. (...)" (RR-1274-06.2017.5.05.0271, 7ª Turma, Relator Ministro Claudio Mascarenhas Brandao, DEJT 27/11/2020).

757. Assim, exemplificativamente: TST - RR: 203001420155040812, Relator: Delaide Miranda Arantes, Data de Julgamento: 25/11/2020, 2ª Turma, Data de Publicação: 27/11/2020; TST - RR: 4278857520025120039 427885-75.2002.5.12.0039, Relator: Rosa Maria Weber, Data de Julgamento: 03/06/2009, 3ª Turma,, Data de Publicação: 26/06/2009.

758. MIESSA, Élisson. Manual dos Recursos Trabalhistas. *Manual dos Recursos Trabalhistas: teoria e prática.* 4ª ed. Salvador: JusPodivm, 2020, p. 394.

Esse posicionamento vem sendo adotado pelo STF, *mutatis mutandis*, no que tange ao recurso extraordinário[759]. O entendimento atualmente prevalecente no Supremo é pela distinção entre juízo de admissibilidade e de mérito do recurso extraordinário por violação constitucional, sendo que para que o primeiro seja positivo basta a alegação de violação[760].

Já para o TST, conforme já dito, a efetiva *existência* da violação legal ou constitucional integra o cabimento do recurso, não sendo suficiente a mera *alegação* do recorrente. Nessa ótica, sempre que o recurso for conhecido, deverá ser provido.

É evidente a inconveniência desse entendimento, que confunde e mistura o juízo de mérito com o de admissibilidade. Se o Tribunal conclui pela inexistência da violação legal ou constitucional, está julgando a pretensão recursal (= o mérito do recurso).

O embaraço não é apenas teórico, mas também prático: recursos não conhecidos não geram o efeito substitutivo e impeditivo do trânsito em julgado. Daí decorre que a competência para a ação rescisória, no caso de *genuíno* não conhecimento do recurso de revista, é do TRT que prolatou a decisão em sede de recurso ordinário; ao contrário, se o recurso for conhecido (mesmo que desprovido), opera-se o efeito substitutivo e a competência para a rescisória será do TST.

Veja-se que a própria Súmula 192, II, do TST[761], reconhece o efeito substitutivo no caso de recurso de revista não conhecido cuja decisão aprecie, mas negue a existência da violação ao dispositivo legal de direito material apontado pelo recorrente. O verbete, ao afirmar que a decisão rescindível é a do TST, confirma que, na verdade, o recurso de revista, em tal hipótese, terá sido conhecido e não provido, já que terá se operado o efeito substitutivo do recurso.

---

759. Desde o julgamento do RE 298695, Relator(a): Min. SEPÚLVEDA PERTENCE, Tribunal Pleno, julgado em 06/08/2003,.

760. Sobre o tema, o ex-ministro do STF Carlos Mário da Silva Velloso Filho aponta que a modificação realizada não foi completa, e preconiza que "o Supremo Tribunal Federal terminasse o que começou em 2003, eliminando a possibilidade de os tribunais recorridos, no exercício do juízo de admissibilidade previsto no artigo no artigo 1.030, inciso V, do CPC/2015, examinarem a procedência das alegações de ofensa à Constituição produzidas no recurso extraordinário" (VELLOSO FILHO, Carlos Mário da Silva. Confusão entre admissibilidade e mérito de recursos extraordinários. Publicado em: 14 dez. 2016. Acesso em: 30 nov.2020. Disponível em: https://www.conjur.com.br/2016-dez-14/confusao-entre--admissibilidade-merito-recursos-extraordinarios.

761. Súmula nº 192 do TST. AÇÃO RESCISÓRIA. COMPETÊNCIA. I - Se não houver o conhecimento de recurso de revista ou de embargos, a competência para julgar ação que vise a rescindir a decisão de mérito é do Tribunal Regional do Trabalho, ressalvado o disposto no item II. II - Acórdão rescindendo do Tribunal Superior do Trabalho que não conhece de recurso de embargos ou de revista, analisando arguição de violação de dispositivo de lei material ou decidindo em consonância com súmula de direito material ou com iterativa, notória e atual jurisprudência de direito material da Seção de Dissídios Individuais (Súmula nº 333), examina o mérito da causa, cabendo ação rescisória da competência do Tribunal Superior do Trabalho.

Contudo, há outro equívoco no posicionamento do Tribunal, pois não é apenas no caso de o recurso de revista apreciar questão de direito material que haverá o efeito substitutivo da decisão regional. De fato, podem surgir arguições de violação a dispositivos processuais no recurso de revista (pressupostos processuais, condições da ação, entre outros) e, caso o Tribunal aprecie a alegação, mas conclua pela inexistência de violação, também haverá efeito substitutivo; logo, a decisão que transitará em julgado será o acórdão do TST.

O ideal é que o Tribunal Superior do Trabalho modifique a sua praxe e também a Súmula 192, II, adequando-a ao entendimento mais recente do STF, de modo a distinguir claramente o juízo de admissibilidade (para o qual basta a alegação de violação de qualquer lei federal) do juízo de mérito (no qual se conclui se a violação efetivamente existe, ou não) do recurso de revista.

Enquanto isso não for feito, a técnica utilizada pelo TST tende a gerar dúvidas e má aplicação do entendimento adotado pelo STF, em repercussão geral, no RE 598365, no qual se firmou a tese de que não há repercussão geral – e, consequentemente, não é cabível – em recurso extraordinário que pretenda discutir pressupostos de admissibilidade de recursos de outros tribunais.

Caso se trate a efetiva violação (não a mera alegação de violação) da Constituição como "pressuposto intrínseco" ou requisito de admissibilidade do recurso de revista – tal como tem feito o TST –, a consequência seria a de que somente seria cabível recurso extraordinário contra decisões do TST que tivessem dado provimento a recurso de revista. Nessa ótica, seria incabível o extraordinário contra decisões que tivessem "deixado de conhecer" do recurso de revista por considerarem inexistir a suposta violação constitucional. O absurdo dessa conclusão, entretanto, é manifesto.

De fato, a violação da Constituição pode ocorrer tanto quando o TST dá provimento, quanto na hipótese em que nega provimento ao recurso de revista. O que importa é saber se a suposta violação foi efetivamente decidida pelo TST, até porque, de acordo com a parte que interpuser o recurso de revista, o resultado do julgamento será diferente. Um exemplo demonstrará o ponto.

Suponha-se que decisão do TST, em recurso de revista, contrariando a jurisprudência vinculante do STF, declare ser ilícita a terceirização de atividade-fim. Nessa hipótese, é evidente a violação à Constituição (ao menos na ótica atualmente vigorante na Suprema Corte), sendo certo que a decisão do TST pode ter resultado quer de recurso de revista interposto pelo trabalhador, quer do ofertado pela empresa. Se o recurso de revista tiver sido interposto contra decisão regional que também declarara a ilicitude da terceirização, mantida tal ótica pelo TST, a consequência – de acordo com a praxe atual da Corte Superior Trabalhista – será o não conhecimento do recurso de revista, por não se reputar ocorrida a violação constitucional. No entanto, fica evidente que o mérito do recurso de revista foi apreciado, razão pela qual será cabível a interposição de recurso extraordinário.

Assim, conclusivamente, pode-se afirmar que não se aplica o precedente do RE 598365 na hipótese em que o TST, apesar de afirmar o não conhecimento do recurso, apreciar a suposta violação constitucional apontada pelo recorrente. Dessa forma, com a ressalva de algum outro fator que possa excluí-la, caberá a interposição de recurso extraordinário para o Supremo Tribunal Federal.

Por fim, observe-se que o Pleno do STF já proclamou a inadmissibilidade do recurso extraordinário na situação em que interposto contra decisão do TST que não conhecera de recurso de revista por ausência de pressupostos intrínsecos de admissibilidade[762]. Contudo, tal decisão não infirma o raciocínio acima empreendido, já que, no caso concreto, o TST não tinha se pronunciado sobre a matéria de fundo, vale dizer, não se manifestara sobre a suposta violação constitucional.

32. RECURSO EXTRAORDINÁRIO E REPERCUSSÃO GERAL

Referências normativas e jurisprudenciais	
Constituição	Art. 102. Compete ao Supremo Tribunal Federal, precipuamente, a guarda da Constituição, cabendo-lhe: (...) III - julgar, mediante recurso extraordinário, as causas decididas em única ou última instância, quando a decisão recorrida: a) contrariar dispositivo desta Constituição; b) declarar a inconstitucionalidade de tratado ou lei federal; c) julgar válida lei ou ato de governo local contestado em face desta Constituição. d) julgar válida lei local contestada em face de lei federal. § 3º No recurso extraordinário o recorrente deverá demonstrar a repercussão geral das questões constitucionais discutidas no caso, nos termos da lei, a fim de que o Tribunal examine a admissão do recurso, somente podendo recusá-lo pela manifestação de dois terços de seus membros.

762. "Ementa: agravo regimental nos embargos de divergência no agravo regimental no recurso extraordinário com agravo. Processo civil. Admissibilidade de recurso. Competência de corte diversa. Inexistência de repercussão geral da matéria. Ofensa ao art. 93, IX, da constituição federal. configurada ofensa reflexa à constituição. Ausência de impugnação específica. súmula STF 287. entendimento alinhado ao posicionamento sedimentado pelo plenário desta suprema corte. Agravo regimental a que se nega provimento. 1. A impugnação específica da decisão agravada, quando ausente, conduz ao desprovimento do agravo regimental. Súmula 287 do STF. Precedentes: RCL 5.684/PE-AgR, Tribunal Pleno, Rel. Min. Ricardo Lewandowski, DJe-152 de 15/8/08; ARE 665.255-AgR/PR, Rel. Min. Ricardo Lewandowski, Segunda Turma, Dje 22/5/2013; e AI 763.915-AgR/RJ, Rel. Min. Dias Toffoli, Primeira Turma, DJe 7/5/2013. 2. A controvérsia suscitada nos presentes embargos de divergência encontra respaldo na decisão do Plenário do STF submetido à sistemática da repercussão geral (RE 598.365). 3. Inadmissíveis os embargos de divergência quando a decisão embargada estiver alinhada ao posicionamento do Plenário desta Suprema Corte. 4. In casu, o recurso extraordinário versava sobre os pressupostos intrínsecos de admissibilidade do recurso de revista, previstos no art. 896 da Consolidação das Leis Trabalhistas. 5. Agravo regimental a que se nega provimento" (ARE 756969 AgR-EDv-AgR, Relator(a): LUIZ FUX, Tribunal Pleno, julgado em 28/05/2015)

Referências normativas e jurisprudenciais	
Legislação infra-constitucional	CLT, art. 899, § 1º Sendo a condenação de valor até 10 (dez) vezes o salário-mínimo regional, nos dissídios individuais, só será admitido o recurso inclusive o extraordinário, mediante prévio depósito da respectiva importância. Transitada em julgado a decisão recorrida, ordenar-se-á o levantamento imediato da importância de depósito, em favor da parte vencedora, por simples despacho do juiz. (Redação dada pela Lei nº 5.442, 24.5.1968) Lei nº 8.177/91, Art. 40. O depósito recursal de que trata o art. 899 da Consolidação das Leis do Trabalho fica limitado a Cr$ 20.000.000,00 (vinte milhões de cruzeiros), nos casos de interposição de recurso ordinário, e de Cr$ 40.000.000,00 (quarenta milhões de cruzeiros), em se tratando de recurso de revista, embargos infringentes e recursos extraordinários, sendo devido a cada novo recurso interposto no decorrer do processo.
Súmulas e teses de repercussão geral	Tema 679 (RE 607447): Surge incompatível com a Constituição Federal exigência de depósito prévio como condição de admissibilidade do recurso extraordinário, no que não recepcionada a previsão constante do § 1º do artigo 899 da Consolidação das Leis do Trabalho, sendo inconstitucional a contida na cabeça do artigo 40 da Lei nº 8.177 e, por arrastamento, no inciso II da Instrução Normativa nº 3/1993 do Tribunal Superior do Trabalho.
Julgados paradigmáticos	AI 742611 AgR Pet 4391 AgR RE 607447

32.1. Depósito recursal no recurso extraordinário

O depósito recursal pode ser considerado despesa processual atípica, por consubstanciar garantia de futura e eventual execução de sentença. Trata-se de valor que pode ser liberado, ou não, ao credor; não se trata propriamente de gasto decorrente da prática de ato processual. De todo modo, trata-se de requisito de admissibilidade de determinados recursos[763].

Em repercussão geral[764], a Suprema Corte fixou a seguinte tese: "Surge incompatível com a Constituição Federal exigência de depósito prévio como condição de admissibilidade do recurso extraordinário, no que não recepcionada a previsão constante do § 1º do artigo 899 da Consolidação das Leis do Trabalho, sendo inconstitucional a contida na cabeça do artigo 40 da Lei nº 8.177 e, por arrastamento, no inciso II da Instrução Normativa nº 3/1993 do Tribunal Superior do Trabalho".

---

763. Cf. BERNARDES, Felipe, Manual..., *op.cit.*, p. 310.

764. "RECURSO EXTRAORDINÁRIO – DEPÓSITO – INCONSTITUCIONALIDADE. Surge incompatível com a Constituição Federal exigência de depósito prévio como condição de admissibilidade do recurso extraordinário, no que não recepcionada a previsão constante do § 1º do artigo 899 da Consolidação das Leis do Trabalho, sendo inconstitucional a contida na cabeça do artigo 40 da Lei nº 8.177 e, por arrastamento, no inciso II da Instrução Normativa nº 3/1993 do Tribunal Superior do Trabalho" (RE 607447, Relator(a): MARCO AURÉLIO, Tribunal Pleno, julgado em 22/05/2020).

O entendimento, embora vinculante, merece ser criticado, por constituir grande retrocesso em termos da busca pela racionalidade e efetividade do Processo do Trabalho; além disso, o julgado pode suscitar dúvidas quanto à extensão de sua *ratio decidendi* para outros recursos interponíveis no Processo do Trabalho.

De fato, o art. 899, §1º, da CLT, estava em vigor desde o longínquo ano de 1968, e sempre foi pacificamente aplicado, sem maiores discussões a respeito de sua constitucionalidade. Passados 32 anos desde a Constituição de 1988, em 2020, a Suprema Corte declara que o dispositivo legal não foi recepcionado pela Constituição, sob os fundamentos de que a exigência de depósito prévio geraria obstáculo ao acesso à justiça e ao direito de defesa, e o de que "lei alguma pode retirar do Supremo o crivo quanto à harmonia, ou não, com a Constituição, de ato judicial"[765].

Sucede que há grande desvio de perspectiva, pois é evidente que a lei pode estabelecer requisitos de admissibilidade de recursos (= pressupostos recursais). Não se pode dizer que o art. 899, §1º, da CLT, estaria excluindo do STF a possibilidade de analisar supostas violações constitucionais, a menos que se pretenda defender que a lei também não poderia estabelecer prazos para interposição de recursos, regularidade formal, necessidade de pagamento de custas, interesse recursal etc... Todos os requisitos de admissibilidade dos recursos, de certa forma, dificultam o acesso às Cortes Superiores. Até mesmo a repercussão geral funciona como um grande filtro que restringe as causas que serão julgadas pela Suprema Corte.

Outro aspecto que deve ser considerado – e que foi ressaltado no voto vencido do Min. Alexandre de Moraes – é que o depósito recursal é importante mecanismo de proteção legal do trabalhador, tendo o objetivo de reduzir a interposição de recursos meramente protelatórios e servir de garantia da futura execução.

O depósito recursal, dessa forma, representa uma concretização legislativa do princípio da proteção no processo do trabalho. Ademais, num momento histórico em que se buscam mecanismos para reduzir o que se tem chamado de "tragédia da justiça"[766], consistente no suposto congestionamento do Poder Judiciário, em decorrência da grande quantidade de processos, com o incentivo aos meios alternativos de solução de conflitos, os quais são tratados como uma espécie de *panaceia*, é de causar estranheza a postura adotada pelo STF, que acaba por estimular e facilitar a recorribilidade.

765. Cf. Voto do Min. Marco Aurélio.

766. A expressão é de Erik Navarro Wolkart na obra *Análise econômica do processo civil: como a economia, o direito e a psicologia podem vencer a tragédia da justiça*. São Paulo: Thomson Reuters, 2019,

A decisão gera o inevitável efeito colateral de alongar o trâmite processual e sobrecarregar o Supremo Tribunal Federal, gerando custos diretos e indiretos para o Estado e para a sociedade.

Mas não é só.

A partir da decisão, não seria absurda a construção de raciocínio segundo o qual o depósito recursal seria desnecessário para a interposição de todos os recursos no Processo do Trabalho. Isso porque, se nem mesmo para o recurso extraordinário – o qual tem hipóteses de cabimento muito mais restritas, e requisitos bem mais rigorosos, como o prequestionamento – se admite a exigibilidade do depósito recursal, com muito mais razão (*a fortiori*) não se poderia exigir depósito recursal para recursos que têm requisitos mais brandos, tais como o recurso ordinário, o agravo de petição, entre outros.

Contudo, a tese fixada pelo Supremo Tribunal Federal diz respeito única e exclusivamente ao recurso extraordinário, não abrangendo os demais recursos interponíveis no Processo do Trabalho. Da mesma forma, a *ratio decidendi* do julgado se pauta fortemente na ideia que não seria possível que a lei obstasse o acesso à Suprema Corte, tida como guardiã da Constituição. Portanto, não houve debate – e, em consequência não se formou precedente – a respeito do tema da exigibilidade de depósito recursal para todos os outros recursos que não sejam o extraordinário para o STF.

Assim, pelas razões já expostas, e também em função da presunção de constitucionalidade das leis, o depósito recursal continua consistindo em requisito de admissibilidade dos recursos trabalhistas, com exceção apenas do recurso extraordinário para o Supremo Tribunal Federal.

32.2. Recurso extraordinário prematuro

Ao tempo do Código de Processo Civil de 1973, o Supremo Tribunal Federal adotava a inusitada tese do recurso extraordinário *prematuro*, segundo a qual, caso interposto antes do termo inicial da contagem do prazo, o recurso deveria ser considerado intempestivo[767], sendo que solução idêntica era aplicada às hipóteses em que o recurso extraordinário tivesse sido interposto antes da oposição de embargos de declaração pela parte contrária, independentemente do teor da decisão dos embargos[768].

767. "Processual. Recurso prematuro. Inadmissibilidade. Ciência inequívoca não demonstrada. Regimental não provido" (AI 454022 AgR-AgR, Relator(a): NELSON JOBIM, Segunda Turma, julgado em 14/10/2003).

768. Assim, por exemplo: "AGRAVO REGIMENTAL EM AGRAVO DE INSTRUMENTO. RECURSO EXTRAORDINÁRIO. INTERPOSIÇÃO PREMATURA. EXTEMPORÂNEO. AUSÊNCIA DE RATIFICAÇÃO. AGRAVO IMPROVIDO. I - É extemporâneo o recurso extraordinário interposto antes do julgamento dos embargos de declaração opostos na instância a quo, sem que tenha havido a posterior ratificação, sendo irrelevante que somente a outra parte tenha embargado. Precedentes. II – Agravo

Tal entendimento se revelava excessivamente formalista e injusto, pois prejudicava a parte que se antecipasse na prática do ato processual, na tentativa de colaborar com a duração razoável do processo e até mesmo com a economia processual. Era uma espécie de *punição pela diligência.*

Em boa hora, o entendimento foi modificado, à luz dos arts. 218, §4º, e 1024, § 5º, do Código de 2015[769], que prevem a tempestividade de atos processuais em geral – o que inclui recursos – praticados antes do respectivo termo inicial, bem como a desnecessidade de ratificação de recurso interposto antes do julgamento de embargos de declaração opostos pela parte contrária, se os embargos forem rejeitados ou não alterarem a conclusão do julgamento anterior. Somente haverá necessidade de ratificação do recurso caso os embargos de declaração tenham sido acolhidos com efeitos modificativos da decisão.

32.3. Intervenção de terceiro no recurso extraordinário

A jurisprudência do Supremo Tribunal Federal apresenta precedentes admitindo o ingresso de assistentes simples em processos que já encontrem em grau de recurso extraordinário[770], desde que o requerimento seja formulado antes do início do respectivo julgamento[771]. Não se permite, entretanto, o ingresso de assistente em recurso extraordinário em mandado de segurança[772].

---

regimental improvido" (AI 742611 AgR, Relator(a): RICARDO LEWANDOWSKI, Primeira Turma, julgado em 23/03/2011).

769. Art. 218, § 4º Será considerado tempestivo o ato praticado antes do termo inicial do prazo.
Art. 1024, § 5º Se os embargos de declaração forem rejeitados ou não alterarem a conclusão do julgamento anterior, o recurso interposto pela outra parte antes da publicação do julgamento dos embargos de declaração será processado e julgado independentemente de ratificação.

770. "PROCESSUAL CIVIL. RECURSO EXTRAORDINÁRIO. PEDIDO DE INTERVENÇÃO COMO ASSISTENTE SIMPLES. Pedido de intervenção como assistente simples nos autos do recurso extraordinário formulado pelo Sindifumo-SP. Presença dos requisitos que ensejam a intervenção pretendida. Necessidade de pluralizar o debate constitucional. Pedido de intervenção como assistente simples do recorrente deferido" (RE 550769 QO, Relator(a): JOAQUIM BARBOSA, Tribunal Pleno, julgado em 28/02/2008).

771. "PROCESSUAL CIVIL. INTERVENÇÃO EM RECURSO EXTRAORDINÁRIO. ADMINISTRADOR DA PESSOA JURÍDICA RECORRENTE. ALEGAÇÃO DE INTERESSE PROCESSUAL. RISCO DE SER CONSIDERADO RESPONSÁVEL TRIBUTÁRIO. INDEFERIMENTO DE INGRESSO NO RECURSO COMO ASSISTENTE SIMPLES, APRESENTADO APÓS O INÍCIO DO JULGAMENTO. AGRAVO REGIMENTAL DESPROVIDO" (Pet 4391 AgR, Relator(a): JOAQUIM BARBOSA, Relator(a) p/ Acórdão: TEORI ZAVASCKI, Tribunal Pleno, julgado em 09/10/2014).

772. "Segundo agravo regimental no agravo regimental no agravo de instrumento. Pedido incidental de ingresso no feito, na condição de assistente de uma das partes. Impossibilidade, nos termos da pacífica jurisprudência da Corte acerca do tema. 1. Em recurso extraordinário em mandado de segurança, não se admite o ingresso de terceiros no processo na condição de assistentes simples de uma das partes. 2. Matéria já pacificada no âmbito da Corte, pouco importando a natureza da demanda, ou mesmo de quem postula o ingresso no feito. 3. Agravo regimental não provido" (AI 507988 AgR-AgR-segundo, Relator(a): DIAS TOFFOLI, Primeira Turma, julgado em 09/04/2013).

Em alguns precedentes (como no RE 550769 QO), nota-se que, a rigor, a situação do terceiro interveniente não justificaria seu ingresso como assistente simples, figura que pressupõe a existência de interesse jurídico[773], vale dizer, a titularidade de relação jurídica conexa à *res in judicium deducta* (= conexa à relação de direito material discutida no processo).

A partir da vigência do Código de Processo Civil de 2015, que prevê, com grande amplitude, a possibilidade de intervenção de *amicus curiae*, nas hipóteses em que haja relevância da matéria e especificidade do tema objeto da demanda ou repercussão social da controvérsia (CPC, art. 138)[774], a tendência é que não se utilize da assistência quando o objetivo for apenas o de pluralização do debate e potencialização do contraditório; para tal finalidade, a figura de intervenção de terceiros aplicável será a do *amicus curiae*.

32.4. Omissão do acórdão recorrido e prequestionamento

A jurisprudência do Supremo Tribunal Federal se consolidou no sentido de que, caso o acórdão do tribunal *a quo* (no caso trabalhista, o TST) seja omisso a respeito da questão constitucional, o prejudicado deve opor-lhe embargos de declaração com a finalidade de prequestionar a matéria; persistindo a omissão, o tema será tido por prequestionado (prequestionamento ficto), admitindo-se – com a ressalva de outras possíveis causas de inadmissibilidade – o recurso extraordinário[775].

De outro lado, desde antes da entrada em vigor da Constituição de 1988[776], o Supremo Tribunal Federal tem entendido que, para que se viabilize o cabimento

---

773. Sobre o interesse jurídico exigido para a intervenção de assistente simples, escrevi, em outra passagem: "Viabiliza-se a assistência simples quando o assistente seja titular de relação jurídica que possa sofrer reflexos decorrentes do julgamento da causa pendente. O assistente simples possui relação jurídica com o assistido, e não com o adversário do assistido. O entendimento prevalecente na doutrina e na jurisprudência é o de que o interesse que justifica a assistência simples deve ser jurídico, e não meramente econômico, afetivo ou congênere. Por exemplo, o filho pode ter *interesse* de que seu pai se sagre vencedor em reclamação trabalhista, mas, em princípio, não pode ser assistente, pois não é titular de qualquer relação jurídica que possa sofrer reflexos decorrentes do julgamento da causa pendente" (BERNARDES, Felipe, *Manual*..., 2ª ed., *op.cit.*, p. 280).

774. Art. 138. O juiz ou o relator, considerando a relevância da matéria, a especificidade do tema objeto da demanda ou a repercussão social da controvérsia, poderá, por decisão irrecorrível, de ofício ou a requerimento das partes ou de quem pretenda manifestar-se, solicitar ou admitir a participação de pessoa natural ou jurídica, órgão ou entidade especializada, com representatividade adequada, no prazo de 15 (quinze) dias de sua intimação.

775. "EMENTA: I. Recurso extraordinário: prequestionamento: Súmula 356. O que, a teor da Súm. 356, se reputa carente de prequestionamento é o ponto que, indevidamente omitido pelo acórdão, não foi objeto de embargos de declaração; mas, opostos esses, se, não obstante, se recusa o Tribunal a suprir a omissão, por entendê-la inexistente, nada mais se pode exigir da parte, permitindo-se -lhe, de logo, interpor recurso extraordinário sobre a matéria dos embargos de declaração e não sobre a recusa, no julgamento deles, de manifestação sobre ela (...)." (RE 349160, Relator(a): SEPÚLVEDA PERTENCE, Primeira Turma, julgado em 11/02/2003).

776. "RECURSO EXTRAORDINÁRIO CONTRA DECISÃO TRABALHISTA. MOMENTO DE PREQUESTIONAMENTO DA QUESTÃO CONSTITUCIONAL QUANDO A REVISTA NÃO FOI ADMITI-

do recurso extraordinário contra decisão do TST, é necessário que o tema constitucional tenha sido objeto de recurso de revista interposto para a Corte Superior Trabalhista. Vale dizer: a parte não pode, no recurso extraordinário, invocar suposta violação constitucional que não fora suscitada no recurso de revista.

O entendimento é correto, já que a matéria constitucional, acaso não ventilada no recurso de revista, fica preclusa no âmbito do Tribunal Regional do Trabalho de origem.

Perceba-se que os posicionamentos referidos dizem respeito ao prequestionamento para fins de interposição de recurso extraordinário perante o STF.

Quanto ao prequestionamento exigido pelo TST para a admissibilidade do recurso de revista, o Supremo Tribunal Federal tem se manifestado no sentido de que se trata de questão infraconstitucional, insuscetível, portanto, de dar ensejo à interposição de recurso extraordinário[777]. De fato, os requisitos de admissibilidade do recurso de revista são previstos apenas na CLT, e não no texto constitucional, razão pela qual não se pode configurar a respeito, logicamente, violação direta à Constituição. Maiores considerações sobre o tema podem ser encontradas na seção sobre recurso de revista, neste capítulo.

32.5. Repercussão geral

32.5.1. Sobrestamento dos processos

Por força do art. 1035, §5º, do CPC, reconhecida a repercussão geral, o relator no Supremo Tribunal Federal determinará a suspensão do processamento de todos os processos pendentes, individuais ou coletivos, que versem sobre a questão e tramitem no território nacional.

De acordo com a jurisprudência da Suprema Corte[778], o sobrestamento é faculdade do relator, que teria "discricionariedade" para definir em quais casos deveria

---

DA. - O PREQUESTIONAMENTO DA QUESTÃO CONSTITUCIONAL, EM HIPÓTESES COMO A DA ESPÉCIE, TEM DE SER FEITO NA INTERPOSIÇÃO DA REVISTA, POIS SÓ ASSIM O S.T.F. PODERA EXAMINA-LA PARA VERIFICAR SE HOUVE, OU NÃO, A VIOLAÇÃO DA NORMA CONSTITUCIONAL EM QUE SE BASEIA O PEDIDO DE ADMISSAO DA REVISTA. - NÃO SUPRE A OMISSAO DO PREQUESTIONAMENTO NESSA OPORTUNIDADE A DECLARAÇÃO DO T. S. T., EM EMBARGOS DE DECLARAÇÃO, DE QUE NÃO HOUVE OFENSA AOS PRECEITOS CONSTITUCIONAIS QUE FORAM INVOCADOS NELES. RECURSO EXTRAORDINÁRIO NÃO CONHECIDO" (RE 99911, Relator(a): ALDIR PASSARINHO, Tribunal Pleno, julgado em 10/11/1983).

777. RE 126237, Relator(a): SEPÚLVEDA PERTENCE, Primeira Turma, julgado em 13/06/2000.

778. "CONSTITUCIONAL. PROCESSUAL CIVIL. ART. 1.035, §5º, DO CPC. SUSPENSÃO NACIONAL DOS PROCESSOS. TEMA CONSTITUCIONAL COM REPERCUSSÃO GERAL RECONHECIDA. TEMA 1.016 DA SISTEMÁTICA DA REPERCUSSÃO GERAL. EXPURGOS INFLACIONÁRIOS. CORREÇÃO MONETÁRIA DE DEPÓSITOS JUDICIAIS. 1. Segundo a jurisprudência do Supremo Tribunal Federal, a suspensão de processamento prevista no §5º do art. 1.035 do CPC é faculdade discricionária do relator do recurso extraordinário paradigma. RE 966.177/RG-QO, Relator Ministro Luiz Fux, julgamento em 07.06.2017. 2. A suspensão nacional dos feitos cujos temas sejam coincidentes com aquele de recurso

ser determinado. A menção à discricionariedade deve ser interpretada com reservas, pois ao Poder Judiciário não é dado fazer juízos de conveniência e oportunidade, típicos da Administração Pública; ao revés, os juízes – inclusive os da Suprema Corte – têm o dever de buscar a solução *ótima*, ou seja, a melhor para o caso concreto.

O objetivo da suspensão ou sobrestamento de processos é concentrar a formação do precedente nos processos paradigmas, para que a decisão seja seguida em todos os casos em que se discuta idêntica questão. Evita-se, assim, em consonância com o princípio da economia processual, o desperdício de tempo e dinheiro públicos envolvidos na tramitação de processos cuja solução será dada, de um jeito ou de outro, pelo Supremo Tribunal Federal. Além disso, a suspensão preserva a isonomia, ao impedir a prolação de decisões conflitantes, que tratem os cidadãos diferentemente, apesar de debaterem idêntica questão jurídica.

A suspensão do processo só pode ocorrer quando a questão afetada para julgamento em repercussão geral for idêntica àquela debatida no caso concreto. Se houver distinção entre os temas, eventual determinação judicial de suspensão será equivocada. Daí resulta a necessidade de que a parte seja intimada da decisão de suspensão (CPC, art. 1037, § 8º), a fim de que possa impugná-la, caso queira.

Nessa hipótese, a parte deve requerer o prosseguimento do processo ao juiz (processo em 1º grau) ou ao relator (processo suspenso no âmbito de tribunal) que determinou a suspensão, demonstrando que há distinção entre a questão a ser decidida no processo e aquela afetada para julgamento em repercussão geral (CPC, art. 1035, §7º, c/c 1037, § 9º).

A parte contrária deve ser intimada para manifestação em cinco dias.

Da decisão desse requerimento, cabe agravo interno, se a decisão for de relator (CPC, art. 1037, § 13, II). Caso a decisão de manter a suspensão ou determinar o prosseguimento do processo seja de juiz de primeira instância, cabe, no Processo Civil, agravo de instrumento. No Processo do Trabalho, dada a irrecorribilidade imediata das decisões interlocutórias, se houver ilegalidade será pertinente a impetração de mandado de segurança.

32.5.2. Impossibilidade de desistência do recurso

Uma vez afetada a questão para julgamento sob a sistemática da repercussão geral, surge interesse público no que tange à definição da tese jurídica que servirá de paradigma para os recursos sobrestados.

Por tal motivo, de acordo com a legislação processual, se houver desistência do recurso extraordinário afetado para julgamento em repercussão ge-

---

cuja repercussão geral tenha sido reconhecida pelo Supremo Tribunal Federal é prerrogativa legal do relator do processo paradigma, nos termos do art. 1.035, §5º, do Código de Processo Civil. 3. Agravo regimental a que nega provimento" (RE 1141156 AgR, Relator(a): EDSON FACHIN, Tribunal Pleno, julgado em 19/12/2019).

ral, o Tribunal prosseguirá no julgamento a fim de fixar a tese jurídica, muito embora não vá aplicá-la ao caso concreto em função da desistência (CPC, art. 998, parágrafo único[779]). Nessas hipóteses, o julgamento dos casos repetitivos deveria funcionar no sistema de causa-modelo, na qual há apenas a definição da tese, sem julgamento do caso concreto[780].

Sucede que o STF apresenta precedente em que o Plenário afirmou ser inadmissível a desistência de mandado de segurança (que chegue ao STF por meio de recurso extraordinário) ou de recurso extraordinário na hipótese em que o processo haja sido selecionado como paradigma de repercussão geral. A Corte decidiu por prosseguir no julgamento do caso concreto - e não apenas na definição da tese jurídica - mesmo após a juntada de petição de desistência poucos minutos antes do início da sessão plenária[781]. A rejeição à proposta de fixar a tese sem julgar o caso concreto[782] parece ter decorrido do fato de que o peticionante buscava evitar a formação de coisa julgada que presumidamente lhe seria desfavorável, fraudando, dessa forma, a jurisprudência do STF[783].

32.5.3. *Inexistência de mecanismo para controle dos tribunais* a quo

De acordo com o art. 1042 do CPC[784], não cabe agravo para o STF contra decisão fundada na aplicação de entendimento firmado em sede de repercus-

779. Art. 998. O recorrente poderá, a qualquer tempo, sem a anuência do recorrido ou dos litisconsortes, desistir do recurso.
Parágrafo único. A desistência do recurso não impede a análise de questão cuja repercussão geral já tenha sido reconhecida e daquela objeto de julgamento de recursos extraordinários ou especiais repetitivos.

780. "O julgamento dos casos repetitivos é feito por amostragem: o Tribunal competente aprecia a controvérsia e define a tese aplicável à questão repetitiva ao mesmo tempo que em julga um ou alguns processos paradigmas. Tal julgamento da causa pelo Tribunal pode se dar: (i) no âmbito de recursos (recursos repetitivos ou IRDR); (ii) no âmbito de remessa necessária ou o processo de competência originária de onde se originou o incidente (exclusivamente no caso de IRDR). Esse regramento, que se infere dos arts. 976, parágrafo único, e 1039, *caput*, do CPC, e 896-C, § 11, da CLT, permite concluir que os casos repetitivos se solucionam, em princípio, a partir do julgamento de causas-piloto, previamente selecionadas e que funcionam como paradigmas para os múltiplos processos em que a mesma questão é discutida. Excepcionalmente, apenas no caso de desistência da ação ou do processo (...), adota-se o sistema da causa-modelo, segundo o qual o Tribunal fixa apenas a tese sobre a questão repetitiva, embora não julgue o caso concreto" (BERNARDES, Felipe, Manual de Processo do Trabalho. 2ª ed. Salvador: Juspodivm, 2019, p. 752.

781. "Recurso extraordinário. Repercussão geral reconhecida. Questão de ordem. Formulação de pedido de desistência da ação no recurso extraordinário em que reconhecida a repercussão geral da matéria. Impossibilidade. Mandado de segurança. (...) O Tribunal, por maioria, resolveu questão de ordem no sentido de não se admitir a desistência do mandado de segurança, firmando a tese da impossibilidade de desistência de qualquer recurso ou mesmo de ação após o reconhecimento de repercussão geral da questão constitucional. (...)" (RE 693456, Relator(a): DIAS TOFFOLI, Tribunal Pleno, julgado em 27/10/2016).

782. Sustentada inicialmente, por exemplo, pelo Min. Roberto Barroso.

783. De forma mais ampla e crítica, sobre a desistência do mandado de segurança e sobre o precedente firmado no RE 693456, ver seção sobre mandado de segurança, neste capítulo.

784. Art. 1.042. Cabe agravo contra decisão do presidente ou do vice-presidente do tribunal recorrido que inadmitir recurso extraordinário ou recurso especial, salvo quando fundada na aplicação de entendimento firmado em regime de repercussão geral ou em julgamento de recursos repetitivos.

são geral, ainda que se alegue má aplicação pela instância de origem. A jurisprudência da Suprema Corte é remansosa nesse sentido[785].

Da mesma forma, em geral, afirma-se que não é possível a reclamação ao STF por má aplicação de entendimento firmado em repercussão geral por juiz de primeiro grau ou por tribunal regional[786], mas por vezes se aceita o uso da reclamação *per saltum* nessas situações, inclusive contra decisões de tribunais regionais do trabalho[787-788].

---

785. Exemplificativamente: "EMENTA: AGRAVO REGIMENTAL NOS EMBARGOS DE DECLARAÇÃO NO RECURSO EXTRAORDINÁRIO COM AGRAVO. PROCESSUAL CIVIL. APLICAÇÃO DA SISTEMÁTICA DA REPERCUSSÃO GERAL NA ORIGEM. AUSÊNCIA DE PREVISÃO LEGAL DE RECURSO PARA O SUPREMO TRIBUNAL FEDERAL. RECURSO MANIFESTAMENTE INCABÍVEL. PRECEDENTES. VERBA HONORÁRIA MAJORADA EM 1%, PERCENTUAL QUE SE SOMA AO FIXADO NA ORIGEM, OBEDECIDOS OS LIMITES DO ART. 85, § 2º, § 3º E § 11, DO CÓDIGO DE PROCESSO CIVIL/2015, COM A RESSALVA DE EVENTUAL CONCESSÃO DO BENEFÍCIO DA JUSTIÇA GRATUITA, E MULTA APLICADA NO PERCENTUAL DE 1%, CONFORME ART. 1.021, § 4º, DO CÓDIGO DE PROCESSO CIVIL. AGRAVO REGIMENTAL AO QUAL SE NEGA PROVIMENTO" (ARE 1011495 ED-AgR, Relator(a): CÁRMEN LÚCIA (Presidente), Tribunal Pleno, julgado em 21/08/2017).

786. "AGRAVO REGIMENTAL. RECLAMAÇÃO. REPERCUSSÃO GERAL. CARÁTER ERGA OMNES E EFEITO VINCULANTE QUE TERIA SIDO ATRIBUÍDO AO RE 600.885-RG/RS. COMPETÊNCIA PARA A SOLUÇÃO DE CASOS CONCRETOS. INADEQUAÇÃO DO INSTRUMENTO DA RECLAMAÇÃO. AGRAVO DESPROVIDO. I - Conquanto o decidido nos recursos extraordinários submetidos ao regime da repercussão geral vincule os outros órgãos do Poder Judiciário, sua aplicação aos demais casos concretos, em observância à nova sistemática instituída pela EC 45/2004, regulamentada pela Lei 11.418/2006, não poderá ser buscada, diretamente, nesta Suprema Corte, antes da apreciação da controvérsia pelas instâncias ordinárias; II - O instrumento da reclamação não pode ser utilizado a fim de que, per saltum, seja aplicado o entendimento firmado no RE 600.885-RG/RS a processo em curso no primeiro grau de jurisdição; III - A reforma das decisões dos juízes de primeiro grau, contrárias à orientação firmada em julgamentos afetos ao regime da repercussão geral, deve ser feita pelo Tribunal a que estiverem vinculados, pela via recursal ordinária. Precedente: Rcl 10.793/SP, Rel. Min. Ellen Gracie; IV – Agravo a que se nega provimento" (Rcl 12600 AgR, Relator(a): RICARDO LEWANDOWSKI, Tribunal Pleno, julgado em 17/11/2011).

787. De acordo com manifestação do Min. Luiz Fux na Rcl 39443 AgR (ementa transcrita na nota de rodapé seguinte), "a partir da publicação da ata de julgamento do Recurso Extraordinário 760.931, em 02/05/2017, o paradigma adequado para se obter pronunciamento desta Corte acerca do tema [da responsabilidade subsidiária da Administração Pública nos casos de terceirização], em sede de reclamação, deixa de ser a Ação Declaratória de Constitucionalidade 16 e passa a ser o Tema 246 da Repercussão Geral, que deu nova interpretação ao que decidido em controle concentrado de constitucionalidade". Veja-se que, no caso, tratava-se de reclamação – afinal julgada procedente – contra decisão do TRT da 18ª Região que supostamente se equivocou na aplicação de entendimento firmado pelo STF em repercussão geral.

788. "AGRAVO REGIMENTAL. RECLAMAÇÃO. CONSTITUCIONAL. TRABALHISTA. TERCEIRIZAÇÃO DE SERVIÇOS PARA CONSECUÇÃO DE ATIVIDADE-FIM. RESPONSABILIDADE SUBSIDIÁRIA DA ADMINISTRAÇÃO PÚBLICA. DECLARAÇÃO DE OCORRÊNCIA DE CULPA IN VIGILANDO . ALEGAÇÃO DE OFENSA À TESE VINCULANTE FIXADA POR ESTA CORTE NO RECURSO EXTRAORDINÁRIO 760.931 - TEMA 246 DA REPERCUSSÃO GERAL. OCORRÊNCIA. PRECEDENTES. AGRAVO REGIMENTAL A QUE SE DÁ PROVIMENTO. 1. A reclamação, por expressa determinação constitucional, destina-se a preservar a competência desta Suprema Corte e garantir a autoridade de suas decisões, ex vi do artigo 102, inciso I, alínea l, da Constituição da República, além de salvaguardar o estrito cumprimento dos enunciados de Súmula Vinculante, nos termos do artigo 103-A, § 3º, da Constituição, incluído pela Emenda Constitucional 45/2004. 2. No julgamento da Ação Declaratória de Constitucionalidade 16 e do Recurso Extraordinário 760.931, Tema 246 da Repercussão Geral, esta Suprema Corte fixou entendimento pela impossibilidade de se responsabilizar a Administração pelo

Especificamente quanto à repercussão geral, a Suprema Corte tem se pronunciado diversas vezes no sentido do descabimento da reclamação para questionar a aplicação da sistemática da repercussão geral pelos tribunais de origem, inclusive quando a decisão recorrida for do Tribunal Superior do Trabalho, com a ressalva de eventuais atos teratológicos[789]. Esse entendimento parece contrariar a literalidade do art. 988, §5º, II, do CPC[790], que admite o manejo da reclamação, após o esgotamento das instâncias ordinárias, quando houver descumprimento de precedente firmado em repercussão geral.

Assim, se os tribunais *a quo* (no caso da Justiça do Trabalho, o Tribunal Superior do Trabalho) negarem seguimento a recurso extraordinário, baseando-se em decisão do STF que haja rejeitado a existência de repercussão geral do tema, não caberá, em princípio, reclamação ao STF[791]. Da mesma forma, por força do art. 1042, *caput*, do CPC[792], não caberá agravo para o STF nas mesmas hipóteses, e também naquelas em que o tribunal *a quo* aplique o mérito da tese fixada em repercussão geral.

---

inadimplemento de verba trabalhista por mera presunção de culpa. 3. In casu, a decisão reclamada admite que o mero inadimplemento gera a responsabilização do Ente Público, estando, pois, em desacordo ao quanto decidido por este Supremo Tribunal Federal nos acórdãos paradigmas. 4. Agravo a que se dá provimento, para cassar o acórdão reclamado e determinar que outro seja proferido, observando-se o conteúdo da Súmula Vinculante 10 e da tese fixada no Tema 246 da repercussão geral"

(Rcl 39443 AgR, Relator(a): ROSA WEBER, Relator(a) p/ Acórdão: LUIZ FUX, Primeira Turma, julgado em 15/09/2020).

789. "AGRAVO REGIMENTAL. RECLAMAÇÃO. DECISÃO QUE INADMITE RECURSO EXTRAORDINÁRIO COM BASE NA SISTEMÁTICA DA REPERCUSSÃO GERAL. TEMA 949. AUSÊNCIA DE TERATOLOGIA. IMPOSSIBILIDADE DE UTILIZAÇÃO DA RECLAMAÇÃO COMO SUCEDÂNEO RECURSAL. FUNDAMENTO SUFICIENTE DA DECISÃO AGRAVADA. AUSÊNCIA DE IMPUGNAÇÃO. INCIDÊNCIA DO ART. 317, § 1°, DO RISTF. AGRAVO REGIMENTAL A QUE SE NEGA PROVIMENTO. I – As razões do agravo regimental são inaptas para desconstituir os fundamentos da decisão agravada, que, por isso, se mantêm hígidos. II – O Supremo Tribunal Federal já se pronunciou, em mais de uma oportunidade, pelo não cabimento da reclamação ajuizada com o específico propósito de corrigir eventuais equívocos na aplicação, pelos Tribunais, do instituto da repercussão geral, salvo a ocorrência de evidente teratologia, o que não se verifica no caso em análise. III - O agravante não refutou o fundamento relativo à impossibilidade de utilização da reclamação como sucedâneo recursal, o que atrai a incidência do art. 317, § 1°, do RISTF. Precedentes. IV – Agravo regimental a que se nega provimento" (Rcl 42010 AgR, Relator(a): RICARDO LEWANDOWSKI, Segunda Turma, julgado em 11/11/2020).

790. § 5º É inadmissível a reclamação: (...) II – proposta para garantir a observância de acórdão de recurso extraordinário com repercussão geral reconhecida ou de acórdão proferido em julgamento de recursos extraordinário ou especial repetitivos, quando não esgotadas as instâncias ordinárias.

791. "CONSTITUCIONAL. REPERCUSSÃO GERAL. RECLAMAÇÃO CONSTITUCIONAL. NÃO CABIMENTO DA RECLAMAÇÃO. Não cabe reclamação constitucional para correção da alegada aplicação equivocada de precedente que firma inexistir repercussão geral da matéria constitucional. Precedentes. Agravo regimental conhecido, mas ao qual se nega provimento" (Rcl 7578 AgR, Relator(a): JOAQUIM BARBOSA, Tribunal Pleno, julgado em 30/11/2011).

792. Art. 1.042. Cabe agravo contra decisão do presidente ou do vice-presidente do tribunal recorrido que inadmitir recurso extraordinário ou recurso especial, salvo quando fundada na aplicação de entendimento firmado em regime de repercussão geral ou em julgamento de recursos repetitivos.

Em suma, fixada a tese pelo STF, ou rejeitada pela Suprema Corte a existência de repercussão geral, eventual má aplicação do precedente deve ser corrigida pelo próprio tribunal de origem, inexistindo qualquer mecanismo processual que viabilize a correção pelo Supremo Tribunal Federal. Nem mesmo a ação rescisória tem sido admitida com essa finalidade[793]. Contudo, conforme exposto, alguns precedentes já admitiram reclamações diretas ao STF por suposta má aplicação de teses de repercussão geral, inclusive por tribunais regionais do trabalho, o que demonstra que a jurisprudência da Suprema Corte não atende, a respeito do cabimento da reclamação, a exigência legal de que se mantenha estável, íntegra e coerente (CPC, art. 926).

32.5.4. Decisão do Plenário Virtual e rediscussão no Plenário Físico

A decisão sobre a existência ou inexistência de repercussão geral é tomada no chamado *Plenário Virtual*. Por força do art. 102, §3º, da CF, a inexistência de repercussão geral somente será reconhecida caso haja manifestação expressa de 8 ministros nesse sentido.

As manifestações quanto à existência de repercussão geral são feitas por escrito, sem debate presencial entre os ministros. Além disso, pode acontecer de algum ministro não se manifestar no prazo regimental e, nessa hipótese, considera-se fictamente que o voto é pela existência de repercussão geral. Em tal cenário, é natural que ministros mudem de posicionamento quanto à (in)existência de repercussão geral, quer a partir dos argumentos lançados pelos colegas no Plenário Físico, quer por ter perdido o prazo para manifestação no Plenário Virtual.

Nesse contexto, a Suprema Corte entende que é possível a revisão de repercussão geral reconhecida no Plenário Virtual, de modo que, no Plenário Físico, pronuncie-se a inexistência de repercussão geral do mesmo tema[794].

---

793. "AGRAVO REGIMENTAL EM AÇÃO RESCISÓRIA. INTERPOSIÇÃO EM 05.09.2019. CABIMENTO. IMPOSSIBILIDADE. TEMA DE REPERCUSSÃO GERAL. AUSÊNCIA DE OMISSÃO. DESPROVIMENTO. 1. O Supremo Tribunal Federal consolidou jurisprudência no sentido da impossibilidade de utilização de qualquer instrumento processual, por falta de previsão legal, para rediscutir decisão em que se aplicou tema de processo paradigma julgado segundo a sistemática de repercussão geral. 2. O enquadramento dos julgados apresentados não considerou apenas os elementos concretos dos casos, mas, sim, as questões constitucionais fundamentais que de lá emergem, as quais são semelhantes às debatidas no caso dos autos. 3. Em decorrência do sistema de precedentes, recém-positivado pelo Código de Processo Civil, é necessário que o Supremo Tribunal Federal, no desempenho de sua competência recursal, aja com prudência, a fim de estabilizar, de forma íntegra e coerente, a jurisprudência constitucional. 4. Nos casos em que a interpretação extensiva do Código de Processo Civil impossibilite a aplicação da sistemática, por autorizar rediscussões diante da aplicação de tema e dificultar a replicação de teses, entendo que a melhor interpretação será a que impeça o esvaziamento da repercussão geral. 5. Como a decisão que aqui se pretende rescindir, por ser fundada em tema da sistemática de repercussão geral, não pode ser objeto de outro remédio processual para este Supremo Tribunal Federal, por ausência de previsão legal, restou prejudicada qualquer discussão fática remanescente. 6. Agravo regimental a que se nega provimento" (AR 2580 AgR, Relator(a): EDSON FACHIN, Tribunal Pleno, julgado em 13/12/2019).

794. "QUESTÃO DE ORDEM. REVISÃO DE REPERCUSSÃO GERAL RECONHECIDA NO PLENÁRIO VIRTUAL. ADICIONAL DE INSALUBRIDADE DEVIDO A SERVIDORA DO EX-TERRITÓRIO

33. SUSPEIÇÃO E IMPEDIMENTO

Referências normativas e jurisprudenciais	
Constituição	Art. 5º, LIV - ninguém será privado da liberdade ou de seus bens sem o devido processo legal (...).
Legislação infra-constitucional	CPC, Art. 144. Há impedimento do juiz, sendo-lhe vedado exercer suas funções no processo: I - em que interveio como mandatário da parte, oficiou como perito, funcionou como membro do Ministério Público ou prestou depoimento como testemunha; II - de que conheceu em outro grau de jurisdição, tendo proferido decisão; III - quando nele estiver postulando, como defensor público, advogado ou membro do Ministério Público, seu cônjuge ou companheiro, ou qualquer parente, consanguíneo ou afim, em linha reta ou colateral, até o terceiro grau, inclusive; IV - quando for parte no processo ele próprio, seu cônjuge ou companheiro, ou parente, consanguíneo ou afim, em linha reta ou colateral, até o terceiro grau, inclusive; V - quando for sócio ou membro de direção ou de administração de pessoa jurídica parte no processo; VI - quando for herdeiro presuntivo, donatário ou empregador de qualquer das partes; VII - em que figure como parte instituição de ensino com a qual tenha relação de emprego ou decorrente de contrato de prestação de serviços; VIII - em que figure como parte cliente do escritório de advocacia de seu cônjuge, companheiro ou parente, consanguíneo ou afim, em linha reta ou colateral, até o terceiro grau, inclusive, mesmo que patrocinado por advogado de outro escritório; IX - quando promover ação contra a parte ou seu advogado (...). Art. 145. Há suspeição do juiz: I - amigo íntimo ou inimigo de qualquer das partes ou de seus advogados; II - que receber presentes de pessoas que tiverem interesse na causa antes ou depois de iniciado o processo, que aconselhar alguma das partes acerca do objeto da causa ou que subministrar meios para atender às despesas do litígio; III - quando qualquer das partes for sua credora ou devedora, de seu cônjuge ou companheiro ou de parentes destes, em linha reta até o terceiro grau, inclusive; IV - interessado no julgamento do processo em favor de qualquer das partes.

FEDERAL DE RORAIMA. INEXISTÊNCIA DE REPERCUSSÃO GERAL. 1. Embora reconhecida a repercussão geral da matéria em exame no Plenário Virtual, nada impede a rediscussão do assunto em deliberação presencial, notadamente quando tal reconhecimento tenha ocorrido por falta de manifestações suficientes. Precedente. (...) 4. Questão de ordem que se resolve no sentido da inexistência de repercussão geral, com a consequência de não se conhecer do recurso extraordinário" (RE 584247 QO, Relator(a): ROBERTO BARROSO, Tribunal Pleno, julgado em 27/10/2016).

Referências normativas e jurisprudenciais	
Julgados paradigmáticos	ADI 55, 1797, 2238, 2321, 2764, 3345, 6362 ADPF 144 RE 658375

33.1. Controle concentrado de constitucionalidade: suspeição e impedimento

A jurisprudência do Supremo Tribunal Federal se firmou no sentido de que não há impedimento, nem suspeição de ministro, nos julgamentos de ações de controle concentrado. Contudo, assegura-se aos ministros a possibilidade de não participarem do julgamento por razões de foro íntimo.

Em diversos julgados[795], a Corte adotou o entendimento de que os institutos do impedimento e a suspeição de magistrados são aplicáveis apenas para processos subjetivos, em que se discutem situações individuais e interesses concretos.

Nessa ótica, no controle abstrato de normas, por se discutir a constitucionalidade do ato normativo em tese, sem cogitar de sua incidência em situações específicas, não haveria comprometimento da imparcialidade do magistrado.

Nota-se nos julgados uma preocupação com a necessidade de preservar o quórum para votação no Supremo Tribunal Federal, já que a declaração de inconstitucionalidade pressupõe o voto de 6 dos 11 ministros, e para a modulação temporal dos efeitos das decisões se exige o voto de 8 ministros.

No entanto, na ADI 55 MC-QO[796], o STF reconheceu o impedimento de ministro que, na condição de Procurador-Geral da República, havia rejeitado representação encaminhada por interessado no ajuizamento de ação direta de inconstitucionalidade contra a lei que, posteriormente, veio a ser objeto de impugnação em controle concentrado por outro legitimado ativo. Em seu pronunciamento, o então Procurador-Geral da República – que veio a se tornar ministro do STF – havia se manifestado pela constitucionalidade da lei, razão pela qual o Tribunal Pleno o considerou impedido para participar do julgamento da ADI.

Observe-se que a decisão foi baseada no art. 134, II, do então vigente Código de Processo Civil[797] (correspondente ao art. 144, I, do CPC/2015), sendo certo

795. ADI 2238, Relator(a): ALEXANDRE DE MORAES, Tribunal Pleno, julgado em 24/06/2020; ADPF 144, Relator(a): CELSO DE MELLO, Tribunal Pleno, julgado em 06/08/2008; ADI 3345, Relator(a): CELSO DE MELLO, Tribunal Pleno, julgado em 25/08/2005; ADI 6362, Rel. Min. Ricardo Lewandowski, Tribunal Pleno, julgamento em 2.9.2020.

796. "Argüição de inconstitucionalidade da Lei nº 7.710-88, perante os artigos 16 e 29, I e III, da Carta de 1988. Cautelar indeferida, por falta dos pressupostos necessários à sua concessão" (ADI 55 MC-QO, Relator(a): OCTAVIO GALLOTTI, Tribunal Pleno, julgado em 31/05/1989).

797. Art. 134. É defeso ao juiz exercer as suas funções no processo contencioso ou voluntário: (...) II - em que interveio como mandatário da parte, oficiou como perito, funcionou como órgão do Ministério Público, ou prestou depoimento como testemunha (...).

que a interpretação do dispositivo legal foi extensiva, já que, a rigor, não houve atuação do ministro do STF como membro do Ministério Público, *no processo* da ADI; na verdade, o ministro, ainda na qualidade de Procurador-Geral da República, emitira pronunciamento pela constitucionalidade da lei.

De fato, a imparcialidade do juiz é requisito inerente à noção de devido processo legal, o que deve abranger inclusive os processos objetivos de controle de constitucionalidade, já que, inegavelmente, algumas situações podem gerar conflitos de interesses. Pense-se, por exemplo, na hipótese de ministro casado com advogada que subscreve a petição inicial de ação direta de inconstitucionalidade. Por mais que se trate de processo objetivo, a declaração de inconstitucionalidade beneficiará – inclusive sob o prisma financeiro – a patrona e, indiretamente, o ministro.

A decisão da ADI 55 MC-QO corrobora esse entendimento, pois nela ficou claro que determinado ministro não poderia participar do julgamento, justamente por haver potencial comprometimento de sua imparcialidade. Embora, posteriormente, a Suprema Corte venha declarando que os motivos de impedimento e suspeição não se aplicam nos processos de controle concentrado de constitucionalidade, a afirmação deve ser interpretada *cum grano salis*, de modo que, em determinadas situações, será imperativo que o julgador não participe do julgamento.

BIBLIOGRAFIA

ALMEIDA, Cleber Lúcio de. *Direito Processual do Trabalho.* 6ª ed. São Paulo: LTR, 2016.

ALMEIDA, Isis de. *Manual de Direito Processual do Trabalho.* v.1. São Paulo: LTR, 1985.

ALMEIDA, Isis de. *Manual de Direito Processual do Trabalho.* v.2. São Paulo: LTR, 1986.

ALVIM, Arruda. *Manual de Direito Processual Civil.* V1. 12 ed. São Paulo: Revista dos Tribunais, 2008.

ALVIM, José Eduardo Carreira. *Teoria Geral do Processo.* 13 ed. Rio de Janeiro: Forense, 2010.

AMARAL, Francisco. *Direito Civil: Introdução.* 5ª ed. Rio de Janeiro: Renovar, 2003.

ARAGÃO, Egas Dirceu Moniz de. *Comentários Ao Código de Processo Civil.* Vol. II - 10ª Ed. São Paulo: Forense, 2005.

ARAGÃO, Egas Dirceu. Moniz de. *Sentença e Coisa julgada.* Rio de Janeiro: Aide, 1992.

ASSIS, Araken de. Manual da Execução. 11ª ed. São Paulo: Editora Revista dos Tribunais, 2007.

BABOIN, José Carlos de Carvalho. O tratamento jurisprudencial da greve política no Brasil. Dissertação [mestrado em Direito]. Faculdade de Direito, Universidade de São Paulo, São Paulo, 2013.

BARROSO, Luís Roberto. Curso de Direito Constitucional Contemporâneo. 1ª ed. 3ª tiragem. São Paulo: Saraiva, 2009.

BARROSO, Luís Roberto. O controle de constitucionalidade no direito brasileiro. 4ª ed. rev. e atual. São Paulo: Saraiva, 2009.

BELMONTE, Alexandre Agra. Curso de Responsabilidade Trabalhista: danos morais e patrimoniais nas relações de trabalho. 2ª ed. São Paulo: LTR, 2009.

BERMUDES, Sérgio. Introdução ao Processo Civil. 5ª ed. Rio de Janeiro: Forense, 2010.

BERNARDES, Felipe. *A Repressão à Lavagem de Dinheiro e as Garantias Constitucionais: Tendências Atuais.* Revista do Tribunal Regional Federal – Primeira Região, Brasília, v. 18, n. 5, p. 97-126, maio 2006.

BERNARDES, Felipe. Manual de Processo do Trabalho. 2ª ed. Salvador: Juspodivm, 2019.

BRANDÃO, Cláudio. A Covid-19 e o adoecimento ocupacional. O Direito do Trabalho na crise da COVID-19 (coords. Alexandre Agra Belmonte et. alii). Salvador: Juspodivm, 2020, p. 279-294.

BRANDÃO, Cláudio. *Reclamação constitucional no Processo do Trabalho.* São Paulo: Editora LTr, 2017.

BUENO, Cassio Scarpinella. *Novo Código de Processo Civil Anotado.* São Paulo: Saraiva, 2015.

BULOS, Uadi Lammêgo. Curso de Direito Constitucional. 5ª ed. São Paulo: Saraiva, 2010.

CABRAL, Antonio do Passo. A coisa julgada formal faz sentido no Sistema do CPC/2015? In DIDIER Jr., Fredie. CABRAL, Antonio do Passo (coords.). Coisa julgada e outras estabilidades processuais. Salvador: Juspodivm, 2018, p. 153-156.

CABRAL, Antonio do Passo. In Breves comentários ao novo código de processo civil (Coords. Teresa Arruda Alvim Wambier [et.al.]). 3ª ed. rev. e atual. São Paulo: Revista dos Tribunais, 2016. p. 1421-1457.

CAIRO JR, José. *Curso de Direito Processual do Trabalho.* 10ª ed. Salvador: Juspodivm, 2016.

CÂMARA, Alexandre Freitas. *Lições de Direito Processual Civil.* v.1. 17ª ed. Rio de Janeiro: Editora Lumen Juris, 2008.

CÂMARA, Alexandre Freitas. *Lições de Direito Processual Civil.* v.3. 13ª ed. Rio de Janeiro: Editora Lumen Juris, 2008.

CÂMARA, Alexandre Freitas. *O Novo Processo Civil Brasileiro.* 6ª ed. São Paulo: Atlas, 2020.

CAMPINHO, Sérgio. Falência e recuperação de empresa. 4ª ed. rev.e atual. Rio de Janeiro: Renovar, 2009.

CARELLI, Rodrigo de Lacerda. O Caso Uber e o Controle por Programação: de carona para o Século XIX. In: Ana Carolina Reis Paes Leme; Bruno Alves Rodrigues; José Eduardo de Resende Chaves Júnior. (Org.). Tecnologias disruptivas e a exploração do trabalho humano. São Paulo: Ltr, 2017, v. 1, p. 130-146.

CARELLI, Rodrigo de Lacerda. O neoliberalismo, as reformas trabalhistas, a "desdemocratização" e os direitos humanos. In: Lilian Balmant Emerique, Sayonara Grillo Coutinho Leonardo da Silva, Ivan Simões Garcia. (Org.). Direitos Humanos e Trabalho Decente. Belo Horizonte: Fórum, 2016, v. 1, p. 93-109.

CARELLI, Rodrigo. Barroso, negros de primeira linha e a reforma trabalhista. Publicado em 21.06.2017. Disponível em: https://www.jota.info/opiniao-e-analise/artigos/barroso-negros-de-primeira-linha-e-a-reforma-trabalhista-21062017. Acesso em 14 set. 2020.

CARNEIRO, Athos Gusmão. *Intervenção de Terceiros.* 15ª ed. São Paulo: Saraiva, 2003.

CARNEIRO, Paulo Cezar Pinheiro. Acesso à Justiça: Juizados Especiais Cíveis e Ação Civil Pública. 2. ed.rev. e atual. Rio de Janeiro: Forense, 2007.

CARVALHO, Augusto César Leite de. Direito do Trabalho: curso e discurso. 3ª ed. São Paulo: LTR, 2019.

CASAGRANDE, Cássio. Associar a CLT ao fascismo é uma mistificação da História. Disponível em: https://www.jota.info/paywall?redirect_to=//www.jota.info/opiniao-e-analise/colunas/o-mundo-fora-dos-autos/associar-a-clt-ao-fascismo--e-uma-mistificacao-da-historia-06082018. Acesso em 10.07.2020.

CASSAR, Vólia Bomfim. Direito do Trabalho. 16ª ed. rev. e atual. São Paulo: Método, 2018.

CLAUS, BEN-HUR SILVEIRA. O Grupo Econômico Trabalhista após a Lei nº 13.467/2017. Rev. do Trib. Reg. Trab. 10ª Região, Brasília, v. 22, n. 2, 2018 , pp.13-39.

COELHO, Fábio Ulhoa. Curso de Direito Comercial. v.2. São Paulo: Saraiva, 2005.

CORREIA, Henrique; MIESSA, Élisson. Manual da Reforma Trabalhista. Salvador: Editora Juspodivm, 2018.

CORREIA, Henrique; MIESSA, Élisson. Súmulas e Ojs do TST Comentadas e Organizadas por Assunto. 7ª ed. Salvador: Juspodivm, 2016.

COSTA, Coqueijo. *Direito Processual do Trabalho.* 4ª ed. Rio de Janeiro: Forense, 1995.

CUNHA JR., Dirley. Curso de Direito Constitucional. 6ª ed. Salvador: Juspodivm, 2012.

CUNHA, Leonardo José Carneiro da. *A Fazenda Pública em Juízo.* 7ª ed. São Paulo: Dialética, 2009.

DELGADO, Maurício Godinho; DELGADO, Gabriela Neves. A reforma trabalhista no Brasil: com os comentários à lei n. 13.467/2017. São Paulo: LTr, 2017.

DIDIER JR., Fredie; CUNHA, Leonardo Carneiro da. *Curso de Direito Processual Civil,* v.3. 13ª ed. Salvador: Juspodivm, 2016.

DIDIER JR., Fredie; CUNHA, Leonardo José Carneiro da; BRAGA, Paula Sarno; OLIVEIRA, Rafael Alexandria de. *Curso de Direito Processual Civil,* v.2. 11ª ed. Salvador: Juspodivm, 2016.

DIDIER JR., Fredie; ZANETI JR, Hermes. *Curso de Direito Processual Civil,* v.4. Salvador: Juspodivm, 2007.

DIDIER JR., Fredie. *Curso de Direito Processual Civil,* v.1. 18ª ed. Salvador: Juspodivm, 2016.

DINAMARCO, Cândido Rangel. *Instituições de Direito Processual Civil.* v.1. São Paulo: Malheiros, 2001.

DINAMARCO, Cândido Rangel. *Instituições de Direito Processual Civil.* v.2. São Paulo: Malheiros, 2001.

DINAMARCO, Cândido Rangel. *Instituições de Direito Processual Civil.* v.3. São Paulo: Malheiros, 2001.

DINAMARCO, Cândido Rangel. *Instituições* de Direito Processual Civil. v.4. São Paulo: Malheiros, 2004.

DONIZETTI, Elpídio. Novo Código de Processo Civil Comentado. 3ª ed, rev., atual. e ampl. São Paulo: Atlas, 2018.

DUARTE, Bento Herculano. Incidente de resolução de demandas repetitivas (IRDR): natureza, finalidade, pressupostos, pontos controvertidos e aplicação na Justiça do Trabalho. Revista do Tribunal Regional do Trabalho da 9ª Região, v. 7, nº 70, julho de 2018.

Fausto Siqueira. Uberização do trabalho: aspectos da subordinação jurídica disruptiva. Rio de Janeiro: Lumen Juris, 2019.

FELICIANO, Guiherme Guimarães. Curso Crítico de Direito do Trabalho. São Paulo: Saraiva, 2013.

FELICIANO, Guilherme Guimarães; PASQUALETO, Olívia de Quintana Figueiredo. Amianto, meio ambiente do trabalho e responsabilidade civil do empregador. Revista da Faculdade de Direito da Universidade de São Paulo, v. 112, p. 163-186, jan./dez 2017.

FELICIANO, Guilherme Guimarães. Por um processo realmente efetivo: tutela processual de direitos humanos fundamentais e inflexões do "due process of law". São Paulo: LTR, 2016.

FERNANDES, João Renda Leal. Arbitration in individual labor and employment conflicts: a constitutional and logical-systematic interpretation of CLT article 507-A. PANORAMA OF BRAZILIAN LAW, v. 6, p. 101-123, 2019.

FERNANDES, João Renda Leal. Exceção de incompetência territorial, geografia e acesso à justiça: a natureza não preclusiva do prazo do art. 800, caput, da CLT. Revista Eletrônica OAB/RJ, v. 30, p. 1, 2019.

FIORILLO, Celso Antonio Pacheco. Curso de Direito Ambiental Brasileiro. 8ª ed. São Paulo: Saraiva, 2007.

FREDIANI, Yone. A quem o Direito do Trabalho deve proteger e o novo conceito de subordinação. In: Revista de Direito do Trabalho. São Paulo, v. 160, 2014, p. 117-120.

FREIRE, Bruno. A Reforma Processual Trabalhista e o Acesso à Justiça. Revista de Processo, v. 43. p. 393-410. São Paulo: Revista dos Tribunais, 2018.

FREIRE, Bruno. A Reforma Processual Trabalhista e o Acesso à Justiça. Revista de Processo, v. 43. p. 393-410. São Paulo: Revista dos Tribunais, 2018.

FREITAS, Cláudio. Direito Coletivo do Trabalho. Salvador: Juspodivm, 2019.

FUX, Luiz; BODART, Bruno Vinicius Da Rós. Notas sobre o princípio da motivação e a uniformização da jurisprudência no novo Código de Processo Civil à luz da análise Econômica do Direito. Disponível em: https://papers.ssrn.com/sol3/papers.cfm?abstract_id=2982136. Acesso em 04/11/2019.

FUX, Luiz. Curso de Direito Processual Civil. 3ª ed. Rio de Janeiro: Forense, 2005.

GAIA, Fausto Siqueira. Uberização do trabalho: aspectos da subordinação jurídica disruptiva. Rio de Janeiro: Lumen Juris, 2019.

GARCIA, Gustavo Filipe Barbosa. Curso de Direito Processual do Trabalho. 5ª ed. Rio de Janeiro: Forense, 2016.

GIGLIO, Wagner D.; CORRÊA, Claudia Giglio Veltri. Direito Processual do Trabalho. 15ª ed. São Paulo: Saraiva, 2005.

GOMES, Fábio Rodrigues. O novo direito do trabalho. In: Revista do Tribunal Superior do Trabalho. São Paulo, vol. 84, nº 3, jul/set 2018, p. 120-167.

GONÇALVES, Carlos Roberto. Curso de Direito Civil. v. 4. 2ª ed. São Paulo: Saraiva, 2007.

GONÇALVES, Marcus Vinícius Rios. *Novo Curso de Direito Processual Civil.* 7ª ed. São Paulo: Saraiva, 2010.

GRECO FILHO, Vicente. *Direito Processual Civil Brasileiro.* v.1. 17ª ed. São Paulo: Saraiva, 2003.

GRECO, Leonardo. Desafios à coisa julgada no novo Código de Processo Civil. In: Estudos de Direito Processual em homenagem a Paulo Cezar Pinheiro Carneiro. Luiz Fux et. alii (coords.) 1ª ed. Rio de Janeiro: LMJ Mundo Jurídico, 2019, p. 657-699.

GRECO, Leonardo. *Instituições de Processo Civil: Introdução ao Direito Processual Civil.* v.1. Rio de Janeiro: Forense, 2009.

GRECO, Leonardo. *Instituições de Processo Civil: Processo de Conhecimento.* V.2. Rio de Janeiro: Forense, 2010.

GRECO, Leonardo. *Instituições de Processo Civil: Recursos e processos da competência originária dos Tribunais.* v.3. Rio de Janeiro: Forense, 2015.

GRINOVER, Ada Pellegrini. O processo em sua unidade. São Paulo: Saraiva, 1978.

GUASP, James. *Derecho Procesal Civil.* 3ª ed. Tomo I. Madrid: Centro de Estudios Constitucionales, 1977.

LACERDA, Galeno de. *Comentários ao Código de Processo Civil*, vol. VIII, tomo I, 7ª ed., Forense, 1998.

LEAL, Victor Nunes. Passado e futuro da súmula do STF. Revista de Direito Administrativo, v. 145, p. 1-20 (jan/1981). Rio de Janeiro: FGV, 1981.

LEE, Sangheon; McCANN, Deirdre; MESSENGER, Jon C. Duração do Trabalho em Todo o Mundo: Tendências de jornadas de trabalho, legislação e políticas numa perspectiva global comparada. Secretaria Internacional de Trabalho. Brasília: OIT, 2009.

LEITE, Carlos Henrique Bezerra. *Curso de Direito Processual do Trabalho.* 10ª ed. São Paulo: LTR, 2012.

LIEBMAN, Enrico Tullio. *A prova no direito processual civil.* São Paulo : RT, 2000.

LIMA, Hermes. *Introdução à Ciência do Direito.* 10ª ed. Rio de Janeiro: Livraria Freitas Bastos, 1960.

MACEDO FILHO, Tobias de. *A franquia postal na Justiça do Trabalho.* Revista do Tribunal Regional do Trabalho da 9ª Região. Curitiba: julho/dezembro de 1983.

MAGALHÃES, Joalvo. Aplicabilidade da reforma trabalhista aos contratos celebrados antes da sua vigência. Reforma Trabalhista. Rosangela Tremel e Ricardo Calcini (orgs.). - Campina Grande: EDUEPB, 2018, p. 235-252.

MAIA, Rodolfo Tigre. *O princípio do ne bis in idem e a Constituição Brasileira de 1988.* ESMPU, Brasília, a. 4 - n.16, p. 11-75 - jul./set. 2005. Disponível em http://escola.mpu.mp.br/publicacoes/boletim-cientifico/edicoes-do-boletim/boletim-

-cientifico-n-16-julho-setembro-de-2005/o-principio-do-ne-bis-in-idem-e-a--constituicao-brasileira-de-1988

MALLET, Estêvão; FAVA, Marcos. Comentários ao art. 7º, V. In Comentários à Constituição do Brasil. J.J.Gomes Canotilho et.al. (coords.). 2ª ed. São Paulo: Saraiva Educação, 2018, p. 612-614.

MALLET, Estêvão. A jurisprudência sempre deve ser aplicada retroativamente? Revista do Tribunal Superior do Trabalho, Brasília, vol. 71, nº 3, set/dez 2005, p. 134-149.

MALLET, Estevão. *Algumas considerações sobre a sentença no procedimento sumaríssimo.* Rev. Trib. Reg. Trab. 9ª R., Curitiba, a.28, n.51, p.305-320, jul./dez. 2003.

MALLET, Estêvão. Reflexões sobre o enquadramento sindical dos empregados da agroindústria sucroalcooleira. In A centralidade do trabalho e os rumos da legislação trabalhista (ARRUDA, Kátia Magalhães; ARANTES, Delaíde Alves Miranda - orgs.). São Paulo: LTR, 2018, p. 90/104.

MALTA, Christovão Piragibe Tostes. Prática do Processo Trabalhista. 31ª ed. São Paulo: LTR, 2002.

MARANHÃO, Ney; FERREIRA, Alon Jaime Bittencourt. O novo e polêmico §2º do art. 8º da CLT: de volta aos tempos do juiz "boca da lei"? Revista de Direito do Trabalho, v. 201, p. 37-61. São Paulo: RT, 2019.

MARANHÃO, Ney; JUNQUEIRA, Fernanda Antunes Marques. Negócio processual trabalhista: apontamentos gerais. Revista eletrônica do Tribunal Regional do Trabalho da 9ª Região, Curitiba, PR, v. 6, n. 55, p. 44-70, out./nov. 2016.

MARANHÃO, Ney; SANTOS, Clarice. Instrumentalismo e formalismo-valorativo em ciência processual há algo de novo sob o sol? Revista dos Tribunais, v. 1003, p. 359-391. São Paulo: RT, 2019.

MARANHÃO, Ney. Comentários ao art. 7º, XXII. In Comentários à Constituição do Brasil. J.J.Gomes Canotilho et.al. (coords.). 2ª ed. São Paulo: Saraiva Educação, 2018, p. 645-650.

MARANHÃO, Ney. Meio ambiente do trabalho: descrição jurídico-conceitual. Revista LTR, v. 80, nº 4, abr. 2016, p. 419-430.

MARANHÃO, Ney. Questões Social e Ambiental: Paralelismos e Desencontros na Perspectiva do Meio Ambiente do Trabalho. Revista Magister de Direito Ambiental e Urbanístico, nº 72 – Jun-Jul/2017, p. 5-29.

MARINONI, Luiz Guilherme; ARENHART, Sérgio Cruz; MITIDIERO, Daniel. Novo Curso de Processo Civil, v.2. São Paulo: Editora Revista dos Tribunais, 2015.

MARINONI, Luiz Guilherme; ARENHART, Sérgio Cruz; MITIDIERO, Daniel. *Novo Curso de Processo Civil*, v.3. São Paulo: Editora Revista dos Tribunais, 2015.

MARQUES, José Frederico. Instituições de direito processual civil. v.1. Campinas: Bookseller, 1997.

MARQUES, José Frederico. Manual de Direito Processual Civil. V.1. 12ª ed. São Paulo, Saraiva, 1987.

MARQUES, José Frederico. Manual de Direito Processual Civil. vol. I. 5ª ed. São Paulo: Saraiva, 1977.

MARTINEZ, Luciano. As responsabilidades securitária social e civil-trabalhista nos casos de adoecimento pelo coronavírus. O Direito do Trabalho na crise da COVID-19 (coords. Alexandre Agra Belmonte et. alii). Salvador: Juspodivm, 2020, p. 295-302.

MARTINEZ, Luciano. Curso de Direito do Trabalho. 11ª ed. São Paulo: Saraiva Educação, 2020.

MARTINS FILHO, Ives Gandra. Processo coletivo do Trabalho. 4ª ed. São Paulo: LTR, 2009.

MARTINS, Leonardo. Comentários ao art. 5º, XIII. In Comentários à Constituição do Brasil. J.J.Gomes Canotilho et.al. (coords.). 2ª ed. São Paulo: Saraiva Educação, 2018, p. 317-322.

MARTINS, Sérgio Pinto (coordenador). O Novo CPC e o Processo do Trabalho: estudos em homenagem ao Ministro Walmir Oliveira da Costa. São Paulo: Atlas, 2016.

MARTINS, Sérgio Pinto. Direito do Trabalho. 22ª ed. São Paulo: Atlas, 2006.

MARTINS, Sérgio Pinto. Direito do Trabalho. 36ª ed. São Paulo: Saraiva Educação, 2020.

MARTINS, Sérgio Pinto. Direito Processual do Trabalho. 28ª ed. São Paulo: Atlas, 2008.

MAXIMILIANO, Carlos. Hermenêutica e aplicação do Direito. 19ª ed. Rio de Janeiro: Forense, 2003.

MAZZILLI, Hugo Nigro. A defesa dos interesses difusos em juízo. São Paulo: Saraiva, 2005.

MELO, Raimundo Simão de. A greve no Direito brasileiro. 2ª ed. São Paulo: LTR, 2009.

MENDES, Aluisio Gonçalves de Castro. Incidente de Resolução de Demandas Repetitivas: Sistematização, análise e interpretação do novo instituto processual. Rio de Janeiro: Forense, 2017.

MENDES, Gilmar Ferreira ; STRECK, Lênio Luiz. Comentários ao art. 102, §3º. In Comentários à Constituição do Brasil. J.J.Gomes Canotilho et.al. (coords.). 2ª ed. São Paulo: Saraiva Educação, 2018, p. 1512-1516.

MENDES, Gilmar Ferreira; COELHO, Inocêncio Mártires; BRANCO, Paulo Gustavo Gonet. Curso de Direito Constitucional. 3ª ed. rev.e atual. São Paulo: Saraiva, 2008.

MENDES, Gilmar Ferreira; STRECK, Lênio Luiz. Comentários ao art. 103. In: Comentários à Constituição do Brasil. J.J.Gomes Canotilho et.al. (coords.). 2ª ed. São Paulo: Saraiva Educação, 2018, p. 1516-1531.

MIRZA, Flavio. Reflexões sobre a avaliação da prova pericial, in Tributo a Afranio Silva Jardim. Rio de Janeiro: Lumen Juris, 2011.

MITIDIERO, Daniel. Ação Rescisória no Direito Comparado: da Comparação Vertical à Comparação Horizontal. Revista de Processo Comparado, volume 5, 2017 (jan. jun.2017), pp. 43-62.

MORAIS, Carlos Blanco de. As sentenças com efeitos aditivos. In: Morais, Carlos Blanco de (Coord.). As sentenças intermédias da justiça constitucional. Lisboa : AAFDL, 2009.

MOREIRA, José Carlos Barbosa. Anotações sobre o título *Da Prova do Novo Código Civil. Reflexos do Novo Código Civil no Direito Processual.* Salvador: Juspodivm, 2006, p. 212.

MOREIRA, José Carlos Barbosa. *Comentários ao Código de Processo Civil.* 15ª ed. Rio de Janeiro: Forense, 2009.

MOREIRA, José Carlos Barbosa. *Direito Aplicado II (Pareceres).* 2ª ed. Rio de Janeiro: Forense, 2005.

MOREIRA, José Carlos Barbosa. *O Novo Processo Civil Brasileiro.* 27ª ed. Rio de Janeiro: Forense, 2008.

MOREIRA, José Carlos Barbosa. *Temas de Direito Processual Civil, 2ª série.* 2ª ed. São Paulo: Saraiva, 1988.

MOREIRA, José Carlos Barbosa. *Temas de direito processual: nona série.* São Paulo: Saraiva, 2007.

NADER, Paulo. Introdução ao Estudo do Direito. 23ª ed. São Paulo: Forense, 2003.

NASCIMENTO, Amauri Mascaro. Curso de Direito Processual do Trabalho. 24ª ed. São Paulo: Saraiva, 2009.

NERY JR, Nelson; NERY, Rosa Maria de Andrade. *Código de Processo Civil Comentado e legislação extravagante.* 10ª ed. São Paulo: Editora Revista dos Tribunais, 2007.

NERY JUNIOR; Nelson; NERY, Rosa Maria de Andrade. Comentários ao Código de Processo Civil. [livro eletrônico] 1ª ed. São Paulo: Revista dos Tribunais, 2015.

NEVES, Daniel Amorim Assumpção. *Novo Código de Processo Civil – Leis 13.105/2015 e 13.256/2016.* 3ª ed.rev., atual. e ampl. – Rio de Janeiro: Forense, São Paulo, 2016.

OLIVEIRA, Francisco Antônio de. *Tratado de Direito Processual do Trabalho.* v.1. São Paulo: LTR, 2008.

OLIVEIRA, Francisco Antônio de. Tratado de Direito Processual do Trabalho. v.2. São Paulo: LTR, 2008.

PAES, Arnaldo Boson. Negociação Coletiva no Serviço Público: Potencialidades e Limites. In Revista do Tribunal Superior do Trabalho, Brasília, vol. 82, no 4, out/dez 2016, p. 85-107.

PERRINI, Valdyr. A inconstitucionalidade do fim da contribuição sindical obrigatória compulsória e o quadripé do peleguismo, in DALLEGRAVE NETO, José Affonso; KAJOTA, Ernani (Coord). Reforma Trabalhista ponto a ponto. São Paulo: Ltr, 2017.

PINHO, Humberto Dalla Bernardina de. A releitura do princípio do acesso à justiça e o necessário redimensionamento da intervenção judicial na resolução dos conflitos na contemporaneidade. Revista Jurídica Luso-Brasileira, vol. 3, p. 791/830, 2019, disponível em https://www.cidp.pt/revistas/rjlb/2019/3/2019_03_0791_0830.pdf . Acesso em 04/11/2019.

PINTO, José Augusto Rodrigues. Processo Trabalhista de Conhecimento. 7ª ed. São Paulo: LTR, 2005.

PONTES DE MIRANDA, Francisco Cavalcanti. Comentários ao Código de Processo Civil, t.4. 3ª ed. Rio de Janeiro: Forense, 1999.

PORTO, Lorena Vasconcelos; MEIRINHO, Augusto Grieco Sant'Anna. A dispensa em massa e a pandemia do COVID-19. In: Revista do Tribunal Regional do Trabalho da 3. Região. Belo Horizonte, edição especial, t. II, p. 477-507, jul. 2020.

QUEIROZ NETO, Luiz Vicente de Medeiros. A Pertinência Temática como Requisito da Legitimidade Ativa para o Processo Objetivo de Controle Abstrato de Normas. In: Revista do Tribunal Regional Federal da 1ª Região, Brasília, v. 15, n. 7, jul. 2003, p. 58-74.

RIOS, Roger Raupp. Direito da antidiscriminação: discriminação direta, indireta e ações afirmativas. Porto Alegre: Livraria do Advogado, 2008

RODRIGUES, Marco Antonio. A Fazenda Pública no Processo Civil. São Paulo: Atlas, 2.ed. 2016.

SABBAG, Eduardo. Manual de Direito Tributário. 4ª ed. São Paulo: Saraiva, 2012.

SAMPAIO, José Adércio Leite. Comentários ao art. 127. In: Comentários à Constituição do Brasil. J.J.Gomes Canotilho et.al. (coords.). 2ª ed. São Paulo: Saraiva Educação, 2018, p. 1632-1636.

SANTOS, Moacyr Amaral. *Primeiras Linhas de Direito Processual Civil.* v.1. 20ª ed. São Paulo: Saraiva, 1998.

SANTOS, Moacyr Amaral. *Primeiras Linhas de Direito Processual Civil.* v.2. 20ª ed. São Paulo: Saraiva, 1999.

SANTOS, Moacyr Amaral. *Primeiras Linhas de Direito Processual Civil.* v.3. 19ª ed. São Paulo: Saraiva, 2000.

SANTOS, Ronaldo Lima dos. Sindicatos e ações coletivas: acesso à justiça, jurisdição coletiva e tutela dos interesses difusos, coletivos e individuais homogêneos. 5a ed. São Paulo: LTR, 2019.

SARAIVA, Renato; MANFREDINI, Aryanna. *Curso de Direito Processual do Trabalho.* 13ª ed. Salvador: Juspodivm, 2016.

SARLET, Ingo Wolfgang; Streck, Lênio Luiz. Comentários ao art. 5º, LXXXI. In Comentários à Constituição do Brasil. J.J.Gomes Canotilho et.al. (coords.). 2ª ed. São Paulo: Saraiva Educação, 2018, p. 512-518.

SARLET, Ingo Wolfgang. Notas sobre a assim designada proibição de retrocesso social no constitucionalismo latino-americano. Revista do Tribunal Superior do Trabalho, v. 75, nº 3, jul/set 2009, p. 116-149.

SCHENK, Leonardo Faria. Contraditório e cognição sumária. Revista Eletrônica de Direito Processual (REDP), v. XIII. 2014. p. 552-582.

SCHIAVI, Mauro. *Manual de Direito Processual do Trabalho.* 3ª ed. São Paulo: LTR, 2010.

SILVA, Homero Batista Mateus da. 2ª ed. rev.atual.e ampl. Comentários à Reforma Trabalhista. São Paulo: RT, 2017.

SILVA, Otávio Pinto. Terceirização e a Reforma Trabalhista. In: Revista do Tribunal Regional do Trabalho da 15ª Região, n. 51, 2017, p. 167-182.

SOUTO MAIOR, Jorge Luiz; SEVERO, Valdete Souto. Manual da reforma trabalhista: pontos e contrapontos. São Paulo: Sensus, 2017.

SOUTO MAIOR, Jorge Luiz. *Petição inicial.* São Paulo: LTR, 1996.

SOUTO MAIOR, Jorge Luiz. Curso de direito do trabalho. Volume I, parte I. São Paulo: LTR, 2011.

SOUTO MAIOR, Jorge Luiz. História do Direito do Trabalho no Brasil: curso de direito do trabalho, volume I, parte II. São Paulo: LTR, 2017.

SPADONI, Joaquim Felipe. Incidente de assunção de competência. Temas essenciais do Novo CPC. Luiz Rodrigues Wambier e Teresa Arruda Alvim Wambier (coords.). São Paulo: RT, 2016, p. 491-495.

SÜSSEKIND, Arnaldo. Direito Constitucional do Trabalho. Rio de Janeiro: Renovar, 1999.

TALAMINI, Eduardo A coisa julgada no tempo (os "limites temporais" da coisa julgada. In: Revista do Advogado, ano XXVI, nº 88, novembro de 2006, p. 56-63)

TARTUCE, Flávio. Direito Civil: Teoria Geral dos Contratos e Contratos em Espécie. v. 3. 5ª ed. São Paulo: Método, 2010.

TEIXEIRA FILHO, Manoel Antonio. Curso de Direito Processual do Trabalho, volumes 1, 2 e 3. São Paulo: LTR, 2009.

TEIXEIRA FILHO, Manoel Antônio. Sentença Homologatória de Transação: Ato Jurisdicional Anulável ou Rescindível? Revista do Tribunal Regional do Trabalho da 9ª Região, volume 7, número 69 (Junho de 2018), p. 8-12.

TEPEDINO, Gustavo; BARBOZA, Heloísa Helena; MORAES, Maria Celina Bodin. *Código Civil Interpretado conforme a Constituição da República.* V. I. 2ª ed. Rio de Janeiro: Renovar, 2007.

TEPEDINO, Gustavo; BARBOZA, Heloísa Helena; MORAES, Maria Celina Bodin. *Código Civil Interpretado conforme a Constituição da República.* V. II. Rio de Janeiro: Renovar, 2006.

TEPEDINO, Gustavo; BARBOZA, Heloísa Helena; MORAES, Maria Celina Bodin. *Código Civil Interpretado conforme a Constituição da República.* V. III. Rio de Janeiro: Renovar, 2011.

TESHEINER, José Maria Rosa. *Autoridade e eficácia da sentença Crítica à teoria de Liebman.* Revista Síntese de Direito Civil e Processual Civil. Porto Alegre, set/out 1999.

THEODORO JÚNIOR, Humberto; NUNES, Dierle; BAHIA, Alexandre Melo Franco; PEDRON, Flávio Quinaud. *Novo CPC: Fundamentos e Sistematização.* Rio de Janeiro: Forense, 2015.

THEODORO JÚNIOR, Humberto. *Curso de Direito Processual Civil*, v.1. 56ª ed. Rio de Janeiro: Forense, 2015.

THEODORO JÚNIOR, Humberto. *Curso de Direito Processual Civil*, v.2. 47ª ed. Rio de Janeiro: Forense, 2012.

THEODORO JÚNIOR, Humberto. *Curso de Direito Processual Civil*, v.3, 44ª ed. Rio de Janeiro: Forense, 2012.

TORRES, Ricardo Lobo. Tratado de Direito Constitucional Financeiro e Tributário: Valores e Princípios Constitucionais Tributários. v. II. Rio de Janeiro: Renovar, 2005.

TORRES, Ricardo Lobo. Tratado de Direito Constitucional Financeiro e Tributário: os Direitos Humanos e a Tributação. v. III. Rio de Janeiro: Renovar, 2005.

TORRES, Ricardo Lobo. Tratado de Direito Constitucional Financeiro e Tributário: os Tributos na Constituição. v. IV. Rio de Janeiro: Renovar, 2007.

TUCCI, José Rogério Cruz e. A causa petendi no processo civil, RT, 2ª edição, 2001 in coleção Estudos de Direito de Processo Enrico Tullio Liebman, v. 27.

TUPINAMBÁ, Carolina; VALVERDE, Marina Novellino. Um novo normal para o Direito do Trabalho. O Direito do Trabalho na crise da COVID-19 (coords. Alexandre Agra Belmonte et. alii). Salvador: Juspodivm, 2020, p. 221-238.

TUPINAMBÁ, Carolina. As garantias do processo do trabalho. São Paulo: LTR, 2014.

TUPINAMBÁ, Carolina. *Competência da Justiça do Trabalho à luz da reforma constitucional.* Rio de Janeiro: Forense, 2006.

TUPINAMBÁ, Carolina. Os advogados empregados em estatais e o respectivo direito aos honorários. In: MIESSA, Élisson. (Org.) Honorários Advocatícios na Justiça do Trabalho. São Paulo: Juspodvim, v. 1, pág. 1105-1120, 2019.

VENOSA, Sílvio de Salvo. Direito Civil. v. 4. 12ª ed. São Paulo: Atlas, 2012.

WAMBIER, Luiz Rodrigues; ALMEIDA, Flávio Renato Correia de; TALAMINI, Eduardo. *Curso Avançado de Processo Civil.* v.1. 9ª ed. São Paulo: Editora Revista dos Tribunais, 2007.

WAMBIER, Luiz Rodrigues; ALMEIDA, Flávio Renato Correia de; TALAMINI, Eduardo. *Curso Avançado de Processo Civil.* v.2. 9ª ed. São Paulo: Editora Revista dos Tribunais, 2007.

WAMBIER, Luiz Rodrigues; ALMEIDA, Flávio Renato Correia de; TALAMINI, Eduardo. *Curso Avançado de Processo Civil.* v.3. 8ª ed. São Paulo: Editora Revista dos Tribunais, 2007.

WAMBIER, Luiz Rodrigues; WAMBIER, Teresa Arruda Alvim (coordenadores). *Temas Essencias do Novo CPC.* São Paulo: Editora Revista dos Tribunais, 2016.

WAMBIER, Teresa Arruda Alvim. Precedentes. In Temas Essenciais do Novo CPC: análise das principais alterações do sistema processual civil brasileiro. Luiz Rodrigues Wambier e Teresa Arruda Alvim Wambier (coords.). São Paulo: RT, 2016, p. 481-490.

WATANABE, Kazuo. Da Cognição no Processo Civil. São Paulo: Bookseller, 2000.

ZANDONAI, Camila Dozza. Discriminação indireta e o estudo da teoria do impacto desproporcional nas relações de trabalho. Revista da Escola Judicial do Tribunal Regional do Trabalho da 4ª Região. Vol. 1, n. 1 (jan./jun. 2019). Porto Alegre: Tribunal Regional do Trabalho da 4ª Região, 2019, p. 97-119.

ZANGRANDO, Carlos Henrique da Silva. *Direito Processual do Trabalho.* v.1. São Paulo: LTR, 2009.

ZANGRANDO, Carlos Henrique da Silva. *Direito Processual do Trabalho.* v.2. São Paulo: LTR, 2009.

ZANGRANDO, Carlos Henrique da Silva. *Processo do Trabalho: moderna teoria geral do direito processual.* Rio de Janeiro: Forense Universitária, 2007.

ÍNDICE ALFABÉTICO-REMISSIVO

A

D

E

F

G

H

I

M

N

O

P

Q

R

S

T

U

V

EDITORA
JusPODIVM
www.editorajuspodivm.com.br

Impressão e Acabamento
PlenaPrint
Indústria Gráfica